毕节年鉴

BI JIE NIAN JIAN

毕节市人民政府 主办
毕节市史志办 编

2014

方志出版社

毕节年鉴编纂委员会

顾　　　　问　张吉勇

主　　　　任　陈昌旭

常务副主任　王开俊　冉　霞

副　主　任　胡敬斌　杨新江　潘圣群

主　　　　编　潘圣群

副　主　编　高隆礼

编　　　　辑　罗　静　饶艳兰　吴南剑　彭恩泉
刘　宇　王　显

校　　　　对　罗　静　饶艳兰　吴南剑　王云霞
甘祖娟　彭恩泉　刘　宇　黄光艳
王　显　周　丹

毕节市政区图

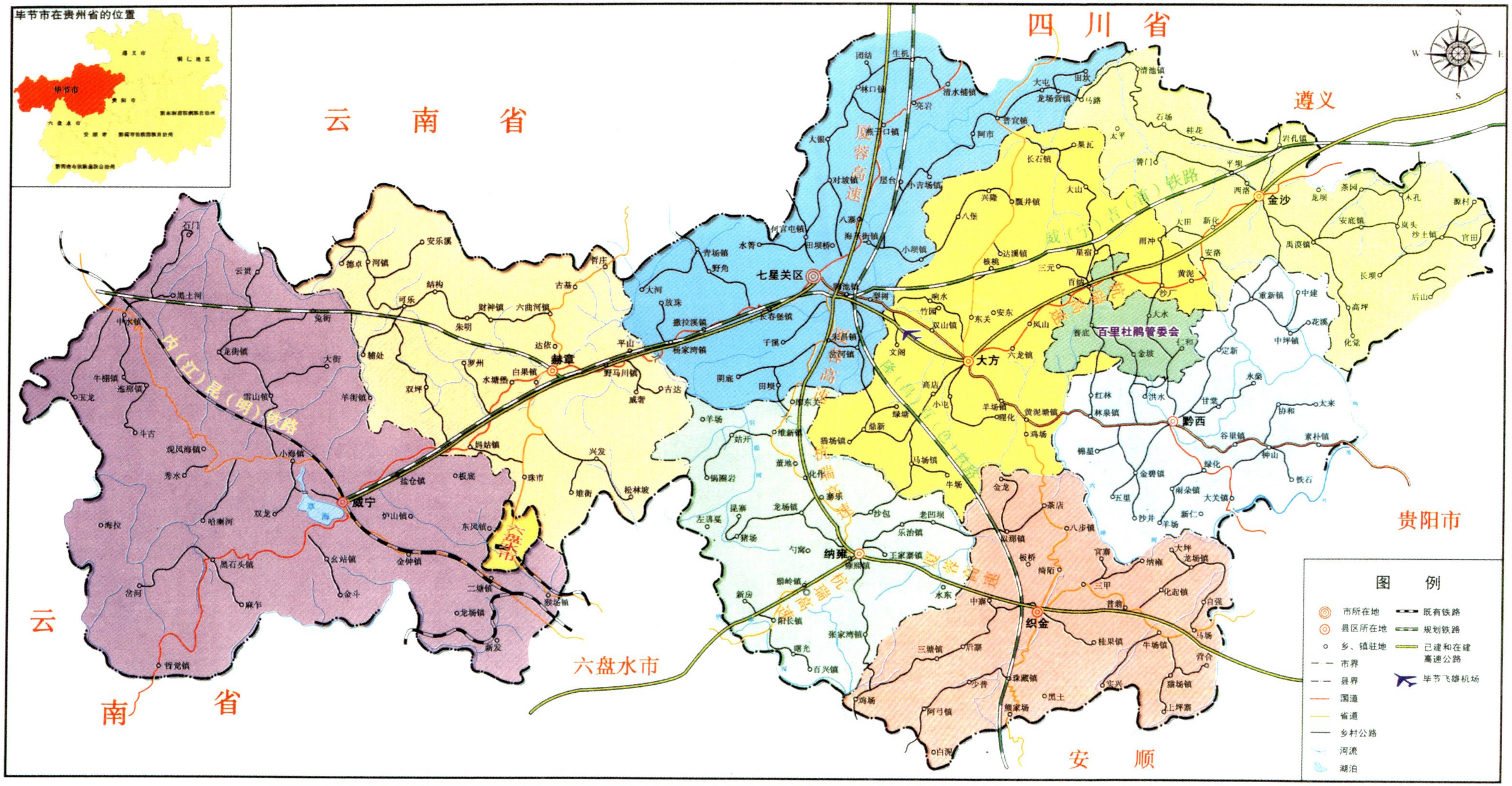

毕节市在贵州省的位置
四川省
云南省
遵义
贵阳市
六盘水市
安顺
云南省
七星关区
大方
金沙
黔西
织金
纳雍
赫章
威宁
百里杜鹃管委会
六盘水市
内（江）昆（明）铁路
隆（昌）黄（百）铁路
威（宁）古（蔺）铁路
厦蓉高速
杭瑞高速
图例
市所在地
县区所在地
乡、镇驻地
市界
县界
国道
省道
乡村公路
河流
湖泊
既有铁路
规划铁路
已建和在建高速公路
毕节飞雄机场

中共毕节市委统一战线工作部

2013 年 11 月，毕节市第一次归侨侨眷代表大会

归侨侨眷代表留影

2013 年，在市委的领导、省委统战部的指导下，市委统战部始终以党的十八大和十八届三中全会精神为引领，以“三个代表”重要思想和科学发展观为指导，认真学习习近平总书记一系列重要讲话和胡锦涛、温家宝、俞正声等中央领导赴毕考察时的重要讲话精神，紧紧围绕市委政府中心工作，精心组织实施“同心工程”，围绕中心，服务大局，突出特色，展现亮点，凝聚力量，充分发挥统一战线直通车、联络员、智囊团优势和作用，紧扣试验区“三大主题”，积极探索统一战线参与试验区建设新思路、新方法、新途径。着力打造全方位、多渠道、宽领域、深层次的统战工作格局，扎实推进国办函 35 号文件的贯彻落实，抓好同心工程的实施。党派、民族、宗教、非公经济、联络联系、职业教育、美丽乡村建设等工作取得新成绩。为推进毕节试验区科学发展、后发赶超、同步小康做出了积极贡献。

中国贵州非公经济论坛

2013 中国（贵州）非公有制经济发展论坛会在毕节召开

毕节市工商联

毕节市浙商城杯“同心聚力·美丽毕节”非公经济人士理想信念教育知识竞赛获奖代表队同领导合影

2013 年，毕节市工商联积极创新融资服务平台，与市委统战部、市金融办共同承办了“毕节市 2013 年‘银企携手·共促跨越’银企座谈会”，市四大班子领导出席会议，市委副书记、市长陈昌旭在会上作了重要讲话。会上，9 家银行与 18 家企业达成授信意向，拟授信额达 14.3 亿元，还有部分银企之间达成初步意向，涉及授信金额 10 余亿元；5 家银行与 9 家企业达成长期合作意向并在会议现场签订合作协议。市工商联还积极向政府相关部门推荐优秀企业和项目，争取财政资金支持；组织会员开展培训、讲座等多种形式的金融服务，完善服务架构，提高服务能力。

按照中央统战部和全国工商联开展非公经济人士理想信念教育实践活动的统一部署，结合毕节实际，5 月—10 月，市统战部、市工商联以“同心聚力·美丽毕节”为主题，开展了毕节市非公经济人士理想信念教育实践活动。通过实践活动深入开展，进一步增强了非公经济人士对中国特色社会主义的信念、对党和政府的信任、对企业的发展信心，促进了非公有制经济健康快速发展和非公有制经济人士健康成长。

2013 年，共青团毕节市工商联第一次代表大会顺利召开

为深入贯彻党的十八大精神，按照中央和省委、省政府要求，结合毕节市工商联实际，为充分发挥工会、共青团、妇联组织在加强社会建设、创新社会管理中作用，3 月 29 日，毕节市工商联妇女联合会成立。8 月 23 日，共青团毕节市工商联委员会、毕节市工商业联合会（商会）非公经济组织会员企业工会联合会召开第一次会员大会暨成立大会，会议按照规定程序选举产生了毕节市工商联工会联合会共青团组织委员会第一届领导班子。毕节市委统战部副部长、市工商联党组书记李洪应，市工商联主席陈广臣、市总工会党组书记陈明江出席会议并讲话。工青妇组织的成立，选配一批优秀年轻干部担任职务，接受锻炼，提高工作积极性、主动性，营造想干事有机遇、能干事有平台、干成事有收获的干事创业的良好氛围。对团结广大非公企业职工，助推非公企业发展，更好维护非公企业职工的合法权益发挥积极、重大的作用。

2013 年，工会联合代表大会暨成立大会胜利召开

毕节市人民政府市长陈昌旭（左 4）等领导出席 2013 年银企座谈会

九三学社毕节市委员会

2013年，九三学社毕节市委在中共毕节市委和九三学社贵州省委的正确领导下，高举中国特色社会主义伟大旗帜，团结带领全市社员和机关干部坚定贯彻“同心”思想，认真履行参政党职能，为毕节试验区经济社会发展作出了应有贡献。

一是按照组织发展工作计划和程序发展社员，全年发展社员12名，截至12月底毕节市九三学社社员人数为138名。圆满完成了综合支社、农业支社、卫校支社、学院支社4个支社的组织换届工作，选举产生了新一届基层支社领导班子。二是积极参政议政。社员在省政协十一届一次会议上提交提案2件；在2013年政协毕节市一届二次会议期间提交提案25件。其中由社市委在市政协会议上提出的4件党派提案中，2件分别上升为副市长领衔督办提案和市政协副主席督办提案。三是搞好社会服务。配合做好九三学社中央领导到毕节视察时的各项工作。5月23日，全国政协副主席、九三学社中央主席、中国科协主席、中国科学院院士韩启德赴威宁县考察调研。社市委高度重视，按照中共毕节市委和社省委的安排部署，在社市委主委的带领下，全力做好陪同服务和汇报工作，圆满完成了社中央领导在毕节考察期间的各项服务工作。在第25届“国际科学与和平周”活动期间，社市委和威宁县人民医院的医学专家为前来义诊的群众免费诊疗，并提供了内科、外科、儿科、妇科等方面的咨询服务，活动接待患者和咨询群众260余人，无偿发放了阿莫西林胶囊、重感灵胶囊、灯盏花颗粒等16种、共计390盒、价值5000余元的药品。四是立足本职，建功立业。九三学社毕节市委委员、毕节市农科所马铃薯研究室主任、研究员张绍荣和市政协委员、毕节市科学技术情报研究所副所长、助理研究员游泳被市委、市政府授予“毕节市第四批市管专家”。九三学社毕节学院支社主委、毕节学院音乐学院院长周正军创作的歌曲《奢香》获贵州专业文艺奖二等奖（排名第一，属贵州省最高文艺奖）。九三学社毕节市委专职副主委赵祖禹被九三学社中央表彰为参政议政先进个人。

九三学社毕节市综合支社换届大会隆重召开，大会选举产生了九三学社毕节市第一届委员会委员、副主任委员和主任委员。图为九三学社贵州省委秘书长李梓（左4）与九三学社毕节市综合支社社员合影

九三学社中央副主席丛斌（左4）赴威宁县草海镇调研。市委副书记、威宁县委书记杨兴友（右5），市委常委、市委统战部部长袁晓玉（右4），毕节市政协副主席、九三学社毕节市委主委谢定敏（右3）陪同调研

5月23日，全国政协副主席、九三学社中央主席韩启德（前排右4）赴威宁县九三中学调研

毕节市总工会

2013年毕节市总工会一届二次全委会召开

2013年，在市委、省总的坚强领导和市政府的大力支持下，市总工会坚持以邓小平理论、“三个代表”重要思想、科学发展观为指导，按照市工会一届二次全会的工作目标，围绕党政中心工作，切实履行工会职能，团结动员全市广大职工为推动试验区科学发展、后发赶超建功立业，在参与创新社会管理、服务职工、加强自身建设等方面作出了积极贡献。工会干部认真贯彻中央关于转变作风、厉行节约的八项规定，密切联系群众，以“千名干部下基层”活动为契机，深入开展了“春送岗位、夏送清凉、金秋助学、冬送温暖”等活动，努力为广大职工群众办实事、做好事、解难事，为开展第二批群众路线教育实践活动奠定了坚实基础。各级工会不断加强宣传力度，有效提升了工会工作的社会知晓率，树立了全新形象。2013年市总工会工作得到省总工会、市委、市政府领导的充分肯定。市总工会荣获全总表彰2项，荣获省总表彰2项，荣获市委考核党群部门一等奖。

毕节市人大副主任、市总工会主席王炳荣慰问环卫工人

毕节市总工会2013年“梦圆金秋”助学活动助学金发放仪式

2013年毕节市总工会新春劳模座谈会

2013年毕节市总工会成功举办“全国工会就业援助月”活动

毕节市人口和计划生育委员会

毕节市人口计生委运送奖励扶助、生育关怀物资到扶助乡镇

大方县人口计生工作在全乡镇推行“板凳会议”

毕节市人口计生委启动“万场电影进村寨，婚育新风进万家”活动

2013年，毕节市人口和计划生育工作深入贯彻落实党的十八大、十八届三中全会精神，坚持计划生育基本国策不动摇，认真贯彻落实省、市对人口计生工作的系列决策部署，紧盯人口“双降”核心目标，持续保持超强工作态势，严控政策外生育，全面推进人口计生“双诚信双承诺”工作，取得了“一个全省领先、两个全省推广、两个全省现场会”的成绩，即：腹腔镜输卵管微创结扎技术推广应用全省领先，人口计生“双诚信双承诺”和网上免费办理《流动人口婚育证明》工作机制全省推广，全省人口计生“双诚信双承诺”工作现场推进会和计生协“一创三建一帮带”产业发展基地建设现场会在毕节市召开，有力推进各项工作落到实处，为全市人口“双降”目标顺利实现奠定了坚实基础。同时，不断深化计划生育优质服务创新发展，让计生成果更多惠及育龄群众；全面推行“板凳会议”制度，传播人口文化，深入宣传人口计生政策法规和生殖保健知识，推动人口“双降”目标圆满完成。全市人口出生率12.56‰，自然增长率6.16‰，同比均下降0.13个千分点；符合政策生育率94.17%，同比上升0.21个百分点；无因违法行政引发的恶性案件和群体性事件发生。

全市各乡镇推进“双诚信双承诺”工作，取得良好成效，群众签约率逐步上升

全市人口计生系统技术人员深入乡镇开展免费孕前优生健康检查服务，为育龄群众发放药具、讲解优生优育知识

赫章县兴发乡中营村人口文化大院以“新农民树新型婚育观念，新农村蕴新型生育文明”为理念开展活动

毕节市老龄工作委员会

10月13日，毕节市老龄办和七星关区老龄办在人民公园联合举办老年节文体演出暨诗歌朗诵活动

7月1日，毕节市举行声势浩大的宣传活动，热烈庆祝修订后的《中华人民共和国老年人权益保障法》颁布实施

12月5日，贵州省老年学会在贵阳举行“贵州长寿之乡”新闻发布会，毕节市七星关区、罗甸县两个县区获得此项殊荣。图为七星关区区长刘建平（右2）上台接牌

毕节市首次开展“敬老文明号”创建活动，图为毕节市“敬老文明号”创建活动授牌仪式上，受表彰单位代表上台领牌

2013年，毕节市老龄办紧紧围绕“五个老有”的工作目标，践行“以人为本、为老服务”的理念，按照“党政主导、社会参与、全民关怀”的老龄工作方针，创新思路、加快发展，全力推进毕节试验区老龄事业又好又快发展。

7月1日，修订后的《中华人民共和国老年人权益保障法》颁布实施，为老龄事业的发展奠定了强大的法律基础。是年，市政府办公室下发了《关于加快建立高龄老人补贴制度的通知》（毕府办通〔2013〕161号），首次将80岁以上老年人的高龄补贴纳入政府规划，全市预计将有10万老年人享受到高龄补贴待遇。是年，市老龄办专项工作经费首次纳入财政预算，老龄工作指标首次列入市委政府对县区党委政府的目标考核内容，七星关区首次申报“贵州长寿之乡”成功摘牌。是年，首次开展“敬老文明号”创建活动，大力倡导“敬老、爱老、助老”时代新风，42个优秀为老服务单位被评为市级“敬老文明号”，其中12个被评为省级“敬老文明号”、4个被评为全国“敬老文明号”。首次实施农村幸福院建设项目，争取中央福利彩票公益金585万元，启动建设195个农村幸福院。首次开展“星级老年协会”创建活动，8个基层老年协会被评为全省“三星级”老年协会。2013年，多项“首次”活动和“多次”工作创新，开创了全市老龄事业发展的新局面。

人民公园金泉湖碧水蓝天相映

毕节市城市管理局

毕节市城市管理局为市人民政府的组成部门之一，内设办公室、市政公共管理科、城市管理科、环境卫生管理科、园林绿化管理科、法规宣传科6个科室，现有干部职工15人，下设毕节市城市管理监察支队，现有干部职工8人。目前主要履行市容环境卫生管理、市政公用事业管理、城市园林绿化管理、城市管理法规宣传等方面的职能职责，对各县区城市管理工作进行业务指导和监督。近年来，在市委、市政府的正确领导下，在省住建厅的精心指导下，毕节市城管局认真贯彻落实科学发展观和党的十八大会议精神，坚持以人为本，不断加强城市基础设施建设，不断加强城管队伍管理，创新管理方法，提升管理水平，为创建卫生文明城市奠定了坚实基础。

6月25日，召开全市城市管理工作会

环卫工人清洗人行横道

贵州盐业（集团）毕节有限责任公司
贵州省盐务管理局毕节分局

贵州盐业（集团）毕节有限责任公司（以下简称“市盐业公司”）挂牌成立于2001年4月8日，性质为国有独资企业。其前身为毕节地区盐业公司。受贵盐集团有限责任公司授权，下辖金沙、纳雍、威宁、赫章四个县级公司。毕节公司与贵州省盐务管理局毕节分局“政企合一”，两块牌子，一套人员，合署办公。市盐业公司现有3名党政班子成员，12名中层管理干部。设有党政办公室、纪检监察审计室、盐政管理科、资产财务科、企业发展科、市场营销中心、威宁食盐配送中心7个内部机构，共有在册员工91人。

党委书记、总经理、盐务局局长 郭昌华

市盐业公司主要从事食盐（含绿标盐，绿色低纳盐，螺旋藻盐，“碧源”牌纸塑加碘小袋盐，食品加工用盐，品种盐）、工业用盐、畜牧用盐、日化盐产品的购销业务。根据《食盐专营办法》和《贵州省食盐管理条例》的规定，食盐销售严格执行国家定价，实行统购统销，管销合一。七星关区及下辖的4个县食盐理论销售量（每人每年按3.8公斤计算）在1.9万吨左右，其中毕节本部在0.54万吨左右。但由于劳动力输出和境外含盐食品的大量注入，全市和七星关区食盐实际正常年销售量分别在1.6万吨和0.45万吨左右。

全市盐业工作会议会场

2013年，全市食盐购进1.01万吨，完成84.24%。盐品销售1.63万吨，完成92.47%，同比增14.13%。其中：食盐销售1.50万吨，完成90.01%，同比增10.26%；小袋盐销售1.40万吨，完成90.87%，同比增14.24%；工业盐销售0.13万吨，完成129.7%。查处各类涉盐违法案件280余起（其中大要案3起，一般程序案件71起），收缴违法盐88.24吨，现场销毁违法盐品9.65吨。端掉制假窝点两个，刑事拘留2人，批捕1人，判刑1人。一般程序案件办结数和收缴违法盐产品数同比增51.02%和82.39%。

宣传活动现场

省、市公司领导看望慰问老同志

乌蒙腹地　三省红都——七星关区

七星关区位于贵州省西北部，是毕节市政治经济中心，七星关区总面积3150平方千米，耕地面积8.57718万公顷。辖8个乡（其中6个民族乡）、24个镇、10个街道办事处，482个村民委员会，24个居民委员会。年末总人口154.8万人，少数民族人口12.9万人，非农业人口18.57万人。人口较多的少数民族有彝族、苗族、白族、仡佬族、布依族等。主要资源有煤、煤层气、泥炭、地热、铁、铜、铅锌、铝土矿、硫铁矿、水泥用灰岩、建筑用灰岩、饰面用灰岩、化肥用白云岩、水泥用砂岩和页岩、耐火黏土、高岭土、矿泉水、砖瓦用页岩矿产等；森林覆盖率达到46.9%。

2013年，七星关区人民政府围绕“加速发展、加快转型、推动跨越”主基调和“科学发展、后发赶超、同步小康”总目标，抢抓国发2号、国办函35号文件实施的机遇，深入实施工业强区和城镇化带动战略，突出抓投资、促增长、调结构、惠民生等重点，克难攻坚，推进各项工作取得积极成效，呈现出经济运行总体平稳、重点项目扎实推进、发展基础不断夯实、农村面貌大为改观、民生得到切实改善、社会事业协调进步的良好局面，有效完成了区人大一届二次会议确定的目标和任务。

是年，七星关区生产总值完成215.56亿元，同比增17.2%，其中：一产增加值32.6亿元，增6.4%，二产增加值85.5亿元，增19.8%，三产增加值98.5亿元，增18.3%，三次产业结构趋于优化。规模工业增加值完成55亿元，同比增20.5%。固定资产投资完

5月13日，市委书记张吉勇（左2），市委副书记、市长陈昌旭（左3）参观毕节市农村环境综合整治工作杨柳村示范点

市委组织部长文松波（前排右2）调研七星关区美丽乡村建设

市委常委、区委书记宫晓农（左2）实地检查撒拉溪镇兴隆村火把地美丽乡村两个硬化建设工作

绿树成荫、风景如画的兴隆村火把地美丽乡村建设提升点

成241.53亿元，同比增36.1%。财政总收入完成87.14亿元，同比增52.56%；公共财政预算收入完成16.37亿元，增38.95%；税收收入完成55.08亿元，增30.06%；财政总支出完成75.54亿元，增30%。社会消费品零售总额完成73.5亿元，同比增13.8%。金融机构存款、贷款余额增速分别达到17.6%和32.1%。城镇居民人均可支配收入21510元，同比增10.03%；农民人均纯收入5788元，同比增12.8%。招商引资实际到位资金181亿元，同比增29.28%。在经济发展增比进位综合测评中，七星关区排贵州省第10位、毕节市第1位。

2013年7月21日，根据七星党办字〔2013〕103号文件及毕节市人民政府《关于七星关区撤建部分街道办事处批复》的精神，经毕节市政府同意设立七星关区洪山街道办事处，麻园街道办事处，碧阳街道办事处，德溪街道办事处，碧海街道办事处6个街道办事处。

地产特色企业—彝姑娘食品

历史悠久，地灵人杰。大方县城始建于明崇祯年间，至今已有360多年的历史。周属夜郎国地，蜀封罗甸王国，宋赐罗施鬼主，元置顺元宣抚司，明领贵州宣慰使，清康熙五年设大定府，民国3年废府设大定县，1958年经国务院批准更名为大方县，1987年被国务院批准为对外开放县。千百年来，水西彝族土司政权治所大方，孕育了流芳千古的彝族女政治家奢香。奢香在摄贵州宣慰使期间，平息战衅、兴办汉学、开辟九驿、奖励耕织，自觉维护祖国统一和民族团结，致力于发展水西经济、文化，深受人民爱戴，被朱元璋誉为“得奢香归附，胜得十万雄兵”，并加封为“顺德夫人”。大方文化底蕴深厚，文物典籍繁多，人文景观丰富，民族民间艺术多姿多彩，书法、灯谜、诗词、楹联、木雕、农民画、漆器工艺等，一直在黔西北文化领域独树一帜，被文化部命名为“中国民间绘画画乡”“中国民间文化艺术之乡”，被省政府命名为“历史文化名城”，被评选为“全国民族团结进步模范集体”“全国文化先进单位”。

黄泥塘大酒店

大情大景，方圆芳菲。国家级地质公园九洞天被中外地质专家誉为中国岩溶地质教科书；西部大开发拉开序幕的地方——支嘎阿鲁湖“水光潋滟晴方好，山色空蒙雨亦奇”。神秘的油杉河、米底河风景区可谓“抬头九寨沟，低头张家界”。国家重点文物保护单位奢香墓和奢香博物馆，是“全国爱国主义教育基地”和“全国民族团结进步教育基地”，恢复重建的慕俄格古城已经成为影视拍摄基地；世界最大的天生桥与中国第一台飞机发动机制造厂遗址见证了“抗日战争”的一段珍贵历史；中华苏维埃川滇黔省革命委员会旧址、中国工农红军将军山、梯子岩战场遗

建设中的大方经济开发区

迹等一批红色旅游景点见证了红军长征的光辉岁月。神秘雄奇的自然风光，古朴浓郁的民族风情和悠远凝重的历史文化，以及冬暖夏凉的宜人气候，交相辉映，引人入胜。

能源和矿产资源组合良好。大方境内矿产资源十分丰富，已经探明的有无烟煤、硫铁矿、高岭土、大理石、冰州石等 19 种，优质无烟煤储量达 102 亿吨，是全国 200 个重点产煤县之一；硫铁矿预测储量 15 亿吨，探明储量 6000 多万吨。由华电集团公司投资控股建设的大方火电厂一期工程装机容量 4×300 兆瓦，二期工程装机容量 2×660 兆瓦，年需燃煤总计约 600 万吨。全县现有大中小型煤矿 63 对，预计到 2015 年全部建成投产后煤炭设计年产量 1881 万吨。“十二五”期间，大方县将坚持实施“大煤保大电，煤电联营”战略，以煤炭生产为基础，重点发展电力和煤化工产业，把大方矿区建成千万吨级的煤炭生产基地、“西电东送”新型能源生产基地、优质煤炭出口基地和煤炭深加工基地。

生物资源丰富。全县境内海拔 720 米 ~ 2325 米，年平均气温 11.8℃，无霜期 257 天，年均降雨量 1150.4 毫米，年日照时数 1335.5 小时，属亚热带高原季风湿润气候，森林覆盖率达 38.6%。全县共有野生动物 140 余种，高等植物 120 多种，中草药植物 1583 种，药用动物 62 种，药用矿物 15 种，是重要的动植物种源地和中药材产区之一。是“中国漆器之乡”“中国天麻之乡”“中国皱椒之乡”和“中国豆制品之乡”；无公害、无污染的高原蔬菜和脱毒马铃薯等特色农产品畅销深圳等地；作为全国优质烟叶重点生产基地，也是英美烟草公司基地和贵州省进出口公司烟叶基地县之一；全县有草丛草场 40.64 万亩，灌丛草场 53.74 万亩，适宜发展生态畜牧业。

西南出海大通道之一。大方地处贵阳、重庆、成都、昆明、南宁经济辐射圈内，自古以来“于滇为咽喉，于蜀为门户”，321、326 国道纵横交错，横贯县境的贵毕公路、大方至四川纳溪高等级公路是西南出海和北上长江的辅助性大通道，县城距贵阳 178 公里，距毕节 50 公里，距成都 539 公里，距北海 1172 公里；杭瑞高速公路和黔西至大方至毕节高速公路穿越县境，成贵快速铁路、隆黄铁路、昭吉铁路和毕水兴铁路四条铁路在县境内交汇；毕节飞雄机场距县城 20 公里。全县 36 个乡镇基本实现了水、电、路、讯畅通，优越的地理位置，日臻完善的基础设施，将使大方成为“大进大出、畅通无阻”的黔西北重要交通枢纽和“鸡鸣三省”（川滇黔交界）结合部重要物资集散中心。

大方县羊场辣椒基地

九洞天茶场

文阁天麻种植农户

雨冲乡中药材种植示范基地

大方县试养成功小尾寒羊

人文水西　魅力花都——

黔西县

黔西县位于贵州中部偏西北、乌江中游鸭池河北岸。东邻修文县，以六广河为界；南邻清镇市和织金县，以鸭池河为界；西邻大方县，以支嘎阿鲁湖和西溪河为界；北和东北与大方县、金沙县接壤。县政府所在地距省会贵阳117公里，距毕节市政府所在地七星关区115公里。县域面积2389.5平方公里，辖25个乡镇，4个街道办事处，辖362个村（居）民委员会，2012年末总人口91万人，有汉族、彝族、苗族、仡佬族、布依族、白族、满族等18个民族，少数民族人口占总人口的23.5%。

9.02 全省小城镇建设观摩会

黔西县历史悠久。据境内“黔西观音洞”出土文物考证，黔西是古人类发祥地之一，属长江以南旧石器早期文化的代表，早在五六十万年前就有人类繁衍生息，享有北有周口店，南有观音洞的赞誉。夏商时为梁州南徼外“荒裔”。商末周初属鬼方联盟的卢夷国。春秋战国时先后属蜀国和鳖国地。秦嬴政二十七年（公元前220年）纳入全国版图属夜郎县。经汉、唐、宋、元演变，至明洪武十五年（1382年）筑水西城（今县城），崇祯三年（1630年）以安氏之水西地置水西宣慰司。清康熙五年（1666年）以水西城置黔西府，康熙二十二年（1684年）降为黔西州。民国3年（1914年）1月改称黔西县。

黔西属省委、省政府明确的贵阳1小时经济圈的13个县市之一，是贵州省确定的全省实施中大型城市发展带动战略的重点县城和省会贵阳城市带卫星城，是黔中经济圈中的“一主（贵阳市区）”“一副（安顺市）”“四组团”（黔西、织金、开阳—息烽、贵定）中一组团。黔西是贵阳城市经济圈向黔西北经济带辐射的第一关口，是毕节市的东大门，是黔中经济圈旅游、物流、商贸经济流向西北方向的第一要塞。贵毕路贯通全境，黔织高速公路建成通车，黔大高速、贵黔高速开工建设，成贵铁路，昭黔铁路，黔西至息烽、黔西至金沙白腊坎、黔西至普底杭瑞高速公路的前期工作稳步推进。

黔西矿产、水能资源丰富，是西部大开发拉开序幕的地方，是贵州省“西电东送”的能源基地。煤炭储

素朴镇入口花园王阳明雕塑

量达70多亿吨，水能资源径流年总量达77亿立方米，已建成东风、洪家渡、索风营三座水电站和黔西火电厂，以及青龙、桂箐等一批大中型骨干煤矿，电力总装机310万千瓦。

近年来，黔西县坚持以中国特色社会主义理论体系为指导，深入贯彻落实中央、省、市各项决策部署，围绕“稳中求快、提速赶超”的总基调、总目标，团结一心、抢抓机遇，全县经济实力明显增强，基础设施不断改善，工业经济突飞猛进，城市建设日新月异，农业产业快速发展，旅游产业方兴未艾，民生事业日益改善，全县呈现出经济持续发展、民生显著改善、社会和谐稳定、人民安居乐业的良好局面，为全面建成小康社会打下了坚实的基础。2012年，黔西入选“中国最具投资潜力特色示范县”，2013年，全年生产总值完成122.87亿元，比上年增15.0 %；全社会固定资产投资完成197.49亿元，增20.7%；财政总收入完成30.29亿元，增36.29%，其中公共财政预算收入完成11.58亿元，增15.6%；社会消费品零售总额完成20.4亿元，增13.6%；城镇居民人均可支配收入19260元；农村居民人均纯收入5684元；金融机构存款余额71.91亿元，贷款余额72.2亿元，增速分别为11.6%和15.2%；三次产业结构调整为16.6∶45.5∶37.9。县域经济总量明显提升，在全省综合排位由上年的60位上升至57位。

毕摩祭火

梦樵茶叶

金沙，位于贵州省西北部，毕节市东部，东邻遵义，南毗贵阳，西靠毕节，北接成渝，地处黔中经济区、成渝经济圈、泛珠三角经济圈，杭瑞高速公路、赤望高速公路、规划中的攀黔快速铁路横跨县境，金沙是贵州省经济强县、中国西部百强县、中国最具投资潜力特色示范县之一。金沙，原名打鼓新场，1941年置县，以境内“金宝屯”“沙溪坝”首字为名，取义于古人“披沙拣金”之语，喻细心挑选、去粗取精之意。全县总面积2528平方公里，辖25个乡（镇、街道）241个村（社区），有汉、苗、彝等15个民族，总人口67万人。

黄河大道

长江大道

金沙矿产资源富集，境内有煤、铁、硫、磷、硅等19种矿藏，其中煤炭储量72.77亿吨，是全国50个重点产煤县、“西电东送”工程能源基地之一。金沙旅游资源丰富，境内山川毓秀、风景优美、气候宜人，森林覆盖率49.3%，有冷水河国家级湿地保护区、三丈水省级森林公园、钱壮飞烈士陵园、红军南渡乌江旧址等旅游景点和敖氏罗氏墓群石刻、清池江西会馆等国家级重点文物保护单位。金沙酒文化源远流长，“金沙回沙酒”连续蝉联“贵州十大名酒”称号，为中国驰名商标。金沙茶文化历史悠久，清池茶在汉代被列为宫廷贡品，“清水塘”牌清池翠片荣获“贵州十大名茶”称号，金沙被命名为“中国贡茶之乡”。

近年来，特别是2010年全省工业发展大会以来，全县围绕“加速发展、加快转型、推动跨越”主基调和“工业强县、城镇化带动”战略，坚持项目带动、招商推动、投资拉动，全县经济社会呈现出工业转型发展、城乡统筹发展、农业规模发展、民生快速发展、社会和谐发展的良好局面，探索走出了一条开放带动、转型发展的“金沙之路”。金沙经济开发区为省级经济开发区，台金现代观光农业科技园区为国家级农业科技园区，金沙在西部百强县中的排名从2009年的76位攀升到2011年的58位，2013年跃升至32位，先后被授予全国科技进步先进县、全国社会治安综合治理先进县、全国农业标准化示范县、国家级食品安全示范县、省级卫生城市等荣誉称号。

县城夜景

长风破浪正当时，直挂云帆济沧海。精诚团结、不怕困难、敢为人先、勇争一流的金沙人民将以时不我待、只争朝夕的精神状态，奋发有为、勇往直前的昂扬斗志，苦干实干、大干快干的顽强作风，拼搏进取，乘势而上，全面掀起大提速、大发展、大跨越的新高潮，全力加快活力、宜居、幸福金沙和全面小康建设步伐，努力建成全省经济发展一流县、统筹城乡发展一流县、城镇建设一流县、生态文明一流县、社会和谐一流县，奋力开创金沙科学发展、和谐发展、率先发展的崭新局面！

泰山路

金沙，正日益成为开发的热土、创业的平台、投资的宝地。金沙人民将以宽广的胸怀、优惠的政策、优质的服务、良好的环境，热忱欢迎八方宾朋前来投资兴业，共创全面小康的美好未来！

美丽乡村

洞天福地 灵秀织金——织金县

1月5日，省委常委、省委组织部长孙永春（前排左2）到织金县桂果镇开展慰问调研工作

5日8日，省委常委、省委宣传部长喻红秋（前排左2）到织金县茶店乡少年宫调研

4月19日，省政府党组成员、省委农村工作委员会书记、省农委党组书记黄家培（前排左1）到织金县调研

6月16日，市委书记张吉勇（左3）到织金县经济开发区调研

织金县位于贵州省中部偏西，乌江支流六冲河、三岔河交汇处的三角地带。县城东距贵阳175公里，南离安顺87公里，县东西长82.5公里，南北宽66公里，最高海拔2262米，最低海拔860米，年降水量1436毫米，年日照1117小时，年平均气温14.1℃，无霜期272天。全县总面积2868平方公里，耕地4.6万公顷。全县辖17个乡（8个少数民族乡），9个镇，6个街道办事处，28个居民委员会，572个村民委员会，4810个村民组。2013年末，全县总人口115.26万人，其中农业人口107.01万人，非农业人口8.25万人。县内资源开发前景广阔，属著名织纳煤田的主体部分，素有“西南煤海”之称，无烟煤储量129亿吨，可开采量107

亿吨；磷矿储量 13.78 亿吨，占全省储量的 54.4%，重稀氧化钇储量 144.6 万吨，名列全国第二；其他重要矿产有重晶石、赤铁矿、硫铁矿、铝矾土、硅石、铅锌矿等。

2013 年，全县坚持以邓小平理论、“三个代表”重要思想和科学发展观为指导，坚持主基调战略，围绕 2017 年提前全面建成小康社会总目标，团结带领全县干部群众，全力以赴保增长、促发展、惠民生，务实进取、排难攻坚，确保经济社会发展稳中有进、稳中有为、稳中向好，呈现出“经济总量不断提升，县域经济结构逐步优化，民生事业全面改善，社会管理不断加强”的大好局面。尤其是经济社会发展中出现了喜人势头，取得了一系列突破性进展。2013 年，全县地方生产总值突破 100 亿元，金融存款突破 100 亿元，煤炭产量突破 1000 万吨，这三个突破标志着织金在经济社会发展的快车道上实现了全面提速，2013 年全省增比进位综合测评中织金县排第 21 位，比 2012 年增进 5 位，小康社会实现程度达 75.6%，“同步小康”创建综合指标考核排全市第 2 位，标志着织金在跻身全省经济强县的道路上势头强劲，在全面建成小康社会新征程中实现了全新跨越，“5 个 100”工程建设成效明显，产业转型升级步伐加快，中石化 60 万吨 / 年聚烯烃一期等一批新型重大工业项目正式开工建设，县产业园区东伟服装厂等一批新兴产业项目投产，标志着织金新型经济支柱培育实现了重大突破。黔织高速公路正式投入使用，铁路客运正式开通，三甲大道、绮陌大道、厦蓉高速公路、林织铁路等一批大型基础设施建设项目快速推进，标志着制约发展的交通瓶颈即将破解。示范小城镇建设深入开展，农村环境综合整治“两硬化”工程取得积极成效，标志着织金统筹城乡发展水平全面加强。

1 月 26 日，织金县火车客运正式开通

珙桐之乡 和美纳雍——纳雍县

纳雍湿地自然保护区（纳雍大坪箐）

县委书记郭华（左2）到经济开发区调研

县委副书记、县长郑成芳（左3）到发展大道、经济开发区调研

纳雍县位于贵州省西北部、毕节市南部，地理坐标为北纬26°30′16″～27°05′54″ 东经104°55′40″～105°38′04″，其东南与织金、六枝，西南与水城，西北与七星关、赫章，东北与大方相连。东西长56公里，南北宽48公里，总面积2448平方公里，最高海拔2476米，最低海拔1050米，全县辖26个乡镇，479个行政村，35个居委会。2013年年末人口总数1001480人，其中：男520020人，女481460人。

纳雍是一个资源丰富，开发前景较好的县，现已探明的地下资源有煤、铅锌、大理石、硫铁、莹石、白云石、石灰石等20余种矿藏。其中，无烟煤储量123亿吨，占全省储量的14.4%，位居第四位，可开采量68亿吨，煤质优良，属低硫低灰高发热的优质无烟煤；铅锌地质储量10万吨，品位高、易开采；大理石储量68.626亿立方米，可逐层开采，自成板材，层面平整的黑色大理石被专家命名为“纳墨玉”，还有虎皮、水浪花等十多种品种，均可制成板材、地面砖、工艺品；铁矿储量103万吨，硫铁矿储量74万吨。水能资源丰富，可开发量6万千瓦，现仅开发1万多千瓦。

纳雍属多民族聚居区，全县共有苗族、彝族、白族、布依族、回族、侗族、壮族等22个少数民族。民族风情多姿多彩，有苗族的“跳花坡”“打嘎”，彝族的“搓子舞”，布依族的“六月六”，穿青人的“打亲家”等，充满着浓郁的地方色彩。特别是舞姿古朴、骄健、惊奇的苗族芦笙舞——“滚山珠”曾多次出国演出获得好评。此外，苗族的蜡染和刺绣也别具特色，令人赞叹。纳雍属喀斯特地貌广泛发育地区，盲谷、伏流、峰林随处可见。主要旅游景点有小三峡之称的总溪河风光，雄奇壮观的吊水岩瀑布，碧波荡漾、杜鹃争艳的过狮河水库以及桃园洞、彭家洞、宣慰洞、白龙洞等离奇古怪的溶洞景观，还有万寿桥、奢香行宫、古战场猴儿关，红军路过枪杆岩等历史遗迹。

珙桐王（纳雍）

世界面积最大、植株最多的纳雍珙桐林

威宁自治县民族风情 李茂 摄

2013年1月9日，省委书记、省人大常委会主任赵克志（中间）在威宁自治县迤那镇敬老院与老人们亲切交谈。

威宁报社提供

威宁彝族回族苗族自治县地处北纬26°30′～27°25′，东经103°26′～104°45′。西、南、北三面与云南省宣威、会泽、鲁甸、昭通、彝良县交界，东南与水城接壤。最高海拔2879.6米，最低海拔1234米，平均海拔2300米。年均气温10℃～12℃，降雨量962.3毫米，日照时数1800小时，无霜期208天。内昆铁路121.3公里穿越县境。全县辖35个乡镇（其中1个民族乡），609个行政村，15个居民委员会。2013年，总人口145.43万人。县内地势从东南经西北缓平抬升。高原面地势平缓开阔，丘陵和坝子相间。四周是深峻的高中山区和中山河谷，乌蒙山系纵横全境，是贵州省地势最高的县，被称为贵州屋脊。主要农作物为玉米、马铃薯、水稻、小麦、油菜、烤烟、甜菜、荞麦及大豆。马铃薯以味美、个大、产量高驰名。草场广阔，是贵州省最大的畜牧业基地。主要矿藏有铜、铁、煤、石膏。名优土特产有荞酥、火腿、苹果、黄梨、草海细鱼。威宁草海被誉为贵州高原明珠，是国家级自然保护区。2013年，威宁自治县围绕与全省国全省同步全面建成小康社会的宏伟目标，抢抓国家实施新一轮西部大开发、乌蒙山片区区域发展与扶贫攻坚规划、国发2号文件和深入推进毕节试验区改革发展规划（2013—2020）以及省新一轮帮扶威宁加快发展、省直管县体制改革试点的重大机遇，威宁自治县在党中央、国务院的关心关注下，在省委、省政府的正确领导下，深入贯彻落实十八大、中央八项规定和贵州省第十二届人民代表大会精神，牢牢把握发展主基调，坚持以全面建成小康社会统领各项工作，以提高县域经济发展水平为中心，以扶贫开发为主攻方向，坚持树立和强化“十破十立”思想意识，全力推进经济建设、政治建设、文化建设、社会建设和生态文明建设，使经济社会发展呈现出综合实力大幅提升、基础设施明显改善、工业化进程加快、城乡面貌发生巨变、社会管理不断创新的良好势头。是年，经济发展增比进位综合测评排全省24位。实现地区生产总值119.05亿元，增长16.7%，首次突破百亿元大关;50万元以上固定资产投资156.3亿元，增长34.1%；规模工业总产值95.1亿元，增长51%；全部工业增加值28.89亿元，增长21.9；财政总收入完成17.61亿元，增长25.62%，税收收入10.6亿元，增长21.74%；金融机构各项存款余额76.1亿元，增长26.83%；金融机构各项贷款余额44.44亿元，增长33.5%；城镇新增就业人数增长51.89%；农民人均纯收入5750元，增长18.29%；城镇居民人均可支配收入18979元，增长10.07%；人民群众对“两加一推”成果满意度85.81分，位居全省25位。全县总面积6298平方公里，总户籍人口145.43万人。

2013年10月22日省政协政协王富玉（右2）到威宁自治县东风镇考察工作　东风镇　提供

2013年10月22日　出席全省民族地区“三化同步”建设工作会议的领导在迤那镇参观考察　县委新闻信息网提供

威宁自治县夏秋反季节蔬菜基地　农业局提供

已建成投产的赫章韭菜坪风能发电

县委书记黄光江（左2）到朱明乡检查核桃基地

县长孙逊（前排左3）在朱明乡参加全县烤烟种植现场会议

2013年，是赫章县攻坚克难、再上新台阶的一年，是投资拉动明显、建设发展提速的一年。赫章县人民政府在县委的坚强领导下，在县人大的法律监督、工作监督和县政协的民主监督与支持下，认真贯彻落实党的十八大、十八届三中全会、习近平总书记一系列重要讲话精神和县委十一届二次代表大会精神，高举“发展、团结、奋斗”的旗帜，坚持主基调主战略，团结带领全县各族干部群众，大力实施“5个100工程”，大力发展“五大经济”，扎实开展同步小康创建活动，经济社会发展稳中有进、稳中有为、稳中向好，呈现出“经济提速转型、民生持续改善、社会和谐稳定、文化繁荣发展、民族团结进步、干群精神振奋”的大好局面。在2013年全省88个县（市、区、特区）经济发展增比进位综合测评排位中，赫章县排全省第34位，比上年上升12位，连续三年实现位次前移。完成地区生产总值66.16亿元，增16.4%（一产19.46亿元，增8.3%；二产17.73亿元，增23.1%；三产28.96亿元，增17.8%）；财政总收入10.2亿元，增19.7%；全社会固定资产投资126.3亿元，增19.56%；农民人均纯收入5295元，增15.7%；城镇居民人均可支配收入18535元，同比下降3.3%；金融机构存款余额60.26亿元，增长21.34%；金融机构贷款余额24.3亿元，增30.88%；全社会消费品零售总额11.5亿元，增13.2%。

丰富的煤矿资源得到有效开发

赫章县百万只山羊养殖工程——阿西里西大草原放牧场景

赫章县城一角

野马川工业园区一角

花海一角

百里杜鹃党工委副书记、管委会主任熊灿平到仁和乡召开群众大会，动员群众积极投身两硬化建设

百里杜鹃党工委副书记、管委会主任熊灿平（前排右2）到煤矿检查指导安全生产工作

毕节市人大副主任、百里杜鹃党工委副书记黄家耀（右1）春节期间慰问环卫工人

百里杜鹃位于贵州省西北部毕节试验区中部的乌蒙山腹地，东与金沙县偎依，南与黔西县相邻，西北与大方县接壤。行政区域总面积600平方公里，辖4个民族乡2个管理区56个村（居），居住着汉族、彝族、苗族、白族、满族、布依族等20多个民族，总人口10.3357万人，其中少数民族6.0093万人，耕地面积1.5万公顷，森林覆盖率60.5%。主要矿藏有煤、黄铁矿、大理石、高岭土等28种（含亚矿种）。境内有125.8平方公里的天然杜鹃花林带，是全国唯一的国家杜鹃森林公园，其杜鹃花品种有60余种，占世界杜鹃种属5个亚属的全部。每年阳春三月，各种杜鹃花竞相怒放、铺山盖岭，素有“杜鹃王国”“地球彩

带、世界花园"之美誉。百里杜鹃是国家级森林公园、风景名胜区、自然保护区，2013年10月百里杜鹃被评为国家AAAAA级旅游景区，12月成功创建国家生态旅游示范区。2013年，全区生产总值17.5亿元，比上年增长16.6%；完成全社会固定资产投资44亿元，同比增长30.3%；完成财政总收入8.22亿元，增长20.92%；城镇居民人均可支配收入18500元，农民人均纯收入5696元，同比增长15.1%。全年完成规模以上工业总产值19.5亿元，规模以上工业增加值7.7亿元，生产原煤533万吨，供应电煤136.2万吨。全年接待游客325.02万人次，实现旅游总收入21.8亿元，同比增长244%，实现农民旅游纯收入2100元。新增医疗机构23家；新型农村合作医疗补偿65770人次，补偿总额2604.25万元；发放各类民政资金1252.82万元，城镇新增就业2323人，实现再就业725人，转移农业劳动力7492人；各类社会保险累计参保66293人，城乡居民社会养老保险参保35370人，共征收保险基金3032万元；净减少贫困人口5107人，乡镇贫困发生率降到50%。

2013年10月11日上午，国家旅游局在北京召开国家AAAAA级旅游景区整改意见反馈和发放证书、标牌会议，正式授予百里杜鹃国家AAAAA级旅游景区证书和标牌，标志着百里杜鹃成功荣膺国家AAAAA级旅游景区，成为贵州省的第三个国家AAAAA级旅游景区

百里杜鹃跑马村两硬化工程——全市两硬化工程现场会召开点

百里杜鹃生态移民石牛安置区——省科学推进扶贫生态移民试验示范点

毕节市烟草专卖局（公司）

毕节市烟草专卖局、贵州省烟草公司毕节市公司成立于 1983 年。下辖七星关区、大方县、黔西县、金沙县、织金县、纳雍县、威宁彝族回族苗族自治县、赫章县等 8 个县区级烟草专卖局（分公司），以及烟叶营销中心、卷烟营销中心和卷烟物流配送中心。

公司坚持创新引领、驱动发展，按照“抓突破、转方式、促提升、重执行、增效益”的工作主线，全力推进毕节烟草转型发展，取得一系列好成绩、新成果。技术中心通过国家局验收，成为全国烟草行业 6 个行业级技术中心之一。全面推进卓越行为建设，行为规范被省烟草专卖局（公司）推荐参加全国烟草行业企业文化年会，并在会上作经验交流发言。自育品种“毕纳 1 号”通过全国农业评审，《生物质能替代煤炭烘烤烟叶系统集成研究与应用》获省政府科学技术进步三等奖，《烤烟新品种毕纳 1 号选育及应用》项目获省烟草专卖局（公司）2013 年度科学技术进步二等奖，《织金县烤烟散叶烘烤技术推广》获省烟草专卖局（公司）科学技术成果转化三等奖。黔西林泉、威宁秀水等五个合作社获得省级示范社称号。

全市 2013 年实现烟农收入 24.74 亿元，主营业务收入 76.8 亿元，税利 20.23 亿元。较好地实现了烟农增收、财政增税、企业增效的目标。

2013 年全市烟叶工作会议成功召开

毕节市烟草专卖局（公司）荣获全国轻工业优秀质量管理小组称号

自育品种“毕纳 1 号”通过全国农业评审

编辑说明

一、《毕节年鉴》系中共毕节市委领导、毕节市人民政府主办，毕节市史志办编辑的公开出版发行的地方综合性大型权威资料工具书。

二、《毕节年鉴》创刊于2002年，每年一卷。2014年卷《毕节年鉴》是第13卷。本卷全面、系统、翔实地记载了上一年度毕节市经济社会发展的新成就、新经验、新问题，为社会各界了解、研究毕节提供地情资料。

三、《毕节年鉴》坚持以邓小平理论，"三个代表"重要思想、科学发展观为指导，深入贯彻落实习近平系列重要讲话、党的十八届三中全会精神和国发2号文件精神，抢抓西部大开发历史性机遇，围绕毕节试验区加速发展、加快转型、推动跨越主基调，着力反映各县区、各部门深化改革、扩大开放、促进经济社会发展的新进展、新举措、新成就，并以彩图从多方面、多角度反映物质文明、政治文明、精神文明建设的新面貌。

四、本卷共设31部类，即专文、特载、文件选编、大事记、毕节市概况、领导名录、政治、军事、法治、经济管理与监督、财政·税务、金融、农业、工业、"西电东送"建设项目、经济开发区（工业园区）建设、城建·环保、旅游、交通·邮电、贸易、驻外联络、教育、科技、文化、广播影视·新闻、卫生、社会生活、企业之窗、县区概况、获奖名录、统计资料。

五、本卷所用稿件均由市直各工作部门、各县区、军分区、省属驻毕单位、各民主党派和群众团体提供，并经单位领导审阅签发。《毕节市经济社会发展统计资料》系市统计局提供。各部门提供的数据经过认真核对，但因统计口径与资料来源不同，有的数据可能不尽一致，使用时请以统计部门的数据为准。农业用地为保持传统习惯，仍以亩（1公顷＝15亩）表示。图片除署名者外，均系上彩页单位提供。

六、《毕节年鉴》在撰写、编印过程中，得到各级领导、有关部门、社会各界的关心和支持，在此深表感谢。

七、由于我们的水平有限，在工作中存在不少问题和缺点，恳请读者提出宝贵意见，我们一定虚心听取，认真采纳，使《毕节年鉴》的质量不断提高。

毕节市史志办

2014年11月

目　录

专　文

特　载

文 件 选 编

大　事　记

毕节市概况

领　导　名　录

政　　治

毕节市人民政府

外事侨务

档　案

残疾人事业

政务服务

中国人民政治协商会议毕节市委员会

军　　事

法　　治

经济管理与监督

财政·税务

财　　政

会计核算

国　　税

地　　税

金　　融

中国人民银行毕节市中心支行

毕节银监分局

农　　业

工　　业

“西电东送”建设项目

经济开发区（工业园区）建设

城建・环保

旅　　游

交通·邮电

贸　易

商　务

供销合作

粮油贸易

驻外联络

毕节市人民政府驻北京联络处

毕节市人民政府驻苏州办事处

毕节市人民政府驻广州办事处

教　育

科　　技

文　化

广播影视·新闻

卫　生

社会生活

企业之窗

县区概况

获奖名录

统计资料

专　文

以党的十八届三中全会精神为指导
奋力打造毕节经济社会发展升级版

——在全市经济工作会议上的讲话

张吉勇

（2014 年 1 月 3 日）

同志们：

这次会议的主要任务是，以党的十八届三中全会精神为指导，贯彻落实中央经济工作会议、城镇化工作会议、农村工作会议和全省经济工作会议精神，总结分析经济发展形势，研究部署今年经济工作，加快提速转型，推动跨越发展，奋力打造毕节经济社会发展“升级版”。

下面，根据市委常委会研究的意见，我讲四个方面的问题。

一、充分肯定过去一年取得的成绩，切实增强推动经济社会发展转型升级的信心

一年来，全市上下认真贯彻落实中央和省的决策部署，坚持主基调、推进主战略，紧紧围绕科学发展这个主题、加快发展速度和转变经济发展方式这条主线、提高经济增长质量和效益这个中心，振奋精神、攻坚克难、务实进取，经济社会实现了持续快速健康发展，呈现出“运行平稳、转型加快、后劲增强、和谐稳定”的良好态势。预计全年实现生产总值 1025 亿元，增 15.1%；完成全社会固定资产投资 1700 亿元，增 30.7%；完成财政总收入 336.86 亿元，增 32.4%，其中公共财政预算收入完成 125.62 亿元，增 15.2%；城镇居民人均可支配收入 19789 元，农民人均可支配收入 5660 元。这些成绩的取得，进一步夯实了我市今后一个时期经济社会发展转型升级的基础，进一步增强了我们科学发展、推动跨越、同步小康的信心。主要表现在以下几个方面：

*一是同步小康信心更足。*认真学习中央、省的方针政策和重要会议精神，特别是党的十八大、十八届三中全会精神和习近平总书记一系列重要讲话精神，用马克思主义中国化的最新理论成果武装头脑、指导实践，增强中国特色社会主义道路自信、理论自信、制度自信，增强毕节试验区的跨越自信、小康自信。坚持主基调、主战略和主题主线的发展要求，坚持理论联系实际，在发展中审视市情，在实践中完善思路，不断深化试验区改革发展内涵，全市科学发展、推动跨越、同步小康的思路更加清晰，重点更加突出，

措施更加有力，氛围更加浓厚，热情更加高涨，信心更加坚定。

二是发展后劲显著增强。争取国务院批准实施《深入推进毕节试验区改革发展规划》，以《规划》为引领，以投资为抓手，加大项目的谋划、编制、争取和实施力度，中石化织金煤制聚烯烃项目、华润电力、渝富煤制油等一批大项目得到国家、省支持，成贵快铁、夹岩水利枢纽工程等一些事关发展全局的项目实质性开工和顺利推进。超前的规划和扎实的项目建设工作，使我们在抢抓国家推进西部大开发战略实施、支持贵州又好又快发展、实施乌蒙山片区区域发展和扶贫攻坚规划等政策机遇中赢得了主动，实现了政策效应的最大化。

三是发展质量明显提高。着眼加快推进城乡一体化，坚持"加速发展、加快转型、推动跨越"主基调，大力推进工业强市、城镇化带动、旅游兴市、生态立市"四大战略"，不断深化改革，继续扩大开放，强力推进基础设施建设，以"5个100工程"建设为载体，同步推进工业化、城镇化、农业现代化，改造提升传统产业，做大做强优势产业，积极培育新兴产业，着力提高工业经济、民营经济、县域经济和城镇化率"四个比重"，三次产业协调快速发展，逐渐形成了科学、合理、可持续的多元化现代产业发展格局。

四是发展成果持续惠民。实施"十大民生工程"，办好"十件民生实事"，开展教育"9＋3"行动计划，成功举办市第一届体育运动会，打好"信访维稳百日攻坚战"，健全完善矛盾纠纷排查调处、弱势群体救助等长效机制，开展农村环境综合整治和社会治理集成创新，下大气力解决好涉及群众切身利益的突出问题，人民生活水平明显提高，维护稳定的基层基础工作得到夯实，社会治安突出问题得到整治，安全生产形势持续好转，人民群众的满意度、安全感明显提升。

五是发展环境不断优化。严格遵守中央"八项规定"和省委"十项规定"，出台市委"十项规定"和转变作风十六条，以开展党的群众路线教育实践活动为契机，大力营造为民、务实、清廉的良好发展环境。大力推动实践基础上的制度创新，建立了由市委常委牵头、政府分管副市长主抓、人大和政协领导配合的"十大攻坚战"重点工作推进机制，实施民生项目监督特派组制度，严格执行"双考双评双挂钩"动态跟踪考核机制，全市干事创业、增比进位、创先争优的氛围日益浓厚。

一年来，围绕科学发展、推动跨越、同步小康的目标，各级党委统揽全局、协调各方，各级人大依法履职、严格监督，各级政府依法行政、狠抓落实，各级政协建言献策、凝聚力量，各行各业竞相发展、形势喜人，干部群众团结一致、艰苦奋斗，形成了凝心聚力谋发展、加压奋进攻难关、创新实干求突破的浓厚氛围。在这里，我代表市委向所有关心支持毕节试验区经济社会发展的同志，向全市各行各业的同志们，向广大干部群众表示衷心的感谢！

二、准确把握发展的时代特征，明确打造经济社会发展"升级版"的方向和目标

今年是全面贯彻党的十八届三中全会精神的开局之年，是我市推动跨越、同步小康的关键一年。站在这个新的历史起点，我们必须准确把握经济社会发展的时代特征和形势变化，科学谋划经济社会发展各项工作，进一步统一思想、凝聚共识，努力打造我市经济社会发展"升级版"。

（一）打造毕节经济社会发展"升级版"，是大势所趋。国际金融危机以及由此造成的自二战以来世界经济最严重的衰退，引发了全球经济的深度调整。国际金融危机爆发后，外部需求的急剧收缩，通过出口关联部门，从下游加工贸易生产部门延伸到上游的能源和原材料生产部门，加上区域性贸易保护主义升级，对我国的实体经济形成直接冲击。同时，我国经济存在投资增长偏快、信贷投放过多、外贸顺差过大等突出问题，使我国的经济发展面临巨大的调整压力。为逐步摆脱国际金融危机的影响，加快推动新一轮经济增长，必须进行经济战略性调整和转型。为此，党的十八大特别强调要加快转变经济发展方式，十八届三中全会对以改革创新推动转型发展提出了新的要求。国家以改革促转型的政策方向已十分明确，发展方式转变势在必行。在这样的宏观经济大环境、大背景下，只有加快转型，才能加速发展；只有及时升级，才能牢牢掌握发展主动权。打造毕节经济社会发展"升级版"，正是基于对当前国际国内经济发展趋势的科学研判，而作出的战略选择。

（二）打造毕节经济社会发展"升级版"，是

形势所迫。我们把投资作为拉动经济增长的重要引擎，力求通过扩大投资来解决发展不充分、总量小、人均水平低的问题。近三年来全社会固定资产投资以年均50%以上的速度增长。在投资拉动下，生产总值年均增速达到16%。但经济快速增长在相当程度上是靠资源的高消耗和资本的高投入来实现的，发展方式比较粗放，发展是以量的扩张为主，存在着产业发展层次偏低、创新能力不强、要素制约加剧等问题。最典型的是以煤电为主的工业经济，2013年我市625家规模以上工业企业中，煤矿、火电企业有375家，其产值占到了规模以上工业产值的70%以上。如果我们不改变传统的高投入、高消耗、高污染、低效益的粗放发展方式，走绿色高效、可持续的集约发展道路，加快转型升级，做到"总量和质量"的同步提升，那么今后发展的代价就会越来越大、空间就会越来越小、道路就会越走越艰难，毕节在全省全局和区域格局中的地位就会逐步被弱化。我们必须切实增强加快转型升级的责任感和紧迫感，在"加快"上下工夫，在"转型"上动真格，在"升级"上求实效，努力使产业层次更高、创新能力更强、发展环境更优、市场活力更足、质量与效益更好。

（三）打造毕节经济社会发展"升级版"，是现实所需。当前，毕节正处在一个战略机遇凸显、基础条件较好、发展潜力巨大的关键时期。我们有独特的政策优势。西部大开发、乌蒙山片区区域发展和扶贫攻坚规划、国发2号文件、国办函35号文件以及国家有关部委给予试验区的差别化政策等一系列难得的政策机遇，将使我们获得更多优惠政策和专项扶持。我们具备坚实的要素基础。有丰富的资源基础，煤、磷、铁等矿产资源富集；有雄厚的产业基础，在工业强市战略的引领下，三次产业得到协调快速发展；有可靠的干部基础，经过这些年的开发建设，我们在实践中锻造了一支素质优良、作风顽强、敢打硬仗、能打胜仗的干部队伍；有广泛的群众基础，人民群众思发展、盼发展、求发展的愿望非常强烈，迫切希望提升生活质量。2013年我市人均GDP为15692元左右（约合2566美元），经济社会发展即将进入人均GDP3000美元的阶段。根据经济发展的一般规律，人均GDP达到3000美元之后，就进入中等收入发展阶段，整个社会经济将会发生深刻变化。因此，打造经济社会发展升级版，既抓住了毕节经济社会发展的关键，更顺应了全市人民群众过上更好生活的热切期盼。机遇稍纵即逝，发展不进则退。我们务必要提高发现机遇、把握机遇、用好机遇的敏锐性，积极抢抓机遇，助推转型升级，努力使自身优势转化为区域发展新优势，实现改革红利、内需潜力和创新活力的叠加释放，为打造经济社会发展"升级版"提供强大动力。

根据当前和今后一个时期我市的发展形势，今年经济工作的总体要求是：以党的十八大、十八届三中全会和省委十一届四次全会精神为指导，全面贯彻落实中央、省经济工作会议安排部署，按照"稳中求进、提速转型、又好又快"和"稳、进、改"的要求，坚持发展主题主线和主基调主战略，坚持同步推进工业化、信息化、城镇化、农业现代化，把改革创新贯穿于经济社会发展各个领域各个环节，以扩大投资、转型升级为重要抓手，以提高经济增长质量和效益为中心，大力调整优化经济结构，大力推动基础设施建设，大力推进创新驱动，大力保障改善民生，大力推进社会治理集成创新，努力保持一个高于全国、高于西部、高于全省、稳中有进的发展速度，加快建设科学发展试验区、现代产业集聚区、创新扶贫示范区、生态文明先行区、多党合作示范区，奋力打造毕节经济社会发展"升级版"。

打造毕节经济社会发展"升级版"，是对已有经济社会发展成果的提升和创新，是一个经济发展方式逐渐转型、社会治理方式不断改进的历史过程。打造经济社会发展"升级版"，就是要实现经济发展从粗放式增长向集约式增长、从单纯追求速度向速度和效益并重的转变，实现从基本保障民生向让全社会充分享受发展成果的转变。打造毕节经济社会"升级版"，要明确方向，选准路径，主动创新体制机制、打造活力毕节，积极实施开放带动、打造开放毕节，加快经济转型优化、打造实力毕节，全面创新社会治理、打造和谐毕节，突出绿色循环发展、打造生态毕节，努力开创一条追赶型、调整型、跨越式、可持续的经济社会发展全面转型升级之路。争取用3到7年的时间，打造一个经济提速转型、民生持续改善、生态文明进步、社会公平正义、发展活力强劲的富裕和谐美丽新毕节。

完成今年各项预期发展目标，打造经济社会发展“升级版”，我们面临着诸多困难，但总的看来，仍然是机遇与挑战并存，机遇大于挑战。只要精神不滑坡，办法总比困难多。我们遇到的困难，是前进中的困难，是发展中的困难，是整个经济社会向更高层次迈进过程中的困难。只要我们满怀信心，主动作为，继续巩固和不断提升目前经济社会持续快速健康发展的良好态势，我们就一定能够克服各种困难和挑战，就一定能开创全市科学发展的新局面。

三、牢牢把握工作重点和关键环节，全面打造经济社会发展“升级版”

打造毕节经济社会发展“升级版”，是一项系统工程。每一个县区、每一个部门、每一个行业、每一项工作都需要升级。从全市来讲，要围绕深入推进试验区改革发展，实施重点突破，带动经济社会发展的全面升级。

（一）着力推进体制机制创新，加快改革开放升级。毕节发展滞后，根本上是改革开放滞后；毕节发展上的差距，最主要的是改革开放上的差距。我们要切实增强全面深化改革开放的紧迫感和责任感，按照中央“六个紧紧围绕”和省委“六个深化”要求，全面深化各项改革，从群众最期盼的领域改起，从制约经济社会发展最突出的问题改起，着力从体制机制上解决阻碍经济社会发展的深层次问题，推动改革不断走向深入，形成改革引领发展、发展为改革创造条件的新局面。要大力发展开放型经济，积极培育外向型企业，加强对外经济交流，整合陆路、航空站场资源，加快毕节内陆港建设，积极争取尽快设立海关，探索发展“临空经济”“枢纽经济”“通道经济”。强化招商引资，促进外部资源内化、内外部资源融合，形成全方位、多层次、宽领域、内外融通的大开放格局，着力打造带动乌蒙、辐射西南、面向全国、融入东盟的内陆山区开放型经济战略高地。

（二）着力推进项目建设创新，加快投资优化升级。就毕节而言，今后较长一个时期，投资仍然是拉动提速增效、优化结构的主要动力。应当指出，经济转型更需要投资，而且最需要的是能推动产业结构优化升级的投资。要不断强化“全党抓经济，重点抓工业，关键抓项目”的指导思想，把优质、大型、紧迫项目建设作为经济工作的第一抓手，加快投资体制改革，健全政府投资项目决策机制，优化投资结构，重点加大战略性新兴产业、重大基础设施、特色优势产业、民生和社会事业、生态文明建设等领域的建设和投资。要创新项目建设推进机制，尽快形成一整套涵盖项目生成、储备、决策、审批、管理、进度督促、重大问题解决、绩效评价等各个环节的项目工作机制，着力增加有效投入，以项目建设带动投资迅速扩张，拉动经济在快速增长中转型发展。

（三）着力推进结构调整创新，加快产业优化升级。按照“夯实一产、提升二产、拓展三产”要求，强化科技支撑，优化产业结构，着力构建多轮驱动、多极支撑、多元发展的现代产业体系。特别是在工业发展问题上，要保持头脑清醒、脚踏实地，努力聚工业之气、造工业之势、成工业之强，坚持两大基地驱动、十二园区发力、标准厂房支撑、突出优势发展，继续巩固提升传统产业，加快壮大特色产业，迅速集聚新兴产业，以毕节国家新能源汽车高新技术产业化基地和新型能源化工基地为龙头，切实把“工业强市”这篇文章做好。要大力发展山区特色现代农业，以毕节农业科技园区为示范，以现代高效农业示范园区为带动，大力推进粮油产业、特色农业和休闲农业三大农业功能区建设，加快构建起新型农业产业化生产经营服务体系。要大力发展生产性和生活性服务业，积极推动服务网络和服务产品向农村延伸，增强对工业化城镇化的配套和服务能力；突出发展旅游经济，注重“文旅结合”“以文兴旅”，抓好9个特色旅游景区建设，着力打造西部地区重要的旅游目的地。要大力发展文化事业和文化产业，努力提高文化产业、文化消费在经济增长中的比例，积极培育文化市场主体，支持小微文化企业加快发展，挖掘文化资源，丰富文化产品，集中力量壮大毕节文化软实力。要统筹合理配置县域资源要素，构建全市发展一盘棋的县域分工合作机制，优化资源配置，避免产业同构，实现联动发展，形成各具特色、协调配合的整体优势。

（四）着力推进城乡统筹创新，加快城乡发展升级。坚持以人为本，按照“科学规划、合理布局、因地制宜、突出特色、深化改革、创新机制、统筹兼顾、有序推进”的要求，加快推进以人为核心、以产业为支撑的山区特色新型城镇化。

要把城市群作为主体形态，突出“三化”兴“三农”“5个100工程”“四在农家·美丽乡村”和“三创一建”主抓手，推动毕节—大方中心城市、各县城、小城镇和新农村建设互相配套、协调发展，促进生产空间集约高效、生活空间宜居适度、生态空间山清水秀。要尊重自然、顺应自然，注重历史文化传承，注重保留原始风貌，慎砍树、不填湖、少拆房，让群众“望得见山、看得见水、记得住乡愁”。要在巩固“四在农家·美丽乡村”建设“两硬化”的基础上，集中力量推进小康路、小康水、小康房、小康电、小康讯、小康寨“六大行动计划”，加快公共基础服务向农村延伸。从今年起，市委、市政府决定用两年时间完成“小康路建设行动计划”，基本实现通村油路（水泥路）全覆盖，使通村油路与高速公路、省道县道，与“两硬化”全面连接。要大力推动工业化和城镇化良性互动、城镇化和农业现代化相互协调，逐步实现三化协调四化同步，实现城乡良性互动，由“二元分割”向“城乡一体”转变，加快构建新型城乡关系。

（五）着力推进交通建设创新，加快现代物流升级。大交通、大枢纽，带来大市场、大发展。总体上看，我市交通物流条件正在改善，但交通不通畅、布局不合理、运输成本高、运力紧张的问题还比较突出，交通仍然是制约我市转型升级的主要瓶颈。要继续把交通建设作为重中之重，建立健全交通建设多元投入机制，以高速公路、水运建设“三年会战”为契机，按照“扩展东南，打通西北”的思路，加快推进“三纵三横”铁路、高速公路骨架网和机场、水运、干线公路建设，加快构筑畅通高效、方便快捷的现代区域性交通枢纽。毕节作为川滇黔三省结合部区域性中心城市，随着公路、铁路、航空三大枢纽的构建与融合，将形成交通带物流、物流带产业、产业带城市群的现代物流新优势。要立足这个新优势，加大现代物流业发展的力度，科学合理规划建设综合物流园区，构建内连大西南外接大东盟的物流集散枢纽中心，为打造经济社会发展“升级版”提供坚实基础。同时，进一步加大以夹岩水利枢纽工程为龙头的水利基础设施建设，为工业化、城镇化、农业现代化和改善城乡居民生活质量提供坚实支撑。

（六）着力推进绿色发展创新，加快生态建设升级。坚决守住加快发展和生态保护两条底线，把生态文明建设融入发展各个方面和全过程，更加自觉地推动绿色发展、循环发展、低碳发展，加快构建资源节约型、环境友好型社会。要结合水利、生态和石漠化治理“三位一体”建设，加快推进退耕还林、石漠化治理、水土保持、天然林保护等生态工程建设，着力构筑“两江”上游生态屏障。要探索建立符合毕节实际的生态文明制度体系，推进“毕节国家可持续发展实验区”建设，积极采用清洁生产技术改造传统产业，鼓励发展节能、降耗、减排的高新技术产业，大力发展循环经济和生态产业，同步提高生态效益和经济效益，在加快发展中保护生态，在保护生态中加快发展，把荒山变绿岭，让绿岭成银行，把石山变平台，让平台成宝地，着力打造天蓝水净、地绿山青的生态环境。

（七）着力推进社会治理创新，加快民生改善升级。民生连着民心，民心凝聚民力。要强化发展是第一要务、稳定是第一责任的理念，坚持以人为本、民生优先，着力构建和谐毕节。要全面推进扶贫开发，在总结推广“威宁试点”经验的基础上，扎扎实实打好扶贫攻坚战，开展好同步小康创建活动。要健全完善覆盖城乡的社会保障体系，扎实抓好惠及广大群众的民生工程、民生实事，重点抓好就业、社保、住房、物价、食品药品安全等方面的工作，大力发展文化、教育、科技、卫生等各项社会事业，积极发展社会福利事业。要加强和改进新形势下群众工作，大力推广七星关区朱昌镇社会治理集成创新“六零六好”经验，严格落实安全生产工作和信访工作责任制，深入推进平安创建活动，为群众创造安居乐业的良好社会环境，让发展成果更多更公平惠及全市人民。

四、努力提高领导经济工作的能力和水平，为打造经济社会发展“升级版”提供坚强保障

做好今年各项工作，关键在党，关键在人，关键在各级领导干部。我们要以开展党的群众路线教育实践活动为契机，着力建设一支高素质干部队伍，为打造经济社会发展“升级版”提供坚强的组织保障。

（一）强化学习意识，提升综合素质。加强学习，拓宽视野，提高素质，是适应新形势、新任务的迫切需要。各级干部要把学习作为一种政治责任和精神追求，以学习为手段，以提高自身政治素质和业务能力为目的，以推动经济社会发展、造福人民群众为目标，坚持向书本学、向群众学、向实践学，自觉学习党的理论和经济、法律、金融、社会治理等方面的知识，强化思想武装，优化知识结构，开阔视野，活跃思维，不断提高科学判断形势、驾驭市场经济、应对复杂局面、依法行政和总揽全局的能力。

（二）强化创新意识，勇于攻坚克难。解放思想、勇于创新是一种境界、一种能力，也是领导干部必备的基本素质。今年经济增长难题较多、改革创新任务繁重，给工作提出了更高要求，我们要按照赵克志书记提出的“十破十立”要求，敢于直面困难，善于发现问题、主动解决问题，善于抓住机遇、用好用活用足政策，善于用改革的办法解决发展中的问题、创造性地开展工作。要坚持站在改革创新第一线，深入发展过程的各个环节，研究具体问题，化解矛盾阻力，确保各项工作朝着既定方向和目标健康快速推进。

（三）强化实干意识，改进工作作风。实干兴邦，空谈误国。要坚持求真务实，察实情、讲实话、办实事、求实效，大胆工作，敢于负责，勇于担当，一切从实际出发，力戒官僚主义、形式主义，不搞花架子，不做表面文章。要严格考核奖惩，以抓落实的成效检验干部的能力和水平，奖勤罚懒，择优汰劣，真正让能干事的人受尊重、干成事的人有舞台、不干事的人让位置、干扰干事的人受惩戒，充分调动各方面的积极性和主动性，凝聚起打造经济社会发展“升级版”的强大合力。

（四）强化服务意识，创优发展环境。抓发展就要抓环境，比发展先要比环境。要转变政府工作理念，变管理为服务，转变政府职能、提高行政效能，推进政务服务规范化建设，用政府权力的“减法”换取市场活力的“加法”，为企业转型升级提供更加优化的软硬环境，激发各类企业和经济主体的发展活力。环境建设，只有参与者，没有旁观者，要广泛开展宣传，大力倡导“人人都是发展环境、事事关系发展环境”的理念，积极发动和引导人民群众参与环境建设，着力打造风清气正、开放文明的发展环境。

（五）强化自律意识，永葆清正廉洁。廉洁方能聚人，律己方能服人，身正方能带人，无私方能感人。各级干部要保持高尚的道德追求，培养健康向上的生活情趣，时刻用党纪国法规范和约束自己的言行，力戒享乐主义、奢靡之风，牢固树立艰苦奋斗、勤俭节约的思想。要扎实推进惩治和预防腐败体系建设，继续保持反腐败斗争的高压态势，严格执行党风廉政建设责任制，使广大干部切实树立为民、务实、清廉的良好形象，推动全市党风、政风、社风、民风持续好转。

春节在即。各级各部门要关心群众生活，尤其要解决好困难职工、贫困农户、低收入群体的生产生活困难，切实保障农民工工资，让他们充分感受到党和政府的温暖。要繁荣城乡市场，保障市场供应，促进物价稳定。要开展多种形式的文体活动，丰富城乡群众精神文化生活。要高度重视安全生产，采取有效措施消除安全隐患，杜绝重特大安全事故发生。要切实做好信访维稳工作，加强社会治安防控，保持社会大局安定，让全市人民群众过一个欢乐祥和喜庆的节日。

同志们，创业充满艰辛，奋斗成就伟业。让我们紧密地团结在以习近平同志为总书记的党中央周围，在省委、省政府的坚强领导下，坚定信心，团结奋斗，攻坚克难，为加快打造毕节经济社会发展“升级版”而不懈努力！

在全市经济工作会议上的讲话

陈昌旭

（2014 年 1 月 3 日）

同志们：

今天召开全市经济工作会议，目的是认真贯彻落实中央经济工作会议、城镇化工作会议和省经济工作会议、省委十一届四次全体会议精神，总结回顾全市 2013 年经济工作，认真分析当前发展形势，研究部署今年经济工作。等一会，吉勇书记还将作重要讲话，大家要认真学习领会，抓好贯彻落实。下面，我先讲两个方面的问题。

一、关于 2013 年经济工作的总体情况和今年经济工作的基本考虑

2013 年，在党中央、国务院的亲切关怀和省委、省政府的坚强领导下，全市上下积极抢抓国发 2 号文件、国办函 35 号文件实施的重大历史机遇，认真贯彻落实党的十八大、十八届三中全会和中央、省经济工作会议精神，始终坚持“稳中求进、提速转型”主基调，认真落实“好中求快、快中保好，能快则快、又好又快”总要求，统筹做好“保增长、调结构、增活力、惠民生、促和谐”各项工作，经济社会发展呈现出“运行平稳、转型加快、后劲增强、和谐稳定”的良好态势。初步预计，全年实现地区生产总值 1025 亿元，增长 15.1%；财政总收入 336.86 亿元、增长 32.4%，其中公共财政预算收入 125.62 亿元、增长 15.2%；全社会固定资产投资 1700 亿元、增长 30.7%；城镇居民人均可支配收入 19789 元，农民人均纯收入 5660 元、增长 14.9%；社会消费品零售总额 200 亿元、增长 13%；金融机构存款余额 842.88 亿元、贷款余额 547.33 亿元，分别增长 14.52% 和 26.27%。

一是持续抓好项目建设，投资总量明显扩大。围绕国发 2 号文件和国办函 35 号文件谋划项目 6830 个、总投资 1.44 万亿元，共争取项目 2562 个、总投资 776.77 亿元。争取到中央和省级资金 215 亿元。全力加快重大项目建设，投资 1000 万元以上的省、市重大项目和重点工程 904 个，计划总投资 5831.91 亿元，累计完成投资 1950 亿元，其中去年完成投资 1282.69 亿元，为年度目标的 145.7%，增长 25.31%。新开工项目 413 个，完成投资 207.95 亿元，建成项目 155 个。织金电厂一期、黔北电厂“上大压小”异地技改、肥田煤矿等项目获得国家发改委核准；中石化织金煤制聚烯烃、华润电力黔西和大方各两台火电项目获得国家“路条”；渝富集团大方煤制清洁燃料、威赫燃煤发电等项目已上报国家发改委。

二是持续调整产业结构，转型升级明显加快。三次产业结构调整为 17.5 : 43.9 : 38.6。完成工业投资 530 亿元，规模以上工业增加值 325 亿元、增长 20%；新增建成产业园区 18.5 平方公里、标准厂房 250 万平方米，累计入驻企业 498 户、建成投产 279 户、实现工业产值 426 亿元；科技部批准建设“毕节国家新能源汽车高新技术产业化基地”。农村经济结构不断优化升级，粮经作物种植比从 55 : 45 调整到 48 : 52，实现农业增加值 179 亿元、增长 6.5%；粮食总产量 228 万吨；收购烟叶 182.81 万担，占省下达任务 175 万担的 104.46%；科技部批准我市建设“贵州毕节国家农业科技园区”，12 个省级现代高效农业示范园区建设顺利推进；畜牧渔业产值 90 亿元、增长 6.3%。旅游综合收入 207.6 亿元、增长 27.4%，9 个省级旅游景区基础设施和接待条件明显改善，百里杜鹃荣膺国家 5A 级旅游景区。第三产业增加值达 396 亿元、增长 16.2%。成功举办 2013 中国（贵州）非公有制经济发展论坛；民营经济逐步发展壮大，民营经济增加值 510 亿元，占生产总值比重提高 4 个百分点。

三是持续夯实基础设施，发展条件明显改善。完成交通建设投资 157.87 亿元。黄织铁路建成通车，织金至毕节、织金至纳雍、林歹至织金铁路建设加快，成贵铁路乐山至贵阳段控制性工程开工建设，毕节至叙永、纳雍至六盘水、威宁至遵义等铁路项目前期工作有序开展，铁路通车里程达231公里、在建181公里；杭瑞高速遵毕段、黔织高速、毕威高速、机场高速公路建成通车，杭瑞高速毕节至都格段、厦蓉高速毕节境内各段、贵阳至黔西、黔西至大方高速公路加快推进，毕节至镇雄高速公路开工建设，高速公路通车里程达281公里、在建338公里；飞雄机场开通毕节至北京、上海、广州、昆明、重庆、贵阳6条航线。完成水利投资18.54亿元，夹岩水利枢纽工程动工建设。完成电网建设投资10.86亿元。完成38.8万户直播卫星“户户通”工程建设。

*四是持续统筹城乡发展，环境形象明显改观。*完成住房和城乡建设投资544.04亿元，城镇化率达31.7%。加快七星关—大方同城化建设步伐，双山新区完成投资28.75亿元。10个省级城市综合体和七星关德溪新区、大方金龙新区等16个城市新区建设稳步推进。全省第二届小城镇建设发展大会在我市成功召开，陈敏尔省长对我市小城镇建设的基础设施、镇容镇貌和产业发展给予了“三个显著变化”的充分肯定。50个特色小城镇完成投资60.8亿元。规划建设100个“四在农家·美丽乡村”示范点，实施30万户“黔西北民居”改造。完成营造林116.8万亩，治理石漠化114.58平方公里，森林覆盖率达44.06%；节能减排成效明显，单位生产总值能耗和主要污染物排放总量控制在国家规定的指标范围内，赤水河、六冲河、三岔河和乌江流域污染防治全面加强。

*五是持续深化改革开放，内生动力明显增强。*全面深化试验区新一轮改革发展“九条新路子”“威宁精神”“金沙之路”经验在全省推广，“老少共融之家”创建活动、“六零六好”社会治理创新经验、“五统一”教育优先发展模式得到省委、省政府充分肯定。推行重点工作承诺制，机关效能得到有效提升。率先在全省推行行政区划调整，共撤销12个乡镇设置16个街道办事处、撤并11个乡镇设置6个副中心城镇、将6个乡撤乡设镇，产城空间布局更加科学合理。实现村镇银行县（区）全覆盖，新增小额贷款公司18家，累计组建融资性担保机构25家，贵州银行毕节支行试运行、浦发银行毕节支行获国家银监会批准、重庆银行毕节支行纳入总行规划；招商引资实际到位资金1532亿元、增长63%；投资环境满意率达96.69%，全省排名第一；利用外资首次突破1亿美元，完成外贸进出口8200万美元。

六是持续发展民生事业，幸福指数明显提升。“十大民生工程”完成投资173.82亿元。完成55.38万农村贫困人口减贫任务，实现1县、22个乡镇“减贫摘帽”。实施扶贫生态移民4617户、20309人，完成投资5.48亿元。开工建设保障性安居工程38575套、基本建成8658套、竣工8426套、分配入住7004套，超额完成年度目标任务。在全省率先实施农村环境整治“两硬化”工程，对89.12万农户院坝和124万户农村连户路进行硬化。转移农村劳动力15.2万人，城镇新增就业6.5万人；城乡居民社会养老保险参保人数276.8万人，参保率达91.53%。大力实施教育“9＋3”计划，义务教育巩固率达83.71%，完成中职招生68395人、占任务数的103.31%。加快双山职教城建设，初步形成“一体两翼多节点”的职业学校布局。建成农村寄宿制学校学生宿舍85万平方米、教师周转宿舍（公租房）15856套55.5万平方米，农村营养改善计划覆盖学生114.6万人，高中教育毛入学率达70%。累计建成农村老年公寓252所，集中供养8501人。发放城乡低保金13.03亿元，投入3.16亿元改造71125户农村危房。常住人口、流动人口符合政策生育率分别为97.39%和91.85%，人口出生率和自然增长率分别控制在12.7‰和6.25‰以内，人口计生“双诚信双承诺”和网上免费办理《流动人口婚育证明》工作机制全省推广。城乡居民合作医疗参合率99.65%，为全省最高。文化体育事业蓬勃发展，成功举办市第一届体育运动会和第一届文化艺术系列大赛。安全生产形势平稳，社会和谐稳定，群众安全感满意度达91.73%。

一年来，经济社会发展取得了这样的好成绩，是党中央、国务院亲切关怀和省委、省政府正确领导的结果，是中央统战部、各民主党派中央、全国工商联、试验区专家顾问组、国家有关部委和东部十省市统一战线、深圳市、重庆市及社会各界倾力帮扶的结果，是全市各级各部门干部职工及广大群众奋力争先的结果。在此，我谨向所有参与、关心和支持毕节改革发展的各级各界、各行各业的同志们、朋友们，致以崇高的敬意和衷心的感谢！

在肯定成绩的同时，我们也要清醒地看到工作中存在的一些困难和问题：实体经济总量不够大，区域经济发展不平衡，保持经济持续快速发展的基础还不牢固；产业结构单一，市场主体发育不充分，民营企业实力不强，特色优势产业尚在培育发展中；交通、水利等基础设施仍然滞后，资金、土地、人才等瓶颈制约依然突出，政府性债务压力较大；开放倒逼改革机制尚未形成，重点领域和关键环节改革不够彻底；贫困人口多、贫困面大、贫困程度深，社会事业发展与人民群众的期盼还有较大差距；社会治理机制不够活，安全生产压力大，信访问题较突出；政务服务质量有待提升，个别地方和部门仍然存在"吃拿卡要"和"冷硬横推"等不良现象。以上问题，都需要我们在今后的工作中，采取有力措施，切实加以解决。

今年是深入贯彻落实党的十八届三中全会精神、全面深化改革的第一年，是全面完成"十二五"规划目标的关键一年，是机遇与挑战并存的重要一年。从挑战和困难方面看，世界经济处于深度调整期，仍将延续缓慢复苏态势。国内经济在稳中有进、稳中向好的同时，正处于增长速度换挡期、结构调整阵痛期、前期刺激政策消化期，经济下行压力依然较大。这对我市经济发展带来了一定的影响。从政策和机遇方面看，国发 2 号文件、国办函 35 号文件出台后，已陆续有 14 个国家部委出台了支持我市加快发展的意见，许多支持政策正逐步转化为项目，转化为新的经济增长点和现实生产力。同时，统一战线坚持不懈支持毕节试验区加快改革发展，为我们提供了强大的外力支持。今年是全面深化改革的第一年，各项改革措施的实施将叠加释放新的动力、激发新的活力。从基础和潜力方面看，近几年来，我市发展条件不断改善，发展势头不断向好，发展活力不断增强，干部群众干事创业、赶超跨越的热情高涨，为我们进一步加快发展奠定了坚实基础。特别是同城化建设、"5 个 100 工程"和一批在建重大项目已开始发力，为我们做好今年经济工作提供了有力支撑。因此，我们要始终保持清醒的头脑，坚持"两点论"，一分为二看问题，既要充分估计困难和挑战，增强底线思维和忧患意识，把困难估计得更充分，把应对措施考虑得更周全；又要充分认识有利条件和积极因素，切实把思想和认识统一到党中央、国务院对当前经济形势的分析和判断上来，统一到省委、省政府对经济工作的部署和要求上来，坚定发展信心，凝聚发展共识，抓住发展机遇，扎实做好今年经济社会发展各项工作。

今年经济工作的主要预期目标是：生产总值确保增长 16%、力争增长 17%；全社会固定资产投资确保完成 2125 亿元，增长 25% 以上；财政总收入、公共财政预算收入确保增长 20% 以上；全部工业增加值增长 16% 以上；招商引资到位资金确保完成 1600 亿元，力争完成 1800 亿元；城镇居民人均可支配收入增长 13% 以上；农村居民人均可支配收入增长 16%；城镇登记失业率控制在 4.2% 以内；社会消费品零售总额增长 15%；居民消费价格指数控制在省规定的范围以内；单位生产总值能耗降低率、主要污染物排放总量控制在国家规定的范围内；安全生产各项指标不突破省下达的控制数；人口自然增长率控制在 6.3‰左右。

按照市委的总体要求，围绕上述思路和目标，在今年经济工作中，我们要重点在"稳中求进、转中求优、改中求活"三个方面狠下功夫。

稳中求进。就是要把发展速度保持在一个合理的区间，保持定力、步步为营，稳扎稳打、持续求进。习总书记强调，坚持稳中求进，要寻求发展速度、质量、结构、效益间的有机平衡，使资源环境承载能力和社会的承受能力与之相适应。立足毕节人口多、底子薄、欠发达、不平衡的市情，确保今年的经济增长速度达 16% 以上。一方面，要充分考虑我市发展基础、环境承载能力、资源能源供给等因素，引导各方把发展的积极性转移到提高经济质量和效益上来，把工作的着力点放在调整优化经济结构上来。另一方面，要准确把握我市经济发展面临既要"转"又要"赶"双重任务的阶段性特征，进一步强化又好又快、"不进则退""小进也是退"的责任感和紧迫感，坚定不移以经济建设为中心，主动作为、积极作为、果敢作为，突出抓好项目建设、产业转型、基础设施建设、城镇建设、扶贫开发、生态建设、民生事业等重点工作，千方百计扩大投资总量，为全面深化改革创造条件，为毕节赶超跨越、同步小康奠定坚实基础。

转中求优。就是要加快经济转型升级，大力优化产业结构，努力提升经济质量和效益。习总书记强调，加快推进经济结构战略性调整是大势所趋，刻不容缓，必须坚定推动结构调整，加快经济转型升级。我市人均经济总量小，发展方式粗放，经济结构不合理，工业化、城镇化水平低，加快经济转型升级势在必行。我们必须立足毕节的现实基础、资源禀赋和条件，着眼于“扩大总量、优化结构、提升效益”，推动全市经济在发展中增量、在发展中调整、在发展中提质。要以“5个100工程”和七星关—大方同城化建设为重要抓手，在扩大总量中促进产业优化升级，努力提高工业经济、城镇人口、民营经济和县域经济“四个比重”，推进一、二、三次产业和产业内部协调发展。在工业方面，大力优化产业结构，精心谋划和建设一批科技含量高、经济效益好、带动能力强的大项目、好项目，加快推进产业园区项目集群、集聚、集约发展，不断提高产业聚集和园区承载能力；在农业方面，着力调优农业结构，在确保粮食稳定增产的基础上，大力发展山区特色农业、循环农业、生态农业、休闲农业；在服务业方面，立足于打造毕节旅游“升级版”，推动旅游和文化深度融合，推进金融、物流等现代服务业快速发展。

改中求活。就是要把改革创新贯穿经济社会发展各个领域各个环节，用改革的办法破解全市经济发展中的难题，激发市场活力，增强内生动力。习总书记强调，改革开放是决定当代中国命运的关键一招，也是决定“两个一百年”奋斗目标、实现中华民族伟大复兴的关键一招。对我市而言，经济发展上的滞后，根本上是改革开放滞后；发展上的差距，主要是改革开放的差距。全市上下必须切实增强全面深化改革开放的紧迫感和责任感，勇于突破思想观念的束缚，勇于突破利益固化的藩篱，善于把中央全面深化改革的大政方针、省的安排部署和我市实际结合起来，找准着力点和突破口，有的放矢、对症下药，用改革的思路和办法破解发展难题。特别要结合国发2号、国办函35号文件和国家有关部委已经出台支持毕节试验区加快发展的意见，坚持发展导向、问题导向、需求导向，研究制定我市深化改革的实施意见，从最急迫的事情改起，从老百姓最期盼的领域改起，从制约经济社会发展最突出的问题改起，从社会各界能够达成共识的环节改起，进一步解放和发展社会生产力，进一步解放和增强社会活力，让创造财富的源泉充分涌流。

二、关于今年经济工作的主要任务

根据中央、省经济工作会议的总体部署，按照市委 奋力打造毕节经济社会发展升级版 的总体要求，围绕全年目标任务，突出抓好以下九个方面的工作。

（一）抓改革创新，促对外开放。万事开头难，起跑最关键。今年是全面深化改革的第一年，我们必须正确把握改革方向，突出改革重点，突破改革难点，以改革促进开放，以开放倒逼改革。深化行政效能改革。重点抓好“接、放、管”，接好省下放的审批事项，把市级该放的权力切实放下去、放到位，把该管的管起来、管到位。着力搞好“控、调、改”，严控政府机构编制总量，调整优化机构编制结构，通过深化机构改革挖掘编制潜力。加大市、县（区）政务服务中心规范化建设力度，进一步规范政府行政管理。深化资源配置改革。促进公共资源交易体制机制创新，充分发挥市场配置资源作用，全面推行探矿权、采矿权出让招拍挂制度；积极稳妥推进煤矿资源兼并重组，做好煤炭资源税从价计征改革的准备；深入开展矿产资源“圈而不探、占而不采”专项治理行动；深化矿业权审批制度改革，探索建立矿业权审批“绿色”通道；加快推进找矿突破整装勘查战略行动工程，构建矿产勘查“一体多元、分体运行”新机制。深化城乡统筹改革。全面放开农村户口落户城镇，积极推进农业转移人口市民化；完善城市新区、产业园区、旅游景区管理体制；全面开展农村土地承包经营权、建设用地、宅基地、房屋等确权登记颁证；制定实施农业产业化龙头企业、专业合作社、家庭农场、农业大户培育行动计划；建立财政支农资金稳定增长机制，完善调控机制和扶持激励政策；加快推进七星关、金沙省级城乡综合配套改革试点，探索建立百里杜鹃旅游综合改革示范区。深化扶贫开发改革。建立完善精准扶贫机制，实行动态监测管理；建立扶贫项目实施责任追究制度，完善扶贫项目科学决策体系，形成市级备案监管、县区审批、乡镇实施机制；完善扶贫项目利益联结机制和滚动扶贫机制；完善贫困县乡“摘帽不脱钩、减贫不减补”的激励机制；推进我市与对口帮扶城市在更多领域、更深层次交流与合作。深化生态文明改革。建立完善生态修复、生态保护和生态补偿“三大机制”，加快生态文明先行区建设；深化集体林权制度改革，落实林权收益和处置权；促进国有林场改革，建立支持林业专业合作组织机制；构建生态建设产业化、产业发展生态化长效机制；深入推进山、水、林、田、路治理，构建生态综合治理长效机制。深化教育领域改革。继续压缩行政事业单位办公经费的8%用于支持教育事业发展；深入推进教育领域综合改革，深化部省共建“教育试验区”和国家教育体制改革“三项试点”；深入推进经济欠发达地区义务教育改革，建立完善优质学校帮扶薄弱学校机制，促进义务教育均衡发展。建立现代学校管理制度，推行校长教师引进和定期交流轮岗制度。深化社会建设改革。创新就业创业新机制，鼓励和支持有条件的城乡群众、返乡农民工创业；积极配合推进省内异地就医联网即时结算，支持和探索社会资本参与公立医院建设；强化科技创新驱动，抓好高新技术发展和产业基地建设；完善食品药品安全和农产品质量安全监管体系，建立最严格的过程监管、产品可追溯和质量标识制度；加快现代文化市场体系建设。深化要素保障改革。健全完善土地保障机制，深入实施国土资源差别化政策综合改革，积极探索建立城乡统一的建设用地市场。加快构建金融服务实体经济体制机制，引导金融机构网点向县区延伸，支持民间资本设立民营银行，鼓励村镇银行加速发展；建设征信机制，创建“诚信毕节”。健全完善人才保障机制，大力实施“百千万”人才、“六个一批”人才、柔性引才和人才回流等“四大工程”，探索院校培养、重点管理岗位培养和专业技术队伍建设等“人才培养模式”，为“四化同步”发展聚集更多人才。深化开放型经济体制改革。深入实施“引进来”和“走出去”战略，积极推进区域经济合作，大力构建开放型经济体系。启动建设毕节国际内陆港，推进海关、检验检疫、外贸转型升级示范基地、海关特殊监管区、外贸综合服务平台等开放载体建设。创新招商引资方式和激励机制，积极实施央企入毕、民企入毕、外企入毕招商引资专项行动计划，提升招商引资质量和效益。

（二）抓项目建设，促投资增长。要继续深入挖掘国办函35号文件的政策“红利”，把项目争取和建设、发展实体经济作为扩大投资的重要抓手，确保完成全社会固定资产投资目标任务。积极向上“争”。紧紧抓住国发2号文件和国办函35号文件项目化落实，围绕重要发展平台和重大产业项目、基础设施项目、民生项目，认真谋划和储备一批大项目、好项目。加大项目和资金争取力度，列出需争取国家审批核准和发放“路条”的重大项目清单，制定工作进度表，明确责任单位和责任人，加大进京“跑部”争取力度，确保一批重大产业项目早日获得核准实施，争取得到国家和省的更多资金和项目支持。力争新开工500万元以上大项目600个、投资1270亿元。加大力度“引”。注重招商引资的实效性和针对性，盯住世界500强、中国500强、民营500强等知名企业，有重点、有针对性地编制和包装一批精品招商项目。积极组团参加省级层面组织的赴台湾、香港、“长三角”“珠三角”等地招商推介活动，精心策划市、县区对外招商推介活动，着力引进一批实力雄厚的优强企业落户毕节。认真落实招商成果，切实提高签约项目履约率、入园率、资金到位率和投产达产率。完善机制“推”。坚持把实物工作量作为衡量项目进度的硬指标，健全和完善项目建设“五个一”推进机制、现场观摩机制，加强重大项目调度管理和跟踪服务，对新开工项目和在建项目进行全面梳理，切实解决项目建设环评、用地、资金等施工保障性问题，及时协调解决施工环境、施工组织等影响工程进度的过程性问题，促进一批在建产业项目早日生成企业。这里特别强调一下，各级各部门要正确处理“量入为出”与“量出为入”的关系，盘活财政存量资金，用好财政增量资金，大力发挥财政资金杠杆作用，撬动更多社会资本和金融资本参与项目建设。一方面，要管控好政府性债务。成立政府性债务管理工作领导小组，将政府性债务纳入全口径预算管理，严格政府举债程序，认真做好应急预案，采取多种方式筹足偿债资金。另一方面，要经营好政府性资产。认真做好用地这篇大文章，不能简单买卖土地，要掌控好土地一级市场，经营好土地二级市场，把“生地”变成“熟地”，通过级差地租最大限度获取土地开发“红利”。要拓宽园区经营思路，创新生财聚财之道，统筹利用好土地、标准厂房等存量资产和广告展位、冠名权、商标权、特许经营权等无形资产，不断增强偿债能力和持续发展能力。

（三）抓结构调整，促转型升级。要按照“做大做强工业、做特做优农业、做新做实服务业”的要求，立足我市资源禀赋优势，加快产业结构调整步伐，促进产业转型升级。走好新型工业化发展道路。认真贯彻落实好全省、全市第二次工业发展大会精神，全力推动工业经济提速扩量、转型发展，确保完成工业投资630亿元、实现工业增加值444亿元。在平台建设方面，要大力推进12个产业园区集聚、集群、集约发展，加快园区基础设施和配套设施建设，完善园区管理体制机制，提高园区标准厂房入驻率，新增产业园区20平方公里，完成工业产值459亿元，实现工业增加值176.7亿元，园区工业增加值比重达38.7%；加快打造已被列入全省千亿级园区培育计划的织金经济开发区，重点打造联接七星关经济开发区、毕节经济开发区和双山新区的“千亿元工业经济走廊”。在产业培育方面，继续巩固和发展煤、电、“两烟”等传统支柱产业，加快推进“毕节国家新能源汽车高新技术产业化基地”和“毕节新型能源化工基地”建设，集中精力推进煤电化、煤电磷、煤电铝、煤电钢“四个一体化”等资源深加工产业，重点培育新能源汽车、电子信息、节能环保、生物制药、风电新能源、高端装备制造、新技术新材料等战略新兴产业，加快发展烟、酒、茶、民族医药、特色食品“五张名片”等特色优势产业，努力实现传统产业生态化、特色产业规模化、新兴产业高端化。确保规模以上轻工业增加值比重达20%以上、战略性新兴产业增加值比重达3%以上。在实体支撑方面，加快推进织金电厂、黔北电厂“上大压小”异地技改、黔西黔希煤化工、织金锦麟精细磷化工、织金兆恒煤电铝、赫章锦华集团热铸连轧、金沙华润水泥、金沙回沙酒第五期技改扩建等项目建设进度；加快中石化织金煤制聚烯烃、华润大方电厂和黔西电厂等项目前期工作进度，力争早日实质性开工建设；争取渝富集团大方煤制清洁燃料、大方电厂二期、黔西电厂二期、威赫燃煤发电等重大项目早日获得国家“路条”。做好山地特色农业大文章。着力抓好“米袋子”“菜篮子”工程和“放心粮油工程”，大力推广良种良法，确保粮食产量稳定在232万吨、蔬菜面积稳定在360万亩、马铃薯种植520万亩，切实保障区域粮食安全。继续巩固好去年烟叶增产、烟农增收、企业增效、财政增长的好势头，大力抓好烟叶生产和收购工作，确保种植烟叶80.5万亩、完成收购计划161万担、上等烟比例达70%以上、收购等级合格率达80%。大力调整农业产业结构，着力发展山地特色农业，突出抓好蔬菜、马铃薯、茶叶、核桃、精品水果、中药材、特色杂粮、生态畜牧业等产业，建立一批特色突出的生态农业、循环农业、休闲农业示范基地，确保经济作物比重提高5个百分点以上，畜牧渔业产值达96亿元。积极争取科技部支持加快“贵州毕节国家农业科技园区”建设，深入推进12个省级现代高效农业示范园区和43个市、县级农业园区建设。新增市级龙头企业20家、农民专业合作社100个，组织申报农产品认证10个以上。加快现代服务业提档升级。按照“建设现代服务业集聚区”的要求，加大列入省“5个100工程”的9大旅游景区和10个市级旅游景区建设力度，认真举办好全市第八届旅发大会，力争完成旅游基础设施建设投资26亿元，实现旅游综合收入250亿元以上、增长22%以上。大力发展文化产业，争取“全国公共文化服务体系示范区”“黔西北文化生态保护实验区”通过国家文化部批准实施。积极争取商务部将我市列为“国家现代流通综合试点”，进一步培育壮大远航物流园、万丰国际商贸城、浙商城、湖南商城、金沙开明·同心城、黔西北商贸城等重点流通企业。加快推进毕节粮食仓储物流园区前期工作进度。深入实施“引金入毕”工程，争取引进浦发银行、重庆银行在毕节设立分支机构；稳步发展小额贷款公司，实现政策性担保机构县（区）全覆盖，鼓励符合条件的民间资本依法发起设立中小型银行。继续保持交通运输、仓储、邮政业高速增长态势。促进民营经济发展壮大。抓住省委、省政府深入实施提高民营经济比重“五年行动计划”的机遇，认真兑现和落实好支持民营企业加快发展的各项优惠政策，坚决破除民间投资的“玻璃门”“弹簧门”“旋转门”，引导民营企业做大做强。力争完成民间投资800亿元、实现民营经济增加值560亿元，民营经济工业增加值比重达68.4%。

（四）抓基础设施，促硬件改善。要加快基础设施改善，为扩大对外开放、释放资源“红利”、赢得区域竞争、培育发展优势奠定坚实基础。强力推进综合交通网络建设。争取林歹至织金铁路年内建成，加快织金至毕节、织金至纳雍铁路和成贵铁路乐山至贵阳段建设进度，力争毕节至叙永铁路开工建设、纳雍至六盘水铁路批复立项，完成威宁至遵义铁路项目预可行性研究工作。力争完成铁路投资50亿元，新增铁路营运里程40公里。确保厦蓉高速织金至清镇、织金至纳雍段竣工，加快推进贵阳至黔西、黔西至大方、杭瑞高速毕节至都格段、厦蓉高速毕节至生机段、毕节至镇雄等高速公路建设，抓好织金至普定、黔西至白腊坎、赫章至六盘水、黔西至息烽、纳雍至六枝等高速公路前期基础工作。力争新增高速公路通车里程195公里以上。大力实施6000公里通村油路（水泥路）建设。着力提升毕节飞雄机场营运能力，新开通深圳、成都、厦门3条航线，加密上海、昆明2条航线，力争实现20万人次吞吐量目标；争取放开低空空域，加快推进金沙、赫章、百里杜鹃等通用机场前期工作。扎实推进水利工程建设。加快夹岩水利枢纽工程实施步伐，认真做好征地拆迁和移民安置工作。深入实施骨干水源工程、引提灌工程和地下水（机井）利用工程“三大会战”，实施完成马家水库工程，继续推进金蟾水库、岔河水库、小米水库、珠市水库等4座中小型水库建设，开工建设油沙河水库、龙官桥水库、米底河水库等3座骨干水源工程；争取开工建设进入国家规划剩余的39.43万农村学校师生饮水安全项目，全面解决规划内农村饮水不安全问题；开工威西灌区节水续建配套项目，继续推进金黔灌区骨干工程、中央小型农田水利重点县和专项县工程建设；新开工10个以上中小河流治理项目。力争完成水利投资15亿元。构建安全可靠的城乡电网和信息网络。完成电网投资7.3亿元，新建、改造220千伏项目9个、110千伏项目12个、35千伏项目9个。确保6月底前完成户表安装和配套农网改造任务，全面实现同网同价。认真做好“智慧城市”建设相关工作。

（五）抓城镇建设，促城乡统筹。要认真贯彻中央城镇化工作会议精神，牢牢把握以人为本、优化布局、生态文明、传承文化的基本原则，注重城镇布局与产业布局、城镇规划与乡村规划相结合，积极稳妥推进山区特色城镇化，力争城镇化率提高2.3个百分点以上。同步推进“四个层级”。抓好七星关—大方同城化、县城提质扩容、特色小城镇和“四在农家·美丽乡村”建设是我市统筹城乡发展的重要途径和有力支撑。同城化要以双山新区为重点，强力推进路网建设步伐，确保职教城一期工程和毕节一中秋季学期全部入驻招生。同时加快新区公共服务、功能配套、拆迁安置等项目实施，规划启动“临空经济区”建设。县城提质扩容要以“三创一建”活动为抓手，科学有序推进棚户区改造，积极稳妥推进16个城市新区建设，重点抓好列入省“5个100工程”的10个城市综合体建设，切实增强城市的辐射带动和综合承载能力。特色小城镇建设要认真贯彻落实第二届全省小城镇建设发展大会精神，坚持“以山为骨、以水为脉、以绿为韵”，强力推进列入省“5个100工程”的12个示范小城镇和市扩大试点的8个市级示范小城镇建设，同步实施30个县区级示范小城镇建设，全力打造毕节小城镇建设“升级版”。“四在农家·美丽乡村”建设要以实施小康路、小康水、小康房、小康电、小康讯、小康寨“六项行动计划”为抓手，不断巩固和扩大“两硬化”工程建设成果，切实改善农村群众生产生活条件。全力破解要素制约。“城镇化”三字的偏旁是“土、金、人”，城镇化的基本问题是“地从哪里来、钱到哪里筹、人往哪里去”。要推进城镇建设用地集约化，坚守耕地红线、加强农业用地保护，优化用地结构、盘活用好存量土地，切实提高城镇化建设用地集约化程度。要推进建设资金保障多元化，拓宽基础设施融资渠道，积极发展债券融资，用好市场的手段，采取多元的办法破解资金难题。要落实好差别化落户政策，把县区城市和小城镇作为人口转移的主要承接地，逐步将符合条件的农业转移人口转为城镇居民。要拓宽城镇就业渠道，加快示范小城镇返乡农民工创业园建设，加强转移农民职业技能培训，提高城镇吸纳就业能力、农民职业技能和就业能力。立足实际塑造特色。要体现尊重历史、顺应自然、天人合一的理念，依托现有山水脉络等独特风光，让城市融入大自然，让居民“望得见山、看得见水、记得住乡愁”。规划设计一定要突出特色、体现风格，特别是楼房建筑要高低错落、有层次感、有闪亮点，要显山、露水、透绿、靓丽，把城镇的结构美、层次美、色彩美统一到城镇的山水美、人居美、环境美之中。同时逐步完善城镇治理结构，强化社区自治和服务功能，认真解决好城市和集镇交通堵塞等问题，构建运转高效、便捷通畅的管理格局。

（六）抓扶贫开发，促同步小康。我市现有贫困人口151.7万人，全力打好扶贫开发攻坚战，是推进毕节实现同步小康的关键举措。着力实施扶贫规划。总结推广威宁扶贫攻坚经验和百里杜鹃旅游扶贫经验，加快实施《毕节试验区区域发展与扶贫攻坚规划（2011—2020年）》，整合各类资源和扶贫资金，加强水、电、路、讯、房等基础设施建设，提高扶贫开发承载力。推动贫困县乡的考核方式与同步小康创建相衔接，围绕“两不愁、三保障”的总要求，建立差异化的指标考核体系，把贫困乡镇干部的主要精力引导到扶贫开发上来。力争减少贫困人口50万人，2个县、20个贫困乡镇实现减贫“摘帽”目标。全力推进精准扶贫。建立基础台账，对扶贫对象实行动态监管，做到户有卡、村有册、乡（镇）有簿、县（区）有档、市级有信息平台。对贫困人口精细化管理，对扶贫资源精确化配置，对贫困农户精准化扶持，做到结对帮扶干部、产业发展、教育培训、农村危房改造、扶贫生态移民、基础设施等6个到村到户。充分发挥“民生监督特派组”基层监督办法的作用，确保项目资金到村到户到人。努力构建大扶贫格局。全面完成财政扶贫资金项目，加快实施4832户、2.1万人的扶贫生态移民搬迁工程，确保“搬得出、留得住、能就业、有保障”。继续抓好农村环境综合治理“两硬化”扫尾工程。争取国家、省加大对毕节试验区扶贫开发的支持力度，不断深化与对口帮扶城市在产业园区、引企入毕、职业教育、人才交流、文化旅游等领域合作，吸引各类资源要素向贫困地区流动，引导各类市场主体到贫困地区投资兴业，全力巩固和发展好专项扶贫、行业扶贫、社会扶贫“三位一体”大扶贫工作格局。

（七）抓生态建设，促环境友好。要树立绿色、循环、低碳的发展理念，重点治山、治水、治气，大力实施“生态立市”战略，着力推进生态文明先行区建设，切实增强可持续发展的能力。加大污染防治力度。加强重点领域、重点行业、重点企业、重点流域的污染防治，切实解决有害气体排放、污水直排、固体废弃物和生活垃圾污染等突出问题。继续将化学需氧量、氨氮、二氧化硫、氮氧化物4个约束性指标纳入年度目标考核体系，把火电行业脱硫脱硝设施建设作为减排工作的重中之重，加强督查监管，确保单位生产总值能耗明显下降、主要污染物排放总量得到有效控制。以纳入省级《减排责任书》的16个污水处理厂项目为重点，加快推进项目及配套管网建设，全力推动已建成的15个污水处理厂运营。同时要加快推进产业园区重点企业污水处理厂或污水处理设施建设，确保企业污水得到有效处理。深入实施生态建设工程。抓住国家林业局将我市25度以上坡耕地纳入全国退耕还林工程规划实施的机遇，大力抓好林业生态建设，完成营造林118万亩，森林面积达1780万亩以上，活立木蓄积量达2600万立方米以上，森林覆盖率达45%，林业投资增长8个百分点以上，林业及相关产业产值达95亿元。森林火灾受害率、林业有害生物成灾率分别控制在1‰和3‰以下，治理石漠化面积154平方公里，治理水土流失面积80平方公里。切实加强环境保护。实行最严格的水资源管理制度、环境保护制度，探索建立生态环境保护责任追究制度和环境损害赔偿制度。全面加强赤水河、六冲河、三岔河和乌江流域污染防治，加大对自然保护区、风景名胜区、生态脆弱区、环境敏感区、森林公园、湿地公园、集中连片优质耕地大坝的建设和保护力度。争取森林重点火险区综合治理三期项目列入国家计划，积极开展林业有害生物防治，建立监测、预测、预报网络体系，有效保护流域环境和林业资源。加强地质环境整治，推进矿山生态恢复治理。

（八）抓民生改善，促社会进步。要把保障和改善民生作为一切工作的出发点和落脚点，坚持以发展惠民生、以民生促发展，扎实做好保障和改善民生各项工作。大力推进教育事业发展。继续实施教育“9+3”计划和“4+2”教育突破工程，统筹各类教育协调发展，努力促进教育公平。强化“控辍保学”工作，9年义务教育巩固率达84%以上；建设学生宿舍54万平方米、教师周转房43万平方米，小学生寄宿率达30%、初中生寄宿率达70%；按照“一体两翼多节点”布局，加快发展职业教育；加大中职招生力度，高中阶段教育毛入学率达77%。大力推进农村幼儿园建设，学前教育三年毛入园率达65%以上；加快市特校和赫章县特校建设步伐，完善各县（区）特校办学条件；推动毕节学院向应用型大学转型发展、毕节职业技术学院专业群建设，加快创建医学高等专科学校和幼儿师范高等专科学校步伐，高等教育毛入学率达27%；鼓励支持社会力量兴办教育，规范民办学校办学行为；改善民族地区和民族学校办学条件。强化就业和社会保障。积极争创国家级创业型城市，健全与珠三角、长三角等地区的劳务合作，大力促进劳动力外出务工和就近就业，确保实现城镇新增就业6.5万人，转移农村剩余劳动力15万人。认真落实鼓励劳动者创业的各项优惠政策，加大对大学毕业生、返乡农民工、地方能人等不同群体创业指导和扶持力度。调动城乡居民尤其是失地农民参加养老保险的积极性，力争参保人数达285万人、参保率达94%。完成4.9万户农村危房改造、2500户小康房建设任务，确保新开工保障性住房35000套、建成7767套。提高医疗卫生服务质量。继续巩固发展城乡医疗保障制度，完善重大疾病医疗救助制度。深入推进医药卫生体制改革，抓好中心乡镇卫生院标准化建设。巩固国家基本药物制度，有效减轻群众用药负担。强化疾病预防控制和妇幼卫生工作，建立健全卫生服务体系，增强处置突发公共卫生事件能力。提升人口计生水平。坚持计划生育基本国策，以人口出生率、自然增长率实现"双降"为核心，以深入推进人口计生"双诚信双承诺"为抓手，强化流动人口服务管理，综合治理出生人口性别比偏高，加强出生缺陷干预，深入开展人口计生优质服务先进县创建活动。

（九）抓社会稳定，促和谐发展。要时刻牢记"发展是第一要务、稳定是第一责任"，强化工作执行力和落实力，切实维护全市安全发展、和谐发展的良好局面。加强安全生产工作。强化"党政同责、一岗双责"，认真落实好行业管理部门直接监管、安全监管部门综合监管、地方政府属地监管"三个监管责任"，督促企业落实好安全生产主体责任，落实好"两办法、四制度"等制度和规定，全面排查治理各类安全隐患和整治安全生产突出问题，坚决杜绝重大及以上事故、遏制较大事故、减少一般事故，有力推进安全发展。各级各部门必须按照"管行业必须管安全、管业务必须管安全"的要求，突出抓好煤矿、道路交通、建筑施工、消防、危化物品等重点行业领域的安全监管工作，突出抓好地质灾害防治、打击非法采煤采矿等重点工作，全面加强社会安全管理。同时，要积极稳妥地推进煤矿企业兼并重组工作，加快"建设标准化、制度规范化、系统简单化、装备现代化"的"煤矿四化"建设步伐。强化社会治理工作。大力推广"六零六好"社会治理集成创新经验和"网格化"管理经验，加大社会信用体系建设力度，全面推进"平安毕节""法治毕节"和"诚信毕节"建设。巩固拓展"三级联动视频接访机制"，推进诉访分离改革，建立健全网上信访平台，认真处理群众来信来访。全面推行重大项目社会风险评估。始终保持严密防范、严厉打击违法犯罪的高压态势，加强社会矛盾隐患动态排查、化解、稳控和处置工作，切实解决影响社会和谐稳定的源头性、基础性和根本性问题，切实提高人民群众的安全感满意度。

最后，从抓落实的角度再提几点要求：精力要集中。切实把思想和行动统一到中央、省委的总体要求和市委的工作部署上来，把心思和精力放在抓经济、促发展上来。认真对照全市经济工作的目标任务，结合实际、科学决策，及时确定本地本单位工作的"路线图""时间表""责任书"，真正做到眼中有目标、心中有数字、手中有办法。能力要提升。不断加强政策理论、经济实务、现代科技等方面知识和技能的学习，努力提高抓经济特别是抓工业、抓园区、抓城建、抓项目的能力和水平。加强对突破发展瓶颈、调整经济结构、统筹城乡发展等重大问题的理性思考和深层研究，切实增强谋全局、抓机遇、破难题、促发展的能力。作风要转变。进一步增强进取意识、责任意识和忧患意识，发扬钉钉子精神，从基础抓起，从小事抓起，从细节抓起，以实实在在的成效取信于民。深入推行重点工作承诺制，言必行、行必果，把经济发展和民生改善的各项措施落到实处。服务要强化。加快转变政府职能，增强服务观念，创新服务方式，进一步减政、减负、减支，为经济社会发展添动力、增活力。大力推行"一线工作法"，建立完善政府领导、政府部门联系重点企业、重点项目工作机制，积极帮助基层和企业解决实际困难。

同志们，立足新起点、迈向新征程，形势催人奋进，发展任重道远。让我们高举中国特色社会主义伟大旗帜，紧密团结在以习近平为总书记的党中央周围，在省委、省政府的坚强领导下，解放思想、实事求是，与时俱进、开拓创新，同心同德、携手共进，全面深化改革，创新驱动发展，全力抓好2014年经济社会发展各项工作，为建设富裕、和谐、美丽新毕节而努力奋斗！

在全市人大常委会主任座谈会上的讲话

市人大常委会主任　安全黎

（2013 年 3 月 26 日）

同志们：

按照市人大常委会年初工作安排，主任会议研究决定，今天我们召开全市人大常委会主任座谈会。会议的主要任务是：学习贯彻党的十八大精神，改进监督方式，增强监督实效，推动与全国同步建成小康社会。

刚才，卢宏同志作了热情洋溢的致辞，各县（自治县、区）人大常委会的负责同志结合各自的工作作了发言。大家的工作，都有特点，各有亮点，我的总体感觉是：各县（自治县、区）围绕全面建成小康社会这个目标，突出经济社会发展和社会主义民主法治建设，积极探索改进监督方式，努力增强监督实效，积累了许多好经验、好做法，取得了明显的成效。通过座谈交流这种方式，大家相互学习借鉴，对于开创我市人大工作新局面具有十分重要的作用。下面，我就学习贯彻党的十八大精神，改进监督方式，增强监督实效，讲几点意见。

一、深入学习党的十八大精神，统一思想，提高改进监督方式、增强监督实效重要性的认识

改进监督方式，加强人大监督工作，是党的十八大的基本要求。改进监督方式，增强监督实效，对于促进全市后发赶超、超常规崛起，与全国同步建成全面小康社会具有十分重要的现实意义和深远的历史意义。我们务必要以十八大精神为统领，提高认识，统一思想，以对党和对人民高度负责的政治责任感，依法改进和加强监督方式，认真做好工作，努力开创全市人大监督工作新局面。

（一）改进监督方式，增强监督实效，是学习贯彻党的十八大精神的基本要求。

党的十八大是在我国进入全面建成小康社会决定性阶段召开的一次十分重要的大会，会议明确了建设中国特色社会主义的总依据、总布局和总任务，提出了到 2020 年全面建成小康社会的目标。围绕总目标、总布局、总任务和全面建成小康社会的目标，对经济建设、政治建设、文化建设、社会建设和生态文明建设作了全面的安排和部署。在政治建设上，提出要坚持走中国特色社会主义政治发展道路和推进政治体制改革，并明确要加快推进社会主义民主政治制度化、规范化、程序化，从各层次各领域扩大公民有序政治参与，实现国家各项工作法制化。在推进政治体制改革中，要以法治为治国理政的基本方式，全面推进依法治国；在支持和保证人民通过人民代表大会行使国家权力上，要支持人大及其常委会充分发挥国家权力机关的作用，依法行使监督等职权，加强对“一府两院”的监督，加强对政府全口径预算决算的审查和监督。

十八大提出的总目标、总任务、总布局与全面建成小康社会的目标和围绕它们作出的部署，以及对人大及其常委会在推进社会主义民主法治进程中所发挥作用的安排，都对我们的监督工作提出了明确的要求。我们只有在党的领导下，依靠人民的监督和支持，依照法律的规定，认真探索和改进监督方式，提高监督实效，才不辜负党和人民的期望和重托。

（二）改进监督方式，增强监督实效，是保证人民当家做主，走中国特色社会主义政治发展道路的必然要求。

坚持党的领导、人民当家做主和依法治国的有机统一，以保证人民当家做主为根本，以增强党和国家的活力、调动人民积极性为目标，扩大社会主义民主，是十八大对发展社会主义政治文明的基本要求。人民代表大会制度是保证人民当家作主的根本政治制度。监督权是宪法、法律赋予各级人大及其常委会的神圣职权。人大依法行使监督权，是党领导人民依法治国的重要内容，是人民当家做主的重要体现。各级人大及其常委会的权力直接来自人民，行政、审判、检察机关接受人大的监督，就是接受人民的监督。所以，改进监督方式，提高监督实效，能更好地支持人民当家做主，是实现好、维护好和发展好最广大人民根本利益的需要，是一切权力属于人民的体现；能使监督渠道更畅通、程序更规范、作用更明显，扩大公民的有序政治参与，发扬社会主义民主，保障人民当家做主的权利，推进社会主义民主政治建设。

（三）改进监督方式，增强监督实效，是保证宪法和法律有效实施，贯彻依法治国方略，建设社会主义民主法治国家的需要。

依法治国是我国的基本方略。保证宪法、法律和行政法规在本行政区域内得到遵守和执行，是各级人大及其常委会工作的重要内容。各级人大及其常委会作为国家权力机关的监督，是具有最高法律效力的监督。随着中国特色社会主义法律体系的形成，有法可依的问题基本得到解决，但落实有法必依、执法必严、违法必究的方式还有不少问题需要解决。法律规定，人大及其常委会监督“一府两院”依法行政、公正司法。十八大对维护法制的统一、尊严和权威，对国家机关和干部执法和用法，对社会学法守法提出了更高的要求。这就需要各级人大常委会依法履行职权，研究适应需要的法律监督方式，依法开展法律监督，确保宪法、法律和法规在本行政区域内得到有效实施，确保行政权、审判权、检察权得到正确行使，确保公民、法人和其他组织的合法权益得到尊重和维护，确保法律权威得到维护。

（四）改进监督方式，增强监督实效，是确保2020年同步建成全面小康社会的需要。

当前，毕节正处于“加速发展、加快转型、推动跨越”的关键时期，面临着后发赶超、在西部超常规崛起的艰巨任务。原国家主席胡锦涛、总理温家宝视察毕节时提出要建设富裕和谐美丽新毕节；为了推动毕节试验区的进一步发展，国家于2013年2月7日批复了《深入推进毕节试验区改革发展规划（2013—2020年）》；省委提出，全面建成小康社会，不能以全省的总体小康代替以县为单位实现的全面小康，不能以平均数代替城乡多数家庭达到全面小康，不能以简单的指标数代替群众的直观感受。为我们同步建成小康社会提出了更高的要求。这就需要全市各级人大及其常委会必须知责思为，勇于担当，改进监督方式，更好地发挥人大常委会的监督作用。才能更好地支持和促进“一府两院”推动工作，促进经济社会的跨越发展；才能更好地把党和国家的主张与人民意愿结合起来，成为全市人民的共同行动的目标，才能最大限度地调动人民群众的积极性和创造性，为全面建成小康社会共同努力。

《监督法》颁布后，我们积极探索，不断改进和加强监督工作，取得了明显实效。但是，与党的要求和人民意愿相比、与法律赋予的权责相比，我们还存在柔性监督多、刚性监督少，程序性监督多、实体性监督少，过多强调支持、相对淡化监督，注重程序、忽视结果等问题，这些都是不敢监督、不善监督的结果。做好新时期人大监督工作，使命崇高，意义重大，大有可为，大有作为。我们一定要深入学习和领会十八大精神，转变观念，统一思想，提高认识，切实转变监督方式，增强监督实效，为推动毕节在2020年与全国同步全面建成小康社会提供有力支持和保障。

二、围绕全面小康的目标，改进监督方式，增强监督实效

全市各级人大及其常委会坚持党的领导、人民当家做主和依法治市的有机统一，探索改进监督方式，监督效果明显提高。党的十八大确定了全面建成小康社会的目标，对人大工作提出了新的要求，给我们进一步改进监督方式提供了契机。我们要围绕全面建成小康社会的目标，认真按照《监督法》规定的听取和审议“一府两院”专项工作报告、对政府计划和预算进行监督、执法检查、规范性文件的备案审查、询问和质询、特定问题调查、撤职案的审议和决定七种监督形式，从以下几个方面着手，改进监督方式，督促“一府两院”工作向前发展。

（一）突出监督重点、科学确定议题。

开展监督工作，要注意选准最佳切入点。监督议题是否选准，直接关系到监督效果。要按照围绕中心、突出重点、讲求实效的思路，突出改革与发展、民主与法治、民生与稳定，紧紧围绕试验区主题、改革发展稳定大局、社会主义民主法制建设问题、涉及人民群众切身利益和社会普遍关注的重大问题，有计划地安排监督议题。要着力于抓大事、议大事。监督议题主要从执法检查、视察、专题调研中发现的问题确定，从代表对“一府两院”工作提出的建议、批评和意见集中反映出的问题中产生，从常委会组成人员提出的比较集中的问题中确定，从人民群众来信来访集中反映的问题中确定，从社会普遍关注的其他问题中确定。初步确定的议题，要广泛征求人大代表和群众以及“一府两院”有关部门的意见，经进一步修改完善，通过主任会议或常委会会议确定，向党委汇报形成正式监督议题开展监督，并向社会公布。

（二）丰富监督形式、拓展监督渠道。

监督形式是提高监督效果的重要保障。要有针对性地运用《监督法》规定的七种监督形式。在听取专题报告前，应进行视察、执法检查、专题调研，深入了解真实情况，提出建议、意见。视察可以基层人大代表为主，适当邀请驻本辖区的各级代表参加，紧紧围绕经济社会发展的重大项目、重点工作展开。执法检查以常委会组成人员为主，适当邀请驻本辖区的各级代表参加，紧紧围绕法律法规在本辖区的贯彻实施情况展开。专题调研以常委会机关人大代表为主，紧紧围绕重大民生问题及经济社会发展的其他重大问题展开。视察、执法检查、专题调研，应通过召开座谈会、实地走访、问卷调查、查阅资料等方式，掌握第一手资料，深入了解真实情况，总结经验，研究问题，提出建议、意见。视察、执法检查、专题调研结束后，要及时写出专题报告，重点针对存在的问题、整改的方向提出有效的意见和建议，力求产生实效。规范性文件的备案审查是保证法制统一的重要手段，凡是“一府两院”出台的规范性文件，都必须要求报人大审查或备案。要强化对财政预决算的监督，开展全口径预决算监督；对财政预决算监督，除审查和批准财政收支预算、听取审议决算执行情况报告外，还应借助审计的力量，大力推进审计监督。要有针对性地选择有关工作开展工作评议，强化对部门工作或部门负责人的监督。对垂直管理部门的工作要纳入监督管理范围。必要时适时启动询问和质询、特定问题调查、撤职案的审议和决定等监督工作。要把公民旁听制度常态化，扩大公民的有序政治参与。要通过宣传报道把人大的监督、舆论的监督和人民群众的监督有机结合起来，形成合力，共同监督“一府两院”的工作。

（三）规范报告审议、提高审议质量。

审议质量的高低对监督效果有着重大影响。“一府两院”的报告、专题报告，在提交会议审议前，应由常委会主任会议或专委会进行初步审核，然后再经“一府两院”及其工作部门修改后再提交会议审议。为了搞好审议发言，人大代表或常委会组成人员应提前进行充分调研，以便发言做到言之凿凿、有的放矢。审议有关报告时，“一府两院”及相关工作部门应分别派员到审议组听取审议。对“一府两院”的综合报告，要形成决议。对专题报告，应形成审议意见，交“一府两院”研究落实，有必要时，也可以做出决议。听取专题报告，应对报告进行表决通过，报告没有通过的，要争取在半年内进行再报告；再次报告未获通过的，应做出专项决定，可启动质询、特定问题调查等程序。为了提高审议质量，可邀请专家顾问人员列席会议，提供咨询或发言。审议专题报告，有关专门委员会或人大工作部门应提供相应的调研报告供参考；必要时，可由专委会或工作部门预先提出审查意见。

（四）加强跟踪监督、务求监督实效。

跟踪监督是提高监督实效的必要环节。跟踪监督搞得好，监督效果就明显。对“一府两院”及其工作部门在报告中承诺的事项，可及时梳理送代表或常务委员，以便跟踪监督。决议、决定和审议意见，视察、执法检查、工作评议和专题调研提出的建议意见，代表提出的建议、批评和意见，经主任会议或常委会议审定后，要及时以正式公文的形式向“一府两院”及有关工作部门交办。交办函必须明确反馈要求、办结时限。主任会议、专委会和常委会工作部门应对交办事项进行跟踪问效；必要时专委会或人大常委会工作部门可听取交办事项的落实情况汇报。专题工作报告作出的交办事项，相关单位应在半年内向常委会报告完成情况，常委会应对完成情况进行满意度测评，测评未过半数的，可作出相关的决议或决定。

三、把握重点环节，改进监督方式，增强监督实效

改进监督方式，是人大工作的一个重要课题，要在党的领导、人民当家做主和依法治市有机统一的原则下，积极稳妥地推进。

（一）要强化“六个”意识，科学合理推进。

要强化大局意识，突出工作导向性。人大行

使监督权，涉及关系改革、发展、稳定全局的重大事项，事关人民群众的根本利益。人大监督要与党委的部署合拍，要与“一府两院”合力，要与人民群众合心。要强化作为意识，突出工作实效性。要在推动科学发展中发挥动力作用，在维护法律尊严中发挥模范作用，在推进民生建设中发挥积极作用，在构建和谐社会中发挥纽带作用。要强化问题意识，突出工作针对性。搞好监督工作，要有问题意识，应以找准问题为切入点，既要善于发现问题，又要勇于提出问题，还要乐于解决问题。把问题分析好，把办法找出来。要强化代表意识，突出工作主体性。代表是人大工作的主体，抓好人大监督工作，必须发挥代表的作用。要通过加强宣传引导，为代表履职搭建平台，健全代表参与监督机制，充分调动代表履职的积极性和主动性。要强化全局意识，突出工作整体性。要积极服务经济社会的全面发展，服务于十八大提出的“五位一体”建设，服务于市县两级人大工作的共同推进，共同开创全市人大监督工作的新局面。要强化创新意识，突出工作创造性。人大监督工作讲程序、讲规范，也需要开拓创新，不断提高监督工作科学化水平。应正确处理创新与恪守原则的关系。坚持党的领导，人民当家做主，依法治国的有机统一，按照法律的规定，探索改进监督方式。应正确处理创新与人大建设的关系。把改进监督方式与保障人大工作的制度化、规范化、合理化有机结合起来。要正确处理创新与求真务实的关系。创新立足于求实，不搞花架子、不摆样子、不搞形式主义，做到求实创新、有效创新。

（二）要依法履职、注重程序。

人大工作法律性、程序性都很强。在监督中，法律有明确规定的，按照法律进行；法律无明确规定的，按照法律的基本原则进行，做到认真不失职、依法不越位。

（三）要精心组织、务求实效。

改进监督方式，要坚持实事求是的原则，通过改进监督方式，力求使视察、执法检查、专题调研和审议有关报告取得实效，实现目的，不辜负党和人民的重托。

同志们，贯彻落实党的十八大精神，改进监督方式，提高监督实效，我们责任重大、使命光荣。让我们紧密团结在以习近平同志为总书记的党中央周围，坚持以邓小平理论、“三个代表”重要思想和科学发展观为指导，在市委的领导下，进一步解放思想、开拓创新，真抓实干、奋发有为，不断开创全市人大监督工作新局面，为毕节2020年与全国同步建成全面小康社会而作出新的更大的贡献！

谢谢大家！

在政协第一届毕节市委员会常务委员会第11次会议上的讲话

郭正良

（2014年1月10日）

各位常委、同志们：

这次会议的主要任务是，学习贯彻市委一届五次全体会议和全市经济工作会议精神，对《毕节市人民政府2013年工作报告》（讨论稿）进行协商讨论，审议通过市政协一届三次全会的有关文件。

下面，我就抓好有关工作讲几点意见。

一、认真学习贯彻市委一届五次全体会议和全市经济工作会议精神，进一步把思想和行动统一到中央、省委和市委决策部署上来

元月3日，市委分别召开了一届五次全体会议和全市经济工作会议。市委一届五次全会认真学习贯彻了党的十八届三中全会和省委十一届四次全会精神，听取和讨论了张吉勇同志受市委常委会委托所作的工作报告，审议通过了《中共毕节市委关于深入贯彻落实党的十八届三中全会精神全面深化毕节试验区改革试验的实施意见》。全会指出，改革开放是毕节试验区加速发展、转型发展、跨越发展的关键一招，全市上下一定要把学习中共十八届三中全会和省委十一届四次全会精神作为当前和今后一个时期的重要政治任务，切实增强全面深化改革的理论自觉和行动自觉，充分认识毕节试验区全面深化改革的现实基础，深刻理解中央和省顶层制度设计的重要指导意义，切实增强理论自信、实践自信、制度自信，更加坚定全面深化改革的信心和决心。全市经济工作会议全面贯彻落实了中央、省经济工作会议安排部署，提出要按照“稳中求进、提速转型、又好又快”和“稳、进、改”的要求，奋力打造毕节经济社会发展“升级版”。会议要求，要牢牢把握工作重点和关键环节，围绕深入推进试验区改革发展，实施重点突破，着力推进体制机制创新、项目建设、结构调整、城乡统筹、基础设施建设、绿色发展、社会治理创新，加快推动经济社会发展全面升级。

深入学习贯彻市委一届五次全体会议和全市经济工作会议会议精神，是全市各级政协组织和广大政协委员当前的一项重要政治任务。特别是各位政协常委务必要带头学习、带头宣传贯彻，切实把思想和行动统一到中央、省委和市委决策部署上来。要通过深入学习贯彻，对我市过去一年来经济社会取得的重大成就有更加清醒的认识，更加坚定为科学发展、推动跨越、同步小康而努力奋斗的决心和信心。要对当前我市经济社会发展面临的机遇和挑战有更加清醒的认识，切实增强推动全市经济社会转型升级的紧迫感和责任感。要对做好新形势下的政协工作有更加清醒的认识，以更加解放的思想、更加开阔的视野、更加进取的精神、更加扎实的作风，努力开创政协工作新局面，为推进毕节试验区改革发展的伟大事业作出新的贡献。

二、认清形势，明确任务，努力为打造毕节经济社会发展“升级版”贡献力量

今年是全面贯彻落实中共十八届三中全会精神，全面深化改革的开局之年，是深入推进国发2号文件和国办函35号文件落实、顺利推进“十二五”规划实施的攻坚之年。站在新的历史起点上，市委明确提出了打造毕节经济社会发展“升级版”的努力方向和奋斗目标。在今后的工作中，我们必须牢牢把握市委的决策部署，紧紧围绕着力推进体制机制创新，加快改革开放升级；着力推进项目建设创新，加快投资优化升级；着力推进结构调整创新，加快产业优化升级；着力推进城乡统筹创新，加快城乡发展升级；着力推进交通建设创新，加快现代物流升级；着力推进绿色产业创新，加快生态建设升级；着力推进社会管理创新，加快民生改善升级，这七个关系全市经济社会转型升级的重大问题，充分发挥人民政协人才荟萃、智力密集的优势，深入开展调查研究，积极反映社情民意，广泛进行协商议政，努力为党委、政府科学决策和推动工作提供依据和参考。要充分发挥人民政协作为协商民主重要渠道作用，紧紧围绕调整经济结构、促进经济转型升级和推进新型工业化等重点任务和重大民生事项，制定好年度协商计划，认真组织好各种会议协商、专题协商、对口协商、界别协商和提案办理协商活动，不断增加协商密度，提高协商成效，努力推进我市协商民主广泛多层制度化发展。要坚持以“同心”思想为引领，充分发挥人民政协的优势和作用，努力协助党委、政府做好协调各方的工作，进一步促进党派关系、阶层关系、民族关系、宗教关系的和谐，推动各党派、各团体、各阶层、各民族间的团结与合作，努力维护全市安定团结、和谐稳定、奋发进取的发展局面。

三、扎实做好各项工作，确保市政协一届三次全会的顺利召开

市政协一届三次会议的各项筹备工作现已到了最后准备阶段。这次会议不仅要总结市政协一年来的工作情况、部署市政协今年的工作重点，更重要的是要协商讨论全市一系列重要工作报告。希望参加会议筹备工作的每一个同志充分认识开好一届三次会议的重要性，高度重视，精心安排，认真组织，加强协作，主动配合，狠抓工作落实，大事要认真，小事不马虎，高质量、高水平、高效率地完成大会的各项筹备任务。在大会召开期间，各工作组要紧紧围绕会议的各项议程，切实加强协调配合，注意做好各次会议和活动的衔接，做到各个环节不出差错、运转顺畅，周到细致地完成好会议的各项服务工作，确保市政协一届三次会议圆满成功。

各位常委、同志们，刚刚过去的2013年是不平凡的一年。一年来，市政协常委会在中共毕节市委的领导和省政协的指导下，在市人大、市政府和社会各方面的支持下，在政协各参加单位、全市各级政协组织和各有关方面的积极支持配合下，坚持围绕中心、服务大局、凝聚人心、服务群众，紧紧围绕我市制定“十二五”发展规划和经济社会发展中的重大问题以及人民群众普遍关注的热点问题，深入调查研究，积极建言献策，做了大量卓有成效的工作，取得了丰硕的成果。各位常委为此付出了辛勤的劳动，奉献了智慧和心血。在此，我代表主席会议的全体同志向大家表示衷心的感谢。希望大家在新的一年里，继续加强学习和研究，时刻关注大局，全力推动发展，密切联系群众，积极服务社会，严格要求自己，珍惜政治荣誉，不断提高履行职责的能力和素质，努力在市政协各项工作中作出新的更大的贡献。

最后，在农历新年即将到来之际，我在此衷心祝愿大家，新春愉快，心想事成，阖家幸福！

谢谢大家。

努力开创反腐倡廉工作新局面 为建设富裕和谐美丽新毕节提供坚强保障

——在中国共产党毕节市第一届纪律检查委员会第四次全体会议上的工作报告

朱江华

（2013年2月5日）

同志们：

现在，我代表中共毕节市纪律检查委员会常务委员会向一届四次全体会议报告工作，请予审议。

这次会议的主要任务是：深入贯彻落实党的十八大、十八届中央纪委二次全会、省纪委十一届二次全会、市委一届三次全会以及全市经济工作会议精神，回顾总结2012年全市党风廉政建设和反腐败工作，研究部署2013年工作。市委对这次会议十分重视，会前，市委常委会专门听取汇报，并审议了这个报告。等一会，市委书记张吉勇同志将出席第二次会议并作重要讲话，我们一定要认真学习、深刻领会，坚决抓好贯彻落实。

一、2012年工作回顾

（一）突出监督检查，在确保政令畅通上有新作为。坚持把严格执行和维护党的政治纪律置于首位。深入开展对保障性住房、水利建设、规范和节约用地、矿业权出让、环境保护和节能减排、国发2号文件等政策措施贯彻落实情况的监督检查。督促有关部门“招拍挂”国有土地165宗、出让矿业权48宗。督查保障性安居房12001套。督促淘汰落后产能企业32家。严肃安全生产责任追究，参与调查处理较大事故6起，给予党政纪处分18人，推动了中央和省、市各项政策措施的落实。

（二）突出教育监督，在促进廉洁自律上有新突破。深入推进理论教育、警示教育、法纪教育、革命传统教育及廉政示范教育“五大基地”建设，开展分层分岗反腐倡廉教育活动190余场次，举办纯洁性廉政党课、先进事迹宣讲报告80场次，其经验做法得到省纪委监察厅的肯定和推广。探索建立“一把手”廉政指数考评机制，对干部选拔任用、评先选优、因公出国（境）的409名干部进行廉洁自律审查。建立深入治理“三大领域”

突出问题构建维护和保障群众合法权益“三项机制”，得到省纪委主要领导批示肯定。对39名领导干部进行经济责任审计，查出违规和管理不规范资金15.13亿元。

（三）突出改革创新，在深化源头治腐上有新拓展。深入推进廉政风险防控机制建设，对重点部位、重点领域、关键环节进行严密管控。对省级下放的338项行政审批事项进行清理，市级保留97项，为全省事项最少市（州）之一。投资2000万元，建成5200平方米的市级公共资源交易中心，实现了招投标交易市场审管分离、管办分离，促进了公共资源的优化配置和经济效益的最大化，此项工作在全省考核中名列第一。率先在全省建立政务公开电子监察系统，纠正了一批不公开、假公开、不依申请公开的问题，群众满意率达99.8%。以政策法规线、政务服务线、企业诉求线、社会管理线、制度建设线“五线体系”建设为载体，大力优化发展环境。全市工作作风明显转变、行政审批效率、服务质量明显提高，公众满意度明显上升。

（四）突出专项治理，在维护群众利益上有新提高。采取制度+科技方式，强化涉农专项资金监管，省纪委监察厅在我市黔西县召开现场会予以推广，此项工作在全省考核中名列第一。深化和巩固“三项清理”成果，整改问题45个，追缴土地出让金、罚款等1317.66万元。组织开展清理规范各级党政机关检查考核项目1997项，取消255项，节约资金388万元，此项工作在全省考核中名列第一。清理公务用车5440辆，对1137辆违规车辆进行了处置。查处涉农案件150件，给予党政纪处分150人。开展民生“面对面”活动30期，民主评议基层站所1116个，受理问题3844个，解决问题3811个。

（五）突出强力惩腐，在遏制腐败蔓延上有新成效。扎实推进“三访”活动常态化。深入开展“问诊村官廉洁性”活动，有效解决了一批信访突出问题。坚持有案必查、有贪必反，立案查处违纪违法案件776件，给予党政纪处分842人，其中县处级6人、乡科级127人，移送司法机关38人，挽回经济损失740.76万元。严肃查处了黔西县原政协副主席谢家华贪污麻风病人临时医疗救助、生活补助费等一批民生领域案件和纳雍县原副县长李发军索贿、挥霍公共财产，原织金县副县长、市商务局副局长杨克军受贿等一批大要案件，收到了良好的政治和社会效果。

（六）突出自身建设，在锻造反腐铁军上有新举措。切实加强班子建设，进一步建立完善班子思想政治建设、民主决策议事制度和纪委常委联系县（区）工作督导机制。班子成员积极参与创先争优、“四帮四促”等活动，深入基层、解决问题，注重在实践中历练作风、提升素质。按照“市县同步、上下联动、全面推进、紧密统管”的总体思路，深入推进完善派出机构统管工作，市直及9个县（区）设立纪工委（监察分局）60个，派出机构的监督作用明显加强，统管模式及经验作为全省9个市（州）唯一一家在全省会议上作经验交流发言，此项工作在全省考核中名列第一。围绕提高执行力、战斗力和担当力，大力倡导以学强身、以干立身、以德修身、以廉洁身，督促纪检监察干部加强自我约束，切实维护自身纯洁。选拔28名学历层次高、复合型专业的优秀年轻干部充实到机关各室和市直纪工委监察分局。集中举办县区新任纪检监察干部培训班，选派436名干部到北京大学、国家行政学院、北戴河、杭州等地培训，有力提升了纪检监察干部的履职能力。

一年来，全市党风廉政建设和反腐败工作取得了新成效、积累了新经验，但依然存在一些问题，主要表现在：少数党员干部党性党风党纪意识淡薄；官僚主义、形式主义、享乐主义、奢侈浪费、特权思想、脱离群众等现象不同程度存在；权力集中领域、资金密集领域和资源集聚领域消极腐败问题更加隐蔽；征地拆迁领域、民生建设领域损害群众利益不正之风时有发生；派出机构规范运行有待进一步加强等。

二、2013年主要工作任务

2013年，是全面贯彻落实党的十八大精神的开局之年，也是深入实施“十二五”规划承前启后的关键一年，更是我市与全国全省同步建成小康社会奠定坚实基础的重要一年。2013年全市反腐倡廉建设总体要求是：高举中国特色社会主义伟大旗帜，以邓小平理论、“三个代表”重要思想、科学发展观为指导，按照省第十一次党代会、省委十一届二次全会、省纪委十一届二次全会决策部署，坚持围绕中心、服务大局，围绕民生、履行职责，围绕热点、注重监督，围绕作风、提升素质，着力加强纪律建设、作风建设、反腐倡廉建设，促进干部清正、政府清廉、政治清明，为建设富裕、和谐、美丽新毕节提供坚强保证。

（一）强化监督检查，确保中央、省委和市委政令畅通

强化对党的纪律执行情况的监督检查，坚决维护党章和其他党内法规的权威性和严肃性。各级党组织和领导干部要牢固树立大局观念和全局意识，正确处理保证中央政令畅通和立足实际创造性开展工作的关系，任何具有地方特点的工作部署都必须以贯彻中央、省委和市委精神为前提，决不允许公开发表同中央、省委和市委决定相违背的言论，决不允许“上有政策、下有对策”，决不允许有令不行、有禁不止，决不允许在贯彻执行上打折扣、做选择、搞变通。各级纪检监察机关要紧紧围绕科学发展这个主题和加快转变经济发展方式这条主线，继续深化国发2号文件的贯彻落实，加强对重大项目、重点工程和大额度资金管理使用的监督检查，推进工程建设领域突出问题专项治理常态化。督促落实节能减排和环境保护、产业规划政策措施、国土资源法律法规、水资源保护和水利改革发展、耕地保护和节约集约用地、做好“三农”工作等政策措施落实情况的监督检查。深化和巩固“三项清理”成果，集中开展囤积闲置土地问题专项清理，积极探索规范矿产资源二级市场的办法和措施，着力纠正存在问题。加大生产安全责任事故调查处理力度，严肃查处事故背后的腐败行为。督促各级党委切实担负起党要管党、从严治党的政治责任，严格执行党风廉政建设责任制，对不抓不管导致发生重大违纪违法问题的，要严格追究责任。

（二）强化教育监督，从严规范党员领导干部权力运行

围绕打造重点岗位廉政教育、廉政微博信息、网络监督、媒体专栏、远程教育及廉政教育短信等“六大”平台，把培育廉洁价值理念贯穿于党员干部培养、选拔、管理和使用全过程。以“五园新村”“幸福小镇”建设为载体，深入开展廉政文化“六进六增”活动，打造一批廉政文化精品，着力营造崇廉尚洁的良好氛围。加强和创新社会管理，注重对反腐倡廉舆情网络信息的收集、分析和研判，健全相关工作机制，正面引导群众有序参与反腐倡廉工作。认真贯彻党内监督各项规定，全面落实廉政谈话制度。积极推进下级党政主要领导向上级纪委全会述廉述德工作。完善领导干部经济责任审计，注重审计成果的运用。认真落实廉洁从政有关规定，严禁领导干部违反规定干预和插手市场经济活动，严禁违规收送礼金、有价证券和支付凭证，严禁利用职权和职务影响为配偶、子女及其配偶，以及其他亲属经商办企业提供便利。认真执行领导干部报告个人有关事项制度，开展抽查核实工作。加大财政预算公开力度，严格控制行政经费支出，严肃整治公款大吃大喝和高消费娱乐活动，从严控制党政机关办公楼、接待场所等楼堂馆所建设。继续巩固公务用车、“小金库”专项治理工作成果，规范公务员津贴补贴工作。以创建“廉洁乡村”活动为突破口，加强基层党风廉政建设，完善村务监督机构，严肃处理侵占挪用惠民资金、违规处置集体资产、侵吞集体收益、侵害农民土地权益等问题。推进城市社区、国有企业和高校党风廉政建设工作。积极探索非公有制经济组织反腐倡廉工作的有效途径。

（三）强化效能建设，着力打造优质高效发展软环境

以保持党的先进性和纯洁性为主线，认真开展以“为民务实清廉”为主要内容的党的群众路线教育实践活动和“十破十立”解放思想大讨论活动，大力加强党员干部队伍作风建设。要以踏石留印、抓铁有痕的劲头，全面贯彻执行中央改进工作作风、密切联系群众“八项规定”，省委、市委“十项规定”，加大明察暗访和问责工作力度，坚决反对讲排场比阔气，坚决反对特权思想、特权现象，坚决抵制享乐主义和奢靡之风。严肃整治“庸、懒、散、奢”等作风顽症，严肃查处办事推诿、敷衍塞责、效能低下、“吃、拿、卡、要”等损害发展环境的案件。全力推进依托电子政务平台加强政务公开和政务服务试点工作。认真抓好中央和省下放的各类行政审批事项的清理对接工作，启动全市第六轮行政审批制度改革。深化市（县、区）政务服务中心规范化建设，为群众提供优质高效服务。充分利用电子监察和远程视频监控系统，加强对行政审批事项办理、政务公开和市级公共资源交易活动的监督。

（四）强化纠风治乱，认真解决群众反映强烈突出问题

加大惠民政策落实和惠民资金分配使用情况监督检查力度，坚决查处贪污挪用、虚报冒领专

项资金等行为。督促解决资源开发、移民安置、食品药品安全、救灾救济、公务员考录、金融、电信等公共服务行业和国企事业单位招聘等方面的不正之风。严格执行国家有关征地补偿规定，坚决制止违法违规强制征地拆迁行为。强化对保障性住房建设和分配使用的监管，切实维护广大群众尤其是弱势群体的利益。深化工程建设领域突出问题专项治理，开展市场中介领域突出问题专项治理。继续治理教育乱收费，纠正医药购销和医疗服务中的不正之风，着力解决乱加价、乱收费等问题。深化和巩固清理行政事业性收费、规范和减少检查考核、评比达标表彰、庆典研讨会论坛活动成果。充分运用网络信息化等手段，全面推行“民生在线监管平台”工作。同时，以重点行业、窗口单位为重点，广泛开展民主评议政风行风工作，重视民主评议结果的运用。

（五）强化案件查办，始终保持惩治腐败的高压态势

始终把查办案件作为立身之本，摆在突出位置，牢牢抓在手上，坚持有案必查、有贪必肃、有腐必惩，严打“老虎”、狠拍“苍蝇”。完善信访举报网络体系建设，充分发挥信访举报工作案件线索主渠道作用，深入推进“三访”常态化工作，认真解决群众实际问题。严肃查办发生在领导机关和领导干部中滥用职权、玩忽职守、贪污贿赂、腐化堕落案件，严肃查办发生在重点领域和关键环节的腐败案件，严肃查办商业贿赂案件。进一步拓宽案源渠道，注重从专项检查、优化发展环境、纠风、执法、巡视等工作中发现案件线索。深入研究新形势下违纪违法案件发生的特点和规律，健全腐败案件揭露和查处机制，完善证人、举报人保护制度，增强突破大案要案能力。充分发挥纪检监察机关在反腐败协调小组中的领导作用，全面落实党委反腐败工作联席会议制度，促进执纪执法机关相互协调配合，形成反腐败工作合力。坚持依纪依法安全文明办案，严把制度程序关、监督管理关、办案纪律关、政策法规关，加强乡案县审和案件交叉审理工作，正确把握决策失误与失职渎职的界限，违纪错误与违法犯罪的界限，努力营造保护干事创业、鼓励创新、宽恕失误、遏制腐败、干净干事的良好氛围。

（六）强化制度执行，深化反腐倡廉治本抓源头工作

大力推进党务公开、政务公开、司法公开、村务公开和各个领域办事公开，让人民监督权力规范运行。加强对权力运行的制约和监督，深入推进廉政风险防控机制建设，坚持全员防控中突出领导干部，全域覆盖中突出重点领域，全程监督中突出关键环节，形成不敢腐的惩戒机制、不能腐的防范机制、不易腐的保障机制，把权力关进制度的笼子里。督促各级各部门围绕重点领域、重点环节、重点岗位，排查廉政风险点，有针对性地完善制度、堵塞漏洞、加强管控。继续深化经济体制、干部人事、司法体制等重点领域的改革，形成内容科学、程序严密、配套完备、有效管用的反腐倡廉制度体系。开展法规制度执行情况的执法检查，严肃查处有令不行、有禁不止、随意变通、恶意规避等行为，切实维护法规制度的严肃性和权威性。围绕“三道防线”建设，按照“整体构建”“专项构建”“行业构建”“国企构建”“基层构建”“作风助建”总体思路，研究制定我市《惩治和预防腐败体系 2013—2017 年工作规划》的实施意见，努力形成具有毕节试验区特色的惩防体系模式。

（七）强化队伍建设，大力推进纪检监察机关自身建设

全市各级纪检监察机关和纪检监察干部要深刻理解“打铁还需自身硬”“信任不能代替监督”的丰富内涵，牢固树立“事不避难，勇于担当、敢于担当、善于担当”的精神，严格按照贵州省纪检监察干部“三严守、九严禁”要求，强化自我约束，强化执纪者更要带头遵守纪律、监督者更要自觉接受监督的意识，大力加强队伍建设、能力建设、作风建设，做到政治坚定、有为有位、干净干事，做促进经济社会发展的护航员、维护社会公平正义和群众利益的保安员、扫除社会领域腐败现象的清障员。要积极探索派出机构发挥作用的有效途径，充分整合纪委监察局机关本部和派出机构两支力量在反腐败工作中的作用，着力在提升综合素质、健全工作制度、发挥监督作用等方面下功夫，用铁的纪律打造一支人民满意的纪检监察干部队伍，切实维护纪检监察干部可亲、可敬、可信的良好形象。

同志们，今年反腐倡廉工作任务繁重、责任重大。让我们紧密团结在以习近平同志为总书记的党中央周围，在省纪委和市委的坚强领导下，统一思想，开拓创新，狠抓落实，扎实推进党风廉政建设和反腐败斗争，为建设富裕、和谐、美丽新毕节作出新的更大的贡献！

特　载

民建东部十省市组织对口帮扶黔西县第二次联席会议召开

民建中央将积极助推毕节经济社会发展

陈昌智出席并作重要讲话　张少琴主持会议

11月5日，民建东部十省市组织对口帮扶黔西县第二次联席会议在毕节召开，全国人大常委会副委员长、民建中央主席陈昌智出席并作重要讲话。全国人大常委会副秘书长、民建中央副主席张少琴主持会议。会议指出，今后一段时期内，民建中央将积极响应开展同心工程的号召，紧紧围绕科学发展，整合全社会的力量，加快转变经济发展方式的主题，进一步加大对毕节试验区的帮扶力度，积极助推毕节试验区经济社会发展。

全国人大代表、民建中央社会服务部部长包瑞玲，民建中央社会服务部副部长夏赶秋，民建北京市委副主委赵亚洲，民建天津市委副主委孙太利，河北省政协副秘书长、民建河北省委副主委郭士刚，辽宁省政协副主席、民建辽宁省委主委武献华，民建江苏省委秘书长陈杰，民建福建省委专职副主委郭学军，民建中央委员、民建山东省委驻会副主委于永晖，民建广东省委专职副主委、省人大常委陈海，民建贵州省委主委武鸿麟，市政协副主席秦天志出席会议。市委常委、黔西县委书记卢林作工作汇报。

陈昌智听完相关工作人员的工作汇报后，对毕节试验区及黔西县经济社会发展所取得的成绩给予了充分肯定。他指出，二十多年来，毕节试验区围绕“开发扶贫、生态建设、人口控制”三大主题，经济快速发展，人民的生活水平明显提高，黔西县的工作有思路、有创新、有成效，城乡面貌发生了翻天覆地的可喜变化。帮扶工作的重大意义在于建成同步小康，近年来，中央高度重视扶贫工作的开展，民建有责任把对毕节试验区的帮扶工作做好。民建中央要深入贯彻落实中央领导的重要指示精神，充分认识同心工程的重要性，在今后一段时期，民建中央将进一步加大对毕节试验区特别是黔西县的帮扶力度，积极助推毕节试验区经济社会发展。

陈昌智强调，各民主党派在毕节试验区的帮扶不同于其他地方，“同心工程”体现多党合作的典范和示范，民建除了参政议政之外，通过帮扶体现了民建“想人民群众之所想，急人民群众之所急”的做法，这也是民建服务于国家经济社会发展的实践活动。毕节试验区和黔西县今后的发展和帮扶工作，要认真贯彻落实科学发展观，在加快经济发展的同时，注重质量和效益，把发展优势更好地发挥出来。民建东部十省市组织要加大对毕节试验区的帮扶工作力度，为毕节试验区的发展提出建议，做好招商引资工作，并推动项目的具体落实，实现跨越发展。

陈昌智要求，帮扶黔西县的民建十省市要积极响应开展同心工程的号召，紧紧围绕科学发展，加快转变经济发展方式的主题，整合全社会的力量，发挥优势、开拓创新，多派出专家对黔西的发展进行指导，加强人员培训力度，同时搭建市场平台，重点围绕助推发展、改善民生、智力支持等方面开展帮扶工作。在产业项目上，民建的优势明显，很多企业做得不但很好，而且非常有潜力，在今后一段时期内，希望黔西县和民间各部门建立好联络制度，组织企业家前来毕节试验区考察，在企业项目引进上落实上仔细思考，争取取得更大的成功。

陈昌智要求，黔西县要创造好条件，县委政府要把企业的发展当成一项大事业，在政策方面提供更多的帮助，给予更多的关心和支持，企业也一定要本着量力而行、尽力而为的原则，以智力支持为重点，以改善民生为出发点，依托中华思源扶贫基金会的平台，积极联系相关部委，多方争取政策支持，助推毕节试验区和黔西县的发展。

赵亚洲、孙太利、郭士刚、武献华、陈杰、郭学军、于永晖、陈海、武鸿麟等分别作了发言。

市委召开常委（扩大）会议

传达贯彻省委书记赵克志对毕节市设立乡镇民生项目监督特派组的重要批示精神

张吉勇主持并讲话　陈昌旭等出席

近日，市委召开常委（扩大）会议，传达贯彻省委书记赵克志对毕节市设立乡镇民生项目监督特派组的重要批示精神。市委书记张吉勇主持会议并讲话。市委副书记、市长陈昌旭，市委常委胡吉宏、朱江华、周全富、王开俊、孔昌生、文松波、吴国强，市领导马培译、李玉平、蒋从跃、马炼、安顺才等出席。

近日，省委书记赵克志对毕节市设立乡镇民生项目监督特派组工作作出重要批示。批示指出，毕节市积极探索基层纪检监察组织运行机制，组建民生项目监督特派组，整合监督资源、创新监督模式，在促进民生政策落实、规范民生项目实施、确保民生资金安全、维护群众切身利益方面发挥了积极作用。省纪委要进一步加强工作指导，认真总结提升，支持各级纪检监察机关以旗帜鲜明的态度、改革创新的精神，扎实推进党风廉政建设和反腐败工作，把严格监督、严格要求、严格管理落到实处，做到有腐必反、有贪必肃、违规必究，为全省发展大局作出更大贡献。赵克志书记的重要批示，是对市委及各级纪检监察机关工作的充分肯定，是对全市纪检监察干部的巨大鞭策和鼓舞，是全市进一步做好乡镇民生项目监督特派组工作的指南。全市各级党委和纪检监察机关一定要认真学习党的十八届三中全会精神，深刻领会批示对毕节市基层纪检监察组织监督运行机制创新的重要指导意义，进一步坚定通过乡镇民生项目监督特派组保障和改善民生的信心和决心，以纪检监察工作的新进展、新成效，为我市同步全面建成小康社会营造良好氛围和提供坚强保障。

会议强调，各级党委和纪检监察机关要把思想和行动统一到习近平总书记和中央纪委关于转思想、转职能、转方式、转作风的一系列新要求上来，把赵克志书记的重要批示精神融入加强反腐败制度建设和探索改进纪检监察监督运行机制的各个环节，进一步解放思想、奋发有为，以改革创新的精神，通过民生项目的有效监督，围绕中心、服务大局，围绕民生、履行职责，围绕热点、注重监督，围绕作风、提升素质，深入推进党风廉政建设和反腐败工作再上新台阶。重点要在规范民生项目的实施，维护人民群众切身利益中发挥监督作用上抓落实；在探索和完善基层纪检监察组织监督运行机制，推进民生项目监督特派组工作出实效上抓落实；在各级干部为民务实清廉，推进农村经济社会全面持续快速健康发展上抓落实；在农业产业结构调整、农村基础设施建设、农村环境改善、农民素质提升等方面发挥新作用、取得新成绩、实现新突破。

会议强调，要认真总结经验，开拓创新，努力完善基层纪检监察组织监督运行机制，切实把乡镇民生项目监督特派组这一创造性举措，打造成最有力、最有效的监督形式之一。要进一步加强纪检监察队伍特别是民生项目监督特派组的建设，让纪检监察干部真正成为党的纪律的坚定拥护者、模范执行者、有力监督者。

市直相关单位负责同志参加会议。

创新改革发展　激活后发优势　打造非公经济升级版

2013中国（贵州）非公有制经济发展论坛在毕节举行

陈昌智出席并致辞　受赵克志陈敏尔委托王富玉致辞

张吉勇作主题演讲　陈昌旭安金黎郭正良等出席

11月5日，以“创新改革发展、激活后发优势、打造非公经济升级版”为主题的2013中国（贵州）非公有制经济发展论坛在毕节隆重开幕。全国人大常委会副委员长、民建中央主席陈昌智出席并致辞。受中共贵州省委书记、省人大常委会主任赵克志和中共贵州省委副书记、省长陈敏尔的委托，省政协主席王富玉代表中共贵州省委、贵州省人民政府致欢迎辞。

全国人大常委会副秘书长、民建中央副主席张少琴，省人大常委会副主任张群山分别主持开幕式和主题论坛，工业和信息化部党组成员、总工程师朱宏任，全国人大常委、全国人大财经委副主任、民建中央副主席辜胜阻，副省长陈鸣明分别作主题演讲。重庆市人大常委会副主任、民建重庆市委主委沈金强，辽宁省政协副主席、民建辽宁省委主委武献华，江西省政协副主席、民建江西省委主委孙菊生，民建贵州省委主委武鸿麟出席论坛。市委书记张吉勇作主题演讲，市委副书记、市长陈昌旭，市人大常委会主任安金黎，市政协主席郭正良，市领导胡吉宏、袁晓玉、王开俊、杨海琰、蒋从跃、秦天志出席论坛。

中国非公有制经济发展论坛由民建中央、工业和信息化部与有关省、市、自治区人民政府联合举办，至今已成功举办十届。本届论坛由民建中央、工业和信息化部与贵州省人民政府共同主办，由民建中央社会服务部、工业和信息化部中小企业司、民建贵州省委、毕节市人民政府共同承办。论坛的举办不仅搭建起政府、专家、企业各方合作交流的平台，而且为全面改善民营企业健康发展的政策法规环境、市场环境和公共服务环境发挥了重要作用。

陈昌智对2013年中国非公有制经济发展论坛在贵州召开表示热烈祝贺。他指出，中共十八大报告明确指出要“毫不动摇鼓励、支持、引导非公有制经济发展，保证各种所有制经济依法平等使用生产要素、公平参与市场竞争、同等受到法律保护”，这为非公经济加快转变发展方式创造了更为广阔的空间，是非公经济发展又一个新的起点，充分体现了党中央对非公有制经济发展规律的深刻把握和促进非公有制经济健康发展的坚定意志，将为非公有制经济发展注入新活力、激发新动力、开辟新前景。

陈昌智说，毕节试验区自1988年成立以来，包括民建在内的各民主党派中央、全国工商联与毕节干部群众同心奋斗，开创了多党合作共同推进贫困地区科学发展的先河。今年3月，中共中央政治局常委、全国政协主席俞正声在毕节调研时强调，毕节试验区“开发扶贫、生态建设、人口控制”的主题，充分体现了科学发展观的要求。今年，在毕节召开本届论坛，就是要贯彻落实俞正声同志的重要指示精神，把民建的非公经济论坛工作和民建对毕节的帮扶工作有机地结合起来，把非公论坛的“务虚”与项目推介的“务实”有机地结合起来。民建中央将以本届论坛的召开为契机，与毕节人民一道，继续抓住深入实施西部大开发战略的历史机遇，广泛凝心聚力，推动科学发展，加快后发赶超，为毕节非公有制经济乃至经济社会的全面发展做出新的贡献。

王富玉在致辞中说，贵州在“十二五”开局之年提出实施民营经济三年倍增计划，省第十一次党代会提出要加快培育壮大市场主体，大力发展非公有制经济。新的形势为我省非公有制经济提供了更为广阔的发展空间。本次论坛在贵州召开对营造非公有制经济发展的良好环境，推动贵州实现科学发展、后发赶超、同步小康的宏伟目标，具有十分重要的意义。贵州将以本次论坛为重要契机，坚持把发展非公有制经济作为实现全面建成小康社会的重要战略举措，在毕节试验区谱写多党合作推进科学发展的新篇章；将继续以“高看一眼、厚爱一分”的实际行动，为非公有制经济发展创造良好环境，努力把贵州打造成一个成本低、回报快、市场大、机会多、信誉好、效率高的投资创业之地，推动全省非公有制经济发展迈上新的台阶。

张吉勇在主题演讲中回顾了毕节试验区25年的辉煌历程，介绍了改革发展取得的重大成就，特别是非公有制经济发展的成就，分析了毕节加快发展、实现跨越的优势和发展平台建设情况。他说，拥有独特政治优势、广泛政策优势、丰富资源优势、明显区位优势、强大后发优势的毕节，正加快建设科学发展试验区、现代产业集聚区、创新扶贫示范区、生态文明先行区、多党合作示范区。毕节将以本次论坛为契机，以更加开放的理念、更加开阔的视野、更加务实的精神，认真学习借鉴其他省区市的先进经验，把发展非公经济摆在更加突出的战略位置，在新的起点上加快推动非公经济跨越发展、转型升级，为实现科学发展、后发赶超、同步小康增加活力、增添动力、增强后劲，努力建设开放包容、充满活力、创业首选的试验区。

论坛还举行了捐赠及签约仪式。民建中央中华思源工程扶贫基金会“思源救护”项目向贵州省捐赠30辆救护车，民建会员企业北京万升康达经贸有限公司、民建中央中华思源工程扶贫基金会向毕节市捐赠青光眼治疗设备10台；签约仪式共签约项目24个，项目涉及工业、农业、旅游业等产业，签约总金额370.18亿元。

国家有关部委、民建各省（区、市）代表团代表及民建会员企业家，省直相关部门和各市（州）政府、贵安新区管委会分管负责同志，市直相关单位、各县（区、管委会）相关负责同志和相关企业负责人参加有关活动。

深入推进毕节试验区改革发展规划（2013—2020年）

国务院办公厅关于同意深入推进毕节试验区改革发展规划的函

国办函〔2013〕35号

（2013年2月7日）

贵州省人民政府、发展改革委：

发展改革委《关于报送深入推进毕节试验区改革发展规划（送审稿）的请示》（发改西部〔2012〕3888号）收悉。经国务院批准，现函复如下：

一、国务院原则同意《深入推进毕节试验区改革发展规划（2013-2020年）》（以下简称《规划》)，请认真组织实施。

二、贵州省人民政府要切实加强组织领导，健全机制，明确分工，落实责任，统筹推进试验区改革发展各项工作，涉及的重大政策和建设项目按程序另行报批。要按照《规划》确定的功能定位、空间布局和发展重点，积极创造条件，有序推进《规划》实施。东部地区要加大对毕节市的帮扶力度，积极支持试验区建设。

三、国务院有关部门要按照职能分工，密切配合，加强与有关方面的沟通，做好与国家总体规划和相关专项规划的衔接，在试验区专项规划编制、政策实施、项目安排、体制机制创新等方面给予积极支持，指导和帮助地方政府切实解决《规划》实施过程中遇到的问题。要鼓励和支持将行业试点任务放在试验区先行先试。对已确定的试点任务，要制订实施方案，加强指导和督促检查，及时总结推广经验做法。

发展改革委要加强指导和协调，对规划实施情况进行跟踪分析和督促检查，会同贵州省人民政府适时开展《规划》实施评估，重大问题及时向国务院报告。

中华人民共和国国务院办公厅

毕节试验区(以下简称试验区)是1988年由时任贵州省委书记胡锦涛同志倡导并经国务院批准，全国第一个在贫困地区建立的开发扶贫、生态建设试验区。试验区成立24年来，经济社会发生深刻变化，实现了人民生活从普遍贫困到基本解决温饱的跨越，生态环境从不断恶化到明显改善的飞跃，人口数量从高速增长到增速明显下降的转变，积累了丰富的实践经验，改革发展已经取得了阶段性成果。

根据《中共中央国务院关于深入实施西部大开发战略的若干意见》(中发〔2010〕11号)、《国务院关于进一步促进贵州经济社会又好又快发展的若干意见》(国发〔2012〕2号)和《西部大开发"十二五"规划》要求，为全面总结经验，探索新形势下贫困地区后发赶超之路，推动试验区经济社会又好又快发展，特编制本规划。

规划范围为毕节市所辖行政区域，国土面积26853平方公里，2011年末常住人口652万人。规划期限为2013—2020年。

第一章　发展基础

第一节　主要成就

24年来，试验区经济社会发展取得长足进步。2011年地区生产总值达到737亿元，比1988年增长41倍；财政总收入181亿元，增长91倍；固定资产投资831亿元，增长351倍；三次产业结构由53∶22∶25调整为18∶47∶35。基础设施建设取得重大进展，公路通车里程由3748公里增加到2.5万公里，解决220万农村人口的饮水困难。开发扶贫、生态建设、人口控制成效明显，农村贫困人口由312.2万人减少到65.5万人，城镇居民人均可支配收入和农村居民人均纯收入分别达到16132元、4210元，森林覆盖率由14.9%提高到41.5%，水土流失面积减少了1404平方公里，人口自然增长率由19.5‰下降到6.2‰。社会事业明显进步，"两基"人口覆盖率达100%，人均受教育年限由3.9年提高到6.8年，新型农村合作医疗参合率达98.9%，城乡低保实现应保尽保。

24年来，试验区紧紧围绕"开发扶贫、生态建设、人口控制"试验主题，按照"近期作示范、长远探路子"的要求，积累了宝贵的经验。坚持发展与扶贫并举，把改善人民群众生产生活条件和提高基本公共服务水平作为改革发展的重点任务；坚持开发与保护并进，把加强生态建设和环境保护作为改革发展的根本；坚持人口数量控制与质量提高并重，把实现人的全面发展作为改革发展的目标；坚持因地制宜，把充分发挥当地比较优势发展特色产业作为改革发展的着力点；坚持同心同行，把发挥中国共产党领导的多党合作政治优势作为改革发展的推动力。

第二节　发展优势

自然资源丰富。已探明矿产32种，其中煤、磷探明储量分别为281亿吨、14.2亿吨，均占贵州省的50%左右；生物资源丰富，动、植物资源达2800多种，天麻、竹荪、半夏等中药材享誉国内外，农特产品品质优良；年均水资源总量134亿立方米。

文化底蕴深厚。民族文化、历史文化、红色文化丰富多彩，旅游资源独特，气候清爽宜人，织金洞、威宁草海、百里杜鹃、九洞天等景区风光秀美，素有“洞天湖地、花海鹤乡、避暑天堂”之美誉。

区位优势明显。地处四川、云南和贵州三省结合部，是珠三角地区连接西南地区，以及长三角地区连接东盟的重要通道。规划建设的厦门至成都、杭州至瑞丽高速公路和成都至贵阳快速铁路、隆昌至黄桶铁路、昭通至黔江铁路等将成为试验区新的对外交通通道。

多党合作助推。中央统战部、各民主党派中央、全国工商联、国家有关部委及社会各界始终关心和支持试验区建设，形成了统一战线参与试验区建设的毕节经验。

第三节　机遇挑战

当前和未来一段时期，试验区发展处于可以大有作为的重要战略机遇期。中发〔2010〕11号和国发〔2012〕2号文件的印发实施，为加快试验区改革发展指明了方向，提供了有力的政策支持；投资环境和发展条件不断改善，自我发展能力不断增强，为进一步加快推进工业化、城镇化奠定了坚实基础；经济结构深刻调整，东部产业加快向西部转移，为试验区发挥资源富集优势，推动建立现代产业体系提供了有利条件；区域经济一体化深入推进，有利于试验区参与区域分工，全面提升内陆开放型经济发展水平；广大干部群众思改革、谋发展、奔小康的愿望强烈，呈现出昂扬向上的精神风貌，为实现经济社会跨越式发展提供了不竭动力。

由于自然、历史等多种因素影响，试验区还面临不少突出困难和问题，经济总量小、人均水平低，贫困和落后仍是试验区的基本区情和面临的主要矛盾，基础设施落后、生态脆弱、人口资源环境压力大的状况没有根本改变，城乡发展不协调、农村贫困面广量大程度深等问题仍然突出，产业结构单一、发展方式粗放、科技创新乏力等问题亟待解决，重点领域和关键环节仍然存在的一些体制机制障碍有待于进一步破除。

第二章　总体要求

加快试验区发展，是落实科学发展观、建设生态文明的战略需要，是加快脱贫致富步伐、推动贵州经济社会跨越发展的现实选择，是保障和改善民生、促进人的全面发展的重要举措，对探索全国贫困地区后发赶超之路，实现资源、环境、人口协调发展，具有重大的现实意义和深远的历史意义。

第一节　指导思想

高举中国特色社会主义伟大旗帜，以邓小平理论、“三个代表”重要思想、科学发展观为指导，以科学发展为主题，以加快转变经济发展方式为主线，突出“加速发展、加快转型、推动跨越”主基调，深化“开发扶贫、生态建设、人口控制”试验主题，坚持开发扶贫与经济发展并举、生态保护与生态建设并进、人口控制与人的全面发展并重，创新投融资体制机制，着力夯实发展基础；创新统筹城乡发展体制机制，着力提高人民群众生产生活水平；创新资源富集区转型发展体制机制，着力增强经济可持续发展内生动力；创新对内对外开放体制机制，着力发展内陆开放型经济，确保与全国同步实现全面建成小康社会的宏伟目标，为全国贫困地区探索一条超常规的后发赶超之路。

第二节　基本原则

坚持先行先试，创新发展。进一步解放思想、深化改革开放，以改革促发展，以开放促开发，不断增强经济发展的动力和活力。

坚持经济驱动，跨越发展。始终把科学发展作为首要任务，夯实发展基础，全力推进新型工业化、信息化、城镇化和农业现代化，增强跨越发展的内生动力。

坚持生态优先，绿色发展。牢固树立生态文明理念，尊重自然、顺应自然、保护自然，强化资源节约利用，在保护中开发，在开发中保护，实现可持续发展。

坚持以人为本，和谐发展。以保障和改善民生为重点，加大扶贫开发力度，提高基本公共服务水平和均等化程度，全面提高人口综合素质，维护民族团结、社会和谐，使改革发展成果惠及广大人民群众。

坚持全面统筹，协调发展。统揽全局，处理好经济与社会、工业与农业、开发与保护、资源利用与强市富民的关系，促进经济发展与人口资源环境相协调。

第三节 战略定位

科学发展试验区。实现科学发展和加快发展的有机统一，新型工业化、新型城镇化与环境保护的有机统一，经济发展与改善民生的有机统一，积极探索贫困地区实现科学发展的有效途径。

现代产业集聚区。大力实施优势资源转化战略，促进产业向园区集聚，建成西南地区重要的能源化工基地、资源深加工基地及装备制造业基地、特色农产品加工基地。

创新扶贫示范区。创新扶贫开发机制，坚持以区域发展带动扶贫开发，以扶贫开发促进区域发展，以工补农，以城带乡，为集中连片特殊困难地区减贫积累经验。

生态文明先行区。优化国土空间开发格局，加强不同类型生态区建设，加大水土流失防治和石漠化综合治理力度，着力建设资源节约型、环境友好型社会，促进人与自然和谐共处。

多党合作示范区。发挥中国共产党领导的多党合作和政治协商制度优势，坚定贯彻“同心”思想，奋力推进“同心”实践，不断提高统一战线服务科学发展和自身科学发展水平，形成多方参与、协调并进、相互支持、共同发展的团结奋进新格局，努力建设好试验区。

第四节 发展目标

到2015年，经济发展能力明显增强。以交通、水利为重点的基础设施建设取得突破性进展；生态建设和环境保护取得明显成效，石漠化扩展趋势得到初步遏制，环境质量总体保持稳定，森林覆盖率达45%以上；西南地区重要的能源和资源深加工基地基本建成，以能源、化工、装备制造、电子信息、新型节能建材为主的特色优势产业体系初步形成；城镇化进程显著加快，城镇化率达40%左右；基本公共服务水平和均等化程度明显提升，高中阶段毛入学率达到西部地区平均水平，覆盖城乡居民的基本医疗卫生体系和社会保障体系基本建立，贫困人口大幅减少，城乡居民收入基本达到西部地区平均水平；人口自然增长率进一步下降。

到2020年，经济实力显著提升，现代产业体系基本形成，建成川滇黔结合部的区域性经济中心；现代交通运输网络基本建成，工程性缺水问题基本解决；节能减排和资源综合利用水平不断提高，石漠化扩展势头得到根本扭转，环境质量良好，森林覆盖率达50%以上；城乡面貌明显改善，城镇化率达45%以上；人民生活水平和质量不断提高，收入大幅增加，基本公共服务达到全国平均水平，与全国同步实现全面建成小康社会奋斗目标。

第三章 优化国土空间开发格局

根据资源禀赋、环境容量、开发程度和发展潜力，优化功能分区，培育形成试验区“一核、一带、多支点”国土空间开发新格局。

第一节 功能分区

产业集聚区。包括矿产开采区、工业开发区和城镇建成区。充分利用这些区域基础条件好、产业发展潜力大、资源环境承载能力强的优势，承担试验区推进工业化、信息化和城镇化的主要功能。

特色农业区。包括坝地粮食作物区、山地经济作物区和畜牧区等点状、面状区域。发挥地理、气候优势，着力发展小杂粮、马铃薯、茶叶、蔬菜、核桃、中药材、草地生态畜牧业等特色农业。

生态保护区。包括西部高原石漠化治理与水源涵养林区、中东部生态环境综合整治区、东南部石漠化综合治理与水土保持区、东北部水土保持与石漠化防治区。对25度以上陡坡耕地通过人工措施和自然修复，实现生态恢复；对商品林区等生态控制区域，实行计划性采伐更替；对国家公益林、地方公益林、森林公园、自然保护区、风景名胜区、湿地等生态敏感区域，实行严格保护。

第二节　空间结构

突出主城区带动作用。加快建设毕节主城区，积极推进大方县撤县设区，规范建设双山新区，拓展城市空间，优化城市功能，带动产业与人口集聚，努力把试验区建成川滇黔结合部的区域性中心城市、综合交通枢纽、新兴工业城市、商贸物流中心和生态文明示范城市。

打造贵阳—毕节经济带。依托威宁经黔西至金阳高速公路、成都至贵阳快速铁路，培育建设威宁—赫章—毕节主城区—黔西—贵阳综合经济带，壮大节点城市综合实力，促进产业集群发展，建设成为特色鲜明、技术水平高、配套能力强、优势产业集聚的工业走廊。

培育一批中小城镇。支持符合条件的县撤县设市，合理开发并有效利用能源和矿产资源，进一步拓展产业发展空间，促进集聚发展。调整百里杜鹃风景名胜区行政区划。推进试验区内中小城镇与主城区基础设施互联互通、产业协同配套发展、生产要素自由流动。以特色产业为依托，把一批基础设施较为完善、区位突出、发展潜力大的中心镇建设成为特色鲜明的重点城镇。

第四章　构建现代化基础设施体系

坚持把交通、水利等基础设施建设放在优先地位，加大财政投入支持力度，创新基础设施投融资体制机制，加快构建功能配套、安全高效的现代基础设施体系。

第一节　加强交通基础设施建设

鼓励和支持民间资本参与铁路项目建设和客货运输服务业务，支持组建以地方投资为主的合资铁路公司。加快干线铁路建设，打通对外连接的快速通道。重点建设成都至贵阳、叙永经毕节至织金、织金至纳雍铁路，规划研究建设毕节经水城至兴义、昭通经毕节至黔江等铁路，加快建设毕节铁路枢纽。研究论证贵阳经六盘水至毕节的城际轨道交通建设。支持发展城市轻轨和重点矿区建设专用（支线）铁路。

加大财政性资金对高速公路、农村公路建设投入力度。鼓励投资主体多元化，采取多种模式，完善公路建设投融资和运行管理体制机制。尽快建成杭州至瑞丽、厦门至成都高速公路毕节段，加快贵阳至黔西、水城经威宁至昭通等高速公路建设。加大国省干线、县乡公路改造力度，增加路网密度，改善路网结构。结合农村道路建设促进旅游公路发展。不断完善公路枢纽及客货站（场）点。到2020年，公路通车里程达到2.8万公里，干线公路网络基本形成，实现具备条件的行政村通沥青（水泥）路。

加快乌江、赤水河航运建设，推进重点库区航道整治，改造及新建重点码头，完善水运配套设施。

适时试点放开低空空域，建设金沙、织金、百里杜鹃等通用机场，研究建设赫章通用机场。开展威宁机场前期工作。提升毕节飞雄机场等级，开通与北京、上海、广州、成都、昆明等大城市航线。

第二节　加快水利基础设施建设

创新水利发展体制机制，落实各项政策措施，多渠道筹集资金，保证水利投入稳定增长。积极完善水资源管理体制，实行最严格的水资源管理制度，抓紧确立水资源开发利用控制、用水效率控制和水功能区限制纳污三条红线指标体系，落实各项任务措施，建立责任追究和考核制度，健全水资源监控体系。发展节水工业、节水农业，建设节水型社会。推进水资源有偿使用和水价改革。健全初始水权分配机制，开展水权交易试点，实现水权有序流转。加大对口支援试验区水利工作力度。以解决工程性缺水为重点，加快推进夹岩水利枢纽、龙官桥水库等一批骨干水源工程前期工作，尽快开工建设。抓紧实施金黔、松坪、宋官、红旗等大中型灌区续建配套和节水改造工程，稳步实施小水窖、小水池、小塘坝、小泵站、小水渠等“五小水利”工程和烟水配套工程。全面解决农村人口安全饮水问题。加快病险水库除险加固和中小河流治理，加快防洪体系建设。

第三节　推进通信、能源通道建设

建立和完善通信保障机制，积极推进体制

机制创新，加快网络升级改造和信息技术创新，大力推进电信网、互联网、广播电视网“三网融合”，加快城市光纤宽带接入，基本实现行政村通宽带和自然村通信信号覆盖。加强和改进网络与信息安全管理工作，强化应急保障基础设施建设。实施电子政务提升工程和“三农”信息服务工程。推动能源通道建设。优化调整电源点布局和电网结构，加快毕节—大兴电力通道建设，开展主干电网和城乡电网建设与改造，提高电网安全运行能力。加快风力发电接入系统建设。研究建设与贵阳等地相连通的天然气管线。建设毕节成品油库。

第五章　加强生态文明建设

树立生态文明理念，开展生态补偿试点，建设长江、珠江两江上游生态安全体系，增强试验区可持续发展能力。

第一节　完善生态保护与建设机制

深化集体林权制度改革，规范林权流转，建立林业合作经营机制，开展森林资源资产评估，引导建立以林权抵押贷款为主的多元化投入机制。鼓励社会资本以多种方式参与生态建设。探索建立森林保险制度，支持开展林下经济示范基地建设，将毕节纳入林权管理服务中心标准化建设试点范围。建立经营性用材林5年限额采伐控制机制，允许年度结余采伐计划结转使用和拍卖。加快林业生态建设示范区发展步伐，继续实施石漠化综合治理、天然林资源保护、防护林体系建设、小流域综合治理等重点生态修复工程，积极发展后续产业。根据退耕还林总体部署，将25度以上陡坡耕地逐步退耕还林。加强自然保护区基础设施建设，加大草海恢复治理，支持百里杜鹃、油杉河和冷水河申报国家级自然保护区和风景名胜区。积极研究将试验区纳入生态文明示范工程试点市范围，创建生态文明城市，统筹推进环境友好型社会建设。

第二节　健全环境保护机制

完善环境保护投入制度，积极推进环境保护和污染治理市场化运营。积极推进赤水河、六冲河、三岔河、偏岩河等流域水环境综合整治。提高城市污水和生活垃圾处理装置的运行负荷率，改革、完善城市污水和生活垃圾处理收费方式，提高收缴率。新建毕节主城区第二污水处理厂和各县城的第二污水处理厂。建设主城区第二垃圾填埋场、双山新区和重点镇的垃圾处理设施，积极推进危险废物规范化管理和处置。完善排污许可证制度，发展排污权交易市场。提高环境准入门槛，强化工业污染控制，对重点行业企业实施重点监控。完善环境监测预警制度，建立环境污染事故应急处置体系。到2020年，集中式饮用水源一级保护区水质达到Ⅱ类标准，城市空气质量达到二级以上标准，城镇污水处理率和垃圾无害化处理率达到西部地区平均水平。

第三节　探索建立生态环境补偿机制

按照谁开发谁保护、谁受益谁补偿的原则，加快建立生态补偿机制。进一步加大中央财政均衡性转移支付力度。建立和完善生态公益林补偿和流转机制。探索建立林业碳汇交易机制，发展碳汇林业。鼓励和引导乌江流域上下游之间开展生态补偿。严格执行矿山环境恢复治理保证金制度。加强矿山资源利用，提高植被覆盖率。推进国家可持续发展实验区建设。

第六章　推进新农村建设

夯实农业农村发展基础，加快发展现代农业，扎实推进新农村建设，探索建立以城带乡、以工促农、城乡一体发展的体制机制，实现城乡协调发展。

第一节　建立发展现代农业的体制机制

建立促进现代农业建设的投入保障机制。创新土地管理体制，实行最严格的耕地保护制度，确保耕地总量不减少、质量不降低。对农业综合开发项目探索试行先建后补的民办公助机制。继续实施农田水利基本建设、土地综合治理、节水改造、烟水配套等工程。优化农业生产力布局，推进高海拔山区优质杂交玉米制种基地、优质粮油生产基地建设，加快特色农业基地建设，打造“乌蒙”品牌。深入推进山区现代农业示范区建设。强化基层农技推广体系建设，在统筹整合强农惠农富农资金、发展农民专业合作组织、创新产业化经营机制、创新金融支持手段等方面，探索行之有效的办法。积极推进农产品质量安全标准示范县建设，提高动植物疫病防控监管能力。引导和支持城乡各类社会服务组织和机构为现代农业提供社会化服务。

第二节　建立推进新农村建设体制机制

深入推进农村集体土地产权制度改革，推动建立“产权清晰、权能明确、权益保障、流转顺畅、分配合理”的农村集体土地产权制度，落实农民对土地的使用权和房屋、林木等资产的所有权。尽快建立健全产权交易平台，加快林地、林木流转制度建设。改革征地制度，提高农民在土地增值收益中的分配比例。严格规范城乡建设用地增减挂钩试点工作，积极稳妥地推进农村集体经营性建设用地流转，建立健全制度政策，探索农村集体建设用地所有权、使用权实现方式，逐步建立城乡统一的土地市场，探索农村宅基地集约节约利用新机制，在集体经济组织内建立宅基地有偿使用制度，建立超标宅基地退出机制，探索在规划的新农村建设集中用地区中的农村宅基地管理办法。加强新农村规划建设，实行村庄整治，开展农村环境综合治理和农村生态文明建设，实施水、路、电、气、房和优美环境“六到农家”工程。积极发展休闲农业、乡村旅游和农村服务业，繁荣农村经济。完善村民一事一议筹资筹劳办法，健全农村公益事业建设机制。落实村级组织运转经费保障机制，逐步解决行政村运转困难问题，积极稳妥化解乡村债务。

第三节　做好扶贫攻坚工作

加快资源开发和特色优势产业发展，创新产业化推进扶贫开发模式，建立和完善区域经济发展带动、集团帮扶脱贫的新机制，促进“整村推进”向“连片推进”转变。结合城镇化布局，稳步推进深山区、石山区等生存条件恶劣地区扶贫搬迁和生态移民工程。实施教育扶贫工程，开展以职业教育实现就业脱贫试点。探索贫困县乡“摘帽不脱钩、减贫不减补”的激励机制。推进扶贫开发与农村最低生活保障制度及社会保险、救助、福利制度有效衔接，完善城乡低保标准与物价上涨挂钩的联动机制。建立中央和地方财政专项扶贫资金逐步增加，社会力量、慈善事业积极参与的资金投入机制。创新支农资金管理体制机制，整合支农增量资金、国家扶贫增量资金及地方资金，吸引其他资金参与扶贫开发。探索建立资源富集地区农村集体和农户入股参与自然资源开发，增加农民财产性收入新机制。加强对试验区定点扶贫和对口帮扶，形成专项扶贫、行业扶贫、社会扶贫新格局。

第四节　推动城乡协调发展

加快新型工业化、特色城镇化和农业现代化进程，实现工业化与城镇化的良性互动，创建山地新型城镇化试验区，推动农业人口向城镇和新型农村社区集中、工业向园区集中、农用地向适度规模经营集中，促进城乡统筹发展。以完善城乡规划为先导，编制毕节市城镇体系规划，统筹城乡基础设施建设和产业布局。以深化市场化改革为动力，统筹城乡资源要素配置，推动城区企业向农村延伸服务，发展农村服务业和乡镇企业，形成城乡一体联合互动的产业格局。以转移农业富余劳动力为突破，统筹城乡就业创业，加大农村劳动力就业创业培训力度，支持农民工返乡创业，强化创业就业、技能培训、社会保险以及劳动维权等综合服务能力。以完善公共财政体制为支撑，统筹城乡基础设施建设和基本公共服务体系建设，积极推进城乡公共资源均衡配置。推进城乡教育、医疗卫生、公共文化协调发展。按照国家统一部署，规范有序开展低丘缓坡荒滩等未利用地开发利用试点工作，实现各类建设少占地、不占或少占耕地，提高土地资源利用综合效益。探索建立农村土地交易听证制度。积极推进国土资源管理制度配套改革试点。积极稳妥推进户籍管理制度改革，落实放宽中小城市和小城镇落户条件的政策，引导非农产业和农村人口有序向中小城市和建制镇转移，逐步满足符合条件的农村人口落户需求。

第七章　促进资源富集区转型发展

坚持走新型工业化道路，建立优化产业布局和结构升级的引导机制，推动资源依赖向创新驱动转变，改造提升传统产业，发展战略性新兴产业、现代服务业，积极承接产业转移，促进产业集聚，构建具有试验区特色的产业体系。

第一节　建立产业布局和发展引导机制

探索建立试验区产业集聚与布局优化协调机制，立足区内产业特点和资源禀赋，促进传统产业提升与新兴产业加快发展，着力构建现代产业体系，提高产业竞争力和经济效益。改造提升资源开发和资源深加工产业，实现单一煤电产业向多元产业转型；加快发展战略性新兴产业，着力推进产业升级。实行差别化的产业政策，实施优势资源转化战略，支持在试验区优化布局建设能源资源加工和转化利用项目，建设资源深加工基地。创新资源高效利用模式，推广市场化节能减排机制。强化节能减排目标责任，完善目标体系，健全监督管理机制，严格执行环境影响评价制度，实行主要污染物总量控制。

第二节　提升能源资源综合利用水平

加大矿产资源的整装勘查力度。完善矿产资源有偿使用制度，理顺资源收益分配关系。建立健全资源开发补偿机制，规范企业承担资源补偿、生态环境修复的社会责任和义务。科学制定资源性产品成本的财务核算办法，完善价格形成机制，促进资源节约利用。合理规划布局煤炭资源开采，加快试验区内黔北矿区和织纳矿区织金区煤矿建设，推进煤炭企业兼并重组，淘汰不具备安全生产条件、乱采滥挖严重浪费资源的落后产能，到2020年煤炭产量达到2亿吨左右。稳步发展大型高效燃煤火电机组，建设织金电厂、黔北电厂“上大压小”异地新建等项目。按照国家相关规定，稳步开展电力价格改革试点，在七星关、织金、赫章等县区率先开展大用户直供电试点，对农产品加工等劳动密集型产业在用电量、用电价格等方面给予特殊政策支持。

第三节　建立资源加工循环利用体系

提高市场准入门槛，加快淘汰落后产能，对产能过剩行业坚持新增产能与淘汰产能“等量置换”或“减量置换”的原则，遏制低水平重复建设，防止新增落后产能。依托煤电资源优势和新工艺、新技术，稳步发展煤的精深加工和关联产业。重点发展煤制烯烃、煤制油、煤制天然气、煤制乙二醇和煤炭气化、液化等深加工产品，加快建设毕节煤制清洁燃料示范项目。推进织金煤磷电化、金沙煤电烯烃一体化基地建设，加快黔西煤电铝一体化建设。支持毕节与重庆合作开展煤炭资源深加工利用，建设华润（毕节）循环经济工业基地。研究建设纳雍煤制乙二醇项目，提升赫章热铸联轧加工水平。鼓励发展非金属精细化工，扶持发展林化工。推进资源加工循环利用。依托现有工业园区，开展循环化改造，注重上下游产业布局，推进煤矸石、煤泥、煤层气与煤共伴生资源及粉煤灰、尾矿等工业废弃物资源化、规模化和产业化利用。开展煤矿、磷矿和电力、化工等矿井水、工业污水循环利用，提高污水资源化综合利用率。鼓励试验区创建循环经济示范城市，加快赫章资源型城市转型发展。

第四节　培育壮大新兴产业

创新有利于培育发展新兴产业的体制机制。以载货汽车生产项目为龙头，积极发展汽车、摩托车产业，做大做强汽车及零部件产业，提高整车及零部件产品开发、系统配套和模块化供货能力，加快毕节载货汽车制造基地和赫章铸造基地建设。积极推进渝黔合作汽摩配件产业基地和西南零部件毕节交易中心建设。推进矿山机械、电工电器机械、农业机械等特色装备制造项目建设。规范发展废旧汽车、家电、电子产品拆解加工利用。培育发展新能源、新材料和生物等战略性新兴产业。规划建设利用煤层气、风力、垃圾、生物质发电的示范项目，积极开发页岩气资源。有序发展硅、稀土、镍、钼等新材料产品。加快发展以天然药物为主、具有民族配方特色的现代中医药业。强化企业技术创新主体地位。加快科技服务平台建设，推进科技风险投资、科技咨询和中介服务业发展，促进科技成果的转化和应用。

第五节　创新发展现代服务业

探索特色民族文化与旅游融合发展新路子，

加快发展文化旅游和生态旅游产业。打造精品景区和旅游线路，重点建设百里杜鹃、织金洞、草海、九洞天和慕俄格古城、水西古城、大屯土司、石门坎等文化旅游区。研究建设百里杜鹃、大方等文化旅游集聚区。支持具备条件的重点景区申报世界自然遗产，加快赫章县可乐国家考古遗址公园项目建设。支持试验区大力发展红色旅游。加强旅游公共服务体系建设。积极发展乡村旅游，建设一批旅游特色村寨。深化文化体制改革，创新文化发展理念，积极引进战略投资者，建设一批重点民族特色文化产业项目。做大做强民族歌舞、工艺美术、节庆会展、戏剧影视等文化产业。

大力发展现代物流业。规划建设七星关、织金等重点物流园区和毕节中药材交易中心、威宁马铃薯等农特产品批发交易市场，积极发展现代运输方式和第三方物流，把毕节建设成为区域重要商贸物流中心。

扎实推进金融服务业改革发展。支持毕节农村金融改革，探索金融推动集中连片贫困地区跨越发展中的有效途径。支持和鼓励金融机构在试验区设立分支机构。支持设立村镇银行、农村资金互助社等新型农村金融机构和小额贷款公司等经济组织。鼓励金融机构有效增加对“三农”和小型微型企业的信贷投入。拓宽融资渠道，支持符合条件的企业通过上市或者发行企业（公司）债券、中小企业集合债和非金融企业债务融资工具等方式融资。

第六节　有序承接产业转移

积极营造有利于承接产业转移的体制环境，探索承接产业转移利益协调和补偿机制，提高完善金融服务水平，引导生产要素合理流动。加强公共服务创新平台支撑，主动为产业转移企业和项目提供有关咨询服务和开展科技创新工作。加快转变政府职能，深化行政审批制度改革，提高办事效率，营造良好的发展环境。积极引导产业集聚，合理规划和稳步推进开发区建设，优先考虑在具备条件的地区设立开发区。探索与东中部地区和其他省市合作互动、共建产业园区模式，形成一批以现代制造业、高新技术产业为主要特色的产业园区。推动毕节、织金、威宁经济开发区有序承接产业转移。推进园区扩区调位，支持符合条件的省级开发区升级为国家级开发区，重点工业园区创建为国家新型工业化产业示范基地。

第八章　完善基本公共服务体系

大力发展以保障和改善民生为重点的社会事业，创新人口数量控制与质量提高并重体制机制，逐步建立符合市情、覆盖城乡、公平合理的基本公共服务体系，促进人的全面发展。

第一节　突出教育优先发展地位

推进国家教育体制改革试点，优化教育资源配置，健全教育投入保障机制，全面推进素质教育。建立义务教育资源均衡配置机制，推进毕节贫困山区教育改革发展试验区建设。加大对农村学前教育推进工程和农村中小学建设的支持力度，加快义务教育学校标准化建设，逐步解决农村义务教育基础设施薄弱问题，逐步消除“大班额”、“校外寄宿”等现象，保留并认真办好必要的村小学和教学点。深化基础教育课程改革，提高中小学教育教学质量和综合办学水平。加大对农村家庭经济困难学生资助力度，扩大覆盖面。全面落实农村义务教育学生营养改善计划。加大农村教师“特岗计划”倾斜力度，以及对农村边远地区学校教师周转宿舍建设的支持力度。加快普及高中阶段教育，支持基础薄弱县改扩建一批普通高中和中等职业学校，支持双山新区发展职业教育。创新职业教育办学模式和人才培养模式，落实好中等职业教育免学费政策。根据试验区经济社会发展需要，积极创造条件，在毕节市设置一所多科性大学和一所医学类高等院校，吸引和支持国内重点高校到试验区合作创办高层次人才培养及综合科研项目，并有针对性地引进海外高层次人才及急需项目。鼓励支持社会力量举办各类教育机构。

第二节　提升医疗卫生服务能力

全面推进医药卫生体制改革，完善基本医疗卫生制度，使人人享有基本医疗卫生服务。推进部省合作，支持试验区卫生事业跨越式发展，建立健全公共卫生服务网络，加强卫生监督、疾病预防控制、职业病防治机构能力建设，提高重大传染病疫情和公共卫生突发事件的预防、处置能力。加快县、乡、村三级医疗卫生服务机构标准化建设，提高地市级医院服务能力，加强儿童医疗保健服务网络建设。加快全科医生培养，“特岗医生”计划向试验区倾斜。加强对乡村医生的系统培训，努力提高乡村医务人员福利待遇，力争到2020年千人口床位数达到全国平均水平。建立城市医院对口支援农村医疗卫生工作的制度。建立大病救助机制，对发生高额医疗费用的参保(合)居民和大病贫困患者给予更高水平医疗费用补助，缓解因病致贫、因病返贫现象。

第三节　全面做好人口和计划生育工作

加强人口计划生育服务体系建设，深入推进国家免费孕前优生健康检查试点工作，提高出生人口素质。完善人口计划生育利益导向政策体系，继续实施农村计划生育家庭奖励扶助、计划生育家庭特别扶助和“少生快富”千户示范工程。推动人口计划生育管理体制机制创新，推广实施诚信计划生育奖励政策，进一步完善人口计生“双诚信、双承诺”工作机制，形成具有试验区特色的“诚信计生”模式。建立健全引导人口迁移流动政策，实现人口分布与生态环境保护、产业布局、城乡发展相协调。

第四节　完善劳动就业和社会保障体系

加强公共就业服务体系建设，为城乡劳动者提供优质高效就业服务。加强职业技能培训，提升劳动者就业创业能力，扩大培训规模，提高培训实效。全面落实好有关扶持小型微型企业创业和大学生创业就业的优惠政策，大力扶持民营经济发展，培育和支持建设小企业创业基地。加快完善城镇职工基本养老、医疗、失业、工伤、生育保险制度，抓好非公有制企业从业人员、灵活就业人员、城镇困难群众和农民工参保工作。实现城乡居民养老保险全覆盖，不断提高居民医保和新农合的覆盖水平和保障水平。健全城乡困难群体、孤儿、残疾人和优抚对象等特殊群体的社会保障机制，提高农村五保供养标准。加大对试验区人力资源和社会保障服务平台及信息化工程建设的资金扶持。建立健全市场配置和政府保障相结合的住房制度，大力推进城镇保障性安居工程建设，继续实施农村危房改造。大力实施采煤沉陷区等地质灾害危险区域农村住房的避险搬迁。加强房地产市场调控，促进房地产市场平稳健康发展。

第五节　繁荣文化体育事业

加快推进公益性文化单位改革，创新公共文化服务运行机制，大力发展公益性文化事业，加快图书馆、文化馆、博物馆和乡(镇)、村文化站(室)建设，推动乡镇综合文化站、村文化活动室开展丰富多彩的基层文化活动，形成布局合理、设施完善的市、县、乡、村四级公共文化网络。继续实施广播电视“村村通”、全国文化信息资源共享、直播卫星公共服务户户通、农村数字电影放映等文化惠民工程，加快构建覆盖城乡的公共文化服务体系，加强物质文化遗产、非物质文化遗产和自然遗产保护、历史文化名城名镇名村和传统村落保护，打造一批民族采风、绘画写生和原生态民族文化研究与开发基地。有序推进体育场(馆)、农民体育健身工程等公共体育设施建设，在具备条件的地方研究建设国家高原运动示范基地、田径中长跑训练基地。开展民族传统体育运动，举办特色体育赛事。

第六节　创新社会管理体制机制

完善社会管理体制，强化社会管理和公共服务职能，发挥基层群众性自治组织、各类社会组织和企事业单位系统的协同作用，动员和组织公民依法参与社会管理。完善城乡社区网格化服务管理体系，全面深化市县乡三级视频接访机制，加强源头治理，防止和减少社会问题产生。加强动态协调，及时化解社会矛盾。加强应急管理，有效应对和妥善处置突发公共事件，加强公共安全体系建设。创新基层管理服务，建立健全留守儿童、留守老人爱心驿站，大力加强和改进流动人口和农村留守群体的服务管理工作。健全维护群众权益机制，畅通和规范公众诉求表达渠道。

第九章　提升对内对外开放合作水平

深入实施开放带动战略，加强区域合作，不断扩大开放领域和范围，探索对内对外开放新途径。

第一节　提升对外经贸水平

推进内陆开放型经济建设，拓展对外开放的广度和深度。利用中国—东盟自由贸易区、大湄公河次区域和云南桥头堡、泛珠三角地区等平台，积极参与东南亚、南亚等国际区域合作。有重点地扩大出口，促进对外贸易发展，加强外汇管理服务工作，推进贸易投资便利化。加快改善发展环境，创新招商引资模式，开放投资领域，简化外商投资审批程序，利用东中部投资与利用外资并举，吸引国际产业和资本向试验区转移，吸引国内外优秀企业参与试验区内企业的改组改制。支持在条件成熟时按程序申请设立试验区海关及海关特殊监管区域，鼓励加工贸易企业向海关特殊监管区域集中，促进加工贸易转型升级。培育生产加工基地、服务外包基地、保税物流基地、鲜活产品出口基地，开拓国际贸易市场。加强引进国外人才智力工作，积极探索东部地区引智成果向试验区“二次转化”。

第二节　加强与国内相关区域的经济合作

建立与周边地区的合作交流机制，加快生产要素自由流动，促进产业合理分工。探索基础设施共享共建机制，加强对外通道建设，形成区域交通互联互通格局。推进贵阳遵义毕节“金三角”、攀西－六盘水经济区规划建设，促进区域经济一体化。依托重庆经济合作区市长联席会、乌蒙片区旅游合作联盟峰会等平台，积极融入成渝经济圈、滇中经济区、黔中经济区，广泛开展经济技术合作，建立信息共享平台。加强与珠三角、长三角地区的经济联系，加快深（圳）毕（节）产业基地等合作平台建设，承接珠三角产业转移，拓展区域合作空间和领域。

第十章　政策保障

第一节　加强组织领导

研究建立试验区规划实施协调机制，加强对试验区建设的指导、协调和服务，研究制定具体工作方案，推动《规划》各项指标和任务的落实。国务院有关部门要按照职能分工，密切配合，加强与有关方面的沟通，做好与国家总体规划和相关专项规划的衔接，在试验区专项规划编制、政策实施、项目安排、体制机制创新等方面给予积极支持，指导和帮助地方政府切实解决《规划》实施过程中遇到的问题。鼓励和支持有关部门将行业试点任务放在试验区先行先试，签订部省共建协议。对已确定的试点任务，要制订实施方案，加强指导和督促检查，及时总结推广经验做法。充分发挥试验区专家顾问组作用，为《规划》实施提供智力支持。

贵州省人民政府要切实加强对《规划》实施的组织领导，健全机制，明确分工，落实责任，统筹推进试验区建设各项工作，涉及的重大政策和建设项目按程序另行报批。要按照《规划》确定的功能定位、空间布局和发展重点，积极创造条件，有序推进《规划》实施。东部地区要加大对毕节市的帮扶力度，积极支持试验区建设。

第二节　深化多党合作

深入探索试验区贯彻落实中国共产党领导的多党合作和政治协商制度的新途径和新办法，完善统一战线参与毕节试验区建设联席会议制度，加强联席会议成员单位之间密切合作。建立协调推进机制，加大“助推发展、智力支持、改善民生、生态建设、示范带动”五大“同心工程”实施力度。完善决策前和在决策执行中政治协商以及追踪反馈机制、邀请党外人士参加有关行政执法检查及听证活动的参政合作机制、党外代表人士培养选拔使用机制，努力把民主党派、工商联和无党派人士建言献策的政治资源，统一战线人才荟萃的智力资源，非公有制企业和港澳台以及海外统战成员的经济资源等聚合起来。深入推进对口帮扶，探索建立与东部地区省市统战系统的合作机制，加快统一战线“同心产业园”建设，积极承接对口帮扶地产业转移。把试验区建设成为统一战线服务科学发展的试验区、多党合作的示范区、贯彻“同心”思想的模范区。

第三节　强化政策支持

中央财政在现有资金渠道内加大对交通、水利、教育等领域支持力度。研究开展煤炭等资源税从价计征改革试点。健全县级基本财力保障机制，增强基层政府提供基本公共服务的能力。

对符合国家产业政策的项目，在规划和项目核准等方面予以优先支持。中央预算内投资优先向试验区民生工程、基础设施和生态环境等领域倾斜，建立专项补助制度，逐年递增补助额度。中央安排的公益性建设项目，取消县以下（含县）以及集中连片特殊困难地区的市级配套。研究提高纳入国家规划的重大基础设施项目资本金补助比例。

在符合国家法律和相关规定的情况下，引导商业银行加大信贷投放力度，重点用于保障性安居工程等民生领域。建立健全国有大型银行支持试验区发展长效机制。综合运用多种手段支持农村金融发展，继续实施农村金融机构定向费用补贴政策，扩大农业保险覆盖面和农业保险保费补贴范围。对农村信用社实行较低存款准备金率。

第四节　落实督促检查机制

发展改革委要会同贵州省人民政府加强对《规划》实施情况的跟踪分析和监督，组织开展《规划》实施中期评估。加强与“十二五”规划纲要、主体功能区规划和《乌蒙山片区区域发展与扶贫攻坚规划》等相关规划的衔接，针对实施中出现的新情况，适时对《规划》进行调整。及时协调解决重大问题，确保《规划》顺利实施。

努力建设人才创新创造创业首选地 为科学发展后发赶超同步小康提供坚强的 人才保障和科技支撑

——在市委一届四次全体会议上的讲话

张吉勇

（2013 年 7 月 24 日）

同志们：

这次会议是在我市坚持主基调、实施主战略，加快推动科学发展、后发赶超、同步小康的关键时期召开的一次重要会议。会议的主要任务是：深入贯彻落实省委十一届三次全会精神，大力实施人才强市和科教兴市战略，努力建设人才创新创造创业首选地，为科学发展、后发赶超、同步小康提供坚强的人才保障和科技支撑。

根据市委常委会讨论的意见，我讲四个方面的问题。

一、深入学习领会省委十一届三次全会精神，切实增强实施人才强市和科教兴市战略的紧迫感责任感

省委十一届三次全会，专题研究了人才和科技工作，提出了建设人才创业首选地的战略目标，充分体现了省委敢于争先、敢于拼搏、敢于超越的政治勇气和战略自信，充分体现了省委敢于正视问题、敢于把短板变为优势的博大胸怀。我们一定要统一思想，提高认识，增强紧迫感和责任感，大力加强人才建设，积极推动科技创新，加速推进科学发展、后发赶超、同步小康。

（一）把思想统一到省委十一届三次全会精神上来。省委十一届三次全会上，克志书记深刻阐述了现阶段贵州“中国梦”的深刻内涵和本质要求，明确指出了现阶段贵州“中国梦”是到2020年与全国同步全面建成小康社会，贵州同步小康的梦想是“中国梦”的重要组成部分，是富民强省的重要阶段性目标，是中央的要求、时代的使命、人民的期盼。突出强调实现同步小康，必须大力实施人才强省和科教兴省战略，以科技创新作为引领和支撑，加速发展、转型发展、跨越发展。明确要求切实增强人才引领发展意识，以“百千万人才引进计划”为抓手，加大人才培养力度，加大对人才的投入，抓好人才评价这个关键，努力建设人才创业首选地。着重强调要在做大做强企业创新主体、创新平台建设、产业技术创新、创新成果转化、高新产业发展等五个方面实现突破，加快推进科技创新。特别要求向简政放权、改革创新、依法行政、责任追究、队伍建设要效能，持之以恒改进作风，为建设人才创业首选地营造积极向上、风清气正的发展环境。克志书记的重要讲话，高瞻远瞩，思想深邃，立意高远，具有很强的思想性、指导性和针对性，是推动全省科学发展、后发赶超、同步小康的纲领性文件，是我们实施人才强市和科教兴市战略的行动指南。全市上下一定要认真学习贯彻，深刻领会精神实质，迅速把思想和行动统一到省委十一届三次全会精神上来，统一到克志书记的重要讲话要求上来，充分认识人才工作和科技创新对加速发展、转型发展、跨越发展的重大意义，把各类优秀人才聚集起来，进一步推动科技创新，推动经济转型升级，为加快实现与全国全省同步全面建成小康社会而不懈努力。

（二）正确认识我市人才和科技工作面临的困难和问题。近年来，我市认真贯彻落实省委、省政府的决策部署，始终把人才作为加速发展的第一资源，把科技作为推动跨越的第一动力，出台了一系列政策措施，切实加强对人才和科技工作的领导，不断加大人才队伍建设和科技创新的投入，引进了一批硕士、博士和急需专业技术人才，人才总量不断增加，人才结构不断优化，人才和科技意识不断增强，有力推动了经济社会快速健康发展。但是我们人才队伍建设和科技创新能力与主基调、主战略的实践要求还有不小差距，与加速发展、转型发展、跨越发展的现实需要还不相适应，工作中还存在不少困难和问题：一是引进人才思想不够解放。有的认为薄弱的经济基础吸引不了人才，有的认为引进的人才会水土不服，有的担心引进人才费用太高，有的甚至认为引进人才会抢本土人才的“饭碗”，因此不敢、不愿、不积极引进人才。二是专业技术人才匮乏且行业分布不均衡。全市专业技术人才仅占总人口的1%左右，而且教育、卫生专业技术人才占了其中的绝大部分，工业、城建、规划、环境、水利等方面人才十分紧缺，科技领军型人才很少。三是人才创业平台建设滞后。全市仅有5个市级自然科学类科研机构和4个县级科研所，科研仪器设备落后，企业技术中心、重点实验室等比较少，没有工业类科研机构。四是科技创新投入不足。虽然近年财政投入明显增加，但应用技术研究与开发资金占当年财政预算支出仍远低于国家规定的标准。企业用于技术研发的投入较少，技术装备落后。五是企业创新能力不强。企业技术创新和吸纳科技人才的主体地位不突出，大部分企业没有技术研发中心，重大科技攻关项目少，高水平科技成果少，等等。这些问题，已成为制约毕节发展的瓶颈，需要加大力度，加快速度从根本上破解。

（三）切实提高对实施人才强市和科教兴市战略重大意义的认识。当今世界，经济全球化深入推进，科技进步日新月异，国际竞争日趋激烈，人才队伍建设和科技创新在经济社会发展中发挥着越来越重要的作用。国家之间、地区之间、城市之间激烈的竞争，表现为经济实力、产业基础、城市建设、收入水平的竞争，实质上是科技和人才的竞争。

第一，实现同步小康目标，人才和科技是关键因素。市委一届三次全会提出了到2020年与全国全省同步全面建成小康社会的宏伟目标。这是830多万各族人民矢志追求的梦想，是现阶段贵州“中国梦”的重要组成部分，是我们发展进程中的一个重要阶段性目标。同时，省委、省政府将毕节与贵阳、遵义一起作为贵州经济发展的“金三角”来打造，国办35号文件要求把毕节建设成为科学发展试验区、现代产业集聚区、创新扶贫示范区、生态文明先行区、多党合作示范区，毕节又站在了一个跨越发展的新起点上。能不能实现同步小康目标，能不能成为名副其实的“金三角”，能不能尽快建好“五个区”，能不能实现后发赶超、加快在西部地区崛起，人才和科技起到关键性作用。加快人才队伍建设，加速提高区域自主创新能力，是成事之基、发展之要、兴业之本，我们要牢牢抓在手上，须臾不可松懈。

第二，推动经济可持续发展，人才和科技是

有力杠杆。近年来，我市工业化进程明显加快，得益于资源优势的有效发挥，这种依托资源的发展方式，在工业化初期是必然的，也是正确的路径选择。但从长远来看，则难以为继。经济学生产要素理论认为，在对财富的贡献中，人才资本、土地资本和货币资本的贡献比为64∶20∶16，可见人才资本贡献之大。从经济发展的规律来看，一个地方的发展要逐步从依靠资源转向依靠人才和科技。人才培养需要一个过程，科技创新也不可能立竿见影，如果我们不未雨绸缪，如果我们不及时加强人才队伍建设和科技创新，就很可能会造成阶段性的发展停滞，丧失发展机遇，贻误跨越时机。

第三，做大做强优势产业，人才和科技是核心支撑。充分发挥比较优势，是市场经济条件下一个地方、一个产业、一个企业在激烈竞争中保持活力的重要途径。近年来，我们始终不渝地发展特色优势产业，有力推动了经济实力的提升和发展方式的转变。发展壮大优势产业，在工业上需要运用更加先进的装备、更加先进的技术和更加先进的管理理念；在农业上需要引进新品种、采用新技术；在服务业上需要使用现代信息技术和现代化、专业化平台。如果没有科技和人才支撑，就会寸步难行。装备制造、煤磷化工、新能源汽车、电子信息等战略新兴产业，是我市的阳光产业，发展这些产业，更加需要依靠强大的科技创新成果和人才队伍作为前提，有技术和人才，才能把资源优势转化为经济优势，形成富有活力和生命力的增长点。

第四，推动企业健康发展，人才和科技是重要抓手。随着经济全球化程度的不断提高，世界市场分工与合作越来越精细，联系越来越紧密，任何企业都不可能独善其身，都必然融入世界经济潮流，都在自觉不自觉地参与国际竞争。经营好一个企业，涉及科技、资金、营销、品牌、管理等诸多要素，但其中，科技问题是企业竞争力的核心和基础。只有通过科技创新，研发出物美价廉、符合消费者需求的产品，才能赢得市场，否则，再好的营销手段、再好的内部管理也失去意义。企业要在日趋激烈的竞争中安全生存并健康发展，一定要有"绝活"，永不停歇地推动自主创新，创造属于自己的核心价值。

一部人类社会发展史，就是一部科技创新的进步史，就是一部人才推动时代变迁的文明史。人类文明的每一次重大进步，都与科学技术的革命性突破密切相关。在科学技术日新月异的今天，谁不重视科技和人才，谁就会在争夺未来的竞争中失去支撑甚至被淘汰。今天缺乏人才、没有科技创新，就意味着明天没有科研成果、没有技术优势，后天的经济就衰退、发展就落后。一个企业如此，一个产业如此，一个地区也是如此。全市上下一定要准确把握时代发展的新趋势，高度重视科技和人才工作，充分认识实施人才强市和科教兴市战略是事关毕节试验区同步小康的战略选择，不等待、不观望、不置疑，从现在做起，从自己做起，扎实抓好人才队伍建设和科技创新，以科技和人才工作的新突破推动我市科学发展的新跨越。

二、大力实施人才强市战略，努力造就一支数量充足、结构合理、素质优良、富有活力、善于创新的人才队伍

国以才立，政以才治，业以才兴。谁拥有一流的创新人才，谁就拥有一流的发展优势。人才工作做得好不好，直接关系到一个国家、一个民族的前途与命运，直接关系到一个地区发展的未来与后劲。对于发展相对滞后、原始积累不足的毕节，人才问题是一个重大的战略问题。我们一定要坚持以邓小平理论、"三个代表"重要思想、科学发展观为指导，深入贯彻落实党的十八大精神，按照省委十一届三次全会的安排部署，大力实施人才强市战略，建设一支数量充足、结构合理、素质优良、富有活力、善于创新的人才队伍，为实现同步小康提供坚强的人才保障。具体来讲，就是要引进一批高层次创新人才，培养一批技术攻关人才，集聚一批高技能人才，培育一批引领经济社会发展的实用人才，实现"三提高、三集聚、两优化、一高于"的目标，即：实现人才的总量、素质和效能明显提高，推动人才向重点发展产业、向产业园区、向企事业单位和社会管理领域集聚，进一步优化人才结构和发展环境，人才发展的主要指标高于全省平均水平。到2015年，全市人才资源总量达38万人，建成"环境一流、人文彰显、活力迸发"的人才创新创造创业首选地。

实现以上目标，需要做到"六个坚持"。

第一，坚持解放思想引人才。当今是一个开放的时代，时代需要我们与时俱进，放开眼界，开阔胸襟，广纳人才。引进一个高端人才，往往能够突破一项重大技术，创建一个品牌企业、催生一个龙头产业、培育一个新的经济增长点。一是要破除束缚引人才。要不断破除束缚创新创造创业的保守思想和陈腐观念，大力倡导敢为人先、敢冒风险、敢于创新的开拓精神，坚决革除束缚人才引进的机制弊端和封闭思想，以思想的解放促进人才的合理流动，以观念的更新促进生产力的快速发展。要积极崇尚创新、追求创新、鼓励创新，把各类人才创新创造创业的积极性充分调动起来，进一步增强创新的勇气、创造的锐气、创业的志气，使一切有利于加速发展的创新愿望得到尊重、创新活动得到支持、创新才能得到发挥、创新成果得到应用。二是要“一路绿灯”引人才。各级组织人事部门要学习借鉴发达地区的好经验、好做法，建立健全人才引进政策体系，只要是高素质、有专长、有本事、有助于推动毕节后发赶超的人才，就要及时引进、及时办理各种手续，搞好各种服务，畅通人才引进通道。不得推诿搪塞，不得瞻前顾后。三是要放眼全球引人才。树立人才工作“全球化”理念，围绕我市优先发展的重点产业、重点项目、重大课题和重大工程，以海内外高层次人才为重点，着力引进掌握核心技术、具备持续研发能力，具有国际国内行业领先水平的领军人才、首席专家担任项目负责人，担任企业研发骨干或直接来毕节创业。

第二，坚持以用为要聚人才。大力实施“百千万人才引进计划”“柔性引才工程”“硕博乡官工程”，努力让工业化、城镇化、信息化、农业现代化方面的急需人才特别是高端人才集聚到试验区。一是要着眼高端聚人才。对于院士、专家、教授等高层次人才，他们追求的主要是事业成功，创业的平台也比较多，通常不会到毕节安家落户。为此，要依托具体项目，为他们提供发展事业的机会，“不求所有、但求所用，不求常住、但求常来”，实行柔性引进。对于正在创业初始阶段的高端人才，他们既追求事业的进步，又需要有良好的待遇和生活条件。对此，要为其提供良好的事业发展平台，同时给予足够的待遇保障。二是要着眼发展工业聚人才。积极开辟人才“绿色通道”，围绕“5个100”“四个一体化”“五张名片”，大力引进一批装备制造、煤磷化工、新型能源、电子信息、特色轻工等方面的专业人才。引进一批工业管理、项目运作、市场开拓的专业人才，引进一批金融、资本经营等方面的专业人才，做到引进一个项目，聚集一批人才，带动一个产业，促进一方发展。三是要着眼城镇建设聚人才。建立城市规划和建设管理人才培养引进机制，采取市、县统一组织、公开考录等方式，招聘一批城镇化建设急需的紧缺人才。围绕推进城镇化建设，大力引进城市规划、城市建设、城市管理等方面的急需人才，聚集一批建筑设计、园林绿化、土木工程等紧缺专业人才。四是要着眼现代农业聚人才。着力聚集农业方面的博士、硕士和部分紧缺专业大学毕业生到县乡公益性农技服务中心从事技术推广工作，积极引进和培养一批了解农业政策、精通经营管理、社会责任感强、掌握服务农户技能的高素质农业龙头企业负责人。鼓励支持一批视野开阔、有一定专业技能、有一定资金积累的外出务工农民，回乡带头创办农业专业合作社、家庭农场和小微企业。五是要着眼信息化聚人才。信息化与工业化、城镇化、农业现代化紧密结合在一起，融于“三化”之中，要紧紧围绕工业化、城镇化、信息化、农业现代化的发展需要，努力集聚一批各方面的信息化专业人才。同时，还要集聚一批旅游、金融等方面的管理人才，文化产业、社会管理、生态建设等方面的创新人才，以各方面的人才集聚推动经济社会协调发展。

第三，坚持创新机制育人才。人才的活力源于体制和机制的创新，完善体制和机制是人才工作的重要任务。一是要创新人才培育机制。坚持理论学习与实践锻炼相结合，课堂教学与研究讨论相结合，集中学习与自主选学相结合，“派出去”与“请进来”相结合，深入开展大规模人才培训工作。加大党政管理人才的培训，努力提高各级干部的战略思维、科学决策、统筹协调、依法行政和做群众工作能力。积极拓宽人才培训渠道，加快省外人才教育培训基地建设，充分发挥东部省市对口帮扶的优势，整合市内劳动力转移、扶贫开发、“同心”工程等培训资源，有针对性地培养一批重点产业、重点学科、重要领域的领军人才。积极培育一批名工程师、名教师、名医师、名农艺师、名文艺人才，培育一批掌握特殊技能、适应发展需要的新型人才。依托市内现有科研平台人才团队，在科研实践中培育人才。二是要创新人才干事创业机制。积极为各类高层次人才搭建发展平台，引进的博士可先安排到县区、市直部门或经济开发区、企业挂职锻炼，挂职期满经组织考核优秀的，安排到相应岗位任职。引进的硕士研究生，可安排到企业、乡镇或县直相关部门挂职，期满后择优安排任职。组织部门要认真谋划，每年通过公开竞争方式择优选派一批硕士和学士到乡镇任职。三是要创新人才考核机制。对引进的人才由组织人事部门牵头，相关部门负责落实，实行单列考核。进一步完善考核机制，细化考核指标，纳入绩效管理。对表现优秀的各类人才，予以表彰奖励，有效激发各类人才的积极性。开展高层次人才培养工程，定期评选有突出贡献专家、市管专家、拔尖人才、中青年学术技术骨干，努力造就一批在省内外有一定知名度，在学科、技术领域和各行业中起着骨干作用的专家群体和经营管理人才。

第四，坚持满腔热情敬人才。古希腊哲学家苏格拉底说过："每个人身上都有太阳，关键是如何让它发光。"一个人成长为人才，既要靠自身努力，又需要有一个良好的环境，好的社会环境能为人的全面发展创造条件，让每个人的心智健康成长，潜质和创造力得到充分发挥。因此，我们要在全社会营造尊重知识、敬重人才的良好环境。一是要真正敬贤爱才。历史上敬重人才的例子不少。春秋时期齐桓公不计前嫌，任用管仲为相，成就春秋霸业；三国时期刘备"三顾茅庐"，终请"卧龙"出山，创下"三分天下"的基业；唐太宗李世民的礼贤下士更胜一筹，曾四次下诏请出身贫寒的马周出来做官，成就贞观之治。我们只有热情、诚恳地对待人才，才能赢得有识之士的诚心相助，成就大业。因此要以宽广的胸怀和包容的气度海纳各路英才来毕节干事创业，只要是急需的、紧缺的、用得上的人才，就要千方百计把他们引进来，尽量满足各类人才提出的条件。二是要为人才提供优质服务。教育、财政、社会保障、房产、公安等部门，要为各类人才多办实事，尽最大努力改善人才学习、工作、生活和居住环境，切实做好引进人才的子女就学、社会保障、住房待遇、户口迁移等服务工作，为人才解除后顾之忧，让各类人才引得进、留得住、安下心。三是要积极营造敬重人才环境。建立健全与市场经济体制相适应的人才选拔任用、合理流动和分配激励制度，坚持和完善市领导联系优秀人才和专家制度，优秀人才定期休养、定期健康体检制度，真正承认人才价值、尊重人才创造，对人才高看一眼、厚爱三分，在全社会进一步形成尊重知识、尊重人才、尊重创造、尊重劳动的良好环境。

第五，坚持优厚待遇留人才。待遇、事业、感情是引进和留住人才的重要内容。从我市目前情况看，待遇不高是引进人才难的主要因素之一，各级各部门一定要注重用优厚待遇留人。一是要认真落实政策待遇。市委出台了不少有关人才工作的意见和决定，各级各部门要认真梳理，抓好贯彻落实，严格兑现科研启动经费、创新创业资助、岗位职称、住房、税收、津补贴、奖励等各项人才政策待遇。二是要深入推进分配制度改革。建立健全科学的人力资本市场化的薪酬制度，鼓励知识、技术、管理等生产要素与资本一样参与收益分配。加强对特殊岗位和高层次人才的物质和精神激励，用一流的待遇把各类领军人才、拔尖人才吸引到毕节来创业，把先进技术、专利成果招引到毕节来转化。三是要加大人才奖励力度。坚决摒弃和打破平均主义，把工作的好坏、创造价值的大小，同收入增减和职位变化紧密挂钩，多劳多得、优劳多得，最大限度地激发人才的积极性和创造性。继续实施对具有重大贡献的科技创新项目和个人实行重奖的制度，加大各类优秀人才评选奖励力度，做到一流人才、一流贡献，一流地位、一流报酬，真正让人才在政治上有荣誉、社会上有地位、经济上有实惠，充分激发创造活力。

第六，坚持不拘一格用人才。人才不仅要引得进，还要留得住，更要用得好。一是要善于发现人才。"为政之要，在于得人"。如果没有伯乐的精神，就难以发现人才；如果气量狭小，妒贤嫉能，就容不下人才，留不住人才。领导干部一定要学会识人，要以虚怀若谷的精神、宽阔的胸怀、民主的作风去发现人才。要全面辩证看待人才，按照各类人才成长规律和不同特点去识别人才，扬其长、避其短，善于用"显微镜"洞察人才的优点，用"望远镜"看待人才的特点。同时，要给予人才更多的包容、鼓励，不嫉妒贤能，不动辄得咎，不吹毛求疵。二是要科学评价人才。准确识别人才、合理使用人才的关键是科学评价人才。要坚决打破论资排辈、唯学历资历、唯职称身份的传统观念，把品德、知识、能力和业绩作为衡量人才的主要标准，作为发现和识别人才的根本途径，坚持干中辨才、赛中识才，以能力辨优劣、按实绩论英雄。要制定分类分层的人才评价体系，形成党政领导人才重在群众认可、企业经营管理人才重在市场认可、专业技术人才重在业内认可的人才评价机制，健全完善公开、平等、竞争和择优的科学用人机制，让各类人才在公平竞争中脱颖而出，真正做到能者上、庸者下、优者奖、劣者汰。三是要正确使用人才。要坚持用人所长，用人才的优势，人尽其才、才尽其用，真正让各类人才的优势得到充分发挥，让所有真正有才的人有创业的机会、干事的舞台、发展的空间，让每一个投身毕节试验区建设的人都能找到用武之地，都能成就个人梦想，都能实现人生价值。要在实践中使用人才，注重从一线发现人才，从工作实践中发现人才，将人才放在合适的岗位，有针对性地压担子、给机会，最大限度地挖掘其潜力。要大胆使用年轻人才，高度重视优秀青年人才的选拔、培养和使用，任人唯贤、唯才是举。只要工作需要就大胆使用、破格使用、果断重用，敢于让他们在重要岗位挑大梁、唱主角。同时，要切实加强对本土人才的关心、教育和培养，努力盘活、用好本土人才，充分发挥本土人才在经济社会发展中的积极作用。在理论研究、重大项目攻关、技术创新、成果转化、创办企业等方面，本土人才与引进人才享受同等待遇。

三、大力实施科教兴市战略，进一步提高科技创新能力和区域综合竞争能力

创新是发展之魂，是提高区域综合竞争力的根本。全市科技创新工作，要按照“合作创新、加强转化、重点突破、支撑赶超”的要求，以提高企业自主创新能力为核心，大力实施科教兴市战略，认真落实企业主体责任和政府引导责任，努力培养一批优秀企业家，培育发展壮大优势产业，加快建设创新型城市，全力实现“四个明显”：即到2015年，科技创新能力有明显突破，科技综合实力有明显提升，科技促进经济社会发展的能力有明显突破，创新环境有明显改善，高新技术产业产值年均增长30%以上，综合科技进步水平指数达到40%，科技进步贡献率达到45%，区域竞争能力提高到一个新水平。

第一，政府要充分发挥创新的引导作用。政府承担着引领和推动创新的重要职责。各级政府要按比例持续增加财政对科技的投入，发挥财政资金引导社会资本投入科技创新的积极作用，加快建立科技创新多元化投入机制。完善科技投入机制，着力提高财政资金的配置效率，有效引导企业资金投入科技创新。要围绕把试验区建设成为现代产业集聚区的目标，大力推进科技创新公共服务平台建设，集中力量支持一批上规模、上档次、有特色的技术服务平台、重大关键技术创新平台和科技创业平台，推出一批高精尖的产业技术研发成果，大力提高产业创新水平。

第二，企业要担负起创新的主体责任。企业是技术创新需求的主体、研发投入的主体、技术创新活动的主体和创新成果应用的主体，因此，要准确把握时代发展趋势，结合企业实际选准未来发展方向和技术路线，不断创新并积累科技成果。要加大科研投入力度，进一步提高产品研发投入所占比重。积极探索技术入股、股权奖励、利润分红等鼓励科技创新的方法，让研究成果突出的人得到相应的报酬。要根据产业需求和未来发展方向选择好战略合作伙伴，加强与高等院校、科研院所、科技企业的交流，从源头上解决技术支撑不够问题，不断提高企业科技创新和成果转化能力。

第三，努力培养造就一批优秀企业家。有人说“企业家是和平年代的民族英雄”。所有成功企业的经验证明，自主创新的关键在于有远见卓识的企业家。优秀的人才是智慧的体现，优秀的企业家是财富的象征。在经济发展过程中，有创新意识的企业家是推动地方经济发展的栋梁。毕节的发展离不开大批企业家的创新创造创业。我们要采取有力措施，培养造就一批具有现代经营管理理念、熟悉国际国内市场、富有创造精神的优秀企业家，为我市经济发展注入强大能量。要在政治上关心爱护企业家，在事业上更多地支持帮助企业家，在政策方面给予企业更多的倾斜，为企业发展、为企业家实现创业梦想提供应有帮助。要大张旗鼓地宣传企业家的先进事迹，大力弘扬企业家精神，让企业家得到社会的认可、人民的信赖、组织的肯定，让企业家放胆创造、放手创业，开创企业家创新创造创业的新天地。

第四，重点扶持做强一批骨干企业。第二次

世界大战后不到30年，日、韩等国就步入世界经济强国和创新型国家的行列，究其原因，得益于一批创新型骨干企业的引领。实施工业强市战略，实现创新发展，就要注重培育一批领军型企业，特别是对一批骨干企业要重点培育，重点扶持、引导和激励企业提升自主研发、自主开发、自主创新能力。要积极鼓励和支持现有骨干企业加强技术研发中心、工程技术中心、重点实验室等研发机构的建设，提高企业的技术创新和成果转化能力。特别是支持大企业尽快掌握有自主知识产权的关键技术，努力在激烈的市场竞争中占据有利地位，为区域创新体系建设作出贡献、树立榜样。

第五，加快推动科技成果向现实生产力转化。找准科技创新的主攻方向和战略重点，抓好科技与经济社会的融合，把科技成果迅速转化为现实生产力。强化科技对工业的支撑，大力引进和采用高新技术和新型实用技术，在煤炭、电力、煤磷化工、装备制造、电子信息、新型能源等领域加大科技攻关和集成创新，加快“毕节制造”、推动“毕节创造”。强化科技对城镇建设的支撑，推广应用新技术、新能源、新材料、新产品，不断优化和提升城镇功能，精心打造数字城市、无线城市，推动资源节约型、环境友好型城市建设。强化科技对现代农业的支撑，加快生物技术、信息技术和农业科技成果的推广应用，加快国家级农业科技示范园区建设步伐。强化科技对现代服务业的支撑，大力发展电子商务、金融、现代物流，加强对先进技术在服务领域的转化利用。

四、切实加强组织领导，为推进人才强市和科教兴市战略的深入实施和建设人才创新创造创业首选地提供坚强保证

人才和科技工作是一项紧迫而长远的战略任务，也是一项广泛而系统的社会工程，各级各部门要从战略和全局的高度出发，切实加强组织领导，推动人才强市和科教兴市战略顺利实施，为建设创新创造创业首选地提供坚强保证。

第一，认识要高度统一。各级各部门要牢固树立“科技是第一生产力”“人才是第一资源”的理念，切实增强“抓人才就是抓经济、抓科技创新就是抓科学发展”的意识，深刻认识人才在经济社会发展中的基础性、战略性、决定性作用。要充分认识到，造就一大批适应发展需要的高素质劳动者以及各类专门人才、拔尖人才和创新创造创业人才，对于科学发展、后发赶超、同步小康，有重大意义。各级各部门一定要把思想统一到省委、省政府的重大决策上来，统一到这次全会关于人才建设和科技创新的安排部署上来，以认识的统一推动工作的落实。

第二，领导要高度重视。尊重人才、重视科技，不能空喊口号，不能停留在安排部署和一般性的号召上，要有具体行动、具体的措施和办法。各级党委、政府主要负责人要将科技创新和人才队伍建设作为“一把手”工程来抓，亲自谋划，亲自指导，亲自过问，亲自督促，及时组织研究人才和科技工作中遇到的困难和问题，保证人才建设和科技创新工作的顺利开展。要建立健全各级人才工作组织领导机构，明确分管领导和有关单位工作分工，做到职责到位、人员到位。各级各部门主要负责人要睁开识才的慧眼、敞开用人的胸怀、培养爱才的情感、研究聚才的方法，知人善任，广纳群贤。

第三，投入要真正到位。引进人才要投入，培养人才要投入，奖励人才要投入，鼓励创新要投入。各级各部门一定要认真算好长远账，打好人才牌、科技牌，用战略眼光，从毕节加速发展、跨越发展、转型发展的全局出发，千方百计加大投入力度，保证人才建设和科技创新所需资金的足额到位，为人才强市和科教兴市战略的实施提供充足的经费保障。

第四，作风要真正转变。作风关系人心向背，作风关系党的生死存亡。作风问题不解决，人才强市和科教兴市战略仍然实施不下去。各级各部门一定要认真开展“十破十立”解放思想大讨论活动，进一步整顿机关作风，掀起一场“效能革命”，着力制止不作为、乱作为和有令不行、有禁不止等现象，努力营造优质高效的政务环境、高效便捷的创业环境、公平有序的市场环境、和谐稳定的社会环境、健康文明的人文环境，为人才引进和科技创新创造良好条件。

第五，氛围要大力营造。大力宣传市委、市政府关于教育、培养、引进人才和推动科技创新的各项政策，宣传实施人才强市和科教兴市战略的重大意义，及时报道各条战线上人才队伍建设和科技创新的新思路、新举措、好做法、好经验，在全社会大力营造“尊重人才、崇尚科学、鼓励创新”的社会风尚，为创新型人才脱颖而出、施展才华提供更为广阔的空间，为各类人才健康成长提供更加舒心的环境。

同志们，时代呼唤人才，发展依靠科技；事业急需人才，赶超仰仗创新。让我们紧密团结在以习近平同志为总书记的党中央周围，认真贯彻落实党的十八大精神，按照省委十一届三次全会的部署，坚定不移地实施人才强市和科教兴市战略，努力建设人才创新创造创业首选地，加快形成人才队伍蓬勃壮大、人才活力竞相迸发、人才智慧充分涌流的生动局面，为我市科学发展、后发赶超、同步小康提供坚强的人才保障和科技支撑。

在市委一届四次全体会议上的总结讲话

陈昌旭

（2013 年 7 月 24 日）

同志们：

市委一届四次全体会议即将结束了。会议期间，大家认真听取了吉勇书记代表市委常委会所作的重要报告，讨论并审议通过了市委《关于加强人才培养引进加快科技创新的决定》。会议开得十分成功，达到了预期目的。下面，我就贯彻落实好这次会议精神讲两点意见。

一、关于会议的小结

与会人员普遍反映，这次会议是一次创造性地贯彻落实党的十八大和省委十一届三次全会精神，进一步加快全市科学发展、赶超跨越步伐的动员部署会。主要有四个特点：一是主题十分响亮。会议将“努力建设人才创新创造创业首选地，为科学发展、后发赶超、同步小康提供坚强的人才保障和科技支撑”作为主题，符合我市发展实际，体现与时俱进精神，凝聚了全市上下大力实施“人才强市”“科教兴市”战略的思想共识。大家在讨论中认为，到 2020 年与全国、全省同步全面建成小康社会，是中国梦和贵州“中国梦”的重要组成部分，是富民强市重要的阶段性目标，只要我们坚持主基调、主战略不动摇，进一步加快科学发展、后发赶超的步伐，同步小康就一定能够实现。二是时机十分关键。这次会议是在大力实施工业强市和城镇化带动“两大主战略”进程中，人才“瓶颈”问题日益凸现的关键时期召开的，非常及时、十分必要。大家在讨论中认为，当前，专业人才不足和科技支撑能力不强是推进“两大主战略”重要“瓶颈”之一。只有大力实施人才强市和科教兴市战略，我市加速发展、转型发展、跨越发展才会获得强力支撑、持久动力。三是报告十分务实。吉勇书记所作的报告总揽全局、立意深远、振奋人心，既充分体现了党中央和省委的精神，又十分符合毕节的实际，具有很强的思想性、针对性和指导性。大家在讨论中认为，这次会议解决了毕节新形势下人才、科技工作怎么抓、如何做的问题，全市上下必须坚定不移地贯彻落实市委的决策部署，不断加大人才引进和培养力度，增强区域科技创新能力，为全市经济社会快速健康发展凝聚强大动力。四是《决定》十分重要。全会审议通过的《中共毕节市委关于加强人才培养引进加快科技创新的决定》，是在深入调研和广泛征求意见的基础上形成的，所提出的一系列举措和要求务实管用，政策含金量非常高，意义非常重大，是切实做好新形势下我市人才队伍建设和科技创新工作的行动纲领。大家在讨论中认为，《决定》出台后，关键在于落实，重点在于提高执行效能。各级各部门要大力开展“效能革命”，用统筹兼顾的方法抓好作风转变，提高服务经济社会发展能力和水平，促使效能更高、环境更优、发展更快，把《决定》明确的要求和措施落到实处。

二、关于会议精神的贯彻落实

习近平总书记在全国组织工作会议上指出，“用一贤人则群贤毕至，见贤思齐就蔚然成风”。

我们要深刻领会总书记的重要讲话精神，进一步增强人才培养引进和科技创新工作的紧迫感和责任感，把传达学习好、贯彻落实好本次会议精神作为当前工作的一项重要政治任务。

第一，着力坚定信心和决心。信心和决心是干好一切工作的“金钥匙”。一要统一思想认识。各级各部门要以吉勇书记所作的重要报告精神为指导，通过学习贯彻会议精神，尽快把思想统一到市委对新形势下抓好人才和科技工作的分析和判断上来，统一到吉勇书记的讲话要求上来，更加全面地把握好人才强市和科教兴市的方针政策、理论观点和工作部署，达到统一思想、形成共识、凝聚力量的目的。二要迅速传达学习。全市上下要迅速掀起学习贯彻市委一届四次全体（扩大）会议精神的热潮，把学习贯彻会议精神与贯彻习近平总书记、李克强总理的有关要求结合起来，与贯彻落实赵克志书记、陈敏尔省长的系列重要讲话精神结合起来，与扎实开展党的群众路线教育实践活动结合起来，认真学习市委出台的《决定》和吉勇书记所作的工作报告，深刻领会精神实质，准确把握部署要求，做到学得好、领会快、体会深、抓得实。宣传部门要强化舆论导向，组织新闻媒体，广泛宣传，深入报道，在全社会迅速掀起贯彻落实全会精神的热潮。组织部门要把学习贯彻会议精神作为加强干部教育培训、领导班子建设、基层党组织和党员队伍建设的重要内容。教育部门、各级党校、科研院所和高等学校要发挥思想教育阵地作用，围绕全会提出的新思想、新观点和新要求，组织专家进行深入研究，帮助干部群众全面准确理解全会精神，使会议精神深入人心，努力营造一个重人才、抓人才、用人才的良好氛围。三要改进工作作风。我们必须按照吉勇书记关于转变作风、提高效能的要求，继续把环境建设作为加快发展、富民强市的“生命线”，结合“十破十立”解放思想大讨论活动，以转变政府职能、精简行政审批事项为重点，迅速掀起一场“效能革命”，坚决整治“庸、懒、散、慢、浮”等现象，坚决克服形式主义、官僚主义、享乐主义和奢靡之风“四风”问题，下大力解决干部精神懈怠、能力不足、脱离群众、消极腐败“四个危险”，更加注重提高服务经济社会发展的能力和水平，更加注重统筹人才工作和加强科技创新，更加注重深入基层转变作风、搞好服务、提高效能，为人才引进、成才发展创造良好的条件。

第二，着力创新体制和机制。各牵头单位、责任单位要尽快制定贯彻落实市委《决定》的实施细则或配套文件，按照吉勇书记“六个坚持”的要求，努力创新人才引进、培养和激励的体制机制，为提高科技创新能力和区域综合竞争能力奠定坚实基础。一要千方百计引进人才。按照吉勇书记“三引四聚”的要求，结合全市经济社会发展需求，以“百千万人才工程”“柔性引才工程”等为载体，大力实施人才引进工程，切实增强试验区人才聚集能力。力争到2015年，全市创新创造创业人才总量年均增长4%以上，人才资源总量达38万人以上。二要千方百计培养人才。按照吉勇书记“四个结合”的要求，加强重点管理岗位人才培养；加强基层专业技术人才队伍建设，采取“一人一企，一企一策”的支持方式，每年选派一批个科技特派员团队为基层服务；加强技能人才培训，扎实推进“9+3”计划，突出职业教育优先发展，鼓励支持民办职业教育，实施中等职业教育“三免一补”优惠政策，培育更多技术性人才。要加强农村实用人才培养，把优秀农村实用人才培养成村干部、发展成党员，把村干部、党员培训成优秀农村实用人才，鼓励和支持他们带领群众共同致富。三要千方百计激励人才。设立“优秀人才奖”，对高层次创新创业人才进行奖励；加快建设一批人才公寓、人才小区，专门用于解决急需紧缺的领军型人才、高层次创新创业人才的居住问题。设立政府“科技创新成果奖”，对创新创业业绩特别突出、为全市经济社会发展作出重大贡献、科技创新能力强的企业和人才进行奖励，坚持用事业留人、用感情留人、用优厚的待遇留人，营造尊重劳动、尊重知识、尊重人才、尊重创造的良好社会氛围。

第三，着力突破重点和难点。会议审议通过的《决定》，对人才培养引进和科技创新的指导思想、发展目标、体系建设、政策支持、保障措施作了明确，吉勇书记在报告中对为什么要抓、要抓好什么、怎样抓好等问题作出了全面的安排部署，大家必须按照既定目标和要求，突破工作重点和难点，确保人才引进培养和科技创新工作抓好、抓实、抓出成效。一要着力突破引进和培养一批高层次领军人才这个重点。按照“三提高、三集聚、两优化、一高于”的目标，引进一批高层次创新创业领军人才，加快培养一批技术攻关人才，着力集聚一批高技能人才，切实培育一批引领农村经济发展的实用人才，建设数量充足、素质优良、结构合理的人才队伍。力争到2015年，全市博士达到100名、硕士达到1000名，急需紧缺人才和高技能人才达到10000名以上。二要着力突破实施一批重大科技项目和培育一批高新技术企业这个难点。围绕“四个一体化”“5个100工程”“五张名片”等重点领域的发展需求，重点培育一批以企业为主体、高等学校和科研院所广泛参与、利益共享和风险共担的产学研战略联盟，加快实施一批重大科技成果转化及产业化项目，造就一批创新型企业和高新技术企业，促进创新链、产业链、资本链、人才链“四链融合”，切实把人才力量和科技成果迅速转化为现实生产力。

第四，着力强化督查和指导。决策的目的在于执行。各级各部门要围绕全会提出的目标、任务和举措，一项一项地抓好执行，一个环节一个环节地推动工作。一要加强组织领导。各级各有关部门要把人才培养引进和科技创新工作作为“一把手”工程，党政主要领导亲自安排、亲自督促、亲自调度，分管领导具体落实、具体跟踪、具体推进，把《决定》细化为操作细则、分解为具体方案，明确目标、明确时限、明确措施，落实资金、落实人员、落实责任，统筹推动区域人才发展和科技创新工作跃上新台阶。二要强化督查考核。各级党委、政府要把人才培养引进和加快科技创新工作纳入“双考双评双挂钩”动态跟踪考核管理，充分发挥考核“风向标”和“指挥棒”的作用，不断加大督查考核力度，对工作有力、效果明显的给予重点奖励，对工作不力、没有实际成效的进行责任追究，形成一级督办一级，一级对一级负责的执行落实机制，促进各级领导干部像抓好项目建设那样抓人才和科技创新工作。三要注重指导服务。市、县区组织部门、人才办、教育部门、科技部门要协作配合，跟踪做好指导和服务工作，县区要发挥主体、主导作用，突出抓好人才培养、引进、使用三个环节和科技创新，确保取得实实在在的效果。同时，要跟踪做好科技创新企业的扶持，做好引进人才的工作和生活服务，在全社会形成见贤思齐、奋发向上的良好风尚，努力把我市建设成为人才创新创造创业的首选地。

同志们，毕节正处于提速发展、转型发展、跨越发展的关键时期，能否实现同步小康，人才保障和科技支撑是重要的决定因素。全市上下一定要认真学习、深刻领会好吉勇书记所作的重要报告精神，进一步解放思想、开拓进取，克难攻坚、真抓实干，坚定不移地实施人才强市和科教兴市战略，奋力开创改革发展新局面，努力建设富裕和谐美丽新毕节！

在全市促进工业企业加快发展会议上的讲话

陈昌旭

（2013年5月6日）

同志们：

今天的会议，除了各县区政府领导和市、县有关部门负责人外，我们还邀请了市内各重点工业企业负责人参加。企业参会人员都是我市产值大户、利税大户、用电大户和重点建设项目业主，多年来为推动毕节经济社会发展作出的贡献是突出的、重要的、特殊的。在此，我谨代表市委、市政府对参与毕节试验区改革发展的各位企业家和投资者表示衷心的感谢！

4月25日下午，全省促进工业企业加快发展视频会议在贵阳召开，是在全省2013年第一次项目建设现场观摩会后，召开的一次规格高、规模大的会议，敏尔省长亲自出席并作了重要讲话。5月3日，根据省委、省政府的安排，省经信委龙超亚副主任带队到我市督促检查工业提速增效工作。足以说明省委、省政府对促进工业企业加快发展的高度重视。今天这次会议的主要任务是，深入贯彻落实全省促进工业企业加快发展视频会议精神，进一步凝聚共识，强化政府服务，强化企业责任，形成推动工业发展的强大合力，促进工业企业提速增效，推动全市工业经济提速赶超、转型发展、跨越发展。刚才，吉宏同志通报了全市第一季度工业经济运行情况，对第二季度及下半年工业发展重点工作进行了安排，内容全面，重点突出，我完全赞同。金沙县政府、毕节卷烟厂、永贵能源开发有限责任公司作了很好的发言，对县区、部门、企业都有很好的借鉴作用。下面，我讲四个方面的问题。

一、关于工业发展的重要性

从历史角度来回顾，毕节工业经历了三个阶段。自“大跃进”起到2012年，我市工业企业先后经历了“大跃进”到改革开放前的“初始阶段”（1958—1978）、十一届三中全会实施改革开放到“西部大开发”前的“初级阶段”（1978—1998）和全面实施“西部大开发”以来的“较快发展阶段”（1998—2012）。在三个阶段中，工业从“三线建设”的“五小”起步，逐步壮大为上世纪80年代中后期的“两烟”一枝独秀，再到“西部大开发”“西电东送”后煤炭、电力等新兴支柱产业逐步兴起，毕节工业呈现出发展越来越快、一越来越好的特征。这三个阶段脉络非常清晰，三次产业结构排序从“一二三”调整为“二三一”。煤、电、烟三大支柱产业日益壮大，装备制造、现代化工、新型建材、农特产品加工等产业迅速发展，白酒、冶金等传统产业逐步改造升级，产业园区建设扎实推进，全市工业产业多元发展格局基本形成，有力拉动了地方生产总值快速增长。西部大开发实施以来的12年，全市规模工业总产值从2000年的69.66亿元增加到2012年的681.11亿元，年均增21%；规模工业增加值从20.9亿元增加到259.1亿元，年均增23%；是2000年的12.4倍，工业增加值平均增速比地方生产总值平均增速高出1.1个百分点；三次产业结构由44∶25∶31调整到18.23∶46.24∶35.53，二产比重提高了21.24个百分点。可以说，工业在毕节试验区改革发展中起到了领头雁和排头兵作用，今天在座的各位企业家确实功不可没。

就2012年全市经济社会发展情况看，工业增加值占地方生产总值的比重达39.64%，工业投资占全社会固定资产投资的1/3，工业企业提供税收达97.74亿元，占全市财政总收入247.71亿元的39.46%。无论从发展的大局看，还是从现实的选择看，都必须高度重视和加快推进工业企业发展。敏尔省长提出了“发展为要、民生为本、企业为基、环境为重”的政府工作理念，从理论到实践，从历史到现实，对促进工业发展都阐释得非常清晰。工业是现代化建设不可逾越的阶段，特别是对于毕节，本身就是资源能源富集区，不发展工业，发展什么？省委、省政府提出了工业强省和城镇化带动两大战略。两年多来，全省工业发展和城镇化建设呈现出蓬勃朝气。毕节要充分利用好资源，发展好工业，走一条追赶型、调整型、跨越式、可持续的发展路子。因此，全市上下要把营造发展环境、扶持企业发展、推动企业增效作为政府工作的重要内容和抓手，真正把工作着力点落实到具体企业、具体项目上来，把心思集中到服务企业、服务项目上来，一手抓项目投资，一手抓企业产出，千方百计保持全市工业经济的持续稳定健康发展，确保到2020年实现与全国全省同步小康目标。

二、关于工业发展的形势

从毕节工业发展的历程来看，全市工业保持较快发展的态势和基本面没有改变，但面对世界经济增长动力不足、国际金融危机深层次影响不断显现和全国经济下行的客观形势，我市工业经济逆势上行的压力很大，任务相当艰巨。一季度虽然工业发展主要指标都基本实现“开门红”，但规模以上工业增加值增速与六盘水一起并列全省倒数第二，2011年以来建成投资额3000万元以上的71个投产项目，达产率不到50%，占全省的1/5；工业投资增速为全省倒数第一，比贵阳少120亿元，比遵义少20亿元。进入第二季度，我市面临的困难和问题仍然不少，工业经济形势更加严峻。一是全国经济形势虽然出现企稳回暖的兆头，但基础尚不牢固，市场力量不稳，面临着产能过剩加剧的风险，整体经济形势仍然十分严峻。二是随着丰水期来临，火电发电计划将实行季节性调减，发电量将会受到较大影响，同时也会影响市内煤炭销售。三是煤矿兼并重组攻坚和安全生产事故严重影响产能发挥，对煤炭行业生产会带来较大影响。四是“四个一体化”等重大产业项目推进不够理想，受多方因素制约，已签约的项目前期工作迟缓，有的甚至处于停滞状态，已开工的项目建设进度也不够理想。在凯里市考察学习时，我们看了他们煤电铝项目，总投资131亿元，已完成投资31亿元，去年8月份就已经达产。凯里市资源才有3000万吨，没有足够的资源支撑，需从黔南、福泉、瓮安等地调配资源，却能够在短短的一年多时间内做到达产。而我们毕节是资源富集区、“四个一体化”的主战场、贵州发展“金三角”的重要一角，但“四个一体化”推进迟缓，与我市的区位优势、资源优势不相匹配。克志书记在今年全省“两会”期间，参加毕节代表团审议《政府工作报告》时强调，我省矿产资源特别是煤炭资源丰富，毕节市和六盘水市是国发〔2012〕2号文件确定的“毕水兴能源资源富集区”的重要区域。要立足资源优势，千方百计做足做好煤这篇文章，按照资源深加工产业一体化发展的要求，加快煤炭资源的整装勘探，加快煤矿兼并重组，加快推进差别化电价机制改革，加快大项目落地和建设，加快国有企业改革重组，更好地把资源优势转化为经济发展优势。所以，我们只有把“四个一体化”的项目抓好了，才算是抓住了大项目，才能体现出大项目“顶天立地”。五是园区基础设施建设后劲乏力，主导产业不突出，聚集效应不明显，产业发展缓慢等问题逐步显现。就目前来讲，无论是园区建设还是项目集聚，我们也有亮点，金沙经济开发区产业集聚效应明显，大方、七星关标准厂房建设也很不错，但离省委、省政府的要求还有很大差距，尤其是离贵州发展“金三角”的战略定位还有比较大的差距，我们应该正确地对待。六是民营经济和中小企业发展受融资、土地、人才等瓶颈制约的问题还比较突出。总体体现了我市工业基础薄弱、产业结构单一、产业层次低、外向度较低、集约化程度不高、抵御风险能力弱等问题，与深入推进毕节试验区新一轮改革发展的要求还有很大的差距。工业强市任重道远，还需各级各部门、各位企业家、各位创业者戮力同心、锐意进取、砥砺前行，共同夯实我市工业发展的坚实基础。

刚才，我分析了六个方面的问题，但大家也要坚定加快发展的信心和决心，看到我们的希望、优势和发展的良好态势。首先，毕节工业发展的阶段性特征奠定了工业快速发展的重要基础。2012年全市地方生产总值总量达877.96亿元，按当前汇率计算，常住人口人均地方生产总值达2142.82美元，户籍人口人均地方生产总值达1629.43美元，工业占地方生产总值的比重接近40%，根据发展经济学关于工业化演进阶段理论综合判断，我市正处于工业化初期向中期过渡的快速发展阶段，在未来较长时期内，毕节工业保持快速发展的态势不会变。第二，毕节得天独厚的资源禀赋是推动工业发展的重要保障。煤、磷、水、生物多样性等资源优势十分突出，随着交通“瓶颈”的快速突破，这些优势资源将释放出巨大产能，推动毕节工业快速发展。第三，毕节试验区特有的政策优势是推动工业快速发展的重要支撑。新时期多党合作示范区的政策优势，以及国家新一轮西部大开发明确提出“继续支持毕节试验区建设”，国发〔2012〕2号文件中有29处直接涉及毕节试验区改革发展，国务院制定的《乌蒙山片区区域发展与扶贫攻坚规划（2012—2020年）》，覆盖毕节7个县区，尤其是国办函〔2013〕35号文件把毕节试验区的改革发展上升到国家战略层面，将毕节试验区定位为科学发展试验区、现代产业集聚区、创新扶贫示范区、生态文明先行区、多党合作示范区。给予毕节财政、投资、金融、产业、土地、人才等方面的优惠政策。省委、省政府也将针对贯彻落实《规划》出台实施意见。我们有这么好的政治优势、政策优势、交通优势、环境优势和资源禀赋优势，就要更加解放思想、更加坚定信心、抢抓机遇、推动发展，努力将各类优势转化为现实生产力。

三、关于政府推动工业发展

今年上半年能不能实现“时间过半、任务过半”目标，为完成全年任务打好基础，二季度的工作十分关键。要按照敏尔省长“企业千方百计闯市场、政府千方百计搞服务”的要求，围绕二季度实现规模以上工业增加值82亿元、完成工业投资266亿元、力争保持重点用电企业负荷率90%的目标，深入重点企业、重点项目搞好服务，加强重点行业调度，推动工业企业提速增效，确保目标任务的全面完成。

（一）抓重点企业。重点企业是哪些？就是

当前支撑我们工业发展的用电大户、产值大户和利税大户。省经信委反馈毕节的用电大户有17户、产值大户21户、利税大户34户，但我们的“三个大户”并不只这些，我们初步调查确定的用电大户就有30户。工能、统计、供电、税务等部门要进一步摸底排查，达到一定规模条件的企业都要纳入管理服务范围，落实市、县两级服务联系人，明确责任，上门服务，看看企业到底存在什么问题，“一企一策”“对症下药”，千方百计帮助企业开足马力生产。有些企业在生产、销售、融资、办手续等方面遇到的一些问题，实际上只要我们多花点时间、多下点功夫，主动上门服务，就可以迎刃而解。一会儿市政府还要开会专题研究煤矿生产和建设工作，逐矿分析存在的问题，分类提出处理建议，采取措施尽可能帮助煤矿恢复生产建设。我们一边要抓好经济发展，一边要抓好安全生产，做到两手都要抓，两手都要硬，不能因为要生产就忽视安全，也不能强调安全就忽视生产。敏尔省长说“要安全生产而不是安全停产”，我们要对全市所有煤矿进行认真排查清理，确确实实有安全隐患的，要毫不含糊加以整顿；对没有安全问题的，要按有关程序及时恢复生产；有些是企业内部有矛盾，比如手续没办完的，要一一分析，及时帮助解决。这些重点企业大多数都是民营企业，随着开放力度的加大，民营企业所占的比重会越来越大，抓重点企业服务，民营企业是关键。市政府将进一步深入调研全市民营经济发展情况，将于下半年召开一次全市加快民营经济发展大会安排有关工作，并出台支持和加快民营经济发展的实施意见。各县区也要认真研究发展环境和帮扶企业问题，采取建立改非领导干部服务联系企业制度等方式，为推动民营企业发展创造良好环境。

（二）抓重点项目。围绕省、市统一部署的项目建设投产达产“百日攻坚”行动，重点突破，以点带面，整体推进。一是重点推动达产的71个项目，其中有33个煤矿企业、11个装备制造和冶炼铸造项目、12个建材项目，其余的基本上是农特产品加工项目。我们要针对影响达产率低的市场、资金、安全、生产设备、证照办理、内部管理等问题，认真落实包保帮扶责任，逐个企业分析原因，找准症结，尽快帮助解决制约企业产出的根本性问题，确保在7月底前达产率达70%以上，尽可能形成新的增量。二是重点推动投产的34个项目，如毕节大曲异地技改项目、汇丰年产5万辆汽车前后桥生产项目、江天新型干法水泥生产项目、金沙朗月煤机制造项目、威宁3个风电项目等，要建立跟踪服务机制，倒排工期，解决好建设中的具体困难和问题，确保上半年如期建成投产，为下半年工业经济运行提供新的支撑。三是重点推动未按期开工的14个项目，有5个煤矿，大方电厂二期、黔西电厂二期、黔北电厂“上大压小”技改3个火电项目，中石化煤制聚烯烃、煤制天然气、煤制醋酸项目，还有毕节饲料级磷酸氢钙项目等。这些项目投资大、审批层级高、手续繁琐，要组织强有力的专门队伍，深入调研分析，统筹把握和运作好各个环节的工作，尽早推动项目开工建设。四是全力推动“四个一体化”等重大产业项目建设，积极争取，强化协调，加速推进，努力促成一批大项目、大产业落地建设，形成推动毕节工业发展的重要增长极。

（三）抓园区建设。产业园区是省委、省政府重点打造的“5个100工程”之一，我市12个产业园区已全部进入省“100个园区成长工程”，这是当前和今后支撑我市工业发展的大平台和大舞台，我们必须强化“两个重要基础”。一是交通路网。随着区域交通网络的不断改善，整个园区内部连接线的交通也有很大改善，比如金沙、毕节经济开发区园区内的路网已经四通八达，但其他园区还很弱。全市12个产业园区要筑巢引凤，就必须先把“巢”筑好，把园区内基础设施建设好，外围连接线的交通也要确保通达。二是标准厂房。全市已建成标准厂房300多万平方米，在全省排在前列，今年我们还要加大建设力度，就是要通过标准厂房建设形成招商引资倒逼机制，筑好“巢”，引好“凤”，真正发挥园区集聚产业发展的载体作用。

（四）抓招商引资。抓经济就是抓项目、抓投资，抓项目就要抓招商。要围绕七星关——大方同城化、“5个100工程”“五张名片”和“四个一体化”来开展招商引资工作，只要把这些抓好，我市工业经济、民营经济、县域经济和城镇化率“四个比重”就提高了，“赶”和“转”的问题就解决了。要组织专业队伍开展招商引资工作。敏尔省长说“企业为基、环境为要”。毕节是生态文明先行区，在招商方面要严格把握好入口关，在承接东部产业转接的过程中，不是什么来我们都“照单全收”，要有选择，决不能“饥不择食、寒不择衣、慌不择路”，再走先污染后治理的老路是坚决不可行的。

（五）抓要素保障。企业发展，不可能一蹴而就，必须突出要素保障。一是资金要素。在园区建设、中小企业发展过程中，融资难是比较普遍的问题。我市已经召开会议专门研究部署，出台加快金融业发展的意见，其中明确要围绕“五个平台”、同城化、中小企业这三方面来做文章。金融办、银监局、商业银行等要认真研究，切实把融资问题解决好。二是土地要素。国土资源部已给了我市专门差别化政策支持，就是对重大建设项目用地采取点供方式解决，我们要充分用好，切实缓解工业化过程中的土地瓶颈问题。三是人才要素。要加大人才引进力度，把优秀人才充实到园区，包括管理人才、技术人才、招商人才。要加大人才培养力度，市政府融资几十个亿来建设毕节职教城，还要引进两所民办高等职业学校，让初中毕业生经过几年的职业教育培养，掌握一技之长，把我市人口压力转换为人力资源的优势，既能有效服务园区、服务企业，又能达到解决就业、促进社会和谐稳定的目的。

（六）抓制度创新。好的制度就是效益、就是生产力，没有良好的制度保障，往往只能事倍功半，甚至适得其反。要认真研究当前制约我市工业发展的体制机制障碍，勇于创新，理顺关系，保障工业经济快速发展。一要强化煤炭产业发展行业管理职能。市政府已研究将成立煤炭局，设为市工能委的二级局，进一步明确和理顺煤炭行业管理职责，促进煤炭基础产业快速健康发展。同时，已成立民营经济发展局（中小企业局），隶属市工能委管理，进一步理顺民营经济管理体制，强化政府服务和管理民营企业职能，促进民营经济加快发展。二要理顺园区管理体制。我市已组织人员进行了深入调研，针对园区体制机制进一步研究提出改革措施，该放的权就要放到位，着力提升管委会管理和经营园区的能力。同时，增加园区管委会编制，进一步充实管理人员，推行园区管委会中层干部到县级对应职能部门兼职，强化力量配置，增强园区管委会推动发展的能力。并通过区划调整，改变了园区以前跨乡镇的问题，园区所在的乡镇或办事处党委书记可以兼任园区管委会副主任，切实提高服务园区的工作效能。三要研究建立重大项目推进机制。尤其是“四个一体化”项目，建设体量大、审批层级高、支撑要件多，如果没有特殊的机制来保障，项目推动举步维艰，必须认真研究多方联动机制，保障项目建设各项工作顺利推进。

（七）抓发展环境。龙超亚副主任来毕节调研时，部分企业提了很多意见和建议，已要求办公室梳理后报市政府，我们将找出有规律性的、代表性的问题加以研究。进一步改善投资环境，行业部门关键岗位的科长要实行轮岗，防止出现吃、拿、卡、要等不良行为，坚决杜绝“国家利益部门化、部门利益个人化”的情况发生。政务服务中心必须实行“一站式”服务，各部门该下放的权力必须下放，决不能把政务服务中心搞成“中转站”“只挂号，不看病”。要秉承一颗公心，做好服务工作，从顶层设计、制度建设、关键环节上解决好影响经济社会发展的关键问题。

（八）抓调度督查。要按照“以旬保月、以月保季、以季保年”的要求，采取督查倒逼方式，对项目建设、企业投产达产等情况进行督查。对项目任务目标、完成时限要拿出具体“路线图”，对企业存在的问题明确时限解决，对一时解决不了的进行会商，对确有困难解决不了的给企业负责人解释清楚。各县区党政主要领导要亲自调度，各级督办督查局要加大督查力度，确保落实到位。

四、关于企业自身发展

敏尔省长指出，“抓工业经济，要立足当前过‘紧日子’，千方百计稳增长；着眼全年和今后‘垫底子’，千方百计促转型。”在座的企业家可以说都是毕节工业经济发展的“顶梁柱”，但老实说，我们多数企业都还在为求生存、稳脚跟而努力，尤其在当前工业经济下行压力较大的形势下，谈发展更是困难重重。“沧海横流，方显英雄本色”。形势的发展更加考验我们的战略眼光，希望各位企业家要进一步要增强责任感和紧迫感，坚定信心，敢于担当，主动作为，在壮大自身实力的同时，为全市经济增长作出更大贡献。

（一）要狠抓生产经营。当前，企业面临市场需求低迷和生产成本高的双重压力，利润空间受到双边挤压，生产积极性受到影响。各工业企业要采取有效措施，克服困难，挖掘潜力，开足马力，扩大产能，保持企业健康运行、稳定生产。各级各有关部门要与企业同心协力，积极协调解决实际困难和问题，竭尽所能帮助企业尽快达产增效。

（二）要搞好市场培育。市场是企业永恒的目标。企业生产的产品没有市场，就不能形成效益和价值，企业也就难以生存发展。保住了市场，就保住了企业的生存基础、发展基础。当前，对企业来说，产品卖出去就是硬道理。各类工业企业一定要坚持市场导向，善于在激烈的竞争中寻找商机，赢得主动。一要把产品质量作为企业发展的生命线。强化质量控制，切实抓好新产品开发项目，增加产品品种，注重品牌培育，提高产品附加值。二要抓好售后服务这个关键环节。把客户的后续需求和问题处理好、解决好，努力维护好现有市场份额。三要努力扩大市场份额。创新商业模式，拓宽销售渠道，大力开拓市场，提高产品的市场占有率。在这方面，力帆时骏集团就非常重视市场开拓，在全国布局的营销网点有800多个，其中新疆的网点有7个，今年前四个月销售汽车1.5万辆，比去年同期新增6000余辆，市场带动效应明显。

（三）要努力提升实力。加大技术改造力度，更新设施设备，提升产业水平，提高产出能力和效率。只有舍得花本钱来改造生产技术，优化生产流程，才能提高生产效率，提升产品档次，赢得市场竞争。努力扩大规模，扩大再生产，形成新的产能，提升规模效应。积极主动寻求和谋划一批市场前景好、技术含量高、发展潜力大的项目，谋求新的发展空间。

（四）要勇于开拓创新。创新是企业发展的源泉，是培育企业核心竞争力的根本途径。要把创新能力建设摆在企业发展至关重要的位置，在科技创新、管理创新、经营理念等方面加大投入、提升水平，靠创新驱动占领发展制高点。

（五）要强化企业管理。市场形势好的时候，企业经营管理水平的差距决定的是赚钱的“多与少”；市场形势不好的时候，经营管理水平的差距决定的是企业的“进与退”。面对当前严峻的市场形势，我们要比以往任何时候都要重视加强企业管理，强化成本控制、质量把关、安全防范，向管理要效益。

（六）要提高盈利水平。对企业来说，追求效益最大化是天经地义、理所当然的。一方面，要通过引入合作管理方、完善制度等方法，降低不必要的成本消耗，实现内部“节流”。另一方面，要加强市场销售力度，抢占更多的市场份额，实现外部“开源”。与此同时，要重视企业发展效益与职工收入水平同步提升，实现企业利润与社会就业、政府税收、环境保护多方共赢发展。

最后，我再强调一下当前的几项重点工作：一要认真抓好国办函〔2013〕35号文件项目化、实物化的落实。《规划》到2020年，总计是8年，但关键是前三年，重要的是今年。请吉宏同志牵头，发改委具体负责，市直各有关部门和各县区积极配合，加大“跑省”、“跑部”对接力度，争取省委、省政府尽快出台贯彻落实国办函〔2013〕35号文件的实施意见，争取各民主党派和国家有关部委尽快建立《规划》落实联席会议制度，确保各项目标任务和政策措施落到实处。二要提速推进“5个100工程”和七星关——大方同城化建设步伐。要把双山新区建设成为山地特色新城。“5个100工程”既是我们主要工作的“舞台”，也是各县区、各部门的“擂台”，更是特定历史阶段推动经济社会发展的“平台”。这5个平台有两个重要的节点。第一个是今年7月份全省小城镇建设大会将在我市召开，请高青同志牵头，市住建局具体负责，各有关县区要认真做好准备工作；第二个是9月份迎接全省项目建设观摩现场会参观，请吉宏同志牵头，市发改委、工能委督促，各有关县区要鼓足干劲，全力以赴，高标准、高质量地做好项目观摩会各项准备工作。三要全力确保“时间过半、任务过半”。各级各有关部门要进一步增强增比进位、赶超跨越的责任感和紧迫感，准确把握一季度经济形势，全力抓好第二季度各项工作，巩固良好发展势头，确保二季度各项工作实现“双过半”，为全面完成全年目标任务奠定坚实基础。四要着力抓好信访维稳和安全生产工作。按照“发展是第一要务、稳定是第一责任”的要求，强化领导，落实责任，着力在信访积案办理、领导接访下访、落实管控机制、完善各类预案等方面下功夫，加大信访排查力度，狠抓突出问题化解；按照“安全发展，和谐发展”的要求，着力抓好重点领域、重点行业、重点环节的安全生产整治，建立健全煤矿安全生产警示教育机制、举报奖励机制、煤监系统人员交流机制、督查机制、应急机制、问责机制，加大安全隐患排查治理力度，坚决有效防范和遏制事故的发生。要抓好地质灾害防治，进一步完善应急预案，排查治理地质灾害隐患点，切实提高地质灾害防御能力。五要扎实抓好民生保障工作。要突出教育优先发展战略，全面实施“9+3”义务教育及三年免费中等职业教育计划。职业教育除加快推进毕节职教城建设外，各县区要按不少于5000人的规模抓好职业学校建设。农村寄宿制学校和农村教师周转房3年的计划一并放在今年实施，任务较重，大家要加快推进建设步伐。同时，要抓好“美丽乡村”建设、村庄环境整治、扶贫生态移民工程、农村危房改造、城镇棚户区改造等工作，切实做好困难群众住房保障；抓好医疗卫生、社会保障、就业培训等工作，继续抓好“教育惠民、社会关爱、家庭温情”三项行动和“老少共融”之家创建。

同志们，面对当前复杂的经济形势和百舸争流、千帆竞发的赶超态势，我们要认真贯彻落实好克志书记和敏尔省长关于推动工业企业加快发展的重要讲话精神，按照市委吉勇书记“聚工业之气、造工业之势、成工业之强”的要求，在全社会营造重视工业、关注企业、尊重企业家的良好氛围，形成推动工业发展的整体合力，促进工业企业提速增效。我们坚信，毕节试验区在大家的共同努力下，一定能够实现赶超跨越！

文 件 选 编

毕节市“十二五”期间深化医药卫生体制改革规划暨实施方案

（2013 年 1 月 30 日）

“十二五”时期是深化医药卫生体制改革的攻坚阶段，也是建立基本医疗卫生制度的关键时期。为巩固扩大前一阶段改革成果，实现 2020 年人人享有基本医疗卫生服务的既定目标，根据《中共中央国务院关于深化医药卫生体制改革的意见》（中发〔2009〕6 号）、《国务院关于印发“十二五”期间深化医药卫生体制改革规划暨实施方案的通知》（国发〔2012〕11 号）和《贵州省国民经济和社会发展第十二个五年规划纲要》、《省人民政府关于进一步深化医药卫生体制改革的意见》（黔府发〔2012〕21 号）、《省人民政府关于印发贵州省“十二五”期间深化医药卫生体制改革规划暨实施方案的通知》（黔府发〔2012〕36 号）精神，结合毕节市实际，特编制本规划。本规划主要明确 2012—2015 年医药卫生体制改革的阶段目标、改革重点和主要任务，是“十二五”中后期我市深化医药卫生体制改革的指导性文件。

一、规划背景

2009 年深化医药卫生体制改革启动以来，各县区、各有关部门和单位按照党中央、国务院及省委、省政府、市委、市政府的要求和部署，坚持“保基本、强基层、建机制”的基本原则，不断推进医药卫生事业发展，得到了广大人民群众的拥护和支持，全面完成了五项重点改革工作各项目标任务，实现了阶段性目标。全民医保制度框架基本形成，到 2011 年底，职工基本医疗保险（以下简称职工医保）和城镇居民基本医疗保险（以下简称城镇居民医保）、新型农村合作医疗（以下简称新农合）参保率均已达到 95% 以上，政府补助水平明显提高，医疗报销费用结算更加便捷，保障范围和救助力度不断加大。国家基本药物制度初步建立，政府办基层医疗卫生机构全部实施基本药物零差率销售，并将该制度延伸到村卫生室，实现基本药物网上集中招标采购，药品安全保障得到明显加强；以破除“以药补医”机制为核心的基层医疗卫生机构综合改革基本完成，维护公益性、调动积极性、保障可持续性的新机制初步形成。基层医疗卫生服务体系基本建立，8 所县级医院和 243 个基层医疗卫生服务机构得到改扩建，新建了 3603 所行政村卫生室，实现了每个行政村都有标准化村卫生室的跨越，基层卫生队伍建设稳步推进，全科医生制度建设开始启动。基本公共卫生服务均等化水平明显提高，10 类国家基本公共卫生服务面向城乡居民免费提供，国家重大公共卫生服务项目全面实施。公立医院改革试点积极推进，大方县医院作为省级公立医院改革试点医院，围绕政事分开、管办分开、医药分开、营利性和非营利性分开（以下简称“四个分开”）进行有益探索，便民惠民措施全面推开，多元办医稳步推进。三年来，我市各级政府对医药卫生工作的认识和执行力明显提高，实践经验和做法不断丰富，支持医药卫生体制改革的社会氛围正在形成。三年改革实践证明，医药卫生体制改革方向正确、路径清晰、措施有力，尤其是在基层取得明显成效，人民群众看病就医的公平性、可及性、便利性得到改善，看病难、看病贵问题有所缓解，医药卫生体制改革促进经济社会发展的作用越来越重要。

医药卫生体制改革是一项长期艰巨复杂的系统工程。要清醒地看到，改革取得的成绩还是初步的、阶段性的，与中央、省委、省政府和市委、市政府的要求，与人民群众的期盼相比，还有较大差距，医疗资源总量不足和配置不合理的矛盾依然突出，医疗服务水平不高、体制机制创新不足、以药补医的局面尚未根本改变，看病难、看病贵的问题还没有得到彻底解决。随着医药卫生体制改革逐步向纵深推进，利益格局的深刻调整，改革的综合性和复杂性进一步显现，任务愈发艰巨，制约医药卫生事业发展的体制机制和结构性问题日益凸显，必须通过进一步深化改革加以解决。

“十二五”时期是深化医药卫生体制改革的攻坚时期，各县区、各部门要认真贯彻落实党中央、国务院和省委、省政府及市委、市政府的部署，以贯彻落实《国务院关于进一步促进贵州经济社会又好又快发展的若干意见》（国发〔2012〕2号）和省第十一次党代会精神为总抓手，在认真总结经验的基础上，进一步加强组织领导，发挥制度优势，抓住基层综合改革取得重大进展、经济持续快速发展的有利时机，不断凝聚和扩大社会共识，把改革不断推向深入，走出一条符合毕节实际的医改路子，为实现人人享有基本医疗卫生服务奠定坚实基础。

二、总体要求和主要目标

（一）*总体要求*。以邓小平理论和“三个代表”重要思想为指导，深入贯彻落实科学发展观，紧紧围绕党中央、国务院的部署和省委、省政府及市委、市政府的要求，坚持把基本医疗卫生制度作为公共产品向全民提供的核心理念，坚持保基本、强基层、建机制的基本原则，坚持预防为主、以农村为重点、中西医并重的方针，以维护和增进全体人民健康为宗旨，以基本医疗卫生制度建设为核心，统筹安排、突出重点、循序推进，进一步深化医疗保障、医疗服务、公共卫生、药品供应以及监管体制等领域综合改革，着力在全民基本医保建设、基本药物制度巩固完善和公立医院改革方面取得重点突破，增强全民基本医保的基础性作用，强化医疗服务的公益性，优化卫生资源配置，重构药品生产流通秩序，提高医药卫生体制的运行效率，加快形成人民群众“病有所医”的制度保障，不断提高全体人民健康水平，使人民群众共享改革发展的成果。

（二）*主要目标*。基本医疗卫生制度建设加快推进，以基本医疗保障为主体的多层次医疗保障体系进一步健全，通过支付制度等改革，明显提高保障能力和管理水平；基本药物制度不断巩固完善，基层医疗卫生机构运行新机制有效运转，基本医疗和公共卫生服务能力同步增强；县级公立医院改革取得阶段性进展，城市公立医院改革有序开展；卫生资源配置不断优化，社会力量办医取得积极进展；以全科医生为重点的人才队伍建设得到加强，基层人才不足状况得到有效改善，中医药服务能力进一步增强；药品安全水平不断提升，药品生产流通秩序逐步规范，医药价格体系逐步理顺；医药卫生信息化水平明显提高，监管制度不断完善，对医药卫生的监管得到加强。到2015年，基本医疗卫生服务更加公平可及，服务水平和效率明显提高；卫生总费用增长得到合理控制，政府卫生投入增长幅度高于经常性财政支出增长幅度，政府卫生投入占经常性财政支出的比重逐步提高，群众负担明显减轻，个人卫生支出占卫生总费用的比例降低到30%以下，看病难、看病贵问题得到有效缓解。人均期望寿命达到74.5岁，婴儿死亡率控制在10.6‰以下，孕产妇死亡率控制在32/10万以下（“十二五”时期深化医药卫生体制改革的主要指标详见附件）。

三、加快健全全民医保体系

充分发挥全民基本医保的基础性作用，重点由扩大范围转向提升质量。在继续提高基本医保参保率基础上，稳步提高基本医疗保障水平，着力加强管理服务能力。通过支付制度改革，强化医保经办机构和医疗机构控制医药费用过快增长的责任。进一步完善城乡医疗救助制度。逐步建立重特大疾病保障机制。

（一）巩固扩大基本医保覆盖面。职工医保、城镇居民医保和新农合三项基本医疗保险参保率均稳定在95%以上。重点做好农民工、在校学生、学龄前儿童、新生儿、非公有制经济组织从业人员、灵活就业人员，以及关闭破产企业退休人员和困难企业职工参保工作，不断完善相关参保政策。

（二）提高基本医疗保障水平。稳步提高城镇居民医保和新农合政府补助标准及个人缴费水平，2012年，城镇居民医保和新农合政府补助标准提高到每人每年240元；到2015年，提高到每人每年360元以上，个人缴费水平相应提高，探索建立与经济发展水平相适应的筹资机制。职工医保和城镇居民医保、新农合政策范围内住院费用支付比例达到75%左右。通过调整补偿方案、诊疗项目和药品目录，扩大保障范围，明显缩小与实际住院费用支付比例之间的差距。进一步提高最高支付限额，职工医保、城镇居民医保分别达到上年度当地职工年均工资和居民人均可支配收入的6倍以上，新农合达到上年度当地农民人均纯收入的8倍以上。全面推进门诊统筹制度，城镇居民医保和新农合门诊统筹覆盖所有统筹县区，支付比例提高到50%以上；稳步推进职工医保门诊统筹。

（三）完善基本医保管理体制。加快建立统筹城乡的基本医保管理体制，逐步缩小全省城乡医疗保障差距。通过开展试点，探索整合职工医保、城镇居民医保和新农合制度管理职能和经办资源，鼓励开展统筹城乡综合配套改革试点的县区探索建立城乡统筹的居民基本医疗保险制度。积极探索跨年度自动续保机制。按照管办分开原则，优化和完善基本医疗保险服务管理和经办运行机制，明确界定职责，进一步落实医保经办机构的法人自主权，加强对医疗保险经办机构的监管，提高经办能力和效率。在确保基金安全和有效监管的前提下，鼓励以政府购买服务的方式，委托具有资质的商业保险机构经办各类医疗保障管理服务。

（四）提高基本医保管理服务水平。加快推进基本医保和医疗救助即时结算，使患者看病只需支付自负部分费用，其余费用由医保经办机构与医疗机构直接结算。2013年全面实现统筹区域内医疗费用的即时结算。建立异地就医结算机制，2015年全面实现省内医疗费用异地即时结算，初步实现跨省医疗费用异地即时结算。做好基本医保和医疗救助结算衔接，积极开展“一站式”医疗救助费用即时结算服务。完善医保关系转移接续政策，2015年基本实现职工医保制度跨区域转移手续，推进各项基本医疗保险制度之间衔接。加快建立具有基金管理、费用结算与控制、医疗行为管理与监督等复合功能的医保信息系统，实现与定点医疗机构信息系统的对接。积极推广医保就医“一卡通”，方便参保人员就医。

（五）加强基本医保基金收支管理。各类医保基金要坚持以收定支、收支平衡、略有结余的原则，强化基金的收支管理，职工医保基金结余过多的县区要把结余降到合理水平，城镇居民医保和新农合基金结余过多的，可结合实际重点提高高额医疗费用支付水平。增强基本医保基金共济和抗风险能力，实现市级统筹管理。完善基本医保基金管理监督和风险防范机制，防止基本医保基金透支，保障基金安全。

（六）改革完善医保支付制度。加大医保支付方式改革力度，制定我市医保支付方式改革的实施方案，结合疾病临床路径实施，在全市范围内积极推行按病种付费、按人头付费、总额预付等医保支付方式改革，增强医保对医疗行为的激励约束作用。建立医保对统筹区域内医疗费用增长的制约机制，制定医保基金支出总体控制目标并分解到定点医疗机构，将医疗机构次均（病种）医疗费用增长控制和个人负担定额控制情况列入医保分级评价体系。积极推动建立医保经办机构与医疗机构、药品供应商的谈判机制和购买服务的付费机制。医保支付政策进一步向基层倾斜，鼓励使用中医药服务，引导群众首诊到基层，促进分级诊疗制度形成。将符合资质条件的非公立医疗机构纳入医保定点范围，逐步将医保对医疗机构医疗服务的监管延伸到对医务人员医疗服务行为的监管。加强对定点医疗机构的监管，加大对骗保欺诈行为的处罚力度。

（七）完善城乡医疗救助制度。加大救助资金投入，筑牢医疗保障底线。资助低保家庭成员、五保户、重度残疾人以及城乡低收入家庭参加城镇居民医保或新农合。取消医疗救助起付线，提高封顶线，到2015年对救助对象政策范围内住院自负医疗费用救助比例提高到70%以上。积极探索符合我市实际的重特大疾病医疗救助机制，在试点基础上，全面推进重特大疾病救助工作。建立通过医疗救助基金、政府补助等渠道解决无负担能力病人发生急救医疗费用的救助机制。鼓励和引导社会力量发展慈善医疗救助。鼓励工会等社会团体开展多种形式的医疗互助活动。

（八）积极发展商业健康保险。完善商业健康保险产业政策，鼓励商业保险机构发展基本医保之外的健康保险产品，积极引导商业保险机构开发长期护理保险、特殊大病保险等险种，满足多样化的健康保险需求。鼓励企业、个人参加商业健康保险及多种形式的补充保险，落实税收等相关优惠政策。简化理赔手续，方便群众结算。加强商业健康保险监管，促进其规范发展。

（九）探索建立重特大疾病保障机制。充分发挥基本医保、医疗救助、商业健康保险、多种形式补充医疗保险和公益慈善的协同互补作用，切实解决重特大疾病患者的因病致贫问题。在提高基本医保最高支付限额和高额医疗费用支付比例的基础上，统筹协调基本医保和商业健康保险政策，开展城乡居民大病保险工作，积极探索利用基本医保基金购买商业大病保险或建立补充保险等方式，有效提高重特大疾病保障水平。加强与医疗救助制度的衔接，加大对低收入大病患者的救助力度。

四、巩固完善基本药物制度和基层医疗卫生机构运行新机制

持续扩大基层医药卫生体制改革成效，巩固完善国家基本药物制度，深化基层医疗卫生机构管理体制、补偿机制、药品供应和人事管理、收入分配等方面的综合改革，继续加强基层卫生服务网络建设，加快建立全科医生制度，促进基层医疗卫生机构全面发展。

（一）深化基层医疗卫生机构综合改革。完善基层医疗卫生机构编制管理、补偿机制、人事管理、收入分配等方面的综合改革措施，巩固基层改革成效。健全基层医疗卫生机构稳定长效的多渠道补偿机制，各级政府要将对基层医疗卫生机构专项补助以及经常性收支差额补助纳入财政预算并及时、足额落实到位，市级财政建立基本药物制度全面实施后对地方的经常性补助机制并纳入预算。全面落实一般诊疗费及医保支付政策，确保基层医疗卫生机构正常运转。健全绩效评价和考核机制，在平稳实施绩效工资的基础上，有条件的县区可适当提高奖励性绩效工资的比例，坚持多劳多得、优绩优酬，重点向关键岗位、业务骨干和作出突出贡献的人员倾斜，合理拉开收入差距，调动医务人员的积极性。

（二）扩大基本药物制度实施范围。巩固政府办基层医疗卫生机构和村卫生室实施基本药物制度的成果，贯彻落实基本药物制度各项政策。对非政府办基层医疗卫生机构，各县区政府可结合实际，采取购买服务的方式将其纳入基本药物制度实施范围。鼓励公立医院和其他医疗机构优先使用基本药物，继续推进二级以上医疗机构基本药物配备使用工作，不断提高基本药物配备使用比例。

（三）规范基本药物采购机制。坚持基本药物网上集中采购，落实量价挂钩、双信封制、集中支付、全程监控等采购政策。强化基本药物质量监管，将所有基本药物生产、经营企业纳入电子监管。

（四）提高基层医疗卫生机构服务能力。加强基层医疗卫生服务体系建设。在争取国家和省支持的同时加大各级政府投入力度，继续实施好乡镇卫生院、社区卫生服务机构、村卫生室标准化建设，重点做好中心乡镇卫生院标准化建设项目，有效发挥中心乡镇卫生院在农村三级卫生服务网中的骨干作用，带动和促进乡村卫生机构的发展。到2015年，乡镇卫生院基本达到国家标准化水平，达标率达到95%以上。加大城市社区卫生服务网络建设力度，积极推进社区卫生服务机构标准化建设，到2015年，原则上每个街道办事处所辖区域都有1所社区卫生服务中心和相应的社区卫生服务站承担基本医疗服务和公共卫生服务，基本建成城市社区卫生服务体系。进一步完善行政村卫生室。继续加强基层医疗卫生机构在岗人员培训，重点实施具有全科医学特点、促进基本药物使用等针对性和实用性强的培训项目，到2015年，力争全市乡镇卫生院90%以上的临床医生达到执业助理医师及以上执业资格，60%的在职医师达到大专学历，25%达到本科学历。

进一步规范基层医疗卫生机构用药行为。鼓励基层医疗卫生机构采取主动服务、上门服务等方式，开展巡回医疗，推动服务重心下沉，服务内容向基本医疗和基本公共卫生服务转变。支持城市医疗机构和人员采取多种方式到农村办医或向下延伸服务，建立以公有制为主导、多种所有制形式共同发展的社会化农村服务网络。建立健全分级诊疗、双向转诊制度，积极推进基层首诊负责制试点。明显提高基层医疗卫生机构门急诊量占门急诊总量的比例。

筑牢农村医疗卫生服务网底。按照省人民政府关于加强乡村医生队伍建设有关文件精神，鼓励各县区结合实际制定本地补助和奖励政策，稳步提高乡村医生待遇，完善乡村医生的养老政策。加强乡村医生培训和后备力量建设，逐步推进乡村医生向执业（助理）医师转变，通过定向培养、学历提升、岗位培训等方式加强乡村医生能力建设，到2015年，力争30%的乡村医生达到执业（助理）医师及以上执业资格，95%以上的乡村医生取得中专及以上学历。全面推进乡村卫生一体化管理。

（五）推进全科医生制度建设。建立符合我市实际的全科医生制度，完善全科医生培养、培训、使用、管理、激励机制。把建立全科医生制度作为强基层的关键举措，通过规范化培养、转岗培训、执业医师招聘和设置特岗等方式加强全科医生队伍建设，制定鼓励全科医生长期在基层服务的政策，到2015年为基层医疗卫生服务机构培养600名以上合格的全科医生，基本实现城市每万名居民有1~2名全科医生，每个乡镇卫生院至少有1名全科医生。继续加强全科医生培养基地建设。开展全科医生执业方式和服务模式改革试点，积极推进家庭签约医生服务模式，逐步建立全科医生与居民契约服务关系，为居民提供连续的健康管理服务。

（六）促进人才向基层流动。进一步完善相关政策措施，鼓励引导医务人员到基层服务。建立上级医院与基层医疗卫生机构之间的人才合作交流机制，探索县区域人才柔性流动方式，促进县乡人才联动。在县级医疗卫生机构设立正高级专业技术岗位，在乡镇卫生院和社区卫生服务中心设置副高级专业技术岗位。继续开展“万名医师支援农村卫生工程”和免费医学生定向培养，实施全科医生特岗计划，充实基层人才队伍。严格落实城市医院和疾病预防控制机构医生晋升中高级职称前到农村服务累计一年以上的政策。鼓励大医院退休医生到基层和农村执业。对到基层医疗卫生机构服务的医务人员，落实津补贴政策或给予必要补助。

五、积极推进公立医院改革

坚持公立医院公益性质，按照“四个分开”的要求，以破除“以药补医”机制为关键环节，以县级医院为重点，统筹推进管理体制、补偿机制、人事分配、药品供应、价格机制等方面的综合改革，试点先行、逐步推进，大力开展便民惠民服务，合理控制医疗费用增长，逐步建立维护公益性、调动积极性、保障可持续的公立医院运行新机制。

（一）落实政府办医责任。坚持公立医院面向城乡居民提供基本医疗卫生服务的主导地位，进一步明确政府举办公立医院的目的和应履行的职责，扭转公立医院逐利行为。进一步落实政府对公立医院的基本建设和设备购置、重点学科发展、公共卫生服务、符合国家规定的离退休人员费用和政策性亏损补贴等投入政策。合理确定公立医院（含国有企业所办医院）数量和布局，严格控制建设规模、标准和设备配置。禁止公立医院举债建设。

（二）推进补偿机制改革。以破除“以药补医”为关键环节，推进医药分开，逐步取消药品加成政策，将公立医院补偿由服务收费、药品加成收入和财政补助三个渠道改为服务收费和财政补助两个渠道。医院的药品和高值耗材实行集中采购。政府投资购置的公立医院大型设备按扣除折旧后的成本制定检查价格，贷款或集资购买的大型设备原则上由政府回购，回购有困难的限期降低检查价格。医疗机构检验对社会开放，检查设备和技术人员应当符合法定要求或具备法定资格，逐步实现检查结果互认。由于上述改革减少的合理收入或形成的亏损，通过调整医疗技术服务价格、增加政府投入等途径补偿。合理调整医疗技术服务价格，提高诊疗费、手术费、护理费收费标准，体现医疗服务合理成本和医务人员技术劳务价值。医疗技术服务收费按规定纳入医保支付范围。增加的政府投入，各级财政要按实际情况调整支出结构，切实加大投入。

（三）控制医疗费用增长。医保经办机构和卫生监管部门要加强对医疗服务行为的监管，制止开大处方、重复检查、滥用药品等行为。强化医保对医疗服务的监控作用，采取总额预付、按人头、按病种付费等复合支付方式，引导医疗机构主动控制成本，同时加强监管，规范诊疗行为、提高服务质量；逐步实现由医保经办机构与公立医院通过谈判方式确定服务范围、支付方式、支付标准和服务质量要求；严格考核基本医保药品目录使用率及自费药品控制率等指标。加强卫生部门对医疗费用的监管控制，将次均费用和总费用增长率、住院床日以及药占比等控制管理目标纳入公立医院目标管理责任制并作为绩效考核的重要指标，及时查处为追求经济利益的不合理用药、用材和检查及重复检查等行为。加强对费用增长速度较快疾病诊疗行为的重点监控，控制公立医院提供非基本医疗服务。价格主管部门要继续加强医疗服务收费和药品价格监督检查。

（四）推进政事分开、管办分开。强化卫生行政部门规划、准入、监管等全行业管理职能。探索设立专门管理机构等多种形式确定政府办医机构，由其履行政府举办公立医院的职能，负责公立医院的资产管理、财务监管、绩效考核和医院主要负责人的任用。各级卫生行政部门负责人不得兼任公立医院领导职务，逐步取消公立医院行政级别。

（五）建立现代医院管理制度。探索建立理事会等多种形式的公立医院法人治理结构，明确理事会与院长职责，公立医院功能定位、发展规划、重大投资等权力由政府办医机构或理事会行使。建立院长负责制和任期目标责任考核制度，落实公立医院用人自主权，实行按需设岗、竞聘上岗、按岗聘用、合同管理，推进公立医院医务人员养老等社会保障服务社会化。建立以公益性质和运行效率为核心的公立医院绩效考核体系，健全以服务质量、数量和患者满意度为核心的内部分配机制，提高人员经费支出占业务支出的比例，提高医务人员待遇，绩效分配向临床一线、关键岗位、业务骨干、作出突出贡献和紧缺人员倾斜，院长及医院管理层薪酬由政府办医主体或授权理事会确定。严禁把医务人员个人收入与医院的药品和检查收入挂钩。完善公立医院财务核算制度，加强费用核算和控制。

（六）开展医院管理服务创新。深化以病人为中心的服务理念，不断完善医疗质量管理与控制体系，持续提高医院管理水平和医疗服务质量。简化挂号、就诊、检查、收费、取药等流程，方便群众就医。大力推行临床路径，开展单病种质量控制，规范医疗行为。推广应用基本药物和适宜技术，规范抗菌药物等药品的临床使用。以医院管理和电子病历为核心，推进公立医院信息化建设。全面推行便民惠民措施，大力推广优质护理，优化服务模式和服务流程，积极推行双休日及节假日门诊，开展“先诊疗、后结算”和志愿者服务。积极推进区域统一预约挂号平台建设，普遍实行预约诊疗，改善就医环境，明显缩短病人等候时间。发展面向农村基层及边远地区的远程诊疗系统。

（七）全面推进县级公立医院改革。县级公立医院是县域内医疗卫生中心和农村三级医疗卫生服务网络的龙头，要把县级公立医院改革放在突出位置，抓紧研究制定我市推进县级公立医院综合改革的实施意见，各县区要制定具体实施方案。以破除“以药补医”机制为关键环节，统筹推进县级医院管理体制、补偿机制、人事分配、采购机制、价格机制等方面综合改革；加强县级医院以人才、技术、重点专科为核心的服务能力建设，巩固深化城市医院对口支援县级医院的长期合作帮扶机制，安排县级医院骨干人员到三级医院进修学习，探索在县级医院设立特设岗位，引进急需高层次人才。抓好县级医院综合改革试点工作，鼓励各地因地制宜积极探索，2015 年要实现县级公立医院阶段性改革目标，力争使县域内就诊率提高到 90% 左右，基本实现大病不出县。

（八）拓展深化城市公立医院改革。按照上下联动、内增活力、外加推力的原则，公立医院改革试点医院要继续围绕政事分开、管办分开、医药分开、营利性和非营利性分开的要求，着力推进体制机制改革创新，拓展深化试点内容，提高服务质量和运行效率，在重大体制机制改革等方面尽快形成改革的基本路子。公立医院资源丰富的地方，可引导社会资本以多种方式参与包括国有企业所办医院在内的部分公立医院改制重组。鼓励社会资本对部分公立医院进行多种形式的公益性投入，以合资合作方式参与改制的不得改变非营利性质。改制过程中要加强国有资产管理，维护好职工合法权益。

六、统筹推进相关领域改革

进一步增强医药卫生体制改革各项政策的协同性，继续推进基本公共卫生服务均等化，优化卫生资源配置，加快人才培养和信息化建设，加强药品生产流通和医药卫生监管体制改革，充分发挥政策叠加效应。

（一）提高基本公共卫生服务均等化水平。逐步提高人均基本公共卫生服务经费标准，2012 年提高到 25 元以上，2015 年达到 40 元以上。免费为城乡居民提供健康档案、健康教育、预防接种、传染病防治、儿童保健、孕产妇保健、老年人保健、高血压等慢性病管理、重性精神疾病管理、卫生监督协管等国家基本公共卫生服务项目。加强健康促进与教育，实施国民健康行动计划，将健康教育纳入国民教育体系，继续将健康教育纳入政府目标考核。主要媒体要加强健康知识宣传，倡导健康的生活方式，引导科学就医和安全合理用药。到 2015 年，城乡居民健康档案规范化电子建档率达到 75% 以上；高血压、糖尿病患者规范化管理率达到 40% 以上；将排查发现的所有重性精神病患者纳入管理范围。

按照国家实施重大公共卫生项目的总体安排，逐步增加国家重大公共卫生服务项目，继续开展国家免疫规划，艾滋病和结核病等重大传染病防治，农村孕产妇住院分娩补助、适龄妇女“两癌”（宫颈癌、乳腺癌）检查等重大公共卫生服务专项，农村孕产妇住院分娩率稳定在 95% 以上。重点做好食品安全（包括餐饮、饮用水卫生）、职业卫生、精神卫生、慢性病防控、重大地方病防控、卫生应急等对居民健康有重要影响的公共卫生服务。完善重大疾病防控、计划生育、妇幼保健等专业公共卫生服务网络，加强卫生监督、农村应急救治、精神疾病防治、食品安全风险监测等能力建设。提高疾病监测、预防、控制能力和突发公共卫生事件应急处置能力，完善突发公共卫生事件应急机制，事件处置及时率达到 100%。深入开展爱国卫生运动。加强流动人口以及农村留守儿童和老人的公共卫生服务和重大传染病防控工作，提高公共卫生服务的可及性。重点抓好在我市发病率高的传染病的预防、控制和救治，到 2015 年，全市麻风病下降到 1/10 万人以下，基本消除麻风病。继续巩固地氟病防控成果。严格开展绩效考核和效果评估，提高公共卫生服务效益。建立公共卫生和医疗卫生服务体系分工协作机制。专业公共卫生机构经费纳入财政预算并全额安排。

（二）推进医疗资源结构优化和布局调整。科学制定区域卫生规划，明确市、县级卫生资源配置标准，新增卫生资源优先考虑社会资本。到 2015 年，全市每千人口医疗机构床位数达到 3.7 张，每千人口医疗卫生机构床位数达到 4 张的县区，原则上不再扩大公立医院规模。加强市级综合医院建设。加强医疗服务体系薄弱环节建设，每个县重点办好 1 至 2 所县级医院（含县中医院）。继续支持医疗机构临床重点专科建设。加强妇儿专科医院和综合医院妇儿科建设。鼓励各县区整合辖区内检查检验资源，促进大型设备资源共建共享。鼓励发展康复医疗和长期护理。

（三）大力发展非公立医疗机构。放宽社会资本举办医疗机构的准入，鼓励有实力的企业、慈善机构、基金会、商业保险机构等社会力量以及境外投资者举办医疗机构，鼓励具有资质的人员（包括港、澳、台地区）依法开办私人诊所。进一步改善执业环境，落实价格、税收、医保定点、土地、重点学科建设、职称评定等方面政策，对各类社会资本举办非营利性医疗机构给予优先支持，鼓励非公立医疗机构向高水平、规模化的大型医疗集团发展。积极发展医疗服务业，扩大和丰富全社会医疗资源。2015 年，非公立医疗机构床位数和服务量稳定在总量的 20% 左右。

（四）加强医药卫生人才队伍建设。创新卫生人才培养使用制度，深化医学教育改革，重视人文素养培养和职业素质教育，进一步完善住院医师规范化培训制度和继续医学教育制度。加大护士、养老护理员、药师、儿科医师，以及精神卫生、院前急救、卫生应急、卫生监督、医院和医保管理人员等急需紧缺专门人才和高层次人才的培养。研究制定引进高层次人才政策。继续加强基层卫生人员继续医学教育。到 2015 年，每千人口卫生技术人员数、执业（助理）医师数、注册护士数分别达到 4.5 人、1.5 人、1.4 人。推进医师多点执业，鼓励具备行医资格的人员申请多个地点执业，完善执业医师注册、备案、考核、评价、监管政策，建立医师管理档案。建立健全医疗执业保险和医疗纠纷处理机制。

（五）推进药品生产流通领域改革。改革药

品价格形成机制，完善药品价格管理办法。强化进口药品、高值医用耗材的价格管理。加强药品价格信息采集、分析和披露。规范药品生产流通秩序，发展药品现代物流和连锁经营，提高农村和边远地区药品配送能力。鼓励零售药店发展，积极推进零售单体药店向连锁模式发展。完善执业药师制度，加大执业药师配备使用力度，到“十二五”期末，所有零售药店企业法人或主要管理者应具备执业药师资格，力争零售药店和所有医院药房营业时有执业药师指导合理用药。严厉打击挂靠经营、过票经营、买卖税票、行贿受贿、生产经营假劣药品、发布虚假药品广告等违法违规行为。加强药品质量安全监管，实行药品全品种电子监管，对基本药物和高风险品种实施全品种覆盖抽验，定期发布药品质量公告。

（六）支持中医药（民族医药）事业发展。保持和发扬中医药特色优势，促进中医中药协调发展。各级人民政府要在区域卫生规划中合理规划和配置中医医疗机构（包括中西医结合和民族医医疗机构），大力加强综合医院、乡镇卫生院和社区卫生服务中心的中医科室建设。充分发挥中医药在疾病预防控制和医疗服务中的作用，推动中医药进乡村、进社区、进家庭。以城乡基层为重点加强中医医疗服务能力建设，到2015年，力争95%以上的社区卫生服务中心和90%的乡镇卫生院、70%以上的社区卫生服务站和65%以上的村卫生室能够提供中医药服务。鼓励零售药店提供中医坐堂诊疗服务。积极推广中医适宜技术。加强中药资源保护、研究开发和合理利用，大力发展中药和民族药，引导企业开展对现有临床和市场价值较高的中药和民族药品种的深度开发。

（七）全面推进医疗卫生信息化建设。大力推进基层医疗卫生机构信息系统建设，加快建立涵盖基本药物供应使用、居民健康管理、基本医疗服务、绩效考核等功能的基层医疗卫生信息系统，并与新农合、医保、药监等信息系统有效衔接，提升基层医疗卫生服务水平。到2015年，基层医疗卫生信息系统覆盖所有乡镇卫生院、社区卫生服务机构和行政村卫生室。积极推进医疗卫生信息管理标准化建设，逐步实现电子健康档案、电子病历、药品器械、医疗服务、医保信息等数据标准统一。开展信息系统安全等级保护和电子身份认证体系建设。加强区域信息平台建设，推动医疗卫生信息资源共享，逐步实现全市医疗服务、公共卫生、医疗保障、药品监管和综合管理等应用系统互联互通，方便群众就医。

（八）健全医药卫生监管体制。积极推动制定基本医保、基本药物制度、全科医生制度、公立医院管理等方面的地方性规章制度。加强卫生全行业监管，规范诊疗行为，提高服务质量。完善机构、人员、技术、设备的准入和退出机制。建立科学的医疗机构分类评价体系。依法严厉打击非法行医，严肃查处药品招标采购、医保报销等关键环节和医疗服务过程中的违法违规行为。建立信息公开、社会多方参与的监管制度，鼓励行业协会等社会组织和个人对医疗机构进行独立评价和监督。强化医务人员法制和纪律宣传教育，加强医德医风建设和行业自律。

七、保障措施

（一）强化责任制。各县区政府要从全局和战略的高度把握医药卫生体制改革工作，加强组织领导，建立健全目标责任制，加大问责力度，形成政府主要领导负总责，分管常务工作和卫生工作的领导具体抓，各有关部门分工协作、密切配合、合力推进的工作机制，确保规划顺利实施。各县区、各部门要围绕规划的总体目标和重点任务细化年度任务，制订工作方案，落实责任制，把实施方案的重点任务落到实处。

（二）增强执行力。“十二五”时期是医药卫生体制改革攻坚阶段，医药卫生系统是医药卫生体制改革的主战场，要发挥医务人员改革主力军作用，调动医疗机构和医务人员积极性，维护医务人员合法权益。要充分发挥好政治优势、组织优势，充分发挥基层党组织在医药卫生体制改革中的核心作用，加强思想政治工作，统一思想认识，形成改革攻坚合力。各县区政府都要加强医药卫生体制改革工作队伍建设，提高推进改革的领导力和执行力，确保医药卫生体制改革的各项措施落到实处。

（三）加大政府投入。各县区政府要积极调整财政支出结构，加大投入力度，落实规划提出的各项卫生投入政策，切实保障医改实施所需资金。各县区政府在安排年度卫生投入预算时，要切实落实“政府卫生投入增长幅度高于经常性财政支出增长幅度，政府卫生投入占经常性财政支出的比重逐步提高”的要求。各县区财政部门在向政府汇报预决算草案时要就卫生投入情况进行专门说明。“十二五”期间政府医药卫生体制改革投入力度和强度要高于2009—2011年医药卫生体制改革投入。基本医保政府补助标准和人均基本公共卫生服务经费标准要随着经济社会发展水平的提高相应提高。加强资金监督管理，提高资金使用效益，切实防止各种违法违规使用资金的行为。

（四）实行分类指导。医药卫生体制改革政策性强、情况复杂、涉及面广，各县区要在中央、省和市确定的医药卫生体制改革原则下根据实际情况，因地制宜地制定具体实施方案，创造性地开展工作。鼓励地方大胆探索、先行先试，不断完善政策，积累改革经验。各有关部门要加强对医药卫生体制改革工作的指导，及时总结推广成功经验。注重改革措施的综合性和可持续性，推进改革持续取得实效。

（五）加强宣传培训。坚持正确的舆论导向，健全部门、地方医改宣传沟通协调机制，做好医药卫生体制改革政策的宣传解读，及时解答和回应社会各界关注的热点问题，大力宣传医药卫生体制改革典型经验和进展成效，合理引导社会预期，在全社会形成尊医重卫、关爱患者的风气，营造改革的良好氛围。广泛开展培训，不断提高各级干部医药卫生体制改革政策水平，确保改革顺利推进。

附件：

“十二五”时期深化医药卫生体制改革的主要指标

类别	指 标	单位	2011年指标值	2015年指标值
健康状况	人均期望寿命	岁	73.45	74.5
	婴儿死亡率	‰	7.34	≤ 10.6
	孕产妇死亡率	1/10万	23.47	≤ 32
医疗保障	职工医保和城镇居民医保参保率	%	99.1	≥ 95
	新农合参合率	%	98.9	≥ 95
	职工医保、城镇居民医保、新农合政策范围内支付比例	%	≥ 70	75
	对救助对象政策范围内住院自负医疗费用救助比例	%	≥ 50	≥ 70
	城镇居民医保和新农合门诊统筹支付比例	%	≥ 50	≥ 50
公共卫生	城乡居民健康档案规范化电子建档率	%	63.4	≥ 75
	高血压、糖尿病患者规范化管理率	%	—	≥ 40
	农村孕产妇住院分娩率	%	95.36	≥ 95
卫生资源	每千人口卫生技术人员数	人	1.49	4.5
	每千人口执业（助理）医师数	人	0.58	1.5
	每千人口注册护士数	人	0.47	1.4
	全科医师总数	人	78	≥ 600
	每千人口医疗机构床位数	张	2.02	3.7
	非公立医疗机构床位数占总床位数的比例	%	35.71	≥ 20
其他指标	个人卫生支出占卫生总费用的比重	%	31.29	< 30
	城镇居民医保和新农合每人每年政府补助标准	元	200	360
	人均基本公共卫生服务经费标准	元	25	≥ 40
	县域内就诊率	%	—	90

注：2011年指标值为毕节市的实际值，2015年指标值为省政府要求达到的指标值

中共毕节市委　毕节市人民政府
关于扎实推进特色小城镇建设的意见

（2013年2月7日）

2008年以来，为扎实抓好特色小城镇建设，相继出台了《关于进一步扎实推进小城镇规划建设管理的意见》（毕地党发〔2008〕29号）、《关于大力实施城镇化带动战略的意见》（毕地党发〔2010〕32号）等一系列文件，全市特色小城镇建设全面推进，取得了明显成效。按照《中共贵州省委　贵州省人民政府关于加快推进小城镇建设的意见》（黔党发〔2012〕25号）、《中共贵州省委办公厅　贵州省人民政府办公厅关于做好100个示范小城镇建设工作的通知》（黔委厅字〔2012〕54号）文件精神，根据省委、省政府有关要求和我市全面实施城镇化带动战略的总体部署，为扎实推进我市特色小城镇建设，全面提高城镇化水平，结合实际，提出如下意见。

一、重要意义

（一）加快推进特色小城镇建设，是贯彻落实党的十八大精神的需要。党的十八大指出，加快完善城乡发展一体化体制机制，着力在城乡规划、基础设施、公共服务等方面推进一体化，促进城乡要素平等交换和公共资源均衡配置，形成以工促农、以城带乡、工农互惠、城乡一体的新型工农、城乡关系。加快推进特色小城镇建设，是落实党的十八大精神的具体体现。

（二）加快推进特色小城镇建设，是解决新的历史起点上“三农”问题的客观要求。当前，毕节试验区工业化、城镇化进程明显加快，但农业增效难、农民增收慢、农村发展缓的问题未能得到根本的解决，城乡差距、工农差距扩大趋势尚未扭转，其主要原因在于城镇化严重滞后，城乡二元结构没有完全突破，城乡分割的政策、制度还没有得到根本性转变。小城镇是联系城市和农村的桥梁和纽带，是“四化”同步推进、实现城乡统筹的重要节点。抓好小城镇建设，辐射带动农村发展，对打破城乡分割的传统体制，实现以城带乡，以工促农，形成城乡互补共促、共同繁荣发展的格局意义重大。

（三）加快推进特色小城镇建设，是建设富裕和谐美丽新毕节的根本途径。我市城镇化水平较低，城镇产业不大，城镇对农村的带动作用微弱。只有加快推进特色小城镇，依据城镇的特点，完善城镇生产生活设施，有针对性地发展做大、做强小城镇经济，带动农村经济不断发展，缩小城乡在公共服务、生产条件、生活方式等方面的差距，统筹推动城乡协调发展，提高城乡人民的经济文化水平和幸福指数，我市与全国全省同步建成全面小康社会才有希望。

（四）加快推进特色小城镇建设，是推进城镇化、扩大内需的重要抓手。我市县区人口多、县城少，没有小城镇的支撑，仅靠县城实现城镇化战略就是一句空话。推进特色小城镇建设，不仅发挥了小城镇在城镇化进程中“半壁河山”的作用，而且在大量农村人口进入小城镇，加大了对城镇基础设施、公共服务设施以及住房建设等的投资需求，带动了系列消费大幅增加，这对于目前出口低迷的国际形势下，拉动内需促进国内区域经济的发展具有积极的意义。

二、总体要求

（一）指导思想。以邓小平理论、“三个代表”重要思想和科学发展观为指导，以深化改革、创新机制为动力，以完善功能设施、发展城镇产业、加强社会管理为重点，坚持“四化同步”，产城互动。通过政府推动、政策扶持、市场运作，增强小城镇连接城乡、集聚产业、承载人口、辐射带动的能力。依托交通枢纽、商贸集散、风景名胜、旅游资源、工矿园区和返乡农民工创业等特定的区位和特点高质量建成一批交通枢纽型、休闲度假型、民族文化型、绿色产业型、工矿园区型和商贸集散型等为主的各具特色的小城镇。达到城镇经济社会发展大提速，城镇基础设施大改善，城镇产业大发展，城镇商贸大繁荣，城镇人居环境大改观，城镇群众幸福指数大提高。

（二）基本原则。坚持全面推进、重点打造、突出特色、兼顾一般，加快基础设施、公共服务设施和生态环境建设，探索推进土地、金融、人才和社会管理等重点领域的突破；坚持规划引领、产业支撑、民生优先，协调推进工业园区、返乡农民创业园、特色农业园区和新型农村社区建设，避免"空心城镇化、片面城镇化、粗放城镇化、无序城镇化和被动城镇化"的出现，努力探索促进城乡统筹协调发展新路子。

（三）总体目标。按照规模适度、功能完善、产业配套、特色鲜明、宜业宜居的总体要求，到2020年，全市城市规划区外的乡镇基本完成特色小城镇建设，建成各具特色的示范小城镇120个以上，建成幸福小镇200个以上，全市新增小城镇人口60万人左右，带动全市城镇化水平提升8个百分点左右，力争城镇化率达到50%。

（四）阶段目标。2012年底，启动50个省、市、县（区）级特色示范小城镇建设。2014年，基本建成特色示范小城镇20个。到2016年，建成特色示范小城镇50个，幸福小镇100个。到2017年：基本建成特色示范小城镇70个以上，幸福小镇120个。到2020年，建成特色示范小城镇120个以上，幸福小镇200个。

三、重点工作

（五）强化规划引领，科学分步实施。以毕节市中心城市总体规划、各县城市总体规划、土地利用总体规划和毕节市"一带两翼"多点的城镇发展布局为依据，按照喀斯特地区特色城镇化发展道路的特点、趋势，结合交通区位、自然资源、文化传统、地域特色、民族风情等特点，高起点、高标准、高质量编制特色小城镇总体规划、详细规划和专项规划，统筹安排城镇基础设施、公共服务设施，拓宽小城镇发展空间。注重选择培育一批有条件的特色示范小城镇作为县城副中心城市，带动周边乡镇发展。规划编制要注重生态环境建设，切实保护好风景名胜、景区景点、城镇湿地、山岭、河流、林地等自然景观。要注重彰显特色，深入挖掘丰富的历史文化、光辉的红色文化、独特的民族民间文化、个性鲜明的地域文化，赋予特色小城镇特定的文化内涵，形成以我为主，博采众长，兼收并蓄，自成一家的特色小城镇发展新路，避免"千城一面"。古镇规划要以文化底蕴、历史文脉为依据，严格遵循历史文化、文物古迹"原真性、整体性、可读性、永续性"的原则，做到尊重文化、尊重历史的要求，避免同质化、雷同化、千篇一律。在建筑单体设计上做到精益求精，对每栋房屋的风貌逐户设计，使房屋布局合理、结构安全可靠、分布有序。强化小城镇规划监管，对已批准实施的小城镇规划不得擅自更改，要健全完善小城镇规划管理和规划执法制度，确保规划的权威性、严肃性和有效性。

（六）强化设施建设，完善城镇功能。坚持统一规划、城乡统筹、区域一体、设施共享、合理布局、适度超前的原则，建设与特色小城镇经济社会发展相适应的基础设施。按照特色示范小城镇建设指标体系与考核标准，完善小城镇居住功能和公共服务功能。以道路交通为重点，加快小城镇路网、环境绿化、供电、给排水、路灯、环卫、垃圾收运和处理等市政设施建设；加强教育、卫生、科技、文化、体育、广播电视、通讯网络、生态小公园（小广场）、公共厕所、停车场（站）等公共服务设施建设；同步推进防洪、排涝、人防、消防、防震等防灾减灾设施建设。要积极开发小城镇新区，拓展小镇空间，加强小城镇镇区范围教师周转房、小城镇园区公租房、乡镇公租房等保障性住房建设。改善和优化特色小城镇外部交通环境，在具备条件的特色小城镇逐步推广公交出行。

（七）强化产业培育，夯实发展基础。立足小城镇优势条件，按照各个特色小城镇规划的产业发展思路，合理开发利用资源，发挥小城镇连接城市与农村的纽带作用，科学发展特色小城镇的优势产业和主导产业，不断延长产业链。大力发展设施农业，培育一批龙头企业和农产品专业市场，建立市场体系和社会化服务体系，形成特色小城镇的产业基础，构建特色小城镇产业发展支撑体系。结合区域经济发展和产业规划，大力实施工业强镇，创造条件发展乡镇工业，在具备条件的乡镇规划建设工业园（产业园）、返乡农民工创业园，鼓励、引导龙头企业向小城镇集中，工业向园区集中。坚持园区与城镇基础设施共建共享，推动产城一体，镇园融合。积极发展非公有制经济，鼓励和引导私营经济投资特色小城镇进行产品开发、商业连锁、商品批发等经营活动，吸引更多的民营产业项目向特色小城镇聚集。依托旅游景区、历史文化名镇和风情浓郁的民族村寨，发展旅游业及相关的休闲、娱乐、餐饮、购物等产业。扶持、引进、培育和发展流通行业。支持城镇居民和农民进镇务工经商办实体、外出务工人员回乡创业，重点支持科技型、创新型非公有制企业到特色小城镇安家落户。推动人口向城镇集中、农民由一产向二、三产业转移。形成“一、二、三”产业联动、协调发展新格局。

（八）强化社会管理，构建和谐城镇。坚持以机制创新推动社会管理创新，坚持依法管理与人性化管理相结合，文明执法与服务指导相结合，不断提升城镇社会管理水平。放宽小城镇落户条件，切实保障进入小城镇农民的就业、医保、低保、住房、子女入学等合法权益，吸引农村人口向小城镇转移集聚，推动扶贫生态移民、水利水电工程移民等向小城镇迁移，使农民“愿意进、留得住、能致富”。建立小城镇服务中心，实行“一站式、一条龙”服务。推进基本公共服务均等化，使农民成为小城镇居民后，在就业、医疗、入学等社会保障和公共服务等方面享受当地居民同等待遇；加强环境整治，集中力量解决特色小城镇“脏、乱、差”问题。对小城镇环境卫生实行有效监督，严禁在道路上乱设摊点、乱停车辆、乱倒垃圾、乱张贴广告。加强集贸市场管理，规范交易行为，杜绝“马路市场”现象。加强城镇居民文化素质和道德水平，培养居民现代文明的生产方式和生活理念。加强小城镇民主法制建设，开展社会管理创新，消除各种不安定因素，构建和谐城镇。

（九）强化机制创新，实现关键突破。一是创新土地规模经营多样化运作机制。积极推进农村集体土地资本化，逐步建立城乡一体的土地交易市场，推动小城镇集体建设用地通过租赁、转让、入股、联营、抵押融资等方式规范有序流转，探索宅基地换房的办法；要积极开展城乡建设用地增减挂钩和低丘缓坡荒滩等未利用土地开发利用试点，鼓励旧城区和旧村庄改造、闲置土地开发等各种盘活存量建设用地措施，加大闲置土地清理力度；要深化集体林权制度改革，进一步放活经营权、落实处置权、确保收益权。二是创新资金筹措机制。加快农村房屋确权登记步伐，搭建融资平台，广泛开展银政合作、政企合作，放开市政公用设施投资建设和经营权，打破行业、区域和所有制界限，采取股份合作或股份制、独资、合资经营、特许经营等多种形式，鼓励和引导有投资愿望、具有投资实力、符合投资条件的个体经营者、农村集体经济组织、乡镇企业、私营企业、国有大中型企业、外商及外资企业等社会资金和民间资本投资市政公用基础设施，吸引各类资本参与小城镇建设。要加大政府财政资金投入力度，充分发挥财政资金投入的导向作用，放大财政资金投入的带动效应。三是创新人才引进机制。要根据毕节城镇发展规划和建设需要，建立与试验区建设要求相适应的人才引进工作机制，确保“进得来、留得住、发挥得好”。

（十）强化政策扶持，突出典型示范。2020年前，重点扶持120个示范小城镇，其中：省级4个、市级36个、县（区）级80个。建立示范小城镇对口帮扶制度，明确市有关部门和单位职责任务。市直帮扶单位要高度重视，认真履职，指派专人负责联系帮扶工作；深入调查研究，制定推进特色示范小城镇建设发展的支持措施，切实解决存在的困难和问题；各示范小城镇要摒弃“等、靠、要”的思想，主动思考，积极作为，充分整合各方力量，抓好各项工作的落实。县（区）相关部门和单位也要相应建立帮扶制度，确定专人负责，从规划、设计、建设、管理到产业培育作好跟踪服务。制定支持120个示范小城镇加快发展的配套政策措施，促进示范小城镇在基础设施、产业发展、环境建设、要素保障和政策措施等方面先行先试、率先突破。建立示范小城镇建设年度考核评价制度和动态调整机制，细化示范小城镇建设指标体系与考核标准，组织开展考核评比，促进增比进位。

四、保障措施

（十一）加强组织领导。调整充实毕节市特色小城镇建设工作领导小组，由市委、市政府主要领导任第一组长和组长，分管领导任副组长，市委、市政府相关部门和单位为成员，及时解决小城镇建设发展中的困难和问题，统筹推进小城镇建设的各项工作。领导小组下设办公室在市住房城乡建设局，负责日常工作。各县（区）作为各特色小城镇建设的责任主体，要切实履行职责，把推进特色小城镇建设作为一件大事来抓，纳入党委、政府重要工作日程，采取切实有效的措施，配备专职人员，保障办公经费，制定具体实施方案，积极筹措资金，建立项目库，落实项目建设管理责任，精心组织，周密安排，确保小城镇建设扎实推进。从2012年起，市委、市政府每年以现场会形式召开一次全市小城镇建设发展大会，考察现场，交流经验，部署工作，推动发展。2012年前已开展特色小城镇、幸福小镇建设的乡镇要在总体规划、控制性详细规划及有关专项规划的指导下，认真按照现阶段示范小城镇建设的要求，对照示范小城镇建设指标体系和考核标准，在现有基础上转型提升。还未开展特色小城镇建设的乡镇要按照统一规划、合理布局的要求，结合交通区位、自然资源、历史文化、民族风情等特点，加快编制完善总体规划、详细规划和各专项规划，统筹安排基础设施、公共服务设施，拓宽城镇发展空间，增强城镇综合承载力，逐步建设成为示范小城镇。

（十二）健全完善机构。要从相关单位抽调人员到市特色小城镇建设工作领导小组办公室集中办公，主抓特色小城镇建设指导、协调、服务工作。健全乡镇村镇管理办公室，落实村镇管理人员，确保有人抓小城镇规划和建设管理。

（十三）加大资金投入。2013年起，决定由市级财政每年安排1亿元作为特色小城镇建设引导专项资金，采取因素法分配、“以奖代补”、贴息等方式支持特色小城镇建设。各县区政府每年在财政预算中安排5000万元以上特色小城镇建设引导专项资金，用于特色小城镇的规划建设管理专项补助。

（十四）争取金融支持。要把政府投入“引”与积极向上“争”、金融机构“贷”、股份合作“吸”、社会资本“筹”、BT模式“垫”等方式结合起来，构建多渠道多形式的投融资体系，加大小城镇基础设施建设的资金支持。健全完善市级和各县区担保机构，为乡镇贷款创造担保条件。支持、鼓励房地产开发企业和民间资本积极参与小城镇建设。

（十五）加强人才培育。制定小城镇建设人才培养规划，强化人才培养措施，多形式、多渠道培养小城镇规划建设管理人才、专业技术人才、技能人才和农村乡土人才、实用人才队伍。党校、行政学院、高等院校、职业技术院校、科研院所等教学科研机构，要加强对城镇化、小城镇建设的专题研究，分期分批对各级政府领导、特色小城镇规划建设管理人员进行培训。要加强与友好城市、对口帮扶城市的联系，建立互派干部挂职制度。

（十六）强化督促检查。特色小城镇建设办公室，市督办督查局、住房城乡建设局、双考双评办要制定特色小城镇建设的督促检查办法，每季度对小城镇建设情况、市直部门和单位对口帮扶情况进行跟踪考核、督查，定期总结经验，及时向市委、市政府报告。市住房城乡建设局要建立完善信息报送制度，及时掌握特色小城镇和示范小城镇建设进展情况，重大问题及时报告。各县（区）党委、政府主要领导要把特色小城镇建设工作纳入重点工作督查督办范围。

（十七）严格考核管理。各级各部门要健全特色小城镇考核管理办法，把特色小城镇建设工作纳入领导干部和领导班子“双考双评双挂钩”动态跟踪考核管理范围，考核结果作为领导干部选拔任用的重要依据。对发展速度和综合实力位居前列的，加大扶持力度，并对成绩显著的单位和个人给予表彰奖励；对工作进展不力，发展缓慢，连续考核排名靠后的，取消特色示范小城镇资格，并追究相关责任人员的责任。

（十八）积极营造氛围。坚持正确的舆论导向，加大宣传力度，充分利用广播、电视、报刊、网络等各种媒体，制作各类宣传展板、画册、电视短片、专题宣传片、宣传册、系列报道等，广泛宣传加快推进特色小城镇建设的重要意义、总体思路和工作部署，及时报道特色小城镇建设进展、成效和典型经验做法，引导干部群众关心特色小城镇建设，支持小城镇改革，推进小城镇发展，在全市形成推进小城镇建设的良好社会氛围。

附件：

1. 毕节市50个示范小城镇名单

2. 市级（含省级）示范小城镇对口帮扶单位名单

3. 毕节市支持示范小城镇加快发展的配套政策措施

4. 毕节市示范小城镇建设指标体系与考核标准（试行）

附件 1

毕节市 50 个示范小城镇名单

一、市级示范小城镇(含省级)

七星关区青场镇　七星关区清水铺镇
七星关区撒拉溪镇　大方县六龙镇(省级)
大方县黄泥塘镇　大方县凤山乡
黔西县素朴镇　黔西县钟山乡
黔西县谷里镇　金沙县沙土镇
金沙县茶园乡　织金县官寨乡
织金县桂果镇　纳雍县王家寨镇(省级)
纳雍县龙场镇　纳雍县勺窝乡
威宁县迤那镇(省级)　威宁县东风镇
威宁县牛棚镇　赫章县六曲河镇(省级)

二、县区级示范小城镇

七星关区朱昌镇　七星关区龙场营镇
七星关区普宜镇　七星关区小吉场镇
大方县马场镇　大方县长石镇
大方县猫场镇　大方县瓢井镇
黔西县金碧镇　黔西县大关镇
黔西县绿化乡　金沙县平坝乡
金沙县大田乡　金沙县岩孔镇
织金县茶店乡　织金县以那镇
织金县猫场镇　纳雍县张家湾镇
纳雍县维新镇　纳雍县乐治镇
威宁县金钟镇　威宁县龙街镇
威宁县猴场镇　威宁县哲觉镇
赫章县结构乡　赫章县珠市乡
赫章县妈姑镇　赫章县可乐乡
百里杜鹃仁和乡　百里杜鹃大水乡

附件 2

市级(含省级)示范小城镇对口帮扶单位名单

县区	示范小城镇名称	帮扶单位	是否列入省 100 个示范小城镇名单
七星关区	青场镇	市供电局	是
	清水铺镇	市农委	是
	撒拉溪镇	市发展村镇银行	
大方县	六龙镇	市交通运输局	是(省级)
	黄泥塘镇	市住房城乡建设局	是
	凤山乡	市卫生局、市民宗委	
黔西县	素朴镇	市环保局	是
	钟山乡	市财政局	
	谷里镇	市城乡规划局、中石化毕节市公司	
金沙县	沙土镇	市国土资源局、市房产局	是
	茶园乡	市林业局	
织金县	官寨乡	市旅游局	是
	桂果镇	市扶贫办	

续表

县区	示范小城镇名称	帮扶单位	是否列入省100个示范小城镇名单
纳雍县	王家寨镇	市发展改革委	是（省级）
	龙场镇	市工业能源委	是
	勺窝乡	市生态办	
威宁县	迤那镇	市商务局	是（省级）
	东风镇	市水利局	是
	牛棚镇	市教育局	
赫章县	六曲河镇	毕节市烟草专卖局	是（省级）

附件 3

毕节市支持示范小城镇加快发展的配套政策措施

一、城镇建设政策

（一）支持和帮助小城镇建设公共租赁住房，争取中央补助资金。优化城镇布局和结构，指导小城镇利用现有山体、河流等打造城镇山体公园、村镇湿地公园，改善人居环境，创造休闲、旅游条件。（责任单位：市住房城乡建设局、市房产局）

（二）支持小城镇开展新农村建设“整乡推进”试点。开发农村乡村旅游和农业生态建设新功能，打造一批“生态农业小镇”“宜居农业小镇”“观光农业小镇”等特色农业型小城镇。（责任单位：市农委）

（三）加快旅游小城镇标准化建设，指导县（区）打造一批文化特色突出，“行、游、住、食、购、娱”等产业要素集聚、旅游功能完善的旅游小城镇，积极帮助申报国家特色景观旅游名镇。（责任单位：市旅游局、市住房城乡建设局）

（四）结合国省道网规划的调整，扩大国省道对小城镇的覆盖范围。在国省道改造时，加强城镇过境公路项目实施，统筹兼顾重要城镇、工业园区、旅游景区连接公路建设。在高速公路建设中，更加注重与工业园区、重要城镇的公路连接，加快形成便捷的城镇公路运输网络。新建高速公路过境小城镇时，充分考虑互通立交设置。优先安排汽车客运站项目建设，优先发展小城镇公交，逐步推广公交出行。对小城镇建设中涉及既有公路占用、改移的，在审批等环节给予政策支持。（责任单位：市交通运输局）

（五）加快小城镇供水水源工程建设，保障城镇供水安全（责任单位：市水利局）。对小城镇进行电力专项规划，将电网规划建设变电站站址及线路走廊纳入小城镇规划，预留建设用地，有序开展小城镇配套电网建设改造工作，满足小城镇建设用电需求，“十二五”期末农网改造率达到100%。（责任单位：毕节供电局）

（六）采用光纤宽带与无线宽带相结合的方式加快小城镇信息基础设施建设，深入推进“村村通”工程，选择有条件的小城镇开展“户户通”示范工程建设，力争到“十二五”末，小城镇电话普及率达95部／百人、互联网普及率达37.5%、宽带普及率达12.7户／百人。（责任单位：市工业能源委）

（七）抓住国务院“将贵州确定为全国开展未利用低丘缓坡实施工业和城镇建设试点地区，相关指标单列管理”机遇，有序推进低丘缓坡土地综合开发利用试点。按照“宜农则农、宜建则建”的原则，把水利建设、生态建设和石漠化综合治理与低丘缓坡土地综合开发利用结合起来，将未

利用地开发为小城镇建设用地。（责任单位：市国土资源局）

（八）开展城乡建设用地增减挂钩试点，增减挂钩项目区的建新留用区重点布局在小城镇。节余的用地指标主要用于小城镇建设。盘活小城镇存量建设用地，节约集约用地。加大项目投资强度，提高土地利用效率。（责任单位：市国土资源局）

（九）根据国家有关规定，按照基本建设程序做好权限内小城镇建设项目的审批、核准和备案工作；积极争取国家资金，加快小城镇基础设施等项目建设，加大督促检查力度，加强项目建设进度管理。（责任单位：市发展改革委）

二、环境保护政策

（十）把林业重点生态工程建设布局和小城镇建设结合起来，支持做好小城镇周围绿化规划，加大对小城镇及其产业园区、通道绿化的投入力度。（责任单位：市林业局）

（十一）小城镇建设项目涉及办理征占用林地手续的，按照国家有关法律、法规的规定，应当支付和缴纳林地补偿费、林木补偿费、安置补助费、森林植被恢复费“四项费用”，如被征占用林地、林木的所有权人或使用权人自愿放弃林地补偿费、林木补偿费、安置补助费的，林业部门可办理林地使用有关手续。（责任单位：市林业局）

（十二）支持小城镇实施农村清洁工程，美化农村生产生活和生态环境（责任单位：市环境保护局、市农委）。探索小城镇市政公用基础设施建设和运营管理的工艺模式。选择适合的生物处理等工艺处理城镇污水，加快小城镇生活垃圾收运及无害化处理设施建设。（责任单位：市住房城乡建设局、市发展改革委、市环境保护局、市城市管理局）

（十三）全面开展小城镇饮用水源地环境综合整治，开展农村集中式饮用水水源地环境状况调查、监测、评估，科学划定农村集中式饮用水水源地保护区。加大小城镇饮用水水源地环境监管力度，禁止有毒有害物质进入保护区。建立和完善小城镇饮用水水源地环境保护监测体系。（责任单位：市环境保护局）

三、财税金融政策，

（十四）按照“渠道不乱、用途不变，统筹安排、各记其功，优势互补、形成合力”的原则，整合各级各类相关资金及资源，实行政策引导，吸引各方面资金投入到小城镇建设。（责任单位：市财政局）

（十五）支持小城镇申请中央财政用于城镇化建设方面的资金；中央、省下达我市用于城镇供水、排水和垃圾处理、桥梁公路等基础设施投资向小城镇倾斜。（责任单位：市发展改革委）

（十六）民族经费向小城镇基础设施建设、产业发展、文化教育倾斜。涉及民族类项目的，在项目资金安排上给予重点倾斜。做好民族文化挖掘、整理，提升民族文化品牌，打造特色民族文化小城镇。（责任单位：市民委）

（十七）支持符合条件的农业产业化企业利用贵州省黔农融资信用担保中心开展融资建设。支持小城镇申报建设省级土地出让金用于基本农田建设项目。支持小城镇加快实施符合产业发展导向的农村土地流转制度。（责任单位：市农委）

（十八）安排旅游发展专项资金重点支持小城镇旅游公共服务设施建设和旅游接待设施贷款贴息补助。支持重点旅游小城镇乡村旅游发展，提高旅游接待能力。（责任单位：市旅游局）

（十九）深化市政公用事业改革，鼓励支持民间资本参与市政公用设施建设和运营。鼓励各类社会资金采取独资、合资合作、资金收购等方式直接投资城镇供水、供气、污水垃圾处理设施等项目的建设和运营；采取合资、合作等方式参与城市道路、桥梁、停车场等交通设施建设；通过政府购买服务的方式进入城镇供水、污水处理、环卫保洁、垃圾清运、道路桥梁等市政公用事业领域的运营和养护。（责任单位：市城市管理局、市发展改革委）

（二十）鼓励民间资本在小城镇组建小额贷款公司和融资性担保机构，对经营重点在小城镇范围内的小额贷款公司和融资性担保机构给予风险补偿。（责任单位：市金融办）

（二十一）落实国家结构性减税政策，提高个体工商户增值税、营业税起征点至20000元后，不得随意调整税收定额；执行符合条件的小型微利企业减半征收企业所得税政策，切实减轻小微企业税负。落实好小城镇建设过程中基础产业、基础设施领域、市政公用事业、政策性住房建设领域、社会事业领域、金融服务和商贸流通领域税收优惠政策。（责任单位：市地税局、市国税局）

（二十二）发挥货币信贷政策“窗口指导”作用，引导和鼓励各金融机构加大对小城镇建设信贷投入，重点支持小城镇产业化发展、基础设施建设等领域，支持返乡农民工和农村妇女创业就业。利用多种货币政策工具，引导金融机构把更多的资金投向小城镇建设，对支持小城镇建设力度大、措施有效的金融机构，在再贷款、再贴现等方面给予倾斜。鼓励金融机构创新金融产品和服务方式，在城镇化发展较快的地区开展农村产权融资试点，支持小城镇农业产业化发展。积极推动小城镇支付环境建设，提供支付结算体系、征信体系等方面的金融服务，提升小城镇金融服务水平。（责任单位：人行毕节中心支行）

（二十三）加大农村信用社便民服务小城镇网点建设，将网点转为固定网点，在50%以上的行政村安装农信银自助服务终端。对农户开展资信建档评级、授信工作，确保符合建档条件建档面达100%，力争信用农户占评级农户的比例达90%以上。同时，将建档、评级、授信方式向小微企业、个体工商户延伸。（责任单位：省农村信用合作联社毕节办事处）

（二十四）农村信用社开发的金融产品，允许在小城镇先行先试，并为小城镇网点金融产品的开发提供智力和技术支持。当小城镇的农信社营业网点资金不足时，各县区农信社在风险可控的前提下，及时给予调剂支持，必要时可按省的政策逐级上报至省农信社争取在全省给予调剂。（责任单位：省农村信用合作联社毕节办事处）

（二十五）加大对小城镇保障性安居工程、土地储备、水利和新农村建设等项目的信贷支持力度，向小城镇建设提供中长期贷款。探索新渠道融资方式，创造条件发行城镇化建设债券，探索对能产生现金流的基础设施资产进行证券化。（责任单位：毕节信泰投资公司、毕节发展村镇银行）

四、简政放权政策

（二十六）小城镇项目建设开展前期工作时涉及林木采伐的，县级林业部门可以使用自有商品材指标批准采伐。采伐林木需要进入流通领域销售的，由县级林业主管部门办理木材运输证，商品材指标不够的，逐级上报省林业厅追加。（责任单位：市林业局）

（二十七）项目征占用林地属省林业厅审核审批的，简化申报材料内容，即项目的业主单位申请办理占用征收林地手续，只需提供以下报件材料：项目批准文件；林地林木的权属证明材料；使用林地可行性报告（征占用林地面积在1公顷以下的，可以不作使用林地可行性报告）；使用林地现场查验报告；与林地权属单位或个人签订的林地、林木补偿和安置补助费协议（或自愿放弃补偿承诺书）；如征占用的林地在自然保护区、森林公园、风景名胜区范围内，要提交有关行政主管部门同意项目建设的证明材料；使用林地单位应向涉及有关县林业局提出使用林地申请，并填写使用林地申请表。（责任单位：市林业局）

（二十八）投资总额3000万美元以下、符合国家《外商投资产业指导目录》中规定的鼓励类和允许类、限制类项目和国家专项规定由省审批的项目审核权，按照省商务厅的政策，积极支持对设有商务主管部门的县在小城镇先期试行，其工作流程的管理和人员、业务的培训，由市商务局统一负责。（责任单位：市商务局）

（二十九）在不影响其他企业名称权，不违反法律法规的情况下，个体工商户转为个人独资企业或合伙企业的，可以继续使用原名称、字号；转型登记为有限公司的，可以沿用原名称加“有限公司”或“有限责任公司”。积极配合和支持省工商局将冠“贵州”行政区划企业名称核准权下放至县级工商局。（责任单位：市工商局）

（三十）对在经济开发区和产业园区申办企业，凡要件具备的，所在地工商行政管理机关在5个工作日内完成登记手续并发放营业执照；不具备要件的，根据所在地政府、经济开发区、产业园区主管机关集体研究的意见及时办理。（责任单位：市工商局）

（三十一）小城镇户外广告审批权下放到县级以上工商行政管理机关。固定形式印刷品广告受理窗口延伸至县级工商局。在省委托由市工商局进行固定形式印刷品广告核准登记基础上，配合省工商局通过远程核准方式，延伸固定形式印刷品广告受理登记窗口至县级工商局。（责任单位：市工商局）

（三十二）按照省的政策，赋予小城镇所在地县级卫生局更大的审批权限，原则上由省直接对县。从2012年9月1日起，过去规定经市卫生局审核，报省卫生厅的审批事项，由县级卫生局直接报省卫生厅审批。凡是法律、法规和卫生部规章没有明确规定由省卫生厅、市(州)卫生局实施的行政审批事项，一律下放到县级，并由县级卫生局按照权责统一的原则承担相应责任。(责任单位：市卫生局)

(三十三)加快小城镇生产建设项目水土保持方案编报审批进程，按照省下放的权利做好水土保持方案审批工作。(责任单位：市水利局)

五、产业扶持政策

(三十四)支持小城镇发展农业特色优势产业，注重主导产业带动，重点支持小城镇农业产业化龙头企业申报建设生态畜牧业、蔬菜、茶叶、马铃薯、精品水果、大鲵、特色杂粮等特色优势产业类农业项目。(责任单位：市农委、市畜牧水产局)

(三十五)在配合省部署“万村千乡”、“农超对接”等工程时，重点支持小城镇发展农产品批发市场、农贸市场，开办农家店，设置农村配送中心。扶持、引进和培育流通企业，在实施“放心肉”、“放心酒”等工程和发展典当、药品、加油站等特殊流通行业时，根据当地经济发展需要给予倾斜。(责任单位：市商务局)

(三十六)经贸专项资金、省外贸发展资金等向小城镇的外经贸企业倾斜；帮助、支持小城镇参与国际经济技术合作和劳务输出。(责任单位：市商务局)

(三十七)支持小城镇流通市场基础设施建设，改善小城镇市场基础设施简陋或缺乏状况，促进小城镇流通业经济快速增长。(责任单位：市商务局)

(三十八)支持小城镇加快推进新农村现代流通服务体系建设，对农业生产资料经营服务网络、日用消费品连锁经营网络和农副产品市场购销网络建设给予倾斜(责任单位：市供销社)。有计划、有重点推进再生资源回收利用网络建设。(责任单位：市商务局)

(三十九)市中小微企业发展专项资金向小城镇特色食品、旅游商品等特色产业倾斜。重点扶持小城镇中小微企业创业园(基地)建设。支持小城镇采取优惠政策吸引装备制造主机企业落户，推动配套，延伸产业链，加快制造产业和生产性服务业聚集发展。制定相关政策，鼓励小城镇建设中的重大项目和用户单位在同等条件下，优先使用省内生产的工程机械、电力器材、钢结构等装备及产品。(责任单位：市工业能源委)

(四十)加强技改扶持，扩大企业产能。加快推进名优白酒技术改造。加大力度支持小城镇名优白酒项目。支持小城镇特色优势产业发展，对符合国家产业结构调整指导目录的鼓励类产业企业，按规定享受西部大开发所得税优惠政策。搭建平台，推动小城镇企业与省内外高校和科研院所产学研合作，大力支持小城镇企业开展技术开发和科技成果转化。(责任单位：市工业能源委)

(四十一)支持农民以土地承包经营权出资设立农民专业合作社。支持农民以林地承包经营权和林木所有权出资，兴办林农专业合作社。支持农民专业合作社作为股东登记注册公司。支持县级工商局委托有条件的基层工商行政管理分局开展农民专业合作社登记。(责任单位：市工商局)

(四十二)按照瞄准贫困、到村到户要求，对属于扶贫开发乡镇的，配合省优先实施“百乡千村”工程，优先享受扶贫开发整乡推进、集团帮扶等扶贫开发政策，优先选择村级互助资金试点，对选定的村每村补助15万元互助资金。小额扶贫贷款贴息资金向小城镇倾斜。动员社会各界帮助小城镇贫困人口发展。(责任单位：市扶贫办)

(四十三)开展以建筑节能优化集成技术、大型公共建筑节能技术、现有建筑节能改造技术、太阳能与可再生能源利用及废物的综合利用技术等为重点的绿色建筑和绿色小区的研究与示范；加快发展以节能、环保、综合利用为重点的新型绿色建材，开发一批符合社会发展方向的城镇建设适用技术和产品。(责任单位：市科技局、市住房城乡建设局)

(四十四)开展城镇人居环境的热岛效应、交通噪音、居住区水环境、建筑施工及拆除的污染控制与改善技术研究与示范，开发城镇人居环境规划设计、监测评估、控制保障等关键技术。研究开发村镇小康环境住宅技术及示范，形成绿色建造体系模式。(责任单位：市科技局)

(四十五)把旅游小城镇和特色景观旅游名镇名村纳入全市的市场营销推广计划，提升旅游小城镇的知名度；加大重点旅游小城镇旅游从业人员培训力度，提高旅游服务水平。(责任单位：市旅游局)

六、民生保障政策

（四十六）把实施扶贫生态移民搬迁工程与小城镇建设结合起来，扶贫生态移民搬迁工程建设指标、资金安排向小城镇倾斜，积极支持小城镇建设。（责任单位：市发展改革委、市生态办、市扶贫生态移民搬迁办公室）

（四十七）支持小城镇完善以低保制度为核心的社会救助体系，及时将符合条件的“农转非”人员纳入城市低保保障范围，确保实现“应保尽保”、“按标施保”。积极推进小城镇社区综合服务中心建设，把小城镇建设成为管理有序、服务完善、文明祥和的社会生活共同体。结合小城镇建设优化行政区划结构，积极稳妥、有序推进撤乡设镇和并村工作。（责任单位：市民政局）

（四十八）结合小城镇布局、产业发展、人口密度和学龄人口变化的趋势，做好与小城镇建设相匹配的学校布局调整规划。集中财力优先在小城镇建设规模较大的寄宿制学校，配套建设学校食堂、学生宿舍、教师周转房等基础设施建设。各类教育工程项目优先向小城镇倾斜，优先新建、改建办学规模较大的小城镇学校。（责任单位：市教育局、市房产局）

（四十九）在乡镇卫生院设置卫生专业副高级技术岗位。开展订单定向医学生免费培养。（责任单位：市卫生局）

（五十）凡具备下列条件之一的各类人才，可以在小城镇登记常住户口：在小城镇有合法稳定职业（务工、经商等人员）和合法稳定住所（公有住房、集体住房、私有住房、租赁房屋）半年以上的；投靠直系亲属居住在小城镇且生活、居住有保障的；现役军人退役后，符合两个“合法稳定”条件的，不受半年以上时间限制；高校毕业生在我市就（创）业的；以及经各级组织人事部门引进的各类人才。（责任单位：市公安局）

（五十一）水利水电工程移民要突出城镇化安置模式，尽量将符合条件的移民搬迁安置到小城镇，促进小城镇建设，着力改善移民生产生活条件，提高自我发展能力。（责任单位：市移民局）

（五十二）加强小城镇殡葬服务设施建设，建立健全殡葬服务网络，完善惠民殡葬制度和管理体系，大力推行少占地、不占地的骨灰处理方式，逐步实现小城镇集中规范治丧和集中规范安葬。（市民政局）

（五十三）支持与小城镇经济社会发展水平相适应、以居家养老为基础、社区养老为依托、机构养老为支撑的社会养老服务体系建设，引导、鼓励民间资本参与小城镇养老服务事业和产业。落实孤儿基本生活保障，组织实施“小城镇孤残儿童手术矫治和康复项目”。积极引导慈善机构和社会组织参与小城镇建设和发展。（责任单位：市民政局）

（五十四）加强小城镇专业技术人员人才队伍建设，努力构建“下得去、留得住、能发展”的基层专业技术人才建设新格局，重点在职称评审、岗位设置、工资待遇、专（定）向培养、奖励机制和新增补员上给予倾斜。在小城镇设置副高岗位，提高小城镇大中专毕业生工资浮动比例，建立小城镇专业技术人员定向培养机制，建立小城镇专业技术人才表彰机制，在配合省政府做好表彰工作的同时，以市政府名义每三年表彰一次100名基层专业技术人才。简化程序，面向社会招聘小城镇需要的各类人才。（责任单位：市人力资源和社会保障局）

（五十五）加快农村人力资源开发，围绕农业主导产业的发展和农村第三产业的发展，加强新型农民的培训，加快农业机械化发展步伐，提高农民发展生产、就业创业的能力和水平。（责任单位:市人力资源和社会保障局、市农委、市农机局）

（五十六）支持“农民体育健身工程”建设，充分利用公园、绿地、广场等公共场所和山水等自然条件，规范建设小城镇公共体育健身设施以及健身步道、登山步道等户外运动设施。（责任单位：市文体广电局）

（五十七）夫妻双方是农民，由政府统一安排转为城镇居民的，自转为城镇居民之日起五年内，仍然享受农村户籍人口的生育政策规定。农村独生子女户、二女结扎户“农转非”后五年内仍然享受农村计划生育奖励优惠政策。（责任单位：市人口计生委）

（五十八）建立健全以奖励、保障、救助、优惠为主要内容的覆盖城镇独生子女家庭的计划生育利益导向政策体系。奖励扶助制度等公共政策对城镇独生子女家庭给予优待，资格确认条件与农村协调一致、资金发放标准不低于农村。对符合生育政策计划怀孕的家庭，实行免费孕前优生健康检查。（责任单位：市人口计生委）

附件 4

毕节市特色示范小城镇建设指标体系与考核标准（试行）

类型	项目	指标	分值	评分方法		
一、社会经济发展 11 分	1. 经济发展	（1）地区生产总值比上年增长值	1	≥ 15%，1 分	>12%，0.5 分	<12%，0 分
		（2）固定资产投资比上年增长值	1	≥ 20%，1 分	>15%，0.5 分	<15%，0 分
		（3）财政收入比上年增长值	1	≥ 15%，1 分	>12%，0.5 分	<12%，0 分
		（4）城镇居民人均可支配收入比上年增长值	1	≥ 15%，1 分	>12%，0.5 分	<12%，0 分
		（5）农村居民人均可支配收入比上年增长值	1	≥ 17%，1 分	>14%，0.5 分	<14%，0 分
	2. 特色产业	（6）规划建设 1 个以上工业园或民营经济产业园、返乡农民工创业园、全民创业孵化基地	1	有 1 个以上，1 分	——	无，0 分
		（7）培育和发展 2–3 个特色主导产业并符合生态文明发展理念，特色产业产值占地区生产总值 10% 以上，对城乡居民收入贡献在 10% 以上	1	有 2 个以上并达到要求，1 分	有 1 个并达到要求，0.5 分	无，0 分
		（8）年创办小微型企业 3–5 个	1	3 个以上，1 分	1–2 个，0.5 分	无，0 分
		（9）创建市级以上名牌产品 1 个	1	1 个以上，1 分	——	无，0 分
	3. 农业现代化	（10）市级以上农业产业化经营龙头企业 1 个	1	1 个以上，1 分	——	无，0 分
		（11）有一定规模的农民专业合作社 2–3 个	1	2 个以上，1 分	1 个，0.5 分	无，0 分
二、规划 9 分	4. 规划编制与管理	（12）编制完善乡镇总体规划，规划文本规范，图件齐全，符合相关法律法规，按法定程序和权限审查批准并公布	1	编制完成并批准实施，1 分	——	未完成，0
		（13）镇区规划人口达 1.5 万人以上或村镇人口的 40% 以上；有人口集聚措施、办法、人口测算科学合理	1	达 1.5 万人以上，1 分	达 1 万人以上，0.5 分	不到 1 万，0 分
		（14）乡（镇）总体规划在有效期内，指导性较强，乡（镇）域各项建设严格按规划实施，得到有效落实	2	规划落实较好，2 分	落实一般，1 分	较差，0 分
		（15）主要街道、工业小区、住宅小区、公共绿地等重要地块（段）有详细规划	1	全部完成，1 分	完成 70% 以上，0.5 分	<70，0 分
		（16）完成示范小城镇各专项规划	1	完成，1 分	——	未完成，0 分
		（17）严格执行《城乡规划法》、《贵州省城乡规划条例》和国家、省有关小城镇建设的方针、政策，并结合本地实际，制定有关办法、措施	1	良好，1 分	一般，0.5 分	较差，0 分
		（18）严格实施“一书三证”、“一书一证”制度，发证率达 100%	1	发证率达 100%，1 分	发证率 >70%，0.5 分	发证率 <70%，0 分
		（19）建立健全档案制度，加强村镇规划建设和房屋产权产籍档案管理	1	良好，1 分	一般，0.5 分	较差，0 分

续表

类型	项目	指标	分值	评分方法		
三、资源环境保护与节能减排6分	5. 环境保护	(20)认真贯彻执行环境保护政策和法律法规，辖区内无滥垦、滥伐、滥采、滥挖现象	1	无，1分	轻微，0.5分	严重，0分
		(21)近3年内无重大环境污染或生态破坏事故	1	无，1分	——	有，一票否决
	6. 可再生能源利用	(22)积极推广和使用太阳能、风能、地热、生物质能等可再生能源	1	有，1分	——	无，0分
	7. 污水处理与排放	(23)建制镇污水处理率达到30%以上，开征污水处理费	1	达标，1分	——	不达标，0分
		(24)工业企业集中封闭循环利用或经处理后达标排放	1	达标，1分	——	不达标，0分
		(25)污水处理达标排放率100%	1	达标，1分	——	不达标，0分
四、基础设施、服务设施建设47分	8. 道路、交通	(26)镇区道路网络合理，功能明确，符合人流和交通需要，有明显的中英文道路、地名标志	1	良好，1分	一般，0.5分	较差，0分
		(27)规划区内街道、巷道路面油化硬化率达100%，镇区道路铺装达85%以上，其中主干道、次干道、巷道铺装分别达到100%、80%、60%以上，人均道路面积6平方米以上	2	达标，2分	基本达标，1分	较差，0分
		(28)主干道95%设置路灯，亮灯率达90%	1	达标，1分	基本达标，0.5分	较差，0分
		(29)镇区设有汽车站或客运车停靠点，有布局合理的货物车辆或其他机动车辆停车点	1	达标，1分	一般，0.5分	较差，0分
		(30)主街道路牙、人行道板符合规范，车辆停放线布置合理、清晰	1	良好，1分	一般，0.5分	较差，0分
	9. 供水设施	(31)镇区自来水普及率达90%	1	达标，1分	一般，0.5分	较差，0分
		(32)居民和公共设施供水保证率	1	≥95%，1分	90-95%，0.5分	<90%，0分
		(33)已实现区域供水，或镇水厂常规化验设备配置齐全，水质综合合格率达90%以上	1	是，1分	——	否，0分
		(34)水厂水源地按规定设置保护区，并采取严格措施，确保水源水质符合《地面水环境质量标准》(GB3838-2012)Ⅲ类标准或《地下水质量标准》(GB/T14848-93)不低于Ⅳ类标准	1	达标，1分	——	不达标，0分
	10. 排水设施	(35)镇区主、次干道、公共场所和集中居住区铺设排水设施，管网布局合理，排水畅通	1	良好，1分	一般，0.5分	较差，0分
		(36)镇区新建区域实施雨、污分流，老镇区有雨污分流改造计划并有序实施	2	是，2分	——	否，0分
		(37)镇区防洪排涝设施功能完善	1	良好，1分	一般，0.5分	较差，0分
	11. 供电、通讯设施	(38)对小城镇进行电力专项规划，与小城镇规划同步实施，指导电力线路规范有序架设，主街道、住宅小区及主要景观她区实施隐蔽埋设	2	良好，2分	一般，1分	较差，0分
		(39)镇域范围村村通电话，镇区人口集中区、主要公共场所装有公共电话；镇区有线数字电视入户率达85%以上	1	良好，1分	一般，0.5分	较差，0分
	12. 防灾设施	(40)镇区设置各类防灾设施，规划布局合理，各类建设符合防灾等相关规范要求	1	良好，1分	一般，0.5分	较差，0分
		(41)工业区、商业区、仓储区、住宅区和重要建筑物设有消防用水设施	1	良好，1分	一般，0.5分	较差，0分

续表

类型	项目	指标	分值	评分方法		
四、基础设施、服务设施建设 47 分	13. 教育设施	(42)镇域范围内教学设施能满足本镇幼儿教育、义务教育和高中教育的需要，全面发展幼儿教育、高中教育和职业教育，进一步提高学前教育到高中教育和职业教育的普及水平	1	达标，1 分	基本达标，0.5 分	较差，0 分
		建设 47 分	1	达标，1 分	基本达标，0.5 分	较差，0 分
		能满足学生做操、球类、器械等活动场地、环形跑道和体育运动设施	1	达标，1 分	基本达标，0.5 分	较差，0 分
		(44)镇区设有满足适龄儿童入托、入园需要的幼儿园、托儿所，服务半径合理	1	达标，1 分	基本达标，0.5 分	较差，0 分
	14. 文化体育科技设施	(45)镇区建有符合规范的乡镇综合文化站等多功能文化娱乐活动中心(站、馆)、农民体育健身场所；图书馆、科技活动室等文体设施管理规范，正常开放	1	达标，1 分	基本达标，0.5 分	元，0 分
		(46)有一套完整的广播、音响、视频、乐器等文体设备，有一套覆盖镇区的调频应急广播系统	0.5	有，0.5 分	——	元，0 分
		(47)有一批文艺创作人才，有一支文艺演出队伍	0.5	有，0.5 分	——	较差，0 分
		(48)住宅小区、医院、商业中心等主要公共场所设有宣传栏，宣传内容健康	0.5	达标，0.5 分	一般，0.3 分	较差，0 分
	15. 医疗设施	(49)镇区建有一个以上一甲卫生院，卫生院位置适当，设施配套，环境优雅，交通方便，能满足小城镇居民基本医疗需求	1	达标，1 分	基本达标，0.5 分	较差，0 分
		(50)有住院部，每床位建筑面积不低于 4.5 平方米，病区环境清洁卫生	1	达标，1 分	基本达标，0.5 分	较差，0 分
		(51)有符合规定要求的医疗废弃物、污水专门处理设施，设施运行正常	1	达标，1 分	基本达标，0.5 分	较差，0 分
	16. 乡镇计生服务站	(52)乡镇计划生育技术服务机构达到国家《农村计划生育服务机构基础设施建设标准》要求	1	达标，1 分	基本达标，0.5 分	较差，0 分
		(53)健全"宣传教育、技术服务、药具发放、人员培训、信息咨询、优生指导、随访服务、生殖保健"八项服务功能	0.5	达标，0.5 分	基本达标，0.3 分	较差，0 分
		(54)有符合国家相关质量管理规范要求的医疗废弃物、污水专门处理设施并运行正常	1	达标，1 分	基本达标，0.5 分	较差，0 分
	17. 社会福利设施	(55)镇区有老年公寓和老年人活动场所。选址合理，环境优美，镇区居民养老保障覆盖率达 100%、农村五保集中供养率达到 30% 以上，最低生活保障做到应保尽保	1	达标，1 分	基本达标，0.5 分	较差，0 分
	18. 市场设备与管理	(56)镇区内农贸市场、小商品市场及其他各类专业市场布局合理，规模适宜，市场设施完善，建筑结构安全，造型美观	1	达标，1 分	基本达标，0.5 分	较差，0 分
		(57)建成农贸市场 1 个以上、集镇有超市 1 个以上	1	达标，1 分	基本达标，0.5 分	较差，0 分
		(58)农贸市场和小商品市场要做到室内化，管理有序，整洁卫生，无乱设摊点现象	1	达标，1 分	基本达标，0.5 分	较差，0 分
	19. 服务设施	(59)镇区有设施齐全、功能配套、具有一定规模、适应对外交往需要的宾馆等服务设施，建成具有特色的乡村旅馆 1 个以上、餐饮店 2 个以上	1	良好，1 分	基本达标，0.5 分	较差，0 分
		(60)镇区服务设施网点布置合理，适应居民和辖区村民需要	0.5	达标，0.5 分	——	较差，0 分

续表

类型	项目	指标	分值	评分方法		
四、基础设施、服务设施建设 47 分	20. 住宅小区建设及管理	(61)镇区有一个布局合理、环境舒适、设施配套、建筑面积达 1.5 万平方米以上的住宅小区	2	四项都有，2 分	有 1–3 项，1 分	全无，0 分
		(62)住宅建筑平面布局合理，结构安全，造型美观。朝向、日照、通风良好	1	良好，1 分	一般，0.5 分	较差，0 分
		(63)小区道路交通组织合理，社区服务配套，各类车辆停放有序	1	良好，1 分	一般，0.5 分	较差，0 分
		(64)小区绿地率达 25% 以上，公共绿地达 0.5 平方米 / 人以上；有照明、景观等设施	1	达标，1 分	一般，0.5 分	较差，0 分
		(65)小区管理规范，无乱搭乱建现象	1	良好，1 分	一般，0.5 分	较差，0 分
	21. 小城镇镇区房屋整治建设	(66)镇区 50% 以上住户拥有成套住宅，人均住宅建筑面积达 30 平方米以上	1	达标，1 分	基本达标，0.5 分	较差，0 分
		(67)镇域范围内，砖混结构和砖木结构住宅占住宅总面积的 95% 以上	0.5	达标，0.5 分	基本达标，0.3 分	较差，0 分
		(68)积极开展特色民居建设改造，在建筑设计上做到精益求精，对每栋房屋的风貌逐户设计，使房屋布局合理、结构安全可靠、分布有序，并按设计风格全面改造，主要街道改造率达 100%，规划区内新修建筑 100% 按设计要求建设	2	达标，2 分	基本达标，1 分	较差，0 分
		(69)规划区内建筑要严格按规划、设计建设，造型、群体空间结构美观，色彩搭配和谐，与当地自然风貌、传统特色和建筑风格相协调	1	达标，1 分	基本达标，0.5 分	较差，0 分
五、小城镇管理 19 分	22. 园林绿化	(70)各类绿地布局合理，镇人均公共绿地面积达 4 平方米以上，绿化覆盖率达 25% 以上	1	达标，1 分	≥ 70 以上，0.5 分	<70%，0 分
		(71)主街道有行道树，河道两岸有沿河绿化带。厂区、宅前屋后绿化优美。镇区古树名木保护完好，生长良好	1	达标，1 分	基本达标，0.5 分	较差，0 分
		(72)镇区有供游憩的综合性公园或具有一定规模的公共绿地、广场，绿地有步道、照明、景观等设施	1	达标，1 分	基本达标，0.5 分	较差，0 分
		(73)集镇周边山地以经果林、生态林为主进行绿化，绿化率达到 70% 以上	1	达标，1 分	基本达标，0.5 分	较差，0 分
	23. 环境卫生	(74)住宅小区、市场、商业中心等人群较集中地区设置水冲式公厕，并满足镇区每平方公里设有 2–3 座水冲式公共厕所要求	1.5	达标，1.5 分	基本达标，0.5 分	较差，0 分
		(75)设有粪便集中消纳处理设施，无露天粪坑。设有垃圾无害化处理或转运设施并按规范化运营管理，开征生活垃圾处理费	1.5	达标，1.5 分	基本达标，0.5 分	较差，0 分
		(76)镇区生活垃圾日产日清，主要街道、车站、集贸市场、街巷、公厕等处有专门保洁人员，保持日常清洁卫生	1	达标，1 分	基本达标，0.5 分	较差，0 分
		(77)新建住宅小区有无害化处理粪池	0.5	达标，0.5 分	一般，0.3 分	较差，0 分
	24. 历史文化“五古”保护与镇容景观打造	(78)在改造和建设中，辖区内古文物、历史文化遗址等历史文化资源依据相关法律法规得到妥善保护与管理，集镇文化、历史内涵不断丰富。古镇按照毕节市历史文化“五古”保护建设规划，开展建设，历史文化资源保存较为完整	1	良好，1 分	一般，0.5 分	较差，0 分
		(79)有镇标或小品，各种标志（路牌、广告、招牌等）布置适当，美观实用	1	良好，1 分	一般，0.5 分	较差，0 分
		(80)沿街无违章占道设摊、堆物，河道水面无悬浮杂物，施工场地周围无建筑垃圾	1	良好，1 分	一般，0.5 分	较差，0 分
		(81)沿街车辆停放整齐，自行车不占道停放	0.5	良好，0.5 分	一般，0.3 分	较差，0 分

续表

类型	项目	指标	分值	评分方法		
五、小城镇管理19分	25. 质量安全	(82)加强建设工程质量安全监督管理，无建筑质量事故和人员伤亡事故	1	良好，1分	一般，0.5分	较差，0分
		(83)建立农村建筑市场管理和个体工匠持证上岗培训制度和措施，坚持按图施工，不越级施工	1	良好，1分	一般，0.5分	较差，0分
		(84)建设项目的设计、施工符合法律法规要求。持证设计、施工率达90%以上	1	良好，1分	一般，0.5分	较差，0分
	26. 精神文明建设	(85)广泛开展社会公德、职业道德、家庭美德和个人品德教育活动，大力开展群众科普活动，大力开展“知荣辱、讲正气、促和谐”和“做试验区人、为试验区添光彩”等主题教育实践活动，深入开展文明乡村、文明单位、文明行业创建活动，规范市民文明行为，集镇内做到无赌博吸毒、聚众闹访、损坏公物、家庭暴力、虐老弃幼、偷税漏税、封建迷信、邪教组织等现象	1	良好，1分	一般，0.5分	较差，0分
	27. 平安和谐环境创建	(86)建立和完善信访维稳中心，构建矛盾纠纷排查调处网络，建立社会管理服务中心，构建便民利民服务网络	1	良好，1分	一般，0.5分	较差，0分
	28. 基层民主	(87)健全村民“一事一议”的民主决策机制，建立健全居民议事会制度、居民代表议事会制度、居民党员议事会制度、居民党员代表议事会制度和党务政务财务公开等制度并认真执行，执行效果良好	1	良好，1分	一般，0.5分	较差，0分
	29. 社会管理创新	(88)建立社会管理创新措施，并有效实施，设立镇区政务(社区)服务中心，并运行良好	1	良好，1分	一般，0.5分	较差，0分
六、组织落实8分	30. 管理机构、人员、资金配套	(89)县人民政府按照有关文件设置村镇建设管理机构，编制、人员、经费落实	1	良好，1分	一般，0.5分	较差，0分
		(90)有相应资质的村镇建设综合服务中心或房地产开发企业，严格按照规划对镇区建设实施综合开发、配套建设，镇区综合开发率达50%以上	1	良好，1分	一般，0.5分	较差，0分
		(91)有特色小城镇建设领导小组，并将村镇建设工作列入政府任期工作目标和考核指标	1	良好，1分	一般，0.5分	较差，0分
		(92)县区、镇(乡)政府安排专项资金用于小城镇建设	1	良好，1分	一般，0.5分	较差，0分
		(93)建立融资平台和引导农民进镇参与小城镇建设的政策措施	1	良好，1分	一般，0.5分	较差，0分
	31. 考核管理	(94)县(区)党委、政府把小城镇建设工作纳入各级领导班子和领导干部年度工作绩效考核	1	良好，1分	一般，0.5分	较差，0分
		(95)制订实施方案和资金筹措办法，明确责任单位和责任人	1	良好，1分	一般，0.5分	较差，0分
		(96)建立小城镇建设项目库，落实项目责任单位和项目建设时序	1	良好，1分	一般，0.5分	较差，0分

中共毕节市委
关于贯彻落实《中共贵州省委关于进一步实施科教兴黔战略大力加强人才队伍建设的决定》的实施意见

（2013年2月27日）

为认真贯彻落实《中共贵州省委关于进一步实施科教兴黔战略大力加强人才队伍建设的决定》（黔党发〔2012〕31号），大力实施科教兴毕和人才强市战略，进一步加强人才队伍建设，提出以下实施意见。

一、发展目标

引进一批高层次创新创业人才，培养一批技术攻关人才，集聚一批高技能人才，培育一批引领农村经济发展的实用人才，建设数量充足、素质优良、结构合理的人才队伍，实现"三提高、三集聚、两优化、一高于"目标，即：人才的总量、素质和效能"三提高"，推动人才向重点产业、向产业园区、向社会管理领域"三集聚"，实现人才的结构优化和发展环境优化，人才发展的主要指标高于全省平均水平。到2015年，全市人才资源总量达38万人。

——各类人才结构更趋合理。到2015年，全市各乡（镇、办事处）领导班子配备1名博士或硕士研究生；引进和培育高层次创新创业人才100人以上；全市党政人才队伍中大学本科及以上学历达52.6%；企业经营管理人才达3.5万人；专业技术人才总量达11万人；省管专家达15人，市管专家达110人；技能型人才达9.85万人以上，其中高技能人才达2.56万人以上；农村实用人才总量增加到11.5万人，农村经纪人达6万人以上；中、高级社会工作人才达0.17万人以上。

——人才分布向重点行业聚集。以科技、教育、卫生等为重点的社会事业领域人才队伍不断扩大，经济发展重点领域人才队伍加速发展。到2015年，全市科技人才总量达1万人。各级各类专任教师达8万人，本科院校专任教师中具有硕士以上学位的比例达66%以上、专科学校达30%以上，小学、初中和高中阶段专任教师学历合格率达到100%。全市医疗卫生人才达到2万人以上，80%的卫生技术人员学历达到大专及以上，乡村医生学历达到中专及以上。全市能源矿产和原材料产业集聚人才4万人，特色轻工产业集聚人才2万，装备制造业集聚人才1.5万，文化和旅游产业集聚人才2.7万，特色农业集聚人才6.8万，金融业集聚人才0.55万，产业园区集聚各类人才3万人以上。全市四分之一的经营管理、专业技术和技能型人才向民营经济集聚。

——人才工作机制逐步完善。企事业单位用人自主权进一步扩大，人才在市内合理流动，尊重和用好人才的氛围进一步形成。在创新人才选拔、评价、引进、培养、流动、激励和投入机制上取得突破性进展，人才创新创业发展的环境进一步优化。做到用好一个人才、创新一项技术、开发一个产业、形成一方优势。

二、主要措施

（一）大力引进高层次人才和急需紧缺人才

1. 完善人才引进"绿色通道"。建立人才综合服务中心，为人才提供"一站式"服务。加快人才市场建设，为企业提供选人用人平台。开放人才中介市场，大力引进和支持国内外大型人才中介机构进入我市拓展业务。完善人才引进工作机制，市委组织部牵头制定高层次人才和急需紧缺人才年度需求计划，市人力资源和社会保障局、市编委办和人才引进单位具体组织实施。对符合引进条件且手续齐全的高层次人才和急需紧缺人才，有关单位原则上5个工作日内办结录（聘）用手续。

2. 继续实施"百千万人才工程"。根据全市经济社会发展需求，重点围绕“工业化、城镇化、信息化、农业现代化”引进急需紧缺人才、高层次创新创业人才。到省外引进一批具有实践工作经验的教育、卫生人才，努力增加教育、卫生人才总量。继续抓好与中国博士后科学基金会的合作，引进一批博士到我市挂职，引进一批院士、专家担任科技顾问和产业发展顾问。到2015年，全市引进和培养博士达到50名以上，硕士达到900名以上，急需紧缺人才和高技能人才达到5000名以上。

3. 大力实施“硕博乡官工程”。面向全国引进一批硕士研究生以上学历人才充实乡（镇、办事处）领导班子，从省外经济发达地区引进一批优秀人才到乡（镇、办事处）担任党政正职，着力优化乡（镇、办事处）党政班子结构。

4. 深入实施“同心智力支持工程”。抢抓中央统战部牵头建立的统一战线参与支持毕节试验区建设联络联席会议机制和东部十省市统一战线帮扶试验区机制的机遇，积极争取统一战线加大对我市科技、教育、卫生等重点领域的智力支持。

5. 招商引资与招才引智相结合。深入开展招商引才、项目引才和技术引才等专项活动，采取在省内外人才集中地设立窗口、定期组团招聘、与国内知名高等院校签订战略合作协议等多种形式引进国内外创新创业人才。在招商引资的同时招才引智，在引进项目的同时引进项目需要的创新创业人才（团队）。

（二）大力培养各级各类优秀人才

1. 大力培养特色重点产业人才。服务毕节试验区支柱产业、特色优势产业和高新技术产业的快速发展，积极引进、重点培养、有效使用现代农业技术、畜牧、矿业、电力、化工、生态环保、水利水保、旅游、生物、医药、食品加工、复合型管理等方面的人才，使之成为我市科学发展的战略性资源。加强产学研结合，鼓励吸引科研院所、高等学校到试验区兴办高新技术、特色产业企业，使之成为培养特色产业专业人才的载体和实践基地，增强紧缺人才、高素质人才的培养能力，加快特色产业人才群的建设。到2015年，建成10个重点产业、重点学科人才团队。

2. 大力培养专业技术人才。建立完善政府、单位、个人三方负担的继续教育投入体制和政府引导、各方配合、以需求为导向的继续教育体系，不断完善人才定期培训、岗位实践、在职进修、出省出国深造、交流和挂职等多种途径的培训制度。大力加强以中青年学术、技术骨干和学科带头人为重点的专业技术人才培养。每年遴选50名专业技术人才到省内外高等院校、科研院所、企业研修。

3. 大力培养教育人才。加强优秀教育人才培养，有重点、有计划地组织中小学校长、骨干教师到省内外高校和培训机构学习深造，选派到发达地区挂职锻炼。大力发展幼儿教育、高中阶段教育、职业教育和职业培训，重点巩固好九年义务教育，实施三年免费中等职业教育。加强教育基础能力建设，重点加强市职教城和各县区教育园区建设，优化教育资源配置，切实解决城镇学校“大班额”问题。在市直中学进行教育改革试点，着力建设一批全省一流的高级中学。鼓励教师通过函授、离职进修、网络教育、开放式教育等各种途径提升学历层次，不断改善教师队伍知识结构。到2015年，全市高中阶段教育（含中等职业学校）和普通高等学校在校生规模分别达30万人、2.5万人；全市高中阶段教育和高等教育毛入学率分别达85%、30%，以县区为单位基本普及高中阶段教育。

4. 大力培养卫生人才。加大硬件设施投入力度，加强人才引进、基础学科研究和前沿课题攻关，加快建设一批具有较高知名度的特色专科，发挥市医院、市中医院在集聚高素质医疗卫生人才方面的作用。采取“派出去”的方式，将新进基层医疗机构的技术人才有计划地安排到知名医疗机构或高等院校接受培训、进修和学习；采取“请进来”的方式，外聘一批知名专家教授来我市进行专题培训；组织市内专家到基层开展技术指导，切实提高各级各类医疗卫生人员的业务素质，选派一批优秀医疗卫生人才到省内外高等院校攻读硕士、博士学位。力争到2015年把毕节市卫生学校建成医学高等院校。

5. 大力培养基层文化人才。实施“文化产业人才培养工程”，组织文艺人才到省内外培训学习，聘请省内外专家学者前来讲学，不断提高文化人才的综合素质。加大民族民间文艺人才的培养力度，加强非物质文化遗产传承人等的培养扶持。建立激励机制，鼓励出作品、出精品、出人才。

6. 大力培养农村实用人才。围绕小城镇规划建设、新农村建设、科技兴农等重点，深入开展

"百名专家服务基层"活动。充分发挥农村实用人才实训示范基地的作用，把农村实用人才实训示范基地作为"农民讲师"巡讲活动的主阵地。通过组织评选县级"农民讲师"和市级"农民讲师"，聚集一批优秀农村实用人才，传授农村实用技术。每年组织培训农民50万人次以上，每个行政村主要特色产业至少有15 ~ 20名示范带动能力强的带头人。

7. 大力培养技能人才。围绕重点产业发展和工业园区建设需要，加快高等院校、职业技术学校、中等专业学校学科专业调整，优化专业设置，做强优势专业，加快高技能人才的培养和培训认证，积极为企业发展提供人才支持。规划建设一批研发中心，搭建科技创新平台，用于企业的创新发展和人才培养。到2015年，力争建成5个高技能人才培训基地和3个技能大师工作室。

（三）大力盘活用好现有人才

1. 抓科技创新用好用活人才。积极争取建成市农业科学院，在重点领域形成一批以企业为主体，高等学校和科研院所广泛参与，利益共享和风险共担的产学研战略联盟。鼓励支持科技人员到企业担任首席工程师或科技特派员，支持高校选聘企业、科研院所的科技人才担任兼职教授，支持科技人员到农村创办（领办）企业。充分运用市外院士工作站、博士工作站加强对本土人才的实践锻炼，提高现有人才的科研能力。在高等学校的省级以上重点实验室、工程技术研究中心配备10名以上在职在编人员。到2015年，重点培养50名以上优秀青年科技人才，力争建成10支以上有实力的科技创新人才团队和8个以上重点实验室（工程技术中心、企业技术中心）。

2. 抓机制改革激活现有人才。进一步落实和扩大教育科研、卫生机构的自主权，推进专业技术人才录用方式创新，探索采取面试考核、实绩考察等多种办法，引进聘用事业单位急需适用的专门人才。坚持公开、平等、竞争、择优，推进竞争性选拔人才工作，全市拟新提拔任用的副县（处）级领导干部，原则上实行竞争性选拔，部分岗位面向全省或全国公开选拔。各县区拟新提拔任用的乡（科）级领导干部，原则上实行竞争性选拔，部分岗位面向全市公开选拔；事业单位关键职位、重点学科等负责人实行竞争选聘；新任职国有企业领导人员通过竞争性方式选聘的比例达到三分之一以上。积极推进国有企业、事业单位、党政机关之间高层次、急需紧缺人才的相互流动，实行工资待遇按其担任职务就高套入、身份自主选择和来去自由等政策措施，切实打破身份限制、地域限制和所有制界限。鼓励支持科技人员在企业兼职或任职，对任职的实行三年内"保薪保职"。充分发挥离退休专业技术人才作用，组织参加重大工程立项和重要政策制定的咨询活动。完善科技评价和人才认定评价机制，注重科技创新和人才工作的质量和实绩贡献，基础研究以同行评价为主，着重评价成果的科学价值；应用研究由用户和专家等相关第三方评价，着重评价目标完成情况、成果转化情况以及技术成果的突破性和带动性；产业化开发由市场和用户评价，着重评价对产业发展的实质贡献。

3. 抓导向充实基层人才队伍。采取政府购买岗位、报考公职人员优先录用、建立"五险一金"等措施，鼓励引导高校毕业生到基层创业就业。引导和支持执业医师等中级以上卫生人才向基层流动，到2015年，实现城市每万人配备1 ~ 2名全科医生，农村每个乡镇卫生院配备1名全科医生。统筹实施"农村义务教育阶段学校教师特设岗位计划"、"乡镇特岗医生计划"、"三支一扶"计划和"大学生志愿服务西部计划"，每年结合各县区及乡镇事业单位编制缺额情况，选拔一批优秀应往届高校毕业生到乡（镇、办事处）、村（社区）从事教育、医疗卫生、农业、科技、文化等社会服务领域工作。有计划地选派年轻干部到工业园区、城镇新区、乡（镇、办事处）等艰苦地区、复杂环境和关键岗位锻炼，对业绩明显、有培养前途的优秀年轻干部及时选用到重要岗位。县区每年选派一批大学本科以上文化的年轻干部到乡（镇、办事处）、园区挂职或任职锻炼，形成年轻干部选拔任用的良性循环机制。探索与公务员录用、事业单位工作人员招聘相衔接的选聘考试方式，吸引更多优秀高校毕业生到农村任职。实行选聘大学毕业生到村任职与选调生到基层任职并轨，每年定向招考一批高校毕业生到乡（镇、办事处）、村（社区）工作3年；市、县区国家机关需补充的公务员，每年拿出80%的名额面向在乡镇（办事处）、村（社区）工作满3年的基层任职人员中考录或遴选。到2015年，每个县区建立1个高校毕业生创业孵化园，选择10个以上高校毕业生的创业项目进行跟踪扶持，为100名有创业意向的高校毕业生提供系统的创业辅导和相关创业支持，组织1000名高校毕业生参加创业培训，力争高校毕业生市内就业率达到80%以上。

三、政策支持

（一）科研启动经费和创新创业资助政策。对引进并承担我市重大科研项目或在我市服务一定年限的“两院”院士、国家最高科学技术奖获得者，国家自然科学奖、技术发明奖、科学技术进步一等奖获得者，以及长江学者、国家“千人计划”和国家“万人计划”入选者、国家有突出贡献中青年专家、国家杰出专业技术人才、国家杰出青年科学基金获得者等高层次创新创业人才，根据情况分别给予100～500万元的科研启动经费和创新创业资金资助。对企业、高等学校、科研院所成功申报国家级工程技术中心、重点实验室、企业技术中心和检测中心，以及省级以上院士工作站、博士后流动（工作）站、博士点、国家级技能大师工作室、新认定的省级工程技术研究中心、重点实验室等，按省的有关规定兑现补助。对每个获批的省级人才基地、高技能人才培训基地，给予50～200万元建设经费。对每个获批的省级人才团队给予50～100万元的项目经费。对被列入“两院”院士候选人培养工程的人才及其团队，给予一次性120万元经费支持。

（二）科技创新成果分配政策。改革完善科技成果权属和成果转化收益分配制度，鼓励和支持科研院所、高等学校的科技人员带着科技成果创办、领办、合办科技型企业，在职创业的收入归个人所有。企业、科研院所、高等学校职务发明成果转化的所得收益，扣除成本后，可按高于60%的比例由研发人员及其团队自主分配，或以股权形式奖励专业技术人才。支持有条件的企事业单位设立股权激励专项资金，对于科技领军型创业人才创办的企业以知识产权等无形资产入股的，折算比例可达50%～70%；对于符合股权激励条件的团队和个人，给予股权认购、代持及股权取得阶段所产生的个人所得税代垫等资金支持。

（三）高层次急需紧缺人才引进政策。对于从市外引进的科技、教育、卫生、重点产业等急需紧缺岗位的人才，可不受编制、职数、任职资格等条件的限制。对一些学历、职称等条件不足，但研究能力突出、有专利有技术的专业特殊人才，经面试、试用和评审认定后，可作为特殊人才引进。对在市外民营企业工作的高层次人才，经评审认定后，可直接引进到我市国有企事业单位工作；民营经济组织引进的高层次人才享有相同的政策待遇，享受相关的奖励、补助、补贴和个人所得税方面的优惠。实行“人才服务绿卡”制度，向经认定的高层次创新创业人才发放绿卡，持卡者在户籍、住房、经费资助、家属就业、子女入学及保险、就医、职称评聘、出入境等方面，享受优惠政策和便捷服务。

（四）引进人才住房政策。加快制定人才住房支持政策，对引进并在我市服务一定年限的“两院”院士，国家“千人计划”和“万人计划”入选者、长江学者、国家有突出贡献中青年专家、国家杰出专业技术人才、国家杰出青年科学基金获得者和国家级重点学科、重点实验室学术技术带头人，具有学历学位的博士，分别提供100万元、60万元、15万元的购房补贴（市内培养的具有学历学位的博士参照执行，已享受房改政策的除外），其所需资金，市属事业单位引进的按市财政出60%、用人单位出40%的比例执行，市级机关引进的由市财政全额承担，省在毕单位、各县区、企业按各自开支渠道办理。采取柔性方式引进的，分别按不少于200平方米、120平方米、80平方米的标准享受租房补贴，所需资金由用人单位自行解决。鼓励支持有条件的企业、事业单位自筹资金建设人才公寓和公租房，专门用于解决引进急需人才住房问题，由同级财政按一定比例给予补助，住房城乡建设、国土资源等部门在土地审批、规划设计和建设等方面给予相关政策优惠。到2015年，市、县区两级每年要根据需求预测和引进人才工作的需要，建设（购买）一定数量的人才公寓，专门用于本级引进的高层次急需人才的住房安置。

（五）支持高校毕业生创业就业政策。高校毕业生申办企业可不受出资额限制，注册资金实行分期到位；对初次创业的高校毕业生，符合小型微型企业条件的，比照享受国家和省支持小型微型企业发展的相关政策，其中从事个体经营的，从2013年1月起，其营业额不足2万元的，免征营业税及附征的城市维护建设税、教育费附加和地方教育费附加。对新招聘到中小企业就业的大学本科以上毕业生，政府所属人才交流服务中心减免人事代理相关费用。全面推行高校毕业生就业失业登记制度，对于我市吸纳持《就业失业登记证》的高校毕业生就业的中小企业，可在3年内按实际招用人数以每人每年4800元的定额标准，依次扣减营业税、城市维护建设税、教育费附加和企业所得税，高校毕业生第一年由用人单位及个人缴纳的社会保险费用由同级财政安排专项资金进行补贴。对民营经济组织吸纳应届高校毕业生就业、并与其签订1年以上劳动合同和缴纳社会保险费的，给予每人1000元的一次性补贴，所需资金从就业专项资金中列支。鼓励高校毕业生到基层一线就业，对自愿参加高校毕业生基层就业项目（大学生村官、“三支一扶”人员、西部计划志愿者、毕节市“千人计划”志愿者）到基层工作三年以上的高校毕业生，实行学费补偿和国家助学贷款代偿政策，对新聘人员发放不低于2000元的一次性安置费。继续实施“千企万人”就业工程，促进本地劳动力就地就业，解决企业用工需求。

（六）税收支持政策。经国家或省认定的高新技术产品，自认定之日起3年内，其新增增值税地方留存部分，全额奖励给企业，用于加大研发投入；高等学校、科研院所转化职务科技成果以股份或出资比例等股权形式给予科技人员个人奖励，按国家有关规定暂不征收个人所得税；对由所在企业奖励股权形成的人才个人收入和对经认定的涉及金融、民航等行业发展所急需的重要人才在我市工作的收入，其缴纳的个人所得税市内留成部分作为政府支出安排奖励给个人；对人才个人从事技术转让、技术开发业务和与之相关的技术咨询、技术服务业务取得的收入，经市科技主管部门认定，可免征营业税；允许企事业单位把人才开发、培养和引进人才、奖励人才的费用列入经营成本，符合税收相关规定的，实行企业所得税税前扣除。

（七）人才津补贴政策。按就高不就低和市、县区两级分别承担的原则，对在我市工作的“两院”院士每月补贴1万元；对国家“千人计划”、“万人计划”及教育部“长江学者奖励计划”入选者、国家杰出专业技术人才、国家杰出青年科学基金获得者、国家级重点学科、重点实验室、工程技术研究中心、工程研究中心学术技术带头人，以及在我市工作的省级核心专家，每月补贴4000元；对我市管理期内的省管专家，每月补贴1200元；对高级技师每月补贴500元；对在我市机关、事业单位工作的具有学历学位的博士，每月补贴1000元；对在县区及以下工作的正高职称专家，每月补贴1000元。柔性引进的各类高层次人才，由用人单位根据工作时限和工作内容给予相应的津补贴。建立基层工作津贴制度，对在乡镇及以下工作的各类人才，每月按本人基本工资的20%发放基层工作津贴。

（八）人才表彰奖励政策。对获得国家科技进步奖奖励的，市委、市政府给予适当奖励；对于新当选“两院”院士、入选国家“万人计划”和教育部“长江学者奖励计划”、获得全国杰出专业技术人才、国家杰出青年科学基金者，分别奖励10万元。设立“兴毕人才奖”，重奖对在全市经济社会发展中作出重大贡献的各级各类人才。设立人才工作“伯乐奖”，对培养人才、引进人才、用好人才工作突出的单位和个人，由市委、市政府进行表彰奖励。

（九）职称、岗位支持政策。创新适应发展需要的职称设置和职称评聘办法，根据产业发展需要，提升高、中级技术人才的聘任比例，多评多聘。对于到企事业单位、民营经济组织工作的博士、硕士，用人单位可根据其学术、技术水平直接申报副高、中级专业技术职务；对具有专业技术资格的高层次人才，可直接聘用到对应的专业技术岗位，不受单位岗位职数和结构比例限制；对紧缺专业的特殊人才或持有重大开发价值技术项目的人才，可低职高聘。放宽基层职称评聘条件，注重工作实绩和能力，在县一级设置正高专业技术岗位，在乡（镇、办事处）一级设置副高专业技术岗位，对在乡（镇、办事处）工作的在编专业技术人员，在聘用时不受岗位职数和结构比例限制。加强职业技能鉴定工作，鼓励支持掌握高技能、复合技能并有突出贡献的人员越级申报职业技能资格。

四、保障措施

（一）加强组织领导。进一步完善党管人才工作机制，推动人才、教育、科技“三位一体”协同发展。各级党委常委会每年至少要召开两次专题会议，研究部署人才工作。建立健全各级人才工作领导小组和工作机构，发挥好党委组织部门牵头抓总的作用，加强各级人才工作领导小组办公室的职能职责，及时配备与人才工作相适应的领导干部和工作人员，做到职责、人员和经费到位。各级政府人力资源社会保障部门要切实履行政府人才工作综合管理部门职责。各级人才工作领导小组成员单位要认真履行职责，完成好本系统本部门承担的人才队伍建设任务。

（二）健全经费投入保障机制。建立健全以政府投入为引导、用人单位投入为主体、社会投入为补充的多元化人才发展投入机制。设立人才发展专项资金，今后三年，市、县两级财政按不低于每年公共财政预算收入（不包含非税收入）的3%，设立人才发展专项资金。采取争取国家、省级财政支持和市财政拨款引导，市有关专项资金按一定比例投入，企业和个人赞助或募捐等办法，建立毕节市人才发展基金，重点资助全市重大工程和重大项目建设的人才开发；鼓励企业、高等学校、科研院所设立人才基金，专款专用；鼓励社会资本以多种形式投资我市人才资源开发，引导探索建立人才发展非公募基金，并依法享受相应权益。制定全市人才资金的管理使用和审核监督办法，整合资源、统筹管理和规范使用各类人才资金，并实行绩效评估。

（三）健全考核管理和统计监测机制。把人才工作目标考核作为对各级党政领导班子尤其是党政主要负责人政绩考核的重要内容。探索建立市、县区党委人才工作述职评议制度。加强督促检查工作，对不能完成人才工作考核目标的地方和单位，对主要负责人进行问责。建立健全人才工作专项统计制度，把民营经济单位人才、城乡各类人才纳入统计范围，市、县区每年要发布人才统计公报，形成人才工作年度发展报告。

（四）营造良好氛围。将每年9月作为“人才工作活动月”，举办人才发展高峰论坛、人才集中公开招聘、人才工作集中展示、人才发展政策宣传等活动，搭建人才交流平台。重视人才信息库建设，注重发挥工、青、妇等群团组织和专家联谊会的作用，坚持和完善市领导联系专家制度和高层次人才医疗保健制度，努力形成尊重劳动、尊重知识、尊重人才、尊重创造的良好氛围。

毕节市小额贷款公司监督管理暂行办法

（2013年3月14日）

第一章 总 则

第一条 为加强对全市小额贷款公司的监督管理，规范小额贷款公司经营行为，促进其持续、健康、稳定发展，根据《中华人民共和国公司法》、《中国银监会、中国人民银行关于小额贷款公司试点的指导意见》（银监发〔2008〕23号）、《省人民政府办公厅关于开展小额贷款公司试点工作的通知》（黔府办发〔2008〕113号）以及《中共贵州省委、贵州省人民政府关于加快推进毕节试验区新一轮改革发展的意见》（黔党发〔2011〕13号）等有关法律、法规和政策规定，结合毕节市实际，制定本办法。

第二条 本办法适用于本市行政区域内小额贷款公司监督和管理活动。

本办法所指小额贷款公司是指在本市行政区域内依法设立的不吸收公众存款，经营小额贷款业务的有限责任公司或者股份有限公司。

第二章 监管机构和职责

第三条 建立毕节市小额贷款公司监管联席会议制度（以下简称市联席会议），市联席会议由市政府金融办、人民银行毕节市中心支行、市银监分局、市工商局、市公安局、市财政局、市国税局和市地税局组成。市联席会议的主要职责是：统筹指导全市小额贷款公司试点工作；研究制定相关管理、配套政策和措施；对试点申报材料进行审核；协调解决小额贷款公司试点过程中遇到的重大问题；指导和督促县区政府（管委会）及市直相关部门做好小额贷款公司监督管理和风险处置工作；对小额贷款公司进行监督检查。

市联席会议下设办公室，办公室设在市政府金融办。

第四条 市政府金融办是全市小额贷款公司主管部门，在市人民政府领导下，具体负责全市小额贷款公司的管理、组织、监督及有关协调工作。

第五条 市政府金融办主要职责：

（一）市联席会议的日常组织工作。

（二）审查小额贷款公司的筹建、开业、变更、终止申请，依法批准或提请审批，指导小额贷款公司筹建、开业。

（三）落实非现场监管要求，查收有关报表资料，对非现场监管报表资料进行审核、整理、汇总和分析。

（四）根据年度现场检查工作安排和工作需要，对小额贷款公司进行现场检查。

（五）协调毕节市银监分局、人民银行毕节市中心支行做好日常监管工作。

（六）指导县区、开发区小额贷款公司主管部门开展日常监管工作。

（七）由市政府金融办履行的其他监管职责。

第六条 中国人民银行分支机构负责对小额贷款公司的贷款利率进行监测，对小额贷款公司支付清算、会计、金融统计、现金、征信等业务进行监督和管理。

第七条 中国银行业监督管理委员会派出机构应协助主管部门加强对小额贷款公司的股东资格、高级管理人员资格的专业审查，加强对小额贷款公司从银行融入资金的情况及利率的监管，对小额贷款公司信贷业务进行监督，并跟踪监测其信贷风险情况。

第八条 工商部门要做好小额贷款公司的准入把关，加强信用监管，强化年度检查，监督小额贷款公司守信合规经营。

第九条 公安部门应配合主管部门、银监、人行、工商等严厉打击非法集资、非法吸收公众存款、高利贷等金融违法行为，维护金融环境和社会秩序的稳定。

第十条 财政部门应配合主管部门研究制定对小额贷款公司的扶持政策。

第十一条 税务部门应做好对小额贷款公司的纳税服务工作，认真落实税收优惠政策，并加强调查研究，积极向上级有关部门争取有利于促进小额贷款公司发展的税收政策。

第十二条 市联席会议成员单位在各自职责范围内配合市政府金融办开展监管工作，加强信息沟通，发现重大问题应及时报告市联席会议办公室。

第十三条 按照属地监管的原则，各县区人民政府（管委会）是小额贷款公司监管和风险处置的第一责任人，负责组织县级主管部门、工商、公安、人行、银监等部门依法查处并严厉打击小额贷款公司涉嫌非法集资、非法吸收公众存款、发放高利贷、暴力催债等非法金融活动和违法犯罪活动。

第十四条 申请设立小额贷款公司的县区人民政府（管委会），需出具承担小额贷款公司风险防范与处置责任承诺书，并指定专门部门（以下简称“县级主管部门”）牵头负责辖区内小额贷款公司申报材料的初审工作，以及日常监管和风险防范与处置工作。

县级主管部门的职责主要有：

（一）负责辖区内小额贷款公司申报、开业、变更、终止等事项的初审工作，并对相关申报材料的真实性展开调查；指导、帮助小额贷款公司筹建及开业。

（二）按照市政府金融办非现场监管要求，收集有关报表资料，对非现场监管报表资料进行统计、汇总、分析。

（三）根据审慎监管的要求制定本县区小额贷款公司的日常监管制度，按制度开展定期和不定期的现场检查工作，并将有关情况及时上报市政府金融办。

（四）根据开展现场检查和非现场监管，及时掌握和分析其贷款、融资及财务等情况，发现问题及时采取相关监管措施并报告县级人民政府和市政府金融办。

（五）负责考核小额贷款公司的监管指标执行情况，对其经营状况、风险程度作出客观评价，根据风险程度对小额贷款公司进行分类，对高风险的小额贷款公司及时发出预警信号，督促和指导其制定防范、控制和化解风险方案，并对其进行跟踪监控；对不能有效控制和化解风险的小额贷款公司，及时提出处置意见报县级人民政府和市政府金融办。

（六）协助做好小额贷款公司年检等工作。

（七）由县级主管部门履行的其他监管职责。

第三章　合规经营

第十五条　小额贷款公司可经营下列业务：

（一）办理各项小额贷款业务。

（二）办理票据贴现业务。

（三）其他经批准的业务。

小额贷款公司不得进行任何形式的吸收公众存款和集资活动。未经审批部门同意，小额贷款公司不得经营批复文件列明的经营范围以外的业务。

第十六条　小额贷款公司要积极调整业务结构，实现信贷投向“三个不低于70%”，即：小额贷款（农户贷款50万元、企业贷款100万元）余额之和占全部贷款余额的比重不低于70%；涉农贷款和小微企业贷款余额之和占全部贷款余额的比重不低于70%；贷款期限在3个月以上的经营性贷款余额之和占全部贷款余额的比重不低于70%。

第十七条　小额贷款公司申请变更事项，应经县区初审后，报市人民政府批准。董事、高级管理人员持有的股份，在任职期间不得转让或质押。

第十八条　小额贷款公司开业后，经营合规、业绩优良、风险控制较好的，可申请增资扩股。增资扩股完成后应及时到工商管理部门办理变更登记。

第十九条　小额贷款公司应在银行业金融机构开立基本账户后5个工作日内，将其开户行名称、账号等信息报市、县区主管部门备案。

贷款本金、利息结算原则上应通过银行账户转账处理。严禁小额贷款公司进行账外经营。

第二十条　小额贷款公司应按照《中华人民共和国公司法》要求建立健全公司治理结构，明确股东、董事、监事和经理之间的权责关系，制定稳健有效的议事规则、决策程序和内部审计制度，提高公司治理的有效性。

第二十一条　小额贷款公司应建立完善的信贷管理制度，明确贷前调查、贷时审查和贷后检查业务流程和操作规范，切实加强贷款管理。

第二十二条　小额贷款公司应建立规范的财务制度。按照《会计法》、《金融企业会计制度》建立健全企业财务会计制度，真实记录和全面反映其业务活动和财务活动。

第二十三条　小额贷款公司应按有关规定，建立审慎规范的资产分类制度和拨备制度，准确划分资产质量，充分计提呆账准备，确保资产损失准备充足率始终保持在100%以上，全面覆盖风险。

第二十四条　小额贷款公司在经营过程中发生超过资本金10%以上的不良贷款，或发生超过资本金3%以上的可疑类以下（含可疑类）贷款，要尽快召开董事会研究处置。具体处置办法由各小额贷款公司自行决定。

第二十五条　小额贷款公司的主要资金来源为股东缴纳的资本金、捐赠资金、主要股东定向借款、同业拆借以及来自不超过2家银行业等金融机构的融入资金。其中，从银行业等金融机构融资的，融资余额之和不超过公司资本净额的50%；向持股比例不低于10%的主要股东定向借款的，融资余额不超过公司资本净额的500%；开办同业资金借款业务的，借出资金余额不超过公司资本净额的30%，借入资金余额不超过公司资本净额的30%。融入资金的利率、期限由小额贷款公司与相关资金借出机构及个人自主协商确定，利率以同期“上海银行间同业拆放利率”为基准加点确定。

第二十六条　小额贷款公司按照市场化原则进行经营，贷款利率上限放开，但不得超过中国人民银行公布的贷款基准利率的4倍，下限为贷款基准利率的0.9倍，具体浮动幅度按照市场原则自主确定。

第二十七条　小额贷款公司应以“三农”、个体工商户和小企业为目标客户。发放贷款应坚持“小额、分散”的原则。小额贷款公司发放的单笔贷款最高限额不超过小额贷款公司注册资本的15%，向单一集团企业客户贷款余额不超过小额贷款公司注册资本的20%。

第二十八条　小额贷款公司应建立规范的统计制度，按照《小额贷款公司金融统计制度》等按时定期向当地人民银行报送金融统计报表及资料，并接受其监督和检查。

第二十九条 小额贷款公司应积极完善接入征信系统的软硬件技术环境，支持条件成熟的小额贷款公司接入人民银行征信系统，切实保护金融消费者合法权益。

第三十条 小额贷款公司应按监管部门要求，建立健全信息公开披露制度，定期向公司股东、市政府金融办、人民银行毕节市中心支行、市银监分局、合作的银行业金融机构等披露由会计师事务所审计的财务报告以及年度经营成果、融资信息、重大事项等。

第三十一条 小额贷款公司应有固定和足够的经营场所，并经消防部门验收后方可开业。须在经营场所内醒目位置公开悬挂开业批复文件、营业执照，并悬挂不吸收公众存款、不违规经营、严格遵守《中华人民共和国公司法》、诚实守信等公开承诺标示牌。

第四章 监督管理措施

第三十二条 市政府金融办应当组织市联席会议相关成员单位及县区监管部门，每年对小额贷款公司开展一次及以上常规性现场检查。现场检查时，小额贷款公司应当积极配合，按要求提供有关文件或资料。

有下列情形之一的，市政府金融办可以随时组织对小额贷款公司进行现场检查：

（一）省级主管部门指定要求检查的。

（二）有媒体报道、市场传闻涉及负面或重大风险信息的。

（三）有投诉、举报的。

（四）有来自公安、工商、金融监管等部门预警和情况通报的。

（五）日常监管发现有重大风险隐患的。

（六）其他需要现场检查的情形。

第三十三条 小额贷款公司开业前，县级主管部门应当组织对其拟任董事、监事及相关高级管理人员进行集体谈话，重点就经营范围、禁止从事的经营行为以及相关法律责任开展教育培训。

第三十四条 各县区要依据国家有关法律、行政法规，对小额贷款公司风险管理、内部控制、资产质量、资产损失准备充足率、合规经营等方面实施持续、动态监管，切实履行监管职责和风险处置责任。

第三十五条 各县区要定期组织对辖区内小额贷款公司的现场检查，每年至少进行一次全面检查；对于风险较大、问题较多的小额贷款公司，实施重点专项监控。

小额贷款公司要自觉接受各级监管部门的监督和管理。

第三十六条 小额贷款公司应于每月前5个工作日内向县级主管部门报送上月资产负债表、损益表、贷款损失报告、贷款明细及业务统计报表等，县级主管部门在3个工作日内将汇总后的资料报市政府金融办。重大事项随时报告。

第三十七条 县级主管部门按季向市政府金融办报送监管分析报告，包括以下内容：

（一）报告期内的主要风险、风险变化趋势和应引起注意的问题；总体风险评价。

（二）经营管理状况的重大变化，包括股权变动、高级管理人员调整、组织架构重组、重大资产处置、重大损失、重大诉讼案件等。

（三）监管意见、建议和监管工作计划。

（四）监管人员认为应当提示和讨论的其他问题。

第三十八条 各县区要根据工作需要，协调有关部门，要求小额贷款公司开户行提供小额贷款公司资金流向等相关信息。

第三十九条 各县区根据审慎监管的要求，可采取下列措施进行现场检查：

（一）进入小额贷款公司进行检查。

（二）询问小额贷款公司工作人员，要求其对有关检查事项作出说明。

（三）查阅、复制小额贷款公司与检查事项有关的文件、资料，对可能被转移、隐匿或者毁损的文件、资料予以封存。

（四）检查小额贷款公司运用电子计算机管理业务数据的系统。

进行现场检查，检查人员不得少于2人，并应出示相关证件。

第四十条 县级主管部门应适时将监管分析的结果、监管措施以监管通报的形式通报小额贷款公司，并要求其报送整改和纠正计划，并可以根据需要，将监管通报发送小额贷款公司董事会或股东大会等利益相关方。

第四十一条 建立社会监督机制，充分利用和发挥社会监督力量，加强对小额贷款公司经营行为的约束、监督，畅通投诉举报渠道，提高监督实效。

第四十二条 小额贷款公司有下列行为之一的，主管部门应约见其董事、监事、高级管理人员谈话，要求就有关情况进行说明，责令其限期整改，并可责令其调整直接负责人及其他相关责任人员；按照法律法规规定应予处罚的，由有关部门依法进行处罚；涉嫌犯罪的，移交司法机关查处。

（一）应批准事项未经批准擅自实施的。

（二）发放贷款额度、利率超过规定限额的。

（三）违反区域经营规定的。

（四）拒绝或者阻碍非现场监管或者现场检查的。

（五）未按照规定进行信息披露的。

（六）发生重大风险事件隐瞒不报、迟报、谎报的。

（七）提供虚假的或者隐瞒重要事实的财务会计报告、报表和统计报表的。

（八）公司规章制度不健全、经营场所不符合要求的。

（九）未经批准设立或有关手续尚未齐全，即以小额贷款公司名义开展业务的。

（十）资金来源及运用违反相关规定的。

（十一）采取“账外账”等形式发放小额贷款或从事其他未经批准的业务。

（十二）非法集资或变相吸收公众存款。

（十三）使用非法手段催收。

（十四）其他违法违规行为。

第四十三条 未经批准擅自设立小额贷款公司的，应依法予以取缔。

第四十四条 小额贷款公司股东虚假出资，或在公司成立后抽逃或变相抽逃其资金的，由小额贷款公司监管部门责令其改正，对抽逃资本金主要责任人要按相关规定进行严肃查处。

第四十五条 小额贷款公司高管或其他股东，利用个人名义违规发放贷款，一经查实，将在全市范围内进行通报。情节严重，涉嫌犯罪的，移交司法机关查处。

第四十六条 小额贷款公司违反有关规定，发生不规范转让股权或增资扩股、不按规定报送披露信息、严重关联交易、内控不到位、利率超出规定范围、拨备等风险覆盖未按有关规定计提、不配合监管机构监管等行为的，应责令限期改正，并在拓宽业务范围、增资扩股、扩展融资等方面从严控制，同时取消其税收优惠、参与考核奖励等资格。

第四十七条 小额贷款公司存在非法集资、吸收或变裙吸收公众存款、以借款名义进行内外部融资等违法违规行为的，一经查实，由所在县区人民政府（管委会）依法进行查处和后续处置工作。

第五章 附 则

第四十八条 各县区人民政府（管委会）可根据本办法，结合各自辖区内情况，制定小额贷款公司监管实施细则。

第四十九条 本办法未尽事项按照《中华人民共和国公司法》、《中国银行业监督管理委员会、中国人民银行关于小额贷款公司试点的指导意见》等法律法规执行。

第五十条 本办法由市政府金融办会同市联席会议成员单位负责解释。

第五十一条 本办法自印发之日起 30 日后施行。

毕节市人民政府关于推进省直接管理县体制改革试点工作的实施意见

（2013年6月21日）

为切实配合做好省直接管理县体制改革试点工作，确保在理顺管理层级的同时各项经济社会事务有序开展、稳步推进，根据《省人民政府关于推进省直接管理县（市）体制改革试点工作的意见》（黔府发〔2013〕8号）和《省人民政府办公厅关于推进省直接管理县（市）体制改革试点工作的实施意见》（黔府办发〔2013〕24号）精神，现就我市推进省直接管理县体制改革试点工作提出如下实施意见。

一、总体要求

以邓小平理论、“三个代表”重要思想和科学发展观为指导，按照省政府统一部署，以深化行政管理体制改革为目标，着力转变政府职能，优化组织机构，提高行政效率，创新体制机制，扩大县级政府社会管理和经济管理权限，增强县域经济社会发展活力，提升社会管理和公共服务水平，加快我市全面建设小康社会进程，促进城乡经济社会全面协调可持续发展。

二、基本原则

（一）坚持应放尽放原则。按照省的统一部署，全方位地对各类经济社会管理权限进行全面、有序下发。

（二）坚持统筹协调原则。立足全市经济社会发展大局，市直有关部门充分发挥市域重要资源配置、重大事务管理、规划管理的统筹效应，对试点县在项目、规划等方面给予关心和支持。

（三）坚持权责一致原则。对市级委托下放到试点县管理的事项，试点县要建立严格的管理制度和责任机制，做到权责一致、职责明确、责任落实、有责可查。

（四）坚持提升效能原则。试点县政府要将扩大管理权限与转变政府职能、创新服务方式、提高管理水平、提升行政效能有机结合，深化管理体制和运行机制改革，加快建立行为规范、运转协调、公正透明、廉洁高效的行政管理体制和运行机制。

三、主要内容

（一）调整管理体制。支持试点县党委、政府直接向省委、省政府负责并报告工作；支持试点县纪委向同级党委和省纪委报告工作；支持试点县群团组织直接向省群团组织报告工作并接受业务指导；支持试点县党政工作部门依照法律、法规、规章和党章规定，直接接受省委、省政府主管部门的业务指导或领导。

支持试点县的统计数据（包括部门统计数据）直接向省对口上报。做好试点县经济社会发展数据的核准统计工作，并纳入毕节市统计数据管理。

（二）转变政府职能。进一步加快转变政府职能，以政府职能转变为核心，突出管理和服务，着力增强试点县的社会管理和公共服务能力，建设服务型政府。继续简政放权，减少和下放投资审批事项、生产经营活动审批事项，减少资质资格许可认定，减少微观事务管理，增强试点县统筹协调经济社会事务的能力。

配合做好试点县机构改革工作。按照“精简、统一、效能”的原则，积极探索职能有机统一的大部门体制，完善优化行政运行机制，协助做好公共事件管理和信访管理体制机制建设。

加强依法行政和制度建设。完善科学民主依法决策制度，不断提高政府决策水平，不断优化县域经济社会发展的体制环境和政务环境。

（三）明确管理权限。除法律法规规定外，国务院及部门规定须经市级审批或管理的社会经济管理事项，通过委托或授权的方式，由试点县自行审批、管理。

对省主管、市协管的工作，市里积极配合做好突发公共事件管理、维稳和信访工作，服从省统一调度指挥。对于一些具体事项，严格依照法律法规办理，法律法规没有明确的，按照《省人民政府办公厅关于推进省直接管理县（市）体制改革试点工作的实施意见》（黔府办发〔2013〕24号）要求办理。

试点县国民经济和社会发展、土地利用、城乡发展和生态环境等规划直接上报到省。支持试点县做好项目直接申报工作，涉及跨县级行政区域的项目由市级做好指导支持，保证试点县项目申报落实到位。

（四）理顺条块关系。协助做好工商、地税、质监等省直管部门和海事等市直管部门的机构编制、干部人事、资产经费等划转移交工作。落实好国土部门领导干部管理权限的调整工作。加强与金融、通信、电力、邮政等中央、省直属单位的协调与沟通，积极争取出台支持试点县加快发展、创新发展的具体措施。

（五）统筹重大项目。市直各部门在履行规划发展、政策指导、统筹协调、执法监管等职责方面；在制定实施全市发展战略、发展规划和配套支持措施方面；在重大产业布局安排、重大基础设施建设及重点区域和重要资源开发、保护与管理方面；在统筹、协调和指导教育、文化、卫生、就业和社会保障等公共服务方面；在加强区域协调、统一组织跨县域经济社会事务等方面，统筹考虑支持试点县发展需要。

（六）改革干部人事管理。除试点县党政主要负责人外，市委继续管理试点县其他副县级以上干部。加强试点县干部队伍建设，试点县公务员、事业单位工作人员的管理按有关规定执行。

做好试点县出席省党代会、人代会、政协会等代表、委员的选举等工作。

四、组织实施

（一）提高思想认识。省直管县是深化行政体制改革、创新体制机制的重大推动力，威宁县作为我省改革的先行试点，对于探索省直接管理县体制改革，推开下一步改革试点工作意义十分重大。市直各单位要高度重视，当好参谋，认真履职，关心、支持好省直管县体制改革试点工作，并将之作为当前和今后一段时期的重要任务抓紧、抓好、抓实。

（二）加强组织领导。为稳妥有序推进省直管县体制改革试点工作，成立毕节市推进省直接管理县体制改革试点领导小组，领导小组下设办公室在市编委办，具体负责省直管县体制改革试点的领导和协调工作。

（三）落实工作任务。市直各有关部门要积极配合，抓紧做好与试点县工作对接，尽快完成相关职责权限的委托授权等划转移交工作，确保试点县从2013年7月1日起按新体制运行。试点县要主动加强与市直有关部门的沟通衔接，及时做好下放权限的承接工作，在2013年7月31日前逐一落实改革事项，确保改革任务落到实处。在2014年11月底前，完成并向省直接管理县（市）体制改革工作领导小组办公室报送试点工作阶段性总结和深化省直接管理县体制改革的意见建议。

（四）建立工作机制。一是督查汇报机制。市委、市政府定期督查或听取试点县党委、政府改革进展情况汇报，对改革中遇到的问题认真研究并协调解决。二是信息沟通机制。市委、市政府视情况安排试点县参加全市重要综合性会议；建立联席会议制度，涉及市本级重大政策出台、重要规划调整及时与试点县联系沟通。

（五）严肃工作纪律。市直各部门要增强大局意识，积极支持并努力做好省直管县体制改革试点工作。按规定严格执行机构编制、组织人事、财政审计等各项工作纪律，严禁突击进人、突击提拔干部、突击使用资金。纪检、监察部门要采取有效措施对有关纪律执行情况进行全程监督，确保各项改革措施落到实处，保证试点工作的顺利推进。

中共毕节市委　毕节市人民政府
关于进一步加快国有林场改革发展的意见

（2013年8月16日）

为深入贯彻落实中共贵州省委贵州省人民政府《关于加快推进毕节试验区新一轮改革发展的意见》和《关于坚定贯彻“同心”思想奋力推进“同心”实践努力建设好毕节试验区的意见》精神，加快国有林场改革发展，推进试验区生态建设，特提出如下意见：

一、充分认识加快国有林场改革发展的重要意义

毕节市现有国有林场13个（其中生态公益型林场12个，商品经营型林场1个），职工1306人，经营面积61.5万亩，森林覆盖率86.1%，林木蓄积212.4万立方米。长期以来，国有林场在森林资源培育和保护工作中发挥了重要的骨干、示范和带动作用，为改善生态环境、培育后备资源和促进林业发展作出了重要贡献。但是，国有林场还存在着经营管理粗放、基础设施建设欠账较多、职工生产生活条件较差、森林资源开发利用不够等问题，与新时期林业发展和全市经济社会发展形势不相适应。为此，各级各有关部门要充分认识进一步深化国有林场改革、强化国有林场组织管理、加强基础设施建设、加快森林资源培育和利用、发展国有林业经济的重要意义，紧紧抓住试验区新一轮改革发展的良好机遇，全面推进国有林场改革发展，为全市生态建设和经济社会发展作出新的贡献。

二、加快国有林业改革发展的总体思路与奋斗目标

（一）总体思路。以邓小平理论、“三个代表”重要思想、科学发展观和党的十八大精神为指导，紧紧围绕试验区三大主题，以实现国有森林资源可持续经营和国有林场可持续发展为目标，以保护和培育国有森林资源、壮大国有林场经济、增加林场职工收入为出发点，坚持以林为本、生态优先，因地制宜、分类指导，统筹兼顾、保障民生的基本原则，全面推进国有林场各项改革，建立起符合社会主义市场经济体制和现代林业发展要求的管理体制和经营机制，发挥国有林场在森林资源培育和生态环境建设中的示范带动作用，促进全市生态建设与林业产业持续健康发展。

（二）奋斗目标。通过深化改革，建立符合现代林业发展要求的国有林场管理体制和经营机制，推进国有林场所有制结构和产业结构合理调整，全面提升国有森林资源质量，提高资源利用效率，增强森林生态系统的整体功能，把国有林场建设成为坚实的绿色生态屏障和重要的后备森林资源培育基地，实现资源增长、职工增收、林场增效的目标。

三、改革主要内容

（一）继续推行分类经营管理。在坚持和巩固公益型林场和商品型林场分类经营成果的基础上，根据国有林场森林资源情况，将国有林场森林资源进一步划分为生态保护区、商品林经营区、适度开发区和多种经营区，实行分区经营，分类指导。将江河源头、江河两岸、城市周边的森林林地划为生态保护区，实行严格保护，禁止一切经营活动和人为活动；将坡度平缓、土层深厚区域森林和林地划分为商品林经营区，通过抚育、间伐等营林活动，培养大径级木材和珍稀用材；在适度开发区，重点建设森林旅游设施，开展森林生态旅游；在多种经营区重点发展林下产业，提高职工经济收入。同时，抓紧建立市级国有林场试点工作。生态保护区主要发挥生态效益，以培育、管护为主要任务，以政府投资为主，广泛吸收社会力量共同参与。商品林经营区、适度开发区和多种经营区以经济效益为主，兼顾生态效益，其造林、抚育、森林采伐以及其他生产经营活动，引入市场机制，采取承包或向社会招标等形式进行，在确保国有林场资产保值增值的前提下，鼓励引进社会资本、技术和管理，实行股份制、股份合作制、承包经营等多种形式有效运作。

（二）深化内部管理制度改革。按照“精简、高效、协调”的原则，合理设置林场内部管理机构，强化资源资产、计划财务、生产经营等管理制度建设。一是推行场长负责制和目标考核制。进一步完善林场内部岗位责任制、生产经营责任制，把林场的各项工作任务和经济指标层层分解，落实到人，实行目标管理，年终逐项考评。二是全面推行绩效工资制度。采取职工工作绩效与收入挂钩的方式，在收入分配上贯彻效率优先、兼顾公平、合理拉开分配档次的原则，多劳多得、少劳少得、不劳不得。三是推行用人制度改革。对内设机构的职能职责进一步细化，把各项工作任务、工作职责落实到个人，实行竞聘上岗，建立一套干部能上能下、工人能进能出、工资能升能降的管理机制。四是建立有效的激励机制。采用职工投资入股的方式或者企业独资方式，积极探索林下经济发展的方式、途径和管理办法，搞好林场多种经营，提高职工经济收入，对林场上缴的经营收入，同级财政按照“收支两条线”管理要求，将林场发展产业取得的收入全额返还给林场，60% 作为林场发展资金，40% 用于工作奖励。

（三）加强林场基础设施建设。按照国有林场的事权划分，县区人民政府要把国有林场基础设施建设列入本地经济和社会发展总体规划。一是加大对国有林场林区公路、电力、通信、供水、管护站房、森林防火等基础设施建设投入。确保每个林场场部、管护站（工区）在 2015 年前通公路、通水、通电、通电话、通电视。将国有林场危旧房改造纳入保障性住房建设范围，在 2015 年前实现国有林场无危旧房、管护站（工区）有工作用房的目标。二是加大对以国有林场为主体建立的森林公园景区、景点建设力度，不断完善游客接待用房、停车场、旅游步道等基础设施，进一步提高森林公园接待能力和接待水平，不断提升公园形象。三是加大对国有林场林下经济发展的投入力度，加大科技投入，提高科技含量，促进林下经济快速发展。

（四）大力发展特色林业产业。各国有林场要根据自身的资源优势，积极发展名特优新经济林、花卉苗木、森林食品、珍贵药材以及野生动植物驯养、繁殖、栽培等新兴产业，大力培育新的林业经济增长点。有条件的林区，应积极兴建森林公园，大力发展森林生态旅游，推进国有林场可持续发展。鼓励国有林场根据所经营森林不同的利用方向，合理调整林种、树种结构，增加珍贵树种营造比例，改造低效林，积极培育大中径级林木。在不破坏森林资源的前提下，国有林场职工在完成森林资源管护任务后，可以承包国有荒山造林、中幼林抚育、低效林改造等生产项目，可以发展用材林、经济林、苗木、花卉、养殖、旅游服务、小型加工等经营项目，取得的收入归职工所有。国有林场现有的不适合统一管理的各种经营性项目，在不改变所有权的前提下，可采取承包、转让等多种方式转给职工个人或以合伙、股份合作等形式经营。

（五）创新国有林场发展机制。在坚持公有制为主体的前提下，以创新的体制、优惠的政策、灵活的机制全面开展招商引资，广泛吸纳社会资金投入国有林场木材加工、森林旅游、林下产业等产业发展，使国有林场的发展融入市场经济的元素，个体、私营、股份合作等多种经济成分共同发展。在不改变国有林地所有权和林地性质的前提下，允许国有林场将森林资源资产使用权参股、控股，与外资、其他企事业单位及个人联合组建股份制企业；允许国有林场划定一定范围的林地实行特殊经营政策，开发利用森林景观资源，发展森林旅游地产，从事森林休闲度假旅游；允许国有林场将零星分散、不便经营的小块国有林地交林场职工经营；允许个人租用国有林场林地兴办家庭种养殖业；允许各类经济组织或个人入股经营或出资购买国有商品林经营权。

（六）加强干部职工队伍建设。各县区党委（党工委）、政府（管委会）要高度重视国有林场的领导班子和职工队伍建设，选好林场场长，加强经常性的教育培训，建立健全管理机制和监督机制，努力建设一支适应新形势新任务要求的国有林场干部职工队伍。一是采取多种形式，开展以岗位培训为主的职业技能培训和管理干部培训，积极引导林场干部职工解放思想、开拓创新、艰苦奋斗、真抓实干，促进国有林场持续、快速、健康发展。二是根据国有林场实际，明确县区国有林场为副科级机构，并适当增加编制，通过面向社会公开招考、简化程序等方式及时补充业务人员，并大力引进旅游、规划、林产工业等方面的专业技术人才，为发展提供人才支撑。三是选配好林场领导。林场主要负责人由林场职工民主推荐，经主管部门审查，按干部管理权限任命。其他管理人员由林场或林场主要负责人聘用。

四、改革步骤

（一）广泛宣传发动（2013 年 8 月—9 月）。采取多种形式，面向国有林场职工广泛宣传改革的重要意义、改革政策和目标要求，营造浓厚的改革氛围，使广大职工消除思想顾虑，增强改革信心，积极参与和支持改革。

（二）全面摸底调查（2013 年 10 月）。对国有林场开展调查摸底，全面摸清资源资产、人员结构等基本情况。同时，广泛征求林场职工对改革发展的意见和建议，认真梳理改革发展面临的困难和问题，为全面推进改革发展奠定坚实的基础。

（三）科学制订方案（2013 年 11 月—12 月）。在全面调查摸底的基础上，根据改革内容，以林场为单位制订实施方案，场长负总责，确保改革发展工作落到实处。要根据规划的功能区，制定项目工作方案，明确每一个项目实施内容、规模，实施时间，落实专人负责。经林场职工代表大会通过并报上级业务部门备案。

（四）精心组织实施（2014 年 1 月—2016 年 1 月）。各林场按照制定的实施方案和工作方案，认真组织实施。在实施过程中，市、县区林业主管部门要加强协调沟通与指导督查，及时解决改革发展过程中出现的新情况、新问题，确保改革顺利实施。

（五）认真总结经验（2016 年 2 月—2016 年 7 月）。加强对改革实施情况的跟踪指导，倾听职工对改革发展的满意度，及时总结改革发展中的好经验、好做法，并在工作中推广应用。

五、保障措施

（一）加强组织领导。各级党委、政府和有关部门要切实加强对国有林场改革发展工作的领导，将国有林场改革与发展工作纳入议事日程。为有序推进林场改革发展，在市林业局城市绿化管理办公室加挂林场管理办公室牌子，林场管理办公室为副县级财政全额预算管理事业单位，负责协调解决国有林场改革与发展中存在的问题。各县区也要成立相应机构。要建立国有林场改革发展对口帮扶联系制度，督促有关部门认真抓好国有林场改革发展相关扶持政策的落实，研究制定推进改革与发展的具体措施和办法，处理好林区改革发展与稳定的关系。要将国有林场改革发展作为县区政府目标责任制的内容进行考核，制定年度改革发展目标任务，加强考核督查，严格兑现奖惩，并公开通报考核结果。

（二）依法规范操作。要充分发挥国有林场职工代表大会的作用，坚持依法操作、民主操作、阳光操作，切实保障职工在改革中的知情权、参与权和监督权。国有林场改革实施方案应在得到绝大多数职工赞成的情况下，依法依规提交林场职代会或职工大会审议通过，并报有关部门审批后实施。要加强森林资源管护，严厉打击借改革之机破坏国有森林资源的违法行为，防止出现乱砍滥伐，维护林区稳定。要加强对改革形势的分析，及时发现和解决改革中出现的各种问题，确保国有林场改革平稳顺利推进。

中共毕节市委　毕节市人民政府
关于加快推进现代高效农业示范园区建设的意见

（2013年8月30日）

发展现代农业，加快对传统农业的提升改造是社会主义新农村建设的首要任务，是在工业化、城镇化、信息化深入发展中同步推进农业现代化，实现农业跨越式发展的重大举措。为加快推动我市现代农业发展步伐，着力发挥现代高效农业示范园区（以下简称“示范园区”）在促进农业产业持续健康发展、促进传统农业向现代农业转型升级进程中的引领带动作用，确保按时、高效推进“5个100工程”的顺利进行，现就加快推进我市示范园区建设提出如下意见。

一、指导思想、基本原则、主要目标和建设标准

（一）指导思想。以邓小平理论、“三个代表”重要思想和科学发展观为指导，以现代农业发展理念为引领，以科学技术为支撑，以加快转变农业发展方式为主线，按照“资金集合、项目集中、要素集聚、效益集显”和“市场化运作、商品化生产、企业化管理”的要求，高起点、高标准、高水平创建一批规划布局合理、生产要素集聚、设施装备先进、经营机制完善、经济效益显著、示范作用明显的省、市、县级示范园区，通过引领和示范，辐射带动优势特色农业产业区域化布局、标准化生产、产业化发展，使之成为促进全市农业产业结构调整、推动特色优势产业上规模上水平的重要抓手；成为农业对外开放和招商引资的重要平台；成为推动全市现代高效农业加快发展过程中探索经验，发挥引领示范作用的引航灯。

（二）基本原则

坚持规划引领、科学发展原则。按照一次性规划，分步实施，成熟一个审批一个的办法，选准优势、超前谋划、科学布局一批示范园区。示范园区既要体现规模和内容的先进性，利于建设和收益的实效性，又要与县域经济社会发展、土地利用、道路交通、城镇建设等规划相衔接，突出主导优势产业，合理配置资源要素，符合当地产业发展方向和结构布局。

坚持政府引导、市场化运作原则。按照“集中使用、渠道不乱、用途不变、各司其职、各记其功”的办法，强化政府参与扶持引导职能，切实抓好规划、产业扶持、流转土地、“三通一平”等方面的工作。遵循市场规律，加大招商力度，制定招商引资优惠政策，优先安排项目扶持资金，完善产业链条，开拓产品市场。发挥市场主体作用，突出龙头企业和农民合作组织引领，引进和扶持一批龙头企业和农民合作社，吸引企事业、科研单位和农村经营能人等积极参与示范园区建设。

坚持主业突出、商品化生产原则。按照以县为基本单位，因地制宜，突出主导产业，实行连片开发，注重产业化经营的办法，建设多类型、多层次、多形式的示范园区。一是示范园区的各项建设内容要有可展示的先进技术，能引领区域农业发展，能突出示范作用，能带动农业产业成长，确保可看可学可推广。二是集中构建一批以果蔬大棚、经果林、花卉苗木、中药材等主业突出的特色优势农业产业体系，鼓励整乡推动，“一区多园”协调发展。三是坚持用抓工业的方式抓农业，围绕主导产业，实现标准化、规模化生产，强化分级、包装、保鲜、储运、品牌管理等环节，提高产品附加值。

坚持扶优扶强、动态化管理原则。按照抓重点与抓一般相结合、一般工作服从重点工作、当前工作服从长远工作、当前目标服从长远目标工作的办法，制定行之有效的监测考评方案，实行增比进位、奖优罚劣，建立扶优扶强的良性竞争机制。对不按规划实施、管理混乱，产值低、效益差的省级示范园区报省农业园区联席会议办公室确定进退，对市级示范园区实行末位淘汰。

（三）主要目标

全面启动12个省级示范园区建设，每个县区启动1～2个市级、1～2个县级示范园区建设，建设主要基础设施、打造生产基地、培育经营主体、开拓产品市场，示范园区效益逐步显现。2013年，省、市、县级重点示范园区配套设施初步完善、生产功能基本完备、产业体系基本建立、农产品质量安全信息全程追溯试点工作基本完成、产业化经营体系基本形成，示范效应显著。

生产基地建设目标。每个示范园区都要建设符合产业要求的高标准生产基地。到2017年，建成高标准生产基地100万亩以上，其中省级园区60万亩，市、县级园区40万亩以上。

商品化生产目标。农产品商品化经营体系初步形成，启动示范园区农产品储藏、加工、物流等配套设施建设，产品实现分级包装和商标注册，开拓稳定的销售市场和销售渠道，订单农业比重达80%以上，示范园区主导产品商品率达到90%以上。

经营主体培育目标。每个示范园区均有企业入驻，成为产业化经营的主体和核心。到2017年，全市共培育和引入100家以上规模较大、实力较强、有新产品开发和市场开拓能力的企业入园经营，新组建100家以上农民专业合作社，积极探索发展家庭农场，促进“园区+企业+合作社+家庭农场（农户）”利益共同体的形成。

生产经营效益目标。种植业单位面积产值比全县平均产值高30%以上，生猪、畜禽的出栏率及禽蛋、牛单产水平分别高于周边同类企业10%以上，渔业单位水面产量比周边同类生产区高20%以上。到2017年，示范园区实现企业销售收入100亿元以上，销售利润35亿元以上，示范园区农民人均纯收入比全县平均高50%以上。

（四）建设标准

示范园区建设坚持“六高六化六有”的标准。“六高”，即劳动生产率高、土地生产率高、投入产出率高、科技贡献率高、信息化程度高、农民收入水平高。“六化”，即产品品牌化、生产机械化、农业设施化、管理科学化、服务社会化、生态良性化。“六有”，即有农业龙头企业带动、有农民专业合作社参与、有农产品质量监测室、有农民培训场所、有农业投入品专供店、有配套的农产品初加工、包装、储存等设施。

二、重点工作

（一）出台相关政策。尽快出台涉及示范园区任务分解、监测管理、资金监管、验收办法和考核制度等方面的有关文件，将我市示范园区的具体指标分解到各县区，落实到具体的责任人。要针对我市地理气候情况和优势产业，编制完善我市农业招商引资推介手册，在积极向上争取政策和项目支持的同时，广开门路，多渠道、多形式吸纳社会资金投入，增强发展示范园区建设实力。

（二）抓好规划编制。各县区要按照《贵州省现代高效农业示范园区建设规划编制导则》及市有关文件精神，高起点、高标准、高质量地编制省、市、县级农业园区规划。规划由所在县区级人民政府组织编制，及时按照规定程序报批，有关部门要做好分类指导工作，明确示范园区建设目标和任务，整体部署建设布局，进一步增强规划的前瞻性、系统性和可操作性。规划要突出主导产业、规模生产、功能配套、产品销售，合理配置资源要素，符合当地产业发展方向和结构布局。

（三）强化设施建设。整合交通、水利、国土、农机、通讯、电力、农业综合开发、财政一事一议、农村环境整治等各方面项目资金，加快示范园区主干道、机耕道、生产便道、排灌沟渠、蓄水池、供电、宽带网络、排污、停车场等配套基础设施建设。推广应用智能温室、钢架大棚、喷滴灌、产品质量检测、农业机械、畜禽标准化圈舍、粪污及病死畜禽处理设施和渔业规范池箱等配套装备设施，大力推广先进适用、安全可靠、节能减排、生产急需的农业机械，在全省率先全面实现示范园区农业机械化，不断提升示范园区生产能力和现代化水平。

（四）构建服务体系。示范园区涉农企业的用水用电，符合物价相关规定的按农业生产用电价格执行。大力发展新型服务业，相关部门要延伸服务网点，收取的行政性费用一律按最低标准执行。要开通鲜活农产品运输绿色通道，加强示范园区的环境整治与美化工作，促进区容整洁。要积极组织配套建设农产品加工、包装、冷链物流设施，延伸产业链条；要与超市、高校、城镇社区等开展“农超对接”、“农校对接”、“农社对接”，在城镇农贸市场和社区设立直销点，开展直销配送、连锁经营、电子商务等多种形式经营，促进产销衔接。积极引进和创新应用国内外先进适用技术和农业最新科技成果，推动信息化技术运用，提升和转变传统农业生产和管理方式。在全市范围内为示范园区配齐农技服务人员、农业从业人员、病虫害监测防治点和小气候自动观测站，涉及畜牧养殖的示范园区要配套建设动物防疫室。

（五）培育经营主体。以统筹城乡发展促进转型跨越为目的，以促进农民增收为根本途径，充分利用示范园区设施、技术、资金、机制等优势，围绕主导产业，引进和培育龙头企业、农民合作社、专业大户、家庭农场，提高农业生产规模化、标准化、集约化水平，形成紧密的利益联结机制。特别要突出对专业大户、农民合作社、家庭农场的培育，支持以大户、合作社、家庭农场为载体，实施土地承包经营权入股、资金互助等，提高生产规模化和农民组织化程度。大力开展各种方式的农民培训，培养专业化、职业化的新型农民。

（六）保障质量安全。着力开展农业标准化生产，加强农产品质量安全监管和认证，建立农产品质量在生产、加工、流通过程中的安全追溯制度，完善农产品质量安全风险评估、产地准出、市场准入、质量追溯、退市销毁等监管制度，健全检验检测体系。实行农产品产地安全分级管理，建立协调配合、检打联动、联防联控、应急处置机制，全面提升监管能力和水平。大力推动示范园区产品通过无公害农产品、绿色食品、有机食品“三品”认证以及地理标识或原产地认证，生产更多优质、生态、健康农产品，努力打造农产品品牌，提高示范园区农产品市场竞争能力。

（七）加大招商力度。坚持抓投资主体多元化，鼓励民间资金和社会资本投资现代农业产业项目，用现代金融理念调动社会资本投入现代高效农业园区建设，形成资源招商、品牌引商、人气聚商的招商引资大环境。紧紧围绕政策拉动、市场驱动、产业联动、基础推动吸引企业、科研单位、龙头企业以及社会各方面的力量参与投资示范园区。精选一批项目，建立招商引资项目库，面向长三角、珠三角、港澳台、环渤海、成渝等重点地区和先进发达地区进行会展招商、网上招商、代理招商，组织开展以示范园区为平台的农业招商引资专题推介会，形成以民间资本投资为主体的多元化投入机制。要坚持引资与引智并重，既重视资金和项目的引进，更重视人才、技术的引进，引导示范园区企业聘请企业管理人员，用先进的管理理念和管理经验，提升示范园区管理水平。

（八）创新调度机制。一是按照示范园区建设调度机制，建立产业调度目标、工作目标和预期目标，明确责任单位、责任人，对示范园区实行逐个调度制度。二是实行梯级建设、动态管理、目标考核机制。各示范园区业主实行每月向所在地示范园区建设办公室上报建设进度报告，每季度报告工作总结。由市农委牵头，会同有关部门、县区每年对各县区示范园区建设情况组织一次市级综合考核。

（九）强化指导宣传。围绕突出重点、打造亮点、抓好典型引路加大宣传。每年组织召开 2 次以上示范园区建设现场观摩暨推进会，展示总结各地好经验、好做法，树立典型，扩大宣传。认真积累推进示范园区建设的文字、图片、影像等资料，记录示范园区建设历程，充分利用电视、网络、报刊等主流新闻媒体，加强对示范园区的宣传报道，督促每个示范园区制作和树立标志牌，使示范园区建设真正成为引领试验区特色农业蓬勃发展的生动实践。

三、保障措施

（一）强化组织领导。成立毕节市现代高效农业示范园区建设领导小组，统筹研究示范园区建设规划和相关扶持政策，整合各类资源，协调解决相关重大问题；在市农业委员会加挂“毕节市现代高效农业示范园区建设管理办公室”牌子，增加 8 个事业编制，加强现代农业示范园区建设工作。各县区要比照市级做法，加强对现代高效农业示范园区建设的组织领导、统筹协调和管理工作。各示范园区要建立和完善强有力的园区管委会，明确管委会职责、编制和经费，使园区建设和管理落到实处。市各职能部门要根据部门职责积极参与示范园区建设，形成统筹协调、分工合作、共同推进的工作机制。

（二）加大财税支持。从 2013 年起，市级财政每年安排 2450 万元专项资金对农业示范园区给予奖补支持；县区财政每年要安排不低于500万元的资金对园区建设进行扶持。市直各部门和县区要进一步整合各项涉农资金，加大对示范园区基础设施、科技支撑、产业发展等方面的投入，在安排财政现代农业发展资金、农业结构调整资金、农田水利、农业综合开发、土地整治、财政专项扶贫、退耕还林后续产业建设、农业产业发展资金、烟水配套、石漠化治理等各项涉农资金时，在符合相关政策的前提下，集中整合支持示范园区创建。

（三）强化金融服务。探索建立政府资金与银行信贷资金联动机制和对口支持示范园区建设长效机制，支持金融机构发展分支机构，简化贷款程序，扩大抵押物范围，引导和协调各类金融机构对示范园区建设项目进行支持，建立农业项目优先贷款和最低利率贷款机制。对示范园区企业、专业大户、农民合作社、家庭农场及创业者优先提供贷款。对示范园区创业妇女，优先提供妇女小额担保贷款。积极探索和采取农户联保、互保、专业合作组织为成员担保、龙头企业为基地农户担保等多种方式，解决农户贷款担保难的问题；支持符合条件的示范园区龙头企业上市融资、发行债券。鼓励各地将示范园区内特色品种纳入地方政策性保险试点，实现政策性保险全覆盖。探索建立由自然人或企业发起的小额信贷组织，多方面满足示范园区农户和中小企业的贷款需求。借助煤炭市场兼并重组机遇，积极推行以煤补农、以矿补农的政策，鼓励煤焦等矿产企业资金向农业产业转移，参与示范园区项目建设。

（四）保障建设用地。将示范园区建设用地选址优先纳入允许建设区，在科学合理确定用地规模的基础上予以优先保证。示范园区占用耕地兴建农牧业设施的，在满足设施农牧业用地条件下，严格界定用地范围，实行分类管理，按照国家有关规定和程序办理相关用地手续。凡直接用于农业生产的工厂化养殖场、温室大棚等用地，以及为农业生产服务的生产管理用房、农资仓库、农机（具）库房、晒（堆）场等临时配套设施用地，符合国土资源部、农业部《关于完善设施农用地管理有关问题的通知》（国土资发〔2010〕155号）规定的，不需办理农用地转用审批手续。年度新增建设用地计划向园区内的农业龙头企业和农民合作社加工项目倾斜。投资现代高效农业示范园区的企业、专业合作社，一次性流转土地800亩以上、投资5000万元以上的，在其流转土地的范围内，优先给予农业设施用地指标。鼓励引导社会资金开发“四荒”资源，发展特色产业。

（五）强化人才支撑。支持科研单位创办各类研发中心，开展产业技术集成配套研发。从政策、资金和土地等方面，优先扶持农业科研院校和推广部门在示范园区实施科研推广项目，联合建立试验示范基地，开展科技帮扶、技术服务和培训、人才交流合作，推广先进技术，举办展会。根据示范园区需求，引进高层次科技、管理人才，每个示范园区聘请1所以上大中专院校或科研院所为园区技术依托单位，至少聘请1名副高级以上职称的技术干部为示范园区首席专家、明确1名以上技术指导员具体负责示范园区技术工作。允许和鼓励事业单位科技人员进入园区发展农业和相关产业，以科研成果参股、领办或新办企业。鼓励大学生和返乡农民工到园区创业就业。

（六）强化资金监管。按照示范园区资金管理办法，重点围绕主导产业发展，突出制约发展的关键环节，有针对性地集中投入，不得撒“胡椒面”，严禁挪用。各级财政部门作为示范园区建设资金的监管部门，负责监管资金使用并进行绩效考核。纪检、监察和审计部门要加强对示范园区建设的业务支持，保障示范园区规范有序建设，确保资金使用安全有效。

（七）严格考核奖惩。认真贯彻执行省制定的示范园区建设工作监测统计、信息报送和绩效考评制度，完善动态监测和考核体系，把示范园区建设工作纳入各级政府和各有关部门（单位）目标考核内容，规范示范园区建设的督查和考核，实行月统计、月通报、季调度、年考核。对园区实行动态管理，有进有出，奖优罚劣。对年度考核优秀的省、市级示范园区予以奖励，并在安排资金和项目时予以倾斜。示范园区建设动态监测情况在市主流媒体公布，主动接受社会监督。

毕节市人民政府关于进一步加强和改进最低生活保障工作的通知

（2013 年 11 月 8 日）

各县（区）人民政府（管委会），市直有关部门：

为进一步认真贯彻落实《国务院关于进一步加强和改进最低生活保障工作的意见》（国发〔2012〕45 号）和《省人民政府关于进一步加强和改进最低生活保障工作的实施意见》（黔府发〔2013〕14 号）精神，推动全市最低生活保障工作科学规范运行，现就进一步加强和改进最低生活保障工作通知如下：

一、充分认识进一步加强和改进最低生活保障工作的重要意义

最低生活保障制度是党和国家维护困难群众基本生活权益的基础性制度，事关困难群众衣食冷暖，事关社会和谐稳定和公平正义。进一步加强和改进最低生活保障工作是深入贯彻落实科学发展观和党的十八大精神的重要举措，是认真开展党的群众路线教育实践活动、密切党和群众血肉联系的具体行动。进一步加强和改进最低生活保障工作，有助于健全完善与经济社会发展相适应、与其他社会保障制度相衔接的社会救助体系，对筑牢“发放基本保障金、增发特殊补助金、发放救助粮”三道防线，保障困难群众基本生活权益，让全体人民群众共享改革发展成果具有重要意义。各级各有关部门务必高度重视、提高认识，始终坚持“保基本、可持续、重公正、求实效”的方针，把最低生活保障作为一项重要工作，列入经济社会发展的重要内容。进一步健全完善最低生活保障工作管理机制，着力解决最低生活保障工作中存在的困难和问题，努力构建标准科学、对象准确、待遇公正、进出有序的最低生活保障工作格局，不断提高最低生活保障制度的科学性和执行力，切实维护困难群众基本生活权益。

二、进一步完善最低生活保障工作机制

进一步加强和改进最低生活保障工作，必须坚持“应保尽保、公平公正、动态管理、统筹兼顾”的基本原则，健全完善最低生活保障工作管理机制，有针对性地破解难题，为最低生活保障工作提供有力的制度保障。

（一）切实完善最低生活保障对象认定条件。以县区为单位，根据当地经济社会发展水平和物价变动情况适时调整最低生活保障标准，制定并向社会公布享受最低生活保障待遇的具体条件，建立科学的最低生活保障标准和完善的最低生活保障对象认定标准体系。同时，要明确核算和评估最低生活保障申请人家庭收入和家庭财产的具体办法，并对赡养、抚养、扶养义务人履行的相关法定义务提出具体要求。

（二）切实规范最低生活保障审核审批程序。要严格执行民政部《最低生活保障审核审批办法（试行）》和省、市相关规定，严格按照“三环节十步骤”（申请核评环节、审核环节、审批环节，申请受理、调查核实、民主评困、一榜公示、乡镇最低生活保障工作经办机构审查、乡镇人民政府审核、二榜公示、县级民政部门审批、三榜公示、待遇批准）程序开展农村最低生活保障审核审批工作。

1、规范申请受理程序。凡认为符合条件的城乡居民都有权直接向其户籍所在地的乡（镇、办事处）提出最低生活保障申请，乡（镇、办事处）无正当理由，不得拒绝受理。受最低生活保障申请人委托，村（居）委会可以代为提交申请。申请最低生活保障要以家庭为单位，按规定提交相关材料，书面声明家庭收入和财产状况，履行授权核查家庭经济状况的相关手续，承诺所提供信息的真实、完整，并由申请人签字确认。申请低保时，申请人与低保经办人员或村（居）委会干部有近亲属关系的，应如实申明。乡（镇、办事处）

对与低保经办人员或村（居）委会干部有近亲属关系的低保申请，受理时要单独进行登记备案。

2、规范入户调查程序。乡（镇、办事处）是入户调查工作的责任主体，必须组织人员深入开展最低生活保障申请人和保障对象家庭收入核查，并将核查结果作为确定最低生活保障对象和保障待遇的基本依据，严禁未经调查直接将任何群体或个人纳入最低生活保障范围。调查人员必须对调查资料的真实性、全面性和准确性负责。

3、规范民主评困程序。乡（镇、办事处）在入户调查结束后，要组织村（居）代表或社区评议组对申请人和已保障对象声明的家庭收入、财产状况以及入户调查结果的真实性进行评议，并通过村（居）务公开栏、乡（镇）政务公开栏及时公示入户调查、民主评议结果。对民主评议争论较大的低保申请，应当重新组织人员对其家庭经济状况进行调查核实。对民主评议的程序、方式、内容和参加人员，要以县区为单位统一规定。

4、规范审核审批程序。乡（镇、办事处）要对符合最低生活保障条件的对象进行审核，并通过专题会议研究提出审核意见。研究审核意见前，乡（镇、办事处）社会事务办要严格对照申请受理、入户调查、民主评议以及公示的相关要求提出审查建议，对需要比对核查的信息，提请县级民政部门统筹安排。审核报批对象与低保经办工作人员或村（居）委会干部有近亲属关系的，要送县级民政部门备案。县级民政部门要切实履行最低生活保障审批的主体责任，在审批决定前，应当对乡（镇、办事处）上报的调查材料和审核材料进行全面审查，并按照不低于30%的比例对乡（镇、办事处）上报的拟保障对象进行抽查。

5、规范公开公示程序。要切实建立和完善最低生活保障审核审批公示制度，逐步建立面向公众的最低生活保障对象信息查询和社会监督机制。公示时限、内容、形式、载体由县区民政部门统一规定。对公示存有异议的，应当重新组织调查核实。公示中要注意保护最低生活保障对象的个人隐私，严禁公开与享受最低生活保障待遇无关的信息。

（三）切实完善救助申请家庭经济状况核对机制。要进一步明确最低生活保障对象认定财产条件，形成完善的最低生活保障对象认定标准体系。要综合考虑最低生活保障标准、最低工资标准、城乡居民人均消费水平、低收入群体收入状况等因素，制定最低生活保障对象认定的货币财产标准；综合考虑住房、机动车等因素，制定最低生活保障对象认定的实物财产标准。要建立救助申请家庭经济状况信息核对共享机制。各级民政部门要充分整合运用各类信息，及时向相关部门提出救助申请家庭经济状况核定的信息需求。经申请家庭授权后，各有关部门要在接到民政部门提出书面信息需求的10个工作日内作出书面反馈，及时提供申请人家庭成员的相关信息。公安部门要提供申请人共同居住生活的家庭成员姓名、身份证号和车辆信息；人社部门要提供申请人家庭社保信息；住建部门要提供申请人家庭的房产信息；公积金管理部门要提供申请人住房公积金信息；税务部门要提供申请人及其家庭成员自申请之日起前半年的税收登记和纳税情况；工商部门要提供申请人家庭工商登记信息；金融机构要提供申请人家庭存、贷款信息；证券机构要向中国证券登记结算公司查询后提供申请人家庭有价证券信息；保险机构要提供申请人购买商业保险的情况。各县区要尽快完善救助申请家庭经济状况核对工作的具体办法，对新申请最低生活保障的对象和申请其他救助的低收入群众，均要进行家庭经济状况信息核对。市、县区要尽快健全完善救助申请家庭经济状况信息核对工作机构和信息核对平台，并以全省最低生活保障信息系统为基础，加快建立救助申请家庭经济状况核对信息系统。要通过运用现代信息技术手段，充分整合利用各部门提供的信息，确保救助申请家庭认定结果科学准确。

（四）切实加强最低生活保障对象动态管理。对已经纳入最低生活保障范围的救助对象，要采取多种方式加强管理服务，定期跟踪保障对象家庭变化情况，形成最低生活保障对象有进有出、补助水平有升有降的动态管理机制。对新申请最低生活保障的家庭，要及时组织开展入户调查、民主评议和审核审批工作；对符合最低生活保障条件的，原则上城市最低生活保障在审批通过后次月、农村最低生活保障在审批通过后下一季度纳入保障范围并发放保障金；对不符合条件的最低生活保障对象，要及时予以取消并限时送达取消最低生活保障通知书，城市低保从退出保障后次月、农村低保从退出保障后下季度起停发保障金，切实做到“应保尽保、应退则退”。对无生活来源、无劳动能力又无法定赡养、抚养、扶养义务人的“三无人员”，要每年核查一次；对短期内收入变化不大的家庭，每半年核查一次；对收入来源不固定、成员有劳动能力和劳动条件的最低生活保障家庭，原则上实行城市按月、农村按季核查。

（五）切实强化最低生活保障资金筹集管理。各县区政府要将最低生活保障资金足额纳入财政预算，确保最低生活保障资金及时足额发放。坚持分级分类别按比例承担最低生活保障所需资金，结合各地经济社会发展情况和最低生活保障工作实际，适时调整和完善最低生活保障资金筹集管理机制。各地在年度预算执行过程中，如需调整最低生活保障资金预算，应由民政部门根据实际情况向同级财政部门提出申请，经财政部门审核并按程序报批后实施。最低生活保障资金如有结余，应结转下一年度继续使用。要完善低保工作经费保障机制，并将其纳入本级财政预算，为低保工作顺利开展提供资金保障。

（六）切实做好最低生活保障与其他社会救助制度的有效衔接。加快推进低收入家庭认定工作，为医疗救助、教育救助、住房保障等社会救助政策向低收入家庭拓展提供支撑。全面建立临时救助制度，有效解决低收入群众的突发性、临时性基本生活困难，做好最低生活保障与养老、医疗等社会保险制度的衔接工作。进一步规范农村最低生活保障季节性缺粮户粮食救助机制。鼓励机关、企事业单位、社会组织和个人积极开展扶贫帮困活动，形成慈善事业与社会救助的有效衔接。完善城市最低生活保障与就业联动、农村最低生活保障与扶贫开发衔接机制，加大对有劳动能力的最低生活保障对象的就业扶持力度。

三、进一步强化最低生活保障工作的各项保障措施

（一）着力加强组织领导。要进一步完善政府领导、民政牵头、部门配合、基层落实、社会参与的最低生活保障工作组织领导机制，将最低生活保障工作纳入经济社会发展总体规划，纳入科学发展考评体系和政府绩效考核体系。县级人民政府要切实担负起最低生活保障政策制定、资金投入、监督保障的管理责任；乡（镇、办事处）要切实履行最低生活保障申请受理、调查、评议公示等审核职责。要充分发挥村（居）组织协助低保工作的积极作用，严禁村（居）民委员会越权行使乡（镇、办事处）职责和村（居）民委员会干部代行乡（镇、办事处）工作人员职责。

（二）着力加强能力建设。要结合本地实际和全面落实最低生活保障制度的要求，科学整合各类资源，充实基层工作力量，除配足配强县级社会救助机构和乡（镇、办事处）社会事务办编制人员外，由县级社会救助工作机构派驻每个乡（镇、办事处）的2名最低生活保障工作专职人必须确保全员到位。乡（镇、办事处）要强化监督管理，确保低保工作的日常管理业务正常开展。要加强最低生活保障工作人员的业务培训，保障其工作场所、条件和待遇，不断提高工作服务水平，保持低保工作队伍相对稳定。要完善最低生活保障电子台账和信息数据库，及时更新核对信息，不断提升低保档案管理水平。

（三）着力加强政策宣传。要充分利用广播、电视、报纸和网络等宣传平台，广泛宣传最低生活保障工作的认定条件、审核审批、补差发放、动态管理等政策规定，扎实做好舆论引导工作。要密切关注舆情动态，及时研究解决工作中出现的各种问题，积极营造全社会重视、关心、支持并监督最低生活保障工作的良好氛围。

（四）着力加强监督检查。要将最低生活保障工作纳入市政府对各县区年度目标绩效考核内容，作为政府督查督办的重点内容。要建立完善最低生活保障工作问责制度，畅通最低生活保障投诉举报核查渠道。各级财政、审计、纪检、监察等部门要切实加强对最低生活保障资金管理使用情况的监督检查，对截留、挤占挪用、套取、贪污、虚报冒领、私分最低生活保障金及因工作不负责任、玩忽职守，造成严重影响的，必须按照有关法律法规坚决查处，绝不姑息。

毕节市2014年城乡居民基本医疗保险实施方案

（2013年12月27日）

根据《贵州省“十二五”期间深化医药卫生体制改革规射暨实施方案》（黔府发〔2012〕36号）和国家六部委《关于开展城乡居器大病保险工作的指导意见》（发改社会〔2012〕2605号）及贵州省卫生厅、财政厅、民政厅《关于我省、2014—2016年度新农合参合群众个人缴费标准等问题的通知》（黔卫发〔2013〕78号）精神，为进一步巩固全市新型农村合作医疗和城镇居民基本医疗保险（以下简称“城乡居民基本医疗保险”）成果，特制定本方案。

一、指导思想

坚持大病统筹为主，兼顾受益面；坚持以收定支，收支平衡，保障适度，略有结余；坚持便民利民宗旨，全市范围内住院即时即报；坚持合理利用卫生资源，适当拉开不同级别医疗机构的起付线和补偿比例，引导病人到基层医疗机构就诊；在一个年度内保持政策的稳定性和连续性。

二、基本原则

全市范围内实行“八个统一”的市级统筹管理，即“统一参保范围、统一基金管理政策、统一补偿政策、统一服务监管政策、统一信息管理、统一筹资标准、统一现场减免、统一考核标准”。

（一）统一参保范围

2014年城乡居民基本医疗保险参保范围为：全市除参加城镇职工基本医疗保险以外的城乡居民（含在校大学生）；外地来我市务工未在原居住地参保的人员；外地录取到我市就读的大学生。

（二）统一筹资标准

1. 2014年筹资标准为390元/人/年，其中财政补助320元/人/年（各级财政补助标准待中央和省补助政策出台后按规定执行），个人缴费70元/人/年。

2. 对低保户、重点优抚对象、计划生育独生子女户和二女节育户、重度残疾人等特困户的参保金缴纳，按相关部门的规定执行。

（三）统一基金管理政策

城乡居民基本医疗保险基金分为住院统筹基金、门诊统筹基金和大病医疗保险基金，2014年筹资总额为每人每年390元，其中290元用于住院统筹和大病统筹（大病医疗保险统筹基金比例另行文），100元用于门诊统筹。按照“市级统筹、分级管理”的原则，住院统筹基金和门诊统筹基金县级使用、县级管理，大病医疗保险基金实行市级统筹。城乡居民基本区疗保险统筹基金当年结余控制在15%以内，累计结余不超过当年统筹基金的25%。

（四）统一补偿政策

全市统一实行“住院统筹（含住院分娩和特殊慢病门诊）+大病医疗统筹+门诊统筹”的补偿模式。

1. 住院补偿

（1）起付线：①按医疗机构级别，设立不同的起付线。一级定点医疗机构不低于100元；二级定点医疗机构不低于200元；三级定点医疗机构（含二级专科医院）不低于300元；毕节市以外的政府办医疗机构不低于500元；毕节市以外的民营医疗机构和毕节市范围内的非定点医疗机构不低于1000元。②每次住院都应交起付费。③低于起付线以下的看病就医费用由个人自付。

（2）补偿比例：参保患者在各级定点医疗机构住院，符合城乡居民基本医疗保险报销范围的住院费用按比例予以补偿，不设封顶线。一级定点医疗机构85%；二级定点医疗机构（或一级专科医院）75%；三级定点医疗机构（或二级专科医院）65%；毕节市以外的政府办医疗机构（不分级别）55%；毕节市以外的民营医疗机构（不分级别）35%。具体见下表：

	一级定点医疗机构	二级定点医疗机构（一级专科医院）	三级定点医疗机构（二级专科医院）	跨毕节市的政府办医疗机构	跨毕节市的民营医疗机构
起付线	≥ 100 元	≥ 200 元	≥ 300 元	≥ 500 元	≥ 1000 元
补偿比例	80%	75%	65%	55%	35%

（3）计算参保患者的实际补偿金额时，首先应计算可补偿费用（即剔除不符合补偿范围的费用），减去起付金后，再按规定的补偿比例进行补偿。

（4）保底补偿。在各级定点医疗机构（含省、市、县）和毕节市以外的经转院或备案的公立医疗机构住院治疗且医药费用超过起付线的部分，应实行保底补偿（非定点民营医疗机构不执行保底补偿）。实际补偿比例毕节市以内不低于 60%，毕节市以外不低于 50%。即在按补偿方案测算后，如果城乡居民实际补偿所得金额与剔除起付线后的医疗总费用之比低于保底补偿比例，则按照保底补偿比例给予补偿。但其检查和治疗必须符合病情需要，与病情无关的检查和治疗所产生的费用不能纳入保底补偿范围。

（5）住院分娩补偿。实行限价政策，具体按市卫生局《关于调整住院分娩限价标准的通知》（毕卫发〔2013〕31 号）的规定执行。对病理性产科的住院分娩按疾病住院补偿标准给予补偿。开展“降消项目”的县区，孕产妇住院分娩要先执行项目规定的定额补助政策，剩余部分再由城乡居民基本医疗保险基金按有关规定给予补偿，但合计补偿数不得超过其实际支出费用。

（6）单病种包干。省级和市级制定的单病种包干政策在全市范围内执行；县级制定的单病种包干政策只在所属县区定点医疗机构执行，市级、省级定点医疗机构及经转诊（或备案）的外出就医患者不执行县内的单病种包干费用（与县级经办机构单独签订协议的例外）。

（7）重大疾病补偿。在按省级相关文件执行的基础上，各县区可根据基金节余情况适当放宽补偿范围。

（8）大病医疗保险。按照《关于印发毕节市开展城乡居民大病保险工作实施意见（试行）》（毕府办通〔2013〕54 号）和与中国人寿保险公司毕节分公司签订的《毕节市城乡居民大病医疗保险合作协议》和《毕节市城乡居民大病医疗保险合作同书》的相关规定执行。实行县内单病种包干付费后的自付费用不能纳入大病医疗保险。

2. 门诊补偿

（1）门诊统筹定点医疗机构为县内村卫生室（社区卫生服务站）、乡镇卫生院（社区卫生服务中心）。

（ 2）门诊统筹资金以乡镇为单位包干使用，超支由乡镇卫生院承担，结余结转下年使用。

（ 3）个人缴费部分 100% 报销，以户为单位包干使用，家庭人员可合并使用，每次处方限额不超过 50 元。2014 年 12 月 30 日前个人缴费部分未用完的自然清零，不结转下年使用。

（4）个人缴费部分以户为单位使用完的，门诊就诊费用报销不低于 70%，每次报销限额在村级不超过 25 元和在乡级不超过 40 元，全年累计每人每年不超过 200 元。

（5）门诊诊疗只收取零差价基本药费和辅助检查费，不准收取诊疗费用。门诊一般诊疗费按毕节市新型农村合作医疗领导小组《关于对 2012 年新农合门诊统筹基金实行总额预付和按人头包干使用支付方式改革的通知》（毕合医领〔2012〕1 号）规定执行。

3. 加大支付方式改革力度。各县区在认真执行省、市支付方式改革相关文件的同时，要进一步加大支付方式改革的力度，积极开展总额付费、按床日付费、按人头付费、按病种付费等支付方式的改革，努力控制医疗费用的不合理增长，切实减轻群众负担。

4. 其他

（1）各县区和各级定点医疗机构要严格执行《贵州省新型农村合作医疗基本药品目录（2013 版）》（以下简称《基本药品目录》）和《国家基本药物目录（2012 版）》（含省增补药品），以上统称为“药品目录”，不得自行制订或直接套用城镇职工基本医疗保险药品目录。超出“药品目录”的药品，不予报销。所有定点医疗机构必须优先使用基本药物并进入省级基本药物采购平台采购，否则不予报销，费用由医疗机构自行负责。

（2）明确补偿范围。城乡居民基本医疗保险基金用于参保城乡居民的医疗费用补偿，对于其他政策规定（或社会捐助）费用优惠的医疗项目，应先执行优惠政策（或社会捐助规定），剩余部分再按城乡居民基本医疗保险补偿政策给予补偿。上述合计补偿数不得超过其实际支出费用。

（3）慢性病和大病的门诊补偿。慢性病和大病应由专家鉴定或先期病历核查认定，指定所用药物和定点医疗机构。不设起付线，费用累计计算，资金由住院统筹基金中支出。慢性病门诊治疗比照同级医院住院补偿比例每月结报一次（包括原发性高血压Ⅱ期、心脏病并发心功能不全、脑出血及脑梗塞恢复期、慢性活动性肝炎、慢性阻塞性肺气肿及肺心病、癫痫、精神病、肝豆状核变性、失代偿期肝硬化、饮食控制无效糖尿病、系统性红斑狼疮、帕金森氏病、重症肌无力等或类似疾病）；大病门诊治疗比照同级医院住院补偿比例实行即审即报（如再生障碍性贫血、白血病、血友病、精神分裂症、恶性肿瘤放化疗、慢性肾功能不全透析治疗、器官移植抗排异治疗等或类似疾病）。慢性病门诊补偿：第一种疾病每人每年 1500 元，每增加一种疾病增加 500 元，最多不超过 5000 元，大病门诊补偿每人每年封顶线 50000 元。慢性病门诊补偿每人每年超过 5000 元或大病门诊补偿每人每年超过 50000 元，全年累计自付部分超过大病补充医疗保险起付标准的按大病补充保险规定进行补偿。慢性病和大病门诊治疗不按指定用药或不在指定的定点医疗机构就医所产生的费用一律不予补偿。

（4）参保城乡居民在日常生活、劳动中因意外伤害而发生的医药费用，若无他方责任，则纳入相关补偿范围（不含不予支付的项目）。对于发生意外伤害的参保城乡居民能够提供有效证据证明无他方责任的意外伤害住院医药费用原则上比照疾病住院补偿规定执行；对于有他方责任的不予支付。意外伤害补偿应在一定范围内公示 7 天以上，公示无异议、无举报、或调查确认，经村、居委会出具证明，乡镇分管卫生领导和派驻乡（镇）合管人员签字（盖章）后方可兑付补偿金。

（5）既参加城乡居民基本医疗保险又参加了商业医疗保险的城乡居民住院可以凭住院医药费用发票、医院费用清单等复印件及保险公司结报单据等材料到城乡居民基本医疗保险管理机构按规定办理补偿，即总费用减去保险公司赔偿金额后的政策范围内费用再按城乡居民基本医疗保险标准报销。在校学生及外出务工人员，在读学校或务工单位已为其购买商业意外伤害险的，因病住院应先报销意外伤害保险，剩余部分的政策范围内费用纳入城乡居民医疗保险按比例补偿，但补偿总金额不得超过患者总费用。

（6）参保城乡居民在同一医院门诊检查后三天内住院，与当次住院密切相关的门诊检查费用纳入当次住院医药费用一并计算。在住院期间因病情需要到院外进行检查的费用计入当次住院医药费用补偿。

（7）参保城乡居民患肺结核（肺外结核例外），需要住院治疗并在结核病定点医疗机构住院治疗的，其住院费用按城乡居民基本医疗保险的有关规定进行支付。在非结核病定点医疗机构住院治疗肺结核病产生的住院费用（除危重病人抢救费用），城乡居民基本医疗保险基金不予报销。

（8）对于新生婴儿，出生当年可以凭户口簿、患儿父（母）亲身份证、合医证、出生医学证明，按参保父（母）亲身份享受补偿，与参保父（母）亲同一补偿标准。

（9）纯中医中药治疗费用报销比例提高 5 个百分点。

（10）为进一步解决看病贵问题，降低患者的医疗负担，在全市二级以上（含二级）医疗机构实行 X 线、CT、核磁共振、彩超、肝功能等医学检验和医学影像结果实行互认制度。患者因一次患病在区内各二级以上（含二级）医疗机构连续住院治疗的，对以上医学检验和医学影像检查结果实行互认，若重复检查的不予报销（因病情需要复查的例外），由医疗机构自付。

（11）被动物咬伤在政府举办的疾病预防控制机构注射狂犬病疫苗的，纳入各县区单病种管理。

（12）参保城乡居民在跨毕节市外比邻的政府办医疗卫生机构住院，由各县区确定报销比例。

（13）对器官移植的相关手术费用：辖区内的参保人员无论是捐献器官者或接受器官者，其相关治疗费用纳入报销。

（14）外出务工人员（由聘用单位出具务工证明）未在当地参加任何基本医疗保险的，在务工地公立医院住院治疗的政策范围内费用按市内同级医疗机构报销比例报销。

（15）婚前医学检查、新生儿疾病筛查等。按毕节市卫生局的相关文件执行。

（五）统一服务监管

实行市内定点医疗机构资格准入、监管督查分级管理制度，统一实行全市城乡居民基本医疗保险经办机构工作制度、服务规范、监管规范。在毕节市以外确定定点医疗机构只能选择政府办医疗机构，不能选择民营医疗机构。各县区要在认真执行省、市关于定点医疗机构和医务人员监管相关规定的同时，积极创新监管机制，切实加大监管力度，确保基金安全和参保群众利益最大化。

（六）统一信息管理

实行以省级新型农村合作医疗信息管理平台为依托，覆盖全市各级定点医疗机构和城乡居民基本医疗保险经办机构的城乡居民基本医疗保险信息管理系统。凡不使用新农合系统的医疗机构一律不纳入定点，所有定点医疗机构不经过新农合系统上传的诊疗费用一律不报销。

（七）统一现场减免

全市范围内因病住院均按市内不同级别医疗机构的统一补偿标准进行现场减免，患者只需缴纳个人自付部分。医疗费用补偿实行定点医疗机构垫支，垫资资金实行先预拨，后审核，审后补拨或扣减。转诊遵循以人为本、简化程序、方便群众的原则。参保城乡居民在市内所有定点医疗机构就医住院不需办理转诊手续（但跨县的要电话告知当地合医办备案）；已在一、二级医院住院需转三级医院住院的必须按规定办理转诊手续（急诊转院的先转院后电话告知当地合医办备案）；到市外医疗机构住院的必须按规定办理转诊手续（外出务工人员例外）。

（八）统一考核标准

严格按照省、市卫生行政部门相关要求，认真抓好参保率、基金管理使用、门诊统筹开展、住院率、次均住院费用控制、实际住院补偿比、自费比等关键业务控制指标任务的落实进行考核（考核方案由市新型农村合作区疗管理办公室制定并负责考核）。

三、不予支付费用的诊疗项目

（一）服务项目类

1. 挂号费、院外会诊费、远程诊疗费、家庭病床费、救护车费等。

2. 自请特别护理费、优质优先等特需医疗服务费以及点名手术附加费等。

3. 病历工本费、疾病证明书费、微机查询与管理费、各种账单工本费、磁卡费等。

（二）非疾病治疗项目类

1. 各种美容项目。如雀斑、粉刺、疣、痤疮、祛斑、色素沉着与脱发（含斑秃）、白发、脱痣、穿耳、鞍鼻、按摩美容等项目。

2. 各种非功能型整容、矫形手术和生理缺陷治疗等。如重睑术、隆乳术、割狐臭、矫治口吃、矫斜眼、屈光不正、视力矫正等手术项目。

3. 糖尿病决策支持系统、睡眠呼吸监测系统、微量元素检测、骨密度测定、人体信息诊断、电脑选择最佳妊娠期、胎儿性别与胎儿发育检查等诊疗项目。

4. 各种减肥、增胖、增高、健美、戒烟的诊疗项目。

5. 各种预防、保健性的诊疗（除住院分娩）等项目，如各种疫苗、预防接种、疾病普查普治、旅游体检、职业体检、出境体检等。

6. 各种医疗咨询（包括心理咨询、健康咨询、饮食咨询、疾病咨询）、各种预测及评定（包括中风预测、健康预测、疾病预测，日常生活能力评定、引导式教育训练，非精神病或神经系统疾病所需的记忆力评定、认知知觉功能检查、言语能力评定等）、各种鉴定（司法鉴定、工伤鉴定、医疗鉴定、亲子鉴定）、健康指导等项目。

7. 各种计划生育手术费用及因其所产生的各种费用（市委、市政府行文规定的例外）。

（三）诊疗设备及医用材料类

1. 应用正电子发射断层装置 PET、电子束 CT、眼科准分子激光治疗仪等大型医疗设备进行的检查治疗项目。

2. 眼镜、义眼、义齿、义肢、助听器、健脑器、皮（钢）背心、钢围腰、钢头颈、胃托、肾托、阴囊托、子宫托、拐杖、轮椅（残疾车）、畸形鞋垫、药枕、药垫、热敷袋、压脉带、输液网、提睾带、疝气带、护膝带、人工肛袋等器具。

3. 各种家用检查检测仪（器）、治疗仪（器）、理疗仪(器)、按摩器和磁疗用品等治疗器械。

4. 省物价部门规定不可单独收费的一次性医用材料。

(四)治疗项目类

1. 各类器官或组织移植的人类器官源或组织源以及获取器官源、组织源的相关手术等。

2. 除肝脏、肾脏、角膜、皮肤、血管、骨、造血干细胞(骨髓、脐血)移植外的其他器官或组织移植。

3. 前列腺增生微波(射频)治疗、氦氖激光血管内照射(血疗)、麻醉手术后镇痛新技术(止痛床、镇痛泵等)、内镜逆行阑尾造影术等诊疗项目。

4. 镶牙、种植牙、洁牙、牙列不整矫治、黄黑牙、牙缺损、色斑牙、烤瓷牙等诊疗项目。

5. 气功疗法、音乐疗法、催眠疗法、磁疗法、水吧疗法、氧吧疗法、体位疗法、心理治疗法与暗示疗法(精神病人除外)、食疗法、保健性营养疗法等辅助治疗项目。

6. 各种不育(不孕)症、性功能障碍的诊疗项目。

7. 各地科研、教学、临床验证性的诊疗项目。

(五)其他情形

1. 因打架、斗殴、酗酒、自伤、自残、自杀、戒毒等引发的诊疗项目。

2. 出国以及出境期间所发生的一切医疗费用。

3. 不遵医嘱拒不出院以及挂床住院发生的费用。

4. 未纳入物价政策管理和未取得收费项目许可的诊疗项目。

5. 属于他方责任的(如交通事故、医疗事故以及其他有他方责任引发的诊疗费用)。

(六)不予支付费用的医疗服务设施范围

1. 就(转)诊交通费。

2. 空调费、电视费、电话费、电炉费、电冰箱费、食品保温箱费和损坏公物赔偿以及水、电、气等费。

3. 陪护费、护工费、洗澡费、药浴费、理发费、洗涤费等。

4. 门诊煎药费、中药加工费。

5. 文娱活动费、报纸杂志费、健身活动费。

6. 膳食费。

7. 鲜花与插花费。

四、加强经办服务能力建设

(一)加强经办队伍建设。各县区要进一步加强县、乡经办队伍建设,确保每个乡镇有两名专职工作人员负责城乡居民基本医疗保险工作。

(二)保障经办机构工作场所和工作经费。各级政府要从方便群众和利于工作的角度安排好经办机构的工作场所。县级财政要解决好经办机构的工作经费,原则上按参保总人数每人每年2元落实(百管委、双山新区等人口较少的地方按每人每年4元落实),确保日常工作的正常开展。

五、其他

(一)本方案从2014年1月1日起执行。

(二)本方案未涉及的部分特殊情况,按照市卫生局的相关文件执行。各县区可结合实际制订实施方案,但参保人员的最终待遇原则上不能低于本方案规定标准。

(三)本方案由毕节市新型农村合作医疗管理办公室负责解释。

大 事 记

一月

3—7 日 毕节市党政考察团赴重庆永川、江苏常州、贵阳清镇等地考察学习教育园区建设。

6 日 全市“四个一体化”重大项目推进会在黔西县召开。

△ 由内地导演杨小波执导，由王洪刚、张晓宁制片，由琴歌（北京）文化传播公司出品，由北京电视艺术家协会、重庆岚町广告传播有限公司联合摄制，由中共金沙县委、金沙县人民政府以及中共金沙县委宣传部、金沙县文体广电局协助拍摄的青春励志电影《错位恋人》顺利完成在金沙的拍摄任务，在重庆川嘉房地产销售大厅外举行关机仪式。

8 日 毕节首座 500 千伏奢香变电站 1 号主变完成充电成功带电运行，标志着毕节首座 500 千伏变电站正式投运。

8—9 日 贵州省委书记赵克志到威宁县迤那镇走访慰问困难群众、五保老人和在校师生。

11 日 全市农村老年公寓“老少共融”工作现场会在七星关区召开。

15 日 毕节市委副书记、市长陈昌旭率考察团赴深圳考察，并分别与中国建筑第四工程局有限公司、安信证券股份有限公司举行座谈会。毕节与两家公司分别就毕节产业园区建设、城市综合体建设、特色小城镇建设、交通基础设施建设等项目合作事宜进行洽谈并达成合作共识。

15—18 日 市委书记张吉勇，市委副书记、市长陈昌旭率队赴京，向各民主党派中央和全国工商联，水利部、农业部、国家发改委、人力资源和社会保障部、交通运输部、国土资源部、国家烟草局、国家林业局等有关国家部委作工作汇报，并与中铁十七局、中石化就有关项目进行座谈。

20—21 日 全国铁路发展计划工作会议在北京召开，对全国铁路项目工作进行安排，会议向毕节市内续建的林歹至织金、织金至毕节、织金至纳雍铁路下达了投资计划。

21 日 全国总工会副主席、书记处书记段敦厚率领全国总工会送温暖慰问团一行，到毕节市开展送温暖慰问活动。

23 日 毕节市委召开以县为单位开展同步小康创建活动动员大会，号召和动员全市上下把思想和行动迅速统一到省委、省政府的决策部署上来，以县为单位不折不扣地完成同步小康创建任务，分期分批实现县县小康，最终实现与全国全省全面建成小康社会宏伟目标。

△ 毕节市召开解放思想“十破十立”大讨论动员大会。

△ 全市教育改革和发展会议召开。

26 日 毕节市机场历史上首架飞机校飞圆满成功。标志着毕节进入航空时代。

△ 贵阳至织金正式开通客运列车。结束了织金县无铁路运输的历史。

二月

5 日 由毕节市委宣传部、市总工会、市公安局、毕节日报社、毕节市广播电视台、毕节试验区杂志社等单位联合主办的毕节市首届“我最喜爱的人民警察”颁奖活动在毕节学院举行。获奖人员为：唐伟、余庭贵、周跃军、黄梼、谢荣强、张波、管毓毅、路遥、杨志武、张正波。

7日 经国务院同意，国务院办公厅以国办函〔2013〕35号文件下发《关于同意深入推进毕节试验区改革发展规划（2013—2020）的函》。《规划》由国家发改委编制上报，规划年限为2013—2020年，其批准实施，对加快推动毕节实现与全国同步小康宏伟目标具有十分重要的意义。

8日 由毕节市自主投资、建设、运营、管理的织金至黔西高速（赤望高速黔织段）正式开通。并在黔西县金碧乡举行了通车仪式。黔织高速公路起于黔西石板，止于织金绮陌，全长35.774千米，总投资29.1314亿元。于2010年7月2日开工建设。

20日 毕节市委书记张吉勇，市委副书记、市长陈昌旭会见浙江华睿投资公司总顾问刘毅、贵州威门药业董事长梁斌等企业家并进行座谈，双方就肉牛养殖等有关合作事宜达成初步共识。

20~21日 “全国工会就业援助月”大型招聘会在毕节举行。此次活动以“广开就业门路，提高就业质量；服务基层职工，促进科学发展”为主题，突出“家乡就近就业，服务园区建设”主基调。省外59家企业代表，毕节市38家企业代表，市内8家中介机构代表，市内学校、培训机构负责人参加招聘会。全国总工会保障工作部部长邹震、副部长陈杰平，财务部副巡视员武睿，省总工会党组成员、副主席李嘉麟、程安等出席招聘会启动仪式。此次“全国工会就业援助月”活动共组织了沿海8省市贵州省的部分企业和就业服务机构，提供6万余个就业岗位，在毕节，到场参加应聘人数1.2万余人，报名参加培训人数2235人。

24日 省委常委、副省长秦如培率队到金沙县督导信访维稳工作。

△ 毕节市第一届人大常委会第十次会议在市人大会议室召开。会议听取、审议和通过了《毕节市科技创新工作情况报告》《毕节市中级人民法院执行工作报告》，审议了毕节市人民政府、市人民检察院的人事任免案。听取了《毕节市人大常委会代表资格审查委员会代表变动情况报告》。市人民政府市长陈昌旭宣读了毕节市人民政府关于丁翊强等任免职的报告，决定任命丁翊强为毕节市人民政府副市长；决定免去宋丽丽毕节市人民政府副市长职务；免去曾祥武毕节市人民检察院检察员职务。

△ 市委、市政府与国家开发银行贵州省分行进行开发性金融合作座谈会。双方就进一步提升、完善、深化合作关系，深入贯彻落实《毕节试验区改革发展规划》，打造综合金融合作试点，推动毕节实现与全国全省同步全面建成小康社会目标进行探讨，并达成广泛共识。

三月

1日 织金县经济开发区被省政府批准为全省千亿元级产业园区，与贵安新区电子信息产业园区、贵阳国家经济技术开发区、遵义仁怀习水名酒工业园区、福泉经济开发区一起进入全省5个千亿元级产业园区的盘子。

2日 由贵州省兰花协会、毕节市七星关区人民政府主办，毕节市兰花协会承办的贵州省第十二届（毕节七星关）兰花博览会在毕节市会展中心举行。本届兰花博览会有来自北京、上海、重庆、四川、云南、广西、贵州以及台湾等地的嘉宾和兰花爱好者千余人参加，参展兰花3000余盆。此次兰花博览会采用“票决制”的方式，评出金奖20个、银奖30个、铜奖50个、栽培奖5个、组织奖5个。

9日 在京参加十二届全国人大一次会议的全国人大代表、毕节市市长陈昌旭应邀接受新华社、《人民日报》等22家新闻媒体的集体采访时表示，毕节市一定要把贯彻落实“两会”精神与贯彻落实国发2号文件、国办函35号文件精神结合起来，在坚持科学发展、实现同步小康中做到“六个更加凸显”（更加凸显主题主线、更加凸显加力加速、更加凸显转型转移、更加凸显和美和谐、更加凸显先行先试、更加凸显同心同行）。

11日 《深入推进毕节试验区改革发展规划》

新闻发布会在贵阳举行。省委常委、常务副省长谌贻琴，毕节市委书记张吉勇，省发改委党组副书记、副主任付京，毕节市委常委、常务副市长胡吉宏出席发布会，并回答了新闻媒体记者的提问。省委宣传部副部长周晓云主持新闻发布会。中央、香港驻黔新闻单位、省、贵阳市和毕节市主要新闻单位，重点新闻网站等50多家媒体记者应邀参加新闻发布会。

12日 市委、市政府在北京毕节商务酒店召开深入推进毕节试验区改革发展规划座谈会。市委副书记、市长陈昌旭主持会议。会议听取了中央统战部办公厅、国家发改委西部开发司、毕节试验区专家顾问组、省发改委有关领导和专家，国家部委曾在毕节工作的有关领导、毕节试验区发展促进会有关人员的意见和建议。中央统战部办公厅巡视员、副主任申占华，中央统战部办公厅副主任浮新才，国家发改委西部司副司长李应明，毕节试验区专家顾问组总顾问常近时，经济社会组组长、北大光华管理学院院长蔡洪滨，专家顾问组农业水利组组长。中科院地理科学与资源研究所地理资源研究中心主任王旭，水利部宣传中心主任郭孟卓，中国农业电影电视中心副主任苑荣，毕节试验区促进会副会长、财政部农业综合开发办副主任周可，省发改委党组成员、西开办副主任高鸿出席会议。并听取了有关领导的意见和建议。

△ 国土资源部耕地保护司副司长刘明松等一行8人到织金县就耕地耕作层土壤剥离利用工作进行调研。

18日 计划总投资120亿元的织金电厂项目二期取得国家发改委核准。

21日 国家开发银行总行监事长姚中民率国家开发银行总行业务发展局局长刘勇、国家开发银行贵州省分行行长王永进等到百里杜鹃风景名胜区、七星关区开行路、一院三馆等地，就旅游产业发展、城市项目规划建设等情况进行实地考察，并就有关问题提出了意见和建议。

25—26日 中央政治局常委、全国政协主席俞正声在全国政协副主席、中央统战部部长令计划，省委书记赵克志，省政协主席王富玉等陪同下到毕节试验区考察调研。俞正声一行先后到七星关区、大方县、黔西县、金沙县、百管委、双山新区等地深入工厂企业、民族集镇、贫困村寨、职业学校等地进行视察并召开座谈会，与各族干部群众亲切交谈，要求中央统战部及各民主党派中央要一如既往地把参与毕节试验区的建设工作做好。国家发改委副主任连维良、国家民委副主任丹珠昂奔、国务院扶贫办主任范小建等领导陪同考察。省领导赵克志、王富玉、崔亚东、刘晓凯、廖国勋，市领导张吉勇、陈昌旭、郭正良等分别参加座谈会和有关活动。

26日 以国家防汛抗旱总指挥部办公室信息处处长马涛为组长的国家防汛抗旱调研组到金沙调研山洪沟、山洪灾害整治和防汛抗旱规划等工作。

27日 中央统战部办公厅巡视员、副主任申占华率调研组到毕节调研统一战线支持毕节试验区发展有关工作情况，并召开了毕节试验区工作调研座谈会。

△ 中央纪委信访室副局级纪律检查员、监察专员兼来访接待处处长宿云贵一行3人到毕节市调研纪检监察信访举报工作。

28—29日 以“五湖四海广聚人才，携手贵州后发赶超”为主题的第一届贵州人才博览会在贵阳国际会展中心开幕。毕节市委常委、副市长孔昌生出席。开幕式上，毕节市人力资源和社会保障局与深圳市人力资源和社会保障局签订了人才合作协议。会后，毕节市现场接待洽谈人数1170人，其中博士17人，硕士431人，初步达成意向209人。

30日 全国政协常委、表演艺术家冯巩赴毕节市调研农民工就业创业等有关问题时表示，将把毕节作为文艺创作基地，为解决中国的农民工问题建言献策，为中国的城镇化进程鼓与呼。市长陈昌旭、市政协主席郭正良等出席座谈会。

30—31日 重庆日报报业集团健康人报副总编辑、健康人网总编辑汪剑兰，重庆泰亨集团董事长、总裁李洪，四川王氏集团升腾地产公司总经理张翼一行到毕节市考察。

是月 贵州省毕节梁才学校正式落户毕节，贵州省毕节梁才学校是由七星关区人民政府招商引资引进，毕节市教育局批准成立，四川宏亮投资有限公司与四川丰硕投资有限公司、云南昆明柱海木业有限公司合作，创办的一所集学前、小学、初中、高中教育为一体的高规格、高品质的民办公助学校。学校位于毕节市七星关区德溪经济开发区，学校于2013年秋季首次招生。

四月

7日 市委书记张吉勇，市委副书记、市长陈昌旭与贵州建工集团董事长、党委书记刘建忠，总经理陈世华一行，就双山新区职教城招商建设事宜进行商洽。双方就职教城建设的具体事宜深入交换了意见。

△ 毕节市政府召开专题会议，研究推动“5个100工程”有关工作。“5个100”工程是省委、省政府作出的一项重大决策，是全省经济社会发展的有力抓手和重要平台。抓好“5个100工程”，对充分发挥毕节的资源优势和市场的主导作用，加快毕节与全国全省同步建成全面小康社会具有重要意义。

9—10日 乌蒙山片区市州政协助推区域发展与扶贫攻坚联席会议第一次会议在毕节市召开。贵州省政协副主席班程农，乌蒙山片区云南省昆明市政协、昭通市政协、曲靖市政协、楚雄彝族自治州政协、四川省凉山州政协、乐山市政协、宜宾市政协、泸州市政协，贵州省遵义市政协、毕节市政协等3省10市州政协领导出席会议。

12日 主题为“展示创新成果、实现共赢发展”的中国(毕节试验区)中小型煤机第一届交易博览会在金沙县装备制造园区朗月煤机工业园举行。在开幕式上举行了集中签约仪式，现场签约项目8个，投资规模达到40.18亿元，是毕节市举行的最大规模的专业交易博览会。

△ 金沙县茶园乡石板坡煤矿发生瓦斯爆炸事故，造成7人死亡，2人受伤。

16—17日 全国人大常委会副委员长、农工党中央主席陈竺到毕节市七星关区、大方县、毕节经济开发区等地调研扶贫开发、医疗卫生及小城镇建设，重点考察了大方县基层医疗卫生服务能力建设、食品药品产业发展等相关工作。

16—19日 九三学社中央副主席、国家林业局副局长印红到威宁调研草海湿地生态保护情况。

17—19日 致公党中央副主席闫小培一行15人赴毕节市七星关区考察调研并开展帮扶活动。

18日 在人民大会堂举行的第三届中国自主创新年会上，毕节荣获“2012年度最具成长创新型城市”称号。

20日 水利部副部长矫勇到毕节市大方县、百里杜鹃管委会和黔西县调研水利建设工作。

21日 市委副书记、市长陈昌旭到北京大学附属试验学校洽谈毕节和北大青鸟集团教育项目合作事宜。双方就北大青鸟教育集团、北京青鸟教育科技发展有限公司、北大附属实验学校和贵州中发房地产开发有限责任公司在毕节双山新区联合办学的有关事宜进行了深入商洽。北大青鸟集团副总裁、北大附属试验学校校长董琦，北大青鸟教育集团副总裁郑彤出席座谈会。

24日 人力资源和社会保障部农保司司长游钧、农保司综合处处长王拥军、农保司调研员高帆，省人力资源和社会保障厅副厅长孙保华等一行到毕节市调研，并举行整合城乡居民社会养老保险制度座谈会。

24—26日 全国政协委员、民族与宗教委员会副主任马铁山率全国政协民族与宗教委员会调研组到毕节市调研“推进乌蒙山片区区域发展与扶贫攻坚，促进民族地区生态文明建设与经济社会协调发展”工作情况。

26日 市委书记张吉勇与到毕节市考察的浙江华睿投资董事长宗佩民、北京华牛生物技术研究院院长华子昂等9家企业组成的华羊牧业投资考察团座谈。座谈会上，市委常委、副市长袁俊杰代表市政府与浙江华睿投资管理有限公司、北京华牛生物技术研究院签署了合作备忘录，决定10年内投资50万元，在毕节市发展黑山羊存栏500万只、小黄牛存栏50万头、黑猪存栏5万头的畜牧业和配套种群繁育、饲料生产、产品初、深加工基地，形成完整产业链，培育出年产值超过100亿元、年利税超过30亿元的牧业大集团。

26—27日 毕节市第一届人大常委会第十一次会议召开，会议决定任命蒋从跃为毕节市人民政府副市长；会议接受范元平申请辞去毕节市人大常委会副主任的请求；接受王祺申请辞去毕节市人民政府副市长职务的请求。

27日 毕节市七星关区阿市乡麻窝村发生

一起山体滑坡，4 幢民房被埋，造成 7 人死亡、1 人失踪。

△ 贵州省政府办公厅根据黔府发〔2013〕8 号文件精神，以黔府办发〔2013〕24 号文件下发《关于推进省直接管理县（市）体制改革试点工作的实施意见》，明确威宁县和仁怀市为第一阶段省直管试点县，7 月 1 日起按新体制运行。

27—28 日 毕节市第一次项目建设观摩会在金沙县召开。

五月

1 日 毕节市社会福利院（光荣院）正式投入使用。

3 日 市委召开专题会议，传达贯彻全省社会管理创新暨平安贵州建设大会以及省委书记赵克志、省长陈敏尔在会上的重要讲话精神，安排部署全市社会管理创新和平安建设工作。

△ 国务院印发《关于核定并公布第七批全国重点文物保护单位的通知》，毕节市金沙敖氏和罗氏墓群石刻、茶马古道——毕节段 2 处文物 18 个文物点被列为第七批全国重点文物保护单位。毕节市共有全国重点文物保护单位 8 处 51 个文物点。

4 日 农工党中央副主席、上海市委主委蔡威一行 4 人赴大方县考察调研统一战线工作情况。

6—7 日 省政府党组副书记、省委金融工委书记黄康生率省政府金融办、人行贵阳中心支行等单位负责人到毕节市调研投融资情况。

7 日 省政协主席王富玉率省政协常委视察团视察毕节市教育“9+3”计划实施情况。

△ 全省人口计生“双诚信双承诺”工作推进会在黔西县召开。

8 日 奢香夫人塑像正式“落户”毕节学院。

12—13 日 中国（毕节试验区）中小型煤机第一届交易博览会在金沙县举行。来自全国各地的 200 余家煤机企业与 50 家煤矿企业达成 58.88 亿元的交易协议。

△ 水利部水文局局长邓坚在长江委水文局局长王俊，省水文局局长高永春、副局长张波的陪同下，先后到大方、七星关、织金调研。

13—16 日 台盟中央副主席苏辉一行 5 人到赫章县进行工作调研并赴海雀村考察民生民情、慰问少年儿童。

14—18 日 毕节市组成考察团，赴山东省潍坊寿光市、青州市举办重点农业项目招商引资推介会。推介会上毕节市现场签订农业投资项目 19 个，签约资金 22 亿元。

15 日 一架南航贵州公司的波音 737-800 型飞机在毕节飞雄机场成功试飞，标志着飞雄机场已具备起降民用大型波音客机的能力。

△ 中国水电九局有限公司总经理陈学云、长安国际信托股份有限公司贵阳业务部总经理罗静一行赴毕节考察，并就双山新区部分桥梁、城市干道等项目投资达成了初步共识。

△ 中国可持续发展研究会与大方县签订合作协议。双方决定在强化干部能力培训、提升人员素质上、提供智力支持等几个方面开展合作。

16 日 贵州省国土资源厅党组书记、厅长朱立军，副厅长周文，率省国土资源厅相关部门负责人到毕节市，就毕节试验区国土资源差别化政策综合改革试点工作开展专题调研。

16—17 日 贵州建工集团董事长、党委书记刘建忠，总经理陈世华一行，到毕节市就双山职教城建设事宜进行商洽并举行合作项目签约仪式。

17 日 贵州省文化产业招商引资推介项目签约仪式在深圳市会展中心水仙厅举行。毕节市 5 个文化产业项目成功签约，签约资金 2.35 亿元。

19 日 省委常委、副省长秦如培到威宁县调研机场、铁路、高速公路等交通基础设施建设工作。

20—21 日 在香港参加贵州 · 香港投资贸易活动周的毕节市委书记张吉勇，到香港华润集团考察，并就进一步深化合作达成广泛共识，签署了毕润毕节循环经济产业园项目投资协议。根据协议，双方将以“黔电送渝”煤电一体化项目为龙头，共建国家级循环经济产业示范园区。毕节市委书记张吉勇一行还考察了北控水务集团，分别与中国能源科技集团总经理李浩民，冠华国际控股有限公司行政总裁陈天堆，福源集团控股有限公司 CEO 蔡连鸿，招商局集团地产控股股份有限公司总经理助理彭良万，蓝洋金融集团执行董事兼总裁胡定核，嘉兴能源集团董事局主席吴少章，聚仁国际投资有限公司董事长杨子健，大新科技集团董事局副主席林怀宜、总经理林怀荣等企业家进行座谈。经座谈推介，毕节市分别与北控水务集团、大新科技集团等企业共签约投资协议项目8个，投资总额共45.92亿美元。

21日 全市煤矿企业兼并重组工作座谈会在市行政办公中心召开。

△ 全市贯彻落实国办函35号文件工作推进会在市行政办公中心召开。

△ 全市推进省直管县体制改革试点工作动员会在市行政办公中心召开。

22日 毕节市2013（深圳）投资推介会暨项目签约仪式在深圳市举行。70家企业负责人出席推介会，五洲龙汽车（集团）有限公司等企业共与毕节市签约项目15个，投资总额106.5亿元。

23日 全国政协副主席、九三学社中央主席韩启德率九三学社中央考察组到威宁彝族回族苗族自治县考察职业教育、产业园区建设等工作。

△ 毕节市在贵州省举行投资推介会暨项目签约仪式。签约项目13个，投资总额42.4亿元。

△ 国务院妇女儿童工作委员会副主任、全国妇联党组书记、副主席、书记处第一书记宋秀岩，全国妇联副主席、书记处书记赵东花，全国人大常委、省人大常委会原党组副书记、副主任唐世礼，全国妇联儿童部部长邓丽，在省卫生厅副厅长张光奇、省妇联副主席魏俊的陪同下，出席在黔西县开展的贫困地区儿童营养改善试点项目宣传教育宣传活动。

24日 第十五届中国科协年会毕节试验区发展论坛在七星关区举办，论坛主题为“建设生态文明先行区”。中国工程院院士、北京林业大学原校长、中国林学会副理事长、北京市科协副主席尹伟伦，北京林业大学党委书记、国家林业局生态文明研究中心主任吴斌，贵州省林业科学研究院院长、研究员罗杨，贵州大学教授喻理飞，贵州省林业调查规划院总工程师、研究员徐海等应邀出席开幕式并作专题演讲。

27日 市委书记张吉勇，市委副书记、市长陈昌旭，市委常委、常务副市长胡吉宏与四川天德制药有限公司董事长卢文广一行举行座谈。贵州乌蒙山区药产业园是四川天德制药有限公司在毕节规划建设的一个医药产业园，园区占地面积600余亩，总投资28亿元，总建筑面积约40万平方米。项目涵盖医药办公、研发、生产、批发、零售、物流等医药领域各个环节，建成后将成为国内一流的医药产业园区。

28—29日 全国人大常委会副委员长、民盟中央主席张宝文在全国人大常委、全国人大农业与农村委员会副主任、民盟中央副主席龙庄伟，中央统战部办公厅巡视员、副主任申占华，贵州省副省长、民盟贵州省委主委何力的陪同下，到毕节市考察工作。张宝文一行先后考察了七星关区朱昌镇卫生院、鸭池镇光汇烛光学校，参加光汇烛光学校落成暨慈溪育才学校捐赠仪式，参观了毕节试验区建设成果展，并召开民盟中央支持毕节试验区建设座谈会。考察期间，浙江宁波慈溪育才学校为光汇烛光学校捐赠320万元；北京康益医院为七星关区朱昌镇卫生院捐赠315万元及价值40万元的信息化软件设备，价值110万元的药品；浙江温州医科大学附属眼视光医院为七星关区“明眸工程”二期捐赠20万元；北京倍肯集团捐赠416万元建设的基层卫生院整体化验室项目交接钥匙。

31日 毕节市第一届人民代表大会常务委员会在第十二次会议任命吴强（挂职）、马炼为毕节市人民政府副市长。

△ 市委副书记、市长陈昌旭在市行政办公中心与到毕节市考察投资的华创证券公司董事长陶永泽一行举行座谈，就相关融资合作事宜进行深入交流并达成初步共识。

是月 毕节远航商贸物流园城市综合体规划设计方案、毕节招商花园城市综合体规划设计方案、毕节同心大厦城市综合体规划设计方案通过贵州省住建厅审查。

六月

4—6日 国家林业局场圃总站站长杨超一行先后到百里杜鹃国家级森林公园、赫章县水塘林场和核桃良种繁育基地、七星关区拱拢坪林场等地进行调研，并详细了解近年来毕节国有林场改革和核桃良种繁育基地建设情况。

6 日　毕节市人民政府与贵州省人力资源和社会保障厅贯彻落实人力资源和社会保障部《关于支持毕节试验区人力资源和社会保障事业加快发展的指导意见》座谈会在省人社厅召开。

10—16 日　毕节市第一届体育运动会在七星关区举行。副省长何力，国家体育总局竞体司综合处处长赫强，国家体育总局办公厅局长办公室副主任黄鹏，省体育局副局长王建忠，市领导张吉勇、陈昌旭、安金黎等领导出席开幕式。运动会共有 11 个县区、管委会及市直单位 12 个代表团参加运动，参赛运动员达到 3000 余人。运动会于 10 日举行开幕式、16 日举行闭幕式。经过 7 天的角逐，有 2 人打破 2 项全省纪录，5 人次达国家一级运动员标准，51 人次达国家二级运动员标准，934 人次达国家三级运动员标准。运动会还颁发了团体总分前六名奖、奖牌总数前六名奖、代表团组织奖、代表团体育道德风尚奖、赞助单位赞助纪念奖，冠名纪念奖。

14—16 日　全国政协副主席、农工党中央常务副主席刘晓峰等领导一行到毕节市视察，并带领 30 多位农工党党员企业家到大方县，就小城镇建设、现代物流业、医药产业、农产品深加工、中药材种植等情况进行考察。并出席了在大方县举行的农工党党员企业家考察团与大方县政府合作项目签约暨对口捐赠仪式，仪式现场共签订 8 个合作项目，总投资 97.4 亿元。

16 日　毕节飞雄机场正式通航发布会在毕节机场航站楼前举行。全国政协副主席、农工党中央常务副主席刘晓峰宣布毕节飞雄机场正式通航。省委书记、省人大常委会主任赵克志，省委副书记、省长陈敏尔致信祝贺。省委常委、副省长秦如培，农工党中央副主席、省人大常委会副主任、农工党贵州省委主委谢庆生，省政协秘书长李月成，省铁建办主任吴强，民航贵州监管局局长王勇，中国人民解放军某部队副政治委员刘小平，省机场集团有限公司董事长、总经理申振东，省机场集团有限公司党委书记陈建英，中国联合航空总经理姚维辉，贵州航空有限公司总经理冯华南和各民主党派中央、试验区专家顾问组的特邀嘉宾等出席通航发布会。下午，毕节至北京首航航班正式通航。

△ 省委常委、副省长秦如培率领由省政府副秘书长、省铁建办主任吴强，省移民局局长王应政，省信访局副厅级督察专员黎兴明等组成的省督导组到毕节市包案督导化解突出信访问题。

17 日　在原毕节市农村信用合作联社基础上改制而成的贵州毕节农村商业银行在毕节洪山国际大酒店举行创立大会暨第一次股东大会。

18 日　毕节市 2013 年第二次农村环境综合整治“两硬化”工作现场推进会在百里杜鹃风景名胜区召开。

21—24 日　贵州省委书记、省人大常委会主任赵克志等领导到威宁彝族回族苗族自治县迤那镇蹲点调研，走访 9 个村，20 多户人家。调研期间，赵克志食宿在青山村凉山组农民王彦平家里。每到一户访贫问苦，均帮助群众解决生产生活中的实际困难。24 日上午，赵克志主持召开座谈会，听取县、乡（镇）党委、政府的汇报，部署新一轮帮扶威宁加快发展工作。

22—23 日　国家土地督察武汉局副局长唐世力一行到毕节市，就新型城镇化背景下土地问题进行调研。

24 日　市委书记张吉勇与贵州省交通规划勘察设计研究院股份有限公司董事长张林、贵州桥梁建设集团有限责任公司董事长杨贵平一行座谈。双方就进一步加快毕节市调整公路和城市路网建设步伐深入交换了意见，并达成广泛共识。

28 日　毕节市在各县区产业园区分别举行重大工程和重点项目集中开工仪式。此次全市共集中开工投资 5000 万元以上的重大项目 56 个，总投资 694 亿元，预计 2013 年完成投资 103.9 亿元。开工项目涉及产业发展项目、能源项目、城市建设项目、社会发展项目、经贸流通项目安置房项目等多个领域。

29 日　毕（节）威（宁）高速公路通车仪式在毕节西站举行，这标志着毕威高速公路正式建成通车。毕节至威宁高速公路于 2010 年 6 月 22 日开工建设，是《贵州省高速公路网规划》（“678 网”）中“二横”的重要组成部分。项目起于毕节城南杭瑞高速与厦蓉高速的交汇点龙滩边，通过毕节枢纽互通与两条国家高速公路相连接，沿西经七星关区、赫章县，止于威宁彝族回族苗族自治县周家院子，与规划中的威宁到六盘水高速公路相接，全长 125.504 公里，概算投资 89.77 亿元，采用双向四车道高速公路标准建设，路基宽 21.50 米。在毕节南（龙滩边）、毕节西（塘边）、长春堡、撒拉溪、杨家湾、野马川、赫章、水塘、阿维寨、杨家洼及周家院设置11处互通式立交。通车后，毕节至威宁时间从原来的4个多小时缩短为现在的1个多小时。

30日—7月1日　全国政协常委、副秘书长、民革中央副主席何丕洁率调研组到毕节市就教育改革等有关工作进行调研。何丕洁强调，要通过优质的教育为毕节试验区发展培养出更多优秀的、合格的市民和新型农民，让更多农村孩子能通过教育“跳跃龙门”，改变命运。

是月　贵州省首部彝族家谱《阿尼阿景家族发展史》已由国家民族出版社公开出版发行。此部家谱全书105万字，由毕节市彝学专家王继超、王明贵，原赫章县县长、人大常委会主任安鸣凤任主编，历时10年，是贵州古代乌撒地区彝族四大家族之一的阿景家族（汉姓有王、安、毛、苏、杨、熊等）的家谱和家史。

七月

2—3日　国家发改委农经司副司长石波一行到毕节市调研夹岩水利枢纽工程前期工作开展情况。

5日　由中国人寿保险股份有限公司毕节分公司参与的毕节市城乡居民大病医疗保险工作全面启动，将有效缓解全市674万参保城乡居民“看病难、看病贵”问题，让广大城乡居民真正得到实惠。启动会上，毕节市卫生局有关负责人与中国人寿保险股份有限公司毕节分公司有关负责人签订了合作协议。

7日　副省长王江平到毕节市调研煤矿兼并重组及安全生产工作。

8—9日　由省新闻出版局副局长杨庆武带队，贵州日报社总编辑官喜祥参与的20余家中央驻黔媒体、香港驻黔媒体及省内主流媒体组成的新闻采访团，到威宁自治县开展“走基层、转作用、改文风”活动。此次活动着重采访该县迤那镇3年来经济社会发展带来的新变化。

10日　由澳能电机发展有限公司举办的空气动力技术研讨会在毕节市举行。市委书记张吉勇出席并致辞。澳门华泓集团董事长刘继民，中国工程院院士、清华大学教授、电力电子工程研究中心主任韩英铎等10余位新能源领域专家参加研讨。

11—13日　由中国科协有关领导率队的中国科协考察组先后到威宁彝族回族苗族自治县和七星关区调研现代农业科学技术发展情况。

12—14日　由省委书记、省人大常委会主任赵克志带队的第一组代表，由省委副书记、省长陈敏尔带队的第二组代表，到毕节经济开发区的澳能电机发展有限公司、七星关经济开发区添钰动力电机有限公司、金沙经济开发区电子产业园，金沙县台金生态农业观光园等地参加2013年全省第二次项目建设现场观摩会。

19日　中国科学院院士宋振骐正式受聘为毕节市科技顾问。

26日　毕节飞雄机场上海虹桥—毕节飞雄—昆明长水航线正式开通。

30日　毕节飞雄机场开通毕节至广州航线。

31日　毕节市第七届旅游产业发展大会在威宁彝族回族苗族自治县召开。

八月

2日　由省委宣传部建立的“红色贵州”爱国主义教育基地网上展馆正式开通，金沙县钱壮飞烈士墓作为贵州省爱国主义教育基地之一，正式在网上展馆亮相。钱壮飞烈士墓网上展馆以图文和视频的形式，多角度、多层次展示金沙县厚重的红色历史文化和丰富的红色文化旅游资源。该馆开设历史篇、人物篇、文化篇、发展篇以及风光篇等5个主题篇章，涵盖历史事件、影像记忆、历史人物、领导关怀、馆藏、文物、文化传承、成就简介等多个特色栏目，全面系统展示钱壮飞烈士的红色传奇人生和对中国革命做出的特殊贡献。

5日　毕节市贯彻落实国办函35号文件专题推进会议在市政府召开。

5—7日　由国家煤矿安监总局原副局长、中国煤炭工业协会副会长彭建勋率队的国家安监总局第16督查组到毕节市开展安全生产督查工作。

6日 “多彩贵州·花海毕节”2013避暑季旅游宣传推介会暨上海—毕节—昆明通航发布会在上海举行。

7日 全市2013年下半年经济社会发展重点工作推进承诺会召开。

△“春晖行·中国梦”全国百名校媒记者走进毕节试验区采访出征仪式暨毕节市优秀春晖使者事迹报告会在市行政办公中心举行。

7—8日 农业部部长韩长赋到金沙县、威宁彝族回族苗族自治县等地考察旱灾和现代农业农村工作，并与村民们进行座谈。

10日 由毕节市委、市政府主办，织金县委、织金县政府和织金洞风景名胜区管理局共同承办的以“溶洞王国古韵织金”为主题的2013中国贵州·织金国际溶洞文化节，在国家级风景名胜区织金洞开幕。

△由团中央组织的“春晖行动·中国梦”——全国百名校媒记者走进毕节试验区采访活动采访组到金沙县沙土镇采访。

11日 云南省曲靖市委书记高劲松率曲靖市党政代表团一行，在毕节市委书记、市长陈昌旭等领导陪同下，考察金沙县园区基础设施、标准厂房、项目建设工作。

13日 由省政协副主席孙国强、李汉宇率领的省政协煤矿兼并重组调研组到金沙县调研并召开座谈会，对毕节市煤矿兼并重组工作中存在的困难和问题进行指导。

13—15日 由国家发改委西部司副司长童章舜、国家林业局退耕办总工程师敖安强带队，到毕节市就退耕还林工作进行调研。

13—16日 省人大常委会副主任张群山率部分贵州省第十二届全国人大代表对毕节试验区扶贫开发工作进行专题调研。

14日 农业部农经司副司长黄延信在省农委农经处处长王丽君的陪同下，对七星关区清水铺镇、撒拉溪镇、朱昌镇的有关农经工作进行调研。

18日 促进中国人才交流协会发展研讨会在毕节市召开。人社部全国人才交流中心主任、党委书记王建华，人社部政策研究司副巡视员卢爱红，人社部全国人才流动中心党委副书记陈世华，省人力资源和社会保障厅副厅长叶树平等出席会议。

22—23日 中共中央政治局常委、中央书记处书记、中央党的群众路线教育实践活动领导小组组长刘云山，中共中央政治局委员、中央书记处书记、中央组织部部长赵乐际，中央组织部常务副部长陈希，中央宣传部常务副部长雒树刚，中央组织部副部长王秦丰，在省人大常委会主任赵克志，省委副书记、省长陈敏尔，省委常委、省委副书记李军，省委常委、省纪委书记宋璇涛，省委常委、省委组织部部长孙永春，省委常委、省委秘书长廖国勋，省公安厅厅长孙立成，市领导张吉勇、陈昌旭等陪同下，到毕节市大方县、黔西县、毕节经济开发区调研群众路线教育实践活动。

23日 国家林业局出台了《关于支持毕节试验区深入推进林业生态建设的意见》。明确将从大力实施生态修复工程、加大自然生态系统保护力度、积极发展林业特色优势产业、加强林业基础能力建设、推进体制机制改革等五个方面加大对毕节试验区的支持力度。

25—28日 中国科协书记处书记、党组成员兼机关党委书记、调研宣传部部长王春法率中国科学院、中国工程学院、交通部科学研究院、中国农科院等院士、专家、学者，到毕节市调研民族地区扶贫攻坚并召开座谈会。

27日 省政协主席王富玉到金沙县考察项目建设工作。

△国家发改委下发了《关于贵州省夹岩水利枢纽及黔西北供水工程项目建议书的批复》（发改农经〔2013〕1625号），这标志着贵州省历史上投资和建设规模最大的水利工程——夹岩水利枢纽工程正式在国家发改委立项。夹岩水利枢纽工程坝址位于长江流域乌江一级支流六冲河中游、毕节市内七星关区与纳雍县交界的潘家岩脚处，水库总库容13.25亿立方米，最大坝高154米。输水干渠总长384公里，支渠22条624公里，毕大供水工程线路产总长26公里。整个工程受水区主要涉及毕节市的七星关区、大方县、黔西县、金沙县、织金县、纳雍县、赫章县和遵义市的红花岗区、遵义县、仁怀市共10个县（市、区）。

28日 毕节市在首都北京召开以“多彩贵州·花海毕节”为主题的2013秋季旅游宣传推介暨北京至毕节航线发布会，向北京及各驻京新闻媒体、旅游业界人士发布北京至毕节航线航班相关信息、推介毕节旅游。

28—30 日　全国政协常委、贵州省原省长林树森一行 23 人，赴威宁彝族回族苗族自治县考察草海旅游发展情况。

九月

1 日　省委副书记、省长陈敏尔，副省长王江平一行赴织金县调研煤矿企业安全生产和兼并重组工作。

2 日　第二届全省小城镇建设发展大会在黔西县召开。会议强调，全省上下要将思想和行动统一到省委、省政府的决策部署上来，坚定绿色发展的路子，增强绿色赶超的信心，着力打造绿色小镇，进一步点亮“多彩贵州”。省委副书记、省长陈敏尔，住房城乡建设部总工程师陈重出席并讲话。副省长慕德贵主持会议。省 100 个示范小城镇建设工作联席会议成员单位，30 个省级示范小城镇帮扶单位及相关金融单位，各市（州）政府、贵安新区、住房城乡建设和城乡规划部门，各县（市、区）政府，100 个示范小城镇负责人及市领导张吉勇、陈昌旭、王开俊等参加会议。

△ 财政部、国土资源部赴织金县检查织河煤矿片区矿山地质环境治理示范工程反馈会在宏洲酒店五楼二号会议室召开。

4—5 日　省政协主席王富玉率领由省政协副主席孙国强、孔令中、左定超、谢晓尧、陈敏以及省直有关部门负责人参加的视察团到威宁自治县视察旅游产业发展情况并召开座谈会。

7—9 日　全国政协常委、副秘书长、农工党中央副主席何维一行赴大方县考察调研经济社会发展情况并参加“中医药科技惠民活动”。

9 日　第九届泛珠大会毕节·澳门投资合作座谈会在贵阳举行。副市长何力，澳门贸易投资促进局主席、澳门经贸代表团团长张祖荣出席会议并讲话。市领导陈昌旭致辞。市人大常委会副主任、市招商引资指挥部指挥长王玉屏主持会议。副市长蒋从跃参加会议并代表市政府与澳门华弘集团有限公司董事长刘继民签订了 35 亿元人民币的合作协议。

9—12 日　第九届泛珠三角区域合作与发展论坛暨经贸洽谈会和第三届中国（贵州）国际酒类博览会在贵阳举行。参展企业共完成采购邀请 225 个、境内酒类贸易项目合同金额约 27 亿元，进出口酒类贸易合同金额 550 万美元。集团签约项目 40 个，签约资金 300.6 亿元。

10 日　毕节市委召开社会管理集成创新暨“四在农家·美丽乡村”推进会议，贯彻落实中央、省委关于创新社会管理和“四在农家·美丽乡村”建设的工作部署，在深入总结全市社会管理集成创新试点和前一阶段农村环境综合整治“两个硬化”工作的基础上，全面推进社会管理集成创新和“四在农家·美丽乡村”建设，扎扎实实为群众做实事、办好事，努力开创社会和谐人人有责，和谐社会人人共享的生动局面。

△ 市委、市政府召开全市煤矿企业兼并重组信访维稳工作会议，贯彻落实全省煤矿企业兼并重组座谈会和全省煤矿企业兼并重组工作视频会议精神，研究部署当前和今后一段时期全市煤矿企业兼并重组信访维稳工作，积极稳妥地推进全市煤矿企业兼并重组工作。

11 日　云南省委副书记、省长李纪恒，副省长丁绍祥一行，在贵州省委常委、省委政法委书记、副省长秦如培的陪同下，到黔西县杜鹃办事处乌骡坝社区、市三级联动视频接访中心、七星关区青场镇考察群众服务和交通建设工作，并出席了毕节至镇雄高速公路开工仪式。

11—15 日　全国人大常委会常委、民盟中央副主席龙庄伟一行 13 人到七星关区考察调研苗族文化。

14—15 日　由中央党校原副校长、中直机关侨联主席李君如，中国监察学会副会长、北京大学教授李成言，中国人民大学反腐败与廉政政策研究中心主任、中国监察学会常务理事毛昭晖一行组成的专家组，到毕节市考察乡镇设立民生项目监督特派组织工作情况，并召开毕节市设立乡镇民生项目监督特派组课题论证会。

16 日“中国最美地质公园”评选结果发布会在北京举行，宣告由 3700 多万网民、游客参与的首届中国最美地质公园最终名单正式出炉，织金洞国家地质公园被评为“中国最美地质公园”。

16—17 日　省委、省政府在威宁彝族回族苗族自治县召开全省扶贫开发工作座谈会。9个市（州）扶贫部门主要负责人，50个重点县党委或政府、扶贫工作负责人，100个一类贫困乡镇的党委或政府负责人参加座谈会。座谈会以认真总结推广威宁经验，奋力打好扶贫攻坚第一民生工程这一场硬仗为主题。会上省委书记赵克志、省长陈敏尔、省委副书记李军、省政协主席王富玉分别作了重要讲话。

17日 贵州省人大常委会副主任傅传耀出席在毕节召开的第四届川滇黔十二市州合作与发展峰会。国家发改委西部开发司综合处处长于合军，贵州省发改委党组成员、省西开办副主任高鸿及12市州领导出席会议并发表主旨演讲。会议通过了《第四届川滇黔十二市州合作与发展峰会毕节会议备忘录》。

18日 中国民用航空局正式批复贵州威宁民用机场场址，标志着威宁机场场址已正式确定。

22日 省地矿局服务毕节工业化和城镇化战略暨成立108地质大队座谈会在毕节举行。省地矿局局长、党委书记何刚，省煤田地质局局长高弟，市委领导张吉勇、陈昌旭等出席座谈会并讲话。

27日 云南省副省长尹建业率云南省考察团到毕节市考察三级联动视频接访工作。

29日 毕节飞雄机场开通重庆—毕节—贵阳航线。

29日 全省秋冬农业生产现场会在金沙县召开。

十月

5—8日 深圳贵州商会企业家、潮汕赵氏企业组团到毕节市考察投资。市委书记张吉勇，市委副书记、市长陈昌旭，市委常委、常务副市长胡吉宏，副市长蒋从跃，毕节市试验区高级经济顾问、深圳贵州商会副会长胡开林，深圳巴斯巴科技有限公司董事长林国军，深圳市科年达国际投资集团董事长赵中及考察团全体企业家出席座谈会。座谈会上，市政府与深圳巴斯巴科技有限公司、深圳市科年达国际投资集团共签订了50亿元的投资协议。

10日 《贵州日期》头版头条以“凝心聚力 苦干实干 攻坚克难 勇于争先”为引题，以《威宁精神、向贫困亮剑 创跨越奇迹》为主题，报道“威宁试点”三年来的发展成就，报道刊发后，新华网、人民网、中新网、凤凰网、《贵阳晚报》等网站、报刊纷纷转载。

11日 全国旅游景区质量等级评定委员会在北京举行授牌仪式，授予贵州百里杜鹃国家AAAAA级旅游景区称号，这是毕节市第一个国家AAAAA级旅游景区。

△ 中植集团执行总裁金友发携中植集团北京兴嘉盈商业投资有限公司副总裁张维到毕节市，对矿产资源整装勘查情况、保障性住房情况进行考察，并就建设合作事宜召开座谈会。中植集团财富中国控股有限公司总裁狄涛，中植集团法律合规中心总经理李菲等参加座谈会。

11—12日 由省政协主办的贵州省民族地区“四化”同步建设座谈会在威宁彝族回族苗族自治县召开。

13日 毕节市政府与澳门华弘集团就建设澳能（毕节）科技产业园项目进行座谈并签约。签约项目涉及产业园区、研发中心和民生事业等方面。华弘集团将投资35亿元在毕节市建设以空气动力、空气压储能等科技产业为主的澳能（毕节）科技产业园，并确保在2015年前全面建成投产。

15日 毕节新能源汽车产业联盟正式成立。毕节将成为贵州乃至全国的新能源汽车产业基地。

△ 科技部高新司材料处调研员李志农、机械科学研究总院研究员刘维汉、中国汽车技术中心副主任吴志新一行，到毕节市考察高新技术产业基地建设工作。

16日 毕节市政府与华创证券有限责任公司签署战略合作框架协议，确定在国有资本资产战略性重组、产业结构调整、资本运营等方面开展深入合作。市领导张吉勇、陈昌旭，华创证券有限责任公司董事长陶永泽等出席座谈会。

16—18日 省委常委、省纪委书记宋璇涛到毕节市就市、县、区派出机构统管和设立乡镇民生项目监督特派组及工业园区、项目建设等工作进行专题调研，并召开调研座谈会。

18日 毕节市委、市政府在织金县茶店乡召开中国石化织金煤化工基地项目建设现场推进会。

△ 全国城市党委系统政研（党刊）联席会第九届年会在毕节市召开。民建中央社会服务部副部长夏赶秋出席会议并作专题报告，市委宣传部部长王开俊出席会议并致辞。

23日 贵州毕节农村商业银行股份有限公司举行开业仪式，标志着毕节市农村信用社成功改制为毕节农村商业银行。

25日 2013年贵州省行政学研究会年会暨《深入推进毕节试验区改革发展规划》学术研讨会在毕节市召开。

△ 由国家体育总局登山运动管理中心、中国登山协会、贵州省体育局、毕节市人民政府主办，金沙县人民政府、贵州省登山运动协会、毕节市文体广电局、毕节市旅游局承办的2013年中国·贵州·金沙全国山地竞速挑战赛在金沙县后山乡开幕。来自沈阳、天津、福建、昆明等15省市23支代表队、138位运动员参与角逐。运动会于26日结束。

26日 由毕节市科协、市教育局、市科技局、市环保局、市文体广电局、团市委、市妇联7家单位共同举办的毕节市第一届青少年科技创新大赛在毕节市科技馆举行。

28日 贵州省水利建设“三大会战”启动暨夹岩水利枢纽工程动工仪式在七星关区田坝镇潘家岩举行。

30日 国家林业局权威发布首批20家“国家林下经济示范基地”名单，毕节市是贵州省唯一获得命名的市州。

十一月

1日 全市工业发展暨项目建设现场观摩总结会议在金沙县召开。会议的主要任务是全面贯彻落实第二次全省工业发展大会精神，总结三年来毕节市工业发展取得的成绩和经验，深入分析当前和今后一个时期工业发展面临的形势，就深入实施工业、强市战略进行安排部署，全力推动工业经济提速扩量、转型发展，为科学发展、后发赶超、同步小康提供有力支撑。

3—4日 由国际文化旅游推进会、中国生态文化旅游协会、中国旅游品牌协会和中国旅游经济共同主办的首届中国热点旅游胜地宣传推广盛会在海南三亚举行，大方县油杉河景区参加了本次旅游推介盛会，成功参评并荣膺“中国最美休闲度假旅游目的地”称号。

4日 毕节市人民政府组织市直相关部门及有关专家组评审小组，对委托毕节市林业调查规划设计院研究和编制的《贵州毕节试验区生态文明先行区建设规划（2014—2020）》进行评审。评审小组同意毕节试验区生态文明先行区建设规划通过评审。

△ 中国中小商业企业协会赴毕节座谈会在毕节召开。副市长将从跃，中国中小商业企业协会副理事长、包商银行监事长李献平等出席。

4—6日 全国人大常委会副委员长、民建中央主席陈昌智出席在毕节举行的以“创新改革发展、激活后发优势、打造非公经济升级版”为主题的2013中国（贵州）非公有制经济发展论坛并致辞。中国非公有制经济发展论坛由民建中央、工业和信息化部与有关省、市、自治区人民政府联合举办，至今已举办十届。本届论坛由民建中央、工业和信息化部与贵州省人民政府共同主办，由民建中央社会服务部、工业和信息化部中小企业司、民建贵州省委、毕节市人民政府共同承办。论坛还举行了捐赠及签约仪式。民建中央中华思源工程扶贫基金会“思源救护”项目向贵州省捐赠30辆救护车，民建会员企业北京万升康达经贸有限公司、民建中央中华思源工程扶贫基金会向毕节市捐赠青光眼治疗设备10台；签约仪式共签约项目24个，项目涉及工业、农业、旅游业等产业，签约总金额370.18亿元。

5日 民建东部十省市组织对口帮扶黔西县第二次联席会议在毕节召开，全国人大常委会副委员长、民建中央主席陈昌智出席并作重要讲话。全国人大常委会副秘书长、民建中央副主席张少琴主持会议。黔西县委书记卢林作工作汇报。

10—12日 民政部副部长窦玉沛率领国务院最低生活保障组对织金县熊家场、朱藏镇，黔西县雨朵镇、杜鹃办事处的城乡低保工作进行了实地调研，并召开座谈会。

13 日 毕节市第一次归侨侨眷代表大会在毕节召开。来自全市的 70 余名归侨侨眷代表参加会议。毕节市归国华侨联合会正式成立。

16 日 由毕节市作家吴勇创作的长篇历史小说《大节千秋》首发式在大方举行。

20 日 毕节市政府与北京杨德环境科技有限公司在毕节签订煤层气综合利用合作协议。

20—22 日 第三期全国人力资源服务业发展高级研修班在毕节市举办。人力资源社会保障部人力资源市场司司长王克良，人力资源社会保障部全国人才流动中心副主任、中国人才交流协会副会长兼秘书长陈军，贵州省人力资源社会保障厅副厅长叶树平、副巡视员单晓龙等领导出席开班仪式。

22 日 毕节试验区专家顾问组、毕节试验区发展促进会在北京贵州大厦举办 2013 毕节试验区改革发展论坛。论坛主题是抓好《深入推进毕节试验区改革发展规划（2013—2020 年）》。

25—26 日 全国人大常委会副委员长、民进中央主席严隽琪，在全国人大常委、民进中央副主席王佐书，民进北京市委副主委毛桂芬，省人大常委会副主任傅传耀，省政协副主席、民进贵州省委主委左定超陪同下到金沙县考察“同心”工程建设工作，出席“同心 · 彩虹行动”卫星远程教师培训工程启动仪式并召开民进中央赴金沙调研帮会座谈会，听取毕节市和金沙县工作情况汇报。

26 日 国家科技部〔2013〕668 号文件通知，毕节市新能源汽车高新技术产业化基地被科技部认定为国家高新技术产业化基地。这将对毕节试验区调整产业结构、转变经济发展方式、发展战略性新兴产业起到重要的促进作用。

△ 中央统战部在北京召开统一战线参与毕节试验区建设座谈会，就统一战线参与毕节试验区建设新思路、新途径、新办法征求意见，为下一步召开统一战线参与毕节试验区建设第 6 次联席会议和谋划未来如何推进毕节试验区建设发展作准备。中央统战部副部长林智敏主持座谈会并讲话。省委常委、常务副省长谌贻琴，省委常委、省委统战部部长刘晓凯，市委书记张吉勇，国家发改委、教育部、水利部、农业部、国家林业局、国务院扶贫办相关司局负责人分别作了发言。市委常委、市委统战部部长袁晓玉参加会议。

30 日 黔西县档案馆通过国家二级综合档案馆测评。

是月 毕节市第一人民医院、毕节市中医院成为全省 23 家首批定点救治医院。根据省卫生厅 11 月 12 日发布的《贵州省肺癌等 10 种新农合重大疾病按病种付费实施方案（试行）》的通知，自 11 月 20 日起，凡参加新农合患有肺癌、食道癌、胃癌、结肠癌、直肠癌、急性心肌梗塞、脑梗死、Ⅰ型糖尿病、甲亢、唇腭裂等 10 种大病的患者，可在定点救治医院进行手术、化疗、放疗等，新型农村合作医疗（以下简称“新农合”）将采取单病种定额（限额）付费方式。费用可报销 80%，毕节市第一人民医院、毕节市中医院成为全省 23 家定点医院之一。

十二月

1 日 江苏省副省长、民盟江苏省委主委曹卫星，率领民盟徐州市委副主委、中国矿业大学副校长缪协兴，民盟江苏省委秘书长唐双辰等，到毕节市开展民盟江苏省委赴毕节同心支教活动。

3 日 《人民日报》在综合版发表了一篇通讯，对毕节市的民生项目监督特派组相关情况进行详细报道。

5 日 全市选优配强村级党组织书记推进发展型服务型党组织建设工作动员会议召开。

11 日 全省扶贫生态移民工程现场会在毕节召开。

13 日 省军区司令员王盛槐到毕节市调研基层武装建设和红色文化保护工作。

18 日 全市国税系统累计入库各项收入 82.43 亿元，收入总量首次突破 80 亿元大关，再创历史新高。

21 日 由国家卫计委医改医管局、《健康报》社共同主办的 2013 年度医院服务“改进服务推进人物”和“改革创新人物”评选活动颁奖典礼在北京举行。毕节市第一人民医院（贵州省人民医院毕节分院）党委副书记、院长陈文智获 2013

医院服务“改革创新人物”奖并参加颁奖典礼，成为毕节市唯一获此殊荣的院长。

23日 省委常委、省委组织部部长孙永春率领由省纪委常委、省监察厅副厅长张美圣，省安全监管局副局长黄小兵等组成的省委检查组，到毕节市检查党风廉政建设责任制及安全生产工作落实情况并召开会议听取汇报。

25日 省委常委、省纪委书记宋璇涛在毕节市调研，并在赫章县组织召开乡镇党委书记和民生特派组长座谈会，就如何发挥好民生项目监督特派组的监督作用听取意见建议。

26日 省纪委监察厅在毕节市召开民生项目监督特派组观摩交流会，省委常委、省纪委书记宋璇涛出席并讲话。

27日 毕节市第一届人大常委会第十六次会议第二次全体会议在市人大二楼会议室召开。会议决定任命唐柳成为毕节市人民政府副市长（挂职）。

△ 中共毕节市委召开党外人士座谈会，就《中共毕节市委关于深入贯彻落实党的十八届三中全会精神全面深化毕节试验区改革试验的实施意见（征求意见稿）》，征求各民主党派、无党派人士代表的意见和建议。

29日 市委书记张吉勇，市委副书记、市长陈昌旭与中民康（深圳）投资股份有限责任公司执行董事严厚斌、深圳山木电池科技公司董事长陈明军一行举行座谈，双方签署了毕节新能源汽车产业园投资协议。

31日 纳雍县大坪箐国家湿地公园获得国家林业局批准建立并启动试点工作。

是月 以“建设美丽特色镇、谱写改革新篇章、同心实现中国梦”为主题的第四届中国特色镇发展论坛暨美丽中国特色镇主题行活动在北京举行。纳雍县勺窝乡入选“首届中国特色镇发展创新典型案例征集”活动创新典型案例，会上宣布了勺窝乡作为中国特色镇旅游新干线试点乡。

△ 毕节市获2013年民办教育发展省级专项资金奖补的学校有毕节兰苑中学、毕节梁才学校、七星关区育才私立中学、七星关区朱昌振兴学校、七星关区鸭池育才学校，大方县育才学校、黔西县云志中学、黔西县世杰中学、黔西县树立中学、黔西县私立黔峰小学、黔西县城关镇金阳小学、黔西县私立星星小学、织金县勇模学校、赫章县英才中学、赫章县华兴学校、威宁县私立阳光学校。

（撰稿　罗　静）

毕节市概况

毕节市历史悠久。在历史的长河中，毕节各族人民在这片土地上创造了丰富的历史文化。毕节市具有光荣的革命传统。民国23年（1934）1月，中共毕节地下党第一个支部诞生，成为中共毕节地下组织的有生力量。民国24年（1935）2月5日，中央红军长征途中在七星关林口镇鸡鸣三省村召开“鸡鸣三省会议”，决定张闻天接替博古在党中央负总责，巩固了毛泽东在党和红军中的领导地位。民国25年（1936）2月，红二、六军团挺进黔西北，组织建立革命政权。2月8日，中华苏维埃人民共和国川滇黔省革命委员会在大定（今大方）县成立，17日，川滇黔省革命委员会迁至毕节县城。民国25年（1936）2月，贵州抗日救国军在毕节成立。红军转战毕节期间，领导建立8个区、95个乡、村苏维埃政权和95个游击队，境内5000多名青壮年参加红军。1998年，贵州省划定革命老区时，毕节地区8县市中划为革命老区的就有毕节、大方、黔西、金沙、纳雍、赫章、威宁7县市。新中国成立后，全区迅速刷新了解放前满目疮痍的局面，社会主义革命和社会主义建设日新月异地向前发展。特别是1978年中共十一届三中全会召开后，全市深入贯彻落实党的一系列改革开放方针政策，促进生产力的快速发展。毕节市是1988年6月国务院批准建立的“开发扶贫、生态建设、人口控制”试验区。试验区建立20多年来，在“开发扶贫、生态建设、人口控制”，促进岩溶贫困地区经济社会可持续发展方面发挥了“小试验、大方向，作示范、探路子”的作用。

地理概况

【地理位置】 毕节市地处北纬26°21′～27°46′，东经103°36′～106°43′。位于贵州省西北部，扼川滇黔三省交通要塞，北接四川泸州市，西邻云南昭通市、曲靖市，东靠贵州贵阳市、遵义市，南接贵州六盘水市、安顺市，为乌江、赤水河、北盘江的发源地。地形地貌独特，自然资源丰富，小区气候宜人，开发前景广阔。

【建制沿革】 毕节市秦为蜀郡属地，汉为益州之牂牁、犍为两郡所辖，晋属益州、朱提郡，唐代置牂牁、乌撒部，宋代置罗氏鬼国辖乌撒部、毗那部，元代分属“亦溪不薛”（蒙古语，意为水西之地）宣慰司、乌撒乌蒙宣慰司所辖，明代分属水西宣慰司、乌撒军民府、永宁宣抚司和乌撒卫、毕节卫、赤水卫、永宁卫。清康熙五年（1666）置大定（今大方）府、黔西府、平远（今织金）府、威宁府，康熙二十二年（1683）改黔西、平远二府为州隶属大定府，康熙二十六年（1687）改大定府为州隶属威宁府，雍正七年（1729）升大定州为府，领黔西、平远、威宁三州和毕节县、水城厅。民国废府置县，解放前夕为贵州省第四行政督察专员公署，辖毕节、大定、黔西、金沙、织金、纳雍、水城、威宁、赫章9县。民国25年（1936），中国工农红军二、六军团长征进入毕节，在区内建立中华苏维埃川滇黔省革命委员会，领导创建黔西北革命根据地。

新中国成立初期，成立贵州省人民政府毕节

区行政督察专员公署，辖民国末第四行政督察专员公署所属各县。1955 年，威宁改置威宁彝族回族苗族自治县；1958 年，大定县更名为大方县；1970 年，水城县划归六盘水地区，是年毕节专区改为毕节地区，辖毕节、大方、黔西、金沙、织金、纳雍、威宁、赫章 7 个县 1 个自治县。1992 年建镇并乡撤区后，全地区撤销原县与乡之间的 89 个区镇建置，改原 736 个乡镇为 245 个乡镇。1994 年，毕节县撤县设市(县级)。2007 年，组建贵州百里杜鹃风景名胜区党工委和管委会，为地委、行署正县级派出机构，对百里杜鹃风景名胜区实行统一领导和管理。2011 年 12 月 27 日撤销毕节地区设立地级毕节市。2013 年，全市辖七星关、大方、黔西、金沙、织金、纳雍、威宁、赫章、百里杜鹃风景名胜区、双山新区、毕节经济开发区等 1 区、7 县、3 管委会 258 个乡(镇、办事处)。

【区域面积】 毕节市地处滇东高原向黔中山原丘陵过渡的倾斜地带。全市总面积近 26848.5 平方公里，占贵州省总面积的 15.25%。其中七星关区位于市中北部，川滇黔三省交界处，面积 3412 平方公里，占全市面积的 12.7%；大方县位于市中部，乌江支流六冲河北岸，面积 3502 平方公里，占全市面积的 13.5%；黔西县位于市东部，地处鸭池河之西，面积 2554 平方公里，占全市面积的 9.5%；金沙县位于市东北部，隔赤水河与四川省古蔺县相望，面积 2528 平方公里，占全市面积的 9.3%；织金县位于市东南部，地处乌江上游三岔河与乌江支流六冲河之间，面积 2868 平方公里，占全市面积的 10.68%；纳雍县位于市中南部，地处滇东高原与黔中山原的过渡地带，面积 2448 平方公里，占全市面积的 9. 12%；威宁彝族回族苗族自治县位于市西部，地处滇东高原东延部分，面积 6296 平方公里，占全市面积的 23.5%；赫章县位于市西部，滇东高原向黔中丘原的过渡斜坡地带，面积 3245 平方公里，占全市面积的 12.09%。

【地质地貌】 毕节市地层出露较齐全，从元古界震旦系至新生界的第四系地层均有分布。地质构造复杂，褶皱断裂交错发育。岩溶地貌形态多样，在区内分布次序为：东部峰林、谷地、峰丛、缓丘、洼地→中部峰丛、槽谷、丘陵洼地→西部高原、岩溶、缓丘、盆地。境内出露的岩石以沉积岩为主，面积 2.49 万平方公里，占全市总面积的 92.81%；岩浆岩较少，约 0.19 万平方公里，占全市总面积的 7. 19%。沉积岩中以碳酸盐岩类居多，占全市总面积的 62.2%，煤系砂页岩占 15.6%，紫色砂页岩和紫红色砂泥岩占 12.9%，泥质岩类占 2.1%。市内地势西高东低，山峦重叠，河流纵横，高原、山地、盆地、谷地、平坝、峰丛、槽谷、洼地、岩溶湖等交错其间。境内平均海拔 1600 米，最高处位于赫章县珠市彝族乡与威宁彝族回族苗族自治县交界的小韭菜坪，海拔 2900.6 米；最低处位于金沙县与仁怀县、四川省古蔺县交界的赤水河谷，海拔 457 米。西部威宁县和赫章县的西部、西北部和西南部平均海拔在 2000 ~ 2400 米之间，属高原、中山地带，为境内第一级阶梯；赫章县东部、七星关区、大方县、黔西县、纳雍县、织金县西部平均海拔在 1400 ~ 1800 米之间，属中山地带，为境内第二级阶梯；金沙和黔西两县、织金县东部平均海拔在 1000 ~ 1400 米之间，属低中山丘陵地带，为境内第三级阶梯。

【山脉河流】 毕节市是一个多山区，境内主要山脉有西部的乌蒙山、北部的大娄山、西南部的老王山。乌蒙山位于赫章县西部和威宁彝族回族苗族自治县境内，其山系是牛栏江、白水河、北盘江和乌江的分水岭；大娄山脉西起赫章县东部，向东经七星关区、大方县北部，进入金沙县，延伸到遵义市境内，其山脉在毕节市境内是乌江水系和长江水系的分水岭；老王山山脉呈西北一东南走向，西北端与乌蒙山东支相接，向东延伸到六盘水市的水城、六枝一带，为乌江上游三岔河与珠江水系北盘江的分水岭。全市河长大于 10 千米的河流有 193 条，分别流入乌江、赤水河、北盘江、金沙江 4 大水系。属长江流域乌江水系的主要干流有偏岩河、野济河、六冲河、三岔河；属赤水河水系的有赤水河；属金沙江水系的有牛栏江、白水河；属珠江流域的有北盘江上游的可渡河。市境内属长江流域的流域面积 2.56 万平方公里。属珠江流域的流域面积 1239 平方公里，分别占全市总面积的 95.3%、4.61%。其中乌江水系流域面积 1.78 万平方公里，金沙江水系流域面积 4901 平方公里，赤水河系流域面积 2943 平方公里，分别占全市总面积的 66.2%、18.3%、10.9%。

【气候】 境内气候特别是夏无酷暑，冬无严寒，季风气候比较明显，降雨量较为充沛，立体气候突出。全市各县区多年(1951 ~ 1998)平均温度在10℃ ~ 15℃之间,最高为金沙县,最低为威宁彝族回族苗族自治县;年日照时数在1096 ~ 1769小时之间,最多为威宁彝族回族苗族自治县;无霜期245 ~ 290天,金沙、织金两县最长;年均降水量在849 ~ 1399毫米之间,最多为织金县,最少为赫章县。海拔相对高差大,垂直气候变化尤为明显,山上山下冷暖不同,高原平地寒热各异,利于多种动植物生长。2013年,全市年平均气温在11.8℃ ~ 16.0℃之间,年平均日照时数在1295.1—1833.1小时之间,年降雨(雪)量在602.5 ~ 1056.3毫米之间。

自然资源

【土地资源】 20世纪80年代末,全市耕地1867.62万亩,其中有效耕地1587.82万亩,占总耕地的85%。在有效耕地中水田136.91万亩、旱地1385.53万亩,分别占有效耕地的8.62%,87.26%;有菜地4.55万亩,轮歇地60.82万亩,分别占有效耕地的0.29%、3.83%。全市有牧地744.97万亩、林地1083.65万亩、园地7.46万亩、水域28.05万亩,分别占土地总面积的18.5%、26.9%、0.2%、0.7%。市内土地分布在海拔1800米以上的占总面积的37.29%,海拔1400 ~ 1800米之间的占35.6%,海拔1000 ~ 1400米之间的占22.6%,海拔1000米以下的占4.49%;耕地分布在1800米以上的占耕地面积的30. 12%,海拔1400 ~ 1800米的占35.5%,海拔1400米以下的占33.73%。全市土地分布在坡度25度~35度的有873.79万亩,在35度以上的有560.95万亩,分别占土地总面积的21.69%、7.22%;80%以上的耕地属坡耕地,25度以上的坡耕地占耕地面积的21.76%,水土流失严重。2007年,全市农用地3551.05万亩,建设用地126.68万亩,未利用地348.93万亩。耕地1479.17万亩,其中灌溉水田62.34万亩,望天田60.18万亩,水浇地135.8万亩,旱地1354.55万亩,菜地2.09万亩。园地13.95万亩,其中果园8.67万亩,桑园0.79万亩,茶园4.06万亩,其他园地0.43万亩;林地1597.88万亩,其中有林地563.65万亩,灌木林地792.65万亩,疏林地24.03万亩,未成林造林地216.82万亩,迹地0.27万亩,苗圃0.45万亩;牧草地120.73万亩,其中天然草地118.73万亩,改良草地1.6万亩,人工草地0.4万亩;其他农用地339.32万亩;居民点工矿用地112.95万亩,其中城市用地0.78万亩。建制镇用地4.05万亩,农村居民点用地92.71万亩,独立工矿用地10.39万亩,特殊用地5.01万亩;交通运输用地9.84万亩,其中铁路用地0.8万亩,公路用地9.04万亩;水利设施用地3.89万亩,其中水库水面3.79万亩,水工建筑用地0.1万亩;未利用地311.42万亩,其中荒草地145.98万亩,沼泽地0.67万亩,沙地1.07万亩,裸土地2.71万亩,裸岩石砾地159.8万亩,其他未利用地1.18万亩;有河流水面29.5万亩,湖泊水面3.57万亩,苇地0.03万亩,滩涂4.42万亩,合计37.52万亩。

【水能资源】 全市年降水总量277.96亿立方米,每平方千米平均降水103万立方米;年径流变化在300 ~ 1000毫米之间,河川径流总量多年在130亿立方米左右。水能资源理论储量221.21万千瓦,其中属长江流域的214.67万千瓦,属珠江流域的6.54万千瓦。可开发装机容量160.08万千瓦,占理论蕴藏量的70.2%。

【生物资源】 市境内有苔类植物近100种,蕨类植物34科130种,裸子植物9科22种,被子植物155科1809种,粮食作物21种950个品种,其中豆类7种277个品种;油料作物7种64个品种;蔬菜有56种395个品种;药用植物1000多种,主产半夏、天麻、茯苓、党参、杜仲;有各类草场745万亩,野生牧草45科378种,森林覆盖率44.06%;畜禽种类多,黔西马和可乐猪驰名全国;鱼类74种,脊椎动物387种,黑颈鹤、白鹤属国家珍稀保护鸟类。全市有7个县区属全国生漆基地县,5个县区属全国烤烟基地县,2个县属全国核桃基地县。

【矿产资源】 境内有煤、铁、铅锌、硫、黏土、高岭土、铝土、磷、硅石、重晶石、砂岩、石膏、稀土、彩石、白云岩、锑、镍、钴土、锰、铜、萤石、碧石、玛瑙等40种矿源。其中煤储量364.7亿吨,居贵州全省之首;铁矿探明含储量2.27亿吨,占全省探明储量的51.7%;铅锌矿查明中型矿床3个、小型矿床13个;硫铁矿有大型矿床4个、中型矿床1个；磷块岩储量14.3亿吨，织金县为省内四大磷基地之一。至2009年已开发的矿产资源有煤、铁、硫、铅锌、磷、锰、铜等30多种。

【旅游资源】 境内旅游资源丰富。国家级风景名胜区织金洞，为世界上开发供游览的最大最美溶洞，与黄果树、龙宫、红枫湖组成贵州西部的旅游黄金环线；国家级森林公园百里杜鹃，总面积125.8平方公里，杜鹃品种达60余种，阳春季节，繁花似锦；国家自然保护区草海，是与滇池齐名的高原淡水湖之一，面积27.5平方公里，有鸟类155种，其中属国家一级保护的5种、二级保护的11种，草海被誉为云贵高原的明珠，"鸟的乐园"；国家级风景区"九洞天"，7公里伏流连九洞，集古、奇、秀、险、幽于一体；西电东送重点工程洪家渡水电站建成后，形成蓄水面积80多平方公里的高原湖泊支嘎阿鲁湖（原名水西湖），湖光山色，美不胜收，经开发将变成一道亮丽的旅游风景线；贵州屋脊赫章韭菜坪风景名胜区，面积26.5平方公里，有贵州第一峰、千亩石林、万亩草场，自然景观秀美、奇险，更有浓郁的彝族风情点缀，是第五批省级风景名胜区；赫章野马川、纳雍总溪河樱桃熟坠枝头，金沙、黔西连片金黄油菜花绽放时，更是人们踏青的去处；赫章可乐、威宁中水是古夜郎文明探幽寻秘之地；七星关城区中华苏维埃人民共和国川滇黔省革命委员会旧址等红色旅游景点，是进行爱国主义、革命传统教育的圣地。此外，市内广阔的岩溶地貌，绮丽的自然风光，众多的名胜古迹，著名的革命遗址，浓郁的民族风情，均是旅游开发的宝贵资源。

【民族】 境内居住有汉、彝、苗、回、布依、白、蒙古、壮、侗、黎、满、瑶、土家、哈尼、傣、景颇、仡佬、京、维吾尔等35个民族。据"五普"资料统计，少数民族人口占全市总人口的28.06%。

【人口】 2013年，全市人口出生率13.12‰，计划生育率92.54%，人口自然增长率6.79‰。年末总人口8705708人，其中男4561583人，女4144125人；农业人口8058291人，非农业人口647417人。

毕节市乡镇街道(社区)名称

县区名称	乡镇街道(社区)名称
七星关区	市西街道 市东街道 三板桥街道 流沧桥街道 大新桥街道 观音桥街道 鸭池镇 朱昌镇 田坝镇 长春堡镇 撒拉溪镇 杨家湾镇 放珠镇 水箐镇 何官屯镇 对坡镇 大银镇 林口镇 生机镇 清水铺镇 亮岩镇 燕子口镇 八寨镇 田坝桥镇 海子街镇 小坝镇 层台镇 小吉场镇 普宜镇 青场镇 龙场营镇 千溪彝族苗族白族乡 阴底彝族苗族白族乡 团结彝族苗族乡 野角乡 大河乡 阿市苗族彝族乡 大屯彝族乡 田坎彝族乡
大方县	大方镇 猫场镇 马场镇 羊场镇 黄泥塘镇 六龙镇 达溪镇 瓢井镇 长石镇 东关乡 竹园彝族苗族乡 文阁乡 绿塘乡 鼎新彝族苗族乡 牛场苗族彝族乡 高店乡 小屯乡 理化苗族彝族乡 鸡场乡 凤山彝族蒙古族乡 安乐彝族仡佬族乡 核桃彝族白族乡 八堡彝族苗族乡 兴隆苗族乡 果瓦乡 大山苗族彝族乡 雨冲乡 黄泥彝族苗族满族乡 沙厂彝族乡 三元彝族苗族白族乡 星宿苗族彝族仡佬族乡 百纳彝族乡
黔西县	水西街道 莲城街道 文峰街道 杜鹃街道 金碧镇 锦星镇 雨朵镇 大关镇 谷里镇 素朴镇 中坪镇 重新镇 林泉镇 五里布依族苗族乡 沙井苗族彝族仡佬族乡 金兰镇 绿化白族彝族乡 新仁苗族乡 钟山布依族彝族乡 铁石苗族彝族乡 协和彝族苗族乡 太来彝族苗族乡 甘棠镇 永炎彝族苗族乡 中建苗族彝族乡 花溪彝族苗族乡 定新彝族苗族乡 洪水镇 红林彝族苗族乡
金沙县	城关镇 安底镇 沙土镇 岩孔镇 禹谟镇 岚头镇 清池镇 平坝乡 西洛乡 石场苗族彝族乡 桂花乡 太平彝族苗族乡 箐门苗族彝族布依族乡 龙坝乡 高坪乡 化觉乡 茶园乡 木孔乡 长坝乡 源村乡 官田乡 后山乡 安洛苗族彝族满族乡 新化苗族彝族满族乡 大田彝族苗族布依族乡 马路彝族苗族乡
织金县	城关镇 桂果镇 牛场镇 猫场镇 化起镇 龙场镇 八步镇 以那镇 三塘镇 阿弓镇 珠藏镇 三甲白族苗族乡 自强苗族乡 大平苗族彝族乡 官寨苗族乡 茶店布依族苗族彝族乡 金龙苗族彝族布依族乡 后寨苗族乡 鸡场苗族彝族乡 中寨乡 绮陌乡 普翁乡 实兴乡 马场乡 上坪寨乡 营合乡 纳雍乡 板桥乡 白泥乡 少普乡 熊家场乡 黑土乡
纳雍县	雍熙镇 宗岭镇 阳长镇 维新镇 龙场镇 乐治镇 王家寨镇 百兴镇 张家湾镇 勺窝乡 新房彝族苗族乡 库东关彝族苗族白族乡 董地苗族彝族乡 寨乐乡 化作苗族彝族乡 老凹坝乡 沙包乡 水东乡 曙光乡 姑开苗族彝族乡 羊场苗族彝族乡 锅圈岩苗族彝族乡 昆寨苗族彝族白族乡 左鸠嘎彝族苗族乡 猪场苗族彝族乡
威宁县	草海镇 么站镇 金钟镇 炉山镇 龙场镇 黑石头镇 哲觉镇 观风海镇 牛棚镇 迤那镇 中水镇 龙街镇 雪山镇 羊街镇 小海镇 盐仓镇 东风镇 二塘镇 猴场镇 金斗乡 新发布依族乡 岔河乡 麻乍乡 海拉乡 哈喇河乡 秀水乡 斗古乡 玉龙乡 黑土河乡 石门乡 云贵乡 兔街乡 双龙乡 板底乡 大街乡
赫章县	城关镇 白果镇 妈姑镇 财神镇 六曲河镇 野马川镇 达依乡 水塘堡彝族苗族乡 兴发苗族彝族回族乡 松林坡白族彝族苗族乡 雉街彝族苗族乡 珠市彝族乡 罗州乡 双坪彝族苗族乡 铁匠苗族乡 辅处彝族苗族乡 可乐彝族苗族乡 河镇彝族苗族乡 德卓乡 安乐溪乡 朱明乡 结构彝族苗族乡 古基乡 哲庄乡 平山乡 古达苗族彝族乡 威奢乡
百管委	大水彝族苗族布依族乡 普底彝族苗族白族乡 金坡苗族彝族满族乡 仁和彝族苗族乡
双山新区	梨树镇 岔河镇 双山镇 响水白族彝族仡佬族乡

领 导 名 录

姓名后加“*”号的，是年内因提、调、免职、换届、机构调整、离退休及其他原因而去职。

中国共产党毕节市委员会

书　记　张吉勇
副书记　陈昌旭　杨兴友　周　荣*　曾永涛*
常　委　胡吉宏　朱江华　宫晓农　王　祺*
袁晓玉（女）　周全富　王开俊
敖　卫　文松波　卢　林
孔昌生（挂职）　罗中华（挂职）
袁俊杰（挂职）　吴国强（挂职）
唐柳成（挂职）
秘书长　王开俊
常务副秘书长　胡敬斌
副秘书长　胡　曼（女）　高扬宗
陈　旭（兼）　谭齐贤（兼）
禄春燕（兼）　谌贻勇　徐开焱
吕　飞（兼）　吴康宁*（兼）
聂宗筠*（兼）　张　东*
机关党委书记　文　景

毕节市人大常委会

主　任　安金黎
副主任　王玉屏　杨海琰（女）　倪小兵
李克明　马培译　王炳荣　范元平*
黄家耀
秘书长　王洪全
常务副秘书长　曾加伦*
副秘书长　罗孝军　余刚跃　何家友
选举任免联络委员会主任委员　李云贵
财政经济委员会主任委员　方　怡
教育科学文化卫生委员会主任委员　桂黔皖
内务司法与民族宗教委员会主任委员　庞　晓
农业与农村委员会主任委员　李绍武
环境与资源保护委员会主任委员　李　琼（女）
机关纪检组组长　彭秀峰（兼）
信访办公室主任　麻崇俊
副主任　曹琴香（女）
研究室主任　祝德光*

毕节市人民政府

市　长　陈昌旭
副市长　胡吉宏　王　祺*　宋丽丽（女）*
冉　霞（女）　吴安玉　李玉平
高　青　丁翊强　蒋从跃　马　炼
孔昌生（挂职）　罗中华（挂职）
袁俊杰（挂职）　谭文英（挂职）
鲁开垠（挂职）　吴国强（挂职）
唐柳成（挂职）

市长助理　张　涛　陈　再（挂职）
胡玉强（挂职）付　强（挂职）
梅长彤（挂职）

秘书长　杨新江
常务副秘书长　傅立勇
副秘书长　郭　凯　吴参化　黄采军　张　春
刘　宗　骆丽红（女）　杨　军*

彭剑君（挂职） 房 震（挂职）
纪检组组长 刘 宗*（兼）
机关党委书记 幸 勇
电子政务办公室主任 龙盛君

市应急办
主 任 杨新江
副主任 盖 斌 孟吴恒（兼）

市政府金融服务办公室
主 任 何书俊
副主任 邱俊杰（挂职）

政协毕节市委员会

主 席 郭正良
副主席 周应华 肖远福 赵 牧 秦天志
杜 娟（女） 安顺才 辜康乐
卢 林* 谢定敏（女）

秘书长 李文汉
常务副秘书长 胡大贵*
副秘书长 刘祖荣 董安碧 姚庆丰
提案与法制委员会主任 吴雨霞（女）
经济与科技委员会主任 代 宇
民族与宗教委员会主任 黄朝凤（女）
副主任 祝朝靖
人口资源环境委员会主任 郭 瑾（女）
副主任 关锐杰
教育文化卫生体育委员会主任 姜咏梅（女）
副主任 叶章龙*
智力支边办主任 张 玮
副主任 陆海云（女）
机关纪检组组长 邵明朝（兼）
机关党委书记 郭寒燕（女）

中国共产党毕节市纪律检查委员会

书 记 朱江华
副书记 龙厚群（女） 索绍新 胡良华
监察局局长 索绍新
纪委常委 王瑞玲（女） 熊家军
刘燕玲（女） 聂 勇 郭 毅
秘书长 聂 勇
机关党委书记 杨 凯
监察局副局长 刘燕玲（女） 张 超 郭 毅
案件审理室主任 郭 山*
综合室主任 耿忠仁
纪检监察一室主任 陈恩志*
纪检监察二室主任 汤应洪
案件管理室主任 陈良琼（女）
非公有制经济发展侵权投诉中心主任 叶智平

中国共产党毕节市纪律检查委员会毕节市监察局第一纪律检查工作委员会第一监察分局
书 记 刘 跃
副书记 彭秀峰 谌浩业
局 长 彭秀峰
副局长 邵明朝
督查室主任 李发全
预防室主任 范荣光

中国共产党毕节市纪律检查委员会毕节市监察局第二纪律检查工作委员会第二监察分局
书 记 陈万前
副书记 刘 宗* 陈 建*
局 长 刘 宗*
副局长 樊章宣
办公室主任 黄道先（女）

中国共产党毕节市纪律检查委员会毕节市监察局第三纪律检查工作委员会第三监察分局
书 记 杨初林（女）
副书记 李 华 刘发达
局 长 李 华
副局长 罗兴才
办公室主任 赵 艺（女）
督查室主任 聂 鑫（女）

中国共产党毕节市纪律检查委员会毕节市监察局第四纪律检查工作委员会第四监察分局
书 记 董 剑
副书记 赵焕国 肖朝荣
局 长 赵焕国
办公室主任 吕进泽

中国共产党毕节市纪律检查委员会毕节市监察局第五纪律检查工作委员会第五监察分局
书 记 熊遴箐
副书记 汪继平* 马昭伦
局 长 汪继平*
副局长 赵 鹏
办公室主任 韦 琨(女)

中国共产党毕节市纪律检查委员会毕节市监察局第六纪律检查工作委员会第六监察分局
书 记 阮孝伟
副书记 丁 君 叶智平*
局 长 丁 君
副局长 赵德文
督查室主任 张重庆(女)

中共毕节市委工作部门（含部门管理机构）

市委组织部
部 长 文松波
常务副部长 向义禹
副部长 杨亚军 张基沛 邱旭忠 黄家忠
部务委员 关凤晶(女) 陈 坤* 宋乃新
机关党委书记 卢文蔚

市实绩考核办公室(市委、市政府目标管理办公室)
主 任 邱旭忠
副主任 王 玮 张 丽(女)

市委党建办(市党员干部现代远程教育工作领导小组办公室)
副主任 李 庄 王荣猛

市人才工作领导小组办公室
主 任 宋乃新

市委宣传部
部 长 胡吉宏* 王开俊
常务副部长 唐光星
副部长 黄中华 司 晋 曾凡亚(女)
纪检组组长 刘 跃(兼)

市新闻宣传办公室(市委外宣办、市政府新闻办)
主 任 敖 祥

市精神文明办
主 任 李 丽(女)

《毕节试验区》杂志社
主 编 李 霓(女)

市委统战部
部 长 袁晓玉(女)
常务副部长 杨 旭*
副部长 李洪应 蔡 燕(女) 王兴明 廖碧江 刘 军
纪检组组长 谌浩业(兼)

试验区工作联络联系办公室(机构升格前)
主 任 胡 媛(女)

市委政策研究室(开发扶贫、生态建设试验区办公室)
主 任 谭齐贤*
常务副主任 陈 贤
副主任 孙卫义 杨春明 黄水源(挂职)

市委政法委员会
书 记 周全富
常务副书记 何志勇
副书记 史 迅 陈应华
纪检组长 徐清敏(女)
政治部主任 伍仕国*

维稳办
主 任 陈应华(兼)

综治办
主 任 何志勇(兼)
副主任 谭学明*

市直属机关工作委员会
书 记 陈 旭

副书记　毛　勇
纪工委书记　李立新

市委离退休干部工作局
局　长　陈良慧*（女）
副局长　吴学梅（女）　吴学相
纪检组组长　李发全（兼）

市机构编制委员会办公室
主　任　蔡勤生*
副主任　刘祖虹（女）　谢大钊

市事业单位登记管理局
局　长　陈明利

市委、市政府接待处
处　长　高扬宗
副处长　陈　洁（女）

市督办督查局
局　长　禄春燕
副局长　王学亮　熊　凯　莫　翔（挂职）

市委机要局
局　长　黄成林
副局长　熊建明

市委保密委员会办公室（市国家保密局）
主任（局长）

市委群众工作部
部　长　周全富（兼）
常务副部长　胡　曼（女）
副部长　陈应华　曾明祥　于　毅*　李　毅

市信访局
局　长　胡　曼（女）
常务副局长　曾明祥
副局长　于　毅*　李　毅
纪检组组长　范荣光（兼）

市委台湾工作办公室（市政治台湾事务办公室）
主　任　蔡　燕（女）

副主任　李　军

中共毕节市委直属事业单位

中共毕节市委党校（毕节市行政学院）
校　长　胡吉宏
党委书记、常务副校（院）长　王向东
副校（院）长　杨亚军（兼）　陈清华　谢平贵
　　于　博（挂职）
教育长　谭太富
纪委书记　刘　祥
组织人事处处长　王　燕（女）
纪委副书记、监察室主任　杨小虎
行政处（保卫处）处长　李远志
学员工作处处长　周凌秋（女）
基础理论教研部主任　胡雪虹（女）
公共管理教研部主任　魏　鸿（女）
文化与社会发展教研部主任　赵德虎
财务处处长　王洁凤（女）
信息处处长　邹科军
校刊编辑部主任　孔令举
基层党建工作处处长　吕世丹（女）
科技教研部主任　潘荣阳

市老年大学
校　长　李效敬
副校长　朱东风（主持工作）　王　青

毕节日报社
社　长　刘群峰
总编辑　张培立
副社长（副总编）　李建生
副总编　刘靖林　禄炳宪

市委讲师团
团　长　黄中华
副团长　唐光甫
纪检组组长　张重庆（女）（兼）

市委党史研究室（地方志编撰委员会办公室）
党组书记　金国藩*
主　任　潘圣群（女）
副主任　肖会明*（女）　高隆礼

毕节市人民政府工作部门（含所属单位）

市发展和改革委员会
主　任　谌毅业
常务副主任　雷先用
副主任　先　武　吴晓君　周　鹏　郭　华*
林文启　肖迎群（挂职）
项凯标（挂职）
纪检组长　樊章宣（兼）
总经济师　雷明礼
机关党委书记　石寿飞

市铁路（机场）办
主　任　吴晓君
副主任　郭　华*

市节能减排监察支队
支队长　李　嵩

市工程咨询中心
主　任　陈黔方

市项目稽查办公室
主　任　赵向阳

市物价局
局　长　先　武
副局长　王品达

市教育局
党组书记　余大亮
局　长　赵昌伦
副局长　胡清珍（女）　谢祥贵　覃珍贵
奚剑鑫（挂职）　刘　刚（挂职）
王振权（挂职）
纪检组长　熊遴箐（兼）
机关党委书记　朱德贵
考试管理中心主任　刘　广

市中华职业教育社
主　任　冉　霞（女）（兼）
专职副主任　夏　青（女）

市科技局（市知识产权局）
局　长　罗昌琪
副局长　周训明*　侯长英　郭绍源　彭斯春
罗　焜（挂职）
党组成员　阮培均

市工业和能源委员会
党组书记、主任　潘发勇
常务副主任　陈孝华
副主任　鲁茂言　桂祥友　叶宝忠（挂职）
机关党委书记　梁　军*
总经济师　张永洪
纪检组组长　刘发达（兼）

市中小企业局
局　长　杨　雄

市煤矿勘测设计院
院　长　吴家文

市工业和能源行政执法支队
支队长　张晓红

市煤炭工业办公室
主　任　刘剑锋

市民族和宗教事务委员会
主　任　王兴明
副主任　刘田向　吕　鸣（女）　朱宇翔
纪检组长　汪继平*（兼）
机关党委书记　禄亚权

市公安局
局　长　周全富
党委副书记　雷浩
党委副书记、常务副局长　周兵志
副局长　陈学银　杨新建*　罗高华　王跃华
纪委书记　林科俊
政治部主任　罗仕华*　伍仕国
机关党委书记　沈晓冬（女）
禁毒委员会专职副主任　孙敬东

市公安局洪家渡分局
局　长　蔡尚志＊
政　委　蔡亚刚

交警支队
支队长　方　向
政　委　黄宜勇

特（巡）警支队
支队长　王　鹏＊
政　委　王子能

打黑除恶支队
支队长　李　旭＊
政　委　蔡运华（女）

维稳支队
支队长　武绍恒
政　委　唐　彬

市民政局
局　长　张义萍（女）
副局长　石正友　武绍勇　孟天明
纪检组长　黄道先（女）（兼）
机关党委书记　李　敏
市社会救助局局长　彭晓刚

市老龄委办公室
主　任　张义萍（女）（兼）
专职副主任　孙　晓（女）

市司法局
局　长　李逸依
副局长　陈青云　罗华明＊　胡国祥
徐忠琴（女）
纪检组长　邵明跃
政治部主任　廖秋曦（女）

市普法依法治理工作领导小组办公室
专职副主任　黄　勃＊

市劳教所
第一政委　李逸依（兼）
政　委　罗华明（兼）＊　黄　勃
所　长　鲁宜国
副所长　彭思明

市财政局
局　长　刘晓益
副局长　朱晓虹（女）　杨洪贤　陈天吉
纪检组长　杨初林（女）（兼）
总会计师　段锡均
总经济师　刘运惠（女）

市会计核算中心
主　任　罗晓平
副主任　黄　莉（女）　熊　培
总会计师　周玉龙

市财政稽查分局
局　长　周　庆

市国有资产监督管理委员会办公室
主　任　何永芬（女）

市人力资源和社会保障局
局　长　杨亚军
副局长　杨世海＊　张光友　梁和平＊　梅品伦

市环境保护局
局　长　方星志
副局长　乔震生　刘　海　程桂石
纪检组长　韦　琨（女）（兼）
总工程师　杨　劲

市环境监察支队
支队长　唐兴赤

市城乡规划局
党组书记　李　勇
局　长　徐云龙
副局长　孔维林＊　肖景权　李永新
赵嘉新（挂职）

市住房和城乡建设局
局　长　顾掌权＊　朱永德

党组副书记　汪应立
副局长　李　红（女）　赵诗学
总工程师　赵诗学*
机关党委书记　赵建雪（女）

市房产局
局　长　汪应立
副局长　张永达　张　旭（女）
纪检组长　丁　君（兼）

市城市管理局
局　长　刘明华
副局长　赵亚宁*

九洞天国家重点风景名胜区管理局
局　长　沈义勇*
党委副书记、副局长　罗高峰（主持工作）
副局长　王成云　张　勇

市交通运输局
局　长　安顺才
副局长　何运军　王邦富　丹　彤
　　唐靥俊（兼）　饶志强（挂职）
　　牟成刚（挂职）
纪检组长　陈万前（兼）

海事局（航务管理处）
局（处）长　彭中华
副局（处）长　王　剑

城市公共客运交通管理局
局　长　杨　曦

公路运输管理处
处　长　王布丰

公路处
处　长　陆明朝

市委农工委（市农业委员会）
市委农工委书记、市农委主任　付业春（女）
市委农工委副书记、市农委党组书记　阮仕君
市委农工委委员、市农委副主任
　　赵太芳　杨云芬*（女）　卢　瑶
　　刘朝峰　黄　剑（挂职）
纪检组组长　董　剑（兼）
市委农工委委员、市农委机关党委书记　付立俊*
总农艺师　潘国元

市烟办
主　任　郭海滨

市经济作物办公室
主　任　陈　林

市农科所
党委书记　龙　国
所　长　王　嵩
副所长　阮培均*　张时龙　杨　爽

市农业机械事业局
局　长　吴学杰
副局长　秦保卫　赵力永

市水利局
局　长　常　瑜
副局长　潘　智　王　红　陈大新
　　孙即超（挂职）　李卫明（挂职）
　　李志新*（挂职）
纪检组组长　赵焕国（兼）
机关党委书记　唐圣胪
总工程师　安龙生
水保办主任　孟天友

防汛抗旱指挥部办公室主任　赵咏梅

市水利工程管理处
处　长　刘显达

市夹岩水利枢纽工程建设处
处　长　宋怀春

市勘测设计研究院
党总支书记　付淑贤
院　长　颜　勇

市商务局
局　长　罗绍松
党组副书记　胡奇文　谢江道
副局长　蒋才勇　段彰厚　杨克军＊
纪检组长　陈　建＊(兼)
总经济师　王显斌
机关党委书记　张　涛
党组成员、贸促会专职副会长　蔡安刚

市投资促进(招商)局
局　长　胡奇文
副局长　喻兴忠　赵国红　王雪竹(女)
纪检组组长　聂　鑫(女)

市利用外资和招商引资项目代办服务中心
主　任　赵治中

市粮食局
局　长　谢江道
党组书记　刘　念

市卫生局
局　长　安　宁
副局长　王　屏(女)　邓　韬　蒋　志
　　　　路　敏　姚永成(挂职)
机关党委书记　黄荣国

市红十字会
会　长　冉　霞(女)(兼)
专职副会长　王　屏(女)
秘书长　李　梅(女)

新型农村合作医疗管理办公室
主　任　丁远华

爱国卫生运动委员会办公室
主　任　李国宝

市人口和计划生育委员会
主　任　石承钧
常务副主任　曾家权
副局长　张经州　袁顺国
纪检组长　赵　鹏

市计划生育协会
专职副会长　熊祯富
秘书长　詹晓燕(女)

市人口和计划生育督查支队
支队长　郑建旭＊

市扶贫开发办公室
主　任　吴学军
副主任　付立铭　刘敬东　禄炳军＊
　　　　王大洋(挂职)
总经济师　胡　松
党组成员　顾　红(女)

外资项目管理中心(市社会扶贫办公室)
主　任　陈定宪

市审计局
局　长　朱　平(女)
副局长　陈志勇　李明祥　龚　霏＊(女)
纪检组长　李　华(兼)
总审计师　项学新

市林业局
局　长　彭华昌
副局长　李曙光　高守荣
纪检组组长　肖朝荣(兼)
总工程师　张槐安
机关党委书记　赵　伟

市防治石漠化管理中心
主　任　金　宇

市林业改革发展办公室
主　任　聂祥军

市文化体育广播电影电视局(新闻出版局[版权局])
局　长　李明泽
副局长　张健霖＊　张玉萍(女)　薛占润
　　　　甘德富　邱体敏(女)　李文均
　　　　潘荣阳＊(挂职)

党组成员　郭云翔
机关党委书记　陈如新
广播电视信息网络中心　主任　糜祖跃

市广播电视台
台　长　张健霖*
副台长　刘　杰　王应军　李德品　李文均
总编辑　叶光良
总工程师　冯丰吉

市文物局
局　长　郑远文

市图书馆
党支部书记　罗　军
馆　长　余　波

市文化市场综合执法支队
支队长　赵　翔

市体育运动学校
校　长　蒋　林

市畜牧水产局
局　长　牛贵河
副局长　陈文忠　王　勤
机关党委书记　胡世菊*（女）　詹兴祥
总畜牧师　王　峰

市动物疫病预防控制中心
主　任　龙冬梅（女）

市动物卫生监督所
所　长　潘定垒（女）

市牧科所
所　长　王　平

市马干山牧垦场
党委书记　詹兴祥*
场　长　罗应禾

市安全生产监督管理局（安委办）
局　长（主任）　谢培午
副局长（副主任）　孙　杰*　谢明富
　吴学静*
机关党委书记　邹　敏（女）
纪检组长　罗兴才（兼）
总工程师　王成军
党组成员　张茂鸣*

市煤监局
局　长　周选明

市统计局
局　长　王允铎
副局长　廖昌昕　胡晓敏（女）
总统计师　王　彦

市旅游局
局　长　戴淑金
副局长　杨孝忠　吴大敏（女）　施正军
纪检组组长　赵　艺（女）（兼）

市食品药品监督管理局
党组书记　刘　军
局　长　安　南
副局长　海　市（女）　赵丽娅（女）
　黄义泉　刘伟华（挂职）

市人防办
主　任　王维伦
副主任　李　刚　吴传林

市法制办
主　任　袁　锋
副主任　张　萍（女）

市外事侨务办
主　任　穆云裳*（女）

市归国华侨联合会
专职副主席（兼秘书长）　张　友
副主席（兼）　张仁明

市政府政务服务中心（市政府采购中心）
主　任　汪家军

副主任　张和萍（女）
纪检组长　赵德文（兼）
机关党委书记　付立云

市全民国防教育办公室
主　任　赖承华
副主任　董贵洪

市农业区划中心
主　任　李玉祥

毕节市人民政府直属事业单位

市供销社联合社
主　任　陈春芬（女）
副主任　钟希霞（女）　胡昭伦
机关党委书记　唐燕羽

市水利水电工程移民局
党组书记　雷洪坤
局　长　雷洪坤*　罗太瑜
副局长　万兴银（女）　唐学智
纪检组长　阮孝伟（兼）

市住房公积金管理中心
主　任　唐衍胪
副主任　张华青　马　林
纪检组长　叶智平*（兼）

市档案局（档案馆）
局（馆）长　刘祖平*
副局（馆）长　罗廷湘（女）　盖艳秋*（女）

市生态文明家园建设办公室
主　任　张青杰
专职副主任　易　鹏

市经济作物办公室
主　任　陈　林

毕节市公共资源交易中心
党组书记　李毕生
主　任　周光杰
副主任　高　锐　蒋　志

毕节市人民政府驻外办事处

北京联络处
主　任　聂宗筠*　吕　飞
副主任　武绍恒（挂职）

广州办事处
主　任　罗光前

重庆办事处
主　任　安荣亚

深圳办事处
主　任　周明磊

上海联络处
主　任　赵国义*

贵阳办事处
主　任　吴康宁*　谭齐贤

苏州办事处
主　任　张建军

武　装

中国人民解放军毕节军分区
司令员　敖　卫
政　委　张　平
参谋长　何长明
政治部主任　贾荣杰
后勤部部长　冉学荣*　杨建军

中国人民武装警察部队毕节市支队
党委书记、政委　何　舰*　洪顺志
党委副书记、支队长　李　林*　杨　旭
副政委　窦荣康*　杨　雄
副支队长　敖学荣*　万　勇*　肖　奎*
孙　贵　张云飞
参谋长　徐　强*　程　云
政治处主任　孙　建*　杨伟华

后勤处处长　陈锡果

毕节市公安消防支队
政　委　丁　翔
支队长　孟吴恒
副政委　黄必开
副支队长　罗关中＊　杨　锣＊
　　　　李开华、彭国胜
参谋长　李开华＊　周正华
政治处主任　黄必开＊　尹显清
后勤处处长　韦景飞＊　陈　跃
防火处处长　彭天礼

毕节市人民检察院
检察长　石子友
常务副检察长　黄　伟
副检察长　吴建忠
纪检组长　杨　智＊
政治部主任　廖碧江＊（女）
反渎职侵权局局长　卢建新
职务犯罪预防局局长　吴建忠

毕节市中级人民法院
院　长　黄兴文
副院长　康海明　张玉梅（女）　肖国勇
　　　　张永成（挂职）
政治部主任　江友福
机关党委书记　罗丽群（女）
执行局长　陈少鑫＊
审判委员会专职委员　张远忠

民主党派

民盟贵州省毕节市委员会
主　委　卢凤礼
专职副主委　吴玲娜（女）
副主委　邹芝华（女）　雷吉华
　　　　武　卉（女，兼）

农工党贵州省毕节市委员会
主　委　辜康乐
专职副主委　唐鹏程
副主委　庞小林　吴艳霞（女）　李舒波

九三学社贵州省毕节委员会
主　委　谢定敏（女）
专职副主委　赵祖禹
副主委　李建荣（女）　胡晓苏（女）　宋　毅

群团部门

毕节市总工会
主　席　王炳荣
党组书记、副主席　陈明江
副主席　顾　军　钱　旭　赵绍丽（女）
　　　　梅品伦（兼）　桂祥友（兼）

中国共产主义青年团毕节市委员会
书　记　何　旭
副书记　罗培林　袁　媛（女）　黄　健
　　　　毛　莉（挂职）

市青年联合会
主　席　罗培林

毕节市妇女联合会
主　席　陈　萍（女）
副主席　杨丽萍（女）　黄文碧（女）
　　　　罗奇志（女）

毕节市科学技术协会
主　席　李典学
副主席　周云祥

毕节市工商联（商会）
党组书记、副主席　李洪应
主　席（会长）　陈广臣
副主席（副会长）李洪应　马永义
　　　　付漫江（女）　汪　玉（女）
秘书长　刘世春

毕节市社会科学界联合会
主　席　聂　华＊
副主席　胡　蓉（女）

毕节市文学艺术界联合会
主　席　罗建明＊　曾加伦

副主席　李文均＊　禄　琴（女）

毕节市残疾人联合会
理事长　陈长友＊　胡大贵
副理事长　孙晓田＊　李晓谷　王思华

学　校

毕节学院
党委书记　陈永祥
党委副书记、校长　张学立＊　陶文亮
党委副书记　汤宇华　姬异丹
纪委书记　汤宇华
副院长　杨保华　陈明刚　梁　杰＊

毕节职业技术学院
党委副书记、校长　龙泽玉
党委副书记、纪委书记　钟　声
副院长　蒋　进　陈光勋＊　杨　慧　傅于川
组织部（人事处）部（处）长　张治国
计财处处长　杜世森
党委办公室（学院办公室）主任　罗　梅（女）
纪委副书记、监察室主任　吴建伟
教务处处长　周天生
招生与就业指导处处长　杨莉莉（女）
学生工作处（学生工作部）处（部）长　陈欣东＊
后勤管理处处长　刘德玲（女）
保卫处（武装部）处（部）长　李忠明＊
基建处处长　葛富林
宣传部（统战部）部长　陈　林
实训管理中心主任　彭永贤
农业工程系主任　徐　毅
工矿建筑系主任　孙　波
财政经济系主任　罗　丽
旅游管理系总支书记　李　冰
工会主席　李忠明

毕节市农业学校
党委副书记、校长　龙泽玉（兼）
党委副书记　龙泽玉（兼）　钟　声（兼）
纪委书记　钟　声（兼）
副校长　蒋　进（兼）　陈光勋（兼）
　　　　杨　慧（兼）

毕节广播电视大学（水利电力工程学校、水利电力技工学校）
副校长　张安瑾　付善华　朱厚渊

毕节市卫生学校
校　长　赵昌伦＊　颜　勇
党委副书记　钟　华（女）
副校长　黄莉军（女）　杜刚平　黎　梅（女）
　　　　王景舟

毕节市实验高级中学（毕节市师范学校）
校　长　邹顺林
副校长　胡君伦　赵英才

毕节市工业学校（市农业机械学校）
党委书记　高贵林
校　长　胡忠建
副书记、纪委书记　廖显刚
副校长　王小兵　彭琪文（女）　阳　培（女）

毕节市财贸学校
党委书记　耿泽兴
校　长　丁诗勇
副校长　宁发棣（女）　王福昭
副书记、纪委书记　杜培伦

毕节市信息工程学校（财政经济干部学校）
党委书记　祖晓勤
校　长　辜康乐
党委副书记、纪委书记　张纯朴
副校长　张　鹏　李安毕

毕节一中
党委书记　胡清珍（女）
校　长　屈小锋（女）
副校长　龙世平　王发礼

毕节市民族中学
校　长　吴浩亮
党委副书记（主持党委工作）　马友省
副校长　王　祥　邱国援

毕节第二实验高中（黔西旅游学校）
校　长　罗方贵＊

毕节第三实验高中（威宁草海艺术学校）
校　长　岳明亮*
书　记　肖良宪

毕节市特殊教育学校
校　长　罗旭

毕节市幼儿师范学校
校　长　熊恩国*　杨　帆

医疗单位

毕节市第一人民医院
党委书记　常　琦
院　长　陈文智
纪委书记　李　林
副院长　吴艳霞（女）　刘仁才　阮志勇
　　　　邬卫东（挂职）

毕节市紧急救援中心
主　任　吴艳霞（女，兼）

毕节市中医院
党委副书记、院长　杨永学
副院长　龙　训*　吴国春（女）　李　军

毕节市第二人民医院（毕节市红十字医院）
党支部书记　王继华（女）
院　长　杨孝义

毕节市第三人民医院（市传染病医院）
院　长　龙　训

毕节市疾病预防控制中心
主　任　许文明

毕节市卫生监督所
党支部书记　侯尚军
所　长　周建礼

毕节市妇幼保健院
支部书记　蒋德英（女）
院　长　张义丽（女）

毕节市中心血站
站　长　蒋志高
党支部书记　杨　芊

省管单位

毕节国家安全局
局　长　黄　弢
政　委　肖　翀*　糜亚军
副局长　糜亚军　张志炜（女）　张　震
政治部主任　李　松
纪委书记　叶　红

毕节银监分局
局　长　郑世旭　党委副书记、副局长（主持工作）
副局长　付大贵*　董　艾
纪委书记　李志远

中国人民银行毕节中心支行
行　长　邵天春
副行长　岳长春　张传新　吴维旭
纪委书记　吴俊勇

工商银行毕节分行
副行长　陶　清（主持工作）　孙玉秀（女）
　　　　徐志刚　杨　震　刘亚松（女）

农业发展银行毕节分行
行　长　徐跃勤
副行长　谭　锐　张达军　邹武平

农业银行毕节分行
行　长　袁发辉
副行长、纪委书记　贺海丽（女）
副行长　王　晓　冯廷芳（女）
党委委员　蔡建平

建设银行毕节分行
行　长　王双平
副行长　张迎春　李贵平*
纪委书记　黄宏波
行长助理　江海峰

中国银行毕节分行
行　长　刘　忠
副行长　张朝阳　邓昭平　刘　焱

省农村信用联合社毕节办事处
主　任　雷志坚(负责人)
副主任　张著烈

人保财险毕节分公司
总经理　李国兴
副总经理　李桂兵　杨经邦
总经理助理　李　丽

中国人寿毕节分公司
总经理　吴雪嫩
副总经理　张　舰*　王　心
总经理助理　杜　江

太平洋人寿保险毕节中心支公司
总经理　胡　伟
副总经理　许　翔　赵　华*
营销总监　付　俊

太平洋财产保险毕节中心支公司
总经理　万　萍
副总经理、纪委书记　刘一鸣
副总经理　尹　刚

市国税局
局　长　段铜成
副局长　余　磊　谭景林　邓　犇
　　　　周　进(女)
纪检组长　李学智　周　进(女)
总经济师　李学智　吕　磊

市地税局
局　长　张　宏
副局长　覃佳兴　唐　勇
纪检组长　严道文
总经济师　王　立
总会计师　邹智国
机关党委书记　邵　平

市国土资源局
党组书记　张政纲
局　长　张政纲*　王晓灵
副局长　周玉柱*　王　毅
纪检组长　张坤忠
总工程师　丁竹茂
地灾办主任　唐春鸣

执法监察支队
支队长　吕　华

市质量技术监督局
局　长　邓泽亮*
副书记、副局长(主持工作)　杨光孟
副局长　袁　敏(女)　王桂全　徐志安
纪检组长　梁　斌
总工程师　王文军

稽查分局
局　长　李仕奎*　龙　勇

市工商局
局　长　杨晓铁
副局长　周　杰　黄远红　邱　萍*
纪检组长　杨　爽
机关党委书记　李贵书
经济检查支队支队长　孔德才

国家统计局毕节调查队
队　长　孙朝虹
副队长　彭荣基　王桂林
纪检组长　陈朝荣

市公路管理局
局　长　丁昭平
副局长　李显全　吴明友　黄正华
纪委书记　陈元达
总工程师　罗龙

市烟草专卖局(公司)
局长(经理)　陈文相
副局长　祝朝东　马本宁
纪委书记　蒙朝先(女)

副经理　翟　欣　华　沙　张正林
总会计师　张万林
总农艺师　朱维华＊（女）

盐务局
党委书记、总经理、局长　郭昌华
党委副书记　孙良丽（女）
党委委员、副总经理　孔祥英（女）

中国电信毕节分公司
总经理　罗　丹
副总经理　黄小龙　熊灿章　张　祥
财务总监　龙宪春（女）

中国移动通信集团毕节分公司
总经理　王　毅
副总经理　吴待志　余廷贵　张振宇

中国联合网络通讯有限公司毕节分公司
总经理　邓　杰
副总经理　钟立纯　刘　宁　李岳辉　吴　悦
总经理助理　杨咏萍

市邮政管理局
局　长　唐靥俊
副局长　王新华

市邮政局
局　长　钟兆勤
副局长　甘　勇　王万松

邮政储蓄银行
行　长　胡永波

市气象局
局　长　张普宇
副局长　罗京义　谢　明
纪检组长　黄桔梅

毕节供电局
局　长　康　鹏
党委书记　李　波
副局长　赵远凉＊　杨永谦　黄　健　冉　武
副局长、总工程师　尹志强

纪委书记、工会主席　王远鹏
总会计师　梁光岳

贵州华电毕节热电有限公司
总经理　饶　宏
党委书记　杨革新
副总经理　李煜涵　岳向荣
纪委书记、工会主席　罗　琨

贵州中烟工业有限责任公司毕节卷烟厂
党委书记、厂长　罗　军
副厂长　冷启国　范从军　赵科文
纪委书记　刘　刚
工会主席　卢　镝

毕节监狱
党委书记、监狱长　夏　灵（女）
党委副书记、政委　李启禄
副监狱长　罗元昌　王兆义　沈承献
海丰机械有限公司总经理　卢支明
纪委书记　张雪雯（女）
政治处主任　杨昌富

草海国家级自然保护区管理局
党委书记　冯兴忠
局　长　周容宪
副局长　丁开斌　刘　文　陈　超

新华书店
经　理　陈云章
副经理　林菊华

中石化毕节分公司
经　理　黄恩桥＊　周　麟　副经理（主持工作）
党委副书记（主持工作）、纪委书记、副经理
　　罗学祥
副经理　罗学祥　童　强　胡　青
经理助理　陆　永

毕节市直企业

市建设投资有限责任公司
董事长、总经理　叶真文＊

副总经理　侯长燕*　葛永荣
总会计师　陈乔友
监事会主席　张四清

信泰投资(集团)有限公司
党委书记、董事长　张立华
总经理　杨忠强
副董事长　胡文化　汪晓芸(女)
副总经理　谢　然
监事会主席　聂富强
工会主席　樊　荣

毕节协和典当有限责任公司
总经理　胡文化

毕节市泰达信用担保有限责任公司
董事长、总经理　汪晓芸(女)

毕节市汽车运输公司
党委书记　罗从政*　穆　建
经　理　罗从政*　蒋红全
副经理　罗成琪　陆春晖　程　强　穆　建*
工会主席　王绪华*　谢明星

毕节毛纺织厂
党委负责人　熊活君

毕节歌舞团有限责任公司
董事长　安　黔(女)
监事会主席　郭云翔

毕节试验区网络传媒集团有限责任公司
董事长　金明忠

毕节飞雄机场有限责任公司
书　记　吴晓君
副书记　孙思清　杨春华
党委委员　胡文化、方昱民
董事长　吴晓君
副董事长、总经理　孙思清
副总经理　胡文化　杨春华　邱建华　丹　彤

毕节市铁路开发建设投资公司
董事长、总经理　郭　华*

副总经理　吴学相　杨小虎

毕节市交通投资建设集团有限责任公司
党委书记、董事长　吉　焕
副书记、副董事长、总经理　林　松
副总经理　肖远勋　孙思清　张晓航　马晓娟

毕节市洪欣城市建设投资有限公司
董事长　余刚林*　张　华
总经理　余刚林*　张　勇
常务副总经理　江漫萍(女)
副总经理　王欲晓

百货有限公司
党委书记　吕仕学
总经理　王世聪

县区党委、人大常委会、人民政府、政协、纪委、人民法院、人民检察院

七星关区

区　委
书　记　宫晓农
副书记　刘建平　聂忠智　朱永德*(兼)
　　张　涛(兼)　禄春燕*(挂职)
　　张　智(挂职)
常　委　周　延　胡书龙　吴贤耀
　　郑　荣(女)　何友谊　王华国
　　吴安宁　安　旺
　　李　丽*(女,挂职)
　　张纯朴(挂职)

区人大常委会
主　任　邓俊波*
副主任　安　慧(女)　张　媛(女)　王大庆
　　胡家敬　张　骅　肖世华　林学方

区人民政府
区　长　刘建平

副区长 胡书龙 周祖华 唐兴全 高守军
付 波 杨 黔（女） 聂 焱（兼）
李 丽*（女，挂职）
刘良灿（挂职） 吕善进（挂职）
樊 博（挂职） 张纯朴（挂职）
张 怡（挂职）

区政协
主 席 吴 坚
副主席 邹芝桦（女） 王林中 周光乔
宋邦友 燕金祥 江晓燕（女）
周遵林

区纪律检查委员会
书 记 周 延
副书记 张 龙

区人民法院院长 陆 川
区人民检察院检察长 徐 永

七星关区天河风景名胜区管理处
党委书记 吴荣勇
处 长 丁世远

七星关经济开发区党的工作委员会、管理委员会
书 记 宫晓农（兼）
主 任 刘建平（兼）
副主任 赵 伟* 徐 立 严琪

大方县

县 委
书 记 卢 林* 张瀚时
副书记 顾掌权 吴雁俊* 许晓鹏
赵永富（兼） 李同策*（挂职）
徐佑刚（挂职）
常 委 李龙舟 罗太瑜* 徐霞辉 陈祖军
白俊岭 徐 萍（女） 张 东
管庆良 李同策*（挂职）
阳 培*（女，挂职）
陈洪刚（挂职） 徐佑刚（挂职）
罗高峰（挂职） 杨丽萍（挂职）

县人大常委会
主 任 高兴全
副主任 李泽贵* 钟惠民 尚崇高 刘丰俊
单衍丽（女） 李义军 杨章贤

县人民政府
县 长 张瀚时* 顾掌权
副县长 陈祖军 管庆良* 陈德奉 张 东
许晓鹏* 章 育（女） 李 军
杨丽萍（女，挂职）
阳 培*（女，挂职）
陈洪刚（挂职） 王洪超*（挂职）
靳景玉（挂职）

县政协
主 席 葛传彦
副主席 李建华*（女） 龙天明 李富军
张 琳 胡卫国 陈亚林
唐 婧（女）

县纪律检查委员会
书 记 李龙舟
副书记 曾文凯 谢春林

县人民法院院长 齐正海
县人民检察院检察长 陈 红*（女） 陈恩志

大方县慕俄格古城管理处
处 长 杨 超

大方县油杉河风景区管理委员会
主 任 穆 峰

大方经济开发区党的工作委员会、管理委员会
书 记 卢 林*（兼） 张瀚时（兼）
主 任 顾掌权（兼）
副主任 牛平志 黄洪江

毕节试验区大方药品食品产业园区党的工作委员会、管理委员会
书 记 张瀚时（兼）
主 任 黄洪江* 顾掌权（兼）

黔西县

县　委
书　记　范元平*　卢　林
副书记　杨汉华　李　涌　殷健康*(挂职)
常　委　邬　江　苏秀明　彭　玲(女)
喻祖常　李学军　雷文军
雷　奕(女)　陆远武*　蒋景毅
杨绍东(挂职)　王雪竹*(女,挂职)
高守荣(挂职)

县人大常委会
主　任　罗德智
副主任　殷从隆　高亚丽*(女)
罗智琼(女)　赵维举
饶金伦　杨开祥　敖西洛

县人民政府
县　长　杨汉华
副县长　喻祖常　杨　曦　张　锦(女)
雷文军　赵　璞　江　涛
杨绍东(挂职)　李　鹏*(挂职)
王雪竹*(女,挂职)
王　虎*(挂职)　高守荣(挂职)
杜　宏(挂职)

县政协
主　席　刘麦青(女)
副主席　黄家一*　赵　蓉*(女)　蒋远辉*
林　琴(女)　张富均　黄　勇
卓永发

县纪律检查委员会
书　记　邬　江
副书记　梁先林　李章艺

县人民法院院长　刘光远
县人民检察院检察长　罗高峰*　卓英武

黔西经济开发区党的工作委员会、管理委员会
书　记　卢　林(兼)
主　任　杨汉华(兼)
副主任　贺沛权　宋文胜　何大伦

黔西县循环经济产业园区党的工作委员会、管理委员会
书　记　范元平*(兼)
主　任　宋文胜*

黔西承接产业转移基地党的工作委员会、管理委员会
书　记　杨汉华*(兼)
副书记　何大伦*(主持日常工作)
主　任　贺沛权*

金沙县

县　委
书　记　丁翊强
副书记　卢　宏　何植林　马向群*(挂职)
常　委　王丽佳(女)　颜　岭　刘　军*
魏其凯　敖登雪　陆兴华　周　勇
曾益刚　杨忠强*(挂职)
马向群*(挂职)　朱达伟(挂职)
陈　坤*(挂职)

县人大常委会
主　任　黄文发
副主任　陶明森　高明华(女)　赵宝庆
李文俊　任仕宇　姜　文　曾　迅

县人民政府
县　长　卢　宏
副县长　敖登雪　曾益刚　曾庆军*　吴　炜
蒙　敏(女)　赵福美(女)　吴学静
朱伟达(挂职)　杨忠强*(挂职)
梁红星*(挂职)　陈　坤*(挂职)
袁国珍(挂职)

县政协
主　席　王明初
副主席　任荣虎　杨俊　王治明　周益军
罗庆军　吴玉艳(女)　罗守先(女)

县纪律检查委员会
书　记　颜　岭
副书记　冯志奇　李　敬(女)

县人民法院院长　张百灵
县人民检察院检察长　王荣波

金沙经济开发区党的工作委员会、管理委员会
书　记　丁翊强（兼）
副书记　曾益刚（主持日常工作）
主　任　卢　宏（兼）
副主任　王体端　张大革
金沙县冷水河风景区管理委员会
主　任　胡　浩

金沙县沙土三化同步统筹发展改革试验区
党工委书记　李洪强
管委会主任　蒋显虹＊

金沙三化同步统筹发展改革试点办公室
主　任　罗华明

织金县

县　委
书　记　崔英魁
副书记　王　丽（女）　胡　海　王兴明（兼）
　　　　何正芳（兼）　罗仕成＊（挂职）
常　委　唐晓晖　陈石光　熊朝云　孙小井
　　　　胡海燕＊　黄克卫　刘　美（女）
　　　　何林峰　刘　芳＊（挂职）
　　　　余刚跃＊（挂职）　张光辉＊（挂职）
　　　　刘朝峰＊（挂职）　林　航＊（挂职）
　　　　袁景国＊（挂职）

县人大常委会
主　任　王　玮
副主任　王桂武　李鸿国　任志艳（女）
　　　　杨　帆＊　刘玉芳　李　义　李发全

县人民政府
县　长　王　丽（女）
副县长　熊朝云　安太敏（女）　郭太辉
　　　　罗　丰　陈　华　郑建旭
　　　　刘　芳＊（挂职）　余刚跃＊（挂职）
　　　　张光辉＊（挂职）　张　栋（挂职）
　　　　李海森＊（挂职）　林　航＊（挂职）
　　　　刘朝峰＊（挂职）　袁景国＊（挂职）
　　　　王兰平（挂职）

县政协
主　席　袁家艺
副主席　兰　薇（女）　何世举　卯明录＊
　　　　武　信　朱一川　陈　锐（女）

县纪律检查委员会
书　记　孙小井
副书记　许明军　王佳焕

县人民法院院长　李兆鸿
县人民检察院检察长　廖显东

贵州织金洞风景名胜区（贵州织金洞国家地质公园）管理局
党委书记　何正芳＊　胡　海（兼）
局　长　何正芳
副局长　彭　雄　谭裕敏　黄开俊
专职纪检书记　刘建元

织金县古城管理处
处　长　陈正祥

毕节市幼儿师范学校
校　长　杨　帆

织金经济开发区党的工作委员会、管理委员会
第一书记　陈昌旭（兼）
书　记　崔英魁（兼）
副书记　王　丽（兼）
　　　　王兴明（主持党工委日常工作）
纪工委书记　陈　颖
第一主任　胡吉宏（兼）
主　任　王　丽（兼）
副主任　王兴明（主持管委会日常工作）
　　　　林　江　杨大禹　冯　浩　张　栋
　　　　罗绍松（兼）　潘发勇（兼）
　　　　谌毅业（兼）　罗昌琪（兼）
　　　　张政纲（兼）　顾掌权＊（兼）
　　　　方星志（兼）　朱永德（兼）

织金县产业园区党的工作委员会、管理委员会
书　记　崔英魁（兼）
主　任　黄智勇

纳雍县

县　委
书　记　蒋从跃＊　郭　华
副书记　郑成芳　雷光文　王国麟（挂职）
　　　　程敏智＊（挂职）　宫小雄＊（挂职）
常　委　黄开华　李涛　王海英（女）
　　　　安永红（女）　栾亚庆　赵兴国
　　　　苏　毅　陈　坤　罗兴才＊（挂职）
　　　　罗来军＊（挂职）　罗孝军＊（挂职）

县人大常委会
主　任　刘茂高
副主任　王道森　周训荣　郭正权　杨兴华
　　　　张习渊　阮　琼（女）　张　慧（女）

县人民政府
县　长　郭　华＊　郑成芳
副县长　雷光文＊　李　涛　黄开华　杨　奎
　　　　吕　勇　郭太军　李发军＊
　　　　龙　颖（女）　张　勇（挂职）
　　　　罗兴才＊（挂职）　颜帮全＊（挂职）
　　　　罗孝军＊（挂职）　罗来军＊（挂职）
　　　　刘顺福（挂职）　赵明军（挂职）

县政协
主　席　杨丽霞（女）
副主席　严文忠　王佳永　陈仕才　杨　怡
　　　　杨　毅　韩咏梅（女）　宋邦达

县纪律检查委员会
书　记　安永红（女）
副书记　胡　迅　李发祥

县人民法院院长　禄智华
县人民检察院检察长　邓　斌

纳雍经济开发区党的工作委员会、管理委员会
书　记　蒋从跃＊（兼）　郭　华（兼任）
副书记　郑成芳（正县［处］长级，主持党工委日常工作）
主　任　郭　华＊（兼）　郑成芳
副主任　高朝阳　朱　晔　张　勇

威宁彝族回族苗族自治县

县　委
书　记　杨兴友
副书记　陈　波　冯兴忠　明忠琴（女）
　　　　胡世延＊（挂职）　姚小彦＊（挂职）
　　　　王瑞军＊（挂职）　曾佑志＊（挂职）
　　　　张　桓（挂职）
常　委　刘　春　朱　钧　陈　煌　赵　毅
　　　　赵德宏　李　茂　马祥宏　王维志
　　　　曾　珊（女）　陈兆云＊（挂职）
　　　　唐圣胪＊（挂职）　黄远红（挂职）
　　　　黄先利＊（挂职）　张　桓（挂职）
　　　　胡　健（挂职）　孙　宇（挂职）
　　　　邓　刚（挂职）　刘敬东（挂职）
　　　　熊　烈（挂职）　笪信仁＊（挂职）

县人大常委会
主　任　刘青松（女）
副主任　吴丹玫（女）　周　乾　周跃宁
　　　　罗兴义　余崇忠　王义国
　　　　王　梅（女）

县人民政府
县　长　陈　波
副县长　刘　春　禄　云　程　静（女）
　　　　杨华忠　马仲华　郭　鹏
　　　　陈兆云＊（挂职）　马树林＊（挂职）
　　　　唐圣胪＊（挂职）　黄远红（挂职）
　　　　郑　懿＊（挂职）　黄先利＊（挂职）
　　　　蒋岳辉（挂职）　笪信仁＊（挂职）
　　　　刘敬东（挂职）　胡　健（挂职）
　　　　孙　宇（挂职）　熊烈（挂职）
　　　　乔发进（挂职）　邓　刚（挂职）
　　　　杜庆荣（挂职）　兰立强（挂职）
　　　　赵　明（挂职）

县政协
主　席　禄　俊

副主席 金丽华（女） 马鸿恩 马新琼*
陈兴志 罗永宽 李正超 徐 勇
王才军 许如龙

县纪律检查委员会
书 记 赵德宏
副书记 陈文才 李章荣

县人民法院院长 马 跃
县人民检察院检察长 王光强

威宁经济开发区党的工作委员会、管理委员会
书 记 杨兴友（兼）
副书记 陈 波（兼）
禄 云（主持党工委日常工作）
郑 懿（挂职）
主 任 陈 波（兼）
副主任 杨志伟（主持管委会日常工作）
李 旭

赫章县

县 委
书 记 黄光江
副书记 孙 逊 游新建 李海楠*（挂职）
张 波（挂职）
常 委 王世雄 王永忠 江耀波（女）
王家雄* 朱大庚 甘红梅（女）
曾 毅 禄炳军 刘 浩（挂职）
张 波（挂职） 刘 海（挂职）
时松凯（挂职）

县人大常委会
主 任 钱超国
副主任 杨世霖 张慧芳*（女） 郭光清
李兴华 赵 春 张清维 朱祖云

县人民政府
县 长 孙 逊
副县长 王世雄 管庆国 王天军 王武军
安 玲（女） 晏学义
卢 瑶*（挂职） 王 斌*（挂职）
孙吉慧（挂职） 刘 海（挂职）
时松凯（挂职） 杨建峰（挂职）
韦龙再（挂职） 米传民（挂职）

县政协
主 席 李丽华（女）
副主席 李廷贵 刘奕娜*（女）
孙 霞（女） 张 政 王润丽（女）
刘宗祥 王郁春

县纪律检查委员会
书 记 王家雄* 刘 浩（挂职）
副书记 袁龙盘 徐 铭

县人民法院院长 左 剑
县人民检察院检察长 余朝芳*

赫章县妈姑矿区社区服务管理局
书 记 张湘宝
局 长 周安涛

赫章县产业园区党的工作委员会、管理委员会
书 记 黄光江（兼）
主 任 孙 逊（兼）
副主任 刘 庆（主持日常工作）

阿西里西风景名胜区管理处
处 长 王治坤

贵州百里杜鹃风景名胜区（百里杜鹃国家级森林公园、百里杜鹃自然保护区）

党工委
书 记 黄家耀
副书记 熊灿平 李孝荣 杨 桦
委 员 徐书云（女） 陈晋徽 龙尚清
陈敬书 胡丰华 彭 刚

管委会
主 任 熊灿平
副主任 杨 桦 杨德林 张玉杰
黄红亚（女） 程朝文

黄承玲（女，挂职） 胡茂山（挂职）
李国军（挂职） 邓青苗（挂职）

纪工委
书 记 胡丰华
副书记 尚绍学 崔荣鑫

百里杜鹃风景名胜区检察室
主 任 卓英武* 陈 红（女）

毕节双山新区党的工作委员会、管理委员会
书 记 朱永德* 邓俊波
副书记 赵永富 张 智
主 任 赵永富
党工委委员、纪工委书记 郭 山
党工委委员、政法委书记 谭学明
副主任 张 智 穆安映（女） 成 虎
余刚林 周 杰 孔令文
陈立国*（挂职） 李永新（兼）
袁中传 唐利民（挂职）
彭 凯（挂职）

毕节经济开发区党的工作委员会、管理委员会
第一书记 张吉勇（兼）
书 记 宫晓农*（兼） 蒋从跃（兼）
副书记 刘建平（兼）
张 涛（主持党工委日常工作）
第一主任 陈昌旭（兼）
主 任 刘建平（兼）
副主任 聂 焱（主持管委会日常工作）
吕善进 孔令文* 杨志成
罗绍松（兼） 潘发勇（兼）
谌毅业（兼） 罗昌琪（兼）
张政纲（兼） 顾掌权*（兼）
方星志（兼） 徐 立 朱永德（兼）
张 伟（挂职） 谢品邦
孙海运（挂职）
党工委委员 曹清培
总工程师 陈在明
主任助理 黄开华

注：此干部名录为干部任职经历记载，不作任何排序依据。

中共毕节市委组织部
2013年12月31日

乡（镇、办事处）党委书记、人大主席（人大工委主任）、乡长（镇长、办事处主任）

七星关区

市西办事处（社区）
党工委书记　吴至衡＊　康　海
人大工委主任　杨爱国＊　张　翼
党委副书记、主任　沈　允（女）＊
王万松

洪山办（社区）
党工委书记　夏　冬
人大工委主任　葛　龙
主　任　沈　允（女）

市东办事处（社区）
党工委书记　周遵林
人大工委主任　向胜利＊　田应碧
党工委副书记、主任　毛家兴＊　王占勇

麻园办（社区）
党工委书记　毛家兴
人大工委主任　向胜利
党工委副书记、主任　黄远森

碧阳办（社区）
党工委书记　李福顺
人大工委主任　龙天发
党工委副书记、主任　曾　铸

德溪办（社区）
党工委书记　肖玉明
人大工委主任　王兴龙
党工委副书记、主任　熊　林

碧海办（社区）
党工委书记　陈翔宇
人大工委主任　张　鹏
党工委副书记、主任　许志刚

大新桥街道办事处
党工委书记　王继福
人大工委主任　余　鑫
党工委副书记、主任　张合远

观音桥街道办事处
党工委书记　张修德
人大工委主任　赵　洪
党工委副书记、主任　汤志刚＊　路绍丹

三板桥街道办事处
党工委书记　黄玉龙
人大工委主任　施　容（女）
党工委副书记、主任　聂祥春＊　万益寿

流仓桥办事处
党委书记　林学方＊
人大工委主任　熊　林＊
党委副书记、主任　吴森绪＊

小吉场镇
党委书记　吴长敏
人大主席　彭永贵
党委副书记、镇长　陈大进

层台镇
党委书记　李福顺＊　卯　洪
人大主席　王　鹏
党委副书记、镇长　赵仁祥

阿市乡
党委书记　邵昌明
人大主席　刘智林

乡　长　周　明

普宜镇
党委书记　宋智祥＊　张治国
人大主席　靳如忠＊
党委副书记、镇长　汤法远＊　吴锦煜

龙场营镇
党委书记　孙智全
党委副书记、镇长　史洪璧

大屯彝族乡
党委书记　张静梅（女）
人大主席　林学文＊　程斗文
乡　长　胡祥松

田坎彝族乡
党委书记　潘发顺＊　聂宗献
人大主席　彭廷柱
党委副书记、乡长　张在进＊　陈明福

梨树镇
党委书记　袁中传＊　邓　涛
人大主席　袁中传＊　张荣怀
党委副书记、镇长　王　伟＊　宋家义

鸭池镇
党委书记　邓　涛
人大主席　张荣怀
党委副书记、镇长　张在翔＊　宋家义

朱昌镇
党委书记　李永红
人大主席　罗　毅＊　顾登勇
党委副书记、镇长　张政权

田坝镇
党委书记　洪文贤＊　汤志刚
人大主席　罗荣徐
党委副书记、镇长　卯　洪＊　周进学

阴底彝族苗族白族乡
党委书记　申开科
人大主席　李林海
党委副书记、乡长　杨明学

千溪彝族苗族白族乡
党委书记　白　胜
人大主席　夏　炜＊　龙　挺
党委副书记、乡长　王　武

何官屯镇
党委书记　李　和
人大主席　阮友剑＊　周遵玉
镇　长　高　丹

对坡镇
党委书记　邓平举＊　钟　华
人大主席　罗　馨
党委副书记、镇长　闵若梦

水箐镇
党委书记　周　健＊　周晓波
人大主席　成　群
党委副书记、镇长　王万松＊　彭华铭

海子街镇
党委书记　陈翔宇＊　聂祥春
人大主席　张　鹏＊　黄启刚
党委副书记、镇长　张金春

八寨镇
党委书记　袁　媛（女）＊　张治国
人大主席　史开才
党委副书记、镇长　张治国＊　王　涛

田坝桥镇
党委书记　赵德华
人大主席　雷兴中
党委副书记、镇长　李　吉＊　高　斌

杨家湾镇
党委书记　黄世忠＊　陈云峰
人大主席　高　斌＊　聂　明
党委副书记、镇长　谢　勇＊　赵　耀

放珠镇
党委书记　王　磊*　聂登远
人大主席　何　俊
党委副书记、镇长　聂登远*　汤法远

撒拉溪镇
党委书记　李　兵
人大主席　吴学伦
党委副书记、镇长　王占勇*　阮世祥

青场镇
党委书记　唐凌宇
人大主席　高美菊(女)
党委副书记、镇长　陈云峰*　陈文贵

大河乡
党委书记　王　驰
人大主席　陈有斌
党委副书记、乡长　路　亮

野角乡
党委书记　李光俊
人大主席　潘定华
党委副书记、乡长　张道奇

长春堡镇
党委书记　叶　荣*　张和国
人大主席　何怀山
党委副书记、镇长　张和国*　林学文

清水铺镇
党委书记　肖玉明*　李　萍(女)
人大主席　施明泽
党委副书记、镇长　李　萍(女)*　周　华

生机镇
党委书记　宋　勇
人大主席　谢曰学
党委副书记、镇长　葛芝洪

团结彝族苗族乡
党委书记　宋尚万
人大主席　曾明顺*　李应勇
党委副书记、乡长　龙天发*

大银镇
党委书记　张治国*　吴玉梅
人大主席　王向福
党委副书记、镇长　夏　炜

林口镇
党委书记　徐　明
人大主席　周维香
党委副书记、镇长　史远英(女)

亮岩镇
党委书记　司静频(女)
人大主席　张茂良
党委副书记、镇长　崔庆鼎

燕子口镇
党委书记　夏　冬*　张达宇
人大主席　王义文*　李　宏
党委副书记、镇长　张达宇*　王义文

大方县

大方镇[2013年11月7日根据《中共大方县委大方县人民政府关于撤销部分乡镇设置镇(街道办事处)的实施意见》文件精神，撤销大方镇]
书　记　杨章贤*
人大主席　彭爱萍(女)*
镇　长　杨永松*

红旗街道办事处[2013年11月7日根据《中共大方县委大方县人民政府关于撤销部分乡镇设置镇(街道办事处)的实施意见》文件精神，撤销大方镇设置红旗街道办事处]
书　记　龙泽勇
主　任　肖　华

顺德街道办事处[2013年11月7日根据《中共大方县委大方县人民政府关于撤销部分乡镇设置镇(街道办事处)的实施意见》文件精神，撤销大方镇设置顺德街道办事处]
书　记　龙胜学

主　任　周登印

慕俄格古城街道办事处［2013 年 11 月 7 日根据《中共大方县委大方县人民政府关于撤销部分乡镇设置镇（街道办事处）的实施意见》文件精神，撤销大方镇设置慕俄格古城街道办事处］
书　记　李林有
主　任　余大敬

对江镇［2013 年 11 月 7 日根据《中共大方县委大方县人民政府关于撤销部分乡镇设置镇（街道办事处）的实施意见》文件精神，撤销高店乡设置对江镇］
书　记　袁　琦（女）
人大主席　钱爱生
镇　长　朱清平

东关乡
书　记：章　焨
人大主席　安庭强＊　黎万文
乡　长　陈　劲

竹园乡
书　记　王　华
人大主席　陈尔林
乡　长　王　华　杨清正

文阁乡
书　记　王家贵
人大主席　张昌文
乡　长　张青波

绿塘乡
书　记　田　诚＊　彭炼基
人大主席　黄　博
乡　长　陈享义

猫场镇
书　记　聂　跃
人大主席　熊灿林
镇　长　彭炼基＊　陈　劲

鼎新乡
书　记　颜家军
人大主席　杜元忠
乡　长　康本芬（女）

牛场乡
书　记　周思孝
人大主席　肖永明
乡　长　王顺勇

马场镇
书　记　何兴武
人大主席
镇　长　龙　洋　周高友

高店乡［2013 年 11 月 7 日根据《中共大方县委大方县人民政府关于撤销部分乡镇设置镇（街道办事处）的实施意见》文件精神，撤销高店乡］
书　记　袁　琪（女）＊
人大主席　刘安军＊
乡　长　罗克俊＊

小屯乡
书　记　龙泽勇＊　彭良信
人大主席　邓正君＊　蒙彦斌
乡　长　张　梦

羊场镇
书　记　张　敏（女）
人大主席　唐忠祥
镇　长　王炳发

理化乡
书　记　康朝平＊　潘广鑫
人大主席　李忠荣
乡　长　周登俊＊　李春阳

鸡场乡［2013 年 11 月 7 日根据《中共大方县委大方县人民政府关于撤销部分乡镇设置镇（街道办事处）的实施意见》文件精神，撤销鸡场乡］
书　记　唐　婧（女）＊
人大主席　余章平＊
乡　长　何黔涛＊

黄泥塘镇［2013 年 11 月 7 日根据《中共大方县

委大方县人民政府关于撤销部分乡镇设置镇（街道办事处）的实施意见》文件精神，撤销鸡场乡、黄泥塘镇合并设置新的黄泥塘镇］
书 记 彭 旭
人大主席 黄克毕＊ 彭 旭
镇 长 陈昌顶

六龙镇
书 记 汪 石
人大主席 黄克福
镇 长 魏 嵬

凤山乡
书 记 安 宇
人大主席 罗克祥
乡 长 彭 荃

安乐乡
书 记 彭良信＊ 陈永利
人大主席 高 华
乡 长 李 健（女）

核桃乡
书 记 杨永华
人大主席 袁明坚
乡 长 欧起灿

达溪镇
书 记 吴 坦
人大主席 杨传毅
镇 长 蒙 华

八堡乡
书 记 余 季
人大主席 杨光禄
乡 长 李福寿

兴隆乡
书 记 杨 诚
人大主席 廖清伦
乡 长 杨兴德

瓢井镇
书 记 龙兴建
人大主席 熊益泉
镇 长 张 民

长石镇
书 记 王 波
人大主席 王成军
镇 长 文朝春

果瓦乡
书 记 李林有＊ 王 瑜
人大主席 曹一含
乡 长 孟光富

大山乡
书 记 杨飞鹏
人大主席 高 伟
乡 长：杨兴乾

雨冲乡
书 记 赵昌伦＊ 胡 珺
人大主席 钟太明
乡 长 胡 珺＊ 张道元

黄泥乡
书 记 刘 忠＊ 李建发
人大主席 付友智
乡 长 李建发＊

沙厂乡
书 记 李朝义
人大主席 高德辉
乡 长 吕 松＊ 黄克毕

百纳乡
书 记 周远鹏
人大主席 杨 雄
乡 长 罗国琴（女）

三元乡
书 记 杨 俊
人大主席 司泰高＊ 田永柏
乡 长 聂 跃＊ 陈世勇

星宿乡
书　记　李昌贵*　吴　亮
乡　长　陈　璟

黔西县

金碧镇
书　记　吴学文
人大主席　刘　鹏
镇　长　周道艳

五里布依族苗族乡
书　记　张　华
人大主席　张吉泽
乡　长　唐晓龙

沙井苗族彝族仡佬族乡
书　记　廖　勇
人大主席　李民赋
乡　长　吉　鹏

雨朵镇
书　记　卢永焕
人大主席　李恩仙（女）
镇　长　陈　林

绿化白族彝族乡
书　记　田忠毅
人大主席　熊智久
乡　长　黄　华

金兰镇
书　记　刘光南
人大主席　李鹏刚
乡　长　李培云

大关镇
书　记　肖良华
人大主席　黄　祥
镇　长　李　勇

新仁苗族乡
书　记　黄利亚（女）
人大主席　曾　星
乡　长　李　刚

谷里镇
书　记　曾　科
人大主席　熊佐庭
镇　长　卢永峰

钟山布依族彝族乡
书　记　马安鼎
人大主席　陈文华
乡　长　陈德昀

素朴镇
书　记　朱友忠
人大主席　金　黔
镇　长　周　卓

铁石苗族彝族乡
书　记　李　卫
人大主席　白　云
乡　长　龚思伟

协和苗族彝族乡
书　记　史开斌
人大主席　王祥明
乡　长　高英策

太来彝族苗族乡
书　记　韩　荣（女）
人大主席　钱　勇
乡　长　李守跃

甘棠镇
书　记　鲍曙光
人大主席　王远芬（女）
镇　长　陈　健

永燊彝族苗族乡
书　记　杨昌举
人大主席　杨明忠
乡　长　罗玉鹏

中坪镇
书　记　杨再刚

人大主席　熊　鹰
镇　长　王　勇

中建苗族彝族乡
书　记　唐宝书
人大副主席　高焕智
乡　长　罗　舟

花溪彝族苗族乡
书　记　何　逆
人大主席　李定和
乡　长　李家奎

重新镇
书　记　孟　林
人大主席　欧应昌
镇　长　罗　义

定新彝族苗族乡
书　记　周光斌
人大主席　刘清贵
乡　长　李承杰

洪水乡
书　记　朱绍顺
人大主席　肖学贵
乡　长　周明旭

林泉镇
书　记　李　宾
人大主席　李永海
镇　长　罗　成

锦星乡
书　记　黄培贵
人大主席　彭　靖
乡　长　赵雪梅(女)

红林彝族苗族乡
书　记　罗贤杰
人大主席　赵焕华
乡　长　周　勇

水西街道办事处
党工委书记　陈　杉
人大工委主任　张珍会(女)
办事处主任　谢福举

莲城街道办事处
党工委书记　吴轩岐
人大工委主任　曾凡顺
办事处主任　王远刚

杜鹃街道办事处
党工委书记　刘丹丹(女)
人大工委主任　彭光辉
办事处主任　潘　波

文峰街道办事处
党工委书记　曾　艳(女)
人大工委主任　罗　静
办事处主任　吴　桦

金沙县

鼓场街道(2013年9月建)
党工委书记　曾　迅
人大主任　王　勤(女)
主　任　颜　松

西洛街道(2013年9月建)
党工委书记　周劲松
人大主任　曾　毅
主　任　吕良军

岩孔街道(2013年9月建)
党工委书记　彭世强
人大主任　吴永江
主　任　王文超

五龙街道(2013年9月建)
党工委书记　赵应梅(女)
人大主任　吴兴海
主　任　李兴元

城关镇（2013 年 9 月撤）
党委书记　曾　迅 *
人大主席　王　勤 *（女）
镇　长　颜　松 *

柳塘镇（2013 年 9 月建）
党委书记　穆俊波
人大主席　曾方建
镇　长　罗明忠

岩孔镇（2013 年 9 月撤）
党委书记　彭世强 *
人大主席　吴永江 *
镇　长　王文超 *

平坝镇（2013 年 9 月建）
党委书记　李超军
人大主席　方世菊
镇　长　熊益刚

清池镇
党委书记　穆俊波 *　骆　清
人大主席　罗仕秋
镇　长　贺　骏

禹谟镇
党委书记　杨　艰
镇　长　龙玉华（女）

安底镇
党委书记　王政泽
人大主席　王政泽（兼）
镇　长　谢国斌

岚头镇
党委书记　王仕康
人大主席　何　勇 *
镇　长　张　凯

沙土镇
党委书记　李洪强
人大主席　何　强
镇　长　蒋显虹 *

源村镇（2013 年 9 月建）
党委书记　王珠明
人大主席　张　斌
镇　长　谭亚雄

石场乡
党委书记　凌宗亮
人大主席　罗恩思
乡　长　李　波

太平乡
党委书记　王娜宁
人大主席　胡贤均
乡　长　陶兴成 *　黄家丽（女）

箐门乡（2013 年 9 月撤）
党委书记　骆　清 *
人大主席　骆　清 *（兼）
乡　长　杨文江 *

安洛乡
党委书记　罗守先（女）
人大主席　彭德华
乡　长　付道伟

新化乡
党委书记　刘有涛
人大主席　刘有涛（兼）
乡　长　陈志前

大田乡
党委书记　吴家文
人大主席　陈世君
乡　长　韦正平

马路乡
党委书记　邓朝杰
人大主席　孙权文 *
乡　长　陈世林

西洛乡（2013 年 9 月撤）
党委书记　周劲松 *
乡　长　吕良军 *

平坝乡（2013年9月撤）
党委书记　李超军*
人大主席　方世菊*（女）
乡　长　熊益刚*

桂花乡
党委书记　杨　偲
人大主席　杨　偲（兼）
乡　长　秦　蓁*（女）　孙权文

龙坝乡（2013年9月撤）
党委书记　赵应梅*（女）
人大主席　吴兴海*
乡　长　李兴元*

化觉乡
党委书记　黄世忠
人大主席　陈坤亮
乡　长　何仕永

高坪乡
党委书记　蒋　华
人大主席　吴启洪
乡　长　朱　沙

木孔乡
党委书记　涂在乾
人大主席　涂在乾（兼）
乡　长　李昌林

长坝乡
党委书记　罗云富
人大主席　罗云富（兼）
乡　长　徐安云

茶园乡
党委书记　刘汉文
人大主席　刘汉文（兼）
乡　长　詹世顺

官田乡（2013年9月撤）
党委书记　刘德备*
人大主席　刘德备*（兼）
乡　长　罗明忠*

源村乡（2013年9月撤）
党委书记　王珠明*
人大主席　张　斌*
乡　长　谭亚雄*

后山乡
党委书记　吴文茂
人大主席　王金祥
乡　长　蒋宣伟

织金县

双堰街道办事处
书　记　朱　华
人大主席　施　桃（女）
主　任　李　进

文腾街道办事处
书　记　张　筠
人大主席　卢凤江
主　任　刘　其

金凤街道办事处
书　记　杨　维
人大主席　邓生华
主　任　黄　英（女）

八步街道办事处
书　记　祝长远
人大主席　卢思胜
主　任　安华国

三甲街道办事处
书　记　卜令冲
人大主席　汪　静
主　任　陶　勇

绮陌街道办事处
书　记　常国亮
人大主席　朱天林
主　任　李　华

桂果镇
书　记　洪　毅＊
人大主席　陈维平
镇　长　刘　浪

牛场镇
书　记　付正祥
人大主席　严　萍
镇　长　兰雄文＊　杨开秀

猫场镇
书　记　鄢兴文＊　胡明武
人大主席　谌业勇＊　张　玲
镇　长　付正祥＊　李元江

化起镇
书　记　吴　超＊　李　健
人大主席　陈维平
镇　长　李　健＊　谌业勇

龙场镇
书　记　张　筠＊　吴　庭
人大主席　黄　霞（女）＊　周争盛
镇　长　高国才＊　袁明琴

以那镇
书　记　李发全
人大主席　龚辉富＊　王永兴
镇　长　赵祖平

三塘镇
书　记　刘仁海
人大主席　李进勇
镇　长　李劲松＊　谢雄道

阿弓镇
书　记　金　迪
人大主席　田　明＊　袁福彬
镇　长　杨　健（女）

珠藏镇
书　记　陈致靖
人大主席　秦保文＊　陈昌碧
镇　长　王忠庆＊　龚辉富

自强乡
书　记　兰雄文
人大主席　杜　霖＊　张红梅
乡　长　杨　伟

大平乡
书　记　刘勇高
人大主席　张远明
乡　长　陈玉红＊　杨国文

官寨乡
书　记　黄开俊
人大主席　程　轲
乡　长　杨兴江

茶店乡
书　记　张　震＊　李玉龙
人大主席　杨兴远
乡　长　郭国富

金龙乡
书　记　郭　庆＊　张袭镇
人大主席　杨盛波
乡　长　安华国＊　王忠庆

后寨乡
书　记　郭隆誉
人大主席　杜　霖
乡　长　罗文贵＊　陈玉红

鸡场乡
书　记　杨德林
人大主席　王　江
乡　长　杨德林＊　王世超

中寨乡
书　记　张槐月
人大主席　张习平
乡　长　郭　宇（女）

实兴乡
书　记　杨　军
人大主席　肖暮辞

乡 长 田顺合

马场乡
书 记 胡明武* 王 刚
人大主席 李发祥
乡 长 王 刚* 田 明

上坪寨乡
书 记 班 继
人大主席 龙 涛
乡 长 杨开秀(女)* 彭良源

纳雍乡
书 记 李元琼(女)* 叶 红(女)
人大主席 王 松* 秦保文
乡 长 黄兴平* 王才举

板桥乡
书 记 熊启龙
人大主席 郭 宇(女)* 安 定
乡 长 吴 庭* 谢凤章

白泥乡
书 记 陈 迅
人大主席 彭良源* 陈 元
乡 长 陈 华

少普乡
书 记 张青灿
人大主席 王仕均* 徐 江
乡 长 丁 义

熊家场乡
书 记 杨 斌* 李劲松
人大主席 吉 鑫
乡 长 徐立章

黑土乡
书 记 张忠贤
人大主席 曾 晓
乡 长 叶 红(女)* 陈 余

纳雍县

雍熙街道办事处
书 记 王玲琳
人大工委主任:陈芝芳
主 任 罗春燕

文昌街道办事处
书 记 郭 杰
人大工委主任 李劲全
主 任 陈 林

居仁街道办事处
书 记 杨 毅(兼)
人大工委主任 陈发友
主 任 胡卫华

骔岭镇
书 记 谭正祥
人大主席 李发文
镇 长 李隆平

阳长镇
书 记 高 云
人大主席 罗茹华
镇 长 李 江

百兴镇
书 记 吴 勇
人大主席 张青明
镇 长 王 肸

维新镇
书 记 袁永忠
人大主席 熊家义
镇 长 王瑞国

勺窝乡
书 记 阮 琼(兼)
人大主席 邱 阳
乡 长 田锦云

新房彝族苗族乡
书　记　王瑞岗
人大主席　李　雍
乡　长　刘　鑫

曙光乡
书　记　何　云
人大主任　王景兵
乡　长　李　骁

董地苗族彝族乡
书　记　王若瑜
人大主席　张鹏程
乡　长　朱洪峰

龙场镇
书　记　鞠绍谷
人大主席　卢军桦
镇长　孙全华

寨乐乡
书　记　涂　勇
人大主席　徐　凯
乡　长　尚光照

化作苗族彝族乡
书　记　尚跃康
人大主席　李启刚
乡　长　杨　科

乐治镇
书　记　周　旭
人大主席：宋　涛
镇　长　王　星

沙包乡
书　记　陈诚（副县级）
人大主席　王　志
乡　长　李　竞

老凹坝乡
书　记　吴道国
人大主席　李光明
乡　长　杨熙玲

姑开苗族彝族乡
书　记　李　刚
人大主席　孙　辉
乡　长　杨　军

张家湾镇
书　记　陈兰华
人大主席　吴　鑫
镇　长　周　晨

水东乡
书　记　王　灿
人大主席　王佳永
乡　长　林露青

库东关彝族白族苗族乡
书　记　张顶成
人大主席　朱启勇
乡　长　宋　琨

羊场苗族彝族乡
书　记　李　荣
人大主席　任佩义
乡　长　杨晓君

锅圈岩苗族彝族乡
书　记　唐　冲
人大主席　陈曦泽
乡　长　罗　浩

昆寨苗族彝族白族乡
书　记　熊绍伦
人大主席　陈　林
乡　长　李忠海

猪场苗族彝族乡
书　记　王连富
人大主席　杨　维
乡　长　朱迎春

左鸠戛彝族苗族乡
书　记　王　鹏
人大主席　蒙　韵
乡　长　陶启海

赫章县

城关镇
党委书记　王郁春
人大主席　胡德谦*
镇　长　王福国

白果镇
党委书记　朱祖云
人大主席　徐国仁
镇　长　蒋本旺*　徐　磊

达依乡
党委书记　徐本良
人大主席　杨　军
乡　长　熊佳明

水塘堡彝族苗族乡
党委书记　李纪能
人大主席　杜刚伦
乡　长　龙　静

兴发苗族彝族回族乡
党委书记　罗　刚
人大主席　徐永权
乡　长　张世文

松林坡白族彝族苗族乡
党委书记　文德卫
人大主席　徐　波
乡　长　文鼎贵

雉街彝族苗族乡
党委书记　龙成万
人大主席　韩贤亮
乡　长　陆光国

珠市彝族乡
党委书记　罗义勋
人大主席　闵荣昌
乡　长　王　柬

妈姑镇
党委书记　顾开应
人大主席　陈庆碧（女）
镇　长　顾开应*　肖永富

罗州乡
党委书记　慕学平
人大主席　杨平武
乡　长　徐飞虎

双坪彝族苗族乡
党委书记　潘圣兰
人大主席　赵英举
乡　长　文永松

铁匠苗族乡
党委书记　文方芳
人大主席　赵　伟
乡　长　马永军

辅处彝族苗族乡
党委书记　黄佑银
人大主席　郭　信
乡　长　康丹瀛

可乐彝族苗族乡
党委书记　袁泽泓*　王志坤
人大主席　李　春
乡　长　金　奇

德卓乡
党委书记　盛　勇
人大主席　王　忠
乡　长　李保军

河镇彝族苗族乡
党委书记　闵荣军
人大主席　吴道元
乡　长　龙　潜

安乐溪乡
党委书记　陈大敏
人大主席　郑永壮
乡　长　唐　瑜（女）

结构彝族苗族乡

党委书记　徐　勇*　潘顺超
人大主席　王　杰
乡　长　罗学举

朱明乡

党委书记　陈　丽*(女)
人大主席　周珍发*　陈　磊
乡　长　周珍发

财神镇

党委书记　曹局宣
人大主席　张　东
镇　长　陈大芬*(女)　谭　巍

六曲河镇

党委书记　黄佑军
人大主席　何远志
镇　长　钟　源

古基乡

党委书记　郭　歆
人大主席　韩　健
乡　长　赵　恒

哲庄乡

党委书记　王思华
人大主席　沈其松
乡　长　马　华

野马川镇

党委书记　刘宗贵*　徐　勇
人大主席　曹　正
镇　长　毛朝鹏

平山乡

党委书记　于吉科
人大主席　杨永朝
乡　长　孙成永

古达苗族彝族乡

党委书记　刘　义
人大主席　李廷光
乡　长　樊金华

威奢乡

党委书记　涂　婧(女)
人大主席　龙成军
乡　长　赵才勋

威宁彝族回族苗族自治县

草海镇

书　记　陈　超(兼草海管理局副局长)
人大主席　宫芬芳(女)
镇　长　马　吉

么站镇

书　记　陈江海
人大主席　赵德海
镇　长　王顺力

金斗乡

书　记　禄炳忠
人大主席　徐永树
乡　长　赵德永

金钟镇

书　记　陈　红
人大主席　张泽君
镇　长　王　洁(女)

炉山镇

书　记　朱云川
人大主席　李德昌*　文定顺
镇　长　陈昌远

二塘镇

书　记　郑祖全
人大主席　文道勋*　李卫红
镇　长　杨承东

猴场镇

书　记　顾掌国
人大主席　陈兴元
镇　长　李顺跃

东风镇
书　记　王维志（县委常委）
人大主席　叶启忠*　安朝斌
镇　长　耿成斌*　吕　胤

龙场镇
书　记　孔天寿
人大主席　刘文清
镇　长　禄国旭

新发布依族乡
书　记　阳　轴
人大主席　曹　宇
乡　长　杨德辉*

黑石头镇
书　记　杜元仙
人大主席　粟金良
镇　长　朱绍雷

哲觉镇
书　记　兰洪贵
人大主席　崔庆璠
镇　长　许如雄

麻乍乡
书　记　安　健
人大主席　赵群德
乡　长　马丽飞（女）

岔河乡
书　记　程宗荣
人大主席　赵国清
乡　长　赵德云

观风海镇
书　记　刘仲文
人大主席　马仲青
镇　长　舒成斌

秀水乡
书　记　桂龙香
人大主席　姬田文
乡　长　马惠琼（女）

哈喇河乡
书　记　张曼华（女）
人大主席　管仕华
乡　长　王持恒

海拉乡
书　记　张　海
人大主席　陈兴友
乡　长　谭绩华

牛棚镇
书　记　吴世荣
人大主席　王云光
镇　长　蔡逸秋*　马永波

迤那镇
书　记　马祥宏（县委常委）
人大主席　杨明君
镇　长　穆春林

斗古乡
书　记　王文佳
人大主席　徐贵忠
乡　长　马连功

玉龙乡
书　记　马建云
人大主席　李建国
乡　长　吴学昕

中水镇
书　记　张立俊
人大主席　张世斌
镇　长　马启雄

黑土河乡
书　记　范荣举
人大主席　席朝海
乡　长　朱达聪

石门乡
书　记　禄炳仁
人大主席　刘世林
乡　长　徐　永

龙街镇
书　记　许如龙(县政协副主席)
人大主席　禄德聪
镇　长　赵英崇

云贵乡
书　记　吴天成
人大主席　文兴义
乡　长　王泽松

雪山镇
书　记　李杨胜
人大主席　李启毅
镇　长　颜昌鸿

兔街乡
书　记　王凤雏(女)
人大主席　张志祥
乡　长　赵洪春

大街乡
书　记　颜　志
人大主席　王帮玉
乡　长　马　相

羊街镇
书　记　刘发银*　孟广宁
人大主席　姬　宁
镇　长　李才清

小海镇
书　记　禄　斌
人大主席　马遨宇
镇　长　孟广宁*　彭　发

双龙乡
书　记　曹文毅
人大主席　孟天学
乡　长　冶伟苍

盐仓镇
书　记　张　睿
人大主席　肖明科
镇　长　蔡厚祥

板底乡
书　记　陈劲松
人大主席　杜重飞*　王国富
乡　长　陈家泰*　杜重飞

百里杜鹃管委会

普底彝族苗族白族乡
书　记　安　刚
人大主席　杨家训
乡　长　黄承坤(女)

金坡苗族彝族乡
书　记　崔荣鑫
人大主席　李　勇*
乡　长　李　静

仁和彝族苗族乡
书　记　黄　炜
人大主席　张　翼
乡　长　高龙义

大水彝族苗族布依族乡
书　记　罗　远*　黄　炜
人大主席　刘　凯
乡　长　高光帆

鹏程管理区
书　记　罗　映
主　任　沈　阳

戛木管理区
书　记　黄承兴(女)
主　任　赵　刚

政　治

中国共产党毕节市委员会

【概述】 2013年，在省委的领导下，中共毕节市委贯彻落实党的十八大、十八届三中全会和习近平总书记系列重要讲话精神，按照省委十一届二次、三次、四次全会的安排部署，抢抓国发2号文件、国办函35号文件出台和《乌蒙山片区区域发展与扶贫攻坚规划》实施等历史机遇，围绕主题主线，始终坚持“主基调”，实施“主战略”，协调推进经济建设、社会建设、文化建设、政治建设、生态文明建设和党的建设，全市呈现出“经济提速转型、民生持续改善、社会和谐稳定、文化繁荣发展、民族团结进步、干群精神振奋”的良好局面。是年，完成生产总值1041.9亿元，增15.1%；完成全社会固定资产投资1701.2亿元，增30.7%；完成财政总收入336.9亿元，增32.4%，公共预算收入完成125.6亿元，增15.2%；城镇居民人均可支配收入达19851元；农民人均可支配收入5645元，增14.6%。

【项目建设】 树立“抓项目就是抓发展”的理念，加大项目谋划力度。省重点项目121个，完成年度投资392亿元，为年度目标的118%。市重点项目783个，完成年度投资665亿元，为年度目标的121%。非省市重点入库项目6593个，总投资1493.4亿元，其中储备项目3089个，总投资8719亿元。开展前期工作的项目有799个，总投资2364.5亿元。建设项目2705个，总投资3784.9亿元。

【工业经济】 聚工业之气、造工业之势、成工业之强，两大基地驱动、十二园区发力、标准厂房支撑、优势发展，完成规模以上工业增加值325.22亿元、增20.1%。坚持政府引导、市场运作的理念，采取政府筹建、招商参建、统包代建等多种模式，高标准推进产业园区建设，新建成园区18.5平方公里，新建成标准厂房259.5万平方米。渝富煤制清洁燃料等重大项目前期工作推进。中石化织金煤制聚烯烃、华润大方和黔西电厂获得国家发改委“路条”。织金电厂、黔北电厂“上大压小”等项目获得国家发改委核准。织金锦麟精细磷化工、凯马汽车等项目建设有序推进。纳雍五轮山、金沙永晟等大中型矿井竣工，兴国新能源电动车等项目进入试运行阶段。黔希煤化工、力帆骏马发动机等项目进入设备安装、调试阶段。全年新开工工业项目132个、建成75个。推动煤矿企业兼并重组，有煤矿535个、产能1.16亿吨/年，其中生产煤矿311个、在建煤矿52个、停建煤矿151个、试运转煤矿21个。是年，生产原煤6901.7万吨、增12.29%，实现产值407亿元、增32%。建设民营经济创业园53个，入园企业469户，解决就业3万余人。完成民间投资650亿元，增39.8%。民营经济实现增加值510亿元，增21.4%。

【城镇化建设】 实施城镇化带动战略，坚持产城一体、产城互动，加快城市新区建设，推动城市新区和产业园区融合发展，拓展城市空间、加快山区特色新型城镇化步伐。加强城市综合体和城市路网建设。纳入省“5个100工程”的10个城市综合体规划设计编制完成并通过审查，完成投资21亿元。推进城市骨干路网建设，新建城市道路151公里，改扩建城市道路37.5公里，新增城区面积17平方公里，城镇化率提高1.7个百分点，达31.7%。以“三创一建”为契机，推进城市基础设施和公共服务设施建设，提升城市服务管理水平，提高城市承载能力；完成城市建设投资544亿元，其中房地产投资完成184.7亿元。推进50个特色示范小镇建设，开工建设项目666个，完成投资60.8亿元。改善农村居住条件，协调整合资金20亿元，对农村89.1万农户院坝和124万户连户路进行硬化，农村生活环境改善。建成“黔西北民居”13.2万户。完成危房改造8.63万户。实施扶贫生态移民搬迁4617户20309人。

【基础设施建设】 按照“三年会战”部署，围绕“县县通高速、通铁路”目标，加快推进铁路、高速公路建设。推进林织、织纳、织毕铁路建设，开工成贵快速铁路，开展毕节至叙永、纳雍至六盘水、昭通经毕节至黔江铁路前期工作，完成铁路建设投资17.5亿元。杭瑞高速遵毕段、毕节至威宁、黔西至织金、机场高速等高速公路建成通车；推进厦蓉高速清镇至织金段、织金至纳雍段、毕节至生机段和杭瑞高速毕节至都格段建设；贵阳至黔西高速公路开工，毕节至镇雄高速公路开工建设，推进黔大高速石板至东关段、织金至普定等高速公路建设，黔大高速公路东关至清丰段前期工作结束。建设通村油路1408.5公里。完成交通投资157.87亿元，同比增9.3%。飞雄机场正式通航，开通到北京、上海、广州、昆明、重庆、贵阳等地的航线。完成电网建设投资10.88亿元。

【“三农”工作】 把“三化”兴“三农”作为发展农村经济的主要路径，把农民增收、农业增效、农业结构调整作为“三农”工作的中心任务，抓住现代高效农业示范园区建设、结构调整等重点工作，粮经作物种植比调整为48∶52，粮食产量228万吨，完成农业增加值196.6亿元、增6.8%。推进现代高效农业示范园区建设。12个省级现代高效农业示范园区建设完成投资29.6亿元，实现销售收入16.97亿元、利润6.49亿元。推进特色农业发展。种植马铃薯521.1万亩、蔬菜350万亩，新增种植特色经果林71.5万亩、茶叶30万亩、中药材39.7万亩。提高农业产业化水平。新增市级龙头企业45家，新增农民专业合作社1132个、流转土地45.3万亩。发展畜牧养殖业。推广人工牧草种植、草地围栏分区轮牧等技术，推进畜禽品种改良工作，畜牧渔业产值达90亿元、增6.3%。提升农业机械化水平。推动新技术新机具引进、推广，新增农机总动力47.1万千瓦，补贴机具10845台。

【第三产业】 发展以旅游业为龙头的第三产业。9个旅游景区完成投资25.25亿元，百里杜鹃荣膺国家“AAAAA”级旅游景区，实现旅游综合收入207.6亿元，增27.4%。组织申报“国家现代流通综合试点”。发展金融服务业，贵州银行毕节支行试营业，村镇银行实现县区全覆盖，新增小额贷款公司18家，融资性担保机构累计达25家，金融机构存款余额838.77亿元、增14 %，贷款余额547.81亿元、增26.4%。实现社会消费品零售总额198.49亿元、增13.8%。第三产业实现增加值395.58亿元，增16%。

【改革开放与招商引资】 以开放倒逼改革、以改革推动发展，增强科学发展的内生动力和活力。优化发展环境，按照“简、优、限”的要求推进行政审批制度改革，市级行政审批、服务事项减少到159项，审批流程由原来的平均10个减少为3个，审批时限由原来的平均25个工作日减少到4个；在全省率先将县区承接保留的行政审批、服务事项统一为294项。推进资源管理体制、投融资体制、县域经济体制等重点领域和关键环节的改革，发展活力增强。加强与珠三角、长三角等沿海地区的联系，谋划与成渝经济圈、黔中经济区、乌蒙山片区等周边区域的合作，开放水平提高。利用外资突破1亿美元，完成外贸进出口1.08亿元。立足资源优势、政策优势招商引资，突出招大引强、提高“四率”，引进沃尔玛等世界500强企业入驻投资兴业，新引进项目512个，实现到位资金1531.95亿元、增63%。

【扶贫攻坚】 把基础设施建设和社会事业发展的重点放在农村，加快农村基础设施建设，扩大农村社会公益事业覆盖面。推进产业扶贫、转移培训、整村推进；开展精准扶贫，实行“规划到村、责任到户”。减少贫困人口55.38万人，实现1个县、22个乡镇“减贫摘帽”。

【社会就业】 把促进就地就近就业作为优先目标，多渠道开发就业岗位，鼓励大中专毕业生到基层和民营企业就业，引导和鼓励返乡农民工就业创业。以创业带动就业，完成省级创业型城市创建工作。做好就业困难群体和高校毕业生的就业工作。实现城镇新增就业6.5万人、失业人员再就业1.96万人，转移农业劳动力15.2万人，“千企万人”工程完成就业3.4万人。

【社会保障】 城乡居民社会养老保险实现全覆盖，参保人数达276.8万人，参保率达91.5%。提高城乡居民最低生活保障标准，城乡低保做到应保尽保。农村五保对象集中供养率提高到31%。发放城乡医疗救助金1.53亿元、临时救助资金390.7万元。建成保障性安居工程8658套。加强对留守儿童、辍学儿童、流浪未成年人、空巢老人、孤残人员的关心和救助，结对帮扶21万名留守儿童。

【教育工作】 把教育作为决定未来发展的根本任务。压缩8%的公用经费用于推进教育“9+3”计划，推进示范性和规范化学校建设，实施“4+2”突破工程，教育协调发展迈出实质性步伐。按照“五统一”的要求把2014年、2015年的农村中小学寄宿制学校学生宿舍和教师周转房建设项目提前到2013年全部实施，建成农村寄宿制学校学生宿舍85万平方米、教师周转宿舍（公租房）15856套55.5万平方米。完成职教城建设投资9.4亿元。加强师资队伍建设，补充小学、初中、高中（中职）教师7725人。教育质量不断提高，幼儿入园（班）率达60.99%，义务教育巩固率达83.71%，高中阶段毛入学率达70%，高等教育毛入学率达25.4%，特殊教育毛入学率达86.5%。

【卫生计生事业】 启动实施医保支付方式改革，扩大重大疾病保障范围，城乡居民医保参保人数达674.2万，参保率达99.65%。启动城乡居民大病医疗保险试点，减轻患者就医负担。实施基本药物制度。麻疹、结核等疾病防治和妇幼卫生、爱国卫生等工作加强。围绕“一升双降”目标，推行人口计生“双诚信双承诺”工作机制，常住人口出生率下降到12.56‰、自然增长率下降到6.16‰、符合政策生育率提高到94.17%，流动人口符合政策生育率提高到91.79%。

【科技事业】 实施科技创新。毕节国家新能源汽车高新技术产业化基地和贵州毕节国家农业科技园区获得批准。省级农业科技示范园区增加到3个，地理标志保护产品增至11件。争取到76项国家和省科技项目、11项知识产权项目，完成专利申请642件，毕节经济开发区获批全省知识产权试点园区。

【社会治理】 坚持“民生优先、服务为先、基层在先”原则，按照“学习先进、立足实际、集成创新、开创新局”的思路，不断丰富和拓展“三级联动视频接访”、网格化服务管理等机制，探索出“六零六好”社会治理集成创新经验进行推广。打好“信访维稳百日攻坚战”，化解突出矛盾纠纷和信访问题1056件，群众来信来访同比分别降30%、26.1%。开展“雷霆”“护校”“净网”等专项整治行动，打击和有效预防违法犯罪行为，社会治安满意度达91.73%。树立安全发展理念，落实“党政同责”，强化“一岗双责”，突出煤矿、道路交通、地质灾害、非法采煤采矿等重点领域安全生产隐患排查治理，是年，发生安全生产事故75起、死亡94人，死亡人数同比降7.8%。

【文体事业】 推进公共电子阅览室、数字图书进农家、乡镇综合文化站等文化工程建设，实施公共文化场馆免费开放工作，公共文化服务体系不断完善。完成“村村通”工程建设12.8万户、“户户通”工程建设40万户。举办第一届乌蒙文化艺术系列大赛。组织开展“最美毕节人”“道德模范”、见义勇为先进个人评选，开展“三创一建”和农村“百千万”文明卫生创建活动，群众文明素养提高。组团参加第九届中国（深圳）文化产业博览交易会，推介项目5个、签约金额2.35亿元。乌蒙演艺集团、广播影视传媒集团内部现代企业制度完善；毕节歌舞团创收490余万元，实现利润75万余元、增10%；《毕节试验区》杂志获“全国党刊工作创新奖”。广电传媒集团收视率、影响率提高。举办全市第一届体育运动会，开幕式引起国内各大主流媒体关注，国家体育总局、省政府门户网站等近30家媒体进行专题报道，凤凰网点击率超过482万人次、人民网点击率超过102.8万人次，展现毕节干部群众团结拼搏、奋发有为的精神面貌。组织参加省级以上赛事，获金牌48枚、银牌50枚、铜牌40枚。承办2013中国贵州金沙全国山地竞速挑战赛。

【水利建设】 总投资170亿元、贵州历史上最大的水资源配置工程夹岩水利枢纽开工建设，“三通一平”等临时工程启动。完成3座中型水库加高扩建工程，纳雍金蟾、大方岔河、威宁小米等3座中型水库建设推进，开工建设珠市水库。治理28座病险水库。实施1283处（片）

农村饮水安全工程。新增水库库容4816万立方米，新增有效灌溉面积11.59万亩。完成水利投资18.5亿元。

【生态建设】 实施“生态立市”战略，树立绿色、循环、低碳的发展理念，把生态文明理念融入工业化、城镇化建设的全过程，加快推进生态文明先行区建设。实施林业生态工程建设，完成营造林116.8万亩，森林覆盖率提高到44.06%。推进林权配套改革，完成勘界确权面积1543.2万亩，新增林业专业合作组织53个，发展林下经济88.1万亩。实现林业产值91.6亿元。治理岩溶面积232.79平方公里，治理石漠化面积115平方公里，治理水土流失面积101平方公里。完成160条河流、188个水库水环境功能区初步划分工作，启动赤水河流域“河长制”管理，启动乌江流域环境保护规划编制，完成《毕节市创建国家环境保护模范城市工作规划》编制并通过审查。开展重点行业和领域的污染物减排工作，化学需氧量、氨氮、二氧化硫、氮氧化物等主要污染物排放总量控制在规定的范围内。完成火电行业脱硫、脱硝建设改造项目10个，水泥行业脱硝项目7个。34个污水处理厂建设完工15个。完成化工类污水治理项目1个。6个尾气检测站正式开展机动车尾气检测。立案查处违法企业57家，受理各类环境污染纠纷298件。核定征收排污费的企业221家，解缴到国库排污费10238.4万元。

【民主法制建设】 把握民主法制建设的方向和原则，推动形成上下“同心”、内外“同心”共同推动科学发展的良好局面。加强和改进对人大工作的领导，支持人大及其常委会依法行使职权，发挥人大代表体察民情、反映民意、集中民智的优势和作用，督促有关部门依法办理人大代表意见、建议85条。把协商民主纳入决策程序，推进政治协调、民主监督、参政议政，采纳政协对农村合作经济组织建设、社会稳定风险评估、民族文化传承与发展等调研提出的建议，督促有关方面办理政协委员反映民生民情的提案224件。统一战线参与支持试验区建设的方式不断深化，在中央统战部、各民主党派中央、全国工商联的协调推动下，国务院批准实施《深入推进毕节试验区改革发展规划》，教育部、科技部、人力资源和社会保障部、国土资源部、环保部、水利部、农业部、商务部、国家林业局、国家卫计委、国务院扶贫办、国家粮食局、国家信访局、国家质检总局、共青团中央等部委出台支持毕节试验区改革发展的差别化政策。实施“同心”工程项目339个、带动完成投资161.9亿元，培训各类人才5.5万人次，协调招商项目35个、涉及资金526.6亿元。开展“六五”普法依法治理工作，推动普法依法治理工作创新，干部法治理念和群众法制意识增强，依法行政、公正司法、依法办事水平提高。工会、共青团、妇联等群团组织履行职责，在带领职工、青年、妇女参与同步小康建设方面发挥作用。组织召开第一届青年联合会一次全体会议、第一届残疾人联合会代表大会、第一届归侨侨眷代表大会，指导完成妇女小额创业担保贷款3.95亿。推进民族、宗教、社科、文联、工商联、党史、地方志、对台、外事、老干部、老年教育、老龄等工作，党管武装工作和国防后备力量建设取得新进展。

【宣传思想工作】 组织学习贯彻党的十八大、十八届三中全会和省委十一届三次、四次全会精神，抽调市、县、乡三级领导干部组建宣讲团深入基层开展巡回宣讲，组织宣讲4024场次、知识竞赛200多场次，参加学习、听讲人员达50余万人。巡回宣传党的政策、传播致富经验、传播好声音的“农民讲师团”被中宣部授予全国“基层理论宣讲先进集体”荣誉称号。

【基层组织建设】 选派13670名干部、组建3523个同步小康驻村工作组开展同步小康驻村工作，帮助协调项目2642个、资金3.18亿元，解决困难问题2.38万个，办理实事好事4.57万件，化解矛盾1.35万起。组织实施“领头雁”工程，采取“四个一批”办法选好配强村级党组织书记，完成村党组织换届选举工作。实施党员创业带富工程，市和各县区均设立党员创业带富工程基金，组建创业带富指导服务中心（站、点）3960个，帮助农村党员、群众创业带富。

【干部队伍建设】 按照好干部“20字标准”选用发展型干部，按照“团结、务实、勤奋、廉洁”的要求建设发展型班子，加强领导班子和干部队伍建设。推进干部人事制度改革，干部工作更加规范化、科学化。建立完善后备干部工作制度，开展后备干部调研储备工作，加大从基层一线选任干部力度，拓宽干部选拔任用视野和渠道。

引进高层次人才和急需紧缺人才，引进各类人才838人，其中博士16人、硕士114人、本科急需紧缺人才708人。“硕博乡官工程”引进97名博士、名硕士充实到乡镇班子，引进乡镇党委书记11名。加强干部交流，从中直机关、省直机关和煤矿企业引进47名干部挂职，从市直机关选派14名干部到乡镇任职。

【作风建设】 贯彻落实中央“八项规定”和省委“十项规定”，将作风建设纳入党风廉政建设“一票否决”范围，出台系列落实规定的办法和制度，建立长效监督机制和台账管理体系。先后开展明察暗访410余次，对428名违规违纪干部进行通报批评，给予党政纪处分68人。开展公务用车问题专项治理，查处违反规定公车私用案件53件，封存公务用车5778辆。

【反腐倡廉建设】 执行党风廉政建设责任制，推进党风廉政建设和反腐败斗争。探索构建“1+6”惩防模式，健全反腐倡廉制度体制。探索建立基层民生项目监督特派组，得到中央和省委领导的肯定，新华社、《人民日报》《贵州日报》、贵州电视台等媒体进行宣传报道。“老虎”“苍蝇”一起打，查处违纪违法案件，各级纪检监察机关立案查处各类违纪违法案件759件，挽回经济损失1007.2万元；检察机关立案侦查职务犯罪案件100件，挽回直接经济损失5362.4万元。

（撰稿　李观举）

组织工作

【概述】 2013年，全市组织系统贯彻落实党的十八大、十八届三中全会和省委十一届二次、三次全会，市委一届三次、四次全会精神，在省委组织部的指导和市委的领导下，做到把选拔培养党和人民需要的“好干部”作为首要任务、把理想信念教育放在首位、打造人才创业首选地、以发展型服务型党组织建设为统领、建设模范部门和过硬队伍“五个坚持”，各项工作取得成效。

【干部选拔任用】 一是健全完善干部选拔培养机制。拟订《毕节市县级干部选拔任用程序操作规则》《毕节市市管领导班子和领导干部日常了解和综合研判暂行办法》，为促进选人用人科学化、规范化奠定基础。制订下发《关于进一步规范干部报批事宜的通知》，对乡镇党政正职调整、从党政机关外选拔科级领导干部到公务员岗位、破格提拔等工作作规范。制订出台《毕节市党政领导干部选拔任用工作全程监督实施办法（试行）》，对干部选拔任用工作动议、提名、民主推荐、考察、酝酿、讨论决定及任职全过程实施监督。建立干部教育培训办班申报制度和学分制管理办法，健全完善干部调训制度、培训需求调查制度、培训动态管理制度，加强和改进干部教育培训宏观管理。研究制订《毕节市党政领导干部工作实绩研判及报告制度（试行）》《毕节市委托管理部门年度考核等次评定办法（试行）》《毕节市年度目标审核工作制度》，完善“双考双评双挂钩”干部考核管理机制。二是强化干部日常考察了解。开展县区、市直单位班子运转及班子成员履职情况调研了解和干部专项调研工作，强化领导班子和领导干部日常了解，使综合素质好、有思路有活力有潜力、善于开拓工作局面的优秀年轻干部进入组织视野。在全省率先启动干部人事档案数字化建设工作，完成干部数字档案制作1200余卷，建成与县区相互连接的公务员管理信息系统，初步建立安全、便捷、高效的干部人事信息化管理平台。三是开展干部选拔培养。是年，研究调整市委管理干部139人次，提拔重用58人，平级交流81人；从中央统战部等中直机关、省直机关和煤矿企业引进47名干部到毕节市挂职帮助工作，选派4名干部到省直单位挂职锻炼；从市直机关遴选14名干部到乡镇任职，指导县区选拔25岁左右乡科级干部拟任人选385名。四是抓好干部监督管理。开展干部选拔任用自查、倒查、专项检查和县委书记履行干部选拔任用离任检查，以及“一报告两评议”、市管干部报告个人有关事项等工作。组织71名新任县处级干部开展警示教育活动。成立干部监督举报中心，办理举报80件。五是加大考核力度。紧扣全市工作重点，制订下发县区、市直部门及单位的增比进位目标考核体系和11个县区建设小康社会目标体系。组织对全省项目观摩会拟观摩的项目、“5个100工程——特色小城镇建设”、高速公路建设、中央预算内投资项目等重大项目，以及落实国办函35号文件前期工作开展情况、同步小康干部驻村工作、"两个硬化"建设等阶段性重点工作进行动态跟踪督查，保证相关工作和项目稳步推进。组织开展创新工作项目评审，评选出56个创新工作项目，激发各级各部门推动和服务发展的活力。

【干部能力素质培养】 一是把党的十八大和习近平总书记系列重要讲话精神的学习培训作为首要政治任务。采取党委（党组）中心组带头学、基层党组织集中学、干部集中轮训专题学、各级驻村干部辅导学、远程教育平台普遍学等方式，让全市各级干部把十八大和习近平总书记系列重要讲话精神内化于心、外化于推动科学发展的强大动力，坚定广大干部群众的发展自信、跨越自信和小康自信。全市组织各级党委（党组）开展集中学习2000余次，参学干部1.5万余人次；基层党组织集中学习讨论6200余次，参学党员达18.9万人次。市级分二批6期对县处级干部进行十八大精神集中轮训，培训县处级干部1100名。举办3期深入学习习近平总书记系列重要讲话精神专题培训班，培训县处级干部1269人。安排645名县级干部、2300多名科级干部、4200余名驻村干部开展宣讲，使十八大和习近平总书记系列重要讲话精神家喻户晓、深入人心。二是提升干部经济发展能力。推进"八学八增"行动，投入干部教育培训经费1248.31万元，培训122439人次。其中党政干部37505人次，企业经营管理人员2654人次，专业技术人员63580人次，村（社区）干部、乡村集体经济组织、非公有制经济组织和社会组织党组织负责人1.87万人次。完成组织调训（不含境外培训）74143人次、网络培训1653人、境外培训132人次。三是提升农民群众致富能力。开展"农民讲师"巡讲活动，评选市级"农民讲师"30名、县级"农民讲师"262名、乡级"农民讲师"1732名，覆盖种植、养殖、加工、制造、纺织、刺绣、旅游、服务等各行各业。组织"农民讲师"开展巡讲4614场次，培训农民群众534710人次，提升广大群众的发展愿望和致富能力。"农民讲师团"被中央宣传部授予全国"基层理论宣讲先进集体"荣誉称号。

【人才引进与培养】 一是构建党管人才工作格局。制订出台《中共毕节市委关于贯彻落实〈中共贵州省委关于进一步实施科教兴黔战略大力加强人才队伍建设的决定〉的实施意见》《中共毕节市委关于加强人才培养引进加快科技创新的决定》，对引进高层次创新创业人才、培养技术攻关人才、集聚高技能人才、培育引领农村经济发展的实用人才等队伍建设提出具体要求。调整充实人才工作领导小组成员单位，形成党委统一领导，组织部门牵头抓总，人社、工能、教育、卫生等成员单位各司其职，密切配合，社会力量参与的人才工作新格局。二是实施人才工程。推进"百千万人才工程""硕博乡官工程"，实施柔性引才工程，引进高层次人才和急需紧缺人才。全年引进人才838人，其中博士16人（7人挂职）、硕士114人、本科急需紧缺人才708人。围绕全市重点产业发展需求，引进重点产业发展科技顾问6名；柔性引进专家201名，引进各类人才团队31个。通过参加省人才博览会招聘、走进医学院校和毕业生签订就业合同等形式，招考和引进卫技人员2056人，引进教育部直属6所师范大学免费师范生65人，面向全国招聘各县区思源实验学校校长8名。三是注重本土人才培养。围绕人才服务工业化、城镇化和农业现代化的能力素质提升，培训各类人才122439人。通过开展农民技术员、"阳光工程"等培训农村实用人才1.42万人。选派58名专业技术人才到北京、贵阳等省内外高等院校、科研院所、企业研修，学习中药材种植、高效农业产业园区建设等知识。发挥科技项目带动作用，加强科技人才能力培养，组织推荐2位科技人员申报省优秀青年人才培养计划，2个创新人才团队申报省科技创新人才团队。创建省级高技能人才培训基地1个。四是做好人才管理服务工作。建立党政人才、高层次人才、企业管理人才、专业技术人才、高技能人才、优秀农村实用人才、社会工作人才、毕节籍高校学生、毕节籍在外工作人才等9类人才信息库，为加强对全市人才工作的宏观指导和管理服务提供科学依据。投资147万元建立市级人力资源市场网络，开展网上招聘、网上求职、网上招聘会、网上就业指导等服务。组织开展2013年重点产业、重点学科人才团队和第四批市管专家申报评选工作、"西部之光"申报工作，评选出5个人才团队作为重点产业、重点学科人才团队加强建设，评选出第四批市管专家30人，2名入选"西部之光"访问学者。开展优秀人才慰问活动，组织132名专家进行健康体检，12名一线工作的优秀专家代表外出休假考察，营造“尊重劳动、尊重知识、尊重人才、尊重创造”的氛围。

【发展型服务型党组织建设】 一是实施非公党建“四个二”工程、农村“领头雁工程”和“党员创业带富”工程。采取单独建、联合建、挂靠建等方式，在全市实际落地的7275家非公企业建立党组织4256个，选优配强非公企业党组织书记4011名，非公企业党建工作指导员2643名，建立领导干部非公企业联系点969个，深入企业解决问题3560个；在第九届村（居）“两委”换届工作中突出“六个一批”选优配强村党组织书记，从市、县、乡三级机关（事业）单位选派党员担任村党组织书记，改善村干部队伍结构；组建市、县、乡、村四级创业带富指导服务中心（站、点）3960个，市、县区分别设立党员创业带富工程基金200万元，规范党员创业带富服务流程，实现指导服务全覆盖。非公党建“四个二”工程的做法，得到中央政治局常委刘云山的肯定。二是抓实同步小康驻村工作。对驻村工作创新提出“五个六必”工作法，明确驻村工作的方法和任务。全市选派干部13670名，组建工作组3523个，常驻全市3523个行政村，走访群众142.76万人次，培训党员群众32万人次，召开调研座谈会1.34万次，帮助谋思路出点子2.14万条，协调解决项目2642个、资金3.18亿元，解决困难问题2.38万个，办实事好事4.57万件，化解矛盾1.35万起。把“美丽乡村”建设“两硬化”工程作为驻村干部的重要工作，细化工作任务到单位、到个人。启动硬化农户院坝76万余户，竣工72万余户、1893万余平方米；启动硬化连户路27727千米，竣工25745千米。同步小康干部驻村工作被《中国组织人事报》作登载，省委组织部简报转发8期。三是做好党的群众路线教育实践活动有关准备。在市级层面，提前成立市委教育实践活动领导小组办公室，抽调13名干部到教育实践活动办集中办公，开展前期工作。召开座谈会3个，发放调查问卷400余份，就全市党员干部在“四风”方面存在的突出问题征求基层干部群众、在毕“两代表一委员”、企业界代表、民主党派和无党派人士等社会各界人士的意见和建议。及时关注和了解中央和各省区市开展第一批教育实践活动的情况，收集整理出45条好做法好经验，作为全市开展教育实践活动的有益借鉴。四是完成远程教育设备更新换代。按时完成444个设备更新站点远教设备的安装和验收工作并全部投入使用，开展学用活动。在省委组织部对全市站点设备更新建设的验收中，样本站点全部合格，综合评定等级为“优”。

【自身建设】 一是带头开展解放思想大讨论活动。围绕组织工作如何服务经济社会发展大局，在准、新、快、精、实、强“六个字”上下功夫，通过组织全体干部职工集中学习、开展讨论、撰写心得、对照检查、开展警示教育活动等开展解放思想“十破十立”大讨论活动，组工干部大局意识、服务意识等得到提高。二是带头健全完善内部管理制度。按照中央、省、市关于改进工作作风、密切联系群众的有关规定，修改完善部机关20项内部管理制度。制订出台部务会成员分片联系指导组织工作制度，将各县区、市直单位组织工作的调研、指导、督促工作明确到每个部务会成员具体负责。部领导深入基层调研指导工作500余天次。三是带头改进工作作风。在各科（室）和全体干部职工中开展“三联三帮”活动，密切联系群众，助推同步小康及美丽乡村建设工作。部领导联系9个县区12个乡镇，科室联系21个村。抽派4名干部到威宁县板底乡开展驻村工作，明确8名科室负责人联系纳雍县雍熙镇8个村工作。协调通村组公路、水利、民政、畜牧等项目30余个，争取项目资金3000多万元。坚持厉行节约，加大OA系统应用范围，促进无纸化办公，节约纸张，提高工作效率。

（撰稿　游　华）

宣传思想工作

【概述】 2013年，在市委的领导下，在省委宣传部的指导下，在全市各级党组织和宣传文化系统的支持配合下，宣传思想文化战线按照“高举旗帜、围绕大局、服务人民、改革创新”总要求，学习宣传贯彻落实党的十八大和十八届二中、三中全会精神，贯彻落实全国、全省和全市宣传思想工作会议精神，胸怀大局、把握大势、着眼大事，坚持因势而谋、应势而动、顺势而为，突出理念创新、手段创新和基层工作创新。抓重点、攻难点、带全局，推进宣传思想工作的发展，为试验区坚持科学发展、奋力后发赶超、同步建成小康作出贡献。

【理论武装】 抓好党的十八大和十八届二中、三中全会精神，省委十一届四次全会精神，国办函35号文件精神的学习宣传教育，纳入各级党委（党组）中心组和干部职工理论学习的重要内容，指导各级采取中心组专题学习、干部职工集中学习和个人自学、层层组团宣讲，利用“农民讲师团”、农村文艺宣传队等方式，把党的路线方针政策和中国特色社会主义宣传教育活动引向深入。配合市委组织部等有关部门创新农民讲师载体，各级农民讲师深入群众巡讲2552场次，培训农民53万人次，推动党的政策入脑入心。农民讲师巡讲载体形式，把巡回宣讲党和国家方针政策和讲授致富实用技术相互融合，使农民讲师团成党和国家方针政策的“扬声器”，农村实用技术推广的“直通车”，农村和谐稳定的“连心桥”，农民脱贫致富的“助推器”，农业产业结构调整的“指导者”，美丽乡村建设的“领跑人”，深受群众欢迎和好评，被中央宣传部授予“基层理论宣讲先进集体”称号。组织10篇文章参加全省学习党的十八大精神征文竞赛，1篇获二等奖，3篇获三等奖，市委宣传部获组织奖。组队参加全省“中国梦”知识竞赛和演讲比赛获三等奖。

【宣传舆论】 坚持唱响主旋律、打好主动仗、凝聚正能量、传递好声音，以正面宣传为主，利用报纸电视等传统媒体和网络等媒体，集中策划推出十八大、十八届三中全会精神和全国宣传思想工作会议精神及贯彻落实国办函35号文件精神等主题宣传，围绕美丽乡村建设、社会管理创新、民生监督等六大重点亮点工作，组织各级媒体开展宣传报道，在《人民日报》《光明日报》《中国日报》、中央电视台等中央媒体上刊发（播）稿件242条，在全国主流媒体发稿比去年同期增210%，民生项目特派组宣传引起中央领导的重视。在贵州日报、贵州电视台等省内主要新闻媒体上刊发（播）稿件895条。在《当代贵州》杂志刊发美丽乡村建设专刊1期，推出文化发展和农民讲师团专辑各1期，刊发稿件200余篇（条），为推动经济社会发展营造良好舆论环境。推出美丽乡村“两个硬化”“改革新观察”“五个一百工程巡礼”等主题宣传，在中央主流媒体发稿60篇（条），省级发稿150篇（条），市内媒体发稿2449篇（条）。与《贵州日报》合作，开设“贯彻试验区规划·谱写毕节新华章”专栏，发稿81篇（条），其中6个专版。在新华网贵州频道开设《落实试验区规划·谱写毕节新华章》专题，发稿61篇（条）。在人民微博、新华微博发布微博636条。编印《5个100工程巡礼》《非公经济助推毕节跨越发展》等宣传画册，举办学习国办函35号文件精神、毕节市第一届体育运动会等新闻发布会，承办川滇黔12州市媒体合作发展峰会，向外讲好毕节故事，传递毕节好声音，展示毕节新形象。

【宣教工作】 抓好“中国梦”学习教育活动，组织百人以上各种集中学习教育活动2352场，参加人数达2800余万人次；集中性刊发宣传标语6000余条（幅），利用出租车、公交车、客运车、LED、LCD滚动宣传3600余万次（条）；开展演讲、研讨会620场次；督促指导各级各部门出宣传栏、学习园地1.78万余期次。组织开展“中国梦·贵州中国梦·我的梦”系列宣讲活动，组建宣讲团（队、组）821个，到单位、村（社区）、学校、企业进行宣讲，宣讲场次达8300余场次，受教人数达300余万人次。毕节市对“中国梦”宣讲工作进行专项督查等工作经验在全省推广，有关工作典型和经验做法被省转发6次。创新推出先进典型培育机制，一周向省上报一个先进典型个人或单位，并新确定一个先进典型和收集整理典型材料下周上报，在全省推出“最美贵州人”典型6名（全省共推出27名）。各县区制订先进典型培育办法，推出各类先进典型3728（个、人），其中296个单位和个人分别成为国家、省、市先进典型。结合实际深入基层开展贴近群众的“三下乡”活动。牵头在七星关区朱昌镇、黔西县、大方县组织开展3场示范活动，指导各县区开展活动30余场次，发放各类宣传资料128万份，发放围裙等15万个，发放价值21余万元药品，为群众义诊4万人次，义写春联3万余幅，接受群众咨询9万余人次，慰问困难群众150户，发放慰问金3万余元，衣被150床。

【网络管理】 拟订《重大网络事件处置预案》和《加强和改进互联网宣传管理的实施意见》，建立健全网络舆情区域联动机制，联络大理、丽江、昆明、宜宾、昭通、凉山、楚雄、曲靖、六盘水、黔西南、攀枝花等川滇黔十二市（州）委宣传部，做好网络舆情监测、应对、引导和宣传工作。策划主题宣传，转载各类稿件4000余条；组织开展关爱青少年行动等网络专项整治活动，督促指导网络等新媒体弘扬真善美，鞭挞假恶丑，传递文明新风，汇聚网络文明正能量，不断净化网络生态。争取市委研究同意成立毕节市网络宣传管理领导小组及办公室，整合网络宣传管理资源，理顺网络宣传管理体制，增加网络宣传管理专项编制10名，将网络经费纳入市财政预算。强化网络值班监控，分析研判网络舆情，编发《舆情快报》和《舆情专报》80期，为市领导决策参考信息400余条。处置应对金沙县、赫章县等系列舆情事件，减少负面影响和避免跟风炒作。

【道德建设】 围绕提升公民文明素养加强思想道德建设，在"贵人善行""最美贵州人""我推荐·我评议身边好人"等推荐评选活动中，推荐典型672人，组织各级媒体报道187人。全省推出27名"最美贵州人"典型，毕节市占6人。组织开展全国第四届道德模范评选活动，自下而上推荐道德模范人选15名，全省受表彰12名，毕节市组织推荐的杨文学、张槐乾2人获全国道德模范提名奖；向省文明办推荐身边好人180人，其中10人入选中国好人榜，31人入选贵州好人榜，组织市级媒体开展"最美毕节人"集中宣传报道。抓好"讲文明·树新风"公益广告宣传、"道德讲堂"建设、文明餐桌行动等道德建设活动，提升公民思想道德素质。

【文明创建】 以"多彩贵州文明行动"为抓手，加强月督查、季考核、年终综合评比，围绕提高群众满意度，对"不满意"问题加以解决，工作难点加以突破，推动"三创一建"工作常态化。坚持上下联创、城乡共创、示范带创，结合建设"四在农家·美丽乡村"、特色小城镇建设，开展农村文明卫生创建"百千万"工程。采取会议发动、现场调度、过程督查等方式，推动百个文明卫生乡镇办事处、千个文明卫生村（社区）和万户文明卫生户创建活动，"美丽乡村"效应显现，城乡面貌改观。2013年度"多彩贵州文明行动"综合考评获全省一等奖，中央文明办《精神文明建设》第43期编发《贵州毕节市实施农村文明卫生"百千万"工程》简报。文明网毕节站围绕中心、服务大局，发动各级通讯员采写精神文明建设信息稿件3万余条，综合考评工作在全国100多个市州盟网站中排名位居前20位，在全省名列前茅，受到省委宣传部分管领导的批示肯定。

【文化改革发展】 督促各县区做好文化产业发展规划和文化产业发展项目建设工作。大方古彝文化产业园完成建设投资4.55亿元，组团参加深圳文博会，举办木叶声声杜鹃红口技大赛，开展"四在农家·美丽乡村"曲艺展示活动。抓好文化产业发展"八项工作"夯实文化发展基础，督促县区编制县域文化发展规划。完善县区文化产业项目库，完成入库项目147个。突出特色科学定位县区文化品牌，采取自下而上，反复推敲，专家评定、意见反馈、综合评审等方式，突出地域综合特色特点对县区文化品牌进行综合定位，返回县区再次征求意见，为打造品牌外宣奠定基础。启动打造市级常在剧目《磅礴乌蒙》工作，体现历史文化底蕴和市场效益，采风运作围绕展示毕节历史文化、红色文化和民族文化的丰富内涵，提振广大干部群众建设毕节、发展毕节干事创业的精气神进行，专家采风创作基本结束。优化内涵组织"乌蒙文艺奖"评选，采取以奖代补方式开展评选活动，推出一批富有试验区地域特色的精品力作丰富人民文化生活。开展文化名人·名作评选，通过活动激发广大文艺工作者创作热情，培育和发现一批德艺双馨的文化艺人。做好文化遗产公布保护，组织实施文化遗产保护工程，建立文物、非物质文化遗产数据库，分层次、分步骤进行修缮、保护、挖掘和开发利用。举办首届乌蒙文化节艺术系列——舞蹈·声乐大赛，为2014年旅游产业发展大会展演选拔储备一批优秀节目。毕节试验区杂志获全国党刊创新奖，赫章《阿媚恳》获全省民族调演表演金奖，廉政剧《厅长哥哥来探亲》代表全省参加全国廉政小品大赛获二等奖。

【干部队伍建设】 7月，经市委研究同意后，会同市委组织部等相关部门，在全省启动开展乡镇办事处党委专职宣传委员选配工作，实现基层宣传思想工作有专人抓、专人管。按照政治上强起来、业务上强起来、作风上强起来的要求，制订专题培训计划，邀请人民网舆分析专家和吉林日报社长前来辅导授课；组织新闻战线开展走基层、转作风、改文风活动，通过加强政治素质提升宣传文化干部掌控能力，加强学习提升业务能力，推动落实提升执行能力，加强探索实践提升创新能力，加强自身建设提升战斗能力，打造一支脑中有思想、眼中有目标、肩上有责任、胸中有激情、腹中有度量的“五有”宣传思想工作队伍，为推动各项工作提供干部保障。

（供稿　市委宣传部办公室）

统一战线工作

【概述】 2013年，在市委的领导、省委统战部的指导下，市委统战部以党的十八大和十八届三中全会精神为引领，以“三个代表”重要思想和科学发展观为指导，学习习近平总书记一系列重要讲话和胡锦涛、温家宝、俞正声等中央领导赴毕节考察时的重要讲话精神，围绕市委市政府中心工作，组织实施“同心工程”，突出特色，服务大局，展现亮点，凝聚力量，发挥统一战线直通车、联络员、智囊团优势和作用，紧扣试验区“三大主题”，探索统一战线参与试验区建设新思路、新方法、新途径。打造全方位、多渠道、宽领域、深层次的统战工作格局，推进国办函35号文件的贯彻落实、同心工程的实施。党派、民族、宗教、非公经济、联络联系、职业教育、美丽乡村建设等工作取得新成绩。为推进毕节试验区科学发展、后发赶超、同步小康做出积极贡献。

【联络联系工作】 发挥统一战线参与试验区建设联席会议机制作用，强化与中央统战部、各民主党派中央、全国工商联及国家有关部委的联络联系，结合重点工作，将急需解决事项报中央统战部调研组写入调研报告，协助推动《深入推进毕节试验区改革发展规划（2013—2020）》的出台，通过一事一报，请求中央统战部协调国家发改委、交通运输部、铁路总公司加快成贵铁路、毕节至叙永铁路、隆黄铁路尽早开工建设；协调国家民航总局为毕节机场争取航线；协调国家银监会支持浦发银行在毕节增设二级分行，国家银监会复函表示将指导包括浦发银行在内的股份制商业银行在中西部及金融服务薄弱地区科学规划、有序设立分支机构，对浦发银行设立毕节分行的申请予以优先考虑和支持；配合市政府办、发改委等部门，梳理重大政策和项目60项，分别请中央统战部部领导协调推进11项、中央统战部办公厅协调推进23项，各民主党派中央、全国工商联帮助协调推进26项；请求中央统战部协调推进国家有关部委出台试验区差别化管理政策；协调配合省委统战部代省委政府拟订《中共贵州省委 贵州省人民政府关于进一步加快毕节试验区改革发展的报告》，将重大政策、项目写入报告，请中央统战部协调推进；做好党和国家领导人、中央统战部和各民主党派中央等领导赴毕视察的协调服务工作，接待全国各地统一战线赴毕考察团80批次、1100余人次。

【实施“同心工程”】 中央统战部、各民主党派中央、全国工商联、国家有关部委继续帮扶毕节，推进试验区的经济社会发展。是年，统一战线计划在毕节实施“同心工程”项目，完成339个，带动完成投资161.92亿元，培训各类人才5.47万人次，资助贫困学生1565名，协调企业签约35个，涉及资金达526.58亿元。8个民主党派和国家卫生计生委、农业部、民政部、民委、水利部、新闻出版总署、烟草总局、国家林业局、国务院扶贫办等发挥党派和部门优势，支持试验区开展扶贫开发工作，贵州省扶贫办下达资金6209万元，开展生态移民工程、扶贫开发工作。

【民主党派规范化、制度化建设】 制订2013年民主党派组织建设工作计划并报省委统战部研究同意；制订《关于建立民建毕节市工作委员会的工作方案》并报市委研究，指导各有关县区统战部制订《关于建立中国民主同盟七星关区工作委员会的工作方案》和《建立民革纳雍总支、民进金沙总支的工作方案》。完成民建毕节市工作委员会和民盟七星关区委筹建工作，指导民革纳雍总支、民进金沙总支召开成立大会。

【党外代表人士队伍建设】 代市委起草《关于加强新形势下党外代表人士队伍建设的实施意见》并经市委研究正式下发。完善党外代表人士联谊交友制度。完成第十一届贵州省政协委员人选协商推荐和市政协委员调整增补工作，做好统一战线成员培训、调训工作。完成全省第八期无党派知识分子培训班、抽派学员参加民主党派地方组织负责人培训班、新任党外少数民族、人大代表、政协委员学员培训班、宣传信息培训班等班次学员的调训任务，配合完成4名毕节市民营企业家担任省人大代表、省政协委员的推荐上报工作，完成省委统战部下达的工商联党组书记培训班、民营企业家培训班、新社会阶层人士代表培训班3个主体班次人员调训任务，选派1名干部参加市委党校中青班学习，加强党外代表人士队伍建设，发挥统一战线各方人士参政议政和民主监督作用。

【港、澳、台、侨和海外统战工作】 做好中华海外联谊会、台湾精致高效农业考察团、九届侨联代表和海外顾问等赴毕考察调研期间的联络联系、会务筹备、接待服务等工作，为农业环境改善、无毒农业发展、水土高效利用、农业标准化体系建立、高端农产品研发、产业链后端完善、职业教育的发展等注入新力量。配合有关方面完成市侨联筹建工作，推进召开毕节市第一次归侨侨眷代表大会并选举产生市侨联第一届委员会，组织各县区开展走访侨胞、台胞等有关活动。

【服务非公有制经济发展】 推进行业商协会的建立，成立毕节市福建商会、毕节市酒类行业协会、毕节贵阳商会。与市委组织部联合开展“非公企业党建服务月”相关活动。联合市工商联等有关部门举办“毕节市2013年银企座谈会”，破解民营企业融资难的问题。组织全省特色商品见面会参展工作，毕节市漆器、茶叶、根雕、蜡染、刺绣、中药材等16家特色商品企业参展，6大类24个商品被选中，签订订货协议60多万元，助推特色企业走向国际市场。组织开展贵州省2013年度非公经济组织核心专家、省管专家的组织申报和推荐参评工作。组织开展贵州省2013年度非公经济组织“百人领军人物”“千人创新人才”的申报、推荐参评工作。组织开展毕节市“万企联村驻村、联村、帮村”活动。组织撰写《毕节市民营经济发展情况调查分析》《关于促进毕节市非公有制经济健康发展和非公有制经济人士健康成长工作情况汇报》两个报告。参与筹备毕节市民营经济发展大会，协助抓好非公企业导师服务团活动的开展；指导市工商联圆满召开市工商联一届二次执委会，指导《毕节试验区商会》会刊的创办。推进全市非公经济发展论坛举办，签约项目24个，签约金额80多亿元。

【民族工作】 开展以民族团结进步创建活动为载体的民族工作，指导开展少数民族文化的传承与保护，推动各县区开展“民族文化进校园”活动，为各民族相互学习和加深了解搭建平台，使“三个离不开”的思想深入人心；围绕少数民族群众最关心、最现实的民生问题，调动社会各方面的力量，提高少数民族群众生活、就业、医疗、社会保障等方面的服务质量，搞好就业培训和服务指导，为少数民族群众实现再就业创造机会和条件；帮助民族乡镇和少数民族群众解决生产生活中遇到的困难和问题，保障少数民族的合法权益。帮助少数民族村镇协调建设资金400多万元，解决修路、通电、路面硬化、基层组织阵地建设以及少数民族发展种植养殖业等方便存在的具体困难，是年，市统战部获得省委、省政府全省民族团结进步模范集体表彰。

【宗教工作】 指导宗教团体加强自身建设。选派三名宗教团体负责人参加省委统战部、省宗教局在省社会主义学院举办的全省宗教团体负责人培训班学习；与民宗委共同召开宗教团体负责人会议，指导三个爱国宗教团体加强自身建设，建立健全规章制度，规范宗教团体工作。指导、协调开展“和谐寺观教堂创建”活动堂点384处，全部通过市级验收。对中小学教师、离退休人员信仰宗教和在职公务员参加宗教堂点建设管理三个方面的情况调研工作；指导、协调毕节天主教堂按照《宗教事务条例》和天主教祝圣活动的相关规定和要求，举办毕节天主教堂祝圣活动的开展；指导威宁、赫章等县妥善处理在涉及基督教相关方面的问题；配合有关部门及时处理个别非法组织妄图利用宗教进行的渗透活动；配合市政法委开展“无邪教创建合格单位”认定相关工作。做好贵州省佛教、道教、基督教、天主教、伊斯兰教全省代表、委员、常委的推荐和参会代表的组织工作。

【推进试验区职业教育发展】 规范同心温暖工程毕节项目的办学模式，推进实现优质中职资源共享。4月，协调完成同心温暖工程毕节项目2013年工作会议召开，推进“同心温暖工程”毕节项目联合办学完成招生1537人，完成计划的102.5%；秋季转入市外合作学校就读学生1209人。配合教育“9+3”计划的实施，按要求实施“同心温暖工程——职教扶贫”项目，完成全免费中等职业技术人才培训50人次。促成中华职业教育社、中华同心温暖基金会制订下发《同心温暖工程毕节项目实施办法》及《同心温暖工程毕节项目工作会议纪要》。配合做好中华海外联谊会港澳理事会首次赴毕考察及捐资开展职业教育工作，开创中华海外联谊会港澳理事与毕节交流合作的新局面。协助中华职业教育社于12月中旬组织专家赴毕节市开展职业教育招生情况调研工作。

【干部队伍建设】 加强干部队伍建设。通过举办统战理论政策培训班，把统战理论纳入党校、行政学院培训内容，纳入试验区一月一专题讲座，建设统战观念强、统战政策熟、统战业务好的党政领导干部队伍。新成立毕节市非公党建指导中心，设立光彩事业促进科，提拔5名年轻科级干部，在全市范围内遴选14名干部，充实机关统战干部力量。切实推进党风廉政建设。

【扶贫工作】 帮助协调资金300万元用于锅圈岩乡新发、同心、民建三个村的通组路改造、联户路建设及院坝硬化；帮助协调双改资金50万元用于锅圈岩乡文化村、青峰村及马摆、马场两个集镇的亮化工程；协调资金15万元改造青峰村3公里通组路；协调生猪滚动养殖项目资金55万元用于锅圈岩乡4个村的生猪滚动养殖；协调资金5万元帮助青峰村拟发展养牛户一户，协调资金5万余元扶持发展蛋鸡养殖户一户；协调资金15万元帮助青峰村重新修建200平方米村办公楼一幢及公共文化设施建设。为纳雍县勺窝乡，金沙乡打鼓场办事处分别协调10万元开展新农村建设和美丽乡村建设工作，整合上千万元资金参与"美丽乡村"建设。

【信息宣传】 编发《联络联系工作动态》18期，收集筛选纪念"五一口号""同心"思想论文38篇，编辑印制了《中共中央发展"五一口号"65周年征文集》，与市委党校配合组织召开毕节市统一战线服务科学发展"毕节经验"研究会2013年年会暨"同心讲坛"。在《中国统一战线》、等媒体发表文章信息80余篇。

（撰稿　古大科）

机构编制

【概述】 2013年，毕节市机构编制管理工作在中共毕节市委、毕节市人民政府的领导及贵州省编委办的指导下，以邓小平理论、"三个代表"重要思想和科学发展观为指导，贯彻党的十八大、十八届二中、三中全会和省第十一次党代会精神和省委十一届三次、四次全会精神，落实毕节市委一届三次全会精神，围绕市委、市政府的中心工作和"十二五"规划，围绕省编委办2013年工作要点及与市直目标考核领导小组签订的《目标任务责任书》，推进政府职能转变，协调推进行政管理体制改革，推进事业单位分类改革，规范和加强机构编制管理，为毕节市经济社会实现后发赶超提供体制机制保障。

【深化行政管理体制改革】 一是做好撤地设市的后续工作。代市委、市政府草拟《中共毕节市委 毕节市人民政府关于毕节市撤地设市后市区部分部门事权划分的意见》。二是配合省编委办推进省直管县体制改革试点工作。配合省编委办搞好推进省直管县体制改革试点的调研，准备会议材料，适时召开市推进省直管县体制改革试点工作会议；代市政府草拟《毕节市人民政府关于推进省直管县体制改革试点工作的实施意见》。三是配合省编办做好信访和群团机构、经济开发区、工业园区等调研工作。四是代市政府草拟《毕节市人民政府关于做好市直机关与所属企业脱钩工作的通知》。五是配合市委组织部、市委党校做好县级党校体制升格的相关工作。

【全市事业单位分类】 成立毕节市分类推进事业单位改革工作领导小组。筹备召开全市事业单位分类工作会议。代市分类推进事业单位改革工作领导小组拟订《毕节市事业单位分类工作实施意见》《在全市事业单位分类工作会议上的讲话》《市直事业单位分类参考目录》等材料，对市本级334个事业单位进行梳理，对照各单位的社会功能进行分类。完成全市7651家事业单位的初步分类工作。拟划分为行政类的事业单位已上报省编办。

【事业单位登记管理】 根据《事业单位登记管理暂行条例》及《事业单位登记管理暂行条例实施细则》的规定，全市依托"事业单位在线"系统进行网上年度审查。毕节市事业单位法人年检合格1393家，市直事业单位法人年检合格126家，设立登记6家，变更登记25家。对设立、变更、年检过程中形成的登记管理材料进行归档。

【中文域名注册管理】 截至是年底，全市完成注册和续费的机关事业单位计7568家。

【机构编制督查】 一是配合省编办对1—4月设立机构和增加编制情况进行督查。二是向省编委报送全市党政机关消化超编人员工作情况。三是向省编委办报送全市干部信息沟通统计表和新成立的副科级以上机构。四是对个别单位在任用中层干部时没有及时进行领导职数审核的问题进行纠正，避免超职数配备中层干部现象的发生。五是对个别县区违规设置机构的情况进行纠正。

【审批增设机构、增加编制和领导职数】 一是，按机构编制管理权限设立七星关、大方、黔西、金沙、纳雍等5个县区经济开发区、市中小学示范性实践活动中心、市公安局警务服务中心、市人民检察院人民监督员办公室、市人民法院刑事审判第三庭、金沙县思源实验学校、大方县第二幼儿园、大方县东关乡等13所乡镇幼儿园、市中药研究所、市城乡规划测绘院、七星关区观音桥等4个社区卫生服务中心计近百个机构。二是给毕节市妇幼保健院、毕节市第二人民医院、毕节市特殊教育学校、毕节市第三人民医院、毕节市公安局飞雄机场分局、毕节市水利水电工程移民局、赫章县中医院、市社会福利院、百里杜鹃管理区等50多个单位增加事业编制。三是给市政府办、市工业和能源委员会、市水利局、市交通局、市第二实验学校、市林政资源管理站、市土肥站、市人社局等30多个机关事业单位增加领导职数。

【严控超编增员和超职数配备干部】 一是对需招考增员单位实行年度编制使用计划审批。对毕节学院等100多个单位招考（招聘、遴选）计划进行审核。二是做好增员管理工作。研究有关单位提交的调动、公开招考和简化程序等增员报告500多份，经研究同意办理增员的1436人均按程序办理增员手续。三是抓好科级领导职数的审核工作。审核办理市直有关单位科级领导干部职数176份。

【机构编制统计年报】 完成2012年全市机构编制年报统计并上报省编办。机构编制统计年报工作的开展，为上级领导决策提供科学的依据。

【机构编制管理证年审和工资统发人员审核】 对市直452个机关事业单位的机构编制管理证进行年审，对各单位工资统发人员进行审核。未经机构编制部门审核的，人事部门不予审核人员工资，财政部门不予核拨人员经费。

【推进机构编制信息化】 一是对市直452家机关事业单位的机构编制实名制网络管理系统数据进行更新。二是抓好毕节机构编制内外网的维护和更新。三是做好《工作简报》的编发工作，为做好机构编制工作提供宣传和信息服务。编发《工作简报》16期。四是发挥新闻传媒的宣传作用。向中编办机构网、贵州机构网、毕节市政府网等传媒报送稿件40余篇次。

【建议和提案办理】 明确提案办理责任领导和具体承办人员并制订提案办理方案。办理市督办督查局转来的“关于理顺农技体系的提案”“关于解决农村寄宿制学校校医专业人员编制问题的提案”“关于建议将市农科所、市牧科所调整为全额拨款事业单位的提案”“关于尽快建立与水利建设规模及速度相匹配的水利工程管理体制的提案”“关于亟待落实学校医务室及校医制度的提案”“关于落实非遗保护法律条例解决基层非物质文化遗产保护机构和经费的建议”等提案和建议10余件。向提出提案和建议的委员和代表寄送办理复文和办理情况征询意见表10余份。

【加强机关建设】 一是制订毕节市编办管理干部的目标责任书、抓好“双考双评双挂钩”工作，建立健全干部职工档案。二是抓好中心学习组专题化学习，建设学习型机关。结合形势和任务，中心组组织学习10余次。重点学习党的十八大、十八届三中全会和省第十一次党代会精神，学习全国、全省“两会”、全市经济工作会议精神等。三是执行《领导干部廉洁从政若干准则》，建设廉洁型机关。四是细化工作责任，抓好服务型机关、效能型机关、责任型机关建设。

【党风廉政建设】 一是深入实际调研，为市直有关部门和各县区解决实际问题。办领导班子成员和中层干部多次到市直有关部门和各县区进行调研，解决实际问题。二是以创建先进基层党组织为目标，抓好党支部的各项工作，增强党支部的凝聚力和战斗力。完成支委换届选举工作并获得市直“五好”基层党组织表彰。三是抓好党风廉政建设责任制及反腐倡廉工作。传达学习全市纪检监察工作会议精神、层层签订《党风廉政建设责任书》，抓好党风廉政建设和廉政风险防控工作。全体干部职工没有出现违反党风廉政建设责任制的情况。

【生态文明家园建设】 派专人驻村，争取有关部门和单位的支持，为帮扶联系点纳雍县昆寨乡争取项目资金。一是完成帮扶村相对集中的自然村寨连户道路硬化、农户院坝硬化工作任务，实现硬化率达100%。二是为帮扶村争取到农村基础设施改厕项目和村委办公楼公厕修建项目资金累计55万元。三是为帮扶村争取到种草养畜项目24万元。四是按“五园新村”建设内容和要求搞好帮建的“五园新村”精品示范村建设，按市“美丽乡村”建设要求抓好所帮建村的建设。

（撰稿　沈　凯）

市直机关工委

【概述】 2013年，市直机关工委贯彻落实党的十八大、十八届三中全会精神、省委十一届二次、三次、四次全会、市委一届三次、四次全体（扩大）会议精神，建设学习型、创新型、服务型、发展型党组织，加强党的思想、组织、作风、制度和反腐倡廉建设，提高机关党建科学化水平，为试验区科学发展、后发赶超、同步小康提供坚强的组织保障。

【深入学习十八大精神】 一是学习贯彻落实党的十八大精神。下发《关于深入学习贯彻落实党的十八大精神的通知》，要求市直机关各级党组织要在学习贯彻十八大精神上走前列、作表率，把学习贯彻十八大精神引向深入。十八届三中全会召开后，中心组组织学习十八届三中全会及省委、市委扩大会议精神，组织全体干部职工观看十八届三中全会相关新闻报道和李克强总理的经济公开课等内容，深入学习、讨论三中全会精神。二是从历年结存的党费中挤出一定经费购买新党章10700本，《十八大报告辅导读本》700余本，发放到市直各党组织，方便及时学习。三是组织学习十八大报告和党章知识网络答题知识竞赛。组织市直各级党组织9860名党员进行学习十八大报告和党章知识网络答题知识竞赛，取得较好的成绩。

【机关党建理论研究】 一是由市直机关工委承担的贵州省机关党建研究会年度重点课题《毕节试验区发展型党组织建设规律探析》，获2013年度机关党建优秀理论研究成果奖。二是国家机关工委、组织河南省直工委、内蒙古自治区直机关工委到毕节市开展“四型”党组织建设的学习交流，对市直机关近年来开展机关发展型党组织建设进行理论研讨，丰富市机关发展型党组织建设的理论创新、实践创新和制度创新的成果。还与到毕节市学习交流的水利部党校县处级干部研讨班学员、黔南州直工委的同仁开展机关党的建设理论研讨和学习交流，提升市机关党建工作的影响力。三是对“毕节市机关党建网”进行升级，建立毕节市机关党建交流QQ群，完善机关党的建设宣传教育、理论研究、交流学习的内容，丰富机关党建工作的内涵。

【机关文化建设】 一是完成协办毕节市第一届体育运动会的各项工作。组织市直机关代表团参加毕节市第一届体育运动会，做好各项协调服务工作，从市直部门抽调102名运动员参加篮球、足球、羽毛球、田径、乒乓球、摔跤、跆拳道等13个大项的比赛，取得金牌22枚，银牌18枚，铜牌16枚。获得组委会颁发的优秀组织奖和体育道德风尚奖。二是创新开展各类学习竞赛活动，提高机关党员素质。组织以“学习试验区规划 谱写毕节新华章”为主题的《深入推进毕节试验区改革发展规划》知识竞赛，组织市直机关38支代表队报名参加比赛，6支代表队进入决赛。组队参加全市知识竞赛，获得全市二等奖。三是培育先进典型，营造浓厚氛围。坚持务实有序、庄重严肃、简朴祥和的原则，开展好建党92周年系列纪念活动。在市直机关开展组织推荐和评选表彰新一轮“五好”先进基层党组织、优秀共产党员和优秀党务工作者活动。经过层层推荐、选拔、公示，对在市直各条战线涌现的62个“五好”基层党组织、77名优秀共产党员、51名优秀党务工作者进行评选表彰。在市直机关营造学先进、赶先进、做先进的良好氛围。

【贯彻落实党建工作责任制】 一是加强体制机制建设，提高机关党建的科学化水平。代市委起草《中共毕节市委关于加强和改进新形势下机关党的建设的意见》。二是落实抓党建工作责任制，落实机关党委书记党建工作“直接责任人”的责任。在设立机关党委的24个市直部门开展机关党委书记抓党建工作责任制述职评议，明确述职工作要向市直机关工委述职和向所在部门党员大会述职，由党员大会参会人员对履行党建工作责任制进行评议，促进机关党委书记改进作风、恪尽职守、敬业履职。加强机关党建工作目标管理，采取年终考评与动态跟踪督查相结合的办法，完成对市直部门机关党的建设年度目标考评工作。三是严把党员入口关，规范发展党员及党员管理工作。按照新一届中央政治局提出的“控制总量、优化结构、提高质量、发挥作用”的总要求，针对有的党组织对发展党员把关不严，发展党员质量不高，党员队伍结构不尽合理，少数党员理想信念动摇，宗旨意识淡薄，组织纪律不强，甚至思想蜕变，腐化堕落以及未按照有关规定足额上缴党费等问题，在要求各党组织对2009年以来的发展党员工作开展自查的基础上，市直机关工委由两名班子成员带队，对43个有发展党员审批权限的部门机关党委和事业（企业）党委开展调研检查。对发现的问题进行纠正，完善发展党员及党员管理的体制机制。是年，发展党员320名，接转党组织关系1390名，新建、撤销和换届改选党组织68个。四是以基层党组织书记为重点，夯实机关党建工作基础。抓好机关基层党组织书记这一“龙头”，加强机关党务干部队伍建设，建设一支“政治上坚定，理论上扎实，纪律上严明，业务上精通”的机关党员干部队伍。批准设立机关党委4个，配备专职副书记5名，专职支部书记7名，组织换届直属党组织7个，新建党组织6个。

【党风廉政建设】　一是推进廉政风险防控工作，推动机关党风廉政建设一级抓一级、层层抓落实。组织编写《廉政风险防控手册》，与责任科室负责人签订《党风廉政建设责任书》，对容易滋生腐败的关键环节明确监管责任。加强对机关党员干部的教育、管理和监督，筑牢广大党员干部反腐倡廉的思想防线。二是以贯彻落实中央八项规定和省委、市委十项规定精神为切入点，围绕“四风”方面存在的问题，特别是市直机关“慵懒散慢浮贪”和“门难进、脸难看、事难办”等群众反映强烈的突出问题，开展自查自纠，增强市直机关广大党员干部的宗旨意识、大局意识、服务意识，改进机关作风，带动社会风气整体好转。三是加大对违纪案件查处力度。按照《中国共产党党员处分条例》规定，对市直部门严重违纪的2名党员进行党纪处分，对1名党员干部给予开除党籍处分，对1名党员干部给予党内严重警告处分，发挥查办违纪案件的惩戒和教育作用。

【作风建设】　一是执行中央“八项规定”、省委和市委的“十项规定”。市直机关把思想和行动统一到中央、省委和市委的精神上来，按照规定转学风、正文风、改会风，在贯彻落实中央、省委和市委的规定上，坚决一抓到底，抓出成效，做到不打折扣，不走形式，不搞变通，把中央“八项规定”和省委、市委的规定及实施细则落到实处，为基层作出榜样，树立样板。二是开展同步小康驻村和美丽乡村建设驻村工作。市直机关工委深入联系点宣传十八大精神和省委、市委重要文件精神，结合驻村工作任务，落实农村环境综合整治院坝和连户路硬化工作。开展“讲访帮促”活动，推动十八大精神进企业、进农村、进机关、进校园、进社区。由市直机关工委3名班子成员分别负责所联系同步小康驻村工作、美丽乡村建设驻村工作和生态文明家园建设联系点，确保完成各项驻村工作。协调市慈善总会对同步小康驻村联系点大方县星宿乡峻岭村小学留守儿童和贫困学生资助2万元；协调市教育局落实同步小康驻村联系点大方县星宿乡峻岭村小学食堂修缮资金10万元；帮助解决星宿乡抗旱资金救灾资金5000元，用于管道、水泵等。三是做好开展党的群众路线教育实践活动的各项准备工作。市直机关各级党组织及广大党员把群众“满意不满意、高兴不高兴、答应不答应”作为机关工作的出发点和落脚点，在“十破十立”上解放思想，强化宗旨意识、公仆理念和公务员职业精神，通过报刊、网络等形式，加大群众路线教育实践活动的宣传，为教育实践活动的开展营造良好氛围，做好开展党的群众路线教育的各项准备工作。印发《开展党的群众路线教育实践活动应知应会知识摘编》，要求市直各党组织组织人员进行学习。制订《市直机关工委开展“四风”问题先查先改工作方案》，征求市直部门、市直党组织、各县区（直）机关工（党）委及服务对象征求意见，发放《关于反对“四风”加强作风建设征求意见》150份，收回93份，对征求到的意见建议进行梳理，明确责任人和责任领导，进行先期整改。

【群团建设】　一是加强机关工会、共青团和妇女组织建设，发挥机关工青妇组织在服务中心和促进精神文明建设中的作用。二是组织市直机关25名青年职工参加毕节城区青年职工趣味运动会和联谊活动。三是指导和联系市安监局、飞雄机场、织金洞管理区、市计生委等单位新建和改选团组织。四是配合团市委做好《“大西南矿业杯”2013年毕节市“美丽毕节·活力青春”青少年文化艺术节》的组织协调工作；3月配合团市委举办团干部业务培训班；配合团市委举办《2013年“青春引擎”非公企业团干部示范培训班》。

（供稿　市直机关工委办公室）

政策研究

【概述】 2013年，市委政研室在政策争取、工作指导、调查研究、改革试验试点、理论研究、重大课题安排、经验总结等方面开展工作，在全市同步小康创建、改革试验等专项工作上迈出新步伐，实现解放思想有新的进步，建言献策有新的水平，推动工作有新的局面。

【重大文稿起草】 完成市级层面重大文稿的起草、修改、把关工作。组织撰写全面建成小康社会、建成富裕和谐美丽新毕节、深化毕节试验区改革试验等文件，参与撰写市委一届四次全会、一届五次全会、全市经济工作会议等讲话和意见100余个。参与推进“国办函〔2013〕35号”的贯彻落实。对有关部门起草的政策性文件进行研究和审改。

【重大政策研究】 适时研究市内、外政策动向，研究推动全市经济社会又好又快发展的相关政策措施，争取在国家、省级层面得到支持和帮助。组织市直有关部门研究《2013年统一战线参与毕节试验区建设工作要点的意见》中涉及的政策措施，并参与协调争取支持。

【重大课题调研】 组织开展系列调查研究。开展重大课题研究，组织力量完成《毕节试验区“生态文明先行区”建设研究》，与毕节学院签署合作协议开展毕节试验区理论研究，与市发改委合作开展试验区发展战略研究。为市县领导调研活动搞好服务，抓好市县区领导干部调研课题工作，是年收到领导课题成果80多个，在《毕节日报》上开辟《大兴调研之风，促进科学发展》专栏，推荐50余篇市县区领导干部调研报告在《毕节日报》刊登，用以指导实践、推动工作。配合中央统战部、省委政研室赴毕节调研组到各县区开展系列调研。组织对毕节发热电厂供热、双山新区开发建设、珠昌镇社会管理创新、毕节市敬老院管理、“美丽乡村”和小康创建等开展专题调研。联合县区政研室和有关部门开展18个专题调研。

【决策服务】 为市委市政府提供决策服务，《关于利用毕节热电厂余热向城区供热的建议》得到市委、政府领导的批示和有关企业的采纳，《关于赋予双山新区特殊政策的建议》得到市委主要领导的批示，市政府专门对双山新区工作中存在的问题进行深入研究，采取有力措施帮助解决存在的困难和问题。推广调研典型经验，《毕节敬老院管理经验》得到省的肯定，要求推广到各地参考学习。加强调研指导，组织完成《美丽乡村、美美与共——毕节市美丽乡村建设调查报告》，市农村环境综合整治领导小组办公室转发，《贵州调研》予以刊发。提高信息服务质量。编撰《毕节试验区新一轮改革发展动态》13期，涉及信息文稿130余篇、80余万字。抓好同步小康信息和建设经济强县信息报送，省小康办采用信息10余条，省建强办表彰市州级信息报送工作先进单位，毕节市获“二等奖”。

【同步小康创建】 市全面小康建设领导小组办公室下设在市委政研室以来，组织协调推动全面小康创建的综合协调、数据监测、考核督查、宣传发动工作，彰显试验区做示范、探路子的特色特点。一是安排部署：横到边、纵到底。坚持市级统筹、县为主体、部门协同，对11个县区、253个乡镇办事处、3709个村居统一部署，统筹推进，统一考评，不留空白、不留死角，做到纵到底。对涉及全面小康监测指标的35个市直责任部门明确目标、明确职责、明确时限，对未承担监测指标任务的部门强化过程参与及考核，做到横到边。二是政策措施：全方位、全过程。在宏观措施上，提出毕节市同步全面小康“十大”推进措施（总体推进、梯度推进、年度推进、单项推进、监测触动、考核驱动、宣传发动、示范带动、帮扶促动、上下联动），在微观工作层面，制订推进方案、考评方案、统计监测实施办法等相关配套措施和小康乡镇、小康村居、小康之家创建等10余个统筹性、针对性、指导性较强的政策文件，推动全市创建工作规范、有序、高效和持续开展。三是工作方法：抓两头、带中间。一抓示范带动。选择金沙县作为省级小康示范县全力培育和打造，将金沙、黔西、百管委、毕节经济开发区列为第一梯队在2016年率先建成全面小康；将七星关、大方、织金、威宁、双山新区作为第二梯队在2018年如期建成全面小康；将纳雍、赫章两县作为第三梯队在2020年按期建成全面小康。市级选择33个条件较好的乡镇作为示范点培育和打造，县、乡两级也选择相应的乡镇、村居作为示范试点集中力量培育、打造。二抓帮扶促动。配合省抓好威宁、赫章两个发展困难县的帮促工作，在全市选择22个发展困难乡镇作为重点帮扶对象，在领导牵头、部门负责、集团帮扶上创新帮扶工作机制，使帮促工作对发展困难乡镇在设施完善、产业发展和民生改善上发挥作用。四是核心指标：转方式、提速度。对人均GDP、城乡居民收入和资源环境三项核心指标，坚持夯实基础和产业引领并重，政府主推和市场主导并举，政策创新和项目支撑并力。在转方式上发挥一个主体（企业、群众主体）作用，做到两手（政府调控和市场调节）都硬，切实三向（向上争取支持、向外开展合作、向内激发活力）发力，通过确立目标、分解责任、完善措施确保各项核心指标和所有监测指标的年度目标任务顺利完成。在提速度上，抢抓国发2号文件、国办函35号文件政策机遇，将政策优势、资源优势转变为资本优势、经济优势。五是创建过程：建机制、抓统筹。强化领导统筹机制，明确主管领导、主抓领导和专职业务工作人员，制订小康办工作规则，组建专项工作组，推进创建工作。建立部门协同机制，市县区均以小康办为总牵头、总协调和总统筹单位，各项指标责任部门为协同单位，确立统分结合的工作责任机制，确保问题得以及早发现、及时解决。建立上下联动机制，组织召开业务培训会、工作调度会和经验交流会，推广创建中的好典型、好做法。建立考核奖惩机制，将同步小康工作纳入市对各县区、市直有关部门的年度工作目标考核，确保县区年度指标、部门单项指标如期完成。完善同步小康驻村工作机制和资金整合机制，改善广大老百姓生产生活条件，使同步小康创建惠及群众。

【试验区新一轮改革试验】 制订《深化毕节试验区改革试验总体方案》，撰写《关于毕节试验区建成以来的改革发展情况》，收集整理毕节试验区25年来改革试验典型材料。以县区为单位，严格按照责任单位不变、时间任务不变，推进试点乡镇的改革试验试点，抓好各条新路子改革试验试点单位工作的指导、总结、宣传和推广。抓好农村改革试点，指导县区农村产权制度改革试验，探索农村土地流转新机制等。深化土地制度改革试验，探索农村集体土地进入城市建设用地办法，研究制订农村集体建设用地、农村闲置土地、闲置宅基地和撂荒地整合利用政策措施。指导创新农村金融改革试验，探索现代农村金融服务体系。

【国家专项改革试点】 向农业部争取支持，把创新支农资金管理体制机制改革试点范围扩大，在试验工作经费上给予倾斜，允许毕节试验区在更深层次上推进改革试验，把支农资金进行捆绑、滚动使用，集中力量办大事，重点支持农业大型基地建设、龙头企业、农村合作经济组织建设和发展。建立支农项目储备库，全市储备支农项目250个，预计总投资424.36亿元，涉及水利、生态保护建设、石漠化治理、环境保护、农口产业、扶贫开发等项目。是年，全市累计整合支农项目近80个，整合支农资金9.39亿元。做好中期评估，与黔西县、七星关区对创新支农资金管理体制机制进行完善，作好评估资料和汇报准备。加强宣传引导，《人民日报（内参）》2013年2月4日（第162期）刊发《黔西县创新支农资金管理体制》的文章，张吉勇书记在“内参”上作重要批示，《毕节日报》原文转载。向农业部争取2014年试验农村改革课题。

【试验区成立25周年宣传活动】 举办毕节试验区发展论坛。制订《毕节试验区成立25周年系列活动方案》，按照通过举办一个论坛，推动试验区宣传总结活动，推动办好第十五届中国科协年会，推动中央办公厅调研课题等三个方面的工作思路举办“建设生态文明先行区”发展论坛。收集参会文章60余篇。通过举办论坛，为毕节试验区打造生态文明先行区提供理论依据，论坛活动取得成功。

【试验区专家顾问组智力支持】 制订《毕节市充分发挥试验区专家顾问组智力支持作用工作落实方案》，加强与新一届毕节试验区专家顾问组的联系，请专家顾问组帮助协调国家有关部委加大支持试验区改革发展工作力度。通过努力，国家有关部委对毕节的许多支持已经落实到位，国土部、卫生部等出台支持毕节的具体政策，加大帮扶力度。专家顾问组总顾问常近时一行赴毕节各县区开展调研、考察项目、进行智力支持、开展合作等相关工作。

【"同心"展览】 做好"同心"展览布展大纲的编写，领会展览主题主线，学习把握现代展陈理念、技术、材料、手法，编制《毕节试验区"同心"展览布展大纲》和《毕节试验区"同心"展览大纲（提纲）》。谋划"同心"展览布展设计方案。完成"同心"展览布展设计方案视频方案。

（撰稿　郭佳伦）

讲师团工作

【概述】 2013年，在市委、政府的领导下，围绕中央、省委、市委相关精神，发挥讲师团理论学习、理论研究、理论宣传的工作优势，加强理论武装，拓展干部理论教育培训的覆盖面，增强理论学习和理论研究的针对性，创新理论宣传宣讲方式，为推动试验区深化改革、科学发展、奋力赶超积极努力。

【理论服务工作】 一是做好中心组学习资料服务。按要求列席市委中心组学习，为市委中心组成员订阅"理论与当代"学习参考资料，做好学习资料服务工作。编印《理论与实践》内刊6期，为各级党委（党组）中心组成员提供有价值、多视角的学习参考资料。二是开展好2013年干部理论学习考试服务工作。围绕党和国家重大方针政策和中央、省、市重要会议精神、重大决策部署，结合试验区改革发展实际，收集资料，分析研究，编写《2013年在职干部理论学习考试学习资料》。安排部署开展2013年度在职干部理论学习考试和评阅卷工作，确保在职干部理论学习考试工作有序开展。三是开展"农民讲师"骨干培训，提升"农民讲师"宣讲和服务水平。3月初着手"农民讲师"骨干培训筹备工作，就培训班讲座内容的实效性、针对性等问题深入县区、乡镇、社区开展调研工作，与省、市有关部门的领导、专家进行讨论研究，使培训内容更加符合农民讲师骨干这个学员群体的特点和要求。5月下旬，市委组织部、市委讲师团在市委党校联合举办2013年毕节市第一期"农民讲师"骨干培训班，全市各县区120名"农民讲师"骨干参加培训。通过省、市有关领导、专家开展集中授课（讲座），参加培训的"农民讲师"宣讲技能和服务能力得到提升，能更好地实现"农民讲师团"党的方针政策的"扬声器"、农民实用技术的"直通车"、农村和谐稳定的"连心桥"、党员创业致富的"助推器"和决战贫困的"加速器"的作用。在中宣部召开的表彰会上，"农民讲师团"获全国"理论宣讲先进集体"荣誉称号，成为全国12个"理论宣讲先进集体"之一。

【宣传宣讲】 一是学习宣讲党的十八大精神、省第十一次党代会、十一届二次全会精神和市委一届二次、三次全会精神和党的十八届三中全会精神、省委十一届四次全会精神。按照省委、市委的安排部署，组织宣讲团到各县区、部分乡镇开展宣传宣讲工作，为全市经济社会跨越、同步小康建立思想理论基础。二是强化"农民讲师团"的宣讲作用。根据市委精神，配合市委组织部在原有基础上对"农民讲师团"进行规范整合，对市、县、乡"三级农民讲师"进行评选，强化对"农民讲师团"的管理。截至10月，全市评选市、县、乡三级"农民讲师"1850余人次，组织开展"农民讲师"培训223次，培训市、县、乡三级"农民讲师"1568人次，整合组建市、县、乡"农民讲师团"209个，成立市、县、乡"农民讲师"协会68个，选派市、县、乡级"农民讲师"导师731人，建立市、县、乡三级"农民讲师"领办基地487个。组织"农民讲师"开展巡讲活动1600余场次，培训农民160807人次。

【课题研究工作】 一是做好省委讲师团《文化与旅游创新发展战略研究》课题的研究。根据省委讲师团课题研究计划，结合单位实际组建调研工作小组，组织课题调研人员实地调研，了解全市文化与旅游融合发展状态和趋势，对掌握的资料、情况和形成的研究材料进行分析研究，形成课题研究成果，课题报告报省委讲师团。二是组织开展《毕节市同步小康问题研究》课题的初步调研，形成的《毕节市同步小康问题研究》《毕节市赫章县同步小康问题研究》在全省理论研讨会铜仁年会上分别获得三等奖、二等奖。组织6篇理论文章参加省委讲师团组织的“科学发展观”征文活动。三是协助相关部门开展调研。分别协助省委讲师团、省社科联做好“大宣传格局”等课题的调研工作，与黔东南州委讲师团就新时期宣传宣讲工作及“农民讲师团”相关工作进行互动式调研。

【发展型党组织建设】 一是强化理论学习，提升机关形象。组织学习党的十八大精神、国办函35号文件精神、全国两会精神、省第十一次党代会、十一届二次全会精神和市委一届二次、三次全会精神和党的十八届三中全会精神、省委十一届四次全会精神及党的重大方针政策理论，提升全团干部职工政策理论素质和实际能力。二是加强机关建设、干部队伍建设、机关作风建设等，建设学习型党组织、发展型党组织，扎实塑造“六型机关”，树立良好形象。加强党风廉政建设，提高领导干部和党员的思想政治素质。发挥党员的战斗堡垒作用、先锋模范作用，带领全团干部职工，完成各项目标任务，推进发展型党组织建设工作有序开展。

【贯彻群众路线，抓好驻村帮扶工作】 春节慰问中为纳雍县羊场乡新丰村35户贫困群众送去慰问金7500元；出资5000元帮助帮建村扶持微型企业兴隆面条加工厂发展生产；协调资金16万元帮助纳雍县羊场乡新丰村学校、卫生室完善基础设施，帮助纳雍县居仁街道办事处坝子上村实施文化广场建设。

（撰稿　李勇进）

对台工作

【概述】 2013年，毕节市对台工作围绕市委市政府的中心工作、2013年对台工作要点和与市委市政府签订的《毕节市党群政务部门2013年度工作目标管理责任书》，贯彻“和平统一、一国两制”方针和胡锦涛“12·31”重要讲话精神及全国、全省对台工作会议精神，严格管理教育对台干部队伍；加强工作指导明确目标任务；拓展宣传渠道，强化宣传教育；促进经济合作，强化对台交流；邀请台商到毕交流考察、交流合作；做好台胞台属接待走访，为他们办实事解难事；组织力量调研，深入基层一线，抓好联乡驻村，推进对台各项工作开展。

【队伍建设】 一是加强思想教育。结合党的群众路线教育实践活动先查先改和“四风”整顿活动开展，组织干部职工学习十八大报告和党章、学习十八届三中全会精神，在思想上政治上行动上同党中央保持一致，贯彻执行党的路线和方针政策。二是加强廉政教育。层层签订党风廉政建设责任书，组织干部职工学习党的十八大报告有关反腐倡廉的论述，中央、省委、市委关于改进工作作风、密切联系群众的规定，习近平、王岐山在十八届中纪委二次全会上的讲话等。提高对反腐倡廉的认识，执行中央八项规定和省委、市委的十项规定，在涉台接待活动中廉洁自律。三是开展廉政风险防控工作。查找廉政风险点，合理划分风险等级，制订可行的防控措施，签订岗位风险防控承诺书9份，新建或修订《主任办公会议议事规则》等18项机关工作制度，建立廉政风险预警，提升廉政风险防控工作的规范化、制度化、科学化水平。四是加强保密教育。针对对台工作政治性、政策性和敏感性强的特点，要求对台干部认识到对台工作的特殊性，增强保密观念，保持高度警惕，执行保密制度，保守国家秘密，维护国家安全。五是选派干部外出学习培训。选派干部10人参加全国对台经济工作培训班，全省对台干部培训班，全国涉台宣传工作培训班，地方对台干部培训等，参训干部的对台经济、对台宣传、对台综合理论水平得到提升。

【加强工作指导，明确目标任务】 一是明确工作要点。拟订《中共毕节市委台湾工作办公室2013年工作要点》，与市委、市政府签订《毕节市党群政务部门2013年度工作目标责任书》，层层分解责任，抓好落实。二是贯彻全省对台工作会议精神。6月5日在七星关区召开全市对台工作会议，传达全省对台工作会议精神，安排部署2013年对台工作。

【拓展宣传渠道，强化宣传教育】 一是发展对台信息通讯员。在台办及宣传部等部门发展市县区级对台信息通讯员70余人，建立对台宣传项目库，入库宣传项目1个。组稿网传涉台网络媒体、平面媒体和向《毕节日报》投稿，其中《台湾工作通讯》采用信息1条，《中国台湾网》采用信息8条，《华夏经纬》采用信息1条；投稿《贵州与台湾》网页信息33篇、图片70余幅，采用信息20篇、图片59幅；《毕节日报》采用信息3篇、图片1张；编发《毕节对台工作简报》12期。二是开展涉台教育。邀请省台办有关领导到毕节作台海形势报告，70余名干部接受涉台教育。协助省台办做好4个因公赴台团组64人的行前教育。各县区采取召开会议、将涉台教育列入县区党校授课内容等形式对领导干部、基层干部、青少年开展党的对台方针政策和两岸关系形势的宣传教育，1500多人次接受教育。三是完成《毕节与台湾》网页资料的收集。内容涉及毕节经济社会发展情况、园区建设、招商项目、优惠政策、历史文化、民族风情、旅游观光、美食特产、台湾的基本情况等，于8月底报省台办宣传处审定送华夏经纬网制作网页。四是完成《新八千里路云和月》专题片的资料收集。报省台办宣传处审核，待其邀请九洲文化传播中心来毕拍摄。五是做好新闻、“两刊”报道。促成台湾中天电视公司新闻部大陆新闻中心前往金沙采访报道金沙县台金农业生物科技示范园等建设发展情况。织金县台办获评“2013年中央台办《台湾工作通讯》，《两岸关系》两刊的对台宣传工作先进单位”。

【促进经济合作，强化对台交流】 一是对台经济合作。康成投资（中国）有限公司6月下旬到七星关区、织金县、金沙县进行投资考察，“大润发”入驻七星关区的投资项目进入设计和谈判阶段。康成投资（中国）有限公司拟投资近1亿元人民币；台商陈文龙在金沙县龙坝乡投资3000万元人民币的种植加工乌龙茶项目，种植茶苗1000亩，台金农业生物科技示范园一期工程完成，二期工程目前正在实施中。二是向国台办申报“中国第一航空发动机制造厂去台人员二、三代赴毕节交流参访活动”交流项目。三是指导、协助跨省区组团、省直部门组团和市委统战部、市工商联、市农委、金沙县农牧局4个赴台交流团组办妥79人的赴台交流手续。

【交流合作】 11月11—15日，国台办经济局副巡视员叶向东应邀率中华海峡两岸新农村发展暨环保科技交流协会和台湾农业技术交流协会的台湾精致高效农业科技专家、农业界企业家18人，内地台商1人，内地农业界企业家4人，计24人赴毕节参加“黔台精致高效农业交流合作活动”交流考察。举办“毕台精致高效农业项目对接洽谈会暨签约仪式”。促成市人民政府与中华海峡两岸新农村发展暨环保科技交流协会签署《毕节—中华海峡两岸新农村发展暨环保科技交流协会农业交流合作框架协议》，与台湾农业技术交流协会签署《毕节—台湾农业技术交流协会农业交流合作框架协议》，市农委与海峡两岸农业标准化促进会签署《毕节—海峡两岸农业标准化促进会战略合作协议》3个交流合作协议。促成市农委聘请中华海峡两岸新农村发展暨环保科技交流协会会长古秀烽、台湾农业技术交流协会执行会长江文镇为毕节市农业经济顾问，并颁发聘书。通过交流考察，国台办经济局副巡视员叶向东建议邀请台湾农业专家对杜鹃花进行研发利用，建议邀请台湾农业专家在内地的台湾农业创业园、北京为毕节市培训蔬菜、菇类全产业链技术人才；内地农业界企业家杨嘉谷拟利用微生物技术改建织金洞厕所；内地农业界企业家林源拟利用毕节市自然环境条件好、空气清新无污染的优势条件，拟建环保无污染特色蔬菜种植基地，或由毕节建种植基地向其供应蔬菜；台商蔡肇训对织金县的竹荪种植加工项目非常感兴趣，为下一步推动毕台达成实质性的交流合作奠定良好基础。

【接待走访】 一是加强台胞台属接待走访。市、县区在台办接待台胞2074人次、台属211人次，走访慰问台胞台属186户。二是为台胞台属提供优质服务。市台办1月17日到毕节市医院看望探亲台胞李昨请，发给1000元慰问金。6月7日接待台属陈梅反映房屋拆迁货币化补偿遇阻上访件，转请七星关区台办协调处理。6月24日会同市人大领导、市信访局接待遵义籍台胞邓玉萍反映投资金沙县高坪乡兴隆村杉林煤矿股权款未兑现上访件。7月2日，协调市公安局出入境管理处为一台商办理台胞签证延期一年手续。12月3—5日，慰问威宁、赫章、纳雍困难台胞台属吕明怡等15户，发放慰问金7500元。七星关区参与办理涉台初信初访案件2件，办理案件2件；大方县接待台胞台属来访8次，帮助台胞郭平对接寻亲启示，协助台胞王理元落实祖坟迁移事宜；黔西县为台胞台属办实事5件；金沙县为台属调解民事纠纷2起，为2名来访台胞提供支持帮助；纳雍县接待来访台属5人次。在接访中，切实为台胞台属台商办实事、解难事，传递党和政府对他们的关心、支持，密切了联系，赢得赞誉。

【组织调研】 动员和组织台办系统干部参与省台办组织的对台调研工作，市、县区台办领导带头撰写调研报告，市台办因对台调研工作组织有力，获全省对台调研工作组织奖；市台办撰写的《关于做好毕节市对台招商引资工作的思考》获全省对台调研报告二等奖；市台办撰写的《加强民族团结文化　搭建民间交流平台》获全省对台调研报告三等奖；七星关区台办撰写的《毕节七星关区台商投资分析与对策》获全省对台调研报告优秀奖。市委统战部组织开展“纪念中共中央发布‘五一口号’65周年征文研讨活动”，市台办动员和组织干部职工撰写文章参评，获组织奖，台胞台属服务中心撰写的《坚定“同心”统战理念 奋力推进跨越发展——“五一口号”助力毕节试验区发展的实践与思考》获一等奖，《集思广益　汇聚梦想　推动社会发展进步强大正能量——纪念“五一口号”65周年征文》入选《纪念中共中央发布“五一口号”65周年征文集》；有5篇调研文章获省台办、市委组织部表彰奖励。

【联乡驻村】 根据市委、市政府要求，1月30日，到金沙县温泉村看望慰问10户贫困农户，送去慰问金5000元。选派一名科级干部深入“五园新村”帮扶点金沙县安底镇温泉村、“美丽乡村”建设帮扶点金沙县大田乡白坪村驻村开展帮扶工作，帮助温泉村完成连户路硬化2.61万余米、农户院坝硬化143户，帮助协调市交通局修建通村公路；会同市公共资源交易中心深入白坪村开展调研工作，帮助白坪村完成连户路硬化、农户院坝硬化、发展核桃产业和生态小广场建设任务。

【共性目标】 完成市委、市政府交办的其他工作任务，做好《毕节市党群政务部门2013年度工作目标管理责任书》共性目标各项工作，抓好保密、社会治安综合治理、信访维稳、安全生产、计生、退干、“多彩贵州文明行动”、普法等工作。全年，单位秩序良好，工作运转有序，无失泄密事故、安全事故、上访事件、违反计生政策等事件发生。

（供稿　市委台湾工作办公室）

离退休干部工作

【概述】 2013年，市委离退休干部工作局在市委、市政府的领导和省委老干部局的指导下，在各有关单位的支持和全市老干部工作系统的努力下，以科学发展观为统领，抓住落实老干部政治待遇、生活待遇这条主线，从政治上尊重老干部，思想上关心老干部，生活上照顾老干部，发挥老干部作用，加强自身建设，以求真务实的作风和与时俱进的精神，完成各项工作任务。

【落实离退休干部政治待遇】 一是坚持情况通报制度。市委离退休干部工作局采取定期或不定期的方式向老干部通报当前市委、市政府的中心工作和社会经济各项事业发展情况。组织经济形势通报会32次，参加通报会的老干部累计达2000多人次。二是走访慰问，解决实际困难。全市各级离退休干部工作局坚持“五必访”制度，根据离退休干部居住分散、高龄多病和行动不便等特点，将干部职工按片区划分走访组，对走访中发现的问题和困难，做好政策解释和思想疏导工作，及时与有关部门沟通协调，为老同志解难事、办实事。是年，走访老干部上万人次。元旦、春节期间，市县区委四大班子领导到老干部家中走访慰问，了解老干部的身体、生活状况，表达市委、市政府对老干部的关心和问候。三是组织老干部定期阅读文件。以老干部集中活动场所、老干部党支部为单位，组织老干部集中学习中央、省、市有关文件精神，学习重要会议精神等等，使老干部能了解到党的大政方针、政策。对于行动不便的老干部，把报纸、杂志送到老干部家中，使老干部在家中就能得到学习，与毕节试验区杂志社联系，成立《毕节试验区》杂志社老干部阅读之家，老干部凭老年证就可以到老干部阅读之家阅读各种报纸杂志，拓宽老干部的知识面，丰富他们的精神生活。按政策规定要求有关单位为离休干部订阅《晚晴》《老年报》《当代贵州》《乌蒙新报》以及健康知识方面的报刊。四是组织老干部参观工农业生产。5月9日，市委离退休干部工作局组织150名市直离退休干部分别到金沙经济开发区、毕节飞雄机场参观考察，开阔离退休人员的眼界，为他们参与谋划毕节各项社会事业发展提供新的思维模式。各县区相继组织老干部到县区内或县区外参观考察。五是加强离退休干部党支部建设。督促各离退休党支部配齐配强党支部班子成员，协调解决老干部党支部活动经费和活动场所，发挥离退休干部党支部作用，落实“三会一课”制度，定期组织离退休干部学习政治理论、过组织生活，离退休党支部活动正常开展。

【提升离退休干部生活待遇】 一是加大对有关部门落实离休干部“两费”督促力度。采取实地走访、电话抽查等方式，加大对各县区以及市直各相关单位离休干部“两费”落实情况督查力度，确保离休干部的离休费按时足额发放、医药费按规定据实报销，全市无拖欠离休干部“两费”的情况。向市委有关领导汇报，在市人社局和市财政局等有关部门的配合下，贯彻落实《关于提高我省建国初期参加革命工作脱产享受供给制待遇退休干部生活补贴标准的通知》和《关于我省建国初期参加革命工作部分退休干部生活、医疗补助有关问题的通知》文件精神，将符合条件的离退休人员每月增加的200元生活补助按月与工资一起上册发放到离退休人员手中，1000元医疗补助按年划入医保卡。各县区按要求，已完成该项工作。二是采取措施，将关心老同志身体健康落实到行动上。5月7～8日，市委离退休干部工作局组织市直离休干部及副厅级以上退休干部118人在市第一人民医院体检中心进行身体检查。各县区相继组织老干部进行体检；10月25日上午在市老干活动中心举办市直离退休干部健康知识讲座，邀请市人民医院医师为市直100多名离退休干部讲解秋季老年病预防和保健知识。部分县区举办健康知识讲座。三是看望异地安置老干部。是年，全市各级离退休干部工作局分赴江苏、河南、山东、广州等地看望异地安置的老干部，逢年过节还通过寄送慰问信和慰问金、打电话等形式，向异地安置的老干部转达各级党委政府的问候。四是特困老干部及老干部遗孀的帮扶工作。执行《毕节市直机关、市属事业单位离退休干部特殊困难帮扶资金管理办法》，全市各级离退休干部工作局也相继建立和完善对特困老干部及老干部遗孀的帮扶机制和措施。是年，全市帮助200多名特困老干部及老干部遗孀，帮扶资金达30多万元。针对市直老干部休养所老同志年高体弱，独自居住情况较多的实际，加强与市卫生学校校团委联系，组织卫校学生志愿者与市直老干部休养所离退休人员结对帮助，定期或不定期到干休所为住所老干部及遗孀开展测量血压、打扫卫生、心理疏导、宣传健康保健知识等服务。

【离退休干部精神文化生活】 加强对非经济强县老干部活动中心建设的督促和指导，协调当地党委、政府解决建设用地和设备配置等相关事项，根据省委老干局印发《关于开展示范性老干部活动中心创建活动实施办法(试行)》的通知要求，开展星级示范性老干部活动中心建设工作，七星关区老干部活动中心和黔西县老干部活动中心于11月下旬通过省委老干局检查验收。发挥老干部活动中心作用，引导老干部参加文体活动，采取集中活动与分散活动相结合，日常活动与定期比赛相结合，娱乐活动与竞技活动相结合的方式，定期或不定期地开展各种寓教于乐、有益老同志身心健康的文体活动，活动涉及球类、棋类、谜语类、游艺类等项目。是年，举办市直离退休干部元宵游园活动、象棋比赛、秋季门球友谊赛，分别主办和与有关部门联合举办市直离退休干部徒步健康行活动、毕节市老年人万人健步行活动、老年人健步走大联动活动等。

【发挥余热】 一是结合“同心共筑中国梦、同步小康夕阳红”主题活动，开展离退休干部建言献策活动。采取问卷收集方式，以“做毕节试验区人、为试验区添光彩——我为毕节试验区建设献一策”活动为主题，引导老同志发挥政治优势、经验优势、智慧优势，为毕节试验区的建设建言献策，市直100余名离退休老同志参加，征集意见建议50余条。二是组织“传递正能量·共话中国梦”老干部宣讲活动，开展“心向党、讲品德、见行动”“五心教育”和“祖国好、家乡美”等主题宣讲教育活动。是年，组织711个宣讲团，3275人到学校、社区、企业、乡村开展宣讲1097场次，受教育青少年达103万人次。三是组织开展“关爱下一代·夕阳别样红”老干部主题关爱活动，开展留守儿童“四在学校”调研工作，开展青少年法制宣传教育和帮教工作，规劝不良行为，帮教失足青少年。是年，组织开展爱心捐赠活动202场次，捐赠价值300.8万元教学设施和学习生活用品。组织法制宣传教育宣讲团544个，开展法制宣讲1014场次，受教育学生达51.35万人次，进监入所开展帮教活动33次，帮教失足服刑青年1462人。四是组织开展“实现贵州中国梦老专家在行动”活动。发挥各级关工委作用，深入基层调查研究，摸清农村经济发展中的难点问题，有针对性地组织离退休干部对青年农民开展技术咨询、农业技术培训。各级关工委直接组织或配合组织开展科技培训1078次，培训人数达6000多人次，为助推全市新农村建设培养大批懂技术、会经营的新型农民人才。

【部门自身建设】 以“十破十立”解放思想大讨论活动为契机，以转变作风，贯彻落实中央“八项规定”和省委、市委“十项规定”为切入点，以制度建设为抓手，加强离退休干部工作者思想作风建设。一是强化目标管理工作，细化目标责任制，层层分解，任务到人，使工作人员目标明确，任务具体，提高工作效率和服务水平，确保全年工作任务的完成。二是加强制度建设，结合实际修订和完善接待、车辆管理、工作例会等系列制度，印发给干部职工，让广大干部职工相互监督，共同遵守，使工作制度化、规范化。三是加强学习培训，通过举办业务知识培训班，每周五学习制度，采取集中学习和自学相结合的方式，加强对干部职工的政治理论、政策法规和业务知识的学习培训，每周五的集中学习，做到学前有计划、有要求，学后有思考，有效果。选派干部职工参加上级业务部门或有关部门组织的各类培训，是年，选派参加培训的人数达115人次。四是组织开展“学习贯彻十八大、提升服务展风采”演讲比赛，来自各县区的19名参赛选手参加比赛，由胜出的一、二名选手代表毕节市参加省委老干局组织的“学习贯彻十八大、提升服务展风采”演讲比赛。五是加强信息调研工作和宣传工作。加强与毕节试验区杂志社、毕节电视台等新闻媒体的沟通协作，以之为平台宣传老干部工作，凡遇重大活动和重要事项，试验区杂志社、毕节电视台等新闻媒体都派记者出席做好新闻宣传报道；编发简报30期；针对新形势下老干部工作存在的新问题，加强与卫生局、民政局、文体广电局、团市委等部门的沟通和协作，开展调研，形成《关于进一步落实离退休干部工作措施的思考》的调研报告。六是开展干部驻村工作和“五园新村”建设联系点工作，选派有工作热情，具有一定工作能力的年轻干部到驻村工作联系点开展帮扶工作，局领导听取驻村工作开展情况汇报，到驻村帮扶点和“五园新村”联系点进行调研，通过调研有针对性地帮助协调落实10万元资金用于解决千溪乡沙垮村移民搬迁工程基础设施建设资金缺口问题，从局机关工作经费中拿出5000元用于修复沙垮村在“5·28”特大暴雨中被冲毁的排洪沟；协调市区两级扶贫办匹配40只羊的50%资金，计2.2万元帮助鸭池镇核桃村残疾退伍军人张定江发展养殖业；春节期间走访看望沙垮村15户贫困老党员、贫困户，为每户送去慰问金200元并协调市民政局给每户解决棉衣棉被各一套，为44名留守儿童带去价值4000余元的过冬棉衣。

（撰稿　兰　兰）

中国共产党毕节市纪律检查委员会
毕节市监察局

【概述】 2013年，毕节市各级纪检监察机关贯彻党的十八大、十八届中央纪委二次全会和十一届省纪委二次全会精神，履行《党章》和《行政监察法》赋予的职责，紧扣“四个围绕”，突出“三转”要求，推进纪检监察各项工作在继承中发展、在巩固中深化、在创新中提高，取得显著成效。

【严明纪律】 严明党的纪律特别是党的政治纪律，查处违反政治纪律和组织人事纪律的案件6件6人。制订《毕节市重大决策部署贯彻执行情况监督检查实施办法》，加强对中央、省和市有关节能减排、环境保护等重大决策部署，以及国发2号、国办函〔2013〕35号文件精神贯彻落实情况的监督检查，涉及节能减排项目46个1.139亿元、铁路建设资金4.17亿元，挽回铁路建设专项资金损失644万元。调查处理生产安全事故20起，给予党政纪处分10人。查处违反党风廉政建设责任制案件152件，给予党政纪处分和组织处理216人。对1700名拟提拔、拟评先选优和因公出国（境）领导干部进行廉洁自律审查，收缴2007年40名违规出境干部已报销出境费用11.616万元。4200余党员干部向纪检监察机关报告个人有关事项。全市77145名党员干部作出“零持有”会员卡报告。

【查办案件】 坚持有案必查、有腐必惩，坚持“老虎”“苍蝇”一起打。受理群众信访举报1903件，办理1865件，办理率为98.00%。立案759件，结案738件，给予党政纪处分818人。县处级10人，乡科级130人，司法机关处理126人，涉案金额2亿余元，挽回经济损失1007.21万元。制订《毕节市行政纪律处分批准权限暂行办法》《毕节市纪委监察局案件备案暂行办法》等制度办法，完善医疗急救、消防安全、心理分析、陪护管理、后勤保障等应急预案。严格“六关”管理（办案思想关、制度程序关、监督管理关、政策策略关、安全责任关、办案队伍关），坚持“六个紧盯”（紧盯安全预案、紧盯交接时间、紧盯询问环节、紧盯谈护关系、紧盯领导责任、紧盯办案程序），实施“两规”措施12人，累计看护200余天，无一起安全事故，实现“零违纪、零伤亡”的“双零目标”。

【行政审批】 深化行政审批制度改革，将市级审批事项减少到159项，率先在全省将县区行政审批和服务事项统一为294项，改变县区过去事项设置不统一的问题。制订《毕节市损害发展环境行为问责办法（试行）》，办结效能投诉110件，给予政纪处分和问责处理15人，警示或诫勉谈话59人，为企业挽回经济损失185万元。建立公共资源交易联席会议制度和《毕节市公共资源交易活动监督办法》，修订《毕节市公共资源交易目录和限额标准》，完成交易项目827个，交易金额达84.05亿元，节约和增值资金7.02亿元。

【作风建设】 将作风建设纳入党风廉政建设“一票否决”范围，建立长效监督机制和台账管理体系。抽调2460人，开展明察暗访410余次，整改作风问题1300余个，警示或诫勉谈话800余人，给予党政纪处分68人，公开通报批评428人。纳雍县组建暗访组查处20名国家公职人员上班时间打麻将的做法得到省委常委、省纪委书记宋璇涛的批示肯定。深化“小金库”专项治理，清理国有资产出租房屋面积54810.51平方米，年出租收益达1537.17万元。

【监督检查】 建立民生项目资金监管联席会议制度和民生项目资金备案办法。备案涉农项目3160个、资金64.52亿元，公示涉农项目2170个、资金43.96亿元。开展监督检查44756人次，查处涉农案件238件，给予党政纪处分238人，涉案金额达604.89万元，挽回经济损失162.69万元。督促规划、国土等部门清理2008年10月～2011年10月经省级以上人民政府批准的建设项目178个6076.8012公顷，清理出批而未征项目37.8939公顷，征而未供项目223.4124公顷，闲置13.9682公顷，已落实整改。

【政务建设】 全市受理行政审批服务事项214338件，当场办结135049件，办结率达63%。提前办结212216件，办结率达99.01%。开通21个部门网上预审事项65项，办理预审业务618件，受理“协同审批”事项1875件。

【“三访”工作】 落实领导坐班接访制度、初访接待责任制度等，制订《毕节市民生项目监督特派组信访举报工作办法》，健全信访服务体系。受理“三访”接访119件，办结96件，走访回访96件171人，群众满意率为98.96%。

【派出机构】 建立完善“三重一大”事项监督制度、“三公经费”网上公开制度、部门主要负责人约谈制度、委局机关业务室工作协同制度，优化巡视督查、跟踪督办、事项监督、作风暗访、案件查办等职能，促进派出机构高效运行、独立履职。开展专项督查2469次，列席单位“三重一大”事项会议2425次，指导查找廉政风险点11433个。受理信访举报848件，立案379件，给予党政纪处分140人，移送司法机关25人，涉案金额2228.7万元。

【宣传教育】 打造市、县区两级反腐倡廉理论教育、警示教育、法纪教育、革命传统教育、廉政示范教育“五大基地”，开展分层分岗教育700余次，教育党员干部6万余人次。打造廉政微博信息、重点岗位廉政教育、网络监督、媒体专栏、远程教育、廉政教育短信“六大平台”，在全省率先召开万人廉政预警视频大会，8个县区及全市教育系统召开预警视频大会9次，教育党员干部1.7万余人次。建立党风廉政建设和反腐败工作主题报道体系，采取邀请权威媒体采访、召开课题论证会、登载署名文章、开展个别访谈、刊发典型案例等方式，构建多层面、广视角的宣传教育格局。处置网络舆情 9 件，涉及 10 个单位，处理 13 人。

【队伍建设】 制订《县级纪检监察机关领导班子建设意见》《领导干部谈心谈话制度》，建立完善市县区纪委常委会议事规则，选优配强 10 个县区纪委监察局领导班子成员。配强全市专兼职纪检监察干部 1506 人，提拔干部 112 人，交流到外系统 96 人，投入经费 2000 余万元购置、配齐乡镇纪委办公办案装备设备。厘清职责、突出主业，全市清理议事协调机构 820 个，退出 491 个，保留 329 个。市级撤销党风室、纠风室、执法室、绩效室，组建党风政风监督室、执法和效能监督室、纪检监察三室和派出机构统一管理室。建立市委、市政府命名优秀纪检监察干部和优秀民生项目监督特派员长效机制，每年评选命名优秀纪检监察干部和民生项目监督特派员 30 ~ 50 名。创新机关党建模式，坚持班子成员联系县区工作和目标任务督导制，开展“帮、联、驻”工作，提升纪检监察干部队伍的执行力、战斗力和担当力。

【乡镇纪检】 针对乡镇纪检职能受限的“短板”问题，坚持“编制不减、职数不丢”原则，通过以民生项目监督为载体，整合纪检监察系统资源，在全市范围内以乡镇、街道为单元设立 256 个民生项目监督特派组，赋予“四项职权”和“十项职责”，实现乡镇、街道纪检组织管理体制从双重管理向垂直管理为主转变、工作重点从常规领域向民生领域为主转变、监督方式从内部监督向外部监督为主转变，监督权威和成效凸显。开展重点抽查 5817 人次，交叉巡查 4462 人次，督促乡镇党委政府整改问题 6028 个。查处民生领域违纪违法案件 316 件，实施问责 234 人，给予党政纪处分 206 人，涉案金额达 2800 余万元。该做法得到中央政治局常委、中央纪委书记王岐山，中央书记处书记、中央纪委副书记赵洪祝，省委书记赵克志、省长陈敏尔、省纪委书记宋璇涛等的批示肯定，新华社、《人民日报》《中国纪检监察报》《中国监察》《贵州日报》、贵州电视台、新华网、人民网等媒体进行宣传报道。

【述廉述德述责】 制订《毕节市县区党政主要负责人向市纪委全委会述廉述德述责暂行办法》《毕节市党政领导干部廉政谈话暂行办法》《毕节市党风廉政建设“一票否决”暂行办法》，筑牢权力运行制度笼子。4 名县区党委（党工委）书记（县长）向市纪委全委会述廉述德述责，6 个县区 34 名乡科级党政主要负责人向县区纪委全委会述廉述德述责。21 名县区、市直单位党政主要负责人接受市委领导的廉政约谈，部分市直单位因作风问题突出受到党风廉政建设“一票否决”。

【非公纪检】 按照“党员发展到哪里，党的监督就跟到哪里；党组织建在哪里，纪检组织就延伸到哪里”的要求，在黔西黔中驾校、七星关区燃气公司等 22 家规模以上非公企业党组织开展纪检组织建设试点工作。试点机构健全、制度完善，工作有序推进。

（供稿　毕节市纪委监察局）

毕节市人大常委会

【概述】 2013 年，毕节市人大常委会以邓小平理论、“三个代表”重要思想、科学发展观为指导，贯彻落实党的十八大和胡锦涛主席视察毕节重要讲话精神，按照省委十一届二次全会和市委一届三次全体（扩大）会议部署，坚持党的领导、人民当家作主和依法治国的有机统一，履行人大工作职责，为推进毕节与全国同步建成全面小康社会作出新的更大贡献。

【服务后发赶超，推进同步小康】 坚持发展为要，围绕科学发展主题、加快转变经济发展方式主线，把推进科学发展、后发赶超贯穿于依法监督、决定重大事项、人事任免等履行职权的全过程。在水利基础设施、重大项目、煤炭生产、生态建设、城镇化、科技创新等方面选题，开展监督工作，促进经济发展。加强和改进监督工作，推行对政府有关部门的工作评议，加大人大决议和审议意见的交办和跟踪督办力度，提高监督的质量和效果。坚持党管干部和人大依法任命干部的原则，根据需要依法依规进行人事任免。围绕经济社会发展需要，科学、民主决定重大事项，为与全国、全省同步建成全面小康创造条件。

【维护群众利益，提高保障水平】 坚持民生为本，围绕“学有所教、劳有所得、病有所医、老有所养、住有所居”的要求，在公共财政、民生保障、食品安全、物价调控、学前教育、农村危房改造等民生实事方面重点选择监督议题开展监督，保障各项惠民政策落到实处，提高人民群众的幸福指数。加强和改进人大信访工作，认真接待群众来信来访，畅通人大联系人民群众的渠道，依法维护人民群众的合法权益。

【加强法律监督，推进依法治市】 加强法律监督工作，促进严格执法、公正司法，维护宪法法律的权威和公平正义，推进依法治市进程。听取“两院”专项工作报告，对《中华人民共和国动物防疫法》等法律实施情况开展执法检查。协助和参与省人大的立法工作，指导威宁彝族回族苗族自治县人大做好有关条例的制定及修改工作。加强规范性文件的备案审查。改进和完善对“一府两院”部门负责人的任前考法制度，推进法治宣传教育，提高干部运用法治思维和法治方式深化改革、推动发展、化解矛盾、维护稳定的能力。

【做好代表工作，发挥代表作用】 围绕代表作用的发挥，加强和改进代表工作。加强对代表的培训，召开代表履职工作座谈会，交流代表工作经验和代表履职经验，举办法制讲座，提高代表履职能力。提高代表闭会期间的活动实效，规范代表小组活动，组织代表开展集中视察、进行专题调研。邀请代表列席市人大常委会会议，建立代表联系群众制度，强化代表联系原选举单位和选民工作。保障代表活动经费，为代表订阅和赠阅人大刊物，提供时政资料，确保代表知情权和知政权。加强和改进代表建议、批评和意见的办理工作，增强办理实效。加强人大代表风采宣传报道工作，开展走访人大代表活动，解决代表遇到的实际困难，调动代表履职的积极性和主动性。

【加强自身建设，提升履职能力】 按照“政治坚定、业务精通、务实高效、作风过硬、团结协作、勤政廉政”的要求，在思想理论、作风、组织和制度上，加强常委会机关自身建设。加强思想理论建设，组织开展以“十破十立”为主要内容的解放思想大讨论活动。把学习提高放在履职尽责的首位，抓好政治理论和业务知识学习，强化人大工作研究，提高常委会组成人员的履职能力。加强作风建设，执行中央、省委、市委关于改进工作作风、密切联系群众的有关规定，提升班子的凝聚力和战斗力。坚持“为民、务实、清廉”，深入基层，搞好调查研究，大兴调查研究之风。建立健全上下级人大联系指导互动机制，加强对外工作交流力度，提升人大工作宣传水平。推进在百里杜鹃管理委员会设立人大工作机构。加强制度建设，完善常委会和机关工作制度，构建长效监督、运行、管理机制，狠抓制度落实，强化岗位责任，促进工作开展。

（供稿　毕节市人大常委会办公室）

毕节市人民政府

【概述】 毕节市行政区域面积26853平方公里，辖8个县区，1个管委会，104个镇、34个街道办事处，124个乡，208个社区、3451个村民委员会，2013年末常住人口为653.82万人。矿产和水能资源丰富，优质无烟煤可开采储量达256亿吨，占贵州已探明储量的48%以上，水能理论储量为222万千瓦，可开发量为160万千瓦；森林覆盖率44.06%。

【综合经济实力稳步提升】 是年，实现地区生产总值1041.93亿元，增15.1%；财政总收入336.86亿元、增32.41%，公共财政预算收入125.62亿元、增15.19%；全社会固定资产投资1701.19亿元、增30.7%；城镇居民人均可支配收入19851元，农民人均纯收入5645元、增14.6%；社会消费品零售总额198.5亿元、增13.8%；金融机构存款余额838.77亿元、贷款余额547.81亿元，分别增14.0%和26.4%。

【产业结构布局持续优化】 三次产业结构为18.8∶43.2∶38。规模以上工业增加值256.29亿元，增15.2%；新增产业园区面积18.5平方公里、标准厂房250万平方米，新增入园产业项目140个、新建投产企业87户。农业增加值196.6亿元、增6.8%；粮食总产量228.01万吨；收购烟叶9141万公斤，占省下达任务数的104.46%；12个省级现代高效农业示范园区实现销售收入22亿元。第三产业增加值395.58亿元、增16%；旅游综合收入207.61亿元、增27.4%。民营经济增加值510亿元，占生产总值比重提高1.4个百分点、达48.9%。

【城乡社会面貌大幅变化】 新建和改扩建城市路网188公里，新增城区面积17平方公里，城镇化率达31.7%。七星关—大方同城化建设快速推进。10个省级城市综合体和16个城市新区建设稳步实施。50个特色小城镇完成投资60.8亿元。规划建设100个"四在农家·美丽乡村"示范点，实施30万户"黔西北民居"改造。完成营造林116.8万亩，治理石漠化114.58平方公里，森林覆盖率达44.06%；单位生产总值能耗和主要污染物排放总量控制在省下达的计划范围内，赤水河、六冲河、三岔河和乌江流域污染防治全面加强。

【基础设施瓶颈逐步突破】 黄织铁路建成通车，织金至毕节、织金至纳雍、林歹至织金铁路建设加快，成贵铁路乐山至贵阳段控制性工程开工建设，毕节至叙永、纳雍至六盘水、威宁至遵义等铁路项目前期工作有序开展；铁路通车里程累计达231公里、在建298公里。杭瑞高速遵毕段、黔织高速、毕威高速、机场高速公路建成通车，杭瑞高速毕节至都格段、厦蓉高速毕节境内各段、贵阳至黔西、黔西至大方高速公路建设加快推进，毕节至镇雄高速公路开工建设；高速公路通车里程达274.82公里、在建338公里。飞雄机场开通毕节至北京、上海、广州、昆明、重庆、贵阳、深圳7条航线。夹岩水利枢纽工程动工建设，骨干水源、病险水库除险加固、中小河流治理等工程建设成效明显，解决128.75万农村人口饮水安全问题。完成电网建设投资10.88亿元；完成38.8万户直播卫星"户户通"工程建设。

【民生事业日益改善】 "十件民生实事"完成投资114.53亿元、占年度投资计划的111.63%，完成8件，跨年度实施2件。完成55.38万农村贫困人口减贫任务，实现1县、25个乡镇减贫摘帽。实施扶贫生态移民4617户、20309人。开工建设保障性安居工程38575套。筹措20多亿元资金对89.12万农户院坝和124万户农村连户路实施"两硬化"。转移农村劳动力15.2万人，城镇新增就业6.5万人；城乡居民社会养老保险参保率达91.53%。实施教育"9＋3"计划，加快双山职教城建设，初步形成"一体两翼多节点"的职业教育学校布局；建成农村寄宿制学校学生宿舍85万平方米、教师周转宿舍（公租房）15856套55.5万平方米，"农村营养改善计划"覆盖学生114.6万人。累计建成农村老年公寓252所，集中供养8501人。为95.62万城乡低保对象发放低保金13.03亿元，投入3.16亿元改造农村危房71125户。人口计生"双诚信双承诺"和网上免费办理《流动人口婚育证明》工作机制在全省推广。城乡居民合作医疗参合率达99.65%，为全省最高。举办市第一届体育运动会和文化艺术系列大赛。安全生产形势平稳，社会和谐稳定，群众安全感满意度达91.73%。妇女、青年、儿童、老龄、残疾人等工作进一步加强，国防、双拥、外事、人防、移民、民族宗教、气象、档案、地方志、统计、物价、质监、食品药品监管等各项社会事业全面进步。

【改革开放迈出新步伐】 深化试验区新一轮改革发展"九条新路子"，"老少共融之家"创建活动、"五统一"教育优先发展模式得到省委、省政府肯定。率先在全省推行行政区划调整，撤销12个乡镇设置16个街道办事处、撤并11个乡镇设置6个副中心城镇、将6个乡撤乡设镇。行政审批流程减少到3个、办结时限压缩到4个工作日内。实现村镇银行县区全覆盖，新增小额贷款公司18家，贵州银行毕节杜鹃支行试运行、浦发银行毕节支行获国家银监会批准、重庆银行毕节支行纳入总行规划；招商引资实际到位资金1532亿元、增63%；投资环境满意率达96.69%，全省排名第一；利用外资突破1亿美元，完成外贸进出口1.08亿美元。

【行政效能不断提高】 办理全国人大代表建议1件、省人大代表建议15件、市人大代表建议55件，省政协委员提案21件、市政协委员提案225件，办结率100%。推行重点工作承诺制，提升机关效能。执行中央"八项规定"和省委、市委"十项规定"，加强"三公"经费监管，强化行政监察、审计监督和政务督查。发挥公共资源交易中心作用，规范公共资源交易行为，提高公共资源配置效益；政务服务中心建设有序推进，首问负责、服务承诺、限时办结等制度实施成效明显。加强基层民主政治建设，完善政务公开、村务公开和厂务公开等制度。建立健全应急体系，防范和处置突发事件能力不断提高。

【国务院批准《深入推进毕节试验区改革发展规划（2013—2020）》】 2月7日，经国务院同意，国务院办公厅以国办函〔2013〕35号文件下发《关于同意深入推进毕节试验区改革发展规划的函》。批复要求：一是贵州省人民政府要切实加强组织领导，健全机制，明确分工，落实责任，统筹推进试验区发展各项工作；要按照《规划》确定的功能定位、空间布局和发展重点，积极创造条件，有序推进《规划》实施。二是东部地区要加大对毕节市的帮扶力度，积极支持试验区建设。三是国务院有关部门要按照职能分工，密切配合，加强与有关方面的沟通，做好与国家总体规划和相关专项规划的衔接，在试验区专项规划编制、政策实施、项目安排、体制机制创新等方面给予积极支持，指导和帮助地方政府切实解决《规划》实施过程中遇到的问题；要鼓励和支持将行业试点任务放在试验区先行先试；对已确定的试点任务，要制订实施方案，加强指导和督促检查，及时总结推广经验做法。《规划》由国家发改委编制上报，规划年限为 2013 ~ 2020 年，其批准实施，对加快推动毕节实现与全国同步小康宏伟目标具有重要意义。

【毕节市举办第一届体育运动会】 6 月 10—16 日，毕节市第一届体育运动会在七星关区举行。2 人打破 2 项全省纪录，5 人次达国家一级运动员标准，51 人次达国家二级运动员标准，934 人次达国家三级运动员标准。颁发团体总分前六名奖、奖牌总数前六名奖、代表团组织奖、代表团体育道德风尚奖、赞助单位赞助纪念奖、冠名纪念奖。

【第四届川滇黔十二市州合作与发展峰会在毕节召开】 9 月 17 日，第四届川滇黔十二市州合作与发展峰会毕节会议召开。峰会成员大理州、六盘水市、丽江市、昆明市、宜宾市、昭通市、凉山州、楚雄州、攀枝花市、曲靖市、黔西南州、毕节市等 12 市州领导出席会议并发表主旨演讲。会议期间召开十二市州市（州）长暨十二市州秘书长联席会、区域规划发展及交通基础设施合作座谈会、文化旅游联席会、媒体合作与发展年会、项目投资洽谈会和区域经济贸易合作发展联席会议。会议通过《第四届川滇黔十二市州合作与发展峰会毕节会议备忘录》。

【2013 中国（贵州）非公有制经济发展论坛在毕节举行】 11 月 5 日，以“创新改革发展、激活后发优势、打造非公经济升级版”为主题的 2013 中国（贵州）非公有制经济发展论坛在毕节举行。全国人大常委会副委员长、民建中央主席陈昌智出席并致辞。论坛期间，民建中央中华思源工程扶贫基金会“思源救护”项目向贵州省捐赠 30 辆救护车，民建会员企业北京万升康达经贸有限公司、民建中央中华思源工程扶贫基金会向毕节市捐赠青光眼治疗设备 10 台；论坛期间举行项目集中签约仪式，签约项目 24 个，项目涉及工业、农业、旅游业等产业，签约总金额 370.18 亿元。

【2013 毕节试验区改革发展论坛在北京举行】 11 月 22 日，2013 毕节试验区改革发展论坛在北京贵州大厦召开。论坛上，与领导和专家，围绕抢抓国办函 35 号文件精神，毕节试验区发展上升为国家战略层面的历史机遇，围绕毕节试验区招商引资、园区建设、基础设施建设、生态文明建设、新农村建设以及促进资源富集区产业转型升级、发展社会公共事业等内容进行对话和交流；就如何抓好《深入推进毕节试验区改革发展规划》贯彻落实建言献策。

【中央统战部在北京召开统一战线参与毕节试验区建设座谈会】 11 月 29 日，中央统战部在北京召开统一战线参与毕节试验区建设座谈会，就统一战线参与毕节试验区建设新思路、新途径、新办法征求意见，为下一步召开统一战线参与毕节试验区建设第 6 次联席会议和谋划未来如何推进毕节试验区建设发展作准备。中央统战部副部长林智敏主持座谈会并讲话。会议强调，在新的历史时期，统一战线参与毕节试验区建设各成员单位要贯彻落实党的十八届三中全会精神，认识参与毕节试验区改革发展的重大意义，在加快实施《深入推进毕节试验区改革发展规划》上出实招、办实事，用心、用力、用情去思考、去谋划帮扶工作，在产业布局、开发扶贫、生态建设、民生改善、教育发展等方面整合资源、集中优势、聚合发力，深入研究新形势下参与和支持毕节试验区建设的新思路、新途径、新办法，既为当前发展助力，又为长远发展蓄力。各成员单位要一如既往地在政策、资金、项目建设等方面给予毕节大力支持，为助推毕节试验区科学发展、同步小康做出新的更大贡献。

（供稿　市政府办公室）

外事侨务

【概述】 2013 年，外事侨务、侨联工作紧扣“和平、发展、合作”的时代主题，围绕“服务国家总体外交和地方对外开放大局，服务归侨侨眷、海外侨胞和港澳同胞，服务试验区经济社会发展”三大任务，以构建和谐毕节为目标，立足工作实际，发挥在实施对外开放战略、维护国家利益和安全、推动地方经济社会发展中的独特优势和作用，确立“重外事、兴侨务、广联络、促发展”的工作思路，加强对外联络，拓展对外交往，为侨服务，汇聚侨力，办实事，抓落实，完成各项工作任务。

【开展各项对外工作】 落实中央和省委外事工作会议精神，面对复杂多变的国际形势、执行党的对外工作方针政策，把服从服务于国家总体外交大局作为外事工作的根本任务，开展各项对外工作。接待中华海外联谊会港澳理事赴毕节考察，日本爱媛县侨领银婷等赴威宁考察，日本佐贺县宫崎泰茂先生赴百里杜鹃和织金洞考察，瑞士马利克管理中心赴毕节考察，香港善启慈善基金会到威宁县双龙乡献爱心活动，香港烛光教育基金会及其他慈善组织赴毕节探访活动等，做好“幸福微笑——贵州千名唇腭裂儿童救助行动走进毕节”第二次公益活动的相关服务工作，完成各项接待任务。

【因公出国境管理】 本着执行政策、严格程序、热情服务的原则，严把因公出国境申报审查关，审核组团渠道、人员构成、出访目的、邀请单位、经费情况、申报程序等；采取行前教育、行中监督、行后回访等措施，探索管理新路子，向有关人员宣传外事知识、外事纪律及前往国的风土人情，要求交总结报告，掌握他们在外活动情况；与市直有关部门和县、区、管委会密切配合，既确保出国境人员如期出行执行任务，又防止出国境工作中腐败行为的滋生。办理因公出国（境）申报手续 80 批 168 人次，其中：正厅级干部 3 人次、副厅级干部 11 人次、正处级干部 23 人次、副处级干部 69 人次、科级以下及其他人员 62 人次。出国（境）目的：参加培训 96 人次，招商引资 48 人次，考察 13 人次，友好访问 4 人次，援外 1 人次，旅游推介 5 人次，参会 1 人次。

【涉外管理】 坚持“外事无小事”“内紧外松”的原则，执行中央的外事政策，寓管理于服务之中。一是做好境外非政府组织在毕节活动的管理工作。按照市综治委对境外非政府组织在毕活动管理工作小组要求，建立登记制度，做好国境外组织、机构、人员到毕节的档案记录和毕节市出国境人员登记及跟踪服务工作；协调国安、公安、外宣等部门建立通报及协作工作机制，实现情况信息的及时沟通、准确掌握，促进工作有效开展。二是加强对外籍教师、外国专家、外国记者和外籍其他人士的管理。发挥外侨互补优势，通过协调多方关系，为他们在毕节安心工作创造条件；对外国记者到毕节采访，本着“主动引导，以我为主，对我有利”的原则，对其要求及时回应，主动服务，协调配合，引导其正面宣传毕节。三是妥善处理涉外事件。按照《毕节市涉外突发公共事件应急预案》，配合做好西班牙籍公民 Luis. Maria 在赫章县交通肇事案的处理工作，协助处理金沙岩孔居民王云芳在印尼精神失常案的领事保护工作，塑造毕节良好的对外交往形象，受到西班牙驻广州领馆赫苏斯·阿田萨的感谢和省外办的表扬。

【宣传侨法，依法维护合法权益】 采取召开座谈会、走访侨户、办专栏、宣传标语、设侨法咨询点、侨法宣传角、发放宣传资料及专题讲座等形式，宣传《中华人民共和国归侨侨眷权益保护法》《中华人民共和国归侨侨眷权益保护法实施办法》《贵州省实施〈中华人民共和国归侨侨眷权益保护法〉办法》。在毕节学院设立的侨法宣传角，开辟侨法宣传活动专门场所，设立“侨法宣传栏、侨务工作制度、侨务知识、为侨服务”四个宣传板块和侨法咨询处，以宣传学习和贯彻落实侨务法律法规为主要内容，开展走访侨户等爱侨助侨活动，组织归侨侨眷参加形式多样的活动，营造社区爱侨助侨和广大归侨侨眷港澳眷属学侨法、知侨法、懂侨法，用侨法维护自身合法权益的意识和社会氛围。

【接待工作】 坚持“为侨服务”的宗旨，按照“一视同仁，不能歧视，根据特点、适当照顾”的原则，突出以人为本，以诚取信理念为侨服务。一是做好侨务信访工作。接待侨务来信来访 6 人次，处理各类函件 5 件，对来访者所提要求，认真听取，耐心解释，以理服人，以情感人；对政策规定范围内确需解决的问题，协调、督促办理，维护归侨侨眷的合法权益。二是做好侨务扶贫工作。开展侨务扶贫工作，走访慰问 7 户困难老归侨和 20 多户侨眷、港澳眷属，发放贫困归侨侨眷慰问费 2.8 万元，发放贫困老归侨生活补助款 2.34 万元。三是做好其他为侨服务工作。转发《关于做好归侨侨眷考生报考高等院校身份确认工作的通知》，为归侨侨眷及其子女确认身份，使他们享受到应有的政策。关心老、弱、病、残归侨侨眷，对年老多病，子女不在身边的老归侨、侨眷，给予特别关注，经常上门看望或电话问候，带去党和政府的温暖，帮助解决生活工作中遇到的困难和问题，实现“侨办、侨办、为侨而办”的诺言。做好为侨资、港资企业服务工作，深入侨资、港资企业调查研究，了解掌握重点侨资企业在毕节市生产经营状况，帮助反映协调侨资、港资企业在生产过程中遇到的困难和问题，维护他们的合法利益。

【以侨搭桥，服务地方经济社会发展】 把实现毕节经济社会的跨越式发展作为围绕中心服务大局的重要任务，发挥自身独特优势，以侨搭桥，加强与海外重点侨团、新生代侨领、新侨成功人士、港澳侨界人士及其社团的联系，为他们搭建为全市经济建设服务的平台。获得海外华人华侨无偿援助资金 42.9 万元，其中：加拿大侨胞陈沙立先生捐赠救护车 2 辆 16 万元；新西兰中华助学基金会捐资 0.4 万元在毕节、纳雍捐助 7 名贫困学生，直至他们完成全部学业；马来西亚星洲日报社每年捐助 14 万元人民币，对七星关、威宁的 200 名学子每人每年资助 700 元爱心助学款；浙江新华爱心教育基金会在大方一中开办“珍珠班”，50 名学子每人每年获得 2500 元的助学款等。体现海外华侨身居海外，心系祖国的拳拳游子心、悠悠报国情

【配合做好成立毕节市第一届归国华侨联合会】 按照《关于设立毕节市归国华侨联合会的批复》和《中共毕节市委常委会议纪要》市侨联从市外事侨务办分离出来，设立毕节市归国华侨联合会，正县级机构规格，列入群团序列，由市委领导、市委统战部代管。毕节市第一届归侨侨眷代表会于 11 月 13 日召开，成立毕节市第一届归国华侨联合会。围绕市第一届侨联成立事宜，参与和配合做好相关筹备及会务工作。

（撰稿　赵伟长）

档　案

【概述】 2013 年，毕节市档案部门在市委、市政府的领导下，在省档案局的指导下，以服务民生、服务试验区建设为己任，谨记“为党管档、为国守史、为民服务”的庄严承诺，推进试验区档案事业有序发展，在档案资源体系建设、档案馆基础设施建设和档案信息化建设等方面取得显著成绩。

【档案资源建设】 做好档案接收、征集进馆工作。是年，各级档案部门结合本地实际，制订《毕节市档案馆收集档案范围实施细则》，规定本行政区域的档案收集范围、接收名册和接收计划，全市各级档案馆接收文书档案、会计档案等 5557 盒 26193 卷 179921 件（其中，市档案局接收市文化体育广播电影电视局文书档案 36 盒 1364 件；市房产局房产档案 19582 卷；毕节市委办档案 715 盒 9825 件；贵州省第七届旅发大会档案 65 盒 1013 件；收集存档图书 10 种 77 册，期刊 20 种 190 册，报纸 12 册 108 期。百管委档案局将 2013 年以前的档案全部接收进馆，其中文书档案 1545 盒、45248 件，书画档案 125 幅，奖牌 15 块），为丰富和完善毕节试验区档案资源体系奠定基础。做好档案开放鉴定工作。市档案局完成馆藏 81 个全宗 23953 卷、29367 件鉴定工作。其中以卷为单位经鉴定到期应开放档案中永久有 7563 卷，长期有 10379 卷，属控制范围永久 3407 卷，长期 2604 卷；以件为单位到期应开放档案永久 13229 件，长期 15626 件，属控制范围的永久 337 件，长期 175 件。全市档案系统对应开放档案进行严格划控，七星关区档案局通过严格划控，开放两批 6242 卷档案；威宁县档案局对馆藏档案进行鉴定、划控，确定开放 69 个全宗，应开放档案 11852 卷，控制开放档案 6330 卷；赫章县档案馆对馆藏区乡档案全部重新进行鉴定整理，整理出 4302 盒，64536 件。全市档案系统通过对馆藏档案进行严格的鉴定、划控，杜绝档案利用引起的上访事件、泄密事件发生。加强重大建设项目档案工作。印发《转发贵州省档案局〈关于认真做好 2013 年省级重大工程和重点项目档案工作的通知〉的通知》，要求各县区档案部门与各有关建设项目管理部门要提前介入，及时沟通，相互协调，确保项目档案工作与项目建设同步进行。做好项目档案登记工作，促进项目建设顺利进行。向省档案局报送重点建设项目档案管理登记表 93 家。档案安全工作。签订消防安全责

任书，落实安全责任，每季度开展一次安全大检查。按照“八防”（防盗、防火、防潮、防尘、防虫、防鼠、防高温、防强光）的要求，做好安全配套措施，每天做好温湿度记录，对不利于档案保管的问题及时解决，使档案馆的保管条件符合“八防”要求。

【档案开发利用】 做好档案服务利用工作。接待档案利用10986人次33618盒卷次（其中市档案局提供利用878人次，调阅了地委办、行署办、人事局、房产局等单位1913卷盒次2079件次档案，提供图书资料利用6人次15册次）。通过档案利用，提供有效凭证，为落实有关待遇、化解土地纠纷、排解社会矛盾、平息上访缠访、挽回国家损失等方面发挥重要的作用，为经济建设、和谐社会建设提供第一手资料。加强档案资源开发利用。市、县区档案馆，利用档案资源，开展档案编研工作。编纂《七星关区档案志》《七星关区乡镇大事记》《七星关区乡镇利用效果选编》《大方县档案志》《毛泽东诞辰一百二十周年纪念册》《周恩来诞辰一百一十五周年纪念册》《黔西县档案馆指南》《黔西名人传》等资料，延伸档案工作的服务领域。抓好档案信息化建设。汇总及整理全市档案目录572946条（其中市档案局档案目录83220条），档案全文扫描474308幅（其中市档案局扫描馆藏彝文档案2669幅），金沙县档案局扫描档案11万幅，录入目录68万条，档案裁剪装订9万幅，挂接档案11万幅，照片档案挂接2038张，音视频档案制作、挂接1280条，档案异地备份25万条，金沙县政府信息公开服务中心开通并实现全文网上查询。

【档案业务建设】 做好档案业务指导工作。全市档案系统派出3639人次，指导机关、企事业单位、镇乡、村1043个次。其中，市档案局派出56人次，分别对市水普办、市飞雄机场、市洪欣城市建设有限公司、市土地登记事务所、市地方税务局等18个市直机关、企事业单位进行档案业务指导，系统全面地讲解文书档案、科技档案、会计档案、基建档案以及各种业务档案的整理方法。同时利用电话、电子邮件、QQ通信等方式，对市农机中心、招商地产、社保局、发改局、邮政储蓄银行、林业局和黔西县水利局、威宁县水利局、大方县水利局、七星关区水利局等81家单位的相关业务咨询问题进行答复。加强档案科教法规工作。全市档案系统举办档案业务培训班109期，培训6428人次。其中，市档案局举办3期培训班，教授项目档案、文书档案、会计档案的整理方法，洪欣城市建设有限公司及贵州广电网络毕节市分公司187人参加培训，为毕节市铁路开发建设投资有限公司进行档案业务人员培训，为广东坤华地产公司、深圳九州监理等企业来访人员现场培训科技档案整理有关知识，提高企业档案管理的规范化和标准化水平。抓好档案行政执法工作，与市人大教科文卫委、市实绩考核办、市政府法制办抽调人员组成检查组，对毕节市新华书店、贵州省农村信用联社毕节办事处、中国电信毕节分公司、洪欣城市建设有限公司进行档案行政执法检查，检查中对发现收集不齐全、整理不规范的企业下发限期改正通知书，责令限期整改，档案科教法制工作的完善，提高档案法制化水平。

【档案宣传教育】 以纪念“6·9国际档案日”为契机，毕节市档案局在南关桥组织主题为“档案联系你我他，社会和谐需要它”的“6·9国际档案日”宣传活动。采用发放宣传彩页、设置展板和现场设点讲解相结合的形式进行宣传。全年档案系统编印信息304期，宣传档案工作围绕中心、服务大局，服务社会各界的成果。市档案局编发档案信息37期，10余篇被《中国档案报》《贵州档案》《毕节日报》等报刊采用；大方、黔西两县利用创建社会主义新农村建设档案工作示范县活动，67个乡镇办制作宣传专栏，面向人民群众开展档案宣传工作。

【新农村建设档案示范县创建】 对黔西、大方两县新农村建设档案工作进行督促、检查、指导。4月，两县通过国家档案局、民政部、农业部联合组织的“全国社会主义新农村建设档案工作示范县”验收。全国创建工作安排给贵州省的5个示范县指标完成，毕节市完成3个示范县创建任务，占全省创建指标的60%。金沙、大方、黔西三县通过创建活动的开展，提升档案事业发展水平，乡镇档案达到省三级以上标准，农民群众利用档案实现“小事不出村，大事不出乡镇”的目标。对申报“全省社会主义新农村建设档案工作示范县”的七星关区做好业务指导和培训。深入七星关区58个机关、乡镇、办事处、行政村指导116次，规范七星关区各级机关的文书、科技、声像、会计以及各类涉农档案的整理。21个机关、乡镇、办事处达到贵州省机关档案管理一级标准，全区485个村各类档案均整理规范，七星关区通过省档案局组织的专项验收。

【"依法管档"示范单位创建】 开展"依法管档"示范单位创建工作，以档案法律法规规范机关档案管理，将事后的检查转化为事前的服务，对申请开展"依法管档"示范单位创建的市人力资源和社会保障局、市供电局加强指导，督促其档案完整收集、规范整理，达到示范单位标准，通过专项验收，促进机关档案向规范化和法制化迈进。

【档案资源数据库建设示范单位创建】 是年，将大方县档案馆列为示范单位开展创建工作。市档案局到大方县，指导县档案局购置相关设置，按照档案资源数据库示范点建设标准开展视频档案的收集挂接，录入文件及目录数据30万条。11月，大方县档案馆档案资源数据库示范点建设工作通过贵州专项验收。

【国家二级档案馆测评】 是年，毕节市档案系统选取威宁、黔西两县启动国家二级综合档案馆达标测评工作。市档案局派出业务人员，深入威宁、黔西两县，对照新的《关于市、县国家综合档案馆测评办法》《市、县级国家综合档案馆测评细则》进行逐条梳理，指导两县对档案馆软硬件设施进行升级改造，优化馆藏结构，丰富档案资源。威宁、黔西两县档案馆通过国家二级综合档案馆测评工作。

【档案信息化建设试点单位创建】 是年，省档案局把金沙县档案局定为贵州省档案信息化建设试点单位。创建档案信息化建设试点单位，在全省尚属首次，毕节市档案局多次组织业务人员前往金沙县档案局，指导金沙县档案馆建起档案数据库中心机房，安装局域网，购置相关设备设施，录入馆藏目录65万条、扫描馆藏重点档案全文数据30万幅、扫描照片档案2568张、音视频采集和编辑挂接2280条，档案裁剪装订9万幅，挂接档案11万幅，档案异地备份25万条。9月，金沙县档案馆通过由省档案局组织的县级档案馆档案信息化建设试点单位专项验收，成为贵州省首家县级信息化建设单位。

【水利普查档案的指导验收】 市档案局组织业务骨干到黔西、大方两县，通过听取汇报、实地查看的方式对水利普查档案整理归档情况进行调研，结合相关规定，对各县区水利普查档案管理工作进行指导，确保水利普查项目档案在收集、整理和保管上达到完整性、准确性、系统性、安全性的要求。

【天保业务档案归档整理指导工作】 对县级天保工程一期档案管理进行监督指导，组成验收小组，对大方、黔西、纳雍、威宁、赫章、织金6县天保工程一期档案进行专项验收，验收天保工程一期项目档案1542卷，其中：文书档案290卷，科技档案1232卷，音像档案3卷，实物档案17卷，完善和规范全市天保档案管理。

【县区国税局机关档案规范化管理指导工作】 市档案局组织业务骨干，到黔西、大方、赫章等县国税局，对文书档案、基建档案、会计档案、声像档案、实物档案、稽查档案、征管档案开展业务指导工作。赫章、纳雍、黔西、大方、织金、七星关等6个县、区国税局机关档案工作达贵州省机关档案工作一级标准，全市8个县、区国税档案管理符合机关档案管理规范化要求。

【《中国档案文献遗产名录》项目申报】 是年，接省档案局《关于做好第四批〈中国档案文献遗产名录〉项目申报准备工作的通知》后。市档案局根据毕节市地域民族文化特点及市档案馆馆藏情况，确定以《毕节传统彝文手书文献》作为申报项目向省档案局、国家档案局申报。12月，省档案局以黔档（志）函〔2013〕196号文件批复，决定将《毕节传统彝文手书文献》项目列入贵州省中国档案文献遗产名录申报项目，向国家档案局申报。

（撰稿　王生才）

残疾人事业

【概述】 2013年，毕节市残联在市委市政府的领导和省残联的指导下，以邓小平理论、"三个代表"重要思想和科学发展观为指导，贯彻落实党的十八大、十八届三中全会、省第十一次党代会、市第一次党代会和市委一届三次、四次全会及中残联、省残联第六次代表大会精神，围绕市委市政府工作大局，以建设残疾人社会保障体系为出发点，以完成残疾人社会服务体系为突破口，更新观念，拓展思路，创新方法，狠抓落实，完成2013年度各项工作任务。

【康复工作】 实施“百万贫困白内障患者复明工程”项目，免费为贫困白内障患者实施复明手术1244例；实施彩票公益金残疾人康复项目，为323名低视力患者免费配用助视器；为480名听力言语患者进行助听器验配，为407人聋儿进行听力语言训练康复；完成自闭症儿童康复训练93人、脑瘫儿童康复训练102人、智力残疾儿童康复训练130人；为210人进行大、小腿假肢装配；为8人进行特殊假肢装配、为67人进行矫形器装配、给20名贫困肢体残疾少年儿童进行矫治手术；通过重点康复工程，为505人贫困精神病患者服药治疗、386人贫困精神病患者住院治疗；通过实施中国残联/嘉道理社区康复合作项目，给残疾人辅具适配3061件。

【教育工作】 在市内大中专院校开办职业教育，有500余名残疾人及特岗师资学员在毕节学院、毕节职业技术学院、毕节卫校、威宁特校等学校学习。是年，8个县区有特殊教育学校或特训班。市特校扩建校舍，新建聋儿语训中心，被中残联和省残联评为贵州省唯一达标机构；组织实施扶残助学项目，资助特困学生250名，扶助资金500余万元；协调省残联出资7.8万元在市特殊教育学校解决26个残疾儿童学前教育；配合相关部门指导抓好县区特殊教育学校的建设，招生以及相关优惠政策的落实；争取美国哈佛大学肖庆伦教授资助威宁县特校和毕节学院特殊教育学校各50万建设资金。

【就业培训工作】 加强残疾人职业培训工作，培训残疾人2192名，其中农村实用技术培训1932名，城镇技能培训260名，盲人初级保健按摩50名，通过各类渠道，解决1000多名残疾人就业；加强按比例安置残疾人就业工作。是年，市级征收残疾人就业保障金250万元，8县区征收残疾人就业保障金近3000万元，促使残疾人就业安置工作有效推进；组织开展残疾人就业和职业培训实名制的录入工作。

【宣文工作】 利用各类新闻媒体，报纸、杂志宣传毕节残疾人事业。是年，在《毕节日报》、毕节电视台、毕节试验区杂志社、《贵州日报》《贵州残联》等报刊刊登播出的报道50余（篇）条；组织选送10个文艺节目参加全省第六届残疾人艺术汇演，获舞蹈第二、第三名、四个优秀奖，两个辅导奖的好成绩；参加全国各类残疾人体育运动比赛，获得奖项5项，织金县残联选拔推荐肢体残疾人孙守群，在5月19日全国残疾人羽毛球锦标赛上获肢体站立5级女子单打金牌和女子双打金牌，在10月24日马来西亚举行的亚洲青年残疾人羽毛球锦标赛上获上肢站立5级女子单打金牌和混双银牌；威宁县残联选拔推荐聋哑残疾人王孟兴，在7月23日保加利亚举行的第二十二届世界国际奥运会上荣获羽毛球女双银牌；选拔推荐视力残疾人陈杰，在11月北京举办的全国残疾人游泳锦标赛上取得男子组S12级100米蛙泳第二名、100米仰泳第二名、200米个人混合泳第二名、400米自由泳第三名、100米和50米自由泳第四名；纳雍县残联选拔推荐肢体残疾人郭家训，在11月北京举办的全国残疾人游泳锦标赛上取得男子组S9级100米仰泳第五名；组织开展“全国助残日”“全国爱耳日”“全国爱眼日”“精神病防治宣传日”等节日的宣传活动。发放宣传资料2万册（份），通过宣传，收到良好的社会效果。市残联和4个县区残联通过协调，在市、县区图书馆建立设置盲人图书阅览室。

【扶贫工作】 争取上级残联专项资金216万元，完成农村贫困残疾人危房改造项目任务360户；实施“阳光家园计划”项目，争取上级残联投资111万元，为1820人智力、精神和重度残疾人实现居家托养；争取上级残联投资28万元，为125户残疾人实施家庭无障碍改造项目；建立残疾人扶贫基地27个，接纳80名残疾人就业，带动辐射周边300余人脱贫。

【维权工作】 残联组织协调相关部门，在8县区建立法律援助中心，搞好残疾人法律救助工作。搞好残疾人来信来访，是年，全市残联组织接待来信来访820人件次。合理合法案件办结率达95%以上。接受残疾人信访事项咨询1万余人次。

【组联工作】 完成市、县区级残联换届工作，组建市、县区盲人、聋人、肢残人、智力残疾亲友、精神残疾亲友5个专门协会；全市核发第二代残疾人证170340个。

【其他工作】 一是抓好残联组织机关效能建设，组织开展为民、务实、清廉为主体的作风建设，注重加强党的路线方针政策的学习，加强规范机关管理。二是抓好金沙县残疾人基础信息采集试点工作，帮助威宁县开展好残疾人基础信息采集试点工作。三是搞好集团式帮扶工作，围绕市委、市政府的工作中心，市各级残联组织服务大局，在实施集团式帮扶工作中，深入基层、深入群众，抓好威宁县海拉乡海元村帮扶工作。

（供稿　市残联办公室）

政务服务

【概述】 2013 年，毕节市人民政府政务服务中心坚持以科学发展观和十八大精神为指导，围绕市委、市政府工作部署和要求，坚持“依法行政、廉洁高效、便民利民、热情服务”的宗旨，以“办事更快捷、服务更优质、作风更踏实、行为更规范、群众更满意”为工作目标，履行好政务服务职能职责。

【行政审批提速增效】 各级政务服务中心采取措施，完善创新审批方式。截至 12 月 31 日，全市八县区受理行政审批和服务事项 193973 件，办结 193246 件，期内办结率 99.95%，其中当场办结 144394 件，占办结总数的 75%。市政务服务中心办理行政审批和服务事项 32620 件，其中当场办结 23519 件，占办结总数的 72%，承诺件 9101 件，承诺件提前办结率 98.95%，期内办结率 100%。承诺件平均办结时限由 4.01 个工作日减少为 3.57 个工作日，实现行政审批零投诉。

【窗口管理日趋完善】 市政务服务中心推行专人巡查制度，中心督查科每天 4 次考勤，至少 4 次不定时岗位管理，对发现问题及时指出，做好记录，录入当月考评，年度考核档案。开展群众监督，每个窗口均配备政务服务电子评价器，办事群众对窗口工作人员的服务态度、服务质量等进行现场评定，截至 12 月 31 日，服务对象为 10530 件事项进行评价，满意率 99.95%。公布投诉举报电话，工作人员挂牌上岗，自觉接受群众监督，全年无一例投诉。要求窗口工作人员严格执行《毕节市人民政府政务服务中心管理暂行办法》等 33 个规章制度，按照“首问负责”“一次性告知”“服务承诺”“限时办结”“责任追究”等相关制度开展工作。

【规范化建设取得实效】 以《省人民政府办公室关于进一步推进政务服务规范化建设的实施意见》和贵州省政务公开领导小组办公室《关于印发 2013 年度市、县级政务服务规范化建设考核标准的通知》文件的出台为契机，市政务服务中心主动向市委市政府汇报，按照市委市政府的相关要求，牵头组织调研，征求意见，起草并促成出台《毕节市人民政府办公室关于进一步加强政务服务规范化建设的实施意见》，开展政务服务规范化建设的相关工作，接受省政务公开领导小组办公室的考核验收。

【政务公开规范透明】 市政务服务中心完善政务公开，按规定推行政务信息公开。通过网站及电子显示屏、电子触摸屏、人工咨询台等载体对进驻中心 39 个部门的 151 项行政审批及服务事项进行“八公开”（即在项目名称、设立依据、申报材料、承诺时限、收费标准、收费依据公开的基础上增加审批条件、审批流程公开）。设置政务公开栏对中心内部“评先选优”“财务开支”“干部选拔”以及中心重大决策、重大事项等“三重一大”事项及时进行公开，接受社会各界监督，取得良好效果。

【县区工作全面推进】 市政务服务中心采取“调研、督查、考核”等方式，持续加强对各县区政务服务中心工作的指导。市政务服务中心把实现各县区行政审批标准化建设工作作为 2013 年重点工作，按照统一的原则，以织金县和七星关区为试点，组织开展行政审批事项清理，实现市、县区政务服务中心行政审批项目的设置、公示、审批流程、办理环节统一，通过清理，各县区行政审批服务事项统一为 294 项。

【党建工作全面完成】 按照市委、市政府的安排部署，扎实开展“干部驻村”“集团帮扶”“五园新村”等各项党建工作。全年走访群众 741 人次，排查化解矛盾纠纷 17 起，组织十八大精神集中宣讲和“两个硬化”工程及国办函 35 号集中宣讲，参加宣讲会的群众达 140 余人次。筹资 1 万元，慰问贫困群众 33 户，帮助集团帮扶联系点黔西县中建乡普盖村解决办公楼修建资金 1 万元及普盖村办公设施 1 万元，给予 5000 元帮助中建乡解决办公经费。按要求派出 2 人长期在帮扶村驻村开展工作。

【招商引资稳步推进】 是年，市政务服务中心引进的成都启新汽车服务有限责任公司到毕节市投资建设汽车4S店项目。项目计划投资4000万元，已完成投资2100万元。

（撰稿　徐　莲）

中国人民政治协商会议毕节市委员会

【概述】 2013年，市政协常委会在中共毕节市委的领导和省政协的指导下，在市人大、市政府和社会各方面的支持下，以邓小平理论、“三个代表”重要思想和科学发展观为指导，贯彻落实中共十八大、十八届二中、三中全会和习近平总书记系列重要讲话精神，围绕市委、市政府的中心工作和决策部署，履行政协职能，完成市政协一届二次会议提出的各项任务，为推动经济社会又好又快发展做出贡献。

【政治协商】 一是对重大事项进行协商。在市政协一届二次全体委员会议上，协商讨论市政府工作报告、全市国民经济和社会发展计划报告、财政预（决）算报告、市中级人民法院工作报告、市人民检察院工作报告等有关报告。在市政协6次、9次常委会议上，分别对市人民政府通报的《毕节市2013年上半年经济运行情况》《毕节市“十二五”规划中期执行情况》进行协商讨论，向市政府提交工作建议20余条。二是开展专题协商。在视察调研的基础上召开常委专题协商会，就全市保障性安居工程建设、扶贫攻坚等工作与市政府进行专题协商，提出意见建议，一些意见建议得到采纳，成为政府及相关部门改进和加强工作的措施。三是开展对口协商。各专委会、各界别活动小组通过召开情况通报会、专题座谈会等形式，对城市公交、社会稳定风险评估、污水处理等工作与市政府相关部门进行协商讨论，提出的建议得到采纳。四是开展提案办理协商。通过召开提案交办会、重点提案督办协商会、提案办理协商会等形式，在政协提案分办、交办等环节与市政府及相关部门进行协商，推进政协提案办理落实。

【民主监督】 将民主监督延伸到重大项目和重要领域中，不断拓展和创新监督方式。通过组织委员深入实际、深入基层、深入现场巡视察看、走访调研等形式，对产业园区、保障性安居工程建设、扶贫攻坚工作、农村“两硬化”工程等重大项目和民生工程实施民主监督，在监督中发现问题，提出意见建议，促进政府及有关部门工作的改进和加强；通过对政协委员提案进行督办的方式实施民主监督，达到“督办一件提案，解决一个问题，推动一项工作”的效果。6月，市政协主席会议对《关于构建“大公交”系统，解决市民乘车难》提案进行督办，针对七星关城区公交基础设施陈旧、线路布局不尽合理、公交运力不足等问题提出9条建议。七星关区政府根据建议研究制定解决问题的具体方案，并组织实施。七星关区增设公交线路，更新并增加公交车辆，市民乘车难问题得到缓解；通过参加纪检、政法部门组织的执法大检查活动，在参与检查中开展民主监督。

【参政议政】 一是组织好大会发言。在市政协一届二次会议上，各民主党派、工商联、各人民团体和市政协委员提交大会发言10篇，围绕加快生态旅游开发、新型农村合作医疗等问题建言献策，市政府及有关部门领导到会听取大会发言。二是开展调研活动。各专委会先后就社会稳定风险评估工作、农村合作经济组织、少数民族贫困村寨扶贫开发、民族文化与生态旅游融合发展、城镇污水处理、陶瓷产业发展等课题开展专题调研，形成6篇质量较高的专题调研报告。报告得到市委、市政府领导的好评，市委张吉勇书记在批示中指出：“市政协充分发挥人才荟萃，智力密集，经验丰富，联系广泛的优势，围绕中心、服务大局，关注民生、工作主动，调研报告质量高，总结提炼客观实在，指出存在问题切中要害，为市委、市政府决策提供了重要参考依据”。是年，各专委会组织开展界别活动23次，形成调研报告12篇，反映社情民意信息26条，围绕全市乡村公路建设、妇女创业、职业教育等工作提出意见和建议。三是市政协领导和政协委员在市委、市政府召开的会议上踊跃发言，为全市改革发展提出意见和建议。

【提案和社情民意】 年初，市委专题召开全市提案工作会议，贯彻中共十八大精神和中央、省委关于加强人民政协工作一系列文件要求，结合毕节实际，对当前和今后一段时期加强和提升政协提案工作进行部署，增强全市各级各部门在新形势下做好提案工作的紧迫感、责任感；市政协制订下发《政协毕节市委员会重点提案督办办法》《政协毕节市委员会优秀提案、先进承办单位、提案办理先进个人评选表彰办法》，完善提案办理工作机制，调动各方力量参与、支持政协提案工作；通过协商，市目标考核部门将提案办理工作纳入对市直提案承办单位的年度目标考核内容，促进政协提案的办理落实。截至10月，市政协立案的225件提案全部办结，办复率100%，委员满意率97.33%。提案所提问题已经解决或采纳的80件，占立案总数的35.56%，提案所提问题列入计划拟解决或采纳的117件，占立案总数的52%，提案所提问题留作参考的28件，占立案总数的12.44%，提案办理落实力度较上年有所增强。在反映社情民意信息方面，市政协利用社情民意信息"直通车"作用，根据政协委员反映的意见或搜集到的材料，编发34期《社情民意》向省政协和市委、市政府领导报送，促成一批人民群众关注的热点难点问题得到解决。

【团结联谊】 一是加强与党派团体团结协作。遵循平等协商、求同存异、体谅包容、合作共事的原则，重视发挥各民主党派、工商联、人民团体和无党派人士在政协工作中的作用，鼓励和支持他们通过政协全体会议、常委会议、主席会议和视察调研等议政平台，发表见解和主张，参政议政。二是开展民族宗教工作。组织委员深入民族乡镇进行调研，争取政府及有关部门对少数民族地区经济社会发展给予支持帮助；加强与宗教界人士的联系，引导宗教界人士宣传贯彻党的宗教政策，帮助爱国宗教团体加强自身建设，发扬宗教界爱国爱教、团结进步、服务社会的优良传统。三是开展联谊活动。筹备召开乌蒙山片区政协助推区域发展与扶贫攻坚联席会议第一次会议。会议就乌蒙山片区政协共同助推区域发展与扶贫攻坚达成共识，形成合力。

【助推发展】 采取办法和措施，抓好市委安排市政协负责联系的高速公路、铁路建设征地拆迁、农村公路建设、生态文明家园建设、社会治理、信访维稳、旅游产业发展、煤炭税费征收管理和农村环境综合整治等工作，把各项工作抓好抓实、抓出成效。

【扶贫帮困】 市政协领导班子成员深入各自"四帮四促"联系点调研、走访，慰问困难群众，为联系村加快发展出谋划策，帮助协调资金和项目，促进当地经济社会发展。市政协办公室开展党建扶贫、生态文明家园建设、集团帮扶和"四帮四促"等活动，选派3名机关干部到联系点织金县大平乡驻点帮扶，帮助理清发展思路，争取发展项目。是年，市政协及其参加单位为各联系点协调落实项目20余个、资金400余万元，为群众办实事、好事80余件，开展培训4000余人次、组织医疗专家为群众义诊3万余人次，捐赠农资、药品、图书折合资金40余万元。

【文史与宣传】 出台《中国人民政治协商会议第一届毕节市委员会关于加强文史资料工作的意见》，制订《中国人民政治协商会议第一届毕节市委员会文史资料工作规划》，编辑《上山下乡在毕节》等文史资料，发挥文史资料"存史、资政、团结、育人"的作用。召开市政协宣传工作会议，对做好政协宣传工作进行安排部署。是年，市政协在《人民政协报》《贵州政协报》《毕节日报》等新闻媒体刊发反映全市政协工作文章103条（篇），扩大政协工作的社会影响力；优化《毕节政协》杂志的栏目和版式设计，增加刊物的信息量和可读性。成立毕节市人民政协理论研究会召开第一次理论研讨会，会议收到理论文章40多篇，7篇入选省政协理论研究文集，2篇入选全国政协理论研究文集，为开展政协理论研究工作打下坚实基础。

【智力支边】 开展智力支边工作，协助相关部门加强与各民主党派中央、全国工商联、各民主党派省委、省工商联的联络联系，争取他们对试验区建设的支持和帮助，协助开展好"同心助学""同心助医"等活动，为助推"同心工程"实施做大量工作。

【自身建设】 一是加强政协委员队伍建设。制定下发《中国人民政治协商会议毕节市委员会委员管理办法》和《中国人民政治协商会议毕节市委员会界别活动办法》，在制度上对委员和委员界别活动进行规范管理。二是加强政协专门委员会建设。对各专委会办公室人员进行调整充实，加强专委会力量；建立健全专委会委员管理制度和履职考核机制，调动专委会委员履职的积极性和主动性。三是加强政协机关建设。制定下发《毕节市政协机关重要工作事项限时办结制度》，提高机关工作效率；在市委的关心和支持下，从机关内部提拔1名人员到正县级岗位、2名人员到副县级岗位，交流1名人员到市直重要岗位。从基层新选调7名年轻人员充实到机关工作，增强机关活力。严格执行中央八项规定和省委十项规定，厉行节约，打紧开支，公务费用同比上年节约12%。四是加强对县区政协工作指导。市政协领导深入联系县区政协调研，与县区政协领导和委员交换意见，征求对政协工作的建议，推动各项工作的开展。

（撰稿　林　勇）

中国民主同盟毕节市委员会

【概述】 中国民主同盟毕节市委员会下设一个总支部委员会和六个支部委员会，有盟员323名。2013年，在民盟省委和中共毕节市委领导下，在中共毕节市委统战部的指导和有关单位的支持、配合下，团结广大盟员，立足本职，履行政治协商、民主监督、参政议政职能，各项工作有序开展。是年，民盟毕节市委获民盟中央“全国组织发展工作先进集体”荣誉称号。在民盟贵州省委2013年年度考评中获“履职工作创新奖”。

【理论学习与思想建设】 一是结合工作实际，组织学习党的路线、方针、政策、法律法规、政治制度、政党制度和多党合作优良传统。选派盟员骨干到中央社院、省社院和中共毕节市委党校学习。二是组织学习十八大、十八届三中全会精神，中共中央八项规定、中共贵州省委和中共毕节市委十项规定等文件精神；学习全国、全省、全市两会，全省、全市领导干部会议精神；学习民盟中央、民盟省委有关会议精神等。三是组织学习习近平总书记的一系列讲话精神，将学习材料印发到各支部（总支）。四是开展纪念中共中央“五一口号”发布65周年活动，组织盟员撰写理论文章参加纪念中共中央“五一口号”发布65周年活动，向中共毕节市委统战部提交优秀论文4篇，被选入《纪念中共中央发布“五一口号”65周年征文集》。五是5月28日全国人大常委会副委员长、民盟中央主席张宝文在毕节考察期间，接见民盟市委班子全体成员，作重要讲话。会后，民盟市委及时召开会议进行传达学习。

【宣传工作】 一是编发《毕节民盟简讯》26期，发放到各支部（总支），让全体盟员了解民盟市委的工作信息。二是邀请毕节日报、毕节电视台、七星关区电视台、毕节新闻门户网站等新闻媒体参加盟务活动，在市级以上媒体报道稿件32篇次，被盟省委网站采用信息31条。对民盟市委的工作进行报道，通过各种渠道宣传民盟，扩大民盟的社会影响力。

【组织建设】 一是充实和完善民盟市委领导班子。是年，市委组织部明确1名人员为民盟毕节市第一届委员会专职副主委，增补1名人员为民盟毕节市第一届委员会副主任委员（兼职）。二是开展基层组织建设活动。根据民盟省委《关于开展“基层组织建设活动”的通知》精神，结合毕节实际，成立由民盟市委领导班子为领导小组的《民盟毕节市委基层组织建设活动领导小组》，拟定《民盟毕节市委2013年基层组织建设活动方案》，召开“民盟毕节市委基层组织建设活动”动员启动大会，对这次调研工作作具体安排。按照民盟省委的要求和市委拟订方案的步骤完成本次调研任务，形成《民盟毕节市委2013年基层组织建设调研报告》上报盟省委。三是及时更新和完善盟员信息系统。根据民盟省委要求，明确专人采集盟员信息，按时完成民盟省委要求的有关信息的填报、汇总及上报工作。四是在组织发展中严把“入口关”，吸收“高素质、高学历、高职称”的同志加入盟组织，为民盟组织输入新鲜血液，使民盟市委的结构优化，素质提高。按《中国民主同盟章程》和有关规定做好组织发展工作，发展盟员19名。

【调研建言，参政议政】 一是组织召开全市民盟参政议政工作会议，对2013年参政议政工作全面部署，做到早安排，重落实。根据全市盟员的结构和优势，围绕试验区经济发展的中心和人民群众关心的难点、热点问题，深入基层开展调研，形成《百管委普底中学教学状况调研报告》《关于推动百里杜鹃旅游发展的调研报告》《毕节市民办养老机构建设调研报告》《关于七星关区民营医院发展现状的调研报告》和《毕节市学前教育三年发展情况调研报告》5个调研报告。建言献策，履行参政议政职能。是年，在省、市、区各级政协全委会议、常委会议、专委会议上民盟市委提交集体提案4件，民盟委员个人提案30余件，其中列入市重点提案3件，提交社情民意10条。二是根据《中国人民政治协商会议毕节市委员会界别活动办法》和《关于确定市政协专委会联系界别活动的通知》文件精神，民盟界别开展活动，使本界别委员充分履行参政议政职能。结合民盟界别实际，制订政协第一届毕节市委员会民盟界别2013年活动计划。组织相关委员深入县、镇乡调查研究，了解市十件民生项目工程进展情况，了解社情民意，使委员增强责任意识和履职意识。12月24日，召开2013年度界别活动座谈会。总结市政协民盟界别2013年工作，讨论2014年工作打算。三是撰稿参加中共贵州省委统战部组织召开的民主党派工作会议，在会上作题为《积极联络求支持，多级联动促发展》的交流发言，得到省委统战部、民盟省委的肯定。

【社会服务】 一是配合民盟中央、民盟省委做好新选帮扶点的各项调研工作。二是做好民盟江苏省委、北京倍肯集团、北京康益医院、浙江温州医学院附属眼视光医院、四川省华西医科大、浙江宁波慈溪育才学校等对毕节市教育和医疗卫生共计640多万元的帮扶工作。三是做好协调推进"'同心'科技生态产业园"（天然维生素刺梨种植基地）建设，投资5000万元，年产500吨刺梨金粉生产线建设，预计2017年在七星关区种植刺梨10万亩，已种植8000亩。产业园建成后，将实现产值3.8亿元，直接带动4个村的农民致富。四是做好推进七星关区朱昌镇"同心·幼儿园"建设的协调工作。五是选派30名中小学校长到上海参加民盟上海市委委托闸北区教师进修学院举办的为期半月的培训。六是继续推进康复一个病人，和谐一方百姓的"同心·康宁项目"工作。七是开展"民盟教育烛光行动"师资培训工作，协调新东方等培训中学教师2000余人。八是发挥盟员的优势，整合一切优质资源，在教师培训、医疗卫生、普法教育、送戏下乡以及慰问农村五保老人等方面开展力所能及的社会服务。

【机关建设】 一是完善民盟市委机关专职领导。二是在开展专题调研活动的基础上，探索新形势下领导班子建设和基层组织活动的新方式，增强基层组织活力。三是建立健全各项规章制度。修改完善中国民主同盟毕节市委员会主委会议议事制度、中国民主同盟毕节市委员会主委办公会议制度、中国民主同盟毕节市委员会人大代表（政协委员和特约人员）联席会议制度等。通过加强民盟市委机关工作制度化、规范化和程序化建设，提高工作质量和工作效率，营造团结、和谐、温馨的机关工作氛围。四是采取多种形式，加强机关干部的学习培训，提高机关干部的业务能力和综合素质，创造条件关心机关干部的成长和发展。

【对外联络】 一是参加省外统一战线赴毕考察调研座谈会。参加"福建省三明市统一战线赴毕考察调研座谈会""广西钦州市统一战线赴毕考察调研座谈会""广州市统一战线赴毕考察调研座谈会""长沙市委统一战线赴毕考察调研座谈会"等20余次会议。二是与其他省委和兄弟市州民盟组织的联系，学习他们的先进经验。与民盟江苏省委联系落实对毕节教育的相关帮扶工作。与民盟成都市委对接落实对口帮扶毕节市医疗卫生的有关工作。8月9日，民盟遵义市委组织市委委员、支部主委、政协委员、机关领导干部一行近30人赴毕节市进行考察调研。就开展基层组织建设年活动、组织发展、自身建设、参政议政、社会服务等方面进行交流座谈。

（撰稿　宋春香）

中国农工民主党毕节市委员会

【概述】 2013年，农工党毕节市委在中共毕节市委和农工党贵州省委的领导下，在中共毕节市委统战部的指导支持下，以邓小平理论、"三个代表"重要思想、科学发展观为指导，以"同心思想"为引领，坚持中国共产党领导的多党合作和政治协商制度，继承和发扬优良传统，团结一致，与时俱进，带领全市农工党员高举中国特色社会主义伟大旗帜，加强自身建设，围绕中心、服务大局，履行参政党职能，真抓实干，团结奋斗，扎实工作，开拓创新，在参政议政、民主监督、社会服务等方面开展工作，完成2013年的各项工作任务，为试验区经济发展和社会和谐做出贡献。

【加强政治思想建设，提高思想政治素质】 是年，农工党毕节市委带领党员贯彻学习中共十八大、中共十八届二中全会、三中全会、全国“两会”、农工党十五大，中共贵州省委第十一届三次全会、中共毕节市一届三、四、五次全会精神，学习国发2号文件和《深入推进毕节试验区改革发展规划》文件精神，学习习近平总书记系列重要讲话，学习贯彻胡锦涛、温家宝、俞正声、刘云山、陈竺、刘晓峰等党和国家领导人视察毕节时的重要讲话精神，组织农工党员开展政治交接主题教育活动。农工党毕节市委领导和基层组织负责人及党员中的各级人大代表、政协委员参加毕节市人大、毕节市政协、毕节市委统战部、毕节市委党校举办的各种专题学习班、研讨班、报告会和考察活动，为更好地履行参政党职能奠定思想基础。理论研究取得新成果，主要领导撰写的《“多党合作毕节试验”的实践及意义》论文获省行政学研究会、毕节市行政学院举办的《深入推进毕节试验区改革发展规划（2013—2020年）》学术研讨会特别奖；党员在《毕节政协》《毕节党史研究》发表文章3篇；2篇文章被收入毕节市统一战线服务科学发展“毕节经验”研究会《同心思想与同心实践研究》论文集；5篇文章被收入市委统战部《纪念中共中央发布“五一口号”65周年征文集》，市委会获得市委统战部征文组织工作一等奖，一名综合支部党员获得征文二等奖。全年编发简报47篇，完成党员思想动态分析报告1篇，实现年初制订的各项目标任务，获毕节市目标考核一等奖。

【履行参政议政、民主监督职能】 一是开展调研。配合农工党中央和省委在毕节开展贵州省境内河流生态环境保护和综合开发利用、在加快城镇化建设中促进人口的长期均衡发展和流动人口的社会融合等调研。二是参政议政。参与人大、政协及有关部门组织的调研视察活动。班子成员参加市委、市政府举行的民主协商会、座谈会、情况通报会等。党员中的省市人大代表、政协委员按期参加各类会议，履行职责，发挥人大和政协的平台作用。8月29日，配合农工党中央医疗卫生专委会和农工党省委赴大方县八堡乡开展“全国十省市农村留守儿童心理状况调查”调研，完成50份《儿童行为量表》调查问卷。10月18—20日，市政协农工党界别委员赴威宁县、赫章县就职业教育和医疗卫生发展情况进行考察调研，文化教育专委会赴威宁、赫章开展中职教育现状调研；11月28—29日，社会经济专委会赴七星关区鸭池镇、海子街镇、碧海办事处开展流动人口与城镇化调研；妇女儿童工作专委会于12月中旬在七星关城区、大方县、金沙县及相关乡镇进行毕节市学前教育现状调研。三是撰写提案和社情民意。通过各种渠道共提交提案、议案、社情民意20余件。调研报告《关爱留守儿童构建和谐社会》作为政协毕节市委员会第二次全体会议大会发言。市委会主要领导《关于加大我省“控辍保学”工作力度的建议》的提案，被省政府高度重视，批转各地州市及相关县区办理回复。市委会辜康乐主委被农工党省委授予2012—2013年度社情民意信息先进个人。

【组织建设】 一是严格按照农工党《党章》要求，坚持“三为主”原则，严把政治质量关。二是从组织层面加强对党员的党性教育，通过召开座谈会、谈心会，建立与党员所在单位中共党组织的联系制度，建立主委联系支部工作制度，保障基层组织的政治坚定性，增强组织的凝聚力。举办毕节市农工党新党员及入党积极分子培训班。为学员们讲授《统一战线基本理论》《中国农工民主党发展史》《中国农工民主党章程》等课程，全市30多名新党员及入党积极分子参加培训。7—8月，抽调5名党员赴省社会主义学院参加“全省基层民主党派骨干培训班”第十三期、第十四期学习；市委会相关领导参加市委组织部在北京举办的“领导干部公共管理能力提升高级研修班”、全省民主党派基层负责人培训班、全市县处级领导干部学习习近平总书记系列重要讲话精神专题培训班、2013年全省新任民主党派领导班子成员专题研讨班。三是加强后备干部队伍建设，对后备干部实行动态管理。四是加强组织建设。根据中共贵州省委、省政府《中共贵州省委贵州省人民政府关于加快推进毕节试验区新一轮改革发展的意见》，要求毕节试验区“探索各民主党派在对口帮扶的县市建立基层组织，推动县级决策科学化”。成立中国农工党毕节市大方县支部委员会。是年，发展党员45人，其中医卫界22人、政府机关15人、教育界5人、非公经济2人、新闻出版1人；高中级职称29人；硕士研究生3

人、大学本科18人、大学专科20人，平均年龄在42.5岁。是年，有党员185名，有10位党员分别在政协、政府部门、党派机关和事业单位担任厅、处级实职，有23位党员分别担任省、市两级人大代表和政协委员。

【社会服务工作】 一是联合环保、科技、教育、妇联等部门开展“中国环境与健康宣传周”和“国际科学与和平周”活动。6月5日，市委会与市环保局、市中医院等部门在毕节市人民公园开展第六届“环境与健康宣传周”义诊、咨询活动。发放各种宣传资料1500多份，接受群众咨询200多人次，免费发放药品价值1万余元。开展环保咨询，发放避孕药品、环保资料等系列活动。市委会还与毕节学院教育科学学院、毕节市金源科技环保有限公司联合举办“中国环境与健康宣传周文艺晚会”。组织农工党大方县支部党员配合当地环保部门在6月5日“世界环境日”实施好第六届“中国环境与健康宣传周”活动。11月12日，农工党毕节市委组织市第一人民医院、市中医院、毕节学院和大方县人民医院的农工党党员医疗和心理专家到大方县黄泥塘镇开展第二十五届“国际科学与和平周”送医送药下乡义诊活动，免费为群众发放价值1万余元的药品。二是定点帮扶工作。是年，市委会赴帮扶联系点大方县鸡场乡大坝村开展走访慰问活动，春节时向困难群众赠送慰问金及食用油、大米、棉被、棉衣等慰问品，通过基层支部联系党员所在单位对大方县竹园乡、鸡场乡村卫生室和村小学进行定点帮扶。3—4月协调市直有关部门解决鸡场乡大坝村部分群众生产发展资金30万元。2月6日，受农工党贵州省委委托，市委会看望大方县星宿乡尿毒症患者陈云，转交农工党员捐赠的2万余元爱心款。8月20日，通过农工党贵州省委联系，贵阳市毕节商会、贵州阳光品质生活俱乐部企业家到鸡场乡大坝村开展抗旱救灾捐赠活动，捐赠总价值5万余元的6250公斤大米、1200升菜油。8月29日，经农工党毕节市委协调联系贵州威门药业有限公司下属子公司贵州同威生物科技有限公司总经理王传方赴大方县八堡乡“同心新村”新开村调研产业结构调整和转型发展情况，拟在八堡新开村先期种植100亩头花蓼作为试点。三是开展四川雅安抗震救灾工作。响应农工党中央和农工党贵州省委的号召，党员通过各种渠道捐款1万余元，捐款现金6800元交农工党贵州省委。四是开展“献爱心递温暖六一慰问活动”。5月29日、31日，市委会分别赴七星关区海子街镇迎宾小学、大方县竹园乡沙坝小学慰问学校师生和留守儿童，为学校和孩子们带去价值5000余元的体育用品和学习用具。五是开展“送医送药”下乡义诊活动。7月5日，组织毕节市中医院、毕节市计生指导所、七星关区疾控中心骨干医生及委综合支部部分党员到大方县雨冲乡开展义诊活动，接诊病人约500余人，发放价值1万余元的药品。8月17日，农工党毕节市中医院支部赴百里杜鹃普底乡开展“送医送药下乡义诊”活动，免费派送价值1万余元的药品，受惠群众达1000余人。10月19日，组织市中医院、大方县医院专家到秀水乡开展送医送药下乡义诊活动，免费发放价值1万余元的药品。11月5日，组织毕节市第一人民医院医疗专家团队到生机镇开展送医送药义诊活动。为当地群众发放价值3万余元的药品药具及1000余份健康知识等宣传资料。

【参与地方建设】 一是密切关注试验区发展需求实际，向农工党中央、省委反馈试验区建设的重大需求，争取中央、省委领导深入试验区调研，推动试验区铁路建设和医药卫生事业发展。4月16—18日，全国人大常委会副委员长、农工党中央主席陈竺赴毕节试验区考察指导工作，推进参与毕节试验区建设的各项工作。引进广州中恒集团、现代联合控股集团、贵州威门药业等企业与大方县政府签订项目合作框架协议，内容涉及在毕节试验区同心食品药品产业园发展三七、铁皮石斛等中药材种植与深加工，建设医药产业物流园、保健养生健康产业园等，签约金额达59亿元。6月14—16日，全国政协副主席、农工党中央常务副主席刘晓峰到毕节试验区视察，带领30多位农工党党员企业家到大方县，就小城镇建设、现代物流业、医药产业、农产品深加工、中药材种植等情况进行考察。大方县政府与农工党党员企业家现场签订合作项目8个，总投资97.4亿元；农工党中央和北京中成康复科技有限公司分别向大方县捐赠价值1400万元和25万元的医疗设备。9月7—8日，农工党中央副主席兼秘书长何维到大方县考察调研，了解大方的民生建设，经济社会等方面工作情况，出席农工党中央科技工作委员会在大方举办的“中医药科技惠民活动”。二是加强与市外农工党各级组织和联系，为招商引资工作牵线搭桥。3月29—30日，农工党重庆市委率农工党重庆市九龙坡区考察团到大方县考察调研为毕节同心农工中等技术学校护理专业捐赠价值10余万元的实训设备。5月4日，农工党中央副主席蔡威赴毕节试验区大方县考察中等职业教育和医疗卫生事业情况并表示，将为大方县提供从全科医生到二级医院医师进修的多层级免费培训；帮助大方职业教育培训高层次管理人才、“双师型”教师，帮助提供实训设备等。经农工党中央协调，9月9日，农工党广东省委、农工党贵州省委、大方县人民政府在东莞市签署参与毕节试验区（大方县）建设的合作协议书，广东瑞诚投资管理有限公司、广东惠州志源投资有限公司分别与大方政府签署投资7.1亿元的垃圾发电，茶叶加工，中药饮片厂投资协议；9月11日，农工党福建省委，农工党贵州省委、大方县人民政府在福州签署参与毕节试验区（大方县）建设农业科技合作协议书。10月8—11日，经农工党天津市委协调联系专家组赴毕节市调研并开展“民政部中国抗癌协会贫困地区癌症救助项目（医师培训）”活动。10月18日、19日，江苏省政协率部分农工党党员企业家、专家教授到毕节试验区大方县考察，南京路美医学科技有限公司向大方县捐赠价值105万元的医疗器械。11月21—22日，天津市和平区政协赴大方县考察，表示将为大方县免费做100例白内障手术，免费为大方县医院培训眼科医生，把大方县医院眼科打造为毕节市最好最强的眼科专业。11月29—30日，农工党中央中药产业考察组赴毕节市考察调研。拟在毕节建设占地2000亩的现代中药产业园。三是抓好“贵州毕节贫困山区同心助医工程”项目实施，推动基层卫生事业发展。市委会全程参与该项目的实施。该项计划正按照“党政主导，党派参与；整合资源，形成合力；求真务实，同心推进”的工作思路逐步开展。四是推进同心产业园建设发展。五是配合市委统战部和有关方面参与接待来自全国部分省市统一战线考察参观团，向客人介绍农工党参与毕节试验区建设的情况，树立毕节试验区民主党派组织的良好形象。

（撰稿　高新岑）

九三学社毕节市委员会

【概述】 2013年，九三学社毕节市委在中共毕节市委和九三学社贵州省委的领导下，在市委统战部的支持和帮助下，围绕中共毕节市委、毕节市人民政府的中心工作，团结和带领全市九三社员开拓创新、积极进取，加强自身建设，履行参政党职能，开展社会服务，各项工作有突破、有亮点、有成效。

【思想建设成效明显】 一是组织社员开展学习教育活动。是年，九三学社毕节市委多次召开学习专题会议，传达学习中共十八届二中、三中全会精神、全国和全省“两会”精神、习近平总书记重要讲话精神、全国政协副主席、九三学社中央主席韩启德赴毕视察时的重要讲话精神、省委“八项”规定和市委“十项”规定精神，通过召开主委会议、全委会议和支社活动加强对中央、省、市有关会议、文件精神及统一战线理论、多党合作方针政策等的学习。二是开展纪念中共中央“五一口号”发布65周年活动。按照中共毕节市委统战部和九三学社贵州省委的要求组织搞好“五一口号”发布65周年活动，分别向中共毕节市委统战部和九三学社贵州省委提交征文两篇。三是加强对入社积极分子和新成员的思想教育。3月20日，社市委组织新社员召开培训会，对2011—2013年新入社社员和部分老社员进行培训，对入社积极分子和新成员进行思想教育，通过学习九三学社章程、历史和统一战线基本理论等来提高社员的政治理论水平。

【组织建设稳步发展】 一是按《九三学社章程》和各民主党派中央《关于进一步做好民主党派组织发展工作座谈会纪要》精神有关规定做好组织发展工作。年初制订组织发展工作计划，按照组织发展程序有序发展社员，全年发展社员12名。社市委从是年起建社员个人档案，建立九三学社组织管理系统数据库，社员信息录入九三学社组织管理系统，与全国九三学社组织系统联网，方便社中央和社省委在网上内部系统查阅社员档案。二是开展一次社员思想动态分析。社市委组织开展社员思想动态分析工作，形成两篇较高质量的社员思想动态分析报告。三是社市委领导参与指导各基层支社组织的活动。支社开展调研、学习和文娱等活动，社市委领导多次带领市委机关干部参加各支社的活动，指导大家开展各种学习和调研。四是完成综合支社、农业支社、卫校支社、学院支社4个支社的组织换届工作，选举产生新一届基层支社领导班子，完成各个支社的新老交替。完成威宁支社和毕节职业技术学院支社的筹建工作。五是按社省委和市委统战部的要求完成有关调训、培训任务，举办一期社员培训班。

【制度建设再上新台阶】 一是建立健全相关工作制度并抓好落实。九三学社毕节市委员会加强领导班子建设，严格按照各项制度规定开展工作，组织召开6次主委会和4次全委会。二是定期组织机关干部职工开展政治业务学习。全年组织政治业务学习12次，提高机关干部的政治理论水平和业务能力。三是建立健全九三学社毕节市委财务公开制度、考勤制度、学习制度等机关内部管理制度，按制度规定落实。四是按要求参加市委、市政府召开的重要工作会议，参加有关学习考察、调研等相关活动，未出现不按要求参加、非特殊情况代会被通报的情况。五是严格遵守中央、省委、市委关于改进工作作风、密切联系群众的规定和有关实施细则，未出现被有关部门通报的情况。

【宣传工作有新突破】 完成《简报》16期，向中共毕节市委统战部、九三学社贵州省委以及九三学社毕节市委全体社员报告社市委各项工作进展情况。通过政协、统战系统和其他媒体，向社会宣传九三学社的工作、活动、优秀人物。在试验区联络联系工作动态、九三黔讯、九三学社贵州省委员会网站等登载信息、报道、理论文章25篇，有2篇散文在社省委和社中央网站上刊登，相关会议、活动被市电视台、县区电视台报道2次。

【参政议政水平有提升】 一是社市委紧扣中共毕节市委、市政府的中心工作，带领社员围绕全市经济社会建设中的热点难点，开展调查研究，以“一社员一建议，一支社一提案”活动为动力，促进提案工作抓落实，坚持把发扬民主、增进团结、协调关系、理顺情绪、化解矛盾作为履行职能的重要着力点，组织社员做好反映社情民意的工作。在省政协十一届一次会议上提交提案2件；在2013年政协毕节市一届二次会议期间提交提案25件。由社市委在市政协会议上提出的4件党派提案中，2件上升为副市长领衔督办提案和市政协副主席督办提案。二是开展调查研究。年初，社市委召开参政议政工作会议，对课题调研工作进行安排部署。成立课题组，赴威宁县海拉乡牛栏江调研生态资源情况；到毕节市七星关城区调研毕节形象情况，形成2篇调研报告。配合民主党派中央、省委和市委统战部等完成在威宁开展的新课改和工业园区建设的调研任务。三是加强社情民意工作。调动社员反映社情民意工作的积极性，社市委召开一次本党派人大代表、政协委员和特约人员联席会议，听取对相关工作的意见建议。卫校支社举办提案培训班。四是立足本职，建功立业。社员张绍荣和游泳被市委、市政府授予“毕节市第四批市管专家”。周正军创作的歌曲《奢香》获贵州专业文艺奖二等奖。赵祖禹被九三学社中央表彰为参政议政先进个人。

【社会服务工作】 一是加强对外联络联系工作，争取中央及市外社组织共同参与毕节试验区建设。4月，到社深圳市委对接和请求深圳对口帮扶毕节市。深圳市人大常委会副主任、九三学社深圳市委主委蒋宇扬赴威宁县进行实地考察调研，相关帮扶工作即将启动。二是参加省内外统一战线组织赴毕节考察活动，在接待中宣传毕节试验区25年改革试验的成就和经验，和来访的九三学社河南省洛阳市委、辽宁省辽源市委、重庆市南岸区委、广东中山大学委员会、四川宜宾市委等的领导交流工作和学习体会，在活动中借鉴和学习外地先进的学习和社务工作经验。三是配合做好九三学社中央领导到毕节视察的各项工作。四是开展第25届“国际科学与和平周”活动。社市委和威宁县人民医院的医学专家为群众免费诊疗，提供内科、外科、儿科、妇科等方面的咨询服务，活动接待患者和咨询群众260余人，无偿发放阿莫西林胶囊、重感灵胶囊、灯盏花颗粒等16种、390盒、价值5000余元的药品。五是社市委协调市扶贫办、市农委、市经作站、威宁县果树场等单位，邀请毕节市经作站、威宁县农业局以及九三学社社员中的经果林专家为威宁县雪山镇的120名苹果种植户代表进行培训。

（撰稿　赵祖禹　杨　威）

工商联（商会）

【概述】 2013年，在市委、市政府的领导下，在省工商联和市委统战部的指导下，市工商联围绕市委、市政府的决策部署和工作大局，发挥职能作用，开展各项工作，促进非公有制经济健康发展和非公有制经济人士健康成长，为全市经济社会又好又快发展作出应有的贡献。

【加强机关建设，改善工作作风】 一是强化学习，组织工商联干部和非公有制经济人士学习党的十八大、国办函35号文件、中纪委十八届二次全会精神，中央、省、市关于改进工作作风、密切联系群众的有关规定，省、市经济工作会议精神。二是以非公有制经济人士理想信念教育实践活动和机关作风整顿活动为抓手，转变机关工作作风，理顺机关内设机构职能，建立重大事项及重点工作督办制度和问责制度，提升干部职工政治意识、大局意识、责任意识、创新意识，提高机关干部的执行能力和工作效能。三是建立健全市工商联妇委会、团委、工会组织，面向社会公开招考5名工作人员，充实市工商联工作力量。四是加大对干部职工教育培训力度，提升干部职工的综合素质和业务能力，干部职工参加市内外培训超过10人次。

【加强基层组织建设，夯实工作基础】 一是做好会员发展工作。按照面向工商界、以民营企业和民营经济人士为主体、广泛性和代表性相结合的原则，制订会员发展规划，把政治素质高、社会贡献大、有一定参政议政能力、有影响力、热心工商联工作的非公有制经济人士吸收入会。是年，发展会员896名，其中团体会员5名，个人会员891名。二是开展商协会建设。探索商会建设规律，把握商会建设方向，在指导、推动上下功夫，见实效。成立毕节市福建商会、毕节市酒类行业协会、贵阳市毕节商会，开展海南省毕节商会、毕节市重庆商会、毕节市家居行业协会和毕节市浙商城商会筹建工作。

【搭建活动平台，提升服务水平】 一是搭建政企交流平台。通过与市委组织部、市委统战部等部门共同开展“非公企业党建服务月”“以商招商座谈会”“投资环境建设座谈会”等活动、会议；组织会员企业参加省工商联组织开展的“第五届民营企业高校毕业生招聘会”，与市总工会、人社局、教育局联合开展“2013年全国民营企业招聘周——毕节站”活动等，促进党政机关与民营企业的交流沟通，营造良好投资兴业环境，促进企业的健康发展。组织开展贵州省“一生一本·同心助学”及“2013年中华红丝带健康包进企业”在毕节的活动。二是搭建企业合作平台。组织100余名企业家参加省工商联组织的“优秀会员企业家成长计划”培训，参与省工商联先进企业文化建设和先进厂务、政务公开的评选工作，金沙回沙企业集团和金海集团分别获得表彰。通过搭建合作平台，交流企业发展经验，传播企业发展先进理念，促进企业之间发展共赢。三是搭建维权服务平台。经过多次调研、多方协商，制订《毕节市工商联关于加强维权服务工作的意见》《毕节市工商联非公企业维权援助申请表》《毕节市工商联非公企业维权流程图》；与贵州衡瑞律师事务所共同组建法律服务工作站，搭建服务平台，为企业提供法律咨询、帮助企业防范法律风险，依法维护其合法权益。是年，为会员解决发展过程中遇到的实际困难4件，维护会员合法权益案件两起。四是搭建信息服务平台。办好试验区商会网站，在网站上新增“民营经济组织专业技术申报评审”“理想信念教育实践活动”“政策咨询平台”等专栏；编发各类工作简报，发放宣传资料；创办《毕节试验区商会》会刊，加强宣传、服务民营经济发展。五是创新融资服务平台。与市委统战部、市金融办共同承办“毕节市2013年‘银企携手·共促跨越’银企座谈会”，市四大班子领导出席会议，市委副书记、市长陈昌旭在会上作重要讲话。会上，9家银行与18家企业达成授信意向，拟授信额达约14.3亿元，部分银企之间达成初步意向，涉及授信金额10余亿元；5家银行与9家企业达成长期合作意向并在会议现场签订合作协议。市工商联向政府相关部门推荐优秀企业和项目，争取财政资金支持；组织会员开展培训、讲座等多种形式的金融服务，完善服务架构，提高服务能力。

【发挥自身优势，助推招商引资】 按照全

市经济工作会议和市委、政府《关于进一步推进2013年招商引资工作的意见》精神，市工商联采取“走出去、引进来”的方式，加大招商引资工作力度。一是组织本市民营企业家和工商联干部外出考察，拓宽对外合作渠道；二是联系邀请重庆市、南京市工商联（商会）企业家，福建省贵州商会会长冯佑祺一行、上海大润发有限公司王致凯经理、四川新胜集团李丽等企业家到毕考察投资。是年，达成投资协议15.7亿元，落地资金1.05亿元。

【集团帮扶和美丽乡村建设】 组织引导民营经济人士参与光彩事业活动，致富思源，回报社会。争取贵州宏立城集团捐资500万元，帮助赫章县哲庄乡阿穴村开展地震灾害集体搬迁项目“同心·宏立城”新村项目建设，主体工程已经完工。在“集团帮扶”和“美丽乡村”建设工作中，为集团帮扶点赫章县安乐溪乡碗厂村协调解决9公里的通村公路以工代赈资金，协调道坤铁业董事长顾晓坤个人捐助20万元用于解决该村村公所维修和建设，解决制约该村发展的交通问题和活动阵地问题。市工商联（商会）副会长、贵州樽憬房地产公司董事长龙天来向市慈善总会“龙天来扶贫助学基金”捐赠300万元，市工商联（商会）副会长、重庆市川嘉房地产公司董事长罗英捐款3万元开展“七一”慰问活动等。

【加强调查研究，解决民企问题】 为推进服务民营企业发展，市工商联围绕民营企业投资保护、税费负担、权益维护、融资以及园区建设等内容，开展十大行业（茶叶、白酒、民族医药、特色食品、能源、房地产、旅游、建材、装备制造和其他）民营企业调研，中小微企业监测点样本企业调研。到县区工商联、各直属商（协）会等30多家会员企业调研。撰写《毕节市民营经济发展情况调查分析》《关于促进毕节市非公有制经济健康发展和非公有制经济人士健康成长工作情况汇报》等材料，报送有关领导及部门，促成一些企业问题的解决。

【对外交流】 3月，组织考察组赴六盘水市工商联、黔东南州工商联开展商会大厦建设、经济实体建设、非公有制经济党建工作、投融资服务等内容的考察交流；9月，组织会员企业参加“2013年中国·红河第十届城市友好商会会长会议”，获得2014年第十一届中国城市友好商会会长会议举办权。10月，参加黔滇川渝桂毗邻地区工商联协作会第五次会议。与重庆市百碚区、贵阳市、黔东南州工商联（商会）签订友好商会协议，促进商会间的交流合作。

【非公党建工作】 贯彻落实全省非公企业和社会组织党建工作会议精神，配合市非公有制企业和社会组织党工委抓好非公经济组织党建工作。针对全市非公有制经济迅猛发展的状况，抓好全市非公有制经济组织党建工作，推动非公有制经济健康发展和非公有制经济人士的健康成长，争取市委及相关部门支持，在市委统战部成立毕节非公有制经济组织党建指导中心，负责开展全市非公经济党组织建设工作，为推进全市非公有制经济组织党建工作、促进非公有制企业健康发展提供组织保障。

【非公有制企业人才队伍建设】 加强非公企业人才队伍建设，为毕节民营经济发展提供人才保证和智力支持，市工商联（商会）组织开展民营经济组织工程、农业、工艺美术系列职称申报评审工作。与市人社局、市民营经济发展局共同转发《关于做好我省民营经济组织专业技术职务申报评审工作的通知》，制订《毕节市工商联关于开展民营经济组织专业技术职务申报评审的工作方案》，开展大量的宣传发动和组织工作，各会员企业共150余人参加申报评审。举办“民营企业家的成长与修行讲座”，邀请广州市干部管理学院常务副院长、博士生导师、毕节市人民政府副市长鲁开垠授课，200多企业家听取讲座。

【强化督促考核，推进县区工商联建设】 一是把加强县级工商联建设作为抓基层、打基础的重要工作。贯彻落实省委统战部、省工商联《贯彻落实全国工商联〈推动解决县级工商联建设中的突出问题工作实施方案〉的实施办法》的精神，加强对县区工商联的指导督促和考核，推动地方党委政府重视和关心工商联工作，解决制约工商联工作开展困难和问题，提高全市乡镇、街道商会组织覆盖率，提高社区、市场商会组织建设组建力度。二是加强对县区工商联日常业务工作和纳入年终目标考核重点的督促，年终考核评比，推动全市工商联工作上新台阶。

【开展理想信念教育，促进非公经济健康发展】 按照中央统战部和全国工商联开展非公经济人士理想信念教育实践活动的统一部署，结合毕节实际，5～10月，市统战部、市工商联以“同心聚力·美丽毕节”为主题，开展毕节市非公经济人士理想信念教育实践活动。召开动员部署大会、采取电视、报刊、《试验区商会网》等形式宣传发动，营造实践活动氛围；通过定期召开调度会，深入企业宣传、调研，开展全市性知识竞赛，多形式召开座谈会、经验交流会，以及组织“非公党建集中活动月”等活动，丰富实践活动内容。

（撰稿 张 树）

工会工作

【概述】 2013年，在市委、省总工会的领导和市政府的支持下，全市各级工会以邓小平理论、“三个代表”重要思想、科学发展观为指导，按照市工会一届二次全会的工作目标，围绕党政中心工作，履行工会职能，团结动员广大职工推动试验区科学发展、后发赶超，在参与创新社会管理、服务职工、创新发展、赶超跨越等方面作出贡献，完成各项工作任务，多次得到贵州省总工会、市委、市政府领导的肯定。

【加强理论学习，坚定思想信念】 各级工会通过宣讲会、研讨会、报告会、职工讲堂等形式，学习贯彻党的十八大、十八届三中全会、中国工会十六大、市委一届五次全会和省工会十三大精神。各级劳模代表、党政机关、企事业、非公工会负责人、企业一线员工及县区总工会机关干部职工1000多人聆听各类宣讲报告。通过学习和宣传，激发广大职工为全面建成小康社会、实现中华民族伟大复兴的中国梦而奋斗的信心决心；统一工会干部职工思想认识，明确新形势下工会工作的前进方向；坚定走中国特色社会主义工会发展道路自信和做好新形势下工会工作的岗位自信。

【发挥主力军作用】 通过开展“凝聚正能量、共筑中国梦”系列活动，弘扬劳模精神，唱响“劳动光荣、创造伟大”的时代主旋律，发挥劳动模范引领作用，向广大职工传递共建富裕和谐美丽新毕节的正能量。一是开展建功立业劳动竞赛，围绕“工业强市、城镇化带动”战略、调整优化产业结构、推进民营经济三年倍增计划等中心工作，以经济开发区、产业园区、重点行业和民营企业为主战场，多层次、多形式地开展“工业强市·工人当先——工会组织在行动”“百万职工奋勇当先”等劳动竞赛，参赛企业3607家，参赛职工达21.46万人。全市获全国“五一”劳动奖章1个、省“五一”劳动奖章4个、奖状1个；全国、省工人先锋号3个；申报贵州省职工优秀技术创新成果项目5个。二是推进职工素质提升。把“创建学习型组织，争做知识型职工”与职工自学成才活动结合起来，深入开展岗位练兵、技能比武、节能减排等劳动竞赛，组织职工提“金点子”（合理化建议）5000多条、申报创新成果213项、推广先进操作法89项、开展技改技革77项。加强职工素质工程阵地建设，完成8个基层职工教育培训示范点，其中国家级示范培训基地1个。提升学历层次9000余人。建成“职工书屋”全国示范点2个，省级示范点22个。开展形式多样的“凝聚正能量、共筑中国梦”主题系列活动，向省总工会评选推荐“最美劳动者”9人，入选5人；推荐“快乐读书、愉快生活、激情工作”职工书屋主题读书征文20篇；推荐“最美劳动者、最美生活画图”职工摄影大赛作品20幅；上传“劳动我最美”职工微博80篇；举办各类职工讲堂活动共209场。举办全市《女职工劳动保护特别规定》知识竞赛，增强女职工依法维权意识，促进女职工不断提升自身维权水平和能力。三是开展企业劳动保护、安全生产和职业病防治工作。各级工会开展“工会送安全教育进矿山、保护煤矿矿工生命安全”特别行动。干部职工深入基层企业、矿山矿井100多家次，组织职工开展谋划“金点子”、提合理化建议和安全生产群众监督检查活动，在一线职工（农民工）之间开展安全生产事故警示教育，宣讲《劳动合同法》。对120家煤矿进行安全督查，培训3000多人，促使企业加强对生产一线人员、煤矿监管人员、煤矿负责人、特种作业人员和矿工的安全教育培训，提高从业人员安全意识和技能。各级工会参与劳动保护、安全生产、职业病防治等方面的监督检查和事故调查处理，发放各类安全生产宣传教育资料3万多册。有1231家单位、2415个班组、100354名职工参加“安康杯”竞赛活动。举办“安全在我身边”演讲比赛、“安康杯”职工安全技能大比武和建筑工地塔吊职业技能大赛。毕节供电局、大方永贵建材有限责任公司获全国“安康杯”竞赛优胜单位称号；纳雍五轮山煤业有限公司通风工区获全国“安康杯”竞赛优胜班组；黔西桂箐煤炭开发有限公司等企业获省“安康杯”竞赛优胜企业；金沙县总工会获全国“安康杯”竞赛优秀组织单位、七星关区总工会获省“安康杯”竞赛优秀组织单位奖。

【基层民主管理建设】 一是强力推进工会组建。坚持党工共建，以工业园区（开发区）及新增非公企业为重点，开展集中建会行动。市总工会在毕节经济开发区、金沙经济开发区推行“建会、建制、建家”综合试点。结合创建省级创业型城市工作，启动毕节市小微企业创业一园、二园“建会建家建制”。成立毕节市工商联（商会）工会联合会，覆盖小微企业。县区工会加大对乡镇、园区总工会及县以下区域性、行业性工会联合会的建设力度，健全和完善工会组织网络。做好工会组建台账和会员实名制管理。全市工会组织7880个，组建为率99%；工会会员891849人，入会率为99%；会员实名录入覆盖面积达100%。二是强力推进工资集体协商。坚持“一账四证”“一企一策”，全市正常经营企业2687个，建工会企业2659个，签工资集体协商协议2090份，协议涵盖企业2404个，工资集体协商覆盖面达90%，其中国有企业88%，集体企业67%，非公企业91%。签订女职工权益保护专项集体合同1914份，签订率100%。三是推进厂务公开民主管理。坚持以职工代表大会为基本形式的企事业单位民主管理制度，保障职工参与管理和监督民主权利。企业工会“双亮”覆盖面达到86%。国有集体及其控股企事业单位厂务公开建制率达100%，非公有制企业厂务公开建制率达90%。表彰市级模范职工之家10个，模范职工小家10个；推荐省级模范职工之家5个、小家4个，全国模范职工之家3个、小家2个。

【健全劳动关系协调机制】 完善各级劳动关系三方协调机制、工会与政府联席会议制度，合力开展劳动关系和谐企业（工业园区）创建活动，构建和谐劳动关系。建立健全劳动关系预警、调处、应急处置机制。定期分析研判职工思想动态和劳动关系矛盾隐患，依法维护职工合法权益，维护职工队伍和社会稳定。信访调处率达90%，配合人力资源和社会保障局等有关部门为农民工追讨欠薪200余万。

【帮扶工作】 建工会的乡镇（街道）、社区（村）、帮扶服务站（点）覆盖面达60%，园区（开发区）、企业帮扶服务站（点）覆盖面达80%以上。录入上报困难职工、农民工档案数为184949户、399167人。各级工会通过开展“千名干部下基层、真心实意办实事”等活动，做好维权帮扶救助工作。各级工会拓展筹资渠道，筹集650余万元开展“两节送温暖”、抗旱救灾、金秋助学、女职工“关爱行动”等活动。百名工会干部职工深入乡镇、企业、园区、班组、帮建联系点等，探访和服务困难职工（农民工）、改制破产企业下岗职工、单亲困难女职工子女、空巢老人、留守儿童等群体，慰问困难企业138家、困难职工群众13000多人。探索创新七星关区总工会建立全市第一家环卫工人维权帮扶服务站，筹集长效帮扶基金25万元；毕节市汽车运输公司已启动建立困难职工帮扶站；黔西县推进农民工返乡创业园规范化建设；织金县总工会试点建立困难职工（农民工）“小超市”，符合条件的困难职工持卡享受购物优惠和折扣，让困难职工（农民工）感受到工会帮扶的实惠。开展培训和稳定就业工作。依托职业技术学院（校）、民营技能培训学校、工会定点培训机构等集中开展职工技能技术培训和下岗职工、农民工培训、创业就业培训等40多期，培训2万余人。参与做实“百万农民工创业就业”、春风行动、“全国工会就业援助月”、民营企业招聘周等促进就业活动，全年举办各类招聘活动15场，促进实现就业1万余人。

【工会自身建设】 加强干部素质提升。加强干部培训力度，打造素质优、业务精、作风实的工会干部队伍。市总工会与市委组织部联合举办1期非公企业党组书记和工会主席60人的培训班；市总工会举办1期工会经审干部26人的培训班和1期工资集体协商40人的培训班；完成省总调训4期27人、全总调训5期6人。县区等各级工会开展各类培训36期培训2657名基层工会主席及工会干部。厉行节约、转变作风。贯彻中央、省委关于转变作风、厉行节约的八项规定和十项规定，聚焦“四风”、力克“四化”，加强党风廉政建设，为开展第二批群众路线教育实践活动奠定扎实基础。“跑省跑部”，争取支持。市总工会向全总、省总汇报工作，争取全总、省总从政策、资金等方面支持毕节试验区工运事业发展；多次向市委、市政府汇报工会工作，争取党政支持。市总工会工人文化宫建设项目已经市委批准列入规划落实土地。各县区总工会争取县区党委政府支持，七星关、大方、黔西、金沙、织金等县区推进工人文化宫建设。强化宣传，扩大影响力。重视新闻宣传报道工作，措施有力，各级工会在市县区电视台、《贵州日报》、人民网、中工网、金黔在线、黔工网、《劳动时报》《毕节试验区》等有影响力的媒体宣传报道300多次，提升工会工作的社会知晓率，树立全新形象。市总工会、黔西、威宁建成本级工会网站。统筹发展，提升工作水平。执行税务代收实施细则有关规定，理顺缴费单位隶属关系，加强工会经费收、缴及使用的监督管理。严肃干部离任审计、常规审计。信访、统计、督查、调研、计生、“多彩贵州”文明行动、“帮联驻”工作、生态文明家园建设等各项工作协调推进。

（撰稿　祖维燕）

共青团工作

【概述】 2013年，毕节共青团工作在市委、团省委的领导下，学习贯彻党的十八大、十八届三中全会精神，围绕组织动员全市团员青年在建成小康社会征程上建功立业这一主要任务，按照年初制定的“六个三”工作思路，推动各项工作，在新的起点上实现新的发展。

【组织领导能力】 召开2次全委（扩大）会议，6次常委会议，讨论制订全市共青团事业发展的重大部署和重要事项。召开毕节市青年联合会第一届委员会第一次全体会议，选举产生市青联一届一次常务委员会，讨论制订未来五年全市青联工作的发展战略，开启试验区青联事业发展的崭新篇章。团市委机关坚持每月召开一次工作例会，听取各部室工作汇报，研究制订次月工作重点和主要任务，推动全年工作开展。团市一届三次全会讨论通过《关于开展跨越型团组织建设组织动员全市团员青年为建设富裕和谐美丽新毕节贡献力量的实施意见》，研究部署全市“跨越型团组织”建设工作，全市各级团组织按照“三学三树”“三走三提”“三建三强”的总步骤和总要求，开展创建“六型”团组织活动，团市委常委分别联系一个县区和一个市直单位创建活动，指导“六型”组织创建工作，提升各级团组织的科学发展水平和组织领导能力。

【基层组织建设】 指导推动任期届满的团县区委进行换届，3个县区团委分别召开代表大会，实现新旧交替。2名县区团委班子成员顺利转岗，新考察选拔4名优秀年轻干部充实到县区团委班子任职。加强乡镇团委班子建设，选择部分乡镇开展适龄乡镇党委委员兼任乡镇团委书记试点工作。推动“5+X”乡镇团委建设，协调县区党委、政府解决落实乡镇团委工作阵地、人员编制和经费保障等问题，推动乡镇团委工作正常化开展，3个县区落实县级财政一年补助每个乡镇团委2万元的工作经费问题，促进乡镇共青团工作的开展。开展乡镇“实体化大团委”建设“回头看”工作，巩固建设成果，实体化大团委巩固率达97%。以村（居）两委换届为契机，联合市委组织部制订下发《关于在全市第九届村（居）两委换届工作中加强农村团建工作的实施意见》，加强农村基层团组织建设。制订印发《关于进一步加强城市社区团建工作的实施意见》，形成以社区团工委为核心的社区“大团委”组织网络。组织开展毕节市“五四红旗团委”“优秀共青团员”“优秀共青团干部”的评选命名活动，挖掘和表彰优秀基层团组织、团干部和团员青年的先进典型事迹，提升基层共青团的影响力。

【“两新”组织建设】 推动独立建团、行业建团、联合建团等非公团建工作的模式，探索区域建团、特色街区建团、外来青年集居地建团等新的建团模式，新增“两新”组织团组织212个。探索实行对部分重点非公企业、“两新”行业团组织进行直管，明确每个团市委常委联系指导一个重点非公团组织。加强“两新”组织团干部培训工作，在市委党校举办一期“青春引擎”非公企业团干部培训班，提高非公企业团干部的工作能力和领导水平。

【机关自身建设】 研究建立团市委党组会议制度、书记办公会议制度、常委会议制度、全委会议制度、工作例会制度等一系列议事决策规则。建立完善公文管理、后勤管理、学习培训、信息宣传等规范性管理制度，建立健全科学高效的管理机制。研究制定县区共青团工作目标绩效考评管理实施办法和市直团组织工作考核管理办法，形成科学化、长效化、动态性的考核评价机制，确保各级团组织工作扎实有效推进。建立机关干部职工绩效考核管理办法，加强团市委机关自身建设和考核管理。

【能力作风建设】 推进团干部能力建设，举办2期专职团干部培训班，邀请市政府办公室、市委党校、市内知名学者等对机关和基层团干部进行专题培训，参训干部200多人。举办团干部“三项技能”（写作、演讲、新媒体运用）竞赛活动，提高团干部业务工作水平和实际操作能力。制订《共青团毕节市委改进工作作风密切联系群众实施办法》，建立团市委常委联系点制度，书记班子带头深入农村、企业、学校开展调研、帮扶、督导等工作。开展好驻村帮扶工作，抽派两名中层干部驻大方县雨冲乡金门村开展驻村帮扶工作，宣讲党的十八大精神，帮助该村制订产业发展规划，协调部分大学生志愿者支持该乡相关工作，挤出资金11万元支持该村“两个硬化”建设和村级文化广场建设，为该村考上大学的贫困生解决助学金等。

【推进“我的中国梦”主题教育实践活动】 按照团中央和团省委开展“我的中国梦”主题教育实践活动的总体方案，结合全市实际和青少年思想教育特点，研究制订《毕节市青少年“我的中国梦”主题教育实践活动实施方案》。活动按照开启“寻梦之旅”、制定“追梦计划”、实施“圆梦行动”三个环节推进。在各级团组织开展主题教育实践活动过程中，举办宣讲报告会、学习讨论会、演讲比赛、知识竞赛、青春沙龙等500多场次，覆盖影响青少年20多万人次。通过主题教育实践活动，帮助各行各业青少年实现“成才之梦”达0.5万人，帮助青年实现“创业之梦”建立“青年创业产业园”11个，建设市县两级“青年创业就业实习实践基地”32个，帮助特殊群体青少年实现“阳光之梦”，建立“阳光家园——农村留守儿童自立自强中心”11个，“阳光驿站——社区特殊青少年关爱保护中心”3个，推进“老少共融之家”建设，帮助贫困弱势青少年0.3万人。

【开展“点燃青年激情与自信——中国特色社会主义主题教育活动”】 按照开展三项专题活动、举行三项评比活动、组织三项实践活动、建立三项工作机制的总体方案，以深入实践、点燃激情、增强自信为目标，开展“点燃激情·增强自信”专题调研、“中国梦·青春梦”专题学习、“青春同心·美丽同行”专题宣讲；组织各级团干部开展走基层、走企业、走出去等教育实践活动，团市委常委开展走访调研100天以上，形成专题调研报告12篇，组织专题宣讲报告会20余场次，全市组织2万多团员青年投身“美丽乡村”建设“两个硬化”工程。

【新媒体运用和少先队主题活动】 各级共青团组织推进新媒体运用工程，团市委改版升级共青团毕节市委网站，强化团市委官方微博、QQ群、微信群的应用推广和思想引导。各级团组织开通官方微博280余个，团干部个人微博0.135万个，组织开展“我的中国梦”“团干部微话题”“新青年新婚俗”等微博话题讨论活动，通过微博、微信、QQ等新媒体发布、转发、评论各类共青团信息和青年话题0.5万条，聚集微博粉丝总量10多万人。与中国电信毕节分公司合作，为乡镇团干部免费配备一台智能手机，并赠送一个月话费。与中国移动毕节分公司合作，开通试运行毕节共青团手机报，部分县区正式开通发送共青团手机报。是年，《中国青年报》报道毕节共青团工作信息2条，《贵州日报》报道1条，团中央网站报道31条，团省委网站报道53条，《毕节日报》报道46条，毕节电视台报道18条。组织开展少先队主题队日活动，以“美丽红领巾·编织中国梦”为主题，开展“红领巾相约中国梦”“祖国好·家乡美”“手拉手·一起走”等系列活动，市县两级少工委在建队日期间开展“优秀少先队集体”、“优秀少先队员”和“优秀少先队辅导员”等评选活动，强化对少先队工作的领导和少先队员的思想道德教育实践引导。

【开展“春晖行动”】 一是“春晖行动”工作载体不断创新。组织开展好春晖座谈会、春晖联谊会、返乡人士座谈会等活动，开展好礼聘“春晖使者”工作，新礼聘“春晖使者”335名。与中国移动毕节分公司合作，研究开发“春晖行动”手机APP应用平台，用户可以通过该平台了解“春晖行动”工作动态、春晖项目实施进度、春晖行动项目资源库，通过该平台设置个人“春晖行动”援助计划，开展“一对一”结对帮扶行动等。研究制订《百川聚汇春晖情·同心共筑中国梦——毕节市“同心·春晖行动”工作实施方案》，联合统战部门共同推进开展“春晖行动”工作。二是“春晖行动”工作项目不断拓展。申报、争取织金县普翁乡、威宁县麻乍乡通村公路建设等5个省级“春晖家园计划”项目；争取市级财政支持，下达专项资金50万元，实施市级“春晖家园计划”7个；争取各级“春晖使者”支持，自行组织实施各类“春晖项目”32个。组织实施“春晖行动——致公学生培训计划”，通过推荐选拔25名品学兼优贫困小学毕业生到北大附属实验学校就读初中和高中学业。三是“春晖行动”文化理念不断深化。组织开展“春晖行动”专题报告会5场，邀请著名演讲家春晖行动发展基金会副理事长、《春晖》杂志执行主编蔡顺华老师、优秀“春晖使者”杨文学等到市、县作专题报告3场，覆盖影响团员青年0.5万人次。编辑印制《乌蒙春晖——毕节市“春晖行动”10周年回顾》宣传画册；精心组织、成功承办“春晖行·中国梦——全国百名校媒记者走进毕节试验区”采访活动，宣传“春晖行动”文化理念，取得良好的外宣效果；承办国家社科基金特别委托项目《社会主义核心价值体系建设的大众行为化模式研究——基于贵州“春晖行动”的实践探索》课题预评审会。以“春晖使者”杨文学为原型，创作公益微电影《背篼杨文学》剧本，录制主题歌《把梦背在肩上》。

【“青年突击队”活动】 团市委结合毕节实际，研究制订《毕节市“千支突击队·立功献青春”活动量化考核细则》《毕节市“千支突击队·立功献青春”活动信息报送制度》等规范性管理文件，规范青年突击队的建设、管理、活动等方面工作。是年，新建青年突击队230支，其中安全生产青年突击队62支，工程建设青年突击队60支，工业生产青年突击队51支，科技创新青年突击队19支，招商引资突击队17支，突击队队员4432人，影响青年数3.8万人。青年突击队创造产值5000万元，组织重大突击行动21次，服务急难险重任务15次，为全市经济社会发展攻坚克难任务做出积极贡献。

【青年就业创业工作】 一是探索建设“青年创业示范园”和“青年创业就业实习实践基地”。依托经济开发区、工业园区和中小企业孵化园等载体，团市委牵头建立“青年创业示范园”2个，各县区分别建立“青年创业示范园”9个，青年创业就业实习实践基地13个，创建省、市青年创业基地23个，提供见习岗位254个，通过青年创业带富能手创办的各类种植业、养殖业、加工业、服务业基地，解决近万余人就业。二是成立毕节市青年创业者协会，举办青年创业者论坛。团市委党组研究批复同意成立“毕节市青年创业者协会”，协会组织青年创业者、热衷青年创业就业事业的专家、企业家、技术人员、企业负责人、高校知名教师等定期开展活动，礼聘35名相关专家为青年创业导师，组织定期开展青年创业者论坛，举办6次，团市委领导亲自参与论坛并与青年创业者、青年创业导师交流创业就业工作。协会为近2000人次青年提供技术、信息、资金、创业经验等方面的帮扶。三是大力推进青年就业创业培训。依托本地职业培训学校、高校就业培训基地，建立分级培训体系，开展培训活动。举办实用技术培训、岗前引导性培训、职业技能培训班9期，培训青年1000人。举办“我的创业梦想”全市青年创业设计大赛，参与青年达到2000人次。在部分大中专院校举办毕节市“我的中国梦”青年就业创业典型宣讲报告会3场。四是协调加大创业融资贷款支持力度。联合中国银行毕节市分行宣传推广“贵州青年创业”借记卡，为创业青年提供便捷有效的金融服务。通过团市委宣传发动办理的青创卡1000张。加强与农行、农村信用社、邮政储蓄银行等金融机构合作，建立农村青年创业小额贷款的“绿色通道”。协调青年创业小额贷款4724笔1.4亿元，帮助带动就业人数1.5人。五是组织参加2013贵州省首届创业投资博览会。策划设计特装展位，展示毕节试验区的工作特色和资源优势，组织毕节市76家创业企业参展，超额完成参展任务。参展企业产品销售额约21万元，达成合作意向项目121个，预计合作投资达768万元。

【实施“山区希望工程”】 注册成立“毕节市希望工程发展协会”，理顺强化“同心·光彩助学协会”的管理，推进全市希望工程工作。加大筹资力度，引进希望工程资金2100多万元，建立希望书库30个、建设希望食堂20个。加大贫困学生资助力度，组织实施2013年贵州山区希望工程“新学期·新书包”等公益助学活动，继续做好“习酒·我的大学”“国酒茅台·我的大学”

等公益助学活动，争取爱心企业、各方人士支持，开展“同心·光彩助学”“新进助学金”等助学活动，资助贫困大中小学生5000人，其中贫困大学生1378名。发动各行各业团员青年，围绕贫困学生、困难老人、社会青少年等重点群体，开展各类爱心资助、慰问、关爱等活动100余次，累计物资2000多万元。

【开展“青年志愿者行动”】 一是加强志愿者队伍建设。全市有青年志愿者服务站点1239个，服务基地226个，组建消防、应急、法治宣传、和谐毕节三关爱等专业志愿者服务队32支，新增注册社会志愿者7421名。二是开展志愿服务活动。组织各类青年志愿者在帮困助学、法律援助、环保绿化、社区文化、公益宣传、便民服务、敬老助残等方面为社会、为群众提供志愿服务1800次，参与人数达8万余人次，为社会提供近12万小时志愿服务；坚持志愿服务累积100小时以上的志愿者人数达700余人。三是加强志愿者管理与服务。按照经费比例落实“西部计划”“三支一扶”志愿者专项经费，与市组织人事部门协调落实志愿者就业优惠政策，开展优秀青年志愿者代表及优秀集体评选活动。在中秋、元旦、春节等重大节假日期间，各级团组织开展慰问志愿者活动30多次。四是推进“关爱农民工子女”志愿服务行动。结对农民工子女学校1248所，结对农民工子女数22.9万人，发放价值6.5万元的爱心物资。五是开展“花季护航”志愿服务。在高考期间，各级团组织结合自身实际开展“花季护航·爱心护考”、家庭公益大讲堂、青少年安全自护教育等活动200多场次，服务青少年达1.6万人次。制作毕节市大学生志愿服务西部计划专题片。

【市首届青少年文化艺术节活动】 争取社会资源支持，获得社会赞助60多万元，4月启动“美丽毕节·活力青春”2013年毕节市青少年文化艺术节。艺术节历时7个多月，分别开展“中国梦·青春韵——青少年器乐大赛”“中国梦·青春印——青少年现场书画大赛”“激扬的青春——青年辩论大赛”“我的创业梦想——青年创业设计大赛”四项比赛和第七届“青春献给试验区——毕节十佳青年”暨“贵人善行——最美毕节青年”评选活动。通过各县区、市直各单位层层预赛和决赛，四项比赛总决赛分别于7～9月分期举行。第七届“青春献给试验区——毕节十佳青年”暨“贵人善行——最美毕节青年”评选活动通过层层推荐、逐级把关、评选委员会投票、公众投票、媒体公示等环节，最终确定第七届“青春献给试验区——毕节十佳青年”暨“贵人善行——最美毕节青年”各10名，并由团市委书记何旭作词，创作毕节共青团主题歌《青春献给试验区》。12月9日，举行“美丽毕节·活力青春”2013年毕节市青少年文化艺术节获奖节目展演和第七届“青春献给试验区——毕节十佳青年”暨“贵人善行——最美毕节青年”颁奖盛典。团市委举办“娃哈哈·启力杯”3V3青年足球赛。比赛受到全市广大青少年的关注，各县区和市直学校都组队参与，经过县区、市直9个分赛区113支球队的预选赛，6月29日，12支球队参加市级决赛，决出最终名次。

【共青团宣传文化阵地】 团市委将原纸质简报《团内通讯》改版为《毕节共青团》，增加版面和内容，并改为彩色印制，注重内容的丰富性和载体的厚重感。加强与《毕节日报》《乌蒙新报》《毕节试验区》杂志、毕节电视台等主流媒体的协调联系，强化共青团特色品牌工作的宣传。对接毕节党建网、乌蒙新网、《毕节手机报》，报送并争取刊登有影响力的共青团主题活动和青少年活动。支持大中专院校青年文化社团建设，开展青年文化交流。联合专业力量和市场资源，推出微电影剧本、歌曲、宣传片等文化产品，推动引导青年文化工作由“内容供应”向“产品供应”的转变，展示青少年群众性文化活动的成果。

【“阳光家园”和“阳光驿站”建设】 根据全市农村和社区青少年的现实状况和分布特点，团市委在调研的基础上，提出在农村探索开展“阳光家园——农村留守儿童自立自强中心”建设，在城镇开展“阳光驿站——社区特殊青少年服务中心”建设的工作思路，完善学校、家庭、社会“三结合”教育体系，形成开放式、社会化的青少年权益工作新格局，以促进青少年健康成长和全面发展。

【三关爱“微笑小屋”建设】 加强和谐毕节三关爱“微笑小屋”的管理。按照市委、市政府的有关要求，在全市各城区人口较为集中的街道、社区、学校新建启用22所和谐毕节三关爱“微笑小屋”，建立完善相关管理制度，落实经费保障机制。向社会招募38名大学生专项志愿者，调整20名西部计划、“三支一扶”计划志愿者在“微笑小屋”开展志愿服务，使“微笑小屋”成为青年志愿者服务人民群众的新阵地。

【“老少共融之家”建设】 按照市委、市政府关于开展“老少共融之家”建设的方案，通过整合农村敬老院资源建成“老少共融之家”，在保障农村入住五保集中供养的基础上，将备受社会关注的孤儿、留守儿童、流浪未成年人和空巢老人组织入住，按照“一院一地一屋二室”（即一个活动健身的院坝，一块劳动锻炼的菜地，一个功能完备的“微笑小屋”，一个图书室、娱乐室）的标准建设。建成32所布局合理、设施配套、功能完善、环境优美的“老少共融之家”，入住留守儿童、流浪未成年人150多人，入住空巢老人200多人。

【青少年权益保护】 一是推进青少年法制教育与青少年安全自护教育常态化。履行预青专项组的职责，开展形式多样的普法宣传活动80余次。在“3·5”学雷锋日、“6·1”儿童节、“6·26”禁毒日、“12·1”防艾日等重要节庆日，宣传贯彻“两法一条例”等保护青少年合法权益的相关法律法规10场次。以“花季护航——安全自护进校园”为主题，在全市开展中小学生安全知识网络竞赛、安全自护漫画大赛和“安全找差”活动上百场次，百场万人家庭教育公益大讲堂活动3场，推动安全知识进学校、进课堂、进家庭。二是开展“共青团与人大代表、政协委员面对面”活动。选择“加强法律保护，保障未成年人安全和身心健康”为主题方向，通过调查问卷和实地走访的形式对“毕节市青少年安全自护意识和能力”进行调研，形成调研报告。12月31日，举行2014年毕节市“共青团与人大代表、政协委员面对面”座谈会，就调研报告有关结论与人大代表、政协委员、青少年代表互动，了解青少年利益诉求，完善人大代表、政协委员与青少年经常性联系机制，提出人大代表建议和政协委员提案5条。三是坚持发挥12355青少年服务台功能。发挥12355“四位一体”（热线、网站、微博、QQ群）平台心理咨询和法律援助核心功能，拓展工作领域，收集和反映青少年的意见呼声。在高考期间，以服务考生为主，开展“花季护航——‘轻松备考·12355与你同行’阳光行动”。

【申报全国青少年权益工作创新试点】 针对全市农村留守儿童、进城农民工子女、流动青少年、贫困青少年群体数量大、流动性强、贫困程度较深，特殊青少年群体交叉、困难交织的特点，从毕节试验区实际出发，研究制订全市青少年权益保护工作的实施方案，按照建好1个平台——12355青少年服务台，促进未成年人保护工作机构运转；建设2个中心——“阳光家园·农村留守儿童自立自强中心”和“阳光驿站·社区特殊青少年服务中心”，探索建立青少年权益状况监测研究体系；建强3支力量——政府机构、社工队伍、爱心企业，探索建立社会化的维权工作体系；建立5项机制——组织化工作机制、工作考评督查机制、个案受理办理机制、重大案件协调机制和热点事件响应机制，完善青少年权益工作的组织化机制；开展5项行动——贫困弱势青少年关爱救助行动、不良行为青少年教育保护行动、未成年人安全自护行动、权益受侵害青少年法律援助行动、校园周边和网络环境净化行动，推进青少年权益工作的法制化进程。在团中央和团省委的亲切关心下，毕节市成功申报全国“青少年权益工作创新试点城市”。12月30日的《中国青年报》头版以《毕节创新手段维护少年儿童权益》为题，对毕节青少年权益保护工作实践进行刊载。

（撰稿　马永江）

妇联工作

【概述】 2013年，毕节市妇联围绕省妇联的工作部署和市委、市政府“两加一推”主基调，履行妇联职能，发挥优势、开拓创新、真抓实干，引领妇女“巾帼建新功、共筑中国梦”，为与全国全省同步全面建成小康社会、加快建设富裕和谐美丽新毕节作出贡献。

【推动科学发展】 一是实施妇女小额担保财政贴息贷款。全年，新增妇女小额担保财政贴息贷款3.94亿元，累计发放15亿余元，带动6万余名妇女就业创业。市妇联获全国妇联授予“全国妇女小额担保财政贴息贷款工作先进集体”称号。二是实施锦绣计划。为推进民族民间特色手工产业与妇女就业同步发展，市妇联推动市政府出台《毕节市实施妇女特色手工产业锦绣计划的意见》，为妇女自主创业提供政策支持和项目支撑。三是实施“蒲公英家政创业小屋 -- 黔灵女家政”公益项目。在七星关区扶持建立贵州省“黔灵女”家政服务有限公司毕节分公司，开展家政服务、育婴保健等业务。3 月 8 日，市妇联举行妇女创业就业培训示范基地授牌仪式。四是开展“春风送岗位”行动。与毕节市人力资源和社会保障局等联合开展“春风行动”专场招聘会 13 场，159 家企业参与，提供就业岗位 1.6 万余个，其中适合女性就业的家政等岗位 7000 余个，提供就业政策咨询3120余人次，发放宣传资料3万余份。五是打造巾帼创业示范基地。创建巾帼示范基地 52 个，获全国农业科技示范基地 2 个：纳雍县蚕箐生态循环农业示范园、七星关区德顺珍禽养殖场；获全省百强巾帼示范基地 7 个：毕节贵州台金农业技术开发有限责任公司、威宁县长寿苗圃场、黔西县杜鹃职业技术学校、大方县赛时代中药材种养殖专业合作社、金沙县雄泰绿色食品发展有限公司、毕节市欣荣中药材种养殖专业合作社、毕节燕氏骨伤医院。六是开展“百万妇女携手 · 建设美丽乡村”行动。6 月 14 日，在七星关区朱昌镇双堰村开展“百万妇女携手 · 建设美丽乡村”宣传启动会。7 月 2 日，在大方县星宿乡举行“美丽乡村”建设妇女专题培训会。9 月在各县区开展“美丽乡村”文艺巡回演出。在“百万妇女携手 · 建设美丽乡村”行动中举办环境卫生专题知识培训 32 次，发放宣传册 2 万余册，宣传围裙 8000 条，低碳洗衣粉 3000 袋，举办专题文艺巡回演出 20 场。

【促进社会和谐】 一是开展“六一”慰问活动。5 月 29 ~ 31 日，陪同市领导赴七星关区四小、市实验学校、市政府机关幼儿园、市第二实验学校、市特教学校慰问少年儿童。5 月 24 日，赴七星关区放珠镇白泥小学开展“六一”慰问活动。市妇儿工委成员单位分别赴同步小康驻村联系点等开展慰问活动，送去 5.6 万元慰问金和价值 6950 元的慰问品，营造儿童发展的良好氛围。二是实施“两个规划”。7 月中旬，市妇儿工委办组建由教育、卫生等部门相关人员组成的“两个规划”督导组赴县区进行督导，形成年度监测评估报告和检查督导报告。10 月 12 日，召开毕节市妇女儿童发展规划（2011—2015 年）中期评估工作会议。三是做好留守儿童工作。1. 推进“留守儿童之家”建设。1 月 9 日，市妇联、团市委、市教育局联合在七星关区环东小学开展“春晖感恩座谈”暨“心系儿童”关爱农村留守流动儿童活动。4 月 23 日，市妇联在赫章县威奢乡中心小学召开全市留守儿童之家建设工作推进会，现场观摩示范典型，推广先进做法。2. 开展“情暖乌蒙——系列爱心活动”。6 月 14 日，市妇联为七星关区朱昌镇 50 名计生户、二女户、贫困户女童发放助学款 1 万元，到朱昌镇敬老院看望空巢老人和留守儿童，送去衣料 600 米，环保洗衣粉 20 袋。6 月 20 日，市妇联携手七星关区六小、鸭池镇十八小学开展“欢乐童心 美丽贵州”同城小伙伴手拉手心愿活动。四是争取项目服务妇女儿童。1. 争取“贫困地区儿童营养改善”项目款 715 万元，在黔西、织金两县实施，受益目标儿童 27966 人。5 月 24 日，全国妇联党组书记、副主席宋秀岩赴黔西县开展“贫困地区儿童营养改善试点项目宣传教育”活动；2. 争取“两癌”救助专项基金 120 万，救助 120 名“两癌”贫困母亲。2 月 17 日，市妇联在黔西县举行“贫困母亲两癌救助基金”发放仪式；3. 争取“音乐之声”助学项目 80 万元、“蒲公英”助学项目 8.8 万元，资助 1022 名贫困学生。5 月 24 日，市妇联在七星关区放珠镇小学举行“音乐之声我要上学 1200 助学行动”资助款发放仪式。9 月 5 日，市妇联在织金县举行毕节市“蒲公英”助学金发放仪式；4. 争取价值 22 万元“母亲健康快车”项目，在大方县妇幼保健院和织金县妇幼保健院实施；5. 争取“母亲水窖”项目 40 万元，在百里杜鹃风景名胜区大水乡高潮村实施；6. 争取省妇联改善办公条件项目经费 39 万元、全省“百强巾帼示范基地”19 万元、黔灵女家政创业小屋 5 万元、省级妇女之家创建经费 4 万元、“留守儿童之家”建设项目 13 万元。

【参与社会管理】 一是做好信访工作。全年全市妇联系统接到来电、来信、来访 467 件，处理 467 件，其中，市妇联接到来电、来信、来访 38 件，处理 38 件，处理率为 100%。二是做好典型案例的跟踪维权工作。5 月 16 日，市妇联赴遵义医学院看望慰问金沙县石场乡杨世海虐待亲生女案件受害者杨科贤，送去 2000 元慰问金。三是开展妇女信访代理制工作。下发《毕节市妇联关于成立妇女信访代理员队伍的通知》，组建毕节市妇女信访代理员队伍。创新妇女信访代理制度，明确赫章县作为市级妇女信访代理制工作重点示范县。各县明确示范点。四是开展“三八”维权周活动。3月11日，市妇联在市人民公园开展“三八”妇女维权周宣传咨询活动。全市各级妇联组织“三八”维权周活动发放宣传资料11万余份，接受法律宣传咨询、义诊1000余人次，化解矛盾25件次。以安全生产月活动为契机，宣传法律法规，发放宣传资料600余份，接受群众咨询30余人。五是“平安家庭”创建工作。是年，“平安家庭”“无毒家庭”新增49504个；“平安家庭”“无毒家庭”挂牌37821个；流动妇女平安之家新增15个；基层维权岗创建56个。六是参与禁毒工作。6月26日，市妇联在人民公园参加“禁毒、共同的责任”主题“6·26”国际禁毒日集中宣传活动，宣传禁毒条例，讲解毒品的危害。到七星关区戒毒所对54名女性戒毒学员进行帮教，送去价值5000余元的毛巾、洗衣粉等生活用品。七是建立反家庭暴力庇护站。妇联、民政协作，挂牌建立“救助管理站”8个。6月19日，市妇联参加民政救助管理站“开放日”活动。

【思想文化建设】　一是开展贵人善行主题活动。市妇联与市委宣传部、市精神文明办、市商务局联合开展“贵人善行——女性展风采 争做最美毕节人主题活动”，向省推荐72名“六美”女性参选。通过评选，金沙县箐门乡新寨村新寨组村民马金艳和织金县官寨乡大寨村妥倮组村民蔡群入选全省“最美女农民工”，金沙县岚头镇岚丰村党支部书记黄玲入选全省“最美女村官”，纳雍县王家寨镇干坝村小学代课教师龙尚兰入选全省“最美妈妈”。二是开展“家庭和谐 爱情忠贞”爱情歌曲大家唱活动。8月13日，市妇联在市电视台艺术演播大厅举办“燕氏杯——爱情忠贞·家庭和谐”爱情歌曲大家唱歌唱大赛 。三是开展“三八”红旗手（集体）创评活动。纳雍县妇联吴晓君、七星关区水泥厂熊亮、黔西县文峰办事处曾艳、百管委金索玛幼儿园罗光会、大方县烟草公司刘育华荣获省“三八”红旗手称号，毕节学院妇委会、七星关区妇联、移动毕节公司荣获省“三八”红旗集体称号。四是开展“巾帼共筑中国梦·优秀成功女性进校园汇报会”活动。7月6日，市妇联在毕节卫校开展“巾帼共筑中国梦·优秀成功女性进校园汇报会”活动 。五是组队参加全省健身操比赛。市妇联、市文体广电局组队参加全省“幸福贵州·健美女性”体育彩票杯三八妇女健身操比赛，毕节市两支代表队分别获得民族健身操和大众健美操一等奖。六是开展“祖国好·家乡美”活动。6月28日，市妇联、市文明办、市教育局联合举办毕节市“祖国好·家乡美”文明礼仪知识竞赛。10支中学组代表队、12支小学组代表队参加比赛。七星关区、黔西县代表队分别获得小学组和中学组一等奖，指导老师获优秀指导教师奖。推荐赴省参加比赛获三等奖，市妇联获优秀组织奖。七是组织中小学生参加全国第十八届全国中小学生（幼儿）绘画书法作品比赛。推荐805幅绘画书法作品参赛，获一等奖55个、二等奖80个、三等奖115个、优秀奖143个、新芽奖156个，指导老师奖84个，七星关区妇联、织金县实验幼儿园和赫章县妇联获先进集体奖。八是组织参加“共享阳光·快乐成长”第二届贵州省小学生围棋比赛。5月25日，市妇联、市实验学校组队赴省参加“共享阳光·快乐成长”第二届贵州省小学生围棋比赛，6名选手获三等奖，毕节市代表队获优秀组织奖。

【加强自身建设】　市妇联联合市委组织部、市编委办下发《关于县级妇联组织换届选举工作的安排意见》，对县级妇联换届工作作出具体要求和部署，是年，赫章、纳雍、金沙、织金等县完成换届。3月8日，市妇联召开一届一次常委会、一届二次执委（扩大）会议 。6月19日，市妇联召开一届二次常委会、一届三次执委会，选举毕节市出席中国妇女第十一次全国代表大会正式代表2名 。加强对市直单位妇委会工作的指导，对市纪委、市财政局、市民政局、市统计局、市卫校、市卫生监督所妇委会换届、国家安全局成立妇委会进行批复。开展妇女之家示范创建，在村、社区“妇女之家”基本实现全覆盖的基础上，市县共创七星关区流仓桥办事处大兰村妇女之家等33个“毕节市示范妇女之家”，其中黔西县水西办事处水西社区等20个妇女之家获“贵州省妇联示范妇女之家”称号。5月17日，市妇联举办“非公企业党建集中服务月”妇女干部培训班，对市直、七星关区直属机关妇委会、七星关辖区内非公企业妇委会负责人100余人进行培训。9—10月，市委组织部、市委党校、市妇联联合举办秋季妇女干部培训班，培训40名正副科级女干部。为提升妇联干部的能力素质，市妇联11名干部职工参加心理咨询师的培训及考级。选派妇联干部35人次参加省妇联和有关单位的培训。市妇联、市民政局转发《关于转发省民政厅、省妇联〈关于在全省第九届村委会换届选举中做好妇女参选参政工作的意见〉的通知》，明确妇女参选的目标要求，发挥领导小组成员单位的作用，参与村（居）“两委”换届选举督导工作组，加强对基层妇女参选工作的指导和督查，提高女性进村居“两委”班子的比例，保障女性参与国家政治生活的权利。

（撰稿　陈怀颖）

社会科学

【概述】 2013年，在市委的领导下，在省社科联和市委宣传部的指导下，市社科联团结带领全市广大哲学社会科学工作者贯彻落实党的十八大、十八届三中全会和省委十一届二次、三次全会，市委一届三次、四次、五次全会精神。开展理论学习、理论研究、理论创新、理论宣传。围绕科学发展、理论创新，以繁荣发展哲学社会科学为任务。立足毕节试验区的实际，组织开展课题研究，提高理论研究成果质量，促进社科理论研究成果的转化与应用，为市委、市政府科学决策提供理论服务和智力支持，各项工作取得成效。

【社科理论研究】 发展哲学社会科学，组织社科工作者开展理论研究是社科联的首要任务。一是组织开展课题申报工作，由《乌蒙论坛》主编组织向省社科联学术委员会申报的研究课题《科学发展视阈下毕节试验区城镇化研究》，获省社科联学术委员会批准立项。经过组织实施，各项数据论证准确，理论研究翔实，内容丰富，形成几万字的研究课题，经省社科联学术委员会审查论证，考核验收，同意按时结题，并被评为省社科优秀课题。二是结合毕节试验区经济社会发展实际，在开展调查研究的基础上，形成《毕节试验区文化旅游创新发展研究》《生态文明视野下深化毕节试验区“三大主题”的路径选择》《毕节试验区文化产业发展研究》三个市级调研课题。三是配合市委宣传部组织召开大宣传工作格局与哲学社会科学工作创新调研座谈会、构建毕节市大宣传格局调研座谈会以及毕节市社科界贯彻国办函35号文件，促进毕节经济社会快速、持续发展三个座谈会，得到市领导和各有关部门的好评。四是由市社科联牵头组织省、市专家，对全市各县区县域文化品牌进行名称定位。五是编辑《毕节试验区25周年文集》由贵州人民出版社公开出版，编印《纪念周素园先生学术研讨会文章汇编》。

【社科理论走基层活动】 一是组织金沙县1000余名干部群众在县委礼堂聆听省社科院熊宗仁研究员作的《十破十立、文立省，后发赶超》的专题讲座；组织七星关区1000余名机关干部在区委礼堂聆听《创新能力》专题讲座。二是组织省、市参加社科理论走基层活动的专家、学者到金沙县后山乡，拜谒钱壮飞烈士墓，参观钱壮飞烈士纪念馆，考察位于乌江北岸的梯子岩渡口钱壮飞烈士殉难处。三是配合省社科联、省图书馆学会、省法学会在百里杜鹃管委会开展社科理论宣传及社科知识有奖问答，法律法规咨询等活动，向群众发放各种学习贯彻党的十八大精神的宣传资料。向百里杜鹃党工委、管委会捐赠价值3.8万元的《走进人文世界——贵州公众人文社科素养》读本。向金沙县、七星关区、大方县雨冲乡、大方县新宿乡干部群众赠送《社会科学基本常识》《乌蒙论坛》《构筑毕节试验区精神高地理论文章选编》《毕节地区第七届哲学社会科学获奖成果》等书籍3000多册。

【编辑出版《乌蒙论坛》】 是年，市社科联编辑出版《乌蒙论坛》6期，刊发文章80余篇，近百万字。栏目涉及“领导论坛”“党的建设”“毕节经济”“建设社会主义新农村”“焦点关注”“十八大精神”“工作研究”等。内容涵盖毕节试验区经济社会发展、党的建设、文化建设和新农村建设等方面。毕节试验区专家顾问组总顾问常近时、顾问刘勇等各位知名专家多次撰写文章在《乌蒙论坛》上发表。

【毕节社会科学网】 办好毕节社会科学网站，丰富和创新网页内容，为宣传毕节试验区建设提供理论支持。

【学会工作】 3月2日，市社科联直接管理的市兰花协会在毕节市七星关区举办贵州省第十二届兰花博览会。活动邀请全国各省、市兰花协会和兰花企业、兰花爱好者参加展览。来自北京、上海、重庆、四川、台湾、云南、广西和本省的一千多名兰花爱好者参加，参展兰花3000余盆，评出金奖20个，银奖30个，铜奖50个。4月9日，在毕节学院举行贵州省高校学报学会2013年学术年会暨《毕节学院学报》创刊30周年庆祝大会，来自省内的20余家高校学报学会的代表共同交流高校学报学会工作和办刊经验。4月9日，召开毕节市计划生育协会一届二次理事会。6月4日，在威宁召开毕节市监察学会第一届会员代表大会暨纪检监察理论研讨会。11月13日，召开毕节市税务学会2013年重点课题研讨会。

【机关党组织建设】 一是制订年度工作方案，加强对党员的学习教育和管理，及时组织党员干部学习党的各项路线、方针、政策、法律法规。二是班子成员分别向党员干部上党课，组织撰写学习心得，调研报告和理论文章。三是单位主要领导与班子成员、部门负责人签订党风廉政建设责任书，制订廉政风险防控工作的实施方案。四是班子成员，全体党员干部职工对党风廉政建设和反腐败工作进行承诺。五是班子成员、干部职工严格执行中央“八项规定”和省、市“十项规定”，坚决整治“四风”。六是加强内部管理，对党务、政务、财务进行公开，严禁公车私用。

【“五园新村”生态文明家园建设】 一是配合市移民局完成“五园新村”精品示范村的“五园新村”建设项目1个，投资19.135万元。二是按时完成农村环境综合整治项目建设。三是为黔西县沙井乡沙井村协调库区和移民安置基础设施建设资金10万元，用于沙井乡新庆小学修建公厕。

【群众、信访工作】 一是成立市社科联群众、信访工作领导小组，配合市群众工作部门开展工作，接待来访群众，解决群众的合理要求。二是做好服务窗口、首问责任窗口的接待和服务工作，做到办事程序简化，服务态度好，办事效率高，为来访群众提供服务，确保群众办事方便。三是做好服务台账，搞好来访登记，解决来访群众所反映的问题。

【其他工作】 一是将人才工作纳入单位重要议事日程，建立健全社科人才工作机制。二是建立毕节市哲学社会科学理论专家库，明确领导干部联系高层次人才工作制度，对社科界专家进行动态管理。三是“多彩贵州”文明行动，整脏治乱满意在毕节工作经市文明办、七星关区市东办检查考核，取得较好的成绩。

（撰稿　唐志荣）

中共毕节市委党校
毕节市行政学院

【概述】 中共毕节市委党校（市行政学院）在市委、市政府的领导下，以科学发展观为统领，学习贯彻落实党的十八大、十八届三中全会精神，贯彻落实“国发2号”和“国办函35号”文件精神，按照市委一届三次全会、全市经济工作会议的部署和要求，结合毕节试验区干部培训工作实际，围绕提升干部发展能力、实现毕节在西部超常规崛起的要求，以试验区新一轮改革发展为动力，将十八大精神、试验区新一轮改革发展的政策解读和发展的热点、国发2号、国办函35号文件作为教学科研的内容，加大对难点问题的解读和调研，坚持“科研创新、教学务实、咨询有效、管理先进”的办学理念，求实创新、抢抓机遇、真抓实干，完成2013年度工作任务，为提高全市干部队伍素质，推动毕节试验区科学发展、跨越发展发挥积极作用。

【干部教育培训】 开展全市县级干部学习贯彻党的十八大精神集中轮训班5期，培训993人；举办副县级后备干部培训班、科局长培训班、乡镇领导干部培训班、妇女干部培训班、中青年干部培训班、少数民族干部培训班等9个主体班次，培训干部382人次；工业化、城镇化专题培训班400余人；全市关工委系统干部培训班120人；市直单位人事（政工）科长干部培训班180余人；公务员初任培训班400余人，选调生培训班120人；举办一月一专题讲座9场，培训5400余人次；与深圳经理进修学院联合送教上门2期，培训1200余人次；习近平总书记系列重要讲话学习班3期1164人；到县、乡宣讲党的十八届三中全会、省委十一届四次全会精神6场，培训2000余人次；全年培训各级各类干部12359人次。探索新形势下干部教育培训新模式，严格教育培训管理。一是在教学上按照教学计划开展教学，聘请专家学者开展专题讲座18场，内容涉及工业化、城镇化、农业产业化等关系全市经济社会发展的众多方面，主体班教学内容更新率为28%，增强教学内容的针对性；二是教学方法上采用多种教学方式并用的立体模式，普遍运用案例教学；三是在学员管理上，贯彻落实《十八届中央政治局关于改进工作作风、密切联系群众的八项规定》及中央办公厅、国务院办公厅《实施细则》精神，执行中共中央组织部《关于在干部教育培训中进一步加强学员管理的规定》和中共贵州省纪律检查委员会、中共贵州省委组织部、中共贵州省委党校联合下发的《关于印发〈干部在党校学习培训期间加强作风建设的十五项规定（试行）〉的通知》，结合市委组织部下发的《学分管理制度》，制订和修订《学员管理规定及考核评分标准》《专题培训班量化考评标准》《学员请销假制度》等相关制度，规范学员的学习培训管理，将学员派出单位纳入学员管理要素，延伸培训管理链条，从源头抓好学员的学风建设。形成组织部、纪委、学员单位与党校联合管理的局面。

【科学研究】 在内容上围绕市委、市政府的中心工作，保证理论研究的实用性和明确的政治方向，涉及经济发展、社会管理、政治理论、文化建设以及生态文明等多方面的调研课题。走出校门横向与社会科研机构和党政部门联合，纵向加强与中央党校、国家行政学院、省委党校（行政学院）和县区党校的联合，推进构建党校与其他部门联合研究的新型科研体制。全年发表理论文章79篇，编辑出版专著《党建新探索》；论文集《同心思想论文集》；在国家级核心期刊发表论文4篇、省级公开刊物44篇、地市级公开刊物11篇、地市级内刊20篇。参加毕节市统一战线服务科学发展"毕节模式"理论研究会暨"同心"讲坛论文5篇；参加2013年贵州省行政学《深入推进毕节试验区改革发展规划（2013—2020年）》研讨会论文16篇，获一等奖1篇，二等奖1篇，三等奖3篇，优秀奖8篇；完成赴县区考察"城镇化带动、工业强市、旅游兴市、生态立市"调研报告25篇。完成国家级课题1个，省级课题1个，市级课题1个，副省长秦如培交办的课题3个。组织教师申报校级课题校内18个，县区党校申报20个，完成30个。完成省委宣传部学习十八大精神心得体会征文5篇，完成市社科联学习贯彻《深入推进毕节试验区改革发展规划》精神征文6篇，完成2013年泛珠三角区域合作与发展社科专家论坛征文1篇。校（院）与市委宣传部及区内各大媒体紧密配合，安排各教研人员和学员撰写学习十八大精神论文8篇，有6篇发表在《毕节日报》。组织老师参加市委主办的"试验区发展论坛"，提交论文5篇。组织教师申报省委党校相关科研课题4个。组织召开"毕节市统一战线服务科学发展'毕节经验'研究会2013年年会暨'同心'讲坛"。编辑出版论文集一部，收录论文70余篇。与贵州省行政学研究会联合举办《深入推进毕节试验区改革发展规划（2013—2020年）》研讨会，收到论文和调研报告78篇，编辑出版论文集《改革发展的新坐标》，收录论文和调研报告40余篇；1篇文章在《中央党校工作通讯》上刊载；1篇在"中国管理科学大会"论文评奖中获一等奖；1篇被求是杂志研究所编写的《中国发展模式研究》一书收录。

【师资队伍建设】 6月下旬组织教研人员30余人次对全市基层组织建设、工业园区建设、社会管理创新、生态建设、特色农产品开发、旅游资源开发及利用等相关情况开展调研，撰写调研文章18篇；开展新课试讲、模拟教学等教师技能培训8次，累计培训教师320余人次；外派教师到香港、井冈山红色文化教育学院、苏州市委党校、贵州省委党校、贵州省社会主义学院、延安干部学院等参加学习培训，全年外派培训教师30余人次；引进经济学、哲学、法学、党建等专业硕士研究生5名，博士研究生1名。

【对外交流合作】 推进校（院）干部教育培训对外交流与合作，促进多层次、宽领域的对外务实合作。一是3月与深圳市经理进修学院联合建立"深圳市经理进修学院毕节实践教育基地"，在威宁县、织金县实践基地开展3批学员的体验式实践教学。成立对外交流合作中心，负责对外合作交流培训等事宜。二是就如何加强学员党性教育和反腐倡廉教育等问题与市纪委开展座谈，探讨构建新形势下干部廉政教育新模式，把党校建设成为不正之风的“净化器”。建立联动机制，延伸学员培训管理，形成纪检监察部门与党校联合加强对学员管理的模式，加强对学员的管理。三是承接石嘴山市委党校科级干部培训班、云南省昭通市委党校青年干部培训班来毕学习培训的教学考察工作。四是与云南省委组织部、云南省昭通市委组织部、昭通市委党校、四川省宜宾市委党校、黔西南州委党校开展业务交流活动，对新时期加强干部教育培训工作展开研讨。五是两次与井冈山红色文化教育学院就学员异地教育培训开展合作交流，组织副县级后备干部培训班和青年干部培训班80余人前往井冈山开展革命传统教育，接受红色文化洗礼。六是组织科局长班和乡镇领导干部培训班前往苏州市委党校开展异地教学，学习考察发达地区工业园区建设、招商引资、城镇化建设等方面的内容。七是筹备与大方县委开展校地交流合作。八是组织人员参加全国第六届管理科学大会，1篇文章获研讨论文一等奖。

【县级党校业务指导】 按照省委办公厅和省政府办公厅下发的《关于进一步加强和改进新形势下县级党校工作的意见》和《关于进一步加强和改进新形势下行政学院工作的意见》要求，将县级党校（行政学校）工作纳入校（院）整体工作考虑，构建“大党校”的工作格局。一是开展对全市县级党校工作调研。组织开展对县级党校办学现状、主要做法和经验、取得的成绩及所存在的问题等进行专题调研。针对存在的问题，与市委组织部联合向各县委和主要领导致函，提出加强县级党校建设的意见和建议。二是加大对县级党校教师的培训。采取县级党校教师参加主体班听课的形式，由县级党校选派教师参加学习培训。抽调县级党校教师参加省委组织部组织的全省党校系统、省社会主义学院培训班学习。全年参加跟班学习的县级党校教师20人次，参加省委党校、省社会主义学院培训班学习的教师6人。三是加强对县级党校教学科研工作的业务指导。贯彻落实“一个中心，四个方面”的教学布局，结合各县区实际强调教学要贴近实际、讲求实效，以学习研究各县市经济社会发展的新情况、新问题为抓手，增强培训的针对性和实效性。校级课题向县级党校倾斜，县级党校申报校级课题评审通过20项。以县委党校为课题组，组织开展民主党派工作情况调研等。四是启动县级党校体制升格评估工作。6月召开“全市党校工作会暨全市县级党校体制升格评估工作启动会”，成立全市县级党校体制升格评估推荐委员会，对全市县级党校体制升格工作进行指导。七星关区、赫章县、织金县委党校通过贵州省县区委党校体制升格评审委员会评审。

【基础设施建设】 一是做好教学楼、办公楼顶层屋面防水工程。二是对办公设施进行更新，安排专项资金对各处室教研人员配备电脑；对各处室桌椅进行更换。三是开展学校教学楼供电线路改造、5号楼供水系统改造、图书馆卫生间供水系统改造。新建学校图书馆用电专供线路，保障学校用电的可靠性和安全性。四是对6号楼进行改造，缓解引进人才住房不足的矛盾；在教学楼改建校史展览室，在对办公用房内扩容改造，解决新进人员的办公和住宿条件，完成工程建设项目8个，建设资金计301108.89元。

【制度建设】 组织对科研、考勤等制度进行修改，出台《优秀科研成果奖励标准及办法》《科研管理规定》《考勤管理奖惩制度》；制订下发《厉行勤俭节约、反对铺张浪费的实施细则》；对《学术委员会工作条例》进行了修改，对学术委员会委员进行调整，制订下发《校级课题工作规则》，推动科研工作的规范化、制度化、科学化。形成“有章可循、制度管人、制度管事”的工作局面。

【党建群团工作】 一是开展建党92周年系列庆祝活动。组织开展“四个一”活动，即组织一次参观川滇黔革命旧址，回顾党的历史感怀党的恩情；上一次党课，邀请基础理论教研部教师以《中国共产党与中国特色社会主义》为题给广大党员上一次党课；唱一首红色革命歌曲；读一本经典著作；召开纪念毛泽东同志诞辰120周年座谈会。二是学习贯彻党的十八大精神，推进十八大精神进教材、进课堂、进头脑。把党的十八大精神贯穿到教育培训科研中。发挥党校理论研究的整体优势，加强对重大现实和理论问题的研究；组队参加贯彻国办函35号文件知识竞赛，获市直三等奖。组队参加市委宣传部组织的“十八大精神知识电视竞答赛”获三等奖。三是围绕“学习型”党组织创建活动，实行“每天一小时学习”制，组织开展学习活动。组织开展“我的中国梦——庆‘七一’读书交流”活动，破除“各自读书，封闭学习”的现状，树立“共同学习，相互交流”共享读书乐趣，搭建教职工交流学习平台，实现全校教职工从“阅读”到“悦读”的转变，提高教职工综合素质，打造学习型机关，构建“和谐·书香校园”。四是牢记宗旨、廉洁自律，开展“廉洁自律承诺”活动。全体党员进行承诺，签订“党风廉政建设承诺书”。召开“改进工作作风、密切联系群众”专题会议，增强依法办事、严格执政、廉洁从政的自觉性。五是围绕“发展型”党组织建设，开展党性锻炼活动。派驻工作组入驻纳雍县锅圈岩乡明星村开展帮扶工作。加大对十八大精神的宣讲力度，确保十八大精神家喻户晓，深入民心，慰问计生两户、困难党员，抓好党建扶贫、驻村工作、美丽乡村建设等工作。工作组多次到市扶贫办、民宗局、水利局、教育局、文体广电局等部门反映情况，争取到有关部门支持，协调20万元资金给老百姓养羊、协调5万元资金给该村修路、协调1000米水管解决部分老百姓吃水困难问题，向明星小学赠送价值3000余元的少儿读物和体育器材；向村委会赠送5000余元的电脑和打印设备，开通互联网；开展对美丽乡村建设联系点的工作指导和督促，建设施工的农户达300户，完成800户农户建设规划；开展对五园新村建设的帮扶工作。六是开展联系点帮建工作，党委领导多次深入美丽乡村联系点牛棚镇调研，了解创先争优增比进位公示情况和“美丽乡村”建设摸底情况，帮助解决“两硬化”推进过程中的难题。走访计生两户中的贫困户，送去慰问金，帮助10户计生户开展脱贫帮扶计划，每户创收500元。在“五园新村”联系点纳雍县勺窝乡对门坡村，校（院）党委领导深入开展调查研究，针对实际拟订帮建计划，帮助制定发展规划，督促落实市委下拨的建设经费，启动休闲场所的建设，结合两硬化目标，不留死角，实现100%的完成。

【从严治校】 党委抓住教员与学员两个主体，整治带倾向性的突出问题，营造好从严治校氛围，使党校成为学员思想灵魂的“净化器”。抓住教与学两个环节，加强学风建设，培育实事求是、理论联系实际的学习风气；加强文风建设，引导教师和学员自觉改进文风，反对“长、空、假”，提倡“短、实、新”；加强校风建设，形成纪律严明、艰苦朴素的行为规范，展现党校工作人员和学员良好的精神风貌，塑造党校的良好形象，促进党风、政风和社会风气的好转。

（供稿　中共毕节市委党校毕节市行政学院办公室）

老年大学工作

【概述】 2013，市老年大学（市老教办）在市委、市政府的领导和省老年大学的指导下，以邓小平理论、“三个代表”重要思想、科学发展观为指导，贯彻落实党的十八大、十八届三中全会、省委十一届二次全会和市委一届三次全会精神，围绕市委、市政府的中心工作，探索毕节试验区老年教育事业发展的新思路、新方法、新机制，为建设富裕、和谐、美丽新毕节发挥作用。

【召开工作会议】 全市老年教育工作会议于4月28日在市政协二楼会议室召开，部分老领导和各县、区党委（党工委）分管老年教育工作的负责人，相关部门负责人、代表，计60多人参加会议，会议总结2012年老年教育工作，安排部署2013年老年教育工作。10月18日，全市县级老年大学规范化建设观摩会暨老教办主任座谈会在黔西县、金沙县举行。会上，各县区老教办主任对照年初制订的考核目标，就各自老年教育工作的开展情况进行汇报。市创建考评组就黔西县、金沙县老年大学创建省级示范校工作进行点评，指出创建工作中存在的问题和不足，就今后农村老年教育教学工作进行分析和总结，对2014年全市远程老年教育工作进行安排。

【发展乡（镇）村级老年学校】 是年，全市老年教育工作纳入全市目标考核体系。考核体系对各县区新建基层老年大学个数、各县区老年大学校园面积和学员人数作具体要求。市老教办按照（毕目管办字〔2013〕6号）文件要求，分赴各县区督促、指导该项工作的开展，掌握各县区目标任务完成情况。是年，新建乡镇老年学校70所（含威宁县），超额完成目标任务。建老年学校211所（不含威宁县），老年学员人数达22586人（不含威宁县），乡镇建校率为81%，入学率占老年人口总数的2.5%，实现市、县、乡（镇）、村（社区）四级老年教育网络全覆盖。

【省级示范校创建】 根据《贵州老年大学关于在全省县级以上老年大学开展省级老年大学示范校创建和评估活动的通知》精神，市老年大学（市老教办）结合全市老年教育工作实际，提出金沙县、黔西县老年大学作为毕节市首批县级老年大学参加省级创建活动的示范校。为开展好创建工作，老教办成立创建工作领导小组，就创建工作分别对金沙、黔西两所老年大学专门行文提出明确要求；创建工作领导小组到金沙县、黔西县调研、指导创建工作；10月16—18日市考评小组赴金沙、黔西两县对县级老年大学示范校创建工作进行考核评估。两县老年大学创建省级示范校的标准达标，待省老年大学最后确认授牌。

【远程老年教育】 确定七星关区清水铺镇老年大学、市西办事处老年大学，金沙县岚头镇老年大学、西洛办事处老年大学为毕节市2013年远程老年教育试点学校。为推动工作的开展，一是与市委组织部分管领导就开展远程老年教育工作进行专题研究，印发《毕节市远程老年教育试点工作方案》下发试点县；二是组织试点县、乡分管领导、业务人员赴六盘水市六枝特区进行观摩、考察和学习；三是学校领导亲自带队多次深入两个试点县区开展调研、督促、指导工作；四是从办公经费中挤出2万元经费，补助四个试点基层老年学校各5000元，用于更新远教设备。

【老年书画研究会工作】 一是组织42幅作品参加在黔东南举办的全省第四届七次老年书画联谊（展）；二是成功举办由威宁县老年大学（老教办）、县老年书画研究会承办的全市第八届老年书画联谊（会）展。

【招生工作】 是年，春季学期招收学员819人，开设舞蹈、武术、国画、书法、声乐等22个专业，26个教学班。秋季学期招收学员854人，开设22个专业，29个教学班，新增英语和广场舞2个专业。按照教学计划和课程安排，完成2013年度的各项教育教学活动。2011—2013学年度有198名学员毕业。

【参加社会活动】 清明节前夕组织学员到烈士陵园开展“继承先烈遗志，我为实验区做贡献”主题活动；3月1日—4月12日，分别邀请市老龄办、政策研究室相关人员来市老年大学开展《中华人民共和国老年人权益保障法》和《深入学习贯彻党的十八大精神，全面推进小康社会建设》的专题讲座；“5·1”国际劳动节，组织开展迎接建党92周年学员作品展；6月5日，组织学员开展“中国梦”诗词朗诵会；6月26日，组织学员参加“老年人万人健步行”活动；6月28日，组织开展纪念建党92周年暨2012—2013学年度教学成果展示；7月中旬，组织学员成立“中老年爱心义演队”到长春堡、五里坪、朱昌镇、杨家湾、流仓桥办事处等基层老年学校、养老院进行宣传和慰问演出；7月，组织学员参加毕节市第九届老年人运动会，柔力球队和健身球队分别取得第一名和第三名；8月下旬，组织舞蹈班学员参加全区广场舞比赛，获得自选动作和规定套路均为第一的成绩；10月，邀请毕节卫校教师张荣给学员们上卫生保健课，参学人员达500人次。

【老年教育宣传】 利用市域媒体，宣传老年教育取得的各项成绩。一是维护、更新毕节市老年大学门户网站；二是完成《毕节市老年教育通讯》第5期的编辑、印刷工作，发放给各县区老教办和老年大学；三是编辑工作简报16期，向社会各界宣传老年教育工作开展情况；四是市委机关刊物《毕节试验区》、毕节市电视台、七星关区电视台、《乌蒙新报》等主流媒体先后对市老年大学开展的以“教、学、乐、为”为主要内容的情况进行宣传报道，提高老年教育事业在毕节试验区经济社会发展中地位和作用的认识，影响力显现。

【党建扶贫工作】 一是开展生态文明家园建设活动。市老年大学和市水利局联系七星关区杨家湾镇大梗子村，两家单位相互协作，发挥各自工作职能，帮助该村完成“两硬化”工作任务，出资20万元解决该村四个村民组饮水困难问题，补助该村生态文明家园建设资金5000元，帮助完成环境综合治理。二是心系帮扶群众，开展送温暖活动。春节前夕慰问七星关区放珠镇播乐沟村老村干、贫困党员、贫困群众40人，为他们送去慰问品、慰问金1万余元；4月向七星关区放珠镇敬老院捐赠价值10万元的健身设备；为七星关区放珠镇播乐沟村小学50名留守儿童捐赠50套学习用品；协调市水利局，共同解决七星关区放珠镇播乐沟村群众吃水难问题，初步设计规划修建小水窖6口。三是重视“美丽乡村”建设工作。从单位办公经费中挤出5万元资金帮扶七星关区放珠镇播乐沟村“美丽乡村”建设工作。

派出的驻村工作组走访群众2000多人次，发放便民连心卡600多张。驻村工作组组织宣讲党的十八大精神、胡锦涛视察毕节时重要讲话精神和深入推进毕节试验区改革发展规划（2013—2020年）。在党员创业带富工程中驻村工作组帮助播乐沟村两委理清发展思路，将村原办砂石厂和改石厂进行整合，集资50多万元新建砂石厂1个，解决村200余人的就业问题。校领导赴帮扶点播乐沟村协调、督促、指导工作，从学校办公经费中挤出1万元资金投入到“两硬”化工程建设。

【机关党建】 一是按照学习型机关的要求，利用支部会、干部职工大会学习党的十八大、十八届三中全会、省委十一届二次全会和市委一届三次全会精神；二是6月14日下午，组织全体党员干部到七星关区博物馆开展支部活动；三是7月1日，组织全体党员干部到帮扶联系点七星关区放珠镇播乐沟村与当地党员一起开展纪念中国共产党建党92周年组织生活会，为当地生活困难党员和老党员送去慰问金2000元；四是党支部工作，是年，党支部加强党员教育，加强支部管理，严格“三会一课”制度，按照党章对学校支委进行换届选举，以“三亮三比三评”活动和“以强素质、严作风、建新功”为主题开展教育实践活动，党员思想素质、工作能力、服务意识得到提高，2人被学校党支部评为市老年大学优秀共产党员。

【贯彻落实中央“八项规定”和省市“十项规定”】 贯彻落实中央关于改进工作作风、密切联系群众八项规定，以及省委、市委十项规定的相关精神，以抓好学习传达和贯彻落实中央“八项规定”和省市“十项规定”为抓手，加强学习，强化落实效果，促进中央“八项规定”和省市“十项规定”落实不流于形式，成为常态化，建立健全工作长效机制，使贯彻执行“规定”变为工作习惯和自觉行动。

【干部队伍建设】 从县里遴选2人充实校干部队伍。为加大学校管理，制订完善《机关作风管理制度》《考勤制度》《考核考评制度》《接待管理制度》《公务用车管理制度》《财务管理制定》等规章制度，本着用制度管人，用制度管事的原则，严格干部职工行为规范，制度的完善，使干部职工宗旨意识、服务意识、工作效率得到提高。

【党风廉政建设】 把党风廉政建设和反腐败工作责任制的落实摆在重要位置，纳入领导班子和领导干部的目标管理，同各项工作任务一并部署、一并检查，一并落实。围绕市委、市政府中心工作和学校制订的各项工作目标开展监督检查，开展廉政风险点的排查和警示教育工作，针对学校领导分管工作和干部职工工作职能，抓准廉政风险的排查，做好相应的防范措施。组织新任科级干部参加第二纪工委组织的党风廉政警示教育活动，加大党风廉政建设的学习认知力度，为老年教育各项工作的完成提供政治保证和纪律保证。

（撰稿　李　波）

毕节市委、市政府接待处

【概述】 2013年，接待处以邓小平理论、“三个代表”重要思想和科学发展观为指导，贯彻落实党的十八大和十八届三中全会精神，围绕全市中心工作，团结带领全市接待系统按照中央关于改进工作作风、密切联系群众的“八项规定”和省、市“十项规定”要求，改进和创新工作方法，简化接待形式，充实完善接待资料库，加强考察点建设指导工作，完成各项接待工作任务。

【接待数据统计】 全年完成接待213批次6465人次。包括国家级领导13人，省部级领导185人，厅级1169人，县处级及以下4433人，大中型以上企业管理人员850人。完成俞正声、刘云山、赵乐际、陈昌智、严隽琪、万鄂湘、张宝文、陈竺、令计划、韩启德、万钢、林文漪、刘晓峰等党和国家领导赴毕考察接待任务。完成2013中国（贵州）非公有制经济发展论坛、2013年全省第二次项目建设现场观摩会、2013年全省第二届小城镇建设发展大会、贵州省水利建设“三大会战”启动暨夹岩水利枢纽工程动工仪式、全国城市党委系统政研（党刊）联席会第九届年会、毕节民生项目监督特派组工作观摩交流会、毕节市飞雄机场首航仪式、毕节市第一届体育运动会、全市项目建设现场观摩、全市工业发展暨项目建设现场观摩总结会议、全市扶贫开发推进会议等全国、全省和全市大型会议和活动的后勤保障和接待任务。

【高度重视，精心安排，完成各类接待任务】 全处按照毕节市委办公室“五化”（规范化、程序化、标准化、制度化、精细化）要求，实行“五零管理”（制订方案“零疏漏”、印制手册“零差错”、接待安排“零失误”、上下衔接“零缝隙”、工作联系“零盲区”），做好每一次接待。一是周密安排、精心部署。制订接待方案，提前参与或率领相关部门到各个考察点，细化优化线路，召开协调会议安排各个环节工作，细化任务分解，做到责任到人、落实到位。加强与上级有关部门或来宾对接联系，将准备工作做到又“细”又“特”。二是细致周到，用心服务。针对大型重要接待任务的复杂性，对来宾做好个性化、针对性服务，使来宾高兴而来、满意而归。三是认真总结，不断提高。任务完成后，召开总结会议，进行工作小结，针对任务中出现的失误、容易被忽略的细节等问题交流经验，在反思中总结提高，优化和提升服务方式和工作能力。

【以人为本，精致服务】 按照“细致、精致、极致”的要求，把服务工作做细做实。一是认真检查客房。拟订《重要房间检查标准》，将检查任务落实到人。二是精心安排餐饮。综合地方菜特色和四面八方来宾的口味，建立有多重选择适合各地来宾的接待自助餐菜单库。三是提升“一对一”服务工作。在大型接待活动或上级别接待任务中，对副省部级以上领导及重要来宾安排了“一对一”工作人员进行引领服务。四是规范电梯操控。制订重要接待任务电梯操作人员工作规范。明确专梯操作人员，对职责任务及注意事项进行规范。

【夯实基础，努力提升接待服务质量】 一是加强调研，摸清底数。深入乡村，对考察点的培育、接待场所的提升等进行指导，形成调研报告，供市委市政府领导参考。在国省道和主干道沿线逐步培育打造出一批市级示范考察点。二是加强指导接待酒店设施维护和提升。和重要接待酒店管理人员对接，要求加强接待酒店设施设备的维护，定期不定期地进行维修和检查，确保酒店随时能够接纳及完成接待任务。三是规范档案管理。加强接待资料收集管理，明确专人作为档案员，负责接待资料的收集、整理、立卷、归档、保管、使用。四是加强自身建设。每周组织一次集中学习，学习政治理论、法律法规、上级重要文件和重要会议精神、国际国内形势报告，国情、省情、市情，接待工作相关政策、法规和业务知识、礼仪知识等知识。

【严格要求　率先垂范】 一是严格执行有关规定。贯彻落实习近平总书记关于厉行勤俭节约、反对铺张浪费的重要批示精神和中央“八项规定”和省、市出台“十项规定”，《党政机关厉行节约反对浪费条例》《党政机关国内公务接待管理规定》，按照省委、省政府和市委、市政府主要领导对接待工作的有关要求，执行定点接待制度，严禁提高用餐住宿标准，控制接待经费开支，杜绝奢侈浪费行为。二是加强对县区和市直部门的指导。按照中央、省、市有关接待工作的规定，指导县区和市直部门按相关规定做好接待工作，把中央和省委、市委的要求落到实处，接待未出现违规的现象。根据市委《市外副厅级以上领导报告制度》的规定，严格按照相关审批管理制度办理，处理副厅级以上的报告198件。

（供稿　毕节市委市政府接待处）

军　　事

中国人民解放军贵州省毕节军分区

【概述】 2013年，毕节军分区学习贯彻习近平主席关于国防和军队建设一系列重要指示，结合形势变化和驻地实际，坚持“着力转观念、认真理思路、强力抓规范、扎实抓落实、稳步求发展”的建设思想，加强和改进党的建设，履行肩负的历史使命，抓工作落实，加强部队思想政治建设，抓好理论学习教育，建强党委班子和干部队伍。加强国防后备力量建设，建强民兵组织，抓好各项战备工作落实。抓好部队和民兵军事训练，以比促训，提高官兵和民兵的军事技能。加强征兵工作的组织领导，严格征兵纪律，把好兵员质量关，完成夏秋季征兵工作任务。加强后勤建设，开展后勤保障演练，提高后勤综合保障能力，保障各项任务的完成。组织部队官兵和民兵预备役人员投入抢险救灾行动，完成各类抢险救灾任务，用行动践行人民军队为人民的宗旨，推进军分区部队和国防后备力量建设科学发展，促进毕节试验区经济社会的发展。

【组织交流与干部培训】 1月6—8日，毕节军分区组织交流来的干部进行集训。其间，进行辅导授课，组织参观见学、体能测试、身体检查、公文写作、理论测试等内容，印发相关学习资料，为交流干部尽快适应岗位要求打下基础。

【抗凝救灾演练】 1月9日，军分区组织机关全体官兵进行抗凝救灾应急演练，完善相关物资器材准备，提高官兵和民兵应急骨干队员的思想认识，增强官兵闻令而动、抗击雪凝灾害的意识和能力。

【春节走访慰问】 1月15日，毕节军分区党委常委一行4人到大方县八堡乡开展慰问贫困学生、军烈属和伤残军人活动，到新开村、长兴村等6个村慰问20户贫困学生、军烈属和伤残军人，送去学习用具和慰问金。2月4日，毕节军分区政治部代表军分区党委及全体官兵慰问离退休干部和困难党员，介绍军分区近年来的建设发展情况，听取他们的意见和建议，询问他们的身体、生活及家庭情况，送去慰问品和慰问金。

【召开党委十五届六次全体（扩大）会议】 1月23—24日，毕节军分区党委召开十五届六次全体（扩大）会议，传达学习军委、成都军区党委和省军区党委扩大会议精神，总结2012年工作，部署2013年任务，表彰奖励先进单位和个人。

【市委召开议军会】 1月23日，中共毕节市委召开议军会，市委常委、军分区党委常委、市相关单位领导参加会议。部分县区负责人进行党管武装述职，其余县区委书记进行书面述职。军分区汇报2012年军分区工作和提请议军会研究解决的问题。会上，市委书记张吉勇肯定军分区2012年所做的工作和取得的成绩，强调要落实习主席“走在前列”的政治要求，用党的十八大精神凝神聚气、引领方向；要贯彻习主席“三个牢记”的重要指示，推动全市国防后备力量建设创新发展；要领会“坚持走中国特色军民融合式发展路子”的深刻内涵，投身建设富裕和谐美丽新毕节。

【春节安全大检查】 2月8日，军分区组成安全检查组，对作战值班室、民兵武器装备仓库、民兵应急骨干分队、营区营院、办公室、财务室等重点目标部位进行安全检查，对各场所安防设施、水电线路、文电保管等情况进行清查，对检查中发现的问题进行整改，要求春节期间担负战备值班的干部、枪弹保管员和警卫人员以及留守人员要保持高度警惕，履职尽责，抓好节日期间管理，确保安全稳定。

【车辆管理专题教育整顿】 2月21日，利用电视会议形式，组织全区各单位主管领导及全体驾驶员，进行车辆管理专题教育整顿，传达学习《西南五省（区、市）军车交通违法交通事故抄告实施办法》和《成都军区军车交通违法抄告处理实施细则》。要求各级要高度重视，切实维护军车良好形象，确保单位安全稳定。增强官兵特别是驾驶员的行车安全意识。

【专武干部集训】 3月18—24日，毕节军分区组织完成专武干部集训。集训采取“连队化管理、院校式教学、过‘兵’的生活”的方式，组织内务评比、队列会操、经验交流、理论考核、实弹射击等评先、评优竞赛活动，把比思想觉悟、比作风修养、比能力素质贯穿于训练始终，提升专武干部的工作能力。

【法制教育】 2月20日，按照《军分区“每月一课”法制教育计划安排》，组织全体官兵、职工和民兵应急队伍骨干分队开展法制教育。政治部主任为大家上题为《认清贪杯酗酒危害，严守军纪远离酒祸》的法制教育，组织学习《治安管理处罚法》《纪律条令》有关章节，观看《酒驾之祸》《最后的晚餐》警示片，增强官兵的法纪意识。

【开展学雷锋活动】 3月5日，组织全体官兵、民兵、职工开展学习雷锋活动。全体人员观看学习雷锋精神报告会，组织官兵到街道、森林公园清除垃圾、杂草。党委号召全体官兵像雷锋那样奋发进取、敬业奉献、乐于助人，共同书写时代精神史诗。

【军容风纪检查】 3月21日，根据“条令学习月”活动计划安排，利用早操时间，组织机关官兵、职工、民兵应急队伍骨干分队及专武干部集训队进行军容风纪检查，重点检查头发、胡须、指甲、标志服饰、腰带、鞋袜等项目。检查后，进行讲评，对个别人员头发过长、穿便鞋、领带过脏、外衣口袋扣未扣等情况进行通报和纠正，强调指出，军容风纪检查是部队的一项基本制度，是落实条令条例的具体举措，全体人员必须高度重视，树立良好的军人意识和条令意识，自觉维护军队良好形象，正规“四个秩序”，推进部队正规化管理水平上台阶。

【新闻宣传和政研工作培训】 3月25—26日，组织政工干部开展新闻宣传和政研工作培训。培训采取以会代训的方式，请军区政工网、省军区负责新闻和政研工作的领导授课。培训强调要高度重视新闻宣传和政研工作，以省军区系统建设实践中遇到的现实问题为牵引，抓住带有方向性、全局性、根本性的问题，紧跟时代步伐和形势任务变化，坚持干中学、学中干，多观察、多思考，勤于动脑、勤于动手，增强新闻宣传和政研工作的质量效益，使其起到“助推器”“宣传板”“智囊袋”的作用。

【队列会操】 3月26日，毕节军分区组织机关、七星关区人武部官兵、职工和专武干部集训队进行队列会操。会操中，各队指挥员动作规范，口令清楚，位置得当，会操人员精神饱满，步伐整齐，呼号洪亮，动作准确，军分区干部代表队、七星关区人武部代表队和市民兵应急队伍骨干分队分别获得会操的第一、二、三名。

【向四川地震灾区捐款】 4月23日，毕节军分区组织官兵开展向四川雅安地震灾区捐款活动，军分区机关和县区人武部干部、战士、离退休干部、职工和民兵踊跃捐款，累计捐款14万余元，弘扬中华民族“一方有难、八方支援”的传统美德，为灾区人民献上一份爱心。

【进行十八大精神学习培训】 4月22—25日，毕节军分区组织全区副团职以下干部进行党的十八大精神理论培训。培训采取领读串讲、录像辅导、专题授课、理论测试、体会交流、总结讲评等方式，对十八大精神、全国“两会”精神以及习主席一系列重要指示进行系统学习。培训期间，利用毕节试验区特点，组织参观毕节飞雄机场。就如何当好首长的参谋助手进行专题授课。

【山体滑坡营救】 4月27日12时50分左右，毕节市七星关区阿市乡麻窝村后山发生大面积山体滑坡，致3栋民房被埋，8人失踪。事故发生后，毕节军分区官兵闻令而动，启动抢险救灾应急预案，组织官兵、民兵70余人，携带锄头、铁锹、十字镐等工具火速奔赴现场展开救援。官兵用锄头挖、用铁锹铲、用手刨，搜寻被埋群众。经过6个小时奋战，挖出3具被埋人员遗体。为避免次生灾害发生，官兵在现场200米范围外设置警戒线，妥善安置麻窝村及附近受灾村民，稳定群众情绪和社会秩序。

【抢险救灾后勤保障】 5月上旬，毕节军分区后勤部总结2012年跨区参与云南彝良“9·7”抗震救灾及近年来参与辖区抗凝救灾、矿难救援、地质灾害救援等抢险救灾后勤保障工作经验，梳理存在的问题和不足，结合驻地抢险救灾特点，组织人员开展后勤装备训练，做好相应后勤保障准备，完善抢险救灾后勤保障方案，加大给养、物资和器材的储备力度，确保闻令而动、保障有力，为部队遂行多样化非军事斗争任务奠定基础。

【更换军车号牌】 5月9日，举行仪式，统一组织全区车辆更换“2012式”军车号牌。军分区组织学习总部及两级军区关于军车、军车号牌管理的相关规定。相关领导就规范军车运行秩序、树立军车良好形象要求全体人员以强烈的事业心责任感抓好工作落实，确保各项任务的完成。

【保密安全检查】 5月20—22日，结合更换年度密钥时机，组织由保密和保卫负责人组成的保密安全检查组，对全区保密安全工作进行大排查，对公用计算机管理使用、信息安全保密、涉密移动存储介质和涉密资料的管理使用、涉密会议和办公场所安全保密措施规范、“四反”和防间保密专项整治落实情况进行检查，规范计算机和涉密文电的使用管理，消除安全保密中存在的隐患，夯实军分区部队的安全稳定基础。

【民兵森林防火集训】 5月28日—6月11日，在赫章县人武部开展民兵森林防火分队集训，参训民兵来自七星关、黔西、大方、织金、纳雍、威宁、赫章7个县区。训练内容按《民兵军事训练与考核大纲》要求，共同训练安排有内务、政治教育、纪律条令和队列、民兵常识、射击、体能训练等科目，专业训练安排有森林防火抢险救灾基本知识、军队参加抢险救灾相关规定、灭火器材介绍和操作等科目。

【关爱留守儿童】 5月31日，组织官兵到毕节市实验二小，为20名贫困留守儿童送去价值2000元的学习用品和文体器材，勉励他们从小树立远大理想，刻苦学习。军分区与毕节市国教办在该校设立国防教育基地，开展国防教育和爱国主义教育，增强师生国防观念，为实现“中国梦”而奋斗。

【后勤保障训练】 6月18—21日，开展后勤保障训练，参训官兵按照“能打仗，打胜仗”的要求，围绕保障打赢现代化战争、服务部队现代化建设、向信息化转型的目标，提升军分区遂行多样化军事任务中的后勤保障能力，开展了车辆油料保障、卫勤保障、野战食宿保障等课目训练，提高后勤综合保障能力。

【召开正规化建设调度会】 7月3日，组织召开正规化建设工作调度会。8个县区人武部分别就正规化建设开展情况、存在问题、下一步对策措施进行汇报。军分区领导讲评各单位工作情况，对贯彻落实省军区党委首长决心意图，高标准高质量完成正规化建设达标任务提出明确要求，确保正规化建设的末端落实。

【征兵宣传】 7月7日，联合毕节市国教办组织开展“2013年国防文化活动年暨夏秋季征兵宣传广场音乐会”，现场发放宣传手册2000余份，现场解答76人咨询。宣传活动中，就大众关心的问题回答记者的提问，为完成征兵任务打下基础。

【扑灭山林火灾】 7月15日20时，大方县双山镇小瓦大道营脚隧道周边发生森林火灾。毕节军分区接到灾情通报后，启动应急预案，20时30分，军分区参谋长何长明带领干部、战士5人作为先遣队，抵达火灾现场，了解掌握灾情。20时40分，军分区机关、七星关区人武部、大方县人武部官兵、民兵150人赶赴现场展开救援行动。经过近12个小时的奋战，7月16日8时许，将约2000余亩的明火扑灭。

【庆八一军民联谊活动】 7月25日，毕节军分区与毕节市国教办组织开展军民联谊活动。毕节市红都艺术团、乒乓球协会、篮球协会等社团组织成员走进军营，体验“兵”的生活。联谊活动中，组织观看军分区科学发展纪实片，参观后勤综合保障演练，与官兵进行篮球友谊赛，开展军民联谊晚会活动，活动增强国防观念，促进军政军民团结。

【抗旱救灾】 7月30日，毕节军分区启动抗旱救灾应急预案，组织官兵和民兵全力投入抗旱救灾行动，出动官兵、民兵1200余人次、车辆30台次，为群众送水180余吨。

【涉军维权】 7月30日，毕节军分区组织召开涉军维权军地联席会议。会议宣读成都军区《关于贯彻落实"两个规范性文件"扎实做好涉军维权工作的通知》和《毕节市涉军维权领导小组组成方案》，传达学习《成都军区涉军维权工作暂行规定》和《西南五省（区、市）涉军维权工作协作办法》，要求深化思想认识、做到职责明任务清，推进机制创新，注重工作实效，组织涉军维权综合考评。针对贯彻落实会议精神，开展宣传教育，整合维权力量，提高涉军维权质量。

【制定下发《毕节市军人子女教育优待办法实施细则》】 8月1日，贯彻落实总政治部、教育部联合下发的《军人子女教育优待办法》和省军区政治部、省教育厅联合下发的《贵州省军人子女教育优待实施细则（试行）》，毕节军分区政治部征求武警、消防部队和各县区人武部意见、建议，与毕节市教育局联合研究制定印发《毕节市军人子女教育优待办法实施细则》，扩大优待范围，提高优待标准，健全优待程序办法，明确各相关单位责任，保障军人子女就学优待的权益，受到广大官兵的欢迎。

【节日安全】 国庆期间，组织官兵进行战备教育，开展安全隐患大排查，落实人员在位率，确保节日期间安全稳定。节日放假期间，坚持每日交班制度，掌握辖区社民情和人员安全情况，走访慰问各类值班执勤人员，组织战备安全大检查，对检查中发现的问题及时纠正。注重丰富官兵、民兵节日文体生活，组织开展足球、篮球、乒乓球、扑克牌比赛和电影晚会，营造良好的节日氛围。

【组织重走长征路战备拉练】 10月21—25日，开展为期5天的重走长征路战备拉练，全区出动官兵、职工及民兵、车辆，携带武器，采取摩托化和徒步行军相结合的方式，途经七星关区、赫章县、纳雍县和大方县4县区25个乡镇（办事处），展开拉练行动。按照"能打仗、打胜仗"的要求，围绕"聚焦强军目标、锤炼打赢本领"的目标，科学筹划、严密组织，全面检验军分区近年战备建设的成果，达到预期目的，为实现强军目标、提升国防后备力量建设水平打下基础。

（撰稿　胡兴华　张志昌）

武警毕节市支队

【概述】 2013年，在武警贵州省总队党委和毕节市委、政府的领导下，武警毕节支队党委以党的十八大和十八届三中全会精神为指导，围绕强军目标，发扬"三实"本色、"三干"作风和"三敢"精神，抓经常性基础性工作落实，实现"两个确保"，部队建设不断进步，连续实现"三无"。三中队连续5年被武警贵州省总队树立为"基层建设标兵中队"，荣立集体三等功，威宁、金沙、大方、赫章4个中队被武警贵州省总队评为"基层建设先进中队"，机动中队1人立个人二等功，8个班排和24名个人立三等功。

【思想政治建设】 围绕学习十八大精神这条"红线"，突出高举旗帜、听党指挥这个核心，把思想政治教育摆在首位，确保官兵绝对忠诚、绝对纯洁、绝对可靠。一是用创新理论武装铸军魂。突出班子成员重点，抓基层官兵大头，学习贯彻党的十八大报告、全国"两会"精神和新党章，学习习主席建军治军思想，注重引导官兵深化对党的创新理论真理性的认识、认知和认同，深扎党对武警部队绝对领导的思想根基。二是用忠诚卫士教育固根本。在"坚定信念、铸牢军魂，永远做党和人民忠诚卫士"主题教育活动中，注重把紧贴实际解决问题贯穿始终，采取调查摸底找问题、议教分析出对策、专家辅导解疑惑、讨论交流明事理、履职尽责看成效的教育方法，学习借鉴兄弟单位试点经验，落实"支队上大课、大队抓督导、中队搞串讲、人人搞讨论"机制，组织"迈好军旅第一步""让青春在警营闪光"演讲比赛、"典型就在身边"先进事迹报告会、党史军史武警史知识竞赛等"强军之魂"系列文化活动。投入5万元建成政工信息网，在七星关区中队进行荣誉室建设试点并推广，为三中队修建"忠诚卫士"主题墙，丰富教育内容和形式，推动当代革命军人核心价值观培育活动向深度和广度发展。三是用思想工作载体正言行。针对当前意识形态领域斗争的复杂形势，把抓好形势政策教育与严密防范结合起来，开展每月“四课”教育，加强对热点敏感问题正面引导，帮助官兵明辨是非界限、抵御杂音噪音。用好“三互”“双四一”活动载体，做好一人一事思想工作和搞好心理疏导。帮教转化个别人、重点人29人次；注重典型激励，做好宣传报道工作，加大典型宣扬力度，在各类新闻媒体上稿263篇，其中中央一类媒体上稿6篇，在驻毕主流媒体推出“武警特战队员风采录”系列专刊，持续宣传报道官兵在执勤处突中的英勇表现，展示支队官兵的良好精神风貌。参加毕节市碧阳二道公路塌方抢险救援事迹在人民日报发表，被中央电视台和新华社采用，受到高度评价。

【中心工作】 按照能打仗、打胜仗的要求，提升信息化条件下以执勤处突反恐为中心的多样化任务能力，履行职责使命。一是抓好经常性执勤工作。坚持以提高官兵警惕性为核心，以增强能力素质为根本，以落实制度为关键，以执勤量化管理为抓手，以治理执勤隐患为重要环节，加快构建信息主导的组勤执勤模式。二是提高军事训练水平。坚持依法治训、按纲施训、科学组训。举办3期勤训轮换、1期参谋业务集训、1期体能竞赛。练硬特战拳头，把机动中队特勤排和执勤分队应急班捆在一起抓、合在一起训。每个中队每批抽调5人到机动中队轮流驻训，与机动中队特勤排统一编成应急处突AB队。6月，在总队组织的特战队员集训比武中，机动中队一名战士获反恐突击专业第一名。8月在参加总队组织的机关前指带特勤排比武竞赛中，获得机关手枪射击第一名、3000米第二名和特勤排团体第二名。三是做好应急处突准备。突出精兵、精装、精训，加强机动中队特勤排、执勤中队应急班反恐力量建设。按照新老搭配、年度搭配、专业搭配的要求，挑选特战队员，坚持先训后补、随缺随补，落实队员定岗定位，从严控制干部骨干及专业人才调动，确保编成科学、形成梯次、齐装满员、队伍稳定。加大经费投入，配齐装备器材，为基层中队配备3个片区指挥车、9台轻型运兵车、县区中队34种和机动中队49种反恐装备器材；加强人装结合训练，抓好实战化战法研究演练，搞好情报信息收集和形势研判，扎实做好“3·14”、“6·4”、“7·5”和涉日敏感期战备工作，确保遇有情况能迅速出动有效处置。四是精心组织临时性勤务。研究特点规律，规范组织实施，控制任务范围，严格请示报告，严格审批程序，重大任务坚持领导深入一线，靠前指挥，确保万无一失。是年，支队出动兵力1434人次，完成“3·24”一级加强警卫勤务，毕节飞雄机场试航现场警戒，七星关区阿市乡、纳雍县姑开乡和织金县城关镇“6·30”山体滑坡以及毕节市碧阳二道公路塌方、赫章县公路塌方抢险救援，“7·15”吊兰村山林大火扑救，毕节市第一届体育运动会现场安保以及武装押解、武装巡逻等各类临时勤务56起。

【安全管理】 坚持依法从严治警不松懈，精抓细管不放松。一是强化防范意识保安全。把安全教育纳入每月四堂课的重点，落实重要时节和敏感时期的安全教育，重点抓好安全法规、安全常识、操作技能、自救互救的学习培训，形成“人人想安全、事事抓安全、时时保安全”的局面。二是制度落实保安全。坚持支队每季度、大（中）队每月、班每周安全分析讲评，落实中队安全员每天安全讲评，完成临时勤务、处突、抢险救灾、巡逻、训练等各项任务时对安全工作做到同步安排、同步检查、同步讲评，确保安全风险评估制度化、经常化。三是抓隐患治理保安全。坚持除患勿尽，紧盯“三个不放心”问题，发挥“五个过一遍”和隐患排查有效载体作用，查问题找隐患。排查治理各类隐患149处，确保部队大事不出，小事也没有。

【基层建设】 贯彻武警党委1号文件以及武警贵州省总队《关于进一步做好抓基层打基础工作的措施》，围绕经常性基础性工作不放松，在抓基层打基础上下功夫。一是加强基层组织和干部队伍建设。按照“选准、配强、稳住”的要求，坚持优势互补、性格兼容原则，调整5个基层党支部；开展党支部班子岗位练兵活动，发挥“警官培训中心”作用，加大培训力度，帮助基层党支部提升“四个基本功”和基层干部“八种能力”。开展“大练基本功”活动，利用各类集训、会议等时机，组织基层干部对组织指挥、理论、射击、体能等科目进行训练、考核，促进基层干部自身军事训练水平和组勤组训能力的提升。二是落实蹲点调研帮建。制订完善《考察帮建计划》，落实《领导干部蹲点、机关干部当兵代职和基层干部住班规定》，改进帮建方法，加强“一队一策”、“一点一情”研究，对4个连续6年未进先进行列的中队实施重点帮建。用好“三跟三查”载体，加大检查督导力度，促进基层各项制度的落实。三是加强基层风气建设。坚持队务、政务公开，公开公正处理敏感、热点问题；以密切内部关系为重点，加强尊干爱兵教育，重申严禁打骂体罚、变相体罚、收受战士钱物等违纪问题；引导官兵正确行使民主权利，加强教育引导，畅通民主渠道，纯正部队风气，营造风清气正、团结和谐、纯洁友爱的拴心留人环境。

【综合保障】 坚持服务中心、服务部队、服务基层官兵，提高保障能力。一是经费物资管理。落实经费报批、双主官签字、库存现金日清月结、定期审核、司务长集体办公等制度，加强对地方支助经费的管理，执行先报批后使用规定，定期进行审计，大项工程建设和大宗物资采购坚持做好市场调查、组织招投标会、进行质量监理验收，确保经费用在刀刃上。二是基建工程建设。协调、推进新机关建设按期开工，金沙中队新迁建工程进展顺利，威宁、织金中队完成选址立项。三是加强基础设施建设。投入经费800余万元，维修整治营房漏水、琉璃瓦脱落等问题，为全区部队修建车库、更换衣柜鞋柜，安装取暖设备，完成纳雍中队“白改黑”工程，基层设施配套，功能齐全。

【着力抓班子，核心领导作用发挥明显】 以能力建设、先进性建设和纯洁性建设为主线，抓班子、强素质。一是抓学习，提升思维层次。落实“五学”规定，加强对党的创新理论、路线方针政策、上级决议指示、现代科技知识、管理科学、党务知识及有关法律法规的学习，领导部队现代化建设能力素质有新提升。二是抓制度建设，提高工作质量。落实七项组织生活制度，学习贯彻民主集中制，开展批评与自我批评，增强各级班子凝聚力向心力战斗力。制定下发《关于加强两个群众性组织建设实施意见》，加强培训，解决两个群众组织活动不经常、质量不高等问题。三是抓作风建设，强化表率意识。组织“学习贯彻党章、弘扬优良作风”“强化法纪观念、反对拜金主义”教育活动，以及“树立正确理念、明辨是非界限”大讨论和“五超”专项治理。坚持以上率下，集体决策，在涉及官兵切身利益的敏感问题和热点问题上，按法规制度公开公平公正处理。提拔任用24名干部，推荐22名技术学兵，吸收30名积极分子入党；投入200万元大宗物资采购和大项工程建设，官兵反映良好。坚持为官兵解难帮困，帮助解决3名干部家属工作调动和3名干部子女入学问题。

【党委扩大会议】 1月17—18日，支队党委扩大会议召开。会议传达武警总部、武警贵州省总队党委扩大会议主要精神，总结2012年的主要工作，安排部署2013年工作任务，表彰先进集体和个人。

【议警会议】 1月23日，市委市政府联合召开议警会议，会议肯定支队全体官兵为维护试验区经济发展和社会稳定作出的贡献，研究加强驻毕武警部队建设事宜，专题研究武警毕节支队2014年度建设经费问题，下发《中共毕节市委议军会议、议武警会议、议警（消防）会议纪要》。

【勤训轮换】 5月4日，支队召开第一期勤训练轮换动员大会。会上，徐强参谋长围绕如何开展好勤训轮换进行安排部署，马建泽副政委进行勤训轮换动员。

【警民联欢会】 11月22日，支队联合毕节市文化馆开展“赞老兵风采·向老兵致敬”警民联欢文艺晚会，为满服役期战士献上一台丰盛的“文化大餐”，展示官兵的精神风貌。

（撰稿　张　明）

毕节市公安消防支队

【概述】 2013年，全市消防部队围绕“夯基础、强素质、健机制、稳发展”的总基调和“强兵兴队、争创一流”的总目标，强化班子队伍建设、社会管理创新、乌蒙消防铁军和基层基础建设，提升社会整体防控火灾能力、灭火和抢险救援实战能力、服务经济社会发展能力和部队综合保障能力，得到人民群众的高度赞扬和各级领导的肯定。

【班子队伍建设】 是年，支队组织召开中国共产党毕节市公安消防支队第一次代表大会，选举支队党委和纪委班子，建立“定期分析、分类指导、蹲点帮扶、检查督促、交流研讨”五项工作机制；支队党委常委全年下基层调研、蹲点人均在60天以上，帮助基层解决消防经费和队站建设等急难问题；落实干部提拔“双考”制度，2次组织对9名营职干部、22名连职干部进行双考和晋升考试；完成2012年57名入伍大学生的培训工作。开展对2013年入警的42名大学生业务技能集中训练和基层当兵锻炼培训。

【社会管理创新】 1月，市委召开2013年度“中共毕节市委议警（消防）会议”，出台《毕节市产业园区消防安全管理办法》《关于加强乡镇消防队伍建设的实施意见》和《毕节市公共消防基础设施标识化管理规定》，完善支、大队主官“双进”机制。3月，市政府召开“毕节市2013年消防工作会议”。全年，市政公共消防设施“标识化”管理机制得到落实，各级政府投入经费210万余元，制作各类消防安全警示、提示标识牌20180套，悬挂（张贴）于公共道路、消防安全重点单位和网格工作室等场所和部位，强化“可视化”管理。

【消防执法监督】 是年，全市公安消防机构开展“除火患、保平安”、彩钢板建筑、消防安全大排查大整治、今冬明春火灾防控等专项行动，与国土、规划等部门联合执法、上门服务，消除“边设计、边施工、边报审”工程的先天消防安全隐患。每月组织对全市消防行政案件、火灾事故调查、行政许可等涉及单位进行消防监督执法回访，聘请贵州中创联律师事务所毕节分所为支队法律顾问。全年，全市公安消防机构检查社会单位16419家，督促整改火灾隐患1.52万处，处罚单位534家，临时查封单位134家，拘留43人。出台《毕节市公安消防支队消防监督执法考核量化评分办法》《毕节市公安派出所消防工作考评办法》等规章制度，明确全市专兼职法制员及职责，对全市254个派出所255名专兼职消防民警进行集中培训，各县区消防大队结合实际组织对辖区派出所民警进行轮训，消防支队每月对公安派出所消防监督工作开展网上考评，兑现奖惩，全年有35个公安派出所受到市局表扬奖励，806名个人受到奖励，奖励金额达20.114万元。

【宣传教育培训】 市委副书记、市长陈昌旭及各县区政府主要领导在当地报刊或电视台发表署名文章或电话讲话，号召动员社会各界“关注消防，参与消防”，消防部门联合教育、民政、文广、安监等部门制定下发《毕节市2013年全民消防宣传教育纲要（2011—2015）年度计划》，组织开展毕节市行业代表消防技能比武竞赛，“千校师生学逃生”活动、“畅通生命通”活动，“电工消防志愿服务活动”，邀请贵州省消防志愿大使贵州电视台新闻联播主持人景伟健，贵州省消防志愿大使苗歌天后阿幼朵参与毕节市消防宣传。全年在中央级媒体上稿56条，省级媒体589条，市级媒体824条。

【打造消防铁军】 消防支队出台《执勤岗位练兵奖惩办法》，将官兵考学、晋升、选拔与执勤岗位练兵挂钩。全市消防部队开展智能、体能、技能“三能合一”训练，支队每日通过信息化手段对基层单位练兵情况进行督察；每周在支队金盾网主页公布“周训练成绩排行榜”；每月下达练兵任务并验收点评；每季度组织开展中队间“一对一挑战赛”；每年坚持举办基层指挥员、攻坚组培训班，岗位练兵大比武，岗位练兵验收考评等活动。在全省消防部队打造公安消防铁军比武竞赛中，支队连续第3年夺得团体第二名。

【综合应急救援】 各级政府将综合应急救援工作纳入“双考双评双挂钩”内容，强化应急救援经费、装备投入，深化综合应急救援支队和各应急救援分队的建设；完善驻勤民兵工作机制，增强招收、培训、使用、管理和解约等环节，培养22名民兵入伍到贵州消防部队、8名民兵入伍到解放军部队，全市消防部队驻勤民兵达127人。市政府出台《关于加强乡镇消防队伍建设的实施意见》，明确2013—2015年的建队目标和任务，确定专职消防队员经费保障标准，即日常运行公用经费保障不低于3万元/人年，灭火器材物资、油料损耗、补给经费不低于30万元/战斗单位年。截至年底，全市建成乡镇政府专职消防队7支，其中3个省级重点镇已完成达标任务。

【思想政治工作】 支队立足官兵精神需求，投入270余万建成网上俱乐部，通过建设联通全市各级消防部队的局域网，为官兵打造网上交流、听歌、看电影，关注时事新闻、部队动态，游戏娱乐、看书学习，模拟考试等功能为一体的网络平台，营造“快乐工作、幸福生活”的氛围；各县区消防大队根据遂行思想政治工作的需要，结合本地实际，精心设计制作“队标”，总结凝练“队魂”。支队以“坚定信念，筑牢警魂”为主题，开展党的“十八大”、十八届三中全会等学习教育活动，通过“一句话”课堂、辅导讲座、演讲比赛、交叉授课等活动，调动官兵学习的主动性和积极性，连续两年在总队组织的全省政工业务大比武中取得前三名的好成绩。

【路线教育】 支队党委着眼于解决“四风”方面的突出问题，高起点部署、高标准落实，确保活动不虚、措施不空、方向不偏。召开专题党委会2次工作推进会、1次专题民主生活会，落实上级要求，查摆分析问题，研究具体措施。班子成员带头走进基层大中队，走访社会单位67家，主持召开官兵座谈会、警民恳谈会9次，面对面地征求意见建议58条；解决官兵最关心、最期盼的事情。协调解决3名干部家属工作调动，5名干部子女的入托入学问题，为复退老兵发放困难补助和医疗补助3.8万元。

【“三化”建设】 建成灭火救援指挥系统和电子岗哨系统，配备23套3G图像传输和150余件350M常规、集群和POC手机等语音通信设备，安装行车记录仪，启用出警记录仪和执法记录仪，承办全省消防部队“三化”建设推进会。出台《毕节市公安消防部队信息化督察工作管理暂行规定》，将部队管理、执勤备战、系统运维、学习训练等工作作为支队督察检查内容，每日通过3G图传、营区监控、电子岗哨和综合业务平台系统，对基层单位学习训练、车辆管理、查铺查哨、哨兵履职、公文处理、数据录入等工作进行督察，将工作情况如实记录，报支队军政主官、值班领导和相关业务科室，确保督导基层单位完成整改。

【营房装备建设】 投入1620万元集中采购7辆执勤消防车、5815件（套）其他器材装备，开展“四个一”的灭火救援基本作战单元配备工作。紧跟“同城一体化”建设思路，启动黔西县黔金路中队、金沙县黄山路中队、纳雍县二中队、百里杜鹃大队等4个队站营房的建设工作，在建营房均通过总队规划办审核。是年底，全市建成消防站总数达到12个，营区总面积97083.34平方米。

【灭火救援】 是年，全市公安消防部队接警1122起，出动消防车1564台次，消防官兵9067人次，抢救被困人员524人，疏散人员6077人，抢救财产价值10.23亿元；在抗旱救灾工作中送水5700余吨，惠及群众26万余人。完成“4·27”阿市乡山体滑坡、“5·28”抗洪抢险，“6·30”织金岩脚村山体垮塌、“7·15”梨树镇碧阳2道山体滑坡、“7·15”大方县响水乡森林火灾、“8·20”赫章县白果山体滑坡和“11·26”赫章县草仔坪公路塌方等重大抢险救援工作任务。10月，支队被公安部消防局表彰为抗洪抢险先进集体。

（供稿 公安消防支队办公室）

人民防空（交通战备）

【概述】 2013年，在市委、市政府、军分区和省办的领导下，全市人民防空、交通战备、落区防护工作以科学发展观为指导，贯彻党的十八大、十八届三中全会、新党章、中央“八项规定”、省委和市委“十项规定”和国发2号文件以及全国、成都军区、全省民防会议精神，按照国防建设和军民融合式发展的总体要求，推进全市人民防空、交通战备建设，各项工作快速推进，跨越发展。

【民防管理】 多数县区建立健全人民防空机构，充实人防领导班子、配备人防专兼职人员。纳雍县民防办，配备专职副主任，充实4名工作人员，启动人民防空建设工作。

【部署与考核】 3月，组织召开全市人民防空、交通战备工作会议，会议贯彻全国、全省人民防空、交通战备有关会议精神，总结2012年工作，安排部署2013年全市人民防空、交通战备建设，对县区实行目标责任管理。办领导班子深入各县区检查调研，指导工作。市人防办获全省落区工作一等奖和目标绩效二等奖；市民防办组织对各县区2013年人民防空、交通战备、落区防护工作目标绩效进行考核，根据考核结果进行表彰。

【宣传教育】 市、区民防部门选择在毕节三中组织开展人防知识教育活动，制订工作方案，确定以人防知识教育专题片《永远的蓝天》为教学材料，普及防空防灾知识，由市民防办解决3000元宣传教育经费。9月下旬，市、区民防部门、区教育部门和第三中学共同组织开展中学生人防知识教育活动。黔西县人防办于4月、11月上街开展民防宣传活动，向市民发放宣传资料1

万余份。市和各县区人防部门结合人防工程建设管理，加强人防法律法规、有关政策的宣传普及，增强公民的国防意识和人防意识。

【防护工程建设】 全市高度注重加强人民防空防护工程建设。一是坚持公开、公平、公正的原则，依法办事，主动接受社会和群众监督；二是以建为主，以收促建，强力推进民防工程建设；三是新建结建民防工程以人员掩蔽工程为主，兼顾物资储备工程建设；四是新开发小区以集中修建民防工程为主，既便于管理，又降低建设成本；五是随时依法监管，确保民防工程建设质量，对全市城市人防结建工程进行检查和人防工程技术交底。报建和批建民防工程面积分别比上年略有增长，依法收缴民防易地建设费比上年增 2.5 倍；预验收防空地下室项目 4 项。民防工程建设从行政审批、技战术指标、工程质量、防护设备、竣工验收等方面，均按照有关规定执行和落实。人防易地建设费全部纳入财政预算管理，用于民防建设。大方县、纳雍县民防工程建设管理实现零突破并有序推进。

【重要经济目标防护】 按照市政府、军分区毕府办发电〔2012〕223 号文要求，各县区组织申报第一批重要经济目标。市民防办和市发改委于 4 月下旬组织有关部门领导和专家，对申报材料进行评审，经两部门联合审核，提出全市第一批一级重要经济目标 7 个、二级重要经济目标 17 个，报送市政府、军分区审定。市政府、军分区于 8 月上旬审批发布第一批二级重要经济目标，行文上报省政府、省军区审批一级重要经济目标。市人防办根据市政府、军分区的部署要求，制发二级重要经济目标防护方案编制工作意见以及重要经济目标防护方案编制格式。各县区和各二级重要经济目标单位组织开展防护方案的编制工作，按照防护方案开展有关防护建设工作。

【民防指挥体系建设】 报请市政府批准，同意建设毕节市人民防空机动指挥通信系统并解决建设经费；完成毕节市民防机动指挥通信系统建设项目建议书和可行性报告的编制，上报省民防办审批；与市财政、纪检监察等部门协调，完成政府招采购前期工作；配合市公共资源交易中心开展毕节市人民防空机动指挥通信系统项目政府公开招标采购，已完成招投标，确定中标单位。

【人防音响警报建设】 组织开展毕节城区人防音响警报器的检查维护，登记备案等工作，组织参加全省人防音响警报维护管理先进评选，全市 3 个警报点和 1 名个人获得先进。9 月，根据全省部署，经市政府、军分区批准，9 月 18 日组织开展人防音响警报试鸣演练。试鸣演练前，在《毕节日报》、毕节电视台等新闻媒体和电信、移动、联通等运营商发布公告。通过人防音响警报试鸣演练，使毕节城区广大市民了解防空警报的音响频率、功能作用等，试鸣演练达到预期效果。协调省办为黔西县解决 2 台警报器。

【交通战备】 一是建立健全军地联席会议制。市政府办下发《关于建立毕节市交通建设贯彻国防要求军地联席会议制度的通知》，明确联席会议组成人员、主要任务、工作规则等。二是开展战备交通资料收集汇总。安排部署全市新增主要铁路、公路相关数据统计上报工作，收集全市新增主要铁路、公路的有关资料，更新交通战备数据。三是开展国防交通保障方案的编修工作。开展资料收集整理、有关保障事项分析研究，完成有关保障方案编制，为全市国防交通保障积累数据，奠定基础。四是加强交通战备专业队伍建设。完成交通战备专业队伍的统计，协调有关部门制订专业队伍建设。完成交通战备专业队伍的统计，协调有关部门制订专业队伍训练方案、应急保障预案等，搞好专业队伍训练，对黔西水上民兵救援中队开展现场检查指导。五是加强国防战备林管护。对市内国防战备林进行 2 次督促检查，与林业部门研究加强管护的相关问题。

【民防法制建设】 贯彻国务院《全面推进依法行政实施纲要》《贵州省人民政府关于加强法治政府建设的意见》，按照省市有关安排部署，围绕全市人民防空建设工作任务，加大民防法律法规宣传力度，依法决策，依法行政，规范行政权力运行，推进依法行政工作。市民防办代起草并修改完善《毕节市人民防空工程建设管理办法》，征求有关部门意见并送市政府法制办审查，报市政府审批同意。市民防办代拟《市政府办公室军分区司令部关于加强全市人民防空专业队伍建设的意见》文稿，征求有关单位意见，上报市政府和军分区审定。对人防行政审批流程、人防工程档案管理等作细化完善。启动毕节中心城区人防工程建设规划编制工作，收集有关资料，编制相应的方案，上报市政府批准，同意毕节中心城区人防工程规划和地下空间开发利用规划合并编制，解决规划编制经费，已进入招投标程序。

【预防职务犯罪】 按照人防部门与检察机关《关于查办和预防人民防空建设领域渎职犯罪工作联席会议制度（试行）》的规定，市民防办与市检察院反渎职侵权局联合召开2次联席会议，通报相关情况和信息，研究确定重点防范领域，加强平时监督、提醒和信息沟通，预防民防领域渎职犯罪的发生。发挥保护干部职工，推进人防建设的作用。

【其他工作】 努力抓好联系村、帮扶村工作。按要求选派一名副县级干部赴赫章县结构乡大山村驻村开展工作；办领导深入驻村帮扶点和生态文明家园建设联系村开展调研指导，帮助理清发展思路，联系有关单位，争取对帮扶乡村的项目、资金、技术、物资等支持，协调落实项目资金62万元，生态文明家园建设联系村道路硬化率达100%。

（撰稿　王维伦）

国防教育

【概述】 2013年，市国教办贯彻中共中央、国务院、中央军委《关于加强新形势下国防教育工作的意见》精神，以《中华人民共和国国防教育法》《全民国防教育大纲》和《贵州省国防教育条例》等法律法规为准则，开展"热爱人民军队，共筑钢铁长城"主题宣传活动，改进和创新国防教育的方式方法，对国防教育工作进行理论创新、制度创新和工作创新，改革传统的国防教育模式，增强国防教育的活力，促使国防教育步入社会化、基地化和法治化轨道。《解放军报》《国防报》和《国防教育》《国防大视野》杂志等国家级、省级有关报刊多次刊登毕节市国防教育经验与做法。

【全民国防教育】 利用广播、电视、电台、报刊、手机短信、网络等现代传媒，开设国防教育栏目、专题和网页，使全民国防教育活动在报刊上有文，在广播上有声，在电视上有像，在网络上有影。在《毕节日报》举办三期国防教育日（月）和征兵宣传专刊；其他新闻媒体刊发稿件15篇，张贴宣传标语324张；公益宣传海报20份，分发征兵宣传资料3万份。是年初，制作以国防教育为主题的台历2万本，寄发给全市领导干部及部分学校师生。配合省国教办在全市开展征求修订"全民国防教育日"活动，发放调查问卷表5000余份；协调中国移动毕节分公司、中国电信毕节分公司和中国联合网络通信毕节分公司开设国防教育日（月）手机短信宣传业务。

【创建墙壁国防文化一条街】 以城市环境为背景创建贵州省最长国防文化墙打造国防文化一条街。"国防文化墙"主体建在毕节市七星关区南环北路军分区营区墙体上，墙体画面长1300米，宽1.5米，165幅画。"国防文化墙"墙展分为红色文化、军民共建、试验区发展三大部分，突出"传承长征文化，弘扬国防精神和试验区精神"主题。

【总结经验，宣传国防】 在国家级刊物《国防教育》及省级刊物《国防视野》等相关媒体上发表工作研究、探索及经验等文章20余篇。编制出版《毕节试验区国防教育探索・总结》。

【国防教育基地管理与建设】 金海湾国防教育基地在2013年全省国动委第九次全会上被评为贵州省国防动员建设先进集体。在国防教育基地建设上，百里杜鹃风景名胜区投资600余万元建成红军广场。金沙县在后山乡以红军南渡乌江过后山时的建筑风格为基调，对古镇古迹遗址进行修复完善，对新建房屋进行改造，形成独具特色的红军街，成为毕节市爱国主义教育基地。

【抓好国防教育】 一是抓"骨干层"，驻军部队、役备人员的管理，走军民融合式发展国防教育的路子。开展国防教育进军营活动，为现役军人举办毕节红色军事文化讲座。二是抓"核心层"，各级党政领导干部和机关工作人员的国防教育工作。在机关事业单位开展"以军事化管理为内容的国防教育，提高行政执行力"的活动。毕节市委党校与军分区政治部、市国教办联合开展国防教育进党校活动，走出一条理论学习、政策教育、形势报告、参观见学，军事拓展（行为教育）等"五位一体"的机关干部国防教育模式。三是抓"希望层"，青少年的国防教育工作。市教育局、军分区政治部、市全民国防教育办公室联合印发《关于搞好毕节市校园国防文化建设的意见》，明确校园国防文化建设的指导思想和活动的内容与具体措施。举行毕节实验第四高中、毕节市实验小学、毕节八中"青少年国防教育试点单位"的启动仪式，激发学生爱国爱军热情，增强集体荣誉感和组织纪律性，提高广大青少年学生的国防素质，推动学校国防教育的全面普及。

【开展缅怀革命先烈 继承优良传统活动】 开展以"缅怀先烈，传承长征精神"主题座谈会、组织国防教育讲师团向各界进行宣讲、"沿着红军长征路，徒步拉练"军事体育活动，在"网上纪念馆"为烈士献花献歌和点烛等形式的国防教育活动，40万余人参加活动。

【举办军旅歌曲大赛】 为纪念建军85周年和《国防教育法》颁布施行11周年，由毕节军分区政治部、市国教办组织的以"热爱人民军队，共筑钢铁长城"为活动主题的首届军旅歌曲演唱大赛在毕节学院举行。

【文化艺术与国防教育】 加强对红都艺术团的指导，组建成立"毕节红都艺术团军乐团"，完成市委、市政府重大会议和征兵宣传等军乐演出任务。红都艺术团开展"国防文化活动年"音乐进校园活动，与留守儿童占80%的市第二实验学校建立"手拉手、结对子"联系点，帮助该学校组织并培训学生民乐队；在国防文化活动年期间，组织青少年钢琴大赛；组织到社区进行国防教育专题演出4场次；配合文化部门组织"毕节红都艺术团民乐队"参加贵州省民乐大赛，获得大中乐队和小乐队演奏金奖、优秀指挥奖和优秀辅导教师奖等多项奖项；创作军旅歌曲20余首。

【宣讲国防理论】 组织国防教育讲师团开展国防教育宣讲"进机关、进学校、进社区、进企业、进农村、进军营"活动，促进国防理论、国防知识的传播。市国防教育讲师团围绕国防政治、经济、军事格局的基本态势进行国防教育专题讲座、国防形势任务报告会，就当前形势任务进行点评，对国防热点敏感问题进行讲解，培育军事思维头脑，使干部群众理解维护国家安全、稳定、统一的紧迫性和艰巨性，增强忧患意识；自觉把强烈的国防观念转化为关心支持国防建设的实际行动。是年，市国防教育讲师团有教员15人，举办国防知识报告会和专题讲座31场次。

【开展全民国防教育宣传活动】 一是制定开展国防教育日（月）活动计划，由毕节市委宣传部、军分区政治部和国防教育办公室联合下发《关于深入开展全民国防教育日（月）活动的通知》。二是发挥报刊、广播、电视、网络等大众传媒的作用，在毕节日报、毕节市电视台开设国防教育日（月）的专栏，对国防教育日（月）活动进行报道。三是理性地表达爱国热情，支持中央取得对日本非法"购岛"斗争的胜利。国防教育日当天，毕节市一些学校师生通过多种形式，对日本政府侵犯中国主权表达强烈愤慨，有理、有利、有节表达爱国热情，在抗议行动中，没有发生不利于社会稳定和损害群众利益的过激现象。

【国防文化进校园】 组织相关人员到学校根据学生的年龄特点，开展主题活动，即：每学期开展一次新生军训、一次国防文化教育主题班队会、举行一次红歌（爱国主义歌曲）比赛或文艺演出、举办一期国防文化栏目、观看一次军事题材的影视节目、开展一次红色阅读周读书节活动、开展一次讲党史团史活动、开展一次"缅怀先烈祭英雄，感恩先烈见行动"的清明节扫墓活动、开展一次"沿着红军长征路，徒步拉练"军事体育活动。

【开展非公有制企业国防教育】 在全市非公有制企业中开展国防教育试点工作，命名"毕节市众隆建筑工程投资开发有限公司""毕节市绿野房地产开发有限责任公司""市宏蓝房地产开发有限责任公司""毕节大众国际酒店""毕节市长泰源节能建材有限公司""贵州众隆商品混凝土有限公司"等单位为第一批非公有制企业试点国防教育单位。

（撰稿　任　仁）

法　治

政法委及综治工作

【概述】 2013年，全市政法工作把保障和改善民生作为出发点，坚持集成创新理念，开展“百日攻坚战”，构建平安毕节、法治毕节、打造过硬政法队伍，维护社会和谐稳定，维护国家安全，为试验区科学发展、后发赶超、同步小康创造安全稳定的社会环境、公平正义的法治环境和优质高效的服务环境。全年未发生群体性事件，人民群众安全感连续6年上升，达到91.73%。

【严厉打击和有效预防各类违法犯罪行为】 一是严打犯罪“雷霆行动”。依法严厉打击破坏社会主义市场经济秩序、侵害他人生命财产安全、违反宪法法律规定的行为，强力推进打黑除恶、命案侦破、打假冒、追逃等专项行动，尤其是群众反映强烈的“两抢一盗”、吸毒贩毒等违法犯罪活动，及时消除各类社会安全隐患。打掉恶势力案件41起，破获重大刑事案件2156起，破现行命案152起，破案率92.68%；破获“两抢一盗一骗”案件8797起，破案率47.35%，同比上升5.25%；破获拐卖案件262起，办结1起公安部督办案件，破获1起省公安厅督办案件；办理赌博案件100余起，没收赌资70万余元，打击处理犯罪嫌疑人200余人。二是治安防控“织网行动”。建专业巡防队伍309支6206人；农村义务巡逻防控力量配备18172人；建护村护寨队2364支19202人。全市投入“天网工程”建设资金5.6亿元，已建监控点9360个，报警点890个，在建监控点1170个，报警点180个，年底即可建成，监控点和报警点分别超额完成5.3%和7%。中心城镇技防设施入户率48.7%，超B级锁安装率63.7%。建治安卡口169个，配备巡逻车辆291辆；防盗门（窗）覆盖率58.9%；防盗锁覆盖率63.7%；中心城镇楼群院落值班守护率97.1%，机关单位保卫值班守护率100%。通过人防、技防、物防建设，初步形成空中有“天眼”监控，地上有警察巡逻，小区有保安看护的立体治安防控网络，有效预防各类刑事治安案件的发生。三是治安乱点“清除行动”。对2012年群众安全感排名全市后10位的乡（镇、办事处）由市综治办进行挂牌重点整治，排查发现40个治安重点地区已整治结束，群众安全感普遍提升，39个已通过考核验收，黔西县正申请验收。四是整肃毒害“扫毒行动”。深化以禁毒预防、禁吸戒毒、堵源截流、禁毒严打、禁毒整顿为主要内容的新一轮禁毒人民战争，严厉打击毒品违法犯罪活动。破获毒品案件1365起，完成目标任务数的116.67%。其中，破获重大毒品刑事案件86起，特大毒品刑事案件109起，缴获毒品80.56千克，抓获毒品犯罪嫌疑人1353名。五是平安校园“护校行动”。深化重点区域、重点部位、关键环节整治，进一步推进学校安全主体责任落实。共建853个驻校警务室，917个治安岗亭，学校安装监控探头6575个，配备警用钢叉、电棍等各类警用设备14990套件。排查整治校园内部安全隐患396处，调处化解涉校矛盾纠纷2918起，查处涉校治安案件203起，破获刑事案件92起，抓获犯罪嫌疑人179人。六是医院环境“整治行动”。出台《毕节市医疗纠纷预防与处置办法（试行）》，建立矛盾纠纷第三方人民调解机制，在二级以上医院全部建立电子视频监控系统，乡（镇、办事处）及以上医院全面启动治安警务室建设，配齐配强警务设备，加强医院治安防范，切实维护医院安全稳定。全市发生医患纠纷41起，均妥善化解。七是网络整治“净网行动”。加大网络违法犯罪打击力度，全市公安网监部门通报异地一类有害信息7936条；收集上报各类互联网监控信息277条，开展舆情引导99次，发帖跟帖总数33879条；落地查实网民77人。加强案件和情报侦察，上报网侦线索27期，网侦情报29期。主侦行政案件18起，配侦案件62起，抓获CCIC逃犯22人，治安处罚13人。加强监察管理和整顿网络秩序工作，安装45家非经营性上网服务场所安全措施；检查网吧156家，处罚违规网吧4家；处罚警告网站5家，责令限期整改5家，关停网络账号2个。八是市场秩序集中排查整治行动。全市出动执法人员341人次，执法车辆112台次，排查各类经营主体1033户次，排查出未亮证照经营户28户，进销货台账建立不规范18户，下达行政指导建议书123份，对2起涉嫌违法行为进行立案调查，市场秩序明显改观。

【加强特殊人群服务管理】 一是加强社区矫正工作。全市累计接收社区服刑人员4683人，累计解除2352人，在册列管2331人。累计重新犯罪2人，撤销缓刑5人，撤销假释6人，累计对暂予监外执行罪犯收监执行9人。二是加强刑释解教人员安置帮教工作。全市接到监所拟释放人员4607人，实际登记5138人，安置4585人，安置率89.24%；帮教4996人，帮教率97.24%。建立13个安置帮教基地。三是加强重性精神病人服务管理。完善重性精神疾病管理治疗网络和工作机制，建立健全市、县、乡、村四级重性精神疾病管理队伍，开展对有线索重性精神疾病患者的筛查。全市上报精神病线索17700例，排查17569例，确诊17211例，录入国家精神病信息数据分析系统17211例，完成省下达18000例任务的95.6%。全市排查发现重性精神病人473人，全部列入管控。四是加强未成年人重点群体服务管理。对流浪未成年人、辍学青少年、留守儿童、有严重不良行为未成年人及服刑在教人员未成年子女等未成年人重点群体采取“一加强五机制”措施进行管理。五是加强吸毒人员服务管理。市、县财政投入建设资金1.49亿元，支持厂房116105平方米，建成“阳光工程”安置基地27个。全市安置3908人，自谋职业13240人，安置人数全省第一。织金县投入300余万元率先在全省建成1所100个床位的关爱医院，收治特殊群体160人，目前在治15人，有效破解吸毒艾滋病人的服务管理难题。六是加强青少年教育保护中心建设。通过建立青少年教育保护中心，把有违法和轻微犯罪行为的青少年教育成有理想、有道德、有文化、有纪律、并掌握一定生产劳动技术和职业技能的现代人才。黔西县青少年教育保护中心现有在校学生65人，毕业改正返回学校110人，取得良好的社会效果。七星关区、织金县正在建设。七是加强敬老院建设。全市建设农村敬老院252所，集中供养五保对象6987人，供养率为26.54%，实现乡乡有敬老院的目标。敬老院建设工作在全省社会管理创新暨平安贵州建设大会上作经验交流。

【加强和创新社会治理】 坚持“民生优先、服务为先、基层在先”原则。集成全省社会管理各方面经验，形成“零距离解决群众诉求，把困难问题处理好；零回避化解矛盾纠纷，把和谐社会构建好；零干预引导村民自治，把民主法治建设好；零缝隙织牢基层网底，把服务基础夯实好；零迟延服务群众办事，把民生事项落实好；零缺位破解发展难题，把美丽乡村创建好”的“六零六好”经验，为构建和谐社会提供了重要载体和有效途径。一是织牢基层网底。构建“一轴两驱四轮”的组织架构体系[一轴，即党委领导；两驱，即政府主导与村（居）民依法自治；四轮，即在镇级设置“三委一组一中心”；村级设置“两站两会”；村民组设置“一组一室”；网格内设置“中心户长”]，为社会治理提供保障。县乡两级财政共投入经费6889.6万元，建立网格工作室3054个，配备网格工作室管理人员8809人，实现乡（镇、办事处）社区（村）网格化服务管理全覆盖。二是转变政府职能。采取政府花钱买服务的方式，侧重为群众工作提供人力物力财力保障。进一步整合部门资源，在乡镇一级设置“三委一组一中心”，将镇直机关七站八所的职能和人员进行归并重组，突出社会管理服务职能。三是加强村民自治。充分依靠和发动群众，进一步强化群众自治组织建设，民主推选村级班子和村民组长、中心户长，成立群众自治组织，涉及群众切身利益的事项均由村民会议或村民代表会议作出决定，村“两委”组织实施，做到涉及群众切身利益的事项均由村民自己决定，保障群众的知情权、参与权、决策权和监督权。引导群众依法成立各类自治协会，充分整合社会管理服务资源，调动广大群众参与管理社会事务的积极性和主动性。四是强化监督。建立民生建设三公开、三统一、五不准、五必须制度，确保民生建设不走样。在乡镇、村、组三级分别设立监督机构，由群众自主推选，乡镇党委统一聘任各个领域热心公益、处事公正的代表担任民生监督员，对重大事项、民生工作、群众诉求等开展监督。五是优化服务。全面推行岗位责任制、服务承诺制、首问负责制、限时办结制等制度。采取上门服务、预约服务等“保姆式”服务，实行领导干部分片负责、包案下访、事后回访制度和科级领导干部信访维稳分片包保制度，消除服务盲区，实现服务范围最大化。六是民生优先。大力开展“美丽乡村·四在农家”建设，改善人居环境，提高群众生活质量。坚持“以人为本、服务为先”，着力加强农村水、电、路等基础设施建设，改善群众生产生活条件，切实把群众需求满足好。目前已在全市推开社会治理集成创新工作，165 个乡镇办事处已全面推开，明年初将在所有乡镇推开。

【开展“百日攻坚战”】 以“事要解决，人要留住”为出发点和落脚点，认真解剖案情，严格甄别诉求，划定政策底线，逐案审核指导，合力攻坚化解，一批“骨头案”“钉子案”得到有效化解，解决一批苗头性和倾向性问题，有力地推动了疑难、复杂矛盾纠纷的有效化解和稳控。省市县三级联席会议“百日攻坚战”第一次集中交办的 422 件矛盾纠纷和信访问题已全部化解，第二次集中交办的 165 件全部化解，第三次交办的 341 件全部化解，第四次交办的 128 件全部化解。省委常委两次带队督导 16 件信访突出问题、省维稳领导小组四轮交办的 85 件重大突出问题全部化解、省委政法委两次交办的 48 件陈尸不化问题全部化解。制订《毕节市陈尸不化问题排查处理暂行办法》，规范陈尸不化问题的排查处理工作。

【加强重大突出矛盾源头预防】 组织召开全市社会稳定风险评估推进会，进一步统一思想认识，规范评估工作程序。截至 12 月底，完成重大事项评估 173 件，评估率 85.22%。就推进中石化织金煤电一体化项目不稳定因素进行专题调研，切实做好重大突出矛盾的源头预防工作。

【加强“和谐四区”建设】 加强“四区”（矿区、工区、库区、林区）矛盾的排查化解工作，建立“四区”和谐促进会 417 个。全年排查“四区”矛盾纠纷 141 件，已经全部督促化解。开展煤矿企业兼并重组社会稳定风险调研，切实推动矿权整合工作。

【预防调处矛盾纠纷】 坚持“日排查、事化解、零报告”制度，每月召开 2 次以上维稳形势研判会，对重大矛盾纠纷排查化解进行分析研判，建立重大突出矛盾更新管理台账，实行滚动排查、动态管理，做到件件有人管、事事有回音，把矛盾和问题解决在初始阶段，最大限度减少不和谐因素。今年全市排查重大突出矛盾 315 件，截至 12 月底完成化解 306 件，化解率 97.14%。化解因拖欠农民工工资和工程款引发的不稳定因素 30 余起，督办重大突出矛盾纠纷 37 起。充分发挥人民调解、行政调解、司法调解、专业性调解和轻微刑事案件和解“五位一体”矛盾化解机制，实现“家庭邻里纠纷不出组，惠民政策问题不出村，群体公共诉求不出镇，法规执行矛盾不上交”的工作目标。4802 个调解组织排查矛盾纠纷 28818 件，调解 28818 件，调解成功 27828 件，调解成功率 96.56%，防止民间纠纷激化 2186 件，防止群体性事件 251 件。加大专业性调解组织建设。金沙、黔西等县先后成立交通事故调解组织、医患纠纷调解组织等专业性调解组织。正确适用宽严相济刑事政策，将化解社会矛盾贯穿执法办案的始终，对亲属邻里纠纷引发的轻微刑事案件，成功和解 89 件 114 人。加强对民商事案件的调解工作，全市法院一审调撤结案 7659 件，调撤率 72.16%。

【维护重要时期稳定】 做好全国、全省“两会”和党的十八届三中全会期间维护稳定工作，确保全市和谐稳定。中央领导在毕节视察期间，未发生赴省进京非访、拦路上访及其他重大事件。加强信息掌控，抓好高校巡查，确保社会稳定。加强重大活动安保维稳工作，确保全省项目观摩会、全省小城镇发展大会、川滇黔十二市州合作发展峰会、2013中国（贵州）非公有制经济发展论坛、夹岩水利枢纽工程动工仪式等重大活动顺利开展。

【完善应急处突机制】 抓好应急处置机制建设，完善应急处置预案。加大非正常死亡事件、群体聚集事件处置工作力度，及时妥善处置金沙县石场乡家长虐待女童、赫章县可乐乡未成年女孩戴手铐等网络舆情事件。

【强化敌对势力渗透破坏防范】 扎实开展“门徒会”“全能神”“全范围教会（生命会）”等其他邪教的专项整治活动，市委拨专案经费4万元用于“全范围教会（生命会）”专项打击。建立邪教“法轮功”及其他邪教和有害气功组织人员数据库。对本地的邪教“法轮功”人员实行分类动态管理，突出管控重点，进一步建立健全跨县区联防联控机制，遏制邪教和有害气功组织的跨区域流窜活动。实行社会帮教和举办法制教育专班相结合，对发生“全能神”“血水圣灵”的县、乡镇涉邪人员开展教育争取工作。以“反邪防邪人民战争”为抓手，强力推进“无邪教创建”活动，207个乡镇办事处被市委防范办授予“无邪教创建合格单位”称号，142万户农户被评为“无邪教模范户”称号，3129个村（社区）被评为“无邪教村（社区）”。“无邪教创建”活动的知晓率、覆盖率达到100%。推出“一牌三举措”的实施工作，各县区制作“一牌三举措”牌子774078块，发放给“无邪教模范户”或“无邪教创建户”。此做法得到省委有关机构的充分肯定，并在全省进行推广。积极探索建立警示教育长效机制，率先在中小学校建“反邪教警示教育基地”“青少年法制教育基地”“毒品预防教育基地”，重点抓好“五个一工程”，真正实现警示教育“进校园、进教材、进课堂”。在农村开展农民工外出务工行前教育，将反邪教警示教育纳入“六五”普法，做到警示教育“进村、入户、面对面”全覆盖、经常化。拨专款12.7万元到县区并要求县区匹配对应资金制作反邪教警示教育宣传物品（书包、围裙、笔、文化衫）16万件发放给广大群众和中小学生。是年，县区不断加大反邪教工作的力度，在乡镇、村（社区）、组培育和发展若干名信息员，形成统一畅通的自下而上的信息报送渠道；建立信息研判和指挥系统，在第一时间获取信息并及时传达到指挥决策者手里，实现快速指挥、快速处置的目的。落实教育转化决战和巩固工作，市、县区举办教育转化决战巩固帮教小组培训班8次，提高帮教小组做“法轮功”邪教组织痴迷人员思想教育和心理疏导工作的能力。引导“法轮功”邪教组织人员参与各种经济组织、社会组织和生产、社会活动，使他们从中找到归属感，从而自然融入正常的社会生活。

【维护社会公平正义】 一是全面推开涉法涉诉信访工作改革。按照省委政法委《关于涉法涉诉信访改革试点工作的实施意见》，市委政法委制定《关于涉法涉诉信访工作的改革方案》，由党委群众工作中心（联席办）对领导批办、交办和接访的涉法涉诉信访事项经过审核、甄别，按照诉访分离的原则导入公、检、法、司等部门依法处理。将涉法涉诉信访案件从一般信访事项中分离出来，引导涉法涉诉信访问题在法治轨道内妥善解决。二是加强执法规范化建设，提高案件质量。建立健全执法流程管理和动态监督机制，全面实行讯问、庭审全程录音录像和执法窗口、监管场所的实况监控。推进司法、警务公开，全面推行执法事项网上告知及重大复杂疑难案件公开听证、公开审查等制度。构建审判流程管理、审判运行态势监控、案件质量评查和审判绩效管理为主要内容的审判管理体系，全面推行量刑规范化改革，统一法律适用标准，建立审判执行运行态势分析机制、队伍建设运行态势分析机制，完善诉访分离、立审分离、审执分离工作机制，普遍实现立案、庭审、执行、听证、文书的全面公开，并通过裁判文书上网等方式，保障人民群众的知情权、参与权、表达权和监督权，不断提高办案质量和效率，努力让人民群众在每一个司法案件中都感受到公平正义。三是开展集中化解涉法涉诉信访案件攻坚战。在做好省委政法委交办的14件化解任务的同时，将全市排查的14件重点涉法涉诉信访案件也列入“攻坚战”的任务范围。目前，省交办的14件已化解12件，化解率86%，超过了省委政法委要求的在12月20日前化解80%的工作目标。预计年底全部化解。四是做好涉法涉诉和刑事被害人救助工作。市县两级纳入预算1100万元，临时拨付495.36万元。全年救助112件472人，拨付救助资金830.31万元。其中，涉法涉诉信访案件47件383人，拨付资金500.01万元，刑事被害人救助65件86人，拨付资金330.3万元，解决群众实际困难，化解一批涉法涉诉信访案件。五是深入推进普法宣传教育工作。充分整合力量，把法制宣传与深入推进社会矛盾化解、公正廉洁执法、法律援助、社区矫正、刑释解教人员安置帮教等各项工作结合起来，与解决群众关心关注的热点难点问题结合起来。在调解纠纷、服务群众工作中宣传党的方针政策和国家法律法规，提高公民依法办事、依法表达诉求，依法维护自身合法权益的意识和能力；提高各级领导干部依法化解矛盾纠纷，维护社会稳定的能力。重点就企业改制、征地拆迁、涉农利益、教育医疗、环境保护、安全生产、食品药品安全等容易引发社会矛盾的领域，组织开展专题法制宣传教育，从源头上预防和减少社会矛盾的发生。

【提高政法干警整体素质】 一是加强思想政治教育，坚定政法干警理想信念。坚持以狠抓政治理论学习为载体，大力加强干部队伍思想政治教育，坚定理想信念。将党的方针政策、法律法规、文件精神以及各种重要会议、领导讲话、报告等与"十破十立""能力提升年"和"党的群众路线教育实践"等活动有机结合起来，第一时间在全市政法系统学习贯彻。进一步加强对全国全省全市政法工作会议精神、中央和全省全市经济工作会议精神以及党的十八大和十八届三中全会精神的学习，努力提高全市政法干部理论学习的科学性、自觉性。严格按照规定的时间和任务开展学习活动，并采取中心组集体学习与个人自学、专题讨论与专题辅导相结合等方式开展学习讨论，确保学习取得实实在在的成效。二是加强作风建设，提高服务群众工作水平。严格按照中央"八项规定"、省委、市委"十项规定""十严禁""十不准"和省委政法委"二十一条"规定的要求，坚持从严治警的方针，落实党风廉政建设责任制，加强政法干部作风建设。执行"一岗双责"，全市政法系统层层签订党风廉政建设责任书，强化廉政责任落实和廉政问题查究，全力营造风清气正的执法环境。将党风廉政建设纳入重要议事日程，组织开展明察暗访，从市直政法部门抽人组成作风建设明察暗访工作组，分赴全市10个县区对纪律作风、服务效能、规章制度执行、优化环境、公（警）车使用管理、公正廉洁执法等情况进行明察暗访，对暗访发现的问题进行通报并要求整改。组织召开全市政法系统动员会议，扎实推进政法系统整顿机关作风，开展正风肃纪活动，全面落实政法机关执法办案"五严禁"，各级政法机关公开信访举报电话。接到举报监督电话23件，对涉及"五严禁"的4件进行督办，对反映人进行了答复。办理省委政法委交办"五严禁"转办案件6件。是年，全市处理违纪违法干警34件41人。三是加强业务能力培训，提高执法办案水平。坚持以"六个能力"提升为抓手，以提高政法干警做好新形势下群众工作、舆情引导应对工作能力为核心，采取"请进来、走出去"等方式，加大政法干警培训力度。组织政法系统60余人到清华大学公共管理学院参加社会创新与管理方面知识培训；邀请专家、学者到本市就突发公共事件与危机沟通管理及网络舆论危机应对与处置知识进行专题培训。全市培训政法干警3186人次，各级政法干警工作水平提升。四是加强宣传工作，提高舆论引导水平。按照"内宣聚力量，外宣塑形象"的工作思路，投入66万元开展宣传工作，加强与《人民日报》《求是》《法制日报》《网络导报》《红旗画刊》等媒体的合作，先后刊登了200多篇文章和信息，宣传广度和深度不断引向深入。开展先进典型教育，评选表彰"十佳办案能手""文明执法窗口"等活动，不断激励广大政法干警的工作积极性。强化舆论引导能力提升，建立健全网络舆论引导机制工作。建立网络舆情研判导控服务平台，制定舆情处理方案、制度和预案，加强网络舆情预警、引导和应对。

【开展党建活动】 抓好生态家园、党建扶贫、"四帮四促"联系点的帮扶工作，为生态家园联系点赫章县水塘堡乡水潮村协调资金13万元，协调投入560万元修建通村公路7公里，为双坪乡元街村协调投入200万元烟水工程机耕道建设9.5公里；为赫章县七家湾村协调饮水项目1个，解决资金35万元。开展联系点走访、调研、宣传和慰问工作，分别于春节、"七一"期间到各帮扶点、联系点开展慰问活动，慰问贫困党员、贫困群众，发放慰问物资折款约1万元，现金3.4万元。"七一"期间组织开展上党课、学《党章》等一系列的支部活动，发展预备党员1名，党支部被评为全市优秀基层党组织。

（撰稿　李来奎）

公　安

【概述】 2013年，全市公安机关按照年初确定的公安工作思路，围绕大局发挥职能，服务发展创新管理，立足长远夯实基础，抓住根本严管队伍，团结拼搏、锐意进取，忠实履行公安机关职责使命，始终保持高压严打态势，攻克一批大要疑难案件，打掉一批黑恶犯罪团伙，抓获一批网上逃犯，公安工作和队伍建设取得明显的成效和进步，确保国家安全和全市社会治安大局持续稳定，为毕节试验区经济社会发展创造了平安和谐的良好环境。据省民调中心测评，全市2013年群众安全感为91.73%，在上年的基础上提升了0.57个百分点，实现年初制订的群众安全感达到90%以上的目标，同时也实现群众安全感连续5年上升。

【维护稳定】 一是抓好情报信息，妥善处置各类群体性事件。全市公安机关重点突出情报信息工作在维稳工作中的关键作用，以国保基础工作和网安网络舆情监控为支撑，深入开展国保动态基础调查和网上舆情监控，不断增强预警和先发制敌的能力，实现预警、预知、预防、预控，实现“敌动我知，未动先知，动态掌控”的目标，将一切影响稳定的不安定因素纳入工作视线，尤其是针对城镇化进程中大开发、大建设的各种焦点、热点问题以及征地拆迁、补偿安置等可能引发群体性事件的难点问题，全方位收集情报信息，加以研判，为党委政府决策提供翔实依据。2013年，全市公安机关搜集情报信息698条，编报《毕节公安国内安全保卫情报》334期，编报《不安定因素排查报告》12期，圆满完成各类涉稳专案侦查工作任务。二是抓好舆论引导，严厉打击破坏维稳活动。全市公安网安部门不断健全和改进加强网上舆情引导工作，健全日常舆情分析机制和突发事件新闻发布快速反应机制，加大对重大、敏感案事件的舆论引导，积极应对和稳妥处置网络群体性事件。妥善开展网上舆情导控50余次，发现处置各类有害信息20749条，妥善处置多起网络突发案事件。严密防范和坚决打击境内外敌对势力、敌对分子、“法轮功”等邪教组织的渗透捣乱破坏活动，采取有针对性的措施，加强“两新组织”和“三股势力”的管理，提高网上斗争能力和水平，防止发生重大政治性事件和暴力恐怖事件，维护全市社会政治稳定。三是抓好公安信访工作，扎实筑牢信访维稳防线。开展“领导干部接访月、回访月、下访月”和“百日攻坚战”等系列活动，完善局领导接访日制度，开展集中清理涉法涉诉信访积案活动，尤其是在重大活动、节日和会议期间，切实将工作重点放在尚未停访息访的群众信访问题上，做到领导包案不放松、疏导控制不放松、解决疑难问题不放松，努力将信访矛盾化解在基层，将信访人员稳控在基层，构建信访工作维稳防线。2013年，全市公安机关受理（接转）群众来信来访707件，排查矛盾纠纷300件，其中市公安局受理群众信访事项354件，同比上升60.9%，受理贵州公安综合服务管理平台“网上信访”26件，均按时限办理和处理并给予信访人答复。四是抓好应急处突机制建设，完成各项安保警卫任务。8月31日，举办全市特警反恐应急处突汇演，取得良好的社会效果，一支能打善战的应急处突专业队伍逐步建成。威宁县公安局特巡警建设工作在全省公安局长会议上作为典型经验交流发言。2013年，全市公安机关圆满完成党和国家领导人及各民主党派中央领导来毕视察工作的一级安保警卫任务2起、二级安保警卫任务6起、三级安保警卫任务8起。同时，全力做好各项大型活动及会议等安全保卫工作38起，完成十八届三中全会召开期间、生态文明贵阳论坛2013年年会举办期间的安保任务；完成2013年贵州省项目建设观摩会毕节考察观摩点、全省第二届小城镇建设发展大会、第四届川滇黔十二市州合作与发展峰会安全保卫等省级重大会议的安保任务；完成毕节市第一届运动会安保工作；完成台湾中南部少数民族代表赴毕节交流、飞雄机场校飞（试飞、首航）、国际医疗队赴毕救助医疗安全保卫任务等。

【平安毕节建设】 一是加大打击力度。全市公安机关以“命案侦破”“打黑除恶”为龙头，始终保持对涉黑涉恶犯罪、严重暴力犯罪、多发性侵财犯罪、毒品犯罪等各类犯罪活动的高压态势，开展以打击多发性侵财犯罪为核心的“雷霆行动”夏季严打整治百日行动、“肃毒害、创平安”等专项行动，严打整治专项行动战果显著。2013年，立案侦办涉黑案件2个，移送起诉涉黑案件2个，检察机关起诉涉黑案件3个，一审判决涉黑案件3个，二审判决的涉黑案件2个，打击黑社会性质组织单项排名全省第一。立案侦办的涉恶团伙40个，移送起诉25个，检察院起诉13个，一审判决恶势力41个团伙241人，打击恶势力单项排名全省第二。立各类刑事案件23329起，破获14271起，破八类案件2213起，打击处理违法犯罪人员17321人，打掉231个犯罪团伙。先后破获纳雍县“2·18”绑架杀人案、七星关区“3·15”特大抢劫案、黔西县“8·20”樊永祥系列杀人案、赫章县河镇乡“6·28”杀人案、可乐乡“8·7”抢劫杀人案、七星关区“10·19”灭门案等重大现行命案，破获大方县2002年发生的姜祖奎故意杀人案、威宁县“5·1”缪石妹被杀案和赫章县2007年发生的郭清辉被杀案等省厅挂牌督办命案3起。立“两抢一盗一骗”四类多发性侵财案件17854起，破全部侵财案件8166起。成功打掉织金县陈中建、周刚、邓家顺盗窃团伙，黔西县肖云、韦朝元、沈连刚盗窃摩托车团伙，金沙县蒲会伦、周学磊、李金入室盗窃团伙等犯罪团伙。抓获网上逃犯3390名，其中本地2844名，外省458名，本省外地88名，历年逃犯172名，故意杀人157人，抓获8名省厅督捕命案逃犯，在省厅全年考核中排名第一。破获拐卖案件262起，打击处理犯罪嫌疑人262名，解救妇女儿童269人，抓获涉及拐卖案件逃犯42名，办结1起公安部督办案件，破获省公安厅督办的纳雍县“3·20”拐卖儿童案件，综合排名全省第三。立涉枪案件126起，破获134起（含年前积案）。缴获军用枪支5支，仿军用制式和民用制式枪支8支，其他枪支117支，逮捕35人，刑拘34人，办结2条涉枪案件线索。破获七星关区郑德佳被杀案、赫章县彭锡红持枪贩毒案、金沙县“6·10”持枪抢劫案等3起公安部督办案件，综合排名全省第三。受理经济犯罪案件297起，立案办430起，涉案总金额27611.7万元，破获经济案件320起，为国家挽回经济损失684.91万元，打击处理犯罪嫌疑人113人。破获毒品案件1361起，缴获毒品87.48千克，抓获毒品犯罪嫌疑人1385人，破公安部目标案件13起，省厅毒品目标案件4起；摧毁吸毒窝点314个；强制隔离戒毒吸毒人员2988人，社区戒毒3471人，社区康复1993人，破获公安部“2012–347”毒品目标系列案件，抓获犯罪嫌疑人22名，缴获毒品18.238公斤，毒资39万元，贩毒车辆5辆，彻底摧毁一个家族式贩毒团伙网络，破获“2013–032”、“2013–427”号等公安部毒品目标大要案件。

二是加大整治力度。市公安机关制订下发《毕节市公安机关雷霆行动重点整治县治安乱点专项整治行动工作实施方案》《全市公安机关雷霆行动社会治安重点整治考核评比办法（试行）》等整治工作方案和文件，加强对黔西县、七星关区何官屯镇、大方县大方镇、黔西县钟山乡、金沙县城关镇、纳雍县雍熙镇等重点整治县治安乱点专项整治工作。1.开展流动人口和出租房屋清理整治专项行动，清理登记暂住人口109376人，办理暂住证22670人；录入派基系统暂住人口80483人，出租房屋24968户；从暂住人口中列管重点人口743人，救助护送流浪乞讨人员394人，截至11月30日，全市办理居住证16168张，提前超额完成第一阶段居住证制发8000张的任务。2.推进全市公安派出所重点人口动态管控工作，截至11月底，全市公安派出所共列管重点人口47639人。3.狠抓“打击食品犯罪保卫餐桌安全”专项行动，全市共立食品领域犯罪案件38起，破35起，抓获犯罪嫌疑人39人，刑事拘留23人，移送起诉案件3件，涉案价值490.58余万元；捣毁黑作坊黑工厂12个，打掉团伙3个。其中：金沙县公安局办理肖世猛生产销售假酒案被公安部列为部督案件，已移送起诉；织金县公安局办理李万敏销售假食用盐案被列为公安部督办案件。4.推进“打四黑除四害”专项行动，办理“打四黑除四害”治安案件173起，侦破刑事案件116起，捣毁黑作坊黑窝点18个，抓获违法犯罪人员579人，刑事拘留103人，批准逮捕55人，移送起诉55人；收缴制造假劣商品原材料35.4吨，假证章10个，各类制假设备5台。5.开展“扫黄打非”专项行动，出动警力500余人次，收缴非法出版物28540册，盗版音像制品39849张；集中检查网络文学网站600余家、网络游戏网战80余家、视听节目网站70余家、门户网战300余家，发现含淫秽色情内容的文章97篇，视频71段，图片398张，淫秽色情网站4个（境外服务器）。协调网安部门删除淫秽色情内容的信息766条，屏蔽淫秽色情网站4个，收缴淫秽光盘259盘。6. 开展扫黄扫赌“无声风暴”专项行动，办理涉黄涉赌刑事案件87起，治安案件242起，捣毁涉黄涉赌窝点46个，打掉赌博团伙17个，处罚涉案人员1077人。没收赌资370.7万元，没收违法所得58.85万元；收缴游戏赌博机639台，排查场所4567家，停业整顿50家，取缔39家。7. 开展“护校安园”专项行动，全市公安机关检查中小学、幼儿园3260所，发现整改安全隐患1085处；排查整治校园周边治安乱点315处，化解涉校纠纷2926起，查处涉校治安案件659起，治安处罚354人；破获涉校刑事案件92起，抓获违法嫌疑人108人，进一步净化了校园周边治安环境。同时，还先后开展金融场所、医院周边等治安环境整治等一系列专项整治行动。2013年，受理治安案件32833起（同比上升31.6%），查处33728起（同比上升38.27%），治安处罚30889人、治安拘留11999人，同比分别上升46.42%和14.15%。

三是加大防控力度。1. 强力推进“五防网”防控体系建设。进一步织密“民防网”，继续深化社区网格化管理，推进城区出入口治安卡点建设，全市投入各类群防群控力量84318名；织牢“警防网”，健全巡逻防范机制，全市参与巡逻民警1262名、协勤6027名；严密“技防网”，以“天网工程”建设为依托，加强拓展联网报警和社区监控建设；强化“保安防范网”，强推“保安派驻制”，全市参与守护巡逻保安3112名；强化“人民调解网”，深化排查、化解、稳控、处置“四位一体”的矛盾纠纷动态管理，全市建“警民联调室”265个，聘请专兼职调解员768人，调解各类治安案件和矛盾纠纷9161起，最大限度地化解了各类矛盾，把问题解决在基层、解决在萌芽状态。2. 继续推进“平安七区”警务建设。继续开展警务“进矿区、进库区、进工区、进景区、进校区、进林区、进医院区”的“平安和谐七区”建设工作，建“七区”警务室4290个，其中：矿区警务室389个，工区警务室24个，库区警务室10个，景区警务室26个，林区警务室11个，驻医院警务室24个，驻校警务室2985个，驻校治安岗亭821个；配备安保力量9003人，其中：派驻民警1567名，配备专职保卫人员5091名，协勤2345名。3. 开展“集市流动警务室”建设。抓好以“集市流动警务室”为载体的“民生警务”工作，将“集市流动警务室”工作常态化、制度化、规范化。全市建“集市流动警务室”180个，配备民警279人、协勤300人；开展现场办公4292次，接待咨询群众55942人，帮助求助群众4547人，接警1578起，调解纠纷1133起；处理轻微治安案件241起；开展法制宣传1243次，发放宣传资料57414份，宣传群众269506人。

四是加大管控力度。全市公安机关始终把安全生产作为一项严肃的政治任务和头等大事抓紧抓好，坚决彻底地整治民爆物品、烟花爆竹、道路交通、消防安全、监所安全等方面存在的安全隐患，开展安全生产各项专项整治工作。1. 道路交通管理实现交通事故从高发到基本遏制并逐步下降的目标，2013年1—11月份，全市发生道路交通事故59起、死亡61人、受伤102人，与上年同期相比，事故起数增加2起，上升3.92%；死亡人数减少15人，下降20.77%。其中发生一次死亡3人以上较大交通事故4起，造成15人死亡，与上年同期相比减少2起，下降33.33%。2. 全市公安消防部门专项整治。2013年，全市发生火灾149起，死亡7人、伤3人，直接经济损失249.6万元。截至11月27日，全市检查社会单位15703家，督促整改火灾隐患14828处。消防管理经验走在全省前列，毕节消防网格化管理经验得到全省推广。毕节公安消防部门先后取得全省消防部队执法质量考核第一名、打造铁军比武竞赛团体第二名。涌现出全国优秀人民警察、贵州省“五四奖章”获得者、全省十大“最美青年”方勇和全国消防部队优秀女警官张丽娟、毕节市首届“我最喜欢的人民警察”杨志武等先进典型。消防支队先后被公安部表彰为“公安消防部队抗洪抢险先进集体”、全国公安机关学雷锋活动成绩突出集体等。3. 开展危爆物品检查和缉枪治爆专项行动。组织开展全市民爆物品、烟花爆竹安全管理“地毯式”交叉大检查5次；检查涉爆企业单位1411家次，排查涉爆人员5489名。发现安全隐患403起，立即整改276起，下发整改通知书127余份。检查涉爆单位3857家次，发现整改安全隐患1542处；清缴炸药288540公斤，雷管266818枚；收缴烟花爆竹7200余件，销毁5000余件。4. 狠抓监所安全管理不松懈。全市公安机关大力加强监管信息化建设、法治文明窗口建设、执法规范化建设，法制、廉政、禁毒教育基地建设和对外开放等工作，在全省开展的数据采集大会战工作中，市监管场所率先完成7395条数据采录工作。2013年，全市监管场所共关押各类违法犯罪人员23357人，其中看守所6004人、拘留所13242人、戒毒所4111人，较好地完成各项工作任务，确保监所安全。5. 推进户籍制度改革，加强人口管理工作。贯彻落实党的“十八大”关于“加快改革户籍制度，有序推进农业转移人口市民化”精神，严格按照国办发〔2011〕9号等文件精神，深入推进户籍制度改革工作。全市实有人口8703592人，其中：常住人口8624922人，暂住人口78670人，有工作对象56793人。全年办理出生登记182868人，注销死亡人口51126人，迁入常住人口36753人，迁出人口49855人，办理农转非1920人。6. 加大娱乐场所和特种行业治安管理。贯彻娱乐场所和特种行业管理规定，严格执行娱乐场所备案、等级评定制度和特种行业审批制度；开展娱乐服务场所治安管理专项整治工作，适时开展娱乐场所、旅馆业明察暗访，督促健全内部安全管理制度，落实安全防范措施，有效预防和打击娱乐场所、旅馆业“黄赌”等违法犯罪行为。维护正常出入境管理秩序。2013年，全市受理出国（境）公民32986人次，同比增41%，接待境外人员2216人次，制作各类签注、签证3993人次，同比增33%，回复异地协查函29份，有效维护了正常的出入境秩序。

【基层基础】 全市公安机关围绕“科技强警，素质强警”的指导思想，开展三项建设工作，推进公安机关基层基础工作建设。一是夯实基础，提升基层单位综合战斗力。全市公安机关现有一级公安派出所30个，二级公安派出所58个，三级公安派出所179个，分别占派出所总数的11.2%、21.7%、67.1%，2013年拟创一级所3个、二级所7个，已经上报省厅待考核验收。其他派出所全部达到三级标准。市公安派出所等级达标工作在全省位居第一；监所等级化建设取得可喜成绩。全省仅有的两个一级看守所都在毕节，二级所有9个，三级所有6个，名列全省前茅；全市公安机关一级示范标准刑事技术室、一级刑事技术室、一级责任区刑警队建设达标数排在全省前列。2013年全市公安机关成功装备刑侦犬17余头，巡逻犬8头，警犬技术工作综合排名全省第三，毕节市公安局警犬大队被公安部昆明警犬基地评为“警犬技术工作先进集体”；市局技侦支队通过公安部“两化”一级达标；市局网安信息监控中心顺利通过公安部一级达标验收。同时，市局机关2013年先后投入资金600多万元，新修市局机关“天网工程”用房1200余平方米、警犬大队犬舍用房300余平方米、警犬大队民警宿舍400余平方米，推进市局机关业务技术用房等基建设施工程。通过不断符合等级达标的各项硬性指标要求，全市公安机关基层单位人员、业务技术用房、警用装备等得到充实和改善，基层单位综合实战能力明显提升。二是信息化建设运用成效明显。依托公安“大情报”系统的建设应用，全市公安机关各项基础信息不断充实，有力支撑各个系统的实战运用，并通过信息化手段破获大量案件，抓获大批逃犯，信息化运用已成为民警日常工作的重要内容。其中金沙县公安局情报中心作为全省唯一的一个县级情报中心，被公安部评为首批全国县级情报中心示范单位。2013年，全市公安机关共审核刑事案件8765件9852人，刑拘4834人，提请逮捕3643件5191人，批准逮捕2855件4222人，移送起诉3269件4388人；审核行政案件13818件16293人；审核强制戒毒案件3462件3530人，决定强制隔离戒毒3511人。受理复议案件45件49人，审结42件43人，其中维持37件38人，撤销5件5人，待结3件6人；受理劳教案件25件25人，批准劳教25人；受理少年收容教养案件7件7人，决定少年收容教养7件7人。2013年，市局成立了以刑侦为主，技侦、网侦、大情报参与的“情报信息打击专班”，刑侦情报民警64人，占到全市刑侦警力的12.3%。全市公安机关共采集28415人的基础信息，采集率达172.8%，全市SIS系统内共采集录入数据32435518条，公安信息资源综合应用平台内共采集录入数据24111760条，全市公安机关共利用社会资源信息破获各类刑事案件107起，排名全省第三。全年刑事案件的接处警信息、立案信息和破案信息的合格率分别达到93%、92%和59%，在全省综合排名第二。全市公安机关通过“大情报”系统抓获在逃人员413人，临时布控10307人次，发现轨迹数8018人次，抓获犯罪嫌疑人571人，协破案件687起，黄橙蓝三色预警研判抓获633人，破案3562起，全市公安机关信息化建设应用效果明显。三是执法规范化建设取得新进步。完善执法队伍建设、制度建设、培训机制建设、监督机制建设等工作，全面开展办案场所规范化建设，用规范的办案场所、规范的办案制度，强力推进全市执法规范化建设工作，有效解决了一些执法制度落实不到位、执法不规范的问题，提高执法质量，一定程度上提高了公安机关执法公信力。毕节市公安局成立办案质量工作领导小组，明确全市办案质量监督人员及相关工作，规范全市刑侦部门的执法办案。3 次组织命案卷宗点评，对全市命案案件卷宗检查点评整改，提高全市刑侦民警的办案水平和全市刑事案件的质量。

【重点工作任务】 一是推进“天网工程”建设。2013 年年初市委市政府和各县区政府签订“天网工程”建设责任状，全市召开三次“天网工程”建设专项会议，推进天网工程建设。截至 2013 年 11 月 30 日止。全市已建或正在施工前端监控点共 10307 个，报警点 968 个，市级监控中心 1 个，各县区监控中心共 9 个，各县区在每个乡镇建一个分控点。二是深入推进“阳光工程”建设。市和各县区政府财政投入“阳光工程”建设资金 1.49 亿元，修建厂房 116105 平方米，建成“阳光工程”集中安置基地 27 个，在建“阳光工程”集中安置基地 1 个，拟建“阳光工程”集中安置基地 2 个。在集中安置戒毒康复人员 4120 人的同时，通过戒毒康复场所安置 35 人、分散安置 135 人、帮助自主创业安置 2017 人、帮助自谋职业安置 8536 人、提供公益性岗位安置 47 人、务农 2870 人等形式安置戒毒康复人员 14834 人。在 2013 年全省公安局长会议上，织金县公安局“阳光工程”建设经验得到推广。三是深入推进“雷霆行动”持续开展。始终保持严打高压态势，继续深入开展以打击多发性侵财犯罪为核心的“雷霆行动”严打整治活动。全年全市立刑事案件 22928 起，破获各类刑事案件 14271 起，同比分别上升 31.8% 和 34.25%。打击处理违法犯罪人员 17321 人，刑事拘留 5466 人，逮捕 4515 人，同比分别上升 6.59%、8.02%、26.58%，全市立“两抢一盗一骗”四类多发性侵财案件 17854 起，同比上升 23.66%，破全部侵财案件 8166 起，破案率为 45.74%，破案数同比上升 25.32 个百分点。四是深入推进重点人员管理工作。流动人口、刑释解教人员、社会重点人员得到进一步的清查，动态将更清楚，管理更全面、到位，未成年人救助保护工作不断推向纵深。密切掌握涉稳、涉恐、涉毒、在逃、重大刑事犯罪前科、肇事肇祸精神病人、重点违法上访人等重点人员的基本情况和动态信息，落实管控措施，及时将五类人员录入信息系统。2013 年，全市公安机关清理登记暂住人口 109376 人，办理暂住证 22670 人，录入派基系统暂住人口 80483 人，出租房屋 24968 户，从暂住人口中列管重点人口 743 人，救助护送流浪乞讨人员 394 人，列管重点人口 47639 人。

【队伍建设】 2013 年，全市公安机关通过队伍建设一系列措施的落实，涌现出一批先进集体和个人，8 个单位荣立集体二等功，3 名民警荣立个人一等功，72 名民警荣立个人二等功，104 名民警荣立个人三等功，多个单位和个人受到中央、省、市表彰。一是深入推进从严治警。通过抓好日常的队伍教育管理工作，落实从严治警措施，队伍中存在的突出问题得到有效整治，队伍违法违纪案件明显下降，信访类投诉案件大幅度减少，队伍形象有明显改观。是年，全市立案调查民警违法违纪案件 22 起 35 人，处理违法违纪民警 33 人，办理来信来访举报民警违纪案件 52 件。二是不断促进警民和谐。全面巩固“三访三评”，深化“大走访”“党的纯洁性教育”等活动成果，着力抓好“大走访”长效工作机制，深入开展解放思想“十破十立”大讨论、“万警进万家、惠民保平安、同步建小康”主题实践活动和队伍建设“能力提升年”“为何用警、如何做警、为谁用警”等系列活动。全市公安机关组织民警下基层 8921 人次，走访群众 36870 人次，走访企业、矿区 817 个，走访村寨 3249 个，走访社区 568 个，召开座谈会 355 次，纠正纪律作风方面问题 34 个；发放慰问金 267440 元，发放物资折款 136888 元，争取帮扶项目 9 项，帮助群众解决困难和问题 318 件。广大民警的大局意识、发展意识、责任意识、创新意识进一步增强，工作作风进一步转变，警民关系进一步密切。三是加强教育培训，全面提升公安民警工作能力和水平。2013 年，全市组织开展培训班 6 期，组织新任领导干部任职资格网上考试共 817 人次，组织基层所队长（教导员）培训班 3 期 72 人次，派送 240 余人次基层所队长到省厅参加信息化培训，选派

12人赴浙江参加教官培训班。举办晋司培训班3期244人，司晋督培训班1期70人，举办“轮值轮训、战训合一”培训70期3352人次。四是狠抓公安宣传，推进警察文化建设。毕节市公安局围绕公安中心工作，结合“雷霆行动”“保持党的纯洁性教育”“坚持党的群众路线教育”等活动，组织省、市新闻媒体到各县、区进行集中宣传报道9次，在新闻媒体刊发和播报各种公安新闻宣传稿件4194条，其中中央级58条、省级主流媒体554条，省级以上民生类媒体712条，其他媒体2308条。举办全市公安机关首届警察文化艺术周活动。在全省警察文化艺术周活动中，毕节市公安局获全省警察文化周组织奖，另外毕节获5个一等奖，7个二等奖，9个三等奖，17个优秀奖，所获奖项名列各代表队第一。

（撰稿　熊平英）

公安交通管理

【概述】 2013年，毕节市各级公安交警部门围绕“降事故，促安全，保畅通”的总体目标，创新交通管理理念和机制，以公安信息化建设、执法规范化建设、和谐警民关系建设为主线，破解制约公安交通管理事业发展的体制性、机制性和保障性问题，全面提升执法素养、管理水平和服务能力，为实现公安交通管理工作跨越发展和全市经济社会更好更快发展创造了安全、畅通、有序的道路交通环境。

【事故预防】 是年，全市发生道路交通事故62起，死亡72人，受伤114人，与2012年相比事故起数增加9起，增16.98%；死亡人数减少10人，降12.19%。其中发生一次死亡3人以上较大交通事故5起，造成19人死亡，与2012年同期相比减少2起，降28.57%，死亡人数减少了15人，降44.12%；全年未发生一次死亡10人以上重特大道路交通事故。自2012年4月份开展贵毕公路专项整治以来到2013年年底，贵毕公路取得连续643天未发生一次死亡3人以上较大道路交通事故，实现从“死亡之路”至“平安大道”的过渡。

【道路交通违法查处】 是年，毕节市与全国、全省同步开展道路交通安全百日整顿行动，“大排查、大整治、大教育”货车违法行为专项整治行动，道路交通安全大检查行动，夏季道路交通安全百日攻坚战，摩托车专项整治，秋冬季预防重大道路交通事故攻坚战等一系列专项整治行动。查处道路交通违法行为337722起，警告2715人次，教育50550人次。其中，查处重点违法无证驾驶3555起、超速47354起、客车超员247起、货车超载3057起、酒后驾驶33起，其他交通违法行为294690起。行政拘留531人，暂扣驾驶证1295本，吊销驾驶证52本，违法查处量较2012年上升119%，道路交通违法查处力度进一步加大，形成对交通违法行为严管严控的高压态势，构筑起全市依法驾驶、文明行驶，畅通安全的道路交通环境。

【道路交通社会化稳步推进】 年初，参与省政府统一部署的道路交通安全百日攻坚战行动，为加快毕节市道路交通社会化管理进程。市委、市政府召开会议专题研究道路交通管理工作，各级道路交通安全联席会议高效运转，形成“党政同责、一岗双责、齐抓共管”的安全责任体系。是年，毕节市公安局交警支队代市政府起草《毕节市道路交通安全防范层级责任管理办法》，明确全市道路交通安全社会化管理的工作目标、主要任务和工作措施，在推进道路交通社会化管理的进程中将发挥重要的作用。

【高速公路管理】 2012年12月31日，杭瑞高速遵毕段开通；2013年2月8日，黔织高速公路开通；2013年6月29日，毕威高速公路开通。不到一年的时间，毕节市高速公路从无到有，通车里程上升到268.7公里。毕节市公安局交警支队相继组建了高速直属交警一、二大队，招录高速交警126名，强化培训提升民警素质，克服新开通公路设施不完善、新警业务不熟、管理经验不足、营房保障不够等困难，在探索实践中逐步规范管理，全市自高速公路开通以来未发生一次死亡3人以上较大道路交通事故，未发生长时间、长路段拥堵事件，高速公路通行安全畅通。

【农村道路交通管理】 2013年，全市以省人民政府部署的道路交通安全百日整顿行动为契机，强化县、乡级政府和相关职能部门的责任，建立乡镇“交管办”255个，增加招录专（兼）职“交通安全协管员”590余名，强化农村地区道路交通管理，建立健全乡镇政府主管、乡镇交管办主抓、公安派出所协管、村委会配合的工作责任制，全市农村道路交通管理的根源性、机制性、瓶颈性问题得到有效解决。9 月 3 日，市公安局印发《关于进一步加强全市农村道路交通秩序管理工作的通知》，采取月通报的方式对各乡镇派出所参与道路执勤执法情况进行考核，强化农村派出所的责任，激发和调动派出所参与农村道路交通管理的积极性。各交警大队组织农村派出所民警、交通协管员开展业务培训，指导开展农村道路交通管理工作，夯实农村交通安全管理基础。

【完成警护卫任务】 毕节市各级公安交警部门密切配合，出色完成“两节两会”“十一”旅游黄金周、“十八届三中全会”等重大节日交通安全保卫工作，确保“全省小城镇建设观摩会”“全省重点项目建设观摩会”“全省非公有制经济发展论坛”“毕节市第一届体育运动会”“夹岩水利枢纽工程奠基仪式”等一系列省、市大规模、高规格的重要活动在毕节市成功举办，完成一级警卫任务 2 次；二级警卫 6 次；三级警卫 5 次；大型活动 3 次；其他大型活动的道路交通安保任务 19 次，树立毕节市公安交警的良好形象，未发生因交通组织不力而造成影响警（护）卫对象通行安全事件，得到了各级党委、政府和公安机关的肯定。

【交通安全宣传】 全市各级公安交警部门加强与中央、省、市等各级新闻媒体的协作，结合各个时期道路交通管理工作的重点组织开展形式多样、内容丰富的道路交通安全宣传活动，取得道路交通宣传“五进”活动次数同比上升 32%，新闻媒体稿件刊载数量同比上升 25.93% 的成绩。支队策划并于每周五在毕节电视台固定黄金时段推出《10 分畅行》节目，截至 2013 年年底已连续拍摄播出 27 期。该节目以其播出时间固定、内容新颖、角度独特、贴近群众生活等特点受到广大电视观众和社会各界一致好评。

【服务工作】 毕节市公安局交警支队以车管所等级化评定为重点，以提高服务质量、方便群众办事为目的，提高车管工作服务效率，推出机动车远程查验、直接受理摩托车、低速货车、三轮汽车驾驶人考试业务、“流动车管所”下乡送服务、搭建 96699 声讯电话服务台、网上车管所和微信车管所平台等便民服务措施，完善和改进社会管理创新服务功能，将“静态服务”逐渐向“动态服务”延伸，公安交警部门服务效率、工作质量得到提高，集中解决车管工作中长期存在的问题，把便民利民措施落到实处。2013 年，全市公安交警部门办理机动车注册登记 91287 辆；车辆年检 60697 辆；机动车转移登记 626 辆；变更登记 756 辆；抵押登记 533 辆；注销登记 563 辆；其他机动车登记业务 7330 辆；驾驶人补换驾驶证 3919 人次；驾驶人满分学习业务受理 422 人次；军警换证 244 人次；外地驾驶证转入 2698 人次；驾驶证注销登记 106 人次；其他驾驶证业务 1696 人次。业务办理量居于全省前列。截至 2013 年年底，全市登记注册登记机动车 500926 辆，拥有机动车驾驶人 511296 人。

（撰稿　文　江）

检　察

【概述】 2013 年，毕节市检察院以“稳强补弱、增比进位”为目标，以修改后“两法”实施为重点，狠抓执法办案，狠抓自身监督，狠抓队伍建设，各项工作全面协调发展。

【深入推进平安毕节建设】 认真分析社会治安形势及发案趋势，充分发挥批捕、起诉职能，依法打击影响毕节改革、发展、稳定的各类犯罪。是年，全市检察机关批准逮捕刑事犯罪嫌疑人 4337 人，提起公诉 4417 人。牢固树立“稳定是第一责任”意识，参与“雷霆行动”、“扫毒行动”等平安毕节专项整治行动，严厉打击黑恶势力、“两抢一盗”、故意杀人、伤害、绑架等严重刑事犯罪，批准逮捕 2102 人，提起公诉 2241 人，有力震慑犯罪分子，提升人民群众安全感。及时办理危害食品安全案件 5 件 8 人，回应人民群众对食品安全的关切。更加注重情、理、法相融合，以“柔性”司法实现执法办案“三个效果”的有机统一。依法对涉嫌犯罪但情节轻微的犯罪嫌疑人，依法不捕 496 人、不诉 49 人；和解轻微刑事案件 126 件 156 人，调处和解案件无一引发再犯或上访。设立未成年人刑事检察机构，全力“教育、感化、挽救”未成年犯罪嫌疑人，不捕 187 人，不诉

9人，开展社会帮教210余次，封存犯罪记录35件，涉检环节未成年人重新违法犯罪率为零。突出加强非公有制经济发展论坛、川滇黔十二市州合作与发展峰会等重大活动期间的安保工作，参与“两会”“六四”等敏感重要时期的信访维稳，开展重大突出矛盾集中化解“百日攻坚战”，受理群众来信来访1247件，办结党委和上级院交办信访案5件，化解涉检信访积案2件。建立健全执法办案释法说理、风险防范、思想疏导等工作机制，促成当事人息诉、和解民行申诉案件29件，及时排查、化解社会矛盾21件。

【坚决查办职务犯罪】 落实中央“既打老虎又打苍蝇”的重要指示，坚持有案必办、有腐必惩，立案侦查职务犯罪案件100件135人，其中贪污贿赂案件77件106人，渎职侵权案件23件29人，通过办案为国家挽回直接经济损失5362万余元。立案查办贪污贿赂大案、渎职侵权重特大案件95件，大案率95%；查办县处级要案4人，科局级干部25人。按照“什么领域腐败突出，就突出惩治什么领域”的工作思路，主动作为，在教育、医疗卫生等领域部署开展专项打击行动，立案侦查医疗卫生系统贪污贿赂犯罪10件12人，快速查办威宁县卫生局雷某等3人贪污1900余万元特大案，追回经济损失1700余万元，立案查办该县卫生局原局长尹某某等3人玩忽职守案。立案侦查教育系统职务犯罪19件25人，查办赫章县教育局原副局长成某在教学图书采购中受贿40余万元案、纳雍县锅圈岩乡原教管中心主任陆某等3人贪污学校修建款50余万元案等一批影响恶劣的案件。

【预防工作取得新成效】 坚决贯彻习近平总书记关于“预防职务犯罪出生产力”的重要指示精神，牢固树立“惩治腐败是成绩、有效预防腐败更是成绩”理念，狠抓预防工作精细化、精品化建设，切实提升预防综合效应。充分运用侦防一体化机制，结合查办典型案例，依托警示教育、职务犯罪预防专刊、教育光碟及专项宣传活动，“请进来”参观，“走出去”宣讲，组织国家公职人员到全市警示教育基地接受预防教育；向各级各部门领导干部赠阅预防专刊2万余份；深入机关、企业、乡村、学校、社区开展警示教育3268次，受教育干部职工达6万余人次。2013年，市院警示教育基地已成为全市党风廉政建设示范基地，被高检院表彰为“全国百家优秀预防职务犯罪警示教育基地”之一。围绕“工业强市”战略，以保障“5个100工程”建设为重点，主动介入毕威、遵毕、毕节机场、松林职教城等50个省市重大工程项目，跟踪预防，确保国家资金投入项目建设高效安全；着眼产业结构调整，积极与市交投集团公司、东华新能源、金河化工等国有企业及非公经济组织开展联合预防，与重庆能源（贵州）煤电公司、川煤集团广能贵州世纪公司探索开展跨省预防，合力打造“检企共建”预防工作新平台；着眼“依法治市”目标，以“深入反腐败，大家来预防”预防宣传活动为平台，深入开展民生项目、民事诉讼等领域专项预防，采取组建“检民直通车”、召开新闻发布会、屏播廉政公益广告等形式，广泛宣传预防和打击职务犯罪知识。结合查办案件，开展预防调查168次，向党委、政府及发案单位提出防治腐败检察建议192件，将行贿档案查询范围拓展至政府采购、金融贷款、招聘录用等多个领域。2013年，检察机关提供行贿档案查询6865次，推动建立完善职务犯罪防控机制和预防措施52项，惩防职务犯罪年度报告、预防调查及检察建议，获得市委、人大、政协等领导批示肯定77次。

【强化诉讼监督和自身监督】 围绕“法治毕节”建设，坚持强化诉讼活动监督与强化自身监督并重，完善修改后“两法”配套监督工作机制，让人民群众在每一个司法案件中都能感受到公平正义。全面加强刑事、民事行政诉讼活动监督以及刑罚执行和监管活动监督，监督立案252件，监督撤案224件，同比分别上升63.64%、52.38%；追加逮捕262人，追加起诉210人，同比分别上升38%、18.64%；提出量刑建议3229人，采纳率90.53%。提出刑事抗诉8件，已全部改判或发回重审；监督纠正刑罚执行和监管活动违法情形298件，监督纠正减刑、假释、暂予监外执行不当75人，监督纠正监外执行罪犯脱管、漏管307人，开展留所服刑专项检查等专项法律监督活动，清理应交付执行罪犯、久押不决被告人396人。开展羁押必要性审查，建议释放或变更强制措施12人；办理民事执行监督案件101件，督促、支持起诉520件，挽回国有、集体经济损失2.35亿元。加强案件管理机构建设，加快推进全国统一业务应用系统运用，适时开展案件质量评查，对执法办案全程管理、动态监督，狠抓案件质量和效率。全年无错捕案件，批捕、公诉案件审结率均达99.8%以上。全面推行职务犯罪案件立案报上一级检察院备案，撤案、不起诉报上一级检察院批准等制度，完善听取律师意见制度，严守防止冤假错案底线；严格执行讯问犯罪嫌疑人同步录音录像制度，落实廉政风险防控和错案责任追究制度，加快推行办案质量责任终身制，职务犯罪案件起诉率、有罪判决率均为100%。

【延伸检察职能，保障和改善民生】 延伸检察职能，自觉把人民群众的关注点作为检察工作着力点，服务和推动利民富民政策的顺利实施。围绕民生所需，及时启动地震灾后重建工程、冬季救灾救助款物等民生领域专项预防，结合预防宣传“五进”活动，深入乡镇巡回宣传支农惠农知识，及时答复和落实123起群众举报，督促遵毕高速公路第十九标项目部复核并支付农民工工程款11万余元；针对民生所盼，开展查办发生在群众身边、损害群众利益职务犯罪专项行动，突出查办新农村建设、惠农资金管理等涉农领域职务犯罪20件34人，30余名村支两委干部受教育后，主动将克扣款项返还给老百姓或上交给乡镇纪委，确保涉农惠民资金安全规范运行。市检察院反渎部门查办涉农惠民职务犯罪取得的成效，被高检院表彰为“严肃查办危害民生民利渎职侵权犯罪专项工作先进集体”。围绕“十大民生工程”“十大民生实事”，下派干部300余人次，到威宁、赫章、七星关等县区开展扶贫挂帮工作，为“五园新村”“美丽乡村”联系点协调落实专项资金25万元，帮助群众排查化解矛盾纠纷51件，办理实事73件，提出发展意见和建议50余条，挂帮联系点威宁县东风镇村民专门送去“驻村干部用心帮扶持、黄泥村民真情感恩”锦旗。

【检察队伍及基层基础建设】 牢固树立固本强基思想，坚持把提高队伍素质、综合保障和夯实基层基础作为加强自身建设的根本任务来抓。以学习型党组织建设为抓手，把干警理论学习纳入目标管理考核，确保检察干警思想认识始终与党委保持同心同向；组织开展以“青春正能量”“我的中国梦”为主题的演讲及征文比赛，筑牢干警政治意识、大局意识、宗旨意识和责任意识。市院党组坚持抓班子带队伍、以党建促队建，年内，市院党组被省委党建工作小组和市直机关工委分别表彰为全省、全市“党建工作先进党组”。以“4+1”（基层院执法规范化、队伍专业化、管理科学化、保障现代化“四化”建设加检察文化建设）基层院创建为载体，大力实施检察骨干队伍建设和检察干警素质能力提升工程，推进分级分类全员培训，广泛开展业务培训、岗位练兵和业务竞赛，强化检察人才梯队建设，加大干部上下交流力度，两级院班子引领发展、检察干警推动工作的能力明显提升。5名干警在各项素能比赛和业务评比中荣获“全省十佳”“全国优胜”称号，金沙、织金检察院分别入选全省“4+1”工程先进院、模范院。严格执行中央、省委、市委关于改进工作作风、密切联系群众的有关规定，深入开展“转变作风年”活动，工作强调办实事出实招求实效，作风倡导“当日事、当日毕”，下功夫花气力整治“慵懒慢浮贪”；推行市院班子成员分片联系、对口指导及列席基层院民主生活会等制度，以真抓实干的态度，汇聚全市检察干警干事创业的强大正能量，以“踏石留印、抓铁有痕”的工作作风实干兴检。围绕检察业务中心，加强办公室、研究室工作，提升办文办事效率，确保检令畅通，外部沟通协调到位，文字保障有力，检察信息采用率全省第一，调研文章省级转发率同比上升221%。加强计划财务工作，建立完善车辆管理、公务接待、机关安全保卫制度，以效能革命促机关精细化管理水平提升。加大市院“两房”建设力度，同步推进分级保护工作，协调地方落实建设专项资金3000余万元。“两房”（指人民检察院办案用房和专业技术用房建设）基础设施项目已建设完成。

【自觉接受监督，提升执法办案公信力】 自觉接受人大、政协及社会的监督，定期向人大、政协报告、通报工作，邀请人大代表、政协委员视察、评议检察工作，让代表、委员适时了解、监督和支持检察工作。是年，向市人大常委会专题报告全市检察机关惩治和预防腐败工作，两级院向人大、政协报告、通报工作30余次，赠阅《检察信息》《职务犯罪预防》245期，办结人大交办案件及事项17件，办理落实代表、委员意见建议32条。采取巡视检查、跟踪督办、同步监督等方式，加强对基层院执法办案活动的监督。落实讯问职务犯罪嫌疑人全程同步录音录像，执行逮捕职务犯罪嫌疑人报上一级检察院审查决定制度，推行人民监督员制度，提升执法的透明度和公信力。是年，市检察院党组团结和带领全市检察干警走精细化、精品化检察之路，案件管理、非法证据排除、诉讼监督“两个职能”分离等多项工作的经验被高检、省院推广，39个集体和个人受到市级以上单位表彰，在全市执法监督类部门年度目标考核中被评为一等奖第一名。

（供稿　毕节市检察院办公室）

法　　院

【概述】 2013年，毕节市法院忠实履行宪法和法律赋予的职责，受理各类案件23441件，审结23088件，同比分别上升5.8%和5.7%；其中，市法院受理3425件，审结3411件，同比分别上升1.8%和1.7%。全市法院审限内结案率99.9%、一审案件服判息诉率88.1%，同比分别上升0.02、0.78个百分点。

【维护安全稳定，促进社会和谐】 一是依法惩处刑事犯罪。全市法院受理各类刑事一审案件3331件，审结3301件，判处罪犯4110人，同比分别上升8.3%、7.7%和10.1%。依法严惩危害国家安全犯罪和黑恶势力、杀人、抢劫、绑架、拐卖妇女儿童、涉爆涉毒等严重危害人民生命财产安全的犯罪，审结此类案件1121件，判处罪犯1687人，其中，判处五年以上刑罚的占27.9%，依法严惩制售有毒有害食品药品、非法传销、集资诈骗等犯罪，审结此类案件16件，判处罪犯23人。依法惩处贪污贿赂等职务犯罪，审结此类案件89件，判处罪犯139人。在依法严惩犯罪的同时，坚持宽严相济刑事政策，对具有从轻、减轻或免除刑事处罚情节的，依法予以从宽处理，对528名被告人判处缓刑、管制等非监禁刑。坚决落实中央关于防止冤假错案的要求，切实加强对人权的司法保障，确保无罪的人不受刑事追究。二是推进社会矛盾化解。注重发挥人民调解、行政调解、司法调解“三调联动”的作用，依法办理确认人民调解协议效力的案件、诉前调解案件，将矛盾纠纷化解在诉前。加大司法调解力度，民商事一审案件调撤率达69.2%，行政案件协调率达21.5%，刑事自诉案件和解率达66.7%。针对社会各界高度关注的刑事久押不决、民事行政长期超审限案件，集中开展专项清理活动，依法清理案件2件3人，已依规定移送省法院。通过发挥“五老”人民陪审员作用、封存未成年人轻罪记录等方式，教育、感化和挽救违法未成年人。参与社会管理综合治理，做好跟踪回访帮教、社区矫正衔接等工作。三是开展涉诉信访工作。开展“百日攻坚战”等专项活动，采取带案下访、“四定一包”等方式，办结涉诉信访案件39件。提高办案质量，做好判后答疑、释法析理等服判息诉工作，从源头上避免涉诉信访案件的发生。根据中央“把涉法涉诉信访纳入法治轨道解决”的要求，积极探索建立“诉访分离”“案件终结”的工作机制。

【围绕中心大局，促进协调发展】 一是服务发展大局。坚持围绕中心、服务大局，针对本市经济社会发展过程中可能遇到的法律问题，制订《毕节市中级人民法院关于为毕节试验区改革发展规划（2013—2020年）提供司法保障的意见》等多个规范性文件，指导全市法院充分发挥司法的能动作用，依法妥善处理产业结构调整、环境保护、征地拆迁等经济社会发展过程中出现的新类型案件，为本市经济社会发展营造和谐稳定的社会环境和公平正义的法治环境。二是提升环境司法保护水平。全市法院受理矿产、土地等资源开发利用以及环境保护案件，通过对此类案件的审理，既依法保护环境，又促进经济建设和环境保护的协调发展。全市成立了黔西县法院环保合议庭，集中管辖环境保护案件，为本市创建生态文明县区提供有力的司法保障。三是加强知识产权审判。全市法院妥善审理知识产权案件8件，标的额8万元，加强对本市知识产权的司法保护力度。市法院积极探索知识产权民事、行政、刑事案件“三审合一”工作。

【坚持公正司法，保护合法权益】 一是妥善审理民事案件。全市法院受理各类普通民事一审案件13892件，审结13684件，同比分别上升8.1%、8.5%。依法平等保护各类市场主体，妥善审理涉及国有土地使用权出让转让、企业债务纠纷、兼并重组等与经济社会发展相关的案件83件，标的额2676万元，推动全市经济更有效率、更加公平、更加可持续发展；妥善审理土地承包经济权流转、林权改革、农副产品、农民工工资等与农民生产生活相关案件198件，标的额574万元；加强对公民人身权、财产权的保护；依法妥善审理离婚、抚养赡养、继承等案件，加强对妇女、儿童、老人合法权益的保护。二是加强行政审判和国家赔偿工作。全市法院受理各类行政一审案件236件，审结223件，其中，撤销、变更、确认违法等56件。依法审查行政非诉案件241件，审结241件。通过对上述案件的审理，不仅维护了行政相对人的合法权益，而且促进了行政机关依法行政。通过提出司法建议、交流行政执法信息，实现公正司法与依法行政的良性互动。依法开展国家赔偿工作，与公安、检察、财政等单位建立联动机制，对3件案件依法作出国家赔偿决定，赔偿当事人35.9万元。三是破解执行难。全市法院受理各类执行案件2580件，执结2492件，执结标的额4.6亿元，同比分别上升9%、7.7%、53.3%。针对当事人反映突出的"执行难"问题，深入开展执行积案清理工作，创建1个无执行积案先进法院。在党委领导下，开展涉党政机关执行积案专项清理活动，受理64件涉党政机关执行积案，已经化解案件61件，执行到位金额是2456万元，未完成案件正在协调化解。与银行、公安、工商等部门建立信息共享平台，加大对失信人的惩戒力度，曝光失信被执行人。四是加强审判监督。全市法院受理申诉、申请再审案件146件，审结146件；裁定再审16件，驳回109件，当事人撤回申请6件，依法保护了当事人的正当权益，有效化解了矛盾纠纷。全市法院主动配合、大力支持检察机关对民事诉讼活动进行全面监督。按照省法院制定下发的办理减刑、假释案件的操作细则，规范办理减刑、假释案件程序。健全完善以流管理、质效评估、动态分析、绩效考核为主要内容的审理体系，反映审判质效的22项指标，有17项得到较大幅度提升。

【完善工作机制，提升司法水平】 一是完善司法公开机制。按照省法院制定下发的《司法公开实施意见》等规定，推动全市法院完善司法公开机制，真正让审判执行权在阳光下运行。全市法院充分运用门户网站、电子公告屏、微博等平台，及时公开立案、庭审、调解、宣判、执行等信息。通过举办公众开放日活动，邀请人大代表、政协委员及社会各界人士旁听案件审判等方式，进一步增强法院工作的透明度。通过与乌蒙新报、毕节日报、毕节电视台联合制作试验区法官风采、走进人民法庭等栏目，主动宣传法院工作，及时回应社会关切。二是完善司法为民机制。为解决人民群众反映突出的"立案难"问题，全市法院普遍建立了"诉讼服务中心"，健全首问负责、诉讼引导、一次性告知等制度。为减轻群众诉累，依法扩大简易程序适用范围，全面推进小额诉讼一审终裁工作，简易程序适用率达71.4%，小额诉讼案件平均审理时间为16.5天。主动协调有关部门，为49名生活困难的当事人提供司法救助资金23.8万元，依法为未成年人和可能被判处无期徒刑以上的被告人指定辩护人，为经济确有困难的当事人依法缓、减、免交诉讼费49件24万元。三是完善调研检查指导机制。市法院不断加强和完善调研工作，切实对全市法院服务大局工作加强指导；开展"风险评估""涉诉信访"等专项检查，促使全市法院更好地发挥职能作用，为本市经济社会发展提供有力的司法保障。

【加强队伍建设，提高司法能力】 一是开展党的群众路线教育实践活动。落实中央八项规定、省委、市委十项规定，以整风精神深入开展群众路线教育实践活动；广泛征求社会各界对法院工作的意见，制定整改措施，解决"四风"方面存在的突出问题；开展司法作风专项治理活动，以司法巡查、审务督察为载体，加大明察暗访和惩戒力度，着力整治"庸懒慢浮贪"等问题，使全市法院的司法作风有明显转变；严格执行"五严禁"等规定，建立健全法官违纪违法线索听证处理、违法，审判责任追究等制度，对7人进行党纪政纪处理，其中1人被追究刑事责任，1人因连续旷工15天被辞退；建立健全"党组民主决策""领导干部深入基层调研""司法民主"等工作机制，进一步巩固群众路线教育实践活动的成果。二是加强思想政治教育。深入学习党的十八大、十八届三中全会、省委、市委有关会议精神，开展以"十破十立"为主要内容的解放思想大讨论、"传递正能量、践行为民观、提升公信力、促进大发展"等活动，增强干警的进取意识、责任意识，坚定不移做中国特色社会主义事业的建设者、捍卫者。市法院立案信访窗口法官李中付荣获2013年度全省"十大最美政法干警"称号，有3名法官获省法院表彰。三是加强司法能力建设。全面实施以能力建设为重点的“136提升工程”，突出知识与能力结合等三个培训重点，打造岗位练兵、法官讲堂、实践锻炼等六个平台，参加上级法院培训及其他部门举办的各类培训31期174人次，自办7期培训班532人次，63名科级以上干部参加“一月一专题”讲座学习，900余人次参加最高法院讲师团远程授课。通过加强职业培训，提升法官的政治素养、法学理论水平和公正司法能力。此外，市法院还与西南政法大学共建“法律人才教育培训基地”，着力培养高层次、应用型法律人才。聘请20名政治、法学、哲学、历史、经济、社会领域的专家、学者及知名人士为毕节中院专家咨询委员会委员。抓岗位练兵、审判能手评比，抓法院干警挂职锻炼，选派2名干警到基层法院挂职。

【强化基层基础，夯实工作根基】 一是充实基层力量。为基层法院招录公务员50名，中央办案专款中83.4%分配到基层法院。加大“两庭”建设支持力度，基层法院办案条件有明显改善，有效推进了人民法庭规范化建设。在全市广大农村推行巡回法庭审判，解决边远山区群众诉讼不便的问题，为全市120个人民法庭配齐办案用车。二是推进信息化建设。以“天平工程”建设为抓手，加强信息化建设和应用，强化执法办案系统功能，充分利用法院局域网、人民法院司法管理系统、人民法院司法文书纠错系统等现代科学技术。法院接待窗口全面实现实况监控，视频开庭、远程提讯、电子签章得到有效应用。网络建设实现市、县区人民法院全覆盖，实现内网审判流程管理、审判运行态势监控、案件质量评查和审判绩效管理。三是加强监督指导。加大对基层人民法院服务大局、审判管理和审判工作的指导力度。市法院党组成员每月至少一次到联系县区法院检查、督促、指导工作，对基层法院围绕地方城镇化带动战略、工业园区建设、基础设施建设、支持非公有制经济发展、生态文明建设等过程中遇到的法律问题及时予以指导。中院业务庭室采取不同形式，坚持每季度不少于一次到基层人民法院、人民法庭，进行法律适用、疑难探讨等方面的工作，强化二审案件的纠错功能。审判管理局通过案件的跟踪、管理等，及时了解各个基层法院的案件审理进度，有针对性地做好监督指导工作。

【自觉接受监督，确保清正廉洁】 一是自觉接受监督。全市法院始终坚持自觉接受人大的监督，除每年向人大报告工作外，还定期向人大及其常委会报告阶段性的工作情况，报送工作信息、免费订阅人民法院报等。全市法院依法办理代表建议、关注案件以及人大常委会转办案件，办理政协委员提案、关注案件以及政协转办案件，并及时向代表、委员反馈办理情况。加强联络工作，邀请人大代表、政协委员视察工作、旁听案件审判、召开座谈会等，虚心听取意见，认真改进工作。针对人大代表、政协委员在2012年市“两会”期间提出的意见建议，制定措施逐一进行整改。二是拓宽接受监督渠道。全市法院从人大代表、政协委员及社会各界人士中聘请15名兼职廉政监督员，主动拓宽接受监督的渠道。实施人民陪审员2年倍增计划，全市人民陪审员增至349名，参加审理案件1645件。依法接受检察机关的法律监督，依法办理检察院提起抗诉案件。通过加强法院网站建设、设立举报电话、发放监督卡等方式，广泛接受社会各界对法院工作的监督。

（撰稿　田　川）

司法行政

【概述】 2013年，毕节市司法局以推进“六五”普法依法治理进程、强化司法行政基层基础建设和提高法律服务水平为重点，贯彻落实贵州省、毕节市政法工作会议精神和全省司法行政工作会议精神，开展司法行政各项工作，为毕节市跨越发展、构建和谐社会做出积极贡献。

【普法依法治理有新拓展】 做到“三个有机结合”。一是把“六五”普法工作与全市中心工作有机结合。结合反腐倡廉、招商引资、园区建设、征地拆迁、安全生产等工作，有针对性地开展《宪法》和有关法律法规的宣传教育。全市各级司法行政部门结合“三下乡”“情暖乌蒙”主题活动，把党的“十八大”精神宣传到基层、宣传到群众中去，加大农村法制宣传力度，增强“三下乡”活动的针对性和实效性，做到“三下乡”常下乡、常在乡，推动新农村建设。二是把“六五”普法工作与“平安毕节”“法治毕节”、法制“宣传月、宣传周、宣传日”等工作有机结合。在5月综治宣传月活动中掀起普法依法治理宣传高潮，为推进“平安毕节”“法治毕节”创建铺垫良好氛围；在“12·4”全国法制宣传日开展主题为“大力弘扬法治精神，共筑伟大中国梦”的活动，并首次实行无纸化学法用法考试系统。三是把“六五”普法工作与深入推进社会矛盾化解、社会管理创新、敏感时期维稳、反邪教、“严打”整治斗争等有机结合。重点就企业改制、涉农利益、教育医疗、环境保护、食品药品安全等容易引发社会矛盾的领域，组织开展专题法制宣传教育，使维护社会稳定从源头上预防，并减少社会矛盾发生。全年各类媒体对全市司法行政工作进行宣传报道260余条次，全市各级司法行政部门开展各类法制宣传2507场(堂、次)，制作普法展板、标牌8244块，张贴宣传标语7652条，发放资料89万余份，组织法律知识竞赛、各类普法培训班542期次，培训人员20278人次。

【充分发挥律师公证职能作用】 有效发挥律师、基层法律服务者、公证员在经济发展中服务中心、服务民生的作用。一是召开全市律师工作会议，落实中共贵州省委办公厅、贵州省政府办公厅转发的《省司法厅关于进一步加强和改进律师工作的实施意见》，抓好律师队伍思想政治教育，规范律师、基层法律工作者执业行为，整顿法律服务市场，避免社会矛盾激化。引导律师深入农村、社区开展公益性法律咨询服务活动，深化律师管理工作。加大律师权益保护力度。二是组织全市律师和公证员参加贵州省司法厅组织的业务技能培训，强化职业道德和执业纪律教育，建立党和政府满意、人民群众信任的法律服务队伍；完成毕节市青年创业就业法律顾问导师团毕节50名导师上报工作。三是开展专项法律服务活动。通过对公证法颁布8周年宣传，推进公证法律服务进万家活动，普及提高群众的公证法律意识。四是对全市律师事务所、公证机构2012年度工作进行检查考核；对全市执业律师进行年度备案，对全市公证员进行考核，经贵州省司法厅验收后在贵州日报上对考核情况进行公告。五是按照《毕节市司法局2013—2015年公证员配备方案》要求，招考五名公证处工作员以充实公证力量，提高公证工作效率。六是9月对市直及各县区公证处公证质量进行专项检查。七是严格对律师事务所设立和律师执业申请进行初审。全年全市执业律师办理各类案件2381件。

【深化法律援助便民服务】 进一步规范管理措施，提升法律援助为民服务水平。一是开展“法律援助便民服务”主题活动，设立便民服务窗口，简化法律援助手续，畅通申请渠道。二是加大法律援助宣传，牵头与毕节市妇联、七星关区司法局等单位在毕节市中心地带、人群集中地，开展“纪念《法律援助条例》颁布十周年”宣传活动；以“宣传法律、敬老维权、关怀慰问”为主题开展敬老维权活动。三是开展法律援助大回访，充分发挥法律援助的法律预警功能，健全完善矛盾纠纷信息机制，提高研判能力。四是开展中央彩票公益基金法律援助业务。五是完善基层法律援助站点。法律援助网络建设，拓宽了法律援助申请渠道，方便广大群众对法律服务的需求，有效扩大法律援助工作的知晓率和覆盖面。2013年全市办理法律援助案件3881件。

【基层法律服务工作成效明显】 全市基层法律服务工作者围绕党和政府中心工作和社会热点难点开展法律服务。一是在开展“重大社会矛盾纠纷和积案化解攻坚行动”和“法律六进”期间，配合当地党委、政府调解疑难民间纠纷，受到高度称赞。二是在5月中旬，对全市基层法律服务工作者进行职业培训，提高基层法律服务队伍素质。三是坚持便民、利民服务宗旨，充分维护农民工合法权益。四是强化基层法律服务监督管理。加强对基层法律服务工作者执业审批管理，规范基层法律服务制度，如七星关区与各法律服务所签订岗位目标责任，确立竞争机制和风险机制，使法律服务所管理体制明朗化、制度化，调动工作积极性。大方县对基层法律服务所做到统一收案、统一收费、统一委派，疑难法律事务集体讨论，受到服务对象高度赞扬。全年全市基层法律服务工作者共代理诉讼事务1035件、非诉讼事务361件、调解纠纷1386件，办理法律援助案件720件。

【人民调解有新举措】 构建市、县、乡、村四级人民调解组织网络体系，形成上下贯通、左右衔接、配合联动的矛盾纠纷排查调处工作机制；做到每起纠纷有人问、有人管、有人调、有统一的结果。黔西等部分县区先后成立交通事故人民调解工作室、医患纠纷人民调解工作室等专业性人民调解组织；建立跨省接边地区调解工作机制，维护接边地区的社会稳定。全市各级人民调解组织遵循“四前工作法”，坚持“调防结合，以防为主，多种手段，协同作战”的工作方针，使各种社会不稳定不和谐因素在基层一线通过调解组织的扎实工作得以遏制和消除。全市人民调解员排查矛盾纠纷30944件，调处30326件，调处成功29285件，成功率为96.6%。2013年全市有5名调解员、1个社区调委会荣获司法部授予的“全国模范人民调解员”“全国模范人民调解委员会”荣誉称号。发挥了人民调解工作中“第一道防线”作用。

【基层基础建设】 为夯实基层司法行政工作，毕节市司法局建立领导联系制，明确局班子成员一人联系1～2个县区司法局，加强对县区司法行政工作的指导和管理；出资帮助各县区17个司法所按照“三室一庭”标准、“五统一”要求规范司法所建设，办公条件大为改观。成立百里杜鹃风景区司法分局，逐步强化司法行政基层基础。全市42个司法所被评为“省级规范化司法所”。

【社区矫正工作】 按照“衔接好、监管好、引导好”的工作思路，不断探索行之有效的管理方式：黔西县对各乡镇社区矫正公益性岗位人员开展社矫业务轮训；大方县成立一支社区矫正志愿者队伍，对社区矫正人员进行一对一的帮教，取得良好效果，并在全省推广。建立社区服刑人员社会调查评估、接收、管理、教育、考核、奖惩、解除矫正等各个环节的工作制度，完善社区服刑人员市县两级档案管理体制。

【安置帮教工作】 全市各级司法行政机关按照“帮教社会化、就业市场化、工作职责法制化”的工作思路，加强刑释解教人员衔接管控工作，落实“必接必送”。加大社会救助力度。引导和扶持刑释解教人员就业。初步形成部门分工负责、齐抓共管的良性工作机制，有效预防和减少重新违法犯罪。

【司法鉴定和司法考试工作】 切实加强行业资质管理，做好全市2013年度司法鉴定机构、司法鉴定人年度公告、名册编制初审工作。按照《毕节市司法鉴定人协会2013年工作计划》，对全市司法鉴定机构和司法鉴定人的执业许可证进行全面清查，指导鉴定机构完善规章制度。完成1年2次的执法执业评查工作，推进全市司法鉴定机构认证认可工作。完成2012年度司法鉴定统计工作。严格司法鉴定所（中心）上报公告资料初步审查。2013年国家司法考试毕节考点圆满完成考务工作。完成国家司法考试合格人员《法律职业资格证书》申领材料的审核和申报工作。完成证书发放工作。

【劳教（强戒）工作】 按照全国监狱劳教（强制戒毒）系统开展教育质量活动年的要求，认真部署，扎实有效开展场所教育矫正工作。根据毕节市委、毕节市政府十件民生实事推进计划要求，完成180名戒毒学员电、焊工技能培训，经市人事部门验收合格率为100%。指导场所认真落实禁毒法规，接受毕节市“防艾委”防止艾滋病督察。加强劳教场所监管，采取多种方式深入开展隐患排查治理，确保监管场所安全稳定。认真按照中央、贵州省关于劳教制度改革要求，配合做好相关工作，全年未批收1名劳教学员。

【队伍建设有新提升】 一是学习党的十八大、十八届三中全会精神，习近平总书记对政法工作的重要指示精神。开展好党的群众路线教育实践活动、“十破十立”大讨论活动、学习型机关创建等活动，提升队伍理论水平和服务发展能力。二是抓好“能力提升年”活动，实现“纪律作风大转变，能力水平再提升，司法行政工作大进位，公平正义得彰显，解放思想促跨越，凝心聚力奔小康”的良好局面。三是以“从严待警、从优待警”为着力点，充实司法行政队伍力量。四是抓好百里杜鹃风景区分局机构设立。五是抓好本系统警务管理，推进机关党内民主建设，党务公开，使党员更好地了解和参与党内事务。六是认真落实目标考核工作管理责任制，实时调度，定期自查，提升实效。

【党风廉政建设得到加强】 深入推进廉政风险防控机制建设，加强对重点环节实施监督防控。贯彻落实中央八项规定、贵州省委十项规定、毕节市委十项规定，《贵州省党员干部政治纪律“十严禁”》和《贵州省党员干部作风“十不准”》。“七一”期间组织党员干部到教育基地重温入党誓词，接受宗旨和爱国主义教育。参与全市纪检监察系统“凝聚党章、践行宗旨”学习活动电视竞答赛等活动。组织人事、财务人员参加廉政教育预警培训。组织毕节市司法局中层以上干部到毕节市警示教育基地接受警示教育。结合实际，制定并实施毕节市司法局党风廉政建设责任制和廉政风险防控等方案，深入推进民主评议政风行风活动，开展专项执法监察，加强监督，确保政令畅通。

（撰稿　田　翼）

监狱工作

【概述】 2013 年，毕节监狱以构建“平安监狱”“法治监狱”和“过硬监狱人民警察队伍”为目标，以巩固“四无”成果为主抓手，开展“教育质量年”“能力提升年”、党的群众路线教育实践活动、违禁物品专项治理等活动，通过广大民警职工的努力拼搏、锐意进取，监狱连续 13 年实现无罪犯脱逃、无重大狱内案件、无重大疫情、无重大安全生产事故，确保监狱持续安全，为保试验区平安，构建和谐社会做出积极贡献。

【群众路线教育实践活动成效明显】 毕节监狱作为第一批开展党的群众路线教育实践活动单位，按照省委、省监狱局党委的安排部署，监狱党委以转变工作作风为重点，突出为民主题，强化服务意识，重视民警职工呼声，积极向上级部门争取，解决民警切身利益、建立职工收入增长机制、启动职工保险、协调民警职工住房困难等关系群众切身利益的重大问题，不断提高监狱工作服务群众、联系群众的满意度。

【监狱持续安全稳定】 2013 年，毕节监狱始终牢固树立“监管改造工作的首要地位一点不削弱，监狱安全防范工作一刻也不能放松”的思想观念，贯彻落实上级加强监狱安全稳定工作的重大决策部署，克服押犯增多、押犯结构复杂、监管设施落后、管理难度增大等困难，建立完善“五项机制”，加强“四防一体化”建设，开展严厉打击和综合治理手机毒品等违禁物品专项行动和严厉整治狱内改造秩序活动，加大对各项监管制度落实和“五个重点”督察检查力度，加大对监管安全隐患整治和安全设施建设维护力度，强化狱侦工作措施，加大危险罪犯排查管控力度，加强狱情分析研判，完善监狱、监区、分监区三级狱侦工作网络，不断夯实物防技防基础，严格落实规章制度执行，群策群力，全力确保“四无”目标的实现，有力维护了监狱安全稳定，实现连续 13 年无罪犯脱逃、无重大疫情、无重特大案件、无重大安全事故发生。

【改造质量逐步提高】 是年，毕节监狱坚持把改造作为中心任务，提高罪犯改造质量，为提升罪犯刑释就业谋生能力、降低重新违法犯罪率打牢基础。一是继续抓好思想、文化、技术“三课教育”，全监罪犯守法守规率达到 99.6%，罪犯接受安全基础知识教育面达 100%，获证率 100%，岗前培训和在岗教育入学率达 100%；二是推进服刑人员心理健康教育。在罪犯全部转移到大墙内改造，具有精神障碍的罪犯日益增多的新形势下，将获得心理咨询师资格的民警下沉到监管改造工作一线，不断完善心理咨询四级网络，邀请毕节学院心理学专家和监狱心理咨询师一道合作开展对服刑人员的团体心理辅导和心理健康教育专题活动，充分发挥罪犯心理危机干预的积极作用，促使罪犯教育改造工作逐步走向科学化轨道；三是强化职业技能教育，让刑满释放人员有一技之长。2013 年，毕节监狱继续与职业学校联合举办厨师、计算机基础、焊接等实用技术培训班，参加培训的罪犯参加职业技能考试合格率达 99.8%，获得了人力资源和社会保障部门颁发的职业技能证书；四是丰富监区文化建设内涵。针对全年各节日的主题及罪犯兴趣爱好，本着“活跃气氛，稳定秩序，促进改造”的基本思路，先后在春节、劳动节、国庆等节假日举办书画、棋类、体育活动、汉字听写大赛等比赛 30 余次；五是拓宽社会帮教渠道。在与罪犯家属签订帮教协议和监狱关工委结对帮扶的基础上，要求社会力量来监进行帮教，加大与毕节市关工委及相关部门的联系。与毕节学院签订智力帮教协议，拓宽帮教覆盖面。

【刑罚执行进一步规范】 全面实施《罪犯考评奖罚办法》和《贵州省监狱提请减刑、假释适用若干问题规定》，以大力提高罪犯假释率、加大罪犯暂予监外执行工作力度为突破口，全面落实宽严相济的刑事司法政策，有效提高了监狱的执法公信力。一是依法、公平、公正、公开及时办理提请减刑假释案件，全年办理案件近 1450

件。二是加大罪犯暂予监外执行力度，维护监管改造秩序稳定。三是准确、及时做好收押释放工作，按期向罪犯户籍所在地或居住地安置帮教办公室寄发新入监罪犯《罪犯入监登记表》，与地方派出所、司法所做好刑释人员接返衔接工作。四是高度重视对罪犯的申诉、控告、检举处理工作，按期开启检举箱，对反映的问题及时转交相关部门或者进行宣传教育。五是全面推进狱务公开，确保执法公开、透明。印发《狱务公开手册》，每名罪犯一本，加强罪犯减刑、假释、暂予监外执行等法律法规的教育，在狱内外公示减刑、假释、暂予监外执行的程序和结果，接受罪犯及家属、社会人士的监督，同时还聘请人大代表等社会各界人士作为毕节监狱执法监督员，对监狱的刑罚执行活动进行监督。六是强化罪犯生活卫生保障水平。大力推进罪犯医疗保险工作，全年获得保险公司40余万元罪犯医疗理赔款，缓解了监狱医疗经费不足的问题，保证罪犯有病能得到及时、有效治疗，促使狱内罪犯病亡率明显下降。改善罪犯生活设施，增加生活补贴，按规定从狱内供应站收益中筹措资金补贴罪犯伙食和改善罪犯生活条件，有效缓解罪犯生活费和生活设施不足的矛盾。加强食品安全管理和狱内疫情监测，提高疾病防控和救治水平，全年未发生重大疫情和食品安全事故。

【队伍建设不断加强】 毕节监狱认真落实党建工作责任制和开展"五好"党组织创建活动，大力加强民警职工思想政治建设，开展"能力提升年"和"十破十立"大讨论，加大民警教育培训和招录力度，是年，组织各类培训16次，累计参训人员550人次，招录新民警4人，提拔任用科级干部29名，交流调整21名，充实改善队伍知识和年龄结构，提升队伍的思想政治和业务素质。强化立功创模活动，9个集体和43名个人荣获厅局级以上表彰。充分发挥群团、老干工作职能作用，"送温暖"、扶贫济困、走访慰问等工作实现制度化，增强了队伍的凝聚力；深入推进党风廉政建设，严格落实中央"八项规定"、省委"十项规定"和贵州省党员干部政治纪律"十严禁"、贵州省党员干部作风"十不准"、政法机关执法办案"五严禁"，认真开展整顿机关作风和正风肃纪活动，切实转变领导干部和机关工作作风，促进队伍战斗力的不断提升。

【劳动改造成果显现】 罪犯劳动报酬制度得到严格落实，罪犯参劳率达85%，全年提取劳动补偿费283.87万元，调动罪犯的改造积极性。开展劳动保护工作，严格执行罪犯每天劳动8小时、每周劳动时间不超过40小时的工作制度，建立特殊岗位罪犯职业健康档案，有效维护罪犯的合法权益。同时加强安全生产管理。严格执行《毕节监狱安全生产工作实施细则》《毕节监狱安全生产目标责任制》《毕节监狱自然灾害应急处突预案》，对各项安全管理制度进行细化和分解，把责任明确到个人，加强安全生产队伍建设，对安全生产员进行培训，特殊工种须通过岗前培训、考核合格后方可持证上岗；严格执行烟火管理制度和物资进出生产区管理规定，杜绝有毒有害易燃物品违规进入生产现场，发现问题及时提出，限期整改，并在规定时间内进行复查；结合监狱实际，先后进行两次自然灾害应急疏散演习。

【后勤保障规范化】 后勤管理围绕"开源节流、增收节支"这个中心，贯穿服务于监狱工作这条主线，不断提升后勤保障工作规范化水平。一是强化财务管理，按照财经法规核报各种开支费用，制定资金使用计划，加强监狱资金的集中管理，保证监狱经费按预算使用，使监狱每一分钱都用在刀刃上；二是严格车辆管理制度，严禁公车私用，实行定点定量的油卡加油，有效控制车辆油耗支出，真正做到开源节流、增收节支；三是加强监狱地籍地产管理，使监狱所有土地边界清晰，土地收益台账清楚。

（撰稿　李　佳）

劳教（强戒）

【概述】 2013年，毕节劳教（强戒）所以场所安全稳定为中心，以从严治警和推进规范化管理为抓手，精心研究谋划、及时安排部署，以确保实现场所"四无"创建"六无"，全面推进各项工作落实和协调发展。

【日常管理工作】 一是根据省局收治强制隔离戒毒人员要求，所政管理科加强与各县市公安机关联系，科学合理做好收治戒毒人员工作，认真审核强制隔离戒毒人员法律文书，对收治过程中出现的戒毒期限有误、缺失戒毒人员信息等与公安机关对接，切实把好收治关。二是依法审批强制隔离戒毒人员各类执法材料，在执法审批过程中，主动接受驻所检察室、纪检监察监督，严格落实公示制度，无违规违纪操作现象，全年未收到学员及其家属申诉、复议案件。三是抓好《大中队民警一日工作流程》《大中队民警工作任务量化规定》制度的落实，不断规范大中队日常管理工作。每周二所政管理科坚持到各大中队督促检查，排查检查工作形成常态化，有力推动了一线民警工作规范化管理。四是每月组织召开场所安全稳定形势研判，收集影响场所安全的各类信息，分析研判所情、舆情、队情和戒毒人员思想动态，对分析研判出来的情况，落实各项防范措施，做到隐患早发现、早控制、早消除。五是加大对安全隐患排查整治力度。根据日常督促检查中发现的问题和上级检查指出存在的隐患和问题，加强督促落实各项问题整改，对突出的问题和隐患，除抓落实整改外，加大处罚力度，确保问题不反弹不重复出现。六是落实重要执法环节录音录像，做好证据留存。为规范民警执法，利用配发的现场执法仪、视频监控等设施，对重要执法环节、戒毒人员违规违纪、患病治疗等进行录音录像，做好证据留存工作。七是加强外协人员管理，严格审核相关证明，为其办理外协人员出入证并签订责任书，对违反场所管理规定的外协人员一律不得再次进入管教区。八是加大对违禁物品的管理。通过开展违禁物品清查专项活动，增强民警职工的安全意识、责任意识，纠正民警在管理中存在的不足和问题，堵塞了管理中存在的漏洞，形成违禁物品清查长效机制，有效杜绝违禁物品在所内存在，消除场所安全隐患。九是组织开展“反违纪、创平安”专项活动，召开专项治理活动动员部署大会，对活动开展进行安排部署。各大中队以班级为单位，包班管理民警分别组织强制隔离戒毒人员进行讨论、发言、表决心，促进戒毒人员提高对活动开展的认识。民警提高了对场所安全稳定的认识，工作中克服松懈麻痹思想，全身心投入到场所安全管理中，确保全年“四无”工作目标实现。

【开展教育矫治工作】 一是深化课堂化教学，拟订各项教学计划，确保教学时间，法律常识教育不低于40课时，思想道德教育不低于30课时，时事政治教育不低于20课时，戒毒常识不低于20课时，心理健康教育不低于40课时，文化教育不低于30课时，康复训练不低于60课时，入所教育不低于60课时，出所教育不低于30课时。二是为帮助戒毒人员掌握一技之长，为其回归社会就业谋生创造条件，在是年开展“教育质量年”活动中，全所组织180名强制隔离戒毒人员参加电工、焊工的职业技能培训并进行考试，考试合格率达到100%。三是营造矫治、戒治文化氛围。年初创办《阳光小报》，民警、职工、学员踊跃投稿，有力推进场所文化建设；五月份组织学员开展为期一个月的“所区文化月”活动。四是根据省局《关于对重控人员推行“5+1”管理模式的实施意见》，结合本所实际，对重控人员推行5+1管理模式，即：制定一人一策、明确一名负责人、落实一名心理咨询师、落实一名教育矫治能手、争取一名重控人员的亲属配合帮教加一套激励机制。

【队伍建设全面加强】 是年，毕节劳教（强戒）所以树立“忠诚、为民、公正、廉洁”的核心价值观，坚持为经济发展服务，以做社会主义事业捍卫者为要求，全面细致地做了大量工作。一是从严治警，对民警严格教育、严格训练、严格纪律、严格管理和严格考核，制定相关的规章制度，建立民警执法档案和个人实绩档案，把民警的功过记录存档，作为民警评先选优和提拔任用的重要依据。二是从优待警，想民警之所想，急民警之所急，让民警真正感受到组织的关怀和温暖。全年通过争取，得到各级各部门的大力支持，改善了一线民警职工的工作、生产、生活条件，充分调动民警职工工作积极性，激活队伍的内在活力。三是教育引导民警职工坚定“三个自信”，进一步提高做中国特色社会主义事业建设者的自觉性，教育引导民警职工牢记责任使命，增强做中国特色社会主义事业建设者、捍卫者的主动性。四是加大教育培训力度，组织开展“能力提升年”“十破十立”“党的群众路线”“五好基层”等教育实践活动，进一步提升民警职工做中国社会主义事业建设者、捍卫者的能力水平。五是加强党风廉政建设，深入开展反腐倡廉教育，所党委与各支部、支部与党员分别签订党风廉政管理目标责任书，继续开展廉政风险防控管理工作。全年通过行政效能监察，无违反中央“八项规定”和司法部“六条禁令”行为。加强党员领导干部的政治纪律教育活动，无违反“六个绝不允许”的行为。六是6月份组织开展民警职工运动会，增进民警职工之间的交流沟通，活跃工作气氛，培养民警职工的团队精神，工作环境更加和谐。

【生活卫生工作】 在生活卫生工作已达标的基础之上继续强化生活卫生管理再上一个台阶，抓好食品安全，落实食物量标准，保证管理对象吃饱、吃好、吃得卫生，杜绝食物中毒和食源性疾患事故发生；加大卫生防疫力度和所内疾病诊治排查工作，完善疾病急救工作预案和公共卫生事件应急预案，防止所内传染病蔓延和重大预情事故发生；对新收入所强戒人员进行HIV初筛检测，全年初筛检查222人，并建立健康档案。每周开展一次尿检工作，采取普遍查、不定时查、外出回所必查、班组长和勤杂人员重点查的方式，将尿检作为主动防控毒品流入所内的常态性工作。全年尿检1710人次，为场所的防毒禁毒工作做好预防监测。

【加强安全生产管理】 一是继续以专刊等形式开展安全生产宣传教育活动，规范安全生产基础资料，加快车间标准化建设，提升现场管理能力。二是坚持“安全第一、预防为主、综合治理”的方针，牢固树立“以人为本、安全发展”理念，实现安全生产事故零指标，杜绝发生安全生产重大事故。三是改革生产模式，引入竞争激励机制，落实适度报酬，推行精细化管理，全面调动激活学员生产积极性。四是抓好劳教（强戒）人员岗前教育，技能培训，增强在习艺劳动中的自我保护和解戒后的社会适应能力，全面推进社会就业帮扶工作。

【综合能力进一步提高】 一是监控室工作人员在力所能及的范围内加强监控设备的维护，确保监控系统的正常运转，对新调入人员及时加强业务培训，使工作人员能尽快熟悉业务知识。二是搞好强戒人员的信息采集录入，做好无缝对接，信息采集录入做到及时、全面、准确。三是做好宣传工作，加大向新闻媒体宣传工作中的亮点和特点，充分发挥各科室信息报道员的作用，围绕重点工作，以信息为载体，反映劳教（强戒）所的重要性和对稳定社会治安的贡献，营造氛围，提高强制隔离戒毒所的社会认同度。四是做好文函档案管理工作和保密工作。根据档案管理的要求，完善档案管理制度，规范档案管理工作，注意收集整理体现单位水平的材料并归档，使档案管理更科学、规范。符合保密要求，做好档案利用工作，更好地为各项工作服务。五是建立健全财务管理制度，加强行政经费、生产资金、专项经费的使用和管理，合理调剂、保障场所各项工作的正常运转。

【新所建设有序推进】 毕节市新建强制隔离戒毒所是毕节市“十大民生”工程。省劳教（戒毒）局已将项目列入2012年中央投资计划上报司法部和省发改委，毕节市发展和改革委员会以毕地发改投〔2011〕125号文件同意新建毕节强制隔离戒毒所立项并开展工作，现初步设计工作已通过省发改委审批并上报国家发改委，新所建设用地征地款1200万已划拨到位，力争2014年实质性开工。

（撰稿　霍天祥）

法治政府建设

【概述】 2013年，政府依法行政工作在省委、省政府的坚强领导下和省政府法制办的关心指导下，认真贯彻执行《省人民政府关于加强市县政府依法行政的意见》和《省人民政府关于加强法治政府建设的意见》，坚持把依法行政作为贯穿政府工作的主线，深入推进法治政府建设，不断完善工作机制，规范行政行为，增强政府公信力和执行力，为全市经济社会持续快速发展提供强有力的法制保障。

【统筹规划、科学指导法治政府建设，确保依法行政工作有序推进】 一是统筹规划法治政府建设，研究制定基本建成法治政府评价指标体系。根据国务院和省政府的总体要求，按照科学规划、统筹安排、重点突破、整体推进的原则，研究制定法治政府评价指标体系，明确法治政府建设的总体思路、重点任务和具体措施，有序推进法治政府建设。制定依法行政工作目标考核标准，明确年度依法行政工作目标任务、工作重点，责任主体和完成时限，围绕科学发展、奋力赶超的总目标，推进依法行政工作。二是加强对依法行政工作的督促指导，协调推进法治政府建设。1. 推进法治政府示范点建设，组织召开全市依法行政工作会议，总结和推广依法行政示范点的先进经验，充分发挥依法行政示范点的带动作用，全面、深入推进依法行政工作。2. 落实依法行政年度报告制度，每年分别向省政府、市委、市人大报告本年度全市依法行政工作情况。3. 充分发挥法制机构的参谋助手作用。逐步健全市直部门法制工作机构，配备法制工作人员，优化人员结构，基本满足全面推进依法行政工作的需要。

【深化行政管理体制改革】 一是完善政府机构职能体系和部门职责体系。相关部门根据行政审批清理结果及时对行政职权目录进行更新，编制完善毕节市行政职权目录，在政府门户网站上对完善目录进行公示，规范行政执法行为。按照转变职能、理顺关系、优化结构、提高效能的要求，进一步调整政企之间、政资之间、政事之间、政府与市场中介组织之间的关系，充分发挥市场资源配置的基础性作用，有效地促进全市经济社会的全面发展。二是深化行政审批制度改革，提高行政效能。按照省委办公厅、省政府办公厅《关于深入推进行政审批制度改革的意见》《省人民政府关于提高行政效能的若干规定》的要求，及时清理、下放行政审批事项，承接省政府下放的行政审批事项。市直各有关部门积极与县区业务部门对接下放审批事项，并给予业务指导。省政府下放行政审批事项205项中，毕节市对接的有204项（省工商局下放的1项不涉及毕节市），经审核，市直机关承接省级下放的行政审批保留事项159项，县区政府承接省、市下放权限保留事项294项。

【健全完善决策机制】 一是为完善行政决策程序，市政府针对重大事项决策、执行、监督等环节，研究制订《毕节市人民政府重大决策规定》《重大行政决策听取意见制度》《重大行政决策合法性审查制度》《毕节市人民政府工作规则》等一系列规范性文件和制度。按照依法决策、科学决策、民主决策的总体要求，进一步完善重大行政决策的程序和规则。建立完善部门论证、专家咨询、公众参与、风险评估、集体决定等行政决策机制。对涉及经济社会发展全局的事项，做到在广泛征求意见，充分调研、论证和讨论的基础上进行决策，确保决策的科学性和可行性，对与群众利益密切相关的事项，实行听证制度，充分采纳群众好的意见和建议，确保决策的合理性、合法性和民主性。二是健全决策纠错和问责机制。建立重大决策跟踪反馈机制，全面评估决策执行效果，根据评估结果对决策进行调整或者停止执行。采取督查、暗访、座谈等方式，充分了解利益相对方和社会公众对决策实施的意见和建议，全面评估决策执行效果。根据决策执行效果的评估结果，及时作出相应调整。对违反规定、出现重大决策失误、造成重大损失的，对相关责任人员进行问责和责任追究。

【提高制度建设质量】 把规范性文件的合法性审查贯穿于依法行政工作的始终，按照条件成熟、突出重点、统筹兼顾的原则，加强规范性文件的制定水平和质量，严格执行规范性文件的备案审查制度，规范报送程序和格式，做到有件必备、有备必审、有错必纠。在制定规范性文件制定过程中，为用足用活用好国发2号和国办函〔2013〕35号文件赋予的先行先试权，扎实推进先行先试领域的制度创新。自觉把文件的制定与全市经济社会发展的实际结合起来，为全市经济社会发展营造诚信有序的市场环境、和谐稳定的社会环境、廉洁高效的政务环境、公平正义的法治环境。2013年，审查规范性文件26件次、向省政府、市人大常委会报备行政规范性文件10件。

【强化行政执法监督】 规范各部门职能权限和执法程序，严格按照法定权限和程序行使行政执法权，严格规范行政执法行为；编制统一的行政职权目录，根据行政职权变动情况及时调整和完善；开展细化行政权力运行流程，编制行政权力运行流程图，规范行政处罚自由裁量权工作。为使行政机关及其工作人员认真履行法律赋予的职责，根据法律授予的权限管理经济社会事务和其他行政事务，做到既不失职不作为，又不越权乱作为，养成按法定程序办事的习惯。严格行政执法主体资格制度，按规定开展行政执法人员资格认证工作。加大对各行政执法机关持证上岗、亮证执法情况的监督检查力度，确保每位行政执法人员“持证上岗、亮证执法”。

【有效防范和化解社会矛盾】 一是充分发挥行政复议化解行政争议的主渠道作用，畅通行政复议渠道，积极受理、办理行政复议案件。2013年，受理行政复议案件292件，其中，市政府受理行政复议案件56件，现已办结43件，13件正在办理中。市政府受理的办结行政复议案件中，维持17件、不予受理17件、终止2件，驳回2件，撤回5件。依法审理行政复议案件，化解行政争议，提高行政复议公信力，促进社会和谐稳定。二是深化行政复议体制改革。1. 重新修订行政复议委员会试点工作方案。及时调整行政复议委员会成员。2. 创造性地建立"案后跟踪服务"机制。行政复议决定下发后，均实行跟踪服务，体现复议为民宗旨。当事人提起诉讼的，做好应诉工作，需要重新作出具体行政行为的，督促行政机关在法定时限内作出，有履行内容的，督促义务人履行义务。三是正确运用调解、和解手段化解行政争议。针对土地征收、房屋拆迁、移民安置、企业兼并重组、山林确权等方面的矛盾纠纷，依法正确调解、和解，化解行政争议，实现案结事了，提高行政复议公信力，促进社会和谐稳定。

【加大法制培训和宣传教育力度】 2013年，为迎接全国人大常委会赴贵州省开展行政复议法执法检查工作，在全市大力开展行政复议法宣传活动，以行政复议法、行政复议法实施条例为重点，市、县区政府领导在报刊上登刊文章宣传两法。通过向全市移动、联通、电信等手机用户发手机短信200多万条，宣传行政复议的功能和作用，现场发放行政复议法律知识宣传材料15000余份，现场解答法律咨询1000余次。2013年，编发《法制工作动态》12期。为大力弘扬社会主义法治精神，《毕节日报》、市电视台、市试验区门户网站、市试验区杂志等媒体对依法行政和政府法制工作进行大量宣传报道，进一步扩大法治政府建设的社会影响力。

（供稿　毕节市人民政府法制办公室）

经济管理与监督

宏观经济管理

【落实国办函35号文件】 2013年2月7日，国务院以《国务院办公厅关于同意深入推进毕节试验区改革发展规划的函》（国办函〔2013〕35号，以下简称“35号文件”）批复同意实施《深入推进毕节试验区改革发展规划（2013—2020）》。随后，2月25日，国家发展改革委以《国家发展改革委关于印发深入推进毕节试验区改革发展规划的通知》（发改西部〔2013〕365号）正式印发规划。35号文件下发后，市发改委筹备召开了培训动员会、新闻发布会、北京座谈会，制订《督查推进方案》《动态考核办法》《联席会议制度》及《宣传实施方案》等工作制度。代省政府起草《贵州省人民政府办公厅关于实施深入推进毕节试验区改革发展规划重点工作部门分工方案》，对省直部门相关任务进行了明确；代市政府起草《实施〈深入推进毕节试验区改革发展规划〉任务分工方案》，对35号文件明确的任务进行责任分解。先后组织召开5次贯彻落实35号文件的推进会；开展3次全面督查，推动35号文件贯彻落实。2013年，全市发改系统以35号文件为总抓手，抢抓政策机遇，加强汇报对接、项目谋划、项目申报、政策争取等工作，取得了成果。先后20多次到国家发改委、国家能源局汇报对接，在争取煤制清洁燃料综合利用示范项目的“路条”，夹岩水利枢纽工程立项批复，生态补偿机制政策争取等方面取得突破。累计谋划项目6830个，总投资1.44万亿元，争取到中央预算内投资26.6亿元，比上年同期增18%。

【经济运行分析】 坚持开展每月经济运行形势分析，密切跟踪经济运行中出现的新情况、新特点、新问题，科学预测、深入研究，提出切合毕节实际的具有针对性和可操作性的意见和建议。编制完成《毕节市2012年国民经济和社会发展计划执行情况及2013年国民经济和社会发展计划》《2013年上半年国民经济和社会发展计划执行情况报告》，以《毕节发改》《毕节市重大工程和重点项目建设完成情况》《全市固定资产投资完成情况》等专刊、专报形式，及时将经济社会发展情况报送各级领导参阅，为市委、市政府提供决策参考。加强对农业、工业和服务业等产业重点项目月调度的通报和产业发展形势的分析，着力解决今后全市经济发展中的关键问题。及时将市2013年重点工作、民生实事等分解落实。加强对计划执行和落实情况的督促检查，及时掌握进展情况、发现问题和困难并提出对策建议。2013年，实现地区生产总值1041.9亿元，增15.1%；财政总收入336.9亿元、增32.41%，其中公共财政预算收入125.6亿元、增15.2%；全社会固定资产投资1701.2亿元、增30.7%；城镇居民人均可支配收入19851元，农民人均纯收入5645元、增14.6%；社会消费品零售总额198.5亿元、增13.8%；金融机构存款余额838.77亿元、贷款余额547.8亿元，分别增13.95%和26.36%。三次产业结构调整为18.8∶43.2∶38。规模以上工业增加值325.2亿元，增20.1%；新增产业园区面积18.5平方公里、标准厂房250万平方米，新增入园产业项目140个、新建投产企业87户。农业增加值196.6亿元、增6.8%；粮食总产量228.01

万吨；收购烟叶 9141 万公斤，占省下达任务数的 104.46%；12 个省级现代高效农业示范园区实现销售收入 22 亿元。第三产业增加值 395.6 亿元、增 16%；旅游综合收入 207.6 亿元、增 27.4%。民营经济增加值 510 亿元，占生产总值比重提高 1.4 个百分点、达 48.9%。

【规划引领】 围绕本市发展改革大局和优化空间开发格局，代省政府起草《贵州省人民政府办公厅关于实施深入推进毕节试验区改革发展规划（2013—2020）重点工作部门分工方案》，并于 10 月 15 日以黔府办函〔2013〕133 号印发实施。代市委、市政府草拟《实施〈深入推进毕节试验区改革发展规划（2013—2020）〉任务分工方案》，对《规划》中各项工作任务进行责任分解。组织编制《毕节市“四个一体化”产业发展总体规划》及煤电化、煤电磷、煤电钢、煤电铝、硫化工专项规划，《毕节市现代服务业集聚区发展规划》《贵州“金三角”毕节发展专项规划》等，推动《攀西—六盘水经济发展规划》《毕水兴资源富集区发展规划》编制工作，组织开展《毕节市赫章资源枯竭型可持续发展研究》《双考双评双挂钩推动科学发展考核管理系统研究》《地方债务风险及控制研究》等 12 个重大课题研究，为促进全面协调可持续发展提供有力支撑。组织开展“十二五”规划中期评估工作，完成《〈毕节市国民经济和社会发展第十二个五年规划纲要〉实施情况中期评估报告》并经市人大审议通过。

【项目投资】 坚持实施“投资拉动、项目带动、招商推动”战略，加强重点（大）项目建设调度管理，做好 2013 年固定资产投资调度工作，以项目促投资、扩总量、强后劲。围绕国发 2 号文件和国办函 35 号文件，开展基础设施、产业发展、社会民生等方面的项目谋划工作，同时抓好项目前期工作，落实建设条件，为固定资产投资稳步增长提供持续的项目支持。制定实施重大工程和重点项目的考核管理办法，将重大项目列为对各县区年度工作考核的重要内容，对固定资产投资完成情况进行旬调度、月通报、季分析、年考核，全面了解和掌握各县区固定资产投资完成情况，加强进行研究、分析及预测，对存在问题进行深入剖析，提出相应意见建议和解决措施。组织开展“项目观摩”“项目集中开工”“项目和园区建设百日冲刺”等活动，全力加快重大项目建设。配合省发改委或由毕节市发改委牵头成立项目稽查组，对中央预算内投资项目基本建设程序、“四制管理”、项目进度、资金使用及财务管理等方面进行全面督查。针对项目建设过程中存在的问题，加强协调解决，促进项目顺利实施。2013 年，纳入调度的 904 个省、市重大工程和重点项目，完成投资 1282.69 亿元，为年度目标的 145.7%。新开工项目 413 个，建成项目 155 个。完成全社会固定资产投资 1701.2 亿元，同比增 30.7%。

【民生发展】 坚持把保障和改善民生作为工作的出发点和落脚点，抓好“十大民生工程”。一是强化公共服务体系建设。推进双山新区职教城项目及农村初中校舍改造、学前教育、边远地区教师周转房等教育项目建设；推进县级医院、急救中心、卫生监督所、乡镇卫生院等卫生项目实施。开工建设一批县级图书馆、文化馆及体育场馆，相继建成一批农民体育健身工程。同时加大就业、社会保障、民政等方面项目的争取力度，全市基本公共服务体系得到加强。抓住国家将乌蒙山区确定为扶贫开发重点地区机遇，推进精准扶贫，实施扶贫生态移民 4617 户、20309 人。加强调度、统筹协调，农村环境整治、农村危房改造、农村劳动力转移、城镇新增就业等十大民生工程和十件民生实事顺利推进，累计完成投资 173.82 亿元，占年度计划的 100.96%。

【节能减排】 将各县区政府节能减排工作纳入“双考双评双挂钩”考核管理范畴，根据省政府下达的年度节能目标计划，结合本市实际合理分解后下达给各县区人民政府、市直有关部门和重点用能单位。抓好动态跟踪管理，制定各县区节能目标完成情况表，加强节能形势分析和预测预警。加强节能减排目标责任评价考核，对各县区政府节能目标完成情况及节能措施落实情况进行现场评价考核，将考核结果及时上报市人民政府，对各县区减排目标完成情况进行通报。配合省发展改革委抓好“万家企业”能源利用状况报告审核工作，督促加快能源审计和“十二五”节能规划编制进度，协助省发展改革委完成黔北电厂、纳雍电厂、大方电厂、黔西电厂、毕节热电 5 家中央在黔企业考核，组织开展辖区内“万家企业”考核工作，及时将考核结果上报省发展改革委。牵头组织教育、科技、工能、环保等 30 家单位集中开展2013年全国节能宣传周活动，悬挂宣传标语120余条，现场发放宣传资料8000余份，现场咨询服务300余人次，切实加大节能减排宣传力度。2013年全市四项主要污染物排放量均控制在省环保厅下达的总量控制指标范围内，单位生产总值能耗为1.74吨标煤，同比降3.2%；化学需氧量排放量为4.66万吨，同比降0.46%；氨氮排放量为5.5万吨，同比降2.13%；二氧化硫排放量为19.72万吨，同比降1.78%；氮氧化物排放量为16.32万吨，同比降0.22%。

（撰稿　赵启勇）

国土资源管理

【土地管理】 强化规划计划管控作用。启动市级和县级土地利用总体规划中期评估修改工作，使土地利用总体规划进一步适应宏观经济形势变化。加强建设用地预审，完善土地预审登记台账。全市受理和上报用地预审项目42宗，用地规模9.31万亩。一是加强新增建设用地报批工作，争取建设用地计划指标。获得批准各类建设用地项目89个，面积近6.9万亩。提前介入，主动服务，做好夹岩水利枢纽工程、成贵快速铁路等重点工程项目用地的前期工作。二是编制全市国有建设用地供应计划和住房用地供应计划，及时上网向社会公开。全年供应国有建设用地626宗，面积6.04万亩，其中出让方式供地422宗，面积1.48万亩，出让价款97.74亿元。全市2011年供地率为93.64%，2012年供地率为84.93%，2013年供地率为53.79%。三是编制和实施市级和县级土地整治规划。开展基本农田划定工作，完成总任务的40%。开展2013年高标准基本农田申报工作，争取项目资金，整合其他部门项目，全市2013年安排部署高标准基本农田建设28.7827万亩。实施土地整治项目159个，投入资金2.5亿元，完成土地整治面积11.97万亩，新增耕地5.22万亩。四是推进2013年“双保工程”行动。在金沙县开展国土资源节约集约模范县创建工作，开展单位GDP用地下降工作，全市单位GDP建设用地1950亩/亿元，实现下降率7%的目标任务。

【矿政管理】 配合做好矿业权审批改革试点工作。省国土资源厅把黔西县作为改革试点县，制定黔西县采矿权审批事项试点工作方案，全面开展矿业权报件审批工作。一是编制全市矿业权设置方案。为煤制油大型工业项目争取配置资源，编制《毕节市煤制清洁燃料综合利用示范项目专项规划》并通过省级评审，为“四个一体化”项目提供矿产资源保障。配合做好煤炭企业兼并重组工作，办理兼并重组煤矿转让件450件。在全国暂停受理煤炭探矿权期间，根据试验区发展需要组织申报6个煤炭探矿权，面积250平方公里。二是加强公益性基础性地勘工作和整装勘查工作。市级整装勘查规划获省矿业权评估师协会评审通过。中国地质调查局投入2700万元国家地勘基金，开展水文地质、环境地质等公益性、基础性地质调查。全面完成第一批赫章可乐向斜和威宁黑土河—龙街向斜省级煤炭整装勘查项目，新增煤炭资源量22.6亿吨。投入省级地勘基金6.2亿元启动实施11个整装勘查项目。投入7100万元实施找水打井284口，成井率60%左右，有效支持了抗旱救灾和“三农”工作。三是严格执行矿业权有偿取得和矿产资源有偿使用制度。完成市、县新立采矿权挂牌出让交易44宗，交易金额1474.881万元，总成交矿区面积10.6602平方公里。新立采矿权实行招标拍卖挂牌出让率为100%。四是加强矿山储量动态监管，落实矿山越层越界监测责任。做好矿产资源补偿费征收统计网络直报工作，2013年度收缴矿产资源补偿费11437.8456万元。累计缴存矿山地质环境恢复治理保证金202492.4480万元，用于恢复治理72085.1865万元。五是推进“矿山复绿”行动。全市7家矿山企业开展“矿山复绿”工作。织金县珠藏镇织河煤矿片区矿山地质环境治理示范工程一期工程投资9000万元，完成5个合同标段工程量的90%。采取相关措施促进和谐矿区建设，辖区内没有发生因采矿活动而引发的重大维稳事件。

【测绘地理信息工作】 加快“数字毕节”建设，编制完成《数字毕节地理信息公共平台开发利用管理办法》，推进基础数据、数据库管理系统、公共服务平台、示范应用建设、三维模型建设，完成数字毕节地理空间框架建设的基本内容。一是组织编制毕节市行政区划地图。完成测绘资质年度注册工作。全市有28家测绘资质单位，其中丙级9家，丁级19家。在注册过程中，实际参加注册27家，通过注册27家，申请注销1家。二是加强测绘地理信息市场监管，组织开展国家版图意识宣传教育“进社区、进学校、进媒体”三进活动；抓好“8·29”测绘法宣传日宣传工作，发放宣传资料8000余份；提高房产测绘监管水平，促进全市测绘地理信息市场健康有序发展。完成市、县区测绘地理信息局的挂牌工作。加强测量标志保护，开展测量标志动态巡查110余次。

【地质灾害防治】 毕节市人民政府将地质灾害防治工作纳入对各县区政府绩效考核内容，逐级签订地质灾害防治责任书。制订《毕节市地质灾害防治工作层级管理职责规定》。形成一级抓一级，层层抓落实的良好机制。一是开展拉网式地质灾害隐患排查、专项检查、巡查核查以及驻村干部地质灾害隐患摸底排查等工作，重点排查威胁学校、医院、村庄、集市等人员密集场所，公路、铁路等交通要道沿线，重大工程项目和产业园区。落实全市1943处地质灾害隐患点防灾预案，及时将新发现的隐患点纳入群测群防体系，指导编制隐患点防灾预案。二是开展地质灾害气象预警预报工作，市、县区国土资源局与气象局建立信息共享和会商机制。构建地质灾害防治对口协作机制和群测群防监测体系。各县区分别与地质灾害防治资质单位签订协议，建立地质灾害群测群防和专业调查相结合的新机制。建立地质灾害县、乡、村、组四级群测群防网络，将地质灾害隐患点的防灾、监测工作具体落实到单位、村、组和责任人。三是不断提高地质灾害防治科技含量。投入资金49.574万元配置滑坡预警伸缩仪130台、裂缝报警器3000个、麦哲伦探险家310手持式GPS接收机13个。市人民政府批准设置5个基于“北斗”卫星系统的地质灾害远程监测与预警系统试点工作已经完成。四是做好建设用地地质灾害危险性评估和矿山占用储量登记处理备案工作。完成地质灾害危险性评估二级、三级报告备案155个。充分发挥各级各部门的职能作用，确保评估工作中提出的各项防灾工程措施在建设过程中得到落实，杜绝和减少人为工程活动诱发的地质灾害。五是加强地质灾害防灾减灾的宣传教育和培训。发放地质灾害避险明白卡及宣传资料6000余份。对各县区地质灾害防治工作相关人员进行业务培训11批次，受训人员达2600余人。指导各县区全面完成地质灾害应急演练工作。六是加大地质灾害治理力度。市人民政府将地质灾害防治工作专项经费2000万元列入年度财政预算。全市经批准立项16个地质灾害治理搬迁项目，总投资6276.40万元，实施后可解除地质灾害对887户3877人的威胁。

【执法监察】 一是开展动态巡查，及时发现和制止违法行为。全年开展动态巡查4万余次，发现土地违法行为345件，面积786.1亩，制止325件，面积660.05亩，立案20件，面积126.05亩，结案16件，面积125.3亩，拆除建筑物62256平方米，收缴发没款141.277万元。发现矿产违法行为84件，制止79件，立案5件，结案5件，收缴罚没款7万元。二是2012年度土地矿产卫片执法检查工作顺利通过上级检查验收。着力实施源头防范，全市违法占耕比例为3.76%，国土资源管理秩序平稳向好。三是保持打击非法采煤采矿的高压态势。全市打击非法采煤采矿工作形势目前总体平稳。全市累计开展动态巡查22095次，发现并取缔非法采煤采矿点31个；立案18起，结案18起，罚款15.32万元，没收矿产品10吨；行政拘留86人。

【依法行政】 履行依法行政指导、行政执法监督工作职责，修订《重大行政决策听取意见制度》和《重大行政决策合法性审查制度》，严格实行集体决策制度，明确集体决策的范围、程序、办法。探索建立重大行政决策风险评估制度，对重大决策的合法性、合理性、可行性和可控性进行风险评估；探索建立部门论证、专家咨询、公众参与、专业机构测评相结合的风险评估工作机制，并将风险评估结果作为行政决策重要依据。探索建立重大决策跟踪反馈机制，跟踪决策实施情况，将决策执行效果评估结果作为决策调整或停止执行的重要依据。一是做好行政复议、行政应诉工作。行政复议委员会不定期召集会议，研究重大疑难案件。完善《行政复议工作规则》等相关制度。参与行政诉讼，探索完善案件分析制度。完善规范性文件备案审查制度，开展行政执法案卷评查工作，规范行政执法行为。二是全面落实听证制度，全市国土资源系统对重要行政决策、行政许可、行政处罚等，均按法律、法规、规章的要求进行听证。对行政许可事项和非行政许可审批服务事项进行了再清理。三是畅通信息渠道，落实信访制度，妥善解决矛盾。按照“属地管理、分级负责、归口办理”的原则，落实工作职责，对发现的问题，及时了解，妥善解决。接待人民群众来信来访工作，做到来访有记录，来信有答复，处理有反馈；做好上访人的思想工作，稳定来访人的思想情绪，从源头上防止群访、越级访、重复访事件的发生。四是抓好依法行政宣传教育。根据年度普法计划，抓住纪念性节日，采取多种形式面向大众宣传，做到“电视上有影、广播上有声、报纸上有文”。

【基础工作】 开展划定省级开发区“四至”范围工作，成果上报省土地勘测规划研究院进行审查。在开展该项工作的基础上，组织开展开发区土地利用评价工作，各省级经济开发区积极配合，上报所涉各项指标。一是加快推进全市农村集体土地确权登记发证工作。全市农村集体土地所有权应确权登记3900宗，已登记3898宗，搁置争议2宗，登记率为99.94%；集体建设用地使用权应发证11380宗，已完成发证10657宗，发证率93.62%；农村宅基地使用权应发证1489656宗，已完成发证1229747宗，发证率为82.55%。二是组织开展2012年度土地变更调查外业核查及内业处理方法集中审查、2012年度城镇调查数据更新汇总及2012年度土地变更调查用地管理信息复核等工作。三是推进宗地代码统一编制工作。继续加大对土地权属争议调处力度。预防和妥善处理土地权属争议群体突发性事件，维护人民群众根本利益。四是推进全市国土资源信息化建设。推行“以图管地、以图管矿、以图防灾”的落地化国土资源管理模式。推进“一张图”数据共享服务，实现“一张图”数据与各业务应用系统的对接。五是加强电子政务建设，建成与市委、市政府互通的电子公文传输系统，推进国土资源系统电子公文和政务信息传输系统建设，加强政府信息网上公开，加快全市国土资源系统集群网站优化步伐。六是开展部门“驻村帮扶”“两个硬化”“计生帮扶”等工作。从办公经费挤出7万余元资金，帮助赫章县安乐溪乡营坪村建设完善村两委办公场所和村民活动室。挤出办公经费25000元帮扶威宁县么站镇独生子女户、二女结扎户和计划生育贫困户50户。抽派专人联系大方县沙厂乡白果村和兴隆村“美丽乡村”建设的指导、协调和服务工作，支持建设资金2万元。参与组织协调美丽乡村建设“两个硬化”砂石材料到位500多万立方米。

【改革创新】 加快推进国土资源差别化政策综合改革试点。争取到国土资源部批复同意毕节试验区实施国土资源差别化政策，出台9条支持意见，实施方案经省人民政府审定后报国土资源部备案同意实施。一是规范有序推进城乡建设用地增减挂钩试点工作，全面完成2009年、2010年试点工作，归还周转指标。2011年度、2012年度试点项目区经省国土资源厅核准，并通过在线备案。各试点县区已完成2013年度试点项目区实施规划编制工作。全市累计获批城乡建设用地增减挂钩周转指标1.095万亩。二是有序推进低丘缓坡土地综合开发利用试点工作，七星关区、大方县、金沙县被列为试点县区。三县区专项规划和实施方案分别经省人民政府和省国土资源厅批复，落实建设项目108个，拟用地面积1.81万亩，已批准用地1.37万亩，完成土地平整1.03万亩。三是推进耕作层剥离利用试点工作。以织金县作为典型在全市各县区进行推广，各县区已编制耕作层剥离利用试点方案，选定试点开展工作。各县区在上报建设用地报件时，同时上报所涉地块的耕作层剥离利用方案。每个县区至少有一个耕作层剥离利用试点。

【干部队伍建设】 加强干部教育培训。配合省国土资源厅举办国土资源局长培训班。组织开展全市国土资源执法监察培训，培训113人。抽调纳雍县国土资源局1名干部到省国土资源厅挂职锻炼，抽调6名干部到市国土资源局挂职锻炼。贯彻落实《党政领导干部选拔任用工作条例》，拓宽选人用人渠道，完善干部考察机制。完成2010年至2013年副科以上干部考察综合卷整理工作。

【党风廉政建设】 落实党风廉政建设责任制，将党风廉政建设与业务工作一起部署，一起检查，一起考核。将反腐倡廉工作纳入年度目标管理，层层签订目标责任书。一是强化廉政教育和监督，促进领导干部廉洁自律，组织干部职工观看警示教育片3次、廉政党课2次；执行领导干部报告个人有关事项、任前谈话，治理党员领导干部在廉洁自律方面存在的突出问题；加强对干部选拔任用全过程的监督，对新提拔干部进行廉政谈话。未发现“带病上岗”“带病提拔”的问题；开展廉政风险防控自查，修改完善廉政风险防控点，制定国土资源局权力运行图，与各科室、各事业单位签订廉政防范承诺书，制作廉政风险防控管理手册。二是开展党员干部会员卡清退，对小金库、公务用车、三公经费、公职人员“占编制、不上班、吃空饷”进行清理；对省级投资土地整治重点项目进行专项检查，加强风险防控，推动民生改善；对局机关和基层事业单位国有资产使用管理进行清查，分析研判，形成专项清理材料上报；在国庆节期间，加强公车管理，将机关和事业单位公车全部封存；做好群众来信来访工作，做到件件有结果，事事有回应。三是对“四风”问题进行先查先改，广泛征求意见，通过梳理，征求意见建议 26 条，提前整改，为开展党的群众路线教育实践活动奠定基础。贯彻落实关于改进作风、密切群众的规定。对国土资源系统开展明察暗访 5 次，增强全系统干部职工依法行政，为民服务意识。四是强化效能监察，开展全系统行政审批事项电子监察 20 余次。推进网上办公、网上报批、网上交易、网上公开，促进国土资源管理标准化、规范化、透明化，落实一次解答、一次收件、首问负责制，运用绩效考核和党风廉政建设责任制考核中，增强效能监察工作的实效性，促进全系统行风政风建设。

（供稿　毕节市国土资源局办公室）

统　计

【概述】 2013 年，毕节市统计系统围绕市委、市政府年初提出的经济社会发展工作目标，以“四大工程”建设为主线，以强化统计优质服务为主题，内练素质，外树形象，求真务实，开拓进取，较好地完成全年工作任务，被评为“全省统计执法工作开拓创新单位”“全省统计执法工作先进单位”。

【抓重点、强服务】 一是加强数据分析评估，完善经济形势分析制度，强化对经济发展进程中重点问题的深度分析。按照分析全面、重点突出、建议明确的原则，做好定期和不定期经济运行分析，当好参谋助手。市统计局完成 2013 年各季度和大部分月度的经济运行分析报告的撰写和组稿，并按照市委、市政府的要求完成了增比进位专题分析报告。二是与相关部门密切合作，完成《毕节市国民经济和社会发展统计公报》的撰写并在毕节日报、毕节市统计信息网上发布，完成《领导干部统计工作手册》和《毕节市统计年鉴》的编辑和出版，及时发送给各市直单位和各县区。三是把握和注重动态分析。密切关注全市经济发展中的新变化、新情况，并及时提供给党政领导及相关部门，切实增强统计工作的预见性、主动性和超前性，从而更好地服务于全市经济社会发展大局。

【继续推进“四大工程”建设】 一是“企业一套表”改革稳步推进，联网直报顺利实现从全省到全国的过渡。全市“三上企业”、固定资产投资项目纳入企业一套表网上直报范围，网上直报率达到 100%。二是加强统计基本单位名录库的建设。做到两库及时对接和高度一致；三是根据“三上”企业、投资项目“先进库，后报数”的新要求，及时调整思路和方法，确保改革的顺利推行。

【以服务促发展】 市统计局高度重视统计服务工作，抓住统计服务这条主线，围绕唱响统计服务主旋律，不断打造服务品牌，拓宽服务领域，丰富服务手段，提高服务质量，实现统计服务新跨越。一是参与制订毕节市全面建成小康社会等相关工作的目标任务和统计监测体系、评价考核办法。1. 配合协助毕节市小康办起草完善《毕节市以县为单位开展全面建成小康社会统计监测工作实施办法》《毕节市同步创建全面小康社会乡级评价办法》《毕节市同步创建全面小康社会乡级评价指标体系》，根据毕节市的具体情况制作全面建设小康社会实现程度计算模板和预测计算模板，建立和完善分县区全面小康季度考核统计监测体系；2. 配合协助市小康办召开全市全面建成小康社会工作领导小组成员单位工作协调会，安排部署全面小康完成程度试算工作；3. 向市直有关部门和各县区搜集小康监测指标基础数据，计算全市及各县区 2010—2012 年全面小康完成程度以及 2013—2020 年预测数。二是按照省统计局的相关规定和要求，加强对统计数据和统计资料的收集、审核、上报、分析等工作。2013 年，全市统计系统高质量完成 2012 年 GDP 核算和 2013 年一、二、三季度 GDP 核算季报表、农业、农村住户、工业、能源、投资、建筑业、贸易、科技、劳动工资等统计专业的定报、年报工作和统计分析任务，实现本年度的工作目标。三是及时开展统计监测，为全市经济发展提供统计服务。1. 按照“依法统计、分级负责、部门把关、统计综合”的原则，开展同步小康统计监测。向市直有关部门和各县区搜集小康监测指标基础数据，计算全市及各县区 2010—2012 年全面小康完成程度以及 2013—2020 年预测数。2. 开展文化产业统计和文化产业项目建设统计监测。完成增加值的测算，为动态监测文化产业政策措施的实施效果，发现政策制定及实施中存在的问题并及时予以调整提供数据参考。3. 加强能源统计和能耗公报工作。市统计局按照准确、可比、公正和严肃的原则，加强对能耗相关数据的审核、评估工作，确保上报的能源统计数据准确、可靠。四是及时提供具有参考价值的统计资料。1. 及时跟踪市委、市政府目标考核指标，按月编发《毕节市统计月报》，及时准确地提供全市经济社会发展的基础数据，对主要经济指标进行纵横对比，并作出分析和预测，方便党政领导及时掌握经济运行情况。2. 为更好地让各级领导和社会各界了解统计、运用统计、支持统计，使统计工作更好地服务科学发展，组织编纂《领导干部工作手册》《毕节市统计年鉴》，并向全社会发布《毕节市国民经济和社会发展统计公报》。3. 及时更新月度统计数据、编发统计信息。4. 不断扩大信息公开的范围和内容，对于可以公开的统计数据、信息做到及时公开，方便公众对于统计信息资料的获取。5. 充分运用网络平台提供统计便民服务。通过毕节市统计信息网(外网和内网)，及时向全社会公开统计各类服务项目。6. 加强纵横联系，注重与周边市经济社会发展的比较、与发展程度相当市的比较，找准位置，寻找差距，为各级领导制订发展规划提供重要依据。五是创新开展动态分析，服务县域经济发展。为探索毕节市经济社会发展的特有规律，推动经济社会的发展，实现增比进位、后发赶超，使县区找到工作努力的方向和抓手，由毕节市实绩考核办公室、毕节市统计局牵头，毕节市委、毕节市政府从 9 个市直部门抽人组成“毕节市县域经济社会发展动态分析专家组”，专家组成员围绕经济工作重心和社会经济热点、难点、焦点问题按月深入到所负责的县区主动开展调研，搞好分析和经济形势的监测预警，及时提出切实可行的建议，按季度提出对所负责县区的经济社会发展的评价意见，市实绩考核办、市统计局按季度组织召开专家组综合分析会议，对各县区经济发展问题进行点评。市统计局还针对增比进位呈现的问题，对各县区进行专题点评，最后形成对各县区经济社会发展的综合分析报告，为市委、市政府决策提供参考。成立县域经济社会动态分析专家组，开展动态分析，有助于探索县域经济社会发展规律、真实反映客观实际，对提升统计分析水平及工作质量意义重大，有效地推动统计部门为经济社会的发展提供统计保障的能力。

【第三次经济普查】 搞好第三次经济普查工作，对于毕节市坚持加快发展，科学发展，更好更快发展，科学制定中长期发展规划，加强和改善宏观调控，推动经济发展方式转变，推动产业结构优化升级，进一步提升全市经济实力和竞争能力，加快全面建成小康社会进程具有十分重要的意义。毕节市统计局坚持以高度的责任感和使命感，按照国家、省方案部署，完成第三次经济普查市级普查机构的组建，对全市第三次经济普查单位进行清理，对普查实施方案提出合理化的建议。落实普查经费，启动宣传动员，完成普查员、普查辅导员的“两员”选聘和培训，筹备发放各类普查物资及宣传品。年末，毕节市经济普查各项工作稳步推进，取得了阶段性的重要成果。

【统计法制建设】 2013 年，毕节市统计系统抓住机遇，在统计法制建设上取得较大的突破。一是组织开展统计法律法规的学习、宣传活动。加强统计法律法规的学习、宣传和培训，推进依法行政，依法统计。毕节市统计局对内组织职工学习《统计法》及《中华人民共和国行政强制法》等法律法规，对外利用网络、以会代训、专题讲座等多种形式，深化对统计法律法规的宣传学习，提高公众的统计法制意识，营造良好的统计工作氛围。二是开展统计执法检查工作。市统计局把统计执法检查作为一项常态化的工作，开展一系列的统计执法检查活动，年内，参与和指导查处统计违法案件 9 件，维护统计工作的正常秩序，提高统计数据质量。

【社情民意调查】 开展社情民意调查是落

实“问政于民、问需于民、问计于民”的重大举措，是政府倾听民声民意的重要途径，也是密切党群干群关系的有效手段，市委、市政府及社会各界高度重视和关注社情民意调查工作，社情民意调查工作任务更加繁重，职责更加重大。是年，按照省市及有关部门的方案和要求，开展市委政法委委托的“2013 年安全感群众满意度调查”、市委组织部安排的“两个硬化知晓率调查”等一系列调查任务，提升了统计民意调查工作服务政法、组织等相关部门的能力。

【干部驻村帮扶】 市统计局驻村工作组一行到大方县绿塘乡营盘村通过召开各种类型的座谈会，进行民意调查等方式深入基层了解村情民意。在分析研究问题的基础上。制定大方县绿塘乡营盘村（2013—2018）同步小康村级发展规划和年度驻村工作帮扶计划。同时，市局把解决问题作为驻村工作的重点，一是帮助大方县东关乡罗寨村建成养殖项目 1 个，并落实养殖项目工作经费 10 万元。二是局领导班子成员每月到帮扶点工作至少 1 次以上，帮助帮扶乡镇落实发展乡域经济项目。三是拨出 5 万元资金帮助联系点大方县绿塘乡进行环境综合整治、购置 5 吨马铃薯良种帮助大方县绿塘乡营盘村发展经济；协调省财政厅为绿塘乡牛场村赵家寨组解决建设生态小广场革命老区项目帮扶资金 50 万元；对营盘村捐助抗旱救灾资金 6000 元。

【机关建设】 一是以建设发展型党组织建设为抓手，推动党的建设。以创建学习、务实、进取、创新型队伍为目标，全力提高干部素质。在创建和谐机关的基础上，内强素质，外树形象，推动了市局党的建设工作的全面发展。1. 完善考核制度，建立行之有效的约束机制。为适应形势的变化，是年，市统计局对考勤、接待、科室考评等制度重新进行修订，要求每位干部职工严格遵照执行。2. 强化业务等知识学习，构建高素质的统计干部队伍。（1）加强业务学习。要求职工在工作之余，刻苦学习统计专业知识和计算机知识，熟练掌握所从事专业的业务技能，进一步拓宽干部职工的知识层面。（2）加强经济理论和政策法规学习。要求干部职工学习经济、科技、法律、金融等方面的知识，并围绕市委、市政府的中心工作和社会热点、难点问题，开展调查研究，提高干部职工的运用政策理论解决实际问题的水平。（3）学习现代社会的前沿理论进一步拓展自己的理论视野，使干部职工的理论水平能够与时俱进，不断创新。二是加强机关建设等工作。按照市委、市政府统一部署，结合统计工作实际，以“转变作风、提高效率、服务基层、推动跨越”为主题，以服务“加速发展、加快转型、推动跨越”为目标，以转变作风、提高效率为重点，以增比进位为动力，以基层群众和机关干部职工满意为标准，切实转变作风，服务基层群众和科学发展，提能增效、狠抓落实。三是创新形式，推进党风廉政建设。1. 把党风廉政建设作为统计建设的重要内容来抓，加强思想道德建设和廉政文化建设。开展适合统计工作实际的廉政文化活动；2. 深入推进统计系统廉政文化建设。打造以“廉洁从政、求真务实”为核心的毕节统计廉政系统；3. 将思想教育、纪律教育与社会公德、职业道德、家庭美德教育和法制教育紧密结合，不断增强广大干部职工的反腐倡廉意识，营造反腐倡廉良好氛围，从思想源头筑牢了防腐防线，有效地防止了腐败问题的发生。四是开展依法统计、依法行政工作。在各项大型普查、统计调查、统计服务等工作中，坚持做到依法统计、依法行政。依法行政工作顺利通过了市法制办公室的检查验收。

（撰稿　李明荣）

审　计

【概述】 2013 年，全市审计机关认真落实全省、全市审计工作会议的安排部署，年末，全市审计机关完成 148 个项目，审计查出违规金额 156809 万元，管理不规范金额 967759 万元，损失浪费 137 万元，损益（收支）不实金额 22610 万元，应上缴财政 130754 万元，已上缴财政 67104 万元；应减少财政拨款或补贴 1408 万元，已减少财政拨款或补贴 1408 万元；应归还原渠道资金 342046 万元，已归还原渠道资金 13645 万元；应缴纳其他资金 24050 万元，已缴纳其他资金 34467 万元；应调账处理 154438 万元，已调账处理 32214 万元。审计促进拨付资金到位 268 万元，移送纪检监察、检察机关事项 7 项，涉案人员4人，移送处理金额607.29万元。提交审计报告和专项审计调查报告213篇，被批示采用191篇，提出审计建议576条，被采纳建议339条。提交审计信息361篇，被批示采用224篇/次。2013年，毕节市审计局荣获“全省地方政府性审计先进集体”称号。

【本级预算执行审计】 2013年，全市审计机关完成同级预算执行审计30项，查出主要问题金额779385万元，财政部门存在的主要问题有：未按规定纳入预算管理，未按规定征收缴纳收入、虚列支出、隐瞒转移截留资金等。一、二级预算执行单位存在的普遍问题是，未及时上缴财政资金，截留财政资金用于其他项目，个别单位无依据发放职工福利费、加班费，往来款项未按规定及时清理，账务处理不规范等等。市局完成同级预算执行审计8项，查出违规金额3397.46万元，管理不规范71967.17万元，目前已上缴财政17248.7万元，已调账处理37.90万元。

【固定资产投资审计】 2013年，全市完成政府投资项目799个（结、决算项目588个，跟踪审计97个，预算评审112个，其他2个），审计金额507644.5万元，为国家节约资金39628.73万元。市本级完成单项竣工结（决）算审计95个，审计金额48983.77万元，核减金额2828.85万元，提出审计建议201条，被建设单位采纳176条。在审计工作中不断建立完善委托中介机构开展国家投资审计的办法、程序，建立健全委托审计备选中介机构库，强化对中介机构的管理，加强过程跟踪审计力度，认真对中介机构审计资料和工作轨迹进行复核，从严控制审计质量，做到把好送审资料关、审计结果关和内部复核关，理顺固定投资审计中各个环节。同时，代政府草拟《毕节市政府投资项目审计管理办法》，规范毕节市政府投资审计项目，促进资金合理使用和规范政府投资行为，提高固定资产投资效益。

【经济责任审计】 2013年，全市两级组织部门委托的经济责任审计计划任务51项，全市执行82名领导干部经济责任审计，其中审计县级干部7人，乡科级干部75人，查出违规金额55819万元，管理不规范金额92181万元，移送纪检监察、检察机关事项7件，涉案人员4人，涉案金额607.29万元。审计存在的问题有：一是在政府决策方面。少数项目未按规定进行公开招标，限制供应商自由进入本地区和本行业的政府采购市场，政府采购流于形式，部分项目先行采购再补办采购手续。二是在财政财务收支方面。年初预算编制不规范，挤占专款，配套资金未及时到位，滞留项目资金，往来款项未进行清理，经费支出报账手续不完善，滞留欠缴应缴财政收入，项目资金结余上期挂暂存，单位多头开户，经费报销手续不规范，无内部控制制度等。三是中央预算内投资项目抽查方面。未报经上级发改部门批复超出概算，工程项目可行性研究报告及初步设计均未得到有关单位的批复同意，未办理建筑工程施工许可证，项目存在工程超工期。

【城镇保障性安居工程跟踪审计】 毕节市审计局派出8个审计组，对全市2012年城镇保障性安居工程进行跟踪审计。审计情况表明，截至2012年12月底，全市城镇保障性安居工程累计保障家庭总人数94974人，占城镇总人口的5.63%，廉租住房制度累计保障家庭22720户，占累计登记家庭户数的96.68%；公共租赁住户和经济适用住房制度分别累计保障性16户和1078户，占累计登记申请户数的比例分别达到100%和64.4%；通过棚户区改造累计解决住房困难家庭4735户，占棚户区住房困难家庭户数的43.29%。审计发现存在的问题：保障性安居工程任务目标未按规定分解完成；资金筹集不规范；工程建设管理不到位；住房分配和使用管理不规范；部分保障性住房长期闲置；配套支持政策未完全落实，有关单位已针对上述问题进行整改。

【城乡居民基本医疗保险基金审计】 2013年，毕节市审计局组织全市审计机关对全市城乡居民基本医疗保险基金进行就地审计。审计结果表明，全市各级政府坚持以保障民生、构建和谐社会为出发点和落脚点，加快推进基本医疗保障制度建设，扩大基本医疗保障覆盖面，提高基本医疗保障水平，规范基本医疗保障基金管理，取得了较好的成绩。2011年基金结余94410.02万元，2012基金收入181886.96万元；基金支出156175万元，2012年年末基金累计结余120121.98万元。基金累计结余占当年筹资总额比例66.04%。审计发现的问题有，在基金筹集和管理中存基金保值增值管理制度不完善；地方财政未补足中央扣减的补助资金；审计抽查发现参合金缴纳不规范人数5931人；部分县区开户不规范，基金收入未及时缴存等问题；普遍存在未全面实施药品集中采购制度；在定点医疗机构存在少数定点医疗机构弄虚作假，虚报冒领基金；抽查部分民营医疗机构药品价格普遍高于规定标准，部分定点医疗机构扩大检查项目，提高收费标准；定点医疗机构普遍存在挂床住院情况；部分县定点医疗机构未建立健全财务会计制度和药品管理系统，未能全面、真实反映其医疗活动中遵守基金管理规定的情况；定点医疗机构对患者权益的知情权保障不够等问题。

【扶贫生态移民资金跟踪审计】 毕节市审计局组织对全市2012年5月—2013年10月扶贫生态移民资金跟踪审计，对扶贫生态移民工程项目的开工情况、竣工情况、项目的工程建设和质量管理情况进行了审查，延伸审计扶贫生态移民工程项目建设、勘察、施工、监理等相关单位和企业，实地调查部分乡镇移民户。审计结果表明，2012—2013年毕节市所属各县区扶贫生态移民工程投资概算为60534.07万元，截至2013年10月底，扶贫生态移民资金到位35641.98万元。审计发现的主要问题有：部分县配套资金未及时到位；部分移民搬迁对象不符合条件；个别县区未发放安置农户搬迁补贴；在工程建设中未按规定进行公开招标，工程进度缓慢，隐蔽工程验收资料不齐，项目前期手续不够完善，工程进度资料不完善，编制进度资料时不规范等。

【抗震救灾及灾后重建资金跟踪审计】 毕节市审计局组织对市级和威宁县、赫章县两县的财政局、民政局等部门抗震救灾及灾后重建资金进行跟踪审计。审计结果表明，截至2013年10月底，各级财政投入抗震救灾资金20497.85万元（中央财政投入资金16837.45万元，省级财政投入资金3440.40万元，市级财政投入资金220.00万元），财政性抗震救灾资金已拨付20348.30万元（威宁县已拨付16281.57万元，赫章县已拨付4016.73万元，已拨付省级财政用于七星关地震损毁水利基础设施修复50万元），财政性抗震救灾资金结余149.55万元（赫章县结余149.55万元，威宁县已全部拨付）；接收社会捐赠资金3539.98万元（威宁县收到2610.02万元，赫章县收到929.96万元），捐赠资金已支出资金2541.63万元（威宁县支出2164.78万元，赫章县支出376.85万元），捐赠资金累计结余998.35万元（威宁县累计结余445.24万元，赫章县累计结余553.11万元）。审计发现的主要问题有：县直各单位及乡镇救灾资金、捐赠款支付不及时，威宁县红十字会未建立专户管理捐赠资金、未及时拨付定点捐赠资金25.71万元，部分捐赠物资手续不完善，部分乡镇救灾资金支出手续不完善，部分工程进度缓慢等。

【地方政府性债务审计】 2013年8月，毕节市审计局会同贵州省审计厅对市本级、县区、乡三级政府地方政府性债务进行审计。通过审计，理清毕节市政府性债务规模、结构、资金投向和增减情况，分清偿债责任，分析偿债能力，揭示风险隐患，全面掌握地方政府性债务在支持地方经济社会发展方面的积极作用。审计发现存在主要的问题：一是融资渠道多头，集中统管力度不够，有债务资金闲置，造成财政资金损失等问题；二是融资后管理制度不健全，导致资金使用不规范，存在改变资金用途等行为；三是BT模式融资中，BT项目融资成本相对较高，加大债务负担，出资方实力不强，缺乏资金，导致项目进展缓慢，未严格履行合同（协议）约定，致使政府融资变为政府投资，未达到融资的目的；四是政府未建立预警机制，不能妥善处理存量债务；五是在使用债务资金建设中，未对工程造价、项目可研、初步设计、招投标及施工各阶段进行有效控制，造成未经初设批复预算，未对项目进行招投标，未签订施工合同及随意调整项目规模等现象时有发生。

【推行审计结果公告】 为扩大审计社会效应，让人民群众知悉有关部门的财政资金收支管理情况和存在问题，消除心中的疑问，增强政府的公信力，依据《中华人民共和国审计法》及其实施条例的相关规定，是年毕节市审计局在毕节市人民政府网和本局门户网站相继发布《毕节市七星关区2010—2012年度农机具购置补贴资金分配、使用管理及使用效益情况审计结果》和《毕节市审计局关于抗震救灾资金物资跟踪审计结果》等两个审计结果公告。

【审计干部队伍建设】 加强理想信念教育，培育高尚情操，弘扬“责任、忠诚、清廉、依法、独立、奉献”的审计核心价值观，强化团队精神，形成共同愿景，是近年来审计局党组以班子建设为重点，着力造就一支政治坚定、纪律严明、业务精湛、作风优良的审计干部队伍的一项重要举措。2013年，毕节市审计局进一步加大教育培训力度，以开展特色活动为载体，以提高审计干部政治素养和业务技能为核心，在加强班子建设和审计干部队伍建设方面取得实效。通过“走出去、引进来”的方式，组织投资和经济责任审计人员到深圳、南京、成都等先进发达地区进行学习考察，同时，邀请南京审计学院、发达地区审计局的知名教授、审计领军人才等来毕节市讲授金融审计、绩效审计、债务审计、投资审计等课题，全市100多名审计人员300多人次参加培训。

【各项中心工作】 毕节市审计局围绕市委、市政府的中心工作，完成集团帮扶、美丽乡村、生态文明家园等工作任务。履行牵头单位职责，及时组织市工能委、市科技局、市编委办、毕节卫校等4个单位的分管领导，在集团帮扶点纳雍县昆寨乡召开帮扶工作协调会议，明确帮扶工作的原则、方法和措施，并结合工作实际情况，选派有基层工作经验的3名人员长期驻村开展工作。毕节市审计局主要领导和班子成员经常深入各帮扶点，与村、乡干部共商发展大计，理清发展思路，制订发展规划，积极为帮扶点群众解决最关心、最迫切、最直接的问题和困难。2013年，向纳雍县昆寨乡凹猪河村协调落实养殖、农村环境综合整治、文化广场、少数民族发展、学校建设等6个项目资金，共计74万元。开展美丽乡村和“两硬化”工程，凹猪河村已完成院坝硬化141户，织金县马场乡已完成院坝硬化2536户，同时为织金县马场乡和中寨乡协调落实少数民主发展资金、经果林建设经费等共计33万元。

【党风廉政建设工作】 毕节市审计局党组高度重视党风廉政建设工作，时刻紧绷“廉洁从审”这根弦，构建“互廉网”，筑牢“防筑墙”。一是加强组织领导，将党风廉政纳入党组重要工作日程，坚持把党风廉政与业务工作紧密结合，切实做到一同布置、一同落实、一同考核，一同检查。严格落实“一岗双责”，层层签订党风廉政建设目标责任书。二是加强学习教育。利用每周集中学习时间，组织全局干部职工学习《审计人员廉洁从政手册》《审计干部反腐倡廉教育警示录》等廉政规定，集中观看反腐倡廉警示教育片，邀请市检察院有关人员作预防职务犯罪讲座等，使广大审计人员全面了解有关廉政规定，增强廉政意识。三是加强制度建设，不断健全决策、执行、监督既相互制约又相互协调的权力结构和运行机制，完善“三重一大”议事规则等制度，形成廉政风险防控机制。建立健全具体工作规程，构建多层次、全方位、立体式的惩防体系制度框架，加强对廉政风险点的监控管理，构建保持清正廉洁的防火墙。

（撰稿　蒋　贤）

质量技术监督

【机关建设】 一是学习贯彻党的十八大精神。制订党的十八大精神学习计划，局党组中心学习组专题学习相关内容，党组成员参加市委党校专题培训，全体干部职工参加了省局组织的集中学习。同时，邀请市委党校教授为全体党员进行专题宣讲，全体党员参加网上答题赛等形式多样的学习活动。二是开展以“十破十立”为主要内容的解放思想大讨论活动，并结合质监工作，制订活动方案、召开动员大会、提出具体要求、查找存在问题、明确整改措施、确保活动效果。三是开展党的群众路线教育实践活动前期准备工作，召开专题党组民主生活会，查找“四风”突出问题，开展批评与自我批评，明确整改的方向和措施。四是进一步转变工作作风，切实服务群众。将中央“八项规定”、省委和市委“十项规定”以及省局党组二十三条实施意见印制成《作风建设规定》手册，发放给全体干部职工学习。同时，制订《关于贯彻落实中央、省委、市委和省局党组改进工作作风密切联系群众规定及实施细则的实施意见》，对本系统改进工作作风密切联系群众提出了十二条具体要求。五是抓机关党建工作。把党建工作纳入年度中心工作任务，同部署、同检查、同考核，保证党建工作落到实处。按规定完成机关党委换届选举。开展创建“四型机关”“强素质、严作风、建新功”“三亮三比三评”等活动，就服务群众及作风建设作公开承诺。结合“五好”基层组织建设和服务发展工作要求，开展“增比进位”活动，有效调动各级党组织和广大党员的工作主动性和积极性，营造敢学、敢比、敢超、创先争优的良好氛围。“七一”期间，本局1个支部和1名干部分别被市直机关工委评为“五好基层党组织”和“优秀党务工作者”称号，驻市政府政务服务中心窗口及人员一、二、三季度连续被评为“文明窗口”和“文明标兵”。六是抓队伍建设。通过开展增比进位活动及工作季度量化通报，在全市系统营造比学赶超的良好氛围，增强广大干部职工的积极性、主动性和创新性，有力促进全市系统各项工作的开展，全面完成目标任务，确保全市系统干部队伍不出事，辖区产品质量、食品安全和特种设备安全无事故。七是抓制度建设。取消一批不合理的制度和规定，并对全局所有制度进行全面清理，同时精简行政许可办事程序、简化办事手续、提高办事效率。

【党风廉政建设】 一是建立健全党风廉政建设工作机制。严格执行述职述廉、诫勉谈话、函询等制度。制订本局《党风廉政建设责任制实施意见》《廉政谈话制度》《违反作风规定责任追究办法（试行）》等制度。督促领导干部严格遵守《廉政准则》，把党风廉政建设责任制和党政领导干部问责制相结合，科学分解责任、加强监督检查、严格绩效考核、严肃责任追究。二是把党风廉政建设工作纳入本系统领导班子、领导干部目标管理，层层签定责任书，严格检查和考核。三是做好领导干部“接访、走访、回访”工作，在毕节市政府网站上公布领导班子轮流接访时间表，在毕节质监网站上设立投诉举报窗口，公布投诉举报电话，畅通群众反映问题的渠道。全年办理信访、投诉举报案件17件，其中市领导交办案件2件。四是开展廉政谈话工作。市局主要领导和分管纪检监察的领导对全市质监系统各单位、各部门主要负责人进行了一次集体廉政谈话。五是开展廉政风险防控。公布和公开岗位职权职责，编制“职权目录”，绘制“权力流程图”，明确办理主体、条件、程序、时限和监督方式等。按“找、亮、问、审、核”五个步骤开展风险排查，做好岗位职责风险防范。六是认真服务、廉政为民。充分发挥与服务对象建立的党风行风监督联系网作用，向市内30家企业发放行风工作满意度问卷调查表30份，围绕“十五个严禁”内容向服务对象进行质监部门行风调查，调查结果均为满意。开展“会员卡”、公职人员“占编制、不上班、吃空饷”及严格执行“十七项严禁”等情况监督检查。截至2013年，全市质监系统干部职工未发现违纪违规行为。

【服务地方经济建设发展】 一是贯彻落实“国发〔2012〕2号”“国办函〔2013〕35号”文件精神，多次向省局进行专题汇报，争取国家质检总局、省局对毕节试验区的支持，12月30日，国家质检总局出台《关于支持毕节试验区经济社会又好又快发展的意见》（国质检办〔2013〕690号），支持毕节试验区经济社会发展。二是精简行政许可办事程序，简化办事手续，提高办事效益。取消驻政务服务中心窗口人员由相关部门抽调轮换的管理方式，直接由行政许可审核中心人员进驻政务服务中心窗口，避免重复审查、体外循环、多头审批，达到一站式服务的目的。三是清理行政许可事项8项（下放1项、部分下放3项、保留4项），非行政许可5项（下放3项、部分下放1项、保留1项），下放行政服务事项2项。四是开展涉企收费检查，未发现超范围超标准收费情况。大力开展扶持小微企业发展工作，对39家微型企业减免罚款34.1万元；办理微型企业组织机构代码1123个，免收办证费12万元；检定微型企业计量器具559台件，免收检定费5.4万元；帮扶34家微型食品生产企业通过生产许可证审查；免收微型企业特种设备检验及产品委托检验费用3325元，为微型企业提供最新标准信息85条。五是做好重大活动、重要节日特种设备安全保障工作，安排检验机构对其使用特种设备进行检验，并派驻安全监察人员在会议期间全程值守，确保特种设备安全，被市委评为后勤接待保障先进单位。六是全面开展特种设备、危险化学品和烟花爆竹生产企业等安全生产大检查，检查企业628家次，查处1家非法二甲醚充装站，发现安全隐患95条并整改完毕，确保全年安全无事故。七是要求全市系统进一步提升服务意识、转变执法理念，严格按照“四不罚、四必罚”和“四个必须、五不放过”的原则，切实维护市场秩序，服务地方经济发展。全年帮扶企业20家（含2家小微企业），收到感谢信19封，锦旗2面。

【法规和地理标志工作】 一是开展依法行政示范单位创建活动、行政执法评议考核及行政执法案卷评查工作，评选出优秀案卷2卷，办案能手3名。二是开展《特种设备安全法》《贵州省食品安全条例》等法规宣贯培训，加大行政执法人员培训力度，培训新进稽查人员40人并取得执法证。三是推进地理标志产品保护。开展地理标志产品保护普查，上报项目6个；申报织金续断、头花蓼2个地理标志产品保护并通过国家质检总局组织专家评审。截至2013年，毕节获得地理标志产品保护9个。

【质量监督管理工作】 一是贯彻落实《质量发展纲要》，大力推进质量兴市。争取市政府出台《毕节市人民政府关于贯彻落实质量发展纲要（2011—2020年）全面推进质量兴市工作的实施意见》《毕节市推进质量兴市工作任务分解实施方案》《毕节市加强品牌建设实施方案》等文件，为促进质量兴市提供政策保障。二是按期组织召开季度产品质量分析会议并编制《毕节市产品质量状况分析报告》，反映毕节市重点行业、产品、区域质量状况，研判存在风险及潜在问题，及时发出预警，为政府决策提供参考。三是加强品牌建设，制订《2013年名牌产品培育计划》，推荐5家企业6个产品参加"贵州省名牌产品"评选，目前全市有8家企业9个产品获得省级名牌产品称号。指导百里杜鹃、织金洞风景名胜区申报"贵州省知名品牌创建示范区"，百里杜鹃风景名胜区通过专家评审。四是开展质量月活动，联合相关单位和企业开展大型户外宣传活动及大学生质量安全志愿者进企业、进社区宣传活动，发放宣传手册14200余册，接受群众咨询3000余人次，制作、张贴宣传画241张，制作展板22块，发送公益短信10000余条，免费检定器具451台，培训相关人员146人次。

【标准化工作】 一是落实重点标准化项目，组织制定省级地方标准9项，省局审批发布4项，待批5项。二是大力推进百里杜鹃国家级服务标准化试点项目建设工作，帮扶指导标准体系建设，举办旅游服务标准化工作知识培训。三是帮助大方天麻农业标准化示范区建设工作通过省局抽查。四是指导织金黔贵水泥厂等7家企业标准化良好行为试点工作有序推进。

【计量、认证监督管理】 一是开展能源计量审查工作，与13家重点用能单位签订《能源计量责任书》。对4家重点耗能企业由市发改委与市局联合进行能源计量审查。二是加强民生计量监管工作。开展"计量惠民生、诚信促和谐"双十工程，对集贸市场、商店、加油站、医疗机构、水表等民生领域计量器具进行监督检查，免费检定社区乡镇及集贸市场在用计量器具883台件。三是检查煤矿等相关企业140家，建立5012台安全用计量器具台账。四是宣传贯彻落实《计量发展规划〈2013—2020〉》，举办宣传培训5期，培训人员241人次，发放宣传资料6500余份，发送公益短信15500余条，深入企业、社区、学校等场所开展宣传服务153次。五是开展辖区资质认定获证实验室监督检查工作，完成8家机动车安检机构资质认定自查整改及现场监督评审，完成建材检测资质认定实验室能力比对，督促1家煤质检测能力验证结果不满意的实验室完成整改复查。六是加强有机认证产品及强制性认证产品监管，开展有机产品专项检查，建立10家强制性认证产品企业和10家有机认证企业档案，5家企业的41项新产品通过强制性认证考核。

【特种设备安全监察】 一是转变监管理念，充分利用特种设备监管平台开展特种设备数据清理，清理删除重复数据1660条，补充完善信息不齐全数据2758条。设备登记率从平台启用之初的72%上升到100%，设备检验率从44.6%上升到96.0%，隐患设备率从65.6%降低到4.0%以内，电梯维保率从56.2%上升到100%，各项指标绩效排位从全省挂末上升到全省前列，重要绩效指标率在全省率先进入"绿色"状态，实现对特种设备的动态监管。二是送特种设备培训服务到基层、进企业，全年培训特种设备作业人员745人次，发放特种设备操作员证651个。三是开展安全生产月活动，通过发放宣传资料、展示安全宣传展板、发送安全宣传手机信息等方式宣传特种设备安全知识。开展安全宣传"进企业、进社区、进学校"活动。组织相关人员参加安全知识演讲比赛。组织部分重点监控特种设备使用单位开展了电梯、锅炉、压力容器事故应急救援演练。四是抓好特种设备日常监管，层层签订责任书，落实责任主体。督促7家在用特种设备50台以上企业完成特种设备安全标准化管理。加强重点领域和涉及民生特种设备安全监管，开展重点工程工地架桥机、电梯、气瓶、大型游乐设施安全专项整治。

【食品生产监管】 一是加强食品监督抽查及小作坊监管，针对监管系统反映本市小作坊基数小、抽样少等问题，分析原因、找出差距，制定“三明确、二督查”措施，全市新增354家，增长率506%。完成食品监督抽样1104批次，增281.6%，合格1018批次，合格率92.2%。二是加大白酒生产企业帮扶力度，对金沙建国酒业公司开展一对一帮扶并成功申办食品生产许可证，指导2家白酒生产企业进行食品生产许可证预审准备，支持“金沙回沙酒”“毕节大曲”等名优品牌企业技改升级和恢复振兴。三是根据省相关部门组织的食品安全风险监测结果，按相关规定完成市辖区3条问题样品调查处理工作。四是开展食品生产加工安全专项治理，围绕地方特色产品和加工关键环节，确定重点食品9类、重点区域8个、重点企业17家，深入排查，逐个规范。对治理工作涉及的514家生产加工单位开展检查治理，治理覆盖率100%。五是开展食品安全事故应急演练，提升食品从业人员和监管人员应对食品安全突发事件的应急处置能力。

【技术机构建设工作】 一是增加项目建设资金，向省局争取项目资金340余万元，各技术机构自筹资金123.58万元用于项目建设，同比增61%。市检测所固定资产达到1040万元，特检所固定资产达到65万元。二是增加检验检测参数，新增检验检测参数266项，同比增10.08%。市检测所检测能力达到141个产品723个参数。三是全市检产品1958批次，检定计量器具5948台件，检验特种设备4762台件。四是争取国家质检总局科技计划项目2个，实现全市质监系统科研项目零突破。五是本系统9家技术机构全部通过能力达标验收。六是完成省级煤质检测中心建设可行性方案编制。

【行政执法工作】 一是针对行政执法工作相对落后的状况，提出目标、明确思路，加大督办力度，落实奖励措施，对行政执法情况每月进行通报，对未开展行政执法工作或行政执法工作不力、质量不高的单位进行督促，全年办理各类行政执法案件336件，同比增加409%，其中立案案件263件，结案率99.2%；大要案件14件、人均办案8.4件、人均罚没款入库3.9万元，局均办案37件；查获违法货值金额321.81万元，同比增加594%；罚没款入库157.69万元，同比增156.9%，摆脱全省挂末位次。二是组织开展为期40天的化肥产品专项整治行动。检查各类化肥生产企业18家次，化肥经营户122家次，检查各类化肥共计12909吨，抽取化肥样品2个，合格率100%，得到市委领导好评。三是开展元旦、春节期间食品及热销产品质量安全执法检查。检查食品生产经营单位246家，检查热销产品经营单位67家户，发现存在问题单位7家，查办违法案件12件。四是开展春季农资产品执法检查行动。检查化肥生产企业8家、经销单位65家，抽检化肥16批次，办理化肥产品质量违法案件1件。

（撰稿　李坤艳）

食品药品监督管理

【药品市场监管】 是年，毕节市食药监部门出动执法人员5526人次，出动车辆1491辆次，立案查处药品、医疗器械案件66件，货值金额10.632万元，罚没金额11.34万元，移送公安机关追究刑事责任案件2起；向工商部门移送违法医疗器械广告5起、违法药品广告11起、保健食品广告36起。

【药品市场专项整治】 一是集中开展中药生产经营和使用环节专项检查工作。二是开展放射性药品使用单位的监督检查。三是对毕节市医药公司进行第一类精神药品区域性批发企业重新申报，并对该公司进行现场检查验收出具相关材料报省局。四是对辖区内的麻醉药品、第一类精神药品批发企业（毕节市医药有限公司）及二类精神药品批发企业经营的特殊药品进行网上和现场监管，未发现问题。五是每季度对麻醉药品和精神药品经营企业进行日常监管。六是开展药品“两打两建”（严厉打击药品违法生产、违法经营，加强药品生产经营规范建设和加强药品监管机制建设。）专项行动，对毕节市药品生产企业、经营企业、医疗机构开展大检查，重点检查特殊药品、中药饮片、医疗器械等品种的购、销、用情况。

【医疗器械监管】 组织开展定制式义齿生产使用监督检查工作；开展医用防护口罩、医用防护服等流感防控医疗器械监管和第一类医疗器械及贴敷类医疗器械注册专项检查；开展辖区内装饰性色彩平光隐形眼镜经营市场专项检查；开展辖区内无菌和植入类医疗器械专项检查工作；

制订下发《毕节市医疗器械生产和经营企业加强诚信体系建设管理工作实施方案(试行)》;按时限完成7家零售企业新申办《医疗器械经营企业许可证》材料的审批发证工作,完成2家医疗器械零售企业变更审批发证工作;完成5家批发企业新申办《医疗器械经营企业许可证》材料的审批发证工作;完成2家批发企业变更换证审批发证工作;完成贵州奢香药业4个一类产品注册审批工作。

【药品医疗器械不良反应(事件)监测】 是年,通过国家药品不良反应监测系统上报药品不良反应报告7376例(严重报告600例),完成贵州省下达全年任务的266.5%(省下达任务400份/百万人,以692万人口计,扣除威宁县人口数);上报已评价的医疗器械不良事件报告1414例(严重报告333例),完成贵州省下达全年任务的204.3%(省下达任务100份/百万人,以692万人口计);上报药物滥用监测表2638份,完成贵州省下达全年任务的251.2%。

【基本药物电子监管】 一是对2012年药品电子监管工作进行自评,自评分94.5分(总分110分)。二是组织开展药品零售企业电子监管试点药店电子监管工作,黔西县219家药店、七星关区141家药店和纳雍2 7家药店已全部注册入中国药品电子监管网;毕节市387家电子监管试点药店入网工作已提交中国药品电子监管网制作证书,其中361家已领数字证书和电脑,变更的26家试点药店正在办理中。三是完成辖区电子监管试点药店中涉及的药品零售连锁企业总部2家电子监管入网在线填报工作。四是举办电子监管培训班,8月13—17日在七星关区、纳雍、黔西举办6期电子监管试点药店培训班,培训423人。

【药品抽验工作】 是年,完成药品抽样600批次,不合格36批次,其中完成基药抽验411批次,不合格31批次。医疗器械抽样50批次,不合格1批次。快检车药品快速检验311批次,通过快检筛查可疑批次134批次,可疑抽样131批次。

【药品安全示范县创建】 按照贵州省食品药品监督管理局安排,黔西县开展药品安全示范县、药品不良反应监测工作示范县创建工作,是年,黔西县示范县县域监测模式绩效考核得分为98.06。

【餐饮环节食品安全专项整治】 开展打击非法添加及滥用食品添加剂,地沟油、学校食堂、畜禽肉及肉制品、饮品店等专项整治。出动执法人员10942人次,车辆3100台次,监督检查餐饮单位18804户次,下达监督意见书1127份,责令改正1089户次,立案查处38户次,没收并销毁不合格饮品原料50公斤,罚款2.5万元,取缔无证经营21户,约谈31次。

【餐饮单位量化分级管理】 是年,毕节市完成10家拟申报A级单位初评;全市持证餐饮单位5190户,实施量化分级管理5190户,其中B级量化单位95户,C级量化单位3453户;新办证1年内单位1642户,量化分级管理率100%。全市现有持证学校食堂1173户,全部实施量化分级管理。

【重大活动餐饮食品安全保障】 是年,毕节市各级食品药品监督管理部门出动执法人员1600人次,对122次重大活动和重要接待进行了有效的餐前监督,保障39202名重要领导和会议人员的就餐安全,未发生重大餐饮食品安全事故。

【学校食品安全监管】 组织开展春、秋两季学校食品安全检查,各级餐饮服务监管部门出动执法人员2666人次,执法车辆1037车次,检查学校食堂5668所,行政处罚6户,罚款0.5万元,责令整改1025户,下达《责令整改通知书》192份。对学校食堂购进使用的肉类、食用油、调味品等进行抽样监测,抽检食品、食品原料350份。

【餐饮环节食品安全示范县创建】 将创建工作纳入对县区局目标绩效管理,开展指导督促,并在9月上旬完成市级示范县(街、单位)的评审,向省局申报省级示范县1个、示范街2条、示范单位3个。是年,创建市级餐饮服务食品安全示范县1个,示范街3条(黔西、金沙、大方各1条)、示范单位39家。

【食品抽验工作】 是年,餐饮环节食品安全抽样检验2314批次,其中:抽样全检200批次,抽取熟肉制品、非发酵豆制品、食用油、米粉、凉拌菜、盒饭、泡菜、餐饮具、辣椒及制品、鸡蛋等食品样品,合格175批次,合格率87.5%;抽样快检2114批次,抽检食品原料、餐饮成品、餐饮具、工作场所等样品,合格2062份,合格率97.5%。

【保健食品监管】 组织各县区开展并完成专项检查10次,出动车辆1711车次,人员7152

人次，检查保健食品批发企业、零售连锁药店、专营店等10036户次。其间未发现文件要求查处或暂停使用的“左旋360减肥咖啡、乐瘦TM减肥胶囊、阳光一佰牌山芪参胶囊”等违法违规的保健食品。

【化妆品监管】 组织各县区开展并完成专项检查4次，出动车辆63车次，人员437人次，检查化妆品批发企业5户次，零售店、超市等391户次，未发现文件要求查处的“医圣天下无斑美白祛斑霜、复合祛斑霜”等42种化妆品。

【安全生产监管】 是年，毕节市组织开展食品药品安全大检查47次，参检人员84人次，监督检查企事业单位79家，查出一般隐患80条，已责令企业进行整改后向市食药监局提交整改报告；各县区局出动车辆389车次、执法人员1143人次，检查药械经营企、医疗机构、餐饮单位3835家，责令整改单位275家。对1户存在隐患的餐饮单位进行行政处罚，罚款贰仟元；对存在安全隐患单位，均现场下达监督意见书责令其限期整改。

【食品药品安全科普宣传】 一是继续开展药品安全知识百万公众培训工程及“安全用药月”宣传活动，进一步普及药品安全知识；二是按照国家局、省局的统一部署，在全市范围内组织实施食品安全宣传周宣传活动；三是在毕节电视台、《毕节试验区》杂志等媒体开设专栏，定期宣传食品药品安全相关知识，其中电视台每月2期、毕节试验区杂志每月1期。

【政策法规工作】 一是进一步贯彻落实国务院《全面推进依法行政实施纲要》，扎实推进依法行政；二是开展法制宣传教育，做好“六五”普法工作；三是规范行政执法行为，加强行政执法人员证件管理和培训学习；四是开展第六轮行政审批事项梳理、核实、审定，完成省直接管理县体制改革试点相关职责的承接落实工作；五是做好行政复议和行政应诉工作；六是加强法制机构队伍建设和法律顾问工作规范化、制度化建设。

【党风廉政建设】 一是贯彻落实毕节市、省食药监管局党风廉政建设工作会议精神；二是制订党风廉政建设和反腐败工作实施意见，抓好工作落实；三是严格执行党风廉政建设责任制，层层签订廉洁自律承诺书；四是按时完成市纪委监察局和省食品药品监督管理局部署的各项工作任务。

（撰稿　鲁　西）

工商行政管理

【扶持微型企业成效显著】 努力营造良好的全民创业氛围，通过春运期间到汽车站面向返乡农民工宣传，走进大中专院校宣传、借助广播、电视、报刊等媒体宣传，协调移动、联通、电信等通信公司通过短信方式向手机用户宣传，在特定区域设置宣传板等方式，大力宣传“3个15万元”扶持政策和创业典型。加强微型企业培训，全年举办微型企业培训班18期，参训人员1116人。探索破解微型企业融资难题，针对小微企业融资难问题，指导38户微型企业通过“联保贷款”获得贷款支持285万元。将扶持微型企业发展工作廉政建设纳入“三级联动督察”，撤职处分不按规定落实护持微型企业发展政策1人。全面落实“3个15万元”优惠政策，全市有微型企业3970户，其中2013年新增1980户，全面完成2013年度目标数。累计有2847户微型企业获得财政补助资金1.45亿元，占扶持总数的71.71%。支持721户微型企业申请贷款，已有369户微型企业获得贷款6613.2万元，户均17.92万元。有645户微型企业获税收奖励83.13万元。

【市场主体增幅明显】 为掌握全市民营经济发展的现状，剖析制约民营经济发展的原因，探寻加快民营经济发展的对策，推动全市民营经济健康、持续、快速发展。市工商局在充分调研的基础上形成《毕节市民营经济发展现状、问题、成因及建议》。市工商局根据中央给予毕节试验区的“先行先试”政策，在全市全面推行“自由选择、就近办理”模式的市场主体注册登记“县域通办”制，打破原有地域管辖限制。同时，落实“宽进严管”政策，简化审批手续，放宽工商登记条件、企业经营范围和经营方式，支持企业跨行业交叉经营和灵活经营方式。深入推行“三通”服务制度，对申请材料齐备的，及时畅通办理；申请材料需完善，可以补正的，适时变通办理件；申请材料不齐备，不符合法定形式的，及时沟通指导，促进市场主体持续快速发展。截至2013年底，全市有民营企业18370户（含农民专业合作社），民营经济三年倍增计划数超额完成。与2010年民营企业5976户相比，增12394户，增长率为207.40%；全市有个体工商户158130户，比2010年的75783户，增长了82347户，增长率为108.66%。其中作为民营经济发展三个指标的私营企业、农民专业合作社、个体工商户的户数和注册资本金在2013年增幅明显。截至2013年底，全市注册登记私营企业14512户，注册资本342.38亿元，与上年同期相比增152.16%、112%；农民专业合作经济组织3858户，出资总额40.43亿元，与上年同期相比增204.5%、223.54%；个体工商户158130户，投资额72.51亿元，与上年同期相比增59.05%、93.02%。

【发展品牌经济有新突破】 市工商局把发展品牌作为助推试验区经济发展的有力抓手，针对目前企业商标意识不强、商标管理和运作能力弱、商标战略实施基础薄弱等问题，加强商标注册宣传和培训。全市工商系统发放“商标注册建议书”等宣传资料3万份，提供商标咨询3000人次，举办商标座谈9次，参与座谈人数有360人。深入挖掘本地自有品牌资源、文化品牌资源，打造一批驰、著名品牌，推动本市经济快速跨越发展。指导帮助“赫章财神核桃”、“金沙贡茶”、“毕节大蒜”等产品申办地理标志商标；指导帮助赫章“可乐遗址”、百里杜鹃“百里杜鹃印象”、七星关区“鸡鸣三省”共申报102类别的商标注册，已获公告55个别类的商标注册。指导金沙“冠香园”、赫章“赫之林”申报驰名商标，积极争取“奢香夫人”“可乐遗址”“百里杜鹃印象”等为贵州省重点扶持发展的旅游和文化发展商标。鼓励企业用商标质押贷款，6月份，指导“毕节市土老哥食品有限公司”用其贵州省著名商标“土老哥”作质押，顺利贷款300万元。2013年，全市工商系统指导新申请商标注册1338件，其中广告企业申请商标注册7件，实现全市广告企业商标注册零的突破。到年底完成省工商局下达任务数500件的267%。全市有效注册商标达到2141件，驰、著名商标达50件，地理标志3件。

【服务广告行业健康发展】 按照市场导向，政府引导，企业主导的工作方针，加强对广告业的引导指导，调整和优化广告产业结构，全面提高广告业的专业水平和整体竞争力，促进广告业协调、健康、可持续发展，支持公益广告发展，逐步构建广告业公共服务管理体系，保护消费者和广告活动主体的合法权益。制订完善《毕节市媒体广告监测制度》《毕节市违法广告公示制度》《毕节市广告监管联席会议制度》《毕节市整治虚假违法广告责任追究暂行办法》等制度；检测电视、报纸、印刷品及户外广告5126条，下发整改通知书405份、编发监测通报10期；依法登记各类户外广告592条；2013年新登记广告经营户101户，累计有广告业经营单位312户。

【消费维权效能大力提升】 以推进12315消费维权“五进”（进商场、进超市、进市场、进企业、进景区）和“一会两站”（“消费者协会分会”、“消费者投诉站”和“12315联络站”）为重点，健全基层消费维权网络体系，拓宽维权途径，就近解决消费纠纷，推动城乡维权服务均等化。2013年全市“一会两站”和“消费维权服务站”受理和处理消费者投诉670件和653件，为消费者挽回经济损失127.67万元。以12315消费者申诉举报网络为依托，畅通消费维权渠道，受理消费者申诉举报，受理消费者申诉287件，处理280件，为消费者挽回经济损失188.60万元，受理消费者举报186件，已处理136件，罚没款19.91万元。

【维护公平公正的市场秩序有新进展】 围绕社会关注的重点、难点、热点问题，突出危害人民群众身体健康和生命财产安全的食品、农资、黑网吧、传销、制售假冒伪劣商品等执法重点，集中力量突破限制竞争、商业贿赂、合同违法等执法难点，狠抓大要案件的查处。配合有关部门加强重点行业领域的安全生产专项治理工作，继续抓好查处取缔无照经营，维护公平公正的市场秩序。在合同市场监管工作中，市工商局积极探索工商分局合同监管工作，制订《毕节市基层工商分局合同监管工作规则》，得到省工商局的高度认可，以《情况通报》（第10期）将毕节市工商局合同监管工作经验及《毕节市基层工商分局合同监管工作规则》发全省工商系统学习借鉴。2013年全市工商系统查处案件2813件，罚没款611.13万元，与上年同期相比上升41%、14.9%。其中食品违法案件521件，案值32.24万元，罚没款141.2万元。农资案件61件，罚没款

41.642万元，案值108.22万元。侵犯知识产权案201件，罚没款102.12万元，广告违法案件66件，罚没款69.17万元。

【法治工商建设有序推进】 市局党组始终坚持在工商业务工作中抓热点、难点、弱点，转变执法理念，全系统完成行政指导27979件（其中“项目+案例”模式行政指导223件），是上年同期行政指导数的58倍。推进案卷评查常态化，全系统评查各类行政执法案卷8054件。建立工商系统法治工商建设考核评价指标体系，利用公职律师联系制度加强业务指导，强化法律法规知识培训，执法人员人均学法在40学时以上。

【队伍建设强力推进】 全市工商系统开展各类业务培训109次，培训人次达3125人次。在全系统选树十佳优秀共产党员、十佳先进基层党组织、服务试验区经济发展标兵、执法标兵先进典型，表彰各类先进人物，营造团结和谐、互助干事的工作环境。在57个基层分局中大力推行和实施“四个一”舒心工程（建一个“职工食堂”，让职工吃得放心；一个“职工书屋”，为职工搭建便捷、快速的学习交流平台；一个“职工澡堂”，为职工提供方便的洗浴场所；一个“职工活动场所”，丰富职工的业余生活），除受当地城市规划影响的7个分局外，另50个分局已全面完成建设任务，投入专项经费246.34万元。在“四个一”舒心工程的带动下，全市工商系统86%、70%基层工商分局分别达到县级、市级“人民满意工商分局”创建标准，4个工商分局被授予省级“人民满意工商分局”称号。

【职能转变稳步推进】 做好食品监管职能调整过渡时期相关工作，继续加大执法力度和食品抽检力度，推进食品经营行业自律体系建设，坚持做到人心不散，工作不乱，全系统查处各类食品违法经营案件521件。做好取消省以下垂直管理划归地方相关工作，为机构编制、人员花名册、人事档案和固定资产下划移交做好准备。

（撰稿　费　明）

物　价

【概述】 2013年，市物价局把保持价格总水平基本稳定作为首要任务，把推进资源性产品价格市场化改革作为主攻方向，把保障改善民生作为出发点和落脚点，统筹兼顾，改革创新，不断提升价格工作水平，为促进全市经济社会又好又快、更好更快发展创造良好的价格环境。

【市场价格监测调控】 在市委、市政府的领导下，在有关部门的支持配合下，做好市场价格宏观调控工作。2013年居民消费价格指数为1.4%，在全省九个中心城市排第九位，全年涨幅低于国家控制目标。

【贯彻落实国办函35号文件】 《深入推进毕节试验区改革发展规划（2013—2020）》（国办函35号）文件下发后，市物价局党组高度重视，采取切实措施，组织学习传达和贯彻落实。一是围绕“推进水资源有偿使用、水价改革；提高城市污水和生活垃圾处理装置的运行负荷率，改革、完善城市污水和生活垃圾处理装置收费方式，提高收缴率；完善城乡低保标准与物价上涨挂钩的联动机制；科学制订资源性产品成本的财务核算办法，完善价格形成机制，促进资源节约利用；按照国家的相关规定，稳步开展电力价格改革试点，在七星关、织金、赫章等县区率先开展大用户直供电试点，对农产品加工等劳动密集型产业在用电量、用电价格等方面给予特殊政策支持”等涉及物价工作的5个方面进行安排。及时制订工作方案，成立工作领导小组，按照市委、市政府的要求对涉及物价局的5项工作内容进行责任分解，召开专题会议进行部署落实。

【“美丽乡村”建设】 “美丽乡村”建设是改善农村人居环境，推动毕节市与全国全省同步全面建成小康社会、建设富裕和谐美丽新毕节的重要举措。但在实施过程中，部分材料供应商借材料供应紧张之机，未履行合同和趁机涨价。物价局充分发挥部门职能作用，以创造良好的价格环境，为“美丽乡村”建设提供保证。一是成立“美丽乡村”建设农村市场价格环境整治工作小组，进行责任分解，由县级干部带队，分赴各县区开展工作。二是建立“路面硬化、院坝硬化”中水泥、砂石等建材的价格监测和成本测算制度，定点定时报告价格情况，密切关注水泥、沙石市场价格走势，对出现问题，及时报告党委、政府，并提出解决问题的办法。三是加大农村市场价格监督检查的力度。及时与水泥和砂石等行业协会沟通，加强行业管理，对相关企业进行价格法律法规的宣传，进行提醒告诫，督促企业依法履行合同价格。对哄抬、串通涨价和囤积居奇等价格违法行为，严格进行查处。四是报经市政府同意，在"美丽乡村"建设，实施"两个硬化"工程期间，对认真履行合同价格，在保持稳价上作出贡献的水泥企业，采取先征后返的方式免征价格调节基金。五是清理整顿收费秩序，切实减轻企业负担，为企业加快发展创造宽松的环境。通过以上措施，使"两个硬化"建设工程中的水泥和砂石价格均保持稳定。

【提案答复】 部分人大、政协委员针对市场物价的有关情况，提出有关建议和提案。物价局高度重视，在对影响人民群众基本生活的农副产品在生产，销售等环节进行广泛调研的基础上，针对提出的"畸形物价""基药价格""对全市物价开展专题调研的建议"等提案和建议进行答复，在答复的过程中，及时与提案人进行沟通，听取意见和建议，提案人对物价局的答复均表示满意。

【价格管理】 一是汇总上报毕节市2012年水价；调研上报城镇污水处理费征收、使用情况；按时完成农业规模化生猪、蔬菜等生产用水价格调查；批复织金县、大方县非居民生活用水价格；经市政府批准同意，于12月召开听证会，调整毕节市七星关区自来水价格。二是制订《毕节市物价局关于推进差别化电价形成机制改革的工作方案》，对毕节市居民阶梯电价执行情况进行调查，形成完善居民用电的相关意见上报。根据《毕节市人民政府办公室关于制定加快推进四个一体化项目建设十大行动实施方案的通知》要求，草拟《毕节市大用户与发电企业直购电实施方案》《毕节市关于自备电厂收费等有关问题的实施方案》《毕节市关于差别电价政策的实施方案》。按照省物价局的要求，将《关于进一步完善降低农产品生产流通环节用水用电价格有关问题的通知》进行转发，让惠农措施真正惠农。三是及时准确将国家的药品价格方针政策传达到医疗机构，并督促医疗机构按规定执行，开展药品价格监测，监测基本药品价格84个。四是成品油价格根据省局要求，九升七降16次调整成品油价格。五是及时公布贵州省2013年烤烟收购价格政策和提高2013年中晚籼稻最低收购价格等惠农政策；公布贵州省2013年春、秋两季学期部分中小学教材零售价格，并对七星关区出租车运营成本进行监审；审核批复毕节市第一人民医院红花药酒制剂和红花活络液制剂价格。

【收费管理】 一是针对毕节市农村客运票价较为混乱的实际，开展农村客运票价调研，提出调整意见和建议。并与市交通运输局一起共同对其农村客运票价采取措施加以解决，化解多年难以解决的问题。二是制订杭瑞高速公路毕节市境内客运票价；制订毕节机场停车费、大巴车收费标准。出台汽车入户等服务收费管理办法，下放管理权限给各县区。三是开展行政事业性收费年度审验工作，从源头上清理行政事业性收费，年审115个"收费许可证"，通过年审取消收费35项收费。四是根据市环境建设工作领导小组办公室《关于印发2013年市环境建设工作意见的通知》要求，开展进一步清理和规范行政事业性收费工作，并将工作情况上报市环境建设工作领导小组办公室。从4月1日起，取消公安部门收取的消防安全培训费等33项行政事业性收费。五是与市财政局、教育局联合对七星关区普通高中收费进行调研，形成统一调整意见，报市政府批准执行。报经市政府同意，启动调整规范七星关区出租车收费标准及管理办法，目前已提出三个讨论方案，召开2个不同层次的会议广泛听取意见，确定听证会参加人。六是经实地查看调研，收集周边地区殡葬收费、征求多方意见的基础上，行文制订织金殡葬服务收费试行标准。审核制订金沙县管道燃气安装收费试行标准。

【价格监督检查】 物价局价格监督检查工作在"保持物价基本稳定"，强化市场价格监管，维护市场价格秩序，加强市场价格监管，转变工作职能，服务于民，服务于市场等方面完成工作任务。全年查出价格违法案件19件。价格违纪金额81.17万元，没收违法所得20.796万元，罚款2.97万元，上缴财政23.766万元，经济制裁总额84.04万元。一是开展了元旦、春节、五一、中秋、国庆等节日市场价格大检查，对全市各大超市、农贸市场商品价格进行检查和巡查，同时宣传国家的价格方针和政策，全市出动922人次检查。二是应对H7N9疫情，在本国东部地区发现有H7N9疫后，物价局积极应对，为及时准确掌握市场药品价格动态，防止价格异动，每天组织督查检查2人小组到城区调查了解药店的抗病毒药品情况。通过巡查未发现药品价格出现异常。三是检查旅游市场价格；四是开展涉农收费检查，重点检查教育、城建、国土、农资、供电等部门，出动检查人员330多人次，检查涉及的单位233个，查出涉嫌违纪金额55.786万元，清退44.086万元，上缴财政3.85万元。五是组织开展医疗服务价格和教育收费检查。六是针对公共服务业损害群众利益的突出问题，开展规范电信行业价格创建和谐市场环境工作。

【价格举报】 积极畅通全市12358举报电话，确保快速接受消费者举报和及时有效的处理价格违法行为。接受价格咨询329件，价格违法行为举报96件，办结425件；协调办结77件，查处价格违法案件22件，退还用户41.561万元，没收违法所得7.8万元，罚款1.3万元，经济制裁总额50.661万元。案件办结率100%。

【价格监测】 市场价格监测是一项重要的基础性工作，按照国家和省的工作部署，抓好抓实新的五项监测制度的实施，适时调整监测样本数量，逐步扩大监测范围，特别是加大对猪肉、食用油、成品油、粮食、蔬菜以及重要敏感商品市场的监测，随时跟踪监测市场供求和价格的变化情况，对倾向性、突发性、苗头性问题，做到早发现、早预防、早准备、早解决。建立价格运行分析制度，不断提高预测预警能力，主要监测报送《主要农副产品集市价格》《主要食品及农资价格》《成品粮市场价格》《城市居民食品零售价格》《城市居民日用工业消费品价格》《贵州省重要商品价格》等上报省和国家的监测资料300余期，撰写《毕节市主要食品及农资价格走势》12篇；《毕节市主要农副产品集市价格》季度分析4篇，为上级决策提供翔实可靠的数据。

【价格调节基金】 全市征收价格调节基金9398.07万元，价格调节基金的征收为政府增强宏观调控能力提供了强有力的经济支撑和保障。在2013年元旦春节两节期间和抗旱救灾期间拿出1900万元，用于全市增储保供、调控市场物价和对低收入群体的补助。目前正通过项目评审，使更多的价格调节基金用于发展农副产品生产和基地建设，建立农副产品和粮油肉平价直销商店，充分发挥价格调节基金扶持生产、调控市场、稳定物价、补贴困难群体的积极作用，为政府在对市场的宏观调控方面做出重大贡献。

【成本工作和价格认证】 按时完成上年度农产品成本、农户存量情况等常规调查汇总工作。每月按时完成生猪成本、主要粮食、农资价格月报数据的审核、汇总、上报工作，上报12期；按时完成生猪应急成本、农贸市场副食品成本周报，上报24期。价格认证工作按照局的安排部署，受市检察院的委托，办理涉嫌受贿玩忽职守贪污大案的赃物价格认证，组织力量全力开展工作，全市开展价格认证、价格鉴证1245件，标的总额金额14500万元。

（撰稿　刘天荣）

安全生产监督管理

【概述】 2013年，毕节市安全生产监督管理局（毕节市安全生产委员会办公室）坚持强抓重管，强化依法监管，强化基层基础建设，积极创新，全面完成年度安全生产各项工作目标任务。毕节市政府在全省安全生产工作年度目标考核中获得“优秀奖”。

【安全生产各项指标控制较好】 全年全市发生各类生产安全事故（不含消防火灾）75起、死亡94人，事故死亡人数比贵州省下达控制指标数132人少38人，比严控指标119人少25人。其中：发生较大生产安全事故8起、死亡34人，同比分别降20%和29.2%，事故起数比控制指标数12起少4起，比严控指标数9起少1起。未发生重大及以上生产安全事故。其中：煤矿事故7起、死亡16人，死亡人数比控制指标数32人少16人，比严控指标数26人少10人；道路交通事故62起、死亡72人，死亡人数比控制指标数84人少12人，比严控指标数81人少9人。亿元GDP死亡率为0.092，同比降21.4%，低于严控指标0.119。工矿商贸从业人员10万人死亡率为1.43，同比上升18%，低于严控指标4.288。煤炭百万吨死亡率为0.228，同比上升16.9%，低于严控指标0.44，低于全国平均水平0.288。道路交通万车死亡率为1.5，同比降37.5%，低于严控指标1.975。2013年各类生产安全事故死亡人数指标控制情况在全省排第一位；实现事故总死亡人数、较大事故、亿元GDP死亡率、道路交通万车死亡率“四个下降”；实现了“三个为零”，即：重大及以上事故为零，非煤矿山、危险化学品和烟花爆竹、水上交通、渔业船舶等重点行业领域生产安全事故死亡人数为零，大方县、百里杜鹃风景区、赫章县3个县区煤矿百万吨死亡率为零。

【加强制度建设】 结合毕节市安全生产工作实际，代市委、市政府起草制订《毕节市矿山违法生产行为举报奖励办法》《毕节市矿山安全事故应急处置管理办法》《毕节市煤矿安全生产督查督办及责任追究制度》《毕节煤矿安全一线监管人员轮岗交流制度》《毕节市煤矿安全培训制度》《毕节市煤矿安全生产警示教育制度》《毕节市安全生产工作考核激励办法（试行）》《毕节市安全生产检查督查督办和责任追究暂行办法》等工作制度，建立完善安全生产长效工作机制，科学、规范、有效地推进安全生产工作。

【强化责任落实】 积极推进安全生产责任体系建设，全面落实安全生产“党政同责”“一岗双责”责任制，建立健全“市、县、乡、村、组、户”“企业、车间、班组、员工、岗位”安全生产责任体系，层层签订安全生产责任书，强化“双线管理”责任管理。组织“两办、两局”（毕节市安全生产委员会办公室、毕节市实绩考核办公室，毕节市督办督查局、毕节市监察局）力量，加强对安全生产工作的督查督办。制订完善安全生产绩效考核办法，严格实施安全生产季度调度、半年考核、年度考核、综合评定工作，强化安全生产目标任务的过程管理。

【加强机构队伍建设】 加强安全监管机构队伍建设，配齐配强安全监管人员，建立“三级机构、四级网络”（毕节市煤矿安全监管局、县区煤矿安全监管局、片区煤矿安全监管站或分局三级机构，市级监管、县级监管、一线监管、驻矿监管四级网络）的煤矿安全监管体系。建立市、县区两级安全生产执法队伍，人员、装备配备到位。加强安全监管队伍教育培训，严格教育管理，强化作风建设和廉政建设。

【严格依法监管】 督促各级安全监管部门制订年度安全监管工作计划，严格按照计划实施日常监管，结合季节时段特点，加大重点监管、分类监管力度，强化执法检查，严格落实停产整顿、关闭取缔、上限处罚、严厉追责“四个一律”的措施，严厉查处安全生产领域内的非法违法行为，全年查处非法违法行为45427起次。

【加大隐患排查治理力度】 健全完善隐患排查治理监督管理制度，深入组织开展隐患排查治理攻坚行动。规范隐患排查治理流程、完善台账管理，加大督促调度力度，按月统计上报《安全生产隐患排查治理情况月报表》。严格重大隐患挂牌督办和备案管理，严格按照整改措施、责任、资金、时限、预案“五落实”的规定实施整改，督促企业按时限要求排除隐患。全年全市累计排查各类安全隐患163795条，已整改163795条，整改完成率100%。

【开展安全生产大检查】 严格按照“全覆盖、零容忍、严执法、重实效”的总体要求和“属地管理、条块结合”的原则，坚持“四不两直”（不发通知、不打招呼、不定路径、不要陪同，直奔基层、直插现场）的方式，从6月份起组织11个县区和27个重点行业领域开展安全生产大检查。全市13959家企事业单位和作业场所全部开展自查自纠，组织监督检查企事业单位和作业场所167508家次，排查治理各类安全隐患120629条，查处非法违法违规行为30261起次。

【煤矿安全生产】 贯彻落实《煤矿矿长保护矿工生命安全七条规定》，开展“保护矿工生命安全特别行动”，执行煤矿安全生产“一禁令、五规定”（煤矿安全生产十条禁令、关于加强煤矿现场管理工作的暂行规定、关于进一步加强煤矿安全管理的有关规定、关于进一步强化煤矿安全生产工作的规定、关于深刻吸取近期煤矿典型事故教训进一步加强煤矿现场管理的补充规定）、“四个100%”（100%执行逢掘必探、100%执行先抽后采掘、100%执行远距离放炮、100%执行石门揭煤现场盯守）和“两办法、四制度”（矿山违法生产行为举报奖励办法、矿山安全事故应急处置管理办法，煤矿安全生产督查督办及责任追究制度、煤矿安全一线监管人员轮岗交流制度、煤矿安全培训制度、煤矿安全生产警示教育制度），加强依法监管。加大瓦斯、水害等重大灾害的防治力度，严格执行瓦斯防治“十条禁令”，高瓦斯及煤与瓦斯突出矿井100%安装并有效使用瓦斯抽采系统，煤与瓦斯突出矿井100%落实“四位一体”综合防突措施。按规定上报瓦斯抽采利用表，完成瓦斯抽采量3.912641亿立方米，超过任务数2.6亿立方米；瓦斯利用量为1.045803亿立方米，超过任务数0.9亿立方米。深入推进标准化建设，全年完成贵州省一级质量标准化标准建设煤矿申报10个，超任务数2个；完成贵州省二级质量标准化标准建设矿井44个，完成省下达的任务数；其余正常生产（试运转）矿井全部达到贵州省三级标准。推进矿井井下避险“六大系统”建设（监测监控系统、通讯联络系统、人员定位系统、压风自救系统、供水施救系统、紧急避险系统），全年完成正常生产矿井“六大系统”建设256个、试运转矿井16个，督促11个建设矿井建成“六大系统”。严格“九个一律”（存在非法违法生产建设行为的，一律停产整顿；45万吨以下的突出矿井，或45万吨以上突出矿井两个“四位一体”综合防突措施不到位的，或发生过突出动力现象的，一律停产整顿；通风系统不稳定、不可靠，或存在剃头下山开采，或采掘工作面未实现独立回风的，一律停产整顿；未按规定实现“先抽后采掘”，或抽采不达标，或瓦斯超限的，一律停产整顿；未查清老窑老空积水情况，或水文资料不清、地质条件复杂，或探放水措施不到位的，一律停产整顿；开采煤层倾角超过35度及以上的，一律停产整顿；五职矿长配备不齐，或五职矿长不具备相应的专业技术水平和现场管理能力的，一律停产整顿；安全质量标准化未达三级以上的，一律停产整顿；存在其他重大安全隐患、不具备安全生产条件的，一律停产整顿）措施开展煤矿专项检查，严格安全生产条件确认。推进煤矿安全监控系统信息化建设，按照“无缝对接”的要求抓好煤矿企业兼并重组期间安全生产工作。

【非煤矿山安全工作】 加强日常监管，强化源头治理，严把非煤矿山安全准入关，依法依规办理非煤矿山安全生产许可证。全年办理《金属与非金属矿山安全生产许可证》312家；完成非煤矿山三级标准建设177家，超过任务数131家；完成28家正常生产地下矿山安全避险“六大系统”建设验收工作。

【危险化学品和烟花爆竹安全工作】 加强日常监管检查，在危险化学品和烟花爆竹等行业领域推进隐患排查治理“五流程”“五账表”管理措施，不断规范隐患排查治理工作，加大闭合监管力度。强化基层基础保障能力建设，完成191家危险化学品企业和24家烟花爆竹生产经营企业三级标准化建设，100%的创建达标；完成毕节金河化工和华东新能源2家危险化学品生产企业自动化改造工作；完成金河化工氨库和东华新能源甲醇库2处重大危险化学品重大危险源监控、连锁改造工作。

【职业安全健康工作】 督促本辖区内所有县区安全监管部门建立健全职业卫生监管股，配备专职监管人员。完成18家职业卫生规范化试点和18家职业卫生检测试点企业建设，分别超任务数8家；组织开展冶金行业职业病危害专项治理工作，突出抓好粉尘、有毒有害气体等高危因素的治理；做好职业病危害专项申报工作，申报率达68%，超过要求数50%。

【加强综合监管】 充分发挥综合监管作用，加强督促指导，做好道路交通安全、建筑施工、民爆物品、消防、城市燃气管道、特种设备、旅游、电力、农业机械、渔业船舶、水上交通、铁路运输、民用航空等行业领域的安全生产工作，统筹推进全市安全生产工作不断进步。

【推进安全文化建设】 完成36个省级安全文化示范单位创建工作。加强安全宣传，组织开展“安全生产月”和“安康杯”竞赛等活动，已连续5年获全国“安全生产月”活动先进单位表彰。做好安全生产信息工作，每月定期编发1期《毕节市安全生产工作动态》。强化安全教育培训，严格督促企业主要负责人、安全管理人员和特种作业人员依法培训、持证上岗。举办各类安全培训班29期、考核发证5744人。深入开展安全警示教育活动，深刻吸取事故教训，切实堵塞存在的漏洞和薄弱环节。

【推进应急救援能力建设】 建成毕节市安全生产应急救援指挥中心，完成信息化平台建设，组织编制、修订完善各类安全生产应急预案，经常组织开展应急救援培训和应急演练。落实好领导干部赶赴现场的有关规定，科学、及时有效地处置各类事故。做好生产安全事故统计、分析工作，做好事故、险情应急防范和处置工作。

【严格事故查处】 认真开展事故调查处理工作，依法严格落实责任追究。严格按照省委、省政府有关规定，对2起煤矿较大事故有关责任人进行先行问责。组织开展5起较大非煤事故调查处理工作，到期结案率100%。对10名领导干部落实党政纪处分；查处3名失职渎职人员，已移送司法机关依法追究法律责任。

（撰稿　丁　荣）

国家统计局毕节调查队

【概述】 2013年，毕节调查队以提高数据质量为重点，进一步完善管理机制，全面加强队伍建设，切实推进依法统计，各项工作协调有序开展，较好地完成全年的各项任务。

【强化队伍建设】 一是强化服务意识，狠抓服务型统计建设。思路决定出路，只有全面提高服务意识，才能主动开拓服务领域，提升服务能力，树立良好的统计调查形象。二是强化数据质量，生产高质量统计产品。进一步加强对基层基础工作的督促检查和指导，严格执行统计方法制度，强化数据分析评估，保证数据质量。三是强化任务分解，做到人人肩上有担子。进一步明确目标任务，领导带头，作出表率。细化各科室和每位人员的具体工作，明确分析研究、信息采编工作人员，将责任明确到每个人。四是强化责任意识，建设学习型干部队伍。摒弃当前“年龄大，学不了”的想法，杜绝“年轻人干，老同志看”的现象，克服“能干多干，不能干少干，不会干不干”的局面。大力倡导学习之风，牢固树立“学习也是统计生产力”的思想，坚持干什么学什么，缺什么补什么，逐步形成比学习、比进步、比干事的良好局面。

【加强党风廉政建设】 一是根据《国家统计局党风廉政建设工作要点》，制订《2013年毕节调查队党风廉政建设工作要点》，明确全年党风廉政建设工作任务；二是印发《2013年毕节调查队党风廉政建设工作任务分解表》，明确各项工作任务的总负责人、具体负责人、牵头单位、协办单位和实施主体，做到目标明确，权责清楚；三是根据总队“三重一大”事项决策制度规定，毕节调查队始终坚持在领导干部重大决策事项、重要人事任免事项、重大项目安排和大额度资金使用事项上集体研究，确保决策的科学性和民主性，并层层签订2013年“党风廉政建设承诺书”，明确责任，落实任务；四是安排部署廉政风险防控管理工作，全面完成廉政风险防控工作任务；五是根据中央改进工作作风八项规定和总队改进工作作风的若干规定，队党组结合自身实际，在反复讨论的基础上制订《毕节调查队改进工作作风的七条规定》，领导干部率先垂范，树立标杆，影响和带动干部职工，机关面貌焕然一新；六是召开专题会议，学习贯彻贵州调查总队《关于认真执行贵州省委办公厅关于〈贵州省党员干部政治纪律“十严禁”〉、〈贵州省党员干部作风“十不准”和“禁止公车私用规定”〉的通知》精神，统一干部职工思想认识，在政治上思想上行动上和党中央保持高度一致，确保了“十严禁”“十不准”和“禁止公车私用规定”落到实处；七是组织学习中纪委《关于在全国纪检监察系统开展会员卡专项清理活动的通知》、监察部《违规发放津贴补贴行为处分规定》、国家统计局办公室《关于2012年内部审计有关问题的通报》精神，增强干部职工政治意识、大局意识和纪律意识，做到不逾红线，不闯红灯，守住底线；八是开展廉政文化建设，构筑统计调查精神高地，召开全体干部职工会议纪检组领导作了题为《做好纪检监察工作，构筑统计调查精神高地》的专题讲座；九是进一步加强统计行风建设，全年，毕节队以弘扬统计核心价值观为主旋律，深入推进统计行风建设工作，每个季度都组织力量抽出一定的时间，到基层抽取部分调查单位和住户，有重点、有针对性地进行检查，切实加大对源头数据质量的检查力度；十是队党组把党风廉政建设和反腐败工作作为经常性工作来抓，与队的各项业务工作同安排、同部署、同检查、同落实。

【扎实推进业务工作】 一是城乡一体化工作全面开展。1. 抓学习，重意识，促进住户调查业务素质全面提升。认真学习、严格执行《住户收支与生活状况调查方案》，通过一年的实践与学习，工作业务素质水平迈上新台阶。2. 抓任务，重实效，各项数据收集报送工作圆满完成。完成2012年毕节市七星关区城镇住户调查、毕节市农村住户调查、贫困监测调查、贫困乡镇调查、毕节全部乡镇住户调查年报收集审核上报工作；完成2013年城乡住户一体化国家点和地方点季报的审核评估上报工作；完成毕节市小康监测有关民生指标测算、计算与报送工作；完成总队和市委、市政府及市直部门要求的有关数据报表报送工作。3. 抓调研，重制度，一体化调查工作基础逐步夯实。帮助毕节市双山新区建立和开展住户调查工作，指导对口专业人员学习调查方案，熟悉调查流程，掌握汇总程序等。二是价格调查工作以各项方案制度为立足点，不断夯实基础工作，不断细化工作内容，不断强化工作要求，注重落实，较好地完成居民消费价格、商品零售价格、农业生产资料价格、城镇低收入居民基本生活费用价格、工业生产者价格和固定资产投资价格等调查相关工作。1. 不断完善工作制度，提高价格调查保障水平。根据国家统计局和贵州调查总队的相关要求，立足毕节价格调查工作实际，先后制订《二○一三年度价格调查科工作制度》《CPI 手持数据采集器使用管理制度》《CPI 手持数据采集信息安全管理办法》《CPI 手持采价器使用应急预案》《关于对工业生产者和固定资产投资价格调查企业进行回访的计划书》等制度，保证价格调查工作有章可循，做到有的放矢，提高价格调查工作的保障能力。2. 加强工作协调，提高价格调查工作能力。价格调查要求总队、调查队、辅助采价员、各采价点做到精准的配合，采取多渠道多方法地对采价员进行指导和培训，不断提高价格调查整体工作水平。3. 不断进行走访和调研，提高价格调查数据质量。三是进一步强化服务业统计调查工作。1. 强化样本维护。为确保样本有效，对被纳入调查样本的 96 家企业的基本信息进行全面核对，确保有效样本的上报率；2. 强化数据评估、审核。重点核实企业人均月工资情况，利润总额小于营业利润情况，固定资产原价减少情况，加强上报数据与历史数据的对比，保证数据的连贯性和一致性，确保源头数据真实可信。按时完成定报工作。四是积极推进规模以下工业和采购经理统计调查工作。1. 为更好地了解规模以下工业企业，于 2013 年元月份下发了统一格式的台账；2. 加强对被调查企业的检查、指导，及时、高效地完成报表收集、数据汇总等任务。五是完成总队部署的“国家统计局贵州调查队系统干部职工自觉与自信度调查”。

【推动党建工作】 一是动员宣传到位。为深入推进毕节调查队党建工作，队党组高度重视，周密部署，积极动员开展解放思想“十破十立”大讨论活动，并制订详细、可行的活动方案。二是干部学习到位。年内，毕节调查队组织全体干部职工开展学习活动，学习内容紧扣中心工作。重点学习十八大、十八届三中全会和马建堂局长《锐意推进改革创新 打造服务型新统计》等精神。三是思想认识到位。在解放思想“十破十立”大讨论中，全队干部结合自身实际，就解放思想、转变观念谈了自己的看法，提出许多好的意见和建议。为加强支部建设，充分发挥党支部的战斗堡垒作用，增强基层党组织的创造力、凝聚力和战斗力。按照组织程序，队党支部于 4 月 2 日完成了换届选举工作，产生新一届中共毕节调查队支部委员会，并按照规定批准一名入党积极分子转为中共预备党员。

【严格统计法制工作】 为了解统计法律法规的贯彻执行情况，大力推进依法统计，进一步宣传《统计法》，增强广大统计人员、统计调查对象和社会公众的统计法制观念，查处和纠正统计违法违纪行为，促进统计调查基层基础工作，提高统计调查数据质量。毕节队按照总队下发的采购经理调查数据质量核查抽查方案，在调查企业全面自查的基础上，对重点企业进行统计执法检查。

【做好行政管理工作】 办公室作为行政管理工作的承办科室，牢固树立“办公室工作无小事”的理念，按照“参谋、服务、规范、高效”的总体要求，克服人少事多的困难，狠抓工作落实，努力提高工作效率和质量。一是建章立制，不断完善办公室管理的相关制度；其次，加强政务工作，严格按照收、发文程序处理文件，并全程督办文件的落实；二是提高保密意识，做好保密工作，签订保密承诺责任书，并做到涉密计算机专人管理，涉密资料专柜保存，杜绝泄密事件的发生；三是严格执行财务管理制度，加强预算管理，合理安排开支，明确财务审批权限、报销程序，保证队务工作正常运转；四是严格执行政府采购制度，做好政府采购预算的编报和采购手续的报批工作，做到在预算内采购，按采购程序采购。上半年，报送各类信息 60 余篇，其中：总队采用 13 篇，国家局采用 3 篇。

（供稿　国家统计局毕节调查队）

盐务管理

【概述】 2013 年，市盐业公司、市盐务管理局，根据贵盐集团“加速转型、加大整合、加强合作、加快发展”的工作主题和“在基础管理上提升、在市场监管上提高、在网络管理上提效、在重点项目上提速、在财务管理上提质、在发展规模上提量”的工作重点，团结带领全市广大盐业干部员工攻坚克难，加大对市场的监管及巡查力度，调整优化小袋盐销售结构，小袋盐销售总量和企业效益明显提高。职工精神面貌明显转变，工作质量和效率明显提升。全年食盐购进1.01万吨，完成84.24%。盐品销售1.63万吨，完成92.47%，同比增14.13%。其中：食盐销售1.50万吨，完成90.01%，同比增10.26%；小袋盐销售1.40万吨，完成90.87%，同比增14.24%；工业盐销售0.13万吨，完成129.7%。截至2013年12月，资产总额为6463.08万元，同比增4.65%。销售收入7188.79万元，同比增15.62%。年末食盐库存0.59万吨。可控费用232.24万元，国有资产保值增值率为102.04%。全年查处各类涉盐违法案件280余起（其中大要案3起，一般程序案件71起），收缴违法盐88.24吨，现场销毁违法盐品9.65吨。端掉制假窝点两个，刑事拘留2人，批捕1人，判刑1人。一般程序案件办结数和收缴违法盐产品数同比增51.02%和82.39%。

【党建工作持续推进】 市、县盐业公司党组织认真落实党建工作责任制，按照主要领导牵头抓、党委（支部）成员分工负责的原则，较好发挥了党建工作在企业改革发展中的新优势。一是坚持理论学习，提高理论素养。市、县两级盐业党组织通过中心组、“三会一课”、职工政治理论学习和自学等方式，深入学习了十八大及十八届二中、三中全会和全省、全市盐业工作会议精神。组织机关各部门学习新中国成立以来党和国家历届领导人关于群众路线的重要论述，使广大党员干部牢固树立起立党为公、执政为民的思想，提高了自身理论素养和综合素质。二是抓好思想政治建设。督促市、县两级盐业党组织落实《关于加强和改进新形势下国有及国有控股企业思想政治工作的实施意见》和集团党委下发的《贵州盐业集团思想政治工作“五型企业”实施方案》，不断加强和改进新形势下企业的思想政治工作，大力促进学习型、责任型、文化型、和谐型、幸福型“五型企业”的创建。三是对2012年新提拔任用的3名县级公司领导班子成员开展了试用期满考核工作。经考核，2名班子成员被评定为优秀，1名班子成员评定为称职。四是开展形式多样的党员教育活动。组织党员和入党积极分子学习新党章和有关党的基础知识，全体党员到烈士陵园开展纪念建党92周年系列活动。五是重视党员发展工作，将4名人员列为入党积极分子进行重点培养。六是开展2013年度效能监察工作和离任审计工作。七是做好“两节”期间的走访慰问工作。元旦、春节期间，市县两级党组织和集团慰问小组走访慰问35名离退休人员、老领导班子成员、80岁以上老人和特困职工，发放慰问金3.5万元。

【市场监管持续加强】 是年，毕节公司坚持“以管促销、管销结合”的方针，采取专项整治与日常巡查相结合的方式，大力加强市场监管工作，并从人力、物力、财力上给予倾斜和支持。一是抓好全市食盐市场专项整治工作。根据毕节市人民政府《关于开展食盐市场专项整治工作的通知》要求，毕节盐务分、支局在公安、工商、质监、卫生、食药局、电视台等部门的大力支持和配合下，从2013年1月1日—6月25日在全市范围内开展为期半年的食盐市场专项整治行动。通过对城乡集贸市场、食盐零售经营户、学校、机关食堂、酒店及餐饮服务店等的检查和整治，有效遏制了非碘盐、劣质盐、工业用盐和不合格碘盐流入食盐市场，全市合格碘盐食用率明显提高。二是落实好省“两局一委”（省工商局、盐务局、经信委）关于联合开展整顿和规范食盐市场秩序专项工作。从2013年7月起，毕节盐务分、支局在市、县政府的领导下，以自身盐政力量为主体，联合经信和工商部门，开展食盐市场秩序整顿和规范专项工作。三是继续加大市场巡查和日常监管力度，严厉打击涉盐违法行为。从8月份起，重点对学校、政府机关食堂、酒店、餐饮店的用盐加强监管，同时加强对城乡结合部农贸市场和各乡镇从事食盐代售户和零售个体户的管控。四是加大涉盐违法举报网络建设，加大举报奖励力度，从源头上堵截私盐，达到有效净化食盐市场、规范市场秩序的目的。

【盐品销售持续回升】 在加大市场监管的前提下，市、县公司把食盐销售工作摆在首要位置。严格执行市公司制订出台的《小袋盐销售管理办法》和《食盐配送管理制度》，加大责任追究和奖惩力度，把市场监管和食盐访销工作有机地结合起来，强化配送服务，提高合格碘盐的市场占有率。各项工作措施的落实，使盐品销售得到稳步提升。全市盐商品年销售1.63万吨，同比增14.13%。其中：食盐销售1.50万吨，增10.26%；小袋盐销售1.40万吨，增14.24%；工业盐销售0.13万吨，增91.7%。小袋销售赫章公司增长幅度最大，达72.01%，市公司其次，为36.68%。威宁公司继2012年来，再次成为市唯一超额完成小袋盐销售的单位。

【员工待遇持续改善】 2013年，市公司在劳动报酬分配上，打破了平均主义，对经营业绩好、员工收入相对偏低的单位继续倾斜。通过连续3年的调整平衡，市、县公司之间、县与县之间、在岗与内退人员之间的收入逐年稳步增加，差距逐步缩小。各单位在内部分配上，均向一线劳动强度和难度大的岗位进行倾斜，让实干、苦干的员工得到实惠，彰显了“老实人不吃亏”和干与不干“两个样”的经营管理理念。是年，全市实际使用工资总额为940万元，比2012年862万元增加78万元，增9.05%。在职人员年人均工资收入4.57万元(不含增量补贴及其他福利)，同比增加0.69万元，增17.78%。职工生活待遇得到持续改善。

【宣传工作】 一是开展“3·15”和“5·15”宣传活动。市、县公司(盐务分、支局)积极响应、配合、参与当地工商、物价、质监、卫生等有关部门联合开展“3·15”“5·15”宣传活动，以挂横幅、贴标语、发资料、辨真伪和现场讲解等方式，向广大消费群众宣讲“少吃盐、吃好盐”的科学食盐理念，宣讲各级盐业公司和盐务管理部门“保生产、保供应、保健康、保稳定”的社会责任和历史使命。增强广大群众自觉抵制私盐的观念，有效维护了消费者的合法权益。两次宣传活动，设立宣传点14个，出动宣传人员407人次，宣传执法车辆102台次，深入到全市89个乡镇和231个村寨，散发宣传资料22000余份，接受现场群众咨询5300余人次。宣传活动取得实效。二是采取进网点、进家庭、进学校、进企业、进饭店、进作坊的“六进”方式做好日常宣传。三是抓住政府开展食品安全宣传活动契机，有针对性地开展食盐安全科普知识宣传。

【企业管理持续规范】 一是加强营销基础管理工作。按照贵盐集团《营销基础工作规范手册》规范工作行为，重点解决基础管理工作薄弱、仓储管理不规范的问题，部门和岗位职责明确，工作流程规范。市公司通过了企业A级达标验收，解决威宁食盐配送中心账账、账卡、账实不符问题，正常发挥威宁配送中心的职能。二是加强和完善网络建设工作，强化食盐配送服务，提升配送能力，扩大配送范围，确保城乡各食盐零售点不缺货、不断货。三是强化财务管理，提升全面预算工作质量。市、县公司严格预算管理，严格控制预算外支出，强化费用预算执行的刚性约束。健全和完善企业内部控制制度体系，加强财经法规和集团相关制度执行情况的监督，提高制度执行力。四是持续重视增收节支工作。市、县公司以开展党的群众路线教育实践活动为契机，始终坚持勤俭节约、艰苦奋斗的思想，加大对各项费用开支的控制力度，严控可控费用，压缩非经营性支出，合理控制成本费用增长。三公经费同比降20.59%。五是不良资产得到核销报损。6年多来未报损核销的办公低值易耗品、过期商品和食盐升级换代造成的包装物损失90余万元，经集团公司批准后已核销报损，减轻了企业负担。六是继续推动全市盐行业信息化建设工作。各单位、各部门进一步研究解决信息化建设中出现的具体问题，做好人力资源管理、市场营销、财务核算和盐政管理等信息化建设工作，推动本市盐行业办公业务一体化、信息化管理，不断提高信息质量和各种管理信息的时效性。

【持续解决遗留问题】 是年，毕节盐行业面临恶劣的市场环境，存在诸多的历史遗留问题和困难。面对这些问题和困难时，市公司不回避、不推卸、不抱怨，积极寻求解决问题的有效途径和方法，制订解决处理问题的措施和要求。通过全体干部员工的齐心协力和辛勤付出，面临的问题和困难得到解决。一是市公司成功退回了30万元的郎酒销售保证金。二是非盐商品库存得到较好消化。全年非盐商品销售1640万元，仅红花郎酒和紫砂郎酒就消化了上百万元的库存。隆力奇产品通过打折销售方式，处理近40万元的商品。库存的味精、鸡精基本处理完毕。花山杜鹃山泉水的库存全部消化。三是清水、普宜两食盐代批点拖欠货款问题已着手开始解决，成立货款清收工作领导小组，相关证据已收集完毕，在清收无果的情况下将通过法律途径追加欠款。

【周边关系持续巩固】 2013年4月，市公司前往四川宜宾、叙永进行工作协调，双方就盐和非盐商品销售达成共识，毕节与四川接壤的生机、清水、普宜、田坎的食盐市场相对稳定。5月，市公司又带领下辖的威宁、赫章公司到云南昭通盐业公司开展工作协调，双方就接壤市场的监管、小袋盐销售等问题交换了意见。6月，云南昭通盐业公司应邀来毕开展工作经验交流，双方建立了良好的合作伙伴关系。7月下旬—8月初，与云南曲靖、镇雄和彝良的周边关系协调也取得实效。12月，昭通、威宁同时在接壤乡镇全面供应绿标盐，有效提升了双方经营管理效益。

【维稳工作持续加强】 一是继续重视和加强对工会和群团组织工作，做好因病和子女入学导致生活困难的救助。二是落实离退休干部待遇，做好元旦、春节走访慰问工作。三是建立健全应急机制，提升处置应急突发事件能力。四是对在深化企业内部改革中遇到的难点、热点和敏感性问题，坚持预防为主、调处为重，把工作做细，做扎实，确保问题不积累、矛盾不激化，有效维护了企业的和谐稳定。

（撰稿　徐前华）

煤矿安全监察

【概述】 2013年，贵州煤矿安全监察局毕节监察分局加强内部管理，强化队伍建设，围绕2013年煤矿安全工作要点，开展“煤矿开展保护矿工生命安全七条规定”特别行动，持续深化“打非治违”工作，强化煤矿企业对安全生产隐患排查治理重要性的认识。加大联合执法力度，提高执法效率，完善执法闭合。提升煤矿安全管理水平，促进毕节辖区煤矿安全基础条件的不断改善。获得毕节市人民政府颁发的“安全生产先进集体”和贵州省安监局、贵州煤监局党组颁发的“2013—2017年度第二轮五好基层党组织”荣誉称号。

【开展党的群众路线教育实践活动】 按照中央精神和省委、国家安全监管总局党组和贵州煤监局党组的部署，毕节煤监分局作为第一批党的群众路线教育实践活动单位于2013年7月与贵州煤矿安全监察局同步开展活动。毕节煤监分局以教育实践活动为动力强化安全生产工作，学习贯彻落实习近平总书记关于党的群众路线教育实践活动和安全生产工作的系列重要讲话精神，以履职尽责、推动安全发展为切入点，以“争做安全发展忠诚卫士，创建为民务实清廉安监机构”主题实践活动为载体，增强宗旨意识、改进工作作风，从践行群众路线的高度，增强做好煤矿安全监察工作的主动性、自觉性和坚定性。紧密结合中央“八项规定”，加强作风建设，反对“四风”，着力解决人民群众对煤矿安全生产方面反映强烈的突出问题以及本单位人员反映的突出问题。扎实推进教育实践活动的各个环节，将教育实践活动与煤矿安全监察工作同步推进，在监察中全面深化教育实践活动，切实做到了监察，寓活动于服务，使群众路线与监察工作形成紧密联系，教育实践活动取得阶段性成效。

【贯彻执行“双七条”规定】 根据《贵州省贯彻落实〈煤矿矿长保护矿工生命安全七条规定〉实施方案》和省对《煤矿安全生产七大攻坚举措》贯彻执行要求，贵州煤监局毕节监察分局成立了《七条规定》宣贯小组分别到七星关区、双山新区、百里杜鹃风景名胜区、威宁县组织煤矿矿长、煤矿安全监管人员、驻矿安监员等进行集中宣讲、培训考核，并组织煤矿矿长签订了承诺书。该次集中宣贯活动有351人（监管人员186人、煤矿矿长165人）参加培训，其中七星关区和双山新区134人（监管人员63人、煤矿矿长71人）、百里杜鹃风景名胜区96人（监管人员70人、煤矿矿长26人）、威宁县121人（监管人员53人、煤矿矿长68人），所有参训人员均考核合格。按照市安委办统一安排，分局督促各县区组建“双七条规定”宣贯小组对安全监管人员及所有煤矿矿级领导进行宣讲、培训考核，务必实现全覆盖，并要求各煤矿以矿为单位制定“双七条规定”宣贯工作方案对职工进行宣讲，务必实现全员知晓。同时，分局将“双七条规定”贯彻落实情况融入到煤矿安全监察工作中，从重、从严查处煤矿违反“双七条”的行为。

【明察暗访，安全监察取得实效】 为严厉打击煤矿安全生产非法违法行为，促进辖区煤炭产业健康发展、安全发展、科学发展，按照省政府办公厅、省安监局和贵州煤监局的工作部署，毕节煤监分局结合辖区实际情况，于2013年6月起会同地方各级政府及相关部门组成联合执法组采取“四不两直”的方式对辖区内十个县区部分煤矿进行突击检查。针对检查出的隐患和问题，分局及时向各煤矿企业进行通报，并作出相应的处理决定。同时，向各县区人民政府及相关部门就监察情况进行通报，对存在的隐患和问题，分别向各县区人民政府下达监察建议书。此次对13处煤矿进行明察暗访，查找出各类问题和隐患128条（其中重大隐患4条），责令停产（建）整顿企业4处，暂扣安全生产许可证2处。明察暗访取得良好效果。

【加强宣传，提高企业安全意识】 一是着重宣传国家法律法规、领导批示、典型案例，强化煤矿企业对安全生产重要性的认识，让企业真正理解“人命关天，发展决不能以牺牲人的生命为代价。这必须作为一条不可逾越的红线。”这一批示的精神内涵，从思想深处提高企业管理人员安全意识，使其牢固树立“红线”意识。二是向煤矿企业宣传煤矿安全的规章制度、技术规范等，让企业明确学习目标，不断提升技术水平，充分发挥安全生产主体责任，狠抓现场安全管理，真正做到以责保安、以技保安、以质保安。

【加大力度，强化执法效果】 分局以“三项监察”为基础，结合国家、省对煤矿安全生产工作的针对性要求开展各项监察工作，取得明显的成效。2013年1—12月，分局监察矿井438矿次，超全年监察计划110矿次；下达监察执法文书1535份；查处各类安全隐患5414条，对95条重大安全隐患进行挂牌督办；对存在重大隐患或存在非法违法生产经营建设行为的煤矿停产（建）整顿85矿次，暂扣安全生产许可证72矿次。防范了重大隐患引发的事故。

【强化治理，遏制重特大事故】 辖区80%以上煤矿处于煤与瓦斯突出危险区域，随着煤矿开采深度的延伸，瓦斯灾害越来越严重，为遏制瓦斯引起的重特大事故的发生，分局继续深化煤矿瓦斯治理，督促煤矿企业认真贯彻瓦斯治理“十二字”方针，按照《省安监局贵州煤监局关于进一步加强煤矿瓦斯治理工作意见》要求，完善井下通风系统、瓦斯抽放系统以及监测监控系统，落实“一孔多防”安全技术措施，切实实现“五零”瓦斯防治目标。

【认真履职，防范重点区域】 严格落实“国办发99号”文件要求，对易发生事故的矿井进行重点监察，避免事故发生。一是重点监察9万吨/年生产矿井，防止该类矿井为出更多的煤出现突击生产、隐蔽式生产等危险行为；二是重点监察存在水患、瓦斯灾害的矿井，始终把“一通三防”、瓦斯治理、防治水作为日常监察工作的重点，并始终推进“一孔多防”安全技术措施的落实；三是加强煤矿建设项目“三同时”专项监察，督促煤矿按设计合理施工，保障安全设施设备投入到位。

（撰稿　文小学）

财政·税务

财　政

【概述】 2013年，全市财政总收入完成336.86亿元，增32.41%。其中：公共财政预算收入完成125.62亿元，增15.19%。全市财政总支出完成476.02亿元，增24.29%。其中：公共财政预算支出完成353.75亿元，增12.09%。

【财政收入监管】 以强化征管为抓手，以提高收入质量为重点，确保财政收入平稳较快增长。建立毕节市财政局领导班子成员联系指导各县区财政工作制度，定期对各县区财政收入进行量化评分，督促完成收入进度；建立财税部门密切配合的工作机制，坚持联席会议制度，分析经济运行形势，关注收入形势，做到应收尽收，确保收入稳定增长；规范非税收入管理，提高收入质量。

【财政支出结构】 落实积极的财政政策，加强和改善宏观调控，优化财政支出结构，促进稳增长调结构转方式。加大"三农"、教育、社会保障、医疗卫生、住房保障等投入；支持园区标准厂房、基础设施和铁路、公路、毕节机场等重大项目建设；支持企业自主创新，融资平台建设，招商引资工作；加强环境保护和生态建设；推进美丽乡村"两硬化"建设；落实农村"一事一议"财政奖补和农业综合开发政策，促进社会事业协调发展。

【财税体制改革】 按照省财政厅统一部署，抓好分税制财政管理体制改革，完成全省统一开展的分税制财政管理体制改革工作。与税务部门协作配合，实施"营改增"试点。市、县两级推进公务卡制度改革，加强财政性资金管理。开展部门预算管理制度改革，研究制订《毕节市市级行政事业单位支出预算管理暂行办法》，规范各预算单位（部门）的基本支出、项目支出预算编制。落实"省直管县"财政体制改革。抓好乡镇财政标准化建设。

【财政监督】 贯彻执行中央八项规定和省委、市委十项规定，严肃财经纪律，厉行勤俭节约、反对铺张浪费，严格控制"三公"经费支出，推进"三公"经费公开，降低行政成本。开展以保障性住房、农村危房改造、扶贫、社保、教育等涉及人民群众切身利益的财政专项资金监督检查，确保财政专项资金安全、规范、有效运行。探索建立财政绩效评估机制。加强政府采购、财政投资评审、国有资产监管力度，开展"小金库"专项治理，从源头上预防腐败行为的发生。

【争取上级支持】 抢抓国办函〔2013〕35号文件颁布实施的机遇，加强与财政部和省财政厅的汇报对接，争取上级财政部门的支持，全年获得中央和省补助220亿元，增4.27%。

【自身建设】 加强财政制度建设，研究出台涉及机关公务接待、公车使用、节约办公等方面的制度规定。设置干部职工监督岗和举报信箱，公开岗位职责、办事流程等内容，规范权力运行和使用，主动接受人民群众和社会各界监督，转变工作作风，提高办事效率。开展教育培训，举办财政信息宣传、公文处理、学法用法、会计继续教育、国有资产产权登记、财经业务知识等教育培训活动。

（供稿　毕节市财政局办公室）

会计核算

【概述】 2013年，毕节市会计核算中心坚持以邓小平理论、“三个代表”重要思想和科学发展观为指导，学习贯彻党的十八大精神，把思想和行动统一到党的十八届三中全会、省委十一届三次会议以及省、市经济工作会议和财政工作会议的部署和要求上来，围绕全市经济社会发展大局和民生改善的目标任务，坚持服务导向不动摇，推进会计集中核算和国库集中支付改革，完成2013年制订的各项工作目标，为试验区改革和发展作出应有贡献。

【完成2012年会计核算任务】 中心全体干部职工围绕中心，服务大局，思想统一，方向一致，做好市直189家预算单位217个账套的会计核算工作，完成市直176家预算单位的工资统发、201家预算单位的增量补贴发放，代扣代缴残疾人保障金282万元，基本医保金699万元，代扣代征个人所得税40万元；完成国库集中支付业务37912笔，支付资金180194万元，其中：直接支付16301笔，支付134385万元，授权支付21611笔，支付45808万元；工资发放45112万元，增量补贴支出19672万元，政府采购支出8894万元，直接支付比例74.6%，完成年初制定的工作目标，保证市直预算单位机构运转，维护社会稳定。

【完成2012年度年终决算工作】 中心全体干部职工按照上级财政部门的要求，团结协作，督促各核算单位在年终前结清各项往来款项，完成市直各预算单位2012年账务处理工作，对各预算单位账务进行核查，查看专项资金核算是否规范无误，主动与财政局各业务科室核对各类经费拨付情况，核对各单位全年各项资金的财政拨款额度；与代理银行核对总支付数及授权额度使用情况，确保全年支付数据的准确、完整，完成2012年度市直200多家核算单位的年终决算及汇总工作。在全市部门决算评比中，获一等奖。

【开展市级公务卡试点工作】 按照“完善操作，优化流程，提高效率，确保安全”的要求，总结市级预算单位公务卡改革试点期间存在的问题和预算单位的意见、建议，召开相关部门的协调会，抓好宣传培训，加强与代理银行的联系，解决推行公务卡使用过程中出现的问题。在工、农、建、中四家国有控股商业银行为15家预算单位开通公务卡52张，在银行、相关部门配合下，开通运行。根据《毕节市财政局关于进一步推进公务卡改革工作的通知》，中心领导召开会议，为市级全面推行公务卡制度做好准备。

【配合财政、审计部门对预算单位进行审计监督】 一是配合审计部门做好对同级财政的经济运行审计；二是配合审计部门对市政府机关幼儿园、市法院、市委党校、市国土局、市交通局、市环保局、市环境监测支队、市环监站、市实验高中、市卫生局、市房产局、市电视台等11家单位进行同级财政运行延伸审计和离任经济责任审计；三是主动接受财政监督科每月对资金结算部的银行存款余额稽核，逐笔核实，实现全年资金运行无差错。

【内部稽核工作】 根据年初目标任务的安排，中心提前下发稽核通知，由分管领导牵头，抽调9人组成3个稽核小组，对中心1～10月的会计档案进行稽核，从凭证录入，会计科目使用，财经法规的把握、大额现金的支出是否合规、会计账簿的各项基础要素、会计报表是否及时、政府采购手续是否完备等方面进行检查。对财政部《事业单位财务规则》《行政单位财务规则》《事业单位会计制度》颁布后，中心财务软件升级是否顺利衔接、财务核算是否平稳过渡，进行检查对照。稽核中发现的问题，逐条梳理，制订整改措施，落实整改计划，形成稽核报告，将稽核结果纳入目标考核，达到既完善管理制度，又推动工作开展的目的。

【会计制度衔接】 按照2012年财政部发布的《事业单位财务规则》《事业单位会计准则》《行政单位财务规则》要求，中心召开主任办公会，安排专项资金，组织专题培训会，抓好新会计制度、财务规则的学习培训，采取集中培训和选送培训相结合的方式，强化新制度、新业务、新知识的学习更新，在学习借鉴部分县区财务核算软件升级方面好的做法和经验的基础上，主动与软件公司接洽，完成现有财务核算软件的升级，实现新旧会计制度和财务规则、会计准则的平稳过渡。

【作风建设】 贯彻落实中央、省委、市委改进工作作风、密切联系群众以及党的群众路线教育的各项要求，执行中央《八项规定》，省委《十项规定》、市委《十项规定》，结合会计集中核算和国库集中支付工作实际，制订中心工作“十不准”规定，倡导严谨细致的工作作风，促使各项工作由被动应付向主动创新转变、由“过得去”向“过得硬”转变。根据干部任免条例的要求，结合中心工作实际，对中心所有部室主任进行轮岗交流，新提拔部室主任3人，平级轮岗交流6人。在2010、2011、2012年年度考核中，中心有5名人员连续3年被评为优秀等次，荣立三等功一次。

【党建群团工作】 正确处理与局机关党委和群团部门的工作关系，参加局机关开展的各种集体活动，培养良好学习氛围；在毕节市财政系统十八大征文活动中选送征文19篇，报送市委宣传部文章1篇，完成学习习近平总书记8.19讲话征文1篇，完成党建网络征文2篇；组织干部职工到党建帮扶点黔西县中建乡参加“美丽乡村”建设启动仪式并演出文艺节目；6月底前完成中心党支部年度党员评议工作，开展干部职工谈心交心83人次，征求工作改进意见27条，评选出优秀共产党员5名，优秀党务工作者1名，“七一”前夕受到局机关党委表彰；团工委组织青年团员到七星关区海子街小学对留守儿童进行六一慰问演出；组织干部职工家属、子女参观科普活动；“七一”前夕，组织干部职工参观预防职务犯罪警示教育；制作“对黔西县中建乡帮扶专题成果展”两期，“走近试验区，倾情看发展”支部主题活动、“国庆”专刊两期，举办群众路线教育实践活动应知应会知识暨事业单位新会计制度知识竞赛主题活动一次；新培养入党积极分子3名。

【党建扶贫和招商引资工作】 一是中心派人参与的武汉招商分局在谈项目37个，签约落地项目15个，签约金额14.12亿元，到位资金6.39亿元。二是根据市委组织部《关于进一步加强干部驻村工作的通知》精神，推进为党建扶贫联系点争取的农建工程、基础设施项目、农业产业化项目的实施，安排职工轮流驻村蹲点。全年安排中心领导及干部职工40多人次到黔西县中建乡营盘村参与驻村帮扶工作，在半年驻村工作人员满意度测评中，中心3名驻村工作人中均被评为优秀。为中建乡协调落实并组织实施农业综合开发资金400多万元；协调水利部门帮助营盘村解决价值2万元的人畜饮水管道，向市财政部门协调争取中建乡财政分局办公楼修建补助款3万元；支持中建乡村级办公设备联想电脑7台；根据村级发展规划和营盘村实际情况，向省、市财政部门争取2013年村级公益事业“一事一议”示范村建设项目资金197.6万元。

【加强学习，提高干部政治理论素养】 按照中心年初安排，每个季度组织一次中层以上干部理论学习，组织参加市委、市政府组织的“一月一专题”活动；选派1人参加贵州省水利基本建设项目核算及竣工财务决算编制培训，1人参加贵州省综合专家评标培训，6人参加贵州省中小学财务制度培训，1人参加贵州省财政干部领导能力提升高级研修班培训，1人参加毕节市委党校2013年秋季中青班培训，2人参加农工党新党员和入党积极分子培训，4名新录用公务员参加岗前培训，有2人通过中级会计专业技术考试，取得会计师专业职称资格。

【档案移交与后勤保障】 按年初制定的工作目标，完成中心各部室2012年各预算单位财务档案的整理归档，移交会计凭证3311册，会计账簿921册，会计报表2282册；完成毕节职业技术学院、毕节市林业局等90家预算单位截至2012年的财务档案移交；根据财务软件运行环境的要求，更新5台电脑，安排专项资金1.8万元添置人事档案管理专用办公设备，对办公室的运行车辆进行维护，落实中心办公场所每月一次的卫生考核制度，后勤保障得到加强；坚持财务支出一支笔签字，重大支出事项集体研究决定。

【民主化、制度化建设】 在推荐选拔干部过程中，执行组织程序和遵从“德、能、勤、绩、廉”的选拔标准，坚持“公平、公正、公开”的原则，无违规违纪现象；凡中心重大的人、财、物以及业务方面的问题，分别召开主任办公会、中层干部会、全体干部职工会，进行研究分析、民主讨论决定。中心及各部室年度目标考核责任书，在广泛征求意见的基础上签订和实施。

【严控“三公”经费支出】 贯彻执行中央《八项规定》、省委《十项规定》《实施细则》和市委《十项规定》有关厉行节约的精神，控制会议费及“三公”经费支出。根据市委、市政府的安排，每月按时报送市级会议费及“三公经费”执行情况；严把支出关，对与会议无关的费用、单位购烟、购高档酒以及无计划、超标准购置公务用车的支出一律不予报销，全年本单位没有发生因公出国（出境）及购车费用，公务接待较上年同期有大幅度下降。

【社会治安综合治理与计划生育】 通过文明机关创建活动，中心内部社会治安综合治理组织和安全保卫组织健全，法制教育经常化，推进平安机关创建工作的开展，组织中心职工进行计划生育检查，全年无职工违反国家计划生育政策。

（供稿　毕节市会计核算中心）

国　　税

【概述】 2013年，在省局党组和中共毕节市委、毕节市政府的领导下，贯彻省局党组“1133”工作思路及各项工作安排，落实市委、市政府的决策部署，完成全年工作任务。

【税收收入】 是年，全市国税总收入累计完成84.0亿元，同比增12.6%，增收9.4亿元；计划口径税收收入累计完成80.17亿元，同比增12.8%，增收9.08亿元，为年度预期目标的103.5%。累计完成中央级税收66.04亿元，同比增12.3%，增收7.23亿元；完成地方级税收14.12亿元，同比增15.1%，增收1.85亿元；教育费附加、地方教育费附加分别完成2.05亿元、1.43亿元，同比增均为7.9%；价格调节基金完成0.33亿元，同比增23.2%；入库查补收入0.82亿元，同比增8.5%。落实各项税收优惠政策，全年累计落实各项税收优惠政策5.2亿元。

【完成“两项改革”】 一是抓好“营改增”试点改革工作。按照省局统一部署，抓好组织领导、建章立制、教育培训、宣传辅导、应急管理等工作，实现“确保试点纳税人8月1日能成功开票、9月1日能顺利申报纳税”两个时间点的工作目标，工作平稳推进。预计全年“营改增”试点纳税人可达2400户，缴纳税款4500万元。编制《营改增操作实务手册》和《营改增一碟通》受纳税人欢迎；针对煤炭运输业特点确定采取煤炭企业代征的源泉控管模式，防范税款流失。二是抓好财税体制改革工作。根据全省分税制财政体制改革工作要求，建立领导机制、制定实施方案、细化工作目标、开展政策执行效应分析，向市委市政府汇报工作进展情况，加强与财政、人行国库等单位沟通，做好入库数据核对工作，完成财税体制改革工作。

【税收征管】 一是深化税收征管改革。按照总局和省局的思路，修订完善税收征管改革方案，理清部门职责，简化涉税流程，完善税源管理质量考核指标体系，围绕核心要素指标，拓展征管质量考核方式。二是加强税种管理。落实各项增值税税政管理规定，编印《增值税及车辆购置税热点问题解答汇编》。开展农产品增值税进项税额核定扣除试点行业情况调研，对拟纳入试点企业进行调查核实。开展房开企业纳税评估辅导，累计评估应补缴所得税税款2500万元。规范台账管理，制订9个后续管理台账下发到各县区局统一使用。三是加强大企业管理工作。核实企业名册信息、建立“一户式”电子档案、制订电子信息管理办法，强化基础信息管理。确定监控重点对象、建立监控指标体系、定期开展税源监控，提升税源监控能力。开展煤炭、电力、水泥行业税务审计工作，审计出企业应补缴税款逾亿元，调减亏损额1140余万元。加强烟草公司、工商银行的税收风险管理，查出企业应补缴税款3000余万元。探索建立大企业遵从评价机制，对不同遵从度的企业采取不同服务策略。

【纳税服务】 以深化“星级纳税服务单位”创建活动为总载体，一是建立纳税人需求收集、分析、响应和问效机制。通过对358户纳税人的需求征集分析，针对小微企业园区纳税人需求实行“上门坐诊”服务，针对“营改增”试点纳税人需求明确专人“一对一”辅导，针对普遍性需求编印政策手册赠送纳税人。二是规范办税服务厅建设。深化办税服务厅实体化建设，减轻纳税人负担；开展办税公开标准化建设，打造“阳光通道”。三是强化纳税服务质量督查。对各县区局的纳税人满意度进行调查，发现问题并督促整改。四是提升个性化服务水平。建立税企高层对话、大企业税收管理客户联络员等制度，解决企业涉税诉求。

【干部队伍建设】 一是落实交心谈心制度。班子成员深入基层，通过采取集中座谈和个别谈心相结合的方式，主动加强与基层一线干部职工沟通交流，帮助解决实际问题。二是提升干部队伍能力素质。累计组织培训152期，培训7919人次，完成培训量10232人天。通过在青岛、川大、省税干校、市财校等地举办各类培训班，开展稽查“练、比、争”等活动，加强干部教育培养。三是开展边远贫困县非领导职务晋升工作。根据省局安排，按照规定程序，在5个边远贫困县局开展非领导职务晋升工作。四是加强干部队伍考核管理。完善《领导班子和领导干部考核评价办法》，对9个县区局领导班子及128名科级领导干部进行考核评价。对2个县局进行巡视回访并督促整改。扩大《公务员考核实施办法》试点工作，推进公务员考核科学化、规范化。

【党建工作】 一是抓好党的十八大精神学习。开展知识竞赛、演讲比赛、征文比赛等活动，在全系统掀起学习贯彻十八大精神的热潮。二是开展“学雷锋精神、展税官风采”巡讲。成立巡讲团队，在全系统内对8个先进典型事迹进行巡讲，引起干部职工共鸣，得到地方党政部门认可。三是抓好“四风”问题先查先改工作。对查找出的问题进行梳理分类，明确整改责任部门，拟定整改措施，解决好“四风”问题。四是深化“基层党组织税企共建”活动。市局与金沙窖酒酒业有限公司、毕节赛得水泥有限公司等单位开展共建活动启动仪式，签订共建协议。五是开展党建帮扶工作。响应市委市政府号召，抓好联乡驻村、生态文明家园建设、集团帮扶等工作联系点的帮扶工作，帮助市委市政府在“两硬化”工程中解决好涉税政策问题，助推同步小康。

【勤政廉政、党风廉政建设】 一是持续落实党风廉政建设责任制。层层签订党风廉政建设目标责任书，印发《毕节市国家税务局系统2013年党风廉政建设工作要点》。二是巩固深化反腐倡廉教育工作。市局纪检组长对9个县区局领导班子成员逐一进行任期廉政谈话。组织开展《税务系统领导班子和领导干部监督管理办法》及其实施细则的学习。举办廉政文化建设专题讲座。《毕节市国税局廉政提示》屏保系统被总局推荐参评全国廉政文化精品库项目。三是推进作风纪律建设。执行中央八项规定和省委、市委、省局党组有关改进作风要求，对全系统进行明察暗访和监督检查，完善局内会议和系统会议制度，整合各类简报及规范各类文稿字数要求，开展“小金库”专项治理、党员干部会员卡专项清退、公务车专项治理三项工作，全系统没有违反三项工作规定的情况。四是巩固深化内控机制建设。编印《重点工作事项风险防控管理手册》；邀请省税务学会王东山副会长作“预防税收执法风险”专题讲座；落实风险防控部门联席会议制度；强化对科级领导干部的日常防控教育管理，根据存在的问题有针对性地进行批评教育、诫勉谈话、调整岗位。五是规范信访处理工作。制订《毕节市国家税务局纪检监察信访举报工作规程》，规范信访举报工作管理。

（供稿　毕节市国家税务局办公室）

地　　税

【概述】 2013年，毕节市地方税务局以邓小平理论、“三个代表”重要思想、科学发展观为指导，贯彻落实十八大、省委十一届二次、三次全会以及全市经济工作会、全省地税工作会议精神，坚持“两加一推”主基调，解放思想、改革创新，内强素质、外树形象，以组织收入为中心，依法行政，抓好“营改增”试点工作、分税制体制改革以及省垂管县体制改革工作，深化征管改革，优化纳税服务，加强党风廉政建设和干部队伍建设。全市地税系统累计组织入库两项收入747229万元，同比增收91672万元，增13.98%，为省局下达的年度收入预期目标的100.16%。其中，税收收入完成740591万元，同比增13.77%；教育费附加完成6638万元。代征地方教育费附加、煤炭价格调节基金、残疾人就业保障金、工会经费等非税收入32,812万元。

【征管工作】 探索“行业+规模”的税收专业化管理模式。科学划分税源管理、重点税源管理分局和纳税评估分局的工作职责。把税收管理员管理事项分为纳税服务、日常税源管理、申报核实及管理应对三类58项，分别对应一般核实岗、特定核实岗、案头分析岗、纳税评估岗、税收强制岗5个岗位。推进风险管理，突出纳税评估。通过实施“建模找点”，实现纳税评估从无差别的评估转变为有针对性的专业评估，从无标准的经验操作转变为有规范的精细评估，从不连贯的单一应用转变为有互动的综合评估。

【完成重点改革】 一是“营改增”试点工作结束。移交试点纳税人5829户，就“营改增”对地税组织收入的影响进行预测分析、科学应对。8月1日，全市“营改增”工作启动，各项工作顺畅无阻。二是按照省局的安排部署，抓好《省人民政府关于进一步完善分税制财政管理体制的通知》的贯彻落实。做好底数清算和预测工作，为市委和市政府提供科学准确的参考依据。执行省局的部署，完成分税种入库级次的更改。三是配合省局做好垂管威宁县地税局的相关工作。树立“不推、不揽、不等”思想，拟订工作推进方案，本着“有利于工作、对工作负责、把工作抓实”的态度，梳理出威宁县地税局省垂管县体制改革所涉工作内容，各责任科室按时限和要求完成工作任务，协助威宁县局与省局的工作对接，配合省局对威宁县地税局进行协管。

【依法治税】 一是规范税收执法建设。对清理作废的14份税收规范性文件通过公告的形式告知各级税务机关和广大纳税人。对织金县、威宁县、黔西县、金沙县地税局2009—2011年的税收执法开展督察，要求进行整改。整顿和规范税收秩序，全年检查纳税人68户，查补总额707712万元。二是落实税收优惠政策。截至9月30日，全市享受再就业税收优惠户254户，累计减免地方税费714.89万元；审批支持和促进就业户66户，累计减免地方各税38.22万元；免征残疾人个人所得税123户，减免地方各税98.19万元。全年减免企业所得税1977万元。三是税法宣传再添新彩。税法宣传月期间，全市地税系统紧扣“税收·发展·民生”的主题。围绕服务管理、服务经济、服务民生，开展活动，在省局创新项目评选活动中，“助推实验区经济起飞、促企业共谋发展”获得项目一等奖。

【队伍建设】 一是提升干部队伍素质。针对当前税收改革发展的需要，毕节市地税局党组对全市地税系统科级领导干部分两期开展能力提升培训，加强领导干部开拓视野、提升素质、凝聚能力、团队管理。二是密切联系群众驻农村建小康社会。市地税局出资13.38万元向定点帮扶村开展慰问留守贫困儿童、贫困党员、贫困农户、修建饮水工程、政务公开栏等工作，参与调解邻里纠纷8起，协调省政协投资3万元援建一座“便民桥”。投资3万元帮助王官村龙家冲组整治河堤500米。威宁县地税局干部田世维同志患尿毒症后，单位和个人为其捐款25万多元。三是廉政建设多措并举。梳理各部门权限和职责，建立起《毕节市地税局廉政风险防控流程图》，通过排查找准权力运行的“关节点”，发现内部管理的“薄弱点”，确定问题多发的“风险点”，结合实际采取措施进行防控。以建设廉政文化长廊、开辟廉政文化宣传专栏、建立廉政书屋、设置廉政屏保、开展廉政文化活动等为载体开展税务廉政文化建设。织金县局结合地域文化、风土人情编写廉政文化建设读本。在全省地税系统廉政书画摄影比赛中，毕节市地税系统选送的廉政微电影《底线》获“特别奖”，摄影类作品荣获一、二、三等及优秀奖，市局获组织奖。

（供稿　毕节市地方税务局办公室）

金　融

中国人民银行毕节市中心支行

【概述】 2013年，人民银行毕节市中心支行以围绕“一个目标”，激活“两大动力”，推进“三项建设”，突出“四个着力”的工作思路，贯彻执行稳健的货币政策，推进金融改革创新，维护区域金融稳健运行，大力提升金融服务与管理水平，有效地支持了地方经济平稳较快发展。截至12月，毕节市金融机构各项存款余额为838.78亿元，较年初增加102.74亿元，增幅13.96%，同比增加102.74亿元，增13.96%；各项贷款余额547.81亿元，较年初增加114.29亿元，增幅26.36%，同比增加114.29亿元，增26.36%。贷款增速明显快于各项存款，贷款同比增速居全省首位，信贷结构进一步优化，支持地方经济发展力度进一步加大。

【贯彻落实稳健的货币政策】 一是贯彻落实稳健的货币政策，增强窗口指导的有效性。加强与地方党委政府的汇报沟通，强化窗口指导，按照总体稳健、调节有度、结构优化的要求，引导辖区金融机构将信贷资金更多投向实体经济，特别是“三农”和中小微型企业，严格控制对高能耗、高污染和产能过剩行业的信贷投入。按属地管理原则，认真做好信贷投放按月监测、按季考核工作，严防信贷资金投放出现月间大幅波动。引导地方法人金融机构坚持审慎经营、稳健发展理念，强化风险防控意识，确保信贷投放体现宏观调控意图且主要投向“三农”、小微型企业及民生经济。二是强化货币政策工具管理。加强存款准备金执行情况检查，确保存款准备金政策的贯彻落实。加强利率管理，对毕节市、大方农村信用社和毕节发展村镇银行利率执行情况进行评估，引导金融机构合理确定贷款利率水平。加强支农再贷款管理，切实提高支农效率。全年发放支农再贷款12笔，金额8.79亿元，余额8.69亿元。重点对农村信用社资本约束、资产质量、内控管理、支农服务水平的监测考核，切实提高农村信用社支农服务功能。三是推进贸易投资便利化。充分发挥人民币结算对贸易投资便利化的促进作用，对工商银行毕节分行开展跨境人民币结算业务的相关问题进行调查，了解跨境人民币结算工作中存在的问题及建议。组织各金融机构参加人民银行总行跨境人民币业务知识培训。全年市辖办理跨境贸易人民币结算业务14笔，7141万元。四是开展信贷政策评估工作，发挥评估导向力。根据《毕节银行业金融机构2012年信贷政策执行效果评估内容》，客观评估货币信贷政策在毕节市的实施效果，撰写上报《关于毕节市银行业金融机构2012年信贷政策导向效果评估报告》，同时抄报市委、市政府，在季度例会上向各金融机构通报评估情况，更好地发挥金融支持经济发展的作用。

【维护辖区金融平稳运行】 按照属地管理原则下放管理权限，明确划分市县两级行管理职责，提高金融管理效率。加强对辖区小额贷款公司的跟踪监测，引导民间融资规范发展。组织开展“两管理、两综合”工作培训，开展金融机构执行人民银行和国家外管局政策法规综合评价工作，完成2012年综合评价报告，修订印发2013年金融机构综合评价标准，对毕节农村信用社开展综合执法检查。按照《毕节市新设银行业机构开业管理与服务工作指引》要求，严格审核19家金融机构或网点开业前申报材料。推动毕节农村信用联社改制为毕节农村商业银行，贵州银行毕节杜鹃支行开业，村镇银行在全省率先实现县域全覆盖。加强地方法人金融机构流动性变动情况监测，及时做好风险提示。对大方、纳雍两县富民村镇银行各发放2000万元支农再贷款，增强新设立地方法人金融机构服务地方经济发展能力。提请市政府召开推进“两社”清产核资工作会议，推动“两社”历史遗留问题的解决。

【提高农村金融服务水平】 引导涉农金融机构做好农村金融产品和服务方式创新，采取灵活多样的贷款担保方式，扩大贷款担保品范围，大力发展农村小额信用贷款和农户联保贷款。完善林权抵押贷款相关程序和手续，推进林权贷款金融服务工作。调整信贷结构，积极支持“三农”及服务业，扩大农村消费市场。引导农业发展银行改变传统的信贷投向，加大对农田水利建设的支持；督促涉农金融机构在市场化原则下增大涉农贷款，以家电下乡、农机具补贴等政策为契机，扩大消费信贷覆盖范围，大力发展城乡消费信贷市场；落实关于金融支持服务业发展的相关政策，进一步创新融资体制机制，积极支持文化产业、旅游、家庭服务业等行业发展。

【加大民生领域金融扶持力度】 贯彻落实中小微型企业信贷扶持政策，更好地服务地方经济建设。与工商局联合牵头召开毕节市促进小微企业发展“银企”座谈会，加强金融机构与小微企业融资对接，推进符合条件的中小企业通过短期融资券、中小企业集合票据或上市等直接融资工具融资。组织各金融机构、政府相关部门参与银行间非金融企业债务融资工具培训会，与金融办工能委联合推荐上报辖区34家企业，通过“区域集优”模式发行债务融资工具筹集资金。加大再就业贷款指导，扩大市辖失业小额担保贷款范畴，提高担保基金金额，保障失业人员小额担保贷款工作稳步开展。全年累计发放失业人员小额担保贷款9684笔4.43亿元，余额9.23亿元。贯彻落实关于引导和扶持百万农民工创业带动就业的意见，撰写《关于引导和扶持农民工创业工作有关情况的报告》，为全省推广金融支持农民工创业就业提供可行性参考。与民宗局联合修订《毕节市民贸生产优惠利率管理办法》，按照民贸民品企业认定标准，上报毕节市第一批164家民族贸易企业，为启动民贸民品优惠利率贷款贴息工作奠定基础。

【深化外汇管理改革】 一是推进直接投资项下简政放权，提升投资便利化程度。转变管理理念，做实做细服务贸易推广，高效完成外商投资企业联合年检，实现企业参检率和会计师事务所代申报率100%的“双百”目标。二是推行服务创新。在全辖范围内统一挂牌成立7个县域外汇服务联络办，组织开展培训和业务竞赛活动，加强辖区县域涉外经济服务能力。创建小微企业外汇直通车服务制度，即特殊服务、限时服务、跟踪服务和辅导服务，支持小微企业做大做强，更好地促进辖区涉外经济又好又快发展。三是加强主体监测，防范异常跨境资金。加强对辖内资金流动状况进行统计、分析、预警，筛查可疑、异常信息，提高外汇监管质量和效率。严格监管，提升现场检查频度与力度。继续保持对违规资金的高压态势，加大对外汇指定银行、涉外企业的检查。全年全辖国际收支跨境收入1536.60万美元，跨境支出434.52万美元，银行结售汇总额1848万美元。

【强化金融基础建设】 一是夯实金融统计基础。规范开展金融统计标准化工作，做好各项制度性调查、新设金融机构和小额贷款公司金融统计制度报备审核及数据报送工作的培训指导。及时监测辖区经济金融运行动态。切实做好第三次全国经济普查工作。二是推进征信管理工作。规范贷款卡行政许可及信用报告查询受理。截至12月末，新办贷款卡、年审贷款卡、受理企业信用报告查询同比增61%，个人信用报告查询同比增216%，新增发放机构信用代码证5373户。督促评级机构在贵州省第三方信用评级管理系统进行业务数据录入和报备。推动村镇银行和“两类”公司接入征信系统，推进黔西县农村信用体系建设试点工作。三是支付结算工作取得明显成效。第二代支付系统顺利上线，认真开展存量账户核实，监督检查收单机构费率调整工作。大方、赫章、百里杜鹃管委会等县区政府出台资金或政策支持助农取款服务点基础工作，辖内一个县支行和两名个人被总行评为先进集体和先进个人。截至12月，全辖3605个行政村布放助农取款机具

3447台，覆盖率达95%。四是切实履行反洗钱工作职责。对辖内银行、保险和证券行业开展2012年反洗钱工作情况综合评价。与当地公安、工商、税务、质监等联动，组织辖内26家金融机构及其分支机构开展反洗钱宣传。加强非现场监管工作力度，开展辖区洗钱类型分析工作。五是履行经理国库职能。成功运行毕节经济开发区支库各项业务，加强会计基础核算、统计和国债基础工作。加强异常数据的跟踪监测，加快地方国库信息化建设步伐。加强无记名国债兑付和国债收款单的催兑工作，辖区6个支库实现国债收款单“零持有”。县以下乡镇国债销售达359万元，到期将增加农民国债利息收入近49.51万元。六是加强发行基金调拨管理。严密组织发行基金调拨和调运，确保辖内现金供应。以“零容忍”态度治理假币，全年收缴假币4618张，433041元。督促银行业金融机构落实全额清分和冠字号码查询工作，完善小面额人民币主办网点和主办银行制度，全辖建立小面额主办银行8个，主办网点98个。七是加大科技支持与服务力度。加强科技服务管理与运维管理，提高信息系统安全管理水平，确保重要信息系统安全稳定运行。在毕节市七星关区公交领域推广使用实现金融IC卡，做好“医达通”、“青创卡”的推广工作，使金融IC卡不断向辖内公共服务领域扩展功能。

【加强内部控制和风险管理】 一是转变作风。完善办公制度，转变工作作风，提高办文、办会、办事规范化程度和工作效率。开展规章制度清理工作，拟制《中国人民银行毕节市中心支行制度汇编》，制定、修订各项制度规定20余个。启动金融消费权益保护工作，全年受理金融消费者投诉5件，金融消费者满意度为100%。推进辖区系统政务公开基础工作。二是强化财务会计管理。补充制订《人行毕节市中心支行公务卡结算实施细则》，与公务卡结算开户银行商妥各项事宜，医疗费、住宿费等公务消费已启用公务卡进行日常结算。加强财务预算管理，稳妥推进预算公开工作。严肃财经纪律，规范固定资产的日常账务处理，严格执行集中采购管理相关制度规定。三是加强对重点业务、关键环节的监督。以提高履职水平为重点、跟踪问题整改为切入点、控制业务风险为目标，全面推进内审工作转型发展三年规划。全年完成审计项目9个，上报审计报告9份，下发整改通知及整改意见9份，审计发现问题76个，提出整改意见及建议53条。按照事后监督的独立性、连续性、及时性、全面性和重点性原则，做好对全辖会计核算、国库、货币发行业务的事后监督工作。四是牢固树立“安全第一”理念，确保安全无事故。落实安全管理责任制，规范发行库守卫管理，保证人防、技防、物防到位。完善运钞规范化管理，加强枪支、弹药的日常管理。加强应急预案演练，提高妥善应对紧急突发事件的能力，确保库房、发行基金和人员的安全。五是抓好节能减排，加强后勤服务保障。修订车辆、周转房管理办法，规范车辆和周转房使用。编制“十二五”节能减排规划，确保节能降耗目标的实现。按照《关于落实厉行节约规范公务接待要求的通知》要求，规范公务接待管理。以开展“满意在毕节”和“整脏治乱”活动为契机，提升窗口形象。

【抓好领导班子和干部队伍建设】 学习贯彻党的十八大精神，围绕中国特色社会主义理论体系，加强系统党的理论武装、思想建设和党员干部队伍建设。制订人才队伍建设规划，围绕培养、使用人才环节，推进辖区干部人事制度改革。通过补充配备、调整交流等措施，优化领导班子与干部配备，形成合理结构。严格干部选拔任用，确保选人用人公信度和满意度。做好后备干部选拔和培养工作，加大年轻干部多岗位锻炼力度。健全考核和奖惩激励机制，加强教育培训，不断提高干部的政治理论和业务素质。抓好离退休干部管理与服务工作，坚持定期走访和重大节日慰问，关注离退休人员的特殊困难，帮助他们协调解决。

【加强宣传思想工作】 围绕加强党的执政能力建设和先进性建设，狠抓领导班子思想政治建设，努力提升履职能力。加强和改进党委中心组学习，达到学以致用、用有所成的目的。加强调查研究，切实帮助基层行提高工作水平。深入开展“创争”活动和“创先争优”表彰工作。按照“注重过程、巩固提高、深化延伸”的工作思路，以提升履职能力、规范履职行为、增强履职效果、树立良好形象为着力点，深入开展文明单位创建活动。加强基层行团组织建设，加强青年活动载体建设，努力推动青年活动向基层延伸。积极开展“文明科室”“文明行员”等细胞工程建设，开展“青年文明号”“青年岗位能手”等创建活动。增强职工民主管理意识，积极开展各项竞赛活动。开展健康有益的文体活动，丰富干部职工业余文化生活，凝聚人心，充分调动工作积极性。

【推动反腐倡廉建设】 认真落实党风廉政建设责任制，坚持专题研究党风廉政建设工作党委会制度。制订《2013年党风廉政建设和反腐败工作任务分工表》，明确工作项目、牵头部门、协办部门和具体责任人。制订《关于贯彻落实中央八项规定、改进工作作风、密切联系群众的实施意见》，将其纳入党风廉政建设责任制检查考核的重要内容，改进工作作风，认真贯彻落实“八项规定”，提高服务效能。加强作风建设，认真查找“四风”方面存在的问题。开展行风评议，杜绝“吃、拿、卡、要”等不廉洁行为，树立良好形象。加强反腐倡廉宣传教育，促进领导干部廉洁自律。扎实开展廉政风险防控活动，通过教育、制度、监督并重的方式，全面推进惩防体系建设。

（供稿　中国人民银行毕节市中心支行）

毕节银监分局

【概述】 2013年，毕节银监分局充分结合辖区经济和银行业发展实际，贯彻落实“国办函35号”文件精神和市委市政府各项工作部署，紧紧抓住“守底线、强服务、严内控、促转型”的监管工作主线，严守风险底线，着力提升监管有效性，大力支持实体经济发展，积极支持经济结构调整和转型升级，全面推动辖内银行业平稳健康发展，为推动试验区“强区升位、跨越发展”做出积极贡献。年末，全市银行业金融机构资产总额941.69亿元，较年初增加103.99亿元，增12.41%；本外币各项存款余额822.29亿元，较年初增加105.94亿元，增13.28%；各项贷款余额547.81亿元，比年初增加114.29亿元，增26.36%。全年实现净利润15.70亿元，同比增加3.98亿元，增33.95%。不良贷款余额13亿元，较年初降4.42亿元，不良率2.37%，较年初降1.64个百分点。

【助推小微企业金融服务】 分局按照“鼓励、促进、指导、协调”的指导思想，通过非现场监管数据监测、问卷调查、开展小微企业金融服务宣传月及金融知识进万家活动、加大小微企业信贷收费情况检查力度等措施，持续推动小微企业贷款“六项机制”落实到操作层面，督促被监管机构加大对小微企业、个体工商户及小微企业主的信贷支持。引导各银行业金融机构进一步健全和完善小微企业金融服务专营机构，鼓励各机构根据小微企业客户的实际需求和选择，积极进行金融产品的开发与创新，以满足不同行业、各个层次小微企业金融服务的需要。至2013年12月末，毕节辖内所有银行业机构小微企业、个体工商户、小微企业主贷款余额为129.56亿元，较年初增加30.93亿元，增幅为33.39%，高于全部贷款增速3.57个百分点。增加额较2013年初增加了27.53亿元。实现了“两个不低于”目标。

【农村金融服务】 分局将“三大工程”打造成农村合作金融机构支持实体经济的特色品牌，全面推进支农服务工作。督促农村合作金融机构构建与“三农”发展相协调适应的服务模式，打造“三农”服务专业化体系，不断提高农村金融服务的专业化水平。截至2013年12月末，全市涉农贷款余额为348.04亿元，较年初增加68.20亿元，增24.37个百分点。

【深化消费者权益保护】 按照银监会和贵州银监局的统一安排部署，分局结合实际，9月份持续开展为期一个月的金融知识宣传活动，指导、督促辖内银行业金融机构制定本地区特色的宣传内容，通过电视、电台、报纸杂志、网站、户外广告、短信、银行网点等渠道，采取走上街头、深入社区、走进校园、走下乡村等以公众喜闻乐见的形式进行广泛宣传。分局班子成员还分别到联系点参加、指导金融机构开展“金融知识进万家”宣传服务活动，向群众宣讲金融知识。发放金融知识宣传资料5000余份，解答群众现场咨询300余次。

【机构建设取得新成效】 一是按照“贴近基层、贴近乡村、贴近农民”原则督导支持各金融机构下沉服务网点。2013年全市新增机构及网点21个，其中乡镇营业网点11个。二是率先实现村镇银行县域全覆盖。在贵州银监局的大力支持下，努力克服缺乏主发起行的困难，积极支持温州鹿城农合行批量发起设立村镇银行。2013年3月，威宁、赫章富民村镇银行挂牌营业，标志着毕节在全省率先实现了村镇银行县域全覆盖。同时针对村镇银行经营管理中存在的问题，大力推动黔西花都村镇银行更换主发起行工作。三是持续推动“引银入毕”工作，积极支持全国性股份制银行在毕设立分支机构，目前浦发银行毕节分行正在筹建中，预计2014年5月开业。

【农村中小金融机构不断发展】 一是稳步推进农信社改制农商行工作。在保持县域法人地位不变前提下，分局按照成熟一家改制一家的工作思路指导辖内农信社改制。2013年10月23日毕节市农村商业银行（原毕节联社）正式开业，标志着全省第一家农信社直接改制为农商行工作全面完成。黔西、织金改制筹建材料目前已通过省局审核上报银监会。二是督促辖内村镇银行坚持服务“三农”的定位，逐步下沉服务网点到农村，提高乡镇金融服务覆盖面。全年辖内村镇银行共设立了6个分支机构。三是积极推动邮储银行和信用社升格、增设服务网点，增强金融服务功能。全年邮储银行黔西、金沙2个二类支行升格为一类支行，同时增设3个营业所；全年农村信用社将5个乡镇临时服务网点升格为固定网点。四是引导支持邮储行、信用社使用“惠农通”“农信银”等POS机具创新服务方式，拓宽农村金融服务覆盖面。截至2013年末，辖内邮储行设立61家基层“惠农通”服务点，农村信用社设立714台“农信银”自助终端设备。

【加强房地产风险防控】 对国家重点调控的房地产行业和产能过剩行业，分局予以高度重视，积极按照国家宏观调控政策，通过专项报表统计分析等方式，严格限控银行业金融机构房地产贷款和产能过剩行业贷款的发放；同时，积极引导银行业金融机构采取差别化信贷政策，在风险可控的情况下，将资金更多的投向保障民生的保障性住房建设项目。截至12月末，全市房地产行业（含住房按揭）贷款余额为74.67亿元，较年初增加27.05亿元，增幅56.80 %，其中住房按揭贷款49.89亿元，较年初增加12.98亿元，增幅为35.16%。

【严控不良贷款反弹】 分局要求各银行业金融机构把准确分类作为基础工作长期抓好，坚决纠正通过不准确分类隐藏风险、虚报业绩的不良倾向，同时把分类准确工作纳入高管人员履职考核的重要内容加以考核。针对不良贷款问题比较突出的农村信用社，分局要求各机构采取有效措施继续加强不良贷款“双控”工作的开展，结合2012年监管指标真实性、贷款风险分类偏离度等现场检查情况，认真整改，调整相关监管指标，着力解决贷款形态不实风险，大力推动机构指标真实向好，努力达到新三年达标提升规划要求。截至12月末，全辖金融机构不良贷款余额13亿元，较年初降4.42亿元，不良率2.37%，较年初降1.64个百分点。

【做好非法集资、融资担保等风险防控】 一是通过金融知识进万家等活动向群众宣传非法集资危害，向群众讲解识别非法集资诈骗行为的方法。二是配合有关部门，严厉打击各种形式的非法集资，不断规范融资性担保机构，扎实做好综治考评、宣传教育和案件督导协调工作。三是对辖内银行金融机构员工敲警钟、加强教育，责令银行加大内部排查力度，对参与民间融资的采取零容忍，防范非法集资风险向银行业渗透。

【继续保持案防高压态势】 一是通过建立健全案防机制、按季开展案防工作督查、加紧风险排查、强化信息报送分析，加强督促问责等措施深入开展案件防控工作。二是年初与省联社毕节办事处、各农村信用联社、各村镇银行签订《2013年度案件防控目标责任书》，督促被监管机构深入排查案件隐患，明确各机构董（理）事长为案防工作第一责任人，要将对违规“零容忍”和实现“零案件”作为案防工作目标，实行安全事故和案件一票否决。三是着力加强对农村信用社违规问题问责工作的监督，提高执法威慑力。2013年，分局督促省联社办事处、各县联社对监管部门现场检查和自身内部稽核检查发现的违法违规问题进行严格问责，全市共计问责处理592人。其中：行政处分48人（辞退11人、撤职3人、记大过6人、记过3人、警告25人）；其他处分180人（通报批评160人、离岗收贷2人、诫勉谈话9人、其他处理9人）；经济处罚364人，处罚金额34.54万元，并对其中涉及违法行为的移送司法机关1人。有效地震慑了违规人员，保持了案防工作的高压态势。

【非现场监管质效不断提高】 一是夯实基础，从源头把关数据质量。分局重点突出对辖内各农村中小金融机构数据指标真实性的监管，明确农村中小金融机构主任（行长）为各类非现场监管统计报表的第一责任人，签订《非现场监管数据质量责任书》，严格进行数据质量的量化考核，并将考核扣分情况与高管人员年度履职考核和监管评级挂钩。二是明确分类监管思路，科学做好监管工作。分局党委对辖内金融机构内控管理水平和风险状况进行科学研判，把农村合作金融机构作为分局监管重点，同时根据2012年评级结果明确“314”分类监管工作思路。即：对监管评级为三级以上的3家联社开展以推进其向农商行改制为重点的监管工作；对监管评级为四级的1家联社开展以推进其达标升级为重点的监管工作；对监管评级为五级、各类监管指标较差的4家风险突出联社开展以督促其按“一社一策”制定风险化解方案并落实为重点的监管工作。2013年末，除纳雍联社外，其余3家风险突出联社均达到相关监管指标要求，脱离高风险社困境。三是拓展监管手段。分局建立季度监管例会制度，按季做好对被监管机构的风险分析和重点问题的汇报讨论，及时发现各类风险和问题，迅速进行排查和处置；同时选择黔西联社开展审慎监管会谈试点工作，拓展监管手段，着力提高监管有效性。

【提高市场准入有效性】 一是推动辖内金融机构积极探索创新符合实验区实际“接地气”的金融产品和金融服务方式。加大以ATM机、POS机、网上银行、便民服务网点等方式改善金融服务；同时广泛开展调研，鼓励辖内农村中小金融机构试点专业市场及工业园区贷款、城镇居民小额信用贷款、农村土地承包经营权和宅基地土地使用权抵押贷款、大牲畜抵押贷款等贷款方式，不断满足农村多元化、多层次金融服务需求。二是强化审慎监管，规范工作流程，认真把好市场准入关。2013年办理市场准入事项272件，其中：核准高管人员任职资格180件，批准机构准入及变更事项92件；组织11次高管人员任职资格考试，180人次参加考试，通过143人。

【现场检查质效提升】 是年，分局重点对辖内银行业金融机构公司治理情况、内控制度健全性和有效性、贷款合规性、操作风险、票据业务、融资平台贷贷款、社团贷款、理财业务、非现场监管数据质量等开展现场检查或后续跟踪检查。全年累计派出现场检查组21个，共计投入5972个工作日，查出发现违规问题239个，涉及违规金额5.71亿余元。根据检查发现的问题，分局有针对性地下发现场检查意见书，责令被查机构强化责任追究，责成机构处理违规人员127个，提高现场检查威慑力。同时针对现场检查中发现的员工风险意识淡薄问题，分局专门对辖内邮储银行及下辖网点全体员工开展以“合规经营、防控风险、共筑安全铁壁”为主题的专题讲座，取得较好效果。

【班子建设和队伍建设】 一是分局党委把中心组的学习作为新时期加强领导干部思想理论建设、提高科学决策水平的重要载体来抓，通过政治理论学习与研究监管工作相结合，做到学以致用，有效地提高了中心组成员政治素质、理论水平、决策水平和执政能力，较好地带动了分局各项工作的开展。全年重点学习了十八和十八届三中全会精神、深化改革若干重大问题的决定、习近平总书记系列重要讲话、中央经济工作会议、国办函35号文、加强领导干部反腐倡廉教育等内容。分局党委还按照党的群众路线教育实践活动要求认真开好民主生活会，组织专题学习，党委成员对照“四风”的各种表现逐一对照检查，同时广泛征求群众意见和建议，认真剖析，并逐一制定整改措施。二是围绕调整优化结构的要求，按照干部管理程序和条件，坚持德才兼备的原则，认真做好系统科级干部的适当补充工作。7月对6名副科级干部职位按照公示报名人员、竞聘演讲和投票测评、考察公示流程予以选拔，保证了干部任用的公信度。三是以提高风险防范能力、依法监管能力以及监管创新能力为重点，加强对监管人员的培训。组织分局系统员工参加银监会、省局组织的视频培训和监管知识讲座等，并要求参训人员写出学习心得体会。同时按省局要求，分局及时制定青年成长计划活动方案，明确成长辅导计划，促进青年干部更好更快成长成才，努力实现系统青年与银监事业同成长、共奋进的良好局面。

【加强内部管理】 进一步规范内部管理，提高办公效率。分局通过健全完善制度、加大制度执行力、规范操作等措施进一步加强对财务、车辆、会议、接待、保密、信访、公文、档案等的管理。坚持勤俭节约、量入为出的方针，按照统筹兼顾、保证重点、规范高效的原则加强财务管理，合理配置财务资源，严格经费支出审批管理，节约“三公经费”支出，为分局履行监管职责提供有力的财务保障。居安思危，多措并举加强保密工作管理。开展保密知识教育，加强人员培训，开展不定期检查，及时发现问题，堵塞漏洞，确保涉密计算机和网络安全。认真执行信访处理流程，依法办事，做好信访工作，全年处理信访事项3件。认真做好金融许可证的换发工作，全年换发金融许可证90份，无一差错。

【党建和反腐倡廉工作】 2013年，分局继续加强党风廉政建设，督促分局机关全体干部员工严格贯彻落实中央关于改进作风的“八项规定”。分局纪委利用节假日对党员干部广泛开展党风廉政教育活动，加强党员和干部职工政治思想教育；层层组织签订《党风廉政建设责任书》《党风廉政建设目标管理责任书》《工作人员廉洁从政从业承诺书》《党风廉政建设目标管理责任书》《财务管理责任书》和《财务监督责任书》，强化纪检监督，切实落实责任；分局通过广泛深入调研，完成并上报《毕节银监分局关于贯彻落实中央“八项规定”廉政监察的情况报告》。这些工作的有效开展，有力推动了分局党风廉政建设和廉政文化建设，规范了监管权力运行。

【构建“为民清廉务实”的监管文化】 分局通过开展“金融知识进万家”“老带新—青年成长计划”“中国梦金融青年在行动”微博宣传等活动，丰富了广大职工的工作和生活内容，也提升了青年员工的工作能力；通过组织青年员工参加银监会系统青年论坛征文等活动不断促进青年员工政策理论水平和监管理论知识的提升。同时分局在办公经费紧张的情况下拨出20000元，支持黔西县新仁乡隆兴村建设“文化长廊宣传栏”。这些活动的顺利开展，有效推进了分局“为民清廉务实”的监管文化建设。

（供稿　毕节银监分局办公室）

中国银行毕节分行

【概述】 2013年，中国银行毕节分行遵循省分行党委“知行聚合”的文化理念及构建“五个银行”的发展战略，按照“创新发展、转型发展、跨越发展”的工作要求，以存款增长为核心，以渠道建设为重头戏，全面提升客户、产品、渠道三大效能，全面加强内控合规、企业文化和队伍建设，在助推毕节实验区经济发展的同时，有力地促进了各项业务的健康发展，不断提高市场竞争力，年末各项贷款余额达到160872万元，比年初增加21907万元，增15.76%；人民币各项存款余额364534万元，比年初增加63262万元，增21%，不良贷款率持续保持在较低水平。

【担当社会责任，助推毕节经济发展】 为贯彻落实国发2号和国办函35号文件精神，进一步扩大毕节市融资规模，以满足地方经济建设中的资金需求，3月28日，中行毕节分行与毕节市人民政府在洪山国际大酒店共同举办“中国银行投资银行表外融资业务培训会”，会议期间，中行毕节分行借力总行，特邀总行投资银行部高级产品经理刘琳娜、总行投资银行部产品经理王晓雨到场授课。培训会结束后，毕节市政府随即召开“融资业务交流座谈会”，会议对今后如何利用银行多元化的优势，助推毕节试验区经济发展以及意向合作等相关事宜进行意见交换。5月9日，中行毕节分行首笔5亿元“投融通”产品正式落地，年底再接再厉并成功叙做2亿元“投融通”产品，2013年累计向毕节实验区投放建设资金7亿元。这两笔业务的成功叙做，有力提升了中行毕节分行在当地政府的声誉度，践行了为毕节试验区的经济建设添砖加瓦的社会责任承诺，为进一步增进与政府全方位合作奠定了坚实的基础；8月7日，时逢全省将在四个州市启动就医医疗费用联网即时结算试点之际，中行毕节分行与毕节市第一人民医院“医达通”合作项目正式签约。目前，该项目已进入软件开发和设备购置阶段，预计将于2014年初正式投产。“医达通”项目是毕节市首家银医合作项目，是毕节市重要民生工程、惠民工程，旨在帮助老百姓解决就医难、手续繁等问题；9月12日，中行毕节分行与共青团毕节市委在毕节学院联合举行贵州“青年创业卡”启动仪式，拟通过该卡向全市有志创业青年搭建专业化金融服务，助力青年创业者成功创业；为确保新一代社会保障卡的顺利发行，让毕节市民尽早享受智能新生活，在毕节市社会保险事业局的统一部署和全力支持下，自10月25日以来，作为首家发卡银行，中行毕节分行协助毕节市社会保障局积极推进社会保障卡发卡工作，由于前期准备充分，有条不紊，新一代社会保障卡有效推行。

【开展金融消费权益保护工作】 2013年，中行毕节分行按照人民银行《毕节市金融消费权益保护工作指引》的工作要求，明确职责分工，加强制度建设及内控管理，完善金融消费权益保护环境建设；在办理业务过程中，工作人员切实履行职责，全面履行合同告知业务及文件告知业务，坚守职业道德，严格保护金融消费者个人金融信息；制定投诉处理流程，设立投诉专线，安排专人负责客户投诉处理，建立并及时更新投诉处理数据库；年内，组织多次金融知识进校园、进医院、进社区的宣传普及活动，多措并举宣传金融知识，9月份，按照人民银行统一要求，组织开展"金融知识普及月"活动，到毕节学院驻点开展"金融知识进高校"活动。一年来，中行毕节分行自觉接受社会各界监督，接受各监管部门、银行业协会及消费者权益保护协会的监督领导，确保各项工作得到有效落实，确保金融消费权益保护工作在阳光下运行。经过人民银行毕节市中心之后现场及非现场评估，中行毕节分行金融消费权益保护工作被评为A级。

【加强安全保卫及内控案防管理，有效促进合规文化建设】 一是与各部门负责人签订《中国银行毕节分行2013年党风廉政建设责任书》，拟发《2013年纪检监察工作要点》，明确全年工作任务，为凝心聚力、合拍共振、转型跨越、变革图强、持续健康发展提供坚强保证。二是坚持每日反洗钱风险监控排查，对可疑交易数据"日查制度"进行非现场抽查监控。各机构严格执行每月一次、分行每季度一次的"内控、案件形势暨员工思想动态分析会"制度；坚持每季度对员工思想行为进行失范管理和排查；坚持每周一次的监控录像综合检查和每季度一次的案防工作现场突击检查及通报制度。通过一系列内控及案防管理措施的有效落实，确保2013年中行毕节分行无违规违纪责任事故和案件发生，促进各项业务健康发展。11月28日，经贵州省公安厅安全评估检查验收小组、毕节市金融安全保卫工作领导小组考核验收，中行毕节分行在两年一度（2012～2013）银行业金融机构安全评估工作中获得99.28分，名列毕节市银行业金融机构排名第一。

【拓宽工作思路，促进业务发展】 一是向上借力，虚心求教，积极进取。2013年，中行贵州省分行多次到毕节分行开展业务指导、送教上门活动，提高了中行毕节分行从业人员业务素质，有效促进了中行毕节分行各项工作的顺利推进。二是向外借力，银校联手，银企双赢。为进一步巩固和发展中行毕节分行与毕节学院长期、稳定的合作关系，7月25日，中行毕节分行召开银校座谈会，认真总结长期合作经验及新模式下的合作意向，初步形成银校双赢、全面合作的良好局面。经长期努力，年底与毕节学院成功签订全面战略合作协议，确立了中行毕节分行与毕节学院的全面战略合作伙伴关系，夯实了"双赢"基础，同时也将对助推"科教兴市、科教兴毕"起到积极的助推作用；三是助力小微，共商共赢。中行毕节分行10月10日与七星关区微小企业合作发展商会会员举行银企合作座谈会，经多次沟通协商，于11月14日正式签署合作协议。中行毕节分行将密切加强与七星关区微企合作发展商会的合作，共商发展大计，以期实现双赢。

【加强业务宣传，提升品牌形象】 6月10日，由毕节市委、市人民政府共同举办的"毕节市第一届体育运动会"在毕节市"奥林匹克体育场"拉开序幕。作为"毕节市第一届体育运动会"的支持单位，中行毕节分行遵循"点燃激情、同心跨越"的主题，切实制定业务宣传方案，广泛开展了一系列宣传活动。6月10日—16日，每天在毕节市广播电视台1、2、3、4、5频道黄金时段播放15秒中行形象宣传广告，同时结合报纸、宣传手册、高杆广告、大型广告牌等多种形式进行综合宣传。6月16日，毕节飞雄机场正式通航，中行毕节分行以毕节飞雄机场的通航为契机，进一步加大对毕节飞雄机场的营销力度，现已在飞雄机场开展贵宾厅冠名宣传，同时，中行毕节分行自助设备、ATM、POS机具已安装完毕，现已正式投入运营。

【关爱职工，广泛开展各项文体活动】 2月25日—3月8日，中行毕节分行工会以"岗位创建、服务创先、业务创新"为主题，组织开展庆"三八"系列活动；八一建军节期间，组织开展对困难军队转业干部、退役士兵进行慰问；为充分体现分行党委的人文关怀，认真践行"知行聚合"

文化理念，中秋佳节，分行领导与单身员工在职工食堂举办中秋晚餐会，共庆“中秋”佳节；10月8日，中行毕节分行举办“我和我们的贵州中行梦”主题演讲；10月10日，组队参加毕节市总工会举办的“女职工劳动保护特别规定”知识抢答赛；10月19日，组队参加由毕节市总工会、共青团毕节市委、毕节市妇联联合举办的毕节市青年职工趣味运动会暨联谊会；11月20日，中行毕节分行与中京博泰毕节地产置业有限公司在毕节学院体育馆举办篮球友谊赛。通过一系列活动的开展，营造了“中行一家亲”的良好氛围，让中行真正成为员工的归属之家、幸福之家，让所有员工在中行这个大家庭里开心工作、幸福生活。

【组织召开第四届一次职工代表大会】 12月12日，中行毕节分行组织召开第四届一次职工代表大会暨会员代表大会。会议讨论通过《行长工作报告》《财务经营情况报告》《工会工作报告》，选举产生中国银行毕节分行第六届工会委员会。大会讨论通过并签署了《毕节分行女职工权益保护专项集体合同（草案）》。

【加强机构建设、拓展县域金融服务】 为加快推动物理网点建设，3月22日，中行毕节分行成立“渠道建设推进小组”。7月16日黔西县支行成立。2013年，金沙县支行已成功选址，营业场所即将进入装修阶段；百花支行已获省分行迁址批复，现正在按规定程序向当地银监局进行事前报批和机构形象设计执行中；城区七星关区医院离行式自助银行已于9月27日开业投产，渠道建设工作有序开展，金融服务正逐步向县域拓展。

（撰稿　向　琴）

中国农业银行股份有限公司毕节分公司

【服务“三农”成效显著】 一是立足蓝海市场，践行社会责任，为农户提供信贷服务，切实加强风险管理。全年累放农户贷款4636户、1.79亿元，其中，新授信农户贷款1407户、6411万元，解决了部分农户生产经营资金需要。二是加强渠道建设和产品跟进。全行惠农卡发卡总量153.38万张，全年新发卡12.49万张。县域以下1999个“惠农通”工程服务点、2027台电子机具为广大农民提供金融服务，得到社会各界好评。以惠农卡为载体的“新农保”“新农合”代理业务有序开展。完成600个“万村千乡市场工程”农家店信息化改造选点工作，并收集农家店资料529户。

【主体业务大幅提升】 各项存款余额120.99亿元，较年初增加15.54亿元，居系统内第一，增幅为14.7%，各项存款余额市场份额32.85%，居四大行第一。增量市场份额245.5%，居四大行第一。个人存款余额74.22亿元，较年初增长7.91亿元，余额市场份额38.61%，增量市场份额39.48%，存量和增量市场占比均居同业第一。个人存款日均增量7.74亿元，完成计划7.31亿元的105.88%。对公存款余额46.77亿元，较年初上升7.64亿元，余额市场份额26.56%，四大行排名第二，增量市场份额56.55%，四大行排名第一。各项贷款余额61.87亿元，较年初增加6.57亿元，增幅为11.88%。公司类贷款余额38.52亿元，占贷款总额的63%。个人贷款余额22.39亿元，占贷款总额的36%。票据贴现余额0.96亿元，较年初增加0.79亿元，银行卡透支余额1.46亿元，较年初增加0.3亿元。实现中间业务收入8472万元，同比增加1415万元。实现拨备前利润2.68亿元，同比增加0.21亿元。实现经济增加值15.41亿元，完成全年计划的114.14%。

【支持地方经济发展】 围绕毕节市经济发展需求，加大信贷支持力度。重点加大对煤、电力、化工、高速公路等项目的信贷投入，同时积极满足农村电网改造、房地产开发、旅游、县域医院等项目的融资需求以及个人信贷需求。全年累放各项贷款32.22亿元，同比增加7.54亿元。一是结合毕节市发展实际，确立以煤、电产业为主导，以房地产、高速公路等基础设施为突破，以中小企业、工业园区内项目为两翼跟进的市场定位，全年累计发放法人类贷款22.53亿元，从行业分布上看，法人贷款存量主要分布在电力、建筑和采矿行业，共计占比76.31%。其中，成功发放公路基础设施建设贷款24278万元，电力贷款投放96990万元，煤炭行业贷款6800万元。二是以城镇化建设为契机，加大综合营销力度，有效支持毕节创美房开和赫章汉阳项目城市综合建设。三是加大对小微企业的扶持力度，按照年初制订的每个支行支持 3 ～ 5 家小微企业目标计划，全年累计发放小微企业贷款 4.28 亿元，同比增加 2.12 亿元，增幅达到 98.15%。在继续做好涉农、采矿业、制造业小微企业金融服务的同时，加大对批发和零售业小微企业的支持力度。12 月末小微企业贷款余额为 4.16 亿元，比年初增长 2.39 亿元，增幅 104.55%，高于各项贷款平均增幅 92.67 个百分点。小微企业贷款在法人贷款中的占比为 10.8%，较年初提升 5.42 个百分点。批发和零售业小微企业贷款余额同比增加 0.52 亿元。四是以个人住房贷款为重点积极营销，全年营销 35 家房开公司，并与其中 27 家签订个人住房按揭合作协议，协议金额近 27.13 亿元。

【抓好存款组织】 抓好“春天行动”、“激情仲夏”“赢在金秋”等活动，采取多种形式的综合营销，以基金理财、实物黄金、存金通、三方存管、信用卡、信贷产品等为宣传内容，充分利用一季度的有利时机，积极开展各项业务营销，扎实推进活动开展，将个人负债业务的目标市场定位于中高端白领客户和个体私营业主。充分依托个人优质客户系统，遵循系统管理客户的原则，对全行的个人客户结构和效益贡献度进行调研分析，进一步加大个人存款市场份额的拼抢力度。加快个人优质客户管理系统和金钥匙理财专家系统的全面推广应用。落实贵宾客户营销责任人，真正实现贵宾卡的签约、发放、维护和服务依次到位。组织人员深入研究市场变化、研究同业竞争策略，借鉴学习兄弟行在拓展个人存款业务方面好的思路、好的办法，因地制宜找准工作“突破口”，摒弃原来以储蓄论储蓄的陈旧观念，加大银行卡、电子银行等载体类产品营销，以本行的大个金产品营销带动、扩大个人存款的归集源头，实现个人存款业务持续快速发展。

【中间业务实现跨越发展】 2013 年，全年实现中间业务收入 8472 万元，同比多增 1415 万元，完成省分行下达计划的 104.59%。其中，实现个人类中间业务收入 5652 万元，完成省分行全年计划的 113.04%，对公中间业务收入 2821 万元。一是大力拓展信用卡业务，全年实现信用卡中间业务收入 1129.24 万元，同比增加 376 万元。二是电子银行业务快速发展，全年安装自助设备 83 台；电子渠道分流率大幅提高，达到 74.29%，同比增加近 20 个百分点，排名全省第一；实现电子银行业务收入 2411 万元，完成全年计划 2180 万元的 111%，其中自助银行业务收入 1665 万元，完成计划 1505 万元的 111%。三是加大与保险公司合作力度，全年完成代理保险手续费收入 122.81 万元。四是通过全面开展投资银行业务、常年财务顾问业务、大力推广并巩固“新商盟”市场份额，全年实现公司业务中间业务收入 2079 万元。

【加快网点转型，提升服务能力】 2013 年完成全辖 17 个营业网点的软转型导入工作，在省分行组织的验收小组开展的验收工作中，17 个软转网点均验收合格。通过网点软转型工作的实施，提升了网点优质文明服务的能力和员工营销技能，初步形成了有网点特色的网点团队文化，员工团队营销意识和能力得到提升，在 2013 年四季度省分行组织的“神秘人”暗访检查中，通过对辖内 35 个营业机构的检查，毕节分行的综合得分在全省排名评比中取得第三名。

【强化基础管理，抓好风险控制】 以“业务精细、管理精细、服务精细”为抓手，深入推进全行基础管理工作的序时开展，进一步夯实业务发展基础。切实加强信贷基础管理，推进信贷结构调整优化，推动贷款管理模式由粗放型向精细化的逐步转变。退出潜在风险客户贷款 4433 万元，计划完成率 175.9%，其中名单制管理行业压缩退出类客户贷款 3000 万元。以“三化三铁”创建为主线，努力完善现代运营体系、制度流程与风险防控体系，奠定坚实的运营基础。在 2013 年全省运营业务考评中荣获全省第一名。加强全面预算管理，优化资源配置，有效推动了价值创造和经营转型。推进全面风险管理体系建设，风险控制水平进一步提升。强力推进金融消费者权益保护各项工作的落实，在中国人民银行毕节市中心支行 2013 年现场评估中，该项工作评级结果为 A 级。持续保持案防高压态势，全面落实责任狠抓案件风险防控，实现全年安全经营。

【党风廉政建设】 把党风廉政建设和反腐败抓源头工作与业务工作同部署、同落实、同考核、同奖惩，履行以党委“一把手”为“第一负责人，一岗双责”的责任制。在年初工作会议上，党委书记、行长与各支行一把手、机关各部室负责人签订《党风廉政建设责任书》28份、《合规经营操作防范案件责任书》28份，各单位也逐层签订《案件防控责任书》及《党风廉政建设责任书》，拟订下发《领导班子成员2013年党风廉政建设工作任务分解意见》，落实“党委统一领导，党政齐抓共管，纪委组织协调，集体领导与个人分工相结合”的领导机制，有效督促各支行领导班子、本行机关各部室负责人真正把党风廉政建设及反腐败工作的各项规定落到实处。拟订下发《毕节分行关于改进工作作风的实施意见》和《毕节分行本部公务接待暂行规定》，从领导干部调研、会议、招待、勤政等方面进行明确。成立网点建设及服务质量、重点工作推动、机关作风建设三个工作督导组，采取定期或不定期的方式对各单位作风建设的执行情况进行督导，以此推动全行工作作风的改进。目前，机关干部员工服务基层意识得到了一定加强，遵章守纪的工作作风得到良好的转变；招待费用较2012年压降招待费用40%以上。根据中央纪委、上级行有关精神，及时对会员卡专项清退活动进行部署和清理，全行39名纪检监察干部认真落实会员卡专项清理工作，做到“零持有、零报告”。认真贯彻落实总行、省分行有关信访工作的文件精神，及时排查不安定因素，切实解决群众反映的“热点”“难点”问题，促进全行稳定。严格按照《信访查处办法》相关规定规范信访举报工作，建立完善信访查处工作制度，切实做好信访受理、查处和归档工作。

【干部队伍建设】 选好配强各支行“一把手”，优化班子结构。在班子成员履职考核等方面，赋予各支行一把手更大的建议权。树立重视基础、崇尚实干的用人导向，注重从基层一级选拔干部，在基层一线锻炼干部，建立基于基层的培养选拔链。通过严格干部选拔任用程序，17名副科级干部走上领导岗位，优化了干部队伍素质结构。根据轮岗匹配原则，突出重点，务求实效，以农银大学贵州分校为载体，大力推广网络学院平台，持续加大培训力度。突出抓好管理培训、技能培训和岗位资格培训，结合目前员工现状，分层次进行培训。加强一线员工业务技能培训，使一线员工业务技能达到岗位要求。抓好专业培训，根据各个专业的职业要求和专业特色，以学习掌握专业前沿理论、改善知识结构、增强职业能力、创新能力为重点，探索建立专业人员岗位等级晋升管理制度，畅通专业人才横向流动、纵向晋升的发展路径和通道。抓好各行高、中层干部和重要岗位人员的培训，使之具有较强的管理能力、创新能力和执行能力。抓好近几年新进行大学生的培训、管理及能力提升工作，召开“近几年新进行大学生座谈会”，听取大学生的工作情况，鼓励大学生积极为全行业务发展献计献策，及时为大学生在工作和学习上排忧解难。做好派遣员工的职业生涯规划，继续开展“派遣转直签”招聘工作。

（撰稿　佟　伟）

中国农业发展银行毕节市分行

【概述】 2013年，中国农业发展银行毕节市分行紧紧围绕试验区经济社会发展规划，切实加大信贷投入力度，联系实际谋划业务发展，取得良好的支农效益和经营效益。年末各项贷款余额693315万元，比上年增加133937万元，增幅23.94%；各项存款余额221013万元，同比增加9412万元；日平均余额209797万元，同比减少2013万元；资金自给率32.64%；实现中间业务收入245.14万元，人均中间业务收入2.07万元，同比增加0.33万元；实现账面盈利16679万元，人均利润107.12万元，同比减11.44万元；成本收入比为14.49%，同比升2.45个百分点；资产利润率为2.56%，同比降0.6个百分点；不良贷款率及新增不良贷款余额下降率保持为零；按时收回到期贷款97932万元，无贷款逾期现象。

【推动业务发展】 一是贷款业务。全年累计投放信贷资金231819万元，其中：发放政策性粮油收购储备贷款37091万元，主要支持各级粮油储备和国家临储粮油任务的落实、地方储备粮轮换和地方粮油调控收购。发放中长期项目贷款194800万元，主要支持毕节市七星关区农民集中住房建设、毕节德溪土地整治、黔西土地收储项、金沙土地整治、威宁土地整治、纳雍金蟾水库、大方岔河水库、织金 土地整治等一系列重点项目。二是存款组织。扎实推进存款组织，遏止存款下降趋势。年末各项存款余额221013万元，同比增加 9412 万元；日平均余额 209797 万元，同比减少 2013 万元。三是中间业务。严格按照监管部门和上级行要求，切实提升咨询顾问服务质量，合规合法适时收取咨询业务费用。为客户提供优质高效的代理保险服务，实时收取代理保险手续费收入。全年实现中间业务收入 245.14 万元，人均中间业务收入 2.07 万元，同比增加 0.33 万元。

【筑牢风险管控防线】 一是落实授权管理要求。按照 2013 年省分行转授权，严格按照制度规范要求报批、审查、审议、签批各类贷款。二是强化信贷风险管控，加强信贷风险及资产质量分类情况监测，及时收集掌握贷款逾期、欠息、展期以及不能按还款计划归还贷款等风险信息，及时督促清收落实，做到贷款风险早发现、早预警、早处置。三是提高风险排查力度。加大信贷政策制度执行情况和专业条线管理的检查力度，增强信贷制度执行力，确保各项政策制度正确执行。四是抓实客户评级授信，把牢准入关口。信用等级评定企业共 49 户，授信客户 43 户。五是充分运用 CM2006 系统、征信系统、信贷信息核查系统及互联网等各种现代信息渠道，获取更多的审查信息，提高审查结论对信贷决策的可参考性。六是抓好粮油附营业务停息挂账占用贷款清收处置工作。七是做好法律合规工作，严格各类外签合同的法律审查。

【财务管理和内控建设】 一是严格遵守财经纪律，从严加强财务收支管理，合法合规开支费用。二是严肃基建工作纪律，落实基建项目“点对点”管理要求和“四控制”目标。威宁支行基建主体工程顺利封顶。大方支行营业办公用房的置换和黔西支行基建立项工作稳步推进。三是进一步提高经营管理水平，确保经营绩效指标考核计算、监测的准确性、及时性，巩固提升网银结算资金水平。

【努力保障平稳运营】 一是加强计算机安全管理，强化培训和技术推广运用，不断增强信息技术整体功能。二是坚持“预防为主、群防群治、标本兼治、安全第一”的方针，严格执行总行、省分行和公安、银监部门的各项部署要求，落实安全保卫工作责任制。落实值班制度，适时开展应急演练，认真贯彻执行省分行车辆管理办法，加强车辆管理，严格执行非出差车辆定点停放和节假日封存制度。

【加强办公综合管理】 一是抓好办文、办公管理，提高公文管理水平。对各类会议，抓好布置落实。对有关部门的来电，做好电话记录，及时办理。做好全行性工作部署和批办事项的催办督办。加强档案管理，提高档案综合利用效益。二是加强信息宣传。编发信息摘报 28 期。在省分行子网站刊发信息 33 条。在《农村金融时报》《粮油市场报》《贵州日报》《毕节日报》等媒体登载新闻宣传稿件 35 条。积极向金融办主编的《金融业信息》和银监分局主编的《毕节银行业信息》报送信息。三是将开展思想政治工作与解决干部员工实际问题相结合，提升干部员工的素质和能力；大力推进民主管理，开展“扶贫济困”活动，解决困难员工的燃眉之急和后顾之忧。四是加强保密工作。落实保密工作报告制度和保密联系人备案制度，及时报送保密工作年度总结。五是抓好后勤保障。结合实际修订《毕节分行机关办公楼管理办法》《食堂管理办法》等制度。进一步规范劳务用工管理。切实加强车辆管理和后勤保障，确保安全运营。

【员工队伍建设】 一是加强班子建设，团结协作推动各项工作。二是从提高员工政治素质和业务素质入手，加大员工培训力度。组织员工积极参加总行组织的上岗考试和省分行组织的“年考”。三是落实每周例会学习制度，明确人力资源部按时上报学习情况。四是巩固“基层党组织建设年”活动成果，不断增强基层党组织的凝聚力和战斗力，全面提高党员队伍素质。

【加强党风廉政建设】 一是组织学习十八大和十八届三中全会精神。认真落实中央“八项规定”和上级行下发的实施细则，牢固树立勤俭办行的理念，严禁铺张浪费，把有限的财务资源用在促进业务发展上，明确市分行人员到支行检查调研，原则上必须在职工食堂就餐，公务出差尽量使用公共交通工具，减少费用开支，减轻支行负担。二是落实领导干部廉洁自律各项规定，进一步落实《领导干部述职述廉制度》《领导干部重大事项报告制度》《领导干部收入申报制度》《领导干部收受礼品、礼金登记制度》，建立登记簿进行认真登记。三是认真贯彻执行《廉政谈话制度》，市分行党委书记和纪委书与各县支行正副行长进行廉政谈话 24 人次，开展任前谈话 6

人次。四是与开户企业签订《银企廉政共建协议书》36份，组织市、县行全体干部职工按规定签订《廉洁从业承诺书》113份，签订《不参与社会融资行为书面承诺》113份。市分行班子成员对开户企业开展《银企廉政共建》回访。

【深化企业文化建设】 自总行发布农发行价值体系以来，分行组织全体员工开展学习活动，使全行员工对价值体系的相关内容有详细的了解，联系具体实际深刻领会、自觉践行。结合岗位工作实际开展学习大讨论，在营业室及显要位置对价值体系的内容上墙，加强内外宣传，进一步规范企业文化视觉识别系统。

（撰稿　邹　刚）

中国建设银行股份有限公司毕节市分行

【概述】 2013年，建设银行毕节市分行一般性存款余额112.64亿元；各项贷款余额64.79亿元，较年初增13.05亿元，增幅同业第一，为地方经济建设做出了积极的贡献；实现利润2.86亿元，经济增加值1.5亿元，价值创造力领先同业。

【服务地方经济，创新驱动发展】 2013年5月份，建设银行毕节市分行领导班子进行调整。调整后的新一届领导班子提出了创新驱动发展，着力提升金融服务能力的经营指导思想。全年向城镇化基础设施建设项目、交通运输业、房地产业、能源基地建设、民生领域投放贷款68.64亿元，比上年新增16.9亿元，比上年同期增19.81亿元，新增占比四行排名第一。此外，分行还积极牵线搭桥，充分发挥建设银行规模优势，引进建行系统内区域外其他分支机构支持试验区建设，贷款余额达63.042亿元。一是为贯彻落实党中央建设新型城镇化和贵州省委“加速发展、加快转型、推动跨越”，推进工业化、城镇化、农业现代化“三化同步”，重点抓好省级“5个100工程”的战略部署，发挥建设银行大型国有商业银行金融服务优势，建设银行毕节市分行明确了因地制宜服务好城镇化建设的经营思路，全年向织金、金沙和毕节市七星关区城镇化建设项目授信10.02亿元，涉及城市道路建设、土地综合整治以及安置房建设。二是按照《贵州省高速公路三年会战实施方案》，为支持试验区交通枢纽建设，推动经济快速发展，建设银行毕节市分行积极提供融资支持，参与兄弟行牵头的内部银团贷款。全年向交通运输业授信额达33.09亿元，主要投放至毕威、黔织、毕生、毕都、织纳、清织等高速公路建设以及城市道路施工和工程设施建设。三是在满足购房者购房意向的同时，向优质房地产开发商提供融资支持，尤其对保障房建设。2013年分别向“瑞丰铭城”、“碧阳国际城F地块（兰乔圣菲）”项目授信3亿元，以上项目的建成为毕节试验区的发展做出了积极贡献。四是向毕节市“十二五”规划提出的六大基地建设项目提供融资支持，以专业专注的服务水准以及各类创新金融产品做好金融服务。2013年，与华润电力以及重庆能源下属公司签定意向性贷款承诺书，与重庆能源（贵州）煤电有限公司签署《银企合作协议》。同时，向中城能源等客户提供信贷支持做好前期准备，向隶属于华电集团旗下的贵州大方发电有限公司提供基本建设贷款授信额度6.1亿元，有追索权保理1.5亿元。五是为做好民生领域金融服务工作，本行充分利用“民本通达”民生系列金融服务品牌功能优势，以及分别针对教育、医疗、社保、环保、文化五个领域，设计推出“教育慧民”“医疗健民”“社保安民”“环保益民”“文化悦民”五个子品牌系列产品综合服务方案，全力支持民生领域建设。此外，不断向毕节学院提供各类创新金融产品服务，包括代收代付业务、“e动终端”进校园活动，为该校师生提供上门服务。

【助力小微企业发展】 将小企业业务发展作为改善自身业务结构，实现战略转型的重要抓手，按照“两个不低于”（信贷投放增速不低于全部贷款增速、增量不低于上年）的发展目标，大力推动“助保贷”“信用贷”等产品在小微企业的推广运用，取得明显效果。截至12月31日，建设银行毕节市分行共向35户小微企业授信1.15亿元。

【加强渠道建设，优化网点布局】 一是加快推进营业网点“综合性、多功能、集约化”建设。通过开展柜员轮岗培训，科学合理布局岗位设置，实施综合柜员制等，全辖17个营业网点全部实现综合型网点转型，并组建10个综合营销团队。二是大力发展电子银行。以出台电子银行拓展激励活动方案为抓手，调动全行参与电子银行拓展的积极性，促进电子银行业务快速发展，电子银行账务性交易量较上年同期提升4.38%。网上银、手机银行活跃客户新增均居全省系统前列。此外，新型平台运用方面也取得实质性突破，善融贷和善融商务得到联合推进。三是加快自助设备布放。自助设备全年新增更换27台，总量达到95台；新成立中国建设银行股份有限公司毕节迎宾支行。

【群众路线教育实践活动成效显现】 一是坚持把学习教育贯穿始终，真正让党员领导干部触及灵魂，防止“放空炮”。二是坚持收集意见“从群众中来”，广泛听取员工群众意见建议，做到“全而实”。三是坚持整改措施“到群众中去”，为员工群众解决问题办实事，杜绝“空对空”。四是坚持将“全面完成全年各项工作目标”作为检验教育实践活动开展成效的重要标准。活动开展以来，全行通过各种方式征求意见39条，拟订整改项目11个，专项整治项目5个，制订整改措施23条，完善和制订相关制度8个；党委主要负责人与班子每名成员之间、班子成员相互之间、班子成员与分管部门负责人之间开展谈心活动40余次，找准问题并撰写对照检查材料5篇；会议数量同比减50%，发文数量同比减6%，差旅费同比减13.75%，会议费同比减58.08%，行政招待费同比降36.44%。

【持续抓好内控基础管理】 一是坚持从严治行、坚持“原因未分析透不放过，责任人未严肃追究不放过，堵塞漏洞措施未到位不放过”、坚持对案件和重大事故“零容忍”的工作要求，完善内控管理体系，夯实内控管理基础；持续开展案件专项治理，抓好案件风险排查工作，强化基础管理，严控风险；针对声誉风险管理薄弱环节，创新工作方法，完善应急处置工作机制；倡导合规文化建设，开展多种形式的员工警示教育工作，将内控合规理念植根于员工大脑深处，筑牢案防内控思想防线；抓好“平安建行”创建，在市公安局和省金融安全领导小组2012—2013年度安全评估工作中取得较好成绩，综合评分市内同业排名第一。二是开展反洗钱工作。按照人民银行及上级行业务主管部门的要求，认真安排、及时部署、督导检查各基层网点做好反洗钱工作，及时、准确报送各种资料；创新工作方式，提高反洗钱数据处理质量；强化反洗钱知识业务培训，不断提高反洗钱信息人员的工作能力，不断提升反洗钱工作效率；积极向公众开展反洗钱宣传。三是开展“金融知识进万家”和消费者权益保护活动，让广大百姓认知金融知识，努力维护消费者权益，为打造和谐健康的金融生态环境做出了积极贡献。

（供稿　中国建设银行股份有限公司毕节市分行办公室）

工商银行股份有限公司毕节分行

【概述】 2013年，工行毕节分行各项工作按照年初制定的工作目标稳步推进，截至2013年12月31日，实现净利润2.22亿元；各项存款较年初降7.32亿元；新增各项贷款12.92亿元；不良贷款率处于全省先进水平，连续13年未发生内部经济案件和重大差错事故。

【致力市场拓展，激活业务发展潜力】 一是加强与政府职能部门的沟通，建立稳定的银政合作关系；二是加强重点工程及项目的跟踪营销。扎实推进营销重点客户；三是借力“全市工业观摩会”，对全市工业项目进行全面梳理营销。四是与毕节市招商局建立对接联系，抢抓源头账户资源。

【强化管理，激活管理细胞】 一是搭建各类平台，有效实现全员关心发展、全员参与发展的良好氛围；二是建立一周工作推动机制，有效提高机关部室工作效率；三是建立集中会议日制度，切实减轻基层负担；四是在全行范围开展“如何看待绩效与工作关系”大讨论活动，切实把全辖干部员工的思想、智慧和力量统一到毕节分行的发展上来；五是以召开行务扩大会议，中层干部会议、机关员工大会为抓手，强化责任意识传导，着力提高干部员工责任意识。

【队伍建设】 一是开展中层干部民主测评工作，对排名后十名的中层干部进行告诫谈话，对中层干部的履职能力和综合素质能力，提出明确要求。二是组织以“担责任、争优秀、做能手——构筑毕节工行梦”为主题的青年员工户外拓展活动，提升青年员工的凝聚力。三是组织各类专业资格认证考试，发挥教育培训在推进人才培养中的重要作用。四是参与省分行各类竞赛活动。在全省数据挖掘营销应用大赛中取得第一名、在理财专家团队竞赛中取得个人营销推介第二名。五是组织开展新入行员工集训和营销服务体验活动，通过活动的开展在新员工中形成勤学习、善思考和人人争先创优的良好氛围。

【撬动网点竞争活力】 一是加快渠道建设步伐。全年完成5个网点的迁址工作。同时，提速全市六家自助银行的装修建设步伐。二是加快“标杆网点”及“百佳网点”建设步伐，在网点服务环境、硬件设施、人员配备上有较大改善。三是进行网点环境专项整治工作。对城区7个网点营业环境“脏、乱、差”的现象进行专项治理，在较短时间内使城区网点的面貌焕然一新。

【凝聚发展合力】 一是按照中央八项规定和“照镜子、正衣冠、洗洗澡、治治病”的总体要求，召开2013年二级分行党委专题民主生活会，班子成员间相互开展了批评和自我批评，进一步强化本级行和辖属基层行党组织的组织建设、思想建设、作风建设和廉政建设；二是建立以“责任毕节、奋进毕节、效益毕节、和谐毕节”理念为核心的特色企业文化体系，着力增强全辖干部员工的凝聚力和战斗力。

（供稿　工行毕节分行）

中国人民财产保险股份有限公司毕节分公司

【概述】 2013年，人保财险毕节分公司围绕“深入贯彻党的十八大精神，以科学发展观为统领，贯彻落实总公司以‘客户为中心’全面转型要求，坚持效益第一、对标市场”工作要求，以“理渠道、配资源、强服务、重管控”，努力实现业务发展与市场同步、盈利份额高于保费份额、客户满意度领先市场的工作整体思路，认真谋化2013年的总体工作。截至12月底，业务发展持续增长，全年实现保费收入26499万元，比上年同期增加3455万元，同比增14.98%。全年保险赔款支出15725万元。比上年同期增加3877万元。同比增32.72%。全年经营实现盈利。公司的盈利能力逐年持续增强。

【召开2013年非车险业务工作会议】 1月16日，毕节分公司召开全市非车险业务工作会议。传达省分公司2013年非车险工作会议精神。提出2013年非车险业务工作要求：一是重视渠道建设。抓好团单业务，紧盯分散业务，在非车险的营销中做到团体业务专业化，分散业务渠道化。二是要借助农网建设契机，借助人保财险机构网络优势，为非车险业务挖掘保源，使2013年非车险业务有所突破。三是确保非车险存续业务，不断拓展新增业务。

【安排部署电子商务一季度工作】 1月17日，毕节分公司召开全市电子商务会议。总经理室对一季度电子商务业务发展提出工作要求：一是各县公司结合市场实际，动员全员拓展业务，积极抢占市场；二是疏通业务发展渠道，支持电网销业务和车商业务发展，继续提高新销售渠道在整体业务中的占比；三是制订并完善各项考核激励举措；四是下发2013年一季度电子商务拓展任务计划。

【安排部署保险市场自查自纠工作】 为贯彻落实贵州省分公司《关于开展保险市场自查自纠工作的通知》要求，毕节分公司通过三个方面对保险市场开展自查自纠工作。一是及时《转发贵州保监局〈关于2012年贵州省财产保险市场现场检查情况的通报〉并开展自查自纠的通知》文件。开展自查自纠工作。二是成立以总经理为组长、分管副总经理为副组长、相关部门负责人和支公司经理为成员的领导工作小组，指导自查自纠工作。三是制订《人保财险毕节分公司开展财产保险市场自查自纠工作方案》，以确保工作顺利开展和完成。

【召开2013年全市系统工作会议】 2013年2月2日，毕节分公司召开2013年全市系统工作会议，对2013年工作进行安排部署：一是抢抓机遇、开拓创新、苦练内功、注重客户价值创造，实现内涵式的增长。二是实施差异化市场竞争策略，采取积极措施从区域、渠道等不同维度留存老客户、赢得新客户。三是努力提升新保率与续保率，采取多种激励措施促进车险业务又好又快发展，保持车险业务在整体业务发展中的重要引擎作用。四是加大对非车险产品线拓展的广度和深度，开展对政府职能部门营销，实现与车险同步发展，从而推动整体业务发展。五是加大销售改革力度，打造高绩效的团队和建立健全的销售渠道体系，不断提高公司销售能力。六是重视电子商务渠道业务，提高市场占有率，巩固存续业务，积极拓展新业务。七是着力提高理赔标准化、流程化、专业化程度，通过客户服务水平的提升来促进业务快速发展，使良好的理赔服务成为业务发展的助推器。八是高度关注非车险销售服务能力建设工作，确保非车险工作落实到位和见成效。九是加快“三农”网点建设，提前抓住政府为实现小康社会将大力发展农村经济建设的先机，率先抢占农村市场，以长远的眼光认识和做好农业保险工作。十是以客户为中心，提高全员服务意识，做好客户服务工作，全面降低客户投诉量。十一是坚持走“合规促发展，合规出效益”之路，视合规是各项工作的生命线。

【七星关支公司为永安救护队提供保险服务】 七星关支公司独家承保毕节市永安救护队团体人身意外险，为其提供价值2100万元的保险保障服务。永安救护队是隶属于毕节市七星关区安监局的专属地质灾害救援队伍。屡次在各类救援事故中起到重要作用，现为毕节市重大事故救援的重要力量之一。

【毕节分公司反洗钱工作考评获全市保险业第一名】 中国人民银行毕节中心支行在“关于毕节市金融机构2012年反洗钱工作风险等级评估情况通报”中，人保财险毕节分公司以87分的综合得分，名列全市14家保险主体第一、全市金融系统第三的良好成绩。

【贯彻全省纪检监察审计暨内控合规工作会议精神】 2013年4月10日，毕节分公司召开2013年纪检监察暨内控合规工作会议，传达贯彻全省纪检监察审计暨内控合规工作会议精神。安排部署全系统2013年纪检监察暨内控合规工作任务。分公司分别与各支公司党支部、机关各部室负责人签订了《毕节分公司二零一三年度党风廉政建设责任书》《二零一三年度支公司合规负责人合规管理责任状》。分公司监察部对参加会议人员进行了集中问责两项制度的解读宣导转培训学习。合规部也进行了内控合规暨反洗钱培训学习。

【人保财险六盘水、威宁公司理赔分部携手识假案】 2013年5月16日，威宁支公司接到报案，称由人保财险六盘水钟山支公司承保的贵B15907号东风自卸货车在威宁县金钟镇追尾碰撞贵B23403号水泥罐车出险，造成两车受损、驾驶员受伤。经查勘，发现该车于2013年5月16日0时起保，却在5月16日9时31分出险，起保时间离出险时间只有短短的9个多小时。这一异常现象引起了查勘员的警觉，再结合该案件无现场报案等诸多疑点。威宁公司向六盘水市理赔中心进行情况反馈。5月22日，六盘水市理赔中心派员赶到威宁，两公司联合再次到事故现场、交警队、医院、停车场进行调查取证。经查证，该车于2013年5月14日凌晨2时出险追尾碰撞停放中的贵B23403号车，造成两车受损及三者车上伤一人的事故。出险后当事人拆下车牌、用篷布掩盖车辆，保留现场直到5月16日购买保险生效后才报案谎称出险时间为5月16日，欲想骗取保险赔偿金。根据相关条款规定，六盘水和威宁理赔分部立即启动反欺诈机制，予以拒赔，挽回经济损失150000余元。

【七星关支公司做到“三农”保险服务站全覆盖】 6月19日，在七星关区举办的“人保财险三农保险服务站”授牌仪式上，七星关支公司向七星关区海子街镇颁发“三农保险服务站”牌匾，标志着七星关区39个乡镇级网点“三农保险服务站”达到100%全覆盖。七星关区“三农保险服务站”主要围绕以下三个方面开展工作：一是做好辖区内政策性农业保险的宣传、推广工作。二是负责组织和开展辖内防灾防损（防疫病）工作。三是在上述基础之上，积极开展车辆保险、个人意外险等商业保险。

【成功签发电销驾意险第一单】 7月3日，在总公司意外险部与电子商务部的指导下，毕节市七星关支公司成功签发贵州省电销驾意险第一单，完成刷卡收费、打印、送单的全流程，标志着贵州省电销车险与驾意险联合销售工作正式拉开序幕。

【参加首个全国保险公众宣传日活动】 2013年7月8日，是全国首个保险公众宣传日。毕节分公司向全市系统下发开展好宣传日活动的文件进行安排布置，要求各支公司掀起宣传热潮。开展进社区、进机关、进厂矿等倾听客户心声，受理客户投诉、听取客户建议。公司同时在员工中开展“讲诚信、重服务、树形象”的全员教育活动。通过对外宣传，对内灌输保险行业“守信用、担风险、重服务、合规范”的核心价值理念。

【纳雍支公司启动2013年政策性森林保险工作】 为确保全面完成2013年度政策性森林保险的承保签单工作，纳雍支公司在2012年试点工作的基础上，被纳雍县政府指定作为全县政策性森林保险唯一承保机构。及时派员到县林业局协助核对森林保险承保数据，率先在毕节市启动该项目签单工作。截至2013年12月9日，纳雍支公司已完成纳雍县618274.69亩公益林的承保签单工作。

【人保财险毕节分公司启动全市政策性森林保险工作】 2013年毕节市政府为全面开展政策性森林保险工作，印发了《毕节市政策性森林保险实施意见（暂行）》，将全市1209.96万亩公益林面积全部纳入保险范围，并于10月底前通过毕节市公共资源交易中心完成各县区政策性森林保险承保单位的政府采购工作，人保财险毕节分公司获得七星关区、大方县、黔西县、纳雍县、赫章县、双山新区、毕节经济开发区共计七个区域的承保项目。

【电子商务渠道提前完成全年计划任务】 截至2013年12月22日，毕节分公司电子商务部实现电网销渠道保费6108.62万元，完成省分公司下达保费6100万元计划任务的100.14%，提前完成全年电网销保费任务。其中网销渠道完成保费收入1511.89万元，完成省公司网销渠道计划任务的188.99%。

（撰稿　尚中学）

中国人寿保险股份有限公司毕节分公司

【概述】 截至2013年12月30日，毕节分公司全辖实现总保费18421.71万元，其中续期保费完成9035.35万元。个险销售渠道：完成首年新单保费1885.20万元，完成目标计划的68.36%；个险渠道市场份额占比32.22%，排名毕节个险第一。银保销售渠道：完成首年保费1129.59万元，完成目标计划的102.88%。团险渠道：完成团险短险保费2247.13万元，完成目标计划的86.43%，同比增7.43%。基本实现“规范与发展”目标。

【开展大病医保工作】 根据省、市两级政府统一安排，2013年毕节城乡居民大病医保通过市场招标形式由商业保险公司承保，政府进行相应监督。2013年6月，中国人寿毕节分公司通过政府招投标，获得毕节市城乡居民大病医保的承办权，公司承保毕节市七县一区、两个管委会（双山新区管委会、百里杜鹃管委会），共计6742084人的大病医保工作。截至2013年12月，收取保费11124.43万元，应赔付11558.11万元，现已赔付5408.00万元。

【加强个险队伍管理，促进业务稳定发展】 毕节分公司个险部2013年新增持证人力296人，达成新晋升组经理11名，育成4名组经理晋升为高级组经理，1名资深组经理，为毕节个险队伍做实奠定一定的人力基础。在党委、总经理室的带领下，分析个险部的目标市场和发展形势，以统一全辖个险渠道人员系统思想、明确工作思路为工作切入点，用好省公司个险部差异化管理的财务支撑政策和基层单位管理人员万元保费绩效工资的激励机制。毕节分公司个险渠道围绕领导班子安排，明确了自己的周经营、月分析、季辅导经营思路，建立了毕节公司业务提升、队伍建设的荣誉体系以及业务追踪的网络微信群组，实现毕节分公司业务节点、队伍建设同步发展的目标，养成了个险渠道层层管理、追踪的督导反馈机制。并借助省公司保单权益项目体系，在第一、第二、第三战场构建了保费提升的平台。更主要的是，提升了个险渠道管理人员的项目参与、组织运作和传承产品以及产说会的能力，同时也增强了个险管理人员自主经营的管理意识。

【推进优势业务，狠抓人员建设】 2013年，团险渠道加强对各支公司团险业务督导，加大与党政及各职能部门的沟通与协调，与其进行实质性的工作沟通衔接，借助政府职能部门有效拓展团险业务。在政府相关职能部门的支持和配合下，为农村小额保险和城乡居民大病医疗保险等业务发展营造了良好的外部环境，从而为这两项业务的顺利拓展奠定了坚实的基础。4月和8月举办了两期团险销售人员技能提升培训，为打造一支精明强干的团险销售团队、保证团险业务的持续发展奠定了基础。年内，一是加大与各银行网点的沟通力度，提升城区客户经理销售技能。二是制订一季度上规模、二季度调结构、三季度抓队伍、四季度查缺补漏的全年战略方案。三是完成邮政满期退保工作，及时快速的处理号客户因满期收益低、退保受损等服务及解释工作。全年解决处理客户纠纷案件40余件，为公司挽回资金20余万元；处理客户满期退保500余件，为公司后续发展奠定坚实的基础。四是做好省公司培训销售工作，在省公司培训结束后，公司制订出城区培训计划，加强对客户经理的技能技巧培训。并与中国银行达成启动“三千三”销售工作。

【财务制度平稳发展，完成各项财务收支】 一是重视日常财务收支管理。严格按照“收支两条线”对支公司的日常财务收支进行管理，对支公司日常业务收支日清日结进行了重点审核；强化费用类支出项目的审批制度，细化费用申请、报销流程，加大对支公司费用支出的追踪和监督；严格执行空白收款收据领用、核销制度，杜绝支公司违法违规形成账外资金和小金库。二是加强财务分析和财务信息的反馈工作。按时对公司的财务状况、经营成果进行分析，及时向公司领导提供全市及支公司各项预算指标完成情况报表，对支公司各业务渠道预算完成情况、直接销售成本、非人员经营管理费用情况分别进行分析。三是为加强其他应收应付款项管理，有效防和降低经营风险，避免财产损失，使其他应收款、其他应付款管理日常化，及时清偿公司的债权债务。配合追偿煤意险赔款诉讼案各共保公司到本公司对煤意险赔案资料的复查工作；配合内控等部门对借款中离司人员和在司非员工人员的借款资料的提供；配合分公司银保部对银保渠道人员养老金的清理核对工作。四是配合相关部门开展城乡居民大病保险业务工作，积极按中标合同开立大病保险业务专项存款收入、支出账户，进行大病保险业务的补偿支付工作。

【发挥政治优势，营造和谐奋进氛围】 一是落实党风廉政建设责任制继续坚持党委统一领导、党委、总经理室齐抓共管、各支公司、机关各部门各司其职、纪检监察组织协调、群众积极参与的领导机制和工作机制，将党风廉政建设责任制的落实与年初各项预算指标同部署、同安排、同考核、同落实。为明确今年党风廉政建设目标，3月分公司党委书记与8个基层公司、2个拓展团队签订《2013年党风廉政建设责任书》，确定各自的职责和义务，使责任制不留空当，从而形成了一级抓一级，层层抓落实的责任体系，较好地调动了各级领导干部落实责任制的积极性；二是落实反腐倡廉工作部署情况，市、县两级公司领导班子及领导干部通过学习，自觉遵守执行“四大纪律、八项要求”、《 廉政准则》和总公司《领导人员廉洁从业行为规范》、“十二条禁令”，增强了党性修养，提高了遵纪守法意识，严格执行廉洁自律各项规定和要求，在令行禁止等方面均有所加强。分公司班子成员按时参加党委中心学习组的学习，“三重一大”等重大问题严格执行民主集中制原则；三是做好案件查处和信访核查，落实案件责任制。严格执行总公司下发的《中国人寿案件调查处理暂行办法》《公司案件审理工作暂行办法》《中国人寿纪检监察信访工作管理暂行办法》的通知及省公司转发的中纪委印发的《关于纪检监察机关严格依纪依法办案的意见》文的规定和要求，做好信访举报工作，认真处理群众来信来访，讲求办案质量，完善办案程序，努力提高办案速度和结案率。

【加强全辖区反洗钱工作学习与监督】 一是加强反洗钱制度建设，分公司按照当地人民银行和省分公司的要求，形成反洗钱组织机构报备机制，每个季度按时向当地人行和省公司上报反洗钱工作报表。二是加强反洗钱法律法规的学习，加强与监管部门沟通。切实履行反洗钱法律义务，全面推进反洗钱工作管理，提高工作时效。按照反洗钱年度培训计划，组织学习反洗钱法律法规的培训，普及反洗钱知识，保证反洗钱培训时间，注重反洗钱培训效果，切实提高反洗钱工作意识和反洗钱工作技能，提高反洗钱工作人员的反洗钱能力与水平。三是做好相关的反洗钱整改工作并召开反洗钱工作领导小组会议。按照总、省公司的部署和要求，积极稳步推进反洗钱工作，切实履行反洗钱义务，有效防范洗钱行为带来的风险。

（撰稿　李佳成）

中国太平洋人寿保险股份有限公司毕节中心支公司

【概述】 2013 年，太平洋寿险毕节中心支公司实现保费全年达成标保 1.08 亿元，达成率 108.1%，同比增 27.85%。标保增长排名太保省内第一，达成率排名全省第二。其中，个险达成标准保费 8876 万元，年累计计划达成率 124.21%，排全省第一，标保增长排名太保省内第一；团险完成全年任务，规模保费 311.1 万元，达成率 135.26%，全省排名第二；银保截至 10 月对标市场规模上升一位，期缴也上升一位；交叉销售达成 1190 万元，年度达成率 149%，列全省第一；服务营销也有很大跨越，营销渠道 13 个月累计继续率达成 89%，同比正增长 2.1%；标保达成 384 万元，同比正增长 46%；现有客户经理 20 人，人力同比增长 80%。

【对外树形象、对内讲伦理】 在总公司推进“以客户需求为导向”战略转型发展、实现创新突破的关键时间里，在高举贵州分公司“发展、团结、奋斗”的旗帜下，“强公司、富员工”的美好目标深入到毕节太保每一位伙伴的心里，内外勤员工形成了一种共赢、共享、共建的价值文化，“一个太保，共同家园”促进了各部门的协作；讲正能量的话、讲有利于团结的话，言行一致，干部做好表率、员工积极向上，时刻在团队中营造出一种健康向上的氛围，所有人的目标就是让公司越来越好；提升客户体验，激发和满足客户需求，赢得更多客户认同，客户来公司办理业务等待的时长、感受是否良好都是非常重要的因素，让每一位来到公司的客户、新老伙伴们感受良好，体验到公司的逐渐改变，真正从感官、感受等各方面体验到“环境美、服务美、行为美、体验美”。2013 年 1 月，毕节中心支公司对整个中支及四级机构的职场办公环境进行了改变，对内让内勤员工有一个良好的工作环境，让外勤伙伴有一个轻松温馨的家庭氛围，对外给客户留有一个干净、整洁、有序的企业形象。

【“三项一化”工程成果初呈现】 毕节班子身先士卒，全辖上下发扬特别能吃苦、特别能战斗和特别能胜利的精神，注重实效，突出重点，一切工作围绕着目标的差距来开展，顺利达成 630 目标。因公司转变带来的效果向各级干部树立转变能夯实基础，转变能承担重任，转变能实现价值理念，传达坚持以身作则能使管理成本最低，效益最突显，凝聚力最强、团队最稳定思想。

【创造毕节中支特色“4.6.8”文化】 2 月，毕节中心支公司通过比赛、朗诵、歌唱、书法等方式开展特色“4.6.8”（即“4 句”核心文化——专业、严谨、创新、高效。“6 句”团队精神——学习狼发展组织，通力协作的生存智慧；学习狼优胜劣汰，适者生存的竞争法则；学习狼顽强执著，决不言败的进攻精神；学习狼永不自满，不断成长的进取精神；学习狼所向披靡，战无不胜的进攻艺术；学习狼钟爱伙伴，同进同退的团队精神。“8 句”营销理念——统一思想，统一行动！公司永远是对的！听话照做，一个声音喊到底！因为相信，所以创造可能！完成任务是天职！人力发展压倒一切！一切工作围绕着目标的差距来开展！以完成任务为契机，满足自己的一切需求！）文化活动，活动以讲正气、树榜样理念向公司员工传递正能量，增强了公司凝聚力，增加了职工信心力。

【人力爆破战斗营开启人力发展新篇章】 4 月 2 日，毕节中心支公司总经理室、全辖六家支公司、个险部、培训部、团险部、银保部、服务营销部、计财部、营运部、办公室、主管职级以上人员 116 人，参加了“人力爆破战斗营”，激发了整个公司发展人力的斗志，通过正确的引导，找到了壮大组织的方式、方法。

【毕节中支本部“育龙工程”】 毕节中心支公司本部自 5 月 2 日启动总公司“育龙工程”项目，13 人通过面试，并参加总公司四级机构优化项目培训。在半年冲刺中，新入司的一、二代“育龙工程”主管表现突出，有 23 名新人参加北海高峰会，本部也创造了半年冲刺历史最高业绩 126 万生效期缴保费，本部 102 个健康人力，其中新增健康 67 人，在九、十月份“决战金秋”过程中，各架构经理顽强拼搏，五位经理顺利达成筹备经理架构，各位经理带领辖下团队冲刺业绩，助力本部在 10 月份中完成 158 万生效期缴保费，以 188% 的达成率位列全省城区本部“决战金秋”第一名，达成基本法经理考核全部指标，完成“育龙工程”经理搭建。

【参与“防灾减灾”宣传活动】 5月6—12日，公司开展以“识别灾害风险、掌握减灾技能”为主题的全国第5个“防灾减灾日”宣传周活动，公司各机构、各部门始终把做好“防灾减灾日”工作作为维护群众利益、确保人民生命财产安全、促进社会和谐的重要举措。在活动期间，公司通过制作宣传横幅、宣传展牌、短信平台、晨会等方式宣传防灾减灾常识，同时公司各机构和本部组织检查各项设施，排除隐患。“防灾减灾周”系列活动的开展，增强了公司职工防灾减灾意识，加强了公司综合减灾能力建设。

【开展全国保险公众宣传日活动】 7月8日，为进一步强化保险行业的公众宣传意识，推动保险行业形象持续改善和全社会保险意识的不断提高，公司开展以“保险，让生活更美好”“倾听由心 ，互动你我”为主题的全国保险公众宣传日活动。在宣传日当天，公司各机构、部门积极参与，通过悬挂横幅、向客户发送信息、走进社区和广场、宣传专栏、倾听公众心声等方式开展丰富多彩、形式多样宣传活动，充分展示公司“守信用、担风险、重服务、合规范”行业核心价值理念，全面解答公众咨询，广泛听取社会心声和消费者呼声。“全国保险宣传日”活动的开展，增强社会公众的保险意识，树立了公司的良好形象。

【金沙县黄水坝煤矿11.2特重大事故】 太保寿险毕节中心支公司承保的金沙县禹漠镇黄水坝煤矿在11月2日凌晨2点左右，发生煤与瓦斯突出特重大事故。5人被困井下死亡，2人重伤，1人轻伤。重伤两人在送往遵义医院抢救中死亡，轻伤1人就近送金沙县林东医院治疗。该事故造成：7人死亡，1人轻伤，通过相关部门及公司现场查勘认定属于保险责任范围。本次特重大事故赔款共计140万元。

（撰稿　王　薇）

中国太平洋财产保险股份有限公司毕节中心支公司

【概述】 2013年，太保产险毕节中心支公司把保费实现跨越式发展、提高客户满意度作为全年重点工作，按照省公司的总体经营思路，紧紧围绕全年的预算目标，坚持“以客户需求为导向”，坚定不移地走可持续发展之路。截至目前，公司辖内涵盖黔西、金沙、大方、织金、威宁等五家支公司。全年按照省公司“问题牵引，四轮驱动，聚焦发展”的工作方针开展各项工作，坚持发展的同时动态调整业务品质；坚持综合成本管控不放松，主动参与市场竞争；坚持业务发展与资源配置相匹配，形成差异化管理的常态机制；狠抓渠道建设，促进多渠道协同发展；坚定不移做好续保基础管理工作，提升续保管理水平；持续加大理赔质量管理力度，提升公司服务能力以及可持续发展的能力。2013年实现保费收入11201.05万元，保费增幅28.69%，市场份额15.86%，比上年同期的15.73%增加0.13%，其中：车险10332.53万元，同比增加2850.83万元，增幅38.1%，非车险868.52万元，包括：货运险13.65万元，责任险160.36万元，意健险465.45万元，家财险3.39万元，企财险166.37万元，建工险50.15万元，其他险种9.15万元。应收保费146.74万元，已赚保费9261.28万元，净利润323.84万元，全口径综合成本率95.31%。2013年全年案件数为10012件，赔款支出（含间接理赔费用172.08万元）5467.61万元，简单赔付率48.90%，12月31日未决赔款估损金额2714.98万元。其中企业财产险59件，-120.63万元，机动车辆保险9624件，金额5090.3万元，货物运输险2件，金额0.52万元，家财险9件，金额1.68万元，意外险108件，金额370.82万元，健康险199件，金额69.91万元，责任险10件，金额23.32万元，其他财产保险1件，金额31.69万元。截至2013年11月20日，公司提前50天完成省公司下达的保费破亿元任务指标。

【召开“开门红”业务竞赛启动大会】 为确保公司2013年业务计划指标的达成，年初拟订了“向亿元目标迈进”为主题的“开门红”业务劳动竞赛方案，方案明确了2013年前三月各销售团队的任务目标，通过奖罚分明的方式对团队长进行考核，目的是把全司各个销售团队的实力切实激发出来，为全面实现2013年“开门红”目标而不懈努力。同时各销售团队长与总经理室签订

2013年销售团队保费达成目标责任书、安全管理责任书、合规责任书。

【理赔特色服务】 2013年以来公司推出一系列特色的理赔服务，一是3G快速理赔服务：针对现场责任明确、不涉及人伤、定损无争议、损失金额在5000元以内的保险事故，公司通过3G移动视频推出了“3G现场快速理赔服务”——客户在现场只需提供合法的行驶证、驾驶证及索赔权益人的账号信息（户名、账号及开户行），同时按公司要求填写一份后续交齐相关索赔资料（修理发票）的“5000元以下机动车事故快捷定损协议”，可在现场马上完成结案，并在一个工作日内支付赔款，客户修完车后再把所差索赔资料交到公司归档或由公司到修理厂收取发票。二是微信自助现场查勘：在上午9：00时—下午17：00时时间段发生的案件，客户需在第一现场报案且未撤离现场，但查勘员因特殊原因不能及时到达第一现场，加之出险事故地点较偏远、出险地天气状况恶劣（凝冻天气等）、道路状况较差，损失条件：1. 事故责任明确且损失金额在5000元以下，事故车辆无需救援可自行撤离现场的车险非人伤案件；2. 事故地点3G信号网络良好，能够保证现场照片正常发送和文字交流；3. 客户手机有微信功能且出险客户会使用手机微信操作功能的。 三是道路无偿救援服务：小型车辆发生保险责任范围内的事故，需要施救的，公司可提供50公里内的免费道路救援服务；如客户需到异地定损修理而产生的二次施救费用由客户承担，公司可向客户推荐最低优惠的施救服务。

【开展“3·15”保险宣传活动】 2013年3月15日在当地行业协会的组织下，公司开展了“3·15”保险宣传活动。通过展板展示太平洋保险3G快速理赔设备、反洗钱相关知识，进一步增强了消费者对公司理赔服务的满意度和信任感。公司宣传小组通过驻点给消费者提供现场咨询，发放各类内容丰富宣传手册，现场累计发放居家、出行保险消费手册468份。

【开展全国保险公众宣传日活动】 根据贵州保监局黔保监办〔2013〕21号《贵州省2013年全国保险公众宣传日活动方案》的文件要求，为进一步强化公众对保险的意识，推动保险行业形象持续改善和全社会保险意识不断提高，公司与当地行协积极配合，于2013年7月8日与毕节市场各家保险公司一同在行协的组织下开展了以“倾听由心，互动你我”为2013年度主题的全国首个保险公众宣传日。活动当天公司在展台上摆放各类承保及理赔的宣传资料，主要内容以公司3G理赔技术、新产品全能卫生、车险及非车险产品介绍、保险消费者权益保护知识等，展台上设有业务咨询办理台、宣传保险知识台、保险消费者投诉台、解答消费者疑问台，并指定专人负责各个台面的疑问解答，积极引导客户参与对保险行业的评价、倾听公众对保险的期待，并向各类前来咨询的客户发放各类资料120余份。宣传展板展示了3G理赔技术的运用方法。LED视频播放了集团公司简介、总公司简介、太平洋产险毕节中心支公司的简介的广告，视频广告的播放生动形象，很好地展示了太平洋保险公司品牌形象，提升了在公众心目中的地位和分量。

【加强反洗钱工作、落实“风险为本”的理念】 为进一步做好反洗钱工作，规范反洗钱操作流程，强化反洗钱风险防范意识，提高反洗钱人员的人工甄别能力。公司根据贵银办发〔2013〕126号文《关于对2012年度贵州省保险业金融机构反洗钱风险等级评估情况的通报》及进一步加强反洗钱工作的通知文件要求，在公司总经理室的高度重视和安排下，结合省公司7月份编制下发的《反洗钱责任书》公司组织各级机构的反洗钱相关部门主要负责人及相关岗位人员共同签署和履行，全市20人签订了《反洗钱责任书》。同时公司于2013年8月12—24日期间由反洗钱专管员及销管部经理相关人员，对下属5家支公司采取了现场检查。检查重点以客户身份信息采集、客户身份识别、客户身份资料和交易记录保存、大额交易和可疑交易报告、反洗钱季报、年报、宣传培训等工作情况。

【参加省公司首届运动会】 11月1—3日参加了贵州分公司以“保险让生活更美好 运功让生活更精彩”为主题的首届运动会，此次运动会公司共选派20名运动员参加17个项目角逐，取得的奖项包括：精神风貌奖、男女混合4×200米季军、铅球男乙冠军、800米男甲冠军、400米男甲季军、实心球女乙亚军、实心球女甲亚军。

【开展“金融知识普及月”活动】 为贯彻《中国人民银行毕节市中心支行关于印发毕节市“金融知识普及月”活动实施方案的通知》要求，公司于2013年9月1日开始开展“金融知识普及月”活动，活动主题是“学习金融知识 了解金融风险 共建和谐金融”。活动的宗旨是增强员工的金融知识，提高保险消费者的金融消费意识，使公司员工及保险消费者均树立了正确的金融意识，以促进毕节实验区社会的和谐发展。活动内容丰富，把保险知识、反洗钱知识、反假币知识、金融政策法规、消费者权益相关知识、金融消费者权益保护等金融常识在这次活动中加大力度宣传，真正使本次活动的意义得以最大化地实现。

（撰稿　王　霞）

中国邮政储蓄银行毕节市分行

【概述】 2013年，中国邮政储蓄银行毕节市分行围绕“提信心、强管理、促发展”的经营管理理念，牢牢抓住“管理、发展”两条主线，扎实推进各项工作有序开展，较好地实现了各阶段的目标任务。截至年末，全行各项存款余额69.12亿元，同比增22.48%，市场占有率为8.40%，较去年提高0.6个百分点；全年累计放款67025万元，贷款余额75278.28万元。

【强力推进经营改革，竞争能力逐步增强】 一是针对三项业务制订了年度总体经营思路，切块制订了各专业、各阶段的量、收匹配发展计划、支撑保障措施及配套政策需求等分项发展措施，统筹推进各阶段业务发展工作；二是推行不同绩效奖励分配形式，调动员工业务发展的积极性，保证业务的发展；三是通过有计划的业务培训和各业务技能考试考核，保障了人员素质的不断提高；四是加强干部履职考核，规范干部管理行为，夯实基础管理工作，提升全行管理能力，解决工作履职不全面、职责模糊、范围不明确等具体问题。

【切实转变工作作风，提高服务能力和水平】 及时制订了分行改进工作作风的具体实施办法，党委领导率先垂范，各级领导干部层层抓执行，将改进工作作风的工作具体化，总体上要求各级管理人员要做到“树形象、转作风、上台阶”。“树形象”要求对内、对外都要注重细节，讲形象；“转作风”以“贯彻及时、落实迅速、措施具体、执行到位”为方针，贯穿运用到各项经营管理工作中，确保每项工作环环相扣，不空谈、不瞎指挥；“上台阶”要求通过细化和强化各项管理工作，最终推动业务和管理工作双双上档次、上台阶。

【坚持渠道建设，提升综合服务能力】 截至2013年年末，全市网点机构数已达97个，其中自营网点9个，邮政企业代理网点88个，2013年新开业3个一级支行。加强服务检查力度，通过明察暗访、自查互查相结合的方式，检查各项服务规范的落实情况和网点服务情况，推动全行服务工作的规范化和标准化；注重电子银行渠道建设，加快推广手机支付等新渠道应用，加强网银产品功能整合，提升在线服务能力。

【加强普惠金融服务，强力推进“三农”服务工作】 是年，发放各类个人贷款6522笔，发放金额65380万元，其中惠农贷款3530笔，金额22298万元；发放小企业贷款11笔，金额2705万元，同比增116%，普惠金融服务工作稳步推进。一是“烟农”贷款项目成功实施，为集群式开发特色行业贷款提供了好的做法，2013年，烟农贷款放款3195笔、金额9212.85万元，同比增7800万元，进一步履行了社会责任；二是加强产品创新，启动了个人综合消费贷款，丰富了金融产品，拓宽了业务发展空间；三是在全市举办以“幸福创富路，邮政伴您行”为主题的创富大赛活动，以小额贷款、个人商务贷款、小企业贷款三种产品为依托，为创业者提供融资平台，树立创业典范，鼓励百姓创业。四是加快信用乡镇建设。2013年12月21日，中国邮政储蓄银行贵州省分行首个信用乡镇授牌仪式在威宁县云贵乡隆重举行，该乡成为中国邮政储蓄银行贵州省分行评定的首个信用乡镇，将享受到信用村的优惠政策，在贷款优先、增加授信额度、下调贷款利率等方面给予支持和帮助。

【人才核心保障工作】 围绕本行整体发展战略，科学合理制订人力资源规划，确定了以收入和利润考核为重点，明确了人员总量控制目标、结构调整规划、人才培养计划、薪酬管理原则和绩效评估方案，有效提高了人力资源管理能力；坚持“人尽其用、唯贤是举”的用人理念，以薪酬绩效管理、人才引进培养和基础管理为工作重点，为企业发展提供组织保障和人才支持。

【不断强化内控履职能力，提高风险管控能力】 进一步健全和完善内控制度，加强风险合规基础管理，围绕年初制定的“五大目标”“六项具体工作”组织开展风险合规管理工作，内容不断丰富，目标进一步明晰，风险合规工作能力不断提升，基础管理工作不断夯实。加快审计工作的职能，明确审计队伍，审计质量和审计业务水平不断提高。充分发挥视频监控集中系统的作用，缩短安全保卫工作管理半径，提高本行的安全防范能力和水平。

【工会职能进一步完善】 坚持完善以职工代表大会为基本形式的职工民主管理、民主监督制度，3月份召开一届二次会议暨职工代表大会，讨论通过《中国邮政储蓄银行毕节市分行2013年月绩效考核办法》等涉及员工福利、绩效考核、员工管理等5个办法；关心员工生活，构建和谐氛围，员工幸福感不断提升，完成第一批职工小家建设工作，坚持开展送温暖工作，及时为全行干部职工排忧解难，全力打造具有自身特色的企业文化，树立邮储银行形象、传播企业文化、增强企业凝聚力。

【加强党建工作，构建组织保障】 注重理论武装，党员干部思想政治素质不断增强；注重服务基层，党的基层组织建设和作风建设扎实推进；注重行为排查，党风廉政建设和反腐败工作深入基层；明确廉政目标和具体内容，增强责任感，使党风廉政工作具体化、目标化；狠抓作风建设，提高各环节执行力；严格执行规章制度，制订改进工作作风的十项规定并带头执行，提出具体的工作标准，营造了分行用人、用钱和重大决策方面风清气正的政治环境，为分行各项经营管理工作健康、快速、有序开展提供了坚强的组织保障。

【履行社会责任，推进和谐发展】 2013年以来，分行积极参与各类公益活动。4月，组织员工向雅安地震灾区捐款，筹得善款13140元；10月，与西藏日喀则地区聂拉木县波绒乡开展联谊活动，开展主题为“这个冬天不再冷”的爱心捐献活动，组织员工向西藏贫困山区人民捐献衣物，共捐献价值15余万元的爱心衣物。

（撰稿　李德惠）

贵州省农村信用社联合社毕节办事处

【概述】 2013年，毕节市农信社围绕毕节试验区经济发展主题，脚踏实地践行“诚者信合”“做值得尊敬的百姓银行”企业文化理念，以“管理严、服务好、质量优、发展快”为主线，突出“五个抓”，即抓服务水平提升、抓信贷结构优化、抓各类风险防范、抓工作效能提高、抓重点工作落实，各项工作取得积极成效。截至12月末，全市农信社各项存款余额309.88亿元，较年初增加67.19亿元，是上年同期的2.02倍，增幅为27.69%，占全市银行业机构年度存款增量的62.88%。各项贷款余额206.98亿元，较年初增加42.99亿元，是上年同期的1.48倍，增幅为26.05%，占全市银行业机构年度贷款增量的37.8%。存、贷款增量均创毕节农信社历史同期最高水平，市场份额分别达36.95%和37.78%。

【着力提升服务水平】 大力实施“信合快通”工程，新安装ATM机87台、增设助农服务终端54台、POS机158台、新增信合卡41.2万张。至此，全市农信社ATM机达198台、助农服务终端达714台、POS机498台、累计发卡175.2万张。支付结算水平不断提升，毕节农商行、赫章联社获人总行“全国改善农村支付结算环境先进集体”“先进个人”表彰。深入推行“阳光信贷”，利用各网点固定宣传栏进行建档授信评级公示、信贷产品公示、信贷利率及服务收费公开、服务承诺公开、监督方式公开，通过开展金融宣传赶乡场、金融宣传进村寨、金融宣传入社区等形式，广泛宣传了上述内容，使“阳光信贷”深入客户心中，落实到信合柜台。

【不断优化信贷结构】 充分把握宏观经济走势和国家产业政策变化，积极支持符合国家产业政策要求的项目建设，采取压缩授信、期限调整、产品置换、转换担保方式等措施，对“两高一剩”和落后产能行业实行选择性退出，防止信贷资产质量出现结构性下滑，逐步把行业信贷风险调整到可控范围。以农村信用工程建设为抓手，以支持“5个100工程”为带动，以小微企业金融服务中心为平台，加大“三农”领域及小微企业信贷支持力度。涉农贷款余额174亿元，较年初增加37亿元。创建信用乡镇13个，至此全市有信用乡镇45个，向农户授信总额达到414亿元，农户小额信用贷款余额103亿元，较年初增加20亿元。大力支持小微企业发展，全市小微企业贷款29.8亿元，较年初增加7.9亿元。毕节农信社“支持特色示范小城镇”“支持五个100工程”的经验做法，被“贵州省人民政府”网站登载。

【有效防范各类风险】 推行“两项机制”，推行警银联防协作机制，建立联席会议制度，强化犯罪案件防范和处置；推行顶岗暨强制休假机制，既解决了员工休假问题，又深入排查了风险隐患，实现了年度零发案。建设“两个系统”，全面推进“集中（远程）授权系统”、“事后监督计算机信息系统”建设，充分发挥了技防在风险防控中的重要作用。严防“两个风险”，严防信贷风险，认真落实“三个办法、一个指引”，规范贷款调查、审查、发放、支付等行为，提高了新增贷款质量；严防范操作风险，高度重视柜台操作风险的严峻性，加强对高风险网点、高风险业务、高风险环节和高风险岗位的检查力度，按季度对每个网点开展一次以上检查，对查出的问题限时整改。实行案件零容忍，坚持“发案必报，有案必查”，凡发现违规，必须从严查处，以防微杜渐。加大安防设施投入，全年累计投入3756.81万元，改造营业网点51个、新建8个，改造业务库63个、新建7个，监控设施新装网点30个、改造190个。

【切实提高工作效能】 深入开展“五心教育”活动，切实把“五心教育”活动作为教育信合员工的重要载体、作为推进业务发展的强大动力、作为彰显信合精神的有力支撑。活动开展以来，各联社亮点纷呈，正能量有效聚集，得到社会各界的普遍赞誉。推行“晚训”制度，在各联社高管人员实行每周一个网点督导制度，着力打造发展型、合规型、和谐型“三型”团队，促进了发展自觉性、案防有效性、队伍和谐性“三性”提高及高管自信心、责任心、事业心“三心”增强，实现了管理重心下移，服务关口前移，一些潜在的问题得以及时发现和整改，工作举措得以落到实处，员工合理诉求得以妥善解决，毕节办事处“晚训”的经验和做法在全省农信社推广。强化工作督导，围绕“增比进位”“存贷突破5000亿元大关”“百日清零”攻坚活动目标，办事处下达《督导通知书》，督促各联社采取有效推进措施，确保年度各项任务目标圆满完成。大力推进网点建设，逐社开展网点设施状况调查，各行社拟定网点三年达标规划，全面启动网点规范化建设工作。稳步推进改革，以重点协调指导毕节联社率先改制农商行为突破口，因社制宜、分类指导，梯次推进织金、黔西联社改制工作开展，取得了阶段性成果。毕节农村商业银行挂牌成立，成为全省首家由县级联社直接改制组建的农村商业银行。黔西、织金两家联社筹建农商行资料已向银监会申报，在体制机制创新上迈出了新步伐。

【积极履行社会责任】 主动向省联社申请“信合基金”300万元在威宁创办“信合新村”、“信合小学”；申请省联社专项资金100万元改善威宁石门坎金融服务设施；实施“甘霖行动”旱灾重点乡镇投放专项救灾贷款14997万元，向金沙县岩孔镇、大方县理化乡村民捐赠16万元救灾物资；资助10万元帮助纳雍县羊场乡、威宁龙场乡村民改善家居环境。多次到帮扶点开展帮扶工作，采取“以鱼济困、以渔脱贫”相结合的帮扶措施，取得良好效果，得到市委及相关部门的充分肯定。

（供稿　贵州省农村信用社联合社毕节办事处）

农　业

农业综合管理

【概述】 2013 年，毕节农业农村工作在市委、市政府的领导下，抢抓国家支持深入推进毕节试验区改革发展和全省“5 个 100 工程”建设的历史机遇，认真贯彻中央、省、市各项农业工作方针政策，以粮食增产、农民增收、农业增效为宗旨，围绕年初目标，狠抓落实，实现全市农业农村经济持续稳定发展。

【抓好抗灾保增长】 是年，全市各地秋收农作物遭受严重旱灾，为保证农业不减产农民不减收，农业部门突出抓好抗旱减灾及灾后改补种工作，确保满栽满插，粮食生产大灾之年基本稳定。全年粮食总播面积 1182.69 万亩，同比增 0.64%；粮食总产量 228.01 万吨，同比略减 0.58%（其中：夏粮产量 60.06 万吨，同比增产 6.03%；秋粮产量 167.95 万吨，同比减产 2.75%）；实现农业增加值 179 亿元，同比增 6.5%，农民人均纯收入 5660 元，同比增 14.9%。

【推进农业示范园区建设】 抢抓“5 个 100 工程”建设的历史机遇，坚持高起点规划、高标准实施现代高效农业示范园区建设。一是园区基础设施建设快速推进。全市 12 个省级农业园区规划全部通过省级评审，园区建设完成总投资 35.7 亿元，占计划的 148%，厂房、道路沟渠、温室大棚、喷（滴）灌、病虫害防治、农残检测室、气候自动观测站等前期配套基础设施、生产设施、服务设施已基本完成并投入使用。同时市、县级农业园区已启动规划。二是经营主体实力逐增。省级园区已有企业 120 家，其中规模以上企业 55 家，占计划的 275%，农民专业合作社 160 家，占计划的 571%，种养大户 71 户，经营主体入住数远超计划数。三是主导产业初具规模。完成土地流转 11.95 万亩，建成标准化示范基地 23.65 万亩，占计划的 190%。四是经济效益逐步突显。农业园区销售总收入达 22 亿元，占计划的 100%；园区总销售利润达 8.47 亿元，占计划 115%，带动农户 14.29 万人。

【抓特色农业促结构调整】 以特色农业基地建设为抓手，优化调整农业结构，粮经作物种植比例从 55∶45 调整到 48∶52。一是新兴优势产业规模效益扩大。全市蔬菜种植 350 万亩，总产量达 600 万吨，总产值达 60 亿元。新建果园 10 万亩，占计划的 100%，水果面积累计达 71.5 万亩，投产果园 27.36 万亩；全年水果产量 26.8 万吨，同比增 10.42%，总产值达 10.46 亿元，同比增 43.67%，种植农户人均水果收入达 640 元。新增茶叶 30.03 万亩，占计划的 100.1%，育苗 6080 亩，茶园面积预计达 107.24 万亩，投产茶园 28.54 万亩，茶叶总产量 0.4 万吨、同比增 52.21%，总产值 5.2 亿元，同比增 44.16%。二是传统优势产业得到巩固。马铃薯 521.1 万亩，占计划的 100.2%，总产（鲜薯）731 万吨，产值 90 亿元。油菜 101.05 万亩，产量 11.61 万吨，同比增 1.5%。烤烟在严重旱灾影响下面积仍达 84 万亩，收购量 182.81 万担，产值 23.85 亿元。三是特色农业标准园（基地）顺利实施。围绕特色农业基地核心区，建立标准蔬菜基地 17 个，精品果业标准基地 9 个；连片 0.1 万亩的茶叶标准基地 60 个，连片 0.3 万亩的茶叶标准基地 30 个，连片

0.5万亩的茶叶标准基地10个。

【农业产业化发展增速】 以市场为导向，创新产业运营模式，扶持龙头企业，推进产业化发展。一是农业龙头企业带动能力增强。加强对龙头企业的监测调度，建立“可进可出”竞争机制。新增市级重点龙头企业45家，全市累计达219家，市级重点龙头企业实现年销售收入13亿元。全年销售收入2000万元以上的达46家，占市级以上龙头企业的21%；建原料基地65万亩，带动农户10万户，带动农户增收4.5亿元。二是农民专业合作社发展迅速。新增农民专业合作社1132个，超出指标任务132个。全市农民专业合作社累计达3814个，资产49.06亿元，流动资产40.16亿元，固定资产8.9亿元，成员20.21万户，辐射带动非成员农户38.83万户，农产品销售总值40.53亿元。三是土地流转步伐加快。新增农村土地流转面积45.3万亩，全市农村土地流转面积达193.4万亩，占耕地面积的34.4%，占家庭承包耕地面积的38.3%；流转土地涉及农户57.4万户，占家庭承包户数31%；已经签订流转合同43.6万份、农户41.4万户、面积105.5万亩，占土地流转面积的54.6%。四是产业运营模式多元化。从原来单一的“基地＋农户”带动型发展为“龙头企业＋基地＋农户”“专业合作社＋基地＋农户”“专业市场＋基地＋农户”等多种类型的运营模式，今年又新增了“龙头企业（专业合作社）＋农业园区＋基地＋农户”运营模式，其中以“龙头企业＋基地＋农户”带动型为主要运营模式占71%。五是休闲农业初具雏形。依托农业自然资源优势，以创办农家乐、休闲农庄、休闲农业园区和民俗村等为载体发展休闲农业，相对稳定的休闲农业（乡村旅游）经营户发展到531户，营业收入3.17亿元，同比增38%，年接待游客765万人次，带动农户6300户。

【搭建推介平台，助推农业招商引资】 围绕资源优势和农业园区建设，出台招商引资优惠政策，采取“走出去，请进来”方式，积极搭建农业招商、合作开放、贸易销售、宣传推介的平台，拓宽投融资渠道。一是参加展销博览会。组织和推荐150多家农业企业500余种特色农产品，参加第十二届中国西部（重庆）国际农产品交易会、第三届贵州·贵阳“迎新春”农产品直销会、2013中国贵阳国际农产品交易会、2013中国贵阳国际绿茶博览会等，展会推介期间实现销售收入2000余万元，达成订单8项，签约项目1.3亿元。二是加强合作交流。为整合资源，优势互补，加大合作形成“双赢”格局，邀请广州农业考察团赴毕考察洽谈，与广州市农业局签订的“毕穗蔬菜产销合作协议”是全市农产品产销对接最大的订单之一。年内组团赴台湾考察农业园区，开展合作交流。两次邀请台湾农业考察团赴毕商谈，与中华海峡两岸新农村发展暨环保科技交流协会和台湾农业技术交流协会分别签订“毕节—台湾农业技术交流协会合作框架协议”和“毕节—中华海峡两岸新农村发展暨环保科技交流协会农业交流合作框架协议”，与海峡两岸农业标准化促进会签订“毕节—海峡两岸农业标准化促进会战略合作协议”，聘请台湾农业专家为农业经济顾问。三是举办招商引资推介洽谈会。编印《毕节市重点农业项目招商引资项目册》《毕节市农业园区招商引资项目集》等，组团赴山东、广州、重庆、台湾、贵阳等地招商推介。5月在山东寿光市举办毕节市农业项目招商引资推介会，现场签订投资项目19个，签约资金22亿元。8月在广州市举办毕节市农产品产销对接暨重点农业项目招商引资推介会，达成意向性投资项目20个，涉及资金15亿元。9月在贵阳参加贵州省现代高效农业园区招商引资暨项目签约活动，推介21个项目，14个项目现场签约，签约资金45.4亿元。成功引进山东九丰公司、西南联合农业科技有限公司、昆明青禾粒农业开发有限公司、青州良田花卉苗木有限公司等一批知名企业考察投资。全市签订农业投资项目57个，合同引进资金47亿元，实际到位资金15.874亿元，超额完成年度引进企业44家，引进资金24.6亿元的目标任务。

【加强执法监管，提升安全生产水平】 一是抓农业综合执法。开展农资打假专项治理、放心农资下乡进村等活动，加大对重点企业、重点品种、重点市场执法监管力度，强化植物检疫、病虫害综合防治工作。全市出动行政执法人员2950人次，检查市场1469场次，检查农资生产经营网点4708个次，印发宣传资料4万余份，查处违法违规行为77件，为农民挽回直接经济损失10万余元。种子、农药、化肥等不合格农产品100%依法处理，形成农业行政执法高压态势。二是抓农产品质量安全检测监管。全市乡镇实现农产品质量安全监管站全覆盖，以蔬菜、茶叶、水果、食用菌为重点，以重大节日和会议时段为关键，深入开展农产品质量安全专项整治，加大农产品质量安全例行监测、现场检查和抽样检测力度。全市农产品整体检测合格率达98.79%，实现98%的目标。三是抓“三品一标”认证。继续推行农产品基地准出、市场准入试点工作。申报无公害农产品23个，超任务数4个；新获无公害农产品产地认定12个。全市累计获无公害农产品认证84个，产量30.89万吨；无公害农产品产地认定92个，面积69万亩。大方皱椒新获农业部地理标志农产品登记证书。

【以部长联系点为契机争取项目】 抓好国办函35号的贯彻落实，多次到国家农业部汇报工作，在探索建立对口支持机制和项目争取方面取得实质性进展。农业部部长韩长赋等部领导及中国农科院专家等先后17人次亲临毕节调研指导，积极促成农业部出台《农业部办公厅关于支持毕节试验区现代农业加快发展的指导意见》，明确重点支持项目，助推山区现代农业发展。在农业部帮助下，聘请方智远院士、杜永臣研究员（中国农科院蔬菜花卉所所长）作为毕节蔬菜产业发展科技顾问，潘光堂教授（农业部玉米产业技术体系岗位科学家）为玉米产业发展科技顾问，金黎平博士（国家马铃薯产业体系首席科学家）为马铃薯产业化发展科技顾问，杨亚军研究员（中国茶科所所长）为茶产业发展高级顾问。截至年底，争取到中央、省项目136个，资金3.4亿元。

【抓好重点项目实施】 农村能源建设项目：完成农村户用沼气15066户，沼气后续服务网点32个，大型沼气工程1个，小型沼气工程11个。测土配方施肥项目：推广配方肥施用面积356万亩，超计划8万亩，推广配方肥施用量8.055万吨，项目实施有效提高了化肥利用率。粮食增产工程：完成有效推广面积189.4万亩。粮油高产创建项目：实施35个示范片，其中玉米万亩示范片16个、整乡推进示范片2个；马铃薯万亩示范片11个，整乡推进示范片2个。马铃薯项目：实施马铃薯项目12个，资金总额2242万元。良种补贴项目：发放补贴资金6588.13万元，补贴小麦97.611万亩、油菜82.125万亩、玉米388.255万亩、水稻60.547万亩。阳光工程培训：完成阳光工程培训1.42万人，基层农技体系建设项目培训740人。土壤有机质提升项目：涉及三县区，项目区累计种植绿肥7.65万亩。植保项目：建立农作物病虫绿色防控技术示范区260个，实施统防统治示范面积161万亩。

（撰稿　许天华）

扶贫开发

【概述】 2013年，毕节市扶贫开发工作贯彻落实全国、全省扶贫开发工作会议精神，以产业发展、园区建设、转移培训和集团帮扶等为重要载体，推动贫困地区经济社会更好更快发展。

【减贫摘帽】 是年，省下达毕节市年度减少农村贫困人口28.19万人、完成1个重点县（威宁县）和22个贫困乡镇“减贫摘帽”计划任务。及时将年度减少农村贫困人口40万人计划任务分解下达到各县区，并逐级分解到乡、村，落实到贫困户。将重点县、乡“减贫摘帽”职责进行明确。全市减贫工作稳步推进，全年减少农村贫困人口55.38万人，实现威宁自治县和七星关区千溪乡等1个重点县22个重点乡镇“摘帽”目标。大方、织金、纳雍、赫章和威宁5个重点县农民人均纯收入增幅达20.55%，较全省平均水平增加2.39个百分点。

【项目建设】 是年，省下达毕节市年度中央和省财政扶贫资金项目855个，资金5.6亿元，所有已批复项目均按节令启动实施。其中，核桃产业完成标准化种植12.4万亩，草地生态畜牧业完成圈舍建设5.1万平方米，人工种草1.7万亩，新增存栏4.8万个羊单位。完成马铃薯集中扩繁基地种植2.23万亩，中药材种植5.1万亩，茶叶种植4100亩。实施乡村旅游项目21个资金1000万元，特种养殖项目21个资金350万元，革命老区整村推进项目24个资金814万元。推动落实大方县理化乡、织金县桂果镇和赫章县可乐乡列为省级领导集团帮扶联系点，每个乡镇投入帮扶资金1000万元。协调落实省直党建扶贫工作队3个（纳雍队、威宁1队、威宁2队），每个队各安排50万元项目资金用于帮扶乡镇产业化扶贫工作，项目全部启动实施。完成200万元连片开发项目1个（大方县羊场镇4000亩航天丹参种植项目),实施中央彩票公益金项目4个(大方县理化乡4个村),资金1250万元。

【争资争项】 年度争资争项成效明显,省批复下达毕节市年度中央和省级财政专项扶贫资金5.6亿元,较2012年增加1.5亿元,增36.6%。国务院扶贫办出台《关于贵州省扶贫办转报的请求支持毕节试验区事宜的批复》(国开办发〔2013〕97号),拟在倾斜安排资金项目、对口帮扶和各类试点、贫困地区干部教育培训基地和干部挂职等方面予以毕节重点支持。省扶贫办原则同意出台专门政策支持毕节试验区扶贫开发工作。国务院扶贫办将大方县、织金县列为"世行贷款中国贫困片区产业扶贫试点示范项目"县,重点支持产业发展与基础设施建设资金2.2亿元;国家发改委、财政部将纳雍县、赫章县、威宁县列为"世行贷款贵州农村发展项目"县,拟投入扶持资金2.61亿元。对接落实深圳市辖区与全市7个乌蒙山片区县结成"一对一"帮扶对子,争取中直机关定点帮扶毕节市扶贫开发重点县实现全覆盖。

【规划实施】 认真落实国务院办公厅批复同意《深入推进毕节试验区改革发展规划(2013—2020)》(国办函〔2013〕35号)和省人民政府批复实施《乌蒙山片区(贵州省)区域发展与扶贫攻坚实施规划(2011—2015年)》(黔府函〔2012〕295号)。一是编制完成《毕节试验区区域发展与扶贫攻坚实施规划》,督促指导7个乌蒙山片区县完成县级《区域发展与扶贫攻坚实施规划》和《连片特困地区县级产业扶贫规划》编制工作。二是推动规划实施,整合人力、财力、物力、信息和资源,捆绑使用,互补实施一批事关贫困地区发展的基础设施工程和民生工程,推进基础设施和社会事业向乡村延伸,着力改善贫困地区生产生活条件。

【园区建设】 由扶贫部门牵头推进的七星关区现代中药产业示范园区、赫章县核桃产业示范园区、大方县中药材辣椒产业示范园区和织金县红托竹荪立体化栽培产业示范园区等4个园区建设规划通过省级专家评审,实施方案编制完成并按计划推进。4个省级现代高效农业扶贫示范园区入驻企业24家,组建农民专业合作社40个,投入专项扶贫资金6578万元,完成投资7.7亿元,建成种植基地5.4万亩,实现销售收入6.7亿元,从业农民2.62万人。

【智力扶贫】 实施智力扶贫工程,全年落实财政扶贫资金1732万元,完成雨露计划"圆梦行动"资助贫困大学生930人,"三位一体"培训农村贫困人口就业13000人,"实施改革试点"资助农村贫困家庭"两后生"接受职业教育12550人,农业产业化技能培训10000人,干部培训957人。协调对口帮扶城市加大对毕节职业教育的支持力度,落实深圳帮扶资金500万元用于支持毕节工校实训楼建设。

【社会帮扶】 一是集团帮扶工作。联合组织部门开展万名干部下基层、帮联驻等活动,明确全市20个市级领导联系、110个市直部门帮扶20个一类贫困乡镇,从市直机关抽派干部257人,组成8个党建扶贫工作队,分成116个工作组赴农村开展党建扶贫及集团帮扶工作。是年,20个市级领导联系点共安排市级财政专项扶贫资金1100万元,为20个一类乡镇落实帮扶项目216个,资金5.65亿元。二是对口帮扶工作。对接深圳市落实辖区与毕节市所有乌蒙山片区县区结成"一对一"帮扶对子,配合深圳方制定2013—2015年对口帮扶计划,全年度深圳帮扶资金量3000万元。三是烟草扶贫新村建设。全市20个烟草扶贫新村示范工程共下达资金4000万元,项目已启动建设。

【威宁试点】 创新扶贫开发机制,实施扶贫攻坚第一民生工程,推进威宁"喀斯特地区扶贫开发综合试点"工作,取得显著成效。成功走出一条喀斯特地区脱贫致富的科学发展之路。形成凝心聚力、苦干实干、攻坚克难、勇于争先的"威宁精神"。实现试点工作广度与深度有机融合,创造了"威宁速度"。通过中央给力、外部助力和自身努力,成功冲破了卖血、盗采、超生"三大怪圈",极大改善民生,促进减贫增收,树立了"威宁形象","威宁试点"工作得到省委、省政府的高度肯定。

(撰稿　余　金)

烤烟生产

【概述】 2013年,全市围绕省政府下达的目标任务,遵照市委、市政府"重操旧业、重振雄风、重树形象”号召，加大烤烟生产工作力度，积极应对连续三年未完成生产计划的巨大压力和持续高温干旱天气影响，以现代烟草农业为统领、转变发展方式为主线、优化结构为中心，加大政策宣传，强化科技兴烟，增加生产投入，推进烟叶基础设施建设，全面完成年度烤烟生产收购任务。是年，全市完成烤烟种植面积5.6万公顷，占指导性种植计划100%，同比减1.21万公顷；种烟乡镇169个，同比增加7个；种烟农户7.62万户，同比减0.38万户；户均种烟面积2.45公顷，同比增加1.6公顷；烟叶收购总量9.14万吨，占年计划8.75万吨的104.46%，同比增加1.34万吨；上等烟比例55.12%，同比减0.99个百分点；中等烟比例44.98%，同比增加7.75个百分点；全等级均价每50千克1202元，同比增加114.51元；完成收购总产值21.97亿元（不含补贴），同比增加5亿元，烟农售烟收入加上旱灾救助补贴及处理不适用鲜烟叶补贴，累计现金收入达24.77亿元；完成烟叶税4.63亿元，同比增加1.24亿元 。实现烟农增收、政府增税、企业增效目标。

【加大工作力度】 市委、市政府调整充实烤烟生产工作领导小组和烟叶生产基础设施建设指挥部，细化完善考核办法，出台了《关于进一步加大烤烟生产和烟叶基础设施建设考核奖惩力度的通知》，市政府主要领导多次召开专题会议，安排部署烤烟工作。全市烤烟工作围绕市委、市政府提出“农民得实惠、财政得增长、企业得增效、基础得改善”工作目标，突出“保面积、抓项目、优布局、提质量、创特色、重管护、强队伍”工作重点，形成合力抓烟的良好局面。为确保各环节工作落实到位，由烟办、烟草部门抽调人员组成烤烟生产督查组，在烟地落实、烤烟移栽、大田管理等阶段积极开展专项督查；林业、国土、烟办等部门密切配合，深入各烟叶产区对烟地落实进行GPS定位和勾画图斑标注；在烟叶收购期间，多部门联合加大对烤烟收购的巡查力度，打击不法烟贩，维护正常收购秩序；电力、农机等部门积极配合，进一步完善烟田设施配套，帮助烟农解决实际问题，有效夯实烟叶发展基础。

【加强政策宣传】 各地通过宣传车、张贴标语、印发公开信、召开群众会、生产人员上门入户宣传等多种方式，深入宣传烟叶价格调整政策、生产扶持补贴政策及烟叶等级结构优化、不适用鲜烟叶处理补贴政策，尤其是本年烟叶价格比上年提高10%、不适用鲜烟叶处理补贴每亩从75元提高到150元、新技术补贴每担上中等烟补贴70元等政策，使之家喻户晓。通过各方共同努力，各项政策措施宣传落实到位，基本做到稳定烟农队伍，稳定种植面积。

【优化烟叶等级结构】 全市烟叶生产以优化等级结构作为中心任务，制定方案，落实措施，确保上等烟比例达55%以上，满足卷烟工业企业原料需求。在烟叶生产管理过程中，严格落实结构优化工作要求，明确田间消化鲜烟叶的部位、标准、作业流程及要求，抓好不适用鲜烟叶处理，提高上中等烟叶比例，优化烟叶等级结构，增强市场竞争力。处理不适用鲜烟叶18.98万吨，兑现处理资金1.26亿元；上中等烟叶比例达到100%，同比提高6.66个百分点，结构调整取得明显成效。

【烟叶基础设施建设】 一是批复落实烟水配套工程项目3个、覆盖土地面积2933.33公顷，完成投资3121.27万元，占投入资金计划51%，完成工程整体形象进度90%。威宁马家水库建设接近尾声，大方米底河水库项目国家烟草局已经批复；黔西仙人洞水库、金沙树寨沟水库、威宁雪山水库和大方野螺沟水库4个项目已进入申报程序。二是计划投资修建大型密集烤房2000间，完成新建烤房1900间（其中本年度新建1088间，上年度结转812间），占投资修建计划95%，投入资金6317.108万元；计划维修更换烘烤设备1000套，完成570套，占计划57%，投入资金600.21万元；完成散叶堆积烘烤烤房改造800间，占计划100%，投入资金788.89万元；修复密集式烤房24间，占计划100%，投入资金52.8万元。三是计划修建机耕道708公里，实际批复782.99公里，占计划的111%。 已批复的项目中，竣工365公里，占计划51.6%；正在建设184.94公里，占计划26%。四是计划购置农机具28971台（套），实际补贴购置农机具27102台（套），占年计划93.5%，烟草部门补贴资金3210.3万元。金沙、威宁、黔西、织金4个基地单元实现全程农机化配置。五是建设育苗大棚投入资金2003.84万元，实际建成使用1577处，建设面积28.39万平方米，完成年计划100%，已全部纳入2012年度验收。六是计划投入资金5989万元实施土地整治项目

1333.33公顷。已批复773.33公顷正在实施过程中，占计划的58%，投入建设资金3762.88万元，占投资总额62.8%。

【强化技术推广】 确立以“毕纳一号”自育品种推广、双行凹垄覆膜保水栽培、井窖式小苗移栽、上部叶一次性砍（采）烤、散叶烘烤等为主推技术，烟草部门制定下发《2013年毕节市烤烟标准化生产技术方案》及《2013年毕节市烤烟生产主推（示范）技术工作计划》，各县区层层建立示范点，以点带面，提升烟叶标准化种植水平和主推技术落实到位率。一是保水覆膜备栽技术全面实施，移栽期总体较往年提前20天。二是重点适用技术全面落实到位。推广井窖式小苗移栽面积5.05万公顷，占烤烟种植总面积的90.2%。双行凹垄覆膜移栽技术推广面积为3.46万公顷，占烤烟种植总面积的61.79%，全面提高烟田保墒保水能力。三是烤烟品种布局进一步优化。全市推广种植“毕纳一号”品种1.53万公顷、“韭菜坪2号”品种5673.33公顷、“南江3号”品种2586.67公顷、“黔西一号”品种53.33公顷，自育品种的推广占全市烤烟种植总面积的42.2%。同时，还推广种植“云烟97”品种2.88万公顷、“云烟87”品种2280公顷、云烟85品种1260公顷。通过比较对照、分片示范、引导推广，增强烟农推广新技术的主动性和信心，烤烟种植技术水平大幅度提升。

【严格烟叶收购纪律】 各地坚持以合同制为主线，认真执行《烟叶收购管理规范》，规范站点岗位设置、业务流程和绩效考核。坚持标准、平稳眼光、对样收购，保护烟农的合法利益。严格实行收购零库存管理，原收原调，确保收购质量的全程控制。另外，烟草、监察、物价、工商、质监、公安、交通等相关部门密切配合，加强烟叶收购流通秩序的监督检查，严厉打击各种不法烟贩的违法行为，维护了正常收购调运秩序。

【提高服务烟农水平】 围绕“为民务实清廉”要求，把烟农增收致富放在首位，加大服务力度，稳定烟农种烟积极性。烟草部门落实烤烟生产投入补贴资金4.97亿元，同比增加2500万元，供应烤烟专用复合肥5.9万吨、饼肥1.13万吨、地膜3480吨；投入灾害补贴救助资金6196万元开展抗旱救灾工作，降低烟农损失；对烟农育苗、烘烤进行培训指导，投入培训资金400万元，有效降低烘烤损失，增加烟农收入；配套370万服务经费开展“一顿简餐”“一杯热茶”“一张湿巾”等“十个一”贴心服务。

【现代烟草农业建设】 围绕“三化同步、单元实施”的要求，以基地单元为载体，推进烟叶生产基地单元建设，与工商共同制定单元生产技术方案，解决影响烟叶质量的关键问题，提升烟叶生产的现代化水平，增强优质原料的保障能力。全市现代烟草农业建设在基础设施建设、生产组织方式转变、土地流转、专业化服务、信息化管理、减工降本等方面取得明显成效。按照“单元建设全面覆盖种烟区域”的目标，规划上报4个省级基地单元，对口湖南中烟、川渝中烟、浙江中烟三家卷烟工业企业，规划基本烟田面积1.33万公顷，产能1万吨。全年新建基地单元16个，其中国家烟草局基地单元3个，省级基地单元13个，年底通过市烟草局（公司）评价验收。累计建设单元38个，实现专业化育苗100%、专业化机耕45%、专业化起垄45%。建立合作社42个，社员49293名，服务面积覆盖5.29万公顷、5.58万户烟农；组建专业化烘烤队伍101支，人员3004人，服务烤烟面积2.7万公顷。

【烟水配套工程后续管护】 一是督促各有关县区抓好批复烟水工程维修项目的实施工作，确保按期保质保量完成工程维修。二是要求各地完善管护办法，解决管护资金，落实管护人员，明确管护责任，推进烟水配套工程管护工作。三是抽调人员参加全省烟水工程使用及管护检查组工作，带队赴安顺市进行烟水工程后续管护工作的督查调研，边检查边学习好的经验和做法；接受省检查组对毕节市检查，努力弥补和完善自身的不足。四是要求各县区及时申报损毁烟水工程的维修，发挥工程项目的提（蓄）水灌溉作用。五是督促各县区及时上划2011—2012年度管护资金，以确保市级维修项目的审批及资金拨付，织金、金沙、纳雍、百管委、七星关五个县区提交市财政的资金491.02万元。六是协调市财政局联合下达了5个县区的烟水工程维修管护资金386.05万元。七是代市政府办起草《关于提取2013年烟水配套工程运行管护经费的通知》，及时将资金任务分解下达到各县区，为烟水工程运行管护工作正常开展奠定基础。

【考核奖惩】 为严格兑现相关奖惩措施，11

月18日—22日，由市烟办、市烟草公司抽调人员组成两个考核小组，分别对全市年度烟叶工作进行考核评价并及时将考核结果上报市政府，经市政府研究，决定对本年度烟叶工作中成绩突出的单位和个人进行表彰奖励。其中威宁自治县政府获得一等奖，七星关区政府、百里杜鹃管委会获得二等奖，大方县政府、赫章县政府、纳雍县政府、双山新区管委会获得三等奖。表彰奖励先进市直单位23个、先进乡镇26个、先进县区直单位26个、先进县区烟草分公司1个、先进烟叶工作站13个、先进烤烟专业合作社8个、先进基础设施管护项目15个、先进种烟能手50名。

（撰稿　王宗林）

农业区划

【概述】 2013年，市农业区划中心（产业办、绿色食品办）积极开展农业区划、绿色食品和农业产业化工作，使全市农业产业化经营走上了健康、快速发展的轨道。一是市级以上的农产品加工企业及农业经营合作组织得到迅猛发展，有市级以上农业龙头企业219家，其中省级以上龙头企业46家，国家级重点龙头企业1家，相关企业获得上级有关部门的各项补助764万元，为企业的发展注入了新的活力。二是完成农业区划和绿色食品监管的相关工作。三是按时完成机关党建等工作。

【开展龙头企业监测调研】 为促进优胜劣汰，完善龙头企业监督管理工作，促进其良性发展，结合各县区及企业基本情况，建立市级龙头企业退出与进入的竞争机制，下发了《关于组织开展第一批至第十批农业产业化经营市级重点龙头企业运行监测工作的通知》，对全市市级以上农业产业化经营重点龙头企业的生产经营活动进行全面摸底调查，适时进行监测。

【扶持规模以上农产品加工企业】 为相关企业争取上级部门的扶持，全市农产品加工企业获各类扶持奖励资金共计764万元。一是获2013年省级乡镇企业发展贷款贴息和农业产业化发展专项贷款贴息企业19家，贴息资金约285万元；二是配合市农委兑现各类创牌奖励资金479万元，涵盖了省、市级龙头企业、优秀农民专业合作社、农业产业化品牌创建称号和全国示范基地企业。扶持、奖励资金的注入，提高企业生产经营积极性，推动企业的良性发展。

【鼓励企业参加产品展示会】 采取政府搭台、企业唱戏的方式，引导和鼓励农产品加工企业参加国家、区域、省（市）举办的各类展销会，有近百余家企业分别参加了2013重庆·西部地区农产品交易洽谈会、2013贵州·贵阳“迎新春”农产品展销会、成都茶叶博览会、2013中国贵阳农产品博览会和茶博会，不仅提高本市农产品的知名度，也使企业自身素质得到相应完善和提高，更促进企业产品加工由粗放到精深加工的转变。

【调研企业的生产经营动态】 为了解、全面掌握全市100万元以上农产品加工企业生产经营动态指标和产业发展情况，市农业区划中心深入企业生产一线进行为期一个月的调研，掌握了全市相关农产品加工及生产企业的基本情况。

【培育市级以上龙头企业】 为增强龙头企业的示范带动作用，加快毕节试验区农产品加工企业的发展步伐，分别对毕节苗家辣妹子食品有限公司、百里杜鹃乌蒙菌业有限公司、贵州宏大养殖业有限公司、贵州高原蓝梦菇业科技有限公司、贵州金沙贡茶茶业有限公司、威宁县万源恒种养殖专业合作社等50余家企业进行集中走访，实地了解企业生产状况和基地建设情况，走访基地农户，与企业负责人、县、乡干部座谈，听取和分析企业现状、遇到的实际困难等等。通过走访调研，掌握了全市农产品加工企业的发展情况，对帮扶和培育市级农业产业化经营重点龙头企业工作奠定了基础。通过组织考察、调研和专家评审，全年有45家农产品加工企业和农业专业合作组织被市农业产业化经营领导小组授予市级农业产业化经营重点龙头企业的称号。

【抓好绿色食品工作】 一是宣传和鼓励食品生产企业申报绿色食品。到毕节永盛食品有限责任公司、毕节市七星关区富民食品有限公司、贵州高原蓝梦菇业科技有限公司、织金县牛场镇绿叶蛋鸡养殖合作社等食品加工企业宣传加强农产品质量安全工作的重要意义，鼓励食品生产加工企业或经济组织提升自身的生产、加工水平和能力，积极申报绿色食品，打造绿色品牌，提高产品附加值。二是加大对绿色食品标准使用的检查力度。对全区超市及食品批发市场所销售的绿色食品进行了抽样检查，对检查中发现的假冒绿色食品及违规使用绿色食品的产品进行登记并报与当地工商管理部门和上报省绿办，规范了绿色食品的有效使用。三是开展对干部职工绿色食品知识的培训。一方面选派3名职工参加国家绿色食品发展中心在贵阳举办的绿色食品监管员的培训学习，另一方面组织干部职工学习绿色食品管理的有关知识，提高业务技能，适应工作需要。

【农业区划工作】 一是搞好农业资源动态监测，完成市级农业资源动态分析，编制了分析报告。二是对赫章、威宁两县农业区划机构承担的"土壤墒情监测项目"进行业务指导，确保项目顺利实施。三是指导省农业区划中心安排给赫章县农业区划中心的国家地面样方网点县监测试点工作，协调有关单位在业务、技术方面给予支持，保证赫章县区划中心按时按要求完成地面样方监测任务。

【综合业务】 一是引导干部职工参加"多彩贵州文明行动"并取得较好成绩。二是组织干部职工向联系点的困难群众捐献爱心资金2100元，帮助帮扶点的困难群众解了燃眉之急。三是成立开展"四风"问题先查先改工作领导小组并开展工作，"四风"边查边改取得实效。四是计划生育工作、社会治安综合治理和机关党建等工作都取得了良好的效果，按时完成了各项工作任务。

（撰稿　夏友全）

畜牧养殖

【概述】 2013年，毕节市猪、牛、羊、禽存栏量分别达314.45万头、79.51万头、58.25万只和1404.18万羽，同比分别增2.58%、0.02%、8.23%、-0.23%；出栏猪、牛、羊、禽分别达302.19万头、20.67万头、32.03万只和1263.76万羽，同比分别增7.95%、15.34%、9.93%、3.82%；肉、蛋产量分别达35.24万吨和2.69万吨，同比分别增5.27%和5.57%；水产品产量达9355吨，同比增4.78%；畜牧渔业产值达94.06亿元，同比增6.8%，占农业总产值的33.08%。

【良种生产】 是年，全市有种猪场160个，其中原种场2个、扩繁场33个、其他类型种猪场125个，存栏原种猪500余头、父母代种猪1.5万头；种羊场12个，其中贵州黑山羊原种场1个、贵州半细毛羊原种场1个、贵州黑山羊扩繁场3个、湖羊种羊场3个，其他类型种羊场4个，存栏贵州黑山羊种羊1.2万只、贵州半细毛羊种羊3000多只、湖羊种羊2000多只。种鸡场1个，存栏本地良种鸡300多羽。设有猪供精站3个、猪改点1252个、牛改点383个、羊改点466个，年人工输配发情母猪12.85万头、推广三元杂交仔猪239.61万头，输配发情母牛14万头，改良羊6万只。猪牛羊出栏率分别达98.2%、24.06%和63.9%。

【动物疫病防控】 全市投入重大动物疫病防控工作经费840万元，其中，县级财政投入625万元，市级财政投入215万元。从行政和业务两条线与各县区签订了动物防疫工作责任书，将动物防疫工作层层分解落实。春秋两季重大动物疫病集中免疫实现了应免尽免，免疫密度达到应免数的100%，集中免疫抗体检测平均合格率达90%以上，超过国家规定标准。完成各种动物疫病集中监测2.53万份，占全年目标的101.02%。全年无区域性重大动物疫情发生。规模养殖场（小区）产地检疫率和以村为单位的产地检疫工作开展面达100%，全市489个动物报检点共检疫牲畜119.65万头只，检出病害畜禽669头只羽，均作无害化处理；全市9个屠宰场全部开展屠宰检疫，全年检疫畜禽49.17万头只羽，检出病害畜禽92头只羽，均作无害化处理；监督检查462个经营场所和6个仓储场所畜禽104.94万头只羽、动物产品4508.56吨。七星关区普宜和威宁县鸭子塘两个省际间动物防疫监督检查站共监督检查动物及其产品运输车辆324车次，检查动物1.96万头匹只羽、动物产品49吨；查处违法案件145起。

【畜产品质量安全】 全市出动质检人员113人次，质检车辆46车次，检查饲料厂1个，检查饲料兽药经营企业123个、养殖场62个、屠宰场9个、农贸市场69个、超市32个，抽检投入品、畜禽水产品样品1106个，经检测合格率分别为水产品99.57%、饲料99.52%、兽药82.89%。完成16个无公害畜禽水产品"一体化"认证申报和毕节可乐猪地理标志登记申报工作，新获证无公害畜产品14个。“瘦肉精”专项整治方面，加大对养殖环节和屠宰环节的监督抽检，严查使用禁限用投入品行为，严防问题畜产品进入消费市场，全年抽检“瘦肉精”样品7424份，其中养殖环节抽检617份，屠宰环节抽检6184份，饲料检测623份，全部为阴性；全年未发生畜禽水产品质量安全事故。

【落实35号文件】 专门成立了35号文件工作领导小组，并在〔2012〕国发2号文件向上争取项目政策的基础上，结合《深入推进毕节试验区改革发展规划(2013—2020)》相关内容和要求，编制上报项目20类，项目资金15.38亿元。全年争取各类畜牧水产项目20个，项目资金达5200多万元，其中中央资金4300多万元，省级资金900多万元。

【产业化经营】 全市新增国家级标准化示范场1个，25个场纳入省级示范场创建。规模养殖场210个，养殖量10万个牛单位，比上年提升2.5个百分点，达到20%；全市获评市场畜牧龙头企业13家，累计达73家(其中省级9家)；新增各类畜牧养殖专业合作社200余个，累计达到1200多个，社员6万余人；贵州蓝雁农牧有限责任公司畜禽屠宰加工生产线已全面建成，赫章利民食品有限责任公司已全面建成，其中三条生产线已投入生产，毕节市富民肉食品有限公司已建成投产，七星关区顺洪养殖专业合作社等部分规模养殖场产品直销模式初见成效。各类牲畜交易市场209个，年上市交易牲畜360万头(只)，畜牧水产经纪人队伍1344个，年组织销售各类畜禽110万头(只)。

【畜牧招商引资】 全市先后引进四川蓝雁集团、正大集团等一批国内大型优强企业，建立畜产品加工厂和规模养殖基地，实行“企业+合作社(园区)+规模场+基地”的订单或固定生产销售模式。正大集团投资6亿元在金沙县开工建设10万头商品猪场3个；黔西商人周刚投资1亿多元在大关镇开工建设100万羽蛋鸡养殖场；贵州蓝雁农牧有限责任公司年屠宰100万头牲畜的肉类加工生产线已在大方食品药品工业园区建成并投入使用；七星关区宏达60万羽和海琪公司20万羽现代化蛋鸡养殖场已建成投产。

【畜牧业园区建设】 全市依托大型规模养殖企业建设，采取先建后补、以奖代补等方式，发挥财政支农资金的引导作用，全市投入财政资金近2亿余元，拉动金融及社会资本13亿余元，大力推进畜牧园区建设，加快现代畜牧业建设步伐。全年新建成万头猪场10个、千只羊场8个、10万羽蛋鸡场4个，初步形成了七星关区朱昌猪与蛋禽养殖、大方县黄泥塘肉鹅养殖、竹园蛋鸡养殖、黔西铁石肉羊养殖、金沙后山肉牛与大鲵养殖、禹谟肉猪养殖、平坝大鲵与特种鱼类养殖、威宁雪山肉羊养殖、赫章兴发肉羊养殖等26个畜牧业园区。

【草地生态畜牧业】 全市依托科技扶贫种草养畜、退牧还草、石漠化综合治理和巩固退耕还林成果后续产业等项目，采取连片种植与分户栽种的方式，不断扩大和巩固人工草地建设。全年建成人工种草41.47万亩(其中大方县与新西兰梅西大学和贵州大学专家合作，采取免耕技术连片种草2万多亩)，新建牛羊圈舍10万平方米、青贮窖池1.16万立方米，购置秸秆加工机械380台，购畜2万多只，牛、羊、鹅等草食畜禽分别新增3.6万头、14.3万只和15.5万只。建成湖羊种羊场6个，存栏基础母羊3000只，发展湖羊养殖户210户。新增牛、羊、鹅草食畜禽分别为3.6万头、14.3万只和15.5万羽，草食肉类产量占肉类总产量的比重提高到10.1%，较上年增1.3个百分点。

【水产渔政】 是年，完成水产品产量9355吨，生产淡水鱼苗5600万尾。全市现存池大鲵2.13万尾，繁殖裂腹鱼苗种15万尾，推广裂腹鱼养殖面积1万平方米，淡水鱼养殖面积1555公顷；检验登记渔船427艘，检验登记率100%，与船主签订安全责任书449份，签订率100%，排除渔业船舶安全隐患456起，对其中163起一般安全隐患已全部整改，全年无渔业安全生产事故发生。

【科研工作】 市牧科所建成了“贵州省畜禽养殖科普教育基地”并获省专家组一致好评和验收；与贵州壹号食品有限公司签订乌蒙乌骨鸡开发合作协议，建立有效科研成果转化机制；国家肉牛牦牛产业技术体系毕节综合试验站与岗位专家对接重点任务3个，建立了威宁黄牛选育核心群(200头)、杂交改良基础群(850头)和饲料饲养、疫病监测等试验示范群(200头)，参与编辑毕节市畜禽养殖档案记录本(含肉牛养殖档案记录）1部。开展新品种引进的品比试验，已筛选出适合本市种植的一批高产牧草种子，如威斯盾、绛三叶、盛世、WL440HQ、多叶王、WL363HQ、WL525HQ等，完成贵州黑山羊羔羊口疮防治技术攻关课题和提高贵州黑山羊繁殖成活率技术研究课题的怀孕期母羊补饲与不补饲对繁殖成活率影响试验。市动检所实施的地方优良品种威宁洋萝卜通过省科技厅和省农委的验收，完成喀斯特山区豆科牧草高产栽培技术项目的年度任务。市水产站鲈鲤生物学特性及人工养殖技术研究和昆明裂腹鱼对常用药急性毒性试验等科研项目通过专家验收。

【畜牧执法】 基本建成由《毕节市畜牧水产局行政执法责任制》《行政执法监督制度》和《行政执法责任追究制度》等制度组成的畜牧系统法治政府评价指标体系；全年出动畜牧渔业执法人员5767人次，检查规模养殖场（户）及屠宰场1800场次，检查市场2049场次，检查经营户5405户次，检查企业67个次，一般程序案件办理结案147件，没收违法所得16400元，罚款114757元，其中禁渔期间开展专项执法检查59次，出动车辆163台次，出动船只27艘次，出动人员650人次，没收渔货3556公斤，电鱼机6台，取缔违规网具33具，销毁“三无”船只1艘，有效制止将发案件15起，查处案件5起；开展渔业执法120次，出动执法人员256人次，检查水产养殖企业30个、场户120户次，渔药、饲料经营店10次，水产经营户300家次，查处1例“孔雀石绿”使用案件并销毁商品鱼1100公斤。

（撰稿　田茂林）

农业机械

【概述】 2013年，全市农机部门推进“兴机富民”工程，抓好农机购置补贴、农机安全生产、农机推广及服务、农机化示范点、示范村、示范户创建和农机专业合作社等基层服务组织建设工作，各项工作取得一定成效。

【主要指标】 是年，全市拖拉机拥有量达2.0967万台，农机总动力达315.11万千瓦，新增47.13万千瓦，争取中央农机购置补贴资金3530万元，通过购机补贴工作实施，受益农户达8950户，机耕服务面积达162.1万亩，机械半机械脱离粮食达26.8万吨，机灌面积达25.7万亩，农机化率达12.53%，培训农机手3374人，新建农机专业合作社5个、农机化示范村15个、农机化示范户30户，全年未发生农机安全生产责任事故。

【完成“春耕、三秋”生产任务】 充分发挥农业机械在“春耕、三秋”生产中的主力军作用，高标准、高质量完成2013年“春耕、三秋”农机生产各项工作，为全市农业增产、农民增收打下了良好的基础。一是及时落实全省农机工作会议的部署和省、市农业农村工作会议精神，成立工作领导小组，及早着手调查研究，准确掌握机具的需求和农民的需要，突出重点产业、重点环节，有针对性做好安排部署，制定了科学合理的工作方案，确保“春耕、三秋”生产农机化各项措施落实到位。二是牢固树立服务意识，构建农机“春耕、三秋”生产信息平台，明确专人收集、汇总和发布相关信息，严格信息报送制度，做好农机作业进度的统计报送工作。“春耕”生产期间，检修各类农机具2.5万台，投入田间作业农机具3.18万台，举办农机新技术、新机具现场演示会10场次，举办短期培训班3期，培训各类农机人员4721人次，接受农民群众咨询、发放宣传资料6035份，完成机耕服务面积87万亩、机播面积2.05万亩、机灌面积13.3万亩；“三秋”生产期间，检修各类农机具1.61万台，投入各类农机具3.44万台，举办农机新技术、新机具现场演示会9场次，举办短期培训班4期，培训各类农机人员4911人次，接受农民群众咨询、发放宣传资料7075份，完成机耕服务面积88.58万亩。

【组织抗旱救灾】 6月开始全省多地持续高温少雨，毕节市受灾严重。面对严峻的旱情，市农机局精心组织、周密部署农机抗旱救灾工作，实现农机抗旱机具资源的优化配置，最大限度发挥农机具抗旱的作用。全市组织投入抗旱农机具3.1万台，技术人员1857人，组织农机抗旱队59个，投入资金28.66万元。

【落实购机补贴政策】 发挥农机购置补贴政策效应，加大工作力度，引导农民购置适用机具，推动农机装备结构优化调整，完成各阶段购机补贴工作任务。一是出台《毕节市2013年农机购置补贴工作实施方案》，明确补贴机具及补贴标准，提出具体工作措施和相关制度，规范购置补贴工作程序，落实工作职责。二是坚持阳光操作和自查自纠，确保补贴资金全部到位、机具供应到位，保证补贴机具在农业生产中发挥作用。三是加大宣传力度，让购机农户了解如何按需选择购机机型，了解农机购置补贴工作程序、注意事项以及享受政策的购机户应该承担的义务和责任。四是加大督查力度，成立购机补贴工作督查小组，对全市实施情况进行督查，开展督查3次，核查购机补贴农户1680户。是年，全市共争取中央农机购置补贴资金3530万元，实施资金3530万元，补贴机具10845台，受益农户8950户。

【新技术、新机具推广】 围绕优势农产品布局和特色农业的发展，把提升全市综合农机化水平特别是积极发展马铃薯、水稻、玉米、核桃、茶叶、中药材等主要作物收获机械化作业作为农机化科技创新、机制创新、管理创新和服务创新主要任务来抓，结合农机示范项目的实施，利用黔西县水稻机械化生产示范区、威宁县马铃薯机械化生产示范区的示范、辐射和引导作用，推广水稻和马铃薯机械化生产新技术新机具，提高水稻和马铃薯机械化作业水平。为在农业生产中普及新技术、提高科技含量，积极组织科技人员深入生产一线、农户家中和田间地头开展考查调研，了解实际需求，结合山区农业生产的特点，引进华士丹耕整机、马铃薯挖掘机、马铃薯播种机、铡草机、秸秆揉丝粉碎机等机具在全市进行推广应用，先后在金沙、黔西、赫章兴发、七星关朱昌等召开现场示范、推广会议8场次，在七星关朱昌、黔西谷里、大方黄泥塘开展“科技三下乡”宣传活动，共推广各种新机具90余台（套），培训农民机手400余人次，发放各种宣传资料4200余份。是年，申报科研项目4个、在研项目5个、合作项目2个。

【建设专业合作社推进服务产业化】 探索创新模式，以服务促进推广，取得良好的效果。要求各县区根据不同情况，因地制宜，积极探索“先建后补”方式，引导农机专业合作社规范建设、依法经营、诚信服务，引进现代企业制度理念，推行作业合同规范化文本，做到有章可循、规范经营。通过宣传、示范、扶持、引导，推动全市农机专业合作社的快速发展，选择了一批规模大、产业特色明显、效益突出、运行机制完善和管理规范的农机专业合作社，开展示范社创建工作。全市共争取省级农民农机专业合作组织建设专项资金400万元，完成农机专业合作社建设项目11个，完成农机化示范村15个、农机化示范户15户。

【强化农机监理　保障安全生产】 加强领导，强化教育，规范监管，狠抓落实，推进农机安全生产法制机制、保障能力和监管队伍建设，强化农机安全监管能力，提高农机“三率”水平，解决农机安全生产领域存在的相关问题，构建安全生产长效机制。全市农机队伍依法行政、优质服务水平得到提高，农机安全生产长效管理机制不断健全和完善，广大农机手安全意识明显增强，农机安全生产取得了显著成效。开展农机安全生产领域的“打非治违”“百日整顿”“安全生产月”“安全生产大检查”等活动，结合“春耕、三秋”各类现场会开展农机安全生产知识、法律法规宣传活动。是年，全市拖拉机拥有量累计达2.0967万台（扣除威宁5464台），上牌率达98%；驾驶人累计在册人数2.6391万人（扣除威宁2676人），持证率达100%；检验机车1.803万台，检验率达86%；深入乡镇、农机作业场所开展农机安全检查38次。

（供稿　毕节市农业机械事业局）

林　业

【概述】 2013年，全市林业工作围绕十八大“经济建设、政治建设、文化建设、社会建设、生态文明建设”五位一体的总体布局，抢抓国发2号和国办35号文件机遇，实施“生态立市”战略，树立绿色、循环、低碳的发展理念，抓好以林业为主的生态建设，打造生态文明先行区。在市委、市政府的领导和上级业务部门的指导下，圆满完成年初制定的目标任务，全市森林面积118.31万公顷、覆盖率达到44.06%，活立木蓄积量达2487.72万立方米。

【生态修复治理】 实施石漠化综合治理、巩固退耕还林成果、天然林保护、森林抚育、造林补贴、农业综合开发、植被恢复费等生态修复工程。完成营造林77866.7公顷，占计划任务的101.57%，其中特色经果林41200公顷。完成石漠化治理投资6050万元，治理面积114.58平方公里。完成义务植树960万株、四旁树栽植450万株，建立义务植树基地和植树责任区100余个；完成重点区域绿化2105.3公顷。完成育苗810.93公顷，占计划的121.64%；建设核桃采穗圃76.7公顷；毕林核1号、毕林核2号、黔核6号和黔核7号等核桃优良品种通过省认定，威宁华山松良种通过省审定，填补了毕节市无核桃良种的空白。

【林业产业发展】 依托林业重点工程，因地制宜发展特色林业产业，完成以核桃为主的特色经果林建设41200公顷。加大涉林龙头企业扶持力度，推荐的1家涉林企业已获得省级龙头企业认定。开展林业产业示范园建设，要求各县区各打造1个以上林业产业示范园。积极参与筹备“中国·贵州生态产品（技术）博览会”，组织8家涉林企业参展。森林生态旅游持续升温，全年接待游客1000余万人次，实现旅游综合收入约43亿元。全年实现林业产值91.6亿元。

【生态保护】 全市森林公安队伍建设得到加强，县区森林公安派出所统一更名为森林公安局，落实了森林公安独立执法权限，建成使用重点林区警务室12个；加大涉林违法犯罪活动打击力度，依法处理各类违法犯罪人员273人次、收缴木材482.9立方米、罚款41.3万元。严格执行《毕节市森林防火层级责任管理办法》，提升森林防火基础能力建设，森林火灾受害率仅为0.0095‰。开展林业有害生物防治，成灾率仅0.4‰，低于省下达控制指标。严格林地审核审批，查处非法占用林地案件25起、行政处罚24人次、罚款14.35万元。加强木材采伐、运输、经营管控，办理采伐许可证采伐量仅占全市年森林采伐限额的10.3%。加强野生动植物资源、自然保护区和湿地保护，制定下发《毕节市森林和野生动物类型自然保护区管理办法（试行）》及《毕节市湿地公园管理办法（试行）》。加强天然林资源保护，签订管护责任状342份、管护承包合同3015份，聘请常年护林员3015人，落实管护森林面积92.4万公顷，为计划的117.1%。完成国家级公益林森林生态效益补偿资金兑现4931.94万元。

【创新体制机制】 继续深化林权制度配套改革，争取市政府出台《毕节市政策性森林保险实施意见（暂行）》，全面推进政策性森林保险，签订保险协议面积80.6万公顷；支持、鼓励林业专业合作社建设，新增专业合作社53个；开展森林资源资产评估，办理林权抵押贷款2215万元；发展林下经济面积5.87万公顷，实现产值12亿元。探索发展机制，推进国有林场改革。是年国家林业局《林业要情》第17期和43期分别以《毕节市深化国有林场改革理顺体制机制》《关于对贵州省毕节市国有林场改革的调研报告》为题，对毕节市国有林场改革取得的成效给予了充分肯定，将毕节市国有林场改革的做法纳入全国国有林场场长培训班材料汇编，提出毕节的改革模式应当在全国国有林场改革中充分吸收和推广；市委、市政府出台《关于进一步加快国有林场改革发展的意见》，将国有林场森林资源划分为生态保护区、商品林经营区、适度开发区和多种经营区，实行分类管理，在保护的基础上充分利用森林资源，实现生态林业、民生林业双赢。

【提高科研推广水平】 结合全市林业生产需要，加强林业科技成果和实用技术研究和推广应用。组织申报科研课题23个，立项12个，其中3个课题获国家立项，1个课题获省级立项，8个课题获市级立项。开展科技服务，围绕促进产业结构调整和农民增收，举办核桃等经果林栽培管理技术、营造林技术和森林经营等林业实用技术培训班18期，培训农民4千余人次，发放林业科技资料近5000份，接受咨询900人次，派出技术人员500人次到现场进行指导。加强科研管理，制定下发了《毕节市林业科技项目管理办法（试行）》。

【争取上级支持】 为认真贯彻落实国发2号、国办函35号文件等精神，是年，市委、市政府领导4次率队到国家林业局、发改委、财政部争取林业项目；市林业局10次到国家林业局、30次到省林业厅向有关司局、处室汇报工作，争取项目；国家林业局到毕节调研工作8次。国家林业局副局长孙扎根、印红，计资司司长封加平、副司长杨冬、王前进、刘金富，科技司司长彭有冬，林改司司长张蕾、副司长李军，人事司司长谭光明、副司长郝育军，退耕办主任周鸿升、总工程师敖安强，场圃总站总站长杨超，保护司副司长孟沙，湿地办副主任程良以及省林业厅厅长金小麒等分别赴毕调研或专门听取毕节林业工作汇报并帮助解决政策、项目、资金等恳请帮助解决的问题。通过对接，国家林业局出台了《国家林业局关于支持毕节试验区深入推进林业生态建设的意见》（林规发〔2013〕134号）；同意森林防火重点火险区综合治理三期项目立项，将全市退耕还林纳入全国总体规划。全年，争取中央、省林业生态建设投资6.2亿元，比上年增10.7%。

【生态文明宣传】 全市林业系统报送政务信息1210条，采用891条。其中国家林业局网站采用38条（篇），省林业厅网站采用125条（篇），毕节市政府网站采用32条（篇）。政务信息报送工作在全省排名第三。在新华网、中国绿色时报、贵州日报、毕节日报等媒体上发表文章300余条（篇），并被搜狐网、中国园林网等多家网站转载。同时，中央电视台科教频道《地理中国》栏目组还对毕节国家森林公园拱拢坪景区进行拍摄采访，以纪录片形式分2集全面展示拱拢坪景区独特的喀斯特森林、人文景观。

【转变机关作风】 一是加强党员、人才队伍建设。根据中层干部缺额情况，提拔重用了10名正副科级干部，调动了广大干部职工积极性，增强了干部队伍的生机和活力。面向社会公开招考15名工作人员充实林业人才队伍。抓好干部职工思想教育工作，提升干部职工政治素养，组织理论学习40次。按照“成熟一个发展一个”的原则，发展党员5名。二是扎实开展党风廉政建设。通过党组中心组学习、干部职工理论学习等，开展“十破十立”大讨论活动和党风廉政建设宣传教育；落实党风廉政建设责任制，层层签订责任书；召开全市林业系统党风廉政建设工作会议；做好涉农资金电子网络监察系统运用和政务公开电子监察系统录入公示，确保林业资金使用管理、林业业务各项工作做到公开、透明、便民、利民。严格执行中央八项规定和省委、市委十项规定，以“照镜子、正衣冠、洗洗澡、治治病”为总要求，有效解决形式主义、官僚主义、享乐主义和奢靡之风问题。全年，无任何违纪案件发生，党风廉政建设工作为林业生态建设提供了良好政治保障。三是开展党建扶贫工作。选派5名干部到“四帮四促”、集团式帮扶、“五园新村”等帮扶点开展工作，10名专业技术人员参加“百名专家服务基层”活动。帮助织金县自强乡山口村发展千亩枇杷园，从市级植被恢复费中安排资金160万元，用于“美丽乡村”建设村寨绿化，全局干部职工捐款7000余元，走访慰问自强贫困党员、困难群众70余户；帮助、指导织金县自强乡山口村和黔西县金碧镇双寨、红寨、高山、土桥等村开展“两硬化”工程。

（供稿　毕节市林业局办公室）

水利建设

【概述】 2013年，市水利局围绕市委、市政府与全国全省同步全面建成小康社会的总体部署，以保障经济社会实现科学发展、后发赶超用水需求为目标，抢抓《国务院关于进一步促进贵州经济社会又好又快发展的若干意见》（国发〔2012〕2号）、《乌蒙山片区区域发展与扶贫攻坚规划》（国开发〔2012〕16号）、国务院办公厅批复《深入推进毕节试验区改革发展规划》（国办函〔2013〕35号）和水利部重点扶持对口支援毕节试验区水利建设等重大政策机遇，凝心聚力、统筹谋划、多措并举、开拓奋进，各项工作取得较好的成绩。全市投入水利资金14.99亿元，其中水利部门资金13.94亿元、其他部门资金1.05亿元，水利部门13.94亿元资金中，其中下达财政资金8.03亿元（中央资金4.74亿元、省级资金1.9亿元、市县资金1.39亿元）、水电站资金5.92亿元。

【夹岩水利枢纽工程】 一是项目建议书获国家发改委批复。是年3月1—5日国家发改委国家投资项目评审中心赴贵州对项目建议书进行评审，6月8日通过审查，8月27日国家发改委以“发改农经〔2013〕1625号文件”对项目建议书进行批复。按照批复，工程总投资160.34亿元，总库容13.25亿立方米，供水人口273.88万人，灌溉面积90.2万亩。二是项目动工建设。2013年10月28日，省委、省政府在夹岩水利枢纽工程坝址举行动工仪式，项目“三通一平”等临时工程正式启动。三是项目可研报告已经水利部组织审查。2013年9月4—6日水利部水规总院组织对可研报告进行了预审，11月24—29日对可研报告进行了正式审查。

【水利基础设施建设】 2013年全市完成各类水利投资18.54亿元，水利基础设施建设进一步推进。一是投资51349万元建成了金沙胜天水库、织金大新桥水库、黔西附廓水库（加高扩建）3座中型水库，有序推进纳雍金蟾水库、大方岔河水库、威宁小米水库3座中型水库和威宁马家小型水库，新开工建设赫章珠市水库。二是投资35295万元实施在建的128.75万人农村饮水安全工程，建农村饮水安全工程1283处（片），总体形象进度92%，大部分项目主体工程已完工，已全面进入收尾阶段。三是投资9602万元推进在建的28座病险水库除险加固工程[其中中型1座、小（一）型1座、小（二）型26座]，主体工程已完工，总体形象进度80%。四是投资8205万元实施在建的13个中小河流治理项目，总体形象进度70%，治理河道18.53公里。五是投资9821万元实施在建的大方县、黔西县、纳雍县、威宁县共4个中央小型农田水利重点县工程和七星关区、威宁县、赫章县3个中央小型农田水利专项县工程，总体形象进度82%。加上其他水利工程，共新增有效灌溉面积11.59万亩。六是投资5301万元实施治理水土流失面积116.37平方公里的水土保持项目，治理水土流失面积101.04平方公里。七是推进8座水电站建设，新增装机1.4万千瓦。

【水利建设"三大会战"】 启动实施骨干水源工程、引提灌工程和地下水（机井）利用工程水利建设"三大会战"。按照用八年左右的时间，基本解决全市工程性缺水问题，突破制约发展的水利瓶颈这一战略任务，已编制《毕节市水利建设"三大会战"规划》初稿，正在对规划进一步修改完善。10月28日全省水利建设"三大会战"启动仪式在毕节市举行，根据《贵州省水利建设"三大会战"实施方案》，毕节市1220处水利工程列入了全省水利建设"三大会战"实施计划，总投资279.94亿元[全省规划投资1431.11亿元，在全省各市（州）投资最高]。

【小康水行动计划】 围绕2020年全市农村饮水安全达标率100%、耕地有效灌溉面积率≥40%的目标，编制了《毕节市"四在农家·美丽乡村"基础设施建设——小康水行动计划》，规划总投资82.63亿元，新增灌溉面积229.49万亩，改善灌溉面积39.75万亩，全面解决"十二五规划"内39.43万农村学校师生和原规划外新增的137.7万人农村饮水不安全问题，规划的项目建成后将达到全面建成小康社会对水利指标的要求。

【水利基础工作】 一是防汛抗旱取得全面胜利。全市投入抗旱资金4128万元，投入抗旱人数27.5万人次、机动抗旱设备1920台套、机动运水车676辆、抗旱用电35.9万度、抗旱用油72.6吨，抗旱浇灌面积2.65万亩，临时解决了26.74万人、6.37万头大牲畜饮水困难。二是最严格水资源管理制度逐步落实。制订《毕节市"十二五"期间推动落实最严格水资源管理制度重点工作任务》，拟订在"十二五"期间执行最严格水资源管理制度需要开展的80项工作。编制《毕节市"十二五"最严格水资源管理"三条红线"控制指标实施方案》，市政府下发了《关于印发毕节市水资源管理控制目标分解表的通知》，将省下达给毕节市的"三条红线"控制指标分解到各县区，并针对各项控制指标制订详细的实施方案。创新开发了水利建设信息系统、纳污能力及应急管理系统、白甫河防洪应急管理系统3个水资源管理应用软件系统。三是探索重点水利体制机制改革。围绕水务管理体制、水利投融资体制、基层水利管理体制、水利科技平台建设等4个方面的重点水利改革，编制5个方案经市政府常务会议研究并修改完善上报待研究审定。四是水利规划和前期工作深入推进。全市水资源综合规划已经市政府批复实施；完成《规划外新增农村饮水不安全问题的调查评估报告》《毕节市水利建设"三大会战"规划》（初稿）、《四在农家·美丽乡村基础设施建设——小康水行动计划》，修改完善《毕节市水中长期供求规划》《县级灌溉发展总体规划》。开展进入贵州"三位一体"规划和相关规划的56座水库项目前期工作；进入全国重点中小河流治理实施方案的37个项目前期工作已基本完成，其中17个项目已下达批复；农村饮水安全项目、大中型灌区、病险水库除险加固、水土保持工程等重点项目前期工作深入开展。五是依法治水管水能力不断增强。通过开展"3·22世界水日""中国水周""3·1《水土保持法》颁布实施纪念日""12·4法制宣传日"等活动，向社会各界宣传水法律法规。开展河道巡查170次，积极开展专项执法行动。全市依法征收水资源费

159.1万元，征收水能资源有偿出让金65万元，征收水土保持设施补偿费223.71万元。六是强化水利建设管理。严格基本建设程序，加强工程质量管理，加大项目资金监管力度，强化督促检查，水利安全生产呈现总体稳定的良好局面。

【水利差别化政策支持】 2013年9月18日，水利部下发了《关于对毕节试验区水利改革发展给予差别化政策支持的复函》（办规计函〔2013〕807号），明确在夹岩水利枢纽工程、水利重点扶持对口支援实施规划、解决农村饮水不安全问题、农田水利建设、骨干水源建设、水土保持工作、水利科技创新与信息化建设、水利建设资金投入等八个方面给予毕节市差别化政策支持。

【党风廉政、队伍建设及其他】 一是加强党的建设。全面落实党建工作责任制，加强党的思想建设、组织建设、作风建设。二是加强党风廉政建设。以落实责任制为主线，加强廉政建设；加强党风廉政教育，增强勤政廉政意识；开展风险防控，建立完善长效机制。三是加强水利人才建设。全市水利系统通过公开招考、简化程序等方式引进水利专业技术人才54人，其中引进2名博士挂任市水利局副局长、1名申请留用，引进高层次人才3名。组织全市水利系统477人参加省内外各项业务培训，提升水利干部职工素质。四是开展解放思想“十破十立”大讨论活动，圆满完成宣传动员、学习讨论、调查研究、总结提升4个阶段工作任务，取得了很好的成效。五是开展人大对水利工作评议活动，把活动作为促进水利工作的重要手段，做到以评议促发展。六是开展同步小康驻村等扶贫帮困活动，抽调7名干部驻村开展帮扶工作，帮助协调解决发展中的困难和问题。与此同时，社会治安综合治理、整脏治乱、安全、保密、工青妇、计生、老干等工作齐头并进，成效明显。

（撰稿　聂宗敬　刘家虎）

水库移民

【概述】 2013年，围绕“库区社会稳定、工程顺利建设、移民平稳搬迁、经济长远发展”的工作目标，以贯彻落实新时期移民政策为主线，以全心全意为移民服务为宗旨，以贯彻实施移民后期扶持政策为中心，开拓创新，扎实工作，全面完成年度目标工作任务。在2013年度全省移民工作年度考核工作中被评为优秀。

【前期工作】 一是完成夹岩水利枢纽工程、纳雍县坪山水库、威宁县可渡河阿都水电站、黔西县樱桃坪水库、七星关区龙官桥水库、赫章县河口水库、织金县白泥坡水库移民安置规划大纲和移民安置规划报告的审查。二是完成黔西县樱桃坪、仙人洞、织金县白泥坡等水库实物调查实施细则和黔西县仙人洞、七星关区双河口、金沙县唐家沟、大方县野螺沟等水库移民安置规划报告审查确认。三是完成夹岩水利枢纽工程、七星关区龙官桥水库、纳雍县坪山水库、织金县白泥坡水库移民安置社会稳定风险评估审查。四是开展夹岩水利枢纽工程移民前期工作。按照《夹岩水利枢纽工程建设征地实物调查细则》及相关规范，配合设计单位完成了1325米水位淹没线下专项设施、土地、零星树木、坟墓、人口、房屋及附属设施调查复核；完成了灌区涉及的七星关、大方、黔西、金沙、纳雍、双山新区等县区实物调查工作。超前谋划，拟采取城镇安置为主、后靠安置和分散安置为辅的安置方式，因地制宜，科学合理在双山新区、七星关区田坝镇、阴底乡，纳雍县维新镇、姑开乡、羊场镇，赫章县平山乡、古达乡规划建设8个移民集中安置点，已完成典型设计。是年，夹岩水利枢纽工程项目建议书已经国家发改委批复，可行性研究报告和移民安置规划报告已通过水利水电规划设计总院审查，工程已于10月28日正式动工建设。

【搬迁安置】 一是抓好黔中水利枢纽工程移民搬迁安置。织金、纳雍两县采取有力措施，加大集中安置点建设力度，尊重移民安置意愿，解决移民问题，动员移民搬迁，累计搬迁安置移民10457人，占审定数的99%，其中：织金县4241人，纳雍县6216人。是年省移民局按审定规划下达搬迁计划中，织金县搬迁370人，纳雍县搬迁1510人，占应搬迁人数的86.67%。二是主动协调处理黔中水利枢纽工程移民自行跨市外迁安置。加强与贵阳、安顺、六盘水、贵安新区的沟通与协作，采取有效措施，通过组建工作组到外迁安置地走村串户、实地了解移民安置情况、深入做好思想疏导工作等方式，做好自行跨市外迁移民安置工作。经与迁入地共同核实，织金、纳雍两县黔中水利枢纽一期工程自行跨市外迁移民共计 672 户 3162 人，其中：织金县 152 户 632 人，纳雍县 520 户 2530 人。三是抓好《黔中水利枢纽移民安置实施规划报告》修编，完成《黔中水利枢纽一期工程水源工程织金、纳雍两县建设征地移民安置实施规划修编报告》编制上报工作。四是抓好基础设施专业复建等工程审查审批和组织实施。五是抓好其他在建中型水库移民搬迁安置工作。是年计划搬迁中型水利水电工程移民 340 人，已搬迁安置移民 367 人，完全满足工程建设需要。

【遗留问题处理】 一是完成引子渡“处遗”成果兑现。兑现移民个人补偿资金 1806.53 万元，占应兑现资金的 100%；兑现涉淹农户涉淹耕地一次性补偿资金 1389.27 万元，占应兑现资金的 100%；兑现集体财产补偿资金 531.40 万元，占应兑现资金的 100%。二是完成索风营“处遗”成果兑现。索风营水电站黔西县库区搬迁安置移民 1369 人，除修文县帮助兑现跨县安置移民 372 人的移民个人补偿资金外，县内安置移民 997 人的个人补偿补助资金 3756.99 万元和涉淹耕地农户涉淹耕地补偿补助资金 1263.34 万元已全部兑现结束。三是按照“处遗”政策规定，兑现完成移民个人、涉淹农户涉淹耕地、集体财产、婚出人口等补偿补助资金兑现工作。四是处理政策规定范围内的移民个案问题，督促织金县完成洪家渡水电站 1998 年实物指标调查前漏（瞒）报人口和争议人口调查、核实、认定和补偿资金兑现。五是围绕库区和安置区移民急需解决的问题，编制结余资使用规划。六是对洪家渡“处遗”项目进行清理，完成了各县区变更项目的审批，各县区需变更项目的设计工作已结束，项目正在启动实施过程中。

【洪家渡水电站库岸失稳监测监控】 一是加强与乌江开发公司对接，妥善处理洪家渡水库引发地质灾害的群众搬迁安置工作；制定库区地质灾害紧急情况处置预案，落实汛期值班制度，对重点地段和重点部位进行每天 24 小时监控，确保移民群众生命财产安全。二是完成织金县茶店乡山林村磨大坡组 61 户 220 人和八步镇沟边村沟边组 38 户 128 人库岸失稳地质灾害影响农户的搬迁安置。

【后期扶持政策实施常规工作】 一是及时发放后期扶持直补到人资金。省核定全市移民后期扶持人口 84767 人，其中核定现金直补人口 76840 人，兑现后期扶持直补资金 4675.815 万元。二是完成移民后期扶持专项资金项目申报工作。全年申报库区基金项目 65 个，投资 2298.975 万元，省下达计划项目 63 个，投资 1879.9 万元；申报小水库资金项目 30 个，投资 196.5 万元，省下达计划项目投资 390 万元；申报应急补助资金项目 15 个，投资 80 万元，省下达计划投资 80 万元；申报结余资金项目 35 个，投资 1163.1 万元，省暂未下达计划；申报小康示范村“整村推进”项目 22 个，投资 736.8 万元，省暂未下达计划。三是组织实施后期扶持专项资金计划项目。抓好上年跨年度和本年计划扶持项目实施工作，加强项目建设管理，注重项目前期工作、工程设计、工程预算、价款结算、重大设计变更、工程实施过程、工程竣工验收等环节的监管；履行移民工程项目报批程序；执行移民工程项目法人制、工程建设招投标制、基本建设工程监理制，推行移民工程建设合同管理制，及时跟踪、检查、督促、验收、移交移民工程项目，确保移民工程项目质量和效益；规范移民工程项目档案，做到各项工程分类建档、资料齐全、手续完备。全年实施上年跨年度计划项目 45 个，计划投资 1343.71 万元，完工 29 个，完成投资 652.60 万元，其余 16 个项目正在实施中。本年下达计划项目 121 个，计划投资 2349.9 万元，其中：应急补助资金 80 万元，小水库基金和第一批库区基金 2269.9 万元。已完工项目 8 个，完成投资 11 万元；正在实施项目 27 个，计划投资 514 万元；正在进行设计和履行审查审批程序项目 86 个，计划投资 1824.9 万元。四是完成水利水电工程移民后期扶持人口统计、审核和上报。共申报 2012 年度黔中、附廓、大新、胜天、金蟾五座水库新增后期扶持人口 4479 人。五是对各县区 2006 年—2012 年 12 月底前移民后期扶持项目实施情况进行全面清理并上报清理情况。

【后期扶持监测评估】 一是配合省移民局委托的第三方独立评估机构黄河委员会移民局，完成重点监测县织金县的移民后期扶持政策实施监测评估。二是围绕现金直补、年度扶持项目实施、信访问题、移民收入等情况，完成非重点监测县固定监测点的移民后期扶持政策实施监测。

【后期扶持长效机制】 一是完成乌江渡、东风、普定水库处遗规划编制。重新编制《乌江渡、东风水电站建设征地移民遗留问题处理规划》上报并纳入《贵州乌江干流水电站建设征地移民遗留问题处理规划汇总报告》，涉及项目1080个，规划投资26137.94万元。二是完成《毕节市大中型水库移民小康示范村"整村推进"规划（2013—2017年）》编制和年度计划申报。规划项目181个，规划投资21250.05万元，其中，后期扶持专项资金投入3863万元，整合部门资金落实17387.05万元。同时，采取打造亮点，典型引导的方式，集中12个示范点的年度计划资金，对基础条件较好的金沙县茅岗村、织金县老街村、黔西县高锦村申报项目22个，申报投资736.8万元。三是编制上报《贵州省大中型水库移民避险解困黔西县试点方案》，规划在黔西县循环工业园区南部新区驮煤河安置点和高锦村移民安置点安置乌江渡、东风水库生存环境恶劣和住房条件差的老水库移民1995人，规划投资8686万元，其中：申请中央补助资金3990万元。四是完成移民劳动力转移和实用技术培训，完成培训任务2239人，占任务数的101.77%。

【后期扶持"三大工程"】 一是推进基础设施配套建设工程，解决移民发展基础问题。结合全市库区实际，以解决基础性问题为抓手，在统筹抓好移民后期扶持规划和《两区规划》项目实施的同时，积极整合其他部门项目资金，加大对通村通组公路建设、农村饮水安全、农村电网改造等基础设施配套建设项目投入力度，妥善解决库区经济发展基础性问题。二是推进移民危房改造工程，改善移民住房条件。利用移民资金实施乌江渡、东风水库生存环境恶劣、住房条件差的130余户近600人的移民危房改造工程，把生存条件较差的移民和涉淹农户作为财政专项资金解决的危房改造或生态移民对象，进一步改善移民的人居环境。三是推进产业扶持工程，解决移民增收问题。探索移民经济发展新思路，把"整村推进"与产业扶持相结合，拓宽移民增收渠道。随着这些产业的不断发展和壮大，将为移民生产增收创造更多更好有利条件。

【整合资源】 发挥县级人民政府在规划编制、项目安排、资金拨付、项目管理中的主体作用，明确部门职责，形成农业、扶贫、交通、水利、供电等多个部门齐抓共管、协同推进的良好局面。各部门以群众最关心、最直接、最现实的水、电、路基础设施、产业结构调整、农产品加工、特色农业和生态农业、人居环境改善等为重点，全年整合基础设施、生态环境、技术培训、生产开发、两个硬化等方面项目249个，总投资55576.09万元，其中，纳入其他部门《两区规划》实施的项目74个，投资32504.59万元，整合资金实施的项目175个，投资23071.5万元。

【移民资金使用和管理】 一是坚持移民资金计划管理，按规定认真编报移民资金使用年度计划。二是加强制度建设，注重内部控制制度，严格执行各水库移民政策规定和财务管理制度，强化移民资金流通环节运行管理，及时追踪各水库移民资金管理使用情况，按规定编制相关财务报表。三是及时争取上级拨付移民资金，根据各县区水库淹没处理和移民搬迁安置进度，及时下拨移民资金，督促各县区及时兑现移民补偿补助资金，强化项目工程建设资金管理，确保各县移民工作正常开展。四是强化市县本级以及市对县、县对乡移民资金使用情况监管，全年对有关县区开展资金使用情况督查4次，不定期开展检查、指导工作，资金规范管理，安全运行。

【信访维稳】 一是坚持移民维稳工作"属地管理、分级负责"和"谁主管、谁负责"的原则，树立"发展是第一要务、稳定是第一责任"的思想，以创建"平安和谐库区"为载体，各级各部门群策群力，共同把移民维稳作为维护"毕节试验区"改革发展工作的重中之重狠抓落实，把不出现移民群体性事件和非法越级上访事件作为移民维稳工作基本要求，加强对移民维稳工作的组织领导。二是加强各县区移民情报信息网络建设，畅通信息反馈渠道，特别是在"两节""两会"、信访维稳"百日攻坚"和重要节日、重大活动期间，开展移民矛盾纠纷排查调处工作，严格落实包保责任，采取有效措施，实行分片包干和人盯人的办法，对重点区域、重点人物进行重点稳控，突出抓好洪家渡、东风、黔中等水库的不安定因素排查调处，把矛盾和问题消化在基层，化解在萌芽状态。全年在库区和移民安置区开展大规模的矛盾纠纷排查工作6次。三是树立以群众工作统揽移民信访工作的思想，通过开门接访、领导下访、预约接访、全员接访等方式开展信访接待工作，并面向基层和移民群众建立健全服务接待窗口，公开接访电话和联系方式，加大移民政策宣传力度，做好移民群众思想工作，有效消化了大量信访积案。引导移民按规定、按程序反映信访个案问题。答复移民电话咨询 140 余次，接待移民来访 72 人次，收到移民信访件 16 件，当面解释答复 9 件，复核 1 件，转有关县区办理 6 件，在规定时限内应办结 3 件，已办结 3 件，办结率 100%；收到有关领导批转的信访件 7 件，在规定时限内应办结 6 件，已办结 6 件，办结率 100%，基本做到了件件有结果、事事有回音。

【移民档案管理】 一是强调资料的完整性。二是强调资料的实用性。三是强调资料的准确性。四是强调资料的移交手续。五是强调资料的查阅手续。六是强调跟踪督查。七是健全规章制度。

【门户网站管理】 一是强化组织领导，调整网络与信息安全工作领导小组，加强对网络与信息安全工作的组织领导。二是强化制度建设，制定网络安全管理相关制度加强门户网站管理。三是强化技术服务，加强与爱瑞科网络有限公司的联系，签订服务合同，定期对网站进行检查，坚持每周进行一次网站杀毒和清除木马服务，确保门户网站安全运行。四是强化信息更新，全年更新各类信息 128 条，网站内容丰富，点击率明显上升。

（撰稿　万　军）

水文水资源

【概述】 2013 年，毕节市水文水资源工作围绕试验区经济社会建设和民生水利发展需求，践行“大水文”发展理念，贯彻落实党的十八大、十八届三中全会精神，在省水文水资源局和市委市政府的领导下，推进水文可持续发展，组织开展毕节市乌江、金沙江、北盘江及赤水河等流域水文监测、水文情报预报和水环境监测评价等，中小河流水文监测系统建设不断深入，水文水资源综合监测能力有效提升，水文信息化现代化稳步推进，水文基础支撑和保障能力持续增强，为建设富裕和谐美丽新毕节作出了贡献。

【基础设施建设】 一是采取多种措施加快工程建设进度，洪家渡等 4 个水文站和水环境监测分中心、水文巡测基地两个项目输电线路工程通过验收，响水等 10 个水文监测站改造工作全面完成。二是加强组织领导，完成中小河流水文监测系统建设 2011 年项目涉及毕节市 10 个改造水文站、24 个新建水位站、37 个新建雨量站仪器设备安装调试、土建部分分部验收等工作。三是完成中小河流水文监测系统 2012 年项目大方县高枧等 4 个水文站土建工程，黔西县雨明水文站建设前期准备工作基本完成。四是完成中小河流水文监测系统建设 2013 年项目涉及毕节市的 21 个新建水文站中，13 个站点工程设计、施工图审查等工作，七星关区观音桥、金沙县红岩桥中心站建设前期工作有序推进。五是强化规划计划，组织编制《2013 年贵州省中小河流水文监测系统建设项目实施方案》（毕节市部分）并经省发改委批复。六是加强项目储备，争取水利部水文局支持，草海水文监测站项目得到国家发改委和水利部批复，纳入全国水文基础设施建设规划（2013—2020 年）。

【水文测验】 一是重视和组织开展汛前准备，检查汛前准备中存在的薄弱环节，重点对水文测验及报汛通信设施设备存在的隐患进行排查维修，全年测验工作正常开展。二是加强测洪报汛工作指导，在完成 2012 年度全市水文监测站、雨量站包括水位、流量、泥沙、降水、蒸发、水温等项目的水文资料整编基础上，参加了省水文局组织的复审汇编并取得较好成绩，组织开展 2013 年各监测站点水文资料日常审查和定线工作。三是探索水文测验新方式，继续开展相关测站水位、遥测雨量系统采集资料分析对比。组织编制《水文巡测规划方案》，探索水文巡测方式方法，减轻基层水文工作负担。

【水情与水资源】 一是加强汛期水情报汛管理，修改完善水情值班制度和水情值班工作流程、相关防洪预案和防汛抗旱救灾工作方案，汛期实行 24 小时值班，保障特殊水雨情信息及时准确传递。二是做好水文情报工作，全年共向省内外各防洪单位拍发水情电报 7800 份，雨水情信息及时通过短信、网络、传真、简报等形式发布，编制《水情简报》15 期，《水情快报》17 期，为防汛抗旱减灾提供了基础决策依据。三是强化洪水预报和趋势预测，完成《2013年毕节市雨水情趋势预测》，参加全省数据会商并向市防办、气象局以及政府部门发布预测成果。完成辖区内8个水文断面、3个水库枯警水位（流量）的确定并经有关部门初步审查。四是加强各水文监测系统的运行维护，强化协调配合，定期检查系统软件运行情况，根据人工雨量站报汛与自动监测情况进行对比，保障了各系统的正常运行。

【水环境监测】 一是强化质量管理，继续贯彻执行水利部《（水质监测质量管理监督检查考核评定办法）等七项制度实施方案》并通过水利部组织的稽查，毕节水环境监测分中心通过省水环境监测中心组织的内部监督评审。二是开展水质常规监测，完成毕节市重点水功能区及省界监测断面4个站全年12次、重要河流监测断面5个河流站全年6次、县级以上城市重要供水水源地9个监测点全年12次水质检测，监测样品210个，开展涉水工程项目、农村饮用水等水质监测，为全市人畜饮水安全、工程建设提供优质服务。三是提升水环境检测水平，按照省水环境监测中心下达的质量控制任务，制定质控方案，逐一组织实施，完成全年的质控任务。根据水利部稽查组的意见建议，组织对实验室功能区进行改造，完善各功能区的合理布局。

【水土保持监测】 一是按照要求完成赤水河水土保持监测卡口站年度水土保持监测和资料收集整理等工作。二是根据长江科学院三峡库区水土流失监测需要，组织了赤水河坡面径流观测小区年度水土流失观测，按时提交年度监测资料成果。

【服务社会发展】 一是贯彻落实国办函35号文件、国发2号文件精神，拟订实施方案和成立领导小组，加强与市直相关部门的沟通配合，完成本单位相应的分解任务，按时报送相关材料。二是服务民生水利发展，开展《2012年度毕节市水资源公报》编制并向社会公布，完成毕节市水功能区划资料收集整理等前期工作，参与全市及各县区相关水利工程建设可研、初设、实施方案及水资源论证报告等的审查论证等工作。

【党的建设工作】 一是按照省水文局党委要求推进党的群众路线教育实践活动，制订工作实施方案，成立领导小组，分步骤有序推进活动开展。加强党员干部思想政治理论教育，查摆“四风”存在的主要问题，抓好整改落实，改善干部职工生产生活条件和解决测验设施配置等一批实实在在的问题。二是深入开展“同步小康干部驻村”“美丽乡村”建设等帮扶指导，深入双山新区响水乡新基村开展指导和帮建工作，抽调干部驻村，拟定帮建措施，明确指导思想、目标计划和保障措施，开展贫困农户帮扶慰问等，帮助响水乡以拉村落实5万元饮水维修资金。

（撰稿　晏雪松）

水土保持

【概述】 毕节市水土保持办公室属副县级全额拨款的事业单位，作为毕节试验区生态建设的综合协调部门，具有独立的法人资格、行政管理体系、资金管理体系和行使公共事务管理的职能，内设有综合科、生态建设科、监督管理科、监测科、长江上游水土保持重点防治区滑坡泥石流预警系统毕节二级站5个正科级内设机构，核定事业编制29名。

【生态建设】 2013年，毕节市计划治理水土流失面积116.37平方公里，工程涉及坡耕地水土流失综合治理试点工程、国家水土保持重点建设工程，总投资10371万元，其中中央投资8030万元，地方配套2341万元，投资额创国内水土保持项目年度投资历史新高。至年底，完成水土流失治理面积61.30平方公里，完成总投资4185万元。水利部水土保持司刘震司长到毕节调研坡耕地水土流失综合治理试点工程时充分肯定了毕节治理工程采用的村民“自选、自建、自管、自用”的机制。通过争取，黔西县、金沙县、威宁县已经纳入全国坡耕地水土流失综合治理工程专项建设方案（2013—2016年）项目县，织金县作为备选县，总投资1.5亿元，治理坡耕地28平方公里。威宁县纳入滇黔桂岩溶石漠化农业综合开发水土保持项目规划（2014—2019年）。威宁县、织金县、金沙县实施坡耕地水土流失综合治理试点工程，赫章县实施中央预算内投资水土流失重点治理工程。

【监督执法】 1. 以宣传助开展。借新《水土保持法》颁布施行两周年和《贵州省水土保持条例》正式施行年的契机，以新《水土保持法》和《贵州省水土保持条例》的宣传作为重点，采取集中宣传和监督检查个别宣传相结合，出动宣传车84次，直接听众17.5万人，广播电视宣传139次，报刊宣传13篇，张贴标语9185条，张贴布告1802张，印发宣传手册7321册。全市审批水土保持方案42个（市级11个，县级31个），收取水土保持设施补偿费223万元（市级53.71万元、县级170万元），督促生产建设单位投入防治资金5743万元，治理建设区水土流失面积74.98公顷。2. 以制度促推进。对监管能力建设实行“月调度、季通报”制度，明确今后工作的重点、难点和主攻方向，对推进不力的县区提出限期整改、限期完成等措施。召开了毕节市水土保持监管能力建设推进电视电话会议，草拟《关于进一步加强水土保持监督管理工作的通知》待征求意见并经市政府研究同意后发布。3. 以检查强落实。按照省水利厅“市级对辖区内省级以上和本级审批的项目监督检查不低于40%和60%”的要求，市、县区检查162个生产建设项目，各项检查指标均达到要求，检查效果达到了预期目标。4月，水利部水土保持司牛崇桓副司长到毕节调研检查，高度评价毕节市水土保持监管能力建设工作，认为该项工作走在了全国的前列，要好好总结经验并在全国进行推广。

【预警监测】 1. 重点监测和搬迁重建工作同时开展。一是开展2010—2012年监测点监测数据的整编工作，形成完整的整编资料；完成了2013年1—9月监测点降雨量、小区监测数据资料的收集和初步审核；完成对损坏的雨量计等更换维修，督促指导石桥监测点正常开展监测工作。二是根据毕节城市发展规划的要求，经七星关区政府申请，启动对石桥水土保持监测点的搬迁重建工作。现已确定监测点搬迁选址在七星关区德溪新区梦溪湾，建设资金已经落实，项目选址意见、土地预审、环评、可研设计等已批复，征地等工作即将开展。2. 滑坡泥石流预警工作正常开展。整编上报2012年的预警观测数据，督促三县区水保办向县区政府汇报，落实三个预警点的处置方案，七星关区政府已明确将林口渭河滑坡泥石流预警点移交林口镇政府管理。

【帮扶工作】 按照市委市政府的安排部署和《深入推进毕节试验区改革发展规划（2013—2020年）》精神，为进一步深化干部联乡驻村活动，切实开展好“一宣四帮”工作，掌握群众关心的热点难点问题，在充分了解村情民意的基础上，广泛征求村民、村两委意见，制定切实可行的年度驻村工作计划、年度驻村帮扶计划，协助镇、村组织实施好帮扶项目和美丽乡村建设的“两个硬化”项目。春节慰问了5户贫困党员、5户贫困户、5户计生户群众，给每户分别送上棉衣1件、棉被1床和300元慰问金，解决大关镇丘林村帮扶资金共18万元。另外向省水利厅争取小流域治理项目1个，建设200亩左右精品水果林示范园，配套修建田间便道和蓄灌设施。

（撰稿　罗志玉）

气　象

【概述】 2013年，毕节市气象部门按照省气象局的要求和毕节市委、市政府的整体部署，努力践行“防灾减灾、气象先行”的气象服务理念，强化公共气象服务和社会管理职能，营造风清气正、团结和谐的发展环境，做好为经济社会发展和人民生产生活服务的各类气象工作。

【气候概况】 是年，毕节市年平均气温在11.8℃～16.0℃之间，与常年同期比较偏高1.3℃～1.9℃，年极端最高气温为38.2℃，出现在7月30日金沙县，年极端最低气温为-7.3℃，出现在12月17日威宁县；年降雨（雪）量为602.5毫米（黔西）～1056.3毫米（织金），与常年同期相比偏少1.2%（赫章）～39.3%（黔西）。

【主要气候事件及影响】 气象灾害主要有春旱，阶段性低温阴雨，风雹、暴雨洪涝、秋绵雨。冬季主要以低温寡照天气为主，其中1月份受冷空气频繁补充影响，大部地方出现凝冻。2月干冷，3月中旬开始旱象露头，4月以来旱象加重明显，属干暖气候，大部地方出现中等强度的春旱天气。夏季局地洪涝偏重，雨季与历史同期相比，偏早1天（织金）～44天（纳雍）。冰雹天气总体偏重，暴雨天气过程频繁，绵雨天气强度轻到中等。

【气象基础业务】 严格执行值守班制度，测报工作再创佳绩：地面测报错情率0.0‰；农业气象观测错情率 0.0‰；酸雨观测错情率 0.0‰；高空气象测报五项指标达标。77 人次气象测报百班无错，20 人次 250 班无错。

【预测预报】 汛期发布各类预警信号 127 次，其中暴雨红色预警 4 次，暴雨橙色预警 5 次，暴雨蓝色预警 21 次；雷电橙色预警 8 次，雷电黄色预警 62 次；干旱橙色预警 27 次。向市委、市政府和相关部门提供决策服务，制作《重要气象信息专报》37 期、《气象信息报告》84 期、《气象信息快报》114 期。地方党政领导到气象预报预警指挥平台进行防汛抗旱调度的"毕节模式"在全省推广。为毕节市第一届体育运动会提供准确预报。

【公众气象服务】 与电视台合作建立《气象万千》和《百姓气象站》栏目，以专家访谈形式播出重要天气预报信息，提出灾害防范建议。与毕节市交通音乐台建立电话连线机制，每日三次播发未来 12 小时天气预报。开通"乌蒙气象"微博。

【科研开发与应用】《百里杜鹃花期气候预报方法研究》项目获得批准。《冰雹云实时监测预警技术方法研究与应用》获得省科技进步三等奖。

【人工影响天气】 进行防雹作业 830 站次，用弹 27500 发，火箭 236 枚，增雨作业 137 站次，用弹 2702 发，火箭 264 枚。为毕节市第七届旅游发展大会和贵州省第八届旅游发展大会暨中国凉都六盘水消夏文化节的顺利召开做好人工影响天气保障服务。市级成立人工影响天气办公室，各县区及百里杜鹃管委会人工影响天气工作机构和编制全部落实，共设立机构 10 个，人员编制 57 人。

（撰稿　杨念华）

工　业

工能委

【概述】 2013年，在市委、市政府的领导下，全市工业能源系统凝心聚力、攻坚克难，积极应对错综复杂的经济形势，努力克服宏观经济下行、煤炭产业发展不稳定等诸多困难，以贯彻落实国办函35号文件为契机，坚持“加快发展、加快转型、推动跨越”主基调，深入实施“工业强市”主战略，把“稳中求进、提速转型”摆在首要位置，强化运行调度和要素保障，着力推进园区和重大项目建设，突出抓好重点行业生产、煤矿企业兼并重组、民营经济发展、节能降耗减排等工作，较好完成年度目标任务，全市工业经济呈现良好发展态势。

【工业经济保持较快增长】 全市完成规模以上工业总产值892.99亿元，同比增25.24%；完成规模以上工业增加值325.22亿元，同比增20.1%；完成煤炭产量6901.74万吨、发电430.7亿千瓦时、生产卷烟219亿支，分别比2012年同期增12.3%、8.8%、2.34%；全市工业用电量83.45亿千瓦时，同比增11.27%。全年新增投产企业78户，新增入统规模以上企业63户，新增投产企业对工业增长的贡献率达38%。煤炭、电力、卷烟、水泥、汽车、化肥、甲醇、白酒等主要产品产量均实现不同程度增长，有力支撑全市工业经济的快速发展。

【项目建设取得重大突破】 全市完成工业投资530.7亿元，同比增26.3%，全年新开工产业项目163个，建成投产117个。织金火电厂、金沙火电“上大压小”、肥田煤矿一期等项目获得核准建设；中石化60万吨/年煤制聚烯烃项目、华润电力黔西和大方火电项目获得国家“路条”；纳雍五轮山煤矿、金沙永晟煤矿、黔西高山煤矿等大中型矿井和毕节烟厂技改项目建成投产；黔希煤化工30万吨/年煤制乙二醇、贵州天利化工1万吨/年次磷酸纳、金沙回沙酒第五期5000吨/年技改扩能和大方蓝雁农牧综合开发等重点项目基本建成，2014年可正式投产，工业发展后劲明显增强。

【产业园区建设成效显著】 突出“以园兴城，以城带园”，建成连接毕节主城区、七星关经济开发区、毕节经济开发区、双山新区的工业大道，着力打造千亿级工业经济走廊；金沙县推动城市新区与产业园区共融发展，建成143公里的“四横六纵一联线”的路网骨架，多数园区已形成连接主城区的骨干路网，园区要素供给和聚集发展的能力明显增强，产业规模逐步形成，探索出全省产城共融发展的“威宁精神”和“金沙之路”。全年新建成园区面积18.5平方公里，新建成标准厂房259.5万平方米，新增入园产业项目140个，其中投资亿元以上大项目34个。全市产业园区完成投资479亿元，实现工业产值429.61亿元，实现工业增加值144亿元，占全市规模以上工业增加值的44.28%。

【民营经济发展】 组建副县级事业单位市民营经济发展局，完善职能和机构设置，强化协调服务。全市启动建设中小微企业创业园53个，建成26个，入园企业469户，解决就业3万余人。全年完成民间投资658亿元，同比增39.7%，实现民营经济增加值510亿元，同比增21.4%，民营经济占 GDP 的比重由上年的 42% 提升到 46%，全面完成民营经济“三年倍增计划”，全市民营经济发展步伐加快效果明显。

【煤矿兼并重组稳步推进】 按规定完成规划编制和主体资格申报，指导企业办理采矿权过户、编制实施方案等工作。24 个市内注册煤矿企业集团获得主体资格预公示，有 4 个取得主体资格，19 个集团完成实施方案编制，通过审查的有 17 个。需办理过户手续的 511 个煤矿中，有 471 个煤矿矿权过户资料已进入省国土厅窗口，有 366 个煤矿已经通过审查，有 265 个煤矿已签订转让协议。全年新建成煤矿 29 个，新增产能 1056 万吨 / 年。

【新兴产业发展快速推进】 毕节经济开发区和七星关区经济开发区新能源汽车产业初具规模，获得科技部国家新能源汽车高新技术产业化基地认定。新增建成风电项目 40 万千瓦时。金沙产业园区电子信息产业配套进一步完善，大方海美斯陶瓷耐火集料项目即将建成。成功引进中安永恒安防设备、天德生物医药、皇冠新型建材、“地球卫士”石头造纸等高新产业项目，新兴产业发展快速推进。

【信息化建设步伐加快】 全市电子信息产业重点项目完成投资 23 亿元，通信广电业完成投资 1.14 亿元，完成城区 1.2 万户宽带提速改造，新建光缆 400 公里，建设农村移动基站 116 个。第三代移动通讯技术（3G）无线网络乡镇覆盖率 100%，自然村通电话比例 96.6%，比 2012 年提高 6.5 个百分点。在七星关城区开展三网融合试点工作，智慧城市建设有序推进。

【生态工业建设】 全年规模以上单位工业增加值能耗同比降 6.66%，超额完成 5.34% 的年度目标，淘汰市内落后产能企业 16 户，淘汰产能 135 万吨，占年度目标 95.25 万吨的 141.7%。积极推进粉煤灰、脱硫石膏、矿渣、建筑垃圾等资源综合利用，全市新增 11 户企业的资源综合利用产品获得省级资源综合利用认定。

【工业产业招商效果明显】 成功举办中国（毕节试验区）中小型煤机第一届交易博览会现场、2013 多彩贵州“金沙回沙杯”旅游商品两赛一会等大型会展，组团参加相关全国性展会，努力扩大开放，大力开拓工业产品市场。全市工业产业招商签约项目 256 个，签约资金 785.29 亿元，到位资金 194.01 亿元。市工业能源委分别与贵州群之英科技有限公司、江天水泥有限公司、大西南新能源等 7 户企业签订了合作协议，签约资金 22 亿元，实际到位资金 2.45 亿元，超额完成全年招商引资任务。

【部门职能优质高效履行】 落实中央、省、市关于改进工作作风、密切联系群众的有关规定，深入推进党风廉政建设，强化工业能源系统干部作风整顿，做到执行纪律严格、服务态度优良、办事效率提高、监督渠道畅通、干部清正廉洁。全体干部职工自觉把精力放在推动项目建设、扶持企业发展、解决具体问题上，注重工作实效，充分展现工业战线“真抓实干、求真务实”的工作作风和“奋发有为、争创一流”的精神面貌，有力推进全市工业经济快速健康发展。

【其他重点工作统筹推进】 一是加强赴省进京对接汇报力度。全年争取上级工业发展资金 7258.6 万元，国家工信部拟于近期出台支持毕节试验区工业和信息化发展意见。二是成立毕节市新能源汽车产业联盟和毕节市中小型煤矿机械产业联盟，推动新能源汽车产业和煤矿机械产业发展。三是着力抓好行业安全生产。加大工矿企业重大隐患排查力度，强化“一岗双责”，督促落实安全生产企业主体责任，全市重点项目施工、危险化学品、民爆行业等安全形势持续向好，维护和谐稳定的发展环境。四是做好全市农村环境整治“两硬化”工程水泥保障工作，完成水泥供应 130 万吨，确保 89.12 万农户院坝和 124 万户农村连户路硬化工程如期完成。

（撰稿　聂祥华）

投资促进

【概述】 毕节市投资促进局深入贯彻落实党的十八大、国发 2 号、国办函 35 号文件和贵州省、毕节市 2013 年度经济工作会议精神，紧紧盯住招商引资实际到位资金“确保 1500 亿元、力争 1600 亿元”目标，以“四个一体化”（ 即煤电磷、煤电铝、煤电钢、煤电化）、“五个 100 工程”（即重点打造 100 个产业园区、100 个旅游景区、100 个现代高效农业示范园区、100 个示范小城镇、

100个城市综合体）和“六张名片”（即烟、酒、茶、旅游、中药材产业和生态畜牧业）项目为主抓手，突出招引龙头企业和工业项目两个重点，凝心聚力、精心安排、创新举措、强力推进，较好地完成了既定目标任务。实现招商引资实际到位资金1531.95亿元，占年度确保任务数1500亿元的102.13%，力争任务数1600亿元的95.74%，同比增63.08%。其中：列为省级调度的省外境内到位资金830亿元，占省下达确保任务数786亿元的106%，力争任务数849亿元的97.76%，位居全省第三。

【机构及队伍建设】 2月21日，中共毕节市委组织部对14个驻外招商分局人员进行调整，进一步优化招商分局人员组合。3月底，市投资促进局经市人力资源和社会保障局批准，面向基层遴选13名公务员充实招商引资人才队伍，并安排到各驻外分局培养锻炼；公开考调5名事业人员到利用外资和招商引资项目代办服务中心工作。4月11日，贵州省公务员局复审核准金沙等7县投资促进局列入参照公务员法管理，进一步规范了全市投资促进机构管理体制。5月20日，市政府任命利用外资和招商引资项目代办服务中心主任，各县区、开发区也相继建立利用外资和招商引资项目代办服务机构，完善服务机制，全市利用外资和招商引资项目代办服务工作全面启动。

【举办大型招商推介活动】 承办“2013中国（贵州）非公有制经济发展论坛”招商引资项目签约仪式，邀请全国除西藏自治区外的30个省（市、区）的195家企业270余名企业家参会，签约项目24个，投资总额370.18亿元。相继举办毕节市赴深圳和广州招商推介会、中国（毕节试验区）中小型煤机第一届交易博览会、中华海外联谊会港澳理事赴毕招商推介会、全国青联委员走进毕节试验区座谈会、毕节机场首航招商推介会、重庆贵州商会赴毕考察座谈会、第四届川滇黔十二市州合作与发展峰会项目投资洽谈会等招商活动。其中：“毕节市赴深圳招商推介会”，签约项目15个，投资总额106.5亿元；“毕节市赴广州招商推介会”，签约项目13个，投资总额42.4亿元。

【参加省级大型招商暨经贸洽谈活动】 相继组团参加省政府主办的国际性展会和组织的赴香港、韩国、印尼、北京、长三角、珠三角、成渝地区、昆明等地招商活动。其中：“生态文明贵阳国际论坛”签约项目14个，投资总额38.4亿元；“第三届中国（贵州）国际酒类博览会”签约项目40个，投资总额300.6亿元；“贵州省面向全国优强民营企业招商引资推介会”签约项目18个，投资总额97.92亿元；“贵州·香港投资贸易活动周”签约项目8个，投资总额283.78亿元；“贵州面向长三角招商引资推介会”签约项目21个，投资总额141.08亿元；“贵州面向珠三角招商引资推介对接会”签约项目13个，投资总额105.1亿元。

【党政主要领导带头招商】 市委、市政府主要领导带头招商共引进项目6个，总投资51亿元。按照合同推进6个，履约率100%；到位资金29.5亿元，资金到位率57.84%；开工6个，开工率100%；投产3个，投产率50%；入园5个，入园率83.33%。在贵州省组织的对市州党政主要领导带头招商考核中，毕节市综合排名第一。

【驻外省、市分局招商】 14个招商分局签约项目138个，签约资金357.63亿元，产生到位资金54.0487亿元，占年度目标任务数49亿元的110.3%。其中：新建落地项目130个，到位资金40.04亿元；续建项目27个，到位资金14.0087亿元。珠海、济南、武汉、杭州、昆明、东莞、长沙、南京、厦门等9个分局超额完成目标任务。

【市直部门招商】 市直有计划任务的27个部门中，有16个部门签约项目45个，签约资金145.7亿元，产生到位资金18.6亿元。其中：有指令性计划的发改委、工能委、投资促进局、农委、商务局等5个部门签约项目27个，产生到位资金12.88亿元，占年度目标任务5亿元的257.6%；有指导性计划的财政局、国土资源局等11个部门签约项目18个，产生到位资金5.72亿元。

【项目落地推进】 深入开展以“查资源利用促项目履约开工、查合同执行促项目按合同约定开工建设投产、查政策承诺兑现促项目顺利实施健康运营”的“三查三促”活动，认真落实一个项目、一名领导、一套班子、一个方案和一抓到底的“五个一”项目落地建设工作机制，采取“一月一通报、一季一督查、半年一考核”等措施，充分调动各方力量，千方百计加快项目建设进度，确保项目“高履约、早开工、快建设、早投产”。全市进入招商引资统计平台的项目1409个，履约1409个，履约率100%；投资总额5997.76亿元，历史累计到位资金2596.39亿元，资金到位率43.29%；开工1267个，开工率89.92%；投产490个，投产率34.78%；入园222个，入园率15.76%。其中：新建项目512个，总投资1770.02亿元，到位资金599.35亿元，资金到位率33.86%；开工418个，开工率81.64%；投产64个，投产率12.5%；入园89个，入园率17.38%。

【投资环境建设】 印发《毕节市优化投资环境考评暂行办法》，初步建立全市投资环境考核评价体系和考评联动机制，按照随机跟踪、半年和年终考核相结合的方式对县区投资环境进行考评。指导各县区、开发区强力推进招商引资项目全程代办服务工作，促进全市投资软环境进一步改善。省政府年终考核测评毕节市投资环境，满意率达96.69%，全省排名第一。

（撰稿　张利民）

供电事业

【概述】 2013年，毕节供电局贯彻南网公司、省公司及市委市政府2013年工作会议精神，坚持稳中求进，以战略为指南，以创先为载体，继续抓好安全、做优服务、做强电网、降本增效、提升管理，支撑了毕节试验区经济快速发展。全年完成售电量52.15亿千瓦时，当期电费回收率99.94%，全资产口径客户平均停电时间35.03小时，综合线损率9.3%，完成电网建设投资10.88亿元，投资完成率100.13%，资产总额53.19亿元，较好地完成各项指标和任务。认真落实中央八项规定，差旅费、办公费、会议费实现负增长，业务招待费下降20.36%。

【稳步推进创先工作，企业管理水平不断提高】 以创先作为推动战略落地的载体，稳步推进创先工作。通过中心组扩大会议组织研讨创先、召开创先工作推进会等方式营造了创先工作氛围。以点带面、整体推进，通过“三抓一建”，创先工作取得初步实效。一是2013年包括公司考核内容在内的48项指标与重点任务，完成42项；二是客户平均停电时间35.03小时/户，同比降4.16%，比公司计划降低1.07小时/户；三是加快县级供电企业规范化管理进程，示范点建设、安全生产规范化管理、营销一体化和基建规范化管理四个方面得到提升，威宁供电局的基建管理工作得到公司领导好评。

【企业内控管理】 毕节供电局修订全员绩效考核管理实施细则，制订各分县局年度业绩指标，测评季度和年度组织绩效，实现关键业绩指标和重点工作任务的可控在控。通过“三基”工程建设，强化了局本部基础管理。通过规章“废、改、立”工作，局有效规章从255个减少到171个（其中新增27个），抽取中层管理人员20人、普通员工40人进行规章考试。完成局审计项目13项，审计发现问题59个，提出审计建议40条，对2013年公司审计意见及通报的78项问题进行整改。完成各县局与员工签订劳动合同、兑现薪酬政策、各县局组聘考评不合格人员第二次组聘等理顺农电用工管理后续工作。理顺双山新区供电管理关系，成立双山新区供电所。推进6个示范供电所和6个示范台区建设，梳理供电所业务流程18个，现行表单记录由125种简化为46种，并在示范供电所试用。规范县级供电企业对供电所的绩效管理，明确14个供电所绩效管理指标。闲置物资库存结零、库存周转率459.5%，实现储备物资周转率达70%的目标。梳理电网建设、劳动合同等方面法律风险67个，加强了对县局重大法律纠纷案件的管控力度。

【安全生产管理】 以“简单、实用、高效”为要求，稳步推进安全生产风险管理体系建设和“两本手册”应用，做好安全生产标准化达标工作，将标准化达标与体系审核有机结合，持续提高体系运转质量。开展安全生产风险辨识与管控，重点监督144个黄色风险、1800个绿色风险，现场安全纠察3271处，查处违章1355项；加强应急管理，开展输电线路防汛、变电设备故障“双盲”演练，有效开展防冰工作，成功参与处置“4·27”阿市乡山体滑坡等3起自然灾害事件，圆满完成保电任务76次；优化主网运行方式，投运奢香区域安稳系统和9套主网备自投装置，降低电网运行风险；加强设备管理，梳理关键输变电设备144项，开展关键设备的特巡特维，按计划完成年度设备预试、定检，重大及以上设备缺陷消缺及时率达 100%，配网跳闸次数同比降低 30%，主设备可用系数提高 0.04 个百分点，全口径供电可靠率提高 0.4 个百分点；220 千伏及以上 GIS 局放在线监测覆盖率 100%，9 座数字化变电站投入运行，新增 5 个变电站在线监测设备，在线监测实用化通过公司验收；全面推进调控一体化建设，完成毕节地调主站和 6 个县局县调子站系统的安装调试，完成 20 座变电站自动化信息接入调试和传输通道网络化改造，成功开展调控一体化不停电遥控试验；完成协同办公一期、营配内业录入、内宣平台等重点项目的推广和实施，推进 IT 运维平台实用化，全年网络与信息系统安全稳定运行。

【营销管理成效明显】 挖增量、保存量，协助政府完成 1269.64 万元企业资金补贴，开辟业扩绿色通道，售电量增长率高于全省平均水平。开展营销普查专项行动，检查用户 37.86 万户，发现问题 1164 个，堵塞跑冒滴漏，追补电量 575 万千瓦时，电费 613 万元，比公司计划增加 413 万元。在省公司的关心下，指导黔西供电局解决石板塘电站淹没区 1234 户 11 年用电不交费历史遗留问题，得到了省公司的充分肯定，这是深化农电体制改革，解决历史遗留问题的成功案例。实施电费风险预控，开展大用户电费备款通知业务，电费回收连续四年全省排名前三。细化满意度指标，落实客户经理 512 人，建设 10 分钟交费圈，新增电费 POS 机、支付宝代收电费方式，社会渠道代收点增至 334 个，“营广邮件发送系统”用户 5 万余户，“服务之星”竞赛获省公司集体二等奖、个人一等奖。签订 311 户客户安全协议，建立“一户一册”，全年无供电原因引起的客户安全事故。实现电力需求者“两个千分之三”目标，节能诊断企业 12 户，走访客户 18 余万户，节约电量 1505.74 万千瓦时，电力 0.28 万千瓦。营配信息集成数据核查提前 40 天完成，计量自动化系统终端上线率、准确率达 90% 以上，全局实现计量关口电子化结算。实施线损分层分级监控，开展帮扶活动，线损率超 20% 供电所同比减少 1 个、超 10% 线路减少 36 条、超 20% 台区减少 1012 台。积极服务“5 个 100 工程 ”，制定“一园一册，一户一档”服务子方案 43 个，明确工程项目客户经理 43 个。统筹安排成本费用预算，以资金管理为主线落实预算管理责任，深化成本精细化管理及过程管控，2013 年主营成本完成预算的 99.88%，可控供电成本完成预算的 98.11%。

【优化电网规划，推进电网建设】 落实国发 2 号文件和国办函 35 号文件，开展毕节电网十二五规划，推进毕节电网向智能、高效、可靠、绿色方向转变。组织开展了“十二五”配网项目库优化、“四在农家・美丽乡村”基础设施建设小康电实施规划、“5 个 100 工程”、产业园区、毕节中心城区等 65 个电网及电力专项规划，完成其中 22 个规划编制。推进电网项目前期工作，完成奢香变—鸭溪变 500 千伏线路工程等 13 个主配网项目可研、核准、备案、生态移民及产业园区紧急项目、烤烟用电工程、威宁 17267 户户表改造及配套电网项目可研。完成 2006 ~ 2011 年县级配网项目后评价。5 个乡（镇）供电所项目列入 2014 年度小基建投资计划。落实基建“七＋六”管理要求，完成 8 个主配网业主项目部组建，推行基建工程质量控制作业标准，应用施工作业指导书，强化施工队伍管理，基建项目管理逐步规范化，基建“六项管理”要求在电网建设中得到落实。开工建设 226 个主配网项目，建成投产 195 个项目，全年新增变电容量 143.361 万千伏安，线路长度 6534 公里。完成 10.88 亿元电网投资建设任务，电网网架结构不断加强。

【加强队伍建设】 突出抓好干部管理，开展干部选拔“一报告两评议”工作，推行两级班子成员个人重大事项报告制度。加大竞争性选拔力度，局系统竞争性选聘比例达 58.33%，公推直选团支部书记 6 名。强化干部实职锻炼培养，15 人开展双向挂职锻炼，9 人获聘公司和局技术技能专家，11 人推荐为公司专家接班人。分层分类开展员工培训 63 期，培训员工 5665 人次，培训率达 99.8%。教育培训在公司年度考评中获得优秀。切实开展岗位胜任力评价，理顺后的劳动合同制员工评价合格 147 人，2012 年新入企员工评价合格 74 人，技能岗位员工评价合格 12 人。有序规范劳动用工、薪酬等管理，规范 1945 名其他用工的劳动关系；编写 1264 个岗位的岗位说明书，签订 3490 份岗位责任书；理顺县级供电企业领导班子成员的薪酬关系；为 1945 名理顺后的劳动合同制员工建立增量补贴、公积金；建立 3558 名员工业绩考核积分台账，全员绩效考核覆盖率 100%；人力资源信息系统数据完整率 100%、准确率98%，系统实用化率达100%。

【党风廉政建设】 开展党的群众路线教育实践活动，集中学习、讨论16场次，党员学习率100%，征集意见220条，查找出领导班子11大项32个问题，制定"两方案一计划"并逐步整改落实，落实服务群众"四项举措"，已初步整改完成7个问题。发挥党组织和党员作用，20个先锋工程有效促进中心工作，"党员做本岗位最优秀员工"活动涌现出一批先进党员典型，"绿叶润心"客户满意提升活动解决群众用电难题358件，7个"示范党支部"建设成效明显。不断加强反腐倡廉建设，通过"为民务实清廉，改进工作作风"主题纪律教育月、预防职务犯罪讲座等加强职工教育，制定县级供电企业供电所通用廉洁风险库，对农网改造工程等实施效能监察，创建2个县级供电企业廉洁文化示范单位、14个"廉洁高效、为民服务"示范供电所。

【企业文化建设】 主题宣贯8场次，"局领导零距离接待日"活动持续推进，员工辅导400余次，4人分获网、省公司优秀辅导员，公司命名班组文化示范点3个，政研课题获网公司二等奖。加大宣传力度，全年上稿2108篇，同比上升28.33%，打造"梅花山光明卫士""高原上的电力铁塔"两个宣传品牌，办好《毕节供电报》，在《光明日报》等媒体实现零的突破。

【群团工作】 坚持党建带工建、带团建。工会加强企业民主管理和厂务公开，组织劳动竞赛24次，劳模结对、创新工作室等成效明显，在省"新长征"文艺创作评奖活动、公司"幸福南网梦之声"等比赛中取得佳绩。团委深入开展"青"字号活动，7个集体分获省及公司青年文明号、安全示范岗。扎实做好维稳信访工作，妥善化解金沙供电局劳动合同及安置等10件集体信访件，处理来信来访41件，办结率78%。

（撰稿　刘定琴）

烟草专卖

【概述】 2013年，全市烟草商业按照"抓突破、转方式、促提升、重执行、增效益"的工作主线，坚定发展信心，破解发展难题，全力推进毕节烟草转型发展。收购烟叶近9141万公斤，销售卷烟21.81万箱；实现主营业务收入76.8亿元，其中烟叶收入33.8亿元、卷烟收入43亿元；实现税利20.23亿元，完成计划的100.2%，实现烟叶税收4.83亿元，同比增1.1亿元；烟农户均收入3.26万元，同比增1.01万元，增幅44.88%；零售户户均毛利2.05万元，同比增0.41万元，增幅24.96%。

【烟叶工作扎实推进】 以烟叶工作为中心，抓早、抓实，全面推行专分散收，优质高效地完成收购任务。烟叶收购完成计划的104%，上等烟比例55.02%，担烟均价1202元。基地单元建设持续推进，新增建设基地单元16个，其中国家局基地单元3个，省公司基地单元13个。专业化服务水平提升，实现了专业化育苗100%、机耕45%、起垄45%；建立合作社42个，服务面积79.35万亩，覆盖55751户烟农；组建专业化烘烤队伍101支，人员3004人，服务面积40.43万亩。全面推进"杜鹃情"十个一服务，收购期间投入320多万元服务烟农，深受好评。投资5.3亿元，建成烟水工程4.4万亩，新建密集烤房1900座、机耕路572公里、育苗设施28.39万平方米，补贴购置农机具27351台（套），完成土地整治1600亩，完成47个烟叶站（点）、8万平方米烟叶仓库项目建设任务，并投入使用。2012年度烟叶生产基础设施通过中国烟草总公司验收。

【卷烟营销】 卷烟销售完成计划的100.49%，同比增0.75万箱，增幅3.6%，居全省第一；含税单箱均价达2.3万元，同比增0.34万元，增幅17.4%，居全省第三。实现重点品牌销量10.3万箱，占总销量的47.3%，同比增26.2%，销售"贵烟"6.74万箱，完成年度计划的107%，同比增1.4万箱，增幅达26.7%，居全省第一。

【规范管理扎实有效】 查处各类烟草违法案件620起，查获卷烟691.97万支，查扣烟叶172.77吨，出动打私打假21263人次，破获5万元以上案件51起。深入开展专项整顿和业务培训，对全市烟草商业实施的116个项目、46个标段、4.86亿元金额进行了全面自查。全面推进内部专卖管理监督工作，加大对烟用物资发放、合同签订、烟叶移栽、烤烟收购和卷烟货源分配、打码到条等关键环节和重点流程的监控，确保

"两烟"业务规范运行。加强审计监督，完成审计项目307个，审计工程结算项目97个，送审金额2.16亿元，审计审定金额1.96亿元，审减金额0.2亿元。

【基础管理不断加强】 深入开展管理创一流活动，全面推进精益管理。建立精益管理"125+N"模式，提炼出"1555"精益卷烟营销工作法、"1565"精益卷烟物流工作法。以预算管理为抓手，强化预算执行，重点费用控制成效明显。探索财务一体化管理模式，精简人员，提升效率。突出抓好烟叶信息系统、卷烟营销系统、卷烟智慧物流信息、客户经理移动工作平台等重点项目建设和重点课题研究，信息化建设水平有效提升，在推进"两烟"生产经营中作用日益凸显。

【队伍建设】 全面开展"三型"班子、"四型"基层党组织和卓越行为建设，构建"学习+创新+发展=卓越"的领导班子建设模式及"学习·创新·发展·服务"型党支部建设标准，班子建设水平和党的建设水平明显提升。启动新一轮机关、基层"四定"工作，为机关瘦身，为基层强身，做优机关、做强基层。加快年轻干部培养步伐，2013年提拔正科级干部10人，其中35岁以下年轻干部2人；提拔副科级干部19人，其中35岁以下年轻干部11人，优化了干部队伍年龄结构和素质，改善科级干部年龄结构，为企业持续发展提供保障。开通员工晋升通道，从行政职务、技术、技能、薪酬待遇四个维度帮助员工量身订制职业发展规划，利用内外部学习平台引导员工进行学历、技术、技能、履职能力的提升。

【安全生产标准化一级达标通过评审】 2013年5月6—10日，国家安全生产科学研究生专家评审组一行对毕节市烟草公司进行了安全生产标准化一级达标评审。专家评审组通过查看现场、查阅资料、询问现场人员等方式，对毕节烟草商业各基层单位进行了全面检查。通过评审，毕节烟草商业达到安全生产标准化一级达标企业的要求，顺利通过现场评审。

【烟叶收购工作】 2013年10月26日，毕节市烟叶收购全面结束，实现烟农收入21.89亿元，烟叶农商合格率达82.11%，工商交接合格率达64%，上等烟比例55%，全面实现市委、市政府年初提出的"三重四得"目标，即"重操旧业、重振雄风、重树形象""农民得实惠、财政得增长、企业得增效、基础得改善"。

（撰稿　何琳珠）

“西电东送”建设项目

黔北电厂

【概述】 贵州西电电力股份有限公司黔北发电厂（简称黔北电厂）位于贵州省毕节市金沙县城关镇，是国家为确保“西电东送”战略顺利实施，确保“黔电送粤”务期必成而开工建设的重点工程。下辖金沙电厂（4×125兆瓦）和黔北电厂（4×300兆瓦），总装机容量1700兆瓦。金沙电厂4×125兆瓦机组工程于1997年4月18日开工，2000年1月16日4台机组全部建成投产。黔北电厂4×300兆瓦机组工程于2001年11月25日开工，2004年9月29日4台机组全部建成投产。黔北电厂建成以来，推动了金沙县煤炭业、交通运输业、服务业等行业的发展，成为拉动地方经济快速发展的强有力的“火车头”。投产以来累计完成发电量1258.04亿千瓦时，其中125兆瓦机组完成发电量483.68亿千瓦时，300兆瓦机组完成发电量774.34亿千瓦时，累计上缴各类税收总和20多亿元。同时为当地解决就业岗位400多个，积极履行中央企业的社会责任，捐助地方建设，为“西电东送”和贵州经济发展做出了应有的贡献，树立了良好的企业形象。根据国家产业政策和企业可持续发展的需要，在中电投集团公司、金元集团和贵州省各级政府的指导帮助下，黔北电厂于2009年5月正式启动“上大压小”异地新建工程前期工作，黔北电厂“上大压小”异地新建工程规划容量4×660兆瓦，分两期建设，一期建设2×660兆瓦燃煤发电机组。项目选址位于金沙县茶园乡中坝村，静态投资一期工程为47亿余元（含脱硫脱硝工程），二期工程为50亿元，整体工程动态投资110亿余元。项目于2012年4月9日获得国家能源局“路条”，2012年8月成立了贵州金元茶园发电有限责任公司，2013年6月16日，一期项目已正式开始场平施工建设，2013年12月正式获国家发改委项目核准，正式批准进行开工建设，茶园二期工程获中电投集团批准立项。

【组织机构】 黔北电厂现有19个二级部门，其中生产部门5个，有718人，燃料管理部门2个，有158人。截至2013年12月底，在岗员工1032人，大中专及以上学历710人，占比68.8%。现有全国劳动模范1人，中电投集团劳动模范2人。

【安全管理】 一是将安全生产目标细化和分解，每一项指标进行量化，安全目标责任书全面覆盖（含非生产部门及职能科室），并层层签订《安全生产责任书》。每季度对各主要生产经营部门开展安全评分，根据评分结果兑现奖惩。二是设立安健环体系建设专项奖励，与标准化良好行为企业达标工作有效结合，开展全覆盖培训2110余人次，完成作业类、设备类、职业健康类、环境类风险评估任务3016项，初步建立风险评估数据库。以“边运用，边建设”为原则，通过工作票、操作票、重大检修“三措”、安全风险预警等方式，将安全风险控制措施落实到生产现场工作中。三是各级管理人员深入生产现场，保证安全监督和保障体系的正常运作，实现闭环管理。全年制作违章曝光栏12期，发布违章照片300余张；开展3次安全大检查和12次隐患排查，查出问题637项，并明确规定：谁检查，谁负责，谁主管、谁落实整改，如复查发现问题或发生事故，将追究检查人的责任。现已完成整改项目589项，完成率93.4%。四是要求外包队伍每周3次参加本厂生产协调会，本厂管理人员参加外包队伍班前、班后会、安全活动，全年达700人次。将《中电投集团典型违章表现形式》、安全管理制度、标准、设备事故通报及金元集团下发的事故快报打印并下发至各个施工队伍，提高外包队伍的安全意识。大修期间厂级、部门级的每日安全检查，杜绝"以包代管""包而不管""以罚代管"等现象，规范了三级施工管理员的职责。经过评比，黎明等4名人员被评为优秀施工管理员，厂部按规定给予了表彰。2013年2月5日，本厂获得国家电监会授予的"电力安全生产标准化一级达标企业"称号，成为省内火电企业第一家获此殊荣的企业，并连续4年荣获中电投集团公司"安全生产先进集体"荣誉称号。

【设备治理和技术改造管理】 落实锅炉防磨小组责任制，优化蒸汽吹灰运行技术，建立防磨激励机制。全年300兆瓦机组锅炉无"四管"爆漏，非计划停运仅2次，时间不到7小时，为建厂以来及贵州火电行业的最好水平。高度重视技术监督工作，2013年提出问题61项，已完成44项，未完成和部分完成项目17项，未完成项待机组A修时整改，在贵州省经信委组织的技术监督年终评比中，2013年本厂名列火电版块总分第一，11个专业中有6个获得第一名。修订了《设备缺陷奖惩规定》，规范设备缺陷管理，提高检修人员服务设备的意识，提高了消缺及时性，设备重复消缺、工作推诿扯皮现象大幅减少。全年发生缺陷22805条，消除22111条，消缺率达97%。

【经营管理】 加强市场营销基础工作，建立了电力市场营销网络，并形成任务分解到部门、责任落实到岗位的电力市场营销工作机制。一是运行部门公布各大值发电负荷率完成情况，对值长实行排名考核，营造了内抓电量互相较劲、外抢市场"度电必争"的氛围。300兆瓦机组利用小时6530小时，在全网同类型机组排名第一。二是将部分原计划在汛期停机开展的检修工作，适时提前到火电机组负荷率低的4、5月份开展。全年300兆瓦机组进行一次A修，三次C修和一次节假日临停检修；125兆瓦机组开展两次A修，两次C修，一次电网调停检修。并在进入汛期以前，对300兆瓦四台机组进行一轮检修消缺，对设备进行全面治理，巩固主辅设备的可靠性，使本厂能抓住汛期来水偏枯水电萎缩、全网多台机组进行脱硝改造的多发电有利时机，为超额完成全年生产任务打下坚实基础。三是由厂领导三次带队到设备制造厂家协调制造工期，并派专人进驻设备厂家进行督促、跟踪，设备制造工期比正常工期提前两个月，圆满完成该机组汽轮机通流改造。通流改造后，汽轮机热耗下降约331千焦/千瓦时，煤耗降低18克/千瓦时，每年可节约1700万元，经初步估算，三年即可收回改造成本。四是成立脱硝改造工作组，按期完成脱硝工程改造和烟气脱硫系统旁路烟道的封堵工作。并同步实施锅炉低氮燃烧器和空预器改造，脱硝系统一次启动成功，在锅炉飞灰基本不变的情况下，各项指标达到国家环保排放要求，年底前顺利通过国家环保部、省环保厅的专项验收。五是严格监管粉煤灰承销商营销区域和范围，对违规者严肃处理，规范营销渠道；通过设备治理和技术改造，使风选设备可靠性提高，生产环境改善。全年粉煤灰综合利用总量达240万吨，较2012年增40%，粉煤灰利用率达76.5%，脱硫石膏利用率45%，均超额完成年初制定目标。

【茶园电厂项目建设】 黔北电厂"上大压小"异地新建工程项目全年完成投资5.7亿元，顺利完成征地拆迁工作后于2013年6月16日正式进场开展场平施工，今年1月已完成场平、强夯和试桩试夯等工作。签订含"三大主机"在内的主机及辅机合同66项，完成总量的46%；施工图进展基本满足工程要求；五个标段的项目主体施工已进场开始施工准备工作。自2013年9月起，黔北电厂三个运行部门实行"四班三倒"，抽调37人作为茶园电厂第一批主机运行人员，目前在贵州华电桐梓电厂进行为期6个月的现场培训学习。同时根据项目进展情况，提前部署，设立茶园电厂11个二级机构，明确管理责任，全方位参与项目工程建设。2013年12月下旬工程部全体人员和安环部、综合部部分人员已到茶园工地办公。

【节能管理】 一是每月开展节能对标分析。以对标分析查找原因作为实施节能技改的依据，同时分别针对运行上出现的具体情况采取相应的措施及时进行调整，取得较好的效果。二是购入

70多万吨煤矸石进行掺烧，为避免优质煤浪费和劣质矸石煤掺烧影响机组运行安全性，在配煤工作上开展细致的工作。三是推进脱硫系统的优化运行项目，有效降低脱硫系统运行成本。在满足达标排放的情况下，拟订优化措施，根据机组负荷、燃煤硫份按照相关措施及时调整脱硫塔氧化风机、浆液循环泵运行数量，通过调整，使脱硫电耗率全年控制125兆瓦机组在1.3%以下，300兆瓦机组在2.3%以下，完成厂电耗指标。四是强化重要计量测点的定期效验工作，特别是燃运皮带秤等重要测点，要求在条件许可的条件下每周校验一次，尽可能保证测量数据的准确性。

【党建工作】 黔北电厂党委认真践行金元集团“人和效优”的核心价值观，坚持“务虚更要务实，投入更要产出”的党建理念，结合生产经营实际，狠抓党组织自身建设和“四好”领导班子建设，着力构建以党建带工建、团建的“大党建”工作体系。并充分发挥工团等群众组织在企业改革发展稳定中的作用，成功承办金元集团第三届职工技能竞赛（火电板块）和金元集团首届“十杰”青年候选人宣讲及情景剧演出活动。2013年，厂党委获省国资委“优秀基层党组织”称号，被中电投集团公司推荐参评全国电力行业思想政治工作优秀单位，主机运行二部党支部获金元集团“红旗党支部”、省国资委“样板党支部”荣誉称号。

【企业文化建设】 大力宣传，提炼精髓，以企业文化促进生产力。凭借厂内部网站、黔北电讯、宣传橱窗、电视、LED电子屏等宣传载体，抓好中电投企业文化和金元特质文化落地工作的同时，初步提炼出“千言万语、千方百计、千辛万苦”的三千精神，“安全生产，以人为本，重在管理，贵在落实”的安全特色理念等本厂特色文化。积极促进黔北和茶园新老两厂文化融合，持续做好企业文化外宣工作，全年在厂外媒体刊登宣传报道1003篇，提升了企业形象和影响力。

【党的群众路线教育实践活动】 活动开展以来，企业领导班子深入职工群众，倾听意见，收集31条职工建议，坚持“全心全意依靠职工办企业”，“群众工作无小事”的原则，对查摆出来的问题，坚持每一项都有着落、有回音、有结果，结合企业实际情况为职工办好事，先后调整全厂作息时间，修缮遵义电力花园、白杨家园小区地下停车场，更换候班区住房内已年久失修的热水器，与遵义第一人民医院签订送诊病人绿色通道协议。并对职工提出的将运行“四班三倒”倒班方式恢复为“五班四倒”问题、燃料工作人员作息时间不合理、二级部门奖金分配等问题进行回应和整改，得到职工群众的理解和支持。建立厂党委委员联系群众制度，厂党委和各党支部召开专题民主生活会，开展批评与自我批评，进一步增强班子团结，营造出干部职工和谐共事的良好氛围。

【企业精神文明建设】 一是大力开展劳动竞赛，促进企业发展，引领职工建功立业。二是搞好合理化建议的征集工作，为企业创造良好的经济价值。三是推进班组标准化建设，把班组建成凝聚力强、战斗力强的基层团队。四是贯彻《员工一个都不能少》的安全理念，为提高职工的安全意识和自我安全保护能力，建立安全标准化培训机制，维护职工生命安全和身体健康权益。五是推行厂务公开工作，健全职工代表大会制度，促进企业民主管理高成效。六是开展“送温暖”等爱心帮扶活动，做好走访慰问和群众信访工作，构建企业和谐。七是开展评先选优，营造“学先进、比奉献”的氛围。八是开展丰富多彩的文体活动，充分发挥各类文体协会的积极作用，组织和开展好篮球、羽毛球、乒乓球、田径、棋类、钓鱼、书画、摄影、歌舞晚会、读书等活动，展现企业良好的精神风貌。

（供稿　黔北发电厂）

洪家渡发电厂

【概述】 贵州乌江水电开发有限责任公司洪家渡发电厂（以下简称“洪家渡发电厂”）位于贵州省黔西县与织金县交界的乌江干流北源六冲河上。隶属中国华电贵州公司（贵州乌江水电开发有限责任公司），是整个乌江干流11个梯级电站中唯一具有多年调节水库的龙头水电厂。电厂于2004年6月18日成立，主要负责洪家渡水电站的生产运行管理工作。洪家渡发电厂以发电为主，兼有防洪、供水、养殖、航运和旅游等综合效益。总装机容量3×20万千瓦，为混流式水轮发电机组，水库总库容 49.47 亿立方米，保证出力 17.15 万千瓦，年设计发电量 15.59 亿千瓦时。近期可增加下流东风、乌江渡两电厂保证出力 23.9 万千瓦，年增加发电量 11.79 亿千瓦时，远期可增加梯级保证出力 83.5 万千瓦，年增加发电量 15.96 亿千瓦时。同时，洪家渡水库还具有防洪、灌溉、旅游、航运、改善库区生态环境等多种功能。

【组织机构】 2013 年，洪家渡发电厂在册职工 94 人，其中，大学本科及以上的 54 人，大学专科 35 人，中专及以下的 5 人。具有高级职称的 9 人，中级职称的 23 人，初级职称的 42 人。下设综合办公室、党群工作部、安全监察部、生产技术部、设备维修部、运行发电部、水工部、计划财务部、后勤物业部等 9 个部室。

【人事任免情况】 主要领导变动情况：2013 年 1 月 17 日，乌江公司（华电贵州公司）党委会议研究，报集团公司同意，决定：杨新伟任贵州乌江水电开发有限责任公司洪家渡发电厂厂长、贵州乌江水电开发有限责任公司洪家渡电站建设公司经理；黄政任洪家渡发电厂党委委员、副厂长；刘光羿任洪家渡发电厂纪委书记、工会代主席职务；王永国任洪家渡发电厂党委委员、总工程师职务。6 月 30 日，杨松任贵州乌江水电开发有限责任公司洪家渡发电厂党委委员、党委书记。

【年度工作业绩】 2013 年，洪家渡发电厂完成发电量 11.15 亿千瓦时，综合厂用电率 0.85%，同比减 0.02%；等效可用系数定额完成率 92.91%，截至年底，实现连续长周期安全生产 3453 天。

【安全管理】 洪家渡发电厂本着“高、严、细、实、强”的管理思路，始终把安全放在首位，狠抓安全管理。一是结合“远程集控、少人维护”工作要求，重新修编了安全生产管理、应急预案等规章制度，规范了安全管理流程、要求和标准。二是推行“安全巡查制度”，严格督促各级安全责任制的落实、外包工程危险点的控制和纠偏，有效提升安全工作的执行力，保证了安全生产稳定局面。三是狠抓安全基础管理，强化现场督查和设备治理，建立保证安全生产的长效机制。全年完成安全整改 503 项，整改完成率 99.2%；安全性评价综合得分率较上年提升了 7.3%；实现企业安全生产标准化一级企业目标；荣获了集团公司 2013 年度安全生产先进单位称号。四是通过安全教育和安全培训，树立“生命为重，安全为天”的责任理念，实施安全责任和目标四级控制，提高员工安全意识，逐步从“要我安全”到“我要安全”转变。

【设备管理】 推行“设备专人督查制”，由职能部门负责对缺陷进行跟踪管理，在生产周例会上对未消缺陷进行分析，提出防范措施和整治计划，确保设备健康运行。2013 年主设备消缺率达 100%，辅助设备消缺率达 96.5%。

【防汛度汛工作】 防汛工作开展有序，组织召开洪家渡片区联合防汛会议，保证联合防汛协调机制正常运转；开展实战操作的“双盲”演练，全面检验全厂各级人员应对突发事件的应急反应和安全预控能力；顺利通过大坝换证注册工作和大坝首次定期安全检查，实现全年安全度汛。

【开展“双提升、创一流”活动】 按照集团公司和乌江公司（贵州公司）“双提升、创一流”活动部署，扎实推进第二阶段工作，活动取得了阶段性成效。“远程集控、少人维护”管控体系构建、“后备干部职业生涯规划激励机制”等专项提升实现了重点突破，并获得乌江公司表扬。66 篇、26 篇亮点文章分别在乌江公司和集团公司网站发表，文章发表数量列乌江公司前茅。

【生产管理取得新突破】 2013 年 12 月 10 日，洪家渡发电厂实现了远程控制，12 月 20 日运行人员正式撤离中央控制室，标志着乌江梯级水电站“远程集控、少人维护”实施取得了阶段性成果，成为华电集团公司首家实质性实现远程集控的大中型水电厂。

【企业管理取得新进展】 先后修编了涵盖安全、行政、计划、财务等方面管理制度，为管理提升奠定良好基础。按照“五星级发电企业”和“管理五星”标准，把“双创”工作贯穿于日常各项管理工作中，同布置、同检查、同考核，基础管理工作有了全面提升。开展“转作风、提效率”活动，对工作任务进行量化，加强过程监督、检查，逐步解决工作中存在计划性不强、执行力低等问题。持续推进 7S 管理，促进作业环境整治和员工素养提升，全年完成现场环境整治项目 300 多项，现场环境得到大力整治，进一步规范工作环境。通过开展岗位练兵、技术比武、“检修能手”“节能降耗能手”和“创新能手”等活动，提升员工的积极性和创造性，进一步夯实了班组基础管理。

2013年，电气班荣获华电集团标杆班组、贵州省直属工委工人先锋号、乌江公司五星班组称号，运行一值荣获华电集团五型班组优秀班组、乌江公司安全生产青年示范岗和五星班组称号，机械班荣获贵州省总工会工人先锋号、乌江公司五星班组称号。

【内部改革】 开展“中层干部及后备干部的职业生涯规划”工作，完成后备干部人才队伍的选拔和储备，建立健全不同岗位、职务人才的职业生涯规划。大力加强人才队伍、党员队伍、职工队伍建设，拓宽职工职业发展通道，努力营造各类人才发挥作用的良好环境，初步形成人才梯次培养的良好局面。

【党的建设】 以贯彻落实十八届三中全会精神为主线，坚持围绕中心、服务大局、促进发展，坚持“抓班子、带队伍、推发展、促和谐”的总体要求，开展基中层及后备干部职业生涯规划的人才激励机制设计；重新调整中层干部队伍结构，制定了《后备干部选拔方案》，在全厂范围内开展后备干部选拔，建立后备干部库；对基层支部进行调整，加强基层组织力量，促进了党建工作规范化、科学化。

【精神文明建设】 发挥青年主力军作用，开展了“爱我家园、人人有责”和“为检修贡献、扬青春风帆、展运行风采”等主题活动，并作为青年团员活动亮点在乌江公司系统推广展示；开展“乌江源”奖学助学和“送温暖”活动；承办省直属企业工会“2013年财务经审培训暨职工讲堂”活动、乌江公司男子篮球队集训、乌江公司系统钓鱼邀请赛。举办迎新年职工座谈会、新春团拜会等活动，丰富了职工的业余文化生活，促进企业和谐稳定气氛。

（撰稿　王　兰）

贵州黔西中水发电有限公司

【重要指标完成情况】 2013年，黔西中水发电有限公司完成发电量73.89亿千瓦时；综合厂用电率7.77%；综合供电标煤耗329.99克/千瓦时；连续安全运行2993天。

【安全监督】 安全是黔西电厂永恒的主题，是企业发展的基础与保证。公司始终按照“设备是基础，管理是关键，人员素质是保证”的工作思路，充分发挥安全保障和安全监督两个体系的作用，贯彻落实上级精神，严格执行有关制度和规定，安全生产形势总体平稳。全力推进安健环体系建设。拟订了《安健环体系建设计划表》、《安健环体系建设奖惩规定》等制度，并通过宣传培训，使广大员工认识和接受安健环的理念和方法，努力实现两个转变，即从事后处理到全面风险控制的观念转变、从制度管理到体系管理的观念转变；以尽职督查为手段，确保体系建设有效推进、及时纠偏。组织安全培训和取证工作。除开展“安健环”全员培训外，完成12人的安全资格培训取证和11人的危险化学品特种作业操作培训取证。实施“两措”计划。完成安措项目44项，未完成2项，综合完成率96%，无到期未完成项目，使用资金496.7万元；完成反措项目52项，综合完成率100%，使用资金1554万元。逐步完善安全管理体系，夯实安全管理基础，确保安全生产形势总体平稳。

【企业经营】 黔西电厂按照集团公司“三级单位是成本控制中心”的管理理念，权衡投入和产出，严格成本管理。在电煤采购、原材料采购及资金使用等方面得到进一步规范。一是电煤采购以“三保一防”体系为主线，依托2012年储存的97.65万吨电煤，深入开展煤炭市场调研，超前优化电煤采购策略，及时进行电煤价格谈判，使2013年电煤提质、控价、保量工作得到顺利开展，电煤采购成本得到有效控制，年末电煤库存34.25万吨。二是物资采购严格执行相关文件规定，以“同等质量比价格、同等价格比服务”的原则，采取邀请招标和公开招标相结合的方式，确保物资供应质量，降低采购成本。同时，降低现有库存物资，开展增收节支、修旧利废工作，增强员工的节约增效意识。三是规范资金预算和运营管理。多方筹措资金，统筹安排，合理使用，压缩不必要的或不急需的开支，做到全年的开支有预算、有计划；多渠道提高承兑汇票支付能力，及时争取脱硝电价补贴和除尘电价补贴，提高资金的使用效率，确保资金平衡；规范备用金的借支程序和范围，确保备用金借支安全。

【设备治理】 规范设备检修管理，坚持“应修必修、修必修好”的原则，严把检修质量关。完成1号机组A修和2号机组B修工作，并同步进行脱硫增容改造、电除尘增效改造和脱硝改造，对2号脱硫系统旁路进行永久封堵，对1号烟囱进行重新防腐；完成1号机组3次、3号机组1次、4号机组2次临停消缺工作，停用2号临时烟囱；对锅炉受热面进行防磨防爆检查，对电气设备进行防污闪清扫，对汽水系统内漏的阀门进行检修或更换。通过技术改造和设备治理，提高设备的健康水平，为技术经济指标的优化、提高机组的运行经济性创造了良好条件

【党建工作】 一是把党建工作的着力点放在企业生产经营工作的热点、难点上。组织学习十八大精神，紧密联系工作实际，深刻领会十八大精神实质，推进公司中心任务的圆满完成。二是在深化党支部标准化建设的基础上，深入开展创建红旗党支部和争做“四优”共产党员活动，充分发挥党组织的战斗堡垒作用和党员的先锋模范作用。三是深入开展以“为民务实清廉”为主要内容的群众路线教育实践活动，全心全意依靠职工办企业，践行“人和效优”核心价值观，为公司的生产经营和健康持续发展凝聚正能量。四是大力开展党风廉政建设和效能监察，不断提升内部管控能力。通过职务犯罪警示教育、廉政宣传、廉政承诺签名等活动，形成了浓厚的廉政氛围，切实维护公司利益。五是推进企业文化建设，提炼特质文化。通过企业文化长廊、电视、《花都明珠》杂志等进行传播，构建和谐氛围。

【二期项目】 二期工程项目已完成地震安全性评价、地质灾害评价、文物影响评价等工作；航空、军事、旅游等省级支持性文件已获取完毕；银行贷款、燃料、粉煤灰综合利用等相关协议已签订；《环境影响评价报告》《接入系统报告》和《大件运输报告》等均已委托编制；二期工程预留组合场地已经部分平场；成立贵州金元黔西发电有限责任公司筹备处，二期工程前期工作加速稳妥推进。

（供稿　贵州黔西中水发电有限公司）

索风营发电厂

【概述】 索风营发电厂位于贵州省修文县与黔西县交界的乌江干流六广河河段，于2005年6月9日建厂，是乌江干流梯级第3级电站，是贵州省“四水四火”工程项目之一，也是贵州首批8个“西电东送”重点工程项目之一。电站装机容量60万千瓦，水库总库容2.012亿立方米，属日调节水库。电厂于2002年7月26日开工建设，于2006年6月6日全部建成投产发电。电厂倡导“安全高效、和谐环保”的企业文化，设有“八部一室一站”，即：综合办公室、政治工作部（工会办、纪委办）、计划财务部、生产技术部、安全监察部、设备维修部、运行发电部、水工维护部、后勤物业部和鱼苗增殖放流站。截至2013年12月31日，索风营发电厂有职工104人，平均年龄37岁。

【年度业绩】 2013年，索风营发电厂顺利通过“三样体系”年度监督审核。安全生产标准化达标评级自查工作通过国家能源局电力安全监管司复核；年末完成发电量13.5亿千瓦时，累计发电量133.29亿千瓦时，实现利润约4000万元，实现连续安全生产3058天。荣获全国模范职工之家、全省企事业机关党建工作先进单位、省国资委五好党委、省安康杯竞赛优胜企业、省直属企业五星级工会、集团公司“五星”级发电企业、“管理创新成果奖”、乌江公司“安全生产先进单位”等荣誉称号。

【安全生产管理】 以夯实安全基础管理为重点，加强设备的检修与技改工作，确保机组安全可靠运行。汛前完成2号、1号机组C修，汛后完成#2发变组A修等工作，消除主设备存在的重大缺陷和隐患，使设备健康水平得到提升。汛前还完成线路预试、保护定检、防汛设备的检查与试验。全年完成1#机组励磁调节器换型等14项技改项目。加强安全检查的力度与质量，落实各级安全生产责任制，完成节假日、季节、专项等安全生产大检查，提出整改123项，全面完成整改工作，完成率100%；在安全性评价自查评和公司专家组查评工作中，提出整改项目131项，完成整改116项，完成率88.5%；通过并网安全性评价，实现安全生产标准化达国家一级。

【经营管理】 以“全力提升盈利水平”为重点，强化成本意识，加强经营管理，实行全面预算和对标管理，从紧从严控制各项费用。将“创建星级发电企业”与“双提升、创一流”活动有机

结合，突出抓好17个专项、6个专题领域的管理提升，针对管理的薄弱环节和瓶颈问题制定具体方案并组织整改，向公司申报6项管理案例和4项“双提升”管理亮点，达到管理和效益双提升，为创建五星级发电企业奠定坚实基础。强化细化管理基础，加强标准化建设，从而全面提升管理水平和经营效益，增强企业核心竞争力。

【项目发展】 2013年，索风营电站建设公司工程建设按计划完成年度节点目标，在安全、质量、进度等方面都得到较好控制。完成“尾水出口下游左岸（1#堆积体）岸坡冲刷修复处理工程”，通过现场验收；优化Dr2危岩体工程施工方案，完成工程施工，正在推进竣工决算；落实好小型基建项目，为职工创造好的生活、工作、娱乐环境；为推进电站主体工程完工结算，从相关部门抽调5人组成竣工决算小组，在厂领导指导和相关施工、监理单位人员的配合下，按时完成上级要求的4个主标完工结算审批报告编写工作并上报。

【内部改革】 是年，索风营发电厂根据企业实际，结合“远程集控、少人维护”准备工作，大力开展岗位培训，全年厂内累计举办培训班80次，组织参加外出培训班40次，培训人员1300多人次，全员培训率96%，有效做到教育培训“外培”“内培”的“两力齐发”。中层管理人员从“管人”转变到带人的思路，提高部门各岗位人员的业务水平和综合素养，特别是对新员工的在岗（轮岗）培训；根据水情值班人员的工作性质和特点，将原水情人员的部分职责转移到运行岗位，理顺运行和水情调度关系，整合现有人力资源；充分运用QC手段，不断总结新的思路、新的方法、新的措施，取得许多成果。《技术为前提，安全措施是保障，创建企业高危工程风险管理新模式》和《加强对标，深挖潜力，提升企业发电效益水平》分别获得省电力行协管理创新二、三等奖，《大型水电厂技术供水系统进口减压阀组检修新工艺》荣获乌江公司首届青年创新创效成果三等奖、获集团公司第二届青年创新创效成果优秀奖。

【党的建设、精神文明建设、企业文化建设】 全厂围绕党建中心工作，以创建“四好”领导班子、“五好党委”“五好”党支部为载体，狠抓思想建设和作风建设，强化执行力，在党员群众中开展“一带一”活动，充分发挥示范引领作用；严格执行“三重一大”制度，严格控制“五项费用”，认真开展反腐倡廉宣传教育活动，多措并举预防职务犯罪发生，全年未发生违法违纪、违反财经纪律案件；修订完善企业文化手册，大力宣传企业安全生产、经营发展中好的经验，提升了企业品牌形象；扎实推进“面对面，心贴心，实打实服务职工在基层”活动，大力开展“安康杯”竞赛活动和“五型班组”建设，班组建设取得新成效，团青活力得到激发，“小小心愿卡·关注留守儿童”活动得到公司主要领导的充分肯定。

（撰稿 麻 国）

贵州大方发电有限公司

【概述】 贵州大方发电有限公司（以下简称大方公司）成立于2003年8月13日，由贵州乌江水电开发有限责任公司（45%）、贵州中水能源股份有限公司（30%）、兖矿贵州能化有限公司（25%）共同出资建设。一期（4×300兆瓦）工程是贵州省“十五”规划的重点建设项目之一，项目于2007年11月全部建成投产。截至2013年底，大方公司职工总数400人，平均年龄35岁。其中，研究生4人，本科142人，大学专科194人，中专及以下40人，技校15人，高中以下5人。下设办公室、人力资源部、财务资产部、计划营销部、政治工作部、纪检监察部、工程建设部、安全监察部、生产技术部、物资合同部、运行发电部、检修维护部、燃料管理部、燃料采购部、环保管理部、后勤物业部等16个部门。

【领导班子变动情况】 2013年2月，党委书记李荣调离、副总经理司大权调离；2013年8月，党委副书记、纪委书记、工会主席马启龙调离；2013年2月，刘春志调入任党委书记、徐洪年调入任副总经理、黄彦彰调入任副总经理。

【年度业绩】 2013年，大方公司全年累计完成发电量75.1亿千瓦时，完成计划发电量70.7亿千瓦时的106%，同比增5.06亿千瓦时；利润总额1.97亿元，同比增1.91亿元；综合供电煤耗332.35克/千瓦时，同比降低1.51克/千瓦时；机组利用小时6258小时，省内排名第2，同比增加421小时；实现连续安全生产2719天。是年，运行发电党支部荣获贵州省国资委"样板党支部"称号，燃料管理化验班荣获中国华电集团公司、乌江公司（贵州公司）标杆班组称号。

【安全管理】 一是重点开展安全性评价和安全生产标准化创建工作，强化安全事故"四不放过"，坚决落实安全生产责任制，严格执行安全管理制度和操作规程，建立风险分析和预控机制，安全管理水平得到显著提升；二是推进本质安全管理，健全完善"三级安全网"，颁布《生产现场十条安全禁令》，创新推行"安全监督点检化"和"安全监督红马甲"监督形式，对外包工程队伍的安全监督实施"大业主"管理模式，累计开展作业前安全风险分析10877次，确保生产作业环境符合安全生产要求；三是加大安全隐患排查治理工作力度，以脱硫旁路取消、1号机组大修等期间为重点时段，以输煤、锅炉等为重点区域，全年累计开展安全检查18次，排查安全隐患749项，诊断安全管理短板206个，制定整改措施849项，整改完成率达到99.82%；四是抓好重大危险源防控工作，出台《重大危险源管理制度》《液氨灌区安全管理规定》《液氨区域危险点分析及预控措施》等相关制度，制订并完善应急救援预案和现场处置预案，完成重大危险源评估、登记、备案工作；五是提升员工的自主安全管理意识，强化"四个一"安全理念的渗透与执行，大力开展安全文化宣讲、杜邦安全管理学习培训、安全事故案例学习、"百日安全大讨论"、安全应急演练等活动，大力推广"底线意识"（不可触碰的底线）和"红线意识"（不可逾越的红线），引入安全"微文化"概念，引导员工由"要我安全"向"我要安全"的转变，员工的自主安全管理水平得到提升。

【生产管理】 一是推动技术监督全覆盖，健全完善技术监督网络，严格执行各项技术监督标准，同时将外包单位纳入技术监督体系中，技术监督基础管理工作得到改善，是年，大方公司完成技术监督整改52项，整改完成率达到100%，在年度省电力技术监督检查中，大方公司热工、环保监督获得一等奖，各专业均达到92分以上；二是生产管控逐步好转，通过查短板、强管理、补措施、重执行，生产管控局面逐步好转，自2013年10月3日以来，大方公司连续140天实现无熄火、无"非停"；三是凸显经济性检修价值，深入实施设备精密点检，为设备的安全稳定运行"保驾护航"，同时1号炉首次实施精细化检修，强化检修规范性管理，实现修前策划、过程监管、质量验收的全过程管控，达到检修安全、质量、工期的有效管控，凸显经济性检修价值；四是有效实施技术改造和设备治理，完成1、3号炉整体优化、四台锅炉炉底加热改造、锅炉受热面纳米喷涂等技改项目，有效降低综合供电煤耗1.5克/千瓦时，有效降低启动时间和用油，机组启动单次油耗下降20吨，有效缓解水冷壁结焦，保障锅炉系统运行安全。强化设备治理，改进吹灰方式，及时清理关断门积粉，锅炉熄火同比减少11次，提高设备稳定性；五是文明生产治理水平显著提升，2013年6月，大方公司完成"6S创一流"管理的各项既定目标，将7S管理引入到机组大小修管理和现场文明生产整治工作中，强化检修现场治理，提升检修质量与效率，全年设备等效可用系数完成92.76%，同比升高0.16%；六是加大环保设备管理力度，完成1、3号机组脱硝改造，完成1号机组取消脱硫旁路工作，四台脱硫机组有效投入率均达到99.5%以上，脱硫效率均达到95%以上，有效规避环保风险，全面提升"绿色"排放水平。

【经营管理】 一是抢占电量制高点，根据省内来水情况，统筹规划全年机组检修工期，为机组稳发、多发奠定坚实基础。加强对省内电量需求计划的分析力度，指派专人与省内电网公司协调，提升机组利用小时数，全年累计完成6258小时，省内排名第2，比平均利用小时数高415小时。二是抢占电煤制高点，坚持"提质降价"方针，持续深入推行电煤"阳光采购"，完善电煤价格体系模板和周边电厂电煤价格联动机制，有效降低电煤采购成本，全年完成采购电煤368.71万吨，入厂煤热值由2012年17.63MJ提升到17.83MJ，实现入厂不含税标煤单价557.54元/吨，同比下降78.78元/吨；健全完善燃料全过程管控体系，实现全水分单独采制样，一期数字化煤场已投入运行使用，燃煤制样室实现"无尘化管理"，标准化实验室通过CNAS认定，达到国内国际煤质检测水平，开发"燃煤自动存放系统"和"燃煤配比掺烧系统"，全年累计掺配掺烧低热值煤30万吨。三是抢占"效益"制高点，完善招投标和合同签订程序，实现廉政建设和合同索赔的双“0”纪录，全年财务费用同比降低3300余万元。积极争取各种政策性补贴，年内取得脱硝电价补贴，成为贵州省内首家获得除尘电价的火电企业。拓宽经营管理平台，全年粉煤灰总承包利润1857.47万元，炉渣、石膏销售利润537.8万元，供汽销售收入222.1万元，实现了主辅产业的协调发展。

【项目发展】 9月，二期工程的扩建工程水资源论证报告审查顺利通过。12月中铁二院贵阳公司完成大方电厂专用线预可研报告编制。

【内部改革】 成立全面改善办公室，正式将全面改善活动列入大方公司2014年重点工作之一，把“全面改善”活动作为持续开展“双提升、创一流”工作的有效载体，进一步查摆制约企业改革发展的瓶颈和短板，进一步筑牢生产经营管理各项工作基础，推动大方公司管理效益水平的再提升。

【党的建设、精神文明建设、企业文化建设】 一是深化党建工作，建立“党建积分评级”管理体系，印发《月度党建工作作业指导书》，实现党建工作PDCA闭环管理模式；二是深化党风廉政建设，完善党风廉政关键岗位风险防控机制，排查廉洁风险点139个，制定防控措施132条；三是深化人才队伍建设，完善选人用人机制，实施“80”工程，深入开展技能大比武活动，完善大方公司梯级人才队伍建设；四是深化企业文化建设，健全完善“四位一体”企业文化体系，持续完善运行“四优文化”、燃料“阳光文化”、检修“质量文化”和环保“绿色文化”，促进企业文化落地生根。

（供稿　大方发电有限公司）

经济开发区（工业园区）建设

200个以上。

7. 大业钢结构项目　该项目由毕节市大业钢结构安装工程有限公司建设，占地40亩，项目总投资8000万元，于2012年11月入驻园区，预计2014年5月建成。建成后可达到年产15000吨钢结构，实现年产值10000万元、利税1000万元，可提供就业人员100人以上。该项目位于碧海大道边上，盈田标准厂房（一期）对面。

三是入驻标准厂房项目。

1. 光华鑫照明科技项目。光华鑫LED照明项目由贵州光华鑫照明科技发展有限公司投资建设，于2013年7月入住贵州七星关经济开发区标准厂房。项目总投资1.2亿元，使用标准厂房4500平方米。目前，完成检测设备8台、实验设备2台安装调试、展厅装修，4条生产线已建成投产。主要生产市政道路照明、室内灯具等。项目达产后可实现年产照明灯具2万套，实现年产值1亿元以上，利税700万元，提供就业岗位70个以上。

2. 飞利来服饰项目。飞利来服饰项目由贵州飞利来服饰有限责任公司投资建设，于2013年8月入住贵州七星关经济开发区标准厂房。项目总投资9000万元，使用标准厂房面积3000平方米。目前完成平车、锁边机、双针车等设备240台安装调试，4条生产线已建成投产。主要生产高中低档西服、职业装、商场营业员服装、衬衫、工作服、酒店服、保安服、校服、厂服、高中低档床上用品及棉絮等。项目达产后可实现年产36万件服装，年产值可达4000万元以上，利税400万元以上，提供就业岗位200个以上。

3. 贵江针织项目。贵江针织项目由广东贵江服饰针织公司投资建设，于2013年9月入住贵州七星关经济开发区标准厂房。项目总投资0.8亿元，使用标准厂房面积1.5万平方米。目前，完成全自动电脑横机80台安装调试，2条生产线已建成投产。主要生产女式羊毛衫、百分之百纯棉毛衣。项目达产后，可实现年产100万件毛衣，产值可达1亿元以上，利税1000万元以上，提供就业岗位250个以上。

4. 世纪煌伟玻璃深加工项目。该项目由毕节市煌伟钢化有限公司投资建设，使用厂房面积6871.9平方米，项目总投资0.5亿元，可形成年产钢化玻璃成品50万立方米、中空玻璃25万立方米的生产规模，实现年产值0.8亿元，提供就业岗位150个以上。

（撰稿　包自福）

七星关区工业园区入驻企业—添钰动力

毕节市黔西北产业园区开发建设有限公司

2013年，毕节市黔西北产业园区开发建设有限公司，由于公司法人变更，公司积极与相关职能部门对接，将公司营业执照、组织机构代码证、税务登记证、基本账户开户许可证、组织信用机构代码证、贷款卡等相关证件法人更换及年检审手续进行完善，为各项工作的开展打下坚实基础。一是开发区596亩商业用地和雨润集团50亩土地出让给公司的相关手续正在办理之中。公司下属物业管理公司正在筹建中。二是抓好公司融资工作。2013年，公司服从区委、区政府、区金融办及开发区的安排，配合兴农城乡建设有限公司等部门，抓好开发区盈田标准厂房、公租房等项目融资工作。目前，方正东亚证券公司融资5亿元资金已到位，贵州银行融资贷款8亿元项目各项资料已审查通过，银行方即将落实融资款项，重庆银行2亿元融资项目各项资料全面完善，待银行审批，北京中银律师事务所等融资工作顺利进行。三是项目建设顺利推进。公司承接的污水处理厂建设项目，贵州省规划设计院编制的可研基本完成，可以进入可研评审；厦蓉高速公路毕节至生机段互通道建设项目可研已委托贵州省交通规划勘察设计研究院股份有限公司进项编制完成；盈田标准厂房融资所需可研已委托重庆市轻工业设计院进行编制，发改前期及可研批复已完成。四是做好入园企业服务工作。公司深入博泰建材、飞腾印务、煌伟、玉璜、海宁扣板、九方药业、乌蒙酒业、土老哥食品、神农草、华凯农业、王傻子烧鸡、添钰动力、西凯、涵文印务、东吉玻璃、汇源食品、雨润、福润、惠友食品等20余家企业开展用水排污相关需求数据调查统计工作。五是做好部分企业发展资金的支持。毕节市土老哥食品有限公司和贵州神农草生物医药股份有限公司因为发展资金紧张，但观摩会在即，两家企业向公司申请，公司积极协调，完善1000万元借款手续，资金全额到位，企业项目建设顺利推进。六是做好贵州西凯资源开发（集团）有限公司项目建设服务。七是做好东吉玻璃、乌蒙酒业、明均玻璃等企业用地出让服务工作。

（撰稿　包自福）

贵州大方经济开发区

【概述】 贵州大方经济开发区由循环经济产业园区和同心药品食品产业园区组成。2013年8月15日，省人民政府将大方县循环经济产业园区和大方食品药品产业园区合并，批准为大方经济开发区，属省级经济开发区。循环经济产业园区于2011年1月获毕节地区行署批准，同年3月开工建设，规划建设面积35.5平方公里，主要发展煤电、煤化工、建材、电子、五金、轻纺和家具等产业。规划2011—2015年，园区基建投入20亿元，引资项目40个，协议引资450亿元，收储土地15000亩，释放15000亩，建成方圆1号路、2号路、3号路2.7公里，完善通电、通讯等设施，实现工业年产值350亿元，年创利税15亿元，带动地方就业4000人；同心药品食品产业园区自2010年12月成立，是农工民主党中央与贵州省委、省政府共建的同心工程，是全国第一个同心产业园。园区规划总投资300亿元（近期100亿元，中期100亿元，远期100亿元），分三个“五年计划”完成。2011—2013年连续三年获得市政府表彰为产业园区建设二等奖、县目标考核一等奖，“大方县十佳服务企业先进单位”“发展非公有制经济先进单位”“招商引资工作先进单位”“创先争优先进单位”“先进基层党组织”等称号。2013年，大方经济开发区累计完成固定资产投资160.4亿元。园区建设多次受到各级领导好评。

【基础设施建设】 循环经济园基础设施完成投资6.5亿元，占年度目标任务6亿元的108.33%。全面完成2350米的道路绿化、亮化及给排水工程。完成盈田集团厂房范围内道路油化工程及绿化建设。铺设12公里输水管道，实现园区同杜鹃大道供水管网并联。完成蓝领公寓建设面积10万平方米。完成园区各施工项目供电线路安装工程。药品食品产业园目前建成12.6公里，完成投资5.9亿元。同心大道、神农大道一期、朝中路、标准化厂房1、2号道路、污水处理厂进厂道路已竣工并投入使用；神农大道二期、蓝雁大道已完成工程量98%；安置小区1、2、3号路、30万平方米厂房厂区道路已建成投入使用。总投资6295万元的110千伏安朝中变电站建成投入使用，完成30台变压器及架设55千米供电线路安装工程。总投资550万元日供水2000立方米的园区内16公里输水主（次）管道安装结束，并投入使用；总投资9810万元的日提水1.68万立方米折溪河提水供水工程基本完成建设，已试运行；日处理3000立方米临时水净化处理工程已建成投入使用；日供水1.2万立方米净化水处理厂正在建设，预计2014年

6月完成建设。投资12100余万元建设日供气6万立方米的供气站项目已完成工程量的70%，第一期供气项目已建成试用。中国电信、移动、联通通讯信号、网络在经济开发区范围内实现全覆盖。

【产业项目建设】 新引入项目16个，其中达能塑胶制品、世纪风塑料制品、翔盛威电子科技等5个项目建成投产。督促黔达塑胶、金谷子箱包制造、汽车贸易城、金宝包装、森焱家具等项目加快建设。2013年产业项目完成投资28.2亿元，实现工业增加值15.2亿元，实现工业总产值40.15亿元。

【招商引资】 循环经济园接待客商2200余人次，引进和实施投资项目18个，到位资金17亿余元。新开工入园区企业16个，占全年目标任务16个的106.67%。药品食品产业园引进企业37个（含配套项目4个）。投资1亿以上的企业9个；投资3000万元至1亿元以下的项目22个，3000万以下项目6个，共计引资43.4亿元，到位资金21.5亿元。建成投产或试生产项目15家，累计实现工业产值7.5亿元，带动就业3000余人。

【标准厂房建设】 建成标准化厂房20万平方米，占全年目标任务的100%；药品食品产业园规划建设标准化厂房80万平方米，占地面积850亩，预计总投资25亿元。已建成37.9万平方米（主体工程完工），具备入驻条件的建成29.9万平方米，完成投资9.8亿元。引进23家中小型企业入驻，建成投产或试生产项目12家，已使用的厂房面积为22.5万平方米。厂房使用率为75%。

【环保设施建设】 总投资8400万元的日处理0.7万吨的污水处理厂工程正在建设，预计2014年6月投入使用；日处理1000方临时污水处理站项目已投入使用；日处理90吨垃圾处理场完成建设，离园区范围3公里，解决园区垃圾填埋；企业自建污水处理项目完成建设1家。

大方经济开发区食品产业园

【安全生产】 制订安全生产方面系列文件39个，与各科室和园区内各企业签定责任书，深入企业查出隐患418条，整改完善401条，整改率为85.9%，在石中玉、森焱家具、润丰化工等企业举行3次消防演练。继续保持安全生产“零事故”的记录。

【信访维稳】 经济开发区坚持“预防为主、打防并举、标本兼治、重在治本”的方针，开展排查，调解，帮教，严打等工作，实现“建设平安园区”、“构建和谐社会”的工作目标。全年接待和处理来访者166余人次，帮助协调解决企业拖欠民工工资，征地拆迁纠纷等30多次，继续实现“零上访”的记录，为企业入驻打造优良的投资平台，为入驻企业营造稳定、和谐的建设环境。

（撰稿　王慧玲）

大方县经济开发区循环经济园

毕节试验区（黔西）承接产业转移基地

【概述】 毕节试验区（黔西）承接产业转移基地位于黔西县城西北面，距县城7.3公里，距拟建的成贵快速铁路黔西客运站9公里、昭黔铁路黔西站2公里，黔织高速、黔大高速（清黔）高速以及黔西绕城高速出口紧邻基地。基地规划面积为33平方公里，于2008年开始筹建，农业部2009年8月批准为全国农产品加工创业基地。基地规划面积29.59平方公里，主要有轻工业、农副产品加工、医药制品及器械加工、农业生态观光、物流仓储等五大产业功能板块及商务功能区、行政办公和金融服务功能区、居民安置区等其他辅助设施，毕节试验区与中央统战部拟建的同心产业园也在该基地内。目前，基地已引进全国民营企业排名35位的四川通威集团、排名304位的湖北稻花香集团及香港森仕集团、上海子木公司、上海柏泰来公司、重庆爱吉仪器公司等项目32个，上市公司达到4家，现有18个建成投产，8个正在建设中，6个正在办理入驻前的相关手续，总投资18.89亿元。项目全部建成后预计年产值63.5亿元，可解决劳动就业5800余人，直接带动农民增加收入11.25亿元。

【目标完成情况】 各项目标任务均按时完成，基地经济快速发展。2013年1—11月，基地实现工业总产值15.19亿元；工业增加值完成6.08亿元；固定资产投资完成19.97亿元，其中，基础设施建设投资完成10.17亿元，产业项目完成投资9.807亿元；新开工项目14个，基地新建成面积1.02平方公里；完成招商引资资金14.15亿元；基地各企业从业人员1220人。到12月底基地可实现工业总产值16.43亿元；工业增加值可完成6.57亿元；完成固定资产投资20.18亿元，其中，基础设施建设投资可完成10.17亿元，产业项目可完成投资10.01亿元；招商引资资金可完成15.01亿元。

【完善基础设施建设】 2013年基地建成路网6.5公里，铺设给排水管道15公里，预埋通讯、电力管网5700米，安装路灯270盏。完成基地中小企业科技孵化园和二期标准厂房厂区内绿化面积3.2万平方米，铺设人行道彩砖1.1万平方米。基地引进湖南捞刀河集团建设基地三号路，目前正在进行开工前准备工作；基地五号路和排洪大沟的规划已经完成，正在进行项目招投标；基地安置点项目已全部建设完成，正在进行宅基地划分；完成了基地中小企业科技孵化园450米入口道路及管网建设并投入使用；基地展示厅到中小

毕节试验区（黔西）承接产业转移基地学之泉

企业科技孵化园道路两旁人行道施工全部建设完成；基地供电专线规划设计已经完成，力争2014年6月份建成投入使用。

【推进标准厂房建设，引进企业入驻】 基地引进川煤集团建设基地中小企业科技孵化园，目前项目已建设完成并投入使用，有12家企业入驻，其中8家已正式投产，4家正在进行厂房装修和设备安装调试。基地引进重庆盈田集团建设基地二期标准厂房，目前主体厂房完成15万平方米，正在进行附属工程建设，基地力争在2013年12月底前全部建设完成。已引进深圳郎培锋科技有限公司、贵州学之泉教育科技有限公司、毕节黔蒜香食品有限公司等3家企业入驻。

【招商引资】 完善基地招商引资激励机制，强化服务体系建设，打造高效的服务型机关，用好政策、好条件、好服务吸引外来投资商。2013年已引进深圳郎培锋LED、杜鹃职业学校、深圳菲达斯科技有限公司、广州森仕服装、思源电器、红杜鹃门业、海军玻璃等15家企业入驻基地。

【强化跟踪服务管理】 一是在项目建设期间，需办理的各种手续，由投资方提供必要要件，基地管委会全程代办，企业只需安心作好规划、施工建设，保证建筑质量和建筑安全；二是对基地重点企业、重点项目实行“四定”（定人员、定责任、定要求、定时限）进行跟踪服务，纳入2013年度目标责任考核管理，做到职责明确、机构精干、服务高效；三是组织基地10名干部参与“百名干部进百企”活动，深入企业进行“一对一服务”，切实掌握企业所需所想，协助企业解决好生产生活中遇到的实际困难；四是严格禁止对企业的乱收费行为，实行集中统一收费。2013年基地为企业协调安装变压器5台，为11家企业安装宽带，协助企业招收工人350余人，为3家企业办理相关证照手续，为基地入驻企业解决困难37个。

【抓好民生政策落实，保障被征地农民利益】 基地采取一系列有效措施保护好被征地农民的利益。一是利用各类群众会、对话会同群众进行面对面交流，深入农户家中进行政策宣传，使老百姓成为“政策明白人”；二是土地补偿费和安置补助费按时足额发放到被征地农民手中；三是搞好就业扶持，通过就业培训，全年已安排150余名当地群众进入企业就业。

【构建和谐平安基地】 一是抓好基层工会组织和党建组织的建立和管理。基地建立基层工会组织13家，会员人数265人。建立基层党组织企业3家，党员人数23人。二是抓好安全生产。在县安监部门的支持下，基地强化安全生产宣传力度，加大安全检查和隐患整改的督查力度，细化管理制度，做好安全基地的创建工作。三是开展帮扶工作。基地为林泉镇清塘村、周寨村、新水村提供8.62万元“美丽乡村”建设资金，其中6200元为基地干部捐款；启动“五园新村”帮扶项目，基地全力协调相关帮建单位为林泉镇清塘村制定发展规划，协调建设资金帮助该村建设；基地为洪水镇源水村提供2万元用于村办公楼建设；四是抓好基地综治维稳和环境整治。开展和谐平安创建活动，联合公安、规划执法、国土、杜鹃街道办事处等部门拆除一批基地范围内的违章建筑；基地及时调处精好徕食品有限公司、金牛加油站、中小企业科技孵化园等项目建设中产生的劳资、工伤等各类矛盾纠纷。

（撰稿　刘　恒）

毕节试验区（黔西）承接产业转移基地二期标准厂房

毕节试验区（黔西）承接产业转移基地科技孵化园

黔西县循环经济工业园区永贵办公大楼

黔西县循环经济工业园区

【概述】 黔西县循环经济工业园区是2010年11月经毕节地区行署批准设立的副县级园区，园区管委会编制30人，园区距县城4.2公里，规划面积27平方公里。主要规划发展以煤电、煤化工、煤机为主导产业，辅之以建材、高新、物流等产业。目前园区《总规》《控制性详规》《环评报告》《土地利用方案》已编制完毕，通过评审；《产业规划》初稿已出，正在送审中。此外，园区被列入省级二类培育园区，省级循环经济试点园区。园区基础设施建设工作相继启动，已建成的有花都大道、花都大桥、7万平方米的标准化厂房，2013年预计完成16万平方米的标准化厂房建设。正在建设的基础设施有花都安置小区、工业大道改扩建工程、标准化厂房建设等。即将动工建设的有黔希煤化工专用给水、排水管网、污水处理厂等。黔希煤化工、川煤煤机、天利精细化工、小微孵化园、中聚创业园、蓝领公寓、新华印刷厂、生物有机肥、闽黔建材、贵黔建材、永诚煤机、尾气检测厂、好盛建材等项目正在建设中。

【目标任务完成情况】 2013年，园区可实现工业总产值23.30亿元，完成市31亿元全年目标任务的75.2%；实现工业增加值9.32亿元，完成市12亿元全年目标任务的77.67%；完成固定资产投资21.11亿元（基础设施完成3.95亿元，产业项目完成17.16亿元），完成省28.1亿元全年目标任务的75.12%，完成市40亿元全年目标任务的52.78%，完成县16亿元全年目标任务131.94%；招商引资到位资金19.88亿元，完成县30亿全年目标的66.27%；园区各企业从业人员4000人。

【园区发展情况】 进一步完善规划，指导园区可持续发展。园区总规划面积2683公顷，建设用地为2215公顷，符合县城总体规划，园区土地符合县域土地总体利用方案。《黔西县循环经济工业园区发展规划》《黔西县循环经济工业园区控制性详细规划》通过县政府评审；《选址意见书》《土地利用方案》编制完毕并通过省住建厅、国土厅的评审。《产业规划》通过市工能委组织评审，《环境影响评价报告》通过省环保厅评审。根据贵州省人民政府黔府函〔2012〕186号批准设立的贵州黔西经济开发区一级班子经毕节市委明确。

【完善基础设施 搭建创业平台】 2013年，园区坚持“量力而行、尽力而为”的原则，挤出财政资金、引进社会资金，不断推进园区建设，拉大园区框架，园区基础设施投入3.95亿元，投入

黔西县循环经济工业园区黔希煤化工吊装设备

7亿多元。2013年，兴黔社区安置房一期已完工，正在进行水、电安装，待花都大道至驮煤河段排水排污管道完成后即可投入使用；安置区一号路完成投资1200万元；园区工业大道改扩建项目已建成通车，是年，完成投资1.5亿元，完成投资1.84亿元；排水管网工程设计、项目招标完成，正准备开工建设；给水工程初步设计，建成标准厂房11万平方米（孵化园7万平方米，中聚创业园4万平方米），标准厂房建设累计完成投资3.43亿元；协调供电等部门，解决了永诚机械10千伏用电安装，新华印刷厂用水、用电问题；完成了永贵机修至川煤煤机10千伏供电线路安装，天利化工前10千伏供电线路迁改，中聚创业园内10千伏供电线路迁改，孵化园110千伏线路抬升。

【招商引资】 外出招商10多次，接待外商来园区考察40多次600多人，签约项目8个，协议资金100余亿元，落地开工建设12个，正在为另外2个项目开展征地工作，为好盛建材、水西汽车坐垫等项目完成了公司注册、备案等前期手续办理。

【产业项目建设】 园区入驻企业30家，项目31个，其中12个建成投产，16个正在建设中，2个正在办理入驻前的相关手续。黔希煤化工项目建设情况：土建工程、气化装置工程正在加紧施工，11月设备到货52台（套），设备、材料采购工作按计划进行。永贵煤机项目一期已正式生产，厂区内主干道修建完毕，二期厂房已建成。川煤煤机一期已试生产，永诚机械项目、福厦矿业、川煤煤机项目办公楼、厂房建成投入使用，进行试生产。天利化工项目围墙已修建完毕，临时办公楼和宿舍已建成，正在进行厂房基础建设。兴黔建材技改项目、闽黔建材、贵黔建材、新华印刷厂、金马生物有机肥等项目均在进行土建工程。

【强化跟踪服务管理】 促进入驻项目早开工早投产。园区着力在优化投资环境，提高服务质量上狠下功夫。在项目建设期间，需办理的各种手续，由投资方提供必要要件，园区管委会全程代办，促进入驻项目早开工早投产。2013年园区丈量土地1400多亩，拆迁农户75户，涉及实物指标补偿款1806.16万元，安置门面135个，为在建项目化解矛盾纠纷80余起。结合县“百名干部进百企”活动，组织干部深入企业进行“一对一服务”，切实掌握企业所需所想，协助企业

黔西县循环经济工业园区永贵煤机厂

黔西县循环经济工业园区永贵铸造车间

解决好生产生活中遇到的实际困难，2013年建成投产的有川煤煤机项目、晟达机动车尾气监测项目、永诚机械项目、福厦矿业。

【改进体制，管理逐渐加强】 进一步完善企业挂牌服务责任制，健全管理制度，规范办事程序，园区干部每周七天工作时间，不管白天黑夜都能找到办事人员，形成独具特色的“园区精神”。

【构建和谐平安园区】 一是抓好基层工会组织的建设和管理，目前园区建立基层工会组织9家，会员人数1800余人。二是细化管理制度，抓好安全生产工作。园区加大安全检查和隐患整改督查力度，2013年检查各类企业和施工单位190余次，查出各种隐患245条，限期整改，杜绝带着隐患生产运行，无重大安全隐患和生产事故的发生。三是抓好园区综治维稳和环境整治工作。深入开展和谐平安园区创建活动，联合公安、规划、国土、甘棠镇、文峰办事处等部门拆除了一批园区范围内的违章建筑；及时调处了劳资、工伤等各类矛盾纠纷，经常开展环境卫生集中整治活动，提升了园区的整体形象。

（撰稿　刘　恒）

金沙经济开发区标准化厂房一角

贵州金沙经济开发区

【概述】贵州金沙经济开发区规划面积29.67平方公里，其中建设用地面积19.24平方公里。其前身为金沙县产业园区，于2010年11月经毕节地区行署批准成立，自2010年12月28日开工建设后，连接新老城区和经济开发区总长80公里的6条主干道路建成通车，102万平方米标准厂房年内全面建成投入使用，总建设面积60万平方米的3个新型安置社区陆续入住，日供水3.5万立方米的供水水厂、日处理2.4万吨的污水处理工程、110千伏变电站正加快建设年内可投入使用。累计完成投资144.85亿元，开发区建成面积13.6平方公里。2012年6月被贵州省经信委明确为“511”民营经济示范园区，2012年8月6日，经省人民政府正式批准为贵州金沙经济开发区。

2013年，开发区围绕“以城拓产、强产兴城”理念，将开发区与城市建设同步规划、整体推进、融合发展。通过“投资拉动、项目带动、招商推动”，各项建设顺利推进，取得较好的社会效益和经济效益。开发区招商引资签约资金670亿元，开发区已进驻项目106个；电子信息技术、装备制造、有机食品加工、新型建材4大主导产业集群基地初具规模，五金机电产业园正在形成，社会效益、经济效益开始凸现。

【目标任务完成情况】 落地项目116个，产业项目建成投产47家，解决就业人数13301人。完成工业总产值100.6亿元，占年度目标的100.6%；完成工业增加值40.24亿元，占年度目标的115%；完成基础设施投资额36.5亿元，占年度目标的146%；完成产业项目建设投资额50.3亿元，占年度目标的100.6%；建成标准厂房31万平方米，占年目标的124%；新开工项目30个，占年目标的200%；新增建成面积2.98平方公里，占年目标149%，招商引资新到位资金45.7亿元。

【基本实现“五通一平”】 143公里骨干路网全面建成通车，建成污水管网20公里、排水管网20公里、供气管网20公里；110千伏变电站、日供水5千立方米的供水水厂、日处理2.4万吨的污水处理工程快速推进，年内可投入使用；规划建设总建筑面积为60多万平方米的3个新型安置社区，将社区有效嵌入开发区，光明安置社区、古楼安置社区、开化安置社区3个基本建成并陆续入驻。项目建成后，可安置29057人。

【实施筑巢引凤工程】 总投资3.8亿元，占地面积296亩的标准化厂房一期23万平方米（23栋厂房、5栋职工宿舍、2栋综合楼）全面建设完成并交付使用，贵州奥斯科尔科技实业有限公司、贵州镭声电子科技有限公司、贵州伟然电子有限公司等24家企业入驻投产，入驻率100%；总投资3.2亿元，占地面积250亩，总建筑面积23万平方米（厂房16栋，宿舍5栋）的标准化厂房二期工程全面完成，贵州优仕新能源有限公司、贵州金沙蓉瑾礼品有限公司等11家企业入驻，其中8家投产，入驻率100%；投资8亿元，占地面积447.5亩，总建筑面积56万平方米的标准厂房三期工程正在快速推进中，有厂房24栋，宿舍8栋，人民电气集团有限公司、贵州哈迪斯机械制造有限公司、贵州卡布瑞克摩擦材料有限公司、金得利电器制造有限公司等企业入驻。一、二、三期标准厂房综合入住率达85%。

【树造优良投资环境】 一是建立立体网络发布企业用工信息。多次组织投产企业深入周边县市进行集中用工宣传，发放用工宣传册12万多份；利用广场LED显示屏、公交车、出租车LED显示器播放企业用工需求；利用移动网络平台发布用工信息12万多条，实现用工信息立体网络全覆盖。二是通过校企联办，开发区职教中心为企业开展劳动用工订单培训，开设模具制造技术、城市轨道交通、农村电气技术、计算机应用、数控技术应用、电子电工等24个专业，实现职业教育与企业用工需求的无缝对接，为投产企业作好用工保障。三是成立开发区建设及投融资担保公司，为入驻企业资金短缺提供投融资担保，帮助入驻企业织牢资金链，帮助其有序发展。四是成立代办服务中心为投资人作好贴切服务并协调商检、海关等服务部门深入园区服务。五是开通金沙——珠三角物流专线等。通过强化服务意识，创新服务措施，提升服务质量，最大程度全方位满足企业发展需要。

【培育新产业】 成功引导贵州朗月集团、大西南矿业集团、山西繁盛昇等公司跨行业发展，有10余家煤矿企业在开发区建成以装备制造、有机食品加工等为主的20多个非煤产业项目，开启金沙煤矿企业向非煤产业发展的新时代，为金沙工业经济的转型升级注入新动力。

【以商招商健全产业链】 在成功引进东莞佳和电子集团公司、浙江富润集团公司、深圳优仕达新能源公司、浙江瑞安贤邦五金机电公司等一批龙头企业进驻开发区后，为实现产业的集聚发展，促进产业链条的有效连接，开发区始终坚持盯住重点区域、龙头企业招商，再通过以商招商、以凤引凤健全产业链，从而促进产业链的有效连接，为企业节约成本，实现东部转移产业的健康发展。招商引资工作实现由原来的“铺天盖地”招商向“精确制导”招商的突破。

奥斯科尔电子产品生产车间一角

【助推本土企业发展】 充分挖掘本土企业发展潜力，快速推进金沙回沙酒、贵奇酒业、盛宇酒业、冠香源食品等一批本土企业入驻开发区实施扩能工程，凝资聚智，依托市场、品牌等资源助推本地企业就地做大。

【合理利用资源循环发展】 成功引进香港东卫投资集团有限公司、山东华鲁集团公司、重庆建安集团公司、贵州朗月集团公司、云南鸿泰房地产开发公司等企业进驻开发区循环建材产业园，建成皇冠建材、鸿熠建材、沙金建材、绿色建材有限公司等新型环保建材项目，充分利用黔北发电总厂发电产生的粉煤灰、脱硫石膏等工业废料为原料，可实现年产纸面石膏板3000万平方米、新型墙板160万平方米、蒸气加压混凝土砌块60万立方米等新型节能环保建筑材料。这些项目的建成，一是有效消化工业废料，使资源得到循环利用，实现绿色化发展；二是有效腾出开发区建设用地，使有限的土地资源得到合理利用，实现节约化发展；三是为城市建设就地取材提供建筑材料来源，降低建设成本，实现开发区建设低成本化发展。

（撰稿　袁正毅）

金沙经济开发区一角

织金县产业园区

贵州东海伟业实业有限公司牛仔服装厂缝制车间一角

【概述】 2011年1月12日，织金县产业园区管理委员会正式成立，系中共织金县委、织金县人民政府派出的副县级全额拨款事业单位，与织金县产业园区党的工作委员会实行一个机构两块牌子的管理体制。内设办公室、规划建设局、协调发展局、招商引资局、计划财政局等5个副科级机构，设定事业编制30名（其中工勤人员3名）。设党工委书记1名，管委会主任1名，副主任2名，总工程师1名（正科长级），内设机构副科级领导职数5名，股级职数5名。截至2013年底，织金县产业园区有干部职工24名（含1名兼职领导），其中党工委书记1名，管委会主任1名，副主任2名，总工程师1名，办公室主任1名，规划建设局局长1名，协调发展局局长1名，招商引资局局长1名，副科级干部2名，股级以下干部职工13名。2013年，织金县产业园区围绕"建一个园区，带一批产业，兴一座城市，促一方发展"和"1234"的工作思路，把产业园区定位为推进全县工业腾飞并带动整个经济加快发展的重要平台。

【规划布局】 按照"一区多园"模式规划建设，由绮陌工业园、三甲工业园、打刮物流园3个园区组成，截至2013年底。绮陌工业园控制性详细规划、打刮物流园控制性详细规划已由县政府组织项目部门评审通过。织金县产业园区规划总面积12.76平方公里，其中绮陌工业园规划面积7.85平方公里，三甲工业园规划面积3.13平方公里，打刮物流园规划面积1.78平方公里。园区紧邻隆（昌）百（色）、贵（阳）水（城）攀（枝花）两条铁路和厦（门）蓉（城）、赤（水）望（谟）两条高速公路，属于"黔中经济开发区"和"贵阳1小时经济圈"打造范围，是织金对外的重要交通枢纽。

【产业定位】 根据《贵州省"十二五"产业园区发展规划》，织金县产业园区的主导产业为装备制造、有色、特色食品，截至2013年底，《织金县产业园区产业发展规划（2013—2030）》评审稿已编制完成并通过市工能委组织的专家组评审，绮陌工业园功能定位为"毕节市生态经济示范重点区域、引领织金城市发展的重要战略区域、环境和谐共融的生态工业园区"，主导产业为纺织轻工、装备制造和矿产品加工业；三甲工业园功能定位为"绿色园区、科技园区、人文园区、创新园区"，主导产业为新型建材、汽车及煤机专业市场；打刮物流园功能定位为"贵州省西部地区重要的新型能源化工基地，以煤炭精选与堆放为主的工业区"，主导产业为煤炭物流业。

【配套设施】 是年，织金县产业园区配套设施建设已初见成效。一是在道路交通方面：S307省道横贯三甲工业园连接织金县城和三甲街道，县城经园区至三甲新城区的40米大道正在进行水稳层施工，三甲工业园入园主干道和园区支干线东西路已投入使用；绮陌工业园现有S209省道横贯南北连接织金县城和八步街道，宽40米的园区大道部分路段已建成，园区至黔西高速路已通车（赤望高速织黔段），园区支干线中营南路一期工程正在实施路基工程；打刮物流园现有黄织铁路穿境，长约6公里的入园公路已投入使用。二是在供水保障方面：除保障各项目临时施工用水外，实施东伟服装项目的供水工程。三是在供电保障方面：三甲工业园110千伏变电站已投入使用，绮陌工业园现有220千伏变电站1座，完成了（三）甲—华（彩）线、八（步）—东（伟）线、八（步）—华（桂）线三条供电专线建设，保障东伟、凯马、华桂、华彩等重大项目的建设生产用电。四是在排污设施建设方面：启动东伟服装项目区污水处理厂建设，完成绮陌工业园综合污水处理厂的选址和规划。

【入园企业】 2013年，织金县产业园区新增入园开工建设项目10个，累计入园项目26个，建成投产项目（含边建边产项目）13个，其中三甲工业园入园项目13个，投产项目5个；绮陌工业园入园项目 12 个，投产项目 7 个；打刮物流园入园项目 1 个，投产项目 1 个。新增入园开工建设项目为：山东凯马汽车制造有限公司凯马汽车项目、山东青州欧泰隆重工有限公司三甲重工项目、织金县华彩汽车商贸发展有限公司工程机械市场、福建惠安大丰服装有限公司梓洪服装厂、重庆丰海化学制品有限公司汽车橡塑厂、浙江义乌芬妮手袋有限公司箱包厂、织金县中鼎建材有限公司中鼎建材厂、织金九丰果蔬食品有限公司果蔬脆食品加工厂、贵州鑫雨禾科技有限公司种子农产品加工项目（选址调整未落实）。

贵州华桂钼镍股份有限公司一期生产线一角

贵州天宇实业有限公司箱包厂成品展示

【围绕优化环境，落实“三大保障”】除打造园区发展“软环境”外，把水、电、路配套设施“硬环境”作为园区建成和发展的三大保障狠抓落实，加大投入，加强协调，强力推进。目前，园区临时供水工程能满足入园企业生产生活需求，大新桥水库至园区管网水库至县城段主水管铺设已完成。三甲小木戛 110 千伏变电站已投入使用，园区 10 千伏电网规划已完成。三甲工业园入园主干道及支干线东、西路编织袋厂至煤机项目段已投入使用；县城至绮陌园区宽 40 米的大道正在铺设水稳层，绮陌工业园中营南路东段正在开展路基建设；打刮物流园入园公路已投入使用。园区基础设施承载力得到提升。

【重大项目建设】 一是实行干部全程跟踪服务责任制，狠抓“四个亿元”项目，即：一个亿元项目投产达产（华桂钼镍），一个亿元项目竣工试产（东伟服装），一个亿元项目部分运转（东昌物流），一个亿元项目落地发展（凯马汽车）。目前，华桂钼镍项目一期已于 5 月 28 日投产，东伟服装项目即将装机试产，东昌物流项目一期工程已建成小商品楼两栋，凯马汽车项目已于 4 月落地开工。二是做好项目筛选、论证和包装工作，充分发挥外商投资者的“活广告”作用和“行家”渠道，引进一批企业，带动一批上下游企业的发展，形成产业集聚和配套效应。2013 年产业园区新开工建设项目 10 个，建成投产（试产）项目 10 个。

【主要成效】 一是投入力度不断加大。2013 年产业园区累计完成工业投资 45.35 亿元，其中基础设施投资 21.29 亿元，产业项目建设完成投资 24.06 亿元。二是就业人数迅速增多。2013 年产业园区就业人数累计达到 3967 人，比 2012 年增加 3500 余人，其中就业人数较多的大项目有：东伟服装项目就业人数 2000 人，华桂钼镍项目解决就业 263 人。黔贵水泥厂解决就业 365 人。三是园区规模迅速扩张。2013 年产业园区新增建成面积达 2.09 平方公里，其中绮陌工业园新增建成面积 1.96 平方公里，三甲工业园新增建成面积 0.11 平方公里，打刮物流园新增建成面积 0.02 平方公里。四是入园企业迅速增加。2013 年产业园区新增入园项目 10 个，累计入园开工建设项目达到 26 个。五是经济效应发挥明显。产业园区建成项目 2013 年实现工业总产值 11.01 亿元，实现工业增加值 4.4 亿元。

（撰稿　董克明）

贵州天宇实业有限公司箱包厂生产车间一角

纳雍经济开发区

同祥实业有限公司2013年入驻贵州纳雍经济开发区，是一家集设计、生产、销售为一体的大型服装加工企业。这是该公司员工在作业

【概述】 纳雍县产业园区于2010年12月启动建设，2012年经省政府批准确定为省级经济开发区，规划面积42.6平方公里，首期批复面积10.02平方公里。按照“四化引领，五抓推进”（产业导向特色化、发展路径聚集化、质量效益循环化、工作落实项目化；抓融资、抓厂房、抓设施、抓招商、抓管理）的思路，截至2013年，开发区新增建成面积3.5平方公里，建成标准厂房32.6万平方米，完成固定资产投资93.63亿元。签约项目43个，签约资金434.64亿元，实际到位资金126.3亿元；成功引进入园企业35个，投产项目25个。年末实现产值50.07亿元，实现增加值16.02亿元。2013年开发区已初步形成以塑胶、针织服饰为龙头，高新技术、光伏、农特产品等共同发展的产业集群。现有针织服饰企业5家，有以印尼金峰集团、美国高塑集团等为龙头的塑胶企业8家，形成从聚碳酸酯（PC）、改性聚苯醚(MPPO)、聚酰胺（PA）等塑胶原料及模具研发生产到PVC、PE、PPR管材管件、开关、光伏接线盒和连接器等各种塑胶产品制造的产业链。

【经济建设成效】 2013年，开发区抢抓发展机遇，不断完善基础设施，强力推进招商引资和承接产业转移，促进产业项目落地投产、达产。截至12月底，开发区完成固定资产投资40.04亿元，占目标任务40亿元的100.1%，其中，完成基础设施投资20.18亿元，占目标任务9亿元的224.22%；完成产业项目投资19.86亿元，占目标任务31亿元的64.06%；新建成标准厂房20.2万平方米，占目标任务20万平方米的101%；新增入园开工项目8个，占目标任务8个的100%；实现工业总产值50.07亿元，占目标任务50亿元的100.14%，实现增加值16.02亿元，占目标任务16亿元的100.14%。新增建成“七通一平”面积1.02平方公里，占目标任务1平方公里的102%。

【基础设施建设】 一是加大路网建设力度，改善开发区投资环境。截至2013年，启动道路建设项目12个，总里程33.1公里，完成11.5公里，在建21.6公里，累计完成投资114749.1万元，当年完成投资18320万元。二是推进标准厂房建设，为招商引资筑巢引凤。目前，启动建设标准厂房65万平方米，建成27万平方米。三是统筹水电项目建设，为项目推进提供保障。截至2013年，建成主供水管道6.7公里，建成加压泵房2个，保证企业生产和生活用水的供应。完成雨污、通气等管网安装12.5公里；新增企业和施工用电变压器19台，建成开发区双回路供电系统，完成110千伏变电站和相关供电线路设计，计划2014年启动建设。四是持续完善绿化、亮化工程和通信网络设施。

【招商引资】 一是结合本县招商优惠政策，完善项目一事一议、项目手续代办等制度，对企业实行“保姆式”“一站式”的服务保障，营造“亲商、扶商、安商”的良好投资氛围。二是采取驻点招商领导带头招商、对口帮扶招商、网上招商、企业招商等招商方式，从传统招商、政策招商向以情招商、以商招商，服务招商、环境招商转变，降低招商成本，提高招商引资的签约率和资金到位率。全年开发区参加50余次招商引资对接活动，接待各界客商600余人次，累计完成招商引资项目储备55个，在省、市、县组织的各项活动中与国内外客商正式签约项目22个，签约资金总计242.84亿元，实际到位资金59.95亿元，新签约入驻项目8个，新签约投产项目5个。三是坚持以项目为中心，围绕项目推发展，结合省、市、县目标任务，推行项目包保责任制，将30个基础设施项目和22个产业项目进行分解，并层层落实到人，时时跟踪协调服务，由县督办督查局按月、份季和年度考核通报。通过对项目的分解和督查，协调解决项目建设过程中存在的实际问题和困难，确保项目均按序时进度正常推进。四是全力跟踪协调新签约项目的开工，帮助完成项目必备的相关手续，督促落实项目建设进度计划，确保项目按期推进。

【产业发展】 一是依托丰富的煤炭资源，积极对接重庆渝富集团煤化工项目的前期工作，利用该项目带动纳雍县煤矿资源的开发和利用，拉动煤化工上下游配套产业发展；二是围绕贵州高塑环保新材料公司塑胶原料生产，走以塑胶产业为龙头，电子、服装、食品等产业共同发展的产业集群化发展路子。目前，成功引进以美国高塑集团、印尼金峰集团为龙头的塑胶企业8家，总投资42.88亿元，基本形成了从原料加工、模具制造到注塑、拉塑、成品组装的塑胶产业链。8家企业完全建成投产达产后，可实现年产值50亿元以上，创税5亿元以上，解决就业5000人左右。

（撰稿 黄 英 岳 鹏）

贵州高塑环保新材料有限公司系专业从事PPO新材料工程塑胶原料的企业，2011年入驻贵州纳雍经济开发区，主要生产高新环保塑胶聚苯醚颗粒。这是该公司员工正在作业

贵州省纳雍思味特食品有限公司产品展示厅。该公司2011年入驻贵州纳雍经济开发区，是一家专业从事淀粉及淀粉制品研发、生产和销售的农产品加工企业

开发区B区标准厂房

风电产业园叶片生产厂区远眺

【概述】 贵州威宁经济开发区前身为威宁县产业园区，成立于2010年11月。2011年7月8日，贵州省经济和信息化委员会以“黔经信园区〔2011〕20号文件”正式命名为“省级工业园区二类培育区”。同年7月23日，贵州省人民政府以“黔府函〔2011〕310号文件”批准设立省级贵州威宁经济开发区。2012年9月17日，毕节市机构编制委员会下达“毕市机编〔2011〕29号文件”，设立贵州威宁经济开发区管理委员会（贵州威宁经济开发区党的工作委员会），为毕节市委、市人民政府派出的正县级机构。贵州威宁经济开发区辖五里岗产业园、金钟工业园和巴西工业园，规划控制范围63平方公里，其发展定位是“一轴两翼”，即以五里岗产业园为轴，辐射带动金钟、巴西两翼的发展。2013年，贵州威宁经济开发区累计入驻企业46家，其中投产企业31家，在建企业15家；拟入驻企业19家；累计完成固定资产投资39.95亿元，其中基础设施投资完成21.73亿元，产业项目投资完成18.22亿元；整体开发面积7.96平方公里；建成标准化厂房22万平方米；累计完成工业总产值32.27亿元，实现工业增加值9.86亿元，上交税金2.95亿元。

贵州威宁开发区入口

【经济指标稳定增长】 2013年，贵州威宁经济开发区（以下简称经开区）完成工业总产值32.68亿元，同比增217.28%，为市下达年度目标任务（20亿元）的163.4%，完成工业增加值9.5亿元，同比增95.88%，为市下达年度目标任务（7亿元）的135.71%；完成固定资产投资52.37亿元，同比增111.64%，为市下达年度目标任务（40亿元）的130.9%，（其中基础设施投资16.95亿元，为市下达年度目标的141.25%，产业项目投资35.42亿元，为市下达年度目标的126.5%）；完成财政税收2.35亿元，为市下达年度目标任务（2亿元）的117.5%。

【规划编制趋于完善】 经开区总体规划编制已于11月完成评审，供水工程专项规划、产业发展规划、招商引资专业规划、给水专项规划、中期规划评估已经完成，开发区建设更规范性。

【基础设施不断完善】 以路网和房建为核心的基础设施建设取得重大突破，园区新增开发面积2平方公里（含金钟工业园区），占市下达年度目标任务（2平方公里）的100%，累计开发面积8.8平方公里（含金钟工业园区），累计建成路网26公里，累计建成标准化厂房近50万平方米，110千伏电力改迁项目全面竣工并投入使用，金钟供水工程、污水处理厂、公租房一期主体工程基本完工。

【产业项目强力推进】 经开区累计入驻企业46户，其中投产企业31户，在建和正在办理前期相关手续的15户。贵州保龙塔筒有限公司、中复连众（贵州）复合材料有限公司、贵州玖圣淀粉加工有限公司、威宁爱心培食品有限公司、威宁县贵兴玻璃有限公司等31家企业相继投产；冷弯型钢项目、贵州双威食品开发有限公司项目正紧张建设。

【招商引资】 2013年，联系、洽谈项目80余个，最终签约项目25个，完成签约资金50.97亿元，占全年总目标任务（50亿元）的100.17%，入园项目18个，入园率为72%，开工建设项目18个，项目开工率为100%，实际到位资金33.9亿元，占年度目标任务（20亿元）的169.5%，新增投产企业17个，同比增325%。

【服务意识进一步增强】 以“主动服务、简化程序、优化流程、提高效率”为工作目标，按照“投资者自愿、无偿服务、全程跟踪服务和方便、公开、合法、效能、责任”的服务原则，坚持“充分授权，封闭运行，高效快捷，务实廉洁”和“一站式”服务要求，切实履行代办服务中心职能，逐步完善代办服务中心服务功能，全面推行项目全程代办工作，为投资者提供更加快捷、高效的服务。帮助企业办理各种证件315项，办结315项，办结率100%，接受业务咨询服务99项。

【融资工作】 注重强化横向沟通联系，细化竖向谋划跑办，定期与不定期到省市相关部门对接工作，争取支持，帮助解决发展中存在的困难和问题。获省经信委2013年工业园区发展专项资金1000万元，获省商务厅标准化厂房贷款贴息资金300万元。以兴业投资有限公司为融资平台，聚集各种资源，编制标准化厂房建设项目贷款资料，协调金融机构，解决经开区建设资金不足的难题。向国家开发银行完成标准化厂房建设资金贷款2.5亿元，向威宁县农村信用联社完成流动资金贷款1000万元。安排专人对接企业扶持资金申报工作。组织威宁爱心培食品有限公司、威宁县黔风堂茶业有限责任公司等2家企业申报特色产业发展资金项目获得补助资金130万元；组织贵州玖圣淀粉加工有限公司、贵州威宁鹤乡果核桃产业开发有限公司等8家企业申报2014年中小企业技术改造专项资金补助项目，帮助贵州金威冷弯型钢股份有限公司、贵州威宁鹤乡果核桃产业开发有限公司等企业联系金融机构，协调融资贷款4720万元。

【土地房屋征收工作】 全年申报城镇建设用地2批次63.0735公顷、工业用地5批次128.3078公顷，正在上报工业三批21.5679公顷。招标、挂牌、出让国有土地9宗78.3958公顷，成交金额17933余万元。完成《2013年贵州威宁经济开发区土地集约利用评价》《威宁经济开发区耕作层剥离方案》《威宁县土地利用总体规划局部调整方案》和《贵州威宁经济开发区“四至”界线确定》工作。同时，依法推进征地拆迁工作，土地管理和征地拆迁工作顺利推进。征地2062.3827亩，拆迁房屋47户，迁坟132座；支付征拆款项5500余万元；开展国土资源巡查225余次，下达《责令停止违法行为通知书》105份，强行拆除违法违规抢建房屋18户，进行国土资源法律法规宣传20余场。

【组织工作】 一是经济开发区通过严格审核、考察，协调县直各部门、各乡镇调用10名、借用27名相关专业人员充实到各部门工作岗位。目前，全区有干部职工77人，协警45名。二是

风电叶片运输

贵州威宁经济开发区标准化厂房

多渠道加强干部培训，选派干部参加省、市、县的学习培训，组织经开区干部职工46人次赴深圳、重庆、苏州等地外出“充电”培训，拓宽视野、更新观念、提升素质、强化能力。三是建立党建指导员和帮扶专业机制，从园区科级党员干部中精选15名党建指导员，“一对一”帮扶指导园区15家投产企业，带头宣传党的路线、方针、政策，抓好企业发展党员和组建党组织工作，帮扶和推动企业发展。

芦丁食品全自动生产线

【安全生产】 本着“以人为本”“安全无小事”“安全重于泰山”的原则，严格“查、建、督、究”，保障全区安全生产持续稳定健康发展。与企业、施工单位等签订安全生产目标责任书26家，召开安全生产专题会议17次，开展安全生产调研12次。集中开展安全生产领域大检查12次，检查生产企业85家次、施工单位24家次，查出安全隐患172条，整改172条，整改率达100%。开展安全生产宣传活动，发放各类宣传资料800余份，悬挂宣传标语、横幅50余条；深化安全生产执法培训，先后组织4名工作人员参加全省安全生产执法培训，获得安全生产执法资格证，规范了安全生产执法行为。

【宣传工作】 经济开发区主要宣传载体《威宁经开区》刊物和《威宁经济开发区网》已逐渐成为经济开发区的动态窗口，及时宣传报道经济开发区发展情况，增强经济开发区在国家、省、市、县级媒体上的宣传力度。全年在《威宁经开区》刊登新闻稿件356篇（条/幅）；在《威宁日报》、威宁电视台等县级主流媒体刊载、刊播新闻稿件209篇（条/幅）；在《毕节日报》、毕节电视台等市级主流媒体刊载、刊播新闻稿件113篇（条/幅）；在《贵州日报》、贵州电视台等省级主流媒体刊载、刊播新闻稿件30篇（条/幅）；在《农民日报》等国家级主流媒体刊载新闻稿件19条。为构建美丽和谐园区提供强大的精神动力和舆论支撑。

【信访维稳】 明确专人负责信访，定期定时到企业、施工工地排查，对企业实行信用考核，把企业对民工工资发放作为在经开区承包工程建设的诚信度予以考核，处理民工上访案件6起，受理工程款纠纷1起；完成36户企业及10余家施工单位的矛盾纠纷排查、民工工资发放排查、工程款拨付情况调查等工作。

【治安环境改善】 以“发案少、秩序好、保安全”为中心，全力维护区内社会政治稳定，坚持引导为主，强化处置措施，妥善引导和处置群体性事件35起，实施安全保卫27次；全力服务区内经济发展，对重点企业实行“一企一民警”，对所有重大项目、重点企业逐个明确责任领导和民警，建立定向联系机制，搭建“警企共建、平安创建”两个平台。建立企业警务室5个，派驻警务人员20名，以点带面，抓好经开区的各项治安保卫工作。结合辖区社会治安状况，加大治安巡逻检查力度，对辖区进行不间断24小时巡逻，防止可防性案事件发生。加大对案件的侦破力度，破获企业反映强烈的各类案件24起，打击处理19人，调解各类纠纷91件；大力整治经开区交通秩序，进行多次交通大检查，对封闭施工道路进行交通疏导，保证交通秩序。

（撰稿　张　雾）

端庄整洁的工业五路

野马川工业园区一角

赫章县产业园区

【概述】 赫章县产业园区管理委员会由贵州省毕节地区(现毕节市)机构编制委员会于2010年11月24日批准成立,为中共赫章县委、赫章县人民政府派出的副县级机构,与赫章县产业园区党的工作委员会实行一个机构两块牌子的管理体制,核定事业编制33名,后根据毕节机编〔2013〕13号文件精神,赫章县机构编制委员会给园区管委会增加编制17名(赫机编〔2013〕18号),现核定事业编制合计50名(其中工勤人员编制3名)。2013年,赫章县产业园区管理委员会有在职在编人员27名,其中副主任4名,总工程师1名,各科室、园区管理处及安监站负责人8名(其中招商引资科科长由总工程师兼任),主任科员1名,副主任科员5名,工作员8名,工勤人员1名;本科以上文化20名,专科文化6名,中专文化1名。2013年园区管委会主要职责是:(一)贯彻党和国家及省、市、县的各项政策、法律、法规,组织实施上级对园区作出的指示、决定;(二)负责园区用地的测绘工作;(三)配合当地党委政府抓好征地、拆迁工作;(四)负责园区内土地的规划和开发利用,协助相关部门办理土地报批使用手续;(五)负责园区的整体包装、形象设计、推介宣传和招商引资工作,负责园区企业和项目的引进、管理、协调服务工作;(六)协助进驻园区的企业办理工商、税务、土地、环评、规划、建设等相关手续;(七)审核进入园区的企业和项目,完善园区项目准入制度;(八)负责申报和实施园区基础设施建设项目工程;(九)协助有关部门抓好园区内税收征管工作、安全检查工作;(十)负责园区建设的日常事务和园区相关统计、分析工作;(十一)承办县委、县政府交办的其他工作。

【主体指标全面完成】 2013年,三个园区完成固定资产投资33.19亿元,占市目标数30亿元的110.63%,同比增44.99%,其中基础设施完成10.32亿元,占市目标数8亿元的129%,同比增63.12%,产业项目完成22.87亿元,占市目标数22亿元的103.95%,同比增38.16%;建成“七通一平”面积1.05平方公里,占市目标数1平方公里的105%;新建成标准厂房23万平方米,占市目标数20万平方米的115%,同比增14.03%;累计入驻企业54个,其中当年新增17个,占市目标数十个的170%,同比增13.33%;截至12月底在建企业项目7个,建成投产企业47家,当年实现工业总产值33.29亿元,占市目标数25亿元的133.16%,同比增120.61%;实现工业增加值11.65亿元,占市目标数9亿元的116.67%,同比增73.33%;当年新开工基础设施36个,其中建设完成28个,在建基础设施9个(其中续建基础设施1个);新增就业人员830人,同比增31.68%。

【基础性工作进一步夯实】 2013年,园区总规划、园区土地利用方案编制完成并通过评审批复,产业发展规划“十二五”情况中期评估完成并通过评审批复。

【项目建设快速实施】 园区项目实行日调度、周通报、月总结制度,要求项目包保联系人24小时驻进园区,贴近项目,随时掌握各项目每天的工程进度、生产情况、存在的问题以及次日的建设内容,协调有关部门和人员对存在的问题进行解决,确保各项目的顺利建设和正常生产。一是强化基础设施调度,加快推进基础设施建设。2013年启动建设基础设施36个,同比增63.64%,其中全年建成投入使用28个,基础设施全年完成投资10.32亿元,同比增63.03%。“七通一平”建设完成1.05平方公里。全年启动路网建设38公里,建成32公里,砂石至铁矿山公路、大树脚至开五至铁矿山公路、野马川园区326国道沿线改造、野马川南冲桥至利河桥道路、妈姑工业园区公路工程、妈姑园区至金海公司及至群之英公司公路建成投入使用。是年水利设施建设

10个，即妈姑镇官房山塘、韭菜坪山塘、洗羊塘山塘、妈姑镇供水工程、珠市工业园区河堤工程、野马川安置小区防洪工程、赫章县野马川佳娃段防洪工程、赫章县妈姑镇砂石水毁修复工程、赫章县妈姑镇防洪工程，除珠市水库外其余建成投入使用。是年启动环保设施2个，建成1个，即野马川污水处理项目。年内建成排污管网5千米，建成供水管网13千米。是年启动电力设施6个，2013年全面建成，即珠市工业园区10千伏输变工程建设项目、珠市110千伏变电站1号主变增容工程、妈姑工业园区35千伏砂罗线和35千伏水泥厂专线改道工程、妈姑园区砂石10千伏改迁项目、珠市工业园区发达电力线路改造项目、赫章砂石110瓦变电站扩建工程。二是强化企业服务，推进拟入驻企业尽快入园开工建设，在建企业尽快建成投产，生产企业尽快达产。全年完成标准化厂房23万平方米，其中野马川园区13万平方米、珠市园区10万平方米。2013年底入驻企业项目达54个，全年新增17个，建成投产12个。在建企业7个，生产企业47个，全年完成工业产值33.29亿元，实现工业增加值11.65亿元，创财政税收1.8亿元，同比增97.80%。

【招商引资】 一是赴广西、重庆、成都、江苏、山西等地引进装备铸造企业入驻珠市、妈姑园区；赴浙江、广州、深圳等地，以标准化厂房招商为主体，引进农产品加工及轻工业企业入驻园区标准化厂房。全年先后成功引进贵州太子基服饰有限公司服装生产项目、贵州省赫章县金海建材有限责任公司矿渣超细粉粉磨生产线建设项目、赫章县金果缘核桃业发展有限公司核桃产业深加工项目、贵州群之英科技铸造有限公司WAB建筑同层检修排水系统配套产品项目、贵州省乌蒙长齐农业科产业化有限公司辣椒及马铃薯制品项目、矿物棉生产项目、嘉奇机械有限公司摩托车配件项目等17个产业项目入驻园区，完成招商引资到位资金25.5亿元。

【融资工作】 以园区开发投资有限公司为平台，积极与各金融部门对接联系，通过县财政投入、向上级部门争取、BT融资、银行贷款、社会融资等多种渠道，加大园区基础设施建设资金投入。完成园区融资项目库建设，联系市农发行，完成野马川园区土地收储配套基础设施项目贷款1亿元的资料申报，园区开发投资有限公司注册资本金提高至1亿元，通过招拍挂，将3宗178.26亩商业用地划属园区公司所有，加大公司融资抵押能力。开展"引银入园"活动。2013年组织信用联社、工行、农行、富民村镇银行等金融部门进入园区，和园区企业座谈5次，主动协调各金融部门支持企业建设，全年帮助8家企业融资近1亿元投入项目建设。

【园区管理】 出台《赫章县产业园区管理委员会关于调整园区管委会班子成员分工的通知》，对班子成员分工进行调整，明确各兼（挂）任主任副主任工作职责；出台《赫章县产业园区管理委员会关于进一步加强园区干部职工包保联系企业（项目）工作制度的通知》，对园区项目包保制度作补充和完善；出台《赫章县产业园区管理委员会关于对2013年园区固定资产投资任务进行责任分解的通知》，将园区2013年目标任务细化分解到各园区，从加强园区领导干部包保联系企业（项目）的执行力和落实力、强化调度、强化信息报送、加强督促考核四个方面对目标任务的完成作明确要求。

（撰稿　陶永才）

赫章县道坤铁业有限责任公司生产车间一角（珠市园区）

年产120万吨水泥的赫章县黔沪水泥有限责任公司厂区一角（妈姑园区）

城建·环保

住房和城乡建设

【概述】 2013年，住房和城乡建设局按照年初制定“抓重点、攻难点、见实效”的工作思路，全面落实《深入推进毕节试验区改革发展规划（2013—2020年）》，围绕城镇化率提高2.5个百分点，完成投资400亿元以上目标，以“三创一建”、中心城市同城化发展、全省小城镇建设发展大会和美丽乡村建设为载体，全力推进城市新区建设、旧城改造、村镇建设、景区建设、建筑市场管理工作，城镇规模不断扩大，基础设施明显改善，城镇化水平加速提升，有力助推了“四化同步”战略的实施，为全市实现科学发展、后发赶超、在西部超常规崛起和与全国全省同步实现小康作出了不懈努力。荣获2013年度全省住房和城乡建设系统目标绩效考评优秀等次。

【城乡建设总体情况】 全市住房城乡建设项目完成投资601.39亿元（其中：城市建设305.31亿元，房地产开发184.7亿元，景区景点建设9.08亿元，小城镇及村庄整治79.3亿元，农村危房改造23亿元），占年初目标任务400亿元的150.35%，同比增41.89%。

【城市基础设施和公共服务设施建设】 是年，全市实施路网、市政基础设施、绿化、公共服务设施、“五古”及街道街景整治等城市建设项目533个，完成投资305.31亿元。一是路网建设强力推进。实施新建城市道路项目109个，新增城市道路150.736公里，完成投资106.2亿元；实施改扩建城市道路项目25个，里程37.45公里，完成投资10.04亿元。二是基础设施不断完善。实施城市污水垃圾处理、公厕、河道治理、亮化工程等项目76个，完成投资35.32亿元。三是城市绿化成效显著。实施公园建设、景观大道和新增绿地等城市绿化项目34个，完成投资9亿元，建成9个城市公园、13条城市景观道路，为城市添绿增美，城市环境更加宜人。四是服务设施不断改善。实施宾馆酒店、文化体育场馆、学校、医院、农贸市场等城市功能服务设施项目272个，完成投资135.26亿元，新增城市停车面积132200平方米，城市功能得到提升，百姓生活质量稳步提高。五是实施“五古”保护及街道街景整治项目17个，完成投资9.48亿元，城镇历史沿革和文化古城、古镇、古建筑得以修缮和恢复重建。

【房地产开发和保障性住房建设】 一是加强房地产市场监管，促进房地产市场健康持续有序发展。新开工房地产建设面积532.3万平方米，竣工面积325.7万平方米，完成投资184.7亿元，占年度目标的102.6%。二是保障性安居工程实际开工建设38575套，开工率103.9%；基本建成8658套、竣工8426套、分配入住7004户，分别占目标任务的108.8%、107.6%、321.3%。

【特色小城镇建设】 按照“8个1”和“8+3”工程项目要求，以项目建设为引领，全面提升小城镇综合承载能力。50个示范小城镇建设开工项目679个，完成投资60.8亿元，占计划任务的168.9%；推进其他在建71个特色小城镇建设，已开工项目378个，完成投资10亿元。培育小微企业252家，解决就业4000多人，建设28个返乡农民工创业园。成功举办全省第二届小城镇发展大会。

【村庄整治“改治结合”建设】 以农村环境综合整治连户路、院坝硬化为抓手，推进“美丽乡村”建设。全市农村环境综合整治“两个硬化”动工院坝硬化农户数747660户，竣工671690户，实际竣工面积16113797平方米；动工硬化连户路30550.2千米，竣工26355.9千米。

【农村危房改造】 农村危房改造实际开工86309户，竣工86309户，竣工率121.35%。2008年至今改造对象信息录入468698户，录入率103.01%；开工率、竣工率、信息录入率等三项指标均名列全省第一位。同时，完成威宁、赫章地震恢复重建10047户和新一轮农村危房摸底调查工作。

【建筑市场管理与节能工作】 一是贯彻落实建设行业有关法律法规，强化服务意识，核发建筑工程施工许可证18个，审批施工总承包及专业承包资质10家、预拌商品混凝土专业企业资质三级6家，资质延续19家。二是强化建筑施工安全生产管理工作，深化专项整治，狠抓隐患排查治理，对排查的隐患督促进行整改落实。三是加强对业主单位的跟踪服务，切实做到主动联系、全程跟踪、优质服务，按照项目审批运行的基本流程，对重大项目建设按照“特事特办、急事急办”的原则，开通绿色通道，全力推进重点项目建设。四是严格执行建筑节能设计审查备案和竣工验收专项备案制度。民用建筑项目施工图节能设计审查备案登记356.57万平方米，民用建筑项目施工图节能设计审查通过率达100%。新开工建筑面积424.19万平方米，城镇新建建筑设计阶段标准执行率100%，竣工建筑面积61.93万平方米，施工及竣工验收阶段标准执行率97%以上。五是绿色建筑节能示范逐步推开。以商住建筑、大型公建、新型建筑材料以及市政道路照明为重点，进行可再生能源（太阳能、地热、风能等）应用试点，充分发挥节能典型示范作用，重点推进全市绿色建筑的发展，上报省厅绿色建筑项目444.70万平方米。六是新型墙体材料生产和应用量明显提高。全市新型墙体材料生产企业已发展到400余家，其中取得贵州省新型墙体材料认定证书的54家，其余正在申报认定和准备申报当中，新型墙体年产量约200万立方米。七是墙改基金征收管理步入正轨。全市征收专项基金2433.24万元，按规定返还184.36万元，形成建筑节能专项基金32.55万元。

【工程项目招投标】 全力协助毕节市公共资源交易中心做好工程项目招投标工作。全市房屋建筑和市政工程公开招标项目271个，总建筑面积203.35万平方米，节约资金1537万元。

【建安劳保费收取】 全市收取建安劳保费项目195个，收取建安劳保费5715.9576万元，已全部存入毕节市财政局社保基金专户。

【风景名胜区建设管理】 一是协调做好景区景点项目建设管理，完成投资9.08亿元。二是阿西里西风景名胜区《资源评价报告》初稿已经完成，控制性规划及修建性规划初步完成。天河景区《资源评价报告》及相关资料已上报省住建厅。《大方县油杉河风景区总体规划》已经市人民政府批准，《资源评价报告》初步编制完成。冷水河景区《总体规划》（中期评估稿）已经编制完成。

【机关作风建设】 一是组织干部职工学习党的方针政策和有关文件精神，严格执行中央八项规定和省委、市委十项规定，不断强化宗旨意识，提高服务水平。二是完善和落实党风廉政建设责任制，逐级签订党风廉政建设责任书，将党风廉政建设责任内容细化落实到人。深入开展执法、纠风和工程建设领域突出问题专项治理工作。把党风廉政建设纳入目标考核，倾力打造“廉洁、勤政、务实、高效”的建设系统新形象。三是全力抓好信访维稳工作。梳理信访案件15件，已全部办理回复。

【帮扶工作】 调剂资金10万元帮助赫章县双坪乡瓦店村进行村庄整治，60余万元对集团帮扶点赫章县结构乡青江村进行村庄建设整治；协调办公桌椅、会议圆桌、饮水机等各类办公用品共80余件价值2万余元；协调水泥6吨解决村办公楼前的院坝硬化及青江小学的道路硬化；为青江小学协调篮球板一副。对28户困难户进行慰问，送去大米、食用油、棉衣、棉被等价值1.2万元的物资及8400元慰问金。

【体制机制创新】 一是简政放权，提高效能，由双山新区、毕节经济开发区、百管委住建部门直接负责辖区内建设项目（房屋建筑和市政工程）的报建登记、施工许可、建安劳保费收缴和房屋建筑市政工程项目的质量、安全监督管理等工作；预拌商品混凝土专业企业三级资质由企业注册地各县区住建局审批；各县区住建局负责辖区内本级房屋建筑和市政工程招标公告、资格预审文件和招标文件的备案审理工作，简化办事程序，提高办事效率。二是编制完成《数字毕节地理信息公共平台开发利用管理办法》，推进基础数据、数据库管理系统、公共服务平台、示范应用建设、三维模型建设，完成数字毕节地理空间框架的基本建设内容。

（撰稿　祖　义）

房产事业

【房地产开发投资】 毕节市房产局组织开展房地产开发企业、物业服务企业和经纪机构管理工作，优化房地产发展环境。全市有各类房地产相关企业380家，比2012年增27.1%，其中：房地产开发企业301家（二级资质6家、三级资质22家、四级资质46家、暂定级227家），物业机构65家（三级资质26家、暂定级39家），中介机构14家（三级资质5家、暂定级9家）。新开工各类房地产建设面积532.3万平方米，竣工325.7万平方米。房地产开发投资完成184.7亿元，比2012年增19.8%。

【保障性安居工程】 是年，毕节市委、市政府对住房保障工作高度重视，将住房保障工作作为重要工作目标，并确定为“十大民生工程”和“十六件民生实事”之一。为保证保障性住房建设目标任务保质保量按期建成，年初与各县区签订2013年度保障性安居工程建设目标责任书；每月抽派工作组深入一线督办进度滞缓的项目，对保障性安居工程建设项目实施情况进行动态跟踪管理。贵州省政府下达毕节市2013年保障性安居工程建设任务：开工建设37115套，基本建成7956套，竣工7829套，分配入住2180套。2013年实际开工建设38575套，开工率达103.9%；基本建成8658套、竣工8426套、分配入住7004户，分别完成任务的108.8%、107.6%、321.3%。基本做到应保尽保。

【房地产市场管理】 毕节市房产局继续深化窗口优质服务建设，对2012年全市房屋概况和房屋登记情况进行汇总，初步建立房地产预售备案系统、预售资金监管系统等，规范产权产籍管理工作，毕节市房地产交易大厅办理房屋所有权登记6986宗，抵押登记3972件，整理产权档案5041卷，办理预售许可38件，商品房预售许可面积75.76万平方米，批准预售面积同比增92.55%。

【物业管理】 毕节物业管理坚持履行职责，狠抓在建工程前期物业管理，大力宣传物业管理政策法律法规，将法律法规宣传贯穿于工作实际中去。继续实施好《商品房共用设施设备维修资金管理办法》。各房开项目按照办法的规定缴交归集公共维修资金，组织相关人员对物业管理企业经营行为进行检查指导，规范物管企业的经营行为。依据《贵州省物业管理条例》等相关法规，在学习理解的基础上，实行多部门联动，帮助指导已建成小区成立业主委员会，并依法依规开展工作。

【执法检查】 毕节市房产局继续加大对全市房地产市场及中介机构的综合检查力度，年初对全市房屋（预）销售、代理服务市场检查进行部署，继续加强房屋（预）销售、代理服务项目监管，及时掌握全市房屋（预）销售、代理服务情况，规范预售许可证发放和中介服务行为。为了提高全市商品房销售从业人员素质，于4月23—26日邀请中国房地产协会专家崔瑶、崔心爱教授和贵州省住建厅李国忠处长等到毕节市大众国际酒店举办一期房地产销售专题培训，提高房地产企业依法管理、依法经营的水平。不断规范企业市场行为，对全市房开企业开展2次执法检查，对检查中发现的不规范行为进行清理、整改。

【征收补偿工作】 毕节市房产局不断完善房屋征收补偿信访接访处理机制。对《信访案件自查制度》《信访案件交办制度》《信访案件转办制度》等制度进行修订完善，建立信访台账，并根据信访制度，对上级部门交办、转办案件逐一进行分类、登记并进行处理，做到回复及时，结论明确。对开展拆迁遗留项目排查工作进行安排部署，指导各县区开展拆迁遗留项目的排查工作，摸清底数，建立台账。

【资金管理】 毕节市房产局继续加强房改政策的咨询、解答和宣传工作，按照《毕节市住房分配货币化实施方案》，做好市直行政事业和省垂管单位的增量补贴数据的测算和发放工作，核发住房增量补贴1.87亿元，比2012年增4.6%，有效提高职工的住房支付能力。

【扶贫帮困】 毕节市房产局生态文明家园工作联系点为大方县长石镇，全年组织人员到点上开展调研4次，协调帮扶资金10万元。集团帮扶点为大方县大山乡棉山村，年初建立帮扶对子，并按实施方案组织帮扶活动，协调资金5000元、菜油10桶、棉被10床对贫困党员和群众慰问，协调帮扶资金20万元用于项目发展。

【党风廉政建设】 毕节市房产局开展党的群众路线教育实践活动，严格按照市委和市纪委有关要求，认真对照中央八条规定、省委和市委十条规定，着力查摆工作党员领导干部存在的“四风”问题，贯彻落实《关于实行党风廉政建设责任制的规定》，加大党风廉政建设和反腐败工作力度，领导班子年初公开作出廉政承诺，接受干部职工监督。严格落实“一岗双责”要求，层层签订党风廉政建设工作目标责任书，定期考核，层层负责，确保各项措施落到实处。

【机关建设】 毕节市房产局推进“阳光工程”建设，坚持依法依规办事，对房屋征收补偿工作、廉租住房建设、产权交易、经纪机构规范管理、物业管理、办公用品采购等严格按照有关政策规定，实行阳光操作，实现公共资源市场化合理配置，主动接受各方有效监督，并不断加以完善、深化和拓展。开展作风整顿活动，大力推进办事窗口服务建设，并设立导办咨询、效能投诉等，提高办事效率和服务质量。严格落实依法行政、政务公开、党务公开、服务承诺、限时办结等制度，为企业和群众多办实事、多解难题，减少行政审批事项，简化审批程序，提高办理质量和行政效能，营造“亲商、爱商、安商”的和谐氛围。

（撰稿　康　际）

住房公积金管理

【概述】 2013年，毕节市住房公积金管理中心在省住建厅和市住房公积金管理委员会的科学决策下，围绕年初省、市下达的年度目标任务，结合中心实际，科学谋划，超前部署，将年度目标任务层层分解细化，形成了一级抓一级、一级促一级、层层抓落实的工作格局。通过中心全体干部职工的共同努力，2013年全市住房公积金的各项工作均取得了明显的成绩，全面超额完成了全年目标任务。荣获全省住房和城乡建设系统2013年度目标绩效考评优秀奖（一等奖）称号。

【住房公积金归集】 是年，全市归集住房公积金127090.15万元，同比增28.20%，完成年度目标任务105000万元的121.04%；新增缴存职工人数11330人，同比增6.35%，完成年度目标任务2000人的565.50%；住房公积金覆盖率为82%，完成年度目标任务80%的102.50%。

【住房公积金支取】 全市支取住房公积金44423.6万元，同比增38.85%，完成年度目标任务33000万元的136.64%。

【住房公积金贷款】 全市发放个人住房公积金贷款123149.90万元，同比增23.98%，完成年度目标任务90000万元的136.83%；住房公积金发放率为96.90%，完成年度目标任务85%的114%；住房公积金个贷率高达91.75%，完成年度目标任务85%的107.94%。

【住房公积金增值收益】 全市实现住房公积金增值收益6327.12万元，同比增73.81%，完成年度目标任务4000万元的158.18%；住房公积金增值收益率为16.14‰，完成年度目标任务10‰的161.40%。同时，中心还根据市住房公积金管理委员会的审议意见，在当年产生的增值收益中提取管理中心管理费用和贷款风险准备金后，按国家有关规定将剩余的资金全部划入各级财政专户，专项用于城市廉租房补充资金。

【住房公积金贷款逾期率】 全市住房公积金个人贷款逾期率为0.049‰，同比降0.056个千分点，完成年度目标任务0.1‰的204.08%。

【多措并举，提高住房公积金使用率】 随着毕节市经济社会的发展，全市广大干部职工对改善居住条件的需求日趋增大。为此，中心抓住这一有利时机，以“强归集、抓使用、防风险”为目标，不断探索和总结提高住房公积金使用率的好方法和好经验，结合全市的实际，先后采取提高贷款限额，延长贷款时限，下放贷款审批权，简化贷款发放和审批程序，缩短审批时限，加强各县区资金调度使用等便民利民措施。同时，不断加大住房公积金政策的宣传力度，使全市住房公积金的使用率得到大幅提高。

【防范违规套取行为，确保资金安全运行】中心坚持以预防为主，采取多种措施，有效防范利用虚假材料违规套取住房公积金行为的发生，保证住房公积金的安全运行。一是加强宣传教育，增强法制观念。利用电子显示屏、公开栏、电视、报纸等宣传媒介，发放宣传资料，在中心办事大厅张贴“套取住房公积金属违法行为”的宣传标语，聘请法律顾问发布律师公告等多种方式，及时宣传《住房公积金管理条例》和相关政策法规，让广大缴存职工全面了解和熟悉住房公积金的各项政策规定、办理要件和办理流程，增强依法依规办事的自觉性，提高广大缴存职工对利用虚假材料违规套取住房公积金属违法行为的认识。二是增强办事大厅工作人员“识假、辨假”能力。中心采取集中学习和个人自学组织干部职工进行相关的业务政策学习培训，不断提高干部职工特别是前台工作人员的业务专业水平，进一步增强干部职工的“识假、辨假”能力，确保提取材料的真实性。三是对外地购房合同和发票，通过面谈、网上、发函和电话查询等多种形式，核实外地购房者购房材料的真实性。

【开展“四风”问题先查先改工作】根据中共毕节市委办公室《关于第二批党的群众路线教育实践活动单位认真开展“四风”问题先查先改工作的通知》精神，经中心党组研究，于2013年9月6日—10月15日分赴各县区管理部开展“四风”问题先查先改活动，并在各县区管理部广泛征求中心领导班子和班子成员在贯彻落实中央“八项规定”、省市“十项规定”，反对“四风”以及“慵、懒、漫、浮、贪”等方面存在的问题，现场发放征求意见表60份，回收60份，收集意见和建议10余条。中心党组向市直部门和单位发放征求意见表70份，收回29份，无反馈意见。

【党风廉政建设】一是层层签订党风廉政建设责任书，将目标任务分解落实到基层。二是切实抓好廉政风险防控工作。着重对住房公积金行政审批和“三重一大”管理等容易发生违纪违规的岗位逐一全面地进行廉政风险排查。排查出39个廉政风险点，并制订相应的防范措施，制订了中心廉政风险防控手册分发到全体干部职工手中，要求所有干部职工严格执行。三是开展警示教育活动。根据市第六纪工委监察分局的安排，中心选派业务科、会计科的2名科长赴毕节市黔西县廉政教育培训基地参加警示教育活动。

【帮扶工作】一是中心选派政治素质高、业务能力强、群众基础好的干部到帮扶村——赫章县结构乡松林村开展驻点帮扶工作。投入20万元帮助松林村村支“两委”重建办公楼，该办公楼现已竣工并验收通过。投入5万元帮助其购置办公设施和办公用品。中心在2013年5月份的全市干部驻村工作动态跟踪考核中获得第8名，被授予流动红旗1面并在领导班子年度动态跟踪考核中加1分。二是扎实抓好生态文明家园建设工作。明确1名分管领导具体分管帮建工作。已完成帮扶村——赫章县财神镇倮布嘎村相对集中的自然村寨连户路硬化和农户院坝硬化工作任务，实现硬化率达100%；帮助其完成农村环境综合整治工作并按市“美丽乡村”建设要求完成了所帮建的建设任务。投入15万元帮助该村解决了活动室建设的缺口资金。

【加强作风建设，提高服务水平】一是贯彻落实中央、省、市关于改进工作作风密切联系群众的各项规定，并制订贯彻意见下发到中心各科室、各县区管理部。中心在市纪委作风建设明察暗访组的历次明察暗访中，没有违规违纪的行为。二是信息化建设不断加快。投资220万元的住房公积金网络管理系统已完成升级改造并平稳运行。同时，价值10万元的机房防雷设备已通过公开询价采购并委托有资质的单位安装完毕，提高了机房网络设备的安全程度，确保住房公积金网络管理系统的安全运行。毕节市住房公积金管理中心门户网站已于2013年年底正式开通并运行。三是抓好窗口建设。严格执行首问责任制、一次性告知、限时办结等便民制度，及时公开住房公积金业务流程、办理时限和服务承诺等内容，方便了干部职工办理业务。

【抓好干部教育，强化队伍建设】一是抓干部职工学习培训。中心采用职工会、中心组理论学习、党员大会等多种形式定期进行集中学习，着力抓好干部职工的政治理论和业务政策学习。中心还选派40人次参加了省、市的各类学习培训，其中1名科级干部参加市委党校举办的中青年干部培训班学习，1名科级干部参加市委党校举办的科局级班培训。二是抓好干部队伍建设。中心经民主推荐方式选拔任用了9名副主任科员，面向社会公开招考1名公务员到2012年正式组建的百里杜鹃管理部工作。

（撰稿　杨　建）

环境保护

【概述】 2013年，毕节市环保局以生态文明建设统领各项工作，坚持“在发展中保护，在保护中发展”的工作方针，着力服务经济社会建设，通过严格环境准入倒逼经济转型，在保证全市经济持续快速增长的同时，全市环境质量持续好转，主要污染物排放总量稳定控制，重点区域、流域、行业环境污染综合整治扎实推进，城市环境质量明显改善，各项任务圆满完成，全年环境保护政府目标考核成绩排名全省第二。

【污染减排】 一是强化减排责任落实。市政府将主要污染物总量减排工作纳入政府重点工作安排，将化学需氧量、氨氮、二氧化硫、氮氧化物4个约束性指标纳入县区政府增比进位目标考核体系，纳入政府相关责任领导个人实绩考核内容，与各县区政府及有关企业签订《2013年主要污染物总量减排目标责任书》，5次召开会议安排部署，提请市政府约谈污水处理厂建设进展缓慢的县区，采取周调度、旬督查、月通报等方式专项督查、重点督办、跟踪督查，推动了减排责任落实。二是强化减排措施落实。把污水处理厂建设运行、火电行业脱硫设施增容改造和火电、水泥行业脱硝设施建设作为减排工作的重中之重来安排，加强督查监管，推动主要污染物减排工作开展。火电脱硫、脱硝方面，全面完成1台火电机组（黔西电厂2#）脱硫设施增容改造任务、5台火电机组（黔西电厂2#、大方电厂1#、黔北电厂5#、纳雍电厂4#、纳雍电厂6#）脱硝设施建设任务、5台火电机组（黔北电厂7#、黔西电厂2#、纳雍电厂4#、纳雍电厂5#、纳雍电厂6#）旁路封堵工程。水泥行业脱硝方面，全面完成7家水泥厂（毕节市水泥厂、黔西西南水泥有限公司、黔沪水泥厂、毕节市江天水泥厂、贵州威宁西南水泥有限公司、贵州织金西南水泥有限公司、大方永贵建材有限公司）脱硝设施建设任务。污水处理厂建设方面，纳入省级《减排责任书》污水处理厂建设项目20个，建成投运16个，启动建设4个。化工类污水治理项目方面，建成投运毕节金河化工有限公司废水治理工程。畜禽养殖污染治理方面，建成投运贵州黔港牧业有限公司污染治理项目。三是加大减排监测体系建设力度。纳入国控源企业27家，安装在线监控设施103台（套），自动监控数据传输有效率达89.71%，对53家次企业开展监督性监测，对113套（次）在线仪器进行了比对监测，对120套（次）在线设施进行了有效性审核，发放合格标志109个。

【污染治理】 一是大力开展重点区域、流域污染治理工作。对全市水污染治理设施建设和运行情况实行动态跟踪管理，实行每月一报制度。推进三岔河、乌江流域“河长制”管理工作，全面完成2012年省级下达任务，制订《毕节市2013年三岔河流域环境保护河长制实施方案》《毕节市2013年乌江流域环境保护河长制实施方案》和《毕节市赤水河流域环境保护河长制实施方案》，并报市政府批复。全面启动赤水河流域“河长制”管理。加强重金属污染防治，启动总投资4090万元的七星关区重金属污染防治项目实施。完成全市160条河流、188个水库水环境功能区初步划分工作。着手编制乌江流域环境保护规划。二是加强饮用水源地环境保护。开展倒天河水库、利民水库等10个集中式饮用水水源2012年度环境状况评估和《全国城市饮用水水源地环境保护规划（2008—2020年）》毕节市中期评估工作，按频次完成县城以上集中式饮用水源地水质监测任务。开展列入贵州省100个示范镇中的12个小城镇饮用水源地基本情况调查、水质监测和保护区划分工作，启动全市各乡镇饮用水源监测工作。三是加强重点行业、领域环境隐患排查。开展核技术利用辐射安全专项检查和更新调查工作。对19家危险废物产生和经营单位进行例行督查、完成13家化学品生产企业环境状况调查。完成32家工业渣场和尾矿库企业环境风险隐患排查、104家企业环境保护及相关产业基本情况调查、6家企业2012年环保服务业财务统计调查、七县一区生活垃圾无害化处置场地相关情况调查、2012年持久性有机污染物调查数据上报、167家加油站和油库污染防治情况调查等工作，更新6家企业汞污染排放源现状调查数据，为推进全市环保工作提供准确的决策依据。四是强化机动车尾气污染防治。大方、纳雍、威宁、赫章、黔西县和七星关区第二机动车尾气检测站等6个尾气检测站已正式开展机动车尾气检测工作。全市发放黄标4656个，绿标34182个。

【环境监察】 加大对全市城镇污水处理厂等重点减排企业的督促检查，完成13家国控企业在线监控有效性审核现场核查，加强对纳入市污染源在线监控中心42家重点企业的在线监控管理，有效保证全市重点源污染设施的稳定运行。开展整治违法排污企业保障群众健康环保专项行动，出动环境执法人员4161人次，对1578家次企业进行现场检查，全市立案查处违法企业57家，罚金151.2399万元。受理和查处各类环境污染投诉和信访案件，共受理各类环境污染纠纷298件，查处298件，查处率100%。抓好排污费的申报、征收工作，核定征收企业户数221家，解缴到国库排污费10238.4万元。

【环境监测】 完成全市14个饮用水源地6期水质监测和地表河流17个各类控制断面的月监测和枯水期监测，督促、指导各县城区环境空气自动监测站建设、运行，加强中心城区空气自动站管理，按时报送周报25期。完成省控、国控重点污染源监测任务，启动以县为单位小康创建环境质量指数监测，其中，饮用水源监测延伸至乡镇所在地，从7月起开始报送乡镇饮用水源地监测数据。

【环境管理】 将29个行业124个审批事项下放到县区环保局审批，同时，对重点项目环评办理情况实行月调度，批复省级重点项目环评文件85个、市级重点项目环评文件295个，12个园区已有9个园区规划环评通过审查，入住项目206个，其中环评手续已批复103个。严格环保准入，严把项目产业政策关、选址关、环评关，抓好建设项目环境管理。全市审批项目855个，总投资727.8亿元。

【农村环境综合整治及生态建设】 一是推进农村环境综合治理。安排市级专项资金25万元，支持4个村美丽乡村建设；安排市级农村环境资金200万元，补助18个村进行农村环境综合整治，完成20个村农村连片环境综合整治项目申报，完成《毕节市七星关区清水铺镇橙满园村环境综合治理实施方案》《百管委在拱村环境综合治理实施方案》编制。二是生态创建工作稳步推进。完成七星关区大屯乡烙烘村等21个村省级生态村申报，指导各县区开展畜禽养殖禁养区、限养区划定工作。

【创建国家环境保护模范城市】 编制完成《毕节市创建国家环境保护模范城市工作规划》，并通过国家环保部组织的专家组审查，编制了《毕节市创建国家环境保护模范城市总体工作方案》和《毕节市创建国家环境保护模范城市2013～2014年度工作实施方案》，并印发到相关单位和各县区政府，创建国家环保模范城市工作全面启动。

【环境宣教与信息】 利用“3·22”世界水日、“4·22”世界地球日、“6·5”世界环境日、“6·25”世界土地日等节日开展环保宣传活动，发放宣传资料3万份，同时，通过文艺汇演、知识竞赛、宣传展板等载体，广泛宣传环境保护，全面普及环保知识。开展“绿色学校”创建工作，全市创建县级绿色学校12所，创建省级绿色学校4所。与媒体合作开展环保宣传教育，积极跟踪报道环保工作，在《毕节日报》、毕节电视台、局门户网站等发布《毕节市2012年环境状况公报》，让公众了解全市环境质量状况。推进环境信息公开，发布信息266条，完善市局门户网站建设，强化信息动态管理，加强环保部门与公众的沟通。

【环境突发事件应急】 成立市环境应急突发事件应急中心，组建毕节市环境应急专家库，制定了环境突发事件应急预案，开展2013年化工灾害及突发环境事件应急联合演练，环境应急处置能力得到显著提高。

【党风廉政建设和机关作风建设】 严格执行中央“八项规定”、省委和市委“十项规定”，切实转变机关作风，密切干群党群关系，“三公”经费同比降15%。下发《2013年党风廉政建设和反腐倡廉工作要点》，对全局党风廉政建设工作进行安排部署，层层签订党风廉政建设目标责任书，落实一把手、分管领导和科室、基层单位主要负责人的职责，明确责任分工，制定责任追究办法和廉政风险防范措施，使党风廉政建设各项工作落到实处。

（撰稿　焦少云）

城市管理

【概述】 毕节市城市管理局于2007年6月成立，下属毕节市城管监察支队。2013年，毕节市城市管理局围绕“与全国同步进入小康社会”的总目标，以贯彻落实国发2号、国办函35号等文件为契机，出色完成各项工作任务。荣获全省住房和城乡建设系统2013年目标绩效考评优秀奖（一等奖）。

【城管队伍建设】 一是统一全市城管部门称谓，将原有的“城市综合执法大队”统一为“城市管理局”；二是统一规范全市城管系统制服样式；三是组织开展“毕节市城管系统第一届书画美术暨摄影比赛”，挖掘、表彰一批城管系统艺术创作人才，实现毕节市城管队伍艺术创作“零”的突破；四是组织全市城管系统120人参加由省政府法制办和省住建厅联合举办的行政执法培训班，组织本局干部职工在毕节学院参加市法制办举办的行政执法培训，进一步巩固和提升城管行政执法人员的业务素质、法律素质；五是组织开展毕节市“十佳城管队员”和“十佳环卫工人”评选活动，树立城管队伍先进典型，激励干部职工工作热情。

【依法行政工作】 一是制订《毕节市城管局2013年依法行政工作要点》，明确年度依法行政工作目标任务、责任主体和完成时限；二是拟写《迎新春佳节维护城市环境倡议书》，并通过毕节日报、毕节电视台、毕节市人民政府网站进行公布，呼吁广大市民群众做一名维护城市环境的参与者、宣传员和监督员；三是组织城管执法人员在七星关区开展“迎新春佳节，维护城市环境”主题宣传活动。发放宣传册1000余份，接受咨询200余人（次）；四是研究制订《毕节市城管系统行政处罚自由裁量权适用规则（试行）》和《毕节市城管系统行政处罚自由裁量权细化标准（试行）》，印发各县区城管部门执行；五是指导全市城管系统参照《2007年度适用一般程序行政许可案卷评查基本标准》和《2007年度适用一般程序行政处罚案卷评查基本标准》，开展行政执法案卷评查工作；六是制订《毕节市城管局关于开展重大突出矛盾和信访问题集中化解“百日攻坚战”的工作方案》，明确目标，强化措施，积极化解矛盾，维护城管良好形象。2013年，全市城管系统未发生到市、赴省、进京越级上访事件，未发生重大信访案件和恶性案件。

【市政管理】 一是《毕节市中心城区管道燃气专项规划（2012—2030年）》经市政府正式批准实施；二是督促完成对老城区燃气管道改造，双山、小坝、七星关区经济开发区管道安装，总投入11300万元；三是全市累计维修破损路面2.5万平方米，安装绿化隔离栏6720米，清理排污沟329次，疏通雨箅井盖1200余次，更换、维修下水道井盖748套，新安装路灯1374盏，改造节能灯1992盏，实现城区主次街道98%以上、背街小巷95%以上的亮灯率。

【环境卫生管理】 一是全市环卫工人数4746人，城区道路清扫保洁面1155万平方米，垃圾清运量57.15万吨，环卫机械车辆413辆，垃圾密封运输率达到85%，主城区道路机扫率达75%、道路冲洗率达80%，全市垃圾日处理能力1425吨，垃圾无害化处理率达85%，污水日处理16.1万吨，污水集中处理率达84.18%，公共厕所160座，基本满足市民生活需要。二是以贯彻落实国办函35号文件为契机，加快环卫基础设施建设。七星关区第二垃圾填埋场可行性研究报告经省发改委批复，总投资12084万元，项目设计工作全面展开；黔西县、大方县作为全省首批利用水泥窑协同处理生活垃圾推广县，前期工作有序推进；七星关区等离子垃圾气化焚烧发电项目、毕节市餐厨废弃物资源化利用和无害化处理项目前期工作正常开展。

【园林绿化管理】 一是贯彻落实住房和城乡建设部《关于促进城市园林绿化事业健康发展的指导意见》精神，切实加强城市园林绿化规划设计、建设和管理；二是加大主城区旧城主要道路绿化改造升级力度，进一步提高城市道路绿化景观效果，提升城市整体形象，全市新增绿地面积1.1万平方米；三是加大市树（银杏）和乔木（香樟树）的管理和保护力度，巩固前期绿化成果。

【党风廉政建设】 一是进一步推进廉政风险防控工作，制定和完善《廉政风险防控手册》，贯彻落实“中央八项规定”、省委和市委“十项规定”，毕节市城管系统全年无违规违纪问题；二是严格执行党风廉政建设责任制，层层签订党风廉政工作目标责任书，突出工作重点，不断加强机关党员干部的党风廉政学习，建设了一支勤政廉洁、高效、务实的城管干部队伍。

【扶贫帮困】 一是派出一名干部常驻赫章县结构乡毛姑村开展帮扶活动，成效明显。帮助毛姑村完成环境卫生综合整治，村容村貌明显改善；协调住建、规划、国土等部门配合该乡党委政府做好毛姑村小集镇开发，毛姑村小集镇规划初具雏形；全程参与该村“美丽乡村”两硬化工作，硬化面积达13000余平方米，完工率100%；投入2万元为毛姑村党员活动室进行维护并购买办公设备，完善该村基层组织活动室；两节期间走访贫困党员和困难群众，发放慰问物资、慰问金5000元。二是争取资金30万元，为朱昌镇购买垃圾运输车、垃圾箱等一批环卫设备，帮助该镇推进“六零六好”工作。三是协调资金10万元，帮扶赫章县双坪乡瓦店村“五园新村”建设。

（撰稿　刘熙杰）

城乡规划

【概述】 毕节市城乡规划局于2007年12月成立，是毕节市人民政府工作部门（正县级单位），主要负责全市城乡规划编制、实施和管理工作，现有公务员15人。下属毕节市规划建筑设计研究院、毕节市城乡规划建设管理委员会办公室、毕节市城乡规划执法支队、毕节市规划测绘院、毕节市规划技术审查中心5个事业单位，有人员51人。局机关及下属事业单位现有工程技术人员48人，占全体干部职工总数的72.7%，其中，高级工程师4人，工程师10人，注册城市规划师2人，是一只具有较高专业水平的干部职工队伍。2013年，市城乡规划局各项工作成效明显，获毕节市直目标考核一等奖，获贵州省住建系统目标绩效考核优秀奖（一等奖）。

【科学编制规划】 一是加强规划研究。委托全国一流的规划编制单位，启动毕节区域中心城市发展战略研究、毕节市域城镇发展战略及特色小城镇建设研究和毕节市中心城区地下空间利用专题研究，通过客观的问题揭示、精确的方向定位和富有创意并具有前瞻性的政策建议，对毕节经济社会建设发展全局进行根本谋划和对策研究。二是开展专项规划编制。先后启动毕节市中心城区道路工程及竖向专项规划、排水（污水、雨水）工程专项规划、绿地系统及城市生态景观专项规划、环卫专项规划、公共设施及商业服务设施专项规划、慢行交通专项规划及综合防灾规划等9个专项规划的编制工作，通过编制专项规划，加强总体规划的统筹作用，满足城市功能更新的管理要求，推动城市发展。三是进行控制性详细规划整合和城市设计。为推动七星关——大方同城化发展，市城乡规划局在中心城区开展已编制控规整合工作，使中心城区控规得到统筹与协调。此外，还开展高铁站场、机场等重点区域的城市设计，使城市达到各种设施功能相互配合和协调，空间形式的统一、完美，综合效益的最优化。四是科学编制特色小城镇规划。除因纳雍县王家寨、织金县官寨乡已分别纳入纳雍县城市规划区和织金洞风景名胜区范围，不再单独编制其总体规划和控制性详细规划外，毕节市其余8个特色小城镇总体规划及控制性详细规划均已编制完成，从而指引特色小城镇建设发展。

【促进城市综合体健康发展】 作为牵头部门，市城乡规划局积极探索具有毕节特色的城市综合体建设新路子，围绕省、市的安排部署，把促进城市综合体健康发展作为推动全市城镇化提速转型的大平台、大抓手，按照体现山区城市特点、民族文化特色、生态文明特征的要求，坚持分类指导、分层推进、分步实施的原则，积极推进城市综合体健康发展。全市列入“100个城市综合体”的项目10个，其中列入省先期试点的项目3个，分别是毕节远航商贸物流园城市综合体、招商花园城城市综合体及同心大厦城市综合体。毕节市10个综合体项目预计总投资额为117亿元，2013年计划完成投资额20亿元，实际完成投资额22.4亿元，其中，3个先期试点项目年度完成投资11.07亿元，典型引路作用初步显现。在2013年5月贵州省城市综合体建设专项资金公开竞争中，毕节市3个先期试点项目取得1个一等奖，2个二等奖。

【重大项目建设】 2013年，市城乡规划局先后审查双山瓦厂塘棚户区改造项目、双山新区联合片区棚户区改造项目、双山新区糜家垭口片区棚户区改造项目方案设计、双山新区松树片区棚户区改造项目设计方案、毕节市特殊教育学校新校区项目、毕节市体育运动学校项目、毕节工业学校项目、毕节幼师学校项目、毕节职业技术学院等项目，并完善相关规划手续。发放选址意见书42份，办理用地规划许可证8份，工程规划许可证3份，审查21个规划设计方案，有力推进重大项目建设，推动七星关——大方同城化进程。同时，推动夹岩水利枢纽、华润黔西电厂的选址工作，完成此两个项目的选址论证报告。

【规范规划管理】 一是严格执行规划公示制度，按照相关要求，对2013年度规划编制成果和审批事项进行公示。二是在毕节市启动以“人人参与规划，共建和谐城乡”为主题的宣传周活动，受到群众好评。三是充分发挥职能作用，推动双山新区和经开区打击违法建设工作。与双山新区管委会共同协商开展双山新区打击违法违章建设专项行动；向经开区规划建设局、双山新区规划建设局发放行政执法文书；抽调执法人员到双山新区工作；帮助打击经开区范围内违法违章建设。

【驻村帮扶】 一是做好实施连户路的线型规划工作，协助乡、村干部发放水泥、砂子，现场指导农户施工，完成大方县星宿乡松树村自然村寨连户路道路硬化、农户院坝硬化工作。二是帮助协调落实黔西北民居（小康房建设）启动资金10万元，2013年度农村环境综合整治项目市级环境保护专项资金凤山谢都村获5万元；帮助联络联系经果林核桃苗种植项目500亩。三是协调广东省城乡规划设计院帮助解决松树村松树小学综合办公楼建设资金30万元。

【党风廉政建设】 召开党组会议专题研究2013年度党风廉政工作，印发《中共毕节市城乡规划局党组2013年度党风廉政建设实施意见》；与各县区规划局、机关各科室、下属各事业单位层层签订党风廉政建设责任书；加强对党纪法规等的学习，举办全市城乡规划系统《城乡规划违法违 纪行为处分办法》培训班，对各县区规划局长、全市规划系统业务骨干开展廉政警示教育；严格执行中央“八项规定”及省委、市委“十项规定”，加强廉洁自律；加强公车管理，杜绝公车私用等违纪行为发生。

（供稿　毕节市城乡规划局办公室）

旅 游

旅游事业

【概述】 2013年，毕节市旅游局围绕全省“5个100工程”全市9大景区项目建设这一中心工作，狠抓各景区景点规划建设等工作，以开展形式新颖、内容丰富的旅游宣传促销为抓手，强化基础设施建设，深入实施精品战略，大力开拓客源市场，强化质量与管理，优化旅游消费环境，全市旅游业实现持续、快速、健康发展。全市实现旅游综合收入207.61亿元，同比增27.4%。新增星级饭店4家，新增旅行社及分社5家；新增A景区2家；发展乡村旅游星级示范户101户；积极推进织金洞、百里杜鹃创建AAAAA级旅游景区工作，其中百里杜鹃于2013年10月11日成功创建国家AAAAA级旅游景区。

【全市9大景区项目建设】 按“旬上报、月调度、季检查”的要求，严格跟踪推进项目建设，各景区有序推进规划编制、组建公司、项目建设、招商引资等相关工作。截至12月31日，9大景区完成投资25.41亿元，占全年任务数的109.51%。实现招商引资到位资金14.29亿元。9大景区修建性详细规划除九洞天景区正在编制外，其余8个景区按要求报送省100个景区联席会议工作组和100个景区领导小组办公室通过审核。积极“赴省、进京”争取政策、项目、资金支持；通过竞争性陈述争取，9大景区中，百里杜鹃景区获得国家210万元、省850万元奖励资金支持；织金洞景区获得省500万元奖励资金支持。其余7个景区分别获得50万元资金支持，共计1910万元。

【加大宣传力度，拓展旅游客源市场】 一是开展旅游宣传推介。以召开2013年中国国际百里杜鹃花节为契机，宣传推介毕节市以百里杜鹃、织金洞、慕俄格古城为核心的重点旅游产品和旅游线路，组织完成穗、渝、成、筑、昆五个城市杜鹃花节新闻发布会和室外市民广场推介会。组织全市旅游行业各单位参加2013中国国内旅交会，设计搭建全市200平方米特装展台，并指导参展单位做好门票优惠政策、线路报价、资料印制、民族风情展演等工作，期间大方县、金沙县、织金县、赫章县政府领导分别与投资商就支嘎阿鲁湖、阿西里西等“5个100项目”中涉及毕节市的4个项目分别与投资商签约。旅交会期间，代表团共计发放旅游服务指南、宣传光碟、宣传折页等各类资料近10万份，接受咨询万余次。组织完成“‘多彩贵州·花海毕节’2013避暑季、秋季旅游宣传推介暨机场航线发布会”，活动赴北京、上海、广州三个城市，发放资料1万余份，广之旅、春秋国旅、中国国际旅行社总社、中国旅行社总社有限公司等300余家旅行社参加了推介活动。在北京、上海、广州航线首航之际配合机场公司邀请三地共30余家旅行社代表赴毕节市查勘旅游线路，并做好各项接待工作。组织市内旅游企业参加第十七届中国重庆都市旅游节暨第五届城际旅游交易会、2013第十八届中国北方旅游交易会、2013中国（广东）国际旅游产业博览会、2013中国国际旅游交易会等各类旅游展会，全方位推介本市旅游产品。二是开展各类媒体宣传报道。利用新华社、东方卫视、广东电视台、新浪网、腾讯网、网易新闻中心、重庆晨报、成都商报、华西都市报、云南电视台、重庆电视台、成都电视台、遵义电视台，安顺电视台、六盘水电视台，贵阳电视台等电视、报刊媒体、车身广告及互联网平台，在旅游促销客源地对毕节市旅游资源和旅游产品进行综合性的宣传报道和广告促销，提高了毕节旅游的知名度和美誉度。不断完善、更新毕节旅游信息网，维护网站日常建设，网站访问量已达到300万人次以上。加强网络新媒体在旅游宣传推介工作中的应用，组织专业播音人员录制全市旅游宣传录音上传至省旅游局公共微信平台。

【旅游行业监管】 一是旅游质量规范管理常规工作有序开展。新增旅行社1家、分社3家、旅行社营业部1家。督促指导各县区完成星级饭店、旅行社、A级景区2012年年报及季度数据填报。完成2012年度旅行社业务考核、星级饭店复核检查，启动2013年度旅行社业务考核、星级饭店复核检查。二是推进旅游安全和旅游市场秩序监管工作。根据省、市有关安全生产会议和市场治理整顿的精神要求，安排部署“两节”“两会”、清明、五一、端午、中秋小长假和国庆“黄金周”旅游安全监管、旅游市场秩序治理等工作。结合“集中开展安全大检查”和两次“市场检查周”活动，组织全市旅游行业开展旅游安全检查和市场秩序整顿工作，集中力量对全市A级景区（含全省“5个100工程”中“100个旅游景区建设”所涉及的毕节市9个旅游景区）开发建设情况、三星级以上饭店服务质量进行检查，对全市旅行社经营情况进行抽查，指导旅行社签订规范的旅游合同。受理旅游投诉，及时纠正旅行社违规经营行为，处理、转办旅游投诉2起。三是结合“多彩贵州文明行动”开展行业创建相关工作。按照省、市有关要求，组织旅游行业参加青年文明号、“最美导游”等创建和评选工作，完成国家级及省级青年文明号推荐工作和“最美导游”筛选上报工作。组织参加全省饭店服务技能大赛，获组织奖。组织参加全省“导游两赛”（星级导游大赛和导游词美文大赛），以赛代练、以赛代训，培养了一批星级导游员。四是开展行业宣传、净化旅游市场环境。利用参加“3·15”消费者权益保障活动宣传和组织全市旅游行业开展“5·19”中国旅游日大型宣传活动和每年两次“市场检查周”的机会，向市民、旅游企业进行“文明旅游、理性消费”宣传咨询。

【加强旅游行业人才队伍培训】 举办《旅游法》学习宣传贯彻培训班，组织全市旅游行业学习宣贯《旅游法》，做好《旅游法》各项执法准备工作，全面加强依法治旅、依法兴旅工作水平。组织、指导各县区举办行业培训，提升酒店、乡村旅游经营点从业人员服务能力。

【同步小康驻村帮扶工作】 一是走访了解民情。坚持全面走访和重点走访相结合的方式，开展走访活动，对贫困户、五保户、计生户、上访户、“空巢老人”户、“留守儿童”户等特殊群体进行重点串门，2013年，本局驻村工作组三名成员驻村开展工作250余天，参加新仁乡工作队18次驻村工作例会。二是宣传党的路线、方针、政策，帮助乡党委、政府分忧解难，帮助各帮扶村办理实事。根据市委开展“讲、访、帮、促”活动要求，整理宣讲提纲，召开群众大会4次，深入宣讲党的十八大精神、胡锦涛主席视察毕节时的重要讲话精神、省委十一届二次全会精神、美丽乡村建设和《深入推进毕节试验区改革发展规划（2013—2020年）》精神。市旅游驻村小组在宣讲时运用发放宣传资料，旅游特色小礼品抽奖问答等多种群众喜闻乐见的灵活形式，用通俗易懂的语言开展宣讲，增强宣讲的针对性和实效性。活动发放宣讲资料200余份，各类小礼品100余份，悬挂和漆写各类宣传标语10余条。在2013年春节期间，驻村工作组赴化屋开展十八大精神宣讲和“两节”慰问活动，发放粮食500余公斤、食用油300余公斤、十八大宣讲资料300余份。三是帮助改善基础设施条件。结合实际、发挥优势，积极与各级各有关部门联系，努力争取、落实水、电、路的相关项目或资金，帮助各村改善基础设施条件。通过不断的协调和争取，正在实施项目1个，与移民局拟投资10万元在化屋村实施人畜饮水工程；待实施项目1个，拟投资10万在化屋村修建通组路。帮助该村调整农业产业结构。与工作队一起协助乡党委、政府在全乡实施3000亩核桃种植扶贫项目。帮助实施“两个”硬化工程。工作组积极参与了连户路、院坝硬化复查、宣传及技术指导等工作。截至11月6日，化屋村45户1838平方米的院坝硬化和688米的道路硬化“两个硬化”工程已顺利完工。

（撰稿　王　云）

交通·邮电

交 通

【概述】 2013年，全市交通运输工作，坚持“科学发展、稳中求进、奋力后发赶超”的总要求，紧紧围绕“加快推进交通基础设施建设，加快推进路网结构优化，加快推进综合运输体系建设”的工作思路，顽强拼搏，负重提速，圆满完成了市政府和省交通运输厅下达的年度各项目标任务。

【交通基础设施】 截至2013年底，全市通达里程为28332公里，其中：高速路275公里，一级路46公里，二级路645公里，三级路1550公里，四级路13730公里，等外级12085公里。全年交通固定资产完成投资123.62亿元，占全省交通固定资产投资总额的14.4%。一是高速公路建设推进态势强劲。在建高速公路项目建设取得重大进展，毕节至威宁、黔西至织金高速公路建成通车运营，厦蓉高速公路清镇至织金段、织金至纳雍段、毕节至生机段、杭瑞高速毕节至都格段、黔西至大方高速公路石板至东关段、贵阳至黔西等项目快速推进。织金至普定、毕节至二龙关（黔滇界）、黔西至白腊坎、黔西至息烽、六盘水至威宁至昭通、纳雍至六枝等高速公路前期工作有序推进，全年完成高速公路建设投资108.3亿元。二是国省干线改造和农村公路建设步伐加快。完成国省道改造投资2.85亿元，金沙县G326新民桥至楠木渡、黔西县G321朱家寨至驮煤河全面完工；建成通村沥青（水泥）路1743.5公里，累计完成投资11亿元；县乡道改造、安保、危桥、大中修等其他农村公路项目累计完成投资2.44亿元。三是汽车场站、水运等基础设施建设取得新进展。威宁县凤山客运站、大方县汽车站、织金县汽车南站、金沙县客运站等4个县级客运站已全面开工建设；建成乡镇客运站9个、农村客运招呼站1068个，纳雍县阳场货运站已全面完工，完成渡口改造11道。

【行业管理】 多措并举抓行业管理，交通运输服务能力显著提高。一是运输服务保障体系逐步完善。按照省交通运输厅道路旅客运输安全生产“五严禁”的总体要求和“疏堵并进、以打开路、以疏为主、标本兼治”的工作思路，继续加强对道路运输市场秩序整顿，有效打击非法营运活动，全年共检查车辆20余万辆次，查处违法违章车辆4214辆，切实维护了道路运输市场秩序。二是安全生产持续稳定好转。以“道路客运安全年”、“道路交通安全百日整顿专项行动”、“安全生产年”等活动为载体，以开展交通运输企业安全生产标准化达标考核工作为契机，切实加强安全生产基础建设。深入开展以道路客运、农村公路、“四客一危”船舶和工程建设为重点的安全隐患排查整治工作，有效遏制了重特大事故发生。全年发生道路运输安全事故7起，死亡11人，与上年同期相比事故起数降57%，死亡人数下降22%，顺利实现了“双降”目标，水上交通连续6年无安全事故发生。三是路政管理进一步加强。路政执法力度进一步加大，公路超限治理工作得到强化，“三乱”治理成果进一步巩固，严格查处路政违法侵权案件，全年共查处路政违法侵权案件147件，清除堆积物2054处19589

平方米，制止违法建筑767平方米，拆除违法建筑159.6平方米，检测车辆23.38万辆，卸载44辆，卸载货物133吨，收取公路赔（补）偿费1587万元，全市恶性超限运输比例降到3.5%以下，有效地打击了侵害路产路权的违法行为。四是农村公路管理养护机制进一步完善。按照市政府下发的《毕节市村道泥路养护管理办法（试行）》要求，筹集资金2000万元对全市16745公里村道泥路进行维修，维修结束后，全部交由村委会进行管养，并签订了管养协议。乡公路好路率达到60%。

【运输市场】 以公路运输为重点，大力拓展运输市场，完善客货运输体系，促进运输业快速健康发展。全年完成道路运输客运量8619万人，客运周转量51.8亿人公里，同比分别增6.7%和22.1%；货运量5767万吨，货运周转量52.2亿吨公里，同比分别增16.2%和9.7%；完成水路运输客运量133.36万人，旅客周转量2678.4万人公里，货运量2.95万吨，货运周转量221.25万吨公里。深入贯彻落实“城市公交优先发展”战略，大力发展城市公交。市政府批复实施了《毕节市中心城区城市公共交通专项规划》，全市公交线路在2012年26条的基础上增加到31条，新增公交车68辆、出租汽车87辆，有效缓解了城市居民出行难、打车难的问题，查处非法运营车辆1244辆，切实维护了合法经营者的权益。

【党风廉政建设】 认真贯彻落实中央“八项规定”和省委、市委“十项规定”的要求，严格执行全省交通运输系统工程建设领域“十个严禁”和行业管理“五个不准”，组织交通运输系统干部职工参加全省交通运输系统党风廉政建设培训班和市第二纪工委组织的警示教育活动，广泛开展交通运输行业核心价值体系学习实践教育活动，推进交通运输行业核心价值体系建设。结合“十破十立”大讨论活动的开展，围绕交通运输系统存在的突出问题作了细致的调研，组织撰写《毕节市道路运输“打非治违”现状调查报告》《毕节市道路运输安全工作情况调查报告》《毕节市农村公路管养工作调查报告》《毕节市通村公路桥梁建设调研报告》《毕节市通村公路桥梁建设统筹资金使用情况调研报告》《我市城市公共客运交通现状的调研》等调研报告，《毕节日报》予以全文刊载。

（撰稿　刘　江）

公路管理

【概述】 2013年，毕节公路管理局围绕全省“三化同步”的主基调和毕节市经济社会发展的“四大战略”，围绕全局公路养护与管理各项目标任务，积极落实省厅、局及毕节市委、市政府的安排部署，着力固本强基，推进改革创新管理，加速发展方式转型，改进和深化党的建设和党风廉政建设，顺利完成全年的各项目标任务。全年管养国省干线公路1572.1公里，累计完成养护投资和固定资产投资3.5亿元。

【公路养护与管理】 一是公路养护。始终坚持“养护优先”理念，1. 按照养护精细、管理精心、工程精品、服务精良、应急精锐、信息精准的“六精”养护管理新理念，完成路况优良率62.9%，差路率0.12%。2. 全力加强桥梁隧道养护工作。进一步加强桥、隧等构造物的养护，地质灾害防治及安保设施维护工作，按照交通运输部《公路桥梁养护管理工作制度》及《贵州省公路桥梁养护管理工作实施细则》认真抓落实，重点加强对特大桥梁的监控管理。3. 加大力度开展预防性养护工作。全年投入预防性养护资金618万余元，预防性养护里程120.66公里，占养护里程（1520.376公里）的7.94%。4. 加强公路沿线绿化管理。投资120万元加强对绿化苗木的日常管护，及时进行浇水、整形修剪、防治病虫、清除杂草等抚育管理工作。积极宣传公路绿化的有关政策、法规，防止人畜破坏，充分发挥和保持公路绿化的作用和效果。5. 及时开展水毁除险抢修工作。是年发生水毁清除坍方24910.7立方米，水毁路基土石方18936.7立方米，水毁沥青路面8877.9平方米，水毁挡墙5650.5立方米，共投入水毁抢修资金616.95万元。其中，单项工程费用超过5万元的水毁抢修工程为493.48万元，零星水毁工程费用123.47万元。6. 加强交通战备工作。组织交通战备保障队伍各类训（演）练9批次，出动人员300人次，出动运输车辆及各类设备100台。7.“四化段”建设取得重大进展。威宁公路管理段顺利完成“四化管理评价指标体系”建设目标，通过省公路局达标验收。二是路政管理。1. 加强路政执法规范化建设。严格规范自由裁量权行为，及时查处违规违纪行为，推动执法规范化建设深入开展。2. 加强队伍建设，组织路政及治超人员参加省交通厅、省公路局组织的交通行政执法培训学习。3. 坚持超限必须卸载放行原则。立案查处行政处罚案件293起、结案293起，办理行政许可案件193起、办理行政强制案件35起、办理赔（补）偿506起；开展事故救援752起，出动救援车648车/次。

【公路建设】 一是国省道提等升级改造项目按计划推进。G326线、S307线共11段382公里完成工可评审及批复、勘察设计招标、勘察设计外业验收、初步设计评审工作，其中G326线威宁鸭子塘至黑石头公路、G326线威宁黑石头至杉木箐公路已启动施工、监理招标工作。二是完成S212线赫章至红花岭段40公里省道改造收尾工作及交工验收。三是油路大中修工程及新改建工程顺利实施。1. 完成大修工程63公里，投资10624.1万元。其中，S307线41公里、S102线7公里、S211线15公里。2. 完成油路中修58公里，投资1717万元。3. 黔中水利枢纽库区淹没路桥复建工程X019线和X760线累计完成投资18519万元，占预算总投资的120%。

【科技运用与创新】 坚持公路建设、养护、公路科技创新，不断加大科技投入，引进了一批科技含量高的新设备、新材料和新技术，并积极用于公路养护生产，使各工程项目的施工进度、质量、工期等得到有效的保障，从而确保各工程项目施工任务的顺利完成。新设备方面，引进了三一重工（SMP90EC）摊铺机和德国悍马（3625HT）型压路机及ETC智能压实控制系统。新材料方面，首次引进橡胶改性沥青在S307纳水线大修工程中使用，橡胶沥青混合料进行面层摊铺效果显著，比其他类型沥青更稳定，油面寿命更长。新技术方面，成功将冷再生机泡沫沥青系统应用于贵新线公路沥青混凝土面层维修，也是我省首次进行泡沫沥青基层再生施工，为今后改进公路养护工艺、提高养护效率积累了宝贵的实践经验。

【安全生产管理】 加强安全生产宣传教育，提高安全生产意识。通过组织全局职工开展“道路交通安全百日整顿行动”“安全生产月”“毕节市‘安康杯’安全生产有奖知识竞赛”等安全生产专项活动；组织一线职工、农民工开展安全知识培训活动，联合贵州省交通技师学院局办安全生产管理培训班，共培训约500人次。启动了贵毕公路的超限运输流动稽查工作，与交警部门形成隐患排查治理联动机制，加强工程项目施工现场交通安全秩序管理和特殊敏感时期的专项整治，有效遏制了贵毕公路交通事故频发的态势。

【局属企业发展】 1. 工程处（融达公司）年度中标项目达8.2亿元，以“银政企”合作模式承揽全市通村公路建设项目可望实现，项目总金额达40亿元，已与市交通运输局、贵州银行、各县区政府签订《四方协议》。全年完成总产值5.6亿元；业务多元化发展格局初显，完成融达鑫源房开公司注册、证照资质办理工作，房地产业务进展顺利。2. 机械处完成了S307线纳雍至丰家垭口段41公里路面大修工程及地质灾害工程；完成中修工程45公里；完成基层再生施工56.44公里，全年完成产值约1亿元。

【机关建设】 认真学习党的十八大及十八届三中全会精神及省第十一次党代会精神，加强人才队伍建设和党风廉政建设。一是重点抓“十破十立”大讨论活动，结合工作抓重点、聚焦核心查问题、突出中心工作，抓措施跟进；认真开展党建扶贫工作，为“集团帮扶”“美丽乡村”“五园新村”建设提供13.2万元帮扶资金，为帮扶村修建了温室大棚和蓄水池。是加强支部堡垒建设。二是深化“五好”基层党组织创建，推进“五型”党组织建设。获市直机关表彰“五好”基层党组织1个、市直机关党委优秀党员1名。公路工程处甘晓毅获“全国公路系统优秀政工干部”荣誉称号；织金公路管理段职工高平入选全国“最美交通人”和“最美养路工”。三是加强干部队伍建设。组织各类人员培训886人次，超额完成培训指标；搞好招聘安置工作，招聘大学生18人，安置退伍士兵9人。

（撰稿　吴有福）

铁路项目建设

【概述】 2013年，毕节铁路项目建设工作认真贯彻市委、市政府和市铁路建设指挥部关于“加大铁路建设力度，构建川滇黔渝四省市结合部的交通枢纽”的指示精神，抢抓《国务院办公厅关于同意深入推进毕节试验区改革发展规划的函》（国办函〔2013〕35号）出台及国家优先建设中西部和贫困地区铁路及相关设施的历史机遇，全面统筹项目争取、征地征收、施工协调、资金筹集等各项工作。截至年底，织金至毕节、织金至纳雍、林歹至织金铁路征地征收和项目施工顺利推进，成都至贵阳铁路乐山至贵阳段控制性工程开工建设，毕节至叙永、纳雍至六盘水铁路及昭通至黔江铁路威宁至遵义段项目前期工作有序开展。铁路通车里程达231公里，在建里程180.7公里，新开工里程117公里，全年完成投资21亿元。

【成都至贵阳铁路乐山至贵阳段开工建设】 根据原铁道部2013年勘察设计计划，成贵公司、中铁二院开展及时开展成都至贵阳铁路乐山至贵阳段调整初步设计修编、施工图设计、工程变更环境影响评价相关工作；毕节市人民政府及时安排市、县区铁路建设指挥部、铁路建设办公室开展征地拆迁费用包干摸底调查测算及征地拆迁工作方案制定，对沿线实物现状进行有力监控。项目初步设计于2013年8月中旬获中国铁路总公司批复；站前工程施工及监理招投标于2013年11月底结束；2013年12月份施工队伍进场，成都至贵阳铁路乐山至贵阳段实质性开工建设。

【织金至毕节、织金至纳雍铁路建设工作快速推进】 1.征地征收工作。市、县区铁路建设协调机构加强向贵州省铁路建设办公室的工作汇报，加强与成都铁路局贵阳指挥部（黄织铁路公司）的沟通交流，及时协调研究解决新增附作物标准认定、取弃土场包干单价测算、征地征收资金缺口等问题；依据征地征收实施方案，严格进行丈量、资料审核、协议签订、资料公示、资金兑付，切实加快安置点选址建设；施工单位与涉建县区铁路建设办公室加强合作，按照“主攻控制性工程用地、以点带面、全面突破”的工作思路推进征地征收工作，保障了征地征收工作顺利推进。2.项目工程施工。经过沟通协调，配合解决炮损、涉农设施损毁、施工现场抢煤、施工用电不足等各种临时突发问题，工程施工顺利推进。两项目年内完成总投资15亿元，其中织金至毕节铁路完成8.5亿元，织金至纳雍铁路完成6.5亿元。

【林歹至织金铁路年内投资计划如期完成】 市、县区铁路建设协调机构适时跟进林歹至织金铁路建设进度，协调妥善解决征地征收及施工相关问题，项目年内6亿元投资计划如期完成，累计完成投资10亿元。

【规划项目前期工作不断推进】 一是毕节至叙永铁路。在贵州省铁路建设办公室、成都铁路局的支持帮助下，原铁道部将毕节至叙永铁路列入2013年勘察设计计划；中铁二院及时启动项目预可行性研究相关工作；项目涉及省份完成了线路走向及出资方案进行研究和比较。二是纳雍至六盘水铁路。贵州省铁路建设办公室将该项目列入贵州省铁路大会战方案，中铁二院在原有预可行性研究报告方案的基础上对线路走向、技术标准及时进行研究和比较，前期工作有序进行。三是昭通至黔江铁路。中铁二院加快勘察设计工作，及时完成毕节境内预可行性研究报告修编工作；项目沿线市州密切合作，争取涉及省份共同协调铁路总公司、交通运输部国家铁路局支持恢复项目前期工作。项目列为贵州省铁路大会战攻坚项目。四是其他项目。《国务院办公厅关于同意深入推进毕节试验区改革发展规划的函》（国办函〔2013〕35号）提出支持的毕节至纳雍、贵阳经六盘水至毕节城际轨道交通、城市轻轨、重点矿（园）区专用（支线）铁路等项目，贵州省铁路建设办公室、成都铁路局表示支持，待时机成熟适时启动前期工作。

【圆满完成资金筹集及出资任务】 一是黄织铁路公司及时就织金至毕节、织金至纳雍铁路毕节市垫付资金及征地征收投入进行验工计价，计入毕节市资本金出资。市人民政府、市铁路建设指挥部充分整合市级财政铁路建设专项资金、县区交缴的铁路建设资本金及铁投公司注册资本金，如期完成2013年毕节市资本金出资任务。二是市铁路开发建设投资有限公司创新股权融资模式，通过“华能信托·毕节铁投股权投资集合资金信托计划”成功融入铁路建设资金3亿元。三是织金县、纳雍县和百里杜鹃管委会2013年上缴铁路建设资本金3787万元，进一步为铁路项目建设提供了资金保障。

【铁路产业前期工作稳步推进】 市铁路开发建设投资有限公司加强与贵铁物流有限公司的

合作，年内完成了贵州同心铁路物流有限责任公司工商注册、办公场所租赁、人员派驻及内部管理制度建立等相关工作，铁路产业发展稳步推进。

【铁路建设资金安全高效运作】 毕节市铁路建设资金管理严格落实市人民政府批准执行的《毕节市铁路建设专项资金管理办法》，对铁路建设专项资金实行“专户储存、专账核算、专款专用”，对划拨涉建县区的征地征收补偿资金实行零余额账户管理下的集中支付。同时，主动争取市纪委成立织毕织金至纳雍铁路项目监督特派组，加强对铁路项目建设资金使用、管理的监督指导，保障了铁路建设资金安全高效运作。

（撰稿　李大庆）

邮　政

【概述】 2013年，毕节市邮政局在履行好邮政普遍服务的基础上，积极融入地方经济社会发展，强化经营管理，奋力开拓市场，圆满完成年度各项目标任务，企业总体呈现出“发展提速，管理提质，效益提升，后劲增强”的良好势头。是年，毕节市邮政局完成业务收入1.73亿元，完成年计划的100.1%，同比增24.0%，增幅列全省邮政第3位，收入增幅高出全省邮政平均增幅3.9个百分点。业务总量达到15734.8万元，同比增21%。

【发展活力进一步增强】 结合业务发展情况和市场形势，及时对各阶段业务发展激励政策进行调整，创新经营考核模式，充分调动全市各级邮政企业的积极性。试点启动网点转型工作，促进网点向标准化、流程化、精细化的经营管理方式转变。实施包件散化处理工作，有效减少了封发和开拆环节，邮件处理效率得到提高。组建“毕节邮政函件直邮营销团队”和“毕节邮政集邮专业营销团队”，对全市函件和集邮经理实行动态管理。对内部机构进行改革，将党群工作部与纪检监察室合署办公。

【运行效益进一步提高】 强化财务管理。加强成本费用管控，严格执行报账管理规定，严格审核报销凭证金额及事项，确保各项费用支出得到合理控制。对搬运费、业务单册请领进行了严格规范，从细节入手，狠抓财务基础管理。进一步压缩“三公经费”。严格各项业务资金管理和欠费管理。对全市支局房屋进行认真清理，有效盘活固定资产。加强对邮政企业财务管控指标的控制和分析，努力提高有效收入占比。强化人力资源管理。通过岗位分析，对企业内部的人力资源进行了充分开发、盘活，优化用工配置。对全市委代办人员进行全面清理，进一步规范用工管理。加强队伍建设，对部分经营单位和专业局领导班子进行了调整和补充。加大了干部交流力度，有8名后备干部分别走上副科级领导岗位和助理岗位。开展劳务工转聘，16名劳务工转为B类工，2名B类工转为A类工。持续推进培训工作，全年累计举办集中培训18期，远程培训9期，培训3210人次，覆盖企业各岗位序列人员。强化安全管理。全面开展安全生产大检查，切实加强邮件安全、资金安全、车辆安全和人身安全管理。加强对各类业务资金的管控，并针对薄弱环节，强化整改落实，完善管理制度，严防资金案件发生。强化服务质量管理。将提升用户满意度和邮件全程时限管理作为服务质量监督检查的重点，全面推进规范化服务，同时有针对性地加强对服务质量的检查力度，及时解决服务工作中存在的问题。认真做好邮件收寄验视工作，严防违禁物品进入邮政渠道。组织开展投递规范化管理大整治活动，全市投递服务质量进一步得到改善。建立健全机要通信运行应急保障工作机制，确保机要通信在特殊时期和特殊情况下，安全畅通、准确无误、万无一失，机要通信连续26年保持质量全红。

【服务能力持续提升】 进一步优化投资结构，按照“突出重点、注重效益”的原则，集中有限资金，加大建设支撑力度，保证重点业务发展。全年实施了27个支局网点装修改造建设项目，其他基建项目43个，进一步改善了用邮环境。按照省公司部署，启动了全市网络扩容改造工程、排队机改造工程和信息机房改造工程，对金融系统、邮务类系统以及ATM前置系统等进行升级改造。全面完成四类库改造工程，更新、购置了部分安防设施和生产设备，新增运钞车5辆，电动投递车21辆，邮运车1辆。全年总投入建设资金2428万元，与上年同比增161.65%。依靠网络和品牌优势，毕节邮政服务“三农”、服务地方经济的能力提升。是年，毕节市邮政局新增“三农”

服务站10个，“三农”服务站总数达到66个；新增代售火车票网点6个，代售火车票网点总数达到12个，同时，全市所有邮政网点均可受理代售飞机票业务。

【党风廉政建设深入推进】 以认真学习《党章》、学习贯彻党的十八大、十八届三中全会精神和习近平总书记系列重要讲话精神、加强作风建设为主要内容，开展全市邮政党风廉政建设宣传教育活动，加强领导干部的政治理论教育，提高广大党员特别是领导干部对党风廉政建设重要性的认识，提高廉洁从业的自觉性。深入贯彻落实“三重一大”决策制度，制订下发《毕节市邮政局“三重一大”决策制度实施办法》，进一步规范决策行为，提高决策水平，防范决策风险，促进廉洁从业。在全市邮政组织开展了“转作风、强纪律、重执行”活动、“解放思想‘十破十立’大讨论”活动，以实践活动为载体，持续推进作风转变，规范工作程序，严明工作纪律，着力营造清正廉洁、为民务实的良好氛围。

【和谐企业建设呈现新局面】 持续推进“职工之家”“职工小家”“投递员之家”等建设工作，尽力改善基层一线员工的生产生活条件，建成“职工之家”8个、“职工小家”13个、“职工书屋”5个、城市“投递员之家”7个，在所有农村代理金融网点开办了职工小食堂。组织开展了“员工愿景调查”活动和“我为企业作贡献，企业发展我受益”征文活动，引导员工将个人愿景与企业愿景达成共识，进一步增强了员工对企业的归属感。深入开展送温暖活动，组织对全市近1500名在岗职工、离退休职工及内退、协议离岗人员进行了健康体检。“两节”期间走访慰问了基层单位一线员工167人，慰问困难职工78人，“六一”期间慰问困难职工子女117户。适时开展了形式多样的文体活动，丰富职工生活，振奋职工精神，增强了企业凝聚力。是年，织金县局被织金县委政府评为“织金县2012年度垂直管理部门目标考核二等奖”并授予奖牌；营业局龙场营邮政支局被七星关区龙场营镇党委政府授予“2012年先进单位”荣誉称号；金沙县邮政局荣获“金沙县十大公共服务行业消费者满意度”总体测评第一名；市公司现业投递部荣获全省邮政“2013年度城市投递服务质量先进投递部”荣誉称号；织金县局以那支局荣获2013年“全国工人先锋号”荣誉称号；毕节市邮政局自2004～2012年连续九年荣获贵州省“守合同、重信用”单位荣誉称号。

（供稿　毕节市邮政局）

电　　信

【概述】 2013年，中国电信毕节分公司以服务试验区经济社会为目标，持续实施“宽带中国·光网城市”的宽带发展战略，开展宽带提速及光纤到户工程，实施“数字毕节”发展策略，推进农村宽带普及工作，实施“春雷行动”等营销活动，实施移动、宽带网络优化和整治，持续提升用户服务满意度，做好“两会”和党的十八届三中全会等通信保障工作。全年移动用户新增20多万户，智能机销售10余万台，宽带业务发展近5万户。

【移动及宽带持续发展，用户价值稳步提升】 移动业务的发展围绕“智能终端销售”进行营销组织，有什么样的终端就配套什么样的营销政策，由终端带动业务发展。重点在“千元智能机”销售上下功夫，包装了“599档”“799档”“990档”等入门级智能机礼包进行促销。同时，与国际、国内各大手机品牌商家建立了深入的合作关系，将更先进、更潮、性价比更好的手机提供给用户，让用户切实能感受到物有所值，“卓越天翼”更加深入用户获得良好口碑。一是开展“家庭通信节约计划”，结合家庭用户需求，对公众客户家庭全家通信进行包装，推出“宽带1590礼包”，将全家人的手机通信、固话通信、宽带通信进行打包，更优惠向用户提供，降低家庭通信消费总支付。在城市和农村区域提供更丰富的产品供用户选择，推出800元包年、500元包年单宽带营销政策，让利于民并丰富用户多样化选择。对宽带用户进行普遍提速，将原来的1M、1.5M用户提速为2M，原来的2M～4M区域，根据资源达到情况，有条件提速为6M，进一步提升用户感知。开展“点亮光小区”活动，城市不同小区用户在指定的网站上集中点亮本小区，则本小区的光纤建设将首先部署，通过该活动，更加集中了有限的建设资源，同时也充分体现了“用心服务 服务至上”的服务理念。二是针对老用户开展维系工作，充分体现“越用越优惠”，组织了多波次的老用户维系工作计划，跟踪电子渠道积分兑换活动。逐月开展存费换机、存费送费、宽带续费打折、送使用时长等维系活动，还组织俱乐部会员参加“放飞心情、畅游花海”1日游活动，参加“翼起成长，激情夏令营”3日游活动，参加“罗大伦博士主讲的《教你如何养生》”讲座活动，组织“业余网球挑战赛预选”活动及举办“观影”活动。

【加大城乡渠道网点建设，用户服务交费更加便利】 以“渠道建设年”为契机，发力城市和农村渠道建设。在建新店的同时，更加关注店面的生存能力，建养结合，打造渠道良性生态，从人员配置、流程优化、体制机制创新、资源等方面全面优化和提升渠道运营管理能力，有效锻造了一支会运营、懂管理的渠道运营支撑团队。改革农村支局建设模式，实施支局收入承包，开展支局划小和乡镇自有营业厅划小工作，强调投入与产出关系，合理利用有限资源，开展农村门店星级评定工作，发放相关奖励，提高代理商积极性，推动农村标准化专营店建设。通过建立和完善流量辅导体系，建成3G辅导站300多个，对新入网用户短信辅导5万多人次，推送流量剩余提醒达10多万人次，使用户流量消费更加明白清楚。

【拓展政企行业应用，服务地方和行业经济】 成功签约毕节市“智能交通”、百里杜鹃路口“智通交通”等项目，与共青团毕节市委、双山新区管理委员会签订办公自动化系统及其移动办公OA系统项目合同。完成七星关区天网工程、金沙天网工程、威宁天网工程、赫章天网工程部分，共计3675个监控点，130个报警点建设，已经正式交付使用，为提升数字毕节迈出了重要一步，提供了信息化发展复制模板。为全面落实烟草信息化应用提升，对全市卷烟零售户订烟实现网上、手机订烟，开发了网上订烟、手机订烟信息化系统，为毕节山区的卷烟零售户提供了优质便宜的服务。实现全市纳税户网上报税系统开放，利用手机即可实现网上报税，方便纳税户纳税申报。积极与市社保局进行对接，参与建设全市社保（医保刷卡）联网，实现了全市各区县社保及其医保系统联网使用，积极参与政府办公自动化及其移动办公OA建设。积极拓展翼机通业务在校园、企业的发展，一张手机卡实现通信、门禁、考勤、消费、会议签到、车辆出入管理等多种功能，方便学生和老师工作、生活。同时可以将3G应用、短信互动与学校的现代化管理紧密结合。开发了警务E通、审计E通、工商E通、司法E通、金融E通、天翼对讲、翼机通等信息化应用系统，并积极配合平台搭建工作，为实现数字毕节而不懈努力。

【加强网络覆盖和优化，网络建维能力持续提高】 改造投诉重灾区ADSL区域，新增的宽带能力全面采用FTTH建设模式，宽带端口能力和FTTH端口能力大幅提升，完全能够满足各区域宽带用户的需求。加强城区及重要区域DO网络深度覆盖，有效解决有市场潜力区域的弱覆盖，有力地支撑了移动业务及3G智能手机的发展。启动城区移动网络优化工程，解决城区部分区域在3G覆盖率、DO数据连接成功率、FTP下行优良比方面比较弱的问题。全年完成36个新建站点的建设，网络有效覆盖率提升到76%；新建室内分布系统11个；完成97个基站的插板升级，EVDO基站联通传输改造24个，扩容BSC 2个，DO载波扩容83个，1X载波扩容35个，DO共站比提升到95%；建设厦蓉、杭瑞、毕威等高速路C网室外基站12个、隧道室分22个，有效提升了交通要道客户的感知；积极开展WLAN分流3G流量建设和优化，完成大中专院校、五星级酒店、机场等11个热点区域建设工作。在通信设施共建共享工作方面，全年实现共享铁塔1座，传输杆路189公里，基站机房7个，基站供电17处，室分系统1个，节约投资300多万元。驻地网联合建设方面，与联通、移动达成14个小区联合建设，其中电信承建7个，移动承建4个，联通3个，全部采用FTTH建设模式，节约投资200余万元。经过持续近3年的宽带网优，宽带接入层以上基本无拥塞现象，实现G/EPON FTTH客户现场零配置，并优化业务开通流程，宽带装维服务能力得到提升。以降低断站率为目标投入200多万元开展无线网综合整治。加强基础管理，开展网络整治，保障网络安全，成功完成了“两会”和党的十八届三中全会等各类通信保障工作。

【着力服务短板整治，提升服务投诉处理能力】 在集团公司“提升客户忠诚度、提升客户满意度”两个提升战略指引下，全年从专项服务提升、整治热点问题、提升基础服务、完善服务体系等方面，明思路、梳体系、建制度、立标准、找短板、定措施、促整改，不断提升客户服务水平，客户投诉处理及时率 >99%，客户投诉率 <2.4‰。一是重点督办基础管理，集中提升关键服务项目，制定客户投诉目标管控制度，夯实基础服务管理，加大服务问题考核、整改和责任追究力度。做好产品（业务）上线前的客户感知体验和服务风险防范，推行嵌入式服务前置审核管理。开展“多彩贵州文明行动”专项活动，提升服务水平，提高客户满意度，展现电信文明、优质服务美好形象。二是深入开展“为民服务、创先争优”活动，扎实推进并兑现“五个一”服务承诺，实现“三争创、三提升、一满意”目标。公开承诺并实现“一张账单明白消费”“一键接入便捷沟通”“一站服务首问负责”“一点查询自主订退”“一声提醒温馨关怀”等“五个一”服务承诺。让客户享受“装得放心、用得开心、修得省心、续得舒心、宽带宽心”的五心服务。三是以“3.15”消费者权益日及十八大会议期间通信保障为契机，开展服务短板整治，特别是对 2012 年度企业服务等级评定短板进行整治。积极向本地消协、纠风办等政府主管部门沟通工作情况，联络社会媒体正视和解决用户反馈的问题，切实履行社会服务责任，接受用户、媒体及行政管理部门监督管理。

【优化机制体制创新，支撑保障形成合力】 成立业务管控、业务稽核和业务支撑小组，加强业务管理工作，对靓号管理、业务受理、业务操作等加大了稽核力度，对带宽型业务的开通、停机、复机、拆机、改机和移机流程进行优化，细化完善了《宽带业务零拒绝流程》。一是开展“营改增”水电表户名过户等相关工作，按省公司统一安排部署完成本地网基础工作目标；启动实施全市自有合作厅的整体外包工作，实施划小数据优化、店长责任制落实和一店多商入驻；划设 49 个片区支局，建立支局长薪酬体系，积极开展支局划小工作。二是加强领导班子和人才队伍建设，推动干部队伍年轻化，县区分公司班子实行准年薪制，与现代企业制度逐步接轨。运用战略解码工具推进取消系数，做到员工绩效收入与付出和贡献关联。引入民营化激励机制，试行农村收入承包，下发员工脱产开办电信业务代理管理办法。三是抓好党建和企业文化工作，落实党风廉政建设责任制，开展反腐和预防职务犯罪教育和廉洁知识答题活动，积极开展党的群众路线教育实践活动，加强“四风”突出问题整改。认真开展效能监察工作，抓好信访维稳工作。四是 2013 年赫章分公司党支部被赫章县委授予“县级‘五好’基层党组织”称号，公司机关党委被市直机关工委授予“‘五好’基层党组织”称号。

（撰稿　沈　勇）

移　动

【以优质服务促增长，助力地方经济发展】 2013 年，毕节移动分公司严格执行前台营业员及客户经理的准入机制，严把人才关，细化 21 项客户感知要素提升措施，启动满意度联动压力传递机制，不断提升用户满意度。2013 年第一期客户满意度测评成绩排名全省第一，集团公司满意度测评集团客户满意度全省排名第二。截至 2013 年 11 月，公司不含 0 ~ 5 元通信用户达到 300 余万户，移动电话普及率达 48%，全年营业税纳税金额达 5000 余元。

【强化渠道建设，解决地方就业促发展】 2013 年，毕节移动分公司不断加强渠道建设，积极推进引商入柜，完成了全市 16 个营业厅的引商入柜工作，加快了渠道转型；截至 2013 年 11 月，全区渠道总数为 4028 个，其中实体渠道 1090 个（其中：自营厅 21 个、合作营业厅 415 个、特许店 111 个、特约代理店 543 个，社会直销员 1866 个）实体渠道数量占三家运营商实体渠道总数的 63%，解决近 6000 余人员就业问题。

【创新信息应用，推动地方信息化发展】 在创新成果应用方面，毕节移动分公司继续完善工程管理和工程物资管理系统，并积极推动工程管理系统向贵州省交通厅、毕节市住建局、工能委、电力等单位的商业推广应用；在工程管理系统的基础上，又延伸开发出基站巡检系统和宣传资源管理系统；继续探索移动互联网应用，完成了“贵州省政府领导工作动态”“毕节移动人力资源服务系统”等创新成果的开发应用，并继续完善“一路有我”后端路况信息采集分析系统的研发；完成百管委、黔西、织金、赫章、纳雍的煤矿安全监控及煤矿税务监控项目，提高地方煤矿安全生产、税务管理水平；同时结合公司实际需求，研发“能耗管家”，实现基站电费、油料费的信息化监管。

【以优质网络促提升，加速地方通信发展】 2013年，毕节移动分公司继续加大对基础网络的建设力度，投入建设资金5.2亿元，不断加强基础网络建设，提高网络覆盖能力。新建城区基站65个，城区室外覆盖率由12年的98%提升到99.9%以上；新建高速覆盖基站70个，解决杭瑞、毕威、黔织等新建高速信号覆盖；新建村通基站64个，村通投资累计约30亿元，将自然村覆盖率从95.5%提升到95.95%，农村弱覆盖区域的通信得到进一步加强；新建边际网基站16个，完成了对12个乡镇容量受限和弱覆盖问题；新增612个AP，完成275个村委会、34个小学的行政村WLAN建设工程，行政村WLAN覆盖率增加8.25%；新建801个TD基站，完成城区扩展和部分补盲补弱工作，完成全部236个乡镇中心区域的覆盖，进一步夯实了网络基础，提高了网络覆盖能力和服务能力。

【增强应急通信保障能力，打造安全网络】 毕节移动分公司不断提升应急保障能力，在雪凝灾害、洪涝灾害、抗震及矿难等各类灾害及突发事件中第一时间提供通信保障，有力支援了政府的救灾指挥调度。完成各种大型会议及节日应急通信保障18余次，开通应急车19次，应急电源车1次，总计投入350人次以上，吸收话务量约14894Erl。确保十八届三中全会期间网络与信息实现“零”事故，圆满地完成了“两会”“纳雍麻嘎山体滑坡应急保障”“毕节市第一次运动会应急保障”等重大通信保障任务，很好地履行了中国移动的企业社会责任，多次获省、市、县级政府及上级有关部门的高度评价和表彰，获得巨大的社会效益。

【抓党建工作，切实转变公司工作作风】 毕节移动分公司深入宣传学习和贯彻落实党的十八大会议精神，在深刻领会党的十八大的精神实质下，营造更加浓厚的学习落实贯彻十八大精神的氛围，以“讲信念、守纪律、转作风、做贡献”为主要内容的作风建设活动，下发《毕节分公司2013年转变工作作风实施方案》。从执行、纪律、责任、会风四个方面作为改进工作作风的改进重点，分三个阶段进行了实施，保证了转变工作作风活动取得实实在在的成效。公司还深入开展以“为民务实清廉”为主要内容的党的群众路线教育实践活动，从严、求真、扎实推进教育实践活动的开展，一是“严”字当头，坚持高标准高要求；二是“真”心诚意，征求意见查找问题；三是“实”功实做，解决问题促进工作。毕节移动分公司党委成员先后召开18场座谈会，广泛听取意见建议，将党委成员征集到的各类问题、意见和建议84条进行了通报，各部门根据党委要求，在规定的时间内解决。

【强化精神文明建设，促进公司和谐发展】 毕节移动分公司始终秉承“正德厚生 臻于致善”的企业核心价值理念和“沟通从心开始”的服务理念，上下“同心同德、艰苦创业、团队合作、不畏艰难、勇往直前、开拓进取”，全面推进分公司“同心”文化落地工作，将“拼搏、团队、创新、责任”四大要素作用于公司价值整体链条，助力公司于业务发展，使得“同心文化”逐渐内化于心，外化于行，为2013年毕节分公司创建企业文化示范单位打下了坚实基础。为进一步弘扬传统文化、普及道德规范、宣传道德楷模、引领道德风尚，推进创建全国文明单位工作，开通了毕节分公司“道德讲堂”手机报，辐射全区800余名员工，组织各县公司积极建设“道德讲堂”，现已初步完成两个县公司“道德讲堂”的建设工作。

【深入开展扶贫帮困，彰显企业社会责任】 2013年，毕节移动分公司作为与毕节市放珠镇结队帮扶成员单位之一，认真履行职责，全身心投入到放珠镇同步小康建设工作中。3月，公司驻村工作组人员与镇党委、政府积极推进法桥村环境综合整治“两个硬化”工程建设进程，为确保“两个硬化”工程正常开展，多方协调圆满完成“两个硬化”的工作目标，共发放水泥377吨，砂石1687立方米，除去往年硬化的农户外，今年实施院坝硬化233户，硬化总面积10803平方米，完成连户路硬化11户，共计511米。同时，毕节移动分公司在对法桥村村民的实地走访中了解到了家庭情况比较困难的农户，在春节期间为24户困难户送去大米、食用油等生活用品；在关心困难家庭的同时，公司还持续关注法桥村儿童成长，在3月为法桥村小学每位学生送去一个书包和一个文具盒，9月为法桥村小学每位学生送去一件以上学习用品或生活用品，12月又再次号召公司党员、团员、普通员工进行爱心捐款一万余元，为该校师生购买了180余套校服。

【积极服务地方，致力于企业与社会同发展】 2013年，毕节移动分公司作为贵州公司收入规模、客户规模和网络规模第三大的运营企业，始终坚持“以客户为根、以服务为本”的服务理念，实实在在地站在客户角度，根据客户的需求，不断完善服务手段，不断提升服务能力，努力服务好每一位客户，围绕“质量、服务、安全、品牌、诚信”五种意识，不断强化和完善公司网络质量和服务，同时加强和利益相关方的沟通，获得了客户和利益相关的高度评价。先后被贵州省通信管理局授予贵州省2012年度“农村信息化网络建设暨村村通工程”先进集体荣誉称号；毕节市人民政府授予“2013年度行业单位消防工作责任目标先进”；分公司计划建设部被贵州省总工会授予“工人先锋号”荣誉称号；赫章县公司被贵州省工商行政管理局评为重合同守信用单位；纳雍县公司被贵州省敬老文明号创建活动领导小组授予“敬老文明号”荣誉称号；黔西县公司被贵州省妇女联合会评为贵州省“三八红旗集体”等荣誉。

（撰稿　苟艾华）

联　通

【概述】 2013年，中国联通毕节市分公司以集团公司“四新”“四个攻坚克难”工作要求和省分公司“聚焦规模、双轮驱动、注重有效、转型创新”工作要求为指引，紧扣试验区“加速发展、加快转型、推动跨越”的主基调，坚持把“加快发展”作为第一要务，坚定不移地推进规模效益发展，突破重点、加快转型、强化执行力，全面实施“3G突破、强县突破、体制机制突破”“用户规模、发展有效性双提升”“把加强执行力作为实现三突破两提升的根本保障”的“三二一”工程，持续推进分公司发展再上新台阶。全面完成全年经营目标，总体收入全省排名第四位，同比增幅持续保持40%以上，收入和利润全面完成，业务结构逐步优化，用户发展实现规模有效双突破，经营效益得到优化提升，全年完成新增固定资产投资2.1亿元，企业综合实力持续加强。2013年是毕节联通创新变革、跨越发展的一年，并提前一年实现了“三年翻番”战略目标，主要领域工作取得新进展。

【加快基础设施建设，持续提升支撑保障能力】 是年，中国联通毕节市分公司紧跟试验区经济发展步伐，服务地方经济建设，推进工业化和信息化融合，践行改善民生，全力加快投资建设步伐，全年累计完成建设投资1.6亿元，年度投资完成额和建设规模再创历史新高。无线网建设3G基站379个、2G基站114个，新建传输光缆2869公里、管道34.7管孔公里，新建宽带端口3.8万个、覆盖住户15.2万户。围绕提质、提能、提速、提效，加强网络运维工作，强化运维作业计划执行和考核，加快隐患整治，严防死守确保干线安全，采用滤波器解决质差小区网络干扰，实施数据专业“Q-in-Q”改造，对CATV等新业务发展提供网络支撑保障，网络维护能力大大提升。办公环境改善方面，完成市分公司综合楼主体工程，争取于2014年7月完成搬迁；立项建设大方县、威宁县分公司综合楼工程。

【服务质量和服务水平持续提升】 是年，中国联通毕节市分公司秉承“以客户为中心，以服务为根本”的服务理念，以为用户提供优质通信服务及促进社会和谐为己任，倾力做到“消费请客户放心，服务让社会满意”，深入实施服务窗口“零容忍”计划，围绕“服务维系一体化战略”，积极参与“多彩贵州文明行动”，立足“客户感知”深入推进大服务机制提升，强化对标考核、加强服务监管、微客服体系、提升10010服务能力，推进服务质量显著改善，实现全业务投诉率大幅下降，用户满意度持续提升，全年未发生企业责任案件。建立消费者权益保障监督机构，强化VIP客户专属服务，推进服务提升工作趋向规范化和常态化，SP投诉率大幅下降并杜绝强捆现象，持续有效提升用户良好感知。

【企业基础管理持续深化】 是年，中国联通毕节市分公司持续强化战略引领，制定2014～2016年“三年再翻番”战略目标和发展路径。落实投资管理模式变革要求，深化计划投资管理。深化财务基础管理，落实预算要求，推进代理商资金归集，强化财务分析，促进财务管理效能和水平提升。加强内控风险管理，配合完成集团中期内控评审，围绕梳理经营发展风险目录，建立稽核机制，明确风险管控对接人，落实合同管理实施细则，重点针对营销成本费用开展专项效能监察。加强物资采购管理，夯实县域基础管理，围绕管好“人、物、钱、事”4个维度制定日常管理动作和管理规范。加强信息宣传工作，高度重视安全生产和保密工作，全年未发生责任安全事故和失泄密事件。

【队伍能力持续提升】 是年，中国联通毕节市分公司队伍建设着眼于“成长感”和“满意度”，全面提升分公司员工队伍可持续发展能力。实施人岗匹配、岗变薪变薪酬优化激励制度，实施县级经营单位绩效包下发管理，加强绩效二级考核。加强核心专业人才队伍建设，共计选拔省、市级核心专家人才39名，开展人才队伍交流7人次，全年组织参与各类培训489人次，实现队伍能力和员工满意度明显提升。

【工作作风明显改善】 是年，中国联通毕节市分公司围绕推动企业发展中心任务，按照集团公司“正风肃纪聚合力、攻坚克难促发展”总体要求，推进“四风”问题整改，促进工作作风转变。加强党风廉政建设，落实中央转变作风“八项规定”，严格执行“三重一大”决策制度和省分公司“三条红线”规定，制订实施《改进工作作风、密切联系群众的三项要求、六项举措和八项禁令》。推进县级党组织建设，深化工会职能发挥，以提高员工满意度、促进企业和谐发展持续开展工作，营造积极和谐向上的发展氛围，有效增强了企业的凝聚力。

（撰稿　曾令艳）

无线电管理

【概述】 2013年，毕节无线电管理工作紧紧围绕“管资源、管台站、管秩序；服务经济社会发展、服务国防建设、服务党政机关；突出做好重点无线电安全保障工作”的工作原则，以深入开展党的群众路线教育实践活动为契机，以无线电台站规范化管理专项活动为重点，精心组织，强化措施，开拓创新，较好地完成了各项工作任务。

【开展群众路线教育实践活动】 在深入开展党的群众路线教育实践活动中，通过专题集中学习、深入调研、“十破十立”解放思想大讨论、谈心谈话、发放意见建议征求表等多种形式，广泛征集设台单位及群众的意见和建议，查摆出分局在“四风”方面存在的6个方面的突出问题，深刻剖析问题存在的原因，制定了相应的整改措施逐条逐项进行整改落实。同时，按照强作风、动真格、不留情、零容忍、能见效、可持久的要求，对机关作风进行整顿，查摆梳理出5个方面12个问题，提出整改落实措施。通过群众路线教育实践活动和作风整顿的开展，分局在完善管理制度、转变工作作风、提高工作效率、增强凝聚力战斗力、提振精气神等方面都得到了很大的改善，各项工作正积极向好发展。

【开展无线电台站规范化管理专项活动】 根据专项活动要求，在涉及面广、时间紧、任务重的情况下，分局高度重视、精心组织，召开专题会议进行安排部署。在历时3个多月的专项工作中，出动车辆30余台次，人员100余人次，行程4000多公里，走访单位25家，检测无线电设备209台套，整改频率4组，台站59个，圆满完成了工作任务。

【规范行政审批，统筹开展频率台站管理及频占费收缴工作】 按照国务院、省政府关于提高行政效能的要求，结合毕节市政府第六轮行政审批制度改革实施方案，对无线电行政审批和非行政审批事项进行了认真梳理，严格执行下放事项审批权限，按时办结设台单位和用户上报的审批事项。全年受理新设台站审批4件，办结4件，指配频率3组，核发电台执照133个，年审台站3371个，换发执照2946个。同时，按照国家收费标准和省局的要求，完成了频率占用费的收缴工作，共收缴18家设台单位的频率占用费8万元。

【做好日常监测检测，确保合法无线电台站安全运行】 按照国家和省无线电管理局的要求，对重要频段进行监测，对非法信号进行及时查处，全年累计监测达23908小时，检测台站209个，准确报送监测月报12次，为分局无线电管理工作提供了可靠的技术依据。2013年收到无线电干扰投诉4起，成功排除4起。同时，对违规设台依法进行了查处，切实保护好了合法台站和人民群众的利益。

【围绕“三个服务”，切实做好安全保障】 一是毕节分局积极主动参与地方经济建设，把服务地方重大项目建设作为工作的切入点和突破口，先后完成了毕节飞雄机场在试飞、较飞期间的电磁环境保障工作、威宁县广电局台站搬迁电磁环境测试和织金县拟建机场的电磁环境测试，确保了重大项目的顺利建设和实施。二是选派1名技术骨干参加“协作13”西南地区军地电磁频谱管理联合演练，出色完成了演练任务。三是在国家法定假日和重要活动期间，严格执行24小时无线电监测制度，全力保障重要时期的无线电安全。四是做好考试无线电安全保障工作，全年参加了各类考试保障9次，出动车辆11台次，派出专业技术人员47人次，抓获作弊团伙2起，成功压制阻断作弊信号3次，切实维护考试的公平公正，保障了广大考生的利益，为净化考试风气发挥了积极作用。五是按照市委市政府的统一部署，分局积极参与市“党建扶贫”“集团式帮扶”“同步小康”等活动，上年选派1名业务骨干到金沙县箐门乡新寨村驻村扶贫，争取到帮扶资金2万元，解决了该村存在的一些实际困难和问题。

（撰稿　廖满坤）

贸　易

商　务

【概述】 2013年，全市商务工作在市委、市政府领导和省商务厅的业务指导下，以党的十八大精神为指引，贯彻落实国发2号和国办函35号文件，“跑上去争取支持，走出去招商引资，沉下去狠抓落实”，各项工作稳步推进，商务事业又上新台阶。

【贯彻落实国发2号和国办函35号文件】 国发2号和国办函35号文件出台后，市商务局按照市委市政府的部署，成立贯彻落实的工作班子，结合商务部门实际，思考和谋划需要争取什么支持，释放政策“红利”，助推试验区商务事业跨越发展。争取到商务部出台7条支持毕节商务事业发展的政策。为落实好商务部对毕节试验区的支持，争取省商务厅制订《关于贯彻落实商务部办公厅支持毕节试验区商务发展有关事项的实施意见》，提出建立商务部联系市、厅指导市、联系县区上下一体的推进落实机制；将商务部支持毕节的7条政策分解成12条具体事项，实行责任制，明确责任处室，安排22个处室分别联系全市9个县区和双山新区管委会，进行对口帮助指导。

【开展申报“国家现代流通综合试点”工作】 按照国办35号函提出的“把毕节建设成为区域重要商贸物流中心”的要求，根据《商务部关于贯彻落实〈国务院关于深化流通体制改革加快流通产业发展的意见〉等文件的通知》，市商务局拟写《关于请求帮助争取将毕节试验区列为“国家现代流通综合试点”的报告》，上报国家商务部，恳请商务部把毕节市列为“国家现代流通综合试点”。省商务厅成立“毕节试验区申报建设国家现代流通综合试点工作领导小组”，在省商务厅设专门办公室，负责此项工作。

【推动“省际商贸城——川滇黔结合部区域性商贸物流中心”工作】 市商务局组建工作班子，对全市商贸物流发展现状和山东临沂商贸物流发展情况进行调研和研究分析，深入各县区听取有关方面和人士的意见，提出建设省际商贸城的方案，征求各县区及有关部门的意见。形成《省际商贸城——川滇黔结合部商贸物流中心规划方案》，市政府予以审议通过。

【开放型经济迈出新步伐】 实施开放带动战略，外贸进出口从2011年的1954万美元增长到2013年的10791万美元；成功引进华润、沃尔玛等世界500强企业集团入驻毕节投资兴业，利用外资形成规模，并首次突破1亿美元，达10622万美元；市人民政府口岸办、贵州出入境检验检疫局毕节办事处等开放平台建立。组织企业参加境内外大型展销会，帮助企业开展各种管理体系认证等方式，提高企业产品市场竞争力，扩大外贸规模。组织申报中小企业国际市场开拓资金及外经贸区域发展资金977.28万元。毕节经济开发区综合外贸转型升级示范基地、金沙经济开发区电子产业出口基地、大方经济开发区特色农产品出口基地等一批出口基地培育成型。内联大西南、外接大东盟的省际商贸城——川滇黔结合部区域性商贸物流中心建设稳步推进，迈出构建内陆山区开放型经济新步伐。

【开发区建设】 指导和帮助符合条件的开

发区申报省级开放型经济发展资金，争取到开放型发展资金700万元；指导开发区建立招商引资项目库，参加各类展会。组织2家开发区参加香港活动周的项目推介活动；组织8个开发区参加全省“5个100工程”急需紧缺人才专场招聘会，帮助入驻开发区的企业解决用工问题；组织金沙经济开发区内企业参加第十八届澳门国际贸易投资展览会；组织威宁及七星关经济开发区参加第十四届中国西部国际博览会；对全市经济开发区2012年度工作进行考评，为全省经济开发区考评提供原始考评依据；完成赫章县产业园区申报省级经济开发区的系列工作。

【内贸流通工作】 一是以项目建设为抓手，完善市场基础设施。建设配送中心项目11个（日用品3个、农资2个和乡镇商贸中心6个），获补助资金749万元。“万村千乡市场工程”农家店信息化改造项目600个，获补助资金147万元。茧丝绸发展项目2个，补助资金90万元。家政服务培训900人次，获培训补助资金108万元。二是做好市场保供和促进消费工作。召开市场保供促进消费现场会。现场观摩黔西县市场建设和促销情况。邀请统计局专业人士对社会消费品零售总额统计工作现场指导培训。各县区、管委会商务主管部门负责人交流商贸业发展有关问题，对下步工作提出具体措施。推动省级活体储备基地建设。组织符合条件的生猪养殖企业申报省级生猪活体储备基地场，全市获批的省级活体储备基地3个，其中2个开始承担2013年储备任务，共450吨，9000头。下拨市场保供暨市场运行监测资金35万元到各县区、管委会商务主管部门，用于市场保供和促进消费工作的开展。各县区、管委会在节假日期间开展“让利惠民购物节、名特优产品展销、鲜活农产品直销、节日大派送活动、绿色低碳产品展、乌蒙美食餐饮汇、优质服务迎宾季”等促销活动，拉动境内消费。国庆中秋参与消费促进活动重点大型超市、家电、餐饮、农贸市场等企业实现销售额8.86亿元，同比增20%。三是提高社会消费品零售总额数据准确性和真实性。以第三次经济普查为契机，提前介入批零住餐限上企业的摸底调查，培育限上企业，鼓励达到标准的个体企业实行“个改企”，提高批零住餐限上企业的总量和规模，配合统计部门，争取在第三次经济普查后在全省层面按实际情况统计社会消费品零售总额数。加大宣传力度，督促限上企业真实上报有关数据。全年完成社会消费品零售总额200亿元，同比增13%。

【市场秩序建设】 加强对定点屠宰场的日常监管，把好肉品入市关口。对全市定点屠宰企业进行审核清理，确保所有屠宰企业符合《食品安全法》《生猪屠宰管理条例》规定的条件及标准。全市出动执法人员4335人次，出动执法车辆1643车次，取缔私宰滥宰窝点29个，查处注水肉、病害猪肉100公斤。支持达不到要求的屠宰企业搬迁新建。赫章县、威宁县选址新建屠宰场，1月获得市政府颁发的生猪定点屠宰资格证书。推动定点屠宰企业整合兼并。以定点屠宰企业审核清理为契机，支持七星关富民肉食品有限公司和合财屠宰场整合兼并，1月获得市政府颁发的生猪定点屠宰资格证书。支持“放心酒”示范店建设。发挥酒类流通示范店的示范作用，净化全市酒类流通市场，让群众喝上“放心酒”，是年成功申报“放心酒”示范店1个。

【毕节市酒类行业协会】 毕节市酒类生产企业和部分酒类经销商32家加入协会。与深圳企业界联系，于12月22日在深圳合作举办“2013毕节市酒产业与深圳企业家联谊会”活动，组织酒类生产企业7家、深圳客商100余人进行联谊，达成中酒集团等一批深圳企业与毕节酒类生产企业的合作意向。

【贵州·香港投资贸易活动周】 在贵州·香港投资贸易活动周期间，纳入成果统计的贸易签约项目10个，签约金额1.929亿美元。省下达毕节市贸易签约项目指标0.3亿美元，超额完成1.629亿美元。签约项目中，农特产品、茶叶（红茶）类项目7个，签约金额0.724亿美元；汽车及配件类项目1个，签约金额0.405亿美元；电子产品类项目1个，签约金额0.5亿美元；玩具类项目1个，签约金额0.3亿美元。列入省集中签约项目1个，为台湾精钟实业有限公司和威宁县农产品配送有限公司高粱收购项目。

【第三届中国贵州国际酒类博览会】 在第三届中国贵州国际酒类博览会上，毕节市布置展位59个。各酒类生产企业踊跃报名参加酒博会，布置特装展位12个、标准展位11个，布展规模达到531平方米。邀请采购商225名，完成目标任务200名的112.5%，超额完成省组委下达任务的 12.5%。完成酒类境内贸易签约项目 509 个，项目合同金额 26.182 亿元，完成目标任务 25 亿元的 104.7%，超额完成省组委会下达任务的 4.7%。完成酒类进出口贸易签约项目 3 个，项目合同金额 550 万美元，完成目标任务 500 万美元的 110%，超额完成省组委下达任务的 10%。组织投资签约项目 40 个，签约项目合同金额达 300.6 亿元。完成对口接待深圳市党政及经贸代表团工作。

【招商引资】 是年，完成招商引资签约资金 2.44 亿元，到位资金 2.41 亿元，完成市政府下达的指令性任务。构建班子党组成员分管、全体干部职工人人有责的招商引资工作格局，引进“世界 500 强企业”沃尔玛进驻毕节招商花园城。

【信访维稳】 信访维稳工作坚持思想重视、预案详细、措施得力、行动迅速的原则，坚持社会矛盾集中排查化解，对不稳定因素全面排查、及时稳控、适时化解，确保商务系统的和谐稳定，是年度无赴省、进京上访和群体性上访事件发生。

【安全生产】 为贯彻中央、省、市关于安全生产工作的一系列部署，市商务局年初成立安全生产领导小组，层层落实责任，加大安全生产宣传力度，落实安全生产工作措施，开展安全隐患的排查。确保全局实现无火灾发生、无重大安全事故、无重大食品安全事故的目标。

【机关自身建设】 组织局机关党员干部集中学习党的十八大精神并撰写学习心得，汇编成册，把学习贯彻十八大精神引向深入；组织学习罗阳、杨善洲等同志先进事迹，到市委党校学习一月一专题讲座，组队参加学习贯彻党的十八大精神知识竞赛等。完善和落实机关党支部“三会一课”制度、机关干部学习制度、学评考评制度和党员服务发展等相关制度。

【党建工作】 做好帮扶基层组织建设。8 月 5 日召开局机关党支部党员大会，依照有关规定程序进行换届选举，产生新一届机关党支部。全年党费缴纳 9384 元，全部上缴市直机关工委，在公开栏张贴公示。按照《工会法》规定程序组织召开职工大会，选举局新任工会主席。3 名干部在大方县绿塘乡五星村驻村，把“美丽乡村”建设作为工作的重要内容，帮助该村农户院坝、连户路建设硬化率达到 100%。争取财政资金 3 万元用于该村学校学生蓄水池修缮，解决学生营养午餐用水难问题。局党组帮助绿塘乡批建一座加油站和 3 家农村专业合作社等，促进该乡的经济发展。

【党风廉政建设和反腐败工作】 强化权力监督制约，促进干部廉洁自律。按照“一岗双责”的要求，与局属企业百货公司、百货大厦、商贸国资公司、大坡茶场及局科室、职工层层签订责任书。围绕核心业务、重点岗位和关键环节，查找廉政风险点，制定预防措施，实现制度管人管事，规范权力运行。深化政务公开，在市政府网站和商务局网站同时公开《2013 年财政预算和部门“三公开”经费预算信息》。贯彻落实“三重一大”制度，组织参加第二纪工委“三新”人员警示教育、廉政征文等各项活动。

（撰稿　王　伟）

供销合作

【概述】 2013 年，毕节市供销社系统在市委、市政府的领导和省供销社的指导下，贯彻落实十八大及十八届三中全会精神和国办函〔2013〕35 号文件精神，围绕市委、市政府工作大局，抢抓发展机遇，以服务“三农”为宗旨，实施项目推动战略，推进基层社恢复重建，拓展服务领域，发展现代物流和农业产业化经营。转变作风，推进观念创新、体制机制创新和服务方式创新，凝聚为农服务的正能量，各项工作取得显著成绩。

【主要经济处于全省领先位置】 据统计，毕节市供销系统实现汇总利润 1.85 亿元，完成年计划的 182.3%，同比增 83.1%，占全省系统利润总额的 59.9%。完成所有者权益 7.06 亿元，占年计划的 139.1%，同比增 41.8%。社有资产总额达 13.8 亿元，完成年计划的 117.3%，同比增 19.8%。完成总营业额 56.6 亿元，占年计划的 1.16 倍，同比增 51.1%。储备化肥 30 万吨，占年计划的 2.27 倍，同比增 66.7%。销售各类化肥 70.8 万吨，完成年计划的 2.08 倍，同比增 18.2%。助农增收 11.03 亿元，完成年计划的 3.1 倍，同比增 23.6%。

【党建工作】 毕节市供销社贯彻十八大及十八届三中全会和习近平总书记的一系列重要讲

话精神，执行中央、省委和市委关于转变作风的各项规定，开展党的群众路线教育实践活动先查先改，领导干部深入基层听取群众意见，梳理存在的问题，制定整改方案，在工作中纠正，树立正确的人生观、世界观、权力观和价值观，增强廉洁自律的自觉性。筑牢拒腐防变的思想防线、道德防线和职务防线。干部职工职业道德规范，单位车辆使用、接待费用和干部职工的职务成本下降，呈现出工作成绩上去，费用开支下来的局面。开展驻村和各项帮扶工作，为帮扶点办好事实事。驻村人员履行驻村工任职责，坚持吃、住、工作在村，在深入群众、了解诉求、宣传党的方针政策的基础上，为群众解决实际困难；召开会议和培训 20 多场次，协助硬化院坝 33941 平方米，硬化连户路 14400 平方米；帮助农民办实事 60 多件。集团帮扶、计生帮扶、“五园新村建设帮扶”筹集帮扶资金 25.3 万元，协调项目资金 73 万元。

【贯彻落实国办函〔2013〕35 号】 根据市委、市政府贯彻落实国办函〔2013〕35 号文件的总体部署，市供销社立即针对自身工作实际，成立领导机构和办事机构，制定实施方案，赴北京、贵阳，争取国家发改委、商务部、中华供销合作总社、省发改委、商务厅、省供销社、工信委、农委、水利厅等支持，争取到农资、农产品、日用品物流配送中心、茶叶、辣椒农业综合开发，示范性专业合作、村级综合服务、新型基层供销、进出口农产品种植基地建设以及境外展会等支持资金 3960 万元。通过项目实施，带动社会投入 2.97 亿元，增加 4800 个就业岗位，拉动 2000 多户农民实现产业机构调整和集约型生产，使全系统助农增收达 11 亿元以上，完善农村市场服务体系，为发展现代农业作出贡献。

【发展社员股金服务】 市供销系统把发展社员股金服务部，推动农村金融服务作为工作创新的内容，在金沙县供销社发展金融服务的基础上，七星关区、大方县、黔西县、赫章县等供销社也发展社员股金部，参与农村金融服务。市系统发展社员股金服务部 9 个，社员股金服务部发展到 29 个，股金总额突破 9 亿元，7 个注册资本 1.25 亿元的小额贷款公司服务窗口发展到 14 个。

【民生项目工程】 市供销社对市委、市政府交付的 1198 个村级综合服务站、5 个商品配送中心、14 个示范性专业合作社建设的民生项目高度重视，对民生项目的计划、方案、建设、培训等实行全程负责。到年底，1198 个村级综合服务站和 5 个商品配送中心及 14 个示范性专业合作社完成建设，全市村级综合服务站和乡镇批发零售超市实现全覆盖。3 个项目完成总投资 14760 万元，其中政府和供销社投入 709 万元，带动社会投资 14051 万元。

【加强培训力度，提高农民经营管理水平】 市供销社加大对农村流通网络经营管理者的培训力度，分赴相关县区，对民生项目网点负责人和管理人员进行培训，讲授现代经营管理、农村市场营销、村级综合服务站、超市管理知识，介绍新时期国内外贸易对策、供销社在新农村建设中的职能发挥、产业结构调整、农产品发展前景等，全年共培训农村实用人才 800 多人次。

【搞好化肥储备和销售，助推农业生产健康发展】 各级供销社克服资金紧缺，市场动荡、混乱等困难，储备各类化肥 30 万吨，为调控农资市场价格准备充分的物质条件，以更快捷的配送提高化肥配送的覆盖面，拉动经营实绩，部分企业将服务延伸到毕节市辖区以外，拓展服务空间，销往外地的化肥占全部销量的 30% 左右，拉动全市化肥价格普遍下降，农民得到实惠，确保农业生产的健康发展。在中国农资流通协会、中华合作时报、中国农资传媒联合举办的“百家农资经销商”评选中，织金县农资公司获此殊荣，是贵州获此奖项的 3 家企业之一。

【经营体制改革】 毕节市供销社扩大开放办社力度，把供销社的发展与为农服务紧密联系起来，利用建设村级综合服务站、超市、农民专业合作社、农产品建设基地、农资批发交易市场、农业产业化龙头企业等为载体，引领农民调整产业结构，从小农生产逐步过渡到贸、工、农一体化，促进农业增效和增收。年内巩固和扩大原有 9 个市级以上农业产业化骨干龙头企业，培育 2 个省社级龙头企业，建设年交易额 5000 万元以上农副产品市场 2 个，新建“庄稼医院” 90 个、农村综合服务社 8 个，建设农业示范区 2 个，培训农民 2867 人次。争取国家商务部和省商务厅支持，组织 10 个进出口企业参加北欧国际农产品展销会，将毕节试验区展示给欧洲、展示给世界，提高毕节试验区的美誉度和知名度，将毕节市丰富优质的农副产品推向国际市场，为广大农村农产品构架通往国际市场的桥梁。

【组织体系建设】 全市供销社系统筹集资金3060万元，新建基层社102个，使基层社对乡镇的覆盖率从35.4%提高到77%，网络覆盖区的农民由原来的242万人增加到526万人，促进供销社系统资产增长、为农服务业绩得到提升。

（撰稿　熊　鑫）

粮油贸易

【概述】 2013年，毕节市有粮食机构1277个，其中：行政8个、事业单位5个、加工企业9个、流通企业87个（民营企业64个，国有及国有控股23个），多种经营企业1168个，国有在职职工1130人，离退休职工1635人。年内，毕节市的粮食工作在市委、市政府的领导下和省粮食局的业务指导下，贯彻落实党的十八大、十八届二中、三中全会精神和全国、全省粮食流通工作会议精神，按照年初全市粮食流通工作会议提出的围绕“一个中心”（即：围绕保障全市粮食安全这个中心任务）、强化“两个确保”（即：确保全市各级储备粮油安全，确保全市粮食行业生产安全）、做好“三个推进（即：推进现代粮食产业园区项目建设，推进放心粮油工程建设，推进粮油质检体系建设）”、务求“四个提高”（即：提高“放心粮油”进学校、社区、工矿的比重；提高农村科学储粮的普及率；提高粮食订单的覆盖率；提高粮油应急保障能力和军供粮的管理水平）、实现“五项突破”（即：在粮食产业化经营上、发展粮油品牌战略上、转变粮食行业发展理念实现扭亏增盈上、粮油安全监督检查体系上、机关管理和行政效能上有新突破）的“12345”工作思路和目标，克服困难，履行职责，完成粮食流通工作的目标任务，获贵州省粮食安全保障目标考核二等奖。

【粮食安全保障】 是年，全市粮食行政管理部门通过加强市场监管，做好市场供求形势的分析预测和价格监测预警预报工作，争取市、县区政府价调基金做好节假日和重要节点和时段的粮油保障供应，协助民政部门做好农村季节性缺粮、救灾救助粮食的供应发放，抓好地方储备粮油规模、应急成品粮油储备等措施的落实，确保了全市的粮食安全保障和有效供给。全年累计开展市场监督检查和联合执法工作60余次；向省粮食局、市政府和物价管理部门上报各类粮油市场价格监测报表283期，价格监测情况分析12期，各类统计报表105期；争取市、县区级政府价调基金187万元，组织粮油销售2416吨（平均粮食按每公斤低于市场价0.50元～0.60元、油按每公斤低于市场价2.00元的价格进行销售），保障市场粮油供给和价格的基本稳定；协助民政部门组织供应救灾救助粮食9338吨。

【粮食行业安全生产】 一是开展春季粮油库存普查和粮食库存检查工作，通过采取普查、抽查、检查和复查等相结合的方式，确保全市粮油储存安全、数量真实、质量良好。二是强化安全生产责任制的落实，加大安全生产事故隐患排查治理工作和督促检查的力度，确保全市粮食系统安全生产形势持续向好，连续实现“四个为零”。

【粮食项目建设】 完成金沙康星油脂集团异地改扩建项目，投资1.4亿元，并于是年7月初正式投产；赫章县预算投资1774.8万元的2.5万吨粮食储备库项目，完成投资1000万元，仓房墙体工程已基本完工，进入屋面封顶施工阶段；规划占地50亩，总投资5800万元的现代粮食物流园区项目得到政府办公会议同意，选址基本落实，项目启动建设的相关手续正在办理中。织金县预算总投资9575万元，占地120亩，拟建设8万吨仓容，0.5万吨油罐，2万吨大米加工和年粮食物流交易能力达15万吨的粮食综合产业园项目，已完成征地拆迁、地勘、场平、规划设计和招投标工作，将进入施工阶段。市粮食产业园仓储物流园区项目得到省粮食局和市委、市政府重视：一是市政府分管领导深入拟入园企业调研，召开协调会议，统一建设园区认识；二是市政府分管领导组织到先进省市（安徽合肥）进行考察学习，为园区建设积累经验；三是市政府领导召开园区建设推进会议，率规划、国土等相关部门到园区拟选址点实地踏勘，落实选址位置；四是获得市政府支持的园区前期工作启动经费50万元；五是园区项目已纳入毕节国际内陆港建设规划首推项目和全市经济工作会议和市政府向市人大会议报告内容，园区项目的相关工作正在有序推进中。

【放心粮油工程建设】 一是争取市政府出台《关于进一步推进放心粮油工程建设的实施意见》，为推进放心粮油工程建设在发展规划、政策扶持、部门协调配合以及市场监管等方面提供政策支撑；二是完成年度放心粮油网点建设计划。省局下达的放心粮油网点建设计划39个，实际完成40个；三是经营规模提升。全年完成放心粮油销售数量25563.8吨，实现销售收入16455.70万元，较上年度增51.82%。

【推进粮油质检体系建设】 一是落实地方财政匹配资金100万元；二是完成检化验工作场所的装修改造和设备安装调试；三是选派检化验人员参加省粮食局和省粮油质检站组织的省内外业务培训；四是开展检化验操作方面的试运营工作；五是通过省有关部门的资质考核认证，取得计量资质认证证书。

【"放心粮油"进学校、社区、工矿】 一是各县区国有粮食购销公司做好"放心粮油"进学校、社区、工矿工作，将此作为国有粮食购销企业增加效益、提升形象的重要途径；二是鼓励支持民营企业参与"放心粮油"进学校、社区、工矿，提升安全粮油的覆盖面。是年，放心粮油进学校销售粮油达12053吨，实现销售收入9053万元，较上年度增108.6%。覆盖农村中小学1729所，覆盖率为71.83%，较上年度扩展26.34个百分点。

【农村科学储粮】 一是完善计划布局，提高点面的普及覆盖。对从未实施过的织金、赫章两县进行试点安排，对已实施的县区规定不得重复乡镇投放；二是落实市级配套资金，帮助协调落实县区级匹配资金，确保7000个农户科学储粮装具（彩钢仓）计划任务的完成和按时发放；三是加大宣传培训力度，确保行业惠农增收工作落到实处。

【粮食订单种植】 全年完成订单种植40万亩，较上年度的36万亩提高10.6%。

【粮油应急保障能力和军供粮的管理水平】 在应急保障能力方面：一是抓好市、县区级储备规模计划的落实，优化地方储备粮品种结构，提升应对突发事件和应急救灾的能力。二是抓应急成品粮油储备。三是健全完善应急供应网络体系。是年，建立应急粮油供应网点106个，次年将建设应急粮油供应网点128个，以确保全市每个乡镇（办事处）有一个应急供应网点。在军粮供应管理方面：一是修订军粮供应管理目标考核内容，完善和细化目标责任书，强化责任落实；二是完善《毕节市军粮供应管理制度》的基础上，明确军供站与代供点和市局军供办的责任；三是争取财政资金对军供设施条件进行改善，以确保军粮质量和存储安全；四是执行军供粮源定点采购和统筹供应的相关规定，加强对各代供点军粮质量的监管及安全防范，确保军粮供应质量合格率和部队满意率达100%；五是发挥"军"字招牌作用，整合市军供站和市级放心粮油配送中心资源，把军粮供应、放心粮油供应配送和多种经营业务开展有机结合，提升军供企业经济效益。是年，毕节市军供站多种经营利润达20.59万元，较上年的11.4万元增80.61%。

【粮食产业化经营】 一是在发展高粱和传统玉米种植的基础上，引导发展地方特色品种种植，是年，新增1.5万亩的油菜籽订单种植。二是粮油加工（转化）企业与粮食收储企业、粮油原料生产者之间的产销联结、链条延长、利益共享的粮食产业化经营模式逐步形成。

【实施粮油品牌发展战略】 一是完善服务功能，搭建服务平台。发挥粮食行业协会作用，通过组织各所有制粮油企业、经营者交流座谈，到先进市州、企业参观考察，参加省内外产品展销推介，开阔视野，拓展思维，提升品牌影响力。是年，贵州鸿泰农产公司通过协会，与威宁县粮油购销公司、大方县个体粮油经营户、纳雍县粮油购销公司等企业和经营者相识联姻，建立稳固的产销合作关系，为鸿泰农产公司推介销售"金索玛"菜籽油792.98吨，使"金索玛"菜籽油在这三个县知名度不断提升。二是增强服务意识，提升品牌形象。是年推荐的金沙县世纪香植物油脂有限责任公司的"世纪香园牌"原生态菜籽油和贵州黔西三阳植物油工贸有限公司的"三阳"牌菜籽油顺利通过省粮食行业协会的认证，获得"放心粮油"产品称号。三是强化服务手段，鼓励品牌做大做强。出台《粮油加工（转化）示范企业等级评定实施方案》，对管理规范，品牌影响力强的贵州鸿泰农产开发有限公司、金沙康星油脂集团公司、贵州金沙冠香坊调味食品有限公司、金沙县世纪香植物油脂有限责任公司进行等级评定，由毕节市粮食行业协会授予“毕节市粮油加工转化三级示范企业”称号。

【实现扭亏增盈】 一是转变行业发展理念，扶持帮助各种所有制粮油企业做大做强。是年，支持帮助织金慷骅农资有限责任公司争取到省局产业扶持资金10万元。二是发挥市场机制配置粮食资源的基础性作用。支持国有粮食企业与粮油加工龙头企业结成战略性伙伴和实施国有民营等方式，盘活国有资产，达到国有、民营互利双赢的效果。是年，贵州毕节金泰米业有限公司通过国有民营化经营方式，使企业由原来上百万的亏损转为盈利13.10万元。三是全行业实现盈利340.30万元，实现县县盈利。

【粮油安全监督检查体系建设】 一是加大粮食法律法规的宣传力度，努力营造了守法经营、依法管粮的浓厚氛围。二是通过联合工商、质监、物价等部门开展粮油市场综合执法检查和加大对粮食市场的日常监督检查力度等方式，维护市场粮油经营秩序和粮油质量安全。三是严格粮食收购许可的审核、登记、办证和年检工作，按一户一档建立粮油经验者基本信息档案库。

【机关管理和行政效能明显提高】 一是建立局班子成员联系县工作制度，通过定期和不定期开展对联系县粮食工作的协调指导、调研走访，对工作完成情况督促检查，促进县区各项工作的完成。二是从被动工作变主动作为。加强汇报、协调，争取当地党委政府和有关部门对粮食工作的支持。是年，市局争取到市、区级价调基金117万元用于市场粮油的保供稳价和市级财政资金50万元建设应急成品油小包装灌装线，部分县区争取到一定数额的价调基金。其中：纳雍县争取到45万元，黔西县争取到20万元，赫章县争取到5万元。三是做好上层设计，争取政策出台支持。是年，推动市政府出台推进“放心粮油”工程建设的意见和落实粮食行政首长负责制确保粮食安全的实施意见，争取到国家粮食局出台支持毕节试验区粮食流通工作加快发展的指导意见，为做好粮食流通工作提供政策支撑。

（撰稿　曾　毅）

驻外联络

毕节市人民政府驻北京联络处

【概述】 2013年，毕节市人民政府驻北京联络处继续加强与中央和国家各部委、民主党派中央、试验区专家顾问组的联系，争取对毕节试验区的支持，积极配合有关部门争取资金项目，妥善做好群众进京上访工作，在许多方面取得了重大的成果。

【参与协调联络工作】 一是落实“国办函〔2013〕35号文件”精神，积极协调中央和国家16部委相继出台针对毕节试验区建设的差别化政策。二是协调国家发改委将毕节纳入生态补偿的范围。三是协调国家发改委、水利部启动夹岩水利枢纽工程。四是协调国家发改委、财政部、工信部、科技部以及北京市科委对毕节国家新能源汽车高新技术产业化基地的支持。五是协调国家发改委发放毕节煤制清洁燃料路条工作。六是组织北京相关部门、企业和旅行社100余人参加毕节机场首飞仪式活动。七是协调推进威宁机场前期工作。八是协调北京相关部门、媒体和旅行社参加在京召开的“2013秋季旅游宣传暨北京至毕节航线推介会”。

【招商引资】 继续做好渝富集团煤制清洁燃料、织金烯烃项目在北京方面的服务工作。引进亿利资源集团、保利协鑫集团分别与纳雍县和赫章县洽谈煤制天然气项目。

【信访维稳】 做好党的十八届三中全会、全国“两会”两次重大政治活动信访维稳工作。配合各县区维稳工作组，完成重大活动的维稳任务。

（供稿 北京联络处）

毕节市人民政府驻苏州办事处

【招商引资工作取得实质性进展】 全年实际上门走访和邀约到办事处等地进行宣传动员企业83家，洽谈项目43家，先后4批次邀请到毕节考察企业19家28人次。签约6个项目，签约资金12亿元，开工2个项目，到位资金1.63亿元。按照年初与市政府分管领导签订的招商引资工作目标责任书：签约4个项目，动工2个项目，到位资金1.5亿元以上的目标任务，签约项目实际完成150%，动工项目实际完成100%，到位资金实际完成108.6%，均完成和超额完成目标任务。具体招商签约及落地到位资金项目情况如下：一是电梯等相关铸铁配件产品的生产和销售。由苏州中西物资贸易公司与赫章中地矿业有限公司签约，总投资3.5亿元，项目已落地，已到位资金1.63亿元。二是西南民族主题公园。由苏州鸿兴隆汽车贸易公司与织金县政府签约，总投资1.5亿元，项目已落地，正进行征地拆迁工作。三是二手车交易市场。由苏州远华汽车贸易公司与市经济开发区管委会协议签约，在小坝工业区建设，项目总投资2亿元，该项目框架方案已报市分管领导和市商务局，市商务局正向省商务厅申报争取立项中。四是高档彩印包装厂。由苏州远华汽车贸易公司与市经济开发区管委会协议签约，在小坝工业区建设，项目总投资0.5亿~1亿元。五是机械加工和模具生产。苏州研华机械有限公司与市经济开发区管委会协议签约，在小坝工业区建设，项目总投资2亿元。六是汽车零配件交易市场（汽配城）。由苏州研华机械有限公司与市经济开发区管委会协议签约，在小坝工业区建设，项目总投资2亿元。

【劳务输出工作继续抓紧】 在继续巩固过去劳务市场资源的基础上，苏州办事处通过与苏州用工企业的沟通，及时向毕节有关学校和劳动管理部门继续不断发送招工信息。动员苏州汇思人力资源有限公司与市、县劳动就业部门、毕节学院及相关学校进行互动、合作，为毕节市大、中专、职校在校毕业生就业拓宽渠道，双方通过互相走访考察，建立互信，共同搭建学生实习、就业平台。

【联络沟通工作】 一是联系沟通常州市政府、开发区管委会，圆满完成陈昌旭市长率团考察学习常州职教城规划建设任务；二是帮助七星关区公安局联系到杭州学习信息指挥平台建设任务；三是接送服务市政协老领导孙仁培主任到南京小汤山疗养院检查治疗疾病；四是联系沟通市有关客商与市经济开发区管委会到苏州具体洽谈项目、招商签约；五是4月10日，省委、省政府主要领导率团到上海招商，接市政府领导指示，办事处及时完成邀请江苏方面客商参会的任务指标；六是联系沟通市政府办和织金、赫章两县政府、市招商局、市及七星关区经济开发区管委会等，先后带领客商19家28人次赴毕考察投资项目。

【廉政建设及其他工作】 遵照市纪委第二纪工委文件和电话指示精神，认真落实中央、省委、市委八项、十项规定，对照检查整治内部“庸懒散奢”不良风气，着力强化职工政治思想工作；对照办事处具体工作实际认真进行检查，把从严控制接待经费支出和公务用车、公费出国出境列为重点，践行接待工作厉行节约，坚决反对铺张浪费，通过治理，收到了实质性成效，全年接待经费比上年节约25%左右，用车量下降30%左右，无公费出国出境情况。重点工作问题坚持集体讨论研究，重大决策决定坚持请示报告市政府和办公室领导，不搞领导个人说了算；党员领导干部按时参加驻地支部民主生活会，开通江苏省预工委警示教育短信，预防警钟长鸣。其余各项办事处日常工作有序进行，没有违法乱纪和不良事故发生。

（供稿　苏州办事处）

毕节市人民政府驻广州办事处

【招商引资】 是年，广州办事处一是加强毕节市招商引资项目的宣传推介，利用各种场合、各种机会积极地洽谈经济合作项目，按照资本运作的规律开展招商引资工作。2月25日、3月4日、3月21日、4月17日分别在广州市与广东省阳江市企业家商会、阳江市服装鞋帽商会、阳江市青年商会、阳江市女企业家协会的36家企业，与广东工商联合会的17家企业，与广州市温州商会的16家企业，与广州市台资企业协会的21家企业进行了交流和座谈，办事处负责人向这些企业家介绍了毕节市的基本情况以及毕节的资源、优势和招商引资政策，并热情欢迎他们到毕节进行投资考察。一年来，同珠三角、香港、澳门、台湾的企业进行项目洽谈达70多次。二是加强与广东省、广州市、珠三角有关单位、商会、协会、企业的联系，组织广东有实力的企业到毕节进行投资考察。先后组织了广东省阳江市企业家商会、广东省阳江市鞋帽行业商会、广东省阳江市青年企业家商会、广东省阳江市女企业家商会和广东众银投资有限公司、广州市江南果菜批发市场有限公司、广东金芭宝服装有限公司、广州金戎牲畜交易批发市场有限公司、菲迪薄膜科技（广州）有限公司、广州江丰实业股份有限公司、森宇控股集团、广东红谷集团有限公司、广东中汇投资有限公司，广东双飞高新科技发展有限责任公司、广州惠鲜蔬果有限公司、广东原笙管业有限公司、广东丹丽洁具有限公司等商会、企业对毕节市的招商投资环境、优惠政策、投资项目、工业园区等进行了全面的考察。通过考察，广东省阳江市企业家商会认为毕节市与阳江市在五金、服装鞋帽、旅游产业配套设施建设、城市建设、劳务输出、定向培训等方面可进行投资合作，并于4月10日在毕节与毕节市政府签订合作框架协议；森宇控股集团6月份通过实地考察，拟投资1.5亿元收购毕节金海集团碧春酒业有限责任公司；广州市农业局11月份通过考察，拟投资

1.5亿元在毕节建立专供广州的菜篮子基地。三是承办“毕节市2013(广州)投资推介暨项目签约仪式”。5月23日，在广州市珠江宾馆会议中心具体承办了由中共毕节市委、市人民政府主办的“毕节市2013(广州)投资推介会暨项目签约仪式”。中共毕节市委书记张吉勇出席推介会并作主旨推介。广东省工商联专职副主席、广东省总商会副会长卢小周致辞，广州市协作办公室副巡视员黄海明、广州市贵州商会会长慕东泰以及来自广东、香港、上海、广西、福建等地的130余家企业负责人出席推介会。推介会由毕节市人大常委会副主任王玉屏主持，毕节市副市长鲁开垠出席推介会并与企业家签约。在这次投资推介会暨签约仪式上，毕节市各县区与14家企业成功签约，投资总额42.4亿元。四是加强对有投资合作意向企业的跟踪服务。通过对招商引资工作的宣传、联络联系和洽谈，加强了对有到毕节投资合作意向的企业进行跟踪、服务和联系。现在有到毕节投资合作意向的项目有：广州市广药集团拟投资1.5亿元在毕节市黔西县建王老吉生产基地项目；广州迪声音响有限公司拟投资1亿元在毕节黔西县兴建铝型材厂项目；森宇控股集团拟投资1.5亿元收购毕节金海集团碧春酒业有限公司项目；菲迪薄膜科技(广州)有限公司拟投资2亿元在毕节市建汽车防爆膜、建筑节能膜、铁甲安全膜生产基地；广州市农业局拟投资1.5亿元在毕节市建专供广州市菜篮子基地项目，其中包括建专供广州市蔬菜基地和专供广州市生猪饲养基地；广东金芭宝服装有限公司拟投资1亿元参与大方县慕俄格古城恢复重建的旅游地产项目。五是继续为森仕集团(香港)有限公司、广州吉隆集团、广州红利汽车用品有限公司在毕节的落地项目做好跟踪、协调、服务工作。继续做好森仕集团(香港)有限公司在黔西投资开办服装厂，广州红利汽车用品有限公司在赫章县兴建毕节川渝汽车用品厂，广州吉隆集团分别在织金县投资开发织金恐龙谷景区旅游项目，在黔西县投资开发索风营旅游度假区等落地项目做好相关的跟踪、协调和服务工作，帮助这些企业协调解决用地、银行贷款、招工等遇到的困难和存在的一些问题。

【信息收集整理】 是年，广州办事处编印《广州信息》10期，《广州工作简讯》2期，《对广东省东莞、中山、江门、汕尾等四市的产业转移情况的调研报告》等专题调研文章供市委、市政府领导决策参考，全面完成年初制定的信息目标计划，其中《对广东省东莞、中山、江门、汕尾等四市的产业转移情况的调研报告》得到了市委常委、常务副市长胡吉宏的批示。在向毕节市收集传递信息的同时，还向广州市人民政府办公厅和广州市协作办公室提供毕节市经济、社会发展的有关信息216条，被广州政府网采用1条，被广州协作网采用119条，被《广州国内简报》采用2条，超额完成广州市协作办公室年初安排给本办的信息报送指标任务。

【宣传毕节】 为宣传毕节试验区的新形象，展示毕节试验区的新风采，提高毕节试验区在外的知名度和影响力，广州办事处加强了与广东省、广州市和香港主流新闻媒体和有关网站的联系，并利用这些新闻媒体和网站广泛地宣传毕节试验区，使广东省、广州市和香港的人民进一步认识毕节试验区、了解毕节试验区、关注毕节试验区。据不完全统计，一年来，《南方日报》《羊城晚报》《南方都市报》《新快报》《广州日报》《信息时报》《羊城地铁报》、香港《文汇报》《广州国内合作》双月刊和广州市政府网站、华南农业大学网站、广州协作网、广州黄埔区信息网等报纸、刊物、网站刊载有宣传毕节市内容的文章共124篇，广东电视台、南方电视台、广东人民广播电台、广州电视台、广东电台邮轮旅游频道等播放有关毕节市内容的新闻达25次。

【协调联络】 是年，广州办事处加强与广东省、广州市党政部门、企事业单位、商会、协会和新闻媒体在经济、政治、科学文化等方面的交流和联系，提高了办事处在广东省、广州市和珠三角地区的办事能力和综合协调能力，切实做好了毕节市与广东省、广州市有关部门的接洽、协调、联系和沟通工作，同时也加强了广州市和珠三角有关毕节籍人士的联络和联系。一是具体承办了中共毕节市委、市人民政府领导在广东参观广州市中小学生劳动技术学校、广州市少年活动中心、广州大学城、广州番禺职业技术学院、珠海教育局、珠海市职业技术学院、珠海市文园中学、珠海北大附属实验学校、广州长隆集团、广东欧泊通信有限公司、广州江南果菜批发市场经营管理有限公司、广州市嘉禾畜禽交易服务中心、广州市江丰实业股份有限公司、广州市农业局、中国南方航空集团公司、民航中南管理局、广东红谷集团有限公司、广东天泰控股集团有限公司、广州番禺豪剑摩托车工业有限公司、广州经济开发区、广州市规划局、广州市旅游局、广之旅国际旅行社股份有限公司、广东快意电梯股份有限公司、广东科达机电股份有限公司、东莞市城乡规划局、利源（中国）人力资源服务有限公司、佛山陶瓷行业协会等单位、企业的接洽、联络、协调和有关服务工作，使中共毕节市委、市政府的领导圆满完成考察任务。二是配合毕节市有关单位和企业8月23—26日在广州琶洲中国进出口商品交易会展馆举办的“2013年广州博览会”的参展工作。三是配合毕节市有关中小企业9月中旬在广州国际会议中心参加“第八届中国国际中小企业博览会暨中法中小企业博览会”的参展工作。四是3月8日，在广州市金桥酒店七楼会议中心承办了由中共毕节市委、市人民政府主办的“2013贵州省毕节市2013广州旅游营销座谈会”。中共毕节市委常委、市人民政府副市长罗中华出席了营销座谈会并就毕节与广东省、广州市的旅游合作作了重要讲话。毕节市旅游局、百里杜鹃风景名胜区、织金洞管理局、毕节市大方县慕俄格古城管理处等各自介绍了旅游景点的基本情况和有关优惠办法，参会的旅游企业及新闻媒体与毕节市有关单位进行了很好沟通、交流，毕节市杜鹃旅行社就旅游合作与广东青旅和广州畅快游国际旅行社签订了旅游合作协议。五是具体承办了中共毕节市委、市人民政府主办的“‘多彩贵州·花海毕节’2013避暑季旅游宣传推介会暨毕节—广州通航发布会”。广州市人民政府副秘书长陈绍康、广州市旅游局局长朱力出席会议，中共毕节市委、副市长孔昌生出席推介会并致辞。新华社、《南方日报》《南方都市报》《羊城晚报》《广州日报》、广东电视台、南方电视台、广州电视台等15家媒体，南方航空公司以及120多家广东旅游企业参加了推介会。

【协助毕节市、县区有关单位在广州开展工作】 一是协助毕节市有关单位参加广东省人民政府主办的第五届广东外商投资企业产品（内销）博览会。二是协助毕节市政府办公室、市教育局、市建设局、国土局等单位参观考察广州市少年活动中心、广州大学城、珠海市教育局、珠海市职业技术学院、珠海市文园中学、珠海北大附属实验学校等。三是协助毕节市有关单位和企业8月23—26日参加在广州琶洲中国进出口商品交易会展馆由广州市人民政府和中国对外贸易中心联合主办的“2013年广州博览会”。四是协助毕节市中小企业参加由国家发改委、财政部、商务部、广东省人民政府、西班牙中小企业部联合举办的“第八届中国国际中小企业博览会暨中法中小企业博览会”。五是协助毕节市旅游局和百里杜鹃风景名胜区、织金洞管理局、毕节市大方县慕俄格古城管理处、毕节市杜鹃旅行社等在3月7—9日参加由广州市人民政府主办的“2013广州国际旅游展览会”。六是协助毕节飞雄机场有限责任公司与中南民航局、南方航空有限责任公司洽谈广州至毕节航线的有关事宜。七是协助毕节市农委、毕节各县区农牧局与广州农业局对接农产品产销合作并参观考察广州农业龙头企业。

【接待服务】 是年，广州办事处办加强了办事处工作人员对接待服务工作重要性的认识，提高了接待服务质量，用热情的态度认真做好接待服务工作。一年来，为毕节市四大班子的领导到广州公务出差搞好了接待服务，同时也为毕节市直部门、各企事业单位和各县区的有关人员到广州出差搞好了接待服务工作。

（供稿　广州办事处）

毕节市人民政府驻重庆办事处

【概述】 2013年，重庆办事处坚持“招商引资”主基调，严格以市委、市政府“投资拉动、项目带动、招商推动”为总抓手，全力配合市委、市政府“工业强市、城镇化带动、旅游兴市、生态立市”四大战略，按照市委、市政府安排部署，办事处工作持续快速健康开展、有序推进。

【全力以赴，攻坚招商引资】 2013年，重庆办事处拜访、座谈和邀请企业近20余家，涵盖商贸物流、基础建设、房地产开发、金融投资、工业生产、农业生产加工，社会事业投资等众多方面。其中，应邀到毕节市进行实地考察的有重庆建工集团、重庆盈田置业发展有限公司、重庆中科控股集团有限公司、重庆昊天投资有限公司、南京中电环保股份有限公司、重庆金尊现代物流产业投资有限公司、重庆春润生物科技有限公司、重庆华源投资有限公司、中城建北方交通建设发展（海南）有限公司、重庆德镁投资有限公司、江津金象起重设备有限公司、重庆金山鑫泰纸业有限公司、重庆东冶建设有限公司、重庆大江股份有限公司。一是在谈项目有4个。1. 中城建北方交通建设发展（海南）有限公司拟开发大方县雨冲镇油杉河旅游开发项目和顺德新区土地一级开发项目；2. 重庆德镁投资股份有限公司与黔西县和纳雍县的投融资项目；3. 重庆金尊现代物流产业投资有限公司拟投资建设大方县竹园物流园项目；4. 重庆华源投资有限公司拟投资建设大方县家居商贸城和汽车商贸城项目。二是已经签约的有3家。1. 重庆春润生物科技有限公司入驻大方县经济循环园区1.2亿元生物制药工业项目；2. 南京中电环保股份有限公司全垫资在大方县食品药品工业园区建设污水处理厂，总投资3000万元，已全面开工；3. 重庆中船重工已经与赫章县和百里杜鹃管委会签订了合作协议，并与威宁县和赫章县风力发电建设方签订了设备供应合同。三是全年，重庆办事处招商在谈项目资金为38亿元，工业项目已签协议1.5亿元，到位资金3800万元。

【增进友谊，服务渝毕合作】 是年，是渝毕战略合作框架签订具体施行执行的第三个年头，办事处一直深感职责之重，严格要求办事处人员端正态度，提升责任心，与重庆方面保持友好合作，主动加强相关单位部门的联系，增进渝毕友谊，为顺利做好毕节市6县区与重庆主城6区的对口跟踪协调工作以及重庆能投集团在毕节的投资建设工作奠定了较好的基础；同时，办事处关注重庆政治态势，通过多方途径与对口相关单位部门接洽联系，及时调整对口工作开展进度；在渝毕合作上，办事处一直坚持亲自跟进合作的进展与实施情况，带领办事处全体做好对该项工作的服务。1月5日，重庆市市政府召集重庆市发改委、重庆能投集团和重庆渝富集团在君豪大酒店与毕节市政府考察团举行座谈，双方就渝毕合作的火力发电和煤化工项目内容进行了交流。办事处全程参与跟进了本次活动。4—6月间，办事处与南岸区、九龙坡区和江北区进行了友好交流。9—12月，办事处拜访了渝中区、北部新区和渝北区。11月，办事处对重庆能投集团在毕节市的投资项目进度作了整体梳理和跟进。

【加强理论学习，不断提高履职能力和业务水平】 是年，办事处通过周一列会、专门学习、自主学习等方式，结合办事处工作面临的新形势、新任务和新问题，围绕党中央，省市关于“八项规定”“六项禁令”等政治理论问题和市委市政府领导的重要讲话、政令等进行专题学习研究。积极引导办事处员工个人自学，坚持为员工订阅报刊，为员工丰富知识、知情明政创造条件，既让员工增强了自身综合素质。又使员工开拓了视野，启迪了思维。坚持每周一机关学习制度，及时学习传达市委、市政府的有关文件精神和业务知识，把学习贯穿于工作之中，做到学以致用。学习中，办事处一直坚持理论联系实际，把学习贯彻办事处工作职责、市委市政府的大政方针与深入学习贯彻落实党的十八大精神、“‘八项规定’‘六项禁令’”和实践科学发展观结合起来，与服务和促进办事处开展工作结合起来，使办事处工作更好地体现时代性、把握规律性、富有创造性。

【关注成渝经济圈，选取优质信息】 办事处结合毕节市实际，着重收集重庆、成都等西部发展“高地”省市在改革发展中相关于民生、经济、政治和社会文化方面的新举措、新政策等方面信息，把它当作一项重要工作来抓。办事处充分利用多种渠道和当地党政机关、企事业联系，收集重要信息，开展调研工作，为领导当好参谋助手。同时，利用各种机会积极宣传毕节试验区，提高毕节市在成渝地区的知名度，让成渝重要客商、民众了解毕节市的政治经济社会各方面。办事处每月向重庆市机关事务管理局发送毕节试验区信息，2013年已编发8期近30篇《毕节信息》，展示宣传毕节地区的政治、经济、民生、社会等改革发展成果。其中被重庆市市级机关事务管理局公众信息网 http://jjg.cq.gov.cn 采用2篇。全年，办事处编辑11期《重庆信息》，编发各种重要时政经济信息60余篇（条），总计近5万余字。特别针对成渝经济圈的一些非常有借鉴价值的创新举措，办事处以《专题快报》形式报送给市委、市政府领导，全年办事处报送《专题快报》5期。

【接待工作】 是年，重庆办事处严格遵照党中央的“八项规定”和市委、市政府关于接待标准的要求执行接待任务，严格把关，不超标、不浪费，接待细心周到。全年接待市里来渝考察和进行公务活动的党政领导和相关部门办事人员400多人次。

（供稿　重庆办事处）

毕节市人民政府驻贵阳办事处

【概述】 2013年，贵阳办事处围绕驻外办事处工作职能，把协调联络、招商引资，化解社会矛盾工作作为贵阳办事处工作的重中之重，同时认真做好接待协调服务工作。继续抓好已在毕节市投资建设的大型企业的密切联系合作与协调工作，确保重点项目在毕节市的顺利开展；对内主要抓办事处管理，逐步完善科室各项岗位工作制度，加强职工责任感，发挥办事处“窗口”的作用，逐步提高两个效益（社会效益、经济效益），较好地完成了各项工作任务。

【接待协调联络工作】 一是加强与省委、省人大、省政府办公厅、省政协、省直各有关厅局的协调联系，力争得到省直部门对毕节市的关心支持和帮助；二是积极发挥办事处的协调作用，为来毕节市投资考察的领导、专家在贵阳期间与省委领导、省有关厅局和贵阳市委、市政府座谈，搞好协调联系工作；三是加强了与贵阳市委、市政府的联系和协调，增强了与驻地各级党政机关、群团组织、经济文化组织的有效沟通和往来，想方设法为全市经济发展牵线搭桥，促进毕节市与驻地间的交流；四是继续保持与毕节市及曾在毕节市工作过的现在省直各部门工作的领导及老领导的联络联系，积极争取他们一如既往地对毕节市的发展给予大力的支持；五是强化服务意识，提高接待服务质量，根据市委、市政府的有关规定和管理办法，贵阳办事处加强职工思想政治和职业道德教育，狠抓内部管理，进一步转变工作作风，激发活力、提高服务质量。是年先后接待了试验区专家顾问组、各民主党派中央领导、中央统战部、国家发改委、水利部、国家林业部、人民日报社、新华社、北大青鸟集团、重庆市政府、山东省东营市政府、北京大学、广东省商会、香港商会、湖北宜化、中国非公有制经济发展论坛会议代表，以及国内外大型企业集团、知名企业家、香港中小企业协会、深圳能源、浙江温州商会、山东兖矿、国家煤炭科技设计院、省委、省政府办公厅及省直有关部门、市几大班子领导、市直有关部门负责人和出差工作人员，全年接待各级领导、专家学者、客商335人；六是在全国和省“两会”、省党代会议和“十八届”三中全会，以及在贵阳市举行的“酒博会”“泛珠江三角洲经贸协作会”“贵阳生态文明国际论坛会议”期间，贵阳办事处按照市委、市政府的要求，在人员车辆紧张的情况下，全力以赴配合有关部门做好在贵阳的维稳工作，仅在整个重点维稳期间，与各县区抽调的工作组一道，同心协力，加强与省信访局、省指挥中心、贵阳市维稳办的协调联系，成功处置和劝返了127人次，按时完成维稳期间的每日信息报送，高质量完成全年维稳工作任务；七是圆满完成了市委、市政府领导安排的各项临时性任务，做了大量接待和协调服务工作；八是毕节市外出务工人员贵阳服务中心全年接待并帮助农民工讨薪维权185人次，帮助追讨拖欠的资金32万元。

【加大宣传服务力度，充分发挥窗口职能作用】 是年，贵阳办事处紧扣市委、市政府的年度工作目标和试验区工作重点、政策，依托驻地特点和区域优势，采用了适合自身条件的宣传方式，通过不同的渠道、场合大力宣传毕节试验区，争取各方人士到毕节试验区考察投资。提高了毕节的知名度和美誉度，为毕节市的改革开放创造了有利条件。同时，积极主动做好大型项目的服务协调工作，抓好与山东兖矿、湖北宜化、华电、力帆时骏、红星美凯龙、中石化煤磷化基地等的联系与合作，努力为其提供工作和生活方面的服务，为全市经济发展营造良好的投资形象，使来毕节市投资的大型骨干企业进得来、留得住。

【推介毕节市特色产品，开展招商引资】 是年，贵阳办事处把大力推介毕节特色产品，积极开展招商引资作为贵阳办事处的一项重要工作来抓。积极开辟毕节市工农业产品新市场和销售渠道，全力推介毕节市产品进入驻地城市和省外城市。同时，根据毕节市经济建设的需要，结合驻地的经济优势和特点，大胆探索、努力探索寻求招商引资的新途径，新方法，全方位做好招商引资工作，积极推荐省内外有相当实力的企业到毕节市发展，一些签约项目在贵阳办事处协调追踪之下已经得到具体的落实。由贵阳办事处引进的深圳振华集团在黔西县实施城市改造安置房项目，该项目投资 2.8 亿元，已进入实施阶段，已到位资金 1.1 亿元。贵阳办事处引进大宏投资有限公司在织金县投资 2.4 亿元建设高科技农业园区，对织金县农特产品进行深加工，该项目正在落实选址。普林鑫泰环保科技工业园区是贵阳办事处正在积极引进的一个利用农作物秸秆生产环保建材的一个高科技环保产业园区，该项目正准备在黔西县实施，预计前期投资 1 亿元，红星美凯龙集团到毕节考察投资建设一流的物流业和在毕节市南部新区投资建设物流超市，该项目总投资 20 亿元，12 月份拟将进行土地揭牌。

【组织劳务输出】 是年，贵阳办事处根据用工部门的需要，有针对性地积极协调有关部门有序做好劳务输出。本着为农民工利益考虑的原则，贵阳办事处将有条件的选择工作环境好、报酬高的企业签定意向性劳务用工协议，争取有序完成组织劳务输出，以减轻全区的就业压力。全年已接待求职用工人员 126 余人次，用工单位 5 次。

（供稿　贵阳办事处）

教　育

教　育

【概述】 2013年，在市委、市政府的领导下，在省教育厅的指导下，在各级党政部门的支持下，毕节市教育系统以实施教育“9+3”计划和“4+2”突破工程为抓手，弘扬贵州教育精神，践行贵州教师誓词，锐意进取，强化举措，排难奋进，完成2013年各项工作任务，教育事业呈现蓬勃发展态势。

【基本情况】 毕节市有各级各类学校3582所。其中：幼儿园326所，小学2424所，小学教学点310个，初级中学301所，九年制学校113所，普通高级中学18所，完中57所，十二年制学校3所，中等职业学校19所，特殊教育学校7所，工读学校1所，高等院校3所。全市在校生1814861人。其中：学前教育在校生201691人，小学在校生878997人，初中在校生503490人，普通高中在校生149389人，中等职业学校在校生53782人，特殊教育学校在校生1078人，工读学校在校生65人，高等院校在校（籍）学生26369人。其中毕节学院普通在校生9255人、成高4902人，毕节职院3944人，毕节电大8268人。有各类专任教师81509人，其中：幼儿教师4768人，小学教师42868人，初中教师23217人，普通高中教师7572人，中职教师2013人，特教教师166人，工读学校教师14人，高校教师891人。中小学幼儿园校舍建筑面积达9519984平方米，其中幼儿园校舍面积360997平方米，生均4.17平方米；小学校舍面积4336817平方米，生均4.93平方米；初中校舍面积2759837平方米，生均5.48平方米；普通高中校舍面积1397589平方米，生均9.36平方米；中职校舍面积630863平方米，生均11.73平方米；特教校舍面积33881平方米，生均31.43平方米。

【学前教育】 完成学前教育招生161663人，学前教育三年毛入园（班）率达60.99%，比上年提高5.77个百分点。七星关区长春堡镇中心幼儿园等9所幼儿园被认定为省级一类园；金沙县、织金县、七星关区分别设立学前教育管理机构。

【九年义务教育】 实施教育“9+3”计划，小学入学率达99.40%，初中阶段毛入学率达95.16%；小学辍学率为0.36%，初中辍学率为1.41%，均控制在省规定的小学1.8%和初中3%的目标范围内；义务教育巩固率达83.71%，比上年提高14.2个百分点。金沙县通过义务教育初步均衡发展省级验收。

【高中阶段教育】 完成中职招生68395人。其中“百校大战”项目学校招生32686人、“同心工程”招生1537人。普通高中招生60461人，高中阶段教育毛入学率达70%，比上年提高6个百分点。

【特殊教育和高等教育】 完成特殊教育招生1144人，“三残”儿童少年毛入学率达86.5%。全市40190人参加高考，本专科录取率达83.17%，高等教育毛入学率达25.46%，比上年提高3.32个百分点。

【民办教育】 新增民办学校（幼儿园）30所；社会力量举办的中小学、幼儿园达255所，在校生9.97万人，专任教师4419人。四川宏亮投资有限公司在七星关区投资新建的毕节梁才学校、贵州西凯教育集团在威宁县投资新建的毕节工程职业学校投入使用。

【师资队伍建设】 招考"特岗"教师5340人（国家级4123人、县级1217人），按时接转"特岗"教师2707人；补充幼儿教师985人、高中教师995人、中职教育教师562人、特殊教育教师27人。市级财政设立500万元教师培训经费，完成"国培计划"9100人次，举办毕节教育试验区"PPTS"讲坛6期，培训教师校长4000多人次。小学、初中、普通高中、中等职业学校专任教师学历合格率分别达98.13%、99.12%、93.35%、93.38%。市委、市政府召开教师节表彰大会，表彰市级名校长4名、优秀校长14名、名师60名，认定市级骨干教师200名。

【办学条件】 是年，市委、市政府召开全市教育改革发展大会，出台《中共毕节市委毕节市人民政府关于深化教育改革加快教育发展的决定》等"1+5"文件，市级财政预设立2500万元教育发展专项资金，压缩行政事业单位公用经费的8%用于实施教育"9+3"计划。各县区采取"争、挤、筹、贷"等多形式筹集教育资金20亿元，提前启动实施2014—2015年农村义务教育阶段学生宿舍和教师周转房建设项目。全市建成农村寄宿制学校学生宿舍85万平方米（其中小学55万平方米、初中30万平方米）、农村教师周转宿舍（公租房）15856套55.5万平方米、乡镇中心幼儿园55所、"突破高中工程"16个、思源学校6所；待入驻职教城的卫校、体校进入主体施工；毕节一中新校区教师周转房主体完工，市中小学示范性综合实践基地主体完工。小学寄宿生达168719人、寄宿率达20.22%，初中寄宿生达299881人、寄宿率达63.34%。

【内涵发展】 推进以"立德树人"为主题，以"三个践行"为主要内容的素质教育育人模式探索实践，评选"三生、四爱、五心、五好"示范校11所。赫章县财神中学、纳雍县雍安育才中学被评为省级示范校；组织毕节市普通高中学校首届器乐团队大赛，毕节一中和黔西一中参加省的展演活动；表彰毕节民中等8所学校为市级校园文化建设先进学校；推荐大方县申报国家艺术教育试点县，并得到教育部认定。评选认定学科教学渗透法制教育示范校11所，金沙县和百里杜鹃被评为省级学科教学渗透法制教育示范县区。创建规范化学校15所，市级示范性普通高中学校5所。举办第二届职业学校学生技能大赛。开展大型教研活动10次，举行小学语文等9个学科的优质课现场比赛，在首届贵州省中小学教学成果评选中，毕节市共"六个三"课题15项成果获奖。推进黔西县"全国家长学校教育试验区"工作，组织召开"全省家长学校"工作现场会。认定市级语言文字规范化示范学校9所、语言文字规范化达标学校3所，申报省级语言文字规范化示范学校7所。

【民生工程】 规范实施农村义务教育阶段学生营养改善计划，覆盖学校3089所，惠及学生1145675人。发放义务教育寄宿生生活费16038.7万元、普通高中助学金6852.92万元，配套中职免学费资金6800万元，发放普通本科高校和高等职业学校各类助学资金1627.12万元。贫困家庭大学生助学贷款做到"应贷尽贷"，其他各类教育助学工作做到"应助尽助"。开展"教育惠民行动、家庭温情行动、社会关爱行动"三项行动，建设留守儿童之家1551个，开通亲情电话3000多部、视频聊天室1326个。开展平安校园"护校行动"专项行动，排查整治学校及周边安全隐患1000余个，与上年相比，学生意外伤亡事故数同比降5.25%，伤亡人数同比降11.34%。

【向上争取】 市政府3次到省教育厅、2次到教育部就贯彻落实国办函〔2013〕35号文件精神进行专题汇报和争取支持。全年，争取和获得中央、省的教育专项资金158637万元，实施项目1249个。9月25日，市政府陈昌旭市长带队到教育部专题汇报毕节教育工作，教育部鲁昕副部长主持召开8个司局负责人参加的会议，专题研究毕节教育工作，同意从11个方面支持毕节教育发展。11月2日，教育部办公厅下发《教育部办公厅关于支持毕节贫困山区教育改革发展试验区有关工作的意见》，对毕节各学段教育改革发展给予差别化政府支持。

（撰稿　陈　泰）

毕节学院

【概述】 2013年，毕节学院在省委、省政府、省教育厅及市委、市政府的领导下，发扬艰苦创业、开拓进取的精神，学习贯彻党的十八大、十八届三中全会、贵州省委第十一届三次、四次会议、《深入推进毕节试验区改革发展规划（2013 ~ 2020）》等会议及文件精神，围绕“整改提质”工作主题，以实干作风抓好各项工作的落实，不断奋进，科学谋划，推进学校向应用型本科高校发展。

【整改工作】 成立整改工作领导小组，对专家组反馈的意见和建议进行梳理，对存在的问题和不足进行分析，对整改思路和措施进行研究。确立整改指导思想和基本思路，明确整改的主要内容、步骤和措施，形成整改方案。根据国家、省实施的主战略和毕节试验区产业结构调整与发展需要，明确把学校建设成为应用技术类高校的转型发展目标。围绕转型发展目标，结合毕节试验区经济社会发展对应用型人才的需求，调整专业建设思路，修订完善学校“十二五”学科专业建设规划。在稳定和加强教师教育类学科专业建设同时，构建服务区域经济社会发展的重点产业、支柱产业学科专业群。新增工程管理、建筑学两个新专业。开展校领导说办学、二级学院院长说教学、专业负责人说专业、老师说课程、学生说学习等“五说活动”及教育思想、教育观念大讨论活动。修订完善人才培养方案，启动学分制试点工作。结合专业建设需要，实施“高层次人才队伍建设工程”、“中青年教师培养工程”两大工程。实施教师实践能力提升工程，选派相关专业22名教师到企业、学校和社会各部门进行锻炼，提升教师队伍的实践能力。结合实际修订和完善教学管理制度。实行助教制，落实新开课、开新课试讲制度。落实课堂教学评估、实践教学评估、领导听课、教学督导、同行评议、学生评教和定期反馈教学信息等制度。加强本科教学基本状态数据库建设，发布2012年本科教学质量年度报告。加大教学经费投入，改善办学条件。通过整改，政府对学校生均拨款水平达到标准，生师比达到合格评估师资队伍要求，生师比为17.93∶1；生均教学用房为16.77平方米；生均图书为92.79册；实验开出率为100%。

【推进学校转型发展】 是年，《国务院办公厅关于同意深入推进毕节试验区改革发展规划的函》明确提出：“根据试验区经济社会发展需要，创造条件，在毕节市设置1所多科性大学和1所医学类高等院校”精神。学校抢抓机遇，围绕国家构建高等教育职教体系战略要求和贵州省主战略以及毕节试验区产业结构调整与发展需要，依据《普通本科学校设置暂行规定》和教育部《关于“十二五”期间高等学校设置工作意见》以及《教育部办公厅关于支持毕节贫困山区教育改革发展试验区有关工作的意见》文件精神，明确学校的发展目标是把学校建成区域经济社会发展需要的应用技术人才培养培训基地、科技研发基地、文化传承基地、咨询服务基地，成为同类院校中水平较高、特色鲜明的应用型大学，办学特色为培养卓越教师、卓越工程师的“双师型”人才等顶层设计，与毕节市委、市人民政府及市直相关部门沟通协调，经学校党委会讨论决定，学校转型更名为“贵州工程学院”，报经中共毕节市委常委会研究同意，成立由毕节市人民政府市长担任组长，相关市领导、学校主要领导等担任副组长，市直相关部门负责人为成员的毕节学院更名升格工作领导小组。根据学校转型发展的需要，学校主要领导6次到教育部、8次到省教育厅等联系协调相关工作，得到教育部有关司局领导、省教育厅领导的支持。学校主要领导率相关部门、学院负责人到天津职业师范大学、江苏理工学院、常熟理工学院等有关高校进行考察学习，多次召开校党委会、院长办公会、中层干部大会、调研座谈会等会议讨论学校转型发展的内涵建设，学校领导班子成员深入各学院、部门开展调研，统一思想，提出“既要转又要赶，实现后发赶超”的工作思路和“三步走”的发展路径，加快内设机构改革，实现管理重心下移。成立质量监控与评估中心，调整教务处内部机构的设置，明确校、院、教研室教学管理职责与权限。对二级学院相应学科专业进行调整：将美术学院、音乐学院合并组建艺术学院，将资源与安全工程学院调整为机械工程学院、矿业工程学院，将建筑工程学院更名为土木建筑工程学院，将化学与化学工程学院更名为化学工程学院，将体育与健康科学学院更名为体育学院，在数学与计算机科学学院、物理科学与技术学院的基础上，组建理学院和信息工程学院。满足贵州省高等教育结构需要，引领地方高校转型发展，实现人才培养结构战略性调整和高等学校办学特色，增强服务区域经济社会发展的能力。学校申请加入全国应用技术大学(学院)联盟。

【强化教学工作】 制订《毕节学院教学骨干遴选办法》《毕节学院学生学业预警办法》(试行)《毕节学院本科教学质量与教学改革工程专项资金管理暂行办法》《毕节学院本科专业培养方案修订指导意见》(非师范类/师范类)等相关制度。在人文学院、地理与生命科学学院、体育学院等学院启动学分制试点工作。工程管理、建筑学两个本科专业获批招生，本科专业增至35个。经济学、信息管理与信息系统、艺术设计等3个专业通过评估，获学士学位授予权，学校具有学士学位授予权专业达20个。在全省教学质量与改革工程项目中，计算机实验教学中心获批省级实验教学示范中心建设单位，卓越经管人才教育培养计划获立项建设，区域性地方高校土建类专业的建设模式与特色培养研究获重点教改项目立项建设。获批1个国家级实践教育基地：毕节学院——贵州鲁中矿业有限责任公司工程实践教育中心。

【提升科研水平】 是年，学校获得各级各类项目立项115项，经费达到642.7万元(不含配套)。实现国家自然科学基金项目“零”的突破，获得两项国家自然科学基金项目立项，总经费达60万元。省级项目持续增长，全年获贵州省科学技术基金项目8项，农业攻关项目1项，社会发展攻关项目2项，经费达98.5万，创历史新高。获得省部级以上高规格人文社科项目13项。修订《毕节学院重点学科遴选及管理暂行办法》，启动第二轮校级重点学科的遴选工作。协助省教育厅完成学校省级特色重点学科——应用化学、省级重点支持学科——逻辑学和生态学的中期检查。生态学晋升为省级重点学科。省级高校人文社科基地——毕节试验区研究院接受第二轮评估。“贵州省双语服务基地”落户学校。

【师资队伍建设】 围绕学校转型发展，完善引进、稳定人才办法，鼓励教师在职攻读硕士、博士学位。用活用足对口支援政策，委托西南大学为学校培养硕士、博士研究生。引进45名硕士毕业研究生、博士毕业研究生。选派13名教师到西南大学进修学习。西南大学派出4名教师、中国矿业大学(北京)派出1名教师到学校支教。对2012年取得高、中、初级专业技术职务的112名人员进行聘任，其中教授5人，副教授40人，讲师50人，助教8人，实验师1人，研究员1人，助理研究员1人，工程应用技术研究员1人，高级工程师1人，图书系列馆员3人，卫生系列副主任药师1人。

【管理队伍建设】 5月，原院长张学立调离，陶文亮接任院长，原副院长梁杰调离。对5名处级干部进行岗位调整。完成16名科级干部试用期满的考察工作。组织推荐提拔2名紧缺专业博士为副处级干部。通过校内公开竞聘上岗，提拔团委、团总支科级干部23名。西南大学和中国矿业大学(北京)分别选派2名干部到学校挂职，学校选派4名处级干部到西南大学挂职锻炼。贵州大学选派2名干部到学校挂任机械工程学院、信息工程学院院长。选送2名校领导参加教育部“千名西部大学校长海外研修班”学习，3名处级干部到国家教育行政学院学习，2名处级干部到省委党校培训学习，7名干部到市委党校学习。6名校领导参加省委组织部、省委党校组织的学习党的十八大和习近平总书记系列讲话精神专题培训班学习。组织97名处级干部参加市委组织部、市委党校组织的学习党的十八大和习近平总书记系列讲话精神专题培训班学习。组织37名处级干部参加中国教育干部网络学院“高校中层干部职业素质和能力提升”专题远程培训。组织校内处科级干部培训4期。

【学生管理】 在推进学生教育管理工作中，充实学生工作部(学生处)干部队伍，加强一线辅导员、班主任工作队伍建设。根据《毕节学院学生干部管理办法》要求，在全校组织开展学生干部换届选举工作，使学生干部的管理、培训、考核等工作走上规范化、制度化。评选省级、市级、校级优秀大学毕业生以及省级、校级三好学生和优秀学生干部。加强毕业班和毕业生管理与教育工作，连续实现八年文明离校和“零欠费”。

【招生、就业工作】 学校科学制定招生计划，成立招生工作领导小组，建立招生咨询信访工作站，执行“八公开”、“六不准”的规定和推行“阳光招生工程”。是年录取新生2533名，其中本科2076名(含预科直升112名、专升本113名)、预科193名、专科264名。录取专业35个，其中本科31个、专科4个。本科实际报到1864名(不含专升本113名)，报到率为94.96%，较上年有所提升。生源覆盖22个省、自治区和直辖市。学校毕业生2784人，其中本科毕业生1987人、专科毕业生797人。毕业生总人数与上年相比较，增955人，其中本科人数增820人，专科人数增135人。2013届本科毕业生就业率为93.76%，专科就业率为92.35%，平均就业率93.35%。

【推进对口支援】　围绕显著提升师资队伍水平、提升人才培养质量、提升科研服务能力和提升管理水平"四个显著提升"，与西南大学推进领导互访、联合培养本科生、夏季小学期、教师支教和研究生顶岗、互派干部挂职等工作；实施硕博单招、教师进修、科研项目等对口支援项目。与中国矿业大学（北京）的对口支援工作取得进展。

【基础设施建设】　学校西区综合教学楼主体工程完工，进行内外装修工程；建筑工程楼已竣工验收，7月下旬投入使用；公租房、人才房一期进行基础施工，二期正在进行主体三层施工，公租房三期建设工作启动；东区教学康复实验楼完成施工单位、监理等单位的公开招标选择工作，完成两栋工程的场地平整；东区校园征地100余亩。拆迁工作受到征地工作的影响，尚在进行测算丈量阶段；东区二期学生公寓、学生食堂、教学楼工程完成前期相关准备工作，准备施工招投标；恩梅特教中心完成规划验收。进行绣山生活馆屋面地砖维修、绣山生活馆二楼操作间补漏等小型工程，安排各项目现场代表完成项目后续保护、维修工作。

【校园文化活动】　重视校园文化活动，组织丰富多彩的校园文化活动，积极参加全国全民健身操大赛、大学生"高教社杯""我的贵州'中国梦'"大学生征文演讲大赛等各级各类比赛活动，获得"全省校园文化活动月先进集体"等荣誉称号。在贵州省第二届优秀校园文化建设成果评选中，学校"彝族文化博物馆""民族管弦乐团"分获"贵州省优秀校园文化育人基地""贵州省优秀校园文艺团队"称号。

【党建工作】　围绕学校的中心工作，以改革创新的精神加强和改进党建工作，增强凝聚力和战斗力。学校组织对党的十八大精神、十八届三中全会会议精神、贵州省第十一届三次会议、《深入推进毕节试验区改革发展规划（2013—2020）》等会议、文件精神的宣传学习，使全校师生员工及时了解党和国家的方针、政策。举办两期业余党校培训班，培训学员494名学员，发展202名党员。做好党建扶贫工作。派出5人到赫章县河镇乡、可乐乡、古基乡等开展"干部下基层""省直党建扶贫""美丽乡村""五园新村"工作，划拨14万元党建扶贫专项帮扶经费支持河镇乡和可乐乡建设，协调75万余元的帮扶项目资金。在党风廉政建设工作方面，执行中央"八项规定"，省委、市委、学校"十项规定"，规范财务、国有资产管理，审计制度，出台《毕节学院关于加强对小型基建（维修）工程管理的意见》、《毕节学院内部审计审签办法及程序》等制度。

【服务地方工作】　完成2013年中国（贵州）非公有制经济发展论坛相关会务服务工作；根据毕节市第一届体育运动会组委会的有关要求，为赛事的完成提供场地、文艺汇演、志愿者服务等工作，为毕节市第一届体育运动会举行做出贡献；受毕节市民政局委托，学校派出20余支志愿者服务队，深入毕节市各乡镇开展孤儿生活保障调查。

（撰稿　叶力军）

毕节职业技术学院

【概述】　2013年，在市委、市政府的领导下，在省教育厅的指导和关心支持下，毕节职业技术学院学习、贯彻落实党的十八大、十八届三中全会和省、市相关会议精神以及全国、全省、全市教育规划纲要，抓住省委、省政府提出的实施教育9+3计划、"工业园区＋标准厂房＋职业教育"办学模式给职业教育带来的发展机遇，依托毕节市实施"四大战略"、推进"四化同步"与全国同步建成小康社会的发展目标，以立德树人为核心，以深化内涵建设为主线，以专业建设为支撑，以教学科研工作为重点，以队伍建设为保障，转变工作作风，提高教学质量，提高社会服务能力，建设平安和谐校园，全力推进教育教学改革，在教育教学、基础设施建设、招生就业、师资队伍建设、实验实训建设等方面取得较好成绩，各项工作稳步推进。

【师资队伍建设】　一是根据发展规划和师

资队伍建设目标，结合各系部专业教学师资队伍情况，争取市有关部门的政策支持，制定、发布博士招聘方案、紧缺专业教师招聘和公开招考教师及工作人员方案，招考招聘22名紧缺专业教师，充实加强教师队伍，缓解专业教师不足的现状。二是加强教师的培养锻炼。选派教师参加国家职业院校教师素质提高计划和对口支援院校培训，系统培养专业教师的教学素养和教学水平。鼓励和支持新进教师到农村、到企业、到工厂、到生产第一线参加实践锻炼，掌握生产实践技能，成为融理论教学和实践教学为一体的双师型教师。

【专业建设】 以专业建设为核心，组建涉及专业建设和教学的17个教研室，打造专业教学团队和培养专业骨干教师。组织实施煤矿开采技术、汽车装配与维修技术教育部、财政部支持的重点专业建设，在专业人才培养水平、教育创新和管理、师资培养提高、课程开发、校企合作、实习实训条件改善方面有新的提高。煤矿开采技术、汽车装配与维修技术中央财政支持的重点专业建设通过国家和省级验收。

【教学基础能力建设】 完成省发改委支持的农村劳动力技能培训基地项目建设，建成一批多媒体教室、琴房、形体室和完成校园网升级改造等，完成广州番禺职业技术学院援建的护理基础实训室、解剖实训室建设，申报并获得教育部护理专业实习实训基地项目、人社部国家高技能人才培训基地项目、省人社厅省级高技能人才培训基地项目，学院基础能力进一步增强，办学条件不断改善。

【教学教管】 开展提高教学质量活动，把以课堂和教师为中心的传统教学组织形式，向职业岗位和学生为中心转变，采用先进、适用的教学手段、教学方法融教学为一体，创新创业培训，强化学生能力培养，提高人才培养水平，提高教育教学质量。是年，在毕节市第二届中职学校学生技能大赛中，获得一等奖6个，二等奖4个，三等奖5个。在省级竞赛中，获得一等奖2个，二等奖4个，三等奖5个；中文导游、西餐宴会项目代表贵州省参加全国高职学生技能大赛，获优秀奖。参加“蓝桥杯”全国软件专业人才设计与创业大赛，分别获一等奖、三等奖和优秀奖。

【职业教育】 抓住“两加一推”主基调、“四化同步”主战略和实施教育“9+3”计划的契机，创新思维、主动出击，与毕节经开区、七星关经济开发区管委会等多次对接协调，按照“工业园区 + 标准厂房 + 职业教育”的职业教育新模式，与毕节经开区签订《毕节职院经开区分院、毕节经济开发区职教中心共建协议》，实现“共建共享、共育共赢”的产业园区职业教育办学格局，凸显“职校建到园区去、车间搬到职校来、专业围绕产业办、学生就近找工作”的良好效果。

【对外合作交流】 一是与贵州百里杜鹃旅游开发投资公司、毕节洪山大酒店、周驿茶场等10余家省内企业、医院签订校企院合作办学协议；二是与湖南科技大学在师资队伍建设、学科建设、科学研究、联合培养学生进行合作达成一致；三是与湖南科技职院合作，在中华职教社的支持下，共同办好“中华职教社毕节同心培训学院”，做成统一战线支持毕节试验区建设品牌；四是与广州番禺职业技术学院等10所高职院校组建职教联盟，开展职教合作、对口支援工作，捐助建设财会实训室等；五是抢抓深圳市对口帮扶毕节市机遇，主动对接，与深圳职业技术学院签署第二轮对口支援协议，开展“专业建设”“师资队伍建设”“管理队伍建设”“实验实训室建设”“搭建对外交流的平台”“建立线上互动学习常态机制”等方面对口帮扶工作；六是与贵州省人民医院护士学校签订联合办学协议；七是完成组织中职学生参加富士康顶岗实习任务。

【继续教育、技能鉴定工作】 以劳动力转移技能培训为内容，拓展学院社会服务领域，开展多种形式的社会职业技能培训和技术服务活动。发展以实施岗位培训和继续教育为主要形式的成人教育，推进成人教育与职业教育的相互衔接。完成成人教育招生205人，完成河南农业大学专科、本科、硕士等三个层次计431人的函授面授工作，完成西南大学2013级函授生83人的网络教学工作，完成职业技能鉴定5300人，完成七星关区微企培训256人，完成民间技艺技能培训466人，完成农业创业培训100人，完成市茶叶品质评审检测培训95人，服务地方经济社会的能力和水平得到提高。

【科研水平提升】 积极组织各级各类科研项目的申报工作，促进人才队伍建设。组织申报《省市共建中药材检测检验重点实验室》项目成功立项，组织申报贵州职业教育学会科研规划项目5个、市科技项目9个。开展学术交流7场次，获得贵州省第十次哲学社会科学优秀成果6项，教师发表学术论文计195篇，其中核心期刊15篇，一般期刊121篇，内刊59篇。组织编辑出版6期学报，展示毕节职院对外形象。

【招生就业】 实施教育“9+3”计划，强化职能和服务意识，细化工作职责，充分发挥主观能动性，克服校舍严重不足、条件简陋、师资缺乏等困难，开展联合办学，完成招生目标任务。是年招生2579人，其中高职招生1496人，中职招生1283人。探索实践学生就业工作的特点和规律，完善就业工作机制体制，创新工作方法，提高就业工作的水平。举办大型招聘会、校园招聘会4次，专场招聘会20余次，中职生毕业生人数192人、就业人数175人、就业率91.15%，高职毕业生524人、就业人数474人、就业率90.46%。

【师风师德建设】 组织全院教师学习和践行《高等学校教师职业道德规范》《贵州省教师自律歌》，组织开展第29个教师节活动，集中进行贵州教师誓词宣誓活动，引导全院教师提高道德修养，增强责任使命，关心爱护学生。

【学生思想政治教育】 举办“教育惠民行动、社会关爱行动、家庭温情行动”“感恩于心、诚信于行”为主题的诚信感恩教育系列活动、“我的梦·中国梦”微博评选大赛、“诵国学经典，承中华美德”主题教育系列活动和校园文化活动，建立“道德讲堂”和学生社团组织。组建志愿服务队，开展假期社会实践活动。推进十八大精神、中国特色社会主义理论、社会主义核心价值观“三进”工作，开展学雷锋活动，加强学生思政工作、班主任辅导员队伍建设，提高理论素养和工作水平，一批优秀教师、辅导员、学生受到各级表彰，学风、师风、校风有新的提高。

【党建工作】 一是制订《2013年党建工作意见》《党委贯彻落实市委“三新三宽三创”的意见》，以“五带头”“五拓展”推进“五先进一满意”创先争优活动为主线，建设“五型”“五化”党组织。1名党员、1名党务工作者、1个“五好”基层党组织受到市委表彰。二是规范基层党支部的设置，做好新形势下新党员的发展工作，提高基层党组织的凝聚力和战斗力。三是贯彻落实《中国共产党党员领导干部廉洁从政若干规定》和中纪委、省市纪委会议精神，层层签订党风廉政建设责任书，落实党风廉政建设责任制和一岗双责制。四是开展“集团帮扶”“党建扶贫”“四帮四促”“干部下基层”“帮驻联”活动。组织全院教职工捐款捐物，向大方县雨冲乡鹏银村、沙厂村分别捐赠扶贫资金2万元，慰问鹏银村贫困党员、困难户等26户，发放慰问金5200元；帮助解决鹏银村通组公路63万元建设资金，为群众做好事、办实事。五是支持群团组织工作。健全系部团总支机构，组建各种社团组织，引导学生参加各种社会实践活动和志愿服务。发挥工会、妇委会、关工委桥梁纽带作用，倾听群众意见，加强沟通协调，维护职工权益。组织开展各类体育文化娱乐活动，丰富教职工文化生活。

【改进工作作风】 一是执行中央八项规定和省委、市委十项规定，制定《贯彻市委〈关于改进工作作风、密切联系群众的十项规定〉的实施意见》《党委成员联系基层制度（试行）》，执行考勤制度，转变会风、文风，精简会议活动，精简文件简报，推进“短实新”文风，少开会、开短会、讲实话。加强公车使用和公务接待管理，厉行勤俭节约；加大党务、院务公开力度，深入基层，服务全院师生员工。二是组织召开专题民主生活会，组织学习党的十八大精神、习近平总书记系列讲话，开展会前各项准备工作。查摆院党委班子以及成员在“四风”方面存在的突出问题，开展批评与自我批评，接受马克思主义群众观点、群众路线、群众纪律教育的洗礼，制定整改落实方案，明确努力方向。三是执行《高等院校财务制度》和《事业单位财务规则》，严格经费预算和使用管理，探索系部二级管理制度，提高经费使用效益。是年全院“三公”经费同比有较大幅度下降。四是为教职工办实事。争取支持，建设教师公租房，解决无房年轻教师住房问题，稳定教师队伍。

【平安校园建设】 一是以“管理到位，服务到家”为理念，抓好“多彩贵州文明行动”工作。继续搞好校园美化、绿化、亮化工作，重视食品卫生安全，加强食堂管理，加强后勤保障，为全院师生员工工作学习生活提供方便，提高服务水平和服务质量。二是制订《毕节职业技术学院2013年安全稳定“百日攻坚战”暨全国“两会”期间安全维稳工作方案》等维护校园安全稳定方案，组织人员全面排查校园安全隐患，对排查出的隐患及时进行整改。落实职院突发公共事件应急预案，提高对各类突发事件的预警防范和处置能力，加强学生防灾自救安全教育，开展应急演练，强化基层安全管理，抓好消防安全、用电安全。加强学校安全设施建设，加强与地方公安、城管、办事处、社区联系协调，形成学校及其周边治安管理联动机制，加强对师生员工的安全教育，层层签订“一岗双责”责任制，确保齐抓共管。

（撰稿　邹　刚）

毕节广播电视大学

【概述】 2013年，毕节广播电视大学按照“稳中求进，稳中有为，增量提质提速发展，努力打造电大（水校）发展升级版，为两校顺利合并搬迁做好充分准备”的基本工作思路，调动广大干部职工干事创业积极性，构建电大成人教育与中职教育统筹协调同步发展新格局，团结一心，奋力拼搏，招生办学规模扩大，教育教学和管理深入，内部管理规范，人才培养质量稳步提高，和谐校园建设、后勤保障、党的建设、群团统战各方面工作有效推进，各项目标任务超额完成，打下科学发展、可持续发展基础。

【招生办学】 是年，完成各类招生3703人，比上年多招生467人。其中，开放教育招生2825人，比去年多招117人，任务完成率是年度目标任务的157%；成人及网络教育招生422人，比上年多招297人，是年度目标任务的281%；中职教育招生456人（其中重庆女子职高转入153人），比上年多招54人，是年度目标任务的163%；非学历教育培训及鉴定2397人次（其中校外开展社会从业人员培训919人次，校内开展各类鉴定和安全、建筑行业八大员培训1478人次），是年度目标任务的160%。招生人数大幅度增长，在校生规模突破万人大关。招生规模、在校生规模双双创下学校建校34年来的历史新高，为学校的规模化发展打下基础。

【创新招生举措】 为扎实推进招生工作，确保办学规模扩大，学校在沿袭传统有效招生工作方式的基础上，创新措施：一是推行领导带头招生。坚持把招生工作摆到突出位置，主要领导亲自抓，分管领导具体抓，督促并亲自带领招生部门抓落实。主要领导深入基层，开展招生宣传动员活动，协调解决招生工作中存在的困难和问题。二是推行全员招生。学校师生人人都是招生员。三是推行综合媒体招生。利用电视短信、手机短信、新闻媒体、招生热线、移动校园网、招生简章等多种媒体手段开展招生宣传，发放各类招生简章数万份，拓展招生宣传覆盖面、挖掘招生宣传社会知晓率。投入各类资金10余万元通过手机短信、制作电子大屏滚动播发招生信息，制作发放20万余个招生宣传饮水杯等。四是推行“走下去”招生。主动出击，深入县区、乡镇、部门和行业，开展“拉网式”招生。五是推行互动招生。抓好校本部招生的同时，支持帮助工作站优化整合和改制转校，理顺招生办学和管理关系，促进招生工作。

【成人教育教学管理】 一是做到“六个到位”。即按照全国电大教务校历和教学计划规定，提前做到科室人员思想到位、班主任工作到位、教师选聘安排到位、教材发放到位、课程安排到位、学生服务到位，确保按时开学开课。二是推进教学常规管理。做到每个专业每个学期组织开展小组活动3次以上；按照教学计划规定按时开好开足课程理论教学、实践教学课时；安排教师54人次完成77门课程教学及资源建设，课程资源全部挂毕节电大网站供学生浏览学习；对校本部20个专业、1860余名学生开展基于网络的课程教学考核试验，学生参与率85%以上，为推进毕节电大教学及管理模式改革进行探索，提高学生网上教学活动参与率和学习效果；举行春秋两学期新生开学典礼，开展新生入学教育和面授辅导培训；完成2011秋、2012春本、专科各专业毕业生毕业论文指导、答辩及各类资料收集、汇总、上报等工作；在校本部开展课改课程网上形成性考核改革；完成各学期教材订购、发放工作；完成2011秋、2012春新生信息核对、学生证办理、新生档案建立、毕业证发放工作；完成2012、2013年度学生评优以及各专业学员考试报考、试卷汇总等工作；开展学生信息录入、清查、毕业审查等工作；完成2011秋及以前遗留生成绩清理工作，确保学生按时毕业。完成省电大“教学管理定单平台”数据填报，开展对所属工作站教学检查，帮助基层电大解决实际困难和问题。在省电大组织开展的各学期期初、期中、期末教学检查考核排名中，学校排名前移到第二名。

【实施成人教育考试】 春秋两学期组织开展成人开放教育期末考试2次，设考点9个，征订试卷5.5万余份，参加考生5.3万余人次；完成网考6场次，参加考生800余人。

【推进中职教育教学管理改革】 按照“招得来、留得住、听得懂、学得会、用得上”的思路推进教学常规管理和评教活动，加强教师课堂教学管理，强化教风、学风，形成有效的教学监控体系；强化教学支持服务，狠抓教学常规检查。通过每学期期初、期中、期末三次教学检查，对教师备课、作业批改、课堂教学等进行量化考核评价；结合学校实际和市场需求，推进专业建设，推进课程改革；狠抓教师素质提升，派遣教师40余人次参加上级部门和有关单位组织的专业知识及业务、管理等培训，推行“青蓝工程”，强化年轻班主任培养和教师“一对一结对帮扶”力度；开展教学观摩活动，引领课堂教学改革；狠抓教学管理改革，提高学生培养质量。在省、市中职学生职业技能大赛中，获各类奖项40余项，名列全市参赛职业院校第三名。

【加强中职学生管理】 成立文明卫生、安全保卫、寝室管理三个学生自管组织，加强学生会工作，加强学生日常行为检查考核，强化班主任考核，学生管理规范；开展文体活动，组织开展各类大型文体活动10余次，丰富校园文化生活，强化学生思想道德教育。加强校园安保工作，组织开展消防紧急疏散演练1次，使学生懂得火灾逃生方法，提高消防安全意识。对学校及周边安全隐患进行拉网式排查，建立台账，及时整改，把安全隐患消灭在萌芽状态。对学生寝室进行管制刀具清查，预防在先，确保学生安全。利用监控设施对学校进行安保监控，坚持24小时值班巡查制度，记录备查每天的值班、巡查情况。是年，全校没有发生大的安全事故，学校安全和谐发展。

【做好中职学生顶岗实习和就业工作】 一是坚持对口顶岗实习。2011级125名学前教育专业和水工专业学生于7月16日分赴深圳雏鹰幼教集团和广州国家核电二、三公司等单位顶岗实习。2012级83名水工专业学生进入山东烟台富士康集团顶岗实习。二是促进就业。完善学生顶岗实习档案，签订顶岗实习各类协议，向学生传递人才需求信息，推进毕业生就业工作。

【改善办学条件】 注重师资队伍建设，简化程序公开招聘教师3名，调入教师1名，选派领导及专业骨干教师外出学习培训40余人次。注重基础设施建设，投入资金50余万元改善教学及办公条件，完成中央财政210万元资金专项设备的政府采购、安装、使用等工作，完成西校区校舍维修绿化美好亮化，办学条件和形象明显提升。

【党的建设】 一是加强党的建设、党风廉政建设。制定《2013年校党委工作安排意见》《2013年党风廉政建设及反腐倡廉工作实施方案》《2013年党风廉政建设和反腐倡廉工作任务分解表》，加强教职工思想政治教育，加强重点岗位、重要环节、大额资金使用管理监督，开展党务、校务公开。二是内部管理不断加强。规范人、财、物管理，制定转变作风“八项规定”和学校内部管理若干规定，开展“十破十立”大讨论活动，严格上下班考勤管理，公正公平对待职工。三是推进干部驻村工作。选派3名干部长期驻村开展工作，召开校党委、行政会议专题研究干部驻村及“美丽乡村”建设工作，校级领导深入驻村联系点大方县绿塘乡高潮村开展调研，慰问困难群众10户，送去慰问金2000元、大米10袋、菜油20桶；慰问火灾受灾群众2户，送去慰问金、大米等折合人民币4000余元；向驻村点高潮小学赠送办公电脑1台、学生字典400册，折合人民币1.5万余元；帮助“五园新村”帮建村申请建设项目1个，落实项目建设资金15万元；协助完成“两个硬化”工作。四是群团、信访、计划生育等各方面工作正常开展。

（撰　稿　魏胜学）

实验高级中学

【概述】 2013年，毕节市实验高级中学坚持“以课堂教学改革为突破口，实施素质教育；以教育科研为重点，提高办学质量和办学条件；

推进现代教育技术运用，培养学生的创新精神和实践能力，发挥学校独特的艺术资源，为学生个性发展和特长的培养奠定坚实的基础”的办学思想，执行党的教育方针，树立“关爱每一个学生，关注学生终身发展”的办学理念，按照“依法治校，科研兴校，质量强校”的办学思路，以为高等学校输送合格学生，为毕节市培养各类实用人才作为办学目标。规范办学行为，团结拼搏，开拓创新、真抓实干，圆满地完成市教育局下达的教育目标工作任务。是年，二本以上上线率为60.38%，在上年基础上提高了近10个百分点。学校现有48个班，学生3850人。有教职工211人，其中高级职称51人，中级职称66人。学历合格率为100%。学校具有在职研究生进修学历的有21人，硕士研究生4人，在读硕士研究生2人，省级骨干教师3人，地级骨干教师26人。学科专任教师配备到位，专业职务结构合理。是年，被市教育局评为2011~2012学年普通高中教学质量综合评价二等奖，2013年度目标考核二等奖，被明确为申报市级示范性高中资格学校。

【创办市级示范性高中】 毕节市人民政府教育督导室、毕节市教育局于9月下发《关于确定2013~2014学年度全市义务教育规范化学校和市级示范性普通高中创建学校的通知》，明确毕节市实验高级中学等5所市级示范性普通高中创建学校，9月市委、市政府召开启动大会，通过4个月的创建工作，取得初步成效。按照（毕教基发〔2013〕108号）和（毕教基发〔2013〕174号）文件要求，以及全市创建工作启动大会的精神，成立创建毕节市实验高级中学市级示范性普通高中工作领导小组，从组织上保证创建工作的开展。是年，学校对照评估标准，自查自评，找准差距，制定《毕节市实验高级中学创建毕节市市级示范性普通高中实施方案》，对学校的创建工作提出明确要求，拟定创建工作的时间表、路线图，明确责任人，推进创建工作。学校抓住创建工作的契机，加大投入，努力改善办学条件。投入150万元改造校园环境，建设完工400米环型塑胶运动场，6个篮球场。投资900万元加强基础设施建设。按照创建要求，结合学校实际，健全制度，建立机制，提升学校办学水平。

【发挥党组织和党员带头作用】 学校党委有党委委员3人，下设第一支部、第二支部、行政后勤、退休4个党支部，有正式党员87人。校长兼任党委副书记。学校党委在学校教育教学和学校管理工作中发挥战斗堡垒作用和核心作用，保证党的教育方针在学校贯彻执行，指导共青团、工会、学生会等群团组织开展工作。党委重视自身建设，通过民主评议党员等活动提高广大党员的政治思想觉悟，增强党组织的凝聚力。党员教师积极参加教研教改，承担省级、地级教研课题，学校中层干部，在教育教学和学校管理工作中勇挑重担，发挥党员先锋模范作用。党委协助校行政建立健全和完善各项规章制度，使学校的管理制度化、规范化。2名党员被评为市直“优秀共产党员”，1名教师被省教育厅评为“优秀教师”。

【党建扶贫与集团帮扶】 根据上级部门的文件精神，开展党建扶贫和集团帮扶工作。年初，按照上级部门的要求开展“帮县、联乡、驻村”工作，安排2人到金沙县箐门乡开展集团帮扶工作和驻村。1人被市委评为2013年度优秀驻村干部。

【重视教学质量提升】 以新课程改革为突破口，以提升教师课堂教学力为核心，转变教师的教学理念和教学方法，向45分钟要质量，增强课堂教学实效。推进教改教研，加强集体备课工作，加大执行和督促力度，领导亲临集体备课现场检查指导，形成集群体智慧，互帮互学，资源共享，共同发展的氛围。注重发挥教师的协作精神，加强“三个团队”建设，即年级组团队、教研组团队、备课组教师团队。通过广大教职员工的努力，学校教育教学质量大幅提升。是年，超额完成招生任务，上级部门下达招生任务为1000人，实际招生1615人。

【加强教师培训】 学校重视教师继续教育，制定《毕节市实验高级中学教师继续教育实施方案》，建立以校长为组长的教学教育工作领导小组，确立了“以校为本”的教师培训目标。组织教师参加贵州省中小学教师继续教育培训和考试，组织教师学习《走进新课程》《教师教学究竟靠什么——谈新课程的教学观》《与新课改教师对话》《中小学教师职业道德修养》《教师法制教育读本》《现行教育法规与政策选编》等课程；选送骨干教师到上海、深圳进行培训；对教师进行新课改理论培训，逐步转变教师教学观念；开展“老带新”和“1+1”互帮互学活动，提高年轻教师的教学业务水平；对教师实行“校本教研”理论与实践培训；组织教师参加校内外技能大赛，组织教师参加市教育局举办的专业技术考试；鼓励教师进行高学历进修。

【教研教改】 把“校本教研”作为教研工作的核心，拟定了《毕节市实验高级中学校本教研实施方案》《毕节市实验高级中学校本教研落实措施》。任课教师参与，并以教学中面临的问题为对象，选定多个研究课题，结合学校和学生实际，开设《黔西北文学史》《黔西北诗歌》《少数民族民间文学进校园》《毕深两地高中学生思想态势的比较分析》等9门选修课。教师们设计研究方案，按照“自我反思、同伴互助、专业引领”教研三原则，集体备课，设计个案，撰写体会，研究论文，每学期进行一次阶段总结和经验交流。校本教研取得了突出成绩。通过“新课改”“老带新”等活动，教师教学水平得到提升，教学质量得到提高。学校确立“科研强师，质量兴校”的发展战略。成立教学科研领导小组，设立科研科，下辖8个教研组，按照学校科研发展规划，制定各项管理措施，以教材、学生、课堂教学为对象，开展理论学习。通过集体备课、个案设计、互听互评、教学反思、经验交流、专业培训、公开课、示范课、老带新等活动。形成教学—研究—实践—反思—提高的教研理念，促进了教师的专业化成长和学校的综合发展。

【校务公开】 学校成立校务公开领导小组和监督小组，制订《毕节市实验高级中学校务公开实施方案》《校务公开领导小组职责》等制度，建立校务公开专栏，根据《贵州省校务公开工作考核细则》对21项涉及公开的内容通过会议、公开栏、简报、校园广播、学校网站进行公开。学校有“民盟”成员17人，毕节市政协委员3人。学校支持“民盟”成员和其他党外人士参加学校管理。召开党外人士、民主党派成员座谈会，听取他们对学校工作的意见。在中层干部任免和新进教师考核等工作中，听取和征求他们的意见。学校中层干部和教研组长中都有无党派人士和“民盟”成员。

【安全管理】 学校注重安全工作，防范、杜绝安全事故的发生，严肃安全事故的责任追究，维护学校正常教育教学秩序，保障教职工和学生的生命、财产安全。学校校长负责本学校的各项安全工作，对出现的安全责任事故负有领导责任，是安全工作第一责任人。分管安全维稳的副校长对学校安全管理工作负直接领导责任，是安全工作第二责任人。教职工对所承担的安全管理工作负直接责任。明确安全职责，分级负责，责任到人，履行安全工作职责，构建和谐健康的教育环境。是年，学校各项安全责任落实到位，各项管理制度和防控措施到位，日常安全教育实施到位。学校无事故发生。

（撰稿　张忠举）

毕节一中

【概述】 2013年，毕节一中有60个教学班，学生4938人，在职教职工260人，其中高级教师82人，中级教师54人，特级教师5人，省级骨干教师、教育名师及市级教育名师26人，市级骨干教师44人。硕士研究生12人，在读硕士研究生35人。是年，学校更新教育教学管理理念，深挖内涵提升，强化教育教学常规管理工作，提升教学质量，2013高考成绩等各项指标居毕节市第一，全省前列。学校被省教育厅评为“全省普通高中课程改革实验先进学校”，被市教育局评为“毕节市中小学教学常规管理先进学校”“安全先进单位”。获“毕节市普通高中教学质量综合评价一等奖”。校党委被中共毕节市直属机关工作委员会表彰为“五好基层党组织”。

【新校区建设】 成立“毕节一中双山新校区工程进度督促工作组”，通过沟通协调，在民房拆迁、土地征收、坟墓迁移等方面取得成效。截至年底，设计图纸除体育运动场和体育馆未完成外，其余单体设计全部完成；校内土石方全部完成，整体标高设计完成，校内路网基本形成；教师周转房两栋主体七层完成，地下停车场及三栋学生宿舍孔桩基础和地梁已开始开挖和浇筑。

【党风廉政和机关作风建设】 校党委坚持党的路线政策，建立建设发展型党组织工作、建设学习型党组织工作等领导小组，把好选人用人关，通过中心组学习、干部年级联系制、干部述职考评制，考察转正试用期满的中层干部，抓好学校干部队伍建设。校级领导、中层干部（支部书记）及党员按照"3、2、1"要求开展结对帮扶活动，帮助200多名家庭贫困学生和学习困难学生。制定干部联系班级制度，带头深入年级班级。到党建挂靠帮扶联系点，帮助解决困难，了解民情民意，排查矛盾纠纷，为群众办实事，维护社会和谐稳定。

【校务公开工作】 学校坚持校务公开，深化民主管理。在招生、分班、招考教师、干部选拔、评先选优、各类考核、学生资助、食堂收支等工作上按程序进行公开公示。重大决策以及关系到教职工切身利益的事项，坚持通过教代会进行公开。做到规范操作，严格管理，形成制度。是年面向社会公开招聘教师9人；评审推荐初中高级职称26人，监察部门全程监督的各类采购项目共20多项，其中设备招标采购项目11项、其他项目10余项；公开公示接受政府、社会团体、个人捐资共计210万元，受助学生2495人。学校在干部的选拔任用方面，按照"两推一述"的干部选拔条例，面向全校选举监察室、膳食科、学生资助中心负责人，民主推选团委、妇委会负责人和机关党委副书记。

【坚持"质量立校"】 是年，高考成绩再创新高。一本上线人数661人，二本上线人数1143人；毕节市600分以上学生44人，其中毕节一中24人，占54%；1人被北京大学录取、1人被香港城市大学录取；毕节市理科前10名中，毕节一中有7人；毕节市文科第一、二名均在毕节一中；应届生的二本、一本上线率分别为93.27%和64.54%，居毕节市第一，位居贵州省示范性高中前列；高考录取1221人。其中一本录取592人（其中985大学录取115人，211工程大学录取356人），二本以上录取1130人。学生参加省学业水平考试合格率提高，11个科目会考平均合格率99.74%，比2012年提高0.03个百分点，超出省级示范性高中要求98%的标准1.74个百分点。组织学生参加各级各类竞赛取得优异成绩。是年，有188人次在市级以上各类竞赛中获奖，有1人（组）获全国一等奖，1人（组）获全国二等奖，21人（组）获全国三等奖；15人（组）获省级一等奖，30人（组）获省级二等奖，59人（组）获省级三等奖；4人（组）获市级一等奖，9人（组）获市级二等奖，10人（组）获市级三等奖。

【队伍建设】 一是到教育部直属6所大学招聘免费师范生24人，面向全国高校招聘研究生11人，招考教师9人，补充紧缺学科教师，优化学校教师结构。二是支持年引进的24名免费师范生就读硕士研究生。派出多批骨干老师到英国（3人）、北京、上海、深圳、杭州、衡水、贵阳等地学习交流，市级以上教师培训计168人次。借助毕节市教育局在学校举办PPTS论坛有利条件，组织教师参加聆听17场教育教学专家的讲座。三是通过教师节表彰，增强教师的成就感，增大教师的内动力，扩大教师的知名度，形成强大的名教师群体。四是加强青年教师培养工作，形成梯级教师队伍。开展青年教师"七个一工程"和"青蓝工程"工作，通过组织高级教师示范课，青年教师优质课比赛，及学科渗透法制教育的优质课、优秀教学设计、优秀录像课、学科渗透法制教育优秀论文评选等一系列活动，提高青年教师教育教学能力，为学校持续健康发展奠定坚实的基础。是年，毕节一中经省教育厅审核通过"地理学科名师工作室"；在上海、贵阳、毕节"三地十校"活动中学校有5位教师代表毕节市执教示范课，受到与会的专家和同行们的好评；被市委市政府授予1位"名校长"称号，5位市级"名师"称号；是年毕节一中教师在市级以上优质课、技能大赛中有52人次获得奖次，在市级以上各类报刊发表教育教学论文计17篇。

【开发校本课题，推进教育科研】 一是组织教师申报首届贵州省教育科学规划课题，7位老师申报并推荐上报市教育局，有2个课题通过审批立项。学校申报的国家级课题《西部贫困山区开展心理咨询活动对德育工作的促进作用》通过省评估，上报国家课题组审批。是年，市级"六个三工程"课题毕节一中的三个课题项目均顺利结题。二是重视开展校级课题研究，拟定《关于组织实施毕节一中校级课题申报工作的通知》《毕节一中校级课题指南》，召开"毕节一中2013年校级课题开题及论文撰写培训会"，经教师申报，批准71个校级课题立项。

【拓宽德育渠道，加强校风整顿】 学校利用毕节电视、报纸等各新闻媒体、学校网站、电子屏、校园广播、班级广播、黑板报、专刊、展板、教职工大会、国旗下讲话、周五主题班会、发放安全宣传单、校报、学校及各科室简报等宣传阵地，向广大师生员工宣传学校的政策方针、工作安排。开展“毕节一中校风校纪专项整治行动”，对高一新生开展军训和入学教育，利用校会、班会、展板、专刊等对学生进行德育教育；在校内开展德育论文评比，组织班主任参加全市、全省的德育工作现场会及班主任培训；加强心理咨询工作力度；将检查学生执行《中学生守则》和《中学生日常行为规范》的情况常态化，对违规学生进行教育引导，记入学生成长档案。组织由德育处教师和学生组成的检查小组，加强对课堂纪律的检查对课间操、跑操、眼保健操和学生着装检查的力度，并将检查结果每天进行公布，纳入每周班级量化考核。

【强化安全教育，创建平安、文明校园】 重视师生的安全教育，将安全工作纳入学校的工作计划和各处室组和教职员工年度考核、绩效考核中。开展安全宣传教育、安全技能学习和培训，举行两次应急疏散演练，组织学生参观消防营地，请校友卢步辉为高三年级学生作励志报告，医务室医生进班为学生讲授生理卫生、传染病的预防等防范措施；在法制教育中请法制辅导员为学生授教，在学科中开展法制渗透教育，向学生作反邪教宣传，通过经常性的安全教育和技能训练，使广大师生牢固树立安全意识，提高安全防范和自我保护能力。学校与各处室、各班级层层签定安全责任书，与校外租住房屋学生签订“学校、家长、房东”三方安全监管责任书，中层干部对班级实行包保管理，安排干部、班主任对学生租住地情况进行走访。

【共青团工作】 是年，发展388名新团员，现有团员2354人。为发挥团员示范作用，召开五四表彰大会，表彰408名优秀团员、团干部、社团干部。有7人次获市级三好学生，优秀学生干部，优秀团员等称号，3人次获省级优秀学生称号。高一8班团支部，高二14班团支部获得市级五四红旗团支部的称号。在团市委组办的“美丽毕节·活力青春”系列大赛中，毕节一中团员选手表现优秀，获银奖1个，铜奖1个。

【开展社团活动，推进素质教育】 是年，经申报、审核批准新成立11个学生社团，现有社团27个。规范社团的运作。举办毕节一中第一届音乐节、第一届社团文化节、第一届电影节、第三届戏剧节、2013年“中国梦·我的梦”暨“12·9”文艺汇演演出活动。成立学校第二届管乐团，管乐团在毕节市学校首届器乐团队大赛中获一等奖（第一名），代表毕节市参加贵州省省级示范性高中第二届交响乐（管乐）展演，受到领导和专家的好评。

【丰富教职工校园文化生活，构建和谐校园】 学校为教师搭建个人成长和事业成就的平台，重视关心教职工身心健康。定期组织体检，为教职工赠送生日鲜花、慰问金、卡片，看望慰问生病住院的教职工，对结婚生子的教职工进行祝贺等，把学校的关心送到每个教职工的身边。维护教职工利益，查找文件，为教职工增补独生子女费。为促进教职工交流，建立学校QQ群、党员QQ群。组建教职工舞蹈队，筹建教职工管乐队、乒乓球队；组织全校教职工篮球比赛，组织青年教师参加毕节市青年职工趣味联谊会，开展学习《劳动法》《老年权益保护法》知识抢答赛，组织教师参加全市“女职工劳动保护法”知识抢答赛。老年节期间，组织离退休教职工开展老年节活动。

（撰稿　龙泽惠）

毕节市民族中学

【概述】 2013年，毕节市民族中学有47个教学班，学生人数3329人，在册教职工188人，特级教师2人，中学高级教师54人，中学一级教师60人，省级名师2人，省级骨干教师4人，地级骨干教师49人。学校各项工作坚持以邓小平理论、“三个代表”重要思想和科学发展观为指导，学习贯彻党的十八大精神，贯彻党的教育方针和民族政策，推进素质教育实施，以办好人民满意的民族高中教育为己任，以立德树人为宗旨，以让学生“学得更多一些、学得更好一些”为基本要求，在“9月9日”视频重要指示精神和十八届三中全会精神鼓舞下，锐意进取，开拓创新，继续借力人大附中优质资源，奋力推进学校内涵发展，实现增量与提质的同步跨越。

【高考成绩提高】 2013届高考创造民中高考的新高，取得一本综合上线150人，二本以上综合上线557人，二本以上综合上线率（不含艺体生）达 72.88%，高考综合上线率排名由上年的第六位跃升到全市第三名，毕节城区高中第二名。

【扩大办学规模】 是年，秋季招生人数突破下达招生计划任务数，实际到位新生 1060 人，增 300 多人，在校学生 3300 多人。

【办学特色鲜明】 成功申报市“文化校园示范校”；创建省级“体育特色学校”，11 月底通过教育厅专家组现场评估，为毕节市两所学校之一；组建市首个中学生民族器乐团，在首届全市比赛中获得佳绩。

【师资力量增强】 在毕节市首届“双名”评选活动中，校长获市级“名校长”称号，2 名老师获市级“名师”称号；3 名老师申报毕节市第九批市级骨干教师培养对象；8 名教师申报毕节市第九批市级骨干教师培养对象；8 名教师分别获市级以上表彰奖励，全年安排教师赴北京、上海、深圳、衡水、贵阳等地参加人大附中“影子教师”等各类培训达 40 余人次。

【教育科研】 在全市优质课大赛中，1 名老师获数学学科一等奖，1 名老师获政治学科二等奖；17 名教师的优质教育教学录像课分别获市级以上成果奖或被市教育局采用；36 篇论文分别获市级以上奖项或公开发表；4 个课题获市教科所批准结题；6 名教师分别获国家、省文体竞技一二三等奖；教师辅导学生参加全省高中数理化奥赛，有 35 名学生分获二、三奖。

【对口帮扶】 人大附中携手民中，促进教育均衡发展步入常态化。“留学生”培养和“影子教师”培训推进，7 月初邀请到附中资深副校长、全国著名语文教育教学专家沈献章教授一行 7 人来校指导课堂教学，开展“同课异构”，与学科教师进行研讨和交流。活动受到市委市政府领导重视。《中国民族报》以《教育均衡，山里孩子的福音》为标题，在头版头条报道人大附中帮扶毕节民中活动情况及取得的成效。

【办学条件】 新建学生宿舍工程竣工投入使用，投资近百万元，完成通用教室、第二微机室、新增多媒体设备、格致楼四楼改造等教育基础能力建设，缓解生均教育资源不足的矛盾和压力。运动场工程土地划拨等前期工作完成，专变电改造工程挂牌招标。

【学生资助】 学校为学生争取和用于学生的各类资助及奖、免、补等累计近 280 万元，创下民中学生资助史上的多个第一：7 个贫困大学生获得每人 1 万元的“余洪义助学金”，为个人一次性最高资助项目；75 名贫困生每人每年 3000 元的“衣恋助学金”为总额最高资助项目；1 名贫困学生获得的 9.6 万元捐款为学校一次性最高善款。

（供稿　毕节市民族中学）

工业学校

【概述】 2013 年，毕节市工业学校围绕市委、市政府中心工作任务和学校年度工作总体目标，按照“一个突破、两个提高、三个重点、四个保障”的工作思路，即实现学校办学水平一个新的突破；实现教育教学质量、行政工作效率两个提高；突出教学培训、招生就业、学生管理三个重点；加强思想政治、制度建设、行政后勤、安全稳定四个保障，攻坚克难、求实创新，顺利完成年度工作任务，取得较好的成绩。是年，完成招生任务 3529 人，完成春秋两季 50 个普通中专班教育教学任务和 3884 人次培训及 800 人次技能鉴定工作，推动学校各项事业持续快速健康发展，为试验区经济社会发展作出积极贡献。

【精神文明建设】 一是加强理论武装工作。加强理论修养，激励干部职工树立追求卓越志气，抢抓机遇的勇气，敢于担当的豪气，敢闯敢试的锐气，构筑学校精神高地，为实现赶超跨越提供精神动力和政治保障。二是强抓社会主义核心价值体系建设。在学校职工和学生中开展社会主义核心价值体系学习教育、形势政策教育、国情教育、革命传统教育和改革开放教育，增强干部职工奋发向上的精神力量。三是开展党的十八大精神学习活动、党的群众路线教育实践活动、“十破十立”解放思想大讨论活动和中央、省、市关于作风建设二十八条规定、《贵州省党员干部政治纪律“十个严禁”》和《贵州省党员干部作风“十个不准”》及省教育厅关于教师“五个严禁”学习教育活动。四是采取措施，明确职责，抓好职工思想工作。做好教育、疏导、化解工作，把解决思想问题和解决实际问题结合起来，把关心教职工，解决群众关心的热点难点问题作为思想政治工作的载体，关心教职工疾苦，协调各方矛盾，弘扬正气，抵制邪气，构建和谐校园。10月29日，学校通过市文明办进行的全省文明单位复核检查。

【党建工作】 为激发广大党员干部干事创业的激情，发挥党员干部在工作中的模范带头作用，“七一”前夕，学校党委一是组织各党支部开展“重温入党誓词、重走长征路”为主题的教育凝聚力活动；二是组织开展庆“七一”庆祝表彰大会，庆祝中国共产党成立92周年，会议表彰“五好”党支部1个，优秀党务工作者4人，优秀共产党员13人；三是组织开展教职工秋季运动会，完成36个运动项目的比赛。通过主题鲜明、内容丰富、载体新颖的活动方式，为学校健康稳步发展凝聚能量。学校党委被市直机关工委命名表彰为市直“五好”基层党组织。

【结对帮扶】 一是按照市委组织部、市扶贫办的要求，选派3名干部常驻赫章县安乐溪乡瓦窑村，与村民同吃同住，协调帮助做好扶贫项目申报实施和美丽乡村建设工作，为该村捐助复印机一台，美丽乡村建设资金2400余元。二是抓好“美丽乡村”建设工作。织金县金龙乡安山、石板、中寨、综合、齐心村是学校“美丽乡村”帮扶联系点。在学校党委的领导下，每月一次深入4个村协调和联系工作。5—6月，学校为安山村特困农户和10名留守儿童捐赠衣物、粮油、学习用品计1.2万元，美丽乡村建设资金8000元。是年，所联系的四个村美丽乡村工作按市委、市政府要求完成。

【团组织建设】 一是加强团员思想政治教育，发挥团组织在推进学生素质教育中的作用。以“我的中国梦”为主线，以主题团队活动为载体，开展加强爱国教育、文明学生大讨论、了解政治动向等内容的主题团队活动。二是开展以“信心、诚心、孝心、爱心、忠心”为主题的思想教育活动和法制教育活动。三是在市关工委的统一组织下，开展以“学习十八大，弘扬雷锋精神”为主题的宣讲活动。四是举办五四纪念暨表彰大会，6个集体64人次获“五四红旗团支部”“优秀团干”“优秀团员”“优秀团务工作助手”“共青团之星”“优秀团队辅导员”奖励。幼师12班团支部获毕节市“五四红旗团支部”称号，2名同学分别被共青团毕节市委、市教育局评选为全市“优秀共青团员”“优秀共青团干部”。在毕节市2013届优秀本（专）科及中等职业教育毕业生评选中，有40人获得表彰。同学被评为市级“优秀学生干部”。五是校团委通过开展“我的中国梦”讨论和演讲系列活动，在全校范围内宣传典型，号召全校学生学习先进，赶超先进，学校校风、学风得到加强。六是开展2013年“多彩贵州文明行动”系列讲座培训活动。

【办学能力】 是年，为增强办学能力，一是投入14.14万元用于教学设施改善。二是引进专业教师20人。三是加强对外交流，选派1名教师到重庆电子工程职业技术学院参加汽车制造及维修培训，1名教师到天津职业技术师范大学参加数字媒体技术培训，1名教师到四川长虹集团参加电子信息技术培训，2名教师到深圳职业技术学院参加师资培训，组织10多名专业教师赴金阳参观全国煤机展览；组织教师进行《数字媒体技术》的继续教育培训；实施“青蓝工程”，以老带新对教师进行技能培训，安排新教师参加校内实习实训和人事部门专项培训；利用教研活动、教师大会等形式开展师德师风教育、思想政治教育和业务知识学习，举行“贵州教师誓词”宣誓活动；组织教师参加市PPTS职校教师培训以及《今天，我们怎样才能当老师》的校本培训。通过开展校内外培训与交流，提高教师的政治素质和业务水平，强化教师队伍建设。学校在2013年度市中职学校办学水平评估中名列前茅。

【深化教学改革，加强学生技能培养】 为提升学生技能水平，学校加大教学内容改革力度，注重学生技能培养，利用课余时间组织各教研室、实训室开展绞车工、电钳工等技能培训14周次。在市中职学校学生技能大赛中获焊工技能二等奖1名、三等奖1名；电工技能一等奖2名、二等奖1名；车工技能一等奖1名、二等奖1名、三等奖1名；钳工技能一等奖1名、三等奖1名；电钳工技能一等奖1名、二等奖1名、三等奖1名；工程测量技能获团体三等奖。

【招生就业】 是年，市委、市政府下达给学校招生任务为3200人，学校对招生工作进行统一部署，以就业拉动生源的措施，利用现代媒体和市各初级中学和各县煤矿局、安监局进行成人大中专招生工作宣传。通过宣传，全员参与，学校招生3529人，超额完成市委、市政府下达的招生任务。学校创新就业指导，通过召开专场招聘会等落实699人就业问题，毕业生就业率达98%以上。

【培训管理】 以服务地方经济为目的，加强对学校培训工作科学管理，培训质量得到提高。完成煤矿“三项岗位人员”培训：管理人员初训8期，培训人数359人，管理人员复训9期，培训人数1191人。主要负责人初训5期，培训人数57人，主要负责人复训7期，培训人数419人。特种作业初训9期，培训人数413人，复训9期，培训人数68人，培训人数合计2507人；出租车从业资格证培训14期，培训人数1039人；其他培训完成金沙永晟煤矿从业人员培训70人、大方海西职业学校计算机维修工培训60人、赫章县缝纫工培训129人，百管委GYB培训79人。是年，共计培训人数3884人次。

【技能鉴定工作】 是年，学校与市人力资源和社会保障局保持联系，调配教师开展技能鉴定。到威宁、赫章、七星关区等县区开展电工、焊工、计算机等工种技能鉴定800多人次。

【学生管理】 学校贯彻《中等职业学校德育大纲》，加强学生思想政治教育、品德教育、纪律教育、法制教育，加大制度化管理，规范化管理力度，以寓教于乐的活动为载体，创新学生管理工作机制，加强学生管理工作，提升学校文明和谐校园建设成果。一是组织召开“毕业生纪律教育大会”和“毕业生教育代表座谈会”，严防毕业生安全事故的发生；聘请法制副校长对全体学生开展2次法制教育讲座，增强学生学法、用法、守法意识。二是组织开展“警民共建迎新晚会”和“天天锻炼一小时暨广场舞”比赛，丰富学生课余文化生活。三是开展“弟子规”“升国旗、爱国家”等德教育活动，加强学生德育教育工作。四是组织开展“应急疏散逃生演练”活动，提高学生安全意识和逃生技能。五是加强学生日常管理工作。组建新一届学生会，完成新旧两届学生会工作交接；加大门卫管理力度，加强校园日常巡逻工作，开展各种安全隐患大排查工作，共开展41次管制刀具收缴行动。六是开展消防安全排查整治和校园及周边环境整治行动，防患于未然，确保全体师生教职员工生命财产安全，推动学校和谐校园、平安校园建设工作。七是加强卫生管理工作，开展整脏治乱活动，坚持每天一小扫，每周一大扫和每月一评比活动，抓好德育劳动周管理工作，巩固文明、和谐、优美校园建设成果。

【民主办学】 组织召开第八届第一次职工暨会员代表大会，会议审议通过《学校工作报告》《工会工作报告》《财务经费预算及执行情况报告》，选举产生毕节市工业学校第一届工会委员会及经费审查委员会，为学校建设发展征集30多条宝贵的意见和建议，有力推进学校民主办学工作。

（撰稿 李泽文）

毕节信息工程学校

【概述】 2013年，毕节市信息工程学校以科学发展观为指导，明确2013年为“质量建设年”，抢抓职业教育的发展机遇，围绕“科学发展、推动跨越、后发赶超”的目标，坚持“以人为本，全面发展，德技双馨”的办学宗旨，坚持“树人强技”、文化育人，“追求师生发展与学校发展和谐共振”的学校文化建设；坚持以“立德树人、教书育人、学为人师、行为世范”目标培养教师；以“重德强技、德育为首、技能为重”方针培养学生；以“突出特点、强化技能”要求建设专业，推进教育教学改革和教学质量提升工程，提高工作效率，提升人才培养质量，各项工作有序推进，完成年度目标任务。

【办学水平】 加强教学改革，改善办学条件，增强办学实力，主动适应市场经济发展和产业结构调整需要。加强专业建设及学科建设，增强发展后劲。在职业资格证书和职业技能竞赛结果相结合的教育教学评价制度引导下，立德树人，对课程教学体系进行改革，加大实操实训课时比重，强化学生实际操作能力，学校获得“全国青少年道德培养实验基地”、贵州省技能大赛优秀组织单位、毕节市创业培训实训基地等荣誉。是年，1名学生获贵州省技能大赛二等奖，3名学生获三等奖，3名教师获贵州省技能大赛“优秀指导教师”奖，学生有7人次获得市级表彰，教师有8人次获得市级表彰，学校办学水平跃上新台阶。中职教育通过市政府、市教育局对学校办学水平督导评估。

【德育工作】 坚持育人为本、德育为先。将德育工作放到学校的首要位置，进行德育系列的建设。一是完善德育机构，建立德育领导机构，明确德育管理职责，建立由书记、校长任组长，副校长为副组长，党政办、教务科、学生科、总务科和班主任具体组织实施的德育领导小组。二是强化师德教育，贯彻落实贵州教育精神、贵州教师誓词和毕节教育“三个践行”及教师“十个不承诺”，提高教师素质；学校一名老师的舞蹈《美丽姑娘》在2013年毕节市第一届文化艺术系列市直赛区海选中获“参赛作品奖”；把教师师德表现列入年度绩效考核。三是优化德育环境。坚持以“立德树人，教书育人，学为人师，行为世范”为目标培养学校教风，以“重德强技，德育为先，技能为重”为方针培养学校学风，实现净化、美化、绿化，在校园自然环境中渗透校园精神因素，体现校园环境的育人功能。四是开展德育活动，在全校学生中加强行为规范养成教育，开展“三生、四爱、五心、五好”主题实践活动，建设班级学习园地，组织开展主题班会、征文、演讲、跳绳、乒乓球和篮球比赛等。加强宣传，与市西警务室共建“青少年法制教育基地”，进行法律教育，促进学生在校遵规守法。

【领导班子建设】 加强理论学习，推进思想建设，提高政策水平和治校能力。努力践行民主集中制，加强团结协作，落实校长负责制。在抓学校的招生、人事调入、中层干部管理、绩效考核等各项工作强调民主和集中相结合的原则，发挥教代会的职能作用，工作中执行专题会议研究制度、党委会议制度、校长会议制度、党政联席会议等各项会议制度，做到集体决策，科学决策。重视党员领导干部民主生活会，加强班子成员之间沟通与交流，对查找出的需要解决的问题，进行整改，在培养年轻干部、提高工作执行力等方面取得实质性进展，推动学校各项工作顺利开展，增强领导班子凝聚力战斗力。

【干部队伍建设】 注重中层干部的培养和教育，加强理论学习和实践锻炼，提高政策理论水平和履职能力，分别派出2名中层干部参加市委党校2013春季副县级后备干部班和秋季科局长班学习培训，1名年轻干部到基层开展“美丽乡村”和“同步小康”驻村工作进行实践锻炼，提高中层干部的素质和能力。完善中层干部动态跟踪考核办法，注重动态跟踪的过程管理，完善工作日志和季度实绩报告制，强化管理措施，健全工作运行机制，提高中层干部执行力。按组织工作程序，结合学校工作实际情况，开展“两推一述”选拔任用中层干部工作，选拔任用正科级干部6名，副科级干部3名。在工作中贯彻执行《党政领导干部选拔任用工作条例》，做到公开、平等、竞争、择优，调整、充实中层干部管理岗位。

【师资队伍建设】 采取“请进来、走出去”的模式，构建交流学习立交桥，建立教师专业化发展机制。为每位教职员工的成长搭建平台，拿出经费促进教师教学水平的提高，实施教师进修学习计划，选派6名教师分别到兰州西北大学、上海电子工业学校、武汉职业技术学院、四川长虹集团、哈尔滨商业大学进行为期1个月到3个月不等的培训，派出4名教师参加职业教育德育课程培训班学习，派出4名教师参加“创业培训”工作等。聘请毕节学院、上海电子工业学校3名教师为学校全体教师讲《怎样备课》《怎样上课》《怎样说课》《中等职业教育二元制的现状与展望》《中职学生职业能力的培养教育》等教学讲座。组织开展面向社会公开招聘专业教师工作，引进专业教师12人。新增评聘高级讲师1名，讲师2名。以教师队伍建设为增强学校发展后劲的工作着力点，为教学水平提高，充实人才保障。是年，有1名教师获“市级名师”荣誉，彰显学校办学水平的提升。

【招生工作】 注重中职招生，部署招生工作。完成“9+3”免费教育项目中职学生注册469人，超额完成市教育局下达的443人指标任务。实行“控辍保学，提高质量”措施。实行班主任、任课教师包保责任制，施行“用爱去教育、用兴趣来引导、用鼓励来提升”的教育策略，做到“招得进来、留得下来、学得出去”。

【专业建设】 加强专业设置，打造特色专业。以“信息工程 ”为突破口，结合实际，从特色和优势方面加强计算机网络技术、计算机平面设计、计算机应用、通信技术及会计电算化、酒店服务与管理专业建设。是年，上海电子工业学校帮助建设机电、电子与信息技术应用两个专业课程，共同进行专业课程标准和教学计划制定，使“质量工程”实施落到实处，推动学校中职教育发展。

【合作建设】 采取多渠道、多层次、多形式的联合办学模式，与上海中华职业学校、上海现代流通学校、上海电子工业学校、重庆教育管理学校、百胜集团、贵阳中天凯悦酒店、毕节大酒店、毕节奢香大酒店等联合办学，拓宽学校的专业建设的视野，促进学校教育教学水平的发展。

【成人教育】 坚持以服务地方经济社会发展为目的，开展成人教育。6月26日—8月23日分别在黔西、大方、赫章、纳雍进行会计人员继续教育培训，完成3275人的培训。在加强成人继续教育工作中，电大本专科春秋两季招生420人，奥鹏远程网络教育招生481人，超额完成学校下达的全年招生任务。成人开放教育在校生人数达1303人，奥鹏网络教育学生达1006人。完成市卫生系统人机对话考试1500余人次。

【职业技能培训】 坚持以开发地方人力资源为目的，承担各类职业技能培训。是年，完成GYB创业培训、餐饮服务技能培训、中式烹饪师、种植、家畜饲养、砌筑等项目计1824人的职业技能培训工作，超额完成年初提出800人的目标任务。被毕节市人力资源和社会保障局批准为“毕节市创业培训实训基地”。

【鉴定工作】 创新工作思路，主动出击。完成鉴定班次170次，专项技能、初级职业技能、中级职业技能9703人的鉴定，超额完成年初提出5000人的目标任务。鉴定工种有：计算机操作员、计算机维修工、焊工、电工、中式烹调师、餐厅服务员、客房服务员、砌筑工、农作物植保员、家畜饲养工、家禽饲养工等11个工种。

【基础设施建设】 加强实训室及实训设施设备建设，投入15.6万元增加10台电子电工、20台电钢琴实训设备，按规定程序购置教学用车1辆。完成学校办公楼屋顶立面维修、后山围墙、形体室与迎宾厅维修工作。对学校办公楼、男女生宿舍、教学楼、食堂等场馆灯、水管、门窗以及锁具等进行检查维修更换，增加监控设施、消防设施等。加强校园绿化和净化工作，为师生员工营造一个安全、舒适的办公、学习和生活环境。

【安全维稳工作】 成立学校安全稳定工作领导小组，及时召开安全稳定工作专题会议，实行领导带班值班制度，每天安排教师驻守校区值班，建立健全学校安全管理制度及应急预案，层层落实一岗双责，注重安全教育，开展安全演练，讲授安全知识，进行法制教育，开展形式多样的校园文化活动；配备安全设施，安装校园监控设施，严格安保制度，定期和不定期进行安全隐患排查，学校没有发生不安全事故和上访事件，工作、教学、生活秩序正常。

【党风廉政建设】 坚持“一岗双责”，建立党风廉政建设责任制度及其配套制度，实行责任追究制度，签定党风廉政建设责任书。组织全校教职工学习上级有关各项党风廉政建设文件精神，组织观看警示教育片，从思想上筑牢干部职工拒腐防变意识。在全校开展廉政风险防控建设工作，编制学校廉政风险防控手册，着重排查廉政风险点，针对重大事项、重要岗位、关键环节可能存在或潜在的廉政风险和监管风险进行防范管理。建立健全“三重一大”议事规则，规定领导班子要落实集体领导和个人分工负责相结合的制度，凡属重大事项决策、重要干部任免、重要项目安排和大额度资金的使用必须按照“集体领导、民主集中、个别酝酿、会议决定”的原则，集体讨论，民主决策。建立《关于贯彻中央八项规定加强作风建设的实施办法》《关于推进依法治校工作的意见》和学校中职国家助学金管理办法、校园网管理制度，重新拟定关于加强学校财务管理的规定（试行），完善公务接待用餐管理制度、公务用车管理制度、固定资产管理制度、物资采购管理办法、教代会制度、校务公开制度等。

【驻村帮扶工作】 重视集团帮扶和“同步小康”驻村工作，召开会议专题研究，派出3名工作队员到千溪乡千朗沟村驻村开展帮扶工作，派出1名工作队员，到黔西新仁乡开展“美丽乡村”建设驻村工作的巡查工作。与群众一起交心谈心，了解社情民意，化解矛盾纠纷，宣讲方针政策。到帮扶点千溪乡法朗村开展宣传党的十八大精神和送去5000元现金慰问困难村民，到千朗沟村检查驻村工作开展情况，送去3600元慰问困难党员。帮助协调千溪乡千朗沟村村小学修建围墙项目资金15万元，帮助协调千溪乡千朗沟村维修通村公路项目资金3万元，帮助培养职业技能人才，在千溪乡兴荣村开展500人农民工技能培训。

（撰稿　王　艳）

毕节市财贸学校

【概述】 2013年，毕节市财贸学校以贯彻落实贵州省人民政府关于实施教育“9+3”计划为主线，按照毕节市委市政府关于职业教育发展的政策和规划，以毕节职教城新校区建设为契机，以改善职业教育功能设施和强化技能训练、提升学生职业技能为核心目标，推进教育教学改革和管理制度改革，改善教师队伍结构，挖掘内部潜能，探索创新教育载体，提升社会影响力，使职业教育的发展向纵深推进。

【实施教育“9+3”计划】 按照《贵州省人民政府关于实施教育“9+3”计划的意见》和《毕节市人民政府关于贯彻落实教育“9+3”计划的实施意见》文件要求，毕节市财贸学校与毕节市教育局签订2013年度《毕节市实施教育“9+3”计划目标责任书》。学校以入住毕节职教城为契机，推进实施教育“9+3”计划各项工作，调整和优化专业设置，扩大办学规模，加快教学内容改革和课程体系改革，提升职业教育吸引力。截至10月，毕节市财贸学校完成1100人的招生任务和招聘30名专任教师的目标任务，在毕节市教育局开展的教育教学督导评估中取得优异成绩。

【教育教学改革】 毕节市财贸学校立足本地和发达地区社会经济发展对人才培养的需要，根据学生就业意向，以本地就业和输出就业为基准点，引入校企合作机制，以市场用人需求和标准为依据，加大教学改革力度，组织开展专业教育改革试点，加强学生动手能力的教学。着眼于学生未来发展，探索实施终身教育，建立健全教学评估和质量创新体系，推进教育教学改革，教育教学工作取得显著成效。在2013年毕节市职业院校学生技能大赛中，毕节市财贸学校3名同学分别荣获了“企业网络搭建与应用”项目和“会计技能”项目一等奖；3名学生分别获“酒店服务”项目和“会计技能”项目二等奖；9名学生分别获“酒店服务”项目、“英语口语”项目、“才艺表演”项目和“会计技能”项目三等奖。在2013年全省职业院校技能大赛中，毕节市财贸学校3名学生在“手工会计比赛”项目中荣获一等奖；2名学生在“网络搭建与运用比赛”项目中获一等奖；3名学生在“会计电算化比赛”项目中获二等奖。

【师资队伍建设】 为了适应现代职业教育发展的要求，毕节市财贸学校根据办学方向和专业发展需要，拓宽渠道，改善师资结构。按照毕节市人力资源和社会保障局《关于毕节市财贸学校面向社会公开招聘教师的批复》文件精神，于7～10月面向社会公开招聘专业教师。经过笔试、面试、体检和考察政审等相关工作，录用会计、心理学、法律、体育、钢琴、声乐、美术等专业新教师。根据职业教育的特点，强化职业技能教学环节，实现学生与岗位零距离接触，根据教学工作及师资队伍建设需要，毕节市财贸学校在毕节学院、毕节高职院以及相关专业中介机构和企业特聘23名兼职教师。

【基础实训】 获得2012年中央财政支持的职业教育实训基地项目预算150万元的支持，用于旅游服务与管理、酒店服务与管理等专业建设。学校自筹资金90多万元，对市场营销、计算机平面设计等相关专业实习实训设施设备进行补充，拓展岗位模拟实习实训基础能力，提升专业教学及培训的技术条件，与多媒体教室、网络中心、语音教学室、电子阅览室等现代化教育教学设施共同实现校内实习实训基地的整体功能良性互动。

【事业单位分类改革】 根据《关于开展全市事业单位分类工作的实施意见》和《关于开展市直事业单位分类工作的通知》要求，毕节市财贸学校结合实际推进事业单位分类改革，向毕节市编委办上报分类意见。

【协办毕节市第一届体育运动会】 3月，毕节市第一届体育运动会（以下简称“一运会”）组委会明确由毕节市财贸学校组建毕节市一运会礼仪队，承担市一运会的礼仪服务工作。毕节市财贸学校对此高度重视，召开会议研究礼仪队组建和训练问题，明确一名班子成员负责此项工作，抽调专业教师具体负责队员选拔和训练。在酒店服务与管理、旅游服务与管理、学前教育等专业班级中精心挑选50名优秀选手组成礼仪队，开始为期两个半月的艰苦训练，把一支有素质、有风度、有魅力的礼仪队展现在一运会会场，完成各项礼仪工作任务，得到组委会、参赛队员及观众的好评。学校被评为一运会“先进集体”，两名专业老师被推选为一运会“先进个人”，三名队员被推选为“优秀志愿者”。

【“五好”关工委创建工作】 毕节市财贸学校结合职业教育特点和青少年身心发展规律，发挥关工委在学生思想教育中的作用，开展“五好”关工委创建工作。12 月，毕节市关工委考核领导小组根据关工委工作考核细则，对学校关工委工作开展情况、取得的成果、存在的问题等方面做详细对照检查。考核组认为毕节市财贸学校关工委达到领导班子建设好、制度建设执行好、骨干队伍作用发挥好、活动经常效果好、探索创新好的“五好”考核标准，现场授予“五好关工委”牌匾。

（撰稿　叶宇赤）

毕节市卫生学校

【概述】 2013 年，毕节市卫生学校在市委、市政府及市卫生局、市教育局的领导下，贯彻落实国发 2 号和国办函 35 号文件精神，以十八大精神为引领，以教育“9+3”任务为己任，抓好教学管理、学生管理、安全管理、后勤服务及招生工作，创建国家改革发展示范校，为创建毕节医学高等专科学校作准备。

【领导班子及师资队伍建设】 学校党委按照干部选拔任用组织程序，完成对 10 名副科级中层干部试用一年期考核，于 2 月正式任职；制定《公开招聘专业技术人员工作方案》《高层次人才和紧缺专业人才引进工作方案》，成立招聘工作领导小组，面向社会公开招考、简化程序招聘专业技术人员 57 名，其中硕士研究生 2 名。制定优惠政策，鼓励青年教师参加研究生学历班学习。是年，学校 53 名教师参加全日制研究生班以及在读研究生班学习；制定《毕节市卫生学校学科带头人、骨干教师量化评审指标体系》对所申报的 51 名教师进行评审，评选出学科带头人 10 名，骨干教师 17 名。

【教育教学】 一是开展“技能竞赛月”活动，完成农村医学、护理、助产、中医中药、医学影像技术、检验技术、药剂等专业学生技能比赛，以赛代训，培养学生实践动手能力。选拔优秀选手参加毕节市 2013 年医药卫生各专业中职学生技能大赛和全省护理专业学生技能大赛，在省赛中，参赛的 6 名选手获奖，学校获团体总分第三名。二是学校举行护士授帽仪式，为全校近 1000 名护理、助产专业的学生授予护士帽。三是制定《毕节市卫生学校 2013 年护理执业资格考试辅导方案》，安排临床各教研室骨干教师对护理、助产两个专业 17 个班 1078 名学生进行考前辅导，护士资格考试合格率达 76.25%，比上年增 6 个百分点。四是学校完成保健按摩师、中药调剂员、育婴师、医药商品购销员和公共营养师职业技能培训与鉴定 2205 人。五是开展学生计算机作文比赛，有 56 名学生报名参加，16 名学生获奖。六是组织开展解剖技能大赛。决出一等奖 1 名，二等奖 2 名，三等奖 3 名和优秀奖 5 名。七是深化教学内容和教学方法改革，开展教师课件比赛，16 名教师进入决赛，决出一等奖 2 名，二等奖 4 名，三等奖 6 名。八是学校与市第一人民医院、市中医院、七星关区人民医院签署“校院合作”协议，将医学影像、护理和农村医学专业三个班共 180 名学生分别安排在上述医院开展“1+1+1”办学模式学习，实现“校院合作”办学模式转变的新跨越。九是举办教师优质课比赛，6 名教师分获一、二、三等奖，3 名教师获优秀奖。十是加大《毕节市卫校学刊》办刊力度，完成 460 余篇稿件的组稿、审稿、编辑、刊印、发行等工作，完成 4 期学刊的编印发行，刊载论文 40 篇，简讯 28 篇，学校教师发表的论文占 80% 以上。是年，学校 5 名教师被市人民政府评为毕节市首届“教学名师”荣誉称号；颜勇被市政府评为毕节市首届“优秀校长”荣誉称号；叶茂被省教育厅、省人社厅评审为“优秀教师”。

【教育培训】 学校与市中医院合作开展“双师型”教师培养计划，安排 45 名青年教师到市中医院接触临床；安排 6 名教师到上海卫校进修学习 1 个月；选派 3 名教师到深圳参加优秀教师培训 1 个月；选派 2 名教师到西安参加国家级骨干教师培训。

【招生工作】 落实全省“百校大战”以及教育“9+3”计划，与金沙、威宁、黔西和赫章职业技术学校实现集团化办学并招生 5471 人，超额完成4000人的招生任务。与上海卫生学校联合办学招收2013级护理专业学生40人。

【打造平安校园】 做好日常水电维修、校园绿化美化、制定完善学生食堂规章管理制度，实现学生食品安全零事故；制定“整脏治乱”“多彩贵州文明行”等主题活动实施方案，组织开展“百日攻坚”和“安全生产月”活动，进行消防安全培训；开展毕节市卫生学校2013年学生法制大会，邀请七星关区人民检察院和市东派出所为学生进行普法教育。

【国家助学金评定与发放】 按照公平、公正、公开的原则，完成2012年秋季至2013年春季学年下半年国家助学金3644人和免学费4181人的资金发放工作。是年，共对全校69个班级的256名学生颁发社会奖学金14.08万元。

【学籍管理和推优工作】 按照学籍管理办法，完成2013届4028名毕业生毕业证书的办理、发放和毕业生档案的装档及保管工作；完成2013级新生3950人学籍信息的录入及电子注册工作；完成在校3个年级11709名学生档案材料的收集整理归档工作；完成1600余名毕业生提档工作；完成120名学生的学籍异动和变更；完成全日制在校生5870人操行分的登记工作；严格学生推优工作程序，推选出248名优秀学生免试进入高校学习。

【校园文化建设】 组织学生开展“学雷锋、树新风”“创建文明环境”“消防安全教育”和“学习《弟子规》”等活动，出黑板报1400余块；结合示范校建设要求，成功举办“毕节市卫生学校首届校园文化艺术节”，开展“校园好声音”歌唱比赛、“英语之星”演讲比赛、书画比赛、乒乓球赛、广场舞大赛等活动；组织开展毕业生返校报告会，在青年团员中举行“十八岁成人宣誓仪式”；利用宣传展板及时宣传报道各类教育教学活动、评先选优以及管理活动，共制作“毕卫宣传”专刊4期96版，科室宣传栏40块，教学楼名言警句牌59块，学校礼仪展牌6块以及名人宣传展板6块；开展学生能力拓展训练活动，通过体验式的教育模式提高学生的综合素质；学校组队代表毕节市参加全省中职学生女子篮球比赛，获贵州省首届中学生暨中职学生运动会体育道德风尚奖。

【德育教育】 推进国家级“示范校”建设工作，邀请全国著名德育教育专家余国良老师和感恩励志教育专家南翎绍雄老师为全体师生开展“德育教育论坛”以及“感恩励志专题报告会”，受教育师生达4000人次；贯彻落实《贵州教育精神》《贵州教师誓词》《毕节教育“三个践行”》《教师十个承诺》等主题活动，将相关内容制成展板在校内进行展示、宣传，将师德师风建设的相关内容融入教师量化考核的标准中，强化教师在教学过程中的精神文明表现。

【关心下一代工作】 学校关工委结合“国家改革发展中等职业学校示范校”建设工作，完善工作制度，开展青少年学生调研、访谈工作，针对青少年学生存在的普遍问题进行心理疏导、开展心理咨询、专题讲座以及传统文化教育。是年，学校关工委被贵州省关工委授予“全省基层关工委先进集体”荣誉称号。

【党建扶贫】 学校党委组织教职工到学校集团帮扶点纳雍县昆寨乡永新村开展“十八大”精神宣讲活动，对20户贫困党员、极贫户、计生困难户及留守儿童户进行慰问，发放棉被20床、棉衣20件，慰问金4000元选派10余人专业教师组成医疗服务队深入纳雍县昆寨乡永新村及中心村，开展义诊及健康咨询活动，发放健康教育宣传资料2000余册，提供健康咨询及义诊服务1000余人次，免费发放价值近1万元的药品。组织人员前往“美丽乡村”建设联系点织金县茶店乡进行工作调研，调查了解“美丽乡村”建设工作进展情况，选派1人作为“美丽乡村”建设联系人，开展慰问帮扶活动，为茶店乡鸭院村贫困户发放20床棉被和20袋大米。

【社会捐资助学】 贵州省疾控中心副主任安冬将所获得的世界卫生组织“李钟郁博士公共卫生纪念奖”30万元奖金捐赠给毕节卫校设立“扶秄奖学金”，毕节市第一人民医院向毕节卫校捐赠10万元现金，中国银行毕节分行每年捐赠8000元现金注入“扶秄奖学金”中，毕节市中医院向毕节卫校捐赠价值30万元的教学CT机一台，体现社会企事业单位及个人对卫生教育事业的关心和支持。

【对外交流】 是年5月，民革中央社会服务部李宁等到学校考察调研，对学校职业教育发展规划及毕节市职业教育现状进行交流。6月，铜仁职业技术学院领导到校交流医疗卫生信息培训和考证工作；国家卫生部到毕节市卫生学校考察调研，对学校升格医学高等专科学校提出宝贵意见。7月，全国政协常委、副秘书长、民革中央副主席何丕洁一行到毕节市卫生学校开展中职卫生职业教育工作考察调研。9月，学校参加“中国东盟国际教育交流周”活动，接待参观人员600余人次，发放学校宣传资料500余份，参观40余所中、高职业学校的教学成果与职业技能展示。

【新校区建设】 5月，学校双山新校区建设启动，学生公寓楼修建完成，实训大楼完成工程进度的80%，教学楼和学生食堂正在建设中。学校与双山新区、设计方和施工方联系，关注工程进度，保障工程建设高标准、高质量完成。

【办学水平评估】 11月，毕节市中职学校办学水平考核评估专家组一行来毕节卫校检查评估和指导工作，就学校2013年度的整体办学水平进行严格细致的督查评估，学校的办学业绩获得全市中职学校办学水平考核第一名。

【省级示范校建设】 12月，中等职业学校省级示范校建设验收专家组对学校示范校建设工作进行现场检查验收。专家组肯定学校的创建工作和办学成果，对学校创建省级示范校成果展示以及汇报演出给予高度评价，学校通过省级示范校建设验收。

【医专创建工作】 在国发2号文件和国办函35号文件的政策支持下，学校以创建国家级示范校为契机，筹备医专创建工作，于年初成立创建医专办公室，开展创建医专前期准备工作。学校到国家教育部、省教育厅联系相关创建程序，到国家卫生计生委科教司作专题汇报，到遵义医专、毕节学院、贵阳护理职业学院等高等院校借鉴经验和做法，主动向市卫生局、市教育局以及市委、市政府报告医专创建工作。学校对照医专评估指标体系进行相关软、硬件建设，制作并完善申报材料和特色材料，创建工作得到教育部专家调研组的肯定，明确在毕节设立一所医学高等专科学校的必要性和可行性。

（撰稿人　张　蕾）

科　　技

科技工作

【概述】 2013年，毕节市科学技术（知识产权）局按照国家、省、市科技大会的要求，以营造环境、搭建平台、开放合作、创新驱动作为科技工作的切入点，开拓创新、扎实工作，为推进毕节工业化、城镇化、农业现代化进程提供强有力的科技支撑。是年，毕节市科技管理机构10个，其中市级1个，县级9个，定编人数87人，年末实有人数80人。科技研究机构9个，其中市直5个，县属4个，职工总数346人，从事科技活动人员数273人，其中高级职称49人，中级职称84人，初级职称42人。科技研究机构经费收入合计5267.5万元，其中政府资金4336.8万元，支出合计4704.4万元，固定资产2162.8万元。

【贯彻落实国发2号文件和国办函35号文件精神】 争取到《科技部关于对支持毕节试验区科技工作意见和复函》，是目前市直部门争取到唯一一个以部文件发给省政府，省、部共同支持毕节试验区的政策文件。该文件明确表示给予毕节市科技工作政策倾斜，进一步加强与贵州省的合作，从加强对试验区高新技术产业化载体建设的支持、加强对毕节国家农业科技园区建设的支持、加强对试验区科技创新和成果转化工作的支持、加强对试验区建设人才创新创业首选地工作的支持和建立部、省、试验区互动机制几个方面着手，共同推进毕节试验区的创新发展。与此同时，市委、市政府先后制订出台《中共毕节市委关于加强人才培养引进加快科技创新的决定》等一系列科技政策和措施。2013年市财政应用技术研究与开发经费从2011年的600万元增加至1150万元，增90.1%，今后将保持每年20%以上的增幅。

【科技计划管理】 2013年度立项支持毕节市科技计划和知识产权培育项目72项，资助专利申请175件；争取到76项国家和省科技项目、9项知识产权项目落地毕节，获上级科技资金3000多万元，项目数量和获得经费均大幅超过2012年。通过对企业的长期培训、指导和帮助，是年有42个企业申报的项目获得立项，争取到上级科技资金1300多万元，明显提高了企业这一创新主体开展技术创新、开发新产品、科技成果转化的主动性和积极性。

【科技奖励】 一是做好市级科学技术奖励工作。按照《毕节地区科学技术奖励办法》及其实施细则的规定，完成2013年度市级科技奖励的受理登记，受理登记科技成果40项，经组织专家评审，评出最高科学技术奖2项，科技进步奖24项，科技成果转化奖4项，科技合作奖2项，专利技术实施奖2项；二是加强省级科技奖励申报。审核推荐的7项成果科技成果获省科技进步奖登记，成果申报数比2012年增75%。经评审，毕节市有4项成果获2013年度贵州省科技进步三等奖，创省科技奖励数的新高。

【科技成果转化工作】 组织本市具有自主知识产权的成果进行转化应用，鼓励企业与科研院所加强合作共同推进成果转化，审核推荐7个项目申报省科技成果重点推广计划。经省科技厅组织专家评审，由市农科所承担的“马铃薯新品种毕薯5号示范推广”“粳稻新品种毕粳44示范推广”项目和大方九龙天麻公司承担的“天麻原生环境种植技术应用及示范推广”3个项目获省科技厅立项支持，项目投资581万元，获省厅支持科技资金60万元，项目正按计划推进。

【创新平台建设工作】 浾钰电动汽车研发中心、兴国电动摩托车研发中心、毕节市矿山物探工程技术中心、毕节市中药材检测检验实验室获批成为贵州省科技厅、毕节市人民政府“厅市共建工程技术中心和重点实验室”，并争取到厅市科技合作资金300万元支持。市生产力促进中心通过ISO9001：2008认证，服务能力迅速提高。搭建毕节市科技型中小企业创新服务平台，入库企业300家，专家50多人，成果200多条，储备工业科技项目50余个。科技信息平台内容继续拓展，建成毕节科技信息工作服务平台、贵州省科技情报文献共享平台毕节市分中心，升级了平台数据库服务器，更新了“万方数据知识资源系统”和“CNKI知识平台”，完善自建实用技术数据库、专家数据库、项目成果数据库建设，为全市提供内容丰富、数据及时的无偿信息服务。科技服务平台建设不断完善。

【基地建设】 “贵州毕节新能源汽车高新技术产业化基地”获批为本市第一个省级高新技术产业化基地，基地初步形成以“燃料电池汽车、混合动力汽车、纯电动车”三种整车技术为“三纵”和“多能源动力总成系统、驱动电机、动力电池”三种关键技术为“三横”的产业布局；申报国家级高新技术产业化基地的相关工作也取得实质性进展，10月份基地已经通过科技部专家论证。通过三年的快速发展，毕节市首个国家级农业园区，集金沙农业科技园区、七星关农业科技园区和威宁农业科技园区一区三园的“贵州毕节国家农业科技园区”9月份顺利获得科技部批准。金沙县休闲观光农业示范园区和织金县红托竹荪立体化栽培产业示范园区获批省级农业科技示范园区，本市省级农业科技示范园区增加到3个。赫章半夏、赫章核桃、织金续断、织金头花蓼等特色优势农产品的质量、声誉不断提升，全市地理标志保护产品增至11件。中药材种植基地建设继续推进，2013年全市中药材保有面积首次突破50万亩。

【知识产权工作】 专利申请提前完成任务，2013年全市专利申请总数739件，完成全年目标任务的134.36%，比2012年增269件，增57.23%；其中发明专利申请数100件，完成全年目标任务数的125%，比2012年增40件，增66.67%；授权专利数363件，完成全年目标任务数的121%。开展了12次集中执法检查，检查全市20余家超市、药房，检查商品520余种，对涉嫌假冒专利的42件产品进行立案调查，目前均已全部结案。新增赫章核桃等5个地理标志保护产品，全市地理标志保护产品增至12件；争取到知识产权项目11个，资助专利申请175件、地理标志申报资助2件。毕节经济开发区首次被列为全省知识产权试点园区，毕节力帆继金沙酒业之后成为毕节市第二个知识产权优势培育企业，织金县被列为县域经济知识产权战略推进工程县。

【防震减灾】 毕节防震减灾指挥中心建设稳步推进，发布简报12期、震情速报2期，发放防震减灾知识宣传资料1万册，接受咨询1000余人次；及时有效处置大方县安乐乡M2.3级地震和黔西县协和乡M2.4级地震，解除了群众的恐慌心理。市生产力促进中心通过了ISO9001：2008认证，服务能力迅速提高。搭建了毕节市科技型中小企业创新服务平台，入库企业300家，专家50多人，成果200多条，储备工业科技项目50余个。

【科技特派员工作】 一是配合省科技厅编制《毕节试验区科技特派员整体推进实施方案》及科技特派员项目向国家科技部申报，同时在全市大力推进科技特派员工作，全市有298名科技特派员和10支法人科技特派员团队深入农村和企业开展服务，创办企业71个，组建经济合作组织或专业协会44个，引进推广新技术53项、新品种62项，培训农民6.23万人次，带动农民增收1.02万户，为全市农业产业化的发展和农业科技成果转化做出贡献。

【科技宣传普及】 一是组织市直各科研所开展科技、文化、卫生“三下乡”科技宣传普及活动；二是5月21—26日组织开展了为期一周的“科技活动周”活动，发放防灾减灾、项目建设、城市管理与生活常识、种养殖等科普资料和实用技术资料3万多份(册)，接受咨询2000多人次。

【民营科技企业】 是年，毕节市民营科技企业13家，其中技工贸收入上万元的13家；从业人员1704人，年末资产总额105205万元，技工贸总收入 88398 万元。

（撰稿　刘　娟）

科协工作

【开展第十五届中国科协年会毕节市卫星会议】　根据市委、市政府的安排部署，5 月 25 日上午，在市政协会议室设立同步直播会场，组织收看了第十五届中国科协年会开幕式和大会特邀报告。有关市领导、市直有关部门负责人及科技工作者代表 205 人参加了会议；各县区设分会场，县区领导及有关部门负责人在分会场参加了会议。

【举办毕节试验区发展专题论坛】　5 月 24 日举办以“建设生态文明先行区”为核心主题的毕节试验区发展论坛。论坛邀请到中国工程院院士、北京林业大学原校长、中国林学会副理事长、北京市科协副主席尹伟伦，北京林业大学党委书记、教授、博士生导师、国家林业局生态文明研究中心主任吴斌等 6 名院士专家参加；市委常委、常务副市长胡吉宏，市委常委、市委秘书长王开俊，市人大常委会副主任王炳荣，市政府副市长袁俊杰，市政协副主席谢定敏等五位市领导出席了论坛；组织市直有关部门负责人及论文作者 65 人，各县区分管领导、政研室和林业局负责人及论文作者 49 人参加论坛。胡吉宏常务副市长在开幕式上致辞，尹伟伦院士、吴斌教授等作主题演讲，并进行互动交流，5 名参会代表作交流发言。

【组织开展系列科普活动】　组织开展“全省科普活动大联动”活动，全市开展科普进农村、进社区、进机关、进企业、进校园等系列科普宣传活动 103 场。展出展板 1800 块次、展品 390 件次，发放科普图书（资料）8.4 万余份，培训 1650 人次、接受咨询 4.5 万人次。开展“科普大篷车万里行”活动巡展 26 场，行程 1690 公里。组织毕节市第一中学等学校学生 400 余人到市科技馆观摩体验；威宁县科协组织学生到流动科技馆观摩体验 32 场，参加学生 9600 人次。

【组织院士专家报告会】　组织开展“百场院士专家科普报告黔贵行”活动，邀请中国科学院新技术开发局高级工程师陈贺能、广西师范学院环境科学系教授张新英、贵州消防协会讲师张文斌以及县区学科带头人在毕节市组织专家报告会 14 场，参加聆听人数 4650 人，其中领导干部和公务员 1550 人、中学生 3100 人。

【组织人才、技术、项目合作协议签约活动】　按照第十五届中国科协年会“全国院士专家集中援黔行动”活动的统一安排，组织开展全市人才、技术、项目合作协议签约活动，召开工作会议，落实工作任务，组织人员到企业、高等院校和科研机构进行座谈调研。全市征集到人才、技术、项目需求 174 项，签约项目 22 项，其中 8 项签约项目参加在贵阳举行的集中签约活动。

【上级领导和院士专家赴毕节调研指导】　7 月 11—13 日，中国科协领导率中国科协考察组到毕节、威宁调研。中国科协领导表示中国科协将支持威宁建草海湿地科技馆，对毕节科技馆存在的困难给以帮助，对如何开展科协工作进行指导。陪同调研的省委常委、宣传部部长喻红秋、省人大常委会副主任、省科协主席谢庆生，省科协党组书记、副主席任湘生等领导也对如何开展好科协工作进行指导。8 月 25—27 日，中国科协书记处书记、党组成员兼机关党委书记、调研宣传部部长王春法率孙鸿烈、卢耀如、刘嘉麒、吴常信、肖金成等两院院士专家赴毕节威宁考察调研。省人大常委会副主任、省科协主席谢庆生，省科协党组书记、副主席任湘生等陪同调研。王春法书记表示，中国科协将结合调研的情况，上报国务院和中央书记处，为中央的科学决策提供依据，为威宁的发展争取更好更大的支持力度。9 月 2 日，中国科技馆馆长束为一行 5 人到毕节科技馆调研指导工作，省科协副主席钱斌等陪同调研。束为馆长对毕节科技馆的工作开展给予了肯定，并对落实中国科协领导帮扶毕节科技馆的有关指示精神提出具体要求。10 月 10 日，第十二届全国人大常委、中国科协副主席、博士生导师冯长根到毕节市调研，对市科协工作进行了指导。

【加强交流学习】　市科协以市科技馆为平台，加强与省内外科协系统及相关部门交流学习。全年接待云南省委组织部领导，云南省昭通市市委常委、组织部部长纳云德，云南省昭通市市委组织部常务副部长保卫华，广东省佛山市科学馆馆长李国斌，四川省雅安市科技局党组书记、局长王锐，安顺市科协党组书记王枫林，黔东南州科协党组书记龙再冲等省内外有关领导及人员到毕节市科协、毕节科技馆参观交流考察。

【帮扶工作】 市科协开展集团帮扶、党建扶贫和干部驻村联系工作。先后多次到中建乡龙凤村和六曲河镇挂帮村开展帮扶活动，宣传学习贯彻党的方针政策、重要会议文件精神和市委、市政府的重大决策部署，帮助联系点理清发展思路、制订发展规划，指导基层群众靠科技致富，帮助解决实际问题。指导龙凤村铺设主管网，解决村民饮水困难问题；支持中建乡中果河社区、龙凤村“美丽乡村建设”补助经费4.5万元；慰问龙凤村小学发放资金3000元；走访慰问龙凤村贫困老党员，发放慰问金1000元；无偿发放4700株总统李树苗和500株无籽刺梨树苗给赫章县六曲河镇永兴村村民；支持黔西县乌骡坝村价值8万元的果树苗2万株，并邀请专家对村民进行科技培训。向联系点发放市科协编印的《农村实用技术汇编》600本，农村实用技术科普丛书860本；科普挂图2200张；《社区科普知识丛书》1000余套。

【推进《全民科学素质行动计划纲要》的实施】 制订《毕节市2013年全民科学素质工作实施方案》和2013年市对县区和市直成员单位的全民科学素质工作考核指标。调整领导小组成员，召开毕节市全民科学素质工作领导小组第二次会议，安排部署2013年及“十二五”全民科学素质工作，市人民政府与9个县区签订了《毕节市“十二五”期间落实全民科学素质行动计划纲要工作目标责任书》，结合第十五届中国科协年会毕节市卫星会议系列科普活动、“三下乡、四进社区”、科技活动周、全国科普日、青少年科技创新大赛等活动，推进未成年人、农民、城镇劳动人口、领导干部和公务员、社区居民等五类重点人群科学素质行动，保障实现省人民政府下达给毕节市“到2015年，毕节市公民具备基本科学素质的比例达到3%”的目标。

【开展“百万公众网络学习工程”活动】 印发《2013年毕节市“百万公众网络学习工程”活动实施方案》。将“百万公众网络学习工程”活动纳入2013年全市科协重点工作，纳入市、县区全民科学素质工作领导小组成员单位的年度目标考核内容，推进全民科学素质工作顺利开展。加强站点建设督导工作，积极与市农委、毕节学院、市职业技术学院、毕节一中等单位联系、协调，努力推进网络测试工作，全市参加网络测试人数达105591人，中奖256人。

【开展重点科普宣传活动】 一是参加市委宣传部牵头组织开展的“三下乡”“情暖乌蒙”示范活动。1月16—22日，市科协参加七星关区朱昌镇、黔西县谷里镇、大方县黄泥塘镇等宣传活动，发放科普图书4000份册，展示科普展板120块次。二是参加“5·12”防震减灾日宣传活动。市科协按照让公众“识别灾害风险，掌握减灾技能”的要求，组织有关单位学会科技工作者60余人，在毕节市人民公园向市民宣传食品安全、防震减灾、卫生防疫等科普知识。向市民发放科普图书700余本、宣传资料2000余份。三是开展“全国科技活动周”活动。5月24日上午，市科协在市人民公园围绕“科技创新 美好生活”主题，向市民宣传食品安全、传染病防控等科普知识，发放《社区科普知识丛书》500余套，《毕节科普》杂志50余本。四是参加全国食品安全宣传周宣传活动。6月17日，市科协利用科普大篷车车载展板，对相关法律法规、假劣食品辨识、食物中毒预防等知识进行宣传，发放宣传资料800余份，2.5万人次参加了活动。五是组织开展全国科普日活动。市科协与市教育局、市环保局联合转发《关于举办贵州省2013年全国科普日活动的通知》，对活动作出具体安排。9月14—18日，市科协紧扣“保护生态环境，建设美丽中国”活动主题，在市人民公园、七星关区大新桥办事处小河村、朱昌中学、大方县和谐广场、毕节职业技术学院及市科技馆等地组织开展科普宣传、科普讲座、科技咨询、参观市科技馆等科普进农村、进社区、进校园系列科普活动。据不完全统计，全市发放科普宣传资料70万余份（册），观展1.8万余人，组织科普讲座和培训190余场，参听参训人员2.5万余人次，接受义诊群众9600余人次。

【编印科普图书资料】 编印《毕节科普》杂志开展科普宣传，出刊4期4000册，刊出科普知识文章120篇，科普活动报道文章（图片）60余篇幅。发放全市各乡镇、办事处、科普示范村及有关单位和领导；编印《社区科普知识丛书》1.07万套，《农村实用技术科普丛书》1.2万套，《科普宣传挂图》2.1万张，向公众免费发放进行科普宣传。

【实施“基层科普行动计划”项目】 按照中国科协、财政部有关组织开展2013年“基层科普行动计划”项目推荐工作的精神和要求，组织开展项目的申报推荐工作。经市科协和市财政局组织初评，推荐毕节市金沙县官田乡水产健康养殖协会等申报项目12个，其中，毕节市金沙县官田乡水产健康养殖协会等8个项目获中国科协、财政部表彰，获项目资金130万元。推荐威宁县迤那镇中海村种植养殖专业技术协会、纳雍县万寿玛瑙红樱桃科普示范基地、大方县鼎新彝族苗族白族乡长丰村科普带头人陈合秀作为项目实施典型案例报省科协。

【科普项目申报】 一是按照省科协有关2013年度科普项目申报工作的安排和要求，在全市组织开展科技致富“二传手”培训工程项目和科技扶贫项目的申报工作。经审核评选，向省科协推荐申报赫章县畜牧业“二传手”培训项目等4个科技致富“二传手 ”培训工程项目和大方县鼎新乡和平村“站、栏、员”建设等10个科技扶贫项目，均获省科协批准实施，获项目资金30万元。二是申报和实施科普示范社区项目。组织申报七星关区市东办事处水西田社区等3个社区参加创建“贵州省科普示范社区”活动。市科协按照创建标准3个社区的创建工作加强指导。受省科协的委托，10月28—29日代省科协对创建单位进行验收，并报省科协建议均给予验收合格。

【组织青少年参加科技竞赛】 组织全市3000多名青少年参加第28届贵州省青少年科技创新大赛，参赛作品325项，初评出230项作品上报省大赛组委会，获省青少年科技创新成果竞赛项目一等奖3名、二等奖20名、三等奖58名；科技辅导员科教创新成果竞赛项目一等奖3名、二等奖6名、三等奖15名；科技实践活动一等奖1名、二等奖1名、三等奖4名；少年儿童科学幻想绘画二等奖2名、三等奖20名；七星关区教育局和大方县科协获优秀组织奖。毕节一中学生李睿齐的“咖啡型苦荞饮料”和大方四中科技活动兴趣小组“科学饮食，健康伴我”项目，分别获第28届全国青少年科技创新大赛三等奖。

【开展生物学联赛】 组织本市1551名学生参加2013年贵州省中学生生物学联赛，选拔出88名学生参加复赛，获一等奖2名，二等奖17名，三等奖31名。

【青少年信息学奥林匹克联赛】 组织15名中学生参加第19届全国青少年信息学奥林匹克联赛初赛，4名学生取得参加贵州省的复赛的资格。

【开展青少年科学调查体验活动】 组织青少年参加开展“节约粮食，从我做起”青少年科学调查体验活动，参加人数6401人、报道11篇、活动图片60张，居全省第一。选送5幅小学生的太空画作品参加全国太空画创作大赛暨全国第五届太空画展。

【举办毕节市第一届青少年科技创新大赛】 10月26—27日，市科协联合市教育局、市科技局、市环保局、市文体广电局、团市委、妇联等七家单位共同主办毕节市第一届青少年科技创新大赛。由11位专家组成的评审委员会对全市8县区报送的337件参赛作品进行初评，评选出75件作品参加终审决赛。经过选手答辩、作品公开展示等程序，评选出青少年科技创新成果项目一等奖13项、二等奖25项、三等奖35项；科技辅导员科教创新成果项目一等奖5项、二等奖12项、三等奖13项；科技实践活动一等奖1项、二等奖3项、三等奖3项；少年儿童科学幻想绘画一等奖6项、二等奖10项、三等奖22项；优秀组织奖3项。

【组织中国流动科技馆巡展】 组织开展中国流动科技馆“体验科学”巡展工作。在毕节市大方县、七星关区、威宁县、赫章县、纳雍县分别开展为期两个月的巡展，全市公众近28万人次参观了亲身“体验科学”巡展。

【推进科技馆建设工作】 完成展教工程布展项目，展示辅助系统、四维影像展示系统和展品的安装、调试工作，以及科技馆工作人员服装验收和展品、布展、4D影院、辅助系统的预验收工作。加强制度、机制建设和工作人员的培训工作。4月12日启动试运行以来，接待参观人数6000余人次。

【科普示范基地和教育基地建设】 加强周驿科普示范基地建设，增建无籽刺梨示范园25亩。开展第二批“贵州省科普教育基地”创建工作，推荐毕节市畜牧兽医科学研究所申报第二批“贵州省科普教育基地”，已获省批准实施。

【开展全国科普示范县（市、区）中期评估】 根据《中国科协办公厅关于开展2011—2015年度全国科普示范县（市、区）中期评估工作的通知》精神和省科协的安排，毕节市科协按照《全国科普示范县（市、区）创建工作手册（2011—2015年）》相关要求，对毕节市七星关区、大方县、黔西县、金沙县、威宁县五个县区进行了中期评估。5个县区均有效地推进全国科普示范县区动态管理，列入财政预算的科普专项经费达到要求，持续加强科普能力建设和强化五个重点人群科普工作，不断增强科普示范功能，亮点成果突出，各有特色，科普示范作用显著。

【全市农村专业技术协会组织建设】 根据贵州省科协《关于加快贵州省农村专业技术协会组织建设的通知》精神，市科协成立由主要领导任组长的毕节市农技协联合会筹备工作小组，下发《关于成立市农村专业技术协会联合会的通知》，于11月28日召开会员代表大会成立毕节市农村专业技术协会联合会。七星关区、大方县、纳雍县已成立农技协联合会。

【成立毕节市老科技工作者协会】 12月26日，毕节市老科技工作者协会成立大会在七星关区召开。市委书记张吉勇对市老科技工作者协会工作作出批示，市委常委、市委秘书长、市委宣传部部长王开俊、原毕节地区政协工委主任孙仁培，市人大常委会副主任王炳荣，市政协副主席肖远福，原毕节地区政协工委副主任张志侠，市科协主席李典学等出席会议。会议由副市长冉霞主持。大会审议通过毕节市老科技工作者协会章程，选举产生第一届领导机构，孙仁培当选会长并作讲话，王开俊秘书长为毕节市老科技工作者协会授牌。

【开展十二届省青年科技奖推荐】 根据省委组织部、省人社厅、省科协《关于开展第十二届贵州省青年科技奖推荐与评选工作的通知》精神，在全市范围内组织开展第十二届贵州省青年科技奖推荐与评选工作，收到市农委肖莉等7人的申报资料。经组织评审，推荐肖莉和林龙利为毕节市第十二届贵州省青年科技奖候选人报省科协。

【举办2013年学术交流活动】 10月22日上午，毕节市科协举办2013年学术交流活动学术交流会议。本次活动征集到论文59篇，其中建言献策论文11篇。获表彰论文54篇，其中：一等奖3篇，二等奖5篇，优秀奖46篇。会上，陈焰犊等6名论文作者进行交流发言。

【提升科技工作者素质】 组织推选1名教师参加6月2—7日在北京农业职业学院培训中心举办的全国青少年科学影像节活动骨干辅导教师培训班。推选3名教师参加6月3—7日在北京航空航天大学继续教育学院举办的科学实践活动骨干教师培训班。组织参加贵州省第21届科技辅导员征文活动，征集论文54篇，报送贵州省青少年科技辅导员协会评审。

（撰稿　周云祥）

农业科研

【概述】 毕节市农业科技研究所在市委、市政府和上级主管部门的领导下，在全所干部职工的共同努力下，坚持以“十八大”精神为指针，全面贯彻落实十八届二中全会、三中全会、国发2号及国办函〔2013〕35号文件精神，坚持“科研立所、开发强所、人才兴所”的工作思路，以“出人才、出成果、出效益”为工作目标，求真务实，奋力拼搏，较好地完成了年度工作目标任务：主持实施国家、省、市科研项目课题25项[国家级项目1项、省（部）级项目14项、市（厅）级项目10项]，完成5个项目课题通过相关部门验收；育成粳稻新品种“毕粳45”通过省农作物品种审定委员会审定；承担国家级农作物品种区域试验9个、省农作物品种区域试验8个；玉米、马铃薯、水稻、小麦共提供7个品系（组合）参加2013年省区试验；在省级以上刊物发表科研论文30篇；获省科技进步三等奖2项，市科技进步二等奖1项、三等奖2项，省农业丰收二等奖2项。

【玉米研究】 提出“黔西北玉米不同种质单倍体诱导及二倍化方法研究”和“玉米体细胞胚发育调控及遗传物质变化对人工种子生长发育的影响”获省自然科学技术基金资助、“玉米抗穗粒腐病MAS聚合育种研究”获市科技计划资助；被列为“贵州省现代农业产业技术体系玉米产业毕节综合试验站”；提出“毕节试验区玉米产业科技创新人才团队”获市人才工作领导小组命名和授牌。承担并完成省农业攻关计划项目“黔西北高寒山区玉米优异种质创新及利用研究”和市科技计划项目“优质高产杂交玉米新品种的选育”年度目标任务。承担完成国家普通玉米品种试验（西南春玉米组）四组（一、二、三、四组）和省玉米品种区域试验五组（B组、C组、D组、G组、鲜食玉米组）。育成“毕试1201”参加省高山组玉米新品种区域试验，“BN2012-17号”参加省糯玉米杂交种区域试验。承担完成省科技成果重点推广计划项目“毕单18号高产配套栽培技术示范与推广应用”于8月27日通过省科技厅组织有关专家组成的专家组的验收。在《作物学报》、《中国农学通报》等省级及以上公开发行的刊物上发表科研论文10篇，其中“基于多重相关RIL群体的玉米株高和穗位高QTL定位”一文入选中国精品科技期刊顶尖学术论文平台，即F5000（领跑者5000）。

【马铃薯研究】 承担完成“国家马铃薯产业技术体系毕节试验站”、国家星火计划项目子项“毕节地区脱毒种薯繁育及优质鲜薯周年生产产业化示范”、省成果推广计划项目“高淀粉马铃薯新品种毕薯3号示范”、市马铃薯产业科技联合专项“马铃薯新品种毕薯4号配套高产栽培技术研究”和市科技计划项目“马铃薯实生种子脱毒应用效果及繁育技术研究”及“毕节市马铃薯产业人才团队建设”年度计划任务。完成毕节市马铃薯联合专项“脱毒马铃薯基础种薯规模化繁育技术研究”于3月15日通过市科技局组织的专家组的验收；省农业攻关计划项目“马铃薯抗旱资源鉴选及抗旱栽培技术研究”和国家科技成果转化资金项目“毕薯系列马铃薯新品种转化及利用”分别于8月27日—12月16日通过省科技厅组织的专家组的验收。提出“马铃薯新品种毕薯5号示范推广”获省成果重点推广计划资助、“马铃薯新品种标准化良种种植技术推广示范”入选省法人科技特派员项目、“贵州省马铃薯晚疫病菌生理小种鉴定研究”获省科学技术基金资助、“高产马铃薯新品种毕薯5号配套技术研究与示范”获省动植物育种专项资助；被列为“贵州省现代农业产业技术体系马铃薯产业毕节综合试验站”；提供马铃薯优良品系BP05003参加省马铃薯区域试验和生产试验。完成“高淀粉马铃薯新品种毕薯3号选育及示范应用”获省科技进步三等奖、“脱毒马铃薯推广应用”获省农业丰收二等奖、“脱毒马铃薯基础种薯繁育与应用”获市科技进步三等奖。发表科研论文13篇。

【水稻研究】 完成省科技成果重点推广计划项目“毕粳43新品种示范推广”于6月25日通过省科技厅组织的专家组验收。承担并完成省重大科技专项“贵州特有水稻种质资源优异基因克隆及育种技术研究应用”子课题“水稻新品种选育、适应性分析与示范”及市科技计划项目“水稻种质创新及新品种（组合）选育研究”年度目标任务。提出“毕粳44新品种示范推广”申报并获省科技成果重点推广计划资助。育成粳稻新品种“毕粳45”通过省农作物品种审定委员会审定。提供BJ1201、BJ1202、GZ01、ZDA/NR210等4个品系（组合）参加省粳稻品种（组合）区域试验。承担完成省粳稻新品种（组合）区域试验、省水稻区试品种（组合）耐冷性鉴定和省粳稻区试品种（组合）抗稻瘟病自然鉴定。完成“粳稻不育系BJ-1A及其组合毕粳杂2035选育研究”和“优质高产粳稻新品种毕粳43选育与示范”分获市科技进步二、三等奖。在《湖北农业科学》等刊物上发表科研论文5篇。

【特色杂豆研究】 提出“贵州省特色杂豆科技创新人才团队”入选第六批省科技创新人才团队，成为毕节市第二支省级科技创新人才团队；“芸豆新品种选育及配套技术集成与示范”获省农业攻关计划资助；“普通菜豆资源鉴定编目与扩繁入国家长期库和中期库”和“西南区燕麦高产栽培技术研究及栽培技术规程制定”分别得到中国农业科学院作物所和成都大学支持。承担完成“国家现代农业产业技术建设食用豆产业技术体系毕节综合试验站”年度目标任务。育成并提供BY-1202、BY-12-03、BY-12-06、BY-12-07参加省芸豆品种区域试验。

【药用植物研究】 承担完成国家星火计划子项“中药材等实用技术培训”，省长基金项目“赫章桃叶型半夏配套栽培技术研究与示范”，省中药现代化专项“赫章半夏良种繁育基地建设”“金荞麦优良资源培育及栽培技术研究”“濒危药用植物金铁锁优良种源鉴选及GAP关键技术研究”，市科技计划项目“药用植物半夏选育研究”“半夏黑麻芋种源繁殖配套技术研究”“瓜子金野生资源收集和繁育技术研究”年度目标任务。

作为项目合作单位提出“百合产业开发关键技术研究”“丹参引种筛选及种子繁殖技术研究”获市科技计划立项支持。在《贵州农业科学》等公开发行刊物发表科研论文4篇。

【蔬菜研究与示范】 完成国家星火计划项目《蔬菜设施及露地反季节栽培技术集成与示范》于10月22日通过省科技厅组织有关专家组成的专家组的验收；“贵州山区食用菌高产高效栽培示范”获省农业丰收二等奖。完成“野生蔬菜资源收集鉴定与栽培技术研究”验收材料报市科技局待验收。作为合作单位提出“七星关区朱昌镇无公害蔬菜基地”获省农委星火蔬菜发展专项资金项目资助；“毕节大白萝卜标准化生产技术研究与示范”获市科技计划立项资助。发表科研论文2篇。

【山区现代农业科技示范园区建设】 “七星关区现代高效农业示范园区”和“黔西县水西观光农业示范园区”均是省100个现代高效农业示范园区之一；“草海泰丰现代农业科技示范园”则是省100个现代高效农业示范园区中的重点园区“威宁县脱毒马铃薯产业示范园区”的核心区。“草海泰丰现代农业科技示范园”和“水西山区现代农业科技示范园”分别于7月26日、11月2日建成开园。“七星关现代高效农业示范园区”已完成近7万平方米的马铃薯、蔬菜等温室大棚建设，园区主干道、次干道一期工程基本完工，物流中心、停车场碎石回填接近尾声，启动了园区观赏水系、水上乐园、荷花池等基础开挖工程，基本建成农业科研试验基地。已投入征地、建设等资金8000余万元。10月份开始启动农耕文化广场、生态餐厅、现代化智能温室和园区景观绿化工程。启动泰丰农业科技示范园的改造工作，通过引资，建成了泰丰水晶游泳馆。

【科研平台】 新组建了茶叶研究室。整合资源、项目，筹建了毕节市农业科学研究所农业生物工程实验室、马铃薯重点工程实验室和特色作物组培室。现已完成实验室基建工程，新购置仪器设备50多台（件、套），完成投资近80万元。实验室主要开展作物分子育种、组织培养、土壤及农产品检测等实验研究。对毕节农业科技信息网网站的硬件和软件进行了维修、改造和升级，进一步提高了本所信息传递与使用效率。编辑出版了内部刊物《山区现代农业》。利用毕节农业科研信息网加大对市农科所科研项目、成果的宣传，2013年上传动态新闻21则，图片新闻13则，网站其他板块上传信息30余条。

【人才队伍建设】 在人才引进方面，2013年，市农科所通过引进高层次人才和急需紧缺人才、简化程序招聘紧缺和急需专业技术人员，引进6名硕士研究生到所工作。科技人员中，有2人获得研究员（正高）、3人获高级农艺师（副高）、7人获助理研究员（中级）、1人获农艺师（中级）任职资格，科技人员队伍结构更趋合理。

（撰稿　梅　艳）

畜牧兽医科研

【概述】 2013年，毕节市牧科所科研重点围绕解决毕节市草地生态畜牧业建设的关键技术问题，着力开展地方畜禽品种选育与开发和养殖新技术研究应用，坚持开拓创新、服务三农，加强研发能力建设、学科建设、人才队伍建设，加大对外科技合作与交流，不断提升自主创新能力，为促进草地生态畜牧业发展作贡献。一年来，认真贯彻落实十八大文件精神，努力争取科研项目课题和提高完成质量，在技术研究与推广应用上取得可喜成绩。新上项目课题4个（其中省科技项目1个、市科技项目3个），在研项目16个，获全国农业丰收奖三等奖1项，毕节市科技成果转化奖二等奖1项，毕节市科技进步三等奖2项，在省级以上刊物发表科研论文14篇（其中SCI收录3篇，中文核心期刊5篇）。

【养牛研究】 承担实施“十二五”国家现代农业产业技术体系建设“国家肉牛牦牛产业技术体系毕节综合试验站建设”项目，在毕节市七星关区、大方县、金沙县、织金县和纳雍县指导建成规模肉牛养殖示范场户21个，研究应用肉牛冷冻精液人工授精技术、高产牧草与菜籽秸饲喂肉牛技术和疫病控制技术，开展威宁黄牛选育与杂交利用示范，带动规范毕节市肉牛规模养殖技术，年出栏10头以上场户达268户，出栏肉牛效益提高15%～30%，规模养殖比重10%以上，与全省比较高出1.2个百分点。举办专项技术宣传活动8场次，技术培训6期，培训2000

人次，试验站积极参与“万名专家服务基层行动计划”和“博士后西部服务团”活动，邀请中国农业科学院博士后苏华维到毕节指导肉牛养殖及实验室建设，并与毕节市养牛业发展技术合作搭成共识。

【养羊研究】 国家农业科技成果转化资金项目“贵州黑山羊选育成果转化与高效养殖技术示范”2013年，初步建立了纳雍县雍熙镇、王家寨镇、左鸠戛乡及威宁县盐仓镇、雪山镇等5个示范点。通过提纯复壮，强度选育，选择淘汰，优良种公羊的推广，品种整齐度大幅度提高，据测定，核心群周岁公、母羊体重分别为28.85±3.72公斤、26.21±3.95公斤，成年公、母羊体重分别为38.12±4.63公斤、33.86±5.72公斤。商品生产群周岁公、母羊体重分别为26.59±3.68公斤、24.09±4.60公斤；成年公、母羊体重分别为37.23±4.11公斤、33.86±6.71公斤；产羔率为149.21%，羔羊成活率达92.68%。项目覆盖养殖户1526户，养羊22915只，推广优质肉羊35268只。种草17300亩，圈改17160平方米。技术培训、咨询指导1070人次，在中文核心期刊发表研究论文6篇。《贵州黑山羊高效养殖配套技术研究与示范推广》成果，获全国农牧渔业丰收奖三等奖，《岩溶坡草地建植可持续利用技术集成与示范》成果，获省农业丰收奖二等奖。《贵州半细毛羊的选育》项目在威宁县种羊场、市牧垦场及威宁盐仓、赫章兴发和松林组建核心群、扩繁群3278只，组建商品生产群3557只，总体建成优良品种群6835只。出栏推广半细毛羊7326只，产毛41010公斤。通过不断的选种选配，选育点抽样测定，选育工作取得明显成效。与项目实施前比较，周岁公、母羊体重分别提高6.54%、6.32%，成年公母羊体重分别提高5.73%、6.69%，产羔率、羔羊成活率分别提高8.2和11.94个百分点，羊毛剪毛量提高21.75%。申请国家发明专利1件，并获受理，技术培训150人次，发表中文核心期刊3篇。

【养猪研究】 “可乐猪新品系选育研究”课题，在毕节金海生猪养殖场开展了育肥实验，根据实施方案进行了继代种猪的选留，部分种猪的购置等。为避免近交现象，从赫章仁达公司示范点调换了2头种公猪到毕节金海生猪养殖场，同时由毕节金海公司生猪养殖场选留2头种公猪给赫章仁达公司示范点，保证了两个示范点的选育工作顺利进行。

【养禽研究】 科特派项目《纳雍县姑开乡优质肉鸡适度规模养殖基地建设》本年度出栏优质肉鸡30000只，实现销售收入180万元，利润30.00万元；出栏乌蒙乌骨鸡7000只，实现销售收入49.00万元，利润8.40万元；出栏商品猪120头，实现销售收入36.00万元，利润4.80万元。以上合计实现销售收入265.00万元，利润43.20万元。项目实施中引进企业参与，与贵州壹号食品有限公司签订了合作协议，通过公司+科研所+基地+农户的运作方式，确保产品与市场顺利接轨，并通过林下养鸡、大棚养鸡、种草养鸡等方式，生产无公害商品鸡，实现了产品的优质优价和保护环境，生态和社会效益日渐凸显。《高寒山区蛋鸡标准化养殖模式研究》项目：建立以牧科所庙湾鸡场为核心示蒸场、纳雍县沙包乡李丽蛋鸡场、大方县高店乡安兴蛋鸡示范场为示范推广点，年养殖规模达2万只，年新增效益20万元以上。示范场蛋鸡发病率控制在5%以内、平均产蛋率为80%，料蛋比2.25～2.50；6周龄育雏成活率和群体均匀度分别达90%～88%以上。建成一套适合高寒山区标准化养殖模式。现代标准化规模化蛋鸡养殖要求按“153”模式进行，即1人、1栋鸡舍饲养5000只蛋鸡。在金沙禹漠、纳雍乐治建立了3万羽优质蛋鸡的中试基地，筛选出适合高寒山区的优良蛋鸡品种如：罗曼粉、罗曼褐、力克等品种。《威宁黄鸡》项目初步掌握了威宁鸡的存量和主要分布情况，在威宁龙街，雪山征集威宁鸡1200只，公母比例1∶10，建立初始群，探索防治原始鸡群的疾病工作，完初始群体尺测定。组建0世代，通过初始群种蛋孵化，分三批建立了选育0世代群体，其中黄羽威宁鸡320只，黑羽威宁鸡160只，麻羽威宁鸡360只，现第一批和第二批已进入育成阶段，第三批进行第8周龄。对育雏和生长期有鸡实施13周龄各种体重跟踪记录，饲料消耗和料肉比记录。

【研发能力建设】 一是服务机构建设：2013年毕节市牧科所职业技能培训中心在大方、金沙、黔西等县四个乡镇开展农民工的养殖技术和实操技能培训，共培训人数300人，增强了农民工的畜禽养殖就业技能，完成市人社局下达的培训指标任务。二是人才队伍建设：2名硕士研究生分别考取攻读甘肃农大和贵州大学博士研究生，1名晋升高级职称，3名晋升中级职称；参加省内外学术交流活动6次。三是科普活动：参加由市宣传部、市科技局和市科协举办的科技下乡、科普宣传活动3次，咨询、指导农户700余人次；参加市委组织部组织的远教知识培训4次，培训1500余人次。

【贵州省畜禽科普基地建设】 2013年，毕节市牧科组织申报第二批贵州省科普教育基地创建单位，顺利通过了省科协、省科技厅组成的由贵州师范大学副校长乙引任组长，省科技厅政策法规处调研员景仲平、省科协科普部副部长王利波为成员的检查组对本所畜禽繁育、疾病诊断等实验室和科研示范场的验收，是毕节市第一家获得省科协和省科技厅命名的省级科研所畜牧科普教育创建基地，这将成为毕节市养殖农户进行技术培训和科技示范以及大专院校实习和实践培训的良好科普教育场所。

（撰稿　欧茂均）

食品药品检验

【食品药品检验】 2013年，完成食品药品检验891批次。其中：毕节市局及各县局抽验药品为600批次，贵阳市局抽验药品为70批次，食品200批次，委托检验药品19批次，复验药品2批次。

【搬迁及资质认定工作】 毕节市食品药品检验所2013年6月从毕节市七星关区天河路104号搬迁到贵毕路3号。全年完成实验室资质认定（计量认证）复查、扩项评审、食品检验机构资质认定评审、实验室资质认定（地址变更）、食品检验机构资质认定（地址变更）认定评审工作。通过省评审专家一致认定，毕节市食品药品检验所管理体系文件具有可操作性，运行正常。实验室在样品管理、设备配置、人员能力、环境设施等方面做得较好，所出具的检验报告均符合要求，具有承担第三方公正性检测工作能力。取得药品、化妆品、医疗器械、生活饮用水四大类188项参数（其中92项为扩项）的认定。在食品检验机构资质认定中取得食品、食品中农药残留、食品中兽药残留、食品相关产品、保健食品五大类156项参数的认定。检测范围从单一药品扩展为药品、医疗器械、食品、保健食品、化妆品等九类，参数由96项扩展到344项。标志该所的检验检测能力已达到一个新的高度，执法支撑能力得到大幅度提高。

【硬件建设工作】 一是实验室环境有了质的变化，本所新址建筑面积2100平方米，按照检测实验室的功能要求，进行合理的划分和装修，检验检测条件得到改善。二是检验工作得到贵州省食品药品监督管理局支持。配发高效液相色谱仪2台、紫外可见分光光度计1台、顶空进样器1台、自动定氮仪1台、微量电子天平1台、自动微生物鉴定及药敏分析系1台、原子荧光分光光度计1台，共计210.24万元的仪器设备，检验检测能力提高。

【科研工作】 一是喀斯特山区地道中药材半夏规范化种植技术研究与示范课题，获得贵州省科学技术进行三等奖。二是新开展高效液相色谱仪蒸发光散射法检测药品成分、原子荧光法检测食品中重金属等检验检测项目。在市级以上刊物发表了“高效液相色谱法同时测定小儿酚氨咖敏颗粒中3种组分的含量”“为人民群众饮食用药安全提供保障”2篇论文。三是利用检验技术优势，为辖区涉药单位开展药品检验技术服务，为毕节市经济社会发展做出应有贡献。

（撰稿　肖　敏）

文　化

文学艺术

【概述】 2013年，毕节市文联坚持以邓小平理论和“三个代表”重要思想、科学发展观为指导，贯彻落实党的十八大精神，坚持“二为”方向、“双百”方针和“三贴近”原则，围绕试验区三大主题，团结动员广大文艺工作者，创新工作方法，围绕中心、服务大局、面向基层、服务群众，推动了毕节试验区文化事业的大发展大繁荣。

【推动精品创作】 是年，《高原》出版6期，刊登各类文学作品90多万字。出版《彝族文学报》12期，编辑出版《贵川渝三省市四市区书法作品集》《乌蒙之音——毕节市创作歌曲集》等多部文艺作品。胡家勋的《贵州彝族民间音乐卷》获中国音协“金钟奖”（ 理论类）金奖。曹永短篇小说登上全国重点文学刊物《人民文学》，作者被评为“人民文学之星”。杨元德摄影作品《韭菜坪惊雷》入展全国24届国展，实现毕节摄影界零的突破。市文联邀请贵州省著名作家欧阳黔森等撰写完成反映毕节试验区建设发展历程的长篇报告文学作品《跨世纪方舟》。周正军主持申报的贵州省艺术规划课题《神奇的乐语世界—苗族芦笙词考察研究》获批准立项，这是近年来毕节市音乐研究项目申报工作的重大突破。

【展赛成绩喜人】 组织参加的各级大赛取得骄人成绩：在各类文艺展演中，市艺术家邓广荣版画作品《多彩无声曲》入选中国美协第十二届全国版画展；雷俊芝入展中国第三届青年书法篆刻展；吴维亮入展首届“西狭颂”全国书法大展；曲艺家张维柱编排的月琴弹唱节目在第五届全国少数民族曲艺展演中获全国二等奖；赵刚获第五届贵州省茫父杯一等奖；在第五届“多彩贵州”音乐作品创作大赛中《杜鹃花开》等2件作品获一等奖，《你若在》等4件作品获二等奖，《美丽毕节》等6件作品获三等奖；在贵州省委宣传部、省文联举办的专业文艺奖评选活动中，曹永短篇小说《龙潭》获小说类三等奖，王明贵作词、周正军作曲的声乐作品《奢香》或声乐作品二等奖，姜太智、罗乐编写的小品《盘妻》获剧本类三等奖，杨元德《韭菜坪惊雷》获摄影艺术类一等奖，张维柱编导的作品《厅长哥哥下乡来》获曲艺作品二等奖；杨嵩荣获流行唱法二等奖、赵雪获民族唱法三等奖；在贵州省文联举办的“贵州省金钟奖声乐选拔”活动中，许钰、李奎分别获民族唱法、美声唱法三等奖；胡家勋、周正军、付勇军承担的“贵州省第五届少数民族文艺汇演”毕节市参赛剧目—大型彝族婚俗歌舞诗《阿媚恳》获全省表演金奖；岳红霞剪纸作品《阿妹出嫁》获第四届中国剪纸艺术节暨“王老赏杯”铜奖，《神鹤》获首届中国“吉祥鹤城·中瑞杯”窗花剪纸大赛金剪刀奖；在“祖国好·家乡美·我的中国梦诗文书画大赛”中，毕节市学生获2个一等奖，1个二等奖，3个三等奖；在世界华联主办华音杯音乐大赛中魏子沛获小提琴少儿组金奖等。

【重大工作任务】 5月组织全市曲艺工作者20余人深入大方、金沙、七星关区等工业园区采风，创作了大量优秀曲艺作品，经市曲艺家协会统一整理后，发表在毕节日报等刊物上，部分作品还登上《贵州剧作》；6月举办2013多彩贵州歌唱大赛毕节市选拔赛决赛，比赛分流行、美声、民族、原生态4组，每组10人共40人，评出了一等奖1名、二等奖2名、三等奖3名、优秀奖4名。8月，组织全省摄影爱好者到毕节小河风景区、大方儿洞天等地开展采风创作；9—12月组织一支30余人的采风队伍在百里杜鹃、大方、黔西等地开展"美丽乡村·同步小康"采风活动，创作相关的曲艺节目经评奖编排后在毕节电视台进行展演。

【文艺交流】 推进艺术家队伍建设，在保证创作质量的同时为文艺家采风、创作等提供条件。6月开展贵、川、渝三省(市)四市(区)书法联展，促进了地区与地区之间的书法艺术交流，同时给毕节市书法爱好者提供了一次丰富的书法艺术大餐；7月举办毕节市生态摄影展。先后召开了全市小说研讨会、曲艺创作研讨会、"大型交响合唱《磅礴乌蒙》——毕节试验区组歌"创作研讨会、全市作家参加高原笔会、80后90后作家作品研讨会等；扶持市内年轻作家、诗人，在《高原》连续几期推出专号刊载他们的作品，为年轻的作家提供展示自我的平台；12月9—15日组织毕节市美术家协会赴毕节各县区风景点采风。邀请著名作家《山花》杂志社副主编谢挺、著名曲艺家阮居平等到毕节开展讲座，推动毕节艺术创作的发展。

【惠民活动】 凝聚艺术人才，推进各类群众文化活动开展，为营造积极、健康、向上的试验区文化氛围做贡献。4月，在飞雄机场通航之际，组织美协、书协和摄协承担机场大厅的布置和美化任务；7月，承担并完成了朱昌镇双堰村村委会文化墙和室内字画装饰的文化建设任务；8月应深圳市文联的要求，承接一个15人组成的采风团到毕节开展为期一周的采风创作活动。各县区利用"三下乡""廉政文化下基层""市老年书画艺术节"等活动载体，以舞蹈、歌曲、方言小品等形式为群众送去精彩的文艺展演。市摄影家协会按照中国摄影家协会的通知要求，组织开展"万名摄影志愿者万幅作品送万家"文化公益活动，摄影志愿者装裱制作300余幅作品赠送给基层群众或基层文化机构，并免费为留守儿童、留守老人拍照赠送。市音乐家协会组织会员深入生活，深入群众，服务群众，全年组织各类活动20余次，培训750余人次，石应宽先生以音协名义分别向朱昌中学、海子街中学、林口中学捐献钢琴1台、提琴4把、二胡6把；市书法家协会春节期间在全市范围内组织义务写春联活动30余次，300余人次参加，书写春联近3万幅，参加各类联谊活动为群众创作书法作品200余件，丰富了市文化艺术生活；市戏剧曲艺家协会举办2次大规模的赛事，组织180余件作品参加各类比赛，取得较好成绩，推动毕节曲艺文化的发展。

【创新宣传】 配合市委、市政府宣传试验区取得的辉煌成就，以各种不同方式合力推动文艺创作活动蓬勃开展。继续扶持中青年艺术家作品出版，把握好导向，确保成熟一部出版一部；以《高原》杂志为平台，发挥刊物在文学人才队伍建设中的独特作用，以发现和培养文学新人为己任，在追求办刊质量上下功夫，4月份组织毕节市优秀青年作家参加笔会交流，利用《高原》3、4期进行重要作家作品刊载；与市外优秀的杂志开展交流学习，组织专家指导各县区文艺刊物的出版；抓好川滇黔三省彝区联办的《彝族文学报》编辑出版工作，使之成为全国彝族地区文化宣传的精神阵地，是年编辑出版12期，为宣传推介交流工作搭建平台。举办《共圆毕节梦·唱响试验区——原创音乐专辑作品》征集评选活动，为贯彻国办函35号文件精神、进一步唱响毕节、提升地域的文化影响力、打造毕节试验区特色艺术文化品牌、丰富人民群众精神文化生活宣传造势。

【组织建设】 加强组织建设，履行"联络、服务、协调"的职能，探索更加有效文联管理体制和运行机制。新成立贵州省生态摄影协会毕节市分会，新增"阳山公园"贵川渝书法创作基地，黔西水西公园贵州省美术教育创作培训基地、黔西、赫章、纳雍等县成立乡镇文联10余个，加强市直各文艺家协会领导班子建设，发展会员40余名。至此，10个市直文艺家协会有会员1400余人，其中：国家级会员80余名，省级会员420余名。七星关区文联、黔西县文联、纳雍县文联、威宁县文联被评为2013年度省文联系统先进集体。

【激励机制】 精心组织两年一度的毕节市优秀文艺作品创作奖评奖活动，经市委、市政府同意将该奖项名称更名为毕节市乌蒙文艺奖，制定评奖机制，加大奖励力度，组织开展毕节市

"名人名作"奖的评选工作，发掘和培养先进典型，发挥模范带头作用、弘扬德艺双馨精神、履行人类灵魂工程师的神圣职责。

（撰稿　翟　永）

党史研究·地方志编纂

【概述】　2013年，毕节市史志办在市委、市政府的领导下，在省委党史研究室、省志办的指导下，坚持以邓小平理论，"三个代表"重要思想和科学发展观为指导，学习贯彻党的十八大及十八届三中全会、省委十一届三次会议及市的相关会议精神，贯彻落实《地方志工作条例》和《贵州省地方志工作规定》，做好党史征编宣教研、第二轮修志、《毕节地区通志》《毕节年鉴》的编纂和督察培训、读志用志工作及上级交办的各项工作，发挥史志存史、资政、育人的社会功能，为推动毕节试验区新一轮发展作出应有的贡献。

【加强学习，提高素质】　把抓好干部理论学习作为提高干部队伍的综合素质的关键环节来抓。采取集中学习和个人自学等形式，在学习邓小平理论、"三个代表"重要思想和科学发展观的同时，组织全体干部职工深入学习讨论党的十八大会议精神；学习党中央、国务院有关史志工作的方针政策；学习国务院《地方志工作条例》《贵州省地方志工作规定》以及中央、省、市史志的重要文件和会议精神，开展党风廉政建设和反腐倡廉教育。通过学习，全体干部职工对加强党史、地方志工作的重要性认识得到提高，工作的积极性得到增强，工作的原则性、系统性、预见性和创造性更加科学，运用科学理论解决各种实际问题的能力得到提升。

【编辑出版】　一是《中国共产党毕节地区历史大事记（2001—2011年）》经过增补修改、按时出版发行。二是完成《毕节党史研究》季刊1—4期征编出版工作。三是完成《毕节地区志·民族志》编纂出版任务。四是完成120万字左右，采页达60余页的2013年卷《毕节年鉴》编纂出版发行任务。

【征集编撰】　一是召开《毕节地区通志》内审会。6月28日，《毕节地区通志》内审会在市史志办会议室召开。市人大、纪工委、财政局等单位有关负责人，市史志办有关人员及修志老专家等20余人参加会议。会后，对专家、领导提出的修改意见进行梳理，对下一步征编工作作具体部署；二是按时完成《毕节史志工作》12期编辑任务，约4万字；三是完成《贵州革命史话——毕节卷》书稿上报省委党史研究室，安排部署《毕节史话》编辑工作，并落实具体任务。

【专题研究】　一是按体例规范要求完成《毕节市集体林权制度改革专题研究》；二是完成《同心思想在毕节的实践》；三是根据市政府领导安排，开展《霭翠家庭与贵州建省》专题研究。组织有关人员赴贵阳、黔南等地采访、调研、收集资料，截至年底，已完成综述等部分论文的征集和撰写工作。

【业务指导】　5—11月领导班子成员分别带领有关业务人员到各区县对党史正本、"第二轮修志""红色旅游"景点争取等工作进行调研、指导、检查、督促。8月30日，市史志领导赴纳雍史志办，对纳雍县志修编的开展情况、"革命老区同步小康行"电视系列片拍摄的相关工作、纳雍县党史正本的编写与出版、纳雍县史志办行政单位分类登记上报等工作进行调研、督导并与纳雍有关领导就二轮县志修编工作深入交换意见。

【党史宣传教育】　是年，市史志办6次组织有关人员到毕节学院、市直机关工委、本室扶贫联点等为入党积极分子及干部群众上地方党史课，其中，潘圣群主任2次应邀到毕节学院为600多名入党积极分子上地方党史课；原党史研究室主任邱亮在清明节为烈士扫墓时为市史志办干部职工上地方党史课；高隆礼副主任到本室扶贫点为村民上地方党史课。为纪念中国共产党成立92周年和中央红军长征胜利76周年，7月3日，史志办党支部组织全体党员到百里杜鹃重走长征路，接受革命传统教育。市史志办制作党员干部现代远程教育教学课件《红色毕节——党史宣传教育》，该课件为讲座与实景画面相结合、实景画面占片长三分之一以上篇幅的多角度表现方式党史教育课件；课时设计三课时，第一、三课时运用普通话讲解，第二课时采用本地方言的讲解方式，对"红色毕节"作系统宣传。课件第一课时30分钟，主题为"中共毕节地下党和红军在黔西北的革命活动”，主讲人为市史志办宣传教育科科长甘祖娟。第二课时30分钟，主题为“毕节的解放及社会主义建设初探”，主讲人市史志办副主任高隆礼。第三课时30分钟，主题为“改革开放和毕节试验区建设”，主讲人市史志办宣传教育科科员李慧芳。

【完成政协提案】 在毕节市政协2013年第一届第二次会议上，市政协委员、副主任高隆礼撰写提案提议市委、市政府修建毕节市史志馆。根据市政协第一届第二次会议及相关领导指示精神，经党组会议研究，市史志办正式向市政府申请修建毕节市史志馆 。

【地情资料利用】 一是向外界宣传毕节市地方志全文数据库的使用途径、使用方法；二是向各级领导、各单位赠送志鉴，向有关单位赠送《大定府志》100余册；三是与省外、区外修志单位交换志鉴，丰富志鉴收藏，是年，与四川叙永、贵州习水史志办交换志书23种23册；四是与市信息中心联系，筹划地方志全文数据库进入毕节市政府网站。

【召开党史工作会议】 经毕节市委同意，6月25日，毕节市召开全市解放思想、构建大党史工作格局会议。中共毕节市委常委、市委秘书长、市委宣传部部长王开俊，市政府副市长冉霞出席会议。市直有关单位负责人、各县区分管领导和史志办主任参加会议。会议传达贯彻赵克志书记对党史工作的批示；省委常委、省委秘书长廖国勋在全省党史工作会议的讲话精神；为2010—2012年度党史成果评选活动中获奖的个人和组织颁发证书；部署下一步史志工作。

【“鸡鸣三省”会议会址考证】 7月中旬，市史志办与七星关区史志办抽有关人员组成考证组，到北京等地收集考证“鸡鸣三省”会议相关资料，7月22日，市史志办召开会议，领导班子成员听取考证组汇报相关情况，研究“鸡鸣三省”红色旅游景区建设方案。

【党建扶贫】 按照市委、市政府相关文件要求，毕节市史志办同步小康驻村工作以科学发展观为指导，围绕社会主义新农村建设的要求，派出3名工作人员到七星关区大河乡官房村开展驻村工作。驻村工作组依靠当地党委、政府和村支两委干部以及群众开展工作，帮助官房村夯实农村基层党组织，加强党员队伍建设，发展集体经济，做好“两硬化”等方面取得阶段性成效。开展工作之前，市史志办高度重视同步小康驻村工作，召开专题会议研究有关工作方法，领导班子成员多次到村调研了解情况。驻村工作组进驻村后，广泛深入群众，走村入户访问群众，召开座谈会，与村党员干部和群众深入谈心，摸清官房村的村情、民情和基层组织建设情况，掌握群众的所想、所盼、所需，为驻村工作点解难题、办实事。一是向村图书室捐赠《大定府志》《毕节试验区志》《毕节党史研究》等图书。二是开展“送温暖”活动。1月25日，市史志办主任潘圣群带领本室有关同志，到官房村开展慰问活动，并向官房村干部群众宣讲党的十八大精神、省委十一届二次全会精神和全市两会精神，到会听讲者达50余人。潘主任要求驻村工作队员要按照相关要求认真开展驻村工作，帮助官房村群众解决实际困难。潘主任代表单位向成连兴、朱德胜、许建中等20位困难群众各发放棉被和棉衣。三是单位向官房村捐赠5000元现金，修复大田湾涵洞。四是生态文明家园建设和“1+1”服务工作取得较好成绩。为搞好生态文明家园建设，为五园新村联系点及七星关区八寨镇劳动村协调资金10万元用于修建民族文化广场。在“美丽乡村”建设中，为联系点纳雍县沙包乡宋家寨村捐资5000元经费用于解决办公设备落后问题。

【机关内部管理】 在日常工作中，抓好各项制度的落实。一是严格执行考勤制度。要求全室干部职工遵守上下班时间，对职工请假休假制定相应的制度。二是严格财务制度和财经纪律。按照纪委要求，实行“一支笔”制度，主任督促、指导财务管理人员严格执行财务制度，财务人员对违反规定的开支有权不予办理，并及时向领导说明情况。三是加强车辆管理。要求驾驶员认真执行车辆管理制度。严格遵守交通规划，牢固树立安全第一的思想，规范操作，谨慎驾驶，坚决杜绝酒后驾车，确保安全行车。四是规范公务接待。接待工作由办公室统一安排，严格执行接待制度相关规定，没有超标接待。

【多彩贵州文明行动】 根据有关文件要求，制定《“多彩贵州文明行动”工作实施方案》，在开展“多彩贵州文明行动”活动中，组织学习《健康教育》《爱国卫生》等知识，并及时报送4期简报，配合抓好创建卫生城市工作、三优文明相关创建活动。每月检查办公室卫生环境，做到不乱摆乱放，地面干净，无杂物堆积，办公桌物品整洁。在每季度“多彩贵州文明行动”工作检查中，本室取得98分以上的好成绩。

【维稳工作】 一是做好保密、档案和信息报送工作。贯彻执行《保密法》，按时报送有关保密情况。收看警示教育片，并对保密工作进行自查，全年，未发现一起泄密失密事件。在档案整理归档工作中，按时立卷、整理、归档。二是做好安全、计生工作。年初与全室干部职工签订计划生育责任书，按时妇检，按时报送有关表册。在维护社会稳定工作中，主要做好领导与职工、职工与职工的沟通，团结友爱，互相促进，确保稳定。

【政务管理】 做好单位重大事务公开工作，接受公众监督，建立重大事务公开栏，对要办理的重大事务、财务收支、党费管理等情况进行公开。

【社会治安综合治理和法制教育】 年初，与政法委签订责任书，按照“六五”普法规划，安排做好各项工作，抓好责任落实。全年未发生一起治安案件，也没有干部职工及家庭违法违规行为。履行部门职责，配合搞好相关工作，按时报送有关材料。

【“双考双评双挂钩”】 根据市考核办有关要求，制订“双考双评双挂钩”的考核管理办法和管理干部的目标责任书；建立科级干部动态跟踪档案，按要求报送材料。

【党风廉政建设】 执行党风廉政建设责任制和《领导干部廉洁从政若干准则》，结合岗位职责，制订《党风廉政建设责任制》，要求全室干部职工把思想统一到中央精神上来，自觉遵守党风廉政建设的有关规定，恪尽职守地为人民服务。梳理学习实践活动中查摆出来的问题，及时整改、纠正机关作风中存在的突出问题。

【“创先争优”活动】 为教育全体党员学习“三个代表”的重要思想，树立和落实科学发展观，牢记党的宗旨，围绕中心，服务大局，引导和组织广大党员在本职岗位上带头学习强素质、带头干事谋发展、带头创争一流、带头服务比贡献、带头自律树形象，争创一流业绩，努力成为工作的模范、岗位的先锋、业务的能手、服务的标兵，以自身良好的形象影响和带动身边的群众，为试验区跨越发展做出贡献，根据上级相关部门要求，特组织单位干部职工开展“创先争优”活动。

【离休退休干部服务工作】 年初，拟订离退休干部工作计划，按时发放退休干部的退休生活费，邀请退休人员参加一些文体活动，让退休人员感受到组织的温暖和领导的关心。

【党员管理】 加强党员教育的重要制度。坚持三会一课制度，对于加强支部建设，提高党的战斗力具有重要作用。开好党员干部民主生活会。

【其他任务】 参与省文史馆、毕节市政府举办的纪念周素园先生系列活动，承办毕节历史文化名人回顾座谈会，通过特邀专家主讲、观看幻灯等形式，宣传毕节历史文化名人事迹，受到领导和专家的肯定和好评。

（撰稿　彭恩泉）

广播影视·新闻

文化体育广播电影电视（新闻出版局、版权局）

【概述】 2013年，全市文体广电、新闻出版、版权工作以邓小平理论、“三个代表”重要思想和科学发展观为指导，围绕“两加一推”主基调，抢抓机遇，以发展文化事业为中心，推进文化产业发展为重点，创新方式方法，促进文化发展繁荣，各项工作顺利推进、卓有成效。

【贯彻国办函〔2013〕35号文件】 谋划项目44个，5次进京开展对接工作，争取到中央和省项目、资金支持34项，总投资24122.65万元，比2012年净增2122万元。其中，中央到位资金16166.71万元，省到位资金7955.94万元。毕节市被列为“藏羌彝文化产业走廊总体规划”贵州省唯一一个核心区域。黔西县化屋村成功入选全省第一批文化产业示范村。

【公共文化服务体系建设】 毕节市博物馆、图书馆新馆正式开馆并向公众免费开放。黔西县文化中心、体育场（馆）、城市电影院线建设顺利推进。完成“十二五”时期第二批直播卫星“村村通”工程建设任务12.804万户、直播卫星“户户通”工程建设任务40万户，农村电影公益放映43502场次。新建乡镇农民体育健身工程9个、村级农民体育健身工程51个、全民健身路径工程41条、数字图书进农家60个。完成乡镇综合文化站（社区文化活动室）设备配备71套。免费举办文艺骨干、文艺辅导、体育类裁判员、社会体育指导员、采编播业务人员培训班，培训人员20502人次。图书馆、文化馆、文化站免费开放工作顺利推进。在第五次全国公共图书馆评估定级中，毕节市图书馆、大方县图书馆被评为一级馆。在第一次全国乡镇综合文化站评估定级中，全市获一级站21个，二级站31个，三级站41个。

【文化艺术】 建立定期举办乌蒙文化节·文化艺术系列大赛的赛制，成功举办第一届文化艺术系列（舞蹈和声乐）大赛，其中“舞动乌蒙”舞蹈大赛327个节目、2637名选手，“唱响毕节”声乐大赛868个节目、1018名选手参加海选；10个赛区推荐5个舞种、82个节目、623名选手，两个组别四种唱法、113个节目、168名选手参加全市决赛。舞蹈大赛评出一等奖5个、二等奖15个、三等奖20个、优秀奖21个，声乐大赛评出一等奖8个、二等奖16个、三等奖24年、优秀奖30个。整个大赛，新创、原创节目占40.6%，新人占50%。精选获奖节目举办《舞动乌蒙·唱响毕节——优秀节目展演》。举办毕节市第二届美术专业大赛，选送美术作品参加贵州省第三届美术专业比赛，综合成绩全省第二，获奖作品35件。参加全省文化馆业务干部“群文之星”声乐比赛，1人获一等奖、4人获二等奖、5人获三等奖，毕节市文化馆获组织奖；参加贵州省第五届少数民族文艺汇演，彝族风俗歌舞《阿媚恳》荣获表演金奖，廉政类月琴弹唱《厅长哥哥下乡来》获省文化厅选送参加全国第五届少数民族曲艺展演；参加“第五届全国校园文化艺术节——我的中国梦”暨全国优秀少儿节目电视展播活动，获金奖2个；参加2013年全省少儿舞蹈大赛新作品展演，获一等奖1个、二等奖2个、三等奖4个，市文化馆获优秀组织奖；参加全省文化馆馆办业余文艺团队调演，获一等奖1个、二等奖4个、三等奖1个，并获团体二等奖，市文化馆获优秀组织奖；参加2013贵州群文之星歌手大赛，获通俗唱法一等奖1名，三等奖1名，美声唱法二等奖4名，民族唱法三等奖4名，市文化馆获组织奖；参加“多彩贵州”歌唱大赛，阿姿阿巴组合获原生态唱法单项赛三等奖。

【竞技体育】 建立定期举办综合性体育运动会和单项运动会的赛制，成功举办毕节市第一届体育运动会，运动会设青少年组、成年组两个组别，18个大项，362个小项，参赛运动员2263人、裁判员398人、工作人员1296人，运动会上2人破省记录两项，5人达国家一级运动员标准、51人达国家二级运动员标准、934人达国家三级运动员标准。第一届体育运动会规模大、规格高、综合性强、文化内涵丰富，创下了全省市州级运动会之最。组队参加省级以上赛事，获金牌48枚、银牌50枚、铜牌40枚，乒乓球项目和半程马拉松项目取得历史最好成绩。其中，毕节运动员钱薇代表中国队参加2013亚洲射击锦标赛获女子运动手枪项目个人银牌和团体银牌；毕节籍12名运动员代表贵州参加第十二届全国运动会射击、皮划艇、赛艇、拳击、中长跑项目的决赛，毕节籍射击运动员鄢行获铜牌。

【群众文体活动】 正月初一至初九开展9个广场文艺演出专场；开展校园普法剧《背篼的梦想》巡演活动；举办全市“龙腾狮跃闹元宵”活动、毕节市直机关“迎新春”职工趣味体育比赛、毕节市第二届“迎新春”乒乓球比赛、毕节市“红红火火过大年”全民健身志愿服务活动及健身展示活动、迎新春合唱音乐晚会、迎新春少儿舞蹈专场演出和“义务写春联”活动等。举办2013年毕节城区老年人万人健步行活动、毕节城区与全国同步举行老年人健步走大联动；举办第十九届杜鹃花围棋邀请赛、2013中国贵州金沙全国山地竞速挑战赛。获全国“民族传统推广优秀奖”、全国群众体育先进单位、2012年度全民健身活动全国优秀组织奖，贵州省体育局颁发的“优秀组织奖”、贵州省文化厅“多彩贵州·激情广场”2013全省广场舞大赛活动组织奖。编辑出版《中国毕节试验区歌曲集》《毕节老年体育30年》纪念画册。组队参加全省“三八”妇女健身操大赛，获3个一等奖，获优秀组织奖；组队参加“2013年云南丽江‘玉龙雪山杯’全国中老年人柔力球暨文化交流展演邀请大会”，获团体总分、集体自选、个人自选3块金牌；代表贵州参加第二届全国老年人体育健身大会钓鱼交流活动，获3个单项优胜奖，2个个人优胜奖、1个个人优秀奖，贵州代表队获团体总分优胜奖和体育道德风尚奖；组队参加贵州省第二届老年人乒乓球运动会获得优胜奖；参加2013年“体育彩票杯”贵州省第九届健身气功交流比赛，取得八段锦一等奖、易筋经二等奖；参加2013年滇桂黔三省（区）九州市老年人体育协作赛门球和象棋获铜牌；参加2013年“国酒茅台杯”贵州省职工篮球比赛，女队获第二名，男队获道德风尚奖，毕节市代表队获优秀组织奖。

【广播影视】 完成《直通百姓》节目形式创新方案并推进节目创新工作，新增节目板块6个。在《毕节新闻联播》推出学习解读国办函〔2013〕35号文件精神专栏。毕节广播电视台在贵州电视台《新闻联播》栏目和中央电视台用稿共计325条，位居全省第二。完成2012年度市级好新闻评选，评出111件获奖作品。选送稿件参加省级以上广播影视节目评选，30件作品获2012年度贵州广播影视节目奖、10件作品获2012年度贵州新闻奖。完成元旦、春节、全国全省“两会”、国庆以及毕节市第一届体育运动会重要保障期的广播电视安全播出任务，实现全年安全播出零事故。

【文化遗产保护】 完成毕节市博物馆新馆《毕节历史文物陈列展览》的布展工作；启动全市“全国第一次可移动文物普查工作”并完成第一阶段摸底调查。金沙敖氏墓群、“茶马古道”一贵州毕节段两处文物保护单位共18个文物点被国务院公布为第七批全国重点文物保护单位。编写完成《黔西北文化生态保护实验区纲要》和《全市民族古籍保护工作方案》。滚山珠传承人王景才获第二届传承人“传薪奖”。

【文化市场管理】 坚持集中整治和日常监管相结合，组织开展“扫黄打非”工作，开展“剑网行动”“净网行动”“净源行动”“秋风行动”，以及打击侵犯知识产权和制售假冒伪劣商品专项行动、卫星电视地面接收设施专项清理整治行动、校园周边环境治理专项整治行动。对网吧、电子游戏厅、歌舞娱乐场所进行专项集中整治。全年出动执法人员21563人次，出动执法车辆3562车次，检查经营单位5989家次，查收非法出版物64011册(盘)，查处违法经营单位35家次，责令改正21家次、警告2家次、立案调查15件，办结案件15件，依法移交司法部门1人。完成全市游艺娱乐场所调查摸底和建设完善全国文化市场综合执法办公系统应用，覆盖率达到100%，使用率100%，处理办公系统临时案件300件，数据报送系统完成率达到98. 33%，吻合度98%。开展全市文化市场综合执法岗位大练兵、技能大比武，参训率达100%，选拔人员参加全省文化市场综合执法岗位大练兵、技能大比武获一等奖，1名队员被选送代表贵州参加全国比赛。

【文化产业发展】 乌蒙演艺集团有限责任公司、广播影视传媒集团有限责任公司内部现代企业制度不断完善，乌蒙演艺集团积极开拓商业演出市场，收入490万元，实现利润115万元。体育彩票销售1.6亿元，比2012年净增5300万元；全市新华书店图书销售码洋2.70868亿元，比上年增15%，实现利润2487万元；毕节星空影城实现票房收入540万元，比上年增32%；全市广电网络经营收入完成1.056亿元，比上年增26.48%，实现利润3431万元。文化旅游业、文化娱乐业、文化艺术体育项目培训业、出版物销售业、印刷业、电视广告业等发展取得新突破。

（供稿　毕节市文化体育广播电影电视局）

广播电视台

【概述】 2013年，毕节市广播电视台围绕市委、市政府中心工作，把握正确的舆论导向，唱响主旋律，激发正能量，传递好声音，打赢主动仗，圆满完成各项宣传任务，为全市经济社会发展营造了良好的社会氛围，为建设富裕和谐美丽新毕节提供有力的舆论支持。

【对内宣传】 认真办好《毕节新闻联播》栏目，把贯彻落实十八大精神作为宣传工作的重中之重，对全国、全省和全市"两会"、市委、市政府的各项重点工作、重要会议和重大活动进行集中、及时、有效的宣传，向全市干部群众传播党委、政府的执政理念、工作部署和工作要求，凝聚了人心，推进了全市各项工作有效开展。开设《贯彻同心思想 奋力后发赶超》专栏，推出中共中央政治局常委、全国政协主席俞正声来毕节视察工作的情况以及各民主党派在项目建设、同心工程、挂职帮扶、招商引资、开发扶贫等方面帮扶毕节等多组报道；办好《落实试验区规划 谱写毕节新华章》专栏及其子栏目《聚焦5个100工程》，宣传国办函〔2013〕35号文件精神，对《毕节试验区改革发展规划》进行规模化、全方位的宣传解读；开设《聚焦·同步小康驻村工作》专栏，挖掘驻村工作先进典型，发挥示范引领作用；推出《美丽乡村两硬化》栏目，以实施农村连户路和院坝硬化为切入点，对全市加强农村环境综合整治、加快推进美丽乡村建设工作进行报道；推出反映凡人善举的道德模范人物专栏《最美毕节人》，对全市各行各业在经济社会建设中和日常生活中涌现的典型人物、最美毕节人进行宣传报道，阐释和展示试验区精神；做好各种节庆活动、主题日宣传活动和省、市大型活动的宣传工作，重点开展春节、清明节、"三八"节、"五一"节、儿童节等节假日活动的宣传，营造欢乐、祥和、健康、积极的节日氛围。围绕各种主题活动日、活动月和省市大型活动等开展宣传，圆满完成毕节市第一届体育运动会、禁毒宣传日、科技活动周、安全生产月、防灾救灾日等各项主题活动的宣传报道工作；继续办好发展型党组织建设、文化建设、计划生育、社会管理创新、党风廉政建设、整脏治乱、社会治安综合治理、安全生产、妇女儿童工作等专栏宣传报道工作；做好突发性事件的宣传报道工作。创新节目形式和内容，完成《毕节新闻联播》栏目改版的前期准备工作。是年，《毕节新闻联播》实现365天不间断播出，播出新闻稿件4100多条。

【对外宣传】 继续强化外宣管理和人才队伍建设，新组建外宣联络部，通过强化通联工作，整合全市新闻资源，扩大新闻线索来源，外宣工作成绩显著。据贵州广播电视台统计，是年，毕节市广播电视台在贵州广播电视台《贵州新闻联播》栏目用稿325条，全省综合排名居第二；在中央电视台《新闻联播》及各频道栏目用稿65条，向外界较好地宣传推介了毕节试验区的各项工作。

【节目创优工程】 推动《直通百姓》等自办民生类节目创优工程。贯彻做"好新闻"的思想和理念，在“采、编、播”工作中杜绝粗制滥造、滥竽充数。内容上整合民生栏目采编力量，强化记者调查、热点话题等深度报道力度，改变重点话题表现手法。围绕社会热点、重要节庆活动和全市的重点民生工作，重点策划如春节系列话题报道、节后农民工就业、“3·15”维权报道、大方出租车行业管理先进典型、七星关出租车问题、毕节网络购物调查、阶梯电价周年追踪等系列热点话题报到。形式改变以往单条新闻力度欠缺的弱点，增加主持人在演播室的点评力度，从不同角度把一个话题说足、说透，提高关注度，增强节目的影响力。《直通百姓》栏目对“百姓资讯”服务板块内容进行改版，新增设联办节目“百姓气象站”和“气象万千”，每周六推出重点专栏“走遍毕节”，对毕节市各地的风景名胜、历史文化遗迹、红色遗迹等进行深入、形式鲜活的报道；新开设《文艺荟萃》《黔西北大地》等独具地方特色的栏目。加强与毕节日报传媒集团《乌蒙新报》的合作，推出每周一期，“民生视点”专栏，推出毕节飞雄机场通航、毕节市第一届体育运动会、夏季如何下水等重点报道，通过不断总结经验，提高了节目在观众中的影响力，更好地服务民生。

【安全播出】 纱帽山发射台机房承担中央、省及本地4套电视、3套广播和1套CMMB手机电视的发射及转播任务，正常转播69924小时。无人为责任造成的停播事故，也无非法的干扰信号。本台2个自办频道播出节目时间累积9156小时，其中，自办节目592小时，专题、纪录片24小时，栏目3537小时；少儿动画291小时，电视连续剧3282小时、32部（1231集），公益广告507小时，所有节目未出现停播、错播、漏播、黑屏的现象；本台自办广播电台频率节目，全年完成安全无事故播出5840小时，其中，直播自办广播新闻节目《新闻快报》365期约7300分钟。加强重大活动期间的安全播出：一是完善应急预案，提升应急能力，组建志愿消防队加强消防管理，严格岗位值班制度和领导带班制度，节假日和重要时期24小时通信畅通；二是健全制度，规范采编播工作流程，尤其是节目制作和播出系统，实行常规化维护和定期检修制度；三是争取市政府和市文体广电局政策、资金支持，更新老化、超期使用的采编播设备设施，为市委市政府及各部门重要会议、重大活动、重点工程项目的宣传工作提供必要的硬件保障。

【基础设施建设】 是年，广播电视基础设施建设投入近200万元，进行前期数字化改造，提升节目数字化管理能力；采购一台广播电视直播车，进行前期设备使用和维护技术培训，提升节目直播水平；完成纱帽山发射机房高压供电线路改造，更换一组跌落保险，加装一台真空开关，增强发射台的供电安全。

【人才队伍】 毕节市广播电视台继续深化人事体制机制改革，完善专业人才队伍建设，巩固设岗定员和绩效工资改革取得的成效；通过简化程序、选调等形式，充实播音主持、记者编辑等关键岗位人才队伍，加大人才培训力度，调动干部职工投身毕节试验区宣传工作的热情。2月，启动面向全国招聘工作人员的工作，通过严密的工作流程，招聘24人充实到记者、编辑、播音员、编导、文秘、技术等岗位；9月，启动面向全国招聘播音主持人的准备工作，相关工作按计划有序推进。全年组织、参加市级广播电视新闻业务培训203人次，推荐参加省级和国家级业务培训30人次。

【文化产业改革】 不断探索创新、谋发展闯新路，文化产业发展峰回路转、稳步推进，基础设施日臻完善，经济效益稳步提高。通过采取节目联办、专题制作、专题栏目等形式，扩大影响力和公信度，实现双赢。全年实现主营业务收入359万元，主营业务税金及附加19万元，争取省市文化产业发展项目补助资金10万元。

【内部管理】 一是提高办事效率，转变工作作风。认真贯彻落实中央、省、市关于转变作风的各项规定，全员挂牌上岗，杜绝办事推诿、扯皮、拖延的现象发生，强化人员管理，严格执行领导带班值班制度和领导负责制；二是加强内部安全稳定管理，聘用10名保安人员为电视大楼和纱帽山发射台提供24小时全天候安全保卫服务，确保台内安全稳定；三是加强消防安全管理，邀请专业消防人员到电视台开展消防知识和技能培训，邀请省内专业消防公司对电视大楼进行严格、科学、可靠的消防安全隐患评估，对各楼层消防设施及办公用房进行改造，对老化的广播电视设备进行升级换代；四是加强交通安全宣传和管理，强化车队管理，定期组织驾驶员集中学习培训，集中清理和登记公务用车，对停车库及停车场进行整体规划和规范管理；五是优化办公环境和服务，聘用3名保洁人员时刻保持整个电视大楼的清洁和卫生，要求电视大楼大厅工作人员及各节目、广告等服务部门的工作人员提供微笑、快速、及时、温馨的服务，在《直通百姓》《法制新干线》等栏目开通投诉和帮助热线。

（撰稿　欧阳学龙）

报　　业

【概述】 2013年，毕节日报传媒集团在市委、政府的领导下，围绕党的十八大、十八届三中全会精神和毕节试验区“三大主题”深入实践以及市委、政府的中心工作，胸怀大局、把握大势、着眼大事，找准工作切入点和着力点，因势而谋、应势而动、顺势而为，做到守土有责、守土负责、守土尽责，集团各项工作取得较好成绩。报纸宣传工作多次受到省、地有关部门、领导、读者的肯定和好评，集团下属闻达报业有限公司完成各项经营收入2270万元。

【学习贯彻十八大、十八届三中全会精神】 强力推出贯彻党的十八大精神的宣传报道，开设贯彻十八大精神：“建设富裕和谐美丽新毕节 与全国全面同步建成小康”；学习习近平总书记重要讲话精神：“深入学习贯彻习近平总书记一系列重要讲话精神”等专栏，通过访谈专栏、精神解读专栏、各地学习贯彻动态、毕节试验区论坛等载体，全面报道学习贯彻十八大精神的各种活动和亮点，刊发一批有分量的评论文章，对基层通过快板、花灯等形式宣传十八大精神等亮点做了充分报道，得到了省新闻出版局报刊审读的肯定。十八届三中全会召开后，推出“学习贯彻十八届三中全会精神”总栏目，下设“认真学习贯彻十八届三中全会精神，谱写毕节试验区改革发展新华章”，推出“新华信箱——十八届三中全会精神解读”专栏，转载人民日报学习贯彻十八届三中全会精神系列报道。并对全市学习贯彻全会精神、以忠实务实实干兴市、同心同苦同步小康的精神进行深度解读和动态报道。

【强化思想理论宣传】 与市委政策研究室、市委党校以及相关部门合作联动，成功推出《毕节试验区理论版》《深入实践 狠抓落实》《聚焦“十破十立”》、“贯彻落实《规划》全面建成小康”系列评论6篇；“落实试验区规划，谱写毕节新华章”等一系列理论、言论宣传专栏，收到良好的效果。对试验区的理论实践作了一次系统梳理，对毕节改革创新的经验和精神作出深入分析、总结和宣传，对毕节转变作风、深入实践、狠抓落实的生动局面作出理论的回应，使团结稳定鼓劲的要求落到实处。

【大力弘扬毕节试验区精神】 围绕毕节试验区“三大主题”的深入实践和市委市政府的工作大局，把弘扬毕节试验区精神作为弘扬主旋律、凝聚正能量的重要入口，做好谋篇布局，宣传典型亮点、讴歌试验区辉煌成就，营造奉献、争先、创新、奋斗的舆论氛围，开设了“大交通引领大发展——毕节试验区重大项目追踪”“忠实务实实干兴市、同心同苦同步小康”“贯彻落实《规划》全面建成小康”“聚焦 同步小康驻村工作”“强势推进5个100工程，建设美丽幸福新毕节”“贯彻同心思想，奋力后发赶超”“聚焦社会管理集成创新”“美丽乡村建设之两硬化”等专栏，通过对力帆速度、迤那精神、海雀实践、水西和谐以及阿里木、杨文学等一大批典型的跟踪宣传，使试验区精神这个毕节人的共同财富成为毕节人的共同素质。

【服务大局】 按照市委工作大局，配合各个时段的决策、举措和活动，强势推出解读型、配合型、服务型报道，为“两加一推”推波助澜，为同步小康鸣锣助势。一年来，完成“经济周刊”近50期，反映各县区在经济建设中取得的重大成就，一批反映试验区经济社会发展的新情况、新进展得以展示，如《大规划引领大产业 大产业带动大发展—— 赫章县倾力打造“生态建设产业化 产业发展生态化”核桃产业》《立足煤 依托煤 跳出煤 超越煤——织金县煤炭资源大乡少普乡的生态转型之路》《中药立园 旅游兴园 产业活园——七星关区现代中药材产业示范园区阿市乡核心基地建设管窥》等报道，及时、客观、全面展示了全市各县区经济建设取得的巨大成就，为推动全市经济社会发展起到鼓与呼的作用。

【传递关怀】 推出胡锦涛、温家宝等党和国家领导人到毕节视察的讲话精神解读，对“下大气力推动经济持续健康发展”“下大气力保障和改善民生”“下大气力推进生态文明建设”“下大气力深化改革开放”的嘱托进行背景分析、实践研究、精髓解读，把国家领导人的关怀与嘱托传递给读者。对国发2号文件继续跟踪报道，特别对国办函35号文件的学习贯彻进行持续报道，使中央和省委对毕节试验区的关怀及相关的决策部署家喻户晓，并对“同心思想”的传播、“同心工程”的发展做出大量有分量的报道。对社会生活报道进行重新定位，以“关注社会大民生，传播社会正能量，构建美丽新毕节”为宗旨强化报道力度，提升报道的权威性和影响力：一是完成了“教育惠民 社会关爱 家庭温情”三项行动、贵人善行、贵州文明行、示范小城镇建设、社会管理集成创新、首届市运会、纪念周素园系列活动等全市性重大专题报道。二是完成了防治禽流感、护考行动、记者节、社会救助、环境保护、禁毒、防艾等相关专题报道。三是主动宣传报道各单位各部门的创新工作经验和亮点，营造和谐、稳定的舆论氛围。四是细化分类，把报道触角延伸到更细微的社会末梢和类群，运行了《点击社区》《民生点击》《平凡飞翔》等“三贴近”栏目。五是关注个体，积极回应社会求助，采用新闻关注、发起救助、部门联手等方式，对贫、病、弱等社会困难群众进行救助，收到了很好的社会效果。

【配合行动】 配合全省项目观摩会议、小城镇建设观摩会议、“两个硬化”“集成创新社会管理”等重大活动进行宣传。以通版、连版、连续报道、专题报道、特别报道等形式，突出毕节形象、毕节精神、毕节风貌、毕节文化，突出毕节探索、毕节实践、毕节成就。

【关注亮点】 对“5个100”“4个一体化”“四在农家”、农村环境综合整治等重大经济发展项目和重大民生项目进行深入采访，并开办专栏落实相关报道。如对园区建设中标准厂房建设的突出成果、园区道路建设的大规模跨越式发展、煤炭产业的链条式升级发展，以及对黄泥塘、王家寨等小城镇日新月异的变化和七星关双堰村、金沙板桥村等村寨的新风貌、各地学校营养午餐、全市人才盘活与引进等进行深入的报道，展现了一个朝气蓬勃的毕节。

【抓好传媒集团文化产业发展】 一是做强核心业务：把《毕节日报》打造成毕节市政治生活第一主导力媒体，将《乌蒙新报》打造成影响社会生活的文化精品；二是做大成长业务：拓展报社传统广告、发行、印刷等经营业务，用以支撑和反哺核心业务。三是做精新兴业务：把《乌蒙新网》《毕节同城网》《毕节手机报》、阅报栏等新媒体打造成文化产业新亮点和报业集团新的经济增长点。闻达报业有限公司完成各项经营收入2270万元，其中：发行收入1610万元，广告收入430万元，印刷收入230万元。《毕节日报》绿色印刷与数字印刷出版系统项目被国家新闻出版总署列入文化产业发展项目，获得2013年市文化产业发展专项补助资金30万元。四是《乌蒙新报》发展走向正轨。通过内部整合和对外招聘用人机制，新报周刊运行更加规范化，采编中心人员职责清楚，提高了工作效率和办报质量，一批深度报道、民生报道引起社会广泛关注。如“聚焦毕节出租车”、《民生视点》等报道和栏目引起强烈反响，受到市委的重视。

【党风廉政建设】 严格执行党风廉政建设责任制，制定工作计划，明确班子成员分工，层层签订责任书，制定《毕节日报社开展廉政风险预警防范监督“三重一大”机制建设工作的实施方案》，召开廉政风险预警防范监督专题工作会议，认真开展自查并填写干部廉政风险及防控措施表，全体职工均签订了个人廉政风险防控承诺书。

【发展型党组织建设】 一是建立健全党组织机构，在报社设党总支下设机关支部、闻达支部、老年支部。二是群团组织健全，团支部、工会正常开展工作。三是组织党务干部培训，做好党员发展工作，坚持“三会一课”制度，开展民主评议党员工作。四是按期收缴党费，做好党员数据库升级，及时报送党建工作信息。五是开展创建学习型党组织活动，制订工作方案，成立相关机构。六是开展三八节、五一节等系列活动，组织到联系点大方县大山乡开展慰问贫困户、贫困党员、贫困女童活动。

【其他工作】 在信访维稳方面，做好全国、省、市“两会”期间的矛盾纠纷排查化解工作，接待好来访群众，做好相关法律法规的解释和思想疏导，切实化解社会矛盾，加强信访工作宣传报道。在计划生育工作方面，报告了本单位出租房屋的相关情况，要求女职工例行妇检，全年无违反计划生育规定的现象。在安全生产方面，经常进行安全检查，及时排除隐患，加强夜间安保，确保安全生产。

（供稿　毕节日报传媒集团办公室）

毕节试验区杂志社

【概述】 2013年，毕节试验区杂志社围绕市委中心工作，服务于全市经济社会发展大局，发挥市委机关刊的舆论引导作用，编辑发行13期《毕节试验区》（含12期正刊和1期特刊）和3期《毕节试验区·领导参阅》，不断创新发行方式，完善发行网络，敬老爱老助老工作成效显著，成功承办全国城市党委系统政研（党刊）联席会第九届年会，外宣工作成绩突出，加强新闻采编人才队伍建设，完成各项工作任务，提升了杂志社的影响力和美誉度，连续6年荣获全市年度目标考核一等奖。

【宣传毕节试验区】《毕节试验区》运用大量篇幅，对毕节试验区集中宣传报道，内容丰富、设计大气、制作精美，受到各级领导和专家的高度赞扬及读者的广泛好评，贵州省新闻出版局在2013年第3期《贵州报刊审读与管理》发表《〈毕节试验区〉推出精品专辑宣传试验区》，对《毕节试验区》进行精彩点评。一是宣传全市上下贯彻落实党的十八大、十八届三中全会及习近平总书记系列重要讲话精神。第9期开设专栏“主题策划：开创毕节试验区宣传思想工作新局面”、第11期开设专栏“特别策划：毕节试验区掀起学习贯彻十八届三中全会精神热潮”、第12期开设专栏“特别策划：毕节试验区深入学习贯彻十八届三中全会精神”。二是宣传党中央、国务院对毕节试验区的关怀及国家有关部委、省委和省政府对毕节试验区建设的支持。对中央政治局常委、全国政协主席俞正声在试验区考察调研的足迹进行重点回访，对中央政治局常委、中央书记处书记刘云山在试验区考察调研的情况进行综合报道，对中央政治局常委、中央纪委书记王岐山对毕节市设立民生项目监督特派组工作作出重要批示精神进行深入报道，全面展示中央领导对毕节试验区的关心和对各族干部群众的关怀。三是宣传市委、市政府的重大决策部署及试验区建设取得的重大成就。精心策划“磅礴乌蒙　活力毕节”“美丽毕节，从美丽乡村开始”等专题，对试验区围绕“三大主题”在工业化、信息化、城镇化、农业现代化等方面取得的辉煌成就进行宣传，为推动试验区经济社会发展造声势、鼓实劲、聚人心、树形象。特别是出色完成全省第二次项目建设现场观摩会、第二届全省小城镇建设发展大会、毕节市第一届体育运动会的宣传报道任务，杂志社被评为全省第二次项目建设现场观摩会、第二届全省小城镇建设发展大会宣传报道先进集体，4名记者被评为先进个人，受到市委、市政府的通报表彰。

【宣传“同心”思想】 一是围绕贯彻“同心”思想、推进“同心”实践进行宣传报道，对担任国家领导人的民盟中央主席张宝文、农工党中央主席陈竺、民革中央主席万鄂湘、民建中央主席陈昌智、民进中央主席严隽琪、九三学社中央主席韩启德、致公党中央主席万钢、农工党中央常务副主席刘晓峰等8位民主党派中央领导到试验区考察调研派出记者随行采访，全面报道统一战线对试验区建设的关怀关注和支持帮助，聚焦试验区坚定贯彻“同心”思想、推进“同心”实践取得的成就，报道试验区把领导关怀转化为发展动力的实际行动，刊发稿件44篇、图片75幅。二是开设专栏“在毕节试验区舞台上”，对“4·14”会议召开以来中央统战部、民主党派中央在试验区挂职的9名干部进行专访，分享他们在毕节试验区挂职的成长经历，刊发通讯9篇，共18页。《毕节试验区》已成为试验区对外宣传的窗口、展示形象的平台、联络乡情的纽带。2月底，民进中央社会服务部给中共毕节市委发来感谢信，感谢市委机关刊——《毕节试验区》让他们听到了“同心”思想的最强音。5月8日，省委常委、省委宣传部部长喻红秋在市委书记张吉勇，市委常委、市委秘书长、市委宣传部部长王开俊等的陪同下到毕节试验区杂志社调研，对杂志社在宣传“同心”品牌中的突出成绩及办刊工作的创新实践给予充分肯定和高度赞扬。

【宣传《深入推进毕节试验区改革发展规划》】 一是精心策划专题报道对全市贯彻落实《规划》进行宣传。第2期开设专栏“特别策划：全面贯彻落实《规划》加快推动毕节实现同步小康宏伟目标”、第3期开设专栏“特别报道：毕节试验区改革发展进入国家战略”、第5期开设专栏“特别策划：全市掀起宣传贯彻落实《深入推进毕节试验区改革发展规划（2013—2020年）》热潮”。二是成立课题组，开展《规划》知晓率调查活动。5月14—23日，杂志社全体成员分成8个工作小组，向国家机关工作人员、村（社区）党支部书记、大中专院校学生和普通群众发放调查问卷3521份，回收问卷3244份，经仔细梳理和分析后撰写1.2万余字的调查报告《增强试验区意识 加速同步小康进程——〈深入推进毕节试验区改革发展规划（2013—2020年）〉知晓率调查问卷分析报告》（刊发于第2期《毕节试验区·领导参阅》），引起市委领导的高度重视。7月19日，市委副书记、市长陈昌旭作出批示，对杂志社在增强试验区意识方面所做的工作给予充分肯定。

【栏目特色】 一是打造特色栏目“卷首语”。“卷首语”体现办刊宗旨和办刊理念，是《毕节试验区》的灵魂，是一个时段毕节试验区发展的重要任务、方向、重点或本期杂志的重要思想，具有思想性和指导性，刊发和转载《同心共筑“中国梦”》《做无愧于时代的毕节试验区人》《谱写改革发展的新篇章》《以“三种意识”推进全面深化改革》《在攻坚克难中确保贵州同步小康》等13篇言论（理论）文章，受到广大读者的喜爱和好评。二是办好合作栏目“我与毕节试验区共成长”。对毕节试验区优秀民营企业家进行深度专访，全面报道他们在毕节试验区投资创业的成功经验和感人故事，刊发《“丝人”张应祥的中国梦》《食品产业的舞者》等人物通讯7篇，共14页。三是拓展精品栏目“历史·文化”。深入挖掘毕节悠久厚重的历史和多姿多彩的文化，全面展示试验区的美好形象，深受广大读者喜爱和好评，刊发《让文化自信的源泉永不干涸》《老毕节遗韵——铁匠街的炉火》《历史的奢香与奢香的历史》《大屯土司庄园的前世今生》等文章32篇，共51页。四是打造知名栏目“最美毕节试验区人”。宣传报道“最美爱心慈善楷模”“最美园丁”“最美政法干警”“最美乡村医生”等试验区人的先进事迹，传递强大的正能量，刊发《誓把大路背回故乡》《“地球之肺”的看护人》《一根手指璀璨的生命之旅》等人物通讯9篇，共18页。

【承办全国城市党委系统政研（党刊）联席会第九届年会】 10月18—20日，杂志社成功承办全国城市党委系统政研（党刊）联席会第九届年会。来自全国24个省（市、区）的59个城市近200名代表参加会议。杂志社认真做好年会接待工作，特邀民建中央社会服务部副部长夏赶秋作《科学发展 “同心”实践》的主题报告，制作播放工作亮点专题片《扬帆远航 再铸辉煌——〈毕节试验区〉的特色办刊之路》，组织评选“全国十佳党刊”和“全国优秀党刊”，编辑《全国城市党委系统政研（党刊）联席会第九届年会论文选编》，圆满完成年会各项任务。杂志社以承办年会为契机，对毕节科学发展、“同心”实践的成功经验进行宣传，对《毕节试验区》的办刊经验进行总结推广，发挥《毕节试验区》在全国的示范作用和党刊的舆论引导作用，被全国城市党委系统政研（党刊）联席会第九届年会特别授予“全国党刊工作创新奖”，成为本届年会首次颁发的最高荣誉奖的唯一获得者。会议的成功举办得到市委的充分肯定，被写入中共毕节市委一届五次全体会议工作报告。

【敬老爱老助老工作】 结合新闻媒体“走基层、转作风、改文风”及学习雷锋活动的开展，从主要领导到普通职工全员参与，分成9个组带着党刊走进社区，与社区空巢老人、困难老人结成长期的帮扶关系，为老年朋友解决租住廉租房、安装闭路电视等实际困难，受到社区老人的欢迎，共帮扶慰问空巢老人、困难老人90余户次。5月10日，杂志社邀请部分老领导、老同志围绕“办好《毕节试验区》读者之家、助力省级‘敬老文明号’创建”举行座谈会；11月22日，杂志社召开敬老爱老助老工作座谈会，介绍杂志社创建“全国敬老文明号”的经验和做法，分享走社区、读者之家的感人故事。因工作扎实出色，4月荣获毕节市首批“敬老文明号”称号；10月荣获“贵州省敬老文明号”“贵州省敬老模范单位”称号；10月19日，被全国老龄工作委员会授予“敬老文明号”荣誉称号。

【基层组织建设】 基层组织建设不断增强，党员队伍不断壮大，有中共党员12人，占现有职工人数的54.55%。发挥党员示范带动作用，提高新闻采编队伍的战斗力，激发干部职工的工作热情，利用一切有利条件，奋力拼搏，创先争优，使《毕节试验区》影响力不断提升，质量水平不断跃上新台阶，在后发赶超的历程中不断取得新成绩、铸就新辉煌。中共毕节试验区杂志社支部委员6月27日被中共毕节市委授予“全市‘五好’基层党组织”荣誉称号。

【公共文化阵地建设】 在发行工作上先行先试，创造“邮寄直发相结合、抽查回访不间断”的发行工作新模式。建立发行工作站，实现市直机关、各县区城区及公路沿线乡镇的直发；建立100个公共场所党刊阅读角，制作《毕节试验区》专用报刊架，送到市内部分银行营业网点、宾馆酒店、政务服务中心、汽车站、毕节飞雄机场等人流量较大的场所，摆放杂志供读者阅读；向七星关区、大方县、黔西县、织金县、纳雍县、赫章县的707个农家书屋赠阅党刊，向市内近200家报刊亭的读者赠阅杂志，为公共文化阵地建设作出突出贡献。先后在七星关区倾城时代广场、织金县金中路、黔西县莲城大道、赫章县前河路开展“读党刊·做最美毕节试验区人”党刊赠阅活动，共32人次，向读者赠阅杂志6000余份。

【外宣工作】 成立由骨干记者组成的外宣采编组采写新闻稿件，拓宽外宣渠道和途径工作取得显著成绩。1—2月，报送外宣稿件32篇，《毕节高速公路通车实现零的突破》《毕节试验区建成9个“同心新村”》《毕节市在第十二届中国西部（重庆）国际农产品交易会上取得丰硕成果》等8篇消息被人民网、新华网采用，《毕节试验区倾情打造老少共融的幸福家园》《贵州毕节飞雄机场建设接近尾声》等4篇消息被贵州卫视“贵州新闻联播·媒体看贵州”采用，中新网、金黔在线、贵州先锋网等网络媒体对其进行转载。4—5月，向《贵州日报》报送外宣稿件11篇，《加快推进现代水利体系建设》《毕节铁路建设迎来发展春天》等4篇通讯被“落实试验区规划 谱写毕节新华章”栏目采用，宣传报道全市各级各部门贯彻落实《规划》的情况，引起强烈反响。7—12月，向《新华贵州发展手机报》报送外宣稿件58篇，《毕节市全力以赴做好抗旱救灾工作》《毕节市上半年工业指标全省排位第一》《毕节特色产品抢眼省农交会和茶博会》等30多篇消息被采用，报道毕节试验区政治、经济、社会、文化、民生等领域的成就，对提高试验区的知名度和影响力起到积极的作用。

（供稿　毕节试验区杂志社）

卫　生

卫生工作

【城乡居民医保】 2013年，全市新农合参保人数达6742084人，参保率达99.65%，连续三年为全省最高。调整新农合补偿方案，推动支付方式改革，重大疾病保障范围由省级要求的22种扩展到38种。取消住院报销最高封顶线，住院最高补偿达50多万元，住院实际报销比例达75%，超过全国和全省平均水平(全国为55%，全省为68%)。率先在全省实现城乡居民基本医疗保险政策统一，待遇一致，率先在全省开展城乡居民大病保险试点，最大限度地减轻了参合群众的大病就医个人负担，参合群众的受益水平日益提高。

【实施基本药物制度】 认真贯彻执行国家基本药物优先使用鼓励政策，明确基本药物在各级医疗机构的使用比例，扩大基本药物制度实施范围，覆盖了全市240个乡镇卫生院、15个社区卫生服务中心和3603个行政村卫生室，并继续向非政府办基层医疗机构延伸。医改办加强了对全市基本药物网上采购和使用的监管，将基本药物采购和使用情况纳入城乡居民医保定点医疗机构的日常管理，实行月通报调度，是年，全市基药网上采购金额6.95亿元，占全省总金额的20%，名列全省第一。

【推进县级公立医院改革】 大方作为全省12个县级公立医院综合改革的试点县，围绕取消"以药补医"关键环节，推进医院管理体制、补偿机制、人事分配、采购机制等综合改革，成为全省第一家实行基本药物零差率销售的县级医疗机构，得到了省医改办的推广和肯定。

【公共卫生服务】 组织相关人员对全市基本公共卫生服务项目绩效考核工作进行督导检查，对发现的问题及时调度通报，推动基本公共卫生服务项目工作的开展。4月中旬，顺利通过省的考核检查，排名第四。根据省督导组提出的建议和意见，重点抓好以下工作。一是加强公共卫生项目资金管理，确保资金及时拨付和使用。二是抓计划免疫，全面完成儿童预防接种目标任务。三是完善居民电子健康档案，提高建档质量。四是强化慢性病及特殊人群的规范化管理和健康教育工作，提升基层医疗卫生机构医学检验能力和公共卫生服务水平。截至年底，全市共建立居民规范化电子健康档案6078131人，建档率已达92.86%，超额完成65%的年度工作目标。规范化管理高血压病人344484人，管理率达到35.09%；规范化管理糖尿病病人95743人，管理率达20.90%，均达到年度目标要求。

【疾病预防控制】 以落实省人民政府与市政府签订的传染病和妇幼卫生工作目标责任书为抓手，抓好疾病预防控制和妇幼卫生保健各项目标工作。一是开展好免疫规划和消除麻疹工作，麻疹发病率仍控制在较低水平。继续保持无脊灰状态。二是加强手足口病和人感染H7N9禽流感等重大传染病防控，提高防控水平，有效控制手足口病疫情的传播和蔓延，增强应对禽流感的防控应急能力。是年，全市传染病发病率为317.23/10万，低于全省平均发病率560/10万的水平。三是完成麻风病防治任务，国家卫计委组织专家对毕节市的麻风病防治工作进行调研，并于6月底在毕节市举办了国家麻风病防治技术培训班，对全市的麻风病防治工作给予充分肯定。四是结核病防治完成新涂阳患者治愈率等指标，DOTS覆盖率100%，连续三年考核获全省第一名。五是全市艾滋病抗病毒治疗在治人数384人，超额完成省政府目标责任书280人的任务，其中新增抗病毒人数187人，超额完成任务数（160）的16.8%，美沙酮维持治疗门诊当月在治人数1587人，超额完成1480人的目标任务数。

【妇幼卫生】 妇幼保健以加强孕产妇、儿童系统管理工作为抓手，推行免费服务卷，全市的两个系统的管理率从原来的20%提升到85%以上，对危重孕产妇实行大病救助等措施，重点推动农村孕产妇住院分娩补助项目、农村妇女两癌筛查项目、育龄妇女叶酸增补项目、降消项目、预防艾滋病、乙肝、梅毒母婴传播项目等工作。截至年底，全市住院分娩率达97.62%（年度目标95%）；孕产妇死亡率为24.84/10万（年度目标32/10万以下），婴儿死亡率7.58‰（年度目标8‰以下），5岁以下儿童死亡率10.72‰（年度目标11‰以下），新生儿破伤风发病率0.05‰（年度目标1‰以下）。提升了人民群众健康水平。

【卫生监督】 是年，全市将卫生监督协管服务、创新农村饮用水卫生监管、推进农村饮用水安全工程、规范农村医疗废物管理、加强学校卫生监督、打击非法行医整顿规范医疗服务市场等列为重点工作，落实监管责任，形成监管合力，实现卫生监督协管服务全覆盖和各县区均建立一个饮用水卫生监管站的目标，基本规范了农村医疗废物处置。抓好食品安全风险监测，创新学校卫生监管模式，覆盖全市119万名农村中小学营养午餐和餐饮业。继续抓好医疗机构综合监管，全年共督查200多家医疗机构，对违规违法医疗机构分别处以取缔、吊销执业许可证、责令停业、限期整改、警告等处分，有效保障了人民群众的医疗安全和身体健康。

【强化医疗机构能力建设】 一是在全市二级以上医疗机构结合单病种管理全面推行临床路径管理，规范医疗诊疗行为，缩短平均住院日，提高床位周转率，控制不合理医疗费用。全市各级各类医疗机构共开展127个病种临床路径管理，管理病例5885个，病种入组管理率达80%以上。二是开展抗菌药物临床应用专项治理整顿，严格执行抗菌药物分级管理规定。三是推进医疗机构电子病历系统建设，全市县级以上医疗机构启用电子病历。四是继续加强优质护理示范服务工程，三级医院优质护理服务示范病房100%覆盖，二级医院优质护理服务示范病房达总病房数的60%以上。五是继续在大方、织金、纳雍、威宁、赫章实施县级医疗机构支援乡镇卫生院工作，由县级以上医院共派出30支医疗队进驻乡镇卫生院开展帮扶工作，初步建立起双向转诊、分级医疗、急慢分治、上下联动等工作机制，有效提升基层医疗服务能力。六是将“平安医院”创建和建立医疗纠纷第三方调解机制作为落实卫生系统社会治安综合治理职能的重要举措来抓，积极开展平安医院创建工作，维护医疗机构诊疗秩序，成功处理多起医患纠纷。七是在巩固县级综合医院等级评审成果的同时，全面启动县级中医医院等级复核评审，大力发展中医药事业，全市7所县级中医院创建了3所二级甲等和1所二级乙等中医院。

【人才队伍建设】 继续把补充缺编卫技人员的20%纳入市政府对各县区政府目标考核内容，全年引进（招考）卫技人员2300多人（其中包括博士后1人、硕士研究生8人），补充全市卫生人员队伍，逐步缓解发展的瓶颈问题。举办各类学术交流、继教培训项目20余个，累计培训人员6000余名，卫生人员技术水平进一步提高，服务能力不断增强。

【创卫工作】 成立创卫工作领导小组，制订实施方案，建立创卫联络网络平台。全市创建省级卫生乡镇3个，省级卫生村寨6个；考核命名市级卫生村寨8个，市级卫生乡镇3个，市级卫生县城2个。和市委宣传部一起完成农村文明卫生“百、千、万”工程和公厕专项整治的第一阶段督查考核。完成农村改厕1.2万户和水质监测117个监测点、468份水样监测任务，全面完成了省爱卫办下达的农村改厕任务。

【贯彻国办函35号文件】 抓住国办函〔2013〕35号文件出台的契机，在省卫生厅和市委、市政府的关心和支持下，积极赴京争取政策和项目支持，努力改善全市的卫生资源配置，谋划了市第一人民医院分院、市第二人民医院、市第三人民医院、市及各县区疾病预防控制中心、妇女儿童医院、乡镇卫生院标准化建设等项目上报，全年获422个中央预算内投资项目，总建设面积10.17万平方米，总投资21971万元，与2012年相比增118%。班子主要领导多次与市政府和省卫生厅领导到国家卫计委争取项目和政策支持，2013年10月在国家卫计委召开了专题研究毕节创办医学专科学校有关事宜的会议，国家卫计委有关领导明确表示将对毕节创建医专的工作予以大力支持。筹建工作已经得到教育部有关领导和专家的认可，提前创建成功。争取到国家卫计委《关于支持毕节试验区卫生计生事业发展的有关事项复函》，国家卫计委明确从八个方面支持毕节试验区卫生计生事业发展。

（撰稿　张　彤）

疾病预防控制

【概述】 2013年，市疾病预防控制中心（以下简称疾控中心）遵循预防为主的卫生工作方针，应用预防医学理论与技术，以应对处置急性传染病疫情和突发公共卫生事件为重点，组织开展预防、控制和消灭危害广大人民群众健康的疾病。传染病报告发病率较去年同期上升0.77%。地方病、慢性病、职业病防治以及免疫规划、健康体检、实验室检测、卫生宣传教育等工作成效明显。全市结核病防治工作获全省考核第一名，实现了“三年冠”。毕节市疾控中心在新疆脊灰疫情防控工作中表现突出，被卫生部办公厅通报表扬，获市“双考双评双挂钩”考核管理领导小组目标考核一等奖和市卫生系统责任目标考评二等奖，艾滋病性病防治科受到人力资源和社会保障部、国家卫生计生委全国艾滋病防治先进集体表彰。全市疾控系统受到国家表彰2人，省级表彰3人，市级表彰25人。

【机构能力建设】 筹集经费改善服务设施，提高服务质量。购置微生物限度过滤系统、超低温冰箱等仪器设备7台，价值人民币27.8万元。抽派50余人次参加省内外业务培训班，举办各种业务培训班14期，县区、乡级接受培训业务人员915人次。承办全省结核病防治工作现场会、全省疾控中心主任年会。建立完善预防接种门诊和各服务接待窗口工作制度，开展便民、利民活动。制订中心年度绩效工资管理考核方案，实施绩效考核，完成年度奖励性绩效工资兑现。做好消毒杀虫等应急物资储备，购置相应防护用品、消毒药品、消毒器械等应急物资。

【科普宣传】 利用各种节日开展疾病预防控制科普知识宣传咨询13次，免费发放各种宣传资料2.4万份，宣传画1.2万张，接受健康咨询520人次，拍摄宣传资料图片280张，制作宣传展板8块，张贴宣传标语118条幅，出宣传专栏6期，下发宣传资料10万余份。

【帮扶工作和献爱心活动】 组织参加“帮县、联乡、驻村”活动，抽派3人到挂帮联系点织金县桂果镇猫场村、小牛场村驻村帮扶，召开专题会、座谈会议6次，对中央资金重大公共卫生改厕项目和地氟病防治后期管理工作调研、指导，开展农村改厕、饮水优化、设立永久性卫生宣传栏以及指导预防接种、传染病防治、家禽家畜养殖、旅游开发、健康教育和村卫生室医务人员培训等工作。抽派1人到威宁县板底乡参加市直党建扶贫及集团帮扶活动并被毕节市委评为优秀驻村干部。组织职工向芦山县发生强震的灾区人民捐款4560元。拨付4万元用于桂果小学的厕所改造和垃圾池建设。

【疫情信息】 是年，毕节市无甲类传染病发生，无脊髓灰质炎、传染性非典型肺炎、人禽流感、白喉、布鲁氏菌病等乙类传染病报告。报告乙、丙类传染病2.08万例，发病率317.23/10万，同比升0.77%；其中乙类传染病1.55万例，发病率235.77/10万，同比降2.88%。

【传染病与突发公共卫生事件监测】 是年，全市收到传染病自动预警信息1781条，处置率100%，及时处置率77.77%；收到省疾控中心发出的预警信息41条（不包括威宁县），处置率100%，及时处置率90.24%；全市通过突发网共报告突发公共卫生事件信息56起，及时报告率98.21%，传染病疫情事件个案关联率为100%。对达到市级处置标准的事件，市疾控中心均派员参与调查处置。

【食源性疾病监测】 是年，三个监测点医院均未发现疑似食源性异常病例/异常健康事件，完成腹泻病人监测446例，“四菌”培养阳性6

例（均为志贺氏菌）。对阳性病例进行个案流行病学调查，监测任务完成率 85.77%；发生食物中毒事件 18 起，发病（中毒）122 人，死亡 6 人。

【实施 AFP 监测】 全市 AFP（迟缓性小儿麻痹）监测系统报告病例 39 例，报告发病率 2.13/10 万；报告后 48 小时调查率 100%，14 天内双粪便采集率和合格便标本采集率分别为 79.5%，便标本 7 天内送达率 97.2%，75 天随访表及时送达率 90.3%。先后 4 次组织 AFP 分类诊断专家组对所有 AFP 病例进行分类诊断，无高危 AFP 病例。

【麻疹防控】 受周边地区麻疹暴发疫情影响，全市麻疹发病大幅上升，共报告麻疹疑似病例 208 例，24 小时完整调查率 100%，疑似麻疹排除病例报告发病率为 3.01/10 万，达到以市为单位报告发病率 2/10 万以上指标；血标本采集率为 100%，各县区均有病例报告。组织开展麻疹疫苗查漏补种工作，将与云南毗邻的七星关、威宁、赫章三县区列为重点，在所属乡镇开展麻疹疫苗查漏补种，非重点县区根据当地常规免疫状况及麻疹监测水平自行确定重点乡镇开展集中查漏补种。全市上报 8 月龄至 17 月龄儿童（含流动）9.47 万人，补种前接种 8.25 万人，补种后接种 9.41 万人；18 月龄以上 46.11 万人，补种前第一剂 44.96 万人，第二剂 42.9 万人，补种后第一剂次 45.98 万人，第二剂 45.63 万人。疫苗补种率达到省级要求。

【计划免疫冷链运转】 利用疫苗专用冷藏车向各县市运送疫苗、注射器和接种证 6 次，运送各种疫苗 362.61 万人份，各种注射器 224.52 万支，安全盒 3.14 万个，接种证 11.8 万个。常规运转全部实现按月运转，各县区均完成 12 次运转并上报，常规运转监测指标提升，无乡级缺报现象，各疫苗报告接种率 95% 以上，达到指标要求。全市预防接种门诊建设持续推进，入学入托查验接种证工作力度加大。在七星关区和纳雍县开展了人群疫苗针对疾病抗体水平监测，240 份人群血清标本采集任务全部完成。市疾控中心组织 3 次专项督导，全年督导 9 个县区疾控中心、8 家县级以上医院、15 个小学（幼儿园）、18 家乡镇卫生院和和社区卫生服务中心。流脑、乙脑、甲肝、流行性腮腺炎等疫苗针对疾病发病率较上年有不同程度下降。

【“黄牌”评审】 是年，省政府组织开展第二次免疫规划“黄牌”评审。10 月组织对全市免疫规划工作进行初评，各县区初评成绩均达到 90 分以上。初评结束后将排名靠后的大方、纳雍两县上报省卫生厅进行复评。省卫生厅组织专家组于 11 月完成对两县的复评，得分均在 90 分以上，与市级初评结果基本一致，全市免除了免疫规划“黄牌”。

【地氟病改良炉灶后期管理】 安排部署和督导全市工作，重点指导织金县开展地氟病防治后期管理，织金县珠藏镇青山村、桂果镇猫场村作为全国燃煤污染型氟中毒防治后期管理工作现场参观点，于 5 月份接受国家疾控中心和江西、湖北、湖南等 8 个省卫生厅和疾控中心领导、专家的参观，迎接了国家卫生计生委疾病控制局领导考察、调研。对全市地方病防治工作进行 2 次督导检查。组织全市地氟病防治效果评估，完成全市 40 个乡镇 120 个村的现场调查和 40 所学校 8 岁 ~ 12 岁学生氟斑牙患病情况调查，采集 3200 份学生尿样和 1200 份辣椒、粮食样送省检测。地氟病防治后期管理工作得到国家和省地方病防治专家及领导的高度肯定。

【碘缺乏病防治】 制订下发全市 2013 年碘缺乏病防治工作计划，开展全市碘盐监测工作，完成碘盐监测 2400 份，碘盐合格率达 95% 以上，保证了合格碘盐供应。以“科学补碘，保护智力，成就梦想”为主题开展“5·15”防治碘缺乏病日宣传，设立固定宣传点免费发放“防治碘缺乏病基本知识”等宣传资料 6000 份，接受群众咨询 56 人次，同时利用单位电子显示屏进行大幅标语滚动宣传。

【艾滋病防治】 市卫生局下发《毕节市 2013 年艾滋病防治工作计划》，市疾控中心下发《二〇一三年贵州省艾滋病性病防治主要措施落实质量考评方案》，完成对全市艾滋病防治工作 2 次督导检查，举办《毕节市受艾滋病影响儿童调查暨性病信息系统启用培训班》。正在治疗艾滋病病人 / 感染者占累计治疗人数的 72.7%。9 个社区美沙酮维持治疗门诊，完成全年任务数的 116.9%，艾滋病病毒抗体筛查较上年增加 32.7%，筛查发现艾滋病病毒感染者 / 病人较上年增加 30.7%；接受 1.23 万人次自愿咨询检测，1.22 万人次艾滋病病毒抗体检测。国家级吸毒人群、孕产妇、暗娼等6个哨点完成2400人的监测任务。市疾控中心艾滋病性病防治科荣获人社部和卫计委“艾滋病防治工作先进集体”称号。

【结核病防治】 制订《毕节市2013年结核病防治工作计划》，组织开展“3·24结核病宣传日”活动，对全市结核病防治工作进行3轮督导检查，对各县区级实验室进行4次痰检质控和现场评估。继2012来，实验室药物敏感试验熟练度连续通过省参比实验室的测试。承办全省百千万志愿者结核病传播行动总结会和半年工作总结会。全市结核病指标完成情况：新涂阳肺结核病人治疗管理完成全年任务数的95.4%，复治涂阳治疗管理完成全年任务数的91.1%，重症涂阴治疗管理完成全年任务的106.6%，初治涂阴治疗管理完成全年任务的108.9%，总体肺结核病人发现治疗管理完成全年任务的103.3%。病案录入及时率为100%，涂阳肺结核病人密切接触者筛查达100%。组织开展的志愿者结核病防治知识传播活动被省表彰为优秀组织单位，省结核病现场工作会议在毕节市召开。年度省卫生厅组织的结核病防治工作考核，毕节市获第一名，实现了“三连冠”。

【卫生监测及健康体检】 对厂矿企业、学校学生和服务行业从业人员1653人进行健康检查，办理健康证993个。完成3个厂矿企业职业危害因素监测，57家医疗机构80台放射装置放射卫生防护监测，468份农村集中饮用水水质检验，151份城区常规供水采样及检测，365份食品安全风险标本监测，213份麻疹、风疹IgM抗体检测，98份乙脑抗体标本检测，807份流感标本检测，26份VCT筛查标本和434份确证标本检测。

【医院消毒质量监测】 完成全年医院消毒质量监测工作，采集样品412份，合格381份，合格率92.47%。其中：物体表面样113份，合格率100%；医护人员手样101份，合格率99%；使用中化学消毒液样86份，合格率97.67%；室内空气112份，合格率73.21%。

【疟疾防治】 制订《全市2013年疟疾防治项目工作计划》和《毕节市2013年消除疟疾考核评估实施细则》。召开消疟工作会议，举办寄生虫防治技术培训班。对疟疾防治工作进行一轮督导检查，全市监测“三热”病人血片3.05万人，未发现疟疾阳性血片。对七县区进行消除疟疾考核评估，均达到85分以上，达到消除疟疾目标。

【基本公共卫生服务】 举办“毕节市2013年重性精神病管理培训班”和“2013年全市基本公共卫生服务项目培训班”，对各县区慢性病、重性精神病管理等工作进行2次督导，完成糖尿病规范化管理9.57万人、高血压规范化管理34.45万人、重性精神疾病管理1.73万人、老年人体检30.29万人。

【获中央预算内投资】 6月19日，贵州省发改委印发《关于下达贵州省食品安全风险监测能力建设项目2013年中央预算内投资计划的通知》，将毕节市疾控中心列为食品安全风险监测能力建设项目2013年中央预算内投资单位之一，总投资440万元，其中中央预算内投资350万元，地方投资90万元。项目建设性质为单纯购置超高效液相色谱仪等13件食品安全风险监测检验检测设备。

【迎接检查指导和调研交流】 2月19日，配合做好省卫生厅张光奇副厅长到金沙县疾控中心检查指导疾病预防控制工作相关事宜；4月23—24日，配合做好 联合国儿童基金会驻中国办事处项目官员朱徐一行3人及省疾控中心党委副书记李勇等到金沙县督导检查加强常规免疫规划、参加该县大型健康主题宣传等相关工作；4月24日，做好省疾控中心王定明副主任等到毕节市检查人感染H7N9禽流感防控等相关工作；做好5月8日国家疾控中心和江西、湖北、湖南、重庆、四川、贵州、云南、陕西8个省卫生厅和疾控中心领导、专家到织金县桂果镇参观考察燃煤污染型氟中毒防治后期管理工作的相关事务；6月3日，做好省疾控中心主任黎明等到威宁县开展省直接管理威宁县疾控工作前期调研相关事宜；6月18—19日，做好省疾控中心主任黎明等到黔西县、大方县调研公共卫生工作并选定大方县羊场镇卫生院公共卫生科建设作为全省疾控中心主任年会参观点的相关工作；7月11日，配合国家卫生计生委疾控局雷正龙副局长等到织金县开展燃煤污染型氟中毒防治后期管理工作调研的相关事宜；10月10日，做好省疾控中心主任黎明等到毕节调研疾控体系建设工作的相关事宜。

【承办全省疾控中心主任年会】 7月22—23日，贵州省2013年各市（州）疾控中心主任现场工作会议在毕节市百里杜鹃管委会召开，各市（州）和仁怀市、威宁县、大方县、黔西县疾控中心主任及办公室主任，省疾控中心领导班子成员及各所（办）主要负责人共79人参加会议。会议总结了全省上半年疾控工作，安排部署了下半年的工作任务；各市（州）和仁怀市、威宁县、黔西县、大方县疾控中心分别作了交流发言；省疾控中心各所（办）负责人分别通报了上半年业务工作完成情况，提出了下半年工作要点。会议组织全体参会人员现场参观大方县羊场镇卫生院公共卫生建设和基本公共卫生服务项目工作。毕节市人民政府副市长冉霞、市卫生局局长安宁出席会议并讲话。

（撰稿　李昌华）

社会生活

人口和计划生育

【概述】 2013年，毕节市人口和计划生育工作深入贯彻落实党的十八大、十八届三中全会精神，坚持计划生育基本国策不动摇，认真贯彻落实省、市对人口计生工作的系列决策部署，紧盯人口“双降”核心目标，提高出生人口素质，夯实基层工作，严控政策外生育，全面推进人口计生“双诚信双承诺”工作，取得了“一个全省领先、两个全省推广、两个全省现场会”的成绩。全市人口出生率12.56‰，自然增长率6.16‰，均完成年度目标任务；符合政策生育率94.17%，同比上升0.21个百分点；无因违法行政引发的恶性案件和群体性事件发生。

【召开会议】 一是市委召开常委会议专题研究人口计生工作。2月20日，中共毕节市委书记张吉勇主持召开常委会议专题研究人口计生工作。会议决定：召开全市2013年度人口计生工作会议和2012年度人口计生市级重点管理乡镇工作推进会议，成立2013年两个省级重管县“挂牌攻坚”工作领导小组，决定对乡级人口计生特岗工作人员借用到非乡村计生工作岗位的情况进行清理，同意将市、县人口计生执法支队（大队）按程序报批纳入参照公务员法管理单位。同意市、县、乡三级计划生育技术服务机构服务性收入参照《关于继续深化医药卫生体制改革探索试验区医药卫生事业发展新路子的实施意见》（毕委发〔2012〕16号）执行。探索乡村计生技术服务机构和卫生医疗机构整合工作，调整充实市人口和计划生育工作领导小组。二是召开全市2013年度人口计生工作会议。2月28日，市委、市政府召开2013年度人口计生工作会议，市委书记张吉勇强调，人口问题始终是制约毕节可持续发展的首要问题，是影响经济社会科学发展、后发赶超、同步小康的关键因素，必须坚持把人口计生工作摆在更加突出的位置抓紧抓好。要求各级各部门要深入贯彻落实胡锦涛主席视察毕节时的重要讲话精神，牢固树立全局意识、法治意识、服务意识，持之以恒地抓好人口计生工作，真正成为服务发展、惠及民生、促进和谐、造福于民的幸福工程。市委副书记、市长陈昌旭要求，做好2013年度人口计生工作，要打牢思想基础、基层基础、业务基础；着力加强人口问题研究，科学分析人口发展的新形势、新特点，促进人口与经济社会均衡发展；着力降低生育水平，加强组织领导，强化宣传教育，提升优质服务，落实利导政策；着力实施优生优育工程，提高人口素质。力争在升位脱帽上取得突破、在流动人口管理上取得突破、在干部作风建设上取得突破。三是2月28日，毕节市人口和计划生育工作领导小组召开2013年度市级人口计生重管乡镇工作推进会议，传达贯彻落实全省人口计生重管县工作座谈会议和全市人口计生工作会议精神，安排部署年度市级重点管理乡镇工作。会议要求，县乡要认真分析自身问题，找准存在差距，采取超常规措施和办法，提高人口计生工作整体水平，确保年度内实现“摘帽升位”和人口计生“双降”目标。市级重管和“黄牌警告”乡镇干部，不得随意调动，不能提拔重用。四是5月7日，全省人口计生“双诚信双承诺”工作推进会在毕节市黔西县召开。会议指出，人口计生“双诚信双承诺”对创新人口管理服务具有革命性意义。由村（居）民委员会与村（居）民相互签订诚信计生承诺书，建立“一处守信、处处受益、一处失信、处处受制”的工作机制，引导群众自觉实行计划生育，推动了人口计生工作重点难点的突破，极大地激发了广大群众的主人翁热情，受到了基层干部群众普遍的欢迎。“双诚信双承诺”工作探索实践对于完善社会体系，推动社会主义道德建设和核心价值体系建设；探索法治与德治相结合的社会管理新路子；完善基层民主制度，转变政府职能，构建政府管理与基层民主相结合的社会管理新格局；提升社会管理源头治理的新成效具有积极示范意义。省人民政府副省长何力出席会议并作重要讲话。五是5月13日，中共毕节市委书记张吉勇，市委副书记、市长陈昌旭召集十县区党委（党工委）书记、县长（区长、管委会主任），专题安排部署人口计生“双诚信双承诺”工作。张吉勇指出，人口计生“双诚信双承诺”工作机制是毕节市深入贯彻落实省委省政府召开的毕节试验区新一轮改革发展推进大会精神，勇闯统筹解决人口问题新路子取得的重大成就。全省人口计生“双诚信双承诺”工作推进会在黔西县召开，是对全市人口计生“双诚信双承诺”工作的充分肯定和激励鞭策，全市上下要以此为契机，进一步增强工作的信心和决心，科学制订方案，强化考核督查，提升工作质量，强势推进人口计生“双诚信双承诺”工作创新发展，始终走在全省前列。

【加强对乡镇的分类指导、重点管理】 下发《关于全市各乡（镇、办事处、管理区）2013年度人口和计划生育工作分类管理情况的通报》（毕市人领发〔2013〕3号），对全市各乡（镇、办事处、管理区）2013年度人口计生工作进行分类管理。其中：一类乡镇82个、二类乡镇131个、三类乡镇43个。出台《关于确定团结乡等三十二个乡（镇、办事处、管理区）作为人口和计划生育工作市级重点管理乡（镇、办事处、管理区）的决定》（毕市人领发〔2013〕4号），将2012年度人口计生工作综合考核排名靠后的32个乡镇纳入2013年度市级人口计生重点管理。

【督导调研】 一是3月4～8日，由省人口计生委党组成员、副主任彭翔任组长的省委省政府2013年度人口计生“黄牌警告”和省级重管县工作第二督导组一行6人到毕节市纳雍县、威宁县开展督查指导工作。督导组要求，必须以“双降”为重点，强化领导保障、责任追究、督查指导、队伍建设、考核奖惩五项措施，守住维护稳定、依法行政、保障民生“三条底线”，确保实现年度人口计生“双降”目标。二是6月28日，贵州省人口计生委党组书记、主任王忠在毕节市人民政府副市长蒋从跃，毕节市人口计生委党组成员、常务副主任曾家权以及威宁县党政有关人员的陪同下，到威宁县迤那镇、小海镇、东风镇开展党的群众路线教育实践活动并调研人口计生工作。王忠指出，村卫生计生室是人口控制的第一道防线，乡村两级要加强对村室的建设和管理，努力做好免费孕前优生健康检查，促进质量与数量的平衡；要充分调动村干部、特岗计生工作人员的积极性和主动性，注重培养他们的责任心以及管理服务的能力，树立良好的服务理念。三是9月15—16日，国家卫生计生委宣传司监察专员张建、副巡视员王华宁一行到毕节调研人口计生“双诚信双承诺”和宣传教育工作。张建要求，毕节探索的人口计生“双诚信双承诺”有着丰富的实践，要进一步上升到理论的高度；“双诚信双承诺”是践行群众路线教育活动的重要抓手，社会管理创新要在服务管理上找到一个计划生育工作切入的平台。建议国家卫生计生委与毕节共同开展人口计生“双诚信双承诺”的课题研究。

【出台约谈、预警实施办法】 出台《毕节市人口和计划生育约谈实施办法》（毕市人领办发〔2013〕4号）、《毕节市人口和计划生育预警实施办法》（毕市人领办发〔2013〕5号），对人口计生阶段性工作推进过程中因重视不够、工作不力，导致年度目标实现有较大风险，或因人口和计划生育违法行政导致恶性案件或群体性事件发生等情形的乡镇党委和政府主要负责人进行约谈、预警。

【对口支援】 5月9—20日，北京市人口计生委举办对口支援毕节试验区人口计生干部培训班，帮助毕节市培训30名人口计生干部，落实《北京市对口支援毕节试验区人口计生工作协议》有关内容。重点培训计划生育优质服务体系建设、免费孕前优生健康检查、计划生育利益导向、计划生育管理体制机制创新、流动人口计划生育管理服务等知识。

【开展"育才工程"】 毕节市人口和计划生育委员会与毕节市计划生育协会联合下发《关于做好2013年度"育才工程"有关工作通知》(毕市人口计生通〔2013〕12号),决定2013年度继续在全市计生"两户"家庭中推荐符合条件的子女就读贵州省人民医院护士学校和毕节市工业学校。其中,贵州省人民医院护士学校计划招生100名,毕节市工业学校计划招生52名。

【实施"全力助推计划生育家庭圆梦小康行动计划"】 下发《关于全面实施"全力助推计划生育家庭圆梦小康行动计划"的意见》(毕市人领发〔2013〕14号),建立由各级财政安排专项资金、整合部门资源、加大社会融资的人口计生利益导向政策投入体系,对独生子女户、计划生育二女户和计划生育特殊困难家庭"优生优育、生殖健康、生产致富、子女成才、抵御风险、养老保障"等民生问题给予持续性政策补助和照顾,使人均收入和生活水平高于全省平均水平,全力助推计划生育家庭圆梦小康。到2020年,计划生育家庭经济收入明显增加:人口计生利益导向政策的补助照顾资金,年人均不低于560元,分别占农村计划生育家庭年人均纯收入的8%以上和城镇计划生育家庭居民年人均可支配收入的3%以上。

【开展计划生育病残儿医学鉴定】 下发《关于印发〈病残儿医学鉴定和计划生育手术并发症鉴定管理办法(试行)〉的通知》(毕市人口计生通〔2013〕16号),要求做好病残儿医学鉴定和计划生育手术并发症鉴定管理工作,规范鉴定程序,提高鉴定管理质量,切实维护病残儿和计划生育手术并发症家庭的合法权利。毕节市人口计生委病残儿医学鉴定领导小组先后于2月17日、8月25日,两次对101名申请病残儿医学鉴定对象进行鉴定。其中65人属病残儿,14人不符合病残儿医学指导原则,22人需完善相关资料后再议。

【开展村级"三个按月落实"和乡村信息变动对称试点工作】 下发《关于开展村级人口计生工作"三个按月落实"和乡村信息变动对称试点工作实施方案》(毕市人领办发〔2013〕25号),通过开展目标任务按月个案下达落实、目标任务按月督查落实、考核奖惩按月兑现落实和乡村信息变动对称试点工作,进一步完善工作机制,规范服务管理,强化村级人口计生工作目标责任管理。

【争取政策项目】 12月9日,国家卫生计生委下发《关于支持毕节试验区卫生计生事业发展有关事项的复函》(国卫财务函〔2013〕176号)提出,在项目和资金支持方面坚持"三个原则",即:积极会同有关部门,对普遍支持的政策项目,对毕节试验区予以重点支持;先行先试的政策项目,对毕节试验区予以优先支持;没有明确的政策项目,对毕节试验区予以特殊支持。坚持支持工作"三个结合",即:将支持毕节试验区卫生计生工作与国家扶贫开发、西部大开发战略等政策相结合;与深化医药卫生体制改革工作相结合;与实施"十二五"医改规划、卫生事业发展规划、人口和计划生育事业发展规划相结合,在加大转移支付支持力度、加强基础设施建设、强化计划生育服务管理、加强人员培训等方面给予毕节试验区大力倾斜支持,全力推进毕节试验区卫生计生事业快速发展。

【计划生育帮扶】 是年,全市国家农村部分计划生育家庭奖励扶助对象新增422人,退出155人,现有2930人,发放奖励扶助金351.61万元。全市特别扶助对象591人,发放救助金187.94万元。全市投入计划生育"三结合"帮扶资金(含物资折价)1897.75万元,帮扶群众11378户,其中当年新增帮扶户8173户。全市人口计生利益导向"四项制度"对象15.44万户、40.26万人,投入经费32103.33万元。全市人口计生利益导向"五项工程"对象16.32万户、42.16万人,投入经费34492.82万元。

【财政投入及基础设施建设】 一是全市财政投入人口和计划生育专项经费22324.76万元,其中市级财政投入6172.12万元,人均11.82元,县级财政投入11851.13万元,人均17.3元,乡级财政投入4301.51万元,人均5.73元。全市征收社会抚养费9615万元,中央财政转移用于村级计划生育工作1350.7万元。二是毕节市市级投入乡级计划生育服务站村级计划生育服务室建设经费480万元,其中乡级计划生育服务站240万元,村级计划生育服务室240万元。

【干部工作】 一是全市选拔任用人口和计

划生育工作成绩突出干部45人，其中5个乡镇协管领导提拔任乡科级正职，县区人口计生局13个一般干部、15个乡镇计生办主任或负责人、6个计生站站长或负责人、4个乡镇流管办主任提拔任乡科级副职，2个计生特岗提拔任乡镇计生办站负责人。同时，102名乡镇计生特岗兼任村党支部书记或副书记。二是全市人口和计划生育系统举办培训班3231期培训98509人次。其中，管理和服务培训班452期，8250人次；技术和服务培训班544期，8094人次；乡级计生特岗工作人员培训班564期，11288人次；村人口主任培训班973期，18471人次；育龄妇女组长培训班588期，52406人次。三是全市查处党政机关和企事业单位干部职工政策外出生33人。其中党员29人，一般干部9人，职工24人；开除工作5人，开除党籍22人。

（撰稿　邵申华）

民　政

【概述】 2013年，市民政局在市委、市政府的领导下和省民政厅的指导下、在各有关部门的支持配合下，认真落实国发2号、国办函35号文件精神，围绕年初制订的各项目标任务，抢抓机遇、攻坚克难、开拓创新，各项工作顺利完成。

【城乡社会救助】 一是完成城乡居民最低生活保障各项工作。全市城低保月平均保障标准提高到358元，农低保年平均保障标准提高到1724元，增幅分别达到14.74%和11.37%。完成城乡低保年度核查。全市纳入城市最低生活保障范围33227户70834人，农村最低生活保障范围422910户897338人；下达城乡低保资金13.06亿元（含元旦春节一次性补助）。纳入粮食救助的农村低保对象92088户167894人，投入资金2680万元，采购、发放救助粮526.77万公斤。低保工作得到国务院最低生活保障政策落实情况专项督查组的肯定。二是提升农村五保集中供养水平。农村老年公寓（敬老院）建设管理“六化”经验（组织化保障、多元化筹资、标准化建设、规范化管理、人性化服务、自助化发展）得到省委主要领导的肯定，在全省社会管理创新暨平安贵州建设大会上进行了经验介绍和视频观摩。全市投入使用的农村老年公寓（敬老院）有227所，床位9699张；集中供养7773人，集中供养率29.35%；人均集中供养水平2747元/年，分散供养水平1571元/年；累计为五保对象23557户26482人发放农村五保供养资金5406万元（含元旦春节一次性补助）。三是实施城乡医疗救助制度和临时救助制度。累计支出城乡医疗救助资金1.53亿元（其中资助参保参合4487.47万元），救助城乡困难群众107.53万人次（其中资助参保参合103.69万人）；累计支出临时救助资金390.68万元，救助城乡困难群众3960人次。

【社会福利和养老服务】 儿童福利工作。一是分配各县区中央和省级资金1766.24万元，配套市级补助资金61.81万元，市县两级配套资金561.15万元，超额完成省级要求市县配套资金283.44万元的任务，实现孤儿基本生活费足额、逐月、县级打卡发放（集中养育孤儿每人每月1000元，分散养育孤儿每人每月600元）。二是督促各县区完善孤儿台账，加强档案管理，动态管理孤儿信息。筹集资金8万元，聘请200余名暑期返乡大学生对全市所有乡镇（办事处）进行覆盖式调查摸底，对查出的问题进行通报并限期整改。全市现有孤儿人数达3211名，比去年增加1011名。三是开展局班子成员陪伴孤儿过节活动，慰问儿童福利机构2个、散居孤儿101人，发放慰问资金60500元。四是完成孤残儿童“明天计划”“西部贫困家庭疝气儿童康复计划”等福利项目工作任务，全年疝气康复手术达到550余例，占全省1460例的37.7%。五是市级儿童福利院投入使用，该院环境优美，设施齐全，规模大，集“养、教、康、治”为一体，可容纳400名孤残儿童，首期入住集中养育孤儿和育婴70余名。残疾人福利工作。完成社会贫困伤残者普及型假肢安装200余例。争取项目资金150余万元实施“社会贫困家庭肢体功能障碍者救助性康复项目”，送150余名患者到省肢体康复中心进行救助性康复训练。在黔西县实施“福音工程”，为听力障碍者调配安装骨导式助听设备50余例。养老服务工作。制发《毕节市社会养老服务体系建设规划（2011—2015）》，完成年度增加4460张养老床位数目标。市社会福利院（老年公寓），落实编制人员40名，完成招考招聘工作人员50余人，首期组织入住养老的老年人40余名，组织20余名光荣军人入住疗养。审核上报3家民办养老和40余个居家养老服务机构。市社会福利院9月份投入使用，设置床位90张，填补了毕节市国办养老福利机构空白。福彩公益金管理及慈善工作。全年完成彩票销售年度任务数1.675亿元；接收捐赠款2246万元，发放慈善总会宣传单2000份、慈善宣传画册1500册；代市政府起草《毕节市人民政府关于加快推进慈善事业发展的实施意见》，完成慈善总会换届选举的前期准备工作。

【减灾救助】 一是完成全年灾情统计核查。全市受灾人口545.67万人，因灾死亡18人，因灾伤病11人；紧急转移安置5944人；农作物受灾面积281918.1公顷（农作物成灾面积174678.8公顷，农作物绝收面积70973.04公顷）；因灾毁坏耕地面积140.84公顷；因灾死亡大牲畜22头匹，死亡羊735只；因灾造成房屋倒塌269户583间，严重损坏房屋1047户1678间，一般损坏房屋4278户5901间；各类自然灾害造成直接经济损失22.24亿元。全年启动灾害救助应急响应3次。二是积极开展灾害救助。创建19个综合减灾示范社区；市级和1/3的县区成立减灾中心。市级设置了碧阳湖示范性应急避灾场所。2012～2013年冬春救助总投入资金11047.3万元，接收上级下拨8989万元，市级财政划拨224.7万元，县级财政投入1833.6万元。采购大米1.59128万吨，折价为7411万元；采购衣服2.74万件，棉被1.48万床，折价为476.3万元。冬春救助发放大米1.4万吨、衣服3.09万件、棉被2.2万床，发放现金2033.8万元、救助卡8.9万张，冬春其他救助发放16.9万元。粮食救助45.2万人次，现金救助15.8万人次，衣被救助3.26万人次。三是深化防灾减灾宣传。市减灾委与七星关区减灾委共同组织市、区民政、消防、水利、科协、科技、地震、保险等减灾委成员单位开展“识别灾害风险，掌握减灾技能”为主题的大型宣传活动，30余家单位以及共青团志愿者共200余名职工发放防灾减灾科普资料5万多份；市县两级民政部门发放了宣传单、画和手册等防灾减灾宣传资料15.82万余份（册），制作专栏专题展板173余块，利用电视、网络等媒体播出宣传标语、悬挂宣传横幅253余条，组装、出动宣传教育车78台次，各县区结合《自然灾害救助应急预案》进行了演练，有效提高了大家的防灾减灾意识。

【优抚安置及双拥创建】 一是落实优抚政策。全年发放优抚对象抚恤补助资金16551.14万元，用于生活、医疗补助。发放2012年危困企业老复员军人生活医疗补助费48.47万元。规范完善优抚对象的医疗保障“一站式”服务平台，结算医疗费用139.72万元。市光荣院组织270名重点优抚对象开展短期疗养、健康体检活动。开展优抚巡回医疗活动，巡诊医疗人数7164余名。二是完成退役士兵培训任务，培训退役士兵690人（不含威宁县80人），投入培训经费241万元。举办专场招聘会等，搭建与用人单位双向选择的平台，优先推荐退役士兵学员就业，与中铁十一局达成就业协议33人。三是落实军休干部“两个待遇”，下拨军休经费470.62万元，组织军休干部到百里杜娟和金沙温泉开展走进大自然的集体活动，组织7名军休干部参加全省第九届军休干部运动会，丰富军休干部业余生活。四是开展双拥共建、创建活动。元旦、春节期间，市、县两级民政部门共组成238个慰问团（组）分赴各地开展慰问，发放慰问金426.62万元，慰问各类对象35451人，慰问驻地部队49支、困难户967户，慰问物资折合人民币16511万元，发放春联和挂历3950幅、光荣牌259块。“八一”建军节期间全市各级党委、政府组成42个慰问团（组），投入慰问金143.8万元，慰问驻地部队27支，慰问优抚对象4302人，慰问物资折合人民币30.3万元。对七星关、大方、金沙、织金等4个县区省级双拥模范城（县）进行届中检查。

【基层民主政治建设】 制订出台以县为单位开展同步小康社会创建活动的推进规划、全面建成小康社会实施方案等活动方案，成立毕节市村（居）务公开民主管理和社区建设领导小组，出台《毕节市村（居）务公开责任追究办法（试行）》。通过整合资源，建成乡（镇、街道）社区服务中心58个，村（居）社区服务站420个。召开“全市第九届村居民委员会换届选举工作会议”并启动村居委会换届选举工作。金沙县被省民政厅命名为“全省村务公开民主管理示范单位”。大方、七星关、纳雍顺利通过省级验收，被省民政厅命名为“全省农村社区建设实验全覆盖示范单位”。争取上级资金320万元援助建设27个社区服务站。

【殡改及婚养管理】 一是殡改工作稳步推进。清明节期间，全市悬挂和张贴宣传标语1200余幅条，发放倡议书600余份，宣传资料4000余份，出动宣传车辆200余台次。提请市政府召开了全市殡葬改革工作会议，开展殡葬管理专项督查。选址规划农村公益性墓地353个，已建成342个。火化遗体4043具，火化率8.84%，比2012年增5.23%。筹建毕节市殡葬协会。二是加强婚姻登记和收养登记管理。全市办理结婚登记63000对，离婚登记3950对，出具婚姻登记记录证明12000份，办理国内公民收养9件。

【流浪乞讨救助管理】 一是会同公安、卫生、财政部门下发《关于进一步做好流浪乞讨人员救助管理工作的通知》，健全完善救助台账管理，设立各级救治定点医院，建立会商救治制度和救助情况周报制度。二是各县区城区建成“微笑小屋”23个、城区主要街道及乡镇设立救助指示（引导）牌318块、温馨提示牌165块、救助点647个。三是通过各类新闻媒体公布公安、城管、和救助管理机构的救助电话；组织各级民政局和救助管理机构开展了“流浪乞讨人员救助管理主题宣传月”活动，邀请热心市民、新闻媒体、志愿者、人大代表、政协委员以及公安、财政、城管、教育等部门开展了“救助机构开放日”活动，提升社会各界支持和参与流浪乞讨人员救助管理工作的积极性。是年，全市救助流浪乞讨人员6632人次，其中未成年人945人次，送治精神病人757人次，救助残疾人818人次。

【发展社会组织】 开展行业协会商会类、科技类、公益慈善类和城乡社区服务类社会组织直接登记，简化登记审批程序，新成立登记的社会组织83个（市级21个）。指导各县区开展城乡社区社会组织和农村专业经济协会登记备案工作，全市登记注册的农村专业经济协会73个（县级12个，乡、镇级27个，村级34个）。城乡社区社会组织170个（成立登记的72个，未办理登记和备案的98个）。完成2012年度年检评估工作。完成2012年度检查社会组织478个（市级98个），参检率86.28%，合格率98%。对毕节市保险行业协会、毕节市慈善总会、毕节市彝学研究会等21家被评为AAA级以上等级的社会组织颁发牌匾和证书。完成社会组织档案整理工作，装修了档案室，购买配备了硬件设施并抽调人员将档案扫描进入微机管理和装订。

【行政区划管理】 完成滇黔线第二轮联检，全市2条省级界线、4条地级界线、13条县级界线平安稳定，未发生一起界线纠纷。举办全市地名数据库业务培训，对数据库进行补录更新，建立新的地名数据库并投入使用。起草市域空间布局调整方案并提请市政府研究；第一批乡级行政区划调整申报撤销38个（乡、镇），设置40个（镇、街道），已经批复26个（镇、街道）；协助黔西县做好撤县设市申报工作，完成调研审核和相关申报材料报送。筹建市地名委员会，代市政府起草《毕节市地名管理实施办法》；启动第二次地名普查准备工作，完成普查经费摸底概算；指导双山新区做好路网命名工作，组织专家组实地考察调研，对命名方案进行补充完善。

【民政综合能力建设】 一是坚持党的政治理论学习。组织党员领导干部学习十八大和新党章、中央“八项”规定、省委市委“十项”规定及其实施细则，开展解放思想“十破十立”大讨论、“七一”建党慰问、向罗阳学习和观看电影《杨善洲》等活动，深化党员干部对党章和党的理论、路线、方针、政策的认识，提高党员领导干部的政治理论水平和执政能力。二是做好发展党员和党费收缴工作。强化对入党积极分子的培养教育，联系实际进行正面引导。一年来，吸收8名入党积极分子、明确4名预备党员、转正4名党员。全年上缴党费20834.40元。三是抓好同步小康驻村帮扶工作。以农村环境综合整治“两个硬化”工程为抓手，深入黔西县中建乡红板村开展工作，帮扶50户计生户，落实资金5万元；支持“两个硬化”建设64户，落实资金10万元；四是抓好机关自身建设。加强队伍建设，提高民政干部的履职能力。积极参加省厅和相关部门组织的各类培训，系统内组织了支部书记党务培训及社会事务、社会福利、救灾救济等业务培训；对新调入、新考录、新提拔的“三新”人员进行岗前培训和警示教育，增强了全体党员干部的责任感和使命感，提高了个人素质。局机关党委被市直机关工委命名为“五好基层党组织”；两名党员分别被市直机关工委评为“优秀共产党员”和“优秀党务工作者”。

【开展党风廉政建设】 一是推进廉政风险防控，查找和梳理廉政风险点，进行级别分类，拟订相关防控措施和向社会公开承诺，制作廉政风险点排查及防控措施一览表，填写廉政风险点排查及防控措施一览表 229 份，其中局属各科室填写 17 份，局属各单位填写 212 份；排查 A 类防控点 55 处，B 类防控点 151 处，C 类防控点 291 处；制定相应廉政防控措施 497 项，做到了科室（单位）、领导干部、个人全覆盖。二是加强机关作风建设、纠正不正之风。根据中纪委、省纪委二次全会和市纪委一届四次会议精神和中央“八项”、省委市委“十项”规定，局党组出台了《厉行勤俭节约、反对铺张浪费规定的通知》《贯彻落实市委改进工作作风、密切联系群众十项规定意见的通知》《严禁公职人员违反规定大操大办婚丧喜庆事宜的通知》《严禁中秋国庆期间公款送月饼送节礼、公款吃喝和奢侈浪费等不正之风的通知》《加强两节期间公务用车管理的通知》，不定期的检查考核。全年开展了 4 次明察暗访，整个民政系统没有出现违规行为。

（撰稿　张菁华）

民族宗教事务

【概述】 2013 年，毕节市民宗委在市委、市政府的领导下，在上级业务部门的指导下，顺应新形势、新变化，瞄准追赶跨越的目标谋划民族宗教工作，把握各民族“共同团结奋斗、共同繁荣发展”的工作主题，践行“同心思想”、推进“同心工程”，继续以民族事业“十大推进计划”和“和谐寺观教堂创建”活动为抓手，使少数民族和民族地方基础设施建设投入力度进一步加大，自我发展能力不断增强，依法管理宗教事务水平进一步提高，宗教关系更加和谐。

【开展民族政策法规宣传】 一是坚持把“一法两规定”的宣传贯彻作为重大任务，围绕“两个共同”民族工作主题，努力构建推动民族工作法制化、规范化的长效机制，制订了《毕节市民宗委 2013 年督促“一法两规定”落到实处的工作计划》，推动“一法两规定”宣传教育活动向纵深发展。二是维护少数民族权益，按照民族成分更改更正的相关政策复核各县区上报的民族成分更改更正申报材料，2013 年，按程序向省民委申报更改更正民族成分 1299 人。

【民族团结进步创建活动】 一是开展参加全省第五届少数民族文艺会演的备战工作，联合市文体广电局，组织召开了文艺会演备战工作研讨会，草拟了《毕节市人民政府关于参加第五届全省少数民族文艺会演筹备工作方案》，在 10 月 28 日的闭幕式上，本市选派的《阿媚恳》获表演金奖和优秀组织奖。二是实施民族节日扶持推进计划，制订《毕节市民宗委 2013 年实施民族节日扶持推进计划工作方案》，收集上报各县区民族节日活动和改善场地的项目申报书；指导各县区、各民族学会组织开展好民族节庆活动。三是贯彻落实省民委《关于加强民族团结和睦指数统计监测工作的意见》和市委、市政府《关于以县为单位开展全面建设小康社会统计监测工作的实施方案》精神，制订《毕节市民族团结和睦指数统计监测工作实施方案》，指导各县区开展好统计监测工作。四是 43 个单位获得第二批省级民族团结进步示范点称号，13 名民族团结模范个人和 8 个民族团结模范集体获省委、省政府表彰。

【帮助民族地方发展经济】 一是加强民族地区经济社会发展监测工作，制订《毕节市民宗委 2013 年民族地区经济社会发展监测工作方案》，收集整理各级政府 2012 年工作报告，按时完成 2012 年统计监测网上上报工作。二是继续实施“双五百”推进计划，制订《毕节市民宗委 2013 年实施民族地区贫困乡镇扶持计划和实施特色文化村寨建设推进计划工作方案》，明确推进目标任务，完成项目库编制和项目申报工作，申报“十二五”全国少数民族特色村寨保护目录项目 13 个，落实“双五百”资金 192 万元。三是推动民族贸易和民族特需商品定点生产企业发展，制订《毕节市民宗委 2013 年民族贸易和民族特需商品定点生产企业扶持计划》，同时深入县区开展民贸民品企业调研和推动国家民贸优惠政策落实培训工作，会同市财政局、中国人民银行毕节中心支行认定民贸企业 312 家。五是抓好各类民族资金、项目的落实和管理，完成 2012 年各民族经费项目跟踪检查，建立2013年少数民族发展资金项目库，收集项目271个，申报2013年中央发展资金项目60个，申报资金837万元，省级发展资金项目19个，资金256万元。

【发展民族地方社会事业】 一是制订《毕节市民宗委2013年实施民族教育扶持推进计划工作方案》，做好市民族中学的改扩建项目和毕节一中民族班和民族中学2013年度招生工作。二是积极开展第四批民族民间文化教育项目学校的申报工作，联合市教育局下发《毕节市教育局 毕节市民族宗教事务委员会关于转发〈省教育厅办公室 省民族事务委员会办公室关于申报第四批民族民间文化教育项目学校暨进一步开展民族民间文化教育的通知〉的通知》，推动民族文化进校园。三是指导市民族中学不断加强师资队伍建设、加大与人大附中的对接力度，是年高考取得新突破，实现二本以上综合上线率81.3%，比上年高出20多个百分点。

【民族语文和民族古籍工作】 一是组织实施少数民族语言文字管理和服务计划，给七星关区燕子口镇大南山小学等十家获得2012年市级“双语”教学和谐示范点的单位挂牌，收集上报各县区彝文双语教材需求情况，组织各县区双语教师及相关工作人员参加省彝汉双语培训。二是组织实施民族古籍抢救推进计划，促成市政府召开研究民族古籍保护工作的专题会议，成立以市长为组长的毕节市民族古籍保护利用工作领导小组；联合市文体广电局下发《毕节市民族古籍保护工作实施方案》；督促各县区民宗局明确相应的组织机构和人员，负责对散存民间的民族文字古籍和各民族口碑古籍的搜集整理和征集工作，上报古籍条目83条；出版《西南彝志》第十一、十二集，以及《尼以能》《简明彝汉字典》《特阙数》等五本十二五少数民族古籍抢救推广计划丛书；开展少数民族古籍征集抢救和民族古籍传承人普查、保护工作，普查采集传承人基本信息37人，为编制全市少数民族古籍编目、建立起完整的民族古籍档案打好基础。

【创新宗教事务管理】 一是传达贯彻全国全省宗教工作会议精神，与各县区签订年度宗教工作目标责任书，对全年工作目标进行责任分解，并将宗教工作单列考核。二是组织宗教科和宗教事务执法支队全体人员参加市人民政府法制办组织的法律知识考试，提高依法管理宗教事务的能力和水平。三是转发《贵州省宗教事务行政许可实施程序规定》(试行)、《贵州省宗教事务行政处罚程序规定》(试行)、《贵州省宗教事务行政复议案件程序规定》(试行)等文件，发放《贵州省宗教事务条例》和相关资料。

【推动各宗教重点工作】 一是妥善处理赫章、纳雍、七星关区三县区基督教信众在阴底乡踏石浪教堂聚会的问题。二是妥善处理安徽僧人在百管委公开分送佛教书刊的问题。三是妥善处理“好消息宣教会”在七星关区市西办事处非法传教的问题。四是与市委统战部联合发文，指导威宁县处理黑土河清水清真寺擅自聘用外省阿訇和未经报批在双龙乡举办大型宗教活动的问题。

【加强正面引导和服务保障】 一是指导纳雍县民宗局和该县基督教“两会”，扶持返乡苗族农民工罗飞扬在罗家寨教堂组织信教群众开展苗族刺绣，其中40位苗族妇女集体刺绣的《清明上河图》在香港拍卖会上以180万元的价格成交，该教堂的120名信教群众月收入平均达到2000元以上，动员周边信教群众参与其中，扩大生产规模，带动更多的信教群众共同致富。二是围绕4月20日发生的雅安地震开展“宗教慈善周”活动，发动宗教界人士、宗教活动场所和信教群众在抗震救灾中践行济世利民的宗教情怀，筹得善款127490元，均交由各县区慈善总会转往地震灾区。

【提升宗教工作科学化水平】 一是开展以“十八大”精神为主题的宗教政策法规学习月活动，组织各县区分管宗教工作的副局长、宗教股长、执法大队负责人和市级三个宗教团体常委、家住七星关区的部分宗教界人士共91人，集中学习《贵州省宗教事务条例》，与市委统战部共同召开由宗教工作协调小组成员单位负责人和市级三个宗教团体驻会人员参加的座谈会，对如何把《贵州省宗教事务条例》的宣传与国办函35号文件的宣传结合起来进行安排部署。二是完成以“教风”为主题的和谐寺观教堂创建活动，对各县区上报的达标场所进行验收。三是举办宗教政策法规培训班11期，累计参训人数513人次，组织48人次深入寺观教堂开展宣讲活动，听讲信教群众近7000人。

【完成省宗教局部署的工作任务】 一是推动宗教教职人员纳入社会保障。二是完成宗教活动场所的换证工作和宗教基础信息采集工作。三是争取86万元资金对21个危旧寺观教堂进行修缮。四是协助做好全省性宗教团体的换届及代表的推荐上报工作。五是选派相关人员参加省宗教局组织的各种培训。

（撰稿 杨 帆）

老龄工作

【概述】 2013年，全市老龄工作认真贯彻落实科学发展观，把“以人为本、为老服务”的理念贯穿工作始终，按照“党政主导、社会参与、全民关怀”的方针，创新思路、开拓进取，建立80周岁以上老年人高龄补贴制度，老龄工作目标任务纳入党委政府的考核体系，解决老龄工作专项经费等，老龄事业呈现健康、快速的发展态势。

【老有所养】 一是开展居家养老服务调查摸底工作。协助市卫生部门摸底统计了239个乡镇卫生院7359张床位，为下步增加养老床位数奠定了基础。市财政局、民政局安排75万元市级福利彩票公益金重点用于居家养老服务设施购置和培训。七星关区将居家养老服务经费162.88万元列入了财政预算，并争取到50万元的专项经费为50个居家养老服务站购置了设施。大方县投入10余万元租用200余平方米的房屋开展居家养老服务，争取到8万元的居家养老补助资金购置了必要的设备设施。其余各县区不同程度地投入资金开展居家养老服务。省老龄办和省民政厅支持全市40个社区居家养老服务中心（站）515张床位的省级日常营运补贴和床位补贴。二是开展空巢老人关爱行动。下发《关爱“空巢老人”行动实施方案》，开展“空巢老人”调查摸底、走访慰问和结对帮扶工作，各级机构帮扶投入5307人、14779人次，志愿者上门帮扶投入1702人、4794人次，帮扶投入资金248.3万元，帮扶投入物资折款201.3万元。下发《关于下达“十二五”期间毕节市城乡老年人日间照料床位数建设任务分解数的通知》（毕市老龄办〔2013〕18号），将3350张床位任务数分解落实到有关县区。三是开展社会养老保险工作。全面落实60周岁以上老年人的养老待遇，强化政策宣传，为参保人员提供便捷服务，城乡居民社会养老保险工作取得新进展。四是开展老年人社会救助工作。全市9995名老年人纳入城市低保，27.7万老年人纳入农村低保。省民政厅支持将农村城乡低保对象中的老年人增发补助金比例从20%提高到25%。五是举办全市首期养老服务工作培训班，达到了加强交流、提升素质的目的。六是积极争取养老服务项目。在省老龄办的协调与支持下，七星关区社区老年人日间照料中心项目得到110万的发改补助经费，七星关区市东办事处双城社区、七星关区市西办事处金桂社区分别得到10万元和5万元的居家养老服务设施补助。全市195个农村幸福院补助项目获批，获得中央福利彩票公益金项目补助经费585万元。

【老有所医】 一是落实老年人医疗救助政策。修订完善医疗救助实施办法，住院救助比例均提高到50%以上，对60岁以上老年人进行重点救助。对农村五保、精神病患者和六十年代精简退职老职工开展医疗救助费用即时结算的“一站式”服务。二是推进城乡居民医疗保险。对60周岁以上的低收入老年人，参保金由政府解决，住院起付标准减半。住院报销比例在2012年基础上调高了10～15个百分点，对老年人还在此基础上进行了优惠，全市范围内70岁以上老年人住院比例上调10个百分点，百岁老人住院实行100%报销。

【老有所学】 是年，全市完成新建老年大学68所。推荐金沙县、黔西县老年大学参加省级老年大学示范校创建和评估活动。利用组织部门的远程教育资源组织老年人在线学习。全市有老年大学学员人数1.5万余人。

【老有所乐】 一是开展“敬老月”活动。老年节前夕，市委、市政府向老年人发出了“老年节”慰问信。老年节当天市老龄办联合七星关区老龄办在人民公园举办了毕节市2013年‘老年节’文体演出暨诗歌朗诵活动。部分县区分管领导还发表了电视讲话。“敬老月”期间，各地召开“老年节”座谈会、茶话会，开展走访慰问活动，共庆佳节、共谋发展。10月11日，邀请部分离退休老领导参加“贯彻《老年法》、喜迎‘老年节’”

座谈会。二是开展丰富多彩的文体活动。金沙县代表毕节市参加贵州省第二届“福彩杯”老年合唱大赛，荣获三等奖。组队参加贵州省老年人象棋、乒乓球、太极剑比赛暨第二届全国老年人健身选拔赛，毕节市选派的象棋、乒乓球项目获团体优胜奖，太极剑项目获1个集体金奖和2个个人自选器械金奖。成功举办毕节市第九届老年人体育运动会象棋、钓鱼2个项目的比赛。举办了万名老年人“健步行”活动。在七星关区举办了老年人门球友谊赛。三是组织90名老年人到台湾、北京等地旅游。四是安排各种节日庆祝活动。五一节期间，七星关区组织部分乡镇敬老院的老人到周边的旅游景区旅游；大方县组织23个老年队参加了第五届奢香文化艺术节暨第二届彝族节活动；新春佳节期间金沙县举办老年人迎新春歌唱大赛，并于6月在全市率先举办“福彩杯”老年文化艺术节活动；端午节期间共青团纳雍县委组织30余名青年志愿者到化作乡敬老院开展“端午粽飘香・情系夕阳红”老少共融庆祝活动；威宁县举行“弘扬雷锋精神、传承中华美德”暨“尊老爱老”活动。各种老年文体活动丰富了广大老年人的晚年生活。

【老有所为】 一是抓好基层老年协会建设，为“老有所为”搭建平台。将七星关区市东办事处双城社区、长春镇王官村，大方县羊场镇桶井村，黔西县钟山镇金钟社区，赫章县城关镇上街村老年协会申报为全省示范点。全省“星级”老年协会创建活动中12个基层老年协会被评为全省“三星级”老年协会。将七星关区长春镇王官村等14个老年协会列为市级示范点，每个给予1万元的经费补助。是年，各县区累计支出80.12万元老年协会规范化建设创建活动经费。全市基层老年协会逐步达到内部管理规范、作用发挥明显的老年群众组织。二是全市“敬老文明号”创建活动围绕创建目标、把握关键环节、突出创建特色，采取“听”“查”“访”“问”等方式，经过初步评选、逐级推荐、严格评审和征求意见后，42个单位被评为市级“敬老文明号”，其中12个被评为省级“敬老文明号”、4个被评为全国“敬老文明号”。

【老有所依】 一是落实老年优待政策。市政府办公室下发了《关于加快建立高龄老人补贴制度的通知》（毕府办通〔2013〕161号），全市首次将80岁以上高龄老人的补贴纳入政府规划，是年7月1日前各县区要全部建立90周岁以上老年人补贴制度。开展2013年度百岁老人生活补贴申报审核工作，完成了审批上报任务，全市百岁老人增加到165人。会同市民政局清理近年来百岁老人高龄补贴发放情况，严肃通报漏报、错报现象。二是开展老年维权行动。7月1日，市政府分管领导发表电视讲话祝贺修订后的《老年人权益保障法》颁布实施，市老龄办会同有关部门在七星关区人民公园开展法律宣传、司法援助活动。是年，司法部门开展法律宣传和法律咨询活动202次，举办法律讲座14次，办理老年人法律援助案件116件。公安机关破获危害老年人违法犯罪案件176起，抓获犯罪嫌疑人300多人，化解涉老矛盾纠纷85起，为老年人挽回经济损失200万余元。审判机关受理涉老刑事案件11件11人，审结8件8人。

【能力建设】 一是党委政府高度重视老龄工作。相继召开市老龄委第二次全体（扩大）会议、全市老龄工作会议等，市政府办公室印发了《关于加快建立高龄老人补贴制度的通知》（毕府办通〔2013〕161号）等事关老年人切身利益的民生政策，组织实施省市《老龄事业发展十二五规划》中期评估工作，首次将老龄专项经费和工作经费列入财政预算，首次将居家养老服务、星级老年协会创建、高龄补贴三项老龄工作指标纳入市委市政府对县区党委政府的目标考核。二是队伍建设不断优化。是年，市老龄办提拔任用正科级干部1名、副科级干部2名，转正任用1名副科级干部；4名人员被评为全省老龄工作先进个人，1名人员被市直机关党委评为优秀共产党员。认真开展廉政风险点的排查和警示教育工作。为老服务水平不断提升，全市获得1个“十佳敬老好媳妇”、1个“十佳敬老好儿女”、2个“十佳助老服务志愿者”、1个“十佳敬老院”、1个“敬老模范单位”和9个“四个十佳”提名奖的荣誉称号。三是舆论宣传力度不断加大。是年，市老龄办编发工作简报72期223条，在国家、省、市新闻媒体上报道宣传老龄工作40余次（期）。组织专题调研并撰写调研报告近20篇，编印了《毕节市老龄办2013年调研文集》《毕节市空巢老人生活状况调研报告》等，其中《毕节市空巢老人生活状况调研报告》荣获全国老龄政策调研优秀成果二等奖。

（撰稿　王　锋）

人力资源和社会保障

【概述】 2013年，毕节市人社局紧扣“两加一推”主基调，突出一个中心（创业就业），着力三个重点（社会保障、人才优先、和谐劳动关系），抢抓机遇，负重奋进，推进毕节市人社事业发展。是年，毕节市人社局社会公认度评价在83个市直纳入考核部门中综合得分为98.71分，排名第八，在18个社会发展部门中排名第一。

【创业就业】 一是启动并圆满完成省级创业型城市创建工作任务。建立工作联席会议制度，强化宣传引导，打造创业平台。全市投入资金600多亿元建成工业园区（示范性创业园区）64个，投入资金3.2亿元建设返乡农民工创业园27个，整合资源创建示范性创业乡镇50个、示范性创业街道51条，4170户小微企业、个体工商户进驻创业园区和街道，实现7.5万多人就业。建立青年、大学生、下岗职工、妇女和残疾人等创业团队50个，打造各类创业示范户2194户，带动2万多人就业。组建创业专家服务团10个，共有创业服务专家560余人。建成创业培训实训基地38个，培训创业人员5700多人。建立市、县区创业项目库，入库项目602个。二是开展公共就业服务专项活动，认真落实各类就业扶持政策。组织开展春节期间农民工宣传服务、“春风行动”“就业援助月”“民营企业招聘周”等活动，举办招聘会40多场，发放宣传资料11万份，本地企业吸纳农村劳动者2.9万人就业，全市累计跨地区劳务输出174万人。协助富士康科技集团招募员工3000多人。推选100多名返乡农民工“创业之星”报市政府表彰。落实“3个15万”等各项就业扶持政策，为4800名创业人员发放贷款4亿多元，促进1.5万人实现就业。实现就业困难人员就业1.37万人。促进高等学校毕业生就业，建立大学生见习基地2个，派遣221名高校毕业生到企事业单位就业见习。三是加强就业培训监管，开展职业技能培训和鉴定。和市纪委、市纠风办共同将全市农村劳动力职业技能培训工作纳入涉农资金监管备案平台进行管理，确保就业资金安全。建成国家级高技能人才培训基地1个，申报省级技能大师工作室2个。组织1.1万人参加国家职业资格和专项职业能力鉴定。四是推进基层公共就业平台建设。开放市级人力资源市场，开通了“毕节市就业服务网”，市级人力资源和社会保障服务中心项目已上报国家发改委审批立项，威宁县“一拖四”项目建成验收，七星关区和金沙县“一拖四”项目开工建设。全市实现城镇新增就业6.5万人；失业人员再就业2.08万人；城镇登记失业率3.5%；转移农业劳动力15.2万人；完成农村劳动力职业技能培训、创业培训、“两后生”培训和农村实用人才培训3.524万人。“千企万人”就业工程实现就业3.56万人。

【社会保障】 社会保障体系不断健全，扩面征缴成效显著。一是开展社会保险法律法规宣传，努力提高参保率。发放宣传资料10.2万余份。全市城乡居民社会养老保险参保人数277.41万人，参保率达92.04%；城镇职工基本养老保险参保16.84万人；失业保险参保16.77万人；城镇职工医疗保险参保25.44万人；生育保险参保19.4万人；工伤保险参保27.01万人。二是依法征缴社会保险费，按时足额发放各种待遇。建立将城乡居民社会养老保险基金和新型农村合作医疗保险基金一并征缴和“老五险”一单征缴机制。开展被征地农民的社会保障工作，征收被征地农民社会保障资金15.5亿元，参加被征地农民社会养老保险人数达2.73万人，1.23万名符合条件的参保人员领取养老金。征缴各类社会保险基金19亿元。其中，城乡居民养老保险基金2亿元；城镇职工基本养老保险基金8.5亿元；失业保险基金8700乡万元；城镇职工医疗保险基金5.29亿元；生育保险基金1544万元；工伤保险基金2.5亿元。三是完善社会保险经办流程和内控制度，加强社会保险基金监督和稽核，对全市被征地农民社会保障资金、城乡居民社会养老保险基金以及个人账户管理情况开展专项检查，追回社会保险基金1200多万元；清理收回企业欠缴基本养老保险费1000多万元。开展城乡居民养老保险与职工基本养老保险重复领取待遇人员清理工作，追回养老基金9万多元。开展医疗待遇稽查300余次，对违规的医疗机构不予支付保险基金100多万元。同时，将慢性特殊门诊归口管理，减少基金支出

400多万元。四是推进服务窗口前移，大力开展工伤认定和劳动能力鉴定，完成工伤认定3019件、劳动能力鉴定3963人。五是开展社会保险信息应用系统建设，投入2000多万元推进“金保工程”建设，发放社会保障卡42万张。

【人事人才】 一是通过组织企事业单位参加第一届中国贵州人才博览会、海外高层次人才招聘会、举办“人才活动月”“5个100工程”等人才招聘活动和简化程序公开招考等方式，开展引才引智工作。全市引进人才1.19万人，其中博士7人、硕士134人、本科急需紧缺人才5804人。二是对2930个基层事业单位专业技术岗位结构比例进行调整。上报4名专家参加新一轮国家“百千万人才工程”国家级人选选拔。全市新增中级以上专业技术人员2680人。建立全市专业技术人员信息库，入库信息10万余条。三是组织各类考试工作，完成1.6万人参加的招考录用聘用工作，其中，公开招考录用公务员（人民警察）471人、聘用事业单位工作人员1.53万人，组织1.3万多人参加晋升技术等级培训考评、职称外语、计算机应用能力等考试。四是加强公务员和事业单位人员管理。建立毕节市人事管理信息系统基本数据库。完成12.16万名公务员、参公事业单位人员和事业单位人员年度考核，对1400多名新录用公务员和事业单位新进人员开展初任培训。选派114名干部到香港、江苏、浙江、福建等省区培训。推荐评审100名优秀农村实用人才报市委、市政府表彰。五是完成军转干部安置任务，落实军转干部各类待遇。投入48.5万元对全市企业军转干部开展慰问，发放企业退休军转干部原部队职务生活补助和生活困难补贴357.5万元。六是做好高校毕业生服务管理工作。对266名到村任职、“一村一名”大学生开展慰问，为341名基层服务大学生进行年度考核。七是做好企业托管工作。新接收托管企业1家，新增托管人员200人，发放各类补贴80.66万元。八是完成机关津贴补贴和事业单位绩效工资调整和市直机关事业单位2013年正常晋升工资、机关在职人员年终一次奖金、事业单位2013年绩效工资总量审批等工作。

【和谐劳动关系】 基层工作基础不断夯实，劳动关系和谐稳定。一是启动劳动保障“两网化”建设，组织开展农民工工资支付、人力资源市场整顿和煤矿企业劳动用工专项检查，追讨农民工工资1.5亿元；督促用人单位劳动者补签劳动合同6755份，办理社会保险登记并缴纳社会保险费63.79万元；审查用人单位规章1270件，纠正违法规章800件；受理举报投诉案件779件，当期结案率100%。二是启动市直企业集体合同、工资集体协商工作，开展用人单位集体合同审查工作，完成市直企业3990人的劳动用工备案；对154户企业开展薪酬调查。三是加大仲裁案件处理力度，全市处理劳动人事争议案件2356件，按期结案率100%。

【廉洁勤政建设】 一是落实党风廉政建设责任制，坚持中心组和干部职工集中学习制度，开展反腐倡廉知识学习，增强干部职工拒腐防变的思想道德防线，中心学习组开展学习16次，组织干部职工集中学习48次。二是贯彻执行民主集中制，实行行政审批、大额办公经费使用、公务接待、人事考试、人员调配、职称评审、就业创业培训、医疗保险和工伤保险待遇支付等集体研究决定，邀请市纪委第二纪工委有关人员全程监督。三是执行中央“八项规定”和省委、市委“十项规定”，修改完善财务管理、公务接待、车辆管理、固定资产管理等制度，从源头上预防和治理腐败，单位“三公经费”等开支大幅减少，没有发生违规违纪行为。四是强化服务意识，认真解决群众反映的强烈问题。继续实行首问责任制和限时办结制，在政务大厅设置“办事咨询台”，抽调10名业务素质好的干部担任“办事咨询员”，为群众办事提供热情服务，按时办结并回复信访事项67件。抽调3名人员长期驻威宁县海拉乡卫星村开展党建集团帮扶，在春节等重大节庆期间，投入资金8万多元慰问联系点的五保老人和留守儿童；协调资金10万元帮助威宁县羊街镇矿山村开展“五园新村”建设，建成村级活动室1个，完成院坝硬化3万平方米、连户路硬化1.88万米。五是推进党务、政务公开，自觉接受人大、政协和社会监督，按时办结并回复人大代表和政协委员议（提）案20件，办结率100%。

【争取支持】 争取人社部下发《关于支持毕节试验区人力资源和社会保障事业加快发展的指导意见》（人社厅发〔2013〕25号），把毕节作为人社部推动人社工作综合改革联系点。将毕节试验区列为社会保险基金监督部级试点，并先后在毕节市组织开展“城乡居民养老保险工作观摩及业务培训活动”和召开“促进中国人才交流协会发展研讨会”“部分地方法制工作座谈会”“全国人力资源服务业发展高级研修班”，采取以会代训的方式帮助毕节培训基层干部300多人；批复毕节建设国家级高技能人才培训基地1个。争取省人社厅与市人民政府共同下发《贯彻落实人力资源社会保障部办公厅〈关于支持毕节试验区人力资源和社会保障事业加快发展的指导意见〉的实施意见》（黔人社厅通〔2013〕284号），支持本市市级人力资源和社会保障服务中心和技工学校建设，将金沙县“一拖四”项目列为全省2013年计划。是年，争取到城乡居民养老保险中央财政补助资金4.67亿元、省级财政补助资金1757万元，就业再就业省级补助资金1.2亿元。

（撰稿　祝朝卫）

企业之窗

贵州中烟工业有限责任公司毕节卷烟厂

【概述】 2013年，贵州中烟工业有限责任公司毕节卷烟厂在公司领导下，在各级党委政府的大力支持下，围绕工厂“137”工作思路，充分调动和发挥干部职工的积极性、主动性和创造性，不断创新工作方法和管理思路，在确保生产的前提下，有序推进技改项目建设。一年来，有效化解同时技改同时搬迁与同时生产的矛盾、复杂的内部环境与安全稳定的矛盾、传统工作方法与全新管控模式的矛盾等突出矛盾，顺利完成技改主体工程项目建设、制丝设备的调试投产、卷包设备搬迁调试等主要工作。全年生产卷烟43.8万箱，同比增1万箱，单箱产值1.25万元，实现产值54.7亿元，上缴税费33.3亿元，原辅材料和能源消耗指标得到有效控制，产品质量稳定、设备运行有效、计划执行及时、安全保障有力，在公司各卷烟厂年度综合绩效考核中，以93.90分的成绩位列第二，获得公司综合排位奖励。

【技改主体工程全面完成】 技改实施小组针对联合工房投入使用及总图施工中与生产管理不相适应的问题，相继成立联合工房完善工作组、厂区现场完善工作组、技改项目进度协调办公室及安全隐患排查治理小组等，及时总结各工程项目推进完成情况，分析影响和制约技改工程项目推进的原因并加以解决。1月15日，职工食堂提前投入使用；3月15日，新老厂房成品及辅料输送连廊全面完工并投入使用；5月31日，老线12组卷包设备全部迁入新联合工房，设备搬迁调试工作提前完成，结束了长达半年两线生产高能耗、高消耗的生产状况，产能全部转移到新生产线。年底，主体工程及附属主要单体工程均已全面完工，公用配套安装工程基本完成，老厂房功能转换等辅助工程因成品烟的周转及生产等方面的原因正有序推进，技改工作成效显现。

【基础管理水平不断夯实】 一是完善目标管理体系，确立7个方面27个厂级目标，建立以厂级目标为重点、部门目标为关键、岗位目标为基础的三级目标联动考核责任机制，制订涵盖254个目标的目标体系，梳理176个内控指标，制订《毕节卷烟厂目标管控方案》，完善《部门绩效指标构成及考核评估表》。推进标准化体系建设，夯实管理基础。全年新增制度标准28个、发布实施管理标准279个、技术标准105个，涵盖基础管理、安全管理等21类，标准化体系逐步形成。二是完善创新工作机制，推进对标管理。制定对标工作方案，提出以创新突破推进对标管理的新思路，成立创新工作领导小组，出台创新工作管理办法和内部激励管理办法，建立健全企业创新管理工作机制。围绕产品质量提升、节能降耗等方面，采取多种有效形式，大力开展自主创新活动。有28项对标指标同比提升。三是加强过程管控，促进规范管理。以规范招投标方式为重点，修订完善工程项目标段划分管理办法及招投标工作实施细则等规范性制度6个。贯彻落实“三重一大”决策制度，切实加强对工程建设、物资采购等全过程监管，保证生产管理活动的规范运行。

【各项生产指标显著提升】 为有效解决生产、技改、搬迁多重矛盾，精心分解年度生产任务，科学编制台班生产计划，定期分析通报生产进度完成情况，有效克服了两线生产期间产能分散、运行能耗高、消耗高、现场管理复杂、成品库容紧张等诸多不利因素，为全年生产任务完成打下坚实基础。在能耗管控上精准实施，定期召开能耗分析研究会，研究影响能源消耗的各种因素，通过建立生产信息联动机制，尽量减少锅炉的运行数量；合理安排一、二车间设备保养及开机时间，准确安排三车间空调开启时间，杜绝空机运转现象；加强对管道、阀门等日常巡检，杜绝跑冒滴漏现象。开展能源评审工作，对全厂能源消耗、管控措施、标准体系等进行可行性的分析和评价。抓生产现场和厂区现场管理，细化责任目标，增强员工现场管理的责任意识；开展精益6S管理前期自评工作，启动6S管理样板区第一期工作；针对技改工程收尾阶段人流、物流环境的复杂性及施工单位后续工作对厂区现场的影响，加强对厂区厂容治理。年末，在公司各季度检查考评中，本厂现场管理工作取得良好成绩，在13项创建优秀卷烟工厂主要指标中，除因两线生产长达半年时间导致单箱卷烟综合能耗超耗外，其余12项均达到标准。

【工艺管控】 针对新设备、新工艺、新技术、新材料的要求，建立新线柔性生产质量管控体系，优化各品牌的工艺参数及执行标准；不断强化工艺质量管理评价，依据公司卷烟厂工艺质量管理评价办法及工艺质量管理评价实施细则，组织工艺质量审核小组对相关部门实施了9次审核评价，进一步对新线搬迁后制度梳理不完善、记录不规范等现象进行重点监控和管理；配合浙江中烟和公司技术中心对本厂工艺设备的写实工作，实现了“利群（新版）”等6个品牌本地化制丝生产；开展合作生产品牌质量管理工作，确保与品牌输出方生产的产品同质化。是年，公司卷包质量检测加权平均分为99.21分，工艺管控水平明显提升。

【设备管理】 为确保设备长期稳定运行，提高设备运行效率。坚持以提高设备的稳定性为重点，针对新、老设备的性能、特点及设备管理中存在的问题，完善设备管理制度，明确设备管理的措施及责任主体。坚持把设备点检与维护保养有机结合起来，分机型、分部位制定设备的点检标准、点检方法、点检周期及判断标准；认真制订并落实设备日保、周保、月保、轮保等制度，使设备的保养落到实处；逐步推行“设备目视化保养”管理，以片带点，实行划片承包，提高设备管理、维修质量；周密编制设备集中检修计划，集中安排时间落实设备大中修改造，缩短了项目施工周期，最大程度减少设备对生产的影响。启动TnPM模块的前期调研工作，初步选定“现场维护”模块作为TnPM的实施方式，加强对设备的管理和维护。落实《特种设备安全监察条例》及公司《特种设备安全管理制度》，加强对特种设备的管理。全年完成包含深度保养、常规维护保养、针对性修理、润滑等检修、保养工作827项；完成3组包装机组的大修和3组PROTOS70卷烟机组项修。设备管理水平进一步提升，卷包设备平均运行效率91.25%，平均产能贡献率101.90%，主要设备完好率达到100%，特种设备检验率、注册登记率、作业人员持证率均达100%，设备管理工作成效明显。

【安全标准化实现二级达标】 按照公司安全工作思路，以加强防火、交通、锅炉、压力容器、相关方安全管理为重点，扎实开展安全生产标准化达标创建工作。修订和完善现有标准，明确安全目标，落实安全责任，切实按照一岗双责的要求，制定目标管控措施，强化目标动态管理。加强职工安全法律法规、专业技术、岗位安全标准、安全操作技能、职业健康等知识的教育培训，强化职工安全意识教育。开展安全检查治理工作，突出对老厂房在设备搬迁和拆除过程中存在安全隐患、联合工房在调试完善阶段存在的安全问题，以及高危设备、高危作业场所的危险源的排查治理工作，制订仓库、压力容器、电气、消防设施四个专项安全检查评价方案，重点做好消防、交通、施工安全管理，完善安全基础设施建设，完善防控措施。组织开展安全标准化自评工作，查找工厂安全管理与规范标准存在的差距，根据自评过程中存在的问题，反复进行跟踪验证及整改落实。加强与相关单位的沟通协调，做好相关单位进厂验收评审的准备工作，12月5日，省安监局组织专家组到毕节卷烟厂进行安全标准化达标评审，验收评审得分876分，顺利通过评审实现二级达标。

【人力资源管理工作】 根据不同层次、不同岗位的员工培训需求，针对维修、操作、工艺管控等人员的技能提升，兼顾工作与培训的有机结合，引入现场培训的新理念。采用请进来、送出去，机旁示教、小班教学、师带徒等培训方式，针对不同的培训对象及需求，分别选择相对应的培训内容及培训方式，大力开展现场培训工作。全年开展外部培训 100 期，内部培训 108 期，其中现场培训 62 期。注重专业技能人才的培养，组织开展职业技能鉴定和职称评聘工作，是年，1 人通过高级技师现场评审、6 人通过鉴定取得技师资格、36 人获初级职称、5 人获中级职称资格。采用 360 度评价法和工作业绩评价法相结合的方式，制订《毕节卷烟厂员工绩效考核方案》。同时，根据技改及新生产线的实际情况开展新生产线的定岗定编工作，初步确定技术改造后的岗位设置为 416 个。

【群团工作】 开展宣传思想文化工作。加大内外宣传工作力度，在充分利用现有宣传媒体的基础上，创建《新毕烟》电子期刊，丰富宣传文化工作载体。制订工厂《2013—2015 年企业文化建设三年规划》，完成二期 VI 视觉识别系统及企业文化视听走廊的调研、设计、安装工作。充分发挥群团组织服务功能，整合资源优势。工会办公组织开展以“目标引领，对标提升，创先争优，为创建优秀卷烟工厂建功立业”为主题的劳动竞赛活动；女工委组织开展女职工“素质提升，岗位建功”岗位技术比武活动及《女职工劳动保护特别规定》知识竞赛活动。青工委、团委分别以“当优秀青年，争创优秀工厂”“解放思想、树立信心、打造‘我的中国梦’”“精益管理，青年争优”为主题，召开青年职工主题座谈会，激励职工坚定理想信念，增强理想自信、道路自信和制度自信，增强对工厂发展的信心，更新观念意识，形成创新进取、求真务实的良好氛围。完善信访稳定工作机制，突出矛盾纠纷排查与化解。贯彻落实《贵州省重大突出矛盾和信访问题集中化解“百日攻坚战”》相关文件、会议精神，修改完善《毕节卷烟厂信访稳定工作管理办法》《毕节卷烟厂信访稳定工作排查制度》等，建立健全信访稳定工作机制；开展不稳定因素的排查化解工作，重点化解烟台新科钢结构有限公司 2011 年在毕节卷烟厂施工期间的临时用工黄现明受伤纠纷、劳务诉讼及博泰职工旧房过户等问题，切实保障职工队伍的和谐稳定。

（撰稿　徐德均）

贵州华电毕节热电公司

【概述】 2013 年，毕节热电公司坚持以“华电旗帜”为引领，贯彻落实集团公司和乌江公司工作会议精神，围绕公司年度工作目标，以“双提升、创一流”为抓手，实现降成本、抢效益，管理效益双提升，各方面工作取得了较好成绩，全面完成上级公司各项责任目标，经营发展态势持续向好。全年累计完成发电量 21. 39 亿千瓦时，累计供热量 71. 57 万吉焦，实现连续安全生产无事故 1781 天，实现利润总额 3750 万元。

【安全管理】 一是全面落实安全生产责任制，严格执行各项安全制度，坚持日检查、日通报、日整改制度，有效控制各类违章的发生；二是开展好“春检”、“安全大检查”、“安全标准化达标”等各项专项工作，不断夯实安全基础，在安全标准化达标评级中，公司获三级评价；三是抓作业环境本质安全管理，开展隐患排查治理，加强班组安全培训，安全生产形势保持平稳，实现了安全“零事故”目标。

【设备管理】 一是高度重视“降非停”、“控异常”“保设备”工作，制定公司《机组长周期连续运行奖惩办法》《锅炉承压部件无泄漏连续运行奖惩办法》《输煤系统保畅方案》等激励和考核机制，加强锅炉“四管”防磨防爆综合治理，严格缺陷处理闭环管理，有效提高设备的健康水平。二是进行技术创新，节能降耗成效明显。通过公司技术人员自主创新、大胆探索和尝试，进行风机变频改造、锅炉低温度空预器改造、锅炉冷渣器进行膜式分仓改造、输煤系统一级筛分装置改造、流化风机优化运行技术措施等，使机组各项经济技术指标持续改善。继续优化循环流化床锅炉微流化点火模式，锅炉冷态点火用油再创新纪录，机组启动（冷态）耗油仅 4.56 吨，节约大量的点火成本，该指标处于全国同类型机组前列。三是依托载体，提高机组经济运行水平。以“创标杆机组”活动为抓手，积极与先进企业对标，吸收借鉴先进经验，做好同类型机组发电量、厂用电率、重要辅机单耗、煤耗等重要指标的监控，对指标进行日分析、周汇报、月总结。对标杆机组创建工作计划和相关措施落实到部门。四是科学调度，力求度电必争。依托供热机组及区位优势，紧盯电力市场的变化，主动与电网沟通，争取电量，设备利用小时连续两年突破7100小时。

【加强过程管控，有效提升效益指标】 一是以全面预算管理为核心，完善计划、执行、检查、处理科学程序。细化分解全年生产经营目标任务，强化计划管理，逐月逐级层层分解，强化责任，层层落实，将目标完成情况纳入年度考核，以利润目标、严控资产负债率目标为龙头，有效控制非生产性成本支出，不断完善预算的闭环管控。二是创新燃料管理，力保煤价保持合理水平；合理控制区域煤价，有效避免哄抬煤价。实施“适时价格合同”，对煤价及时调整、灵活运用，稳定了煤量和煤价，降低燃料采购成本。三是强化掺配掺烧，降低燃料成本。开展生物质燃料掺烧的研究和使用，对烟梗污泥进行无害化处理，掺烧化工炉渣、矸石等15万吨，掺烧烟草废弃物2847吨，掺烧污泥116吨，节约标煤61690吨。四是研究有关政策，向各级部门争取政策支持，得到政策所得税税收优惠，多渠道增加经济增长点。自2012年开始到2020年，享受“西部大开发”所得税税收优惠政策，争取到两台150兆瓦机组执行上网电价每千瓦时上调0.8分钱的脱硝加价政策，12月取得除尘电价补贴政策，探索新的经营渠道，利用机组连排余热，向城区多家单位供应热水，累计供应热水4000多吨，开辟新的利润增长点。

【供热发展工作】 完成《毕节市城区供热可行性研究报告》，毕节市发改委向省发改委上报《毕节市供热规划》，提出以毕节热电公司为基础实施集中供热、发展热电联产符合国家产业政策，能充分利用本地资源，改善环境质量，提高居民生活水平，对促进毕节市社会经济发展具有重要意义。同时委托西南电力设计院开展二期2×350兆瓦热电联产项目的可行性研究设计工作，相关地质测量、钻勘以及大气、水文监测工作已经完成，《供煤规划》设计与《取水方案研究》设计已完成。

【加强党的建设，发挥政治引领作用】 一是开展“四好”领导班子创建，落实民主集中制，坚持“三重一大”问题集体决策，强化班子成员政治意识、大局意识、宗旨意识和责任意识。聚焦“四风”，先行先改，扎实开展党的群众路线教育活动，充分发挥领导班子整体效能。坚持和落实党管干部原则。对后备干部进行民主推荐，动态管理，完善后备干部队伍培养机制。二是注重加强组织建设，增强融入中心功能。开展“烟草废弃物、城市污泥掺烧、煤渣掺烧发电研究与应用、灰渣综合利用、降低燃煤成本、冷渣器及空预器与电机变频改造、机组大修项目攻关、政策研究提效益”等13个专项项目公关，与生产经营相互有机融合，使党建工作较好地融入机制体制，融入管理链条，融入价值创造，促进了生产经营工作。三是注重党建创新工作，规范党团活动室；加强制度标准创新，推进党建信息化管理系统，落实丰富“党旗红”网站；广泛开展“党员责任区”“亮牌示范”“党员帮扶承诺”“创一流、双提升、做表率”等主题实践活动。四是深化工会工作，推进聚力工程。以“积聚力量、建功华电”活动为主线，坚持以人为本，加强维权帮扶，做好职工群众思想工作。开展厂务公开，维护职工知情权。五是服务青年成长，推进“凝心”工程，用华电旗帜引领青年。有针对性加强青年心理疏导和思想引导，着力协调解决青年工作生活的实际困难。助力优秀青年成长成才，落实推优入党和推优荐才工作。

（撰稿　王丽萍）

贵州烟叶复烤有限责任公司毕节复烤厂

【生产加工完成及设备运行情况】 2013年，先后为浙江中烟、河南中烟、安徽中烟等13家卷烟工业企业接加工烟叶121.55万担，超额完成年度生产计划9.53万担，超额完成年度生产计划9.53万担，产品出片率65.90%，设备故障率1.65%，较2012年同比降6.25%；设备有效作业率107.15%，较2012年同比提高3.97%，烟叶时均加工量253.98担/小时。

【加强全程监督控制】 完成在线物理检测254826次；成品专检4143箱，成品复检4051箱；化学检测4143次。通过检测情况反馈，有效指导生产，确保产品出厂合格率100%。

【烟叶复烤加工质量】 毕节复烤厂2013年1～12月加工质量具体表现为：烤前大中片率，上等烟平均达到84.45%、中等烟平均达到82.78%、下低等烟平均达到75.03%，烤后大中片率上等烟平均达到80.02%、中等烟平均达到77.53%、下低等烟平均为62.74%，上、中、下等烟基本达到客户及标准要求；叶中含梗率控制在客户要求的中限范围；梗中含叶率烤前控制在1.1%以内，上等烟为0.98%，中等烟为0.99%，下低等为1.05%，基本达到要求；上、中等烟碎片率控制较好，烤前平均在0.50%以内，烤后在0.7%以内，达到提高烟叶利用率，降低造碎的打叶目的，下低等烟碎片率烤前平均为1.29%，烤后平均为4.28%；杂物含量一类杂物率为0，二、三类杂物率平均在0.00100%以下，最低为0.00053%，杂物含量得到有效控制，实现了控劣除杂的加工效果；成品片烟水分根据客户的个性化需求，控制在客户指标的中限范围，上、中、下低等烟平均水分基本保持在11.0%～12.5%之间，水分均匀性较好。

【安全管理】 一是按照上级公司部署，毕节复烤厂按照“明确责任、全面落实、反复督查、稳步提升”的要求来开展为期三个月的安全大检查活动，开展各类大小检查152次，参与检查人次达622人次，查出一般隐患191条，重大隐患0条，整改条数191条，整改合格率达100%。开展仓库专项隐患排查和百日安全督查活动，设立安全监督曝光栏，通过各类安全活动开展，让安全警钟在企业长鸣，企业安全形势良好稳定。二是按照毕节安委办〔2012〕62号通知精神，毕节复烤厂被毕节市安委办列为毕节市安全文化建设示范企业，通过行开展形式多样的安全文化活动，将活动进部门、进班组、到岗位。获得专家组的一致好评，同时促进了全体干部职工“我要安全、我会安全、我能安全”的安全文化氛围。三是响应毕节市、七星关区安监局职业健康管理规范化企业创建活动，被毕节市和七星关区安监局推选为毕节市职业健康标准化试点企业，并在2013年10月31日召开的职业健康标准化创建评审会议上通过毕节市、七星关区安监局的评审，达到了职业危害企业标准化二级达标。

【项目建设实施情况】 毕节复烤厂2013年实施资本性投资项目10项，通过公开招标、竞争性谈判、询价等方式确定实施单位，合同履约率100%，项目执行率100%。毕节复烤厂严格按公司要求组织项目实施，截至2013年，生产一车间生产线设备技改已按复烤公司总体规划要求全面完成，于9月5日投料生产。1万平方米挑选库建设项目烟叶挑选场地建成，摆脱长期委托烟叶营销中心进行烟叶挑选的困境。

【基础设施维修】 毕节复烤厂2013年13项基础设施维修，通过公开招标、询价等方式确定实施单位，合同履约率100%，项目执行率100%，以上基础设施建设项目及零星维修于11月30日全部通过验收，已于12月1日前完成审核决算工作。

【设备维修】 毕节复烤厂2013年生产设备维修、动力设备维修、生产辅助设备维修等14项设备维修项目通过公开招标、邀请招标、竞争性谈判等方式确定实施单位，合同履约率100%，项目执行率100%.以上所有维修项目已实施完毕，并通过验收，完成全部项目的审核决算工作。一车间设备技改实施，有效改善生产线设备硬件条件，解决原生产线设备老化、配件缺乏、故障频发等存在的实际问题，确保了生产效率的提高；

【建设项目管理】 项目管理更加规范、科学、合理，控制手段逐步提高，并积累一定的经验。一是合理预测、科学论证，建设项目有的放矢，针对性强；二是强化制度、流程管理，确保各类项目建设的规范性，提高项目建设及投资管理标准的执行力；三是科学管理、明确职责，强化各级监管部门的配合协调作用，确保项目建设进度及工程质量；四是严格管控、注重实效，切实把握工程项目建设中的规范性，提高项目的管理能力；五是制订完善的后勤安全保障措施，强化项目实施过程中人、机、物的安全管理。

【动态对标管理】 毕节复烤厂制订了《毕节复烤厂二〇一三对标工作实施方案》，明确32个指标的归口管理科室，将2013年对标工作考核评价标准及责任进一步细化，结合公司审核发表的2013年对标指标目标值、追标值，实行对标指标动态管理，每季度审核报送对标指标完成情况及对标分析报告。对标指标每周生产调度例会通报生产数据时与对标值作比较，及时发现差距和问题并制订解决措施。每季度对标例会同比、环比分析，查找指标与2012年同期，公司内部各厂及年度目标值之间差距，肯定成绩，正视问题，分析原因，以期持续改进。真正实现对标工作“追求进步、缩小差距、提升水平、推动发展”的目的。

【企业文化建设】 举办2013年“安康杯”文体系列活动及庆“七一·党在我心中”歌咏比赛；在公司呼吁下本厂全体员工积极行动起来奉献爱心，向发生7.0级地震的雅安芦山捐款20800元；在参与省级青年岗位能手（标兵）评选活动中，毕节复烤厂生产科王凯荣获“全省青年岗位能手”荣誉称号。

（供稿　贵州烟叶复烤有限责任公司毕节复烤厂）

县区概况

七星关区

【概述】 七星关区位于贵州省西北部，是毕节市政治经济中心，地处北纬27° 03′ ~ 27° 46′，东与大方县相邻，南与纳雍县连接，西与云南省镇雄县毗邻，北与四川省叙永、古蔺县隔赤水河相望。全区总面积3410.98平方公里，耕地面积5.7187万公顷。辖8个乡（其中6个民族乡）、24个镇、6个街道办事处，482个村民委员会、24个居民委员会。年末七星关区总人口1549542人，其中少数民族15.43万人，非农业人口195204人。人口出生率为8.45‰，自然增长率4.05‰，符合政策生育率96.26%。人口较多的少数民族有彝族、苗族。七星关区历史厚重、资源富集、区位优势明显。最高海拔2217米，最低海拔470.1米，平均海拔1511米。全区气候冬无严寒，夏无酷暑，2013年年均气温14.4℃，年均降雨量829.4毫米，年日照时数1338.6小时，无霜期292天左右。七星关区属中山地貌类型，东北部地处大娄山山脉，山地与沟谷交错，地势陡峭；中部属中山山地和河谷平地；西部属中山和高中山及谷地。主要农作物为玉米、水稻、马铃薯、油菜、烤烟。盛产生漆、大蒜和天麻、杜仲、半夏、党参等名贵中药材。有得天独厚的自然条件、种类繁多的矿产资源，物种多样的生物资源，蓄势待发的旅游资源。矿产资源主要有煤、硫、铁、硅、砂、黏土、草炭、大理石、高岭土、重晶石等20多种矿藏，其中煤储量21.6亿吨，硫铁矿储量8.41亿吨。旅游资源有厚重的历史文化资源、红色文化资源、民族文化资源等。其中，毕节八景、赫水八景、王张八景早见诸史册；有七星关古遗址、大屯土司庄园、瓦窑村古遗址等国家级、省级、县级重点文物共31处。森林覆盖率达45.79%。

【主要经济指标完成情况】 全区生产总值完成215.56亿元，同比增17.2%，其中：一产增加值32.6亿元，增6.4%，二产增加值85.5亿元，增19.8%，三产增加值98.5亿元，增18.3%，三次产业结构趋于优化。规模工业增加值完成55亿元，同比增20.5%。固定资产投资完成241.53亿元，同比增36.1%。财政总收入完成87.14亿元，同比增52.56%；公共财政预算收入完成16.37亿元，增38.95%；税收收入完成55.08亿元，增30.06%；财政总支出完成75.54亿元，增30%。社会消费品零售总额完成73.5亿元，同比增13.8%。金融机构存款、贷款余额增速分别达到17.6%和32.1%。城镇居民人均可支配收入21510元，同比增10.03%；农民人均纯收入5788元，同比增12.8%。招商引资实际到位资金181亿元，同比增29.28%。在经济发展增比进位综合测评中，七星关区排全省第10位、全市第1位。

【工业化发展】 全区规模工业增加值完成55亿元，同比增20.5%。七星关经济开发区完成投资39.65亿元，新增建成区面积1.5平方公里；工业大道西段11.5公里全面贯通，2号路一期和3号路建成投入使用，“两横一纵”骨干路网基本形成；建成符合园区产业要求和现代工业生产设计要求的标准厂房约50万平方米，入驻企业42家，入驻率达80%以上；按照省人民政府办公厅《关于促进开发区工业园区健康快速发展的意见》，对“批而未用的土地、圈大建小、圈而不建的闲置用地”依法进行清理，已启动对雨润肉食品加工、汇源饮料食品和土老哥食品加工项目的清退工作。供水、供电、通信、污水处理以及教育、医疗卫生等配套设施不断完善。开发区入驻项目中，添钰动力科技一期、毕节大曲异地技改扩能、东吉玻璃、乌蒙酒业、光华鑫LED、飞来利服饰等项目建成投产。“两烟”、能源等传统产业基础不断巩固，化工、建材、装备制造、食品药品等产业得到长足发展，以新能源汽车为龙头的新兴产业迈出新步伐，产业多元化发展格局初步形成。2013年11月，七星关经济开发区与毕节经济开发区一起，被国家科技部认定为国家新能源汽车高新技术产业化基地，为七星关区新能源汽车产业发展注入强劲动力。

【“三农”工作】 一是贯彻落实强农惠农政策，确保涉农资金及时足额到位。全年投入整合涉农资金47423万元，用于农业基础设施、退耕还林、农业科技推广和动植物疫病防控、特色农业建设等，有力地推动了农业产业化发展，切实促进了农业增效、农民增收。二是实施玉米、马铃薯高产创建万亩示范项目和水稻、玉米增产工程，粮食总产量达38.89万吨，基本实现稳产。完成烟叶收购1104万公斤，占市下达计划的100.39%。积极发展特色产业，已建成杨家湾万亩大蒜、八寨茶叶等20个“十带百园”示范基地，新建大新桥、朱昌、撒拉溪3个蔬菜基地，新增种植茶叶2万亩、核桃5万亩、经果2.4万亩，新增5000头以下规模生猪养殖场3个、万羽以上规模蛋鸡养殖场7个，大牲畜存栏20.25万头，生态畜牧业快速发展，实现产值16.1亿元。七星关区现代高效农业示范园区已建成1万平方米蔬菜钢架大棚、14.8万平方米连体大棚，完成投资2.37亿元，贵州新丰、中南园艺等9家企业已入驻园区。现代中药材产业示范园区水、电、路等基础设施已基本完成，种植中药材1万亩。全区新增农民专业合作社138个，建成示范性专业合作社3个，培育省级龙头企业5家、市级龙头企业31家。

【服务业发展】 毕节南山公园建设累计完成投资2.6亿元，入园主干道、“凤栖梧桐”主题公园基本建成。国家级森林公园拱拢坪景区、小河风景区、“鸡鸣三省”红色文化旅游景区基础设施不断完善，福朋喜来登酒店试营业，旅游接待能力明显增强。全区旅游总收入32.03亿元，同比增29.7%。依托“双百市场”“万村千乡市场”建设，积极培育和规范各种专业市场，万丰国际商贸城、浙江商贸城和毕节商品批发综合大市场建成投入运营，“农家店”乡镇覆盖率达100%、行政村覆盖率达98%。交通运输、信息咨询、餐饮等服务业蓬勃发展。

【社会事业协调进步】 建成乡镇中心幼儿园13个、村级幼儿园5个，新建特殊学校1所，建成学生宿舍90个9.07万平方米、教师周转房44个3.86万平方米，德溪中学、思源学校建成投入使用，毕节一小和毕节七中、六中改扩建工程投入使用，毕节职中实训楼建设工作全部竣工，引进梁才、三联等民办学校到七星关区办学，启动建设40所学校、1000个班级的教育“班班通”工程，农村学校营养餐改善计划实现全覆盖。全区小学辍学率1.15%，初中辍学率1.43%。区人民医院新院区建成投入使用，完成11个乡镇卫生院、20个村卫生室的改造，补充卫生技术人员323名，城乡医疗服务水平得到大幅提升。“国家级计划生育优质服务先进县”创建工作顺利通过省级验收，全区常住人口出生率8.45‰，符合政策生育率96.26%，人口自然增长率4.05‰。打造《七星之爱》文化品牌和苗族舞蹈《撮步舞》、彝族《衣角舞》等原创文艺作品；注重文物和非物质文化遗产保护，完成陕西会馆修缮工程。策划“十佳村官”、“十佳青少年”宣传报道和评选活动。圆满完成“十二五”第二批“村村通”、“户户通”工程。完成电影公司体制改革工作。成功申报“贵州长寿之乡”。

【民生保障工作】 城镇新增就业11077人，失业人员再就业5825人，就业困难人员实现就业2980人，转移农村劳动力就业25200人，城镇登记失业率3.88%。减少贫困人口6.6万人，层台镇、千溪乡实现减贫“摘帽”。基本建成保障性安居工程5203套，其中：廉租房501套，公租房3202套，城市棚户区改造1500套。建成各类安置房33.91万平方米。城乡居民社会养老保险参保人数达40万，解决2.54万被征地农民的养老保险问题。在医疗卫生方面投入资金53143万元，新型农村合作医疗覆盖面进一步扩大。城乡居民医疗保险参保率达99.27%，保障水平明显提高，“看病难、看病贵”问题得到有效缓解。城市低保标准从每人每月330元提高到370元，农村低保标准从每人每年1570元提高到1740元。实施医疗求助8147人次，拨付救助金3323.7万元；实施临时救助4486人次，拨付救助金261.3万元。发放救助粮2665.5吨，发放救灾救济物资折合人民币530万元以上。深入推进“老少共融之家”创建，敬老院入住条件达到二星级以上要求，入住率90.8%；五保对象集中供养率32.86%，集中供养孤儿96人、留守儿童183人。物价总体稳定。全区物资供应充足，粮食类价格保持稳定态势，肉、禽、蛋类涨跌互现，全年居民消费价格总指数约101.3，控制在103计划内。

【社会管理】 全年发生生产安全事故3起，死亡4人，与上年相比，事故起数减少3起、降50%，死亡人数减少2人、降33.33%。接待来访群众1038批次5256人次，其中初访741批次3892人次；办理各类交办案件689件，到期办结率82%。构建起四级群众信访工作网络，在区设立群众工作部，在乡镇街道设立群众工作站，在村（社区）设立群众工作室，在村民组设立矛盾纠纷调解小组。圆满完成信访维稳工作。推进城乡网格化管理全覆盖，推广朱昌镇社会管理集成创新“六零六好”工作经验。按要求完成办事处撤建和村居两委换届工作。投入资金约5000万元，在观音桥街道建成“阳光工程”就业安置基地；采取“政企合作”模式，累计集中安置社区戒毒（康复）人员187人。充分发挥“智能交通”、“天网工程”技防网作用，开展打击“两抢一盗”、“黑恶势力”等行动，严打各类违法犯罪行为，努力营造和谐稳定的社会环境，群众安全感满意度达91.01%。

【议案提案办理】 承办人大议案55件、政协委员提案92件，办复率100%。强化重大行政决策合法性、合理性、可行性及可控性风险评估，注重行政复议规范化建设，提高依法行政水平。明确由区政府常务副区长兼任政务服务中心主任，切实强化对行政审批工作的领导；开展政务服务规范化建设，完成第六轮行政审批事项清理和承接工作；不断规范行政审批流程和程序，为服务对象提供优质、高效、便捷的服务，服务事项办结率达99.98%。加强和规范政府采购行为，全年采购活动实现零投诉。强化审计监督，把好财政资金支出“最后一道关口”，审计政府投资项目58个，审减资金2887.01万元，审减率11.24%。认真落实中央“八项规定”和省委、市委、区委“十项规定”，突出整治“四风”，开展集中专项督查32次，查处国家公职人员122名，公务接待、公车运行费用同比降25%以上；各类公文、简报减少30%以上，会议减少60%以上。

【财政税收征管】 以强化征管为抓手，以提高收入质量为重点，确保全年收入目标任务顺利完成。一是强化财政、税务部门密切配合的工作机制，适时召开会议，根据各阶段财政税收完成情况，研究对策，加强对重点税源的征管，促进重点税源税收的稳定增长。二是严格规范非税收入管理，提高财政收入质量。三是针对非税收入监管困难的实际，完善征管措施，对有执法收费权的行政事业单位实施网络化管理，做到应收尽收，防止税费流失。2013年非税收入完成36492万元。四是支持经济开发区基础设施建设，投入财政资金23134万元，为各个项目和企业尽快落户开发区、形成新的税收来源创造有利条件。确保各项区级配套资金的投入，完善中央、省、市和区分级投入机制，保障各类项目顺利实施。

【财政资金管理】 一是支持以道路改造为重点的城市基础设施建设，多方筹措资金加快城市基础设施建设步伐，城市建设已初具规模，城市经济进一步壮大。二是加快农村生态文明家园建设和农村危房改造，投入建设资金6865万元，逐步改善农村的住房问题和生态环境。三是投入财政资金4763万元，支持村级公益事业建设“一事一议”财政奖补项目建设194个，投入财政资金10650万元，全面推进美丽乡村建设，加快农村基础设施建设步伐，村容村貌得到改善。四是投入财政资金4505万元，支持特色小城镇和返乡农民工创业园建设，促进城乡经济统筹协调发展。五是坚持教育发展优先，继续加大对教育的投入力度，完善义务教育经费保障机制，深化义务教育绩效工资改革，全面推进中小学校舍安全工程建设和农村中小学营养餐改善计划，截至2013年，投入资金16118万元用于教育事业发展。

【企业扶持】 加大对困难企业和中小型、微型企业的扶持力度，积极争取上级资金支持。2013年拨付企业用电补贴资金347万元，扶持中小型企业、微型企业发展专项补助资金1841万元，积极有效地扶植各类企业生产发展。

【项目建设】 一是充分把握国发2号、国办函35号文件精神，抓好项目储备，全年储备项目1184个，项目总投资2751.62亿元。二是把握国家基本建设投向，组织2013年中央预算内投资编报工作，向上争取中央预算内投资项目151个，项目总投资30088万元，当年完成投资7978万元，竣工项目130个，竣工率达86.1%。三是加强重点、重大项目建设和管理，2013年全区列入省、市重大工程和重点项目共56个，项目总投资363.03亿元，其中：省重大项目13个，总投资124.93亿元，完成投资26.85亿元，占年度计划的277%；市重大项目43个，总投资238.1亿元，完成投资41.8亿元，占年度计划的126.5%。

【招商引资】 招商引资工作成效显著，签约招商引资项目131个，总投资811.26亿元，实际到位资金181亿元，同比增29.28%。

【基础设施不断完善，城乡统筹协调发展】 一是以市政基础设施建设为抓手，大力实施新区扩容建设带动旧城改造战略。全年实施城市基础设施建设项目34个，完成投资约30亿元，新建或改扩建城市道路44.27公里，建成污水管网25.33公里。第二污水处理厂以及海子街、朱昌、长春堡、何官屯污水处理厂建成并投入试运营。全省100个城市综合体项目之一的远航物流城市综合体建设累计完成投资5.57亿元，建成7.04万平方米的家居建材博览中心，成功引进央企“居然之家”入驻。二是小城镇建设迈上新台阶。青场镇、清水铺镇等9个示范小城镇建设顺利推进，完成投资4.86亿元，其中，投资2.9亿元，新建或改扩建道路约40公里。供水、供电、通信等基础设施及农贸市场、停车场、公厕等配套服务设施不断完善，综合承载能力明显提升，城镇聚集效应凸显。三是农村基础设施不断完善。完成毕节至对坡、红卫桥至对坡、卧牛河至大屯等4条县乡公路大修工程，完成续建2012年通村油（水泥）路建设项目18条150.38公里。实施农村安全饮水工程195处，解决28.38万人的饮水安全问题。完成罗圈岩、小和平等4个水库除险加固任务，双河口水库、龙官桥水库项目已完成初步设计。建成6万千伏安海子街变电站、野角35千伏输变电工程，完成农村电网升级改造项目5个、县级电网及其他项目8个。新农村信息化试点和电信、移动、联通3G场站建设工程加快推进，启动“三网融合”试点工作。四是人居环境不断改善。启动实施34个乡镇街道、428个村、25.22万户的农村环境综合整治“两硬化”工程，投入资金近3亿元，硬化院坝11.64万户、404.28万平方米，硬化连户路2998.5千米。大力推进“毕威高速”辖区段沿线可视范围3个镇、14个村“黔西北民居”改造工程。完成水箐、生机2个生态扶贫移民搬迁安置点建设，实现99户452人搬迁入驻；海子街镇店子村生态扶贫移民工程安置房已完工414套。新建农村沼气池1703口。

【生态环境建设】 一是抓好生态建设工作，全面推进“三位一体”规划实施，抓好石漠化综合治理、封山育林、天然林保护等生态建设工程，完成各类营造林14.5万亩，森林覆盖率达46.9%，退耕还林成果得到进一步巩固。二是加大节能减排工作力度，严格节能目标考核，实行动态跟踪管理，配合省、市开展辖区内“万家企业”、用能单位能源利用状况监察工作。加强审批项目源头管理，推行固定资产投资项目节能登记、审查和评估办法，严禁不符合产业政策项目落地。三是抓环境保护和资源综合利用，加快推进城镇垃圾填埋场、污水处理厂建设，全年新增削减一氧化碳1841.97吨、氨氮51.83吨、二氧化硫803.76吨、氮氧化物122.8吨；城市空气优良天数达329天以上，城乡集中饮用水水质达标率100%，全区无重特大突发性环境事件发生。

（撰稿　包自福）

大方县

【概述】 地处北纬26°50′～27°36′，东经105°15′～106°08′。东邻黔西，北枕金沙，西抵毕节，南隔六冲河与纳雍、织金相望。最高海拔2325米，最低海拔708.8米，大部分辖地在1400～1900米之间。年均日照1547.9小时、气温13.1℃、降雨量898.9毫米、无霜期235天。全县总面积为3500.11平方公里，耕地面积123546.37公顷。辖21个乡（其中少数民族乡15个）和9个镇，3个街道办事处，21个社区居民委员会和303个村民委员会。2013年11月7日，撤销鸡场乡、黄泥塘镇，合并设置新的黄泥塘镇；撤销高店乡，设置对江镇；撤销大方镇，设置慕俄格古城、顺德、红旗3个街道办事处。居住着汉、彝、苗、回、白、仡佬、蒙古等23个民族。2013年总人口1120325人，其中少数民族28.15万人，非农业人口59854人。人口出生率12.25‰，符合政策生育率94.21%，流动人口符合政策生育率92.70%。人口较多的少数民族有彝族、苗族、白族。全县地势中部较高，南北较低。主要农作物为玉米、水稻、小麦、油菜、烤烟、大豆、马铃薯，因盛产烤烟而成为全国优质烤烟基地县。生漆产量居全省首位，盛产芸豆、辣椒。主要矿产资源有煤、硫铁、高岭土、坡缕石、黏土、石灰石等37种，森林覆盖率39.8%。工业以原煤生产、硫黄化工、水泥建材、烟叶复烤为主导。大方漆器为著名传统工艺品，民国4年（1915）在美国旧金山万国博览会上获金奖。县内名胜古迹颇多，有罗甸国古城遗址、奢香墓、奎峰塔、九层衙遗址、阁雅古驿道、济火碑、大渡河桥等。

【经济指标完成情况】 全县地区生产总值120.37亿元，比年初计划少完成0.53亿元，增16.4%。其中：一产增加值21.1亿元，增6.2%；二产增加值53.85亿元，增19.1%；三产增加值45.43亿元，增17.4%。财政总收入38.06亿元，比年初计划多完成1.07亿元，增26.4%；其中公共财政预算收入12.78亿元，比年初计划多完成0.89亿元，增21.2%。全社会固定资产投资完成160.64亿元，比年初计划少完成49.36亿元，增36.7%，其中50万元以上固定资产投资完成130.04亿元，增26.7%。社会消费品零售总额17.56亿元，增13.4%。城镇居民人均可支配收入18859元，农民人均可支配入5684元。招商引资到位资金172.68亿元，比年初计划多完成7.68亿元，增50.1%。

【工业经济较快增长】 规模以上工业增加值32.8亿元，增20.6%；工业投资66.8亿元，增84.5%；工业累计用电量9.9亿千瓦时，增14.7%。一是工业支柱产业平稳发展。大方电厂发电75.1亿千瓦时，增7.2%；生产原煤780万吨，增25.8%；生产水泥140万吨，增23.6%；生产硫酸7.7万吨，下降29%。二是产业园区建设稳步推进。产业园区建设完成投资60.7亿元。新建成标准化厂房40万平方米；完成神农大道、同心大道一期绿化亮化工程；神农大道跨线大桥、陶瓷园区二号路、三号路等路网工程有序推进；药食园区污水处理工程顺利实施。引进企业32家，建成投产15家，在建17家。黄泥塘、六龙、凤山返乡农民工创业园共建成标准化厂房3.5万平方米，入驻企业20家，带动就业800余人。华润集团与重庆能源投资集团2×660兆瓦火电项目已获国家能源局同意开展前期工作的“路条”，正在进行征地拆迁工作；渝富能源开发股份有限公司与中科合成油技术有限公司的煤制清洁燃料项目已上报国家发改委，并进场开展前期工作。三是民营经济不断壮大。新增扶持微型企业230户，带动就业1320人；民间投资67.4亿元，增24.3%；实现民营经济增加值57.6亿元，增25.2%，占地区生产总值比重47.8%。

【煤矿建设有序开展】 全县有煤矿65个，产能1656万吨/年。其中：生产矿井29个，产能618万吨/年（正常生产矿井23个）；试运转矿井4个，产能240万吨/年；建设矿井32个，产能789万吨/年，含未开工矿井6个，产能150万吨/年；已关闭矿井6个。开展煤矿兼并重组工作。2013年有29个企业集团在大方县兼并煤矿，其中：28个集团已经取得兼并重组主体资格，1个集团正在申报；全县61个采矿权中有57个过户资料进入国土厅窗口，其中：46个过户资料通过审查，且有36个到矿权储备交易局签订矿权转让合同，有10个已经更换新采矿证。

【安全生产工作】 组织安全检查企业721矿次，发现隐患和问题5730条，其中：煤矿企业569矿次，发现隐患和问题5100条，非煤矿山企业120矿次，发现隐患和问题584条，其他工业企业32次，发现隐患和问题46条，整改落实5499条，限期整改78条，整改率97.3%，责令3家证照手续不全的停产整顿，叫停2家因矿区出现裂缝存在重大安全隐患的企业（六龙头塘采石场、凤山元丰建材厂）；将事故四项指标控制在市下达的范围之内，推动全县安全生产状况持续稳定好转，全年实现“双降”目标。

【贯彻落实国发2号、国办函〔2013〕35号文件精神】 谋划编制能源、装备制造、特色轻工业、资源深加工、战略性新兴产业等五个专项规划，谋划项目180多个，预计投资1281.85亿元，选出33个概算总投资达857.66亿元的特色优势项目上报，拟订近两年需上级支持的重点项目31个，预计总投资9292690万元。

【招商引资成效显著】 全县完成招商引资

签约项目107个，签约资金1020.26亿元，实际到位资金172.69亿元，为市下达任务165亿元的104.66%，同比增50.1%；新建项目144个，续建项目172个，新建项目到位资金89.09亿元，续建项目到位资金83.6亿元；全年到位率为31.15%，开工率85.58%，投产率61.54%，入园率30.29%。

【农业结构进一步优化】 粮食总产量24.5万吨；收购烟叶1390万公斤；肉类总产量4.6万吨。一是完成粮食增产工程23万亩，万亩高产创建4.2万亩；水稻良种、玉米杂交、马铃薯脱毒种植率分别达80%、80%和60%；种植蔬菜49.65万亩（其中辣椒19.5万亩）、烟叶18.39万亩、茶叶2.5万亩、水果1.51万亩、中药材10.8万亩。二是完成土地流转6.8万亩。辣椒产业示范园完成投资8100万元，建成标准化辣椒种植基地2500亩，已有百里花、琼芳等43家企业和专业合作社入驻基地；理化乡高标准猕猴桃种植示范园完成投资890万元；九洞天樱桃旅游观光园完成投资3050万元。申报丰味园食品有限公司、宏宇农业开发有限公司等市级重点龙头企业4家，发展专业合作组织132家；引进贵州好健益食品有限公司、贵州贵乐食品有限公司等农产品加工企业5家，引进资金4亿元。培育并获批省级高新技术企业和省级创新型企业1家，3项农业技术获评市级科技进步奖、1项农业技术获评市级科技成果转化奖。三是完成补贴购置农机2662台（套）、微耕机630台、简易式开窖移栽打孔器2000台（套）；建设育苗大棚561个、集中式烤房32间、机耕道建设67.6公里；建成生猪标准化养殖场（小区）3个、基层农技推广服务体系20个；建成村级综合服务站69个、示范性专业合作社3个。

【产业化扶贫扎实有效】 一是草地生态畜牧业。项目资金400万元，计划种草1170亩、建圈5850平方米、购基础母羊3900只、购种公羊195只、建青贮池975立方米、购药浴缸195个、购加工机械195台，采用专业合作社养殖、能人代养、联户集中养殖等模式，已100%完成项目计划建设任务，涉及14个乡镇，共扶持种草养羊农户195户。二是辣椒产业。扶贫项目2个，资金20万元，已基本实施完毕。三是中药材产业。2012年省扶贫办下达的天麻种植项目13个，投入财政扶贫资金720万元，均已完成项目建设并通过县级验收。2013年省扶贫办下达特困试点天麻种植项目12个1749亩，投入财政扶贫资金419.76万元，项目正在建设中。2013年省扶贫办下达丹参种植项目6个4150亩，资金215万元，项目均已实施完毕。2013年省扶贫办下达党参种植项目13个4850亩，资金428.2万元，项目已基本实施完毕。四是优质核桃产业。2011—2013年省扶贫办累计下达全县核桃产业20.0308万亩（雨冲、星宿连片特困地区2.0308万亩），资金5102.84万元，全县完成18.7251万亩，其中连片13.1031万亩，四旁5.622万亩。实施结束的乡镇中，雨冲乡通过县级勾图验收面积为15727亩，超计划（14689亩）完成种植，马场至牛场成为万亩大连片核桃种植示范点，雨冲乡、安乐乡成为两个杭瑞高速产业带示范点。五是猕猴桃产业。2013年省扶贫办下达猕猴桃种植项目1个，资金186.8万元，在理化乡果木村实施，引进专利“金园”猕猴桃品种10万株，营养钵10万只，项目正在建设中。

【服务产业健康发展】 全年接待游客324.6万人次，实现旅游综合收入29.21亿元；一是文化旅游融合发展。成功举办第二届彝族文化节暨第五届奢香文化艺术节，采取市场化运作的方式举办慕俄格古城2014年迎春系列活动。油杉河景区被评为“国家AAA级旅游景区”“中国最美休闲度假旅游目的地”和“全省首批乡村旅游扶贫示范点”。凤山乡店子村、羊场镇穿岩村、雨冲乡红旗村等一批乡村旅游示范点蓬勃发展。二是慕俄格古城建设。该项目是国家重点建设项目、贵州省“十二五”规划重大项目、贵州省十大文化产业项目、“六个一批”文化产业重点项目，贵州省“5个100”景区建设项目，古城被评为国家AAA级景区、全国影视指定拍摄景地、贵州省旅游体制改革试点景区、“毕节市十佳景区”。2013年投入景区建设资金2.17亿元（县政府投资4500万元），超额完成县下达1亿元的任务。组织验收“贵州宣慰府”螺丝塘周边园林绿化治理工程；完善景区标识标牌，购置安装奇石9尊，栽植古树24棵；打造古城彝族风情街50户以上大方土特产品、旅游商品微企一条街，目前现已有44家微型企业入驻。三是油杉河风景区建设完成固定资产投资3899.5万元，占全年任务3840万元的101.5%。2013年接待游客31.5万人次，其中：重庆游客9.45万人次，占接待游客总量的30%，实现旅游综合收入28350万元；仙宇屯景点2013年10月1日起开放，实现旅游收入10万元。2013年1月被贵州省扶贫办命名为全省第一批乡村旅游扶贫示范点（全省20个，全市1个）；2013年9月被评为“国家AAA级旅游景区”；2013年11月3日被国际文化旅游促进会、中国生态旅游发展协会、中国旅游品牌协会、中国旅游经济网联合授予“中国最美休闲度假旅游目的地”荣誉称号。

【文化产业发展】 一是大力实施文化精品工程，完成歌曲《索玛的故乡》的创制；纪录片《奢香》、电影《乌蒙春晓》均完成摄制；小说《大节千秋——奢香夫人传》正式出版；完成大方县经济社会发展纪实丛书《嬗变》初稿；成功举办中国（大方）“第二届彝族文化节暨第五届奢香文化艺术节”系列活动。获毕节市首届“民间文化木叶声声杜鹃红”口技大赛组织奖、一等奖、二等奖和最佳“伯乐”奖等奖项，选送选手参加2013年多彩贵州歌唱大赛、全市“美丽乡村同步小康”曲艺展示、全市第一届文化艺术节等比赛。二是组织申报《曾家寨文化风情古寨彝族民间舞蹈培训项目》《陶瓷文化产业园规划》编制、打造大型音乐舞蹈史诗《奢香夫人》剧目，使用市文化产业发展专项资金65万元，编制完成《大方县慕俄格古彝文化旅游景区建设发展规划》并通过评审。组织漆器、农民画、核桃工艺品、民族服装厂等企业到武汉、扬州、深圳、贵阳等地参展招商；组织漆器工艺品和陶瓷工艺品参加第14届中国工艺美术大师作品暨国际艺术精品博览会，大方漆器工艺品再次捧回“中国漆器之乡”的称号；选送工艺美术品在“多彩贵州”两赛一会及全国性的大型工艺美术品大赛上参展。完成“两馆”（图书馆、文化馆）维修改造任务，图书馆免费开放并通过第五次全国公共图书馆评估定级，被评为国家二级馆。

【城乡统筹协调发展】 城镇化率达31.41%，比年初计划提高0.86个百分点。一是在金龙新区规划5平方公里的文化教育科技生态示范园；完成经济开发区总体规划、控制性详细规划和新城区控制性详细规划修编；开展成贵铁路火车站、杭瑞高速公路出口和宣慰府周边3平方公里范围城市设计工作。二是全面完成西城门楼片区主体工程建设。建成迎宾大道、杜鹃大道等市政道路12.21公里；完成顺德大道改扩建1.96公里；启动九驿大道拓宽改造建设；开展贵毕路连接新区的龙昌、石关、新庄三个互通以及新城区7条8.69公里城市干道的前期工作。建成敞口龙潭二期应急提水工程，春节前已实现试供水；基本建成县城污水处理二期工程厂区建设，正在调试运行；开工建设顺德大道电力入地工程。三是提升打造黄泥塘镇、六龙镇、凤山乡等特色小城镇，得到第二届全省小城镇建设发展大会的充分肯定。在省级同步小康示范评选活动中，黄泥塘镇被评为“省级综合类示范乡镇”，星宿乡松树村被评为“省级民主法制示范村”。四是实施“一事一议”工程，完成农村通组和串户路116公里；实施“两个硬化”工程，完成院坝硬化9.2万户，连户路硬化4219公里。

【基础设施不断夯实】 一是交通基础设施建设。毕织铁路（大方段）完成投资3亿元；成贵铁路（大方段）开工建设；黔大高速（大方段）完成投资10亿元；凤山互通完成投资8850万元；同心大道（九驿大道至漆树湾段共12.8公里）前期工作顺利进行；续建、新建通乡通村公路项目30个，总里程203.44公里，总投资2.23亿元，完成投资2.02亿元；建设乡镇客运站6个，农村客运招呼站139个。二是水利基础设施建设。折溪河提水工程基本建成试运行；岔河水库完成主体工程的68.2%；野螺沟水库、龙井沟水库前期工作顺利推进；金门陶瓷园区提水工程前期工作顺利推进；实施烟水配套工程和小型农田水利重点县建设，新增有效灌溉面积3.88万亩。三是电力、通信基础设施建设。果瓦输变电工程3.5千伏建成投入使用，马场110千伏输变电工程顺利实施；加强县级电网改造力度，完成新建改造10千伏及以下线路21.56公里。完成3个自然村通电话，11个行政村通宽带；完成村村通、户户通工程72804户。

【生态文明建设】 一是森林覆盖率达39.8%，比2012年提高1个百分点。完成营造林16.77万亩、人工造林4257亩、中幼林抚育1000亩、绿化面积3170亩以上；治理石漠化面积12.83平方公里。二是主要化学污染物二氧化碳、化学需氧量、氨氮和氮氧化合物排放总量控制在国家规定范围内。县城污水处理二期厂区工程基本建成；完成县城背街小巷污水收集管网1152米；开工建设长石镇污水处理厂；开展黄泥塘镇、六龙镇、马场镇、羊场镇污水处理厂前期工作；淘汰大方水泥一厂、山坝水泥厂等48万吨落后产能；完成大方电厂、永贵建材厂脱硝设施建设；推广高效节能产品（节能灯）3.6万只。

【社会事业全面发展】 一是民生工程顺利实施。着力抓好10件民生实事，完成投资14.87亿元。1.完成农村危房改造3539户；新开工建设保障性住房2600套，基本建成1022套。2.大力实施“9+3”义务教育及三年免费中等职业教育计划。小学阶段辍学率和初中阶段辍学率分别为0.82%和1.42%；完成中职招生计划7163人；建成同心职业技术学校学生宿舍；完成新建、改扩建幼儿园9所。3.城市低保月平均保障标准从312元提高到370元，农村低保年平均保障标准从1548元提高到1740元，发放城乡低保资金1.56亿元。4.完成乡镇卫生院达标建设10所；新农合参合人数77.19万人，参合率99.81%；城乡居民医保政府补助标准提高到280元，政策范围内统筹基金最高支付限额提高到20万元；全面实施农村儿童先天性心脏病等22种大病保障工作。5.新建乡镇计生服务站1个、村级计生服务室11个；免费孕前优生健康检查覆盖率为100%；发放利益导向资金1059万元。6.城镇新增就业1.1万人，公益性岗位安排就业困难人员549人；实施“3个15万”微型企业扶持政策，发放补助资金1150万元。7.实施855户、3820人扶贫生态移民工程。8.实施“一事一议”财政奖补政策，新建、改造、维修农村通组和串户路116公里；实施“美丽乡村”建设，完成院坝硬化9.2万户，连户路4219千米。9.完成3个自然村通电话，11个行政村通宽带；累计完成11.6万座农村广播电视直播卫星地面接收站建设。10.建成村级综合服务站69个，示范性专业合作社3个。二是教育事业优先发展。建成突破高中工程、突破学前教育工程、寄宿制攻坚学生宿舍和教师公租房工程、教师周转房工程、农村初中校舍改造等38.7万平方米；补充教师895人；发放高校学生助学贷款3577万元。三是扶贫攻坚深入实施。完成马场、羊场、星宿3个乡镇的省“减贫摘帽”任务，完成核桃、鸡场、大山3个乡镇的市“减贫摘帽”任务；“减贫脱困”8万人。四是社会保障事业深入推进。城乡居民社会养老参保人数为29.6万人，参保率达100%；城镇登记失业率为3.35%。五是人口计生工作顺利开展。常住人口符合政策生育率94.21%，人口出生率与死亡率分别为12.25‰、9.02‰。六是医疗卫生进一步加强。县人民医院二期扩建工程、卫生监督所、120急救中心基本建成；县中医院通过国家二甲医院复查；完成25个乡镇卫生院以电子病历为中心的医疗卫生信息化建设；招录312名卫技人员充实到县乡医疗机构。每千人医疗卫生机构床位数达3张。七是社会治理、信访维稳、禁毒工作和安全生产全面推进。办结省、市交办的矛盾纠纷和信访65件；调解矛盾纠纷1836件，成功调解1763件；开展重大建设项目社会风险评估17项。加强吸毒人员的管控和打击力度，促进社会和谐稳定。安全生产工作措施得力，全年无较大以上安全事故发生。

【加强民生项目监督】 成立32个乡镇民生项目监督特派组，开展民生项目监督检查。一是实行台账备案管理制度。全年备案民生项目1509个，涉及资金2.3057亿元，公示民生项目473个，涉及资金71324.9118万元。二是畅通信访举报渠道。以“五统一五公开”为抓手，畅通信息反馈和信访举报渠道，不断扩展延伸民生项目信访监督触角。特派组成立以来，受理民生信访举报53起，其中，举报不实20起，查处33起。三是开展专项检查。组织6个纪工委和32个民生特派组采取交叉检查、随机抽查、入户核查等方式，对农村低保、扶贫生态移民、农村危房改造、农村环境综合整治“两硬化”资金管理使用进行专项检查，对检查中发现的29个问题及时督促有关部门限期进行整改。四是严肃查处民生案件。民生项目监督特派组立案调查民生项目46件，结案32件，正在办理14件，问责25人，党政纪处分28人，挽回经济损失167.94万元。

（撰稿　王慧玲）

黔西县

【概述】 黔西县地处北纬26° 45′ ~ 27° 20′，东经105° 47′ ~ 106° 26′。东以六广河分界与修文县相连，南以鸭池河、六冲河分界与清镇、织金县紧靠，西及西北以凹水、西溪分界与大方县毗邻，东北与金沙县接壤。政府所在地距贵阳117公里。县域面积2380.5平方公里（不含托管区），耕地面积4.05万公顷；辖10个民族乡、15个镇、4个街道办事处，348个村民委员会、14个社区居民委员会。最高海拔1898米，最低海拔704.4米。2013年年均气温15.6℃、降雨量1005.2毫米、无霜期308天。全县总面积2380.5平方公里，耕地面积4.02万公顷。2013年总人口961540人，其中少数民族20.70万人、非农业人口79924人。人口出生率12.43‰，自然增长率5.74‰，符合政策生育率95.41%。居住着汉族和18个少数民族，人口较多的少数民族有彝族、苗族、布依族等。全县地势为西北高，东南低；东北、西北、西南及南部山峦绵延，西南东三面呈河谷深切，中部为浅丘洼地、缓丘坡地和丘峰洼地，地势比较平坦开阔。主要农作物为水稻、玉米、小麦、油菜、烤烟、大豆、马铃薯，因盛产烤烟而成为全国优质烤烟基地县。黔西马被誉为爬山虎，是地方良种马匹。矿藏资源有煤、铁、硫铁、高岭土、锰等，煤炭远景资源量达100亿吨以上，其中优质无烟煤达34亿吨。水能资源径流年总量达77亿立方米，已建成东风、洪家渡、索风营三座水电站和黔西火电厂，以及青龙、桂箐等一批大中型骨干煤矿，电力总装机310万千瓦。黔西县历史悠久，全国重点文物保护单位黔西观音洞，为中国南方古人类发祥地之一，与北京周口店同属于旧石器时代早期文化代表，史学界有“北有周口店，南有观音洞”之称。境内有观音洞古人类文化遗址，清代兵部尚书李世杰墓、水西公园、九龙山象祠，集隽、幽、雅、险为一体的六广河峡谷和东风湖、柯家海子淡水湖群、喀斯特地貌溶洞八仙洞、大鲵自然保护区等。森林覆盖率37.1%。

【主要经济指标完成情况】 2013年全县经济总量持续提升，综合实力明显增强。全年生产总值完成122.87亿元，比2012年增15.0 %；全社会固定资产投资完成197.49亿元，增20.7%；财政总收入完成30.29亿元、增36.29%，其中公共财政预算收入完成11.58亿元、增15.6%；社会消费品零售总额完成20.4亿元，增13.6%；城镇居民人均可支配收入19260元；农村居民人均纯收入5684元；金融机构存款余额71.91亿元，贷款余额72.2亿元，增速分别为11.6%和15.2%；三次产业结构调整为16.6∶45.5∶37.9。县域经济总量明显提升，在全省综合排位由去年的60位上升至57位。

【党的建设】 一是抽调13名县委常委和县人大、政协主要领导分别挂任15个党建示范点“第一书记”，成立农村后进党组织晋位升级工作组；由各乡镇（街道）党政主要负责人包保本乡镇（街道）2012年度考核排名靠后的3个村，形成上下互动、示范带动的工作格局；在各乡镇（街道）增设1名党委（党工委）副书记抓党务工作。在29个乡镇（街道）及驻地村（社区）建立58个党代表工作室，积极搭建党代表履职新平台。二是向105个村（社区）派驻由533名干部组成的“同步小康”驻村工作组。向其他257个村（社区）派驻从106个县直单位抽出的110名干部，全力配合开展小康建设和“双硬化”工程的实施。工作组走访群众29万余人次，培训党员干部群众6.38万人次；召开调研座谈会3325次；帮助谋思路出点子6043条；协调解决资金3219.8万元；解决困难问题5747个；争取协调项目648个；办理实事8602件；化解矛盾纠纷941件。三是严格纪律要求，确保换届风清气正。村党支部、村委会换届全部结束。四是加强培训。举办党的十八大精神专题培训班，培训科级干部860人次。举办2期“南开大学支持西部地区创新发展培训班”，培训科级干部60人。水西大讲堂邀请省内外专家教授开展讲座，培训干部600余人次。举办驻村干部培训班，培训驻村干部94人。五是多渠道培养选拔干部。从发达地区引进乡镇党委书记1名。提拔4名在驻村工作中表现优秀的年轻干部担任乡科级领导。选派20名优秀年轻干部到村任职。先后抽派26名干部到县信访局跟班学习，抽派20名干部到县环卫站学习锻炼。六是出台《黔西县“两高一特”人才引进工作实施方案》，安排3500万元作为人才引进经费，大力实施“224”人才集聚工程，从住房补贴、工资待遇等方面对引进人才提供最大限度的政策优惠。报名登记的243人中，110人通过市人事局统一审查，其中硕士研究生及以上学历45人，副高职称及以上人员2人，特殊急需专业人员63人，已进入面试测评环节。

【作风建设】 完善非公侵权投诉工作制度，严厉查处“吃拿卡要”行为，改善全县投资环境。二是严格公车管理、精简考核。加强公务用车监管，全县公车节假日封存率达85%，同比提高30%，公车费用同比减少21.8%。全面清理县内各项检查考核，减少考核300项次。压缩会议30个，节约会议经费55万元。减少发文122个，同比减少33.7%。三是开展“群众评干部”活动。由服务对象、企业代表、群众代表组成评议小组，对县直部门主要负责人，乡镇（街道）党政“一把手”，村级“两委”负责人进行评议，促进改进作风。开展评议活动300多场，解决群众反映问题1100多个。

【反腐倡廉】 一是加强教育。在全县深入开展反腐倡廉集中宣传月活动、“反腐倡廉职务预防犯罪知识测试”活动等。建成市廉政教育岔白基地暨黔西县廉政文化教育培训中心，开展廉政警示教育活动40余场，受训党员干部6000余人次。二是严格财务支出的清理监督。清理各单位“三公”支出情况。严格控制接待范围，各项公务费用大幅缩减。截至10月全县“三公”经费财政实际支出2465.97万元，同比减少4409.57万元。三是加大违纪违法案件查办力度。立案查处党政纪案件95件，党政纪处分99人，双重处分9人；建立《黔西县党风廉政建设“一票否决”暂行办法》《黔西县国家公职人员参与非法交易土地和违法建设责任追究暂行办法》等制度，2013年对6名乡科级干部进行经济责任审计，查处违规资金925.25万元、不规范资金631.97万元；诫勉谈话2人、提醒谈话12人，述廉述责述德58人；查处影响发展环境的案件2起，给予党政处分2人；查处国家公职人员参与违法建设行为9户11人，查处国家公职人员为违法建设行为提供方便1人。

【民生项目监督特派工作】 以乡镇（街道）为单位设立29个民生项目监督特派组，以村（社区）为单元，设立362个民生项目监督特派组工作点，以村民小组为单位组建理财监督小组1260个，形成县、乡、村、组四级“点、线、面”结合的监督网络，做到监管下沉，防线前移。全县各特派组开展民生项目监督检查1789人次，涉及民生项目154个，涉及资金572.8万元。

【工业发展】 完成工业投资82.43亿元，比2012年增47.9%；全部工业增加值完成43.88亿元、增19.0%，其中规模以上工业增加值完成33.29亿元、增21.4%；工业用电量增长速度与工业增加值增长速度之差的绝对值为4.5%。组建黔西经济开发区，改造工业大道3.7公里，建成岔白基地路网5.7公里，新增园区建成面积2.22平方公里；启动园区保障性水源和排污工程建设；建成标准厂房35万平方米，引进郎培锋等一批小微企业入驻；黔希煤化工、川煤煤机等一批在建项目进程加快；建成投产园区项目32个，新开工14个，完成投资36.79亿元，实现园区工业增加值16.67亿元。煤矿企业兼并重组进展顺利，启动官寨煤矿建设，新田、雷公山煤矿申报联合试运转，建成投产高山、桂箐、鑫黔煤矿，全县建成投产及试运转矿井22个，全年煤炭产量增14.6%；洪家渡水电站和黔西电厂运行平稳，发电量85.03亿千瓦时，增12.1%；华润电力黔西电厂全面启动，黔西电厂二期项目已获省发改委路条。建成素朴、钟山、谷里、红林民营经济产业园，在建大关、金碧等6个产业园；全县完成民间投资87.6亿元，实现民营经济增加值73.47亿元，占生产总值的59.8%。

【农业产业稳步发展】 科技兴农力度加大，良种良法配套率95%，农机具总动力38.1万千瓦。粮食种植产量23.78万吨；油菜种植41.47万亩，产量6.81万吨；烤烟种植8.02万亩，收购烟叶7.35万公斤，比2012年增加102万公斤；蔬菜种植42.3万亩；新增牧草种植1.5万亩；种植核桃等经果林9.04万亩；建成规模化养殖场143个，畜牧业产值9.41亿元，增10.7%。创建水西泰丰园等6个现代农业示范园区，累计投资6.71亿元，引进企业15家，签约资金12.3亿元。新组建农民专业合作社126个，新增市级龙头企业4家。

【旅游业发展】 素朴至象祠、太来至荆江等一批旅游公路全面竣工，水西古城申报100个旅游景区。化屋AAA级景区初评全面完成，古象祠恢复重建主体工程和水西彝族风情园一期项目全面竣工，丘林、乌骡坝等乡村旅游景点设施日益完善。成功举办乌江源百里画廊旅游文化节、彝族火把节等系列旅游文化活动，全年接待游客373.24万人次，实现旅游综合收入25.38亿元，带动餐饮服务、宾馆旅店、交通运输等产业的蓬勃发展，实现第三产业增加值46.55亿元。

【基础设施建设】 黔织高速建成通车，贵黔、黔大高速动工建设，成贵快铁启动征地；黔西至遵义、黔西至息烽高速公路前期工作全面开展；完成金兰至新仁、龙塘至中建等8条115.5公里通乡油路大修，硬化通村油路（水泥路）

154.3公里，建成机耕道112条140公里，县乡村公路全部纳入养护范围；完成6道渡口建设。完成土地整理1.99万亩，新增耕地1849亩；新增、恢复、改善灌溉面积1.2万亩，有效灌溉面积达24.8万亩；启动樱桃坪水库“三通一平”建设，仙人洞、凹水河水库前期工作进展顺利，完成化那寨等7座病险水库除险加固，治理中小河流6.54公里、山塘6座，新建、恢复提水站12座，打井9口，解决农村饮水安全6.06万人。完成35千伏金碧变电站和钟山变电站二期扩建，建成110千伏水西变电站；安装广播电视“村村通”1.83万套、“户户通”4.35万套。

【城乡建设同步推进】 新改建河滨路车行道等城市路网7条15.4公里，完成G321朱家寨至驮煤河公路16.1公里路基建设，环城东路A段建成通车，五里牌等3个停车场建成投用，茨园路、里沙大道农贸市场基本建成，“3个中心”建设稳步推进；上马、金凤等5个安置区建设进度加快，阳光杜鹃花城、水西半岛等一批精品住宅小区初具规模，完成房地产入统项目投资11.88亿元；白龙公园基本建成，新增城市绿地面积0.48平方公里；全面推进南部新区建设，纵二线、行政中心至石板互通等路网工程进展加快，县城建成区总面积14平方公里；完成沙井、协和、钟山撤乡设镇，撤县设市报告已经省政府同意并报国务院审批。实施特色小城镇项目100个，完成投资12亿元，新建城镇道路16.6公里；建成钟山、素朴、谷里等特色示范小城镇，成功承办第二届全省小城镇建设发展大会，城镇建设经验获全省推广；城镇常住人口27.6万人，城镇化率42.2%。完成256个村“两个硬化”工程，硬化院坝8.07万户337.54万平方米、连户路2884.38公里，打造了协和化甲、金碧新富等“五园新村”精品示范村12个，农村生产生活环境明显改善。

【改革开放与招商引资工作】 农村房屋、宅基地、集体土地承包经营权及小型水利等5项产权制度改革试点稳步推进，创新支农资金管理体制试验范围逐步扩大；启动城乡户籍制度改革；中国银行入驻黔西，政府融资平台作用有效发挥，土地收储融资进展顺利，事业单位分类改革全面启动。落实“五个一”工作机制，开展“百名干部进百企”活动，投资服务环境明显改善；招商引资签约项目56个，其中亿元以上项目24个，新开工亿元以上项目13个，全年招商引资新建续建项目完成到位资金172.03亿元。

【生态环境建设】 完成营造林10.69万亩，石漠化综合治理14.34平方公里，天然林保护59.28万亩，森林覆盖率37.1%；全面完成黔西电厂4台机组脱硫增容除尘增效、两台机组和西南水泥厂脱硝改造，县城污水处理二期工程及金碧、重新、谷里集镇污水处理厂建设进程加快，晟达机动车尾气检测站建成投运，水西河治理取得实效，建材工矿、畜禽养殖等重点行业污染得到有效治理；附廓水库等20多个城乡饮用水源点及县城空气监测密度加大，环境保护取得实效。

【民生事业全面推进】 一是城镇新增就业6123人，就业困难人员实现就业1108人，转移农业劳动力1.42万人，培训城乡劳动力3180人。城乡居民社会养老保险参保26.01万人；城市低保补助标准由每人每月330元提高到370元，农村由每人每年1570元提高到1740元；农村五保集中供养对象年供养标准从每人2400元提高到3650元；对受灾困难群众实施生活救助，实现流浪乞讨人员和流浪未成年人社会救助全覆盖。全年减少农村贫困人口3.11万人。二是完成铁石、太来省级减贫摘帽和中建、新仁市级减贫摘帽以及花溪、定新、五里、金兰县级减贫摘帽。三是开展送文化下乡活动80余场次，在第一届全市体育运动会中荣获团体总分第二名。四是深入实施教育“9+3”计划，投入资金2.5亿元，新改扩建思源中学、黔西四小等中小学校8所和协和、绿化等乡镇中心幼儿园7所；建成学生食堂239个、学生宿舍10.1万平方米；农村中小学校营养改善计划惠及9.3万人；完成县职中和林泉职中合并办学；年辍学率小学控制在0.24%以内、初中控制在1.89%以内，义务教育巩固率为90.8%；高考二本以上上线率居全市第二名。五是深化医药卫生体制改革，新农合参合率99.14%、政府补助标准提高到280元；开展大病保险试点工作，实现医疗保障全覆盖；完成县中心医院搬迁，启动县中医院、县疾控中心等项目建设；实施林泉、甘棠等9个乡镇卫生院改扩建，融资6000万元为乡镇、社区医院购置医疗设备，公共医疗服务水平明显提升。人口自然增长率5.74‰，出生率12.43‰，符合政策生育率为95.41%，出生人口性别比为108.94；新建甘棠镇计生服务站，改扩建四个办事处中心计生服务站，建成林泉清塘、钟山箐山等村计生服务室 11 个；全面实施免费孕前优生健康检查项目，对全县3800户计生“两户”实行“奖励、保障、救助、优惠”四项制度，城镇居民独生子女户养老保障金由每月 50 元提高到 300 元，成功承办全省“双诚信双承诺”工作现场会。六是完成城市棚户区改造 1548 户；建成公租房 1305 套；驮煤河扶贫生态移民点一期 922 套安置房主体完工，成功承办全省扶贫生态移民工程现场会。七是安全形势稳定，应急处置工作得到加强，信访矛盾排查化解有序进行，社会治安综合治理力度加大，禁毒、反邪工作扎实推进，“天网工程”一期竣工，“雷霆行动”深入开展，“平安黔西”创建取得实效，群众安全感满意度为 92.75%。

【自身建设与行政效能】 学习型、服务型、效能型、法治型、创新型、廉洁型“六型政府”建设取得实效，执行力和推动力明显增强。办理县人大代表建议 157 件、县政协委员提案 150 件，办结率和满意率（基本满意率）100%；承接保留省市下放行政审批及服务事项 294 项，平均办结时限缩短为 3.7 个工作日，承诺事项平均办理程序在 3 个环节之内；办理行政复议案件 16 件，行政确权案件 3 件；受理行政审批服务事项 9.29 万件，办结 9.29 万件，承诺件期内办结率 99.93%，提前办结率 99.85%；厉行节约，压缩行政事业单位公用经费 2300 万元用于发展教育事业。

（撰稿　刘　恒）

金沙县

【概述】 金沙县地处北纬 27° 07′ ~ 27° 46′，东经 105° 47′ ~ 106° 44′。东抵遵义县，西邻大方县，西北与七星关区和四川省古蔺县连接，东南与修文、息烽、黔西三县接壤。最高海拔 1884 米，最低海拔 457 米。年均气温 16.5℃、降雨量 781.6毫米、日照时数1295.1小时、无霜期324天。全县辖 13 个乡（其中 7 个民族乡），8 个镇，4 个街道办事处，199 个村民委员会、42 个居民委员会。2013 年总人口 667079 人，其中少数民族 9.08 万人，非农业人口 65931 人。人口出生率 8.46‰，自然增长率 2.62‰，符合政策生育率 97.85%。人口较多的少数民族有彝族、苗族。全县碳酸盐类岩层分布较广，地貌以低、中山为主，地势西高东北低。主要粮食作物为玉米、水稻、小麦、大豆，素有“黔北粮仓”之称；经济作物有油菜、烤烟、花生、辣椒、茶叶、生漆、油桐籽、乌桕等。主要矿产有煤、磷、硅石、铁、镁、钾、铜、锑等 20 多种。森林覆盖率 49.3%。名优产品有金沙窖酒、回沙酒、富生同酱油、安底醋、禹谟醋、优质矿泉水。土特产有板栗、猕猴桃、杜仲、黄连等。名胜古迹有清代古墓、大宝飞云洞摩崖等，钱壮飞烈士墓建造于后山乡的张家垭口。

【主要经济指标完成情况】 全县实现地区生产总值 154.8 亿元，同比增 17.3%；农林牧渔业总产值 22.11 亿元，同比增 4.3%；工业总产值 220.54 亿元，同比增 19.8%；三产比重调整为 11.3 : 59.3 : 29.4。完成财政总收入 50.73 亿元、同比增 18.54%，其中地方财政收入 34.36 亿元、同比增 49.85%。全社会固定资产投资 237.39 亿元，同比增 36.7%。社会消费品零售总额 21 亿元，同比增 14.5%。城镇居民人均可支配收入 21581 元；农民人均纯收入 6475 元，同比增 13.2%。招商引资实际到位资金 185 亿元，同比增 47.82%。旅游总收入 20.2 亿元，同比增 26.7%。金融机构存、贷款余额分别为 86.77 亿元、59.6 亿元，同比分别增 8.45%、22.3%，存贷比为 68.69。在西部百强县的排名从 2011 年的 58 位攀升到 32 位，进入西部 50 强；在全省经济发展综合测评预排名第 13 位；在全省同步小康创建活动考核中排名第 3 位，并获全省同步小康创建活动十佳示范县称号。

【工业转型发展】 建成标准厂房 56 万平方米，总面积达 102 万平方米；经济开发区入驻企业 116 家，建成投产企业 47 家。以奥斯科尔、镭生为代表的电子信息业，以朗月煤机、金沙钢铁为代表的装备制造业，以皇冠建材、鸿熠建材为代表的循环建材业，以回沙酒、禹谟醋为代表的轻工酿造业，以康星油脂、冠香坊调味品为代表的有机食品加工业等集群初具规模；富润水暖管材、红木家具等产业集群项目加快建设，初步形成多元发展、集群发展的工业格局。成功举办首届中国毕节中小型煤机博览会。茶园电厂获国家发改委核准并开工建设，华润水泥、生物质发电等重点项目建设快速推进。煤矿企业兼并重组工作有序推进，木孔煤矿、大运煤矿建设顺利进行，

12台总装机容量6000千瓦瓦斯发电机组建成投运。完成煤炭产量1417万吨、发电量110亿千瓦时。规模以上工业企业发展到120家。全年实现工业增加值79.62亿元、同比增19.8%，其中500万元以上工业增加值70.8亿元、同比增21%；工业经济、民营经济增加值分别占地区生产总值的51.43%、55.41%；煤电产业分别占地区生产总值、财政总收入的36.05%、67.44%。

【城乡统筹发展】 完成中心城区各专项规划和重要节点修规编制，实现中心城区控规全覆盖；启动县域城镇体系规划、产业发展规划和12个重点乡镇控规编制，城乡统筹改革试点县工作扎实推进。完成长江大道、黄河大道等143公里城市和园区主干道路续建工程，完善绿化、亮化、给排水、强弱电、燃气管道等附属设施，城市绿化率达26.5%，城市人均拥有绿地面积8.6平方米。新建淮河路，维修改造金沙江路，新增城市道路10.6公里，城市人均拥有道路面积10.54平方米。杭瑞高速金沙匝道景观工程、箐河公园河道整治工程顺利推进，"5个100工程"外滩国际城及开明·同心城等城市综合体快速推进，农副产品交易中心、义乌商贸城加快建设。建成古新、光明、阳灯等8个城乡安置社区46.95万平方米，完成安置1298套。建成西郊水厂、光明水厂等城市公共设施，客运中心、交警指挥中心、消防指挥中心、220千伏桃园变、110千伏外寨变加快建设。开通新城区及经济开发区城市公交车。启动城市环境卫生市场化管理，城乡生活垃圾无害化处理率27.64%。"5个100工程"沙土特色示范小城镇建设初见成效，茶园、安底、岩孔、禹谟等小城镇建设快速推进。城镇化率提高到37.8%。乡、村级行政区划调整为25个乡（镇、街道）241个村（社区）。获省政府批复批次用地384公顷，争取到低丘缓坡土地综合开发利用、城乡建设用地增减挂钩用地指标420公顷。建成通村油路190公里、一事一议财政奖补通组公路152公里，建制村通油路（水泥路）、通客运车辆比重分别达54.4%、79.6%。美丽乡村建设完成院坝硬化3.43万户106.29万平方米、连户路硬化2446.91公里，打造"四在农家·美丽乡村"精品点32个。

【农业规模发展】 "5个100工程"金沙县休闲观光农业示范园区和金沙贡茶高效农业示范园区建设顺利推进，台金现代观光农业科技园被科技部授予国家农业科技园区、被农业部和国家旅游局授予全国乡村旅游示范点称号；5个市级、10个县级现代高效农业示范园区建设有序推进。新增流转土地8.29万亩，累计流转土地32.27万亩。新建茶园7万亩，累计建成茶园面积20.4万亩，新改扩建规模茶叶加工厂6家；种植蔬菜38.75万亩、核桃9.6万亩、中药材5000亩；"粮经比"调整为4.5∶5.5。注册"高山贡茶"、"金沙贡茶"两个品牌商标，清池镇获贵州十大最美茶乡称号。国内外知名养殖企业正大集团落户金沙，新增规模养殖场29个，其中国家级标准化养殖场1个；培育省级农业龙头企业、扶贫龙头企业各2家，新增农牧企业43个、专业合作社120家，建设家庭农场10个。获省平安渔业示范县称号。完成小型农田水利项目及民丰、新民等7座小（二）型病险水库除险加固工程；新增、恢复和改善灌溉面积9900亩，耕地有效灌溉面积率32%。耕地保有量8.41万公顷，单位耕地农机总动力0.33千瓦、产出率1240元。完成粮食产量20.19万吨、肉类产量3.8万吨，收购烤烟5.82万担。实现农业总产值23.01亿元，同比增5.9%。

【民生快速发展】 投入23.73亿元，教育"9＋3"计划（即巩固提高9年义务教育和实行3年免费中等职业教育）、"4＋2"突破工程（即学前教育、农村寄宿制学校建设、高中阶段教育、花溪高校聚集区建设、优美教室建设、安全围墙建设）、"学前教育三年行动"计划扎实推进；金沙一中、安底中学等9所学校改扩建工程基本完工，1246套教师公租房、6.73万平方米学生宿舍工程快速推进。面向社会招考教师517名，其中面向教育部直属重点师范大学招聘高中教师47名。金沙中学、职教中心、思源实验学校正式招生，城区中小学大班额问题得到有效缓解。国家三类城市语言文字示范县通过验收。顺利实施农村义务教育学校学生营养改善计划，扎实开展控辍保学工作。高中阶段毛入学率85.69%，九年义务教育巩固率83.15%，义务教育初步均衡发展通过省级验收。投入8.46亿元，改扩建县人民医院门（急）诊和外科大楼、县中医院住院综合大楼主体完工，9个乡镇标准化卫生院、50个村级卫生室项目加快建设。面向社会招聘卫技人员212名，新增执业（助理）医师109人，千人拥有执业（助理）医师和卫生机构床位数分别达1.28人、

4.01张，5岁以下儿童死亡率9.95‰。民进中央同心·彩虹行动取得新成效。实现城镇新增就业1.2万人，城镇登记失业率3.84%。投入1016万元，启动县社保服务中心和沙土等4个乡镇社保服务站建设，工伤、养老、医疗、生育、失业五大保险覆盖面进一步扩大，城乡居民参合率99.99%、参保率99.96%。投入4.26亿元，建设保障性住房3928套。完成城乡低保指标工作，发放城乡低保金4627万元，农村五保集中供养率25.7%，发放城乡医疗救助金610.86万元。完成县图书馆、乡镇综合文化站全国评估定级工作，建成广播电视村村通、户户通用户终端5.53万座，完成18个乡（镇、街道）文化站免费开放设施设备配置，农村电影公益放映2776场。冷水河水上乐园建成开业，贡茶古镇、朗月酒店等旅游设施加快建设，后山贵山、岩孔永丰等6个乡村文化旅游特色点初显成效，后山乡获全省旅游小镇称号。敖氏和罗氏墓群石刻、义盛隆商号、渔塘河古道、义渡石刻、清池江西会馆、罗祁氏梅氏节孝坊7个文物点被列为全国第七批重点文物保护单位。成功举办全国山地竞速挑战赛，金沙县获全国群众体育先进单位称号。文化产业增加值占生产总值、文化支出占公共财政支出、居民文化教育娱乐服务支出占家庭消费支出比重分别达1.2%、0.82%、8.8%。专利及知识产权工作创历史新高，发明专利45件、专利授权46件；科技进步贡献率23.85%，金沙再次荣获全国科技进步先进县称号。全省首个县级档案馆信息化建设试点工作通过验收。

【社会和谐发展】 投入1269万元抗旱救灾，投入1.21亿元对农户进行粮食直补、农资综合直补、玉米良种直补、农用煤现金直补和农机具补贴等。投入1.16亿元，建设扶贫生态移民安置点3个，完成扶贫生态移民搬迁287户1144人；后山、长坝、安底、岩孔、龙坝5个乡镇实现“减贫摘帽”，净减少农村贫困人口2.9万人。投入1300万元，完成石漠化治理22平方公里、造林1.67万亩，森林覆盖率达49.3%。投入9966万元，建成杨溪沟污水处理二期、外寨、沙土、茶园4个污水处理厂，全县削减化学需氧量912.16吨、氮氧化物374.83吨、氨氮93.13吨、二氧化硫23.56万吨。关闭忠兴、拓牌两个水泥厂，单位地区生产总值能耗降低3.22%。县人口计生妇幼保健服务中心建成投入使用，人口计生“双诚信双承诺”工作全面推行，兑现利益导向扶助资金2319.77万元。常住人口符合政策生育率97.85%，人口出生率8.46‰，自然增长率2.62‰，在全省年度考核中排名一类县第17位，同比上升2位。成立了县苗学会、布依学会，县彝学会开展工作取得新成效，安洛乡获全省民族团结进步先进集体称号。村务公开民主管理完善率100%，获省级村务公开民主管理示范单位称号。殡葬改革工作实现全县覆盖，遗体火化率、集中安葬率和城区集中治丧率均达100%。不断夯实安全生产基础，全面推行社会治理集成创新。全县万人交通事故死亡率0.14、工伤事故死亡率0.23、火灾事故死亡率0、刑事案件发案率4.32，群众安全感满意度达91.61%。平坝、新化等6个司法所规范化建设通过省级验收，县司法局法律援助中心被司法部授予“便民服务示范窗口”称号。启动行政争议预防化解工作，落实“三级视频”领导接访和县级领导包案督访，实现信访工作“四个绝对不发生”和“六个零”目标。平安金沙、法治金沙、和谐金沙建设取得新成效。移民、宗教、气象、县志、工青妇、残疾人、老龄人、外事侨务、国防教育、应急管理等各项事业全面进步。全年办理人大代表建议和政协委员提案167件，办复率、满意率均达100%。修改完善《政府工作规则》。清理废止规范性文件26件，办理行政复议案件70件，清理减少行政审批事项15项，取消行政收费29项。受理各类行政审批和服务项目4.15万件，办结率100%。扎实开展惩治和预防腐败体系建设，启动煤炭税费监控平台升级改造工程，建立项目建设规划、用地、实施审批决策和公共资源交易决策机制，组建公共资源交易中心和政府投资项目评审中心，充分发挥行政监察、财政和审计监督作用。法制政府、服务政府、责任政府和效能政府建设迈出新步伐。

【发展环境更加优化】 牢固树立“稳定是第一责任”的理念，积极探索，稳步推进，全力解决影响全县社会和谐稳定的突出问题，社会加快向和谐化迈进，发展环境进一步优化。全面实施社会治理集成创新，切实解决影响社会和谐稳定的源头性、基础性和根本性问题。“六五”普法工作深入开展，县司法局被司法部授予“便民服务示范窗口”。平安金沙、法治金沙、和谐金沙“三大建设”成效明显。信访维稳工作扎实推进，体制机制不断创新。落实县级领导“包案督访”194件，办结率100%。安全生产工作扎实推进。始终加强生态建设，注重为人民群众营造良好的人居环境。

【基层组织建设】 继续巩固“基层组织建设年”活动成果，突出抓好机关、城市社区、经济开发区、非公经济和社会组织等领域党建工作，扎实推进村（社区）“两委”换届选举工作，基层组织建设进一步加强。

【党风廉政建设】 深入推进党风廉政建设，以狠抓作风建设专项治理为突破口，出台《金沙县党政机关工作人员作风问责暂行办法》等5个制度，查处违纪违规行为22起，党政纪处分8人，问责46人，通报批评173人。在25个乡（镇、街道）设立民生项目监督特派组，以“三级备案、立体公开、交叉巡查、县乡联动”为抓手，有效探索形成民生项目监督“金沙模式”。始终保持惩治腐败的高压态势，全年党政纪处分72人，移送司法机关处理13人，挽回经济损失130万元。

（撰稿　袁正毅）

织金县

【概述】 织金县地处北纬26°21′～26°58′，东经105°21′～106°10′。东邻清镇、平坝，南连安顺、普定，西接纳雍、六枝，北抵大方、黔西。县城东距贵阳175公里，南离安顺87公里，北至毕节市144公里。县东西长82.5公里，南北宽66公里，最高海拔2262米，最低海拔860米，年降水量1056.3毫米，年日照1355.9小时，年平均气温16℃，无霜期301天。全县总面积2868平方公里，耕地4.6万公顷。全县辖17个乡（8个少数民族乡），9个镇，6个街道办事处，17个居民委员会，556个村民委员会。2013年末，全县总人口1152641人，其中非农业人口82521人。主要农作物为玉米、水稻、小麦、油菜、烤烟、大豆、马铃薯等。县内资源开发前景广阔，矿产资源达20多种，属著名织纳煤田的主体部分，素有“西南煤海”之称，无烟煤储量129亿吨，可开采量107亿吨；大理石储量191亿立方米，重晶石储量7000万吨，磷矿储量13.78亿吨，占全省储量的54.4%，重稀氧化钇储量144.6万吨，名列全国第二；其他重要矿产有重晶石、亦铁矿、硫铁矿、铝矾土、硅石、铅锌矿等。土特产有生漆、桐油、核桃、竹荪、薏仁米、砂陶制品、蜡染、扎染、刺绣等。织金石砚、残血大理石板材、浮雕工艺品颇负盛名。织金洞为国家级风景名胜区，曾被评为全国风景旅游40佳景区之一。其他名胜古迹有鱼山、东山、财神庙等。

【综合实力不断增强】 实现地区生产总值107.56亿元，增16.6%。全社会固定资产投资243.74亿元，增25.7%。财政总收入30.53亿元，增27.35%。农村居民人均可支配收入5678元，城镇居民人均可支配收入18756元。金融机构存款余额100.81亿元，增16.26%。金融机构贷款余额64.39亿元，增37.52%。招商引资到位资金170.5亿元，增52.2%。全社会消费品零售总额19.4亿元，增13.7%。人民群众对“两加一推”成果满意度排全省第13位、上升3位，排全市第1位。

【产业结构持续优化】 产业结构调整为18.1∶41.6∶40.3。完成工业增加值33.66亿元，增19%。完成工业固定资产投资95.5亿元。原煤产量1205万吨、水泥产量74.98万吨、工业用电4.12亿千瓦时。粮食总产量30.78万吨，增5%。粮经比从55∶45调整为52∶48。完成烟叶收购392万公斤。生产蔬菜14.5万吨、茶叶100吨、水果3100吨、中药材400吨。全县存栏大牲畜16.73万头（匹），增3.4%。肉类总产量4.33万吨，增9.69%。实现第三产业增加值43.35亿元，增14.6%。全年接待游客448.5万人次，完成旅游总收入33.7亿元，增25%。

【基础设施建设】 新增高速公路总里程10.5公里，在建105.8公里；县乡油路总里程达532.5公里；全县规划实施的三甲、绮陌、金洪、贵鑫、环东五条大道毛路拉通13.4公里、在建46.6公里、完成设计40.6公里、初设25.1公里。铁路客运开通。完成县乡客运站达24个、农村客运招呼站达264个。用电量突破8.34亿千瓦时，电网覆盖率达100%。水利工程总供水量2.1亿立方米，有效灌溉面积37.56万亩，饮水安全人口达85万人。实现全县所有乡镇、行政村移动信号全覆盖。开通城区和9个乡镇联通光纤宽带端口1万个。19个电信基站投入使用。4G网络开始建设。

【十件民生实事基本完成】 沿河路二期工程基本完工，向阳桥至四中河段综合治理工程正在开展前期工作，城市供水二期管网改造工程主体施工，老城区电网、110千伏牛场变电站建设及配电工程全面完成。县城汽车客运北站场平接近尾声，汽车南站开展前期工作。慷骅停车场、磷肥厂停车场投入使用，西湖桥停车楼、二中停车场、县医院停车场正在建设，基本缓解县城停车压力。建成通村油路（水泥路）246.2公里。建成桂果现代高效农业示范园，示范能力增强、带动作用明显。10个乡镇卫生院标准化建设完成。“黔西北民居”建设、农村危房改造3.5万户，2936套保障性住房基本完工。粮食综合产业园进场施工。织金中学6栋教学楼、思源实验学校主教学楼一层主体完工。城北幼儿园资产置换完成，改扩建工程开工。8个乡镇中心幼儿园主体完工、6个主体施工，薄弱学校改造工程主体完工。实现减贫77670人、扶贫生态移民搬迁724户3200人。

【民生保障不断完善】 农村义务教育阶段学生营养餐实现全覆盖。九年义务教育巩固率为82.02%，学前三年入园率为59.98%，“三残”儿童少年毛入学率达95%。城镇新增就业4948人，增34.1%。产业园区新增就业4000余人。城乡低保、基本医疗、基本养老、失业保险等保障水平进一步提高。常住出生人口符合政策生育率97.97%、流动人口符合政策生育率92.57%、人口出生率7.97‰、人口自然增长率3.37‰，顺利实现人口计生目标。安全生产态势平稳，事故起数和死亡人数实现“双降”。综治工作效果显著，“雷霆行动”综合排名全省第11位，群众安全感满意度排全市第1位。

【项目建设】 重大项目建设综合排名全市第1位。开工建设项目704个，建成454个。93个省、市重大工程和重点项目累计完成投资284.3亿元，年内完成投资201.76亿元，其中“5个100工程”完成投资6.04亿元。完成全部工业投资95.5亿元、电力投资16.86亿元、房地产投资15.75亿元、城乡建设投资37.34亿元、水利投资1.66亿元、生态投资2.03亿元、交通投资24.51亿元。完成民间自筹资金投资350.85亿元。

【加快新型工业化进程】 坚持深化工业强县战略实施，以资源为载体，以园区为平台，突出比较优势，优化工业布局，实现工业经济跨越式发展。加快以经济开发区、绮陌工业园、贵鑫产业园区为主导，工业小区或集中区为辅助的“众星拱月、城乡一体”园区布局构建步伐。织金电厂一期2×660兆瓦项目主厂房基础施工，二期2×660兆瓦项目获省发改委开展前期工作批复；60万吨/年聚烯烃一期项目完成征地3280亩，启动安置点规划设计和征地工作；精细磷化工项目——80万吨取样工程化工厂场平基本完工；肥田煤矿、戴家田煤矿等原料基地建设进展顺利。县产业园区完成投资45.35亿元、建成面积7.62平方公里，建成标准化厂房21.7万平方米；入园企业26个、投产13个；实现工业总产值11.01亿元、工业增加值4.4亿元；东伟服装厂等一批项目投产。新建成煤矿9个，新开工煤矿4个，完成6个煤矿技改项目，煤矿瓦斯发电项目完成投资1.8亿元。上坪寨硫铁矿开采加工项目完成投资1.01亿元。三塘风力发电项目开始安装设备。全面启动新一轮煤矿兼并重组工作。

【农业产业发展】 因地制宜推进蔬菜、竹荪、核桃、茶叶、金银花、烤烟、马铃薯、生态畜牧业等农特产业发展，狠抓基地建设，突出示范带动，着力加快农业结构调整步伐，建成优质竹荪基地2000亩，落实“三万”农业工程示范户12500余户，农业科技覆盖率达85%。现代农业产业园区核心示范基地累计完成投资4.15亿元，其中龙头企业2.66亿元。新增标准化规模养殖场18个。新建规模养羊场100个、蛋鸡养殖场10个、肉鸡养殖场5个、獭兔养殖场2个。

【旅游产业发展】 建成旅游项目6个，发展乡村旅游农家乐82户。强力推进织金洞景区申报世界地质公园和创建国家AAAAA级旅游景区工作，全面启动支嘎阿鲁湖景区建设。逐步完善以雅贤休闲农业观光园及下红岩农业生态观光园为代表的农业生态旅游产业。加快发展现代物流产业，推动商贸流通体系逐步形成。打括物流园投入运营，东昌物流园建设加快。

【城市建设】 启动三甲新城建设，三甲城市综合体土石方开挖46万立方米，完成投资3570万元，政务服务中心开工建设。半岛国际温泉城市综合体土石方开挖301万立方米，完成投资近1亿元。火车站站前广场完成总工程量的60%。城区道路“白改黑”，主次干道绿化、亮化、美化，金南桥主体工程，金中路、金西路、将军街农贸市场及公厕升级改造和重要路口天桥建设完工。金水小区毛路打通。古城核心区房屋立面改造有序实施。启动花红路网、甲槽安置点建设。完成百顺农贸市场治理和划行归市工作，控违拆违成效明显，城市管理全面加强。“多彩贵州文明行动”满意度排位从全省第54位上升到第15位，排全市第1位。“整脏治乱”综合考核排名从全省第36位上升到第26位，排全市第2位。

【城乡统筹发展】 “黔西北民居”建设、农村危房改造投入补助达8.15亿元。“两硬化”工程完成院坝硬化11.7万户、连户路硬化4450公里。计卫公租房、教师周转房、廉租房等保障性住房建设顺利推进。充分发挥官寨乡、桂果镇、猫场镇、以那镇、茶店乡5个示范小城镇建设带动作用，农村村容村貌明显改善。

【生态文明建设】 完成营造林9.9万亩，义务植树105万株，森林覆盖率达47.88%。狠抓节能减排，实现重点污染物节能减排达标，县城污水处理厂二期及八步污水处理厂建成试运，以那、三塘、珠藏、猫场、牛场5个乡镇污水处理厂实质性动工。强化地灾防范治理，织河煤矿片区矿山地质环境恢复治理项目一期工程完工。

【社会事业全面发展】 2013年，生态移民搬迁工程全面完工，全面启动扶贫攻坚示范县一期工程，深入推进绮陌、板桥、金龙、三甲、茶店5个重点乡镇减贫工作，如期完成“雨露计划”。全面启动织金二中“申示”工作，学生宿舍、新教学楼、塑胶运动场、实验楼、图书楼正在施工，学生食堂建成；织金新职中建成招生；83个寄宿制攻坚项目完成投资5687万元；城镇义务教育学校正在场平；25个中小学危房改造项目主体完工；365所学校开通营养餐，就餐学生达12.89万人；招考教师594名；创建6个市级示范性学校（幼儿园）、8个市级校园文化精品学校；建成校园安全网络管理视频监控平台，各类学校安保设施逐步完善。围绕创建国家级计划生育优质服务先进县目标，创新流动人口服务管理机制，巩固“升位摘帽”成果。不断夯实卫生基础，卫生监督所、急救中心业务用房主体完工，中医院综合楼、县妇幼保健院开工建设；城市社区卫生服务和农村医疗急救网络不断完善；食品药品安全得到加强；新型农村合作医疗参合率达99.68%；投入2763万元推进基本卫生服务均等化。发放新农保、基础养老金1.6亿元，城乡居民养老保险参保人数达32.65万人。投入850万元促进困难群体就业再就业，登记失业率为3.2%。发放城市低保金2459万元、农村低保金19641万元、“五保”供养金2780万元、临时救助金66万元、城乡医疗救助金67万元、孤儿保障救助金270万元、困难群众冬春生活救助金1188万元。投入1346万元资助15.8万名城乡低保对象参合。老年公寓、社会救助站和儿童福利院即将投入使用。禁毒“阳光工程”“关爱工程”“三个教育基地”、青少年教育保护中心建设成效初显。购置安装广播电视“村村通”2.4万套、直播卫星“户户通”4.4万套，建成32个文化信息资源共享工程服务点，实施乡镇农民健身工程2个、村级农民健身工程71个、农民健身路径工程14个。有序推进殡葬改革，殡仪馆（火葬场）投入使用。残疾人帮扶政策深入落实、就业引导有序开展。顺利实施撤乡建镇、撤镇设街道工作。

【国企改革改制有序推进】 12宗改制国有企业剩余资产处置结束。完成第六轮行政审批事项清理工作。深入实施扶持小微企业发展和全民创业政策，努力提升非公经济比重，财政补助605万元扶持发展微型企业260户。民营经济实体达13046户，私营企业达1188户，民营经济增加值达60亿元，建成4个民营经济（中小微企业）产业园。

【文化软实力有新提升】 一是开办“织金大讲堂”，聘请省内外知名专家、学者、领导为全县干部开展知识讲座，着力拓宽干部知识视野；二是成立宣讲团、农民讲师团，加大宣传力度，凝聚干群合力，为建成惠及百万人口的全面小康社会提供强大的思想保证、精神动力、舆论支持和文化环境；三是以织金溶洞文化、民族文化、宝桢文化、砂陶文化为重点，大力发展苗族蜡染、刺绣等民族产业，建设丁宝桢陈列馆、拍摄首部溶洞电影《落经山》，开办“织金国际溶洞节”、“青山谷花节”活动，全力抓好文化品牌打造，不断提高织金文化软实力，全面推进织金文旅共融发展。官寨小妥倮民族文化创业园苗族蜡染、刺绣产业现实产值3000万元，带动就业60余人；丁宝桢陈列馆已布展，《落经山》已上影；“织金大讲堂”开办17期，参学领导干部达7000余人次，外派干部学习培训200人次；在市级以上媒体刊播稿件1860条，其中中央级主流媒体《人民日报》上刊出独立稿件2条，《光明日报》1条，中央电视台《新闻联播》等频道播出6条；省级主流媒体《贵州日报》刊出头版头条2条、头版5条，贵州电视台《新闻联播》推出独立稿件27条。

【群众致富平台有新载体】 实施“领头雁”工程，强化乡镇（街道）、村（居、社区）党组织书记队伍建设，从县、乡镇（街道）机关事业单位公开招考84名村党支部书记，实现全县20%的村党支部书记由县、乡镇（街道）机关干部担任；选拔10名优秀村（居、社区）党组织书记挂任乡镇（街道）领导班子成员，提高村干部工作的积极性；开展“帮联驻”和“双百”活动，派出113个“四帮四促”工作小组驻点帮促后进基层党组织实现转化升级。充分整合100个县直工作部门资源帮扶100个村，组建32个同步小康驻村工作分队、185个同步小康驻村工作组常驻185个村开展工作；推进干部人事制度改革创新。实施人才兴县战略，引进10名全日制硕士及以上高学历人才到织金工作，组织200人次赴山东、福建、云南、深圳等经济发达地区学习考察培训，面向全国公开引进具备硕士学历学位的高学历层次人才17人、副高级职称专业技术学科带头人1人。

（撰稿　董克明）

纳雍县

【概述】 纳雍县地处北纬26° 30′ ~ 27° 05′，东经104° 55′ ~ 105° 38′。东与织金县，南与六枝特区，西南与水城县，西北与七星关区、赫章县，东北与大方县相连。东西长56公里，南北宽48公里，最高海拔2476米，最低海拔1050米，平均海拔1685米。年均气温15℃，日照时数1540.7小时，降雨量924.1毫米，无霜期296天。全县总面积2448平方公里，耕地面积454894公顷，全县辖23个乡镇（其中10个民族乡），403个行政村，24个社区居委会。2013年，总人口1001480人，其中少数民族25万余人，人口较多的少数民族有苗、彝、布依、回、壮族。非农业人口52202人。常住人口出生率12.9‰，自然增长率6.43‰，符合政策生育率93.41%。县内地势由西北向东南方向倾斜，山高坡陡，河谷深切，沟壑纵横，地形较为复杂，差异明显。主要农作物为玉米、水稻、小麦、油菜、大豆、烤烟、马铃薯。现已探明的矿藏资源有煤、铅、锌、大理石、硫铁、萤石、白云石等20余种，其中无烟煤储量123亿吨，占全省储量的14.4%，铅锌地质储量10万吨，铁矿103万吨，硫铁矿74万吨，大理石68.6亿立方米。土特产有茶叶、竹荪、天麻、杜仲、党参、生漆等，贵茗翠剑、康莨银针等名优茶多次获国际、国内大奖。六冲河风景名胜区集山水、洞穴景观为一体，为省级风景名胜区。另有百岁碑、安氏宣慰府遗址。森林覆盖率41.5%。

【主要经济指标完成情况】 2013年，全县地区生产总值增16.6%，总量达到122.06亿元，成为全省22个地区生产总值突破120亿元的县（区）之一。50万元以上固定资产投资突破160亿元，达到169.23亿元，增34.5%。财政总收入25.42亿元，增28.6%，公共预算收入实现12.22亿元，增18.34%。农民人均纯收入突破5000元，达到5309元，同比增16.4%。固定资产投资、工业增加值、金融机构贷款余额增速、城镇新增就业人数增速排在全省前列，生产总值、工业增加值、农民人均纯收入快速增长，均超过了全省、全市平均水平。根据省统计局对市县经济发展增比进位综合测评，排位从去年的全省52位上升为20位，进位32位，从全市第7位上升到第3位，是全省进位幅度较大的县之一，是全市进位幅度最大的县。经济发展综合排位实现了“低位徘徊”到“位居前列”的跨越。

【产业结构】 是年，纳雍县三次产业结构调整为13∶57∶30。完成工业投资60.2亿元，规模以上工业增加值53.35亿元，增21.62%。煤矿兼并重组稳步推进，火力发电129.62亿千瓦时。煤制清洁燃料综合利用示范项目前期工作进展顺利。经济开发区建成路网11.5公里，新增建成标准厂房20.2万平方米，投产项目12个，新增入园项目8个，实现工业增加值16.02亿元。农村经济结构不断优化，粮经作物种植比调整到59∶41，实现农业增加值15.92亿元，增6.5%。粮食总产量22.45万吨。收购烟叶446.5万公斤，总产值1.05亿元。旅游总收入12.16亿元，增25%。民营经济逐步发展壮大，民营企业和个体工商户增加到1.67万户。主要污染物排放总量控制在国家下达的计划范围内。森林覆盖率提高到45.5%。

【工业经济】 大力实施“工业强县”战略，

巩固提升煤电产业，加快开发区建设，工业经济总量不断壮大。开展推进煤矿建设“五帮五促”活动，抓好煤矿企业兼并重组，加快在建拟建煤矿建设进度，火力发电129.6亿千瓦时。实现规模以上工业增加值53.35亿元，增26.83%。煤制清洁燃料综合利用示范项目前期工作进展顺利。坚持“四化”引领、“五抓”推动，加快开发区建设。全年完成固定资产投资40.04亿元，建成路网11.5公里，新建成标准厂房20.2万平方米。建成投产项目12个，新增入园项目8个，实现工业增加值16.02亿元，基本形成煤电、塑胶、农特产品加工为主导的发展格局。10月底成功承办全市第二次项目观摩会纳雍观摩活动，得到市领导及与会代表的充分肯定，展示了全县良好的工作状态和精神面貌。

【农业工作】“三农”工作是全县工作的重中之重，2013年，纳雍县以调整和优化结构为主线，以农民增收为核心，加快农业产业化步伐，促进农业整体增效。一是扎实抓好传统农业，重点推广杂交玉米良种种植38万亩，马铃薯60万亩，实施粮油高产创建和粮油增产工程，稳步提高粮食产量；加快烟叶基础设施建设步伐，稳步推进烟叶生产，确保种植烤烟5.5万亩，收购烟叶11万担，促进农民增收。二是依托“纳雍县高山生态有机茶之乡”品牌，围绕“高效、生态、富民”的目标，全力打造高山生态有机茶产业示范园，新增茶叶种植面积10万亩，新建茶叶苗圃基地3000亩，做大做强茶叶产业，带动区域经济发展，促进农民收入稳步增长。三是通过整合草地生态畜牧业项目、石漠化治理项目、巩固退耕还林后续项目和“三江源”生态保护建设项目，种植牧草4万亩，种植经果16.3万亩，提高特色经果种植面积，其中种植核桃8万亩，做大做强核桃产业；发展特色养殖业，加大动植物疫病的检疫和防治工作，推动立体生态农业示范园建设。四是以雍熙、百兴、乐治、新房等商品蔬菜基地为重点，以省农委星火蔬菜项目等为依托，以蔬菜生产企业和合作社为实体，整合科技、扶贫等部门项目资金，种植蔬菜44万亩，建蔬菜基地10个，建辣椒基地1.1万亩，做大蔬菜产业，丰富“菜篮子”工程。五是进一步培育壮大农业龙头企业，大力发展农民专业合作社，不断提高农业组织化水平和农产品市场竞争力。培育市级龙头企业3家以上，省级龙头企业2家，发展培育农民专业合作社115家。

【城镇建设】 全面启动城南、城西、教育园区、纳雍茗城、文化商贸城5个城市综合体或城市组团建设，完成投资16.8亿元。启动城东新区蟠龙路、利园路、纳东路等14条城市主路网建设，完成投资14.5亿元，县城框架迅速拉开。雍阳大桥建成通车，一桥飞架，县城“北改南拓、东扩西连”的规划愿景逐步变成现实。以居仁、龙场、勺窝特色小城镇为示范，以维新——库东关特色小城镇同城化建设为重点，加快22个特色小城镇新区建设，新建和改建小城镇路网62.73公里，完成投资13.96亿元。实施乡镇行政区划调整，全县23个乡镇小城镇建设全面启动。撤销雍熙和王家寨镇，设立雍熙、文昌、居仁3个街道办事处。城镇化率提高近3个百分点。农村社区建设试验全覆盖示范县创建活动顺利通过省级验收并命名。强化督促调度，乡镇部门合力攻坚，加快城镇污水处理项目建设进度，阳长、百兴、维新污水处理厂按时间节点要求如期完成设备安装投入运行。加强农村环境综合整治，加快美丽乡村建设，完成院坝硬化11.18万户247.74万平方米，连户路硬化2923.98公里。强化打击“两违”源头治理，坚持日常巡查，做到发现一处，制止一处，实现工作经常化。拆除违法建设5.7万平方米，制止新增违法建设4.5万平方米，征地拆迁进度明显加快，保障了项目落地推进和用地需求。

【基础设施建设】 厦蓉、杭瑞高速公路纳雍段建设进展顺利，累计完成投资52.15亿元，可望2015年建成通车。织纳铁路纳雍段全面动工建设，累计完成投资3.5亿元。完成纳水、毕水兴铁路预可研编制。投资1.33亿元，完成纳水、毕纳、纳大等县际公路大修工程。建设通村水泥路158公里，交通运输条件明显改善。水利建设完成投资1.78亿元，全面实施中央财政小型农田水利重点县建设项目，完成110处农村饮水安全项目建设。骨干水源项目建设进度加快，金蟾水库大坝、隧道建设进展顺利。坪山水库建设项目可研通过水利部长江委复审，勺座水库、银厂沟水库通过省水利厅审查，完成金珠水库、环城水库可研编制，已纳入乌蒙山片区扶贫攻坚规划。电力和移动、联通、电信等基础设施建设力度加大，供电保障能力、通讯综合服务水平进一步提高。

【项目建设与招商引资】 2013年，纳雍坚持把扩大投资规模作为提速度的重要抓手，紧盯重点项目建设，加大招商引资力度，投资保持高位增长。实施重点项目68个，其中省重点项目19个、市重点项目49个，完成投资135亿元，占全年任务的137.56%。贯彻落实国发2号和国办函35号文件精神，加强项目谋划、运作和生成，编制项目657个，总投资2045亿元。加强汇报对接，新增42个中央预算内项目。围绕煤化工、塑胶产业集聚发展，组建工作组驻点招商，开展有针对性、意向性的洽谈，招商引资工作取得重大突破，到位资金大幅提升，签约项目明显增加。全年累计完成招商引资实际到位资金148亿元，比上年增58.9%。

【新农村建设】 为加快全县新农村建设步伐，根据《中共毕节市委 毕节市人民政府印发〈关于大力实施农村环境综合整治加快推进美丽乡村建设的实施方案〉的通知》文件精神，县委、县政府决定按照“一事一议”办法，全面推进农村环境综合整治，大力改善农村人居环境，着力提振农民群众精气神，切实推进美丽乡村建设。一是坚持政府主导和社会参与的原则。二是坚持群众自愿和村民主体的原则。三是坚持注重方法和整体推进的原则。四是坚持科学规划和合理布局的原则。五是坚持厉行节约和严格监管的原则。2013年，大力推进农户院坝硬化和连户路硬化，全面实施农村环境综合整治，除城市规划区农户、三年内政府需组织搬迁的农户、已纳入扶贫生态移民规划的农户、已举家外出居住达一年以上的农户、违章建筑农户、已实施危房改造但未拆除旧房的旧房院坝和连户路、三户以下偏远零星居住且与集中居住的自然村寨距离在500米以上的农户连户路外，确保实现全县所有农户院坝硬化和相对集中居住自然村寨农户连户路硬化目标。

【社会事业】 加快教育基础设施建设，教育园区初具雏形，四中、五中、六中和思源实验学校建设、学生宿舍、教师公租房、周转房等工程建设进展顺利。全县小学、初中辍学率分别为0.31%和1.64%。高考一、二本上线人数1093人，位居全市第四名，创历史新高。文化体育事业蓬勃发展，实施文化民生工程，加强民族民间文化遗产的传承和保护，成功举办庆“七一”歌咏比赛、总溪河樱桃文化节、“信合·和谐杯”体育运动会，组团参加全市第一届运动会和乌蒙文化节，纳雍籍运动员摘得首金，获奖牌50枚，12个文化节目获奖。抓好创文创卫工作，实施文明交通行动计划，优化城区交通组织，通过市级卫生城市考核评审，荣获“市级卫生城市”称号。筹备自然保护区和国家湿地公园建设，被中国野生植物协会授予“中国珙桐之乡”称号，大坪箐国家湿地公园通过国家评审，珙桐自然保护区通过省级评审。新农合参合率99.92%，连续四年位居全市前列。创新医疗卫生管理体制和运行机制，在全市首家实现新农合基金网银支付和医疗救助与新农合制度的真正衔接，得到省卫生厅的肯定，经验在全市推广。纳雍县中医院通过“二甲”医院评审。落实人口计生全程管理服务，常住人口出生率8.48‰，符合政策生育率提高到97.62%，实现“双降”，可望摘掉黄牌。深入开展“信访维稳百日攻坚战”，抓好矛盾纠纷排查调处。开展打黑除恶等专项行动，整治社会治安突出问题，社会治理工作得到加强，普法工作深入开展。群众安全感率达92.36%，全省排位比2012年进1位，从2012年的全市第7位上升到第4位。安全生产坚持月报告和月调度，狠抓隐患排查治理，督促整改落实，安全生产实现“双降”，全县事故起数较上年降80%，死亡人数降100%，十年来首次实现煤矿安全零死亡目标，安全生产形势明显好转。

【党的建设】 充分结合党的群众路线教育实践活动，贯彻落实中央八项规定和省委、市委十项规定。围绕“四风”深入查摆问题并落实整改，改进作风的力度不断加大。创新选人用人机制，合理安排使用干部，优秀干部和技术人才脱颖而出的体制机制不断健全。落实村级组织运行保障，基本完成村（社区）“两委”换届工作，基层组织战斗堡垒作用不断增强。农民讲师行动服务群众、带富群众的作用逐步凸显。健全完善惩治和预防腐败体系，在26个乡（镇、街道）设立民生项目监督特派组，查处违法违纪、侵害群众利益的腐败案件，廉政建设深入推进。

（撰稿 岳 鹏）

威宁彝族回族苗族自治县

【概述】 威宁彝族回族苗族自治县地处北

纬 26° 30′ ~ 27° 25′，东经 103° 26′ ~104° 45′。西、南、北三面与云南省宣威、会泽、鲁甸、昭通、彝良县交界，东南与水城接壤。最高海拔 2879.6 米，最低海拔 1234 米，平均海拔 2200 米。2013 年年均气温 11.8℃，降雨量 804.5 毫米，日照时数 1833.1 小时，无霜期 209 天。内昆铁路 121.3 公里穿越县境。全县总面积 6298.7 平方公里，耕地面积 7.163 万公顷，全县辖 16 个乡（其中 1 个民族乡）、19 个镇、4 个街道办事处，609 个行政村，15 个居民委员会。2013 年，总人口 1454357 人。其中少数民族 33.68 万人，非农业人口 60351 人，人口出生率 13.15‰，自然增长率 6.68‰，符合政策生育率 93.53%。人口较多的少数民族有彝族、回族、苗族。县内地势从东南经西北缓平抬升。高原面地势平缓开阔，丘陵和坝子相间。四周是深峻的高中山区和中山河谷，乌蒙山系纵横全境，是贵州省地势最高的县，被称为贵州屋脊。主要农作物为玉米、马铃薯、水稻、小麦、油菜、烤烟、甜菜、荞麦及大豆。马铃薯以味美、个大、产量高驰名。草场广阔，是贵州省最大的畜牧业基地。主要矿藏有铜、铁、煤、石膏。名优土特产有荞酥、火腿、苹果、黄梨、草海细鱼。威宁草海被誉为贵州高原明珠，是国家级自然保护区。森林覆盖率 38.64%。

【主要经济指标完成情况】 经济发展增比进位综合测评排全省 24 位。实现地区生产总值 119.05 亿元，增 16.7%，首次突破百亿元大关；50 万元以上固定资产投资 156.3 亿元，增 34.1%；规模工业总产值 95.1 亿元，增 51%；全部工业增加值 28.89 亿元，增 21.9；财政总收入完成 17.61 亿元，增 25.62%，税收收入 10.6 亿元，增 21.74%；金融机构各项存款余额 76.1 亿元，增 26.83%；金融机构各项贷款余额 44.44 亿元，增 33.5%；城镇新增就业人数增 51.89%；农民人均纯收入 5750 元，增 18.29%；城镇居民人均可支配收入 18979 元，增 10.07%；人民群众对“两加一推”成果满意度 85.81 分，位居全省 25 位。全县总面积 6298 平方公里，总户籍人口 145.43 万人。

【综合实力大幅提升】 坚持把发展作为第一要务，在加快发展中提高经济增长质量和效益。2013 年，地区生产总值达到 123 亿元，比 2012 年增 20.3%；财政总收入达 17.5 亿元、一般预算收入达 9.6 亿元，分别比 2012 年增 19.82% 和 23.7%；固定资产投资达 200 亿元，比 2012 年增 30%；全部工业增加值突破 28.8 亿元，比 2012 年增 25%；旅游收入达 41.58 亿元，比 2012 年增 50%；税收收入突破 10.49 亿元，比 2012 年增 15%；社会消费品零售总额达 20.15 亿元，比 2012 年增 21%；金融机构存款余额突破 74 亿元、贷款余额突破 37.2 亿元，分别比 2012 年增 20%、20%；农民人均纯收入 5750 元、城镇居民家庭人均可支配收入 18979 元。

【“5 个 100 工程”初具成效】 重点打造五里岗产业园，累计完成开发面积 8.8 平方公里，建成标准化厂房 37.53 万平方米，园区路网、水电、污水处理等基础设施建设扎实推进，接纳企业 45 家，建成投产 23 家，实现工业总产值 30 亿元，以特色农产品加工、轻纺电子、装备制造、物流为主的新型工业园区已逐渐成为引领全县工业集群化、产业化发展的制高点和集聚区；重点打造迤那镇省级示范小城镇和东风镇市级示范小城镇，投资 1.4 亿元，建成迤那镇“8+3”工程和东风镇“8 个 1”工程；重点打造巴迪鲁旺城市综合体，累计完成工程建设投资 1.36 亿元，建筑面积 2.1 万平方米，拉动周边基础设施投资 4 亿元；重点打造现代高效农业示范园区，园区道路、水电等基础设施建设已超目标完成，建成标准化示范基地 6.4 万亩，引进企业 5 家，入驻农民专业合作社 14 家，实现总产值达 12 亿元，带动周边农民 2.65 万人；重点打造草海旅游景区，全面带动其他景区建设。随着草海观光步道、西海码头、江家湾码头及门景系统等旅游基础设施建设完成，郎玉尼斯酒店、泰丰花园酒店等一批旅游酒店全面建成投用，草海旅游设施不断完善，接待服务水平大幅提升，成功承办毕节市第七届旅游发展大会。夏季暑期，重庆、泸州、湖南等省内外游客来草海避暑度假。国庆长假期间，草海作为省政府 100 个重点打造的景区中集中推出的 15 个升级版旅游景区之一，备受游客青睐，游客人数和旅游收入大幅度增长。

【“三化同步”创新发展】 全力推动“三化”兴“三农”，以产业化提升农业、以工业化致富农民、以城镇化带动农村，进一步促进产业向园区集中、人口向城镇集中、土地向农民专业合作社组织集中。一是煤炭资源勘探工程稳步推进，初步探明煤炭资源储存量 50 亿吨，能矿产业地位进一步夯实。以风电、水电、太阳能为主的绿色能源建设快速推进，建成7个风电场，实现装机容量35万千瓦，预计发电7.7亿度，实现产值4.6亿元。在建风电场项目6个、水电项目2个，装机容量共计69万千瓦。2×66万千瓦火电项目和10万千瓦光伏发电项目已启动前期工作。二是以建设50平方公里的核心城市为发展定位，按照“新区开发为主、老城改造为辅、路网引领布局、产业支撑空间”的指导思想，实施城镇化战略。实施以奥体花园、养生基地、中央步行街等为主的房地产项目24个和保障性安居工程项目6个，住有所居问题逐步缓解。持续推进城市基础设施建设，市政道路、污水管网、农贸市场等基础设施建设已超目标完成，县城面积扩展到近50平方公里。建成迤那镇、东风镇、板底乡等特色小城镇16个。城镇化率从2009年的17.72%增加到32.1%。成功创建“省级卫生县城”，并获“省级文明县城先进县”称号。三是加快推进农业现代化，实施农业稳县战略。种植马铃薯170.33万亩和完成玉米春播110万亩，粮食总产量比2012年增20%以上，突破50万吨。推动现代烟草农业大发展，建成迤那芙蓉王、黑石黄鹤楼、秀水贵烟等烟区基地，完成烤烟种植35.6万亩，产量75万担。围绕缩粮扩经种植思路，全力推进产业结构调整，粮经比从2009年的8∶2调整到5.5∶4.5。年底实现15.9万人脱贫，是历年减贫质量最高，数量最大的一年。

【基础设施明显改善】 完成续建、新建通村油路1129.3公里，在建694.727公里。县道九可路、102省道、326国道等改造升级工程顺利推进。超前完成“十二五”“十三五”通村油路测设及图纸评审552.919公里。毕威高速公路威宁段建成通车，威昭、威水高速公路即将开工建设。草海火车站开通始发列车。威宁草海机场项目选址报告获国家民航局批复，即将开工建设。加快破解工程性缺水问题。加快马家水库、小米水库骨干水源工程建设，推进3座中型、9座小（一）型、10座小（二）型水库，“威西灌区”、223所农村学校饮水安全工程、6条中小河流治理工程前期工作。全力实施金钟片区、麻乍片区、草海片区、双龙片区等小型农田水利工程，15座病险水库进行除险加固工程，迤那镇2处防洪排涝工程，5条规划内中小河流治理工程；开工建设贵州乌江威宁段大江大河治理工程。建成一批“五小”水利及烟水配套工程；电力信息基础设施不断加强。启动实施220千伏、110千伏、35千伏项目20个。推进城乡电网改造升级工程，实施10千伏及以下输电项目4个，建成供电线路5658.993千米，配置变压器1229台。实现户户通电。全面完成“十二五”期间第二批14245户“村村通”工程和70073户“户户通”卫星直播工程，有序推动有线电视网络从乡镇所在地向边远村寨延伸工程，新增用户2600余户。大力实施3G网络工程，智慧城市建设步伐明显加快。

【社会管理不断创新】 全面开展“书记大接访活动”，创新市、县、乡镇三级视频接访制度，推行社会治安网格化管理，连续三年实现安全生产事故起数和死亡人数“双降”目标。建立县、乡（镇）级各类调委会70个，聘用人民调解员3410名，推进温馨社区、和谐社区建设。有效排查各类纠纷5980件，落实调处纠纷5980件，调处率100%，调解成功数5855件，调处成功率97%。推广“阳光工程”，帮助151个戒毒康复人员融入社会。开展严打犯罪“雷霆行动”、治安防控“织网行动”、治安乱点“清除行动”、平安校园“护校行动”等七个专项行动，严厉惩治一批刑事罪犯，有力维护社会稳定。开展“打非治违”专项整治，落实岗位责任制，实现矿山巡查1.1万次。推进煤矿规范化建设，建成完善安全生产监控平台。

【生态环境建设】 加大落后产能的监测和管理力度，减排任务全面完成，空气质量有新的提升。大力推进农村环境综合整治、铅锌废渣重金属污染防治、畜禽养殖禁养区等项目建设，农村饮用水源和农村环境得到有效保护。启动一批省级生态村创建工程，示范引领作用明显，绿色乡村建设稳步推进。全面实施“四在农家，美丽乡村”建设，完成“两硬化”工程147.3万平方米院坝硬化和4801.9公里连户路硬化，建成美丽乡村精品示范点19个。加大环境监察执法力度，出动执法人员300余人次，检查企业60余家，立案查处违法排污企业19家。强力推进水利建设、石漠化治理和生态建设“三位一体”工程，完成各类造林24.52万亩；治理水土流失72平方公里、石漠化28.05平方公里，森林覆盖率从2012年的36.14%增加到38.14%。

【民生保障基础不断夯实】 始终关注民生、

重视民生、保障民生、改善民生，全力推进和谐社会建设。扎实推进省级创业型城市工程和返乡农民工示范性创业园建设，实现城镇新增就业和失业人员再就业人数分别达8000人、1500人，城镇登记失业率控制在3.8%以内。推进医疗、失业、低保、养老、工伤、生育保险工作，实现城乡居民社会养老保险参保率和城乡居民基本医疗保险参保率分别达99%、96%。完成“9·7”地震灾后7669户农村危房改造工程，有效解决灾区群众住房困难。抓好教育“9+3”计划，全力推进“学前教育、农村寄宿制学校、高中教育、职业教育”四项工程，实施续建、新建、改建学前教育工程、农村寄宿制学校攻坚工程、高中教育突破工程等项目297个，教师公租房3000套。草海艺术学校、卫生职业技术培训中心、职业技术高级中学顺利实现整合，节约资源、提高办学质量。完成优美教室建设212间，建成安全围墙工程21个。狠抓营养餐改善计划，516所农村义务教育阶段学校的29.5万学生实现“人人吃午餐”的目标。人口逐步实现均衡发展，全县常住人口出生7182人，出生率为5.57‰，比2012年降0.11个千分点。公共文化服务体系建设取得明显成效。覆盖城乡的公共卫生和医疗服务体系基本建立。

【思想政治建设得到加强】 邀请国家行政学院教授张青和中央党校经济学部教授、经济学博士李继文，清华大学马克思主义学院教授、博士生导师赵甲明，西南大学教授、博士生导师秦启文等专家开展相关专题讲座5场，培训领导干部2500余人次。组建“党的十八大精神宣讲团”“中国梦·贵州中国梦·我的梦”宣讲团和农民讲师团开展专题宣讲和流动宣讲，选派1248名干部在全县范围内开展党的十八大精神宣讲活动500余场次，受众近10万人次；对全县宣传思想文化工作者开展培训3000余人，全县领导干部的思想政治素质得到明显提高。

【外宣工作成效明显】 配合贵州省新闻出版局组织“中央、香港驻黔媒体、省内主流媒体”开展“走基层、转作风、改文风”采访活动，原在多彩贵州平台—31频道播出的《威宁试点》窗口改在32频道新闻荟萃平台播出威宁新闻；接待各级媒体记者380余人次，在市级以上媒体刊播外宣稿件4200余篇条，通过各类媒体的广泛宣传报道，在全省全国产生良好的眼球聚焦效应。成功举办“鸿明杯·唱响威宁合唱比赛”和“巴迪鲁旺杯”旅游形象大使选拔赛；充分利用各种大赛的舞台，积极向外界展示威宁文化。为威宁经济社会快速发展提供强大的舆论支持。

（撰稿　张　雾）

赫章县

【概述】 赫章县地处北纬26°46′～27°28′，东经104°10′～105°01′。东邻七星关区、纳雍县，西抵威宁县，南接六盘水市水城县、钟山区，北与云南省镇雄县、彝良县毗邻。最高海拔2900.6米，最低海拔1230米，平均海拔1996米。行政区域总面积3250平方公里，耕地面积576336亩。2013年年均气温14.8℃，降雨量837.4毫米，日照时数1500.1小时，无霜期326天。全县辖1个矿区社区服务管理局、21个乡（其中12个民族乡）、6个镇，456个行政村民委员会、9个居民委员会。2013年总人口798744人，非农业人口51430人，人口出生率12.85‰，自然增长率6.03‰，符合政策生育率94.31%。人口较多的少数民族有彝族、苗族。县内地貌分区属黔西高原中山峡谷区。地势西北、西南和南部高，南北部低。主要农作物为玉米、水稻、小麦、油菜、烤烟、大豆、荞麦及马铃薯，为省烤烟、芸豆生产基地县之一。矿产有铁、铅、锌、铜、锑、煤、硅石等33种。煤远景储量40亿吨；铁矿石储量5亿吨，占全省探明储量的40%；铅锌矿储量居贵州之首，占全省探明储量的2/3，其中锗金属储量居亚洲第一。有名贵中药材500多种，为贵州中药材生产区之一。土特产有苦丁茶、大白蒜、可乐猪、核桃、天麻、生漆、樱桃、土茯苓、厚朴等。名胜古迹有可乐古墓、新石器遗址、韭菜坪石林风景名胜区等。

【主要经济指标完成情况】 2013年，全年生产总值66.16亿元，按可比价格计算，比2012年增16.4%；其中，第一产业增加值19.46亿元，比2012年增8.3%；第二产业增加值17.73亿元，比2012年增23.1%；第三产业增加值28.96亿元，比2012年增17.8%。产业结构比为29.41∶26.82∶43.77，人均生产总值10138元。财政总收入 102089 万元，增 19.69%，其中地方财政收入 70354 万元，增 12.41%；财政总支出 354568 万元，增长 19.05%。全社会固定资产投资完成 125.36 亿元，同比增 19.6%。新增通村油路 243.4 公里。邮电业务（含移动、联通和电信）20624 万元，增 7.19%。广播综合覆盖人口 71.16 万人；卫生机构 545 个，其中医院 53 个，床位 2683 张，卫生技术人员 1087 人。全社会消费品零售总额 11.49 亿元，同比增 13.2%。农民人均纯收入 5395 元，同比增 15.68%。城镇居民人均可支配收入 18538 元，同比降 3.33%。城镇居民人均住房面积 29.02 平方米，同比增 4.69 平方米。全县各项存款余额 60.26 亿元，同比增 21.32%；贷款余额 24.32 亿元，同比增 30.89%。招商引资实际到位资金 146.2 亿元，同比增 59%。

【项目建设取得新进展】 完善县级领导包保重大项目制度和项目建设调度制度，预算专项资金用于开展前期工作，建立重大项目储备库。完成总投资 48 亿元的 33 个项目前期工作，2×66 万千瓦威赫电厂新建工程已报至国家能源局，妈姑铅锌矿独立工矿区项目已报至国家发改委，河口水库、娃儿沟水库项目建议书已批复，则姑水库、河头上水库等骨干水源工程项目前期工作全面推进，赫章至六盘水高速公路完成预可研，形成项目储备一批、开工一批、建成一批、投产一批的梯次接续机制。争取到各类专项资金 21.84 亿元，同比增 28.04%。全县项目完工 306 个。74 个中央预算内投资项目开工建设 42 个。完成全社会固定资产投资 125.36 亿元，同比增 19.60%；50 万元以上固定资产投资 100 亿元，同比增 38%。

【工业经济转型实现新跨越】 两个一体化产业全面推进，形成从铁矿石开采—矿石洗选（焙烧）—冶炼—余热回收发电（废渣回收综合利用）—铸造—装备制造的循环经济。强化园区水、电、路、讯、房等要素保障，累计建成标准厂房 35 万平方米，入驻企业 54 家，建成 47 家。完成园区投资 30 亿元，同比增 29.31%。引进生产铸管、摩托车汽缸体、配重、减速机壳、法兰盘等产品铸造企业 14 家。46 个勘查项目完成钻探 26.3 千米。完成煤炭产量 150 万吨，铁矿石产量 126 万吨，水泥产量 47 万吨，铸铁产量 36 万吨，铸件产量 1 万吨。500 万元规模以上企业从 68 个增加到 73 个。实现全部工业增加值 17.18 亿元，同比增 27%；500 万元以上规模工业增加值 9 亿元，同比增 20%。

【新型城镇化迈上新台阶】 突出城市综合体、特色小城镇、“美丽乡村”建设三个重点，加快推进城市基础设施、服务设施项目建设。夜郎大道二、三、四标段建成通车，建成城市路网 12 公里。夜郎大道一标段、南环路城关段启动建设，西城区二期路网骨架基本形成，西城区一期路网、道路工程完成总工程量的 80%，前河白果段和滨河火焰段河道治理工程稳步推进，白果镇 14 个村农民新区安置房场平工程有序实施。房地产业发展迅速，在建规模为 165 万平方米的 9 个房地产项目建成 36 万平方米。六曲河、妈姑、古达、铁匠等特色小城镇加快推进。县城二期、野马川镇、六曲河镇三个污水处理厂基本建成。建成 12 个“五园新村”精品示范村。完成硬化院坝 70615 户、连户路 1637.54 千米。“四创一建”活动深入开展，启动实施“百千万”工程。实现城镇化率 21.85%。

【农业现代化取得新突破】 加快核桃、草地生态畜牧业、中药材、蔬菜、休闲农业、茶产业等现代高效农业示范园区建设。整合资金 3.9 亿元投入“211”工程，流转土地 42900 亩，建成组培室和大棚 12.6 万平方米，种植核桃 41 万亩、中药材 15 万亩。收购烟叶 643.5 万公斤，牛、羊、猪出栏数分别为 14.1 万头、16.8 万只、42.5 万头。茶叶种植面积达 3.26 万亩。农业龙头企业达 14 家。成功举办核桃产业发展招商推介系列活动，“赫章半夏”“赫章核桃”获国家地理标志保护产品。赫章半夏 GMP 通过国家食品药品监督管理局的认证。农业总产值达 25.35 亿元，同比增 8.98%，粮食总产量达 21.21 万吨，粮经比例从 49∶51 调整为 43∶57。形成“基地＋合作社＋农户＋企业”的产业模式，推进产、加、销一体化发展。

【基础设施建设取得新成绩】 加强交通、水利、电力等重点基础设施建设，毕威高速公路赫章段建成通车；完成 294.1 公里通村油路建设。珠市水库开工建设，完成 2 个学校饮水安全工程、2 个供水工程、4 个山塘工程、6 个水库除险加固工程。完成白果 110 千伏变电站、兴发 35 千伏变电站扩建、县城电网 10 千伏及以下改造工程和 17 个农村电网升级改造工程。完成土地整治项目

11 个 2.4 万亩。林业生态工程造林 75661 亩。完成石漠化治理工程 12 平方公里，治理水土流失面积 9.72 平方公里。

【招商引资工作】 围绕优势产业，谋划招商引资项目 90 余个，组建 3 个专业招商分队，制定招商奖励办法，采取专业招商、领导带头招商、资源招商、标准厂房招商等方式，开展招商引资考察及推介活动 20 余次，推介对接洽谈项目 60 余个，接待客商 300 余批次，签订投资协议 30 个，签约资金 226 亿元，实现新建续建项目实际到位资金 146.2 亿元，同比增 59.30%。市场主体达 16378 户，同比增 62.22%（其中个体工商户 14453 户，同比增 68.29%；农民专业合作社 613 户，同比增 20.67%；企业 1312 户，同比增 31.99%。）；注册资金达 37.03 亿元，同比增 53.7%。

【旅游文化产业取得新成绩】 把旅游文化产业作为朝阳产业来抓，阿西里西旅游景区总体规划和控制性规划已通过省级评审。完成《夜郎王宫》规划设计和征地工作。可乐国家考古遗址公园规划通过省级评审，报国家文物局审批。完成广播电视“户户通”工程 47275 户，建成六曲河和妈姑两个镇调频应急广播，新增有线电视县乡联网工程 4000 户，完成公益性电影放映 5472 场。实现旅游总收入 26.83 亿元，同比增 93.16%。

【和谐赫章建设取得新进展】 “十大民生工程”全面完成。全县 762 个教育工程项目建成 254 个。招聘教师 845 人。基本完成老二中、黄泥坡安置房，西城区二期路网、西城区高中、双井、农牧局小区等拆迁安置点稳步推进，铅锌矿沉陷区搬迁工程加快实施，首批 856 套已分配入住。完成“9·7”地震灾后农村危房改造 2378 户和 3550 户“黔西北民居”改造工程。30 万平方米的 6026 套保障性安居住房基本建成（其中棚户区改造 2060 户）。完成财政扶贫项目 145 个。完成地质灾害搬迁工程 829 户 3682 人。发放农村低保金 14845.6 万元、城市低保金 2523.8 万元、医疗救助金 1781.91 万元。新增城镇就业 5600 人，转移农村劳动力 7300 人。城乡居民社会养老保险参保率达 90%，城乡居民医保参保率达 99.7%。率先在全市实现农村合作医疗县、乡、村“一卡通”。完成了结构、威奢、铁匠 3 个乡卫计整合工作。扎实抓好安全生产工作，安全生产各项指标均为突破市下达的控制范围，安全生产形势持续稳定向好发展。大力实施“八大为民工程”。深入开展“大走访、大排查、大调解”活动，化解了一批矛盾纠纷和信访突出问题。加强社会治安综合治理，深入开展“法治赫章”、“平安赫章”创建活动。

（撰稿　陶永才）

百里杜鹃风景名胜区

【概述】 百里杜鹃风景名胜区位于大方县东北面，黔西县西北部。地处北纬 27° 10′ ~ 27° 20′，东经 105° 04′ ~ 106° 04′。2007 年底建立，整体托管大方县普底乡、大水乡和黔西县金坡乡、仁和乡，以及大方县百纳乡龙竹、龙峰、龙坪村，黄泥塘镇在拱、箐门村，大海坝国有林场九龙山工区和黔西县红林乡岩脚、石笋村。行政区域总面积 600 平方公里，耕地面积 1.5 万公顷，森林覆盖率 60.5%。辖 4 个民族乡 2 个管理区 55 个村民（居）委员会，1 个居民委员会。居住着汉、彝、苗、白、满、布依等 20 多个民族。2013 年总人口 103357 人，其中少数民族 60093 人，非农业人口 1958 人，常住人口出生率 9.01‰，人口自然增长率 3.78‰。主要农作物有玉米、水稻、小麦、大豆、烤烟、油菜、辣椒、马铃薯等，药用生物资源有天麻、杜仲、黄柏等；养殖业以猪、马、牛、羊、鸡、鸭、鹅为主。区内矿产资源有煤、黄铁矿、大理石、高岭土等 28 种（含亚矿种），煤炭资源丰富，为毕节地区主要产煤区之一。天然杜鹃林绵延 125.8 平方公里，杜鹃品种占世界杜鹃种属 5 个亚属中的全部，共 37 种。2013 年 10 月百里杜鹃风景名胜区升级为国家 AAAAA 级旅游景区，12 月成功创建国家生态旅游示范区。风景名胜区党的工作委员会和管理委员会为市委、市政府正县级派出机构，对百里杜鹃风景区实行统一领导和管理。

【主要经济指标完成情况】 全年完成生产总值 17.5 亿元，同比增 16.6%；完成全社会固定资产投资 44 亿元，同比增 30.3%；完成全部工业增加值 9.55 亿元，同比增 18.3%。完成财政总收入 8.22 亿元，同比增 20.92%；完成公共财政预算收入 4.4 亿元，同比增 30.61%；完成城镇居民人均可支配收入 18500 元；实现农民人均纯收入 5696 元，同比增 15.1%。

【农业结构调整有序推进】 是年，粮食总产量达 3.36 万吨；新建农民专业合作社 22 个，全年累计种植蔬菜 3.5 万亩，新建特色经果林基地 1.2 万亩；种植中药材 0.5 万亩；种植烤烟 1.63 万亩；改（扩）建生猪标准化规模养殖场 4 个，新建黑山羊规模养殖场 1 个，黑山羊存栏 511 只，出栏 520 只；改（扩）建牛改点 3 个，全年完成牛改 1235 头，良禽推广 6980 余羽，实现农业总产值 4.24 亿元。投资 723.9 万元新建密集型烤房 200 座，新修机耕道 2.5 公里。总面积 12348 亩的高效农业（花卉产业）示范园区规划通过市级评审并报省备案，完成投资 1.57 亿元。抓好春、秋两季动物防疫工作，口蹄疫、猪瘟、猪蓝耳病、高致病性禽流感免疫密度均达到 100%，无疫情发生。

【工业经济平稳发展】 强化工业经济运行调度，加强技术服务指导，全年完成规模以上工业增加值 7.7 亿元，完成工业投资 12 亿。稳步推进煤矿企业兼并重组，促进煤矿企业安全生产。组织煤炭生产和销售，生产原煤 533 万吨，供应电煤 136.2 万吨，供应重点企业用煤 23.7 万吨，供应农用煤 4.17 万吨。加快发展优质水厂、新型建材等非煤工业，大力发展优势特色轻工业及旅游商品加工业，逐步实现工业经济多元化发展、集约化生产、规模化发展，着力推动工业结构转型升级。

【第三产业发展】 持续加大政策扶持力度，鼓励引导生产、生活、消费等多形式、多层次现代产业快速发展，以旅游产业、商贸流通、公共服务为重点的第三产业发展态势良好，全年实现第三产业增加值 3.73 亿元，同比增 17.9%，第三产业占 GDP 的比重为 21.5%，第三产业带动效应、示范效应不断凸显，第三产业已成为国民经济的重要组成部分，同时也是群众脱贫致富的有利依托。

【成功创建国家 AAAAA 级旅游景区】 继续加大景区景点提级改造力度，完善配套服务功能，提升景区服务质量和管理水平；邀请专家对创建国家 AAAAA 旅游景区工作进行现场指导，多次到国家、省、市旅游部门汇报对接，顺利通过国家旅游景区等级质量评定委员会关于百里杜鹃 AAAAA 级旅游景区景观质量的评审、暗查等工作，于 10 月被评为国家 AAAAA 级旅游景区。同时，不断改善生态旅游发展条件、深化生态旅游体制创新、培育生态旅游新业态，致力于争创国家生态旅游示范区。

【全省 100 个旅游景区建设】 作为全省 20 个重点旅游景区之一，百里杜鹃景区建设 2013 年完成投资 15.5 亿元，占年度任务 14.5 亿元的 107%。建设项目包括百里杜鹃国家森林公园旅游基础设施建设项目等 5 个新开工项目，百里杜鹃生态休闲度假公园建设项目等 5 个续建项目，华荣物流度假酒店等 3 个新谋划项目。在全省 100 个旅游景区项目建设年终考核中排列第一，并在全省 100 个旅游景区竞争性演讲中获得一档奖励性补助资金 850 万元。

【旅游品牌效应逐步凸显】 成功举办 2013 年国际杜鹃花节、避暑季、国际彝族火把节系列活动，组织营销推介组赴贵阳、重庆、成都、昆明、长沙及珠三角、长三角等地开展宣传推介，不断培育和拓展客源市场；通过电视、网络、报刊、杂志等多种形式宣传景区主题定位和资源优势，在全国各地的 180 趟列车、8000 多辆公交车以及大型超市、重要码头播放百里杜鹃宣传片，杜鹃花海游、森林生态游、民俗民风游的精品旅游形象日臻成熟，实现由观光型旅游向度假型、体验型旅游转变。全年接待游客 280 万人次，实现旅游总收入 21.8 亿元，同比增 244%，实现农民旅游纯收入 2100 元，旅游业已成为百里杜鹃重要的经济增长点。

【乡村旅游体系逐步完善】 充分发挥旅游资源优势，着力打造乡村旅游示范点，打造了附源、化哪、大荒、永兴、桥头、在拱、凉井、戛木等特色旅游示范村；扶持农家乐整合联营，发展农家餐馆和农家旅馆 71 家，培训农家乐从业人员 150 余人，对农家乐、农家旅馆进行环境卫生、食品安全、消防安全、诚信经营等督导检查 200 余次，提升景区接待水平和服务质量。全年各乡村旅游点接待游客 16 万人次，户均纯收入 8 万余元。

【抢抓政策机遇成效显著】 扎实推进国发 2 号和国办函 35 号文件的“项目化、政策化、实物化”落实，谋划项目 348 个，总投资达 640.5 亿元，涵盖工业、城市建设、交通、农经、服务业和社会发展等领域。先后到国家部委汇报对接工作

20余次，到省级部门汇报对接工作130余次，争取到国家旅游局专项资金300万元，中央预算内资金1.3亿元，扶贫生态移民工程资金2.05亿元，省级高标准基本农田建设项目资金1421万元，项目贷款资金3.8亿元，争取到财政转移支付、支持国家AAAAA级旅游景区创建、旅游示范区规划编制和理顺土地管理体制等政策。加强同国开行和农发行的合作，争取融资贷款5.85亿元。

【项目建设】 始终坚持抓项目就是抓经济、抓发展的理念，推进重大工程、重点项目及5个100工程项目建设，对重大工程和重大项目实行领导包保，扎实推进重大项目“百日攻坚”行动。全年实施省、市重大工程和重点项目40个，完成投资24亿元，占全年目标任务的151%，带动就业5200人。

【招商引资】 以开展万亿项目千次对接推介活动为契机，组队赴广州、深圳、四川、浙江、福建、北京、重庆、香港、贵阳等地开展招商推介8次，参加第三届酒类博览会和珠三角地区招商对接活动，发放宣传画册2960余份，接待客商548批3442人次，签约项目24个，签约资金68.4亿元。按照“一个项目，一名领导、一套班子、一个部门、一套方案、一抓到底”的工作机制，做好招商引资项目的协调服务工作，促进项目投产达产。积极开展代办服务，代办招商引资项目11个，受理代办事项30项。按照“可建设项目、达到可研深度项目和推介表项目”三类包装推介项目，已编制入库推介项目45个，总投资199.5亿元，全年累计到位资金50.13亿元，同比增100%。

【交通条件进一步改善】 按照大交通引领大发展的思路，投资8297万元，建成鹏程至启化、落圈底至仁和、黔西至化窝、纸厂至苏家洞、仁和至春坪、大石板至雷响孔、竹盈至中塘、大转湾至九龙山、落圈底至新路口等9条通村油路46.1公里。加强全区658公里县、乡、村道路的养护，好路率达95%以上，建、管、养、运工作获得省、市好评，相关经验在全市农村公路“建管养运”暨工程建设调度会上进行交流。黔大毕高速百里杜鹃连接线有序推进，完成投资7000万元。

【水利设施建设】 投资949.4万元建成集中供水工程12处，分散饮水工程2处，解决1.9万人饮水困难。加强供水工程管理，保障重点集镇、重点单位和各大型村寨的供水。加大对接汇报力度，总投资1.56亿元的米底河水库获国家烟草总局批准实施，累计到位资金9000万元，征地补偿、拆迁安置等工作有序推进。抓好水利建设项目储备，编制完成大型村寨应急抗旱提水站、小基仲提水站、高效农业产业园灌溉水源等项目规划设计，初步形成百里杜鹃水利规划体系和项目储备库。

【电讯保障能力不断增强】 进一步理顺电力、通讯管理体制，扩容变压器37台，完成农村电网10千伏线路改造18.7千米，核心景区供电线路改造8.9千米，通信线路迁改5.6千米。新增变压器28台，解决306座烤房缺电或电力不足问题。全面完成农村电网升级改造工程，完成鹏程110千伏变电站地堪设计，金坡、普底核心景区、航鑫生态建材厂等10处强弱电迁改。

【花海文化城建设】 加大征地拆迁力度，做好项目建设要素保障工作，花海文化城建设取得重大突破。完成投资5亿元，新建城市道路3公里，污水管网5公里；花海文化城一、二、三、五号路路面工程、交通工程、绿化美化工程基本完成，二号桥建成通车；旅游服务中心A栋正在实施室内外装饰装修、安装和室外绿化景观工程，B、C、D栋建设有序推进；公安业务用房完成主体工程，林业（环保）部门业务用房已启动实施，检察、消防等部门业务用房前期工作进展顺利；扶贫生态移民一期工程244栋建成搬迁入住，二期309栋完成主体工程，城市雏形初显。

【特色村镇建设】 将特色小城镇、“二宜一满意”幸福小镇、五园新村建设与景区景点提级改造相结合，深入挖掘整合彝族文化和杜鹃花文化，加大政策、资金、项目整合力度，完成仁和、大水两个特色城镇建设任务及金坡乡附源村和普底乡在拱村新农村建设村庄整治工程。建成“黔西北民居”2000户，建成联丰、大洞口、桃园、箐山、凉井“五园新村”精品示范村，完成石牛村新型示范社区建设任务。

【农村环境整治】 加强技术指导，强化建设物资调度，严格工程实施监管，投入资金2001.5万元，供应砂石96635立方米，水泥25586吨，硬化院坝9353户，硬化连户路394.7千米，全面完成“两硬化”工程建设任务，直接受益群众近5万人。结合“美丽乡村”建设，推进乡村清洁工程，启动实施改厕、改圈和庭院美化工程，全面整治乡村环境，整治范围从主要公路沿线、核心景区景点延伸到乡村纵深部位，并建立“五评一查”督促考核机制，乡村清洁工程基本实现全覆盖，乡村面貌大幅改善。

【资源管护力度加大】 进一步推进石漠化综合治理、天然林保护和巩固退耕还林成果工程，完善生态补偿机制，完成营造林1.55万亩，封山育林6749.55亩，人工造林5412.9亩，林相改造工程1600亩，森林覆盖率提高到60.5%。加强对普底景区、金坡景区、戛木景区11087公顷杜鹃植株及杜鹃群落的监测，为杜鹃花资源保护提供科学依据。严格落实森林防火责任制，加大投入力度，强化宣传引导，规范队伍建设管理，完善应急预案，加强日常巡逻检查，森林防火形势持续稳定。

【园林绿化】 投资138万元，完成公路两旁绿化2.2公里路；投资440万元，完成主要公路沿线草花混播种植393亩；完成月季和紫薇生态专类园建设项目规划设计，绿化美化工程管理逐步走向市场化、规范化。

【节能环保工作】 开展环保宣传活动，发放各类宣传资料1500余份，营造良好的社会氛围。严格环保准入制度，执行环境影响评价制度和“三同时”制度，开展建设项目清理，完成项目审批核准8个，新建项目“环评”执行率达100%。狠抓节能减排工作，主要污染物排放总量严格控制在省、市规定的范围内，单位规模以上工业增加值能耗降5.34%，工业用电量增速与工业增加值增速之差的绝对值为0.29。

【科学教育事业全面发展】 始终将优先发展教育摆在重要位置，压缩8%的行政经费用于发展教育，扎实推进教育“9+3”计划实施，加大控辍保学力度，小学入学率为99.52%，初中入学率96.13%，义务教育巩固率为83.8%，高中阶段毛入学率达54.31%，完成中职招生407人，发放助学贷款和助学金530万元。继续加大基建投入，加快推进3个幼儿园、268套教师公租房、8400平方米学生宿舍、第二中学、校园提级改造等教育工程建设，完成投资6893万元。严格实施55所中小学校学生营养改善计划，惠及学生10533人。加大科普宣传力度，发放科技书籍1000余册，科普资料5000余份，公众科学素质提高。强化知识产权申报，申请23个商标注册，已有5个获得商标注册。加大杜鹃花资源的开发和保护，完成杜鹃花基因库规划编制，编制科研项目7个，其中6个已获立项；邀请英国爱丁堡皇家植物园专家对杜鹃资源进行详细的调查和分析研究，新发现杜鹃花20余种。

【公共文化服务体系不断完善】 完成广播电视“村村通”工程1888户、“户户通”工程6654户，安装有线电视2708户，完成鹏程、戛木管理区调频广播安装工作，“四位一体”综合服务体系进一步完善。成功举办2013年国际杜鹃花节开幕式、国际彝族火把节、祭花神等各项重大文艺活动，精心编排演出《索玛花开》《守望雄鹰》《花神赋》等独具地方特色的大型民族歌舞剧，展现百里杜鹃民族特色文化。在全市第一届运动会中取得18金18银17铜的好成绩。成功举办百里杜鹃第三届职工体育运动会、乌蒙欢歌比赛、“畅游多彩贵州，相约百里杜鹃”自行车骑行比赛、百里杜鹃荣膺国家AAAAA级旅游景区暨第四届国庆歌咏比赛等活动，进一步丰富干部群众精神生活。

【医疗卫生事业有序推进】 以深入推进“优质服务年”“三好一满意”“微笑服务”及“医德医风教育整顿”等活动为载体，以健全新型农村合作医疗制度为基础，以加强医疗卫生基础设施建设为重点，全面提升医疗卫生服务水平。新增医疗机构23家，总投资1.5亿元的百里杜鹃医院启动建设，完成普底乡、金坡乡卫生院改（扩）建工程，建成卫生监督所，启动仁和乡、大水乡卫生院改（扩）建项目。全力抓好新型农村合作医疗工作，全年补偿65770人次，补偿总额2604.25万元，资金使用率80.69%，群众受益率78.24%；2014年新农合参合人数为83782人，参合率为99.86%。

【社会保障能力不断增强】 大力推进城乡社会救助体系建设，发放各类民政资金1252.82万元，低收入群体基本生活得到有效保障。全力抓好创业就业工作，完成城镇新增就业2323人，实现再就业725人，转移农业劳动力7492人，职业培训1020人。推进社会保险扩面征缴，养老保险、失业保险、医疗保险、工伤保险、生育保险累计参保66293人，城乡居民社会养老保险参保35370人，征收保险基金3032万元。强化劳动者权益保障，受理并结案劳动仲裁争议案件156件，结案率100%。积极组织募捐活动，为雅安灾区、甘肃地震灾区等筹集善款151.32万元，为困难学生捐款1.65万元。

【扶贫工作】 围绕乌蒙山片区区域发展与扶贫攻坚规划的实施，整合扶贫资金与交通、农业、林业、水利等专项资金落实各项惠农支农政策，大力推进旅游扶贫、基础设施扶贫和产业化扶贫，全年净减少贫困人口5107人，仁和、大水两乡实现省级“减贫摘帽”。扎实抓好扶贫项目建设，总投资1424.9万元的1.2万亩核桃基地基本建成。加快推进扶贫示范园区建设，百里杜鹃天麻产业扶贫示范园区建设初见成效。

【安全生产】 开展安全生产大检查、“平安贵州”消防安全大排查大整治、“打非治违”及道路交通百日整顿行动，强化隐患排查治理，将常规执法与专项整治相结合，自查自纠与督促检查相结合，全年开展执法检查5214次，排查治理各类隐患9500余条，实现“零事故、零死亡”的奋斗目标，安全生产形势持续稳定。

【信访维稳】 以开展重大突出矛盾纠纷问题“百日攻坚战”为契机，坚持“三级联动视频接访”制度，化解省维稳领导小组交办的矛盾纠纷3件，省、市三级信访联席办排查交办的矛盾纠纷14件，自排自查矛盾纠纷13件，化解率100%。滚动排查矛盾纠纷和信访问题52件，化解48件。严格按照“七个一”要求，强化重点领域和重点人群的包案化解稳控，实现了“三个确保”和“六个坚决防止”。

【社会管理】 推进“平安百里杜鹃”建设，天网工程建成投入使用。以开展“打黑除恶”“雷霆行动”和打击“两抢一盗”等专项整治行动为契机，保持对各类刑事犯罪的高压态势，全年破案75起，破案率呈上升趋势。着力推进社会管理集成创新，有效开展重大项目社会稳定风险评估，先后对鹏程至启化、落圈底至仁和公路建设等3个工程项目和煤矿企业兼并重组1项重大决策进行社会稳定风险评估，最大限度减少不稳定因素；全面推进网格化服务管理规范化建设，全区56个村网格化服务管理全面铺开；扎实推进“和谐四区”建设，抓好刑释解教人员无缝对接和特殊人群管理工作。社会综合管理水平不断提高，群众安全感满意度连续排全市第一位。

【人口计生工作】 围绕“双降”目标，狠抓人口计生基础工作，全面开展计生协会工作，强力推进“双诚信双承诺”工作机制，进一步提升优质服务水平，圆满完成各项任务。常住人口出生率9.01‰，同比降0.44个千分点；人口自然增长率3.78‰，同比降0.07个千分点。符合政策生育率96.06%，同比升0.44个百分点；流动人口符合政策生育率86.98%，同比升0.21个百分点。“双诚信双承诺”覆盖率100%，建成“人口文化大院”10个，村级人口计生文化活动室56个，印制宣传手册和折页7万份，营造了良好的社会氛围。

【推进廉洁型政府建设】 制定重大决策部署贯彻执行情况监督检查实施办法，全面推进机关派出纪检组和乡、管理区民生特派组工作，选派纪检干部对工程项目建设进行全程廉政监督，对项目规划审批、招投标、采购和资金管理使用情况开展检查74次，对34个单位470个工程建设项目进行全面清理，涉及资金16亿元。全年纪检监察机关共处理干部26人，开展全区性警示教育7次，廉政教育4次，2246名干部职工分别作出勤政廉政承诺，对228名科级领导干部落实责任制情况进行考核排名。分类建立廉政风险防控示范点30个，着力规范政府权力运行，节省了财政开支。全年审计查出预算执行管理不规范资金179.84万元，核减工程款1432万元；对7位现任及离任主要领导进行经济责任审计，审计监督作用得到充分发挥。

（撰稿　周训能）

获奖名录

获国家（含部队大军区）表彰的单位

获全国基层党建创新最佳案例
毕节建设发展型党组织
获全国基层党建宣传示范单位
毕节市委组织部
获全国基层理论宣讲先进集体
毕节市委组织部　毕节市委宣传部　毕节市委讲师团
2013年度《中国统一战线》宣传先进单位
毕节市委统战部
创建五好基层关工委优秀组织奖
毕节市离退局
成都军区表彰学习贯彻党的十八大精神开创军区部队建设新局面网上竞赛优秀配合活动奖
毕节军分区
成都军区表彰征兵工作先进单位
七星关区人民政府征兵办公室
全军爱国卫生运动委员会表彰健康营院
毕节军分区
2012年度全国市级工会财务工作先进单位
毕节市总工会
全国妇女小额担保财政贴息贷款工作先进集体
毕节市妇联
获全国“敬老文明号”荣誉称号
毕节试验区杂志社　七星关区何官屯镇敬老院
2013年度网络宣传先进单位
毕节市法院
获“全国百家优秀预防职务犯罪警示教育基地”
毕节市检察院警示教育基地
获全国检察机关严肃查办危害民生民利渎职侵权犯罪专项工作先进集体
毕节市检察院反渎职侵权局
获民盟中央表彰的“组织发展工作先进集体”
民盟毕节市委
全国维护妇女儿童权益先进集体
毕节市公安局
2013年全国“安全生产月”活动先进单位
毕节市安监局
全国林业系统先进集体
毕节市林业局
2013年全国安全生产书画展和摄影展优秀组织单位
毕节市安监局
农村义务教育营养改善计划餐饮监管先进单位
毕节市食药监局
获“2012年度全国广播电视安全播出先进集体”称号
毕节市广播电视台
获“2012年度全国优秀少儿电视栏目”二等奖《七彩桥》
毕节市广播电视台
获第五届新农村电视艺术节年度“优秀对农电视作品”二等奖《点石成金》
毕节市广播电视台
毕节市地方税务局煤炭行业税源专业化管理工作获国家税务局征管科技司认可
毕节市地税局
获中国烟草总公司科学技术进步奖三等奖

毕节市烟草局

第二届全国农产品质量安全检测技能竞赛贵州预赛团体二等奖

毕节市农委

获“中国珙桐之乡”称号

纳雍县

全国老龄政策调研优秀成果二等奖

毕节市民政局

获“全国艾滋病防治工作先进集体”称号

毕节市疾控中心艾滋病性病防治科

第二届全国农产品质量安全检测技能竞赛贵州预赛团体二等奖

毕节市畜牧水产局

“双诚信双承诺”工作获国家卫生计生委副主任王培安签字推广

毕节市计生委

2009~2012 年度全国群众体育先进单位

毕节市文体广电局

获“全国党刊工作创新奖”

毕节试验区杂志社

科技部批准毕节农业科技园区为国家农业科技园区

毕节市科技局

获全国“安康杯”竞赛优胜单位殊荣

毕节市供电局

获全国“工人先锋号”称号

毕节市供电局

2013 年“以人为本、聚焦安全”全国摄影展铜奖

毕节市推荐《成功营救》

获“全国住房城乡建设系统先进集体”

织金洞管理局

荣膺“中国美丽宜居示范村庄”称号

黔西县解放村

获全国煤炭工作先进集体

大方县黄泥乡安强煤矿

2013 年全国重点产茶县

纳雍县

获中华少年儿童慈善救助基金会优秀活动组织奖

纳雍县爱心纳雍公益联合会

获全国法律援助维权服务示范单位称号

黔西县总工会

获全国工商行政管理系统先进集体

大方县工商局　大方县工商局理化分局

获“中国漆器之乡”称号

大方县

第五届全国服务农民服务基层文化建设先进图书馆

大方县图书馆

全国文化市场管理和执法机构先进集体

大方县文化市场综合执法大队

获全国共产党员网站作品三等奖

织金县委组织部

荣膺“中国最美文化生态旅游名县”称号

织金县

2013 年国家生态旅游示范

百里杜鹃国家生态旅游示范区

获中国药学会“2013 年信息工作先进单位”称号

毕节市第一人民医院

获“全国优秀少先队集体”称号

威宁彝族回族苗族自治县一小

获全国税务系统先进集体

威宁彝族回族苗族自治县地税局

获国家(含部队大军区)表彰的个人

全国优秀工会工作者　陈明江

全国国土资源管理系统推进依法行政及“六五”普法中期先进个人　吕　华

获国家局“技术能手”称号　刘育栋

获第八届中华慈善奖“最具爱心慈善楷模”称号

杨文学

获“全国艾滋病防治工作先进个人”称号

熊　平　李　攀

获全国绿化委员会授予的“全国绿化奖章”表彰

糜小林

第十届全国中小学电脑制作活动二等奖　王　晨

第十届全国中小学电脑制作活动三等奖　陈佳卓

获全国密集烘烤技术培训暨实操技能竞赛三等奖

朱恒超　张学万

获全国工商系统优秀工商行政管理人员称号

江义谨

全国民族团结进步模范个人　蔡　群

获省（含省级工作部门）表彰的单位

全省“五好”基层党组织
毕节市市委办　毕节市人大办　毕节市政府办
毕节市政协　毕节市纪委（监察局）
毕节市委组织部
贵州省军区表彰安全稳定工作先进单位
毕节军分区
贵州省军区表彰全面建设先进团级单位
纳雍县人民武装部　威宁县人民武装部
贵州省军区军事训练先进单位
黔西县人武部　金沙县人武部
贵州省军区司令部表彰通信值勤工作先进单位
毕节军分区
贵州省军区司令部表彰装备工作先进单位
纳雍县人武部
贵州省军区政治部表彰政治工作研究先进单位
毕节军分区政治部
贵州省军区政治部表彰新闻宣传工作先进单位
毕节军分区
全省退休干部先进党支部
毕节市人大办　毕节市政协办
毕节市委离退局
纪检监察信息工作获全省第一名，获先进集体表彰
毕节市纪委（监察局）
全省民族团结进步模范集体
毕节市委统战部　毕节市财政局
威宁彝族回族苗族自治县民族宗教事务局
全省宣传信息工作三等奖
毕节市委统战部
2012年度业务目标绩效考核一等奖
毕节市委宣传部
全省2012年度节能目标责任评价考核第三名
毕节市发改委
《毕节试验区党外代表人士队伍建设的现状及思考》获2012年度全省统一战线理论政策研究优秀成果二等奖
毕节市委统战部
市（州）级信息报送工作先进单位二等奖
毕节市委政策研究室
2012年度涉台调研工作组织奖
毕节市委台办
2012年度经审工作规范化建设考核特等奖
毕节市总工会
2012年度工作考核全省排名第三
团市委
省文联系统2012年度先进集体
毕节市文联
全省工会职工素质建设工程先进单位
毕节市总工会
获民盟贵州省委表彰的先进支部
民盟毕节学院支部
非公有制经济人士理想信念教育实践活动先进单位
毕节市工商联
全省机关企事业单位党建工作先进党组
毕节市检察院党组　百里杜鹃旅游局
贵州省安全生产先进集体
毕节市安监局　毕节公路管理局
省“绿色学校”创建活动优秀组织单位
毕节市环保局　毕节市教育局
全省住房和城乡建设系统2012年度目标绩效考评优秀奖
毕节市城乡规划局
2012年度全省药械安全性监测先进集体
毕节市食药监局
全省国税系统“营改增”试点工作先进单位
毕节市国税局
荣获“贵州省敬老文明号”
毕节试验区杂志社
获“贵州省敬老模范单位”称号
毕节试验区杂志社
2012年度财政总决算评比二等奖
毕节市财政局
2012年度全省财政系统人事教育统计报表一等奖
毕节市财政局
全省农情信息先进单位一等奖
毕节市农委
促进农民增收综合考核名列全省前三名
毕节市农村工作领导小组
2012年度扶贫开发工作考核特等奖
毕节市扶贫开发领导小组

酒类流通信息监测工作先进单位
毕节市商务局
全省外贸进出口工作先进单位
毕节市商务局
2012 年度绩效考评优秀奖
毕节市住建局
毕节市第一次全国水利普查档案验收意见综合评定为优秀等级
毕节市第一次全国水利普查领导小组办公室
2012 年综合业绩考核特等奖
毕节市供销社
返乡农民工创业之星组织奖
毕节市人社局
全省城乡低保工作优秀等次
毕节市民政局
全省民政政务信息工作先进单位
毕节市民政局
2012 年医药卫生改革综合考评一等奖
毕节市卫生局
2013 年度全省宗教工作系统目标绩效管理特等奖
毕节市民宗委
全省统计执法工作开拓创新单位
毕节市统计局
贵州省一级火箭落区工作一等奖
毕节市人防办
贵州省大学生校园文化活动月先进集体
毕节学院
全省“营改增”试点工作先进单位
毕节市国家税务局
获贵州省科学技术进步奖
毕节市药品检验所
获第五届贵州少数民族文艺汇演表演金奖
赫章彝族歌舞《阿媚恳》
获“贵州省绿化模范县”荣誉称号
七星关区
获全省诗词校园奖
大方一中　金沙二中　纳雍一中
获全省诗教先进单位
毕节市民族中学　七星关区岔河中学
大方三中　金沙一中　织金三塘中心校
纳雍雍安育才中学　纳雍雍熙镇一小
威宁三中
获“贵州省工人先锋号”称号
毕节移动公司计划建设部
获省“高新技术企业”称号
大方县九龙天麻开发有限公司

获省（含省级工作部门）表彰的个人

获“最美贵州人”殊荣
刘　刚　管彦菊　杜　斌　李中付　李龙兴
陈　森　方　勇　杨　华　余慧明　黄　玲
全省人防、交战宣传工作《贵州人防与交通战备》内刊优秀通讯员　李　刚
全省科学技术进步三等奖　海　市
贵州省军区表彰优秀团级主官　王华国
贵州省军区表彰爱军精武标兵　李玉龙
贵州省军区记三等功　张兴华
贵州省军区表彰军事训练先进个人
刘　锐　王仁东　张　义　张　晔　闵　杰
罗考圣
贵州省军区司令部表彰通信值勤先进个人
刘　锐　刘明伟
贵州省军区司令部表彰武器装备库室优秀保管员
王道辉
贵州省军区政治部表彰政工研究先进个人
张　平　贾荣杰
贵州省军区政治部表彰新闻宣传工作十佳报道员
陈　林
贵州省军区政治部表彰新闻宣传优秀报道员
张　勇
贵州省军区政治部表彰政工网建管用先进个人
商　坤
贵州省人民政府征兵办公室表彰征兵工作先进个人　刘　锐
获民盟贵州省委表彰的优秀盟务工作者
段元仁　陈业强　谢　军
获《关于做好毕节对台招商引资工作的思考》二等奖　蔡　燕
获“第三届贵州省优秀公诉人”　杨登科
获省检察院表彰为二等功　王庭霞
“全省检察机关预防部门素能比武十佳优胜标兵”
龙婧媛

获档案学术研究特别贡献奖　盖艳秋
2012 年“贵州都市年度人物”奖　刘习聪
全省青年岗位能手标兵和全省青年岗位能手
勾朝毅
获贵州省烟草专卖局办公室表彰奖励的论文作者
左　平
被省局、省公安厅评为 2013 年度卷烟打假先进个人　罗中明　王远明

获市表彰的单位

全市基层组织建设先进县
金沙县　大方县
全市机关、企事业单位党建工作先进党组（党委）
七星关区　地方税务局党组
直属机关工委
城市管理局党组
大方县　安全生产监督管理局党组
循环经济产业园区机关党委
卫生和食品药品监督管理局党组
黔西县　民政局党组
人民法院党组
卫生和食品药品监督管理局党组
金沙县　金沙窖酒酒业有限公司党委
人口和计划生育局党组
交通运输局党委
织金县　农牧局党组
司法局党组
财政局党组
纳雍县　住房和城乡建设局党组
县人民检察院党组
财政局党组
威宁彝族回族苗族自治县　民族中学党委
发展和改革局党组
地方税务局党组
赫章县　国土资源局党组
公安局党委
工业经济贸易和能源局党组
百里杜鹃风景名胜区　旅游局党组
毕节经济开发区　贵州力帆时骏振兴集团党委
毕节市　市人民检察院党组
国家税务局党组
农业委员会党组
工商行政管理局党组
全市“五好”基层党组织
七星关区　毕节四中党支部
贵州燃气集团毕节燃气有限责任公司党支部
市东办事处党委
青场镇党委
朱昌镇党委
长春堡镇党委
市东办事处双城社区党支部
市西办事处翠西社区党支部
流仓桥办事处大兰村党支部
清水铺镇橙满园村党支部
撒拉溪镇永丰村党支部
大方县　羊场镇党委
竹园彝族苗族乡党委
八堡彝族苗族乡新开村党支部
雨冲乡红旗村党支部
黄泥塘镇黄泥社区党支部
金龙新区管委会党支部
药品食品产业园区机关党委
凤山煤矿党支部
县一中党委
星宿乡松树村党支部
黔西县　永燊彝族苗族乡党委
洪水镇党委
谷里镇党委
定新彝族苗族乡党委
协和彝族苗族乡党委
大关镇党委
甘棠镇党委
林泉镇党委
杜鹃街道乌骡坝社区党支部
五里布依族苗族乡党委
金沙县　城关镇党委
岚头镇三桥村党支部
西洛乡申家街村党支部
平坝乡双兴村党支部
后山乡幸福村党支部
沙土中学党支部
西洛乡台金公司党支部

县委组织部党支部
档案局党支部

织金县 县委办公室党支部
县委组织部党支部
纪委（监察局）党支部
官寨苗族乡麻窝村党支部
绮陌乡陡岩村党支部
桂果镇小牛场村党支部
板桥乡中心村党支部
金龙苗族彝族布依族乡新七村党支部
马场乡台子村党支部
上坪寨乡中山村党支部
化起镇老鹰村党支部

纳雍县 龙场镇党委
雍熙镇党委
勺窝乡党委
新立医院党支部
王家寨镇鹏腾生态畜牧科技园党支部
王家寨镇路尾坝村党支部
百兴镇乐卡村党支部
龙场镇新塘村党支部
老凹坝乡平寨村党支部
勺窝乡沙土村党支部

威宁彝族回族苗族自治县
县人民检察院办公室党支部
第二小学党支部
贵州威宁经济开发区党政办公室党支部
盐仓镇可界村党支部
迤那镇莲花村党支部
黑石头镇河坝村党支部
金斗乡金荞农产品专业合作社党支部
哲觉镇里可村党支部
海拉乡东风村党支部
东风镇中心校党支部
草海镇人中、建西社区党支部
板底乡教育党支部

赫章县 朱明乡党委
雉街彝族苗族乡党委
平山乡江南村党支部
野马川镇乌木村党支部
可乐彝族苗族乡大田村党支部
珠市彝族青杠村党支部
兴发苗族彝族回族乡中营村党支部
威奢乡中营村党支部
夜郎铸造有限责任公司党支部
黔沪水泥厂党支部

百里杜鹃风景名胜区
金坡苗族彝族满族乡岩脚村党支部
仁和乡中心煤矿党支部
普底彝族苗族白族乡龙竹村党支部

毕节经济开发区
贵州毕节经济开发区小坝镇村党支部

双山新区 梨树镇保河村党支部
岔河镇木来村党支部
响水白族彝族仡佬族乡以拉村党支部

毕节市直单位 市委办公室机关党委
市人民政府办公室机关党委
市人大机关党总支
市政协机关党总支
市纪委（监察局）机关党委
组织部机关党委
市委党校机关党委
试验区杂志社党支部
林业局机关党委
民政局机关党委

毕节军分区表彰安全稳定工作先进单位

七星关区人武部　大方县　黔西县　金沙县　织金县　纳雍县　威宁彝族回族苗族自治县　赫章县　毕节军分区司令部　毕节军分区政治部　毕节军分区后勤部

毕节军分区表彰基层全面建设先进单位

七星关区人武部

毕节军分区表彰战备拉练先进单位

毕节学院武装部　纳雍县人武部
军分区后勤部

毕节军分区表彰新闻报道工作先进单位

七星关区人武部　大方县人武部
织金县人武部　威宁县人武部

毕节军分区表彰政研工作先进单位

七星关区人武部　黔西县人武部
威宁县人武部　赫章县人武部

第二届全省小城镇建设发展大会先进集体

毕节市 市委办　政府办　纪委（监察局）
宣传部　政研室　毕节日报社
信访局　公安局　城乡规划局
质监局　财政局　住建局

卫生局　团市委　试验区杂志社

全省第二次项目建设现场观摩会先进集体

毕节市　市委办　政府办　信访局

公安局　食药监局　公路局

投促局　发改委　工能委

毕节试验区杂志社

毕节市第一届体育运动会先进集体

中共毕节市七星关区委员会
毕节市七星关区人民政府
毕节市文化体育广播电影电视局
中共毕节市委宣传部
中共毕节市直属机关工作委员会
毕节市教育局
毕节市财政局
中共毕节市纪委第五纪工委
毕节市公安局
毕节市公安交警支队
武警毕节市支队
毕节市公安消防支队
毕节市卫生局
毕节市总工会
共青团毕节市委员会
毕节市妇联
毕节学院
毕节职业技术学院
毕节市财贸学校
毕节市工业学校
毕节日报社
毕节试验区杂志社
毕节试验区网站
毕节供电局
中国电信毕节分公司
中国移动毕节分公司
中国联通毕节分公司
贵州中烟工业有限责任公司毕节卷烟厂
毕节市气象局
毕节市住房和城乡建设局
毕节市质量技术监督局
毕节市安全生产监督管理局
贵州省广播电视信息网络公司毕节分公司
毕节供电局城区分局
七星关区安全生产监督管理局
七星关区文化体育广播电视旅游局
七星关区住房城乡建设局
毕节市公安局七星关区分局
七星关区城市管理局
七星关区卫生和食品药品监督管理局
共青团七星关区委员会
毕节四小
七星关区信访局
毕节市公安消防支队七星关大队
毕节市公安局七星关分局交警大队
贵州毕节水务有限责任公司

获市表彰的个人

中共毕节市直属机关工委表彰的优秀共产党员

李树良　陈家发　高杨宇　彭玉祥
刘　燕　阮　腾　易显发　史会荣
张　黎　吴建忠　李中付　向红勇
吴　娟　尚家琴　罗　耀　徐　鹏
金淑南　周光义　刘天和　杨　静
叶和平　章芹芳　谭其琼　叶　荣
李大权　熊　敏　刘　静　余本勋
张　猛　刘　毅　廖冬云　何　进
张　勇　王　锋　何丽莎　蔡定成
蒙　军　糜　健　邓克锋　杨　健
赵世俊　张道义　张　明　胡思玉
王艳丽　肖　杨　冷　艳　钟兆勤
罗泽志　郑　敏　文天雁　刘　瑾
夏　青　马玉蛟　黄晓黎　彭梦桃
樊　勋　张　律　陈明芬　何　旭
刘双福　魏运生　韩棹渭　李开发
康　际　万　军　张　平　李富国
王生才　杨大莲　蔡晓军　马　萍
刘明华　毛祥敏　周　锋　张习本

中共毕节市直属机关工委表彰的优秀党务工作者

杨永学　王　燕　陈俊荣　郭　毅
吴学香　翟培友　张　敏　余昌富
陈媛媛　刘　奕　赵玉华　向程举
宋先林　尹　伟　王　衎　周应菊
龙德凤　张　梅　田贞明　王继华
刘　勇　常　琦　张　雪　陈　莉
胡家英　苟　耿　龙配林　王　艳

张　赟　刘永华　杨怀贵　伍　蓉
陈春芬　郭　艳　李卫平　周　荣
丁　咚　邓大海　邓　杰　徐前华
蒙朝先　李　丽　甘文学　梅琳森
李明荣　潘玉梅　王桂林　李　波
张绍勇　叶真文　李晓谷

2013 年毕节市见义勇为先进个人

刘代平　杨安学　刘仕和　张槐乾
高昌祥　王亚光　范艳琴　成连义
周　训　王佳龙　张鑫海　胡进波
武　邓　管仕伦　汪习全　陈德仁

毕节市首届名校长

屈小锋　吴浩亮　江兴菊　杨士恒

毕节市首届优秀校长

颜　勇　袁爱华　邱　靖　刘开忠　张义嘉
罗永龙　齐　焱　罗成仲　吴道美　王志军
罗　静　肖仕华　禄　敏　王天恩

毕节市首届名师

黄世虎　李敏瑜　张　姝　王济和　赵德龙
黄中健　杨　勋　邹　姝　吴佳凤　袁　静
陈思春　林　瑶　谭学勤　杨　怡　陈亚利
胡思芬　顾尚贵　杜宪利　邱忠会　金　骏
罗克勇　刘继能　罗值雪　周文芳　熊　娇
杨立平　刘道怀　吴长艳　何　岭　李学萍
王　刚　张　巧　陈世凯　胡　慧　罗　敏
周勉宇　邓光宝　秦玉兰　林　艳　张显萍
罗　琴　李　丽　肖　飒　何　萍　赵玉祝
林　韬　李　艳　戴　宁　宋家鑫　陈忠英
张　荣　李大权　田　华　赵　永　周天生
孙全智　杨昌林　李永芸　文　渊　李德品

第二届全省小城镇建设发展大会先进个人

王学亮　陈　洁　李　琼　郭　凯　索绍新
胡良华　张　丽　陈应华　杨春明　张和萍
徐云龙　肖景权　李永新

全省第二次项目建设现场观摩会先进个人

姚庆丰　何志勇　敖　祥　赵绍丽　罗培林
刘明华　丁昭平　方　向

毕节市第一届体育运动会先进个人

陈　洁　胡智光　吴　勇　周林杰　张玉萍
薛占润　甘德富　郭明生　陈　富　王秀春
陈亚雷　刘泉霜　刘　斌　齐　松　吴　炜
毛　勇　孙　君　侯立凡　韦　琨　王方洪
万　进　姚　盈　谢树刚　倪　井　张瑞昌
李　林　徐　强　张崇清　喻三明　何　涛
杨　锣　陈　晓　邱　健　许文艺　赵琼芳
郑　锋　王祯义　刘海燕　李建荣　陈欣东
王国柱　陈　伟　张　友　刘柯言　卫　平
李　军　黄　莉　王纯亮　赵高才　颜　烨
龙　翔　金　丽　吕　军　朱明严　李官良
周建军　王　普　焦陈清　胡永松　王　斌
聂忠智　何友谊　吴安宁　安　旺　周祖华
高守军　江晓燕　沈承刚　徐兴志　李　琼
江兴菊　吴建科　赵　敏　谢品邦　孙　浩
叶建虹　陈　戬　徐永东　陈　军　黄　剑

毕节市第一届体育运动会优秀裁判员

曹体望　李　红　糜祖伟　杨　林　林　萌
李遥远　曹　知　张红兵　龚忠勇　杨浪涛
孙言铭　邓　琼　常春芳　徐　峰　伍西安
孔德军　吴　灵　杨德东　王奠南　彭新志

毕节市第一届体育运动会优秀志愿者

张　驰　周镔瑜　刘黔海　廖　聪　何俊儒
龙旭亚　张天梦　江运广　罗芳梅　张仕军
龙遂璋　付　俊　刘成俊　张　瑶　喻舟建
钟凯胜　胡万能　罗丽娜　钱　言　黄　嫚

统计资料

2013年毕节市各县区主要经济社会发展主要指标

指标名称	单位	毕节市	七星关区	大方县	黔西县	金沙县	织金县	纳雍县	威宁县	赫章县
一、土地面积										
土地面积	平方公里	26848.5	3411.0	3500.1	2555.1	2523.2	2865.3	2452.3	6298.7	3242.7
二、人口										
年末总人口（公安户籍口径）	万人	870.57	154.95	112.03	96.15	66.71	115.26	100.15	146.44	79.87
#农业人口	万人	805.83	135.43	106.05	88.16	60.11	107.01	94.93	140.40	74.73
非农业人口	万人	64.74	19.52	5.99	7.99	6.59	8.25	5.22	6.04	5.14
#男	万人	456.16	80.79	59.08	50.24	35.20	60.52	52.00	76.54	41.79
女	万人	414.41	74.17	52.95	45.91	31.50	54.75	48.15	68.90	38.09
年末常住人口	万人	653.82	113.45	77.90	68.99	55.59	78.53	67.28	126.75	65.33
#城镇人口	万人	206.60	48.81	21.73	27.00	21.00	25.56	19.93	29.24	13.33
乡村人口	万人	447.22	64.64	56.17	41.99	34.59	52.97	47.35	97.51	52.00
三、劳动、就业与保障										
1. 单位从业人员										
#单位从业人员人数	万人	3.06	0.78	0.29	0.36	0.38	0.30	0.28	0.35	0.26
单位从业人员劳动报酬	万元	1348066	381244	119479	159404	166244	136951	121504	135175	101415
单位从业人员平均劳动报酬	元	44981	50466	42775	45151	44227	46565	43885	38777	41404
2. 在岗职工										
#在岗职工人数	万人	2.81	0.69	0.27	0.34	0.32	0.30	0.28	0.34	0.26
在岗职工工资总额	万元	1269972	349088	113145	153979	152394	134424	114009	130573	101022
在岗职工平均工资	元	46246	52166	43321	47013	47489	46794	46308	38889	41382
3. 城镇就业										
城镇新增就业人数	人	47602	7813	4530	5498	7919	6361	4361	6804	4316
城镇登记失业率	%	3.50	3.88	3.55	3.30	3.84	3.00	3.41	3.40	3.78
4. 社会保障										
参加社会保险人数										

续表

指标名称	单位	毕节市	七星关区	大方县	黔西县	金沙县	织金县	纳雍县	威宁县	赫章县
#城乡居民社会养老保险	万人	271.90	38.27	31.44	26.17	30.76	34.08	24.63	56.60	26.31
失业保险	万人	14.94	1.42	1.86	1.56	1.61	1.44	1.44	1.58	1.52
工伤保险	万人	27.04	2.05	2.93	2.11	3.25	2.65	3.05	3.90	1.80
生育保险	万人	19.41	2.00	2.00	1.81	1.54	1.70	2.30	1.90	1.80
城乡居民最低生活保障人数										
#城市	万人	7.09	3.08	0.40	0.87	0.20	0.78	0.19	0.59	0.97
农村	万人	88.58	13.33	11.84	5.78	2.70	14.26	6.80	21.54	12.32
四、生产总值										
生产总值	亿元	1041.93	219.38	129.74	130.63	154.84	107.56	123.47	123.66	66.16
#第一产业	亿元	196.60	35.47	22.60	21.97	17.44	19.47	17.36	42.83	19.46
第二产业	亿元	449.75	85.47	59.60	59.52	91.79	44.74	69.95	32.34	17.73
#工业	亿元	373.06	71.78	49.00	47.22	79.62	33.66	63.53	26.87	13.53
第三产业	亿元	395.58	98.44	47.54	49.14	45.62	43.35	36.16	48.49	28.96
生产总值指数	上年=100	115.1	117.2	116.4	115.0	117.3	116.6	116.6	116.7	116.4
#第一产业	上年=100	106.8	106.5	106.4	106.0	105.4	107.2	106.9	107.7	108.3
第二产业	上年=100	117.2	119.8	118.5	119.2	120.3	122.4	120.4	120.4	123.1
#工业	上年=100	115.0	118.0	117.7	119.0	119.8	119.0	119.8	119.7	121.2
第三产业	上年=100	116.0	118.2	117.7	113.0	114.9	114.6	113.2	119.9	117.8
五、农业										
1. 乡村劳动力资源数	万人	526.71	99.47	73.13	61.44	34.05	67.41	63.07	85.10	43.06
其中：劳动年龄内	万人	455.44	82.31	63.26	52.43	29.59	60.48	54.26	75.78	37.34
其中：男	万人	283.75	51.41	40.42	32.97	19.93	36.39	33.94	45.57	23.13
女	万人	242.97	48.06	32.71	28.47	14.13	31.01	29.13	39.53	19.93
2. 乡村从业人员数	万人	468.76	88.28	67.78	55.69	28.67	55.12	54.92	79.07	39.23
其中：劳动年龄内	万人	405.55	73.58	60.12	46.73	23.65	50.31	47.53	68.64	34.99
其中：男	万人	252.47	45.62	37.46	29.89	16.77	29.76	29.55	42.34	21.07
女	万人	216.28	42.65	30.32	25.81	11.89	25.36	25.37	36.73	18.16
3. 耕地面积	公顷	995623.2	137085.8	123603.8	99844.7	85594.8	104529.2	95450.4	251378.1	98136.6
有效灌溉面积	千公顷	195.24	24.61	31.62	18.55	26.8	23.26	17.99	40.8	11.61
4. 农村主要能源及物资消耗										
农用机械总动力	万千瓦	315.29	45.97	37.12	38.10	43.03	32.80	33.06	55.10	30.10
化肥施用折纯量	万吨	21.49	3.35	2.98	2.60	2.55	1.58	2.52	4.08	1.83
农村用电量	万千瓦时	114978	19349	16557	11725	16282	16085	10900	14409	9671
5. 农林牧渔业总产值	亿元	284.35	50.55	33.87	30.25	22.11	28.46	24.09	63.22	31.80
#农业产值	亿元	181.66	32.49	21.79	19.76	12.61	17.23	14.45	41.44	21.87
林业产值	亿元	3.70	0.89	0.46	0.22	0.60	0.23	0.47	0.38	0.44
牧业产值	亿元	92.90	15.94	10.90	9.60	7.91	10.29	8.80	20.40	9.07

续表

指标名称	单位	毕节市	七星关区	大方县	黔西县	金沙县	织金县	纳雍县	威宁县	赫章县
渔业产值	亿元	1.16	0.08	0.17	0.16	0.42	0.10	0.13	0.06	0.04
农林牧渔服务业	亿元	4.94	1.14	0.55	0.51	0.58	0.61	0.24	0.94	0.36
6. 农作物播种面积										
（1）粮食作物	公顷	674709	123197	86011	79573	51265	91083	75785	87900	79895
其中：夏收粮食	公顷	283917	64207	46773	38816	18430	49141	42987	10626	12937
① 谷物										
其中：稻谷	公顷	41026	5913	3927	7219	8605	10468	3765	129	1000
小麦	公顷	67213	10180	13180	9393	4759	14030	6538	2515	6618
玉米	公顷	172212	31750	19281	22854	14129	19248	19277	28607	17066
② 薯类（折粮）	公顷	254852	49294	29331	19241	13684	31930	32869	37103	41400
其中：马铃薯（洋芋）	公顷	241016	47139	28236	15443	10079	31293	30979	36780	41067
（2）经济作物	公顷	474096	72286	53511	73733	38843	43445	28317	108262	55699
① 油料	公顷	64280	4998	6228	28997	13727	9316	451	254	309
其中：油菜籽	公顷	58880	3823	5080	28140	12347	9131	201	81	77
② 烟叶	公顷	68402	5996	11909	8498	4181	4351	3777	24090	5600
③ 药材类（人工种植）	公顷	21686	2291	7898	1497	585	1843	410	4579	2583
④ 蔬菜及食用菌	公顷	150214	32230	20062	22434	13777	13245	14384	18057	16025
⑤ 瓜果类（果用瓜）	公顷	2091	186	108	941	241	65	128	244	178
7. 主要农产品产量										
（1）粮食作物	万吨	228.01	38.89	24.06	24.78	19.55	30.78	22.45	46.42	21.07
其中：夏收粮食	万吨	60.06	14.32	9.67	7.42	4.28	11.65	8.40	2.38	1.94
① 谷物										
其中：稻谷	万吨	17.28	2.80	1.39	2.87	4.91	4.14	0.72	0.07	0.39
小麦	万吨	13.27	1.76	2.37	2.30	1.08	2.88	1.21	0.48	1.19
玉米	万吨	90.38	15.36	9.66	10.84	7.23	10.67	11.29	18.03	7.31
② 薯类（折粮）	万吨	76.76	12.04	7.46	4.67	3.66	8.95	7.71	22.32	9.94
其中：马铃薯（洋芋）	万吨	72.78	11.70	7.20	3.60	2.76	8.78	6.79	22.10	9.85
（2）经济作物										
① 油料	万吨	12.87	0.84	0.85	6.95	2.65	1.39	0.08	0.06	0.06
其中：油菜籽	万吨	12.03	0.59	0.74	6.87	2.46	1.32	0.02	0.01	0.02
② 烟叶	万吨	10.55	1.40	1.87	0.82	0.33	0.48	0.51	4.41	0.74
③ 药材类（人工种植）	万吨	4.09	0.51	0.47	0.11	0.02	0.06	0.03	1.89	1.00
④ 蔬菜及食用菌	万吨	168.27	43.80	22.58	14.96	19.47	15.75	13.45	21.76	16.49
⑤ 瓜果类（果用瓜）	万吨	4.57	0.22	0.14	2.98	0.37	0.08	0.19	0.33	0.27
8. 畜牧业										
（1）肉类总产量	吨	352384	61932	38342	35940	32790	37956	32013	78419	34993
① 猪肉	吨	296343	53886	32027	30385	27688	29707	24893	67306	30452

续表

指标名称	单位	毕节市	七星关区	大方县	黔西县	金沙县	织金县	纳雍县	威宁县	赫章县
②牛肉	吨	26855	3242	2624	2085	2006	4021	4763	6159	1957
③羊肉	吨	4828	245	314	75	206	152	221	2501	1114
④活牲畜（除猪、牛、羊外）	吨	3559	1266	198	182	149	650	228	495	392
⑤禽肉	吨	20547	3260	3084	3189	2707	3411	1895	1930	1071
其中：鸡肉	吨	17683	2806	2654	2744	2330	2935	1631	1661	921
⑥兔肉	吨	252	33	95	25	34	16	13	29	7
（2）禽蛋产量	吨	26889	2380	8014	2659	2153	2300	1775	5536	2073
（3）年末存栏数										
①牛	头	795138	113448	89576	90447	64886	108925	77949	177461	72446
②大牲畜（除牛外）	头	158254	35560	19465	6109	11783	5964	27868	31058	20447
③猪	头	3144520	622292	306551	276439	236606	285961	251160	840823	324687
④羊	只	582452	35346	33250	18668	16275	29011	35998	262776	151128
⑤家禽	只	########	2011927	2283992	2023635	1422095	2116045	1583276	1702560	898257
其中：活鸡	只	########	1688400	1915156	1693196	1189881	1770516	1324743	1424549	751581
⑥兔	只	126810	20454	19175	17017	15608	12709	10206	19942	11699
（4）当年出栏头数										
①牛	头	206736	24956	20201	16050	15444	30954	36666	47413	15052
②大牲畜（除牛外）	头	41968	14916	2332	2143	1756	7643	2678	5882	4618
③猪	头	3021884	555523	330174	313243	285441	306254	256626	671012	303611
④羊	只	320349	16254	20813	4973	13683	10111	14679	165941	73895
⑤家禽	只	12637608	2004723	1896924	1961465	1665242	2097855	1165682	1187254	658463
其中：活鸡	只	11010175	1746806	1652600	1708828	1450759	1827651	1015542	1034336	573653
⑥兔	只	168103	22071	63630	16391	22364	10892	8797	19108	4850
9.水产品产量总计	吨	6963	495	994	973	2509	616	773	341	262
六、工业										
1.规模以上工业增加值（2000万以上）	亿元	256.29	54.08	23.33	21.77	56.61	18.81	36.98	16.76	8.05
2.规模以上工业总产值（2000万以上）	亿元	685.80	106.29	62.85	55.64	131.23	49.99	100.54	53.09	39.36
3.主要工业产品产量										
#水泥	万吨	842.44	118.69	122.64	108.55		107.36	90.95	133.99	32.56
白酒	千升	4054.45			320.25	3734.20				
七、固定资产投资										
全社会固定资产投资	亿元	1701.20	225.99	160.64	197.49	223.63	243.74	190.69	186.60	126.35
#500万元以上固定资产投资		928.70	126.80	95.71	105.62	127.97	132.44	97.77	104.06	64.30
50万元以上固定资产投资	亿元	1531.20	198.35	130.04	178.38	216.46	223.68	172.55	166.61	112.47
八、国内贸易										
社会消费品零售总额	亿元	198.49	73.78	17.56	20.40	20.8997	19.4025	15.6186	19.3462	11.4895
九、财政、金融										

续表

指标名称	单位	毕节市	七星关区	大方县	黔西县	金沙县	织金县	纳雍县	威宁县	赫章县
财政总收入	亿元	336.86	87.13	38.43	30.28	48.50	30.51	26.74	17.18	10.09
#公共财政预算收入	亿元	125.62	16.37	12.78	11.58	21.74	14.11	12.22	7.56	3.81
财政总支出	亿元	476.02	80.64	58.01	42.73	49.26	52.71	42.06	53.46	35.18
#公共财政预算支出	亿元	353.75	49.00	37.57	31.35	36.51	42.77	34.70	47.95	31.20
金融机构人民币存款余额	亿元	838.77	289.41	89.27	71.91	86.04	100.81	72.19	68.89	60.26
#城乡居民储蓄存款	亿元	509.40	143.89	64.25	50.02	59.03	60.11	44.68	46.63	40.78
金融机构人民币贷款余额	亿元	547.79	188.35	51.45	72.20	58.98	64.39	44.28	43.81	24.32
十、人民生活										
城镇居民人均可支配收入	元	19851	20905	18859	19260	21076	18756	18602	18555	18538
城镇居民人均消费性支出	元	11041	8861	7786	13592	13211	11172	14231	9836	14807
农村居民人均纯收入	元	5645	5803	5684	5684	6475	5421	5295	5596	5295
农村居民人均生活消费支出	元	5019	4717	4837	5446	5622	4437	5259	4997	5233
十一、教育										
幼儿园数	所	326	62	37	52	69	17	25	25	36
在园人数	万人	20	3	3	2	1.8413	2.8163	2.6732	2.6468	2.1045
幼儿园教职工数	人	6118	966	480	901	936	339	926	972	555
#专任教师数	人	4768	673	343	570	649	225	874	899	495
小学学校数	所	2424	367	311	236	188	318	243	426	293
小学在校学生数	万人	87.90	15.97	8.67	6.57	6.17	10.13	10.52	19.62	9.52
小学教职工数	人	42554	7300	4946	4102	3013	4561	4769	9099	4289
#专任教师数	人	40833	6788	4826	3783	2908	4413	4511	8958	4172
普通中学学校数	所	492	129	53	57	40	47	37	67	56
普通中学在校学生数										
#初中	万人	50.35	9.35	5.54	4.22	3.14	5.81	4.95	11.76	5.26
高中	万人	14.94	3.10	1.91	1.56	1.01	1.78	1.42	2.69	1.44
普通中学教职工数	人	34990	7349	4285	3976	2603	3535	3316	5352	4345
#专任教师数	人	30789	5950	4088	3193	2363	3407	2920	4944	3729
十二、卫生										
1. 卫生机构数	个	5365	744	919	526	624	699	567	717	569
#医院	个	243	56	42	29	22	34	13	22	25
卫生院	个	240	35	35	27	26	31	25	35	26
2. 卫生机构床位数	张	31629	8013	4167	3379	2593	4528	2645	3662	2642
#医院	张	21200	5474	2971	2517	1645	3336	1581	1891	1785
卫生院	张	9006	1987	1142	798	786	1024	865	1665	739
3. 卫生机构人员数	人	35023	7579	4139	4290	3673	4557	3164	4919	2702
#卫生技术人员	人	22407	4605	2846	2788	2693	2572	2064	2958	1881
#执业（助理）医师	人	7028	1636	919	792	938	761	578	877	527

续表

指标名称	单位	毕节市	七星关区	大方县	黔西县	金沙县	织金县	纳雍县	威宁县	赫章县
十三、交通运输、城建、环保										
公路里程	公里	28332.0	3854.9	3462.5	2824.5	2877.3	2729.2	3525.7	5510.9	3547.0
#等级路里程	公里	16246.5	1349.4	1352.5	1616.0	1054.1	1084.6	2772.1	4185.0	2832.7
绿化覆盖面积	公顷	2204.0	1216.0	260.5	180.0	175.0	47.0	120.0	115.5	90.0
园林绿地面积	公顷	1748.9	1168.0	86.5	167.0	30.0	40.6	63.6	113.2	80.0
公园绿地面积	公顷	813.7	488.0	24.0	131.0	25.0	4.0	61.7	80.0	
公园个数	个	14	4	3	2	1		2	2	
生活垃圾清运量	万吨	45.61	16.62	4.68	4.38	4.38	4.10	2.60	5.20	3.65
生活垃圾处理量	万吨	39.87	16.43	4.21	4.30	3.94	3.73	2.37	4.89	
公共厕所	座	174	44	18	28	20	15	16	20	13
废水排放量	万吨	15902.2	2558.2	1699.1	2011.9	2572.7	2118.7	1991.9	1819.2	951.6
#工业废水排放量	万吨	6197.5	501.6	595.6	828.9	1538.3	920.3	1067.9	370.5	279.1
废水处理量（万吨）	万吨	11440.7	3670.6	845.4	1183.1	1891.9	1316.1	1307.7	692.0	438.7
#工业废水处理量	万吨	6197.5	501.6	595.6	828.9	1538.3	920.3	1067.9	370.5	279.1
废水治理设施数	套	316	39	21	39	71	43	44	25	20

说明：分县数据不等于市的原因是不含百管委、经济开发区、双山新区数据或者分级测算。

图书在版编目（C I P）数据

毕节年鉴. 2014 / 中共毕节市委党史研究室（毕节地方志编纂委员会办公室编）. —北京：方志出版社，2014.12

ISBN 978-7-5144-1507-0

Ⅰ. ①毕… Ⅱ. ①中… ②毕… Ⅲ. ①毕节市－2014－年鉴 Ⅳ. ①Z527.33

中国版本图书馆 CIP 数据核字（2014）第 301981 号

毕节年鉴（2014）

编　　者：中共毕节市委党史研究室（毕节市地方志编纂委员会办公室）
责任编辑：冯　松

出 版 人：冀祥德
出 版 者：方志出版社
　　　　　地址　北京市朝阳区潘家园东里 9 号（国家方志馆 4 层）
　　　　　邮编　100021
　　　　　网址　http://www.fzph.org
发　　行：方志出版社发行中心
　　　　　电话　（010）67110500
经　　销：各地新华书店
印　　刷：云南速盈印刷有限公司

开　　本：889 × 1194mm　　1/16
印　　张：37.25
字　　数：1069 千字
版　　次：2014 年 12 月第 1 版　　2014 年 12 月第 1 次印刷
印　　数：0001~1000 册

ISBN 978-7-5144-1507-0/K · 1234　　定价：180.00 元
